Deutschland	
Schweiz	
Österreich	
Niederlande	
Belgien	
Luxemburg	
Dänemark	

Liebe Campingfreunde,

Camping liegt ungebrochen im Trend. Kein Wunder, denn bei keiner anderen Urlaubsform ist man so unabhängig von Reiseveranstaltern, Fluglinien und politischen Rahmenbedingungen. Dass Camping so beliebt ist, liegt aber natürlich auch an den Campingplätzen. Über die Jahre sind aus einfachen Zeltwiesen Freizeitanlagen mit allem erdenklichen Komfort geworden, schicke Wellnesseinrichtungen und diverse Sportangebote haben Einzug gehalten. Kurz: Camping ist alles – außer langweilig. Und so kommen Familien mit Kindern genauso auf ihre Kosten wie Camper, die Ruhe und Entspannung in naturbelassener Umgebung suchen.

Ganz gleich, welche Art von Campingplatz Sie lieber ansteuern: Der ACSI Campingführer ist dabei seit Jahren die perfekte Hilfe, um Ihren nächsten Urlaub zu planen. Bei einer Gesamtzahl von immerhin 2540 Campingplätzen in Deutschland, Österreich, Dänemark, Belgien, Luxemburg, der Schweiz und den Niederlanden dürfte das nicht allzu schwierig sein.

Obendrein können Sie auf den neuesten Informationsstand bauen. Denn alle in diesem Werk genannten Plätze werden Jahr für Jahr gründlich inspiziert – ein Aufwand, den sich derzeit vermutlich nur ACSI leistet. Wir sind das Ihnen, liebe Leser, schuldig, denn nur so erfahren Sie verlässlich und aus erster Hand, was es auf den Campingplätzen Neues gibt.

Die 13. Ausgabe dieses neuen Standardwerkes haben wieder zwei Verlagshäuser in bewährter Kooperation realisiert, die beide seit Jahrzehnten dem Camping verpflichtet sind. CARAVANING, Deutschlands großes Camping-Magazin, schaut auf eine über 60-jährige Geschichte zurück. Und das Schwesterblatt *promobil*, Europas größtes Reisemobil-Magazin, setzte schon vor mehr als 35 Jahren als erste Zeitschrift ausschließlich auf den modernen Trend zum Reisemobil.

Mit der Ausgabe 2020 wünsche ich Ihnen viel Spaß und Erfolg bei der Suche nach Ihrem Traumplatz und uns allen eine erlebnisreiche und erholsame Campingsaison 2020.

Ihr Ingo Wagner

Vorwort

Lieber Camper,

jedes Jahr ein neuer Campingführer: Das verdanken wir nicht zuletzt unseren 295 Inspektoren, die sich jährlich mit großem Engagement auf den Weg machen. Sie überprüfen Jahr für Jahr ca. 10 000 Campingplätze in 29 Ländern. Dafür tragen sie schon lange keine schweren Ordner mehr mit sich herum, heute wird alles auf einem Laptop festgehalten. Und von dort gelangen die Daten auf digitalem Weg direkt zu uns. Sehr praktisch! Bevor aber ein neuer Campingführer vor Ihnen liegt, ist trotzdem noch viel zu tun.

Wir müssen alle Informationen unserer Inspektoren auf die richtige Art und Weise verarbeiten. Das scheint eine leichte Aufgabe zu sein, aber es ist durchaus eine Herausforderung, alle Angaben im Campingführer, auf unserer Webseite und in der App an der richtigen Stelle erscheinen zu lassen. Deshalb haben wir unsere Systeme in den vergangenen Jahren gründlich verbessert. Sie als Camper dürfen die Früchte dieser Bemühungen ernten: Den idealen Campingplatz zu finden, war noch nie so einfach wie heute!

In diesem Campingführer finden Sie alle Campingplatz-Informationen, die Sie benötigen. In der ACSI Camping Europa-App können Sie sich diese Informationen zudem auf Ihr Smartphone, Tablet oder Ihren Computer herunterladen. Überdies sind immer mehr Campingplätze direkt aus der App und über die Webseite buchbar. Die Verfügbarkeit der Unterkünfte und Stellplätze rufen wir in Echtzeit von den Campingplätzen ab. Sie sehen also genau, ob auf Ihrem Campingplatz noch ein Platz frei ist.

Zudem sind wir stolz darauf, dass Camper immer öfter online Bewertungen zu Campingplätzen hinterlassen. Vielleicht waren Sie sogar selbst einer dieser engagierten Rezensenten. Wenn ja, dann möchten wir uns herzlich dafür bedanken! Ihr Erfahrungsbericht ist überaus wertvoll. Nicht nur für uns, sondern insbesondere auch für Ihre Mitcamper. Sie erkennen dadurch noch besser, welcher Campingplatz zu ihnen passt.
Und das wiederum passt zu unserem Ziel: jeden Camper auf den richtigen Campingplatz zu führen.

Ich wünsche Ihnen dieses Jahr einen fantastischen Campingurlaub. Ich würde mich freuen, auf unserer Webseite oder in der App von Ihren Erfahrungen zu lesen.

Ramon van Reine
Direktor ACSI

Inhalt

Über ACSI	6
Gebrauchsanweisung	10
Club ID	22
Campingplatz-Bewertungen	25
Behindertengerechte Campingplätze	26
Wintersportcampingplätze	28
FKK-Campingplätze	30
Campingplätze mit einem FKK-Teil	31
Das Inspektorenteam	33
ACSI Camping Europa-App	38
Vergleich ACSI-Apps	40
Online buchen	42
Fotos Inspektorenteam	467
Ortsnamenregister	475
CampingCard ACSI Campingplätze	**490**

Unsere Inspektoren besuchten die folgenden Länder/Gebiete für Sie:

🇩🇪 **Deutschland**	**46**
Weser-Ems	53
Lüneburg	59
Hannover	66
Braunschweig	70
Schleswig-Holstein	73
Mecklenburg-Vorpommern	85
Sachsen-Anhalt	95
Brandenburg	98
Sachsen	104
Thüringen	108
Nordrhein-Westfalen	111
Hessen	124
Koblenz	132
Trier	141
Rheinhessen-Pfalz	148
Saarland	151
Karlsruhe	152
Freiburg	157
Stuttgart	168
Tübingen	171
Nord-Bayern	175
Mittel-Bayern	180
Südwest-Bayern	185
Südost-Bayern	190

🇨🇭 **Schweiz**	**201**
Westschweiz	207
Wallis	210
Nordwestschweiz	214
Berner Oberland	215
Ostschweiz	219
Zentralschweiz	222
Tessin	224
Graubünden	228

🇦🇹 **Österreich**	**231**
Vorarlberg	237
Tirol	240
Oberösterreich	253
Salzburg	256
Kärnten	262
Niederösterreich/Wien	276
Steiermark/Burgenland	280

🇳🇱 **Niederlande**	**285**
Nord-Holland	291
Süd-Holland	299
Zeeland	304
Utrecht	314
Flevoland	317
Overijssel	320
Friesland	331
Groningen	338
Drenthe	341
Gelderland	349
Nord-Brabant	367
Limburg	376

🇧🇪 **Belgien**	**387**
Flandern	392
Wallonien	404

🇱🇺 **Luxemburg**	**415**

🇩🇰 **Dänemark**	**429**
Süd-Jütland	434
Mittel-Jütland	443
Nord-Jütland	450
Fünen	455
Seeland	459
Bornholm	465

Inhalt

2020 • 13. Deutsche Ausgabe
Auflage 15 500

Motor Presse Stuttgart GmbH & Co. KG
Geschäftsbereich Aktive Freizeit
Leuschnerstr. 1
70174 Stuttgart
Deutschland
Tel. 00 49 / 711 / 1 82 01

In Kooperation mit
ACSI Publishing BV
Geurdeland 9, Andelst
Postadresse:
Postbus 34
6670 AA Zetten, Niederlande
Tel. 00 31 / 488 / 471434

Herausgeber
Stefan Karcher

Fragen oder Anmerkungen?
Für Camper:
www.ACSI.eu/Kundendienst
Für Campingplätze:
www.ACSI.eu/kontakt

Karten
MapCreator BV, 5628 WB Eindhoven
mapcreator.eu©Here/©Andes

Druck
• Wilco Boeken en Tijdschriften, Amersfoort

Bindung
Schomaker GmbH & Co.KG
Menden, Deutschland

ISBN: 978-3-905755-93-0

© ACSI
Der Campingführer und alle in ihm enthaltenen Beiträge und Abbildungen sind urheberrechtlich geschützt. Mit Ausnahme der gesetzlich zugelassenen Fälle ist eine Verwertung ohne Einwilligung des Verlages strafbar.

Dieser Campingführer wurde mit größter Sorgfalt erstellt. Die in ihm verwerteten Daten wurden bis einschließlich September 2019 erhoben. ACSI ist nicht verantwortlich für eventuelle in der Zwischenzeit eingetretene Änderungen. Für die Richtigkeit der Angaben kann keine Haftung übernommen werden. Inhalt und Gestaltung von Anzeigen liegen außerhalb der Verantwortung der Redaktion.

Entdecke Camping Erster Klasse

Vom hohen Norden bis in den tiefen Süden, an weißen Stränden oder in den Bergen – **LeadingCampings** finden Sie stets in den schönsten Regionen Europas. **LeadingCampings** heißt Camping Erster Klasse, und darauf können Sie sich verlassen:

Großzügige Stellplätze, voll ausgestattet. Top-gepflegte Sanitäreinrichtungen. Schwimmbäder, Wellness- und Sportmöglichkeiten. Ausgebildete Animationsteams, Gastronomie und Freizeitangebote: alles Leading. Und Kinder sind besonders gerne gesehen.

Wenn Sie mehr wissen wollen, fordern Sie einfach unseren Katalog an, telefonisch, per Post oder besuchen Sie uns im Internet:
www.leadingcampings.com

Wir freuen uns auf Sie.

Vorteile à la carte im LeadingsClub! Ihre LeadingCard ist der Schlüssel zu einem Club voller Vorteile – mehr auf **leadingcampings.com**

LeadingCampings · Kettelerstr. 26 · D-40593 Düsseldorf
info@leadingcampings.com · www.leadingcampings.com

LeadingCampings

Über ACSI

Wie alles begann

Es ist Sommer 1964. Der Lehrer Ed van Reine lenkt sein Auto samt angehängtem Faltcaravan erst über niederländische, dann über belgische und französische Straßen in die spanische Sonne. Endlich Urlaub. Endlich wieder campen. Auf der Suche nach einem schönen Plätzchen für die ganze Familie. Die Vorfreude auf eine sorgenfreie Zeit und ein paar Wochen „Rauskommen" ist groß. Aber bei der Ankunft erwartet ihn eine große Enttäuschung: „Completo". Die meisten Campingplätze sind bereits ausgebucht.

„Das muss doch auch anders gehen", denkt sich Ed und denkt über die Möglichkeit eines europäischen Buchungssystems nach. Noch vor Ort entwickelt er außerdem ein Hilfsmittel, um nicht ständig vor geschlossenen Schranken zu stehen: In Zusammenarbeit mit Kollegen aus der Schule entwirft er seinen ersten Campingführer mit allen wichtigen Daten der beliebtesten Campingplätze Europas, wie zum Beispiel deren Telefonnummern. Es ist der Vorläufer des viel detaillierteren Werkes, das Sie nun in der Hand halten. Es ist die Geburtsstunde von ACSI, dem Auto Camper Service International.

Damals konnte Ed noch nicht wissen, dass sein erstes Heft die Grundlage für einen international operierenden Verlag und Campingreiseveranstalter sein würde.

Qualität an erster Stelle

Informationen sammeln und bündeln kann jeder. Unsere Arbeit geht weit darüber hinaus. Alle Campingplätze, die in unseren Campingführern, auf unserer Webseite und in unseren Apps gelistet werden möchten, werden jedes Jahr von unseren Inspektoren begutachtet. Das war schon 1964 der Fall und hat sich bis heute nicht geändert. Unsere Inspektoren werden intern geschult und stellen sicher, dass nur die besten Campingplätze mit unserem Logo werben dürfen.

Und mit unserem Logo werben Campingplätze gern. ACSI steht für Qualität und unser Logo ist zum Gütesiegel geworden. Durch unsere jährliche Inspektion wird außerdem sichergestellt, dass die Informationen verlässlich sind; wir haben den Campingplatz mit eigenen Augen gesehen.

Bei der Zusammenstellung unserer Produkte gehen wir äußerst sorgfältig vor. Die detaillierten Informationen helfen Campern, den Platz zu finden, der wirklich zu ihnen bzw. ihrer Familie passt. Genau das betrachten wir als unsere Mission: Wir möchten Campern den richtigen Campingplatz empfehlen und dem Campingplatz zufriedene Kunden vermitteln. Darin sind wir gut. Und das schon seit 55 Jahren.

Aktuelle und künftige Entwicklungen

Natürlich ist diese Aufgabe niemals abgeschlossen. Es kommen auch stets neue Herausforderungen hinzu, so wie im Jahr 1993. Ramon van Reine übernimmt die Geschäftsführung von seinem Vater. Er treibt die Professionalisierung und Digitalisierung voran und verlässt die Grenzen der Niederlande. ACSI steigt mit mehrsprachigen Produkten in das internationale Geschäft ein.

Und eine weitere Herausforderung kündigt sich an: Gelingt es ACSI, auch im Frühling und Herbst Camper für Campingurlaube zu begeistern? Dafür wurde ein Ermäßigungssystem mit dazugehöriger Ermäßigungskarte ins Leben gerufen, das sowohl für Camper als auch für Campingplätze gut funktioniert. Innerhalb von zehn Jahren wird die CampingCard ACSI zum meistverkauften Produkt im Angebot von ACSI. Mehr als 700 000 Camper reisen mit dieser Ermäßigungskarte durch Europa.

Auch Ed van Reines Idee, ein Buchungssystem zu schaffen, nimmt unter der Führung seines Sohnes Gestalt an. Immer mehr Campingplätze können über unsere Webseiten und Apps direkt gebucht werden. Dabei handelt es sich um eine unserer aktuellen Entwicklungen, die künftig weiter ausgebaut werden soll. Wir möchten online eine Plattform schaffen, auf der Camper recherchieren, buchen, sich informieren und inspirieren lassen können. Eine Webseite mit allen Informationen rund um den Campingplatz, die Region und die Freizeitgestaltung vor Ort. Der Ausgangspunkt für jeden, der Camping liebt.

Angebote für jeden Camper

Natürlich sind die Geschmäcker verschieden. Es gibt so viele Wünsche, wie es Menschen gibt. Der eine möchte keinen gedruckten Campingführer verwenden, der andere keine App. Einige campen gerne auf großen Campingplätzen mit umfangreicher Ausstattung, andere lieber auf kleinen, ruhigen Campingplätzen. Das wissen wir allzu gut. Deswegen umfasst unser Angebot Produkte für jeden Camper.

Campingführer
Es gibt viele Camper, die ihren Campingführer gerne auf den Schoß oder den Küchentisch legen, um ihn in aller Ruhe durchzublättern und einen Campingplatz auszusuchen. Wir haben Campingführer für Camper, die vor allem in der Nebensaison verreisen. Wir bieten einen idealen Reisebegleiter für Reisemobilisten mit Camping- und Stellplätzen. Unser Angebot umfasst jedoch auch Produkte für Camper, die noch keine eindeutigen Vorstellungen haben. All unsere Produkte beinhalten Übernachtungsmöglichkeiten in fast allen Ländern Europas.

Webseiten
Mit den nützlichen Filtern auf unseren Webseiten finden Sie schnell einen Campingplatz, der Ihren Vorlieben entspricht. Und Sie können bei immer mehr Campingplätzen nun auch auf unseren Webseiten oder in der App schnell und sicher einen Stellplatz oder eine Unterkunft buchen. Aber es gibt noch mehr zu entdecken. Auf unseren Webseiten geben wir Ihnen auch Tipps zu schönen Reisezielen, neuen Trends oder berichten rund um das Thema Campen. Diese Artikel veröffentlichen wir auf **www.Eurocampings.de/blog**.

Über ACSI

Apps
Praktisch für unterwegs: Unsere Apps funktionieren auch offline und sind dank der Filtermöglichkeiten sehr benutzerfreundlich. Dank der Standortbestimmung (GPS) finden Sie schnell eine Übernachtungsmöglichkeit in Ihrer Nähe. Für alle Reisemobilisten bieten wir außerdem Informationen zu 9 000 Stellplätzen in ganz Europa.

Zeitschriften
Wir schreiben gerne über das Thema Camping und es macht uns Spaß, Camper für die nächste Reise zu inspirieren. Das tun wir nicht nur online, sondern auch auf Papier. Wir produzieren verschiedene Campingmagazine, wie die niederländische Magazine ACSI FreeLife und Start2Camp.

Das ist noch nicht alles
Ihren Pass oder Personalausweis können Sie mit der ACSI Club ID getrost in der Tasche lassen. Die ACSI Clubkarte ist ein alternatives Ausweisdokument und wird auf fast 8 800 Campingplätzen in ganz Europa akzeptiert. Aber diese Clubkarte hat noch mehr Vorteile: Sie beinhaltet eine Haftpflichtversicherung und Ermäßigungen auf Produkte in unserem Webshop.

Schon seit mehr als 30 Jahren organisieren wir Campingreisen für Gruppen. Mit den ACSI Campingreisen nehmen wir Wohnwagen- und Wohnmobilbesitzer auf Reisen innerhalb und außerhalb Europas mit. Dank jahrelanger Erfahrung wissen wir genau, wo wir einzigartige Orte finden. Wir bieten diese Reisen für Niederländisch, Englisch und Deutsch sprechende Camper an.

Suncamp holidays ist unser Online-Reisebüro für Campingurlaube. Das Angebot umfasst erstklassige Campingplätze mit hervorragender Ausstattung an beliebten Reisezielen. Auf vielen Campingplätzen können Sie auch unsere SunLodges buchen. Diese komfortablen, hochwertigen Unterkünfte haben wir selbst entwickelt.

Weitere Informationen über unser Unternehmen und unsere Produkte finden Sie auf **www.ACSI.eu**.

Jährliche Inspektion der Campingplätze

Verlässliche und objektive Informationen sind nicht selbstverständlich. Darum werden alle Campingplätze, die in unseren Campingführern, auf unseren Webseiten und in unseren Apps aufgeführt sind, jedes Jahr von Inspektoren überprüft. Wussten Sie, dass wir jedes Jahr bei 95 Prozent unserer Campingplatz-Beschreibungen Änderungen vornehmen müssen?

Unsere 295 Inspektoren werden eingehend geschult, ehe sie sich an die Arbeit machen. Sie überprüfen auf den Campingplätzen mehr als 220 Einrichtungen und deren Qualität. Sie gewinnen einen Eindruck von der Atmosphäre auf dem Platz und sprechen mit den dortigen Campern und dem Eigentümer.

Der perfekte Urlaub
für Camper und alle, die es werden wollen

UNABHÄNGIG REISEN, DIE NÄHE ZUR NATUR GENIESSEN:
Camping macht einfach Spaß – egal ob mit Zelt, Caravan oder Wohnmobil. CLEVER CAMPEN zeigt alles, worauf es ankommt: Einsteiger-Infos, Zubehör, Reise-Tipps, neue Campingmobile und Gebrauchte.

Die ganze Campingwelt in einem Heft
5 x im Jahr

Am Kiosk. Oder heute noch bestellen!
Bestellservice, 70138 Stuttgart, Telefon 07 11/32 06 90 50, E-Mail bestellservice@dpv.de, www.clever-campen.de

Gebrauchsanweisung

Wie finden Sie den Camping?

Die Suche nach einem Camping in den ACSI Campingführern ist sehr einfach. Jedes Land beginnt mit einer Landkarte. Diese Landkarte ist eingeteilt in Bundesländer bzw. Regionen. Diese Landesteile korrespondieren mit einer Teilkarte weitergehend im Führer. In jedem Bundesland/Region ist angegeben, auf welcher Seite sich diese Teilkarte befindet. Auf der Teilkarte können Sie sich ausreichend informieren, um einen Camping zu finden. Sie finden die wichtigen Straßen angezeigt, die Ortsnamen und die Zeltchen für die Campings. Es gibt sowohl offene als geschlossene Zeltchen. Ein offenes Zeltchen bedeutet, dass ein Camping unter dem Ortsnamen im Führer aufgenommen ist. Ein geschlossenes Zeltchen bedeutet, dass mehrere Campings unter dem Ortsnamen zu finden sind. Hinter der Teilkarte finden Sie die Campings in diesem Gebiet in alphabetischer Reihenfolge der Ortsnamen.

Kleine Länder bzw. Gebiete sind in den (größeren) Nachbarländern eingegliedert. Die Campings in Liechtenstein finden Sie in der Schweiz und die von Åland in Finnland. Schließlich gibt es im Grenzgebiet Klein Walsertal im Vorarlberg in Österreich eine Anzahl Campings, die Sie im Deutschlandteil finden werden. Dieses Gebiet betrifft nämlich ein sogenanntes 'Deutsches Zollgebiet', das auch nur von Deutschland aus erreichbar ist. Länder mit relativ wenigen Campings haben keine Teilkarten.

Gebrauchsanweisung

Camping & Jachthaven Het Zwarte Schaar, Doesburg (NL)

Hiernach ist beschrieben, wie Sie schnell einen Camping nach Ihrem Geschmack finden können.

Wissen Sie den Ortsnamen?

Gehen Sie ins Ortsnamenregister auf Seite 475 und weiter. Hinter dem Ortsnamen finden Sie die Seitennummer des/der Camping(s), der/die in diesem Ort liegt/liegen.

Suchen Sie ein bestimmtes Land?

Sie wissen in welches Land Sie (eventuell) in Urlaub wollen? Vorne im Führer finden Sie eine Aufstellung aller Länder, so dass Sie sofort das Land Ihrer Wahl aufsuchen können. Jedes Land beginnt mit einer Landkarte. Diese Landkarte ist eingeteilt in Bundesländer bzw. Regionen, auch Teilgebiet genannt. Suchen Sie auf der Landkarte die Region/Bundesland aus, wohin Sie wollen. In dieser Region/Bundesland steht die Seitenzahl, wo Sie die Teilkarte finden können. Auf der Teilkarte können Sie sich ausreichend orientieren, um einen Camping zu finden. Sie finden die wichtigen Straßen angezeigt, die Ortsnamen und Zeltchen für die Campings. Hinter der Teilkarte finden Sie die Campings in diesem Gebiet in alphabetischer Reihenfolge der Ortsnamen. An den Rändern der Teilkarte sehen Sie Pfeile mit einer Seitenzahl darin, wo die angrenzende Teilkarte zu finden ist.

Alphabetische Ländertabelle

	Belgien	Seite	**387**
	Dänemark	Seite	**429**
	Deutschland	Seite	**46**
	Luxemburg	Seite	**415**
	Niederlande	Seite	**285**
	Österreich	Seite	**231**
	Schweiz	Seite	**201**

A

Aabenraa	434,435
Aabenraa/Løjt Norreskov	435
Aagtekerke	304,311

11

Gebrauchsanweisung

Landkarte

Teilkarte

Legende

▲   Ein offenes Zelt, bedeutet daß sich hier ein Campingplatz befindet.

▲   Ein geschlossenes Zelt, bedeutet daß hier mehrere Campingplätze zu finden sind.

▲ ▲   Camping(s) die CC CampingCard ACSI akzeptieren.

152   Auf dieser Seite finden Sie das Teilgebiet.

〈   Dies sind die Grenzen des Teilgebietes.

130   Pfeile mit Seitenangaben am Kartenrand verweisen auf angrenzende Gebiete.

    Die Übersichtskarte des betreffenden Landes und im welchen Teilgebiet Sie sich befinden.

Immer ein Campingplatz, der zu Ihnen passt!

- 9 900 jährlich inspizierte Campingplätze in 31 Ländern
- Filter auf mehr als 200 Einrichtungen
- Schnell und einfach buchen, auch unterwegs
- Mehr als 100 000 Campingplatz-Bewertungen

Gehen Sie auf: **www.Eurocampings.de**

Gebrauchsanweisung

Weitere Erläuterungen

▲ Name des Campings, Sterne und andere Klassifizierungen

ACSI gibt den Campings keine Sterne oder andere Klassifizierungen. Die gemeldete Sternenangabe oder andere Arten von Klassifizierungen sind durch örtliche Instanzen dem Camping zuerkannt. Sterne sagen nicht immer etwas über die Qualität, aber oft etwas über den Komfort, den die Campings bieten. Je mehr Sterne, umso mehr Ausstattung, aber oft auch... ein hoher Preis.

Es ist übrigens unmöglich eine garantierte Wiedergabe über das Maß der Reinheit/Sauberkeit in einem Campingführer anzugeben. Jedes Jahr werden viele Anlagen von den Inhabern verändert. Das kann zu Unterschieden kommen zwischen dem Jahr, in dem unsere Inspektoren den Platz besucht hatten und ein Jahr später, also dem Jahr, in dem Sie den Führer nutzen.

Wenn in einem bestimmten Land Sterne benutzt werden, um die Klasse des Campings anzugeben, steht das aber dennoch hinter dem Campingnamen. Seien Sie sich aber klar darüber, dass diese Sterne nie von ACSI vergeben wurden. Unsere Inspektoren sind nicht verantwortlich für die Qualität der Einrichtungen, nur für die Meldung des Vorhandenseins dieser Einrichtung. Das Urteil, ob nun ein Camping schön ist oder nicht und ob er gerade für Sie zwei oder vier Sterne wert ist, müssen Sie selbst fällen. Die Geschmäcker und Wünsche sind nun mal verschieden. Ein guter Rat: wenn Sie es nicht nach Ihren Vorstellungen antreffen, bleiben Sie keine zehn Tage auf dem selben Platz. Packen Sie Ihre Sachen und reisen weiter. Wer weiß, was da noch schönes hinter dem Horizont liegt!

Straße

🔑 Öffnungszeitraum

Die von der Campingdirektion gemeldete Periode, in der der Camping 2020 geöffnet sein wird. Manche Campings kennen 2 Öffnungszeiträume. In diesem Fall sind beide Perioden gemeldet, zum Beispiel 01/04-30/09, 01/12-31/12. Leider wollen einige Campings (vorallem in der Vor- und Nachsaison) darüber hinaus ziemlich von der von Ihnen angegebenen Öffnungsperiode abweichen. Sie können eine Woche früher oder später offen/geschlossen sein als das 2019 vorgesehen war. Sorgen Sie also dafür, dass Sie in der Vor- und Nachsaison nicht zu

Inspektion auf Recreatiepark TerSpegelt in Eersel (NL)

Gebrauchsanweisung

BestCamp Parc La Clusure in Bure/Tellin (B)

früh oder zu spät beim Camping eintreffen. Eben mal beim betreffenden Camping anrufen ist daher zu empfehlen.
Rechnen Sie auch damit, dass in der Vor- und Nachsaison nicht alle Einrichtungen offen sind. Oft sind Schwimmbad, Laden, Freizeitprogramme usw. erst später in der Saison in Betrieb. Siehe auch in dem hiernach Beschriebenen über Einrichtungen, welche das sein können. Weiterhin wird auch die Personalbesetzung in der Vor- und Nachsaison etwas geringer sein.

 Telefonnummer
Die Telefonnummer des Campings. Die internationale Zugangsnummer ist bei jedem Camping gemeldet. Rufen Sie beispielsweise von Deutschland oder Österreich aus an, dann wählen Sie die Nummer zwischen den Klammern (meistens ist das die Null der Ortskennzahl) nicht.

 E-Mail
Die E-Mailadresse des Campings. Fast alle Campings haben eine E-Mailadresse. Sie können also direkt mit dem Camping zu Informations- oder Reservierungszwecken Kontakt aufnehmen.

GPS-Koordinaten
Benutzen Sie ein Navigationssystem, dann sind die GPS-Koordinaten des Campings fast unentbehrlich. ACSI hat in diesem Führer gerade für die Nutzer eines Navigationssystems die GPS-Koordinaten notiert. Unsere Inspektoren haben am Schlagbaum des Campings die Koordinaten gemessen, also kann fast nichts mehr schief gehen. Aber... Vorsicht. Denn nicht

15

Gebrauchsanweisung

alle Navigationssysteme sind auf eine Kombination Auto-Caravan eingestellt. Lesen Sie darum auch immer die Routenbeschreibung, die beim Camping steht und vergessen Sie nicht auf die Schilder zu achten. Denn der kürzeste Weg ist nicht immer der leichteste.
In manchen Fällen kommen Sie mit dem Navi nicht am Camping an, wenn Sie den Koordinaten zum Schlagbaum folgen. In diesen Fällen hat man sich dafür entschieden auf die Zufahrtstraße zum Campingplatz zu navigieren. Wenn Sie ab diesem Punkt den Hinweisschildern folgen, können Sie den Camping fast nicht mehr verfehlen!
Die GPS-Koordinaten werden wiedergegeben in Graden, Minuten und Sekunden. Kontrollieren Sie darum bei der Eingabe in Ihr Navigationssystem, ob dieses auch in Graden, Minuten und Sekunden eingestellt ist. Vor der ersten Zahl steht ein N. Vor der zweiten Zahl ein E oder ein W (rechts oder links gelegen vom Greenwich-Meridian).

🛜 WLAN-Zone und/oder
🛜 WLAN 80-100% Abdeckung

Gibt es auf einem Camping einen WLAN-Zone, dann gibt es auf der Anlage eine Stelle, wo man drahtlos ins Internet kommt. Im Redaktionseintrag steht bei diesem Camping folgendes Symbol: 🛜
Gibt es 80-100% WLAN Abdeckung, können Sie auf dem größten Teil der Anlage drahtlos ins Internet. Im Redaktionseintrag

Panorama Camping Gulperberg in Gulpen (NL)

Traum-Wohnwagen gefunden, Familienurlaub perfekt!

Ob neu oder gebraucht – caraworld ist der größte exklusive online-Marktplatz für Caravans. Hier finden Sie Ihren persönlichen Traum-Wohnwagen. Dank tausender toller Angebote und den besten Suchmöglichkeiten.

CaraWorld

www.caraworld.de

Gebrauchsanweisung

steht bei diesem Camping folgendes Symbol: 🛜

 CampingCard ACSI
Wenn dieses Zeichen mit dem Betrag 12 €, 14 €, 16 €, 18 € oder 20 € beim Camping angegeben ist, dann nimmt dieser Platz an der CampingCard ACSI teil. Zu dem hier angegebenen Tarif können Sie in der Vor- und Nachsaison übernachten, wenn Sie eine gültige CampingCard ACSI haben. Mehr Informationen finden Sie auf Seite 490 und weiter.

 ACSI Club ID
Wenn Sie dieses Zeichen sehen bei einem Campingplatz, dann wird die ACSI Club ID dort akzeptiert. Mehr Information finden Sie auf Seite 22.

 Umweltfreundlicher Camping
Von einer Umweltorganisation aus dem betreffenden Land anerkannt.

Spezielle Campings oder Campings mit bestimmten Eigenschaften
Oben in dem hellgrünen Block finden Sie oft Angaben wie W **FKK** FKK B. Hiermit wird angegeben, ob Campings bestimmte Eigenschaften haben.
W = Wintersportcampingplatz
  – siehe auch Seite 28
FKK = FKK-Campingplatz
  – siehe auch Seite 30
FKK = Camping mit einem FKK-Teil
  – siehe auch Seite 31
B = Camping geeignet für Behinderte
  – siehe auch Seite 26

Höhenlage eines Campings
Hier wird die Höhenlage eines Campings in Metern gemeldet. Übrigens wird diese Zahl erst bei einer Höhenlage des Campings von mindestens 50m/ü. NN angegeben. Am Abend und in der Nacht kann die Temperatur auf einem 'Camping auf der Höhe' ordentlich fallen. Auch für Menschen mit Herzproblemen oder Atemwegserkrankungen zum Beispiel kann es wichtig sein, die Höhenlage des Campings zu beachten.

Oberfläche des Campings
Mit dieser Zahl wird die Oberfläche des Campings in Hektar angegeben (1 ha = 10.000 m²). Je größer der Camping, umso größer ist auch oft die Zahl der Einrichtungen. Bei einem kleineren Camping können Sie nicht nur weniger Einrichtungen antreffen, sondern auch mehr Ruhe. Oftmals verfügt ein kleinerer Camping auch über einfachere Einrichtungen.

Tourplätze/Feste Stellplätze
Die Zahl, die vor dem T steht, gibt die Anzahl der Tourplätze auf dem Camping an. Die Zahl vor dem D weißt auf Plätze hin, die nicht für den Tourcamper bestimmt sind, sondern für Dauercamper. Darunter fallen nicht nur Plätze die für Saisoncamper bestimmt sind (Saisonplätze und Nebensaisonplätze), sondern auch alle Mietobjekte. Mit der Anzahl der Tourplätze können Sie ungefähr einschätzen, ob Sie es mit einem kleinen oder großen Camping zu tun haben und was sehr wichtig ist: Sie bekommen mit der Anzahl der Dauerplätze eine Einschätzung, worauf der Camping Wert legt. Besteht ein Camping vornehmlich aus Dauerplätzen, dann können Sie davon ausgehen, dass Sie als Tourcamper meist die minderen Plätze zugeteilt bekommen. Sie laufen auch bei einem Camping mit überwiegend

Gebrauchsanweisung

Dauerplätzen die Gefahr, keinen freien Tourplatz zu finden.
Bei Campings wo die Anzahl etwa gleich ist, wird oft eine Aufteilung zwischen Tourplätzen und Dauerplätzen gemacht.

Kleinster / größter Tourplatz
Hinter der Anzahl der Tourplätze finden Sie eine Angabe über die Abmessung der Tourplätze. Steht dort z.B. (80-120 m^2), dann können Sie davon ausgehen, dass der kleinste Tourplatz 80 m^2 misst und der größte Tourplatz 120 m^2. So haben Sie eine gute Einschätzung der Größe der Tourplätze.

Richtpreis 1 / Richtpreis 2
In den ACSI Campingführern handhaben wir 2 Richtpreise. Es wird unterschieden zwischen Kombinationen mit und ohne Kinder.
Richtpreis 1:
2 Erwachsene, 1 Auto, 1 Caravan, Vorzelt/Vordach, Touristenabgaben (2 Erwachsene), Umweltabgabe und Strom (niedrigste Ampère).
Richtpreis 2:
Wie Richtpreis 1, nur inklusive 2 Kinder von 6 und 9 Jahren.
Da beide Preisen im Führer gemeldet sind, bekommen Sie als Camper eine bessere Preiseinschätzung.
Sowohl bei Richtpreis 1 und 2 betrifft das die Preise für einen Stellplatz pro Nacht, als auch die, die in der **Hochsaison** berechnet werden. Das ist der Tarif für Stellplätze, wobei die meisten davon auf dem Camping sogenannte Standardplätze sind. Für Komfortplätze muss extra bezahlt werden (das sind Plätze oft mit RTV-Anschluss und Wasseranschluss und -abfuhr). Die Preise basieren auf dem Preis in der Valuta des Landes Stand September 2019. Die Valuta und der Kurs findet man erwähnt unter der Überschrift 'Währung und Geld' auf der Seite mit den Länderinfos. Genannter Richtpreis ist in Euro.
Achtung!! Die Preise wurden notiert beim letzten Besuch des Inspektors auf dem Camping, d.h. dass Sie im Führer 2020 Tarife antreffen, die 2019 Anwendung fanden. Die Preise sind indikativ und geben keine Sicherheit.
Die Preise, die wir Ihnen angeben (die ACSI-Richtpreise) sind also sicher keine Angaben, mit denen Sie genau auf den Cent ausrechnen können, was Ihr Urlaub an Campingkosten kosten wird.
Dennoch können die ACSI-Richtpreise wichtig für Sie sein. Mit deren Hilfe können Sie nämlich feststellen, ob Sie es mit einem teuren oder günstigen Camping zu tun haben. Es gibt Campings mit Richtpreisen, die weit über 30 € pro Tag liegen. Aber.... es gibt auch welche, wo Sie unter 15 €

Recreatiepark TerSpegelt in Eersel (NL)

Gebrauchsanweisung

Camping Des Glaciers in La Fouly (CH)

campen können. Und das sind ganz schöne Unterschiede, die auf Ihr Urlaubsbudget Einfluss haben können.

Ampère
Wir melden bei jedem Camping die Ampèrezahl, über die der Camping verfügt.

CEE
Diese Angabe bedeutet, dass ein dreipoliger Eurostecker notwendig ist.

Campingplatznummer
Bei jedem Campingplatz ist eine sechsstellige Zahl angegeben. Mit dieser Nummer finden Sie den betreffenden Platz ganz leicht auf *www.Eurocampings.de*. Im Campingeintrag sehen Sie dann Fotos und die Bewertungen anderer Camper.

Einrichtungen
Wie schon vorher beschrieben, beurteilt ACSI die Campings nicht hinsichtlich der Sterne oder anderen Bewertungssymbolen. ACSI kann über nicht weniger als 223 verschiedene Punkten informieren, was und was Sie nicht auf einem Camping antreffen.
Die Einrichtungen sind auf sehr übersichtliche Weise in 10 verschiedene Rubriken unterteilt. Aus der Rubrik 1 (Reglement), können Sie bspw. entnehmen, ob Sie den ACSI Club ID nutzen können, oder ob Sie einen Hund mitbringen dürfen. Ihre Teenager schauen natürlich direkt, ob unter Rubrik 4 einer der Punkte M oder N (Discothek oder Disco-Abende) auch aufgenommen ist.
Das erste, was ein leidenschaftlicher Angler tun wird, ist natürlich nachschauen, ob in Rubrik 6 Punkt N (Angelmöglichkeit) auch gemeldet ist. So erhalten Sie eine vollkommen objektive Beurteilungsweise.

In der Umschlagseite dieses Führers finden

Gebrauchsanweisung

Sie eine Aufstellung aller Einrichtungen. Diese Einrichtungsliste können Sie neben dem Camping Ihrer Wahl aufklappen. Bei jedem Camping in den ACSI Führern werden die Einrichtungen die vorhanden sind durch Buchstaben angegeben. Mit vorhanden meinen wir auf dem Camping anwesend. Wenn ein Schwimmbad oder eine andere Einrichtung direkt neben dem Camping liegt und die entsprechenden Einrichtungen dürfen vom Campinggast genutzt werden, dann sind diese Buchstaben der Einrichtung auch gemeldet.

Auch können Sie nachschauen, ob eine bestimmte Einrichtung extra bezahlt werden muss. Auf der Einrichtungsliste haben wir ein Sternchen bei den Einrichtungen platziert, von denen die Inspektoren 2019 kontrolliert haben, ob sie gratis sind oder bezahlt werden müssen. Wenn für bestimmte Einrichtungen extra bezahlt werden muss, dann ist die betreffende Einrichtung **fett** gedruckt. Zum Beispiel 3N will sagen, dass Sie gratis Tennis spielen können, 3**N** will sagen, dass Sie dafür extra zahlen müssen.
Einrichtungen bei denen kein Sternchen steht, werden nie fett gedruckt, aber das heißt nicht, dass sie gratis sind.
Bitte beachten Sie, dass nicht alle erwähnten Einrichtungen während der gesamten Öffnungsperiode verfügbar sind. Sie haben hauptsächlich Bezug auf die Hochsaison. Im Prinzip sind das immer die Sommerferien. Meistens betrifft es die Einrichtungen 10A (Deutsch gesprochen an der Rezeption), 2O (öffentliches Verkehrsmittel beim Campingplatz), 3, 4 und 6 teilweise (Sport und Spiel, Erholung und Wellness, Erholung am Wasser) und teilweise 5 und 9 (Einkauf und Restaurant und Mietmöglichkeiten).
Die vollständige Einrichtungsliste finden Sie auf der ausklappbaren Vorderseite des Führers. Die vorhandenen Einrichtungen auf einem Camping stehen bei jedem Camping separat gemeldet. Sollte dennoch bestimmtes Wissenswertes nicht in unserem Führer gemeldet sein, nehmen Sie bitte Kontakt mit dem Camping auf.

Mit dem Hund in Urlaub?
Auf vielen Campingplätzen sind Hunde gestattet, wie man in der Rubrik 1 ersehen kann. Auf einzelnen Plätzen gibt es ein Limit von Hunden pro Gast und/oder sind einige Rassen gar nicht erlaubt. Möglicherweise sind auch bestimmte Rassen und Anzahlen nur in der Nebensaison erlaubt. Im Zweifel nehmen Sie bitte mit dem Campingplatz Kontakt auf.

Möchten Sie mehr Informationen?
Schauen Sie auch auf unsere Webseite *www.Eurocampings.de*. Hier finden Sie noch viel ausführlichere Informationen zu jedem Camping. Sie können sofort nach Thema einen Camping suchen und Fotos betrachten.

Oostappen Vakantiepark Prinsenmeer in Asten/Ommel (NL)

Club ID

ACSI Club ID ist unverzichtbar für jeden Camper. Von der Clubkarte profitieren Sie nicht nur während Ihres Campingurlaubs, sondern auch zuhause!

✔ Ersatz für den Personalausweis
Die ACSI Club ID wird auf fast 8 800 teilnehmenden Campingplätzen in Europa als Identitätsnachweis akzeptiert. So können Sie Ihren Personalausweis oder Reisepass während des Urlaubs sicher in der Tasche behalten.

✔ Rabatte im ACSI Webshop
Als Club ID-Mitglied können Sie viele ACSI Produkte preisgünstig bestellen.

✔ Haftpflichtversicherung
Mit der ACSI Club ID können Sie unbesorgt in den Urlaub fahren. Dank dieser Karte sind Sie und Ihre Mitreisenden (max. 11 Personen) in einem Campingurlaub – aber auch in einem Ferienhaus oder Hotel – haftpflichtversichert!

Bestellen Sie gleich Ihre ACSI Club ID und zahlen Sie nur 4,95 € pro Jahr!
Besuchen Sie zum Bestellen und für weitere Informationen **www.ACSIClubID.de**.

ACSI Club ID und CampingCard ACSI

ACSI bringt verschiede Produkte für Campingurlauber auf den Markt. Eines dieser Produkte ist die ACSI Club ID. Aber dies ist nicht die einzige ACSI-Karte. Es gibt auch die CampingCard ACSI: Dabei handelt es sich um eine praktische Ermäßigungskarte für die Nebensaison, mit der Sie auf vielen Campingplätzen in Europa zu einem festen Ermäßigungstarif übernachten können.

Um Missverständnisse zu vermeiden, haben wir hier die Unterschiede zwischen den beiden Karten in einer praktischen Übersicht für Sie zusammengestellt.

	ACSI Club ID	**CampingCard ACSI**
Beschreibung	Clubkarte, Personalausweis-Ersatz auf dem Campingplatz	Ermäßigungskarte für den Aufenthalt auf Campingplätzen in der Nebensaison
Akzeptanz	Wird als Ausweis-Ersatz auf 8 800 Campingplätzen in 29 Ländern akzeptiert	Ermöglicht Übernachtungen auf 3 412 Campingplätzen in 21 Ländern zu einem von fünf preiswerten Pauschaltarifen
Extra's	Haftpflichtversicherung, Mitgliederermäßigung im ACSI Webshop	Dazugehöriger Campingführer, der alle Informationen über die CampingCard ACSI-Campingplätze enthält
Anschaffung	Mitgliedschaft, wird über den ACSI Webshop abgeschlossen.	Einzelprodukt, erhältlich im Buchhandel, in Geschäften für Campingbedarf und im ACSI Webshop. Abonnement, kann im ACSI Webshop gebucht werden.
Gültigkeit	1 Jahr gültig bis zum Ablaufdatum (verlängert sich automatisch)	1 Kalenderjahr gültig
Kosten	4,95 € pro Jahr	Ab 12,95 € pro Jahr
Mehr Info	www.ACSIClubID.de	www.CampingCard.com

Ihr Pass oder Ausweis
sicher in der Tasche

Die praktische ACSI Clubkarte

- Kann als Ausweisersatz an der Rezeption hinterlegt werden
- Wird auf fast 8 800 Campingplätzen in ganz Europa akzeptiert
- Rabatte im ACSI Webshop

4,95 €

Bestellen Sie bequem unter: **www.ACSIClubID.de**

Campingplatz-Bewertungen

Bewerten Sie einen Campingplatz und gewinnen Sie mit etwas Glück ein iPad!

Viele Camper gehen gerne gut vorbereitet auf die Reise. Sie können mit Ihrer Beurteilung dazu beitragen, dass auch andere Campinggäste sich ein gutes Bild ihres Urlaubsziels machen können.

Ihr Campingplatz
Wie beurteilen Sie einen Campingplatz? Besuchen Sie *www.Eurocampings.de/ipad* und suchen Sie den Campingplatz, auf dem Sie waren, mithilfe der Suchbox.

Ihre Bewertung
Auf der Seite des Campingplatzes sehen Sie die Registerkarte 'Bewertungen'. Öffnen Sie diese und klicken Sie anschließend auf den grünen Button 'Eine Bewertung hinzufügen' und helfen Sie so anderen Campern eine gute Entscheidung zu treffen.

Ihr Code
Tragen Sie unten im Bewertungsformular in dem Feld 'Aktionscode' den folgenden Code ein: **IPAD-2020-CFD**
So sichern Sie sich automatisch die Chance auf ein iPad!

Kostenfreies ACSI Camping-Kochbuch
Wir freuen uns über Ihre Bewertung. Deshalb erhalten Sie nach dem Einstellen einer Bewertung kostenlos das ACSI Camping-Kochbuch (als PDF). Den Link zu unserem Kochbuch finden Sie in der Bestätigungsmail.

Behindertengerechte Campingplätze

Einrichtungsliste

1 Sanitärraum-Einteilung
A Getrennte Dusch- und Toilettenräume
B Beide Einrichtungen in einem Raum

2 Extra Ausstattungen im Sanitärbereich
A Leichtgängige automatische Türschliesser
B Sanitäre Ausstattungen für Behinderte im selben Block wie für die übrigen Campinggäste
C Sanitäre Ausstattungen für Behinderte nicht im selben Gebäude, aber mit Alarmanlage ausgestattet
D Behindertensanitär nur für Behinderte geöffnet
E Duschstuhl (ausklappbar oder entfernbar) ungefähr 48 cm hoch
F Wasserhahn ohne Drucktaste

3 Weitere Ausstattungen
A Spezielle Stellplätze für Behinderte
B Spezielle Parkplätze für Behinderte
C Imbiss/Restaurant zu ebener Erde oder über eine Rampe erreichbar
D Imbiss/Restaurant hat eine für Behinderte zugängliche und angepasste Toilette
E Supermarkt zu ebener Erde oder über eine Rampe erreichbar
F Rezeption für Behinderte gut zugänglich
G Schwimmbad mit einem Lift ausgestattet
H Schwimmbad nicht mit Lift ausgestattet, sondern mit einer Rampe einschließlich Kunststoff Rollstuhl
I Mietunterkünfte rollstuhlgerecht ausgestattet

ACSI macht jährlich eine Auswahl von Campingplätzen, die behindertengerecht ausgestattet sind. Die Voraussetzungen für einen behindertengerechten Platz wurden in Absprache mit dem Holländischen Behindertenrat festgelegt.
Die Campingplätze, die in dieser Auswahl aufgenommen werden, verfügen alle über für Behinderte geeignete Toiletten und Duschen oder über eine Kombination von beiden. Weiterhin geben wir bei jedem Campingplatz an, ob dieser über zusätzliche, für Behinderte nützliche Einrichtungen verfügt.

Alle Campingplätze auf einen Blick
Siehe:
www.Eurocampings.de/behinderte
Hier können Sie selbst eine Auswahl treffen, um einen passenden Campingplatz zu finden.

Nützliche Adresse
Allgemeiner Behindertenverband in Deutschland e.V. (ABiD)
Friedrichstraße 95
D-10117 Berlin
Tel. +49 (0)30-27593429
Fax +49 (0)30-27593430
E-Mail: kontakt@abid-ev.de
www.abid-ev.de

Wintersportcampingplätze

Einrichtungsliste

1 Allgemein
A Gut erreichbar
B Mäßig erreichbar
C Schlecht erreichbar
D Überdachte Stellplätze
E Gasanschlüsse am Stellplatz
F Elektrische Anschlüsse am Stellplatz
G Große Propangasflaschen
H Beheizte sanitäre Anlagen
I Trockenraum
J Ski-Abstellraum
K Lebensmittel erhältlich
L Skiverleih
M Skireparatur/-einstellung
N Sportshop
O Reservierung empfohlen

2 Gemeinschaftliche Aufenthaltsräume
A Mäßig
B Durchschnittlich
C Gut

D Après-Ski
E Folklore und Animation

3 Langlaufen
A Langlaufloipe in (….) km Entfernung
B Gesämtlänge der Langlaufloipen (….) km

4 Alpinski
A Übungslifte in (….) km Entfernung
B Großes Skigebiet in (….) km Entfernung
C Anschluß an andere Skigebiete

5 Umgebung
A Haltestelle Skibus am Camping
B Shuttle vom Camping zu den Skipisten
C Einkaufs-/Ausgangszentrum in (….) km Entfernung
D Skiverleih
E Skireparatur/-einstellung
F Wintersportartikel erhältlich
G Kino und/oder Theater
H Folklore und Veranstaltungen

In den letzten Jahren ist die Anzahl der Wintersportcampingplätze derartig gestiegen, daß wir beschlossen haben, diese nicht mehr im Führer zu veröffentlichen. Die Anzahl der Nutzer ist im Verhältnis zur Auflage zu gering.

Alle Campingplätze auf einen Blick
Siehe: **www.Eurocampings.de/wintersport**
Dort finden Sie eine Liste aller Campingplätze, die geeignet sind, um Wintersport zu genießen. Und Sie können selbst eine Auswahl treffen, um einen passenden Campingplatz zu finden.

Nützliche Adresse
Deutscher Skiverband (DSV)
Hubertusstraße 1
D-82152 Planegg
Tel. +49 (0)89-85790-0
E-Mail: info@deutscherskiverband.de
Internet: **www.deutscherskiverband.de**

FKK-Campingplätze

Deutschland

Hessen
Kassel/Bettenhausen / B.F.F.L. Lossaue _____ Seite 129

Karlsruhe
Sinsheim/Hilsbach / FKK Camping Hilsbachtal _ Seite 156

Mecklenburg-Vorpommern
Drosedow/Wustrow /
FKK Campingplatz am Rätzsee _____ Seite 86
Zwenzow / FKK-Camping Am Useriner See _____ Seite 95

Österreich

Kärnten
Eberndorf / Naturisten Feriendorf Rutar Lido __ Seite 264
Keutschach am See /
FKK-Kärntner Lichtbund Turkwiese _____ Seite 267
Keutschach am See /
FKK Grosscamping Sabotnik _____ Seite 268
Keutschach am See / FKK-Camping Müllerhof _ Seite 268
Moosburg in Kärnten / Tigringer See FKK _____ Seite 270

Steiermark/Burgenland
Eggersdorf / Freie Menschen FKK _____ Seite 281

Niederlande

Flevoland
Zeewolde / Naturistenpark Flevo-Natuur _____ Seite 319

Süd-Holland
Delft / Naturistencamping Abtswoudse Hoeve _ Seite 299

Luxemburg

Heiderscheid / de Reenert _____ Seite 423

Dänemark

Mittel-Jütland
Kysing Strand/Odder /
NFJ Naturist/FKK Camping _____ Seite 445

Süd-Jütland
Henne / Lyngboparken _____ Seite 437

Beachten Sie
daß Sie auf den meisten der hier genannten Campings Mitglied eines Naturistenvereins sein müssen! Informieren Sie sich beim Camping ob Sie vorher Mitglied werden müssen, oder ob Sie das vor Ort auf dem Camping werden können.

Nützliche Adresse
Deutscher Verband für Freikörperkultur
Varrelheide 11
D-30657 Hannover
Tel. +49 (0)511-260 352 01
E-Mail: dfk@dfk.org
▸ *www.dfk.org* ◂

Campingplätze mit einem FKK-Teil

Deutschland

Brandenburg
Bantikow / Knattercamping _____ Seite 99

Hessen
Eschwege/Meinhard /
Campingplatz Meinhardsee _____ Seite 126

Koblenz
Birkenfeld / Campingpark Waldwiesen _____ Seite 133

Mecklenburg-Vorpommern
Prerow / Regenbogen Ferienanlage Prerow ____ Seite 91

Sachsen
Boxberg /
Campingplatz Sternencamp Bärwalder See ____ Seite 105
Eilenburg /
Freizeit und Erholungszentrum Eilenburg ____ Seite 105
Halbendorf / Halbendorfer See _____ Seite 106
Volkersdorf / Oberer Waldteich _____ Seite 108

Thüringen
Neuengönna/Porstendorf /
Camping & Ferienpark bei Jena _____ Seite 110

Österreich

Kärnten
Pesenthein / Terrassencamping Pesenthein ____ Seite 272

Steiermark/Burgenland
Oberwölz / Rothenfels _____ Seite 283

Niederlande

Nord-Holland
Den Hoorn / Camping Loodsmansduin _____ Seite 295

Luxemburg

Diekirch/Bleesbruck / Bleesbrück _____ Seite 421

Dänemark

Nord-Jütland
Ejstrup Strand/Brovst / Tranum Klit Camping__ Seite 451

Seeland
Albuen/Nakskov / DCU Camping Albuen Strand_ Seite 460

8 100 europäische Campingplätze in einer praktischen App

ab **0,99 €**

ACSI Camping Europa-App

- Schnell und einfach buchen, auch unterwegs
- Kostenlose Updates mit Änderungen und neuen Campingplatz-Bewertungen
- Mit Informationen zu 9 000 kontrollierten Reisemobilstellplätzen kombinierbar
- Auch offline nutzbar

Für weitere Infos besuchen Sie:
www.Eurocampings.de/app

Das Inspektorenteam

Das Inspektorenteam

Auch Kinder kommen zu Wort. Was halten sie vom Miniklub oder wie finden sie bspw. den Spielplatz?

Die Einrichtungen werden nicht nur aufgenommen, sondern auch auf den Qualitätszustand hin überprüft.

Die exakte Lage des Campingplatzes wird mit Hilfe eines Navigationssystems erstellt.

Zuverlässig, objektiv und up-to-date

Warum ist der ACSI-Führer so populär? Weil die Informationen, die hier drin stehen, stimmen. Nichts besonderes, werden Sie denken, das ist doch klar?! Nein, das ist überhaupt nicht klar. Jährlich kommen neue Ausstattungen hinzu oder fallen weg. Regelmäßig wechseln die Campingplätze ihre Eigentümer. Mit der Folge, daß sich die Anlagen qualitativ verändern. Einer investiert in höherwertige Ausstattungen wie etwa sanitäre Anlagen, ein anderer läßt die Anlage möglicherweise verkommen. Verlässliche, aktuelle Informationen von neutralen Beobachtern sind für den Camper bei der Wahl seines Urlaubsziels von großer Wichtigkeit. ACSI ist sich dessen sehr bewusst. Darum machen sich jährlich 295 Inspektoren auf den Weg, um so etwa 8 100 Campingplätze in Europa zu besuchen, anzuschauen und einzuordnen. Dies tun sie mit einer Checkliste, die 223 Punkte enthält und natürlich auch ihrer persönlichen Erfahrung. Auch sprechen sie mit den Campinggästen vor Ort. Auf diese Art und Weise fließen auch Kriterien in die Beurteilung ein wie etwa die nächtliche Ruhe auf dem Platz.

Jährliche Kontrolle

ACSI ist einer der wenigen Herausgeber von Campingführern in Europa, der jedes Jahr aufs Neue alle Campingplätze, die veröffentlicht werden, untersuchen lässt. Der Jahreskontroll-Aufkleber von ACSI wird jedes Jahr vom Inspektor persönlich unter dem Punkt 'letzte Kontrolle ACSI-Inspektor' bei der Rezeption geklebt. Dies bedeutet, daß der betreffende Campingplatz wirklich vom ACSI-Inspektor besucht und kontrolliert worden ist.

Das Inspektorenteam

Der ACSI-Inspektor kontrolliert Schwimmbäder u.a. auf Hygiene und Sicherheit.

Ausreichendes Sanitär, sauber und funktionell? Aus Erfahrung und durch Einweisung lernt der Inspektor das Sanitär eines Platzes zu beurteilen.
Die Unterschiede können groß sein, aber sollte ein Platz nicht den ACSI-Kriterien genügen, wird er nicht aufgenommen.

CEE oder nicht und ein sicherer Kasten oder nicht? Die Ampèrezahl ist ebenfalls im Führer aufgenommen. Immer mehr Camper legen Wert auf diese Information, weil Sie entweder Airkondition oder Mikrowelle an Bord haben. Auch die Ausstattung mit ausreichenden Feuerlöschern ist wichtig.

Das Inspektorenteam

Die meisten anderen dagegen schicken ihre Jahresmarken lediglich zu, mit dem Vermerk, daß der Campingplatz in ihrem Führer aufgenommen ist. Das ist schon ein gewaltiger Unterschied!
Teilweise kontrollieren unsere Inspektoren bis Anfang September Campingplätze. So kann es natürlich passieren, daß Sie auch einmal auf einem Campingplatz noch nicht den aktuellen Jahreskontroll-Aufkleber vorfinden.

Nachdem der Camping kontrolliert wurde, wird der Aufkleber vom Inspektor angebracht.

Während des Besuchs werden auch Fragen gestellt, die der Inspektor nicht beurteilen kann, bspw. ob ein Platz nachts gut ausgeleuchtet ist oder ob es nachts auch ruhig ist.

Das Vanlife-Magazin von promobil
Jetzt 4 mal im Jahr!

Wir reden kein Blech. Wir leben es.

Frei, unabhängig, flexibel – leben und reisen mit einem Camper Van ist besonders. Für echte Fans gibt es jetzt das neue CAMPINGBUSSE. Mit außergewöhnlichen Storys, ausführlichen Tests neuer Modelle, praktischem Zubehör, tollen Reisen und ganz viel Vanlife.

Am Kiosk. Oder einfach heute noch bestellen!
promobil-Bestellservice, 70138 Stuttgart, Telefon 07 11/32 06 90 50, Fax 07 11/182-25 50,
E-Mail: bestellservice@promobil.de, www.promobil.de/sonderhefte, 6,90 € inkl. MwSt. zzgl. 2,00 € Versandkosten

ACSI Camping Europa-App

8 100 europäische Campingplätze in einer praktischen App

Mit der ACSI Camping Europa-App finden Sie dank der vielen praktischen Funktionen und Suchmöglichkeiten direkt eine Übernachtungsmöglichkeit. Die App, die auch ohne Internetverbindung genutzt werden kann, enthält nämlich alle europäischen Campingplätze, die in diesem Campingführer gelistet sind. Außerdem haben Sie die Option, die App gegen Aufpreis um Informationen zu 9 000 überprüften Reisemobilstellplätzen in Europa zu erweitern! Die Informationen werden mehrmals im Jahr auf den neuesten Stand gebracht. Die App eignet sich für Smartphones und Tablets (Android 5 und höher, iOS 7) wie auch für Laptops und Computer (Windows 10).

Zugang
Sie können die App zuerst mit ein paar ausgewählten Campingplätzen rund um den Gardasee ausprobieren. Gefällt Ihnen die Funktionsweise? Dan machen Sie den im Führer beiliegenden Umschlag auf. Dort steht nämlich eine deutliche Beschreibung, wie Sie zu den übrigen Informationen Zugang bekommen.

Suche nach Name
Sie können nach Land, Region, Ort, Campingnummer oder Campingnamen suchen. Geben Sie einen Suchbegriff ein und betrachten Sie die Übernachtungsmöglichkeiten auf der Karte. Der Datenbestand umfasst über 500 000 Suchbegriffe!

Suche in der Umgebung
Haben Sie die Standortbestimmung auf Ihrem Gerät eingeschaltet? Dann erkennt die App Ihre aktuelle Position und zeigt Ihnen direkt die Campingplätze und ggf. Reisemobilstellplätze in Ihrer Nähe an. Suchen Sie eine Übernachtungsmöglichkeit woanders? Dann markieren Sie selbst einen beliebigen Standort auf der Karte. Die

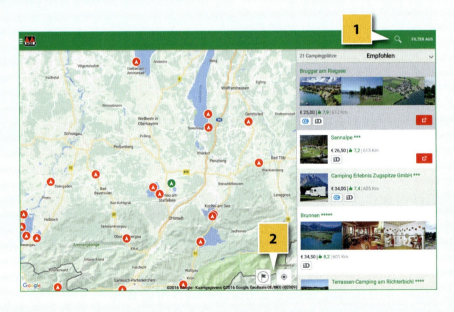

ideale Lösung, wenn Sie noch auf der Suche nach einer Übernachtungsmöglichkeit sind.

Umfassende Informationen 3
Je Camping- und Reisemobilplatz finden Sie umfangreiche Informationen über das Gelände und die Ausstattung. Entdecken Sie anhand von Bildern, Kartenmaterial sowie Campingplatz-Bewertungen anderer Camper, ob es für Sie passt!

Favoriten 4
Haben Sie einen Camping- oder Reisemobilplatz gefunden, der voll und ganz Ihren Wünschen entspricht? Dann hängen Sie ihn Ihren Favoriten an. Dann können Sie den Camping- oder Reisemobilplatz einfacher finden und bequem auf der Karte erkennen. Favoriten bekommen nämlich eine auffälligere Darstellung.

Einen Campingplatz buchen
In der App ist bei einer zunehmenden Zahl von Campingplätzen direkt sichtbar, ob Plätze frei sind, und Sie können direkt buchen. Nähere Infos zu den Möglichkeiten finden Sie auf Seite 42.

Nutzung auf mehreren Geräten
Sie können die App auf drei Geräten gleichzeitig nutzen. Wenn Sie sich mit Ihrem Mein ACSI-Account einloggen, wird der Zugang freigeschaltet.

Auf *www.Eurocampings.de/app* finden Sie mehr Informationen zur ACSI Camping Europa-App.

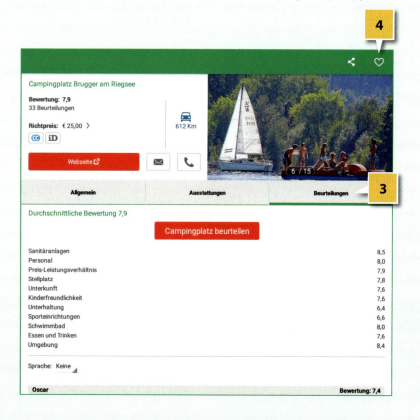

Vergleich ACSI-Apps

Ergänzend zu den ACSI Campingführern gibt es drei praktische Apps für Smartphone, Tablet und Laptop: die ACSI Camping Europa-App mit 8 100 Plätzen, die CampingCard ACSI-App mit über 3 600 Teilnehmerplätzen, die diese Ermäßigungskarte akzeptieren und die ACSI Great Litte Campsites-App mit über 2 000 kleinen und gemütlichen Campingplätzen. In diesen Apps können Sie auch Informationen zu 9 000 Reisemobilstellplätzen hinzukaufen. Die Apps sind ohne Internetverbindung nutzbar, sodass Ihnen alle Campingplatz- und ggf. Stellplatzinformationen überall und jederzeit zur Verfügung stehen. Entdecken Sie hierunter alle Vorzüge der ACSI-Apps.

	ACSI Camping Europa-App	CampingCard ACSI-App	ACSI Great Little Campsites-App
Preis	Pakete mit Campinginformationen ab 0,99 €*	App mit Campinginformationen: 3,59 €	App mit Campinginformationen: 2,99 €*
Anzahl der Plätze	8 100	über 3 600	über 2 000
Campingplatz Typ	alle Plätze aus dem ACSI Campingführer Europa	alle Plätze, die die CampingCard ACSI akzeptieren	kleine Campings mit max. 50 Tourplätzen
Informationen über 9 000 Reisemobilplätze	Erhältlich in separaten Länderpaketen, nur in Kombination mit Campinginformationen	Erhältlich in Kombination mit Campinginformationen	Erhältlich in Kombination mit Campinginformationen
Geeignet für	Smartphone, Tablet, Laptop und PC	Smartphone, Tablet, Laptop und PC	Smartphone, Tablet, Laptop und PC
Auf drei Geräten gleichzeitg anwendbar	✓	✓	✓
Gratis Updates	✓	✓	✓
Offline anwenden	✓	✓	✓
Suche nach Land, Regio, Ort oder Campingname	✓	✓	✓
Suche nach Karte/GPS	✓	✓	✓
Suche nach CC-Tarif und CC-Akzeptanzzeiten		✓	
Anzahl der Suchfilter	250	150	250
Direkt über die App buchen	✓	✓	✓
Bewertungen teilen, lesen und schreiben	✓	✓	✓
Route planen	✓	✓	✓
Mehr Infos	Eurocampings.de/app	CampingCard.com/app	Kleinecampingplaetze.de/app

*Preisänderungen vorbehalten

Online buchen

Nichts ist ärgerlicher, als einen Campingplatz zu suchen, um dann bei der Ankunft festzustellen, dass kein Platz mehr frei ist. Jeder der eine Mietunterkunft auf einem Campingplatz sucht, weiß dass reservieren schon ein Muss ist, und auch für Stellplätze ist eine Reservierung zu empfehlen. Unbedingt in den Schulferien und für Campingplätze in beliebten Gebieten. Daher kann man bei einer steigenden Anzahl von Campingplätzen jetzt auch online einen Platz oder eine Mietunterkunft reservieren.

Über *www.Eurocampings.de* oder die ACSI Camping Europa-App können Sie von zu Hause oder unterwegs einfach einen Stellplatz oder eine Mietunterkunft buchen. Die buchbaren Campingplätze erkennen Sie am roten „Jetzt buchen"-Button. Sie buchen direkt auf dem Campingplatz und leisten online sofort eine Anzahlung. Die Buchung gilt damit für den Campingplatz und Sie als definitiv.

Einen Campingplatz buchen

Geben Sie zur Überprüfung der Verfügbarkeit in der Suchmaske auf der Homepage Ihre Aufenthaltsdauer ggf. mit etwas Spielraum an, sowie die Reiseteilnehmer und welche Übernachtungsmöglichkeiten Sie suchen.

Die Suchergebnisse werden nach Stellplatzart und Preis sortiert angezeigt. Sie können die gewählte Aufenthaltsdauer problemlos anpassen oder entfernen. (Klicken Sie dafür auf das Feld „Aufenthaltsdauer" und dann auf „Datum entfernen" unter dem Kalender.)

Wenn Sie anschließend auf den Button „Suchen" klicken, werden Ihnen alle Campingplätze angezeigt, die Ihren Kriterien entsprechen.

Wenn Sie keine Aufenthaltsdauer angeben, wird Ihnen jeder Campingplatz, der über Eurocampings.de gebucht werden kann, mit einem roten „Jetzt buchen"-Button angezeigt.

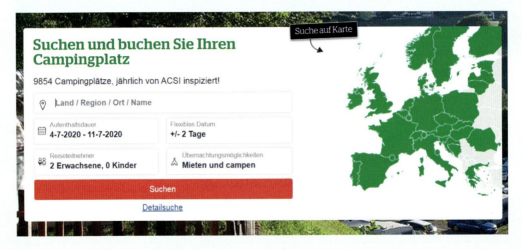

Klicken Sie auf den Button „Jetzt buchen" oder auf „Verfügbarkeit und Preise", um sich das gesamte Angebot, Ihre Optionen und genaue Preisangaben anzeigen zu lassen. Sie erhalten so die vollständige Liste mit den unterschiedlichen Campingmöglichkeiten und Mietunterkünften, die Sie buchen können.

Indem Sie auf den „Jetzt buchen"-Button klicken, starten Sie den Buchungsprozess. Zuerst geben Sie an, mit wie vielen Personen welchen Alters Sie campen gehen und ggf. welche Optionen Sie auswählen. So erfahren Sie den genauen Preis. Danach tragen Sie die Namen und Adressdaten ein. Anschließend wählen Sie eine Zahlungsart aus. Sobald Sie im letzten Schritt Ihre Zahlungsart bestätigt haben, ist die Buchung definitiv. Sie buchen direkt beim Campingplatz. Es gelten die Buchungs- und Stornierungsbedingungen des jeweiligen Campingplatzes. Diese Bedingungen werden Ihnen vor Abschluss des Buchungsvorgangs angezeigt.

Die Vorteile einer Online-Buchung
- Sie haben einen Stellplatz oder Mietunterkunft gesichert.
- auch für Last-minute-Buchungen. Unterwegs bequem von Ihrem Handy aus buchbar.
- Vorab alle Kosten um Überblick.
- Nur sichere Zahlungsarten.

Immer mehr Campingplätze über ACSI buchbar
Die Zahl der Campingplätze, die über ACSI buchbar sind, wächst kontinuierlich. Weitere Informationen und eine praktische Übersicht über alle buchbaren ACSI-Campingplätze finden Sie auf *www.Eurocampings.de/onlinebuchen* und in der ACSI Camping Europa-App.

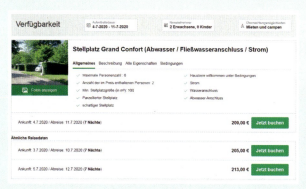

Gemeinsam

erleben wir mehr.

'Wir sind zufrieden, wenn alle anderen genießen. Die Reise muss ein Fest sein, an das man sich gerne zurückerinnert.'

Cor und Tineke van Langeveld, Reiseleiter

Unterwegs mit anderen Campern ist es gesellig. Der Bridgepartner ist schnell gefunden und ein gemeinsamer Grillabend spontan organisiert. Und wir? Wir kümmern uns um den Rest. Wir planen die Route, zeigen Ihnen wunderschöne Orte und sorgen für einen entspannten Urlaub.

Sind Sie bereit für ein gemeinsames Abenteuer?

Buchen Sie online unter:
www.ACSIcampingreisen.de
oder rufen Sie uns an unter: +49 (0)69-95796988

Deutschland

Deutschland

Allgemeines
Offizieller Name: Bundesrepublik Deutschland.
Deutschland ist Mitglied der Europäischen Union.
Deutsch ist die offizielle Sprache. In touristischen Gebieten kommt man fast überall mit Englisch zurecht.
Zeitunterschied: In Deutschland ist es genauso spät wie in Berlin, Paris und Rom.

Währung und Geldfragen
Währung: Euro.
Bankkarte und Kreditkarte können Sie fast überall benutzen. Es gibt genug Geldautomaten.

Grenzformalitäten
Viele Formalitäten und Vereinbarungen in Bezug auf die notwendigen Reisedokumente, Fahrzeugpapiere, Anforderungen an Ihr Transportmittel und Ihr Campingfahrzeug, medizinische Kosten und die Mitnahme von Tieren hängen nicht nur vom Reiseziel, sondern auch von Ihrem Abreiseort und Ihrer Nationalität ab. Auch die Dauer Ihres Aufenthaltes kann eine Rolle spielen. Es ist unmöglich, im Rahmen dieses Leitfadens für alle Benutzer die richtigen und aktuellen Informationen über diese Themen zu gewährleisten. Wir empfehlen Ihnen daher, die folgenden Fakten in jedem Fall rechtzeitig vor der Abreise zu überprüfen:
- welche Reisedokumente Sie für sich selbst und Ihre Mitreisenden benötigen,
- welche Dokumente Sie für Ihr Auto und Ihren Anhänger benötigen,
- welche Waren und Medikamente Sie kostenlos ein- und ausführen dürfen,
- wie bei Unfall oder Krankheit die medizinische Behandlung in Ihrem Urlaubsland geregelt ist und bezahlt werden kann.

Haustiere
Finden Sie heraus, ob Ihr Haustier an Ihrem Zielort willkommen ist. Nehmen Sie hierzu frühzeitig Kontakt zu Ihrem Tierarzt auf. Dieser informiert Sie über relevante Impfungen und die entsprechenden Nachweise wie auch über Pflichten bei der Rückkehr.

Deutschland

Ferner sollten Sie sich erkundigen, ob an Ihrem Zielort für das Mitführen von Haustieren im öffentlichen Raum bestimmte Bedingungen gelten. So müssen in einigen Ländern Hunde immer einen Maulkorb tragen oder hinter Gittern transportiert werden.

Straßen und Verkehr

Deutschland verfügt über ein ausgedehntes Autobahnnetz, zwei- oder vierspurige Straßen (Bundesstraßen) und Nebenstraßen von guter Qualität.

Gebirgsstraßen
Prüfen Sie vor Beginn der Fahrt, ob keine Pässe geschlossen sind. Mehr Informationen: *alpenpaesse.de*.

Verkehrsdichte
Im Sommer herrscht auf den deutschen Autobahnen, die nach Skandinavien und in den Süden führen, sehr viel Verkehr, besonders freitags und samstags.

Tanken

Benzin (Super 95, Super 95 E10 und Super Plus 98) ist leicht erhältlich (beim Tanken von E10 am Einfüllstutzen, in der Bedienungsanleitung oder bei Ihrem Händler prüfen, ob Ihr Fahrzeug damit fahren kann). Diesel und Autogas sind ebenfalls leicht erhältlich. Der europäische Anschluss (ACME) wird zum Tanken von Autogas genutzt.

Die meisten Tankstellen sind mindestens von 8.00 bis 20.00 Uhr geöffnet, und die an Autobahnen sind oft Tag und Nacht geöffnet. Es gibt auch unbemannte Tankstellen.

Verkehrsregeln

Abblendlicht ist bei schlechter Sicht, im Dunkeln und in Tunneln vorgeschrieben. An einer Kreuzung mit Straßen gleichen Ranges hat der von rechts kommende Verkehrsteilnehmer Vorfahrt. Der Verkehr im Kreisverkehr hat Vorfahrt, wenn dies durch ein Vorfahrtsschild angegeben ist. Bergauffahrender Verkehr hat Vorfahrt

Deutschland

vor bergabfahrendem Verkehr (aber auf schmalen Gebirgsstraßen sollte das Fahrzeug, das am einfachsten ausweichen kann, Vorfahrt gewähren).
Die Alkoholgrenze liegt bei 0,5 ‰, aber bei 0 ‰ für Fahrer, die seit weniger als zwei Jahren im Besitz eines Führerscheins oder unter 21 Jahre alt sind.
Am Steuer dürfen Sie kein Telefon in der Hand halten, auch dann nicht, wenn Sie anhalten (das Telefonieren mit Freisprechanlage ist allerdings erlaubt).
Kinder unter 12 Jahren und einer Größe unter 1,50 m müssen in einem Kindersitz sitzen.
Blitzerwarner sind verboten, entfernen Sie (falls erforderlich) die Standorte von Radarfallen in Deutschland aus Ihrer Navigationssoftware.
Winterreifen sind bei winterlichen Verhältnissen Pflicht.

Besondere Bestimmungen
Bei Staus müssen Sie so weit wie möglich nach rechts oder links fahren, damit in der Mitte eine freie Spur (Rettungsgasse) für Einsatzfahrzeuge entsteht.
Beim Überholen von Radfahrern (auch auf einem Radweg) sind Sie verpflichtet, einen Seitenabstand von mindestens 1,50 m einzuhalten.

In einer deutschen Fahrradstraße sind Autos verboten, sofern nicht anders angegeben.
Zickzacklinien auf der Fahrbahn deuten darauf hin, dass man dort nicht stehen bleiben oder parken darf.

Vorgeschriebene Ausrüstung
Ein Warndreieck, eine Sicherheitsweste und ein Verbandskasten sind in Fahrzeugen mit deutschem Kennzeichen vorgeschrieben.

Wohnwagen, Wohnmobil
Ein Wohnmobil oder ein Gespann aus Pkw und Wohnwagen darf bis zu 4 m hoch, 2,55 m breit und 18 m lang sein (der Wohnwagen selbst darf bis zu 12 m lang sein).
Auf Autobahnen/Autoschnellstraßen mit drei oder mehr Spuren dürfen Wohnwagen nicht auf der ganz linken Spur fahren, es sei denn, Sie wollen nach links abbiegen.
Wenn Sie einen Wohnwagen mit einem Gewicht von mehr als 750 kg ziehen, müssen Sie 2 Unterlegkeile mitführen.

Fahrrad
Ein Fahrradhelm ist nicht vorgeschrieben.
Telefonieren und Tippen auf einem Handy sind auf dem Fahrrad verboten.

Höchstgeschwindigkeiten

Deutschland	Außerhalb geschlossener Ortschaften	Autobahn
Auto	100	130*
Mit Anhänger	80	80**
Wohnmobil < 3,5 Tonnen	100	130*
Wohnmobil > 3,5 Tonnen	80	100

* 130 km/h ist keine Höchstgeschwindigkeit, sondern eine Richtgeschwindigkeit.
** Mit einer deutschen Tempo-100-Plakette dürfen Sie 100 km/h fahren. Allerdings muss Ihr Fahrzeug-Wohnwagen-Gespann dafür geprüft werden. Mehr Informationen: tuev-nord.de (Suchen Sie nach „Tempo 100-Zulassung").
Innerhalb geschlossener Ortschaften beträgt die Höchstgeschwindigkeit 50 km/h.
Bei einer Sichtweite von weniger als 50 m beträgt die Höchstgeschwindigkeit außerhalb geschlossener Ortschaften 50 km/h.

Deutschland

Kinder unter 8 Jahren müssen mit dem Rad auf dem Bürgersteig fahren und Straßen zu Fuß überqueren.
Nur Radfahrer ab 16 Jahren dürfen ein Kind unter 7 Jahren in einem Kindersitz transportieren.
Nebeneinander Rad zu fahren ist nur auf einem Radweg erlaubt, der durch eine Erhöhung oder einen Grasstreifen von der Straße getrennt ist.

Maut und Umweltzonen

Maut
Die Straßen in Deutschland sind für Pkws und Wohnmobile mautfrei.

Umweltzonen
In immer mehr deutschen Städten ist eine Umweltplakette Pflicht. Dies gilt auch für ausländische Fahrzeuge.
Die Plakette kann gelb oder grün sein, je nach den Emissionen Ihres Fahrzeugs. Auf Autobahnen ist die Plakette nicht erforderlich. Kosten: ab 5 €.
In den betroffenen Städten wird eine Umweltzone durch die Schilder „Umweltzone" gekennzeichnet. Sie können diese Zone nur befahren, wenn Sie im Besitz einer gültigen Plakette sind. Wenn Sie die Zone ohne Plakette befahren, riskieren Sie eine Geldstrafe von ca. 80 €.
In einigen Städten gibt es ein sogenanntes „Dieselverbot", d.h. dass ältere Dieselfahrzeuge und Fahrzeuge ohne Katalysator nicht mehr zugelassen sind. Die Regeln sind von Ort zu Ort unterschiedlich.
Die Umweltplakette ist u. a. (auch online) bei der Stadt Berlin (5 bis 6 €) und dem TÜV Nord erhältlich. Mehr Informationen: *berlin.de*.
Weitere Informationen: *gis.uba.de/website/umweltzonen* (Karte) und *gis.uba.de/website/umweltzonen/umweltzonen.php* (Übersicht).

Panne und Unfall

Stellen Sie Ihr Warndreieck auf der Autobahn mindestens 200 m (auf sonstigen Straßen 50-100 m) hinter dem Fahrzeug auf. Allen Insassen wird empfohlen, eine Sicherheitsweste anzuziehen.
Rufen Sie bei einer Panne die Notrufnummer Ihrer Pannenhilfe-Versicherung an. Die Nummern deutscher Pannendienste sind: +49 89 22 22 22 (ADAC) oder +49 711 530 34 35 36 (ACE).
Sie können auch über eine orangefarbene Notrufsäule Pannenhilfe anfordern.
Wir empfehlen Ihnen, Ihr Fahrzeug nicht selbst auf der Autobahn zu reparieren. Das Abschleppen auf der Autobahn ist bis zur ersten Ausfahrt erlaubt.

Notrufnummern
112: allgemeine Notrufnummer für Polizei, Feuerwehr und Rettungswagen
110: Polizei

Campen

Die deutschen Campingplätze gehören zu den besseren in Europa. Die Campingplätze spezialisieren sich zunehmend auf Zielgruppen wie Familien mit Kindern, Wanderer und Radfahrer oder Wellness-Urlauber.
Wildcampen außerhalb der Campingplätze ist im Allgemeinen verboten. Es ist nur zulässig, wenn der Grundbesitzer die Erlaubnis erteilt hat.

Besonderheiten
Hallen- und Freibäder sind auf Campingplätzen weniger verbreitet.
Fast alle Campingplätze haben eine Mittagspause (normalerweise von 13.00 bis 15.00 Uhr), die strikt eingehalten wird.

Deutschland

Wohnwagen, Wohnmobil
In Deutschland ist es erlaubt, auf regulären Parkplätzen, auch entlang Autobahnen, maximal 24 Stunden in einem Wohnmobil, Wohnwagen oder Auto zu übernachten. Die Zahl der speziell für Wohnmobile ausgewiesenen Stellplätze neben den regulären Campingplätzen nimmt zu.

Suche nach einem Campingplatz
Über *Eurocampings.eu* können Sie ganz einfach einen Campingplatz suchen und auswählen.

Praktisch
Die Steckdosen haben zwei runde Löcher (Typ C und F). Auf *iec.ch/worldplugs* können Sie überprüfen, ob Sie einen Adapter (Weltstecker) benötigen.
Schützen Sie sich vor Zecken, da diese Krankheiten übertragen können.
Leitungswasser kann bedenkenlos getrunken werden.

Klima Berlin	Jan.	Feb.	März	Apr.	Mai	Jun.	Jul.	Aug.	Sept.	Okt.	Nov.	Dez.
Durchschnittliche Höchsttemperatur	3	4	9	13	19	22	24	24	19	13	7	4
Durchschnittliche Anzahl der Sonnenstunden pro Tag	2	2	5	6	8	8	8	7	6	4	2	1
Durchschnittliche monatliche Niederschlagsmenge (mm)	42	33	41	37	54	69	56	58	45	37	44	55

Klima Frankfurt am Main	Jan.	Feb.	März	Apr.	Mai	Jun.	Jul.	Aug.	Sept.	Okt.	Nov.	Dez.
Durchschnittliche Höchsttemperatur	4	6	10	15	20	22	25	25	20	14	8	5
Durchschnittliche Anzahl der Sonnenstunden pro Tag	1	2	4	5	7	8	7	7	5	3	1	1
Durchschnittliche monatliche Niederschlagsmenge (mm)	43	37	48	43	60	61	65	53	50	55	52	56

Klima Hamburg	Jan.	Feb.	März	Apr.	Mai	Jun.	Jul.	Aug.	Sept.	Okt.	Nov.	Dez.
Durchschnittliche Höchsttemperatur	4	4	8	12	18	20	22	22	18	13	8	5
Durchschnittliche Anzahl der Sonnenstunden pro Tag	2	2	4	6	7	8	7	7	6	3	1	1
Durchschnittliche monatliche Niederschlagsmenge (mm)	64	42	63	46	54	77	75	73	68	64	69	78

Klima München	Jan.	Feb.	März	Apr.	Mai	Jun.	Jul.	Aug.	Sept.	Okt.	Nov.	Dez.
Durchschnittliche Höchsttemperatur	3	4	9	13	18	21	23	23	19	13	7	4
Durchschnittliche Anzahl der Sonnenstunden pro Tag	2	3	5	6	7	8	8	8	6	4	2	2
Durchschnittliche monatliche Niederschlagsmenge (mm)	48	45	58	70	93	128	132	111	86	65	71	61

KNAUS CAMPINGPARKS

Wunsch-Urlaub für Individualisten

www.knauscamp.de

Gerne senden wir Ihnen weitere Informationen zu:

Helmut KNAUS KG
Campingparks
Marktbreiter Str. 11
97199 Ochsenfurt

info@knauscamp.de

HOTEL K1
Nohra
-einfach schlafe

Weser-Ems

Deutschland

Apen/Nordloh, D-26689 / Niedersachsen

- Nordloh
- Schanzenweg 4
- 1 Jan - 31 Dez
- +49 44 99 26 25
- u.delger@gmx.de

N 53°10'50'' E 07°46'26''

1	AEF**JM**NOPRST	LN 6
2	ADGHIPQVWX	ABDE**FG**IJ 7
3	BF**HIJ**MU	ABCDEFJNQRTUV 8
4	HIO**PQ**	EVW 9
5	ABDEFHLMN	ABFGHIJPRVX 10

Anzeige auf dieser Seite B 16A CEE ① €15,50
12 ha 80T(100m²) 166D ② €20,50
102072

Autobahn A28 Groningen-Leer-Oldenburg. Ausfahrt 4 Apen/Remels. In Apen Richtung Barßel/Nordloh. Dann ausgeschildert.

Aschenbeck/Dötlingen, D-27801 / Niedersachsen

- Aschenbeck
- Zum Sande 18
- 1 Jan - 31 Dez
- +49 44 33 12 02
- aschenbeck.camping@web.de

N 52°56'02'' E 08°24'13''

1	ADEF**JM**NOPQRST	LN 6
2	ADGHPRWXY	BE**FG** 7
3	AFG**HIJL**MS	BD**FJ**NPQRW 8
4		9
5	ABDEFJM	AHJLM**P**R 10

Anzeige auf dieser Seite B 16A CEE ① €19,00
8 ha 65T(100m²) 189D ② €21,00
101119

A1 Osnabrück-Bremen Ausfahrt Wildeshausen/Nord. Dann Richtung Wildeshausen. An der Ampel Richtung Dötlingen. Nach Aschenstedt den Schildern folgen.

Zum Sande 18
27801 Aschenbeck/Dötlingen
Tel. +49 44331202
www.camping-aschenbeck.de E-Mail: aschenbeck.camping@web.de

In der Parklandschaft Ammerland ist dieser wunderschön gestaltete Campingplatz rund um den See angelegt. Große Plätze, gutes Sanitär und prima Restaurant bieten Ihnen einen schönen Urlaub. Verschiedene Rad- und Wandertouren möglich. Auch in der Umgebung gibt es viel zu sehen. Auch als Durchgangscamping nach Skandinavien sehr gut geeignet.

**Schanzenweg 4
26689 Apen/Nordloh
Tel. +49 44992625
u.delger@gmx.de
www.campingplatz-nordloh.de**

Teilkarte Weser-Ems auf Seite 53

Campingplatz am Berg

Suddendorferstraße 37
48455 Bad Bentheim
www.campingplatzamberg.de
info@campingplatzamberg.de
0049-(0)5922-990461

Camping Aggen

Borkum - Nordseeinsel
>Campingurlaub inmitten des Nationalparks<
Wohnwagen- und Zeltplatz, 2500 qm. Nähe Strand und Nähe FKK-Strand. Vor- und Nachsaison Waschräume mit Heizung. Aufenthaltsraum mit TV.
Anmeldung an:
Ostland 1, 26757 Borkum • Tel. 04922-2215
E-Mail: aggen-borkum@t-online.de • Internet: www.borkum-aggen.de

Borkum, D-26757 / Niedersachsen

▲ Aggen	1 GILNOPQRS	6
Ostland 1	2 HOPVWX	ABDFG 7
15 Mär - 31 Okt	3 AFMS	ABEFJQRTW 8
+49 49 22 22 15	4 FHIO	I 9
@ aggen-borkum@t-online.de	5 ADM	ABHJPR 10
	Anzeige auf dieser Seite 16A CEE	① €32,00
N 53°36'13'' E 06°43'30''	2 ha 10T(80-100m²) 32D	② €39,00

🚢 Fähre Eemshaven (NL) nach Borkum. Auch über Emden möglich. 117242
Auf der Insel selbst nur eingeschränkter Autoverkehr möglich! CP liegt an der Ostseite der Insel nach dem Flugplatz.

Bad Bentheim, D-48455 / Niedersachsen

▲ Am Berg	1 AJMNOPQRST	6
Suddendorferstraße 37	2 OPWXY	ABEFGI 7
4 Mär - 16 Nov	3 L	ABCDEFHJLNQR 8
+49 59 22 99 04 61	4 FH	D 9
@ info@campingplatzamberg.de	5 ADKN	ABHJPST 10
	Anzeige auf dieser Seite 16A CEE	① €24,00
N 52°17'52'' E 07°11'30''	3 ha 81T(100-120m²) 51D	② €29,00

A30/A31 Kreuz Schüttorf, Ausfahrt Schüttorf Süd. Richtung Bad Bentheim. Der B403 folgen. Der CP ist ausgeschildert. 113444

Borkum, D-26757 / Niedersachsen

▲ Insel-Camping-Borkum	1 ABDEGJMNOPQRST KMNQRSTX 6
Hindenburgstraße 114	2 EGHOPRSVWXY BCEFGHIJ 7
12 Mär - 23 Okt	3 ABCDEFGHIJKLMNOPRTUVW 8
+49 49 22 10 88	4 ABCDEFGHIJLOQRSTYZ DKV 9
@ info@	5 ABCDEFHIJKLMN ABFGHIJLMNPR 10
insel-camping-borkum.de	B 16A CEE ① €35,70
N 53°35'20'' E 06°39'28''	7,2 ha 220T(80-120m²) 130D ② €44,90

Emden/Eemshaven, der Hindenburgstraße folgen. 108084

Bad Rothenfelde, D-49214 / Niedersachsen

▲ Campotel*****	1 ADFJMNOPQR3T MN 6
Heidland 65	2 AGHIJPRSVWXY BDEFGHIJ 7
1 Jan - 31 Dez	3 ADFGJLMNPSUV BDFGIJNQRTUVW 8
+49 54 24 21 06 00	4 BDFHIKLPQRSTUVXZ EFVY 9
@ info@campotel.de	5 ABDEFJKM ABFGHIJI PRXZ 10
	Anzeige auf Seite 55 B 16A CEE ① €34,80
N 52°05'53'' E 08°10'22''	H103 13 ha 140T(75-180m²) 289D ② €41,80

Autobahnkreuz Osnabrück-Süd (Lotte) A33 Richtung Bielefeld / Bad Rothenfelde. CP ist dort ausgeschildert. Dann Ausfahrt 13 Richtung Bad Rothenfelde. Im Kreisel geradeaus, danach ausgeschildert. 110092

Burhave, D-26969 / Niedersachsen

▲ Knaus Camp.park	1 ADEJMNOPQRST KMNQRSX 6
Fedderwardersiel/Nordsee	2 EFGILPVW ABFGI 7
Lagunenweg	3 ABFS ABFFJNQRUW 8
15 Apr - 15 Okt	4 FHK V 9
+49 47 33 16 83	5 DM ABFHJMR 10
@ burhave@knauscamp.de	Anzeige auf Seite 52 16A CEE ① €34,50
N 53°35'00'' E 08°22'13''	1 ha 76T(80-100m²) 27D ② €44,10

Durch Burhave Richtung Tossens. Abfahrt Fedderwardersiel. 121497
Auf den Deich links ab. CP ist angezeigt mit der Beschilderung 'Knaus Campingpark'. Anmeldung über die Knaus-Camping in Butjadingen/Burhave.

Butjadingen/Burhave, D-26969 / Niedersachsen

▲ Knaus Campingpark Burhave /	1 ADEFJMNOPQRST KLMNOQRSXZ 6
Nordsee****	2 DEFGHILOPQRSVW ABDEFGHIK 7
An der Nordseelagune 1	3 BFGHIJS ABDEFJKNQRTUVW 8
15 Apr - 15 Okt	4 BEGHIO EVWXY 9
+49 47 33 16 83	5 ABDEFLMN ABFGHJMPR 10
@ burhave@knauscamp.de	Anzeige auf Seite 52 B 16A CEE ① €37,20
N 53°35'01'' E 08°22'12''	2,5 ha 100T(90m²) 267D ② €48,40

A29 Oldenburg-Wilhelmshaven. Ausfahrt Varel R437 Schweiburg 110734
Ri Nordenham/Butjadingen. Oder: A27 Bremen-Bremerhaven, Ausfahrt 11 Stotel, B437 durch den Wesertunnel nach Nordenham/Butjadingen. CP angezeigt.

Detern, D-26847 / Niedersachsen

▲ Jümmesee	1 AFGHKNOPRST LMNOXZ 6
Zum See 2	2 ACDGHIPQVWXY ABDEFGIJK 7
1 Jan - 31 Dez	3 BFGRST ABCDFJKNPRTW 8
+49 49 57 18 08	4 FH RV 9
@ info@detern.de	5 BDEFHLM ABFGHJPRVZ 10
	16A CEE ① €17,50
N 53°12'33'' E 07°38'33''	11 ha 35T(70m²) 185D ② €23,50

A7 Richtung Oldenburg, Ausfahrt Filsum, Ausfahrt 3. Dann B72 108073
Ausfahrt Stickhausen. Vor der Brücke rechtsab. Der CP ist ausgeschildert.

Eckwarderhörne, D-26969 / Niedersachsen

▲ Knaus Campingpark	1 AEFJMNOPRST KMNQRSWXYZ 6
Eckwarderhörne****	2 EHILPQSVWX ABDEFGHIJK 7
Zum Leuchtfeuer 116	3 BFGMS ABCDEFJKNQRTUVW 8
1 Jan - 31 Dez	4 AEFGHILOQ EUVWXY 9
+49 47 36 13 00	5 ABDEFLMN ABFGHJMPR 10
@ eckwarderhoerne@knauscamp.de	Anzeige auf Seite 52 B 16A CEE ① €40,00
N 53°31'17'' E 08°14'06''	6 ha 25T(80-130m²) 148D ② €51,20

A29 Richtung Wilhelmshaven. Ausfahrt 8 Varel. Abfahrt 112205
Schweiburg (B437) Richtung Nordenham/Butjadingen/Eckwarden Richtung Burhave. Der CP ist ausgeschildert.

Campingplatz JULIUSPLATE

Saison und Urlaubscamping in der Wesermarsch
Tel. 04406 1666 • www.juliusplate.de • Juliusplate 4
27804 Berne • camping@juliusplate.de

Berne, D-27804 / Niedersachsen

▲ Juliusplate	1 ADEFJMNOPRST JLNSXY 6
Juliusplate 4	2 CDGHPRSVWXY BFG 7
9 Apr - 30 Sep	3 ABLM ABCDEFKNPQRU 8
+49 44 06 16 66	4 FH DRVW 9
@ camping@juliusplate.de	5 ACDLMN AFGIJLORVW 10
	Anzeige auf dieser Seite B 6-10A CEE ① €22,00
N 53°11'48'' E 08°30'41''	3,6 ha 100T(80-90m²) 84D ② €27,00

A28 Bremen-Oldenburg, Ausfahrt 19 Ganderkesee-West, Richtung 102199
B212 Nordenham bis Berne. Ortsausgang rechts B74 Richtung Fähre. Weiter den CP-Schildern nach.

Campingplatz Elisabethfehn

Camping für Angler, Radler und Naturfreunde

Modern eingerichteter Campingplatz mit Schwimmbad und neuem Sanitärgebäude, an Wald und Wasser gelegen, 60 km Flusslauf.
Angeln - Radfahren - Wasserwandern - Bootfahren. Ruhe und Entspannung pur für jeden. Rabatte für längere Touristencamper. Direkt an der Deutschen Fehnroute gelegen.
Auskünfte und Prospekte:

Waldstraße 2, 26676 Elisabethfehn
Tel. 04499-1202 • Fax 04499-918736
E-Mail: info@elisabethfehn-camping.de
Internet: www.elisabethfehn-camping.de

CARAVANING
Jeden Monat NEU am Kiosk

- 700 M² SAUNALANDSCHAFT
- FITNESS- & SPORTANLAGEN
- WELLNESS- & BEAUTYANGEBOTE
- VERANSTALTUNGEN & ANIMATION
- FESTSAAL & RESTAURANT
- MOBILHEIMVERMIETUNG · WOHNMOBILPARK

★★★★★ CAMPINGPLATZ AM TEUTOBURGER WALD

www.campotel.de

Heidland 65 | 49214 Bad Rothenfelde
Fon 05424-210600 | info@campotel.de

Camping an der Jade

Ihre Wünsche werden erfüllt von Silke und Bibo.

Urlaub, Erholung, solide Küche, angeln und schwimmen, Spielplätze, Restaurant und Kiosk.

Bollenhagenerstr. 42, 26349 Jade • Tel. 04454-978624
E-Mail: sibijade@t-online.de • Internet: www.camping-an-der-jade.com

Jade, D-26349 / Niedersachsen

▲ Camping an der Jade	1 AFJMNOPQRST	JNX 6
🏠 Bollenhagenerstr. 42	2 ACGPWX	ABFGHI 7
📅 1 Apr - 15 Okt	3 AFMSU	ABDEFJNQRTW 8
☎ +49 44 54 97 86 24	4 HIO	D 9
@ sibijade@t-online.de	5 BDEFHLMN	AHJPR10

Anzeige auf dieser Seite   B 16A CEE   ❶ €19,00
📍 N 53°20'23''   E 08°14'30''   3 ha 25T(120m²) 100D   ❷ €24,00

🚗 A29 Oldenburg-Wilhelmshaven, Ausfahrt 10 Jaderberg. Der CP ist ausgeschildert.   102137

Elisabethfehn, D-26676 / Niedersachsen

▲ Campingplatz Elisabethfehn	1 AFJMNOPRST	AFNX 6
🏠 Waldstraße 2	2 ABCGPQRVWX	ABDEFG 7
📅 15 Mär - 31 Okt	3 BFM	ABCDEFGIJNQRTW 8
☎ +49 44 99 12 02	4 HIO	F 9
@ info@	5 ABDEHMN	ABHJLMPRV10
elisabethfehn-camping.de	Anzeige auf Seite 54 B 16A CEE	❶ €14,50

📍 N 53°10'05''   E 07°40'45''   3 ha 20T(100m²) 151D   ❷ €19,50

🚗 B72 Cloppenburg-Aurich, Ausfahrt Strücklingen. Zwei Mal links abbiegen, dann ausgeschildert.   102074

Ganderkesee/Steinkimmen, D-27777 / Nieders. CC€20

▲ Camping & Ferienpark	1 ADEJMNOPQRST	LMNOP 6
Falkensteinsee****	2 ABDGHIPVWXY	BEFGIJ 7
🏠 Falkensteinsee 1	3 ABFJLMS ABCDFGIJKLNQRTUVW 8	
📅 1 Jan - 31 Dez	4 BFHIO	FHJ 9
☎ +49 4 22 29 47 00 77	5 ABDEFHJLMN	ADFGHJMPRVWZ10
@ camping@falkensteinsee.de	Anzeige auf dieser Seite B 16A CEE	❶ €29,40

📍 N 53°02'50''   E 08°27'52''   24 ha 120T(100-150m²) 193D   ❷ €35,40

🚗 Autobahn Groningen-Leer-Oldenburg. Richtung Bremen, Ausfahrt 18 Hude Ri. Falkenburg. Der CP ist ausgeschildert.   109201

Camping & Ferienpark
FALKENSTEINSEE

Camping & Ferienpark Falkensteinsee | D - 27777 Ganderkesee
www.falkensteinsee.de | Ganzjährig geöffnet | Im Norden Deutschlands!

Höpken's Hof & Campingplatz

Kleiner, familiärer Campingplatz am Deich, sehr strandnah an der Nordseeküste (1,3 km) bzw. am Jadebusen gelegen. Grüne (teils) parzellierte Plätze die alle über Strom- und Frischwasseranschluss verfügen. Mietmöglichkeiten für Zelte, Wohnwagen und Ferienwohnungen. Großer Spielplatz. Hunde erlaubt. Freier WLAN.

Molkereistraße 64, 26349 Jade • Tel. +49 47349106833
E-Mail: hi@moinurlaub.de • Internet: www.moinurlaub.de

Jade, D-26349 / Niedersachsen

▲ Höpken's Hof & Campingplatz	1 ADEJMNOPQRST	KM 6
🏠 Molkereistraße 64	2 IJPSVWX	ABDEFGI 7
📅 1 Jan - 31 Dez	3 B	ABEFJNQRTU 8
☎ +49 4 73 49 10 68 33	4 FH	ABDIUVWY 9
@ hi@moinurlaub.de	5 ABDMN	AFJMPRW10

Anzeige auf dieser Seite 16A CEE   ❶ €22,00
📍 N 53°25'35''   E 08°17'55''   3 ha 63T(70-110m²) 22D   ❷ €30,00

🚗 A29 Oldenburg-Wilhelmshafen, Ausfahrt 10 Jaderberg. Rechts durchfahren bis Jaderaltendeich. Links auf die Bäderstraße am Deich entlang bis zum Camping.   123254

Eingebettet im Wald und Feld am Ortsrand von Kirchhatten liegt unser schöner Familiencampingplatz.In landschaftlich sehenswerter und vielseitiger Umgebung bieten sich viele Freizeitaktivitäten für Groß und Klein an. Das Freizeitzentrum Hatten bietet für jeden Geschmack die passende Alternative:

• Campingplatz • Freibad • Freizeitgestaltung

Uns sind alle willkommen, ob mit oder ohne Kinder, mit oder ohne Hund, als Single oder Großfamilie – im Freizeitzentrum Hatten können Sie sich wohl fühlen, Unterhaltung oder Entspannung finden.

Harlesiel/Wittmund, D-26409 / Niedersachsen

▲ Campingplatz Harlesiel	1 ADEFJMNOPRST	ABKMNQRSTXY 6
🏠 Schweringsroden 1	2 EGHIOPQVW	ABDEFGIJ 7
📅 15 Apr - 15 Sep	3 BFGJMNSU	ABEFGIJKNPQRTW 8
☎ +49 44 64 94 93 98	4 AHI	D 9
@ info@	5 ADHMN	ABFGHIKPTUZ10
campingplatz-harlesiel.de	B 16A CEE	❶ €30,00

📍 N 53°42'30''   E 07°48'27''   11 ha 470T(80-120m²) 385D   ❷ €35,00

🚗 A29 Richtung Wilhelmshaven. A9 Richtung Jever, auf der B210 bis nach Jever. Dann rechts ab die L808 Richtung Carolinensiel. Auf der Bahnhofstraße rechts zum Strand, 2. Brücke links. Den orangen Schildern folgen!   108067

Hatten/Kirchhatten, D-26209 / Niedersachsen

▲ Hatten	1 AEFJMNOPQRST	ABFGH 6
🏠 Kreyenweg 8	2 AGOPQVWXY	ABDEFGIJK 7
📅 1 Jan - 31 Dez	3 BFGJLMNSVW	ABCDEFGHJKNPQRTUVW 8
☎ +49 4 48 26 77	4 FHIOQ	AJ 9
@ info@fzz-hatten.de	5 ADEFLMN	ABFHIJLMPRVX10

Anzeige auf dieser Seite B 16A CEE   ❶ €25,50
📍 N 53°01'34''   E 08°20'07''   4 ha 140T(85-110m²) 247D   ❷ €36,50

🚗 A28 Oldenburg-Bremen, Ausfahrt Hatten-Kirchhatten. In Kirchhatten Richtung Sandkrug. Dann ausgeschildert.   102142

Kreyenweg 8, 26209 Hatten/Kirchhatten • Tel. +49 4482677
E-Mail: info@fzz-hatten.de • Internet: www.fzz-hatten.de

Campingplatz Bullerby am Attersee

Camping mit Jahres- und Saisonplätzen, mit neuem Bereich für Tourcamper mit Blick auf den See. Das Sanitär wurde ausgezeichnet renoviert. Auch ideal als Durchreisecamping nah an der Autobahn gelegen.

Zum Attersee 50
49076 Osnabrück
Tel. 0541-124147

E-Mail: info@campbullerby.de • Internet: www.campbullerby.de

Krummhörn/Upleward, D-26736 / Nieders.

Camping Am Deich	1 ADE**JM**NOPRS**T**	KNQSX 6
Erbsenbindereistr. 3	2 EPSVWX	ABC**DEFG**IJK 5
3 Apr - 3 Nov	3 ABDMV	ABCDEFGHIJK**LMN**QRTUVW 8
+49 4 92 35 25	4 BEHIT**X**	EVW 9
info@camping-am-deich.de	5 ABDEFHLMN	ABFGHJNPRV 10
	B 16A CEE	❶ €47,00
N 53°25'15'' E 07°00'53''	7 ha 300T(80-200m²) 52**D**	❷ €57,00

A31 Leer-Emden. Bei VW-Betriebsfahrzeuge geradeaus Richtung Rysum-Loquard-Campen-Upleward. CP ist ausgeschildert.

108071

Lünne, D-48480 / Niedersachsen

Camping Blauer See	1 AG**JM**NOPQRS**T**	L 6
Moorlager Str. 4a	2 DHPWXY	AB**FG**I 7
1 Jan - 31 Dez	3 CM	AC**F**JNQRTW 8
+49 5 90 69 33 04 12	4 H	DEFV 9
info@	5 DL	ABPVWZ 10
campingplatz-blauer-see.de	Anzeige auf dieser Seite 10A CEE	❶ €24,00
N 52°24'48'' E 07°24'41''	2,3 ha 30T(80-120m²) 73**D**	❷ €31,00

A 30 Hengelo-Osnabrück, Ausfahrt 7, links Richtung Lingen. Camping vor Lünne ausgeschildert.

114718

Camping Blauer See

Campingspaß das ganze Jahr über auf dem Campingplatz Blauer See. An einem Naturbadesee mit kristallklarem Wasser, der zum Schwimmen und Paddeln einlädt. Tauchen geht auch. Am Sandstrand ist ein Restaurant mit Biergarten. Die Gegend ist geprägt von Staatswald, Rad- und Wanderwegen, Klöstern, Burgen und Kirchen. Vermietung von voll ausgestatteten Chalets / Wanderhütten / Wohnwagen zum Stehen und Mieten. Kostenloses WiFi.

Moorlager Str. 4a, 48480 Lünne • Tel. +49 59069330412
www.campingplatz-blauer-see.de
info@campingplatz-blauer-see.de

Melle/Gesmold, D-49326 / Niedersachsen

Grönegau - Park Ludwigsee*****	1 AEF**JM**NOPQRST	LN 6
Nemdener Str. 12	2 ADGHIPSVWX	ABDEF**GI** 7
1 Jan - 31 Dez	3 AF**GILM**	BD**F**IJKNQRTUVW 8
+49 54 02 21 32	4 HIOP	JTVY 9
verwaltung@	5 ABDEFHJKMN	ABFGHIJLM**O**TUV 10
camping-ludwigsee.de	B 10A CEE	❶ €26,00
N 52°13'29'' E 08°15'58''	H67 25 ha 80T(70-100m²) 503**D**	❷ €33,00

A30 Osnabrück-Hannover. Ausfahrt 22 Gesmold. Dann Richtung Westerhausen. CP ist ausgeschildert.

111708

Norden/Norddeich, D-26506 / Niedersachsen

Nordsee Camp Norddeich*****	1 ADE**JM**NOPQRST	KMNQSX 6
Deichstraße 21	2 EGOPVWX	ABC**DEFG**HI 7
28 Mär - 25 Okt	3 B**FLM**S	ABCDEFIJKNQRTUVW 8
+49 49 31 80 73	4 BCHILO	EFLVWYZ 9
info@nordsee-camp.de	5 ACDEFGLMN	ABFGHIJLMPRZ 10
	B 16A CEE	❶ €35,00
N 53°36'17'' E 07°08'22''	22 ha 650T(100m²) 187**D**	❷ €43,00

A31 Groningen-Leer, Ausfahrt 1 Emden, Ausfahrt 3 Norden (B210). Weiter B72 Richtung Norddeich. Den CP-Schildern folgen.

101415

Lathen, D-49762 / Niedersachsen

Lathener Marsch	1 ADE**JM**NOPRST	LMNX 6
Marschstraße 4	2 ACDGIPQVWXY	BE**FGH** 7
1 Jan - 31 Dez	3 A**J**	BDFJKLNPQRTUVW 8
+49 59 33 93 45 10	4 H	EG 9
hotel-lathen@t-online.de	5 ABDEFJLMN	ABEFGHJLR 10
	Anzeige auf dieser S. B 10-16A CEE	❶ €20,00
N 52°51'31'' E 07°18'15''	8 ha 90T(80-120m²) 140**D**	❷ €27,00

Die B70 Richtung Leer, Ausfahrt Lathen. CP ist ausgeschildert.

110379

Camping Lathener Marsch

Prima Campingplatz mit Reisemobilplätzen an einem kleinen See, direkt an der Ems in einer waldreichen Umgebung.
Ideal zum Radfahren und Wandern.
Gute Sanitäranlagen, sowie Hotel und Restaurant.

Marschstraße 4, 49762 Lathen • Tel. 05933-934510
Fax 05933-9345130 • E-Mail: hotel-lathen@t-online.de
Internet: www.camping-lathen.de

Osnabrück, D-49076 / Niedersachsen

Campingplatz Bullerby	1 ACJMNOPQRST	LMN 6
Zum Attersee 50	2 ADGHIPQVW	**BFG** 7
1 Jan - 31 Dez	3 A**LM**	B**F**JNRTU 8
+49 5 41 12 41 47	4	FT 9
info@campbullerby.de	5 ABMN	A 10
	Anzeige auf dieser Seite 16A CEE	❶ €23,00
N 52°18'00'' E 07°56'28''	26 ha 36**T** 151**D**	❷ €28,00

A1 Ausfahrt 71 Osnabrück-Hafen. Beschilderung Attersee folgen, dan Beschilderung Bullerby. Wird zur Einbahnstraße.

111937

Ostercappeln/Schwagstorf, D-49179 / Nieders.

Freizeitpark Kronensee	1 ADF**JM**NOPQRST	LNOQS 6
Zum Kronensee 9	2 CDGHIPQRVWX	**BFG**HI 7
1 Jan - 31 Dez	3 AF**GJ**M	ABD**F**JNQRTW 8
+49 54 73 22 82	4 FH	T 9
info@kronensee.de	5 ABDEJKM	ABGHJRZ 10
	Anzeige auf dieser Seite B 16A CEE	❶ €25,00
N 52°22'18'' E 08°13'46''	30 ha 90T(70-100m²) 170**D**	❷ €30,00

A1 Osnabrück-Bremen. Ausfahrt 68 Bramsche, Richtung Bramsche B218 Richtung Minden. Nach ca. 15 km Richtung Schwagstorf-Ostercappeln. CP nach ca. 10 km. Siehe Beschilderung zum Mittelland Kanal.

110873

Freizeitpark Kronensee
Zum Kronensee 9
49179 Ostercappeln

GPS N 52°22'18,4" E 08°13'46,2"

Naturfreibad

FKK Bereich

Hundestrand

Besuchen Sie uns an den Ausläufern des Wiehengebirges.
Ideal zum Wandern und Radwander.

Ein sagenhafter Campingurlaub...

NEU: Das Germanenland
die sagenhafte Abenteuer- und Urlaubswelt

ALFSEE ★★★★★

...jeden Tag ein neues Erlebnis.
Unsere neue APP hält Sie auf dem Laufenden.
Ihr 5-Sterne-Campingpark im Osnabrücker Land · Alfsee GmbH · 49597 Rieste · Tel. 05464 92120 · Frühbucher-Rabatt: www.alfsee.de

Deutschland

Ostrhauderfehn, D-26842 / Niedersachsen 📶 CC€16 iD
- 🏕 Camping- u. Freizeitanlage Idasee
- 🏠 Idafehn-Nord 77B
- 📅 1 Jan - 31 Dez
- ☎ +49 49 52 99 42 97
- @ info@campingidasee.de
- 📍 N 53°09'14'' E 07°38'33''
- 7,4 ha 90T (100m²) 151D

1	AFJMNOPRST	LMNW 6
2	ADGHOPQVWXY	ABDEFGHI 7
3	ABFLMSU	ABCDEFGIJLNQRTUVW 8
4	HIT	EMPSTUVW 9
5	ADEFHLM	ABDFGHJLMPRV 10

B 6A CEE ❶ €22,80 ❷ €28,20 102073

🚗 Groningen-Leer, B70 Richtung Lingen folgen. In Folmhusen links auf die B438 Richtung Ostrhauderfehn, danach B72 links. Schildern folgen.

Timmel, D-26629 / Niedersachsen 📶 iD
- 🏕 Timmeler Meer
- 🏠 Zur Mühle 13
- 📅 27 Mär - 3 Nov
- ☎ +49 4 94 59 19 70
- @ info@campingplatz-timmel.de
- 📍 N 53°21'45'' E 07°30'48''
- 7 ha 96T (100m²) 101D

1	AEFJMNOPRST	LMNQXYZ 6
2	ADGHOPSVWXY	ABDEFGHI 7
3	AGHIJM	ABCDEFJKNQRTW 8
4	BFHP	DFOTVY 9
5	DEMN	ABFGHIJLMPQRV 10

B 16A CEE ❶ €19,00 ❷ €23,00 101416

🚗 A31 Groningen-Leer. Richtung Emden bis nach Neermoors. Dort den L14 nehmen. Gerade vor Timmel liegt der CP.

Camping- u. Freizeitanlage Idasee

WLAN • CampingCard ACSI € 16,00

Einkaufsmöglichkeit: 2 km; Imbiss/Bistro: 50m; See: 50m.
Erholung in ruhiger Lage am Ortsrand. In der Umgebung viele Freizeitmöglichkeiten geboten.

Idafehn Nord 77B, 26842 Ostrhauderfehn
Tel. +49 4952994297
E-Mail: info@campingidasee.de • Internet: www.campingidasee.de

---

Rhede (Ems), D-26899 / Niedersachsen 📶 iD
- 🏕 Campingplatz Neuenland
- 🏠 Neurheder Str. 31
- 📅 1 Mär - 3 Okt
- ☎ +49 17 32 87 38 19
- @ info@campingplatz-neuenland.de
- 📍 N 53°02'42'' E 07°13'40''
- 4,5 ha 84T (100m²) 104D

1	AFJMNOPQRST	LN 6
2	ADGHPRVWX	ABFGH 7
3	BFGM	ABEFNQTU 8
4	FHIKO	IJV 9
5	ABDEH	ABEFGHJLMPRVW 10

B 10A CEE ❶ €16,00 ❷ €20,00 121269

🚗 Auf der A31 Ausfahrt 16 nach 2 km rechts, nach Rhede (Ems). Nach 1 km in Rhede rechts nach Neurhede. CP nach 5 km an der linken Seite.

Quendorfer See

Der Campingplatz liegt zwischen den Wiesenfeldern unweit von einem schönen Badesee. Es gibt Komfortplätze, einen Kinderspielplatz und ein modernes Sanitärgebäude mit Behinderten- und Kindersanitär. Restaurant am Quendorfer See.

Weiße Riete 3, 48465 Schüttorf
Tel. 05923-902939
E-Mail: info@camping-schuettorf.de
Internet: www.camping-schuettorf.de

Rieste, D-49597 / Niedersachsen 📶 ✿ CC€20 iD
- 🏕 Alfsee Ferien- und Erlebnispark★★★★★
- 🏠 Am Campingpark 10
- 📅 1 Jan - 31 Dez
- ☎ +49 5 46 49 21 20
- @ info@alfsee.de
- 📍 N 52°29'07'' E 07°59'23''
- 16 ha 350T (110m²) 469D

1	ADEFILNOPQRST	LMNW 6
2	ADGHIPRVWXY	BCDEFGI 7
3	ABDFGHIJLMNUW	BDFJKLNQRSTUVW 8
4	BFHILNPQRSTVXZ	DFGIJVWY 9
5	ACDEFHJLMO	ABEFGHIJLMPQRVZ 10

Anzeige auf dieser Seite B 16A CEE ❶ €37,60 ❷ €46,10 100108

🚗 A1 Osnabrück-Bremen, Ausfahrt Neuenkirchen/Vörden, Richtung Alfsee. Camping ist dann in Rieste ausgeschildert.

Tossens, D-26969 / Niedersachsen 📶 CC€20 iD
- 🏕 Knaus Campingpark Tossens★★★★
- 🏠 Zum Friesenstrand 1
- 📅 15 Apr - 15 Okt
- ☎ +49 4 73 62 19
- @ tossens@knauscamp.de
- 📍 N 53°34'44'' E 08°14'37''
- 6 ha 130T (80-100m²) 178D

1	AEFJMNOPQRST	KMNQSWXYZ 6
2	EGHILOPQSVW	ABDEFGHIK 7
3	BFGMS	ABCDEFJKNQRTUVW 8
4	BDEGHILO	EVWY 9
5	ABDEFHLMNO	ABFGHJLPRVW 10

Anzeige auf Seite 52 B 16A CEE ❶ €38,60 ❷ €49,80 112200

🚗 A27 Bremen-Cuxhaven, Ausfahrt 11 Stotel, B437 Richtung Nordenham. In Nordenham-Abbehausen links Richtung Stollham L 860. Links Eckwarden, weiter Eckwarderhörne. CP-Schilder.

Schortens, D-26419 / Niedersachsen 📶 iD
- 🏕 Friesland Camping★★★★
- 🏠 Am Schwimmbad 2
- 📅 1 Jan - 31 Dez
- ☎ +49 4 46 17 58 58 01
- @ info@friesland-camping.de
- 📍 N 53°33'03'' E 07°56'15''
- 2 ha 80T (100-120m²) 42D

1	AEJMNOPQRST	LM 6
2	ADGHOPQSVWXY	ABDEFGIJ 7
3	BGLMS	ABCDEFJNQRTUV 8
4	BFHI	DUVW 9
5	ADEFHKMN	AFGHJMOR 10

Anzeige auf dieser Seite B 16A CEE ❶ €26,20 ❷ €31,20 113221

🚗 A29 Oldenburg-Wilhelmshaven, Ausfahrt Wilhelmshavener Kreuz B210 Richtung Wittmung/Jver/Schortens. In Schortens CP angezeigt.

Am Schwimmbad 2, 26419 Schortens
Tel. 04461-7585801
E-Mail: info@friesland-camping.de
Internet: www.friesland-camping.de

Friesland ★★★★ Camping
Schortens

Gutes suchen und Besseres finden.
Der Familiencamping-platz am Naturfreibad!

Schüttorf, D-48465 / Niedersachsen 📶 CC€18 iD
- 🏕 Quendorfer See
- 🏠 Weiße Riete 3
- 📅 1 Apr - 31 Okt
- ☎ +49 59 23 90 29 39
- @ info@camping-schuettorf.de
- 📍 N 52°20'19'' E 07°13'36''
- 1,5 ha 53T (100-120m²) 17D

1	ADFJMNOPQRST	LMQ 6
2	ADGHOPSVWX	BEFG 7
3	AFM	BDFHJKNQRTUV 8
4	FH	D 9
5	ABDMN	AFGHJPSTW 10

Anzeige auf dieser Seite B 16A CEE ❶ €26,50 ❷ €32,50 117647

🚗 A1/A30 Ausfahrt 4 Schüttorf-Nord oder A31 Ausfahrt 28 Schüttorf-Ost Richtung Stadtzentrum. Den CP-Schildern folgen.

Werlte, D-49757 / Niedersachsen

▲ Camping Hümmlinger Land★★★★	1 ADEF**JM**NOPRST	6
	2 PQVWX	BE**FG** 7
🏠 Rastdorfer Straße 80	3 BFM	BDF**JNQRT** 8
📅 1 Jan - 31 Dez	4 FGHIO	DEF 9
☎ +49 59 51 53 53	5 ABDFJMN	ABEGHJPR 10
@ info@huemmlinderland.de	Anzeige auf dieser Seite B 16A CEE	**①** €22,50
▲ N 52°52'12" E 07°41'17"	1,8 ha 41**T**(100-110m²) 62**D**	**②** €27,50
🚗 B233 Emmen-Meppen-Cloppenburg Richtung Werlte. Campingplatz ist ausgeschildert (Richtung Rastdorf).		109028

Westerstede, D-26655 / Niedersachsen

▲ Camping-und Stellplatz Westerstede	1 AEF**JM**NOPQRST	6
	2 APQXY	ABE**FG** 7
🏠 Süderstraße 2	3 A**L**	ABEFJNQRW 8
📅 1 Jan - 31 Dez	4 FHI	V 9
☎ +49 4 48 87 82 34	5 ADEFKL	ABFGHJLPRV 10
@ info@camping-westerstede.de	B 10-16A CEE	**①** €21,00
▲ N 53°15'01" E 07°56'04"	3 ha 90**T**(90m²) 8**D**	**②** €23,00
🚗 Groningen-Leer, dann der B75 folgen bis in Westerstede. Oder A28 Ausfahrt 6 Westerstede Ost. Dann Richtung Bad Zwischenahn und Beschilderung folgen.		100098

Westoverledingen/Ihrhove, D-26810 / Nieders.

▲ Comfort-Camping Freizeitpark Am Emsdeich★★★★	1 ADEFGHKNOPQRST	LM**N**OPQS 6
	2 DGHIOPQRSVWX	ABDE**FGH**IJ 7
🏠 Deichstraße 7A	3 BFGMS	ABCD**FJ**KNQRTUV 8
📅 1 Apr - 31 Okt	4 BCFHILNOR**ST**	CEFTVW 9
☎ +49 49 55 92 00 40	5 ADEFHLMN	AFGHIJN**PQ**RV 10
@ info@ostfriesland-camping.de	Anzeige auf dieser Seite B 16A CEE	**①** €22,50
▲ N 53°10'24" E 07°25'13"	10 ha 350**T**(100m²) 160**D**	**②** €29,00
🚗 Autobahn Groningen-Leer A7. Dann Richtung Papenburg (B70). Ausfahrt Ihrhove. CP ist ausgeschildert.		108072

Wiesmoor, D-26639 / Niedersachsen

▲ Cp. & Bungalowpark Ottermeer★★★★★	1 ADE**JM**NOPQRST	HLM**N**QSXY 6
	2 DGHIPQVWXY	ABDE**FG** 7
🏠 Am Ottermeer 52	3 BF**LM**	ABCDEFIJK**L**NQRTUV 8
📅 1 Jan - 31 Dez	4 BCDFHI	DJTVW 9
☎ +49 49 44 94 98 93	5 ABDEFHMN	ABFGHIJPRVXZ 10
@ camping@wiesmoor.de	Anzeige auf dieser Seite B 16A CEE	**①** €29,00
▲ N 53°24'56" E 07°42'38"	80 ha 205**T**(90-120m²) 86**D**	**②** €29,00
🚗 Ausfahrt 2 Leer-Ost, Richtung Aurich (B436/B72). Ausfahrt vor Bagband Richtung B436 Wiesmoor. In Wiesmoor ist CP ausgeschildert.		111060

Zetel/Astederfeld, D-26340 / Niedersachsen

▲ Campingplatz am Königssee	1 AEG**JM**NOPRST	L**N**X 6
🏠 Tarbarger Landstr. 30	2 DGHIPQW	ABDE**FG**HIK 7
📅 1 Mär - 31 Okt	3 ABFG**L**M	ABF**J**NQRUV 8
☎ +49 44 52 17 06	4 HI	F 9
@ info@campingplatz-am-koenigssee.de	5 ABDMN	AFH**J**M**N**P**RW** 10
	Anzeige auf dieser Seite 10-16A CEE	**①** €21,90
▲ N 53°21'19" E 07°55'46"	2,5 ha 40**T**(100-150m²) 61**D**	**②** €26,50
🚗 A28 Ausfahrt 6 Westerstede, L815 Richtung Zetel. Nach 14 km links nach Astederfeld. CP ist angezeigt.		114716

Tarbarger Landstr. 30
Tel. 04452-1706
Fax 04452-918799

Direkt am Badesee mit Sandstrand.
Am Welterbe Wattenmeer gelegen.
Auf diesem gepflegten Platz finden Sie Ruhe und Entspannung. Es gibt einen kleinen Kiosk und jeden Tag frische Brötchen.

26340 Zetel/Astederfeld
info@campingplatz-am-koenigssee.de
www.campingplatz-am-koenigssee.de

EuroCampings

Immer ein Campingplatz, der zu Ihnen passt!

- 9 900 jährlich inspizierte Campingplätze in 31 Ländern
- Filter auf mehr als 200 Einrichtungen
- Schnell und einfach buchen, auch unterwegs
- Mehr als 100 000 Campingplatz-Bewertungen

www.Eurocampings.de

Teilkarte Weser-Ems auf Seite 53

Lüneburg

Deutschland

Ahlden, D-29693 / Niedersachsen

- Naturcamping Ahlden
- Worthweg 5
- 1 Jan - 31 Dez
- +49 51 64 80 26 95
- urlaub@campingplatz-ahlden.de
- N 52°45'44'' E 09°33'08''

1	AFJMNOPQRST	JNX 6
2	ACFGHOPVWXY	ABFG 7
3	AGM	ABCDEFJNQRT 8
4	H	DEQR 9
5	ADKMN	ABHJLOR 10

B 16A CEE
1,6 ha 77T(100-120m²) 41D
€ 22,00
€ 28,00
118442

A27 Ausfahrt 28 Richtung Hodenhagen. In Hodenhagen Richtung Rethem. Nach 2,5 km in Ahlden den CP-Schildern folgen.

Bad Bederkesa/Geestland, D-27624 / Nieders.

- Campingplatz Bederkesa**
- Ankeloherstraße 14
- 1 Jan - 31 Dez
- +49 47 45 64 87
- info@campingplatzbederkesa.de
- N 53°37'15'' E 08°50'57''

1	ADEJMNOPQRST	JLNXZ 6
2	ACPVWXY	ABDEFGI 7
3	ABCFGJLM	ABCDEFIJKNQRTUW 8
4	BCFGHIKLOW	9
5	ABDEFHJKLMN	ABDGHIKMPR 10

Anzeige auf dieser Seite B 16A CEE
15 ha 160T(100-120m²) 280D
€ 24,50
€ 29,50
102196

A27 Bremerhaven-Cuxhaven, Ausfahrt Debstedt. Richtung Bad Bederkesa. In Bederkesa Abfahrt am weißen Schild 'Ferienpark'.

Bad Bodenteich, D-29389 / Niedersachsen

- Campingpl. & Mobilheimpark Bad Bodenteich
- Campingplatz 1
- 1 Jan - 31 Dez
- +49 58 24 13 00
- campingplatzbadbodenteich@t-online.de
- N 52°50'45'' E 10°39'44''

1	BFJMNOPQRT	N 6
2	PWXY	BF 7
3	BM	BFJKNQRW 8
4	FHIO	DFGJVW 9
5	ADMN	ABEGHJR 10

Anzeige auf dieser Seite 16A CEE
16 ha 75T(100-150m²) 204D
€ 21,20
€ 27,20
114461

A2 bis Ausfahrt A352 Richtung Hamburg. A7 bis Ausfahrt Fuhrberg-Celle. Dann L265 nach Bokel Richtung Bad Bodenteich. Camping ist angezeigt.

Bad Fallingbostel, D-29683 / Niedersachsen

- Böhmeschlucht
- Vierde 22
- 1 Jan - 31 Dez
- +49 51 62 56 04
- info@boehmeschlucht.de
- N 52°52'45'' E 09°43'18''

1	ADFJMNOPQRST	JNUX 6
2	ABCPUVWXY	ABDEFGHI 7
3	BLM	ABCDEFJNQRSTUVW 8
4	FHIKQ	FJRV 9
5	ADLMN	ABFGHJMNPRVW 10

B 16A
H50 7 ha 70T 125D
€ 24,90
€ 30,30
101418

A7 Richtung Hamburg, Ausfahrt Fallingbostel. In Fallingbostel Richtung Soltau. Nach ca. 1,5 km CP-Schild folgen.

Bergen/Dumme, D-29468 / Niedersachsen

- Campingpark Fuhrenkamp****
- Am Fuhrenkamp 1
- 1 Jan - 31 Dez
- +49 5 84 53 48
- post@campingplatz-fuhrenkamp.de
- N 52°53'12'' E 10°58'34''

1	ACDEFJMNOPQRST	AFMN 6
2	GHOPWXY	ABDEFGHI 7
3	BHIJ	ABCDEFJKNQRUV 8
4	HIOQT	EFJ 9
5	ABDEFHLMN	ABEGHIJMOR 10

B 16A CEE
3,4 ha 90T(50-100m²) 60D
€ 21,50
€ 25,50
111940

A39 Hamburg-Lüneburg. Dann Richtung Uelzen und B71 Richtung Salzwedel.

Campingplatz Bederkesa Geestland ★ ★

Auf dem Campingplatz Bederkesa finden Sie alles, was Sie in einem Urlaub suchen. Sie fahren ca. eine halbe Stunde an die Nordsee Küste bei Cuxhaven oder an den Weserstrand von Bremerhaven. Auf dem Campingplatz, einer parkähnlichen Anlage mit großzügigen Plätzen, erfahren Sie Ihr eigenes Camping-Erlebnis, umgeben von grünen Bäumen und einer uralten Moorlandschaft. An schönen Tagen können Sie mit Ihren Kindern einen erholsamen Tag am Bad Bederkesaer See genießen oder Sie erkunden das geschichtsträchtige und vielseitige Umland bei einer ausgedehnten Fahrradtour.

Ankeloherstraße 14, 27624 Bad Bederkesa/Geestland
Tel. +49 47456487
E-Mail: info@campingplatzbederkesa.de
Internet: www.campingplatzbederkesa.de

Campingpl. & Mobilheimpark Bad Bodenteich

Ganzjährig geöffneter Campingplatz am Rande des Kneipp- und Luftkurortes Bad Bodenteich, direkt am Elbe-Seitenkanal, umgeben von einer Wald- und Heidelandschaft. Reichhaltiges Freizeitangebot mit vielen Fuß- und Radwanderungen zu den beliebten Ausflugszielen in der Region.

Campingplatz 1, 29389 Bad Bodenteich • Tel. 05824-1300
E-Mail: campingplatzbadbodenteich@t-online.de
Internet: www.campingplatz-bodenteich.de

Camping Elbeling

Prächtiger, gepflegter, komfortabler und ruhiger Campingplatz. Gleich an der Elbe mit großen Plätzen. Unser Camping liegt am Rande des schönen Unesco Biosphärenreservats. Einmalige Umgebung für Naturliebhaber, Vogelkundler und Angler! Vorallem viele Wander- und Radangebote. Mit Spielplatz, Kinderbecken und Tischtennis und Boules. Kleine Gaststätte vorhanden. Der Campingplatz hat niederländische Inhaber und wurde komplett renoviert.

Hinter den Höfen 9a, 21354 Bleckede (OT Radegast)
Tel. +49 5857555 • E-Mail: info@elbeling.de
Internet: www.elbeling.de

Bispingen/Behringen, D-29646 / Niedersachsen

Camping Brunautal****
Seestr. 17
16 Mär - 4 Nov
+49 5 19 44 18 80 22
info@camping-brunautal.de
N 53°06'31'' E 09°57'56''

1	ADEF**JM**NOPQRS**T**	L**N**QXZ 6
2	ACDOPQWXY	ABDE**FGI** 7
3		ABCDEFJNQRTW 8
4	FHIO	EF 9
5	ABDEMN	ABFGJLPR 10
	Anzeige auf dieser Seite 16A CEE	❶ €26,50
	H70 2,8 ha 94**T**(64-175m²) 10**D**	❷ €32,50

A7 Hannover-Hamburg, Ausfahrt 43 Behringen. Nach 900m sehen Sie schon den CP. 108080

Camping Brunautal ★★★★

Gemütlicher kleiner Platz in der Lüneburger Heide zum wandern und radfahren.

A7 Hamburg-Hannover, Ausfahrt 43
0049 5194 4188022 info@camping-brunautal.de

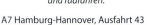

Bleckede, D-21354 / Niedersachsen

CC€18

Knaus Campingpark Bleckede/ Elbtalaue****
Am Waldbad 23
1 Mär - 8 Nov
+49 5 85 43 11
elbtalaue@knauscamp.de
N 53°15'34'' E 10°48'20''

1	ADEF**JM**NOPQRST	ABFGH**N** 6
2	BCGOPVWXY	BE**FGIJ**K 7
3	BGM**NS**	BDFGHJKNQRTW 8
4	BDFHIOP**T**	AEFUVW 9
5	ABDM**N**	ABFGHJM**P**RV 10
	Anzeige auf Seite 52 B 16A CEE	❶ €33,60
	6,5 ha 142**T**(80-100m²) 116**D**	❷ €41,80

A7 Hannover-Hamburg, Ausfahrt Soltau-Ost Richtung Lüneburg/ Dahlenburg, links bis Bleckede, dann Hitzacker. 108077

Bleckede (OT Radegast), D-21354 / Nieders.

CC€20

Camping Elbeling
Hinter den Höfen 9a
15 Mär - 27 Sep
+49 5 85 75 55
info@elbeling.de
N 53°20'27'' E 10°43'46''

1	A**JM**NOPRST	FJ**N**QSWX 6
2	CFGHIOPWXY	ABE**FG**K 7
3	BLMSU	ABCDEFHKNQRTUW 8
4	FHIOQ	EFJ 9
5	ADEFGHKMN	ABDFGHIJ**P**RVZ 10
	Anzeige auf dieser Seite B 16A CEE	❶ €27,00
	3,8 ha 100**T**(100-360m²) 34**D**	❷ €34,00

Von Lüneburg Richtung Bleckede, dann Richtung Radegast. Radegast ist der CP ausgeschildert. An der Kutsche den Seitenweg nehmen. Einfahrt: Hinter den Höfen 9a. 114449

Bremen, D-28359 / Niedersachsen

Hansecamping
Hochschulring 1
1 Jan - 31 Dez
+49 4 21 30 74 68 25
info@hansecamping.de
N 53°06'52'' E 08°49'59''

1	ADE**JM**NOPRST	L**N**OPQRS 6
2	ADGHOPRVWX	ABDE**FG**HIJ 7
3	BG**L**	ABCDEF**I**JNQRTUV 8
4	HI	FV 9
5	ABDFHLMN	ABFGHIJORZ 10
	B 16A CEE	❶ €35,50
	6 ha 103**T**(100-170m²) 52**D**	❷ €46,50

A28 Oldenburg-Bremen bis Kreuz Bremen zur A27 Ri Bremerhaven, Ausf. Überseestadt/Universität. Dann direkt nächste ab Ri Stadtwaldsee. Bremen-Osterfeuerberg. CP an der rechten Straßenseite(Hochschulring). 102200

Buchholz in der Nordheide, D-21244 / Nieders.

Camping Nordheide
Weg zum Badeteich 20-30
1 Jan - 31 Dez
+49 41 87 61 15
campinghenk@aol.com
N 53°16'57'' E 09°52'37''

1	AFJMNOPQRST	L 6
2	ADGHOPSVWXY	ABDE**FG** 7
3	BFJ**L**	ABCD**FG**IJ**L**NPQRW 8
4	FHIO	FY 9
5	DEHKMN	ABFGHJPRX 10
	B 16A CEE	❶ €21,00
	7,5 ha 50**T**(100-120m²) 187**D**	❷ €27,00

CP liegt am Südtstrand von Holm-Seppensen (5 km südlich von Buchholz in der Nordheide). Der CP ist gut angezeigt. 112132

Celle, D-29229 / Niedersachsen

Camping 7Springs-Celle
Zum Silbersee 19
1 Jan - 31 Dez
+49 5 14 13 12 23
info@7springs-celle.de
N 52°39'32'' E 10°06'33''

1	ABDE**JM**NOPQRST	LM 6
2	BDGHIPRVWXY	B**FG** 7
3	AF**L**M	BDFJKNQRTW 8
4	FHI	9
5	ABDEFGHJKMN	AGHILORWZ 10
	16A	❶ €20,70
	H52 15 ha 100**T**(100-140m²) 90**D**	❷ €24,70

A2 Hannover Ausfahrt 56 Richtung B3 Celle, weiter die B191 Uelzen nach ca. 3 km. Außerhalb von Celle ausgeschildert. 102402

Cuxhaven, D-27476 / Niedersachsen

Achtern Huus***
Sahlenburger Chaussee 51
27 Mär - 8 Nov
+49 4 72 12 86 62
mail@achtern-huus.de
N 53°51'55'' E 08°38'19''

1	AEFJMNOPQRST	6
2	AFOPVWX	ABDE**FGIK** 7
3	ABD**L**MU	ABCDE**F**JNQRTW 8
4		IVY 9
5	ABDLMN	ABHIJPRW 10
	B 16A CEE	❶ €29,20
	2 ha 100**T**(70-110m²) 61**D**	❷ €35,20

A27 Bremerhaven-Cuxhaven. Ausfahrt Attenwalde, Richtung Sahlenburg, durch Holte-Spangen fahren: Spangerstraße, am Ende rechts, ca. 100m auf der rechten Seite. 108075

Cuxhaven/Duhnen, D-27476 / Niedersachsen

Am Bäderring***
Duhner-Allee 5
1 Jan - 31 Dez
+49 47 21 42 61 61
info@campingplatz-duhnen.de
N 53°53'04'' E 08°38'53''

1	ADEF**JM**NOPQRST	KMQR 6
2	AEHOPRSVWX	ABDE**FG** 7
3	AB**L**	ABCDE**F**JKNPQRTUVW 8
4	FH	V 9
5	ABDMN	ABCFGHIJPRZ 10
	B 16A CEE	❶ €34,20
	1,8 ha 60**T**(60-90m²) 100**D**	❷ €42,20

A27 Bremen bis Cuxhaven. Richtung Duhnen. In Duhnen ist der CP an der rechten Seite, gegenüber einem Womo-Stellplatz. 102193

Cuxhaven/Duhnen, D-27476 / Niedersachsen

Wattenlöper
Cuxhavener Str. 57
15/3 - 1/11, 27/12 - 31/12
+49 47 21 42 60 51
info@wattenloeper.de
N 53°53'12'' E 08°39'04''

1	AEF**JM**NOPQRS**T**	KMQR**X** 6
2	AEHLOPRSVWXY	ABDE**FG** 7
3	ABG**JLM**N**OP**X	ABCDEFJKNQRTUVW 8
4	**E**FHO	IJVW 9
5	ABDEFHJKM	ABCEFGHJPRZ 10
	B 16A	❶ €33,60
	2,8 ha 100**T**(70-100m²) 111**D**	❷ €43,60

A27 Bremen-Cuxhaven bis Ausbauende/Ausfahrt 1. Durch Innenstadt Cuxhaven Richtung Duhnen, dort 'Strand' folgen. Auf der Cuxhavener Straße beschildert. 112128

Cuxhaven/Sahlenburg, D-27476 / Niedersachsen

Finck
Am Sahlenburger Strand 25
15 Mär - 31 Okt
+49 47 21 39 99 30
info@camping-finck.de
N 53°51'33'' E 08°35'34''

1	AEF**JM**NOPQRST	**ABE**KMQRST**X** 6
2	AEFHIOPSVWX	A**B**DE**FGIJ** 7
3	G	ABCDE**F**JNPQRTUVW 8
4	FH	VW 9
5	ADMN	ABFGHK**P**RWZ 10
	B 16A CEE	❶ €33,20
	6 ha 100**T**(90-100m²) 300**D**	❷ €39,20

A27 Bremen-Cuxhaven, Ausfahrt Altenwalde Richtung Sahlenburg. In Sahlenburg links in die Nordheimstraße. Bis zum Straßenende, dann rechts; jetzt noch etwa 250m zur Einfahrt. Ins Navi eingeben: Wernerwaldstraße 4. 112019

Dahlenburg, D-21368 / Niedersachsen

Elbtalaue Camp im Dorn
Dornweg 6 Campingplatz
1 Apr - 3 Okt
+49 58 51 94 48 48
klauskurtpeter@aol.com
N 53°10'54'' E 10°44'50''

1	AF**JM**NOPRST	ABFGHM**N** 6
2	BCGIOPRVWXY	ABDE**FGH**I 7
3	A**HNO**S	ABCFJNQRU 8
4	FHI	D 9
5	DEFMN	ABGHIJNOR 10
	B 16A CEE	❶ €17,50
	1,3 ha 50**T**(100-160m²) 41**D**	❷ €24,50

Ab Maschener Kreuz A1/A7 zur A250 Richtung Lüneburg, dann die B216. Von Süden A7, Ausfahrt 44 Soltau-Ost, dann die B71 und B209 Richtung Lüneburg. Weiter über die B216 Richtung Dahlenburg. CP ist ausgeschildert. 114724

Dannenberg, D-29451 / Niedersachsen

Stadtcampingplatz Dannenberg
Bäckergrund 35
1 Apr - 30 Sep
+49 58 61 80 09 80
badteamdbg@gmail.com
N 53°05'59'' E 11°06'34''

1	A**JM**NOPQRST	ABF**N** 6
2	PVWXY	BE**FGI** 7
3	BGU	BDFJNQRTUW 8
4	FHIO	9
5	DEN	ABGHJMOR 10
	B 16A CEE	❶ €19,00
	2,6 ha 55**T**(100-175m²) 35**D**	❷ €24,00

A7 Hamburg-Hannover fahren. Am Maschener Kreuz Straße 4 Richtung Lüneburg. In Lüneburg Straße 216 nach Dannenberg. 108078

Nur bei Angabe dieses CC-Logos wird die CampingCard ACSI akzeptiert.

Siehe auch die Gebrauchsanweisung in diesem Führer.

Teilkarte Lüneburg auf Seite 59

Dorum/Neufeld, D-27632 / Niedersachsen

- Knaus Campingpark Dorum
- Am Kutterhafen
- 1 Apr - 30 Sep
- +49 47 41 50 20
- dorum@knauscamp.de
- N 53°44'19'' E 08°31'03''

1 ADEF**JM**NOPQR**T** ABKQS**XYZ** 6
2 EFGIOPVW ABDE**FG** 7
3 AB ABEFNQRW 8
4 H E 9
5 ADEGHKLM ABDFGHJPRVW10
Anzeige auf Seite 52 16A CEE
8,5 ha 120**T**(80-140m²) 90**D**
① €39,60
② €51,80
102195

A27 Bremerhaven-Cuxhaven, Ausfahrt Neuenwalde Richtung Dorum. In Dorum Richtung Midlum, dann Dorum/Neufeld-Kutterhafen. Ca. 7 km bis zum Hafen, rechts CP-Schild.

Dorum/Neufeld, D-27639 / Niedersachsen

- Knaus Campingpark Spieka/Wattenmeer
- Am Kutterhafen
- 1 Apr - 30 Sep
- +49 47 41 50 20
- spieka@knauscamp.de
- N 53°44'19'' E 08°31'03''

1 ADEF**JM**NOPQRS KNQSW**XZ** 6
2 EFGPSVW AD**F** 7
3 ABEFNQRUW 8
4 FH 9
5 ADEH ABCFGHJRW10
Anzeige auf Seite 52 16A CEE
1 ha 80**T**(30-100m²) 20**D**
① €34,30
② €43,50
122729

A27 bis Ausfahrt 3. Dann Richtung Nordholz, Flugplatz und Wannhöden. Dann K14 Richtung Spieka-Neufeld. Besser mit Koordinaten fahren.

Drochtersen, D-21706 / Niedersachsen

- Campingplatz Krautsand
- Elbinsel Krautsand 58
- 1 Apr - 31 Okt
- +49 41 43 14 94
- info@campingplatz-krautsand.de
- N 53°45'04'' E 09°23'10''

1 ADEF**JM**NOPQR**T** JM**N**QSW**XYZ** 6
2 CFHOPRSVWX AB**FG** 7
3 AM ABCDEFJNPQRTUW 8
4 HI 9
5 DMN ABCFHIJM**P**RVW10
B 16A CEE
3 ha 60**T**(90-110m²) 65**D**
① €31,00
② €39,00
113436

A1 Bremen-Hamburg. In Ausfahrt 44 nach Buxtehude, dann Stade, dann Richtung Elbfähre (Wischhafen). In Drochtersen am Kreisel rechts Richtung Krautsand.

Ebstorf, D-29574 / Niedersachsen

- Campingplatz am Waldbad
- Hans-Rasch-Weg
- 1 Jan - 31 Dez
- +49 58 22 32 51
- info@caw-e.de
- N 53°02'04'' E 10°24'42''

1 ADEF**JM**NOPQRST ABEFGHI N6
2 BOPRSVWXY ABDE**FG**HIJ 7
3 BGM**N**S ABCDEFJNQRTUW 8
4 FHIOPQST DFKV 9
5 DMN ABFGHIJ**P**RVX10
B 16A CEE
24 ha 70**T**(90-120m²) 33**D**
① €19,90
② €27,50
113449

A7 Richtung Hamburg, Ausfahrt 44 Soltau über die B71 nach Munster, vor Eimke links ab Richtung Ebstorf. Der CP ist am Tennisplatz und Schwimmbad angezeigt.

Egestorf, D-21272 / Niedersachsen

- Regenbogen Ferienanlage Egestorf
- Hundornweg 1
- 28 Mär - 1 Nov
- +49 4 17 56 61
- urlaub@regenbogen.ag
- N 53°10'27'' E 10°03'36''

1 ADE**JM**NOPQRST A 6
2 ABGOPQRTUVWX BE**FGH** 7
3 B BDFJKNQRTW 8
4 AFH**T** V 9
5 ABDLMN ABDGHIJMOTU10
B 6-10A CEE
22 ha 240**T**(100-140m²) 270**D**
① €28,10
② €28,10
102396

A7 von Hannover. Ausfahrt 42 Richtung Evendorp. Von Hamburg Ausfahrt 41 Richtung Egestorf. In beiden Ortschaften der CP-Beschilderung folgen.

Essel/Engehausen, D-29690 / Nieders.

- Aller-Leine-Tal
- Marschweg 1
- 1 Mär - 31 Okt
- +49 50 71 51 15 49
- camping@camping-allerleinetal.de
- N 52°41'22'' E 09°41'53''

1 ADE**JM**NOPQRST JL**N**XY 6
2 ABCDPWXY ABDE**FGH** 7
3 BJM ABCDFJNQRTW 8
4 FHO FJ 9
5 ADFHJLMN ADHJLOR10
Anzeige auf dieser Seite 10A
H52 5 ha 80**T**(100-120m²) 45**D**
① €23,50
② €30,50
102327

A7 Hannover-Bremen, Ausfahrt 'Rasthof Allertal', Richtung Celle. Den CP-Schildern folgen.

Frankenfeld, D-27336 / Niedersachsen

- Camping Rittergut Frankenfeld
- Dorfstraße 1
- 1 Jan - 31 Dez
- +49 51 65 39 33
- j-h-f-campingplaetze@web.de
- N 52°46'13'' E 09°25'38''

1 ADF**JM**NOPQRST JNUWXYZ 6
2 CFGPRWXY AB**FG** 7
3 AB**L**M ABCDEFJNQRW 8
4 H D 9
5 ADMN ABCGHJNPRX10
16A CEE
2 ha 40**T** 101**D**
① €21,50
② €29,50
100104

Von der B209 Soltau-Nienburg in Rethem Richtung Schwarmstedt/Frankenfeld abbiegen. In Frankenfeld ausgeschildert.

Garlstorf, D-21376 / Niedersachsen

- Freizeit-Camp-Nordheide e.V.
- Egestorfer Landstraße 50
- 1 Jan - 31 Dez
- +49 1 52 28 49 13 77
- camping-garlstorf@t-online.de
- N 53°13'30'' E 10°05'16''

1 ADEF**JM**NOPQRST 6
2 ABPRWXY BDE**FGH**IJ 7
3 ABFMU ABCDEFJKNQRTVW 8
4 FHIO 9
5 DMN AGHJPRVW10
Anzeige auf dieser Seite B 16A
H72 6 ha 250**T**(80-140m²) 100**D**
① €22,50
② €26,50
114460

A7 Ausfahrt 40 Garlstorf, dann Hansteder-Landstraße Richtung Garlstorf. CP Richtung Egerstorf angezeigt.

Campingpark Gartow ****

Urlaub pur in der Natur!

Campingpark Gartow, Am Helk 3, 29471 Gartow
Tel: 05846-979060, Fax 05846-2151
E-Mail: info@campingpark-gartow.de
Internet: www.campingpark-gartow.de

Auf Unseren Platzplan, ein Kontaktformular, aktuelle Preise, einen Routenplaner sowie unsere wechselnden Aktions- und Freizeitangebote finden Sie auf unserer Homepage.

Gartow, D-29471 / Niedersachsen

- Campingpark Gartow****
- Am Helk 3
- 1 Jan - 31 Dez
- +49 58 46 97 90 60
- info@campingpark-gartow.de
- N 53°01'35'' E 11°26'33''

1 ADEF**JM**NOPQRST EHNX 6
2 OPVWXY ABDE**FG**HIJK 7
3 BEF**GJMNO**ST**X** ABCDEFGJNQRTUV 8
4 B**E**FHIO**RSTWX** DVY 9
5 ABDJKMN ABEGHIJLM**P**RVW,10
Anzeige auf dieser Seite B 10A CEE
14 ha 150**T**(100-140m²) 156**D**
① €24,60
② €30,20
108079

A7 Hannover-Hamburg. In Soltau Straße 209 nach Lüneburg. Ab Lüneburg Straße 216 bis Dannenberg. Dann Ri. Gusborn-Gartow.

Gartow/Laasche, D-29471 / Niedersachsen

- Laascher See
- OT Laasche 13
- 1 Apr - 4 Okt
- +49 58 46 98 00 93
- info@camping-laaschesee.de
- N 53°02'24'' E 11°24'57''

1 A**JM**NOPQRST JLNPQSX 6
2 CDGOPRSVXWY BC**EFG**I 7
3 BJM BDFJ**M**NQRUV 8
4 FHIO DFJVY 9
5 ABDHMN ABFGHIJ**P**RV10
B 6-10A CEE
3 ha 120**T**(100-150m²) 73**D**
① €19,60
② €24,50
114726

A7, Ausf. 44 Soltau-Ost, dann die B71 Ri. Munster weiter Uelzen. Dann B493 Ri.Lüchow. Nach 2 Ki. Gorleben. Dort rechts L256 Ri. Gatow. Von Osten: Ab Wittenberge B195. Direkt hinter Dömitz über die Elbe. Ri. Gorleben. CP ist ausgeschildert.

Gnarrenburg, D-27442 / Niedersachsen

- Am Eichholz
- Hermann-Lamprecht-Str. 69
- 1 Mär - 15 Okt
- +49 47 63 86 48
- camping.gnarrenburg@gmail.com
- N 53°23'31'' E 09°00'35''

1 AFJMNOPQRST AFH 6
2 PWX ABDE**FG** 7
3 A**L** ABE**F**NQRW 8
4 FHI D 9
5 DM AJPR10
10-16A
4 ha 90**T**(120m²) 33**D**
① €19,50
② €24,50
118640

CP in Gnarrenburg der Beschilderung Schwimmbad/Camping folgen. CP liegt neben dem Gemeindeschwimmbad.

Aller-Leine-Tal

Niederländische Inhaber, gute Küche.
800m von der Autobahn. Ankunft bis 22.00 Uhr.

Marschweg 1, 29690 Essel/Engehausen • Gsm: 05071-511549
E-Mail: camping@camping-allerleinetal.de
Internet: www.camping-aller-leine-tal.de

Guderhandviertel, D-21720 / Niedersachsen

- Nesshof
- Nessstr. 32
- 1 Jan - 31 Dez
- +49 41 42 81 03 95
- camping@nesshof.de
- N 53°32'34'' E 09°36'43''

1 ADEF**JM**NOPQRS**T** N 6
2 ACOPSWXY ABDE**FG** 7
3 ABEFJNQRW 8
4 H DF 9
5 ABDEHMN ABFHIJLM**P**RW10
16A CEE
2,5 ha 70**T**(100-160m²) 36**D**
① €24,00
② €30,00
114715

A26 Ausfahrt Dollern, danach Richtung Altesland/Steinkirchen. Nach 3 km auf der L125 in Guderhandviertel rechts in der Neßstraße ist CP angezeigt.

Freizeit-Camp-Nordheide e.V.

Camping mitten in der Nordheide nur 2 km von der Autobahn. Ideal als Übernachtungscamping, nur 40 km von Hamburg, 4 km vom Wildpark Nindorf. Heideblütenfest. Beste Sanitäranlagen. Von Wald umgeben.

Egestorfer Landstraße 50, 21376 Garlstorf
Tel. +49 15228491377 • Fax +49 4172962448
E-Mail: camping-garlstorf@t-online.de

Hemmoor, D-21745 / Niedersachsen

- Tauchbasis Kreidesee
- Cuxhavener Str. 1
- 1 Jan - 31 Dez
- +49 47 71 79 21
- +49 47 71 64 26 12

1 AJMNOPQRST LNOP 6
2 DGPRWX ABFGIK 7
3 AB ABCDEFJNQRTVW 8
4 T DIJSVY 9
5 ABDEMN AHJMRVW 10
B 16A CEE
8 ha 74T(50-100m²) 80D
€16,50
€22,50

N 53°42'03" E 09°07'38" 114457

A1 Hamburg-Bremen Ausfahrt 49 Bockel. B71 Zeven Richtung Bremervörde. Dort Richtung Cuxhaven/Wischhafen. B7/B74 bis Hemmoor. Am Ortsausgang nach ± 200m links. Mit Navi den GPS-Werten folgen (Haupteingang).

Hermannsburg/Oldendorf, D-29320 / Niedersachsen

- Am Örtzetal - Oldendorf
- Dicksbarg 46
- 1 Jan - 31 Dez
- +49 50 52 30 72

1 AFJMNOPRST JNU 6
2 BCDGPQWXY BFGH 7
3 A ABEFJNQRW 8
4 I JRV 9
5 DE AHJMR 10
16A CEE
6 ha 100T(90-120m²) 81D
€21,50
€26,50

N 52°48'09" E 10°06'08" 102401

In Celle die B191 Richtung Uelzen. In Eschede links nach Oldendorf, oder ab Bergen nach Beckedorf und rechts nach Oldendorf abbiegen.

Hechthausen/Klint, D-21755 / Niedersachsen

- Ferienpark Geesthof★★★
- Am Ferienpark 1
- 1 Jan - 31 Dez
- +49 4 77 45 12
- info@geesthof.de

1 ADEFJMNOPQRST ABEFGHINOVXYZ 6
2 BCDGHPVWXY ABEFGIJ 7
3 ABFGHIMTX ABCDEFGJNQRT 8
4 ABCDFGHTUVX EGJOVWY 9
5 ABDHLMN AFGHIJMPRVX 10
10-16A CEE
5,5 ha 80T(100-150m²) 121D
€22,50
€30,50

N 53°37'33" E 09°12'10" 102243

B73 HH-Stade-Cuxhaven, Ausfahrt Hechthausen Richtung Klint. In Klint / Hechthausen der CP-Beschilderung folgen.

Hösseringen/Suderburg, D-29556 / Nieders.

- Am Hardausee★★★★★
- Campingplatz 1
- 1 Apr - 31 Okt
- +49 58 26 76 76
- info@camping-hardausee.de

1 AEFJMNOPQRST LNPQ 6
2 DGHIOPVWXY BEFGI 7
3 ABGMSX BDFJKNQRSTUVW 8
4 AEFGH ETUV 9
5 ABDEFHJKMN ABDEFGHJMPRV 10
Anzeige auf dieser Seite B 16A CEE
H80 10 ha 100T(90-100m²) 351D
€28,00
€35,00

N 52°52'11" E 10°25'22" 102399

Die B191 Celle-Uelzen, Ausfahrt Suderburg. In Suderburg rechts Richtung Hösseringen/Räber zum Hardausee.

Klein Kühren, D-29490 / Niedersachsen

- Campingplatz Elbufer
- Elbuferstrasse 141
- 1 Jan - 31 Dez
- +49 5 85 32 56
- campingplatz-elbufer@t-online.de

1 ADEFJMNOPQRST JNQSWX 6
2 CGHOPUVWXY ABEFGIJ 7
3 DDFNQUUW 8
4 FHIQ DVW 9
5 ABEFMN AHJMPRV 10
Anzeige auf dieser Seite B 16A CEE
3 ha 75T 128D
€19,00
€26,00

N 53°13'34" E 10°54'43" 114459

A1 Richtung Hamburg. A39 Richtung Lüneburg. B4 Lüneburg. B216 Richtung Dannenberg. Rechts L232 Neu Darchau. Neu Darchau in die Elbuferstrasse Richtung Klein Kühren. Camping angezeigt.

* Großer Kinderspielplatz
* Schwimmbad
* Ferienwohnung

Wanhödenerstraße 28, 27639 Nordholz/Wurster Nordseeküste
Tel: |49 47418588 • Handy +49 17697416807
E-Mail: post@nordholz-camping.de • www.nordholz-camping.de

Campingplatz Elbufer

Erholung pur! Direkt an der Elbe, unweit der Lüneburger Heide. Die schöne Umgebung lädt zum Wandern und Radfahren ein. Ein wahres Paradies für Wassersportler und Angler. Auch die Gaststätte 'zum Göpel' mit herrlicher Terrasse und Blick über die Elbe lädt zu gemütlichen Stunden ein.

Elbuferstrasse 141, 29490 Klein Kühren • Tel. 05853-256
Fax 05853-274 • E-Mail: campingplatz-elbufer@t-online.de
Internet: www.campingplatz-elbufer.de

Heidenau, D-21258 / Niedersachsen

- Ferienzentrum Heidenau★★★★
- Zum Ferienzentrum
- 1 Jan - 31 Dez
- +49 41 82 42 72
- info@ferienzentrum-heidenau.de

1 ADEFHKNOPQRST ABFGN 6
2 ABDGPWXY ABDEFGI 7
3 ABDFIMNOSV ABCDEFJNQRTUVW 8
4 BCFGHIOQRXZ EVY 9
5 ABDFHJLN ADFGHJLORV 10
Anzeige auf dieser Seite B 16A CEE
70 ha 87T(100-120m²) 518D
€27,00
€35,00

N 53°18'31" E 09°37'14" 112406

Autobahn A1 Bremen-Hamburg, Ausfahrt 46 Richtung Heidenau. In Heidenau den Schildern folgen.

Lüneburg, D-21335 / Niedersachsen

- Rote Schleuse
- Rote Schleuse 4
- 1 Jan - 31 Dez
- +49 41 31 79 15 00
- kontakt@camp-rote-schleuse.de

1 ADEFJMNOPRST JLNXYZ 6
2 ACDGHIJOPQRWXY ABDEFG 7
3 BFHILMU BDFGHJKNPQRTS 8
4 FHIOZ EFG 9
5 ADFGHLMN ABCGHIJPR 10
B 16A CEE
2 ha 90T 32D
€25,80
€35,00

N 53°12'35" E 10°24'40" 102395

An der B4, der Salzstraße Richtung Uelzen-Braunschweig am südlichen Ende des Ostrings (Richtung Zentrum). Ausgeschildert.

Midlum/Wurster Nordseeküste, D-27639 / Nieders.

- Kransburger See
- Kransburger Str. 1
- 1 Jan - 31 Dez
- +49 4 74 29 29 80
- info@kransburger-see.de

1 ADEFJMNOPQRST LMNP 6
2 ABDFGHIOPQVWXY ABDEFGIJK 7
3 ABFGJLMV ABCDEFGIJKNQRSTUVW 8
4 BCDHINT DEFMNTY 9
5 ABDEFHKMN ABHIJLMPRVW 10
B 16A CEE
26 ha 140T(100m²) 318D
€29,00
€35,20

N 53°42'27" E 08°37'58" 112129

A27 Bremen-Cuxhaven, Ausfahrt 4 Neuenwalde. Richtung Dorum bis zur L135, dort Richtung Cuxhaven über Holßel nach Kransburg. Beschildert.

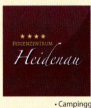

• Campinggelände und Wohnwagenpark
• Verkauf von Wohnwagen
• Vermietung von Holzblockhütten
• Beheiztes Schwimmbad
• Damen/Herren Friseur
• Restaurant
• Reichlich Spaß und Aktivitäten für große und kleine Kinder

Zum Ferienzentrum • Erica Hoffmann
21258 Heidenau • Tel. 04182-4272 • Fax 04182-401130
E-Mail: info@ferienzentrum-heidenau.de
Internet: www.ferienzentrum-heidenau.de

Bewerten Sie einen Campingplatz und gewinnen Sie mit etwas Glück ein iPad.

www.Eurocampings.de

Müden/Örtze (Gem. Faßberg), D-29328 / Nieders.
- Sonnenberg
- Sonnenberg 3
- 15 Apr - 15 Okt
- +49 50 53 98 71 74
- info@campingsonnenberg.com
- N 52°53'16'' E 10°05'58''

1	AJMNOPQRST	6
2	BFPUVWXY	ABDEFG 7
3	ABX	ABCDEFJLNQRUW 8
4	FHIO	AIVW 9
5	ADEFKMN	ABDGHIJORZ 10

Anzeige auf dieser Seite 6-16A
5 ha 80T(150-350m²) 8D
① €21,50
② €31,50
102397

A7 Hannover-Hamburg, Ausfahrt Soltau-Ost, dann die B71 nach Munster. Hinter Munster Ausfahrt Celle. In Müden den CP-Schildern folgen.

Camping Sonnenberg

★ Mitten in der Lüneburger Heide
★ Gemütlichkeit und Ruhe

Sonnenberg 3, 29328 Müden/Örtze (Gem. Faßberg)
Tel. 05053-987174
E-Mail: info@campingsonnenberg.com
Internet: www.campingsonnenberg.com

Munster/Kreutzen, D-29633 / Niedersachsen
- Zum Örtzewinkel★★★★
- Kreutzen 22
- 1 Jan - 31 Dez
- +49 50 55 55 49
- info@oertzewinkel.de
- N 52°55'07'' E 10°07'40''

1	ADEFJMNOPQRST	JLN 6
2	COPVWXY	BEFG 7
3	BFLM	BDFJNQRTUVW 8
4	EFGHIO	FVWY 9
5	ABDFLMN	ABGHKLPR 10

B 16A CEE
H65 8 ha 72T(100-120m²) 115D
① €25,50
② €31,10
101121

A7/E45 Hannover-Hamburg. Ausfahrt Soltau Ost. Via B71 an Munster vorbei, dann Richtung Celle und der Beschilderung folgen.

Nordholz/Wurster Nordseeküste, D-27639 / Nieders.
- Camp.- und Wochenendplatz Beckmann GmbH
- Wanhödenerstraße 28
- 1 Jan - 31 Dez
- +49 47 41 85 88
- post@nordholz-camping.de
- N 53°45'11'' E 08°38'22''

1	ADEFJMNOPQRST	AF 6
2	ABGPVWXY	ABFGHIJ 7
3	ABMV	ABEFGJNQRUW 8
4	BFHIO	DIY 9
5	ABDEFHJKMN	ABCHJPRVW 10

Anzeige auf Seite 62 16A CEE
5,5 ha 190T(80-160m²) 133D
① €20,00
② €25,00
120123

A27 Ausfahrt Nordholz, nach etwa 1800m liegt der CP an der linken Seite.

Schneverdingen/Heber, D-29640 / Nieders.
- Camping-Park Lüneburger Heide★★★★★
- Badeweg 3
- 27 Mär - 1 Nov
- +49 5 19 92 75
- info@camping-lh.de
- N 53°04'15'' E 09°51'55''

1	AEFJMNOPQRST	LM 6
2	ACDGHOPRSVWX	ABCDEFGIK 7
3	ABFGHIMSU	ABCDEFGHIJKNQRTUV 8
4	ABEFHKOXZ	DEFJKLVYZ 9
5	ABDFHLMN	ABFGHJMPRX 10

Anzeige auf dieser Seite B 16A CEE
H80 6,2 ha 112T(100-200m²) 92D
① €35,00
② €45,00
102320

A7 Hannover-Hamburg, Ausfahrt Bispingen Richtung Behringen (2 km). Dann Richtung Schneverdingen bis Heber, gut ausgeschildert.

Top gepflegter & ruhiger Camping-Park in 1A Lage
Premium & XXL-Stellplätze
DTV ADAC Preis
Vollmer's Camping Park Lüneburger Heide
05199-275 • www.camping-LH.de

Oberohe/Faßberg, D-29328 / Niedersachsen
- Heidesee
- Oberohe 25
- 1 Jan - 31 Dez
- +49 58 27 97 05 46
- info@campingheidesee.com
- N 52°52'34'' E 10°13'35''

1	ADEFJMNOPQRST	AFHLNX 6
2	DGHPQUWXY	BEFG 7
3	ABDFGLMU	BDFJLMNQRTW 8
4	BCFHKLOPQT	IJVWY 9
5	ADEFM	ABGHIJKLPRV 10

B 16A CEE
19,5 ha 267T(80-120m²) 135D
① €25,95
② €37,95
102400

A7 Hannover-Hamburg, Ausfahrt 44 Soltau-Ost, über die B71 nach Munster, Ausfahrt Müden/Faßberg, Richtung Unterlüß. Vorsicht, die letzten 200m Kopfsteinpflaster.

Otterndorf/Müggendorf, D-21762 / Niedersachsen
- See Achtern Diek
- Am Campingplatz 3
- 1 Apr - 31 Okt
- +49 47 51 29 33
- campingplatz@ottendorf.de
- N 53°49'31'' E 08°52'34''

1	DEFJMNOPQRST	KLMNQRUVWXZ 6
2	DEFGIPRVWX	ABDEFGHIJK 7
3	ABDFGJMUW	ABCDEFGJKNOPQRSTUVW 8
4	BHIO	LMRTVY 9
5	ABDEFHKN	ABCGHIJMORVW 10

B 16A CEE
17 ha 170T(60-240m²) 340D
① €31,80
② €39,50
102194

B73 Stade-Cuxhaven. Ausfahrt Otterndorf. CP ist gut ausgeschildert. Folgen Sie der Beschilderung 'Ferienanlagen/Müggendorf'.

Soltau, D-29614 / Niedersachsen
- Ferienpark Moränasee
- Dittmern 9
- 1 Jan - 31 Dez
- +49 51 91 97 52 68
- info@ferienpark-soltau.de
- N 53°00'56'' E 09°55'21''

1	ADEJMNOPQRST	LM 6
2	ADGHIOPSVWXY	ABDEFGH 7
3	ABFGLMU	ABEFGJNQRTUVW 8
4	FHK	ADVXY 9
5	ABDJKN	ABHJNOR 10

Anzeige auf dieser Seite 16A CEE
H100 33 ha 28T(100m²) 304D
① €18,10
② €25,10
116717

E45 Ausfahrt 44 Richtung Heidepark. Vor dem Heidepark dem CP-Schild Moränasee folgen.

Oyten, D-28876 / Niedersachsen
- Knaus Campingpark Oyten
- Oyter See 1
- 1 Mär - 8 Nov
- +49 42 07 28 78
- oyten@knauscamp.de
- N 53°02'47'' E 09°00'24''

1	ADEFJMNOPQRST	LNSX 6
2	ADGHIOPVWXY	ABDEFG 7
3	ABEGJLM	ABCDEFJKNQRTW 8
4	HK	9
5	DEMN	ABDFGHJPRV 10

Anzeige auf Seite 52 16A CEE
3 ha 114T(70-100m²) 99D
① €31,20
② €39,40
114719

A1 Bremen-Hamburg, Ausfahrt 52 Richtung Oyten. Am Lidl links ab, durch Oyten, dann Richtung Oyter See und den CP Schildern folgen.

Soltau, D-29614 / Niedersachsen
- Röders' Park- Premium Camping
- Ebsmoor 8
- 1 Jan - 31 Dez
- +49 51 91 21 41
- info@roeders-park.de
- N 53°00'02'' E 09°50'15''

1	ADEFILNOPQRST	6
2	ACPVWXY	ABDEFGH 7
3	BLMX	ABCDEFGHJLNPQRTUVW 8
4	FH	VZ 9
5	ABDFLMN	ABCEFGHJPRX 10

B 16A CEE
H50 2,5 ha 90T(80-120m²) 30D
① €35,00
② €43,00
102323

Ab Soltau über die B3 Ri. Hamburg. Von Norden die Ausfahrt Bispingen nehmen. In Behringen Ri. Soltau. Von Süden die Ausfahrt Soltau-Ost oder Süd. Auf der B3 Ri. Soltau. Der CP liegt am Rande von Soltau.

Radenbeck/Thomasburg, D-21401 / Nieders.
- Heidehof Radenbeck
- Am Mausethal 6
- 1 Mär - 8 Nov
- +49 58 59 97 08 30
- info@schoener-campen.de
- N 53°13'16'' E 10°37'28''

1	ADEFJMNOPQRT	L 6
2	CDGIOPVWXY	BFG 7
3	B	BDFJNQRTUW 8
4	H	9
5	ABDFHMN	ABHJOR 10

16A CEE
1,2 ha 52T 30D
① €20,50
② €26,50
102468

Von Lüneburg B216 nach Dannenberg, Ausfahrt Radenbeck, Ortsteil Thomasburg den CP Schildern folgen.

Ferienpark Moränasee

Stellplätze mit Seeblick, Natursee mit herrlichem Sandstrand, eine wunderbare Naturlandschaft, Strandbar mit kulinarischen Genüsse, eine Fitnessoase, ein Busshuttle zum 4 km entfernten Heide Park. Neugierig? Dann kommen Sie einfach mal vorbei und genießen selber.

Dittmern 9, 29614 Soltau • Tel. +49 5191975268
E-Mail: info@ferienpark-soltau.de
Internet: www.ferienpark-soltau.de

Schiffdorf/Spaden, D-27619 / Nieders.
- Camping-und Ferienpark Spadener See ★★★★
- Seeweg 2
- 15 Apr - 31 Okt
- +49 4 71 30 83 64 56
- info@campingplatz-spadener-see.de
- N 53°34'30'' E 08°38'48''

1	AEFILNOPQRST	LPW 6
2	ADGHIOPVWXY	ABDEFGIJ 7
3	ABL	ABCDEFJKNQRTUVW 8
4	FHI	E 9
5	ABDEFHKLMN	ABDGHJLOR 10

16A CEE
33 ha 120T(100-150m²) 222D
① €25,50
② €33,50
102198

A27 Bremerhaven-Cuxhaven. Ausfahrt Spaden, danach folgen Sie den CP-Schildern, gut ausgezeigt.

Teilkarte Lüneburg auf Seite 59

Camping-Paradies Grüner Jäger
Everinghauser Dorfstr. 17
D-27367 Sottrum/Bremen
In landschaftlich reizvoller Umgebung

- Restaurant mit Terrasse
- Große Plätze
- Transitplätze (ohne rangieren)
- Spielplatz
- Sauna
- Schwimmbad
- Wandern
- Angeln
- Radfahren

Soltau/Harber, D-29614 / Niedersachsen
- ▲ Ferienparadies Mühlenbach
- 🏠 Wietzendorferstr. 2
- 📅 1 Jan - 31 Dez
- ☎ +49 5 19 11 49 12
- @ info@ferienparadies-muehlenbach.de
- 16A CEE
- N 52°59'12" E 09°54'38"
- A7 Hannover-Hamburg, Ausfahrt 44 Soltau-Ost. Über die B71 in Richtung Soltau, dann links in Richtung Wietzendorf.

1 ADEF**JM**NOPQRST LMN 6
2 ABCDGHIOPSVWXY ABDE**FGIJ** 7
3 ABD**EFGHIL**MUVX ABCDEFHIJKNPQRTUVW 8
4 CFHIKO EGIJUVWXY 9
5 ABDHJMNO ABFGHJLMPRVW 10
H59 10 ha 150T(100-160m²) 288D
❶ €25,20 ❷ €33,20
109574

Soltau/Wolterdingen, D-29614 / Niedersachsen
- ▲ Campingplatz Auf dem Simpel****
- 🏠 Auf dem Simpel 1
- 📅 1 Jan - 31 Dez
- ☎ +49 51 91 36 51
- @ info@auf-dem-simpel.de
- B 16A CEE
- N 53°01'32" E 09°51'35"
- A7 Hamburg-Hannover, Ausfahrt Soltau-Ost. Den Schildern folgen Heide-Park. Am Heide-Park vorbei, nach 800m links. CP liegt zwischen Heidepark und der B3.

1 ADEF**JM**NOPQRS**T** ABF 6
2 ABGPQRSVWXY ABDE**FGI** 7
3 BFGLM ABCDE**FJ**KNQRS**T**UVW 8
4 FHIOQ DEFGJVWY 9
5 ACDFHLMN ABEFGHJL**P**RX 10
H78 9 ha 110T(85-150m²) 140D
❶ €31,70 ❷ €40,70
102321

Sottrum/Everinghausen, D-27367 / Nieders.
- ▲ Camping-Paradies "Grüner Jäger"
- 🏠 Everinghauser Dorfstraße 17
- 📅 1 Jan - 31 Dez
- ☎ +49 42 05 31 91 13
- @ info@camping-paradies.de
- Anzeige auf dieser Seite B 16A CEE
- N 53°05'00" E 09°10'37"
- A1 Bremen-Hamburg, A250 Stuckenborstel, Richtung Rotenburg, nach 300m bei den Ampeln rechts abbiegen nach Everinghausen und nach Everinghausen fahren. Nach 4 km der 1. CP links.

1 ADEJMNOPQRST AF N 6
2 ACGPVWX ABF**GIK** 7
3 BM ABCDE**FJ**NQRT**U** 8
4 HK**T** 9
5 ABDFHLMN AGHK**P**RV 10
H70 2.8 ha 50T(80-120m²) 30D
❶ €32,50 ❷ €41,50
102246

Stove/Hamburg, D-21423 / Niedersachsen
- ▲ Camping Land an der Elbe
- 🏠 Stover Strand 7
- 📅 1 Apr - 29 Sep
- ☎ +49 4 17 63 27
- @ info@camping-land-online.de
- B 16A CEE
- N 53°25'45" E 10°18'09"
- Von der A7 zur A250, in Handorf zur B404 hinter der Elbebrücke in Ronne. Von der B404 Richtung Stove.

1 AF**JM**NOPQRST JMN**Q**SWXY 6
2 ACFGHIOPRSWXY ABDE**FGHIJ** 7
3 ABG**J** ABCD**FG**HJKNPQRTUVW 8
4 FHI HZ 9
5 ABDMN ABGHIJM**P**RY 10
3,5 ha 72T(100-150m²) 121D
❶ €28,00 ❷ €38,00
118600

Stove/Hamburg, D-21423 / Nieders.
- ▲ Campingplatz Stover Strand International*****
- 🏠 Stover Strand 10
- 📅 1 Jan - 31 Dez
- ☎ +49 4 17 74 30
- @ info@stover-strand.de
- Anzeige auf Seite 65 B 16A CEE
- N 53°25'27" E 10°17'44"
- A7 Hannover-Hamburg, Ausf. 1 Maschener Kreuz Richtung Winsen/Lüneburg. A39, dann Ausf. B404 Richtung Geesthacht. Ausfahrt in Rönne Ri Stove. Die Straße Stover Strand bis zum Ende durchfahren.

1 ADEF**JM**NOPQRST JMNQSW**X**YZ 6
2 ACDGHIOPSVWX BE**FG**HIJK 7
3 BFG**J**LMRSUX BD**FG**IJKNPQRS**T**UVW 8
4 ABCDEFHIL**OT** ADEGJKOPRVWYZ 9
5 ACDEFHJLMN ABDFHJLM**NP**RVXYZ 10
30 ha 130T 404D
❶ €28,00 ❷ €32,00
108076

Tarmstedt, D-27412 / Niedersachsen
- ▲ Wochenendpark Rethbergsee
- 🏠 Wörpweg 51
- 📅 1 Jan - 31 Dez
- ☎ +49 4 28 34 22
- @ camping-rethbergsee@t-online.de
- 16A CEE
- N 53°12'56" E 09°05'33"
- Von Zeven aus nach Tarmstedt. Am Ortseingang von Tarmstedt südwärts. Dann noch 1 km bis zum CP. Wenn über die A1, dan Ausfahrt Oyten.

1 AF**JM**NOPQRST LN 6
2 DGHPVWXY ABDE**FGH** 7
3 BEFGU ABCDE**FJ**KNPQRTUVW 8
4 FHIJKO**PQRV** JQTV 9
5 ABDEMN ABGHJNOR 10
15 ha 30T(120-160m²) 272D
❶ €26,00 ❷ €36,00
102244

Uelzen, D-29525 / Niedersachsen
- ▲ Uhlenköper-Camp
- 🏠 Festplatzweg 11
- 📅 1 Jan - 31 Dez
- ☎ +49 58 17 30 44
- @ info@uhlenkoeper-camp.de
- B 16A CEE
- N 53°00'00" E 10°30'56"
- Die B4 Uelzen-Lüneburg Richtung Kirchweyhe.

1 ADEF**JM**NOPQRST AUV 6
2 BOPRVWXY BE**FG**I 7
3 BF**HIMNO**STUX BDFIJKLNQRSTUVW 8
4 ABCFHIK ABEFKLRVWXY 9
5 ACDEFJM ABEHIJLMPQRV 10
H57 3,2 ha 85T(90-120m²) 38D
❶ €26,50 ❷ €34,00
100105

Wienhausen/Schwachhausen, D-29342 / Niedersachsen
- ▲ Am Allerstrand
- 🏠 Offensener Str. 2A
- 📅 1 Mär - 31 Okt
- ☎ +49 50 82 91 20 04
- @ camping-landurlaub@t-online.de
- 16A CEE
- N 52°34'45" E 10°14'45"
- A2 Hannover-Braunschweig, Ausfahrt 51 Hämelerwald Richtung Uetze (L413). L387 Richtung Bröckel. Links auf die 214 nach Eicklingen, rechts nach Wienhausen, rechts nach Ottensen der Beschilderung folgen. Camping liegt links.

1 FJMNOPQRST JN 6
2 COPWXY BF 7
3 M AB**F**JNQRW 8
4 H 9
5 AHJMHV 10
3,5 ha 55T(40-100m²) 40D
❶ €13,00 ❷ €17,00
123031

Wietzendorf, D-29649 / Niedersachsen
- ▲ Südsee-Camp*****
- 🏠 Südsee-Camp 1
- 📅 1 Jan - 31 Dez
- ☎ +49 51 96 98 01 16
- @ info@suedsee-camp.de
- Anzeige auf Seite 65 B 6-10A CEE
- N 52°55'53" E 09°57'56"
- A7 Hamburg-Hannover, Ausfahrt 45 Soltau Süd, dann die B3 Richtung Bergen. Ab Abfahrt Bockel den Schildern 'Südsee Camp' folgen.

1 ADE**JM**NOPQRST A**EFG**HILM 6
2 ABDGHPSVWXY ABCD**EFGHIJ** 7
3 BF**GHIJ**LM**NTUX** ABCDEFIJKLNQRS**T**UVW 8
4 ABCDEFHINO**RSTUVX** DEJRUVWYZ 9
5 ACDEFJKLMNO ABEFGHIJLMNPRVYZ 10
H50 80 ha 726T(80-135m²) 771D
❶ €42,10 ❷ €52,10
102324

Wingst/Land Hadeln, D-21789 / Nieders.
- ▲ Knaus Campingpark Wingst****
- 🏠 Schwimmbadallee 13
- 📅 1 Jan - 31 Dez
- ☎ +49 47 78 76 04
- @ wingst@knauscamp.de
- Anzeige auf Seite 52 B 16A CEE
- N 53°45'09" E 09°05'00"

1 ADEF**JM**NOPQRST A**EFG**HIN 6
2 BDGPRTUVWXY ABDE**FGIJ** 7
3 ABFG**J**MX ABCDE**FGIJ**NQRTUW 8
4 A**E**FHIKO JUVW 9
5 ACDFHKLMN ABDGHIJLM**P**RVZ 10
9 ha 265T(100m²) 70D
❶ €38,70 ❷ €46,70
102242

B73 Cuxhaven-Stade, Ausfahrt Wingst, Schwimmbad.

Winsen (Aller), D-29308 / Niedersachsen
- ▲ Campingpark Südheide
- 🏠 Im stillen Winkel 20
- 📅 25 Mär - 31 Okt
- ☎ +49 5 14 36 66 18 03
- @ info@campingpark-suedheide.de
- B 16A CEE
- N 52°40'19" E 09°56'10"
- A7 Hamburg-Hannover, Ausfahrt Raststätte/Allertal Richtung Celle, dann nach Winsen und in Winsen ausgeschildert. Der CP liegt knapp außerhalb von Winsen Richtung Celle.

1 ADE**JM**NOPQRST AJNUXZ 6
2 CGHPVWXY ABCDE**FG**HIJ 7
3 ABEFHILMSTV ABCDEFGJKLMNQRSTUVW 8
4 BCFILTV**XZ** JRVY 9
5 ABDEFHMN ABEFGHIJMN**P**RV 10
9 ha 292T(100-160m²) 35D
❶ €47,00 ❷ €57,00
102330

Winsen (Aller), D-29308 / Niedersachsen
- ▲ Campingplatz Winsen (Aller)
- 🏠 Auf der Hude 1
- 📅 1 Jan - 31 Dez
- ☎ +49 5 14 39 31 99
- @ info@campingplatz-winsen.de
- Anzeige auf Seite 65 16A
- N 52°40'36" E 09°54'05"
- A7 Hannover-Bremen, Ausfahrt Allertal (Tankstelle) Richtung Celle. In Winsen wird der CP angezeigt (rechts ab). CP liegt im Zentrum von Winsen.

1 ADEF**JM**NOPQRST JN**X**YZ 6
2 CFGHOPWXY ABDE**FG** 7
3 ABF**HIL**MS ABCDE**FJ**NQRTW 8
4 FHKO R 9
5 ABDFJLMN ABDFGHJLM**P**RV 10
13 ha 220T 80D
❶ €27,00 ❷ €35,00
102328

STELLPLATZ Radar
- Über 12.000 Stellplätze
- Detaillierte Infos zu den Stellplätzen
- Über 100.000 Stellplatz-Bewertungen

promobil STELLPLATZ Radar

DER STELLPLATZFÜHRER FÜR IHR HANDY

SÜDSEE CAMP
Camping- & Bungalowpark in der Lüneburger Heide

Südsee-Camp G.+P. Thiele OHG • D-29649 Wietzendorf • Tel. +49(0)5196 980-116 • www.suedsee-camp.de

Winsen/Aller-Meißendorf, D-29308 / Nieders.

▲ Campingpark Hüttensee	1 ADEFJMNOPQRST	LMNQSXYZ 6
🏠 Hüttenseepark 1	2 DHPW	ABFGI 7
📅 1 Jan - 31 Dez	3 BDFGJLMU	ABCDEFJKNQRTW 8
☎ +49 50 56 94 18 80	4 FHO	AEFTY 9
@ info@	5 ABDFLMN	ABCDFGHIJLMPR 10
campingpark-huettensee.de	Anzeige auf dieser Seite	B 16A CEE
		❶ €29,50
	18 ha 200T(100-120m²) 273D	❷ €29,50
📍 N 52°43'12" E 09°49'31"		107968

🚗 A7 Hamburg-Hannover, Ausfahrt 49 (Westenholz) Richtung Winsen. Campingplatz ist bei Meißendorf, 7 km vor Winsen. In Meißendorf der Beschilderung 'Hüttenseepark' folgen.

CAMPINGPARK HÜTTENSEE
LÜNEBURGER HEIDE

29308 Winsen / Aller-Meißendorf
Tel 0 50 56 / 94 18 80
www.campingpark-huettensee.de

Wurster Nordseeküste, D-27639 / Niedersachsen

▲ Außerdeich Campingplatz Cappel-Neufeld	1 DEHKNOPQRST	KMQSX 6
	2 EFGIP	ABDEFGI 7
🏠 Deichweg-Außendeich	3 BS	ABDFNQR 8
📅 1 Mai - 15 Sep	4 EH	D 9
☎ +49 4 70 56 60 36 15	5 DM	AHJP 10
info@camping-freizeit-gmbh.de	16A CEE	❶ €29,50
	6 ha 230T(bis 100m²) 32D	❷ €34,00
📍 N 53°45'53" E 08°32'19"		117167

🚗 A27 Bremen-Cuxhaven, Ausfahrt 4 Neuenwalde Richtung Dorum bis zur B6. Dann Richtung Cuxhaven über Holßel nach Cappel. Weiter Richtung Cappel-Neufeld und Strand. Direkt über den Deich.

Wurster Nordseeküste, D-27639 / Niedersachsen

▲ Campingplatz Wremer-Tief	1 ADEFJMNOPQRST	KMNQRSXYZ 6
🏠 Strandstraße (Außendeich)	2 EFGIPSW	ABDEFG 7
📅 15 Apr - 15 Sep	3 ABFG	ABEFJNQRW 8
☎ +49 4 70 56 60 36 10	4 H	VW 9
@ info@camping-wremer-tief.de	5 DM	ABFGHJR 10
	Anzeige auf dieser Seite 16A CEE	❶ €34,30
📍 N 53°38'46" E 08°29'41"	4 ha 250T(100m²) 30D	❷ €42,50
		114456

🚗 A27 Bremerhaven-Cuxhaven, Ausfahrt Wremen/Bad Bederkesa. Dann Richtung Wremen, wo der CP ausgeschildert ist (Kutterhafen). In Wremen sind 2 Campingplätze. Achtung: Am Wremer Tief auf den Deich hoch!

Wurster Nordseeküste, D-27639 / Niedersachsen

▲ Campingplatz Grube	1 ADEFJMNOPQRST	N 6
🏠 Kajediek 1	2 EOPSWX	ABDEFG 7
📅 1 Jan - 31 Dez	3 AF	ABCDEFJNQRTUVW 8
☎ +49 47 41 31 31	4	DF 9
@ info@campingplatz-grube.de	5 ADMNO	ABCFGHJMPRXZ 10
	16A CEE	❶ €32,50
📍 N 53°44'12" E 08°31'20"	8 ha 70T(100m²) 306D	❷ €39,50
		114709

🚗 Von der A27 Ausfahrt Neuenwalde/Dorum. Durch Dorum-Mitte Richtung Dorum-Neufeld.

Campingplatz Wremer-Tief

Saison-/Dauerstellpätze, Touristik-/Kurzzeitplätze und Zeltplätze.

**Strandstr. (Außendeich), 27639 Wurster Nordseeküste
Tel. +49 47056603610
E-Mail: info@camping-wremer-tief.de
Internet: www.camping-wremer-tief.de**

Zeven, D-27404 / Niedersachsen

▲ Campingplatz Sonnenkamp *****	1 ADEFJMNOPQRST	AFN 6
	2 BOPSWXY	ABDEFGH 7
🏠 Sonnenkamp 10	3 AFGMNOPR	ABCDEFHJKNPQRUW 8
📅 1 Jan - 31 Dez	4 FHORSTUV	DEFV 9
☎ +49 42 81 95 13 45	5 ABDEFGN	AEFGHJPRV 10
@ info@campingplatz-zeven.de	B 16A CEE	❶ €23,50
📍 N 53°18'14" E 09°17'51"	7,5 ha 80T(100-150m²) 131D	❷ €29,10
		100100

🚗 A1 Bremen-Hamburg Ausfahrt 49 Bockel die B71 bis Zeven. Innerorts CP ausgeschildert.

**Campingplatz Winsen an der Aller
Auf der Hude 1
D-29308 Winsen (Aller)
Telefon: +49 (0) 5143-93199
www.campingplatz-winsen.de
info@campingplatz-winsen.de**

HALLO HAMBURG

- Stellplätze direkt an der Elbe!
- Kostenloser Fahrradbus und Shuttleservice nach Hamburg (Wochenende/Feiertage)
- Schiffsausflugsfahrten nach Hamburg
- Restaurant & Frischemarkt am Platz

Stover Strand 10 · 21423 Drage/Stove · Telefon 04177- 430 · info@stover-strand.de
www.camping-stover-strand.de · Zweiter Platz am Ende der Zufahrtsstraße

Camping Stover Strand
International Kloodt oHG

Hannover

Asendorf, D-27330 / Niedersachsen

- ▲ Kellerberg
- Am Kellerberg 1
- 15 Mär - 15 Okt
- +49 4 25 34 50
- info@campingplatz-kellerberg.de
- N 52°46'42'' E 09°02'20''

1 AF**JM**NOPQRST		L 6
2 CDGHPSWX	AB**FG**	7
3 BM	ABCDE**FJ**NQRUVW	8
4 I		9
5 DFHKM	AFGHJRW	10
B 16A CEE		
4,5 ha 30T (46-100m²)	70 D	

❶ € 19,00
❷ € 29,00

B6 von Bremen nach Hannover bis Asendorf, dort Richtung Hoya. Den CP-Schildern folgen.

111061

Bad Pyrmont, D-31812 / Niedersachsen

- ▲ Campingpark Schellental
- Am Schellenhof 1-3
- 1 Jan - 31 Dez
- +49 52 81 87 72
- camping@schellental.de
- Anzeige auf dieser Seite
- N 51°59'45'' E 09°16'36''

1 AF**JM**NOPQRST		6
2 CFPRUVWXY	ABDE**FG**	7
3 A**BLM**	ABCDEFIJKNQRTVW	8
4 FHIO	K	9
5 ABDFLMN	AFGHJLPST	10
B 6A CEE		
H120 6 ha 90T (60-110m²)	40 D	

❶ € 25,00
❷ € 30,00

101421

In Bad Pyrmont Richtung Bahnhof, die 1. Straße links (in der Kurve), dann den Schildern folgen. Aus Richtung Hameln den CP-Schildern folgen.

Gebrauchsanweisung

Um die Möglichkeiten des Führers optimal nutzen zu können, sollten Sie die Gebrauchsanweisung auf Seite 10 gut durchlesen. Hier finden Sie wertvolle Informationen, beispielsweise die Berechnung der Übernachtungspreise.

❶ € 25,00
❷ € 35,80

- Idyllische Ruhe & Erholung
- Gaststätte mit Biergarten
- WLAN gratis
- Wohnmobilstellplätze mitten im Grünen
- Mittelgebirgsambiente und doch stadtnah (1,5 km)
- sehr gepflegte Sanitäranlagen
- Hufeland Therme mit Sauna (vergünstigte Karten)
- Kurpark mit Palmengarten
- Wanderwege direkt vor der Tür
- Emmer- & Weserradweg
- Weserbergland & Teutoburger Wald erleben!
- Rabattsystem ab 5. Tag

CAMPINGPARK Schellental

Familie Patzig
Am Schellenhof 1-3
31812 Bad Pyrmont
Tel. 0 52 81 / 8772
camping@schellental.de
www.schellental.de

Neues Sanitärgebäude auf der Alm!

Teilkarte Hannover auf Seite 66

Bodenwerder, D-37619 / Niedersachsen

- An der Himmelspforte
- Ziegeleiweg 1
- 1 Jan - 31 Dez
- +49 55 33 49 38
- himmelspforte01@yahoo.com
- N 51°57'33" E 09°30'18"

1 JMNOPQRST	JNWXYZ 6
2 CFGPWXY	ABDEFH 7
3 ABF**HIMN**	ABCDE**F**JK**N**QRTW 8
4 FHIO	R 9
5 ABDFJKMN	AFGHJQRX10
Anzeige auf dieser Seite B 16A CEE	① €18,00
H80 10 ha 150T(100m²) 250D	② €26,00
	102332

An der B83 zwischen Hameln und Holzminden liegt Bodenwerder. Südlich von Bodenwerder Richtung Zentrumm abbiegen. Nach der Weserbrücke rechts der Beschilderung folgen.

Camping An der Himmelspforte

Der Camping hat große Stellflächen mit Tourplätzen direkt an der Weser. Es gibt 3 moderne Sanitärgebäude. Vom Camping aus schöne Wanderungen möglich. Der Weser-Radweg geht direkt am Camping vorbei. Im netten Städtchen Bodenwerder ist man schnell zu Fuss. Neben vielen Fachwerkhäusern im Ort sollte man auch das Münchhausen Museum besuchen. Hunde erlaubt: kostenfrei.

Ziegeleiweg 1, 37619 Bodenwerder • Tel. 05533-4938 • Fax 05533-4432
E-Mail: himmelspforte01@yahoo.com
Internet: www.camping-weserbergland.de

Bodenwerder/Rühle, D-37619 / Niedersachsen

- Rühler Schweiz
- Im Grossen Tal 0
- 1 Apr - 31 Okt
- +49 55 33 24 86
- brader-ruehler-schweiz@t-online.de
- N 51°56'35" E 09°30'36"

1 AEF**JM**NOPQRS**T**	ABJ**N**XYZ 6
2 CFGOPUW	ABDE**FG** 7
3 BFGMS	ABCDE**F**JK**N**QRTW 8
4 FGH	DRV 9
5 ADEFKMN	ABEGHIJMPRV10
Anzeige auf dieser Seite B 16A CEE	① €21,50
H80 7,8 ha 100T(100m²) 202D	② €27,50
	100119

An der B83 zwischen Bodenwerder und Holzminden liegt Bodenwerder. An der Südseite von Bodenwerder Richtung Zentrum abbiegen. Über die Weserbrücke rechts ab. Nach etwa 4 km ist der Campingplatz rechts.

Camping Rühler Schweiz

Camping zwischen Wald und Wasser.
Mitten im Weserbergland
direkt an der Weser.

Im Grossen Tal 0, 37619 Bodenwerder/Rühle
Tel. +49 55332486
E-Mail: brader-ruehler-schweiz@t-online.de
Internet: www.brader-ruehler-schweiz.de

Coppenbrügge, D-31863 / Niedersachsen

- Rattenfängerplatz am Ith***
- Felsenkeller 9a
- 1 Jan - 31 Dez
- +49 51 56 78 02 34
- ccweserbergland@t-online.de
- N 52°06'55" E 09°32'05"

1 AF**JM**NOPQRS**T**	**ABEFG** 6
2 OPSTUW	ABDE**FG**I 7
3 ABF**L**MS	ABCDE**F**JNPQRTW 8
4 FHI	DF 9
5 D	AFG**H**JMPRV10
B 16A CEE	① €20,50
H160 1,4 ha 40T(60-100m²) 43D	② €24,50
	117151

Liegt an der B1 in Coppenbrügge neben dem Hallenbad, 15 km östlich von Hameln. Von Hamels aus ist der CP angezeigt. Rechts über die Brücke, Coppenbrücke. its ausgeschildert.

Garbsen, D-30823 / Niedersachsen

- Blauer See***
- Am Blauen See 119
- 1 Jan - 31 Dez
- +49 5 13 78 99 60
- info@camping-blauer-see.de
- N 52°25'14" E 09°32'47"

1 BDEF**JM**NOPQRST	HLM**N**W 6
2 ADFGHPSVWX	AB**FG** 7
3 BFG**JL**M	ABCDE**F**J**LN**QRTUVW 8
4 FHIO	FGJNQRTY 9
5 ABDEFJKMN	ABGHLORV10
B 16A CEE	① €31,70
H150 6 ha 120T(65-100m²) 218D	② €34,00
	101419

A2 Dortmund-Hannover, Ausfahrt 41 Garbsen. Ab Dortmund Beschilderung folgen. Ab Hannover unter A2 durchfahren, dann ausgeschildert.

Grohnde (Emmerthal), D-31860 / Nieders.

- Grohnder Fährhaus
- Grohnder Fähre 1
- 15 Mär - 31 Okt
- +49 5 15 53 80
- info@grohnder-faehrhaus.de
- N 52°01'07" E 09°25'32"

1 ADE**JM**NOPQRST	J**N**XYZ 6
2 CFGIOPSVWX	ABDE**FG** 7
3 ABEFGMUW	ABCDE**F**IJK**N**QRT 8
4 FHIO	9
5 ADEFJLMN	AFGHIJPQRVW10
Anzeige auf dieser Seite B 16A CEE	① €16,50
H70 2 ha 150T(45-100m²)	② €26,50
	112405

Der CP liegt an der B83 Hameln-Bodenwerder. In Grohnde Richtung Osten halten, durch den Hafen und mit der Fähre über die Weser zum CP. Montags verkehrt die Fähre nicht. Über Latferde umfahren.

Grohnder Fährhaus

Idyllischer Camping direkt an der Weser. Jeder Stellplatz ist von einer kleinen Hecke umgeben, so daß sich kleine 'eigene' Grundstücke ergeben. Neues, modernes Sanitär, extra Familienbäder, toller Spielplatz, echter bayerischer Biergarten, gemütliches Wirtshaus, einfache schöne Pensionszimmer, eigener Bootsanleger und vieles mehr.

Grohnder Fähre 1, 31860 Grohnde (Emmerthal)
Tel. 05155-380 • E-Mail: info@grohnder-faehrhaus.de
Internet: www.grohnder-faehrhaus-camping.de

Campingplatz Hameln an der Weser

Ca. 90 Stellplätze, Stromanschluss für jeden Platz, Kinderspielplatz, ruhig gelegen, direkt an der Weser, ca. 10 min. Gehweg zur historischen Altstadt Hamelns.

Uferstraße 80, 31787 Hameln • Tel. 05151-67489
E-Mail: info@campingplatz-hameln.de
Internet: www.campingplatz-hameln.de

Hameln, D-31787 / Niedersachsen

- Campingplatz Hameln an der Weser
- Uferstraße 80
- 1 Mär - 4 Nov
- +49 5 15 16 74 89
- info@campingplatz-hameln.de
- N 52°06'33" E 09°20'52"

1 AF**JM**NOPQRST	J**N**XY 6
2 CFGOPSWXY	ABDE**FG**HIK 7
3 B**L**	ABCDEFJK**N**QRTW 8
4 FH	F 9
5 ABDEFLMN	ABDFGHJL**P**RVX10
Anzeige auf dieser Seite B 16A CEE	① €32,00
H65 1,2 ha 90T(80-100m²) 13D	② €39,50
	102252

Von Paderborn: in Hameln vor der Weserbrücke links Richtung Rinteln. Dort den CP-Schildern folgen. Von Hildesheim: sofort hinter der Weserbrücke rechts. Dann gleich wieder rechts. Nach 300m den CP-Schildern folgen.

Hameln: Camping am Waldbad ★ ★ ★ ★

Der mehrfach ausgezeichnete Camping in Hameln im Stadtteil Halvestorf. Der Camping ist idyllisch gelegen, 5 km von Hameln, zwischen Waldrand und einem beheizten Schwimmbad. Moderne sanitäre Einrichtungen, Kinderspielplatz, Bolzplatz, getrenntes Gelände für Gruppen und Zelte, Restaurant mit Terrasse. Geöffnet vom 1. April bis 31. Oktober.

Pferdeweg 2, 31787 Hameln/Halvestorf • Tel. 05158-2774
E-Mail: info@campingamwaldbad.de
Internet: www.campingamwaldbad.de

Hameln/Halvestorf, D-31787 / Niedersachsen

- Camping am Waldbad****
- Pferdeweg 2
- 1 Apr - 31 Okt
- +49 51 58 27 74
- info@campingamwaldbad.de
- N 52°06'26" E 09°17'45"

1 AFJMNOPQRS**T**	**ABFG** 6
2 OPTVWX	ABDE**FG**J 7
3 BF**L**M	ABCDE**F**JK**N**QRTW 8
4 FH	9
5 ABDFLMN	ABFGHIJLPR10
Anzeige auf dieser Seite B 16A CEE	① €23,00
H120 3,3 ha 37T(80-100m²) 160D	② €29,00
	102250

Aus Richtung Paderborn: in Hameln vor der Weserbrücke links Richtung Rinteln (Seitenweg der L433). CP-Schildern folgen. CP 6 km nordwestlich von Hameln. Mit Navi den Straßennamen nehmen: Freibadstraße.

Heemsen/Anderten, D-31622 / Niedersachsen

- Camping Rittergut Hämelsee
- Hämelsee 31
- 1 Jan - 31 Dez
- +49 4 25 49 21 23
- mail@haemelsee.de
- N 52°45'27" E 09°18'34"

1 AFJMNOPQRST	L**N** 6
2 DGHPWXY	ABDE**FG** 7
3 ABFGM	ABCDE**F**IJ**N**QRTW 8
4 IO	V 9
5 ADEFMN	AGJ**M**RVW10
16A CEE	① €19,00
24 ha 40T(120-150m²) 350D	② €25,00
	102247

B209 Soltau-Nienburg, 7 km hinter Rethem rechts ab. Dann ausgeschildert. Der CP liegt 7 km nordöstlich von Heemsen.

Heinsen, D-37649 / Niedersachsen

- Weserbergland Camping
- Weserstraße 66
- 10 Apr - 15 Okt
- +49 55 35 87 33
- info@weserbergland-camping.com
- N 51°53'06" E 09°26'33"

1 AE**JL**NOPRST	ABJ**N**WXY 6
2 CGIOPSWX	ABDE**FG** 7
3 ABFLMS	ABCDE**F**GJNPQRU 8
4 FHO	R 9
5 ADHMN	ABDGHIJ**P**STXZ10
Anzeige auf dieser Seite 10A CEE	① €26,00
H84 2,5 ha 128T(120m²)	② €33,00
	100118

Via Hameln und Bodenwerder nach Heinsen, B83. Ausgeschildert.

Echter Familiencamping in einer prächtigen Natur und ruhig an der Weser gelegen. Eigene Traileranlage und schöner Ausgangspunkt für Wanderungen und Radtouren. Angeln und Kanutouren möglich. Beheiztes Schwimmbad vorhanden. Modernes Sanitär.

Weserstraße 66, 37649 Heinsen • Tel. 05535-8733
E-Mail: info@weserbergland-camping.de
Internet: www.weserbergland-camping.com

Hemmingen/Arnum, D-30966 / Niedersachsen

- Arnumer See****
- Osterbruchweg 5
- 1 Jan - 31 Dez
- +49 51 01 35 34
- info@camping-hannover.de
- N 52°18'06" E 09°44'49"

1 ABDE**JM**NOPQRST	L 6
2 ADFGHIOPSTVWXY	AB**FGK** 7
3 B**L**MU	ABCDE**F**JNQRTW 8
4 FHIO	GIJ 9
5 ABDFJKMN	ABFGHIJ**P**RV10
B 16A	① €30,50
13 ha 85T(70-120m²) 374D	② €36,50
	110141

Autobahn A7 Hamburg-Kassel, Ausfahrt 59 Laatzen, B443 Richtung Pattensen. B3 Richtung Hannover bis Arnum. Beschilderung 'Naherholungspark Arnumer See' folgen.

Deutschland

Seecamp Derneburg

Auf unserem Platz wird für Jung und Alt einiges geboten. Verschiedene Freizeitangebote auf dem Platz, Wander- und Radwanderwege im Umland und nahe gelegene Ausflugsziele warten auf Sie. Unser Restaurant und unser Camperlädchen sind für Ihr leibliches Wohl da. Auf einen Besuch bei uns freuen sich Elke und Dietmar Renneckendorf.

Seecamp 1, 31188 Holle • Tel. 05062-565
E-mail: info@seecamp-derneburg.de
Internet: www.seecamp-derneburg.de

Holle, D-31188 / Niedersachsen 🛜 (CC€20) iD
- ▲ Seecamp Derneburg — 1 ADEF**JM**NOPQRST — L**N** 6
- 🏠 Seecamp 1 — 2 ADFGIOPRSX — AB**CDFG** 7
- 📅 1 Apr - 31 Okt — 3 B**JL**MU — ABCDEF**J**NQRTUW 8
- ☎ +49 5 06 25 65 — 4 FHR — ADF 9
- @ info@seecamp-derneburg.de — 5 ABDFHJLMN — ABGHJLM**P**RV10
- Anzeige auf dieser Seite — B 16A CEE — ❶ €23,20
- H58 7,8 ha 60T(80-100m²) 173D — ❷ €33,60
- 📍 N 52°06'11'' E 10°08'18''
- 🚗 A7, Ausfahrt 63 Derneburg, dann ausgeschildert.
- 102404

Campingplatzkontrolle

Alle Campingplätze in diesem Führer wurden im vergangenen Jahr von einem unserer 124 ACSI-Inspektoren besucht und begutachtet.

Sie erkennen diese Campingplätze an der Jahresprüfplakette, die meist im Rezeptionsbereich auf dem ACSI-Schild zu finden ist.

Neustadt/Mardorf, D-31535 / Niedersachsen 🛜 (CC€18) iD
- ▲ Campingplatz Mardorf GmbH — 1 ABDEF**JM**NOPQRST — LM**N**QS**XZ** 6
- 🏠 Uferweg 68 — 2 BDFGOPSVWXY — AB**FGK** 7
- 📅 1 Jan - 31 Dez — 3 B**GL** — ABCDE**FJ**KNQRTUW 8
- ☎ +49 5 03 65 29 — 4 FH — DMN**P**VW 9
- @ info@camping-steinhuder-meer.de — 5 ADEF**JK**MN — ABDFGHJLOR**X**10
- Anzeige auf dieser Seite — B 16A CEE — ❶ €26,50
- H55 4,2 ha 80T(70-110m²) 113D — ❷ €34,50
- 📍 N 52°29'30'' E 09°19'29''
- 🚗 B6 Nienburg-Neustadt. In Neustadt Richtung Steinhuder Meer. In Mardorf den CP-Schildern folgen. Mit Navi: Die Einfahrt ist am Weidebruchsweg.
- 114872

Campingplatz Mardorf GmbH
Uferweg 68, 31535 Neustadt/Mardorf • Tel. +49 5036529
E-Mail: info@camping-steinhuder-meer.de
Internet: www.camping-steinhuder-meer.de

Isernhagen, D-30916 / Niedersachsen
- ▲ Parksee Lohne — 1 BF**JM**NOPQRST — LM**P** 6
- 🏠 Alter Postweg 12 — 2 ADFGHPWX — AB**FG** 7
- 📅 1 Apr - 15 Okt — 3 BFG**JL**M — ABCDEFG**J**NRTW 8
- ☎ +49 5 13 98 82 60 — 4 FHO — 9
- @ parksee-lohne@t-online.de — 5 ADF**JK** — AGHJLRV10
- B 16A CEE — ❶ €24,80
- H58 13 ha 100T(80-120m²) 300D — ❷ €35,20
- 📍 N 52°27'22'' E 09°51'40''
- 🚗 A2 Ausfahrt 46 Lahe/Altwarmbuchen. Oder A/ Ausfahrt 55 Richtung Altwarmbüchen. In Altwarmbüchen Richtung Isernhagen. CP ist ausgeschildert.
- 108086

Neustadt/Mardorf, D-31535 / Niedersachsen 🛜 iD
- ▲ Campingplatz Niemeyer — 1 ADEF**JM**NOPQRST — 6
- 🏠 Pferdeweg 15 — 2 OPSVWXY — AB**FGI** 7
- 📅 1 Jan - 31 Dez — 3 B**JL**MS — ABCDE**FG**NQRTW 8
- ☎ +49 5 03 65 30 — 4 FH**T** — DUVW 9
- @ h-niemeyer@t-online.de — 5 ABD**MN** — ABFGHJ**P**RW10
- B 16A CEE — ❶ €22,00
- 2,5 ha 40T(60-80m²) 95D — ❷ €28,00
- 📍 N 52°29'46'' E 09°19'25''
- 🚗 Der Camping liegt 300m nördlich vom Steinhuder Meer. Von der B6 Hannover-Bremen bei Neustadt am Rübenberge der Beschilderung Steinhuder Meer folgen. In Mardorf ist der Campingplatz angezeigt.
- 110651

Laatzen/Hannover, D-30880 / Niedersachsen 🛜 (CC€20) iD
- ▲ Campingplatz Birkensee — 1 ABEF**JM**NOPQRST — LO**P** 6
- 🏠 Campingplatz Birkensee — 2 ABDF**G**HIPWXY — AB**FG** 7
- 📅 1 Jan - 31 Dez — 3 B**GL**MU — ABCDEF**GJ**NQRTW 8
- ☎ +49 5 11 52 99 62 — 4 FHO — DGIV 9
- @ info@camping-birkensee.de — 5 ADEFH**JK**M — ADFGHIJL**OR**10
- Anzeige auf dieser Seite — B 16A CEE — ❶ €28,00
- 8,5 ha 100T(80-120m²) 94D — ❷ €33,00
- 📍 N 52°18'13'' E 09°51'44''
- 🚗 A7 Hamburg-Kassel, Ausfahrt 59, N443 Richtung Laatzen. Nach 1 Km geht ein kleiner Weg links ab zum Campingplatz.
- 102331

Neustadt/Mardorf, D-31535 / Niedersachsen 🛜 iD
- ▲ Nordufer Camping**** — 1 ABDEFHKNOPQRS**T** — N**X** 6
- 🏠 Pferdeweg 5 — 2 BOPSVWXY — AB**FGI** 7
- 📅 1 Jan - 31 Dez — 3 BF**GL**M — ABE**FG**JKNQRTW 8
- ☎ +49 50 36 23 61 — 4 BFHO — 9
- @ info@nordufercamping.de — 5 ABDEFKM**N** — ABGHIJ**P**R10
- Anzeige auf dieser Seite — B 10A CEE — ❶ €25,00
- 17 ha 145T(70-100m²) 325D — ❷ €31,00
- 📍 N 52°29'48'' E 09°19'48''
- 🚗 Von der B6 Hannover-Bremen bei Neustadt am Rübenberge. Beschilderung Steinhuder Meer folgen. In Mardorf ist der Campingplatz angezeigt.
- 102248

Mitten im Landschaftsschutzgebiet Bockmerholz gelegen, finden Sie den idyllischen Birkensee, umgeben von Wald und abgrenzenden Büschen. Der Campingplatz bietet Ruhe zum Entspannen und lädt zu wunderschönen Spaziergängen ein. Der Campingplatz Birkensee ist familienfreundlich, mit eigenem Badesee und Badestrand, sowie ganzjährig geöffnet. Ideal ist der verkehrsgünstig gelegene Platz (5 Minuten zur A7, 5-Minuten-Anfahrt zur Hannover Messe) für Ausflüge nach Hannover und Umgebung.

30880 Laatzen/Hannover (Niedersachsen)
Tel. 0511-529962 • Fax 0511-87456999
E-Mail: info@camping-birkensee.de

Nordufer Camping

Unser Campingplatz ist ganzjährig geöffnet. Die Stellplätze sind in den Wald integriert und durch Hecken und Sträucher parzelliert. Außerdem vorhanden: 2 Spielplätze, Tischtennis, Volleyball usw. Sandstrand, Segel- und Surfgebiet (in circa 100m).

Pferdeweg 5, 31535 Neustadt/Mardorf • Tel. +49 50362361
E-Mail: info@nordufercamping.de • Internet: www.nordufercamping.de

Rinteln, D-31737 / Niedersachsen 🛜 (CC€20) iD
- ▲ Erholungsgebiet DoktorSee**** — 1 ADEF**JM**NOPQRST — HLMNOPQS**XYZ** 6
- 🏠 Am Doktorsee 8 — 2 ADFGHIOPSVWX — ABDE**FG** 7
- 📅 1 Jan - 31 Dez — 3 BFG**JL**MN**RSU**X — ABCDEF**H**JKNQ**RS**TUVW 8
- ☎ +49 57 51 96 48 60 — 4 **A**BCEFHILMO**TVXZ** — DFHIJRTV 9
- @ info@doktorsee.de — 5 ACDEFGHJKLMN — ABDFGHIJL**P**QRV**X**Z10
- Anzeige auf Seite 69 — B 16A CEE — ❶ €28,10
- H50 90 ha 400T(80-100m²) 1026D — ❷ €33,90
- 📍 N 52°11'12'' E 09°03'35''
- 🚗 A2 Dortmund-Hannover, Ausfahrt 35 Richtung Rinteln der B238 folgen, um Rinteln zu umfahren. Der Beschilderung DoktorSee folgen.
- 100111

Familienpark Steller See

Dieser ausgezeichneter Familiencampingplatz liegt an einem kristallklaren 60.000 m2 großen See, in einem Naturreservat. Einige Minuten von der A1 Ausfahrt 58 Stuhr/Groß Mackenstedt. Nah zu Bremen hat dieser Campingplatz vieles um kürzer oder länger zu bleiben. Auf dem See können mehrere Arten von Wassersport betrieben werden (ohne Motor).

Nordwestlich auf der A1 Ausfahrt 58 Richtung Stuhr/Groß Mackenstedt. Kurz vor der Tankstelle auf der linken Seite der Straße, rechts abbiegen. Camping ist ausgeschildert.

Zum Steller See 15, 28816 Stuhr/Groß Mackenstedt
Tel. +49 42066490 • E-Mail: steller.see@t-online.de
Internet: www.steller-see.de

Deutschland

Märchencamping

Zum Steller See 83
28816 Stuhr
Tel:+49 4206/9191
info@maerchencamping.de
www.maerchencamping.de

Stuhr/Groß Mackenstedt, D-28816 / Nieders.
- Märchencamping
- Zum Steller See 83
- 1 Jan - 31 Dez
- +49 42 06 91 91
- info@maerchencamping.de

1 ADEJMNOPQRST AF 6
2 AGPQRVWX ABEFGH 7
3 ABMSUV ABCDEFHJKNOPRT 8
4 BCFHIKLOT EV 9
5 ADEFHKMN ABDFGHIMPRX10
Anzeige auf dieser Seite B 16A CEE € 21,00
10 ha 100T(120m²) 141D € 28,00

N 53°00'37'' E 08°41'23''
A1 Osnabrück-Bremen bis Ausfahrt 58 (Knoten Stuhr) Richtung Groß Mackenstedt; dem Schild 'Märchencamping' folgen.
100099

Salzhemmendorf/Wallensen, D-31020 / Nieders.
- Campingpark Humboldt-See
- Humboldt See 1
- 1 Jan - 31 Dez
- +49 51 86 95 71 40
- info@campingpark-humboldtsee.de

1 AJMNOPQRST LMNP 6
2 BDFGHIPUWXY ABFG 7
3 ABFGMS ABCDEFJNQRTW 8
4 FH DFQR 9
5 ABDFJKMN AFGHJLMOSTV10
10-16A CEE € 29,00
H180 36 ha 255T(100m²) 284D € 34,00

N 52°00'12'' E 09°38'34''
B1 Hildesheim-Hameln. In Hemmendorf Richtung Eschershausen, dann ausgeschildert. Der Campingplatz liegt 3 km südlich von Wallensen.
100113

Silberborn/Solling, D-37603 / Niedersachsen
- Silberborn****
- Glashüttenweg 4
- 1 Jan - 31 Dez
- +49 5 53 66 64
- naturcamping-silberborn@t-online.de

1 AJMNOPQRST 6
2 BOPSVWXY ABDEFGH 7
3 BM ABCDEFJKNQRTW 8
4 EFHO E 9
5 ADFJLMN AFGHIJMNOR10
WB 16A € 19,60
H440 5 ha 100T(100-120m²) 103D € 24,60

N 51°46'16'' E 09°32'54''
An Straße B497 Holzminden-Uslar wird nördlich von Neuhaus den Campingplatz ausgeschildert.
107973

Campingplatz Stolzenau

Nah am Ortskern von Stolzenau, mit Tourplätzen an der Weser und einem schönen Schwimmbad in 300m.

Weserstrasse 11a, 31592 Stolzenau
Tel. 0171-6216398 • E-Mail: verwaltung@campingplatz-stolzenau.de
Internet: www.campingplatz-stolzenau.de

Stolzenau, D-31592 / Niedersachsen
- Campingplatz Stolzenau
- Weserstrasse 11a
- 1 Apr - 31 Okt
- +49 17 16 21 63 98
- verwaltung@campingplatz-stolzenau.de

1 AJMNOPQRST JNSUXYZ 6
2 CFGOPSWXY ABFG 7
3 AF ABCDEFIJNQRUW 8
4 FHO V 9
5 D AFGHJLMPRW10
Anzeige auf dieser Seite 16A CEE € 19,00
2,5 ha 80T 40D € 25,00

N 52°30'39'' E 09°04'49''
B441 Loccum an der Weserbrücke Richtung Stolzenau, dann nach 50m rechts ab. Oder über Porta Westfalica Richtung Petershagen, dann von Leese nach Stolzenau.
118212

Stuhr/Groß Mackenstedt, D-28816 / Nieders.
- Familienpark Steller See
- Zum Steller See 15
- 1 Apr - 3 Okt
- +49 42 06 64 90
- steller.see@t-online.de

1 ADEJMNOPQRST LQ 6
2 ADGHPWX ABDEFG 7
3 BFM ABEFJNQRTK 8
4 HIOQ F 9
5 ADEFLMN ABGHKLMPRZ10
Anzeige auf dieser Seite B 16A CEE € 23,00
9 ha 60T(80-100m²) 383D € 30,00

N 53°00'25'' E 08°41'33''
Von der A1 am Dreieck Stuhr, (aus Hamburg oder OS) die 1. Ausfahrt 58, Ausfahrt rechts Ri. Groß Mackenstedt. Am Ortseingang rechts. Immer den Hinweisen 'Steller See' folgen.
102201

Irenensee ★ ★ ★ ★

Freizeitpark in einer prächtigen Umgebung. Jede Ecke hat ihre Reize und schöne Ausflugsziele. Gelegen an einem See zwischen zwei Naturgebieten. Hier finden Sie die Freiheit, die Sie suchen. Alltagsstress vergessen, zu sich selbst finden und in der einzigartigen Umgebung erholen.

Fritz-Meinecke-Weg 2, 31311 Uetze
Tel. +49 517398120
E-Mail: info@irenensee.de
Internet: www.irenensee.de

Uetze, D-31311 / Niedersachsen
- Irenensee****
- Fritz-Meinecke-Weg 2
- 1 Jan - 31 Dez
- +49 5 17 39 81 20
- info@irenensee.de

1 ACDEFJMNOPQRST LNSXZ 6
2 ADFGHOPSVX ABCDEFGI 7
3 BFGLMS ABCDEFGIJKLMNQRTUVW 8
4 BFHL FJQTVY 9
5 ABDELM ABFGHJMPRV10
Anzeige auf dieser Seite B 6-10A CEE € 23,60
45 ha 110T(80-125m²) 423D € 35,80

N 52°27'56'' E 10°09'36''
Autobahn A2 Richtung Celle, Ausfahrt 49 Richtung Burgdorf, dann B188 Richtung Gifhorn/Uetze.
108087

Das Urlaubsparadies im Weserbergland

SEESA Wellness Sauna Gastronomie + **DoktorSee** ★★★★

Campingpark, Ferienwohnungen, Ferienhäuser, Chalets, Minigolf Restaurants, Bootsverleih, Wellnessoase u.v.m.

Doktor-See GmbH
Am Doktorsee 8 · 31737 Rinteln
Tel. 0 57 51 / 96 48 60 · info@doktorsee.de
www.doktorsee.de

Braunschweig

Camping Prahljust
An den langen Brüchen 4
38678 Clausthal-Z.
am See
www.prahljust.de
Wandern, Mountainbiking, Angeln, Wintersport
Restaurant, Mini-Markt, Hallenbad, Spielplatz
Tel. (0 53 23) 13 00
Fax (0 53 23) 7-83 93
camping@prahljust.de

CAMPINGPARK Wiesenbeker Teich im Harz
- Restaurant mit Sonnenterrasse
- Campingpark mit über 90 Plätzen
- Naturfreibad mit 60m Sandstrand
- Spielplatz
- Wigwam-Blockhäuser für bis zu 5 Personen
- Biker-Haus für bis 14 Personen
- Sport- und Freizeitpark
- Bootsverleih

Campingpark Wiesenbeker Teich
Familie Dombrowsky
Wiesenbek 75
37431 Bad Lauterberg
Telefon: 05524 2510
info@bl2510.de • www.bl2510.de

Altenau, D-38707 / Niedersachsen
- Okertalsperre
- Kornhardtweg 2
- 1 Jan - 31 Dez
- +49 5 32 87 02
- info@camping-okertalsperre.de
- N 51°49'01'' E 10°26'19''

1 **AJM**NOPRT — LN**X** 6
2 DGJOQRSVX — ABDE**FGHIJK** 7
3 BF — ABCDEFJNQRTUVW 8
4 FHIO — R 9
5 ABDKMN — ABGHJORV10
W 16A CEE — ① €23,60
H450 3 ha 80T(60-90m²) 35D — ② €34,30
102410

A7 Richtung Goslar. In Goslar Richtung Bad Harzburg/Oker/Altenau. Via B498 Richtung Altenau (Osterode) finden Sie den CP.

Altenau, D-38707 / Niedersachsen
- Polstertal
- Polstertal 1
- 1 Jan - 31 Dez
- +49 53 23 56 82
- info@campingplatz-polstertal.de
- N 51°47'58'' E 10°24'59''

1 **AJM**NOPQRST — CN 6
2 BCGIOPRSUVX — AB**FG** 7
3 AMU — ABCDEFJNQRTW 8
4 FH — FJ 9
5 ABDEMN — ABHJMOR10
W 10A CEE — ① €23,50
H520 1,8 ha 70T(60-90m²) 30D — ② €31,50
102409

A7, Ausfahrt 67 Seesen. B242 Bad Grund, Clausthal und Zellerfeld Richtung Altenau.

Bad Gandersheim, D-37581 / Niedersachsen
- Kur Campingpark
- Braunschweiger Straße 12
- 1 Jan - 31 Dez
- +49 53 82 15 95
- info@camping-bad-gandersheim.de
- N 51°52'02'' E 10°03'00''

1 ADEF**JM**NOPQRST — JL 6
2 ACDPRVX — ABDE**FGH**IK 7
3 BF**JL**MU — ABCDE**F**JNQRTW 8
4 AFHI — DGIJ 9
5 ABDFHLMN — AFGHJKPRV10
Anzeige auf dieser Seite B 6-16A CEE — ① €25,00
H100 9 ha 250T(100m²) 84D — ② €30,80
102407

A7 Kassel-Hannover, Ausfahrt 67 Seesen. 9 km der Beschilderung nach Bad Gandersheim folgen, vor der Stadt an der B64 rechts.

Kur Campingpark
Neu! Natur-Badesee mit romantischem Biker-Dörflein.
Ferienwohnungen, Gästezimmer und Mietwohnwagen.
Neu: WLAN auf dem Campingplatz.
Campingplatzrestaurant mit Schweizer Spezialitäten.
Öffnungszeiten: ganzjährig. GPS N 51°52'02'' E 10°03'00''
**Braunschweiger Straße 12, 37581 Bad Gandersheim
Tel. 05382-1595 • info@camping-bad-gandersheim.de
www.camping-bad-gandersheim.de**

Bad Harzburg, D-38667 / Niedersachsen
- Ferienanl. Regenbogen Bad Harzburg Göttingerrode****
- Kreisstraße 66
- 1 Jan - 31 Dez
- +49 5 32 28 12 15
- harz-camp@t-online.de
- N 51°53'31'' E 10°30'41''

1 **JM**NOPQRS**T** — F 6
2 ACOPRTUWXY — ABDE**FGI** 7
3 BLMU — ABCDE**F**JKNQRTW 8
4 FH**STVX** — DKY 9
5 ACDFLM**N** — AGHIJPRZ10
WB 10-16A CEE — ① €29,20
H350 6,5 ha 190T(80-100m²) 140D — ② €37,20
100124

A7, Ausfahrt Rhüden und via B82 nach Goslar. In Goslar fahren Sie via der B6 Richtung Oker/Altenau.

Bad Lauterberg, D-37431 / Niedersachsen
- Campingpark Wiesenbeker Teich*****
- Wiesenbek 75
- 1 Jan - 31 Dez
- +49 55 24 25 10
- info@bl2510.de
- N 51°37'03'' E 10°29'23''

1 AEG**JM**NOPR — FLMNOPQ 6
2 BDFGHLPRSUVX — ABDE**FG**HIJK 7
3 BFGLMSTUX — ABCDEFJKNOPRTW 8
4 ABEFGHIO — FGMQTUVW 9
5 ABDEFHJLMNO — ABFGHJLM**P**RVXZ10
Anzeige auf dieser Seite W 16A CEE — ① €38,00
H477 7 ha 70T(80-100m²) 31D — ② €52,00
107457

A7, Ausfahrt Seesen, Richtung Braunlage. In Bad Lauterberg ausgeschildert. Oder A7 aus Kassel, Ausfahrt Göttingen-Nord, Richtung Braunlage.

Braunlage, D-38700 / Niedersachsen
- Braunlage***
- Am Campingplatz 1
- 1 Jan - 31 Dez
- +49 5 52 09 99 69 31
- info@braunlage-camping.de
- N 51°42'47'' E 10°35'52''

1 **AJM**NOPQRST — N 6
2 CFGOPRUX — ABDE**FGIK** 7
3 A**L**M — ABEFGJKNPQRTW 8
4 EFI — 9
5 ADFHJKMN — ABFGHJLM**P**RVX10
W 16A CEE — ① €24,40
H600 5,2 ha 200T(80-100m²) 50D — ② €33,65
102470

A7, Ausfahrt Göttingen. Via B27 Richtung Braunlage.

Clausthal-Zellerfeld, D-38678 / Nieders.
- Prahljust****
- An den langen Brüchen 4
- 1 Jan - 31 Dez
- +49 53 23 13 00
- camping@prahljust.de
- N 51°47'05'' E 10°21'01''

1 ABDE**JM**NOPQRST — ELNQS**X** 6
2 BDGJPRSTX — ABCDE**FG**IJK 7
3 BMX — ABCDEFJNQRTW 8
4 AFHI**T** — FG 9
5 ADFLMN — AFGHJMPRVZ10
Anzeige auf dieser Seite WB 16A CEE — ① €26,30
H600 13 ha 350T(80-110m²) 256D — ② €36,65
102412

Autobahn A7, Ausfahrt 67 Seesen. Nach Bad Grund und Clausthal-Zellerfeld. Dann B242 Richtung Braunlage.

Deutschland

Vielfach ausgezeichneter Wellness-Campingplatz im Herzen Deutschlands!

- Camping inmitten waldreicher Natur
- familienfreundlich und Inhabergeführt
- viele Freizeitmöglichkeiten
- fürsorgliche Wellnessanlage mit Sauna, Hydrojet-Pool, Solarium und Massage-Sessel
- WLAN vorhanden
- Hunde erlaubt
- alle Angebote einfach Online buchen!

Und Sie waren noch nicht bei uns?

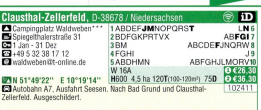

www.campingplatz-dransfeld.de

Erleben Sie den ***** Sterne Wellness-Campingplatz und das Wanderparadies 'Hoher Hagen'. Mehr über unsere Wellness- und Freizeitangebote erfahren Sie unter: www.campingplatz-dransfeld.de oder rufen Sie uns gern an Tel. +49 (0)5502 - 2147

Campingplatz ***
Am Hohen Hagen**

Zum Hohen Hagen 12 • 37127 Dransfeld

Clausthal-Zellerfeld, D-38678 / Niedersachsen
- Campingplatz Waldweben***
- Spiegelthalerstraße 31
- 1 Jan - 31 Dez
- +49 5 32 38 17 12
- @ waldweben@t-online.de
- N 51°49'22'' E 10°19'14''
- Autobahn A7, Ausfahrt Seesen. Nach Bad Grund und Clausthal-Zellerfeld. Ausgeschildert.

1 ABDEFJMNOPQRST   LN 6
2 BDFGKPRTVX   ABFGI 7
3 BM   ABCDEFJNQRW 8
4 FGHI   J 9
5 ABDHMN   ABFGHJLMORV 10
W 16A
H600 4,5 ha 120T(100-120m²) 75D
€ 26,30 / € 36,30
102411

Dransfeld, D-37127 / Niedersachsen
- Am Hohen Hagen*****
- Zum Hohen Hagen 12
- 1/1 - 31/10, 1/12 - 31/12
- +49 55 02 21 47
- @ camping.lesser@t-online.de
- N 51°29'29'' E 09°45'41''
- A7 Kassel-Hannover, Ausfahrt 73 Göttingen, dann die B3 Richtung Hannoversch Münden, 6 km bis Dransfeld, dann ist der CP ausgeschildert.

1 ADEFJMNOPQRST   ABFHI 6
2 AFGPRSTUVX   ABCDEFGHIJK 7
3 BFGJMNOUX   ABCDEFGHJKNQRTUVW 8
4 ABEFHJLOPSTUXYZ   DEFJUVW 9
5 ABDEFGHJKLMN   ABFGHIJLPQRVZ 10
Anzeige auf dieser Seite B 16A CEE
€ 38,00 / € 50,40
102338

Goslar, D-38644 / Niedersachsen
- Sennhütte
- Clausthalerstraße 28
- 1 Jan - 31 Dez
- +49 5 32 12 25 02
- @ sennhuette@campingplatz-goslar.de
- N 51°53'21'' E 10°23'57''
- A7, Ausfahrt Rhüden. B82 nach Goslar und B241 Richtung Clausthal-Zellerfeld.

1 ADEJMNOPQRST   6
2 BCOPRX   ABDEFGI 7
3 ALM   ABEFJKNQR 8
4 FH   9
5 ABDMN   AGHKOR 10
W 16A CEE
H350 2 ha 150T(60-90m²)
€ 21,00 / € 25,00
102406

Hann. Münden, D-34346 / Niedersachsen
- Hann. Münden Grüne Insel Tanzwerder
- Tanzwerder 1
- 30 Mär - 15 Okt
- +49 5 54 11 22 57
- @ info@hoch-freizeit.de
- N 51°25'00'' E 09°38'50''
- A44 Dortmund-Kassel, dann A7 Kassel-Hannover, Ausfahrt 75 und 76 Richtung Hannoversch Münden-Zentrum. Dort CP gut ausgeschildert. Einfahrt über die Schleuse.

1 ADEJMNOPQRST   JNXYZ 6
2 ACGOPQVWXY   ABDFGHI 7
3 ABJLMS   ABCDEFJNQRW 8
4 EFHIKOS   KRVWX 9
5 ADHJMN   ABFGHIKLMPR 10
H127 2,5 ha 100T(80-120m²) 5D
€ 23,60 / € 33,60
102339

Hann. Münden, D-34346 / Niedersachsen
- Spiegelburg Camping und Gasthaus
- Zella 1-2
- 1 Apr - 1 Nov
- +49 55 41 90 47 11
- @ info@gasthausspiegelburg.de
- N 51°23'43'' E 09°43'31''
- A7 Kassel-Göttingen, am Kreisel 2. Ausfahrt B80 Hann. Münden und an der Werrabrücke links. Den CP-Schildern folgen.

1 AJMNOPQRST   JNUWXZ 6
2 ABCFIOPRVWX   AB 7
3 A   ABCDEFNQRW 8
4 FHIOQ   AFG 9
5 ADFHJLN   AHJOR 10
Anzeige auf dieser Seite 16A CEE
H100 20 ha 80T(100m²) 11D
€ 22,00 / € 25,00
114755

Hardegsen, D-37181 / Niedersachsen
- Ferienpark Solling
- Auf dem Gladeberg 1
- 1 Jan - 31 Dez
- +49 55 05 22 72
- @ ferienparksolling@web.de
- N 51°38'26'' E 09°49'53''
- A7 Hamburg-Hannover, Ausfahrt 71 Nörten-Hardenberg, dann die B241 Richtung Uslar. An der B241 bei Hardegsen ist der CP ausgeschildert.

1 AJMNOPQRST   6
2 ABPSUVWX   ABDEFGH 7
3 AF   ABCDEFJKLNQRTW 8
4 FHIT   AI 9
5 DMN   AEFGHJORV 10
B 10-16A CEE
H300 2,4 ha 60T(80-100m²) 44D
€ 17,80 / € 22,80
102335

Hattorf, D-37197 / Niedersachsen
- Oderbrücke***
- B27
- 1 Jan - 31 Dez
- +49 55 21 43 59
- @ info@campingimharz.de
- N 51°37'41'' E 10°16'15''
- An der B27 zwischen Göttingen und Braunlage. 6 km nach Gieboldshausen und 5 km vor Herzberg.

1 AEJMNOPQRST   JN 6
2 CPRWXY   ABDEFG 7
3 BLMSU   ABCDEFJNQRTW 8
4 BDFGHO   J 9
5 ADEFLMN   ABFGHKMORV 10
16A CEE
H190 2,5 ha 70T(100m²) 36D
€ 19,00 / € 24,50
102416

Hemeln, D-34346 / Niedersachsen
- Wesercamping Hemeln****
- Unterdorf 34
- 1 Jan - 31 Dez
- +49 55 44 14 14
- @ info@wesercamping.de
- N 51°30'15'' E 09°36'11''
- A7 Ausfahrt 73, B3 nach Dransfeld, 500m hinter Dransfeld rechts beschildert. Über die B80 in Gieselwerder/Oberweser an der Aral abfahren, über die Weser Brücke, dann noch 17 km südwärts über die L561.

1 AJMNOPQRST   JNXYZ 6
2 CFOPVWXY   ABDEFGHIK 7
3 B   ABCDEFJNQRTW 8
4 FHIT   DEFGIJ 9
5 ADFHJLMN   AFGHJPR 10
B 16A CEE
H116 2,4 ha 120T(70-150m²) 42D
€ 23,00 / € 30,00
112133

Hohegeiß (Harz), D-38700 / Niedersachsen
- Am Bärenbache****
- Bärenbachweg 10
- 1 Jan - 31 Dez
- +49 55 83 13 06
- @ info@campingplatz-hohegeiss.de
- N 51°39'25'' E 10°40'04''
- A7 Kassel-Hannover, Ausfahrt 72 Göttingen und via Herzberg und Walkenried (oder Braunlage) Richtung Hohegeiß.

1 AJMNOPQRST   ABF 6
2 BFGPRSUVX   ABDEFGI 7
3 BGM   ABCDEFJKNQRTW 8
4 EFGH   DUVW 9
5 ADEFKMN   ABFGHJMPRVW 10
Anzeige auf dieser Seite W 10A CEE
H600 3 ha 150T(80-100m²) 37D
€ 25,40 / € 34,60
102472

Campingplatz Am Bärenbache

Zentral im Harz gelegen. Günstig für alle Sehenswürdigkeiten in der Umgebung. Viele Wander- und Skimöglichkeiten.
In nächster Nähe des Waldschwimmbades. Ausgezeichnetes Restaurant auf dem Platz. Während der Ferien werden verschiedene Aktivitäten organisiert. Beachvolleyball möglich.

38700 Hohegeiß (Harz)
Tel. 05583-1306 • Fax 05583-1300
E-Mail: info@campingplatz-hohegeiss.de
Internet: www.campingplatz-hohegeiss.de

Rustikal genießen im ♥ Deutschlands
Entdeck **Spiegelburg**, Camping und Gasthaus
tel. +49 5541 904711   www.gasthausspiegelburg.de

Teilkarte Braunschweig auf Seite 70

Deutschland

Campingplatz Northeim-Nord
Ganzjährig geöffnet.

Im Herzen Deutschlands zwischen Weserbergland/Solling und Harz.

Komfortplätze, moderne Sanitäreinrichtungen, Imbiss, Familiencamping, Spielplatz, vielfältige Spiel- und Sportmöglichkeiten.

D-37154 Northeim | Tel. 05551-9975360 | www.campingplatz-northeim-nord.de

---

Löwenhagen, D-37127 / Niedersachsen CC€16 iD
- Campingplatz Am Niemetal
- Mühlenstraße 4
- 29 Mär - 2 Nov
- +49 55 02 99 84 61
- info@am-niemetal.com

1	A**JM**NOPRT	J 6
2	ABCOPVWXY	ABDE**FGH** 7
3	BSX	ABEFGHJNPQRTUVW 8
4	FGHIO	AFV 9
5	ADEFHJKMN	ABDHJORV 10
Anzeige auf dieser Seite 16A CEE		❶ €26,00
H230 2,5 ha 75**T**(100-125m²) 3**D**		❷ €29,00

N 51°31'12'' E 09°41'41''   102337
🚗 A7 Hannover-Kassel, Ausfahrt 73 Ri. Dransfeld, dann Ri. Imbsen. Dort Ri. Bursfelde, Löwenhagen. CP ist ausgeschildert.

Campingplatz Am Niemetal
An einer idyllischen Stelle in der Natur im Tal des Flüsschens Nieme befindet sich der Campingplatz Am Niemetal. Eine Anlage, auf der Ruhe und Raum groß geschrieben werden und Gastfreundschaft im Mittelpunkt steht. Viele Rad- und Wandermöglichkeiten direkt vom Platz aus.

Mühlenstraße 4, 37127 Löwenhagen
Tel. 05502-998461
E-Mail: info@am-niemetal.com
Internet: www.am-niemetal.com

Northeim, D-37154 / Niedersachsen iD
- Campingplatz Northeim-Nord***
- Sultmer Berg 3
- 1 Jan - 31 Dez
- +49 5 55 19 97 56 60
- info@campingplatz-northeim-nord.de

1	ADE**JM**NOPQRST	6
2	ABPTVWXY	ABDE**FG**HIK 7
3	BF**L**	ABCDEFJNQRTW 8
4	**A**FHI	EF 9
5	ADEFHJKMN	AFGHJLPRV 10
Anzeige auf dieser Seite B 16A		❶ €24,50
H200 2,7 ha 120**T**(60-100m²) 26**D**		❷ €32,50

N 51°43'45'' E 09°59'02''   102333
🚗 A7 Hannover-Kassel, Ausfahrt 69, Northeim-Nord. Ausgeschildert.

Osterode (Harz), D-37520 / Niedersachsen CC€20 iD
- Campingplatz Eulenburg
- Scheerenberger Straße 100
- 1 Jan - 31 Dez
- +49 55 22 66 11
- ferien@eulenburg-camping.de

1	A**JM**NOPQRST	AF 6
2	ABCGOPVX	ABDE**FG**H 7
3	BFM**NR**X	ABCDE**F**IJKNQRTW 8
4	FHO**Q**	DGV 9
5	ABDEFKMN	ABFGHJLMO**P**RV 10
Anzeige auf dieser Seite WB 16A CEE		❶ €23,50
H265 4,1 ha 65**T**(80-200m²) 90**D**		❷ €32,50

N 51°43'38'' E 10°16'59''   102415
🚗 Autobahn Kassel-Hannover, Ausfahrt 67 Seesen. Richtung Osterode (Sösestausee). Ausfahrt Osterode-Süd. Sösestausee Beschilderung folgen.

Campingplatz Eulenburg
Die Urlaubsinsel am Fuße des Harzes

Ruhiger, gut gepflegter Platz, familienfreundlich, reizvolle Natur, Schwimmbad, Bowlingcenter, Biergarten, Restaurant, Grillhütten, Mietwohnwagen, Heuhotel, einfache Zimmer und Matratzenlager im 'Campinghotel'. Gast- und Kaminstube.
Schönes Sanitärgebäude. Auch für Gruppen.

Scheerenberger Straße 100, 37520 Osterode (Harz) • Tel. 05522-6611
Fax 05522-4654 • Internet: www.eulenburg-camping.de

Räbke, D-38375 / Niedersachsen iD
- Campingplatz Räbke****
- Erholungspark Nord-Elm 1
- 1 Jan - 31 Dez
- +49 53 55 83 52
- info@campingplatz-raebke.de

1	ADE**JM**NOPQRS**T**	ABFG 6
2	GPRWX	ABDE**FGIJ** 7
3	B**J**M**R**	ABCDEFJKNQRW 8
4	FH	DF 9
5	ABDEFLMN**O**	ABGHJ**P**RV 10
B 16A CEE		❶ €22,00
H155 7 ha 100**T**(80-100m²) 305**D**		❷ €30,00

N 52°11'35'' E 10°51'42''   100114
🚗 A2 Ausfahrt Königslutter, dann Richtung Helmstedt (B1) und nach Lelm/Räbke abbiegen.

Reiffenhausen/Friedland, D-37133 / Niedersachsen iD
- Camping Club Reiffenhausen e.V.
- Tahlstraße 27
- 1 Jan - 31 Dez
- +49 55 04 70 98
- info@camping-reiffenhausen.de

1	A**JM**NOR	**AB** 6
2	ABCPRTUVW	ABDE**FG**H 7
3	A	ABCDEFJNPQR 8
4	FGHIO	9
5	DHKM	AHJOR 10
16A CEE		❶ €17,00
H350 1,5 ha 70**T**(100m²) 40**D**		❷ €21,00

N 51°24'37'' E 09°58'44''   120150
🚗 A7 Kassel-Hannover Ausfahrt 74. A38 Ausfahrt Friedland Richtung Reiffenhausen, dann den CP-Schildern folgen.

comfort camping SEEBURGER SEE
Im prächtigen Eichsfeld, zwischen Weserbergland und Harz liegt der Komfortcamping Seeburger See. Ein Platz in einer herrlichen Umgebung wo Ruhesuchende, Wassersportler, Wanderer und Radfahrer voll auf ihre Kosten kommen!

Seestraße 20, 37136 Seeburg • Tel. 05507-1319
E-Mail: info@campingseeburgersee.com
Internet: www.campingseeburgersee.com

Seeburg, D-37136 / Niedersachsen CC€18 iD
- Comfort-Camping Seeburger See
- Seestraße 20
- 1 Apr - 31 Okt
- +49 55 07 13 19
- info@campingseeburgersee.com

1	AE**JM**NOPQRST	**FLMN**S**T** 6
2	DGHILPSVX	ABDE**FG**H 7
3	BFG**HIJ**L**M**N**OR**STX	CDEFGJNQRTW 8
4	BDEFGHKO	BEIQTUVW 9
5	ABDEFLMN	ABDGHJMPQR 10
Anzeige auf dieser Seite B 16A CEE		❶ €26,20
H150 3 ha 95**T**(100-140m²) 22**D**		❷ €30,20

N 51°33'49'' E 10°09'13''   100123
🚗 A7, Ausfahrt 72 Göttingen-Nord und via B27/B446 Richtung Duderstadt.

Uslar/Schönhagen, D-37170 / Niedersachsen iD
- Campingplatz am Freizeitsee
- In der Loh 1
- 1 Jan - 31 Dez
- +49 5 57 19 19 46 11
- info@camping-schoenhagen.de

1	ADE**JM**NOPQRS**T**	AFL 6
2	BCDFGHIPSWXY	ABDE**FG** 7
3	BFGM	ABE**F**JNRTW 8
4	FHI	I 9
5	ABDEFHKMN	ABFGHJLPRV 10
16A		❶ €16,00
H270 5,7 ha 100**T**(80m²) 101**D**		❷ €23,00

N 51°42'21'' E 09°33'26''   100120
🚗 Camping ist von der B497 Neuhaus-Uslar angezeigt. Schönhagen ist 7 km nordwestlich von Uslar.

Walkenried, D-37445 / Niedersachsen CC€18 iD
- Knaus Campingpark Walkenried****
- Ellricherstraße 7
- 1/1 - 8/11, 18/12 - 31/12
- +49 5 52 57 78
- walkenried@knauscamp.de

1	ADE**JM**NOPQRS**T**	E 6
2	DPRSTVY	AB**CDEFG**HIJK 7
3	BFGJMX	ABCDEFJKNQRTUVW 8
4	BDEFGHIO**TX**	ABEFUVWY 9
5	ABDFLMN	ABFGHJL**P**RVZ 10
Anzeige auf Seite 52 WB 16A CEE		❶ €33,50
H300 5,5 ha 94**T**(70-100m²) 76**D**		❷ €41,30

N 51°35'21'' E 10°37'28''   102473
🚗 Autobahn A7, Ausfahrt 67 Seesen. Via Herzberg und Bad Sachsa nach Walkenried.

Bewerten Sie einen Campingplatz und gewinnen Sie mit etwas Glück ein iPad.

www.Eurocampings.de

Teilkarte Braunschweig auf Seite 70

Walkenried (OT Zorge), D-37445 / Niedersachsen
- Im Waldwinkel ★★★★
- Kunzental
- 1 Jan – 31 Dez
- +49 55 86 10 48
- campingzorge@aol.com
- N 51°38'30" E 10°39'00"

1	ABJMNOPQRT	ABFG 6
2	BCGPRUVX	ABDEFGHI 7
3	AMX	ABCDEFJNQRT 8
4	FHIO	9
5	ABDMN	ABFGHJMPRVW 10

Anzeige auf dieser Seite WB 16A CEE ① €23,50
H350 1,2 ha 60T(100m²) 20D ② €30,50
101422

A7 Kassel-Hannover, Ausfahrt 72 Göttingen-Nord. Dann B27 und B243 bis Ausfahrt Walkenried und Zorge. Im Ort ausgeschildert.

Wendeburg, D-38176 / Niedersachsen
- Paradiessee
- Kieswerk 1
- 1 Jan – 31 Dez
- +49 5 17 15 58 83
- +49 5 17 15 72 92
- N 52°20'09" E 10°19'32"

1	AJMNOPQRST	LMNQX 6
2	ABDGHPQRWXY	ABDEFGI 7
3	BLMX	ABCDEFGIJKLNPQRW 8
4	FHIO	FQRT 9
5	ABDHMNO	AGHJLORVZ 10

16A CEE 23,5 ha 70T 130D ① €19,80
② €27,60
122368

A2 von Hannover nach Berlin, Ausfahrt Peine-Ost, dann Duttenstedt, Essinghausen, Meerdorf, dort der Beschilderung folgen.

Im Waldwinkel ★★★★

Dieser ruhige Campingplatz im Südharz ist von Bergen und Wald umgeben, wo Sie Ruhe und Erholung finden. Sehr schöne Wanderwege und Hundedusche. Direkt neben dem Camping: beheiztes Schwimmbad und Hotel/Restaurant Kunzental. Diverse Ausflugsmöglichkeiten.

Kunzental, 37445 Walkenried (OT Zorge) • Tel. 05586-1048
campingzorge@aol.com • www.campingplatz-im-waldwinkel.de

Wolfshagen (Harz), D-38685 / Niedersachsen
- Campingplatz Am Krähenberg ★★★★
- Am Mauerkamp
- 1 Jan – 31 Dez
- +49 5 32 69 29 76 32
- post@campingplatz-wolfshagen.de
- N 51°54'04" E 10°19'38"

1	ADEFJMNOPRT	ABFG 6
2	BPRTVX	ABDEFGHI 7
3	AJMUX	ABCDEFJNQRTW 8
4	EFHI	9
5	ABDFLMN	AFGHJMPRV 10

WB 16A CEE H400 6,4 ha 70T(70-100m²) 200D ① €19,50
② €27,90
101125

A7 Hannover-Kassel Ausfahrt 66 Rhüden, dann Richtung Goslar via B82, durch Langelsheim fahren und weiter Richtung Süden. Dann noch 4 km.

Schleswig-Holstein

Willkommen im Paradies für Naturliebhaber an der Nordwestspitze der Insel Fehmarn. Es sind nur ein paar Schritte zum herrlichen Naturstrand. Unser familienfreundlicher Campingplatz bietet Ihnen die besten Erholungsmöglichkeiten für Jung und Alt. Ausgestattet mit erstklassigen Sanitäranlagen.

Altenteil 24, 23769 Altenteil (Fehmarn) • Tel. 04372-391
E-Mail: info@belt-camping-fehmarn.de
Internet: www.belt-camping-fehmarn.de

Altenteil (Fehmarn), D-23769 / Schlesw.-H.
- Belt-Camping-Fehmarn*****
- Altenteil 24
- 1 Apr - 4 Okt
- +49 4 37 23 91
- info@belt-camping-fehmarn.de
- N 54°31'43'' E 11°05'40''

1 AE**JM**NOPQRS**T** KMN**PQ**SW**XY** 6
2 EFIJKPSVWX ABDE**FGHIJ** 7
3 ABFGMVX ABCDEF**GHIJKL**NPQRS**TUW** 8
4 BCDHIJL DINY 9
5 ABDFGHLMN**O** ABCDFGHIJ**P**RXZ10
Anzeige auf dieser Seite   B 16A CEE   ❶ €32,50
9 ha 160**T**(70-150m²) 111**D**   ❷ €38,50
102500

E47 Ausfahrt Puttgarden Richtung Gammendorf. Von hier über Dänschendorf nach Altenteil. Campingplatz dann ausgeschildert.

5-Sterne-Camping direkt an der Ostsee!
- exklusive Sanitäranlagen
- Walkyrien SPA
- Animation
- Restaurant · SB-Shop
- CampCard - Angebote
- Komfort - Strandhäuser
- Mietwohnwagen
- günstiger Wohnmobilpark "Ostseeblick"

23730 Schashagen OT. Bliesdorf-Strand/Ostsee, (0 45 62) 67 87 · Fax 22 38 51
www.camping-walkyrien.de · info@camping-walkyrien.de

Augstfelde/Plön, D-24306 / Schlesw.-H.
- Augstfelde-Vierer See****
- Augstfelde 1
- 1 Apr - 18 Okt
- +49 45 22 81 28
- info@augstfelde.de
- N 54°07'43'' E 10°27'18''

1 AF**JM**NOPQRS**T** LMN**Q**SXY 6
2 DGHIPSTVWXY ABDE**FGH**I**K** 7
3 BCDFG**IJ**LMSX ABCDEF**GIJKL**NQRT**UVW** 8
4 BCDEHIJKL**QRS**T**X** DILQRVY 9
5 ACDEFHKLMN ABEFG**HIJ**LM**P**RVW10
Anzeige auf Seite 75   B 16A CEE   ❶ €35,50
20,6 ha 200**T**(90-110m²) 312**D**   ❷ €41,50
108041

A1 nach Eutin, dann Richtung Plön über die B76. Nach der Ausfahrt Bösdorf gut ausgeschildert.

Der Campingplatz bietet Ganzjahresplätze, Saisonplätze, Urlauberplätze, Tagesplätze, Wohnmobilplätze (auch direkt am See), Zeltplätze, Grillplätze, Gruppenplätze, Plätze vor der Schranke, Schlafhütten, Restaurant und Imbiss, Kiosk mit Zubehörshop, Gas-Verkauf, Angel- und Badesee, Bootverleih, Einrichtungen für Behinderte, beheiztes Sanitär.

Hauptstraße 99, 24589 Borgdorf/Seedorf • Tel. 04392-84840
Fax 04392-848484 • E-Mail: info@seecampingbum.de
Internet: www.seecampingbum.de

Barkelsby/Eckernförde, D-24360 / Schleswig-Holst.
- Hemmelmark
- An der Ostsee
- 27 Mär - 1 Okt
- +49 4 35 18 11 49
- info@ostsee-camping-hemmelmark.de
- N 54°28'37'' E 09°52'40''

1 AEF**JM**NOPQRS**T** K**N**OPQRSTWXY 6
2 EHKPVWX ABDE**FGIJ** 7
3 B**FLM** ABCDEFJK**NRTW** 8
4 FHI D 9
5 ABDEFGHKMN ABFGIJM**P**RW10
B 16A CEE   ❶ €26,50
4,6 ha 40**T**(90-120m²) 369**D**   ❷ €30,50
102316

A7 Hamburg-Flensburg Ausfahrt Eckernförde. Durch das Zentrum am Nordufer Hafen, um die Marinekaserne herum und weiter CP Hemmelmark folgen. Letzte 2 km Schotterweg.

Basedow, D-21483 / Schleswig-Holstein
- Lanzer See
- Am Lanzer See 1
- 27 Mär - 11 Okt
- +49 41 53 59 91 71
- info@camping-lanzer-see.de
- N 53°24'36'' E 10°35'50''

1 AEF**JM**NOPQRST HL**N**X 6
2 CDFGIPRSVWXY ABDE**FG**I 7
3 AFM ABCDEFJ**N**QR**TUVW** 8
4 FH QRV 9
5 ABDELM ABGH**J**OR10
16A CEE   ❶ €23,00
5 ha 25**T**(50-150m²) 160**D**   ❷ €29,00
114423

Von Hamburg A24 Ausfahrt Hornbek Ri. Lauenburg. Ab Basedow ausgeschildert. Von Lüneburg kommend auf die B5 nach rechts Richtung Boizenburg abbiegen. Nach 1 km links nach Lanze abbiegen, dann 5 km bis zum CP.

Behrensdorf, D-24321 / Schleswig-Holstein
- Ferien- und Campinganlage Schuldt
- Neuland 3
- 20 Mär - 11 Okt
- +49 43 81 41 65 45
- info@schuldt-behrensdorf.de
- N 54°21'17'' E 10°36'33''

1 ADG**JM**NOPQRS**T** KOQSW**X** 6
2 CEHIJOPWX ABDE**FG** 7
3 B**HIJ**LMX ABCDEFJK**N**QRT**W** 8
4 B**KO**P**Q** DIKTY 9
5 CDEFHLMN ABFG**HJ**M**P**RW10
B 16A CEE   ❶ €24,00
8 ha 55**T**(60-110m²) 324**D**   ❷ €29,00
112595

Über die A1 Hamburg-Puttgarden bei Oldenburg die B202 nehmen bis Lütjenburg-Ost, dann weiter Behrensdorf.

Bliesdorf, D-23730 / Schleswig-Holstein
- Walkyrien*****
- Strandweg
- 27 Mär - 25 Okt
- +49 45 62 67 87
- info@camping-walkyrien.de
- N 54°07'23'' E 10°55'17''

1 AD**JM**NOPQRS**T** KN**Q**SW**XY** 6
2 AEGHPRTVW ABDE**FG**I 7
3 BFG**I**L**MS**U ABCDEFGHIJK**LM**N**QR**TUVW 8
4 B**IK**Q**T**U**XZ** DEVX 9
5 ABDEFHKLM**N** ABFG**HIJ**M**P**RWX10
Anzeige auf dieser Seite   B 16A CEE   ❶ €36,00
6 ha 160**T**(80-130m²) 273**D**   ❷ €45,00
102458

E47/E22 Hamburg-Puttgarden, Ausfahrt Neustadt Nord, Richtung Grömitz. Nach 5 km in Bliesdorf rechts abbiegen. Ausgeschildert.

Bliesdorf Strand, D-23730 / Schleswig-Holstein
- Kagelbusch
- 24 Mär - 3 Okt
- +49 45 62 71 22
- info@ostseecamping.de
- N 54°07'26'' E 10°55'31''

1 AEF**JK**NOPQRST K**N**OPQSWXY 6
2 AEGHPRTUVWX ABDE**FGHIK** 7
3 BFG**L**M**N0**SX ABCDEFGHIJK**LM**NQRT**UVW** 8
4 BDFHILO**QR**T**XZ** E 9
5 ACDEFGHKLMN ABFG**HIJ**M**P**RWX10
B 16A CEE   ❶ €33,80
16 ha 70**T**(05-130m²) 623**D**   ❷ €40,00
102459

E47/E22 Hamburg-Puttgarden, Ausfahrt Neustadt Nord, Richtung Grömitz. Nach 5 km in Bliesdorf rechts abbiegen.

Borgdorf/Seedorf, D-24589 / Schleswig-Holstein
- See-Camping BUM****
- Hauptstraße 99
- 1 Jan - 31 Dez
- +49 4 39 28 48 40
- info@seecampingbum.de
- N 54°10'57'' E 09°53'03''

1 ADEF**JM**NOPQRS**T** LMN**Q**SXY 6
2 ABDFGHOPQRTVWX ABDE**FGHIJ** 7
3 ABMS ABCDE**F**JK**N**PQRTU 8
4 BDFHIK DEFG**I**QF 9
5 ACDEFLMNO ABFGHIKM**P**RVWX10
Anzeige auf dieser Seite   B 16A CEE   ❶ €23,00
17 ha 120**T**(80-120m²) 133**D**   ❷ €28,20
100091

Von Süd oder Nord: A7 Hamburg-Flensburg, Ausfahrt 11 Bordesholm. Richtung Nortorf, ca. 4km. CP weiter angezeigt.

Buchholz, D-23911 / Schleswig-Holstein
- Naturcamping Buchholz
- Am Campingplatz 1
- 1 Apr - 30 Sep
- +49 45 41 42 55
- office@naturcampingbuchholz.de
- N 53°44'12'' E 10°44'16''

1 AJMNOPQRS**T** LN**Q**SXYZ 6
2 ADGPQRTUVX ABDE**FG** 7
3 AFG ABCDEFJK**N**QR 8
4 FH DE**N**QR 9
5 ABDFHLMN ABFGH**IJ**OPR10
10A CEE   ❶ €24,50
2,4 ha 89**T**(75-100m²) 44**D**   ❷ €31,50
102466

Von der A24, Ausf. Talkau. Auf die B207 Ri. Lübeck. Dann ca. 20 km bis CP. Ausf. Buchholz und den CP-Schildern folgen. Von der A20, Ausf. Lübeck-Süd (2b). Auf die B207 Ri. Ratzeburg. Ca. 6 km bis zum CP. Ausf. Buchholz, dann CP-Schildern folgen.

Busdorf/Haddeby b. Schleswig, D-24866 / Schlesw.-H.
- Wikinger Campingplatz Haithabu
- Haddebyer Chaussee 15
- 1 Apr - 15 Okt
- +49 4 62 13 24 50
- info@campingplatz-haithabu.de
- N 54°30'03'' E 09°34'15''

1 ABF**JM**NOQR**T** J**N**Q**SU**XY**Z** 6
2 ACGHIOPQX ABE**FG**I 7
3 ABMU ABCDE**FJ**NQR 8
4 FH E 9
5 ADLMN ABGHIKL**P**RV10
❶ €24,00
4,8 ha 100**T**(80-100m²) 44**D**   ❷ €28,00
102314

A7 Hamburg-Flensburg, Ausfahrt 6 Schleswig/Jagel, dann Richtung Schleswig, nach 3 km die B76 Richtung Kiel/Eckernförde. CP nach 1 km links an der Schlei.

CAMPINGPLATZ
direkt an der Ostsee

- Komfortable Stellplätze in der Natur
- Ihr Platz auf den Weg in den Norden
- Weinwirtschaft & Restaurant „Deichgarten"

Camping Stieglitz • Tel.: 04364/1435
Feriengebiet Zedano • 23747 Dahme
www.camping-stieglitz.de

Büsum, D-25761 / Schleswig-Holstein
- Camping Nordsee***
- Dithmarscher Straße 41
- 1 Apr - 31 Okt
- +49 4 83 49 62 11 70
- info@camping-nordsee.de

1 AEFJMNOPQRST	KMNQRST	6
2 EFGHILOPQSVWX	ABDEFGHIJ	7
3 ABFJLMSU	ABCDEFJKNQRTUVW	8
4 BCDEFH	V	9
5 ABDEFGHKLMN	ABCFGHIJLPRWX	10
B 16A CEE		
4,1 ha 160T(80-120m²) 50D	① €33,00 ② €39,00	

N 54°08'20" E 08°50'37"
A23 Hamburg-Heide. In Heide die B203 Richtung Büsum. CP am Ortseingang von Büsum angezeigt. Richtung Strand halten.
102190

Büsum, D-25761 / Schleswig-Holstein
- Campingplatz Zur Perle
- Dithmarscher Straße 43
- 27 Mär - 1 Nov
- +49 4 83 49 62 11 80
- info@campingplatz-zur-perle.de

1 BEFJMNOPQRST	KMNQRST	6
2 EFGILPRSVWX	ABDEFGHI	7
3 ABFJLM	ABCDEFHJKNQRTUVW	8
4 BCDFH	IV	9
5 ABDEFGHKLMN	ABCFGHIJPRW	10
B 16A CEE		
6 ha 178T(100-140m²) 62D	① €36,70 ② €42,30	

N 54°08'24" E 08°50'37"
A23 Hamburg-Heide. Die B203 Heide-Büsum. In Büsum ist CP ausgeschildert. Richtung Strand fahren.
102191

Dahme, D-23747 / Schleswig-Holstein
- Stieglitz
- Reinhold-Reshöft-Damm
- 27/3 - 25/10, 18/12 - 31/12
- +49 43 64 14 35
- kontakt@camping-stieglitz.de

1 ADEJMNOPQRST	KMNPQSXYZ	6
2 CEGHKPVWXY	ABDEFGHIJ	7
3 BGMTUX	ABCDEFGHIJKNPQRTUVW	8
4 BCDHIJKLO	DEMN	9
5 ACDEFJLMN	ABCDFGHIJR	10
Anzeige auf dieser Seite B 16A CEE	① €33,80	
14 ha 200T(90-160m²) 321D	② €39,80	

N 54°14'33" E 11°04'49"
CP liegt an der Nordseite von Dahme (letzter CP).
102513

Dahme, D-23747 / Schleswig-Holstein
- Eurocamping Zedano*****
- Anhalter Platz 100
- 1 Jan - 31 Dez
- +49 4 36 43 66
- info@zedano.de

1 ADEFJMNOPQRST	KMNPQRSTWXYZ	6
2 CEGHOPVWXY	ABCDEFGHIJ	7
3 ABGMVX	ABCDEFGHIJKLMNPQRTUVW	8
4 ABCDFHIJLNQSX	CDEFILMNPQVWXYZ	9
5 ABDEFGIJLMN	ABDEFGHIJPRX	10
B 16A CEE	① €40,00	
16,5 ha 220T(90-110m²) 327D	② €49,00	

N 54°14'06" E 11°04'54"
CP liegt an der Nordseite von Dahme an der Küste.
102514

Delve, D-25788 / Schleswig-Holstein
- Eidertal Camping GmbH
- Eiderstraße 20
- 1 Jan - 31 Dez
- +49 48 03 10 58
- campingplatz@delve.de

1 AFJMNOPRST	AFJNXYZ	6
2 CFGOPRSWXY	ABDEFGIJ	7
3 BLM	ABCDEFGIJNQRUVW	8
4 FHI	OR	9
5 ABDFHLMN	ABHIJLPRVWX	10
16A CEE	① €18,00	
3 ha 45T(80-130m²) 110D	② €23,00	

N 54°18'20" E 09°15'30"
A23 Ausfahrt Heide-West. In Heide Richtung Tellingstedt, dann Richtung Friedrichstadt. Ausfahrt Delve. In Delve Camping angezeigt.
109522

Dersau (Holstein), D-24326 / Schleswig-Holstein
- Seeblick
- Dorfstraße 59
- 1 Apr - 25 Okt
- +49 45 26 12 11
- info@camping-dersau.de

1 ADEFHKNOPQRST	LMNQSXYZ	6
2 DFGHOPRVWX	ABDEFG	7
3 ABL	ABCDEFJKNQRTUVW	8
4 FHI	QRW	9
5 ACDEFMN	AGHIJPRV	10
16A CEE	① €18,50	
3,2 ha 50T(100-110m²) 185D	② €22,50	

N 54°07'09" E 10°20'13"
A7 Hamburg-Flensburg, Ausfahrt 16, zur B430 Richtung Plön. 10 km hinter Bornhöved rechts Richtung Dersau. CP-Schildern folgen.
102391

Eutin, D-23701 / Schleswig-Holstein
- Naturpark-Camping Prinzenholz*****
- Prinzenholzweg 20
- 9 Apr - 25 Okt
- +49 45 21 52 81
- info@nc-prinzenholz.de

1 ADFJMNOPQRST	LMNOQSXYZ	6
2 ADGHPRTUVWXY	ABDEFGHIJK	7
3 BCFGLMQX	ABCDEFJKNQRTUVW	8
4 ABDEFGHIOT	DKNQRW	9
5 ABCDEMN	ABGHIJMPRVX	10
Anzeige auf dieser Seite B 16A CEE	① €33,90	
5,8 ha 100T(40-140m²) 42D	② €41,50	

N 54°09'36" E 10°36'07"
E22/A1, Ausfahrt Eutin. Landstraße bis Malente ca. 500m. Nach Eutin ist CP ausgeschildert.
102455

Naturpark-Camping Prinzenholz

Einzigartig im Zentrum der Holsteinischen Schweiz. Einer der schönsten Campingplätze Europas.

Prinzenholzweg 20, 23701 Eutin
Tel. +49 45215281 • a.d. Saison: +49452171678
info@nc-prinzenholz.de
www.nc-prinzenholz.de

CAMPINGPARK AUGSTFELDE
1000 m Seeufer mit Sandstrand. Golfplatz 100 m.
24306 Augstfelde/Plön • Tel. 04522-8128 • info@augstfelde.de
www.augstfelde.de

- Natursandstrand
- Im Süden der Insel
- ADAC-Superplatz 2019
- Strom, Wasser, Abwasser
- Moderne Sanitärgebäude
- Duschen frei
- Sauna & Massage
- Kinder- & Jugend-Animation
- Spielplätze
- Minigolfanlage
- Fitnesskurse
- Restaurant
- SB-Markt mit Café
- Strandbar

Fehmarnsund 70
23769 Fehmarn
04371-3220
www.camping-miramar.de

Fehmarnsund (Fehmarn), D-23769 / Schlesw.-H.
- Camping Miramar*****
- Fehmarnsund 70
- 1 Jan - 31 Dez
- +49 43 71 32 20
- campingmiramar@t-online.de

1 ADE**JM**NOPQRT	KMNPQSW**X**YZ 6
2 EFHIKOPVWXY	ABDE**FG**HIJ 7
3 BFG**JLMX**	ABCDEF**G**HIJKNPQRTUV 8
4 BCDHIJLNO**PQTX**	DOVW 9
5 ACDEFJLMN	ABDFGHIJLM**PR**X10

Anzeige auf dieser Seite B 16A CEE ❶ €38,00
13 ha 212T(80-135m²) 337D ❷ €47,00

N 54°24'16'' E 11°08'25''
E47 in nördlicher Richtung Ausfahrt Landkirchen. Aus südlicher Richtung Ausfahrt Avendorf. Dann ab Avendorf ausgeschildert.

101116

Glücksburg, D-24960 / Schleswig-Holstein
- Ostseecamp Glücksburg-Holnis****
- An der Promenade 1
- 29 Mär - 3 Nov
- +49 46 31 62 20 71
- info@ostseecamp-holnis.de

1 ABDE**IL**NOPQRST	KMNQRS**X** 6
2 EGHOPQWX	ABDE**FG**IJ**K** 7
3 ABFG**HIJL**MU	ABCDEFJKNQRTUV 8
4 AFHIO	DITVY 9
5 ADEFHJKN	ABFGHJLMN**P**R10

Anzeige auf dieser Seite B 16A CEE ❶ €38,70
6 ha 125T(100m²) 125D ❷ €44,30

N 54°51'26'' E 09°35'29''
Von Glücksburg Richtung Holnis fahren. CP ist gut ausgeschildert.

107570

Flügge (Fehmarn), D-23769 / Schleswig-Holstein
- Flüggerteich****
- Flüggerteich 1
- 3 Apr - 25 Okt
- +49 4 37 23 49
- info@flueggerteich.de

1 AE**JM**NOPQRST	KMNPQSXY 6
2 EKPVWXY	ABDE**FG** 7
3 ABMX	ABCDE**FG**HIJKNPQRTUVW 8
4 BCFHI	DEFJ 9
5 DMN	ABCGI IJM**P**RV10

B 16A CEE ❶ €25,00
2,5 ha 61T(90-120m²) 62D ❷ €32,00

N 54°27'11'' E 11°00'44''
E47, Ausfahrt Landkirchen. Über Petersdorf nach Flügge. Hier ist der CP angezeigt.

113440

Flügger Strand (Fehmarn), D-23769 / Schlesw.-H.
- Flügger Strand****
- Flügge 2
- 1 Apr - 11 Okt
- +49 4 37 27 14
- info@fluegger-strand.de

1 AE**JM**NOPQRST	KMNPQS**X**Y 6
2 EFHIKPQVWXY	ABDE**FG**HIJ**K** 7
3 ABFG**J**MVX	ABCDE**FG**HIJKLNPQRTUVW 8
4 BCDHIO**QTX**	DEJV 9
5 ACDFJLMN	ABCFGHIJL**P**R10

B 16A CEE ❶ €33,60
15 ha 240T(70-140m²) 287D ❷ €39,60

N 54°27'05'' E 11°00'31''
B207/E47 Abfahrt Landkirchen. Über Petersdorf nach Flügge. Dort ist der CP ausgeschildert.

102503

Goltoft, D-24864 / Schleswig-Holstein
- Naturcamping Hellör
- Hellör 1
- 1 Apr - 4 Okt
- +49 4 62 25 33
- klaus.uck@t-online.de

1 ABF**IL**NOPRT	**J**MNQSW**X**Z 6
2 CGIPUWXY	ABDE**FG** 7
3 B**L**M	ABDE**F**JNQRTW 8
4 FHIO**T**	9
5 ABDGMN	ABHJSTVW10

6A CEE ❶ €25,50
1,4 ha 55T(40-80m²) 55D ❷ €31,50

N 54°32'11'' E 09°44'01''
A7 Hamburg-Flensburg. B201 Richtung Kappeln, Ausfahrt Schaalby/Füsing, dann Richtung Brodersby, Goltoft. Dann den CP-Schildern folgen.

111932

Friedrichstadt, D-25840 / Schleswig-Holstein
- Eider- und Treene Campingplatz
- Tönningerstraße 1a
- 1 Jan - 31 Dez
- +49 4 88 14 00
- info@treenecamp.de

1 AF**JM**NOPQRS**T**	**J**N**X**YZ 6
2 CFGOPRWXY	ABDE**FG** 7
3	ABE**FJ**NQRTW 8
4 **AE**FHI	DFOQRT 9
5 ADEF	ABGHJ**P**RX10

16A CEE ❶ €20,00
1 ha 100T(70-90m²) 25D ❷ €27,00

N 54°22'22'' E 09°05'26''
Über die A23 Hamburg-Heide-Husum, dann die B5 Richtung Husum. Dann die B202 Ausfahrt Friedrichstadt. Camping liegt bei einer Tankstelle. Über die A7 HH/Flensburg/DK und ab Rendsburg die B202 Richtung Husum.

113435

Grömitz, D-23743 / Schleswig-Holstein
- Ahoi Camping Resort
- Mittelweg 129
- 1 Apr - 15 Okt
- +49 45 62 85 86
- moin@ahoi-camping.de

1 ADFG**JM**NOPQRST	KQSW**X** 6
2 AEGHKOPS	ABDE**FG** 7
3 AB**L**M	ABCDE**F**IJKNQRTW 8
4 B**L**P**T**	D 9
5 ABDEFHKM**N**	ABFGHIJ**O**R10

B 10A CEE ❶ €37,50
8 ha 70T(80-120m²) 368D ❷ €43,50

N 54°09'38'' E 10°59'32''
E47/E22 Hamburg-Puttgarden bei Ausfahrt Neustadt verlassen. Die 501 nach Grömitz. In Grömitz-Zentrum Mittelweg nehmen.

111935

Gammendorf (Fehmarn), D-23769 / Schlesw.-H.
- Am Niobe****
- 1 Apr - 10 Okt
- +49 43 71 32 86
- info@camping-am-niobe.de

1 AEF**IL**NOPQRST	KMNOPQSW**X**Y 6
2 AEHIJKPVWX	ABDE**FG**HI 7
3 ABFG**I**MU	ABCDE**F**IJNQRTUVW 8
4 BFHIK	DEVY 9
5 ABDE**L**M**N**	ABFGHIJ**PS**TVX10

Anzeige auf dieser Seite B 16A CEE ❶ €32,50
7,5 ha 134T(80-120m²) 178D ❷ €38,50

N 54°31'19'' E 11°09'09''
E47 bis kurz vor dem Fährhafen, dort links nach Puttgarden. Am Ortsende rechts bis Gammendorf. Hier rechts der Beschilderung folgen.

102501

CAMPING AM NIOBE
Gammendorf - Strand
23769 Fehmarn

- 4-Sterne Sanitär
- gepflegter Camping
- Fahrradverleih
- Tiere/Ponys
- am Naturschutzgebiet

www.camping-am-niobe.de

Grömitz, D-23743 / Schleswig-Holstein

- Camaro
- Mittelweg 111
- 1 Jan - 31 Dez
- +49 45 62 88 45
- info@ferienpark-camaro.de
- N 54°09'32'' E 10°59'17''

1 AFJMNOPRS	EKNQSWXYZ 6
2 AEHKPRVWX	ABDEFGI 7
3 ABHIM	ABCDEFLNQRTUVW 8
4 AIOPSTU	E 9
5 BDEMN	ABGHIJRV10
B 16A CEE	① €30,00
5 ha 40T(60-80m²) 211D	② €38,00

102457

E47/E22 Hamburg-Puttgarden, Ausfahrt Neustadt Nord. Straße bis Grömitz. In Grömitz-Zentrum Mittelstraße fahren. Ausgeschildert.

Grömitz, D-23743 / Schleswig-Holstein

- Porta del Sol
- Mittelweg 143
- 1 Apr - 31 Okt
- +49 45 62 22 28 88
- info@porta-del-sol.de
- N 54°09'48'' E 10°59'59''

1 ADFJMNOPQRST	KNQSWXY 6
2 AEHPRVX	ABDEFG 7
3 AFLWX	ABCDEFIJKNQRTUVW 8
4 FHIJL	D 9
5 BDEMN	ABGHIJNPR10
16A CEE	① €37,00
10 ha 80T(80-100m²) 484D	② €43,00

102456

E47/E22 Hamburg-Puttgarden, Ausfahrt Neustadt Nord. Straße bis Grömitz. In Grömitz-Zentrum Mittelstraße fahren. CP ausgeschildert.

Großenbrode, D-23775 / Schleswig-Holstein

- Camping Großenbrode★★★★
- Südstrand 3
- 1 Apr - 24 Okt
- +49 43 67 86 97
- info@camping-grossenbrode.de
- N 54°21'37'' E 11°05'15''

1 AEFJMNOPQRST	KMNPQS 6
2 AEHKOPSVWX	ABDEFGHIJ 7
3 BGS	ABCDEFHJKNPQRUV 8
4 BDHIX	9
5 DJMN	ABCDFGHIJPRZ10
Anzeige auf dieser Seite 6-16A	① €28,50
8 ha 80T(80-95m²) 330D	② €32,50

111056

A1 Hamburg-Lübeck bis Heiligenhafen. Dann auf die E47 bis Großenbrode. Der CP ist gut beschildert.

Ostsee Großenbrode
DTV ★★★★

Camping Großenbrode
U. Berger

Südstrand 3
D - 23775 Großenbrode
Tel. 0 43 67-86 97

- gastfreundliche Atmosphäre
- gut gepflegte Sanitäranlagen
- Ver- und Entsorgung für Reisemobile
- Öffnungszeiten: 1. April bis 24. Oktober

Nur 300m vom Platz:
- feinsandiger Südstrand, flachabfallend
- gemütliche Promenade mit kleinen Restaurants, Eisdiele, Café u.v.m.
- komfortables Kur- und Wellnesszentrum

www.camping-grossenbrode.de

Großensee, D-22946 / Schleswig-Holstein

- ABC am Großensee/Hamburg
- Trittauer Straße 11
- 1 Apr - 15 Okt
- +49 4 15 46 06 42
- info@campingplatz-abc.de
- N 53°36'42'' E 10°20'38''

1 ADEFJMNOPQRS	L 6
2 ABDGHIOPTUVWXY	ABDEFGIJ 7
3 BFGHIJLM	ABCDEFNQRW 8
4 FHI	BI 9
5 D	ABGHIJLMPRVX10
Anzeige auf dieser Seite 16A CEE	① €30,50
H60 2,5 ha 45T(80-100m²) 37D	② €37,50

111822

A1/E52 Hamburg-Lübeck, Ausfahrt Stapelfeld/Trittau. Richtung Trittau nach Großensee. A24 Ausfahrt 6. Schwarzenbek B404 Trittau-Nord. Großensee.

Hamburg/Schnelsen, D-22457 / Schleswig-Holstein

- Knaus Campingpark Hamburg
- Wunderbrunnen 2
- 1 Jan - 31 Dez
- +49 4 05 59 42 25
- hamburg@knauscamp.de
- N 53°39'01'' E 09°55'44''

1 DEFILNOPQRST	6
2 APRSVWXY	ABEFGI 7
3 AC	BDJNQRTW 8
4 IO	E 9
5 ABDMN	ABFGHPR10
Anzeige auf Seite 52 B 16A CEE	① €37,50
3 ha 115T(80-120m²) 12D	② €46,50

108043

A7 Hamburg-Flensburg, Ausfahrt Schnelsen-Nord. Den CP-Schildern/Ikea folgen. CP kommt hinter Ikea.

Handewitt/Jarplund, D-24941 / Schleswig-Holstein

- Jarplund
- Europastraße 80
- 15 Mär - 15 Nov
- +49 4 61 97 90 24
- campingplatz.jarplund@web.de
- N 54°44'40'' E 09°26'18''

1 ABDEFJMNOPQRT	AF 6
2 AOPQTVX	ABFGI 7
3 ABFMUW	ABCDEFJNPQR 8
4	F 9
5 DMN	AGHKMPRVWX10
B 16A CEE	① €24,00
1,5 ha 100T(100-110m²) 12D	② €28,00

102239

A7 Schleswig-Flensburg, Ausfahrt 3 Flensburg/Husum. Dann rechts die B200, Ausfahrt Jarplund/Weding rechts bis zur Europastraße links 800m auf der linken Seite.

Hasselberg, D-24376 / Schleswig-Holstein

- Ostseecamping Gut Oehe
- Drecht
- 28 Mär - 30 Sep
- +49 46 42 61 24
- camping@gut-oehe.de
- N 54°42'57'' E 09°59'26''

1 ABEFILNORT	KNOPQSWX 6
2 EGHJKPRTVW	ABDEFGIJ 7
3 AFGHILMNSV	ABEFNQRTW 8
4 FHL	EV 9
5 ACDEFHKLMN	ABFGHIJMPRWX10
B 6A CEE	① €24,00
6 ha 359T(80-150m²) 223D	② €30,00

102310

Die B199 Kappeln-Flensburg, Ausfahrt Hasselberg. CP liegt am Wasser und ist gut ausgeschildert.

Heikendorf/Möltenort, D-24226 / Schleswig-Holst.

- Möltenort
- Uferweg 24
- 1 Apr - 31 Okt
- +49 43 12 39 45 29
- campingplatz-moeltenort@t-online.de
- N 54°23'02'' E 10°12'18''

1 ADEFJMNOPQRST	KNQSXYZ 6
2 EFHJOPQRUVWX	ABDEFGI 7
3 AL	ABCDEFJNQRTU 8
4 FHIO	ADVW 9
5 ABDEFJKMN	ABEHIJPR10
16A CEE	① €24,80
2 ha 90T(90-120m²) 70D	② €30,30

102386

In Kiel 'Ostufer' und der B502 bis Heikendorf-Nord folgen. CP weiter angezeigt. Letzte 250m der Zufahrt sind eng. Rat: Beifahrer vorausschicken, um entgegenkommenden Verkehr zu beachten.

Hochdonn, D-25712 / Schleswig-Holstein

- Camping Klein-Westerland
- Zur Holstenau 1
- 1 Apr - 31 Okt
- +49 48 25 23 45
- N 54°01'47'' E 09°17'52''

1 AFJMNOPQRST	JN 6
2 ACFHPQRSWXY	ABDEFG 7
3 AM	ABCDEFJKNTUVW 8
4 FH	9
5 ABDEFHKMN	ABCFHIJSU10
B 16A CEE	① €21,00
2,5 ha 24T(80-100m²) 126D	② €29,00

117989

Von der A23 Ausfahrt Schafstedt über Eggstedt nach Süderhastedt. Dort links ab nach Hochdonn. In Hochdonn den CP-Schildern folgen.

Hohenfelde, D-24257 / Schleswig-Holstein

- Campingpark Ostseestrand
- Strandstraße 21
- 27 Mär - 14 Okt
- +49 4 38 56 20
- info@campingostseestrand.de
- N 54°23'11'' E 10°29'30''

1 ACDEFJMNOPQRST	NQSXY 6
2 EJKPRVW	ABDEFGI 7
3 BM	ABCDEFIJKLNQRTUV 8
4 FH	D 9
5 ABCEFKMN	ABFGHJORX10
B 16A CEE	① €27,00
3 ha 50T(80-100m²) 189D	② €32,00

112017

A1 Ausfahrt Oldenburg/Holstein-Süd. Der B202 Richtung Lütjenburg folgen, die L165 weiter Richtung Hohenfelde. In Hohenfelde der Beschilderung 'Strand' folgen. Alternativ: B502 Kiel - Schönberg, Hohenfelde L165.

Hohenfelde, D-24257 / Schleswig-Holstein

- Strandcamping Radeland
- Strandstrasse 18
- 1 Apr - 10 Okt
- +49 43 85 53 88
- info@strandcamping-radeland.de
- N 54°22'58'' E 10°29'44''

1 CDEFJMNOPQRST	NQS 6
2 EJOPVWXY	ABDEFG 7
3 BM	BDFJQRTU 8
4 FHI	9
5	ABFGHJMPRVW10
B 10-16A CEE	① €17,50
3 ha 60T(50-100m²) 120D	② €19,50

117357

Von Hamburg A7 Ausfahrt Bordesholm zur A215 Richtung Kiel. Kiel-Mitte zur B76 Richtung Fähre Norwegenkai. Danach B205 Richtung Laboe. Camping angezeigt.

Husum, D-25813 / Schleswig-Holstein

- Regenbogen AG Ferienanlage Husum
- Dockkoogstraße 17
- 28 Mär - 1 Nov
- +49 4 84 19 39 79 60
- husum@regenbogen.ag
- N 54°28'46'' E 09°00'39''

1 ADEFJMNOPQRST	KM 6
2 EFGIPVWXY	ABDEFGIJ 7
3 L	ABCDEFGNQR 8
4 HI	9
5 ABDM	ABGHIJORW10
B 16A CEE	① €31,00
3 ha 65T(90-110m²) 10D	② €31,00

110139

Von der B5 Husum-Mitte folgen. Unter der Bahnlinie durch links; danach links ab über die Bahn. Dort ist der Camping angezeigt.

ABC am Großensee
bei Hamburg

- idyllischer Platz 12 km vor den Toren Hamburgs
- direkt am Großensee: einem der schönsten Naturbadeseen Norddeutschlands
- Wald- und seenreiches Umland
- gute Verkehrsanbindung nach HH
- Autobahnnah A1/A24
- Hüttenvermietung und Apartments
- Ideale Lage in der Ferienregion Hamburg-Lübeck
- nächstliegender Campingplatz bei Hamburg

Trittauer Straße 11, 22946 Großensee • Tel. +49 415460642
info@campingplatz-abc.de • www.campingplatz-abc.de

Deutschland

OSTSEE KATHARINENHOF ★★★★★
Der Campingplatz auf Fehmarn mit einer eigenen Tauchschule und einer Sauerstoff-Flaschen-Füllstation.

23769 Katharinenhof auf Fehmarn
Tel. 04371-9032 • Fax 04371-863590
E-Mail: info@camping-katharinenhof.de
Internet: www.camping-katharinenhof.de

Ivendorf/Lübeck, D-23570 / Schleswig-Holstein

▲ Ivendorf Campingplatz	1 BFJMNOPQRST AF 6
🏠 Frankenkrogweg 2-4	2 AOPRVWX ABDEFGHIJK 7
📅 1 Jan - 31 Dez	3 ABFLM ABEFJNOQRTW 8
☎ +49 45 02 48 65	4 IO F 9
@ mail@ camping-travemuende.de	5 ACDEFGHLMN AGHIJLPR 10
📍 N 53°56'30'' E 10°50'42''	Anzeige auf dieser Seite B 16A CEE ① €29,00
	7 ha 185T(100-120m²) 100D ② €35,00
🚗 Von der A1 zur B75 Richtung Travemünde und Skandinavien-Kai fahren. Ab Ivendorf ausgeschildert.	102464

Ivendorf Campingplatz

In nächster Nähe der märchenhaften, schönen Ostseeküste, nur 3 km entfernt vom bekannten Seebad Travemünde in unverfälschter natürlicher Umgebung. **Neu: schöner baten im Natur-Schwimmteich.** Auch schöne Ferienwohnungen zu vermieten.

Frankenkrogweg 2-4, 23570 Ivendorf/Lübeck • Tel. +49 45024865
E-Mail: mail@camping-travemuende.de
Internet: www.camping-travemuende.de

Kappeln, D-24376 / Schleswig-Holstein

▲ Schleimünde	1 ADEJMNOPQRST 6
🏠 Olpenitzer Dorfstrasse 29	2 EGKPQWX ABDE 7
📅 1 Apr - 15 Okt	3 BFL ABCDEFHNQR 8
☎ +49 4 64 28 16 47	4 9
@ info@ campingplatz-schleimuende.de	5 ADEFJL ABPR 10
	16A ① €20,00
📍 N 54°39'47'' E 10°00'24''	1,8 ha 70T(80-100m²) 100D ② €25,00
🚗 Ausfahrt Rendsburg auf B203 Richtung Eckernförde. Kurz vor Kappeln rechts Richtung Olpenitz. Ostseeresort Olpenitz folgen und 'Campingplatz' Richtung Olpenitz-Ort.	123426

Camping Klausdorfer Strand - info@camping-klausdorferstrand.de
23769 Klausdorf / Fehmarn Tel. 04371 - 25 49 / Fax - 24 81

Katharinenhof (Fehmarn), D-23769 / Schlesw.-H. 🛜 CC€18 iD

▲ Campingplatz Ostsee Katharinenhof *****	1 AEFJMNOPQRST KNOPQSWXY 6
	2 AEHJKOPSVWXY ABDEFGHI 7
📅 1 Apr - 18 Okt	3 ABEFGIMU ABCDEFGJKNQRTUV 8
☎ +49 43 71 90 32	4 BCDHIKNOPQX ADSVY 9
@ info@ camping-katharinenhof.de	5 ACDEFLMN ABDFGHIJPSTW 10
	Anzeige auf dieser S. B 10-16A CEE ① €38,00
📍 N 54°26'42'' E 11°16'43''	19 ha 290T(100-130m²) 254D ② €44,00
🚗 E47 Ausfahrt Burg. Weiter zum Katharinenhof. Hier ist der CP ausgeschildert.	109186

Kellenhusen, D-23746 / Schleswig-Holstein 🛜 ✿ iD

▲ Campingparadies Kellenhusen****	1 AJMNOPQRST KMNPQSXY 6
	2 EGHIKOPVWXY ABFGIJ 7
🏠 Kirschenallee 16-18	3 BGX ABCDEFGHIJKNPQRUV 8
📅 1 Apr - 31 Okt	4 BCDHIJLPX 9
☎ +49 43 64 47 94 70	5 ABDJMN ABFGHIJOR 10
@ info@campingparadies-kellenhusen.de	Anzeige auf dieser Seite B 16A CEE ① €31,80
📍 N 54°11'05'' E 11°03'10''	5,8 ha 40T(65-90m²) 160D ② €37,80
🚗 Der CP liegt an der Südseite von Kellenhusen.	114705

www.campingparadies-kellenhusen.de

Kiel, D-24159 / Schleswig-Holstein 🛜 iD

▲ Falckenstein	1 ADFJMNOPRST KNQSWX 6
🏠 Palisadenweg 171	2 BEFHJKPTVWX ABDEFGHIK 7
📅 1 Apr - 31 Okt	3 AFL ABCDEFNQRT 8
☎ +49 4 31 39 20 78	4 FHIORST DL 9
@ campingplatzkiel@gmail.com	5 DKMN AHIJLORV 10
	16A CEE ① €23,00
📍 N 54°24'43'' E 10°11'02''	11 ha 60T(80-100m²) 235D ② €32,00
🚗 In Kiel die B503 Richtung Olympiazentrum Schilksee. In Höhe Ortsteil Kiel-Friedrichsort an der Aral nach rechts. CP dann ausgeschildert.	102382

Klausdorf (Fehmarn), D-23769 / Schlesw.-H. 🛜 ✿ CC€18 iD

▲ Klausdorfer Strand****	1 ADEJMNOPQRST KMNPQSWXY 6
🏠 Klausdorfer Strandweg 100	2 AEFGHKOPSVWX ABCDEFGHIJ 7
📅 1 Apr - 15 Okt	3 ABDFGMSTV ABCDEFGHIJLMNPQRSTUVW 8
☎ +49 43 71 25 49	4 BCDHIJLTUVX DEIVWXY 9
@ info@ camping-klausdorferstrand.de	5 ACDEFJLMN ABDEFGHIJMPRVWXZ 10
	Anzeige auf dieser Seite B 16A CEE ① €34,70
📍 N 54°27'27'' E 11°16'20''	17 ha 200T(80-170m²) 273D ② €41,70
🚗 B207/E47 Ausfahrt Burg. Richtung Burg. In Burg nach Niendorf, dann Klausdorf. Ausgeschildert.	102504

Klein Rönnau/Bad Segeberg, D-23795 / Schlesw.-H. 🛜 CC€20 iD

▲ KlüthseeCamp & Seeblick	1 ADEFJMNOPQRS ABLMNQSXZ 6
🏠 Stipsdorferweg/Klüthseehof 2	2 ADFGHIJPWX ABFGHIJ 7
📅 1/1 - 31/1, 1/3 - 31/12	3 BFGLMU ABCDEFGHIJKLNQRTUVW 8
☎ +49 4 55 18 23 68	4 BCFHIOPRTVXZ EY 9
@ info@kluethseecamp.de	5 ABDEFJLMN ABDFGHIJLMNPRVW 10
	Anzeige auf Seite 79 B 16A CEE ① €25,00
📍 N 53°57'41'' E 10°20'15''	25 ha 200T(100-140m²) 832D ② €32,60
🚗 Von Bad Segeberg auf der B432 Richtung Scharbeutz/Ostsee. In Klein Rönnau wird der CP angezeigt.	115376

34 spannende Campingreisen
mit dem eigenen
Wohnmobil oder Wohnwagen.

www.ACSIcampingreisen.de

78 Teilkarte Schleswig-Holstein auf Seite 73

Ostsee Camping
Familie Heide

ADAC Super-Platz 2012

Strandweg 31
24369 Kleinwaabs
Tel: 0049 4352 2530 oder 2579

- direkt an der Ostsee, aber ohne Strandtaxe
- 1,5 km Küste mit eigenem Badestrand
- beheiztes Hallenbad mit Wellnessbereich
- organisierte Animation mit super Spielplätzen
- viele Sportangebote, Tauchschule

Neue Ferienhäuser — www.ferienhaus-waabs.de

www.waabs.de

Deutschland

Kleinwaabs, D-24369 / Schleswig-Holstein

- Ostsee-Campingplatz Heide
- Strandweg 31
- 1 Apr - 27 Okt
- +49 43 52 25 30
- info@waabs.de

1	ABDEFILNOPQRST	EKMNOPQRSWXY 6
2	EGJPSVWXY	BDEFGHIJ 7
3	ABDFGHIJMNU	ABCDEFGIJKLNQRTUVW 8
4	AEFIJLMNOPQRSTVY	CDELMTVY 9
5	ACDEFGHLMN	ABEFGHIJMNPSTVYZ 10

Anzeige auf dieser Seite B 16A CEE € 36,70
22 ha 280T(95-160m²) 679D € 48,70

N 54°31'52'' E 10°00'03''

B203 Eckernförde-Kappeln, Ausfahrt Loose. An der Kreuzung Richtung Waabs. Weiter bis nach Kleinwaabs. CP ist dort gut ausgeschildert. 102375

Medelby, D-24994 / Schleswig-Holstein

- Mitte
- Sonnenhügel 1
- 1 Jan - 31 Dez
- +49 46 05 18 93 91
- info@camping-mitte.de

1	ADEILNOPQRST	ABEF 6
2	GPRVWX	ABDEFGK 7
3	ABDGMUV	ABCDEFGIJKNQRTUVW 8
4	ABCHIT	DGIY 9
5	ABDGHMN	AGIJLMPR 10

Anzeige auf dieser S. B 10-16A CEE € 31,55
5,2 ha 200T(bis 120m²) 46D € 31,55

N 54°48'54'' E 09°09'49''

A7 Ausfahrt 2, die 199 Richtung Niebüll. Von Wallsbüll den CP-Schildern folgen. 117244

Kollmar, D-25377 / Schleswig-Holstein

- Elbdeich Camping Kollmar
- Kleine Kirchreihe 22
- 1 Apr - 31 Okt
- +49 41 28 13 79
- info@elbdeich-camping.de

1	FJMNOPQRST	JNQSX 6
2	CFHPRSVWX	ABFG 7
3	AB	ABCDEFGIJNPQRTUVW 8
4	FH	DVW 9
5	DM	ABCFHJLR 10

B 16A CEE € 17,00
1,2 ha 28T(80-120m²) 46D € 22,00

N 53°43'27'' E 09°30'09''

Die 23 Hamburg-Itzehoe, Ausfahrt 14 Elmshorn/Glückstadt, die 431, Ausfahrt Kollmar. Den CP-Schildern folgen. 110967

Camping Mitte

Zwischen Nord- und Ostsee zur Deutsch-Dänischen Grenze hin gelegen, ist Camping Mitte die ideale Ausflugsbasis nach Dänemark. Der Campingplatz hat ein großes Angebot an Ausstattungen, u.a. Hallen- und Freibad, Spielplätze mit Springkissen und große Plätze mit Frisch- und Abwasseranschluss.

Sonnenhügel 1, 24994 Medelby • Tel. +49 4605189391
E-Mail: info@camping-mitte.de • Internet: www.camping-mitte.de

---

Langballig, D-24977 / Schleswig-Holstein

- Langballigau**
- Strandweg 3
- 1 Apr - 31 Okt
- +49 4 63 63 08
- service@campingplatz-langballigau.de

1	ABFJMNOPQRST	KMNPQSWXY 6
2	DEGHOPVWX	ABDEFGHI 7
3	BGL	ABCDFNQR 8
4	FHIO	DVY 9
5	ABDEFHKLMN	ABFGHJPR 10

B 10A CEE € 19,50
4 ha 65T(80-120m²) 86D € 25,50

N 54°49'19'' E 09°39'32''

Die B199 Flensburg-Kappeln, Ausfahrt Langballig. Richtung Langballigholz bis zur Kreuzung bei Langballigau, dann Richtung Strand. CP gut ausgeschildert. 102303

Munkbrarup, D-24960 / Schleswig-Holstein

- Förderferien Bockholmwik**
- Bockholmwik 19
- 1 Apr - 31 Okt
- +49 46 31 20 88
- info@foerderferien-bockholmwik.de

1	ABDEFJMNOPQRT	HKNOPQSTWXYZ 6
2	EFGHJKPTUVWX	ABDEFGHIJ 7
3	BDFILMV	ABCDEFJNQRTUVW 8
4	FHIQ	DIJKTVW 9
5	ABDEFHKLMN	ABFGHJPSTVWX 10

B 12A CEE € 23,00
7,5 ha 50T(70-100m²) 140D € 28,00

N 54°49'42'' E 09°36'32''

Die B199 Flensburg-Kappeln, Ausfahrt Ringsberg durchfahren bis Rüde, 1. Straße rechts den CP-Schildern nach. 102301

KlüthseeCamp & Seeblick
Dreieck Hamburg-Lübeck-Kiel

Familiengeführter Campingplatz inmitten schönster Natur zwischen zwei Seen. Wellness, Komfort, Ruhe und Erholung.
Bei uns ist der Camper 'König'.

www.kluethseecamp.de

Neustadt in Holstein, D-23730 / Schleswig-Holstein

- Am Strande
- Sandbergerweg 94
- 1 Apr - 30 Sep
- +49 45 61 41 88
- info@amstrande.de

1	DFJMNOPQRST	KNQSWXYZ 6
2	AEHOPRTVX	ABDEFGHI 7
3	BLM	ABCDEFIJKNRTW 8
4		DKLV 9
5	CDFKMN	ABFGHIJPR 10

B 10A CEE € 27,00
4,7 ha 177T(75-90m²) 220D € 33,00

N 54°05'35'' E 10°49'33''

E47/E22 Hamburg-Puttgarden, Ausfahrt Neustadt Süd. Richtung Neustadt. In Neustadt-Zentrum Straße Richtung Pelzerhaken fahren. Ausgeschildert. 102461

Lindaunis/Boren, D-24392 / Schleswig-Holstein

- Lindaunis
- Schleistraße 1
- 27 Mär - 15 Okt
- +49 46 41 73 17
- camping-lindaunis@gmx.de

1	AEFILNOQR	KLNQSTWXYZ 6
2	DEGPUVWXY	ABCFGI 7
3	ABLMU	ABCDFIJNQRTUV 8
4	HIO	PQRV 9
5	ABDFKLMN	ABGHIJNPR 10

B 16A CEE € 27,00
4 ha 40T(90-120m²) 170D € 32,00

N 54°35'12'' E 09°48'59''

B201 Schleswig-Kappeln, Abfahrt Lindaunis. Durch Lindau, CP liegt an der kleinen, nicht störenden Bahnlinie (2x pro Stunde). Ausgeschildert. 102312

Neustadt in Holstein, D-23730 / Schleswig-Holstein

- Lotsenhaus
- Sandberger Weg 96
- 1 Apr - 31 Okt
- +49 45 61 25 57
- camping@campingplatz-lotsenhaus.de

1	ADFHKNOQRST	KNQSWXYZ 6
2	AEHJOPRSTVX	ABDEFGI 7
3	BLM	ABCDEFJKNRTUVW 8
4	IOPQ	9
5	BDMN	ABFHJNPR 10

16A CEE € 30,00
5,1 ha 80T(80-120m²) 240D € 36,00

N 54°05'34'' E 10°49'38''

A1 Hamburg-Lübeck, Ausfahrt Neustadt Süd. Nach ca. 5 Minuten rechts ab Richtung 'Klinikum'. 2. CP rechts. 102460

Lübeck/Schönböcken, D-23556 / Schleswig-Holst.

- Cp.platz Lübeck-Schönböcken
- Steinrader Damm 12
- 16/3-31/10, 27/11-30/11, 4/12-7/12
- +49 4 51 89 30 90
- info@camping-luebeck.de

1	ADEJMNOPQRST	6
2	AOPTW	ABDEFGIK 7
3	BLM	ABCDEFJNQRW 8
4	IO	9
5	ABDMN	AGHIKMPR 10

6A CEE € 24,00
1,6 ha 70T(70-120m²) € 28,00

N 53°52'10'' E 10°37'51''

Über E4/A1 Richtung Lübeck-Hamburg, Ausfahrt Lübeck/Moisling Richtung Schönböcken. CP befindet sich 1,5 km von der Autobahn entfernt. Ausfahrt gut ausgeschildert. 110606

Ostermade, D-23779 / Schleswig-Holstein

- Hohes Ufer****
- 1 Apr - 30 Sep
- +49 4 36 54 96
- info@camping-hohes-ufer.de

1	AEJMNOPQRST	KMNPQSXY 6
2	EHKPVWX	ABDEFGHIJ 7
3	BFGHIJMTX	ABCDEFGHIJKNPQRTUVW 8
4	BHIJLX	I 9
5	ACDFHJLMN	ABIJMPR 10

B 16A CEE € 28,00
12 ha 100T(100-120m²) 518D € 34,00

N 54°19'28'' E 11°04'13''

4 km nach dem Ende der Autobahn A1 Hamburg-Puttgarden rechts Richtung Neukirchen/Jahnshof. Dann nach Öendorf und Ostermade. CP ist ausgeschildert. 102510

Camping Puttgarden (Fehmarn)

Ruhig gelegener Camping direkt am Fährhafen. Ideal als Zwischenstation auf dem Weg von und nach Skandinavien. Flaches Gelände, Caravans können über Nacht **angekoppelt** bleiben. Prima Restaurant mit großer Karte. Frische Brötchen auf dem Camping erhältlich.

Strandweg, 23769 Puttgarden (Fehmarn)
Tel. 0171-2851288 • Fax 04371-864702

Pommerby, D-24395 / Schleswig-Holstein
- Ostseesonne Camping
- Gammeldamm 6
- 1 Apr - 31 Okt
- +49 46 43 22 23
- @ post@camping-ostseesonne.de
- N 54°45'48'' E 09°58'15''

1 AFJMNOPQRST — KNSWXYZ 6
2 EFGHIJPRW — ABDEFG 7
3 ABFGM — ABCDEFJNQRTUW 8
4 F — D 9
5 ABEFIKMN — AFGIJPRW 10
B 12A CEE € 26,00 / € 34,00
4 ha 85T(70-174m²) 101D — 121798

Bigg Kappeln Flensburg, Ausfahrt Pommerby, danach Ausfahrt Nieby, danach Ausfahrt Gammeldam. Nach der Haarnadelkurve die Straße komplett durchfahren.

Puttgarden (Fehmarn), D-23769 / Schleswig-Holst.
- Puttgarden
- Strandweg
- 1 Apr - 3 Okt
- +49 17 12 85 12 88
- FAX +49 43 71 86 47 02
- N 54°30'10'' E 11°12'59''

1 ADEJMNOPRT — KNOPQSXY 6
2 AEJOPWX — ABDEFG 7
3 AM — ABCDEFJNQRW 8
4 H — 9
5 ADFLMN — AGHJPST 10
Anzeige auf dieser Seite B 16A € 26,60 / € 32,60
1,8 ha 90T(80-110m²) 60D — 110387

A1/E47 Hamburg-Puttgarden-Dänemark. Kurz vor dem Fährhafen links Richtung Puttgarden. Nach ca. 400m rechts zum CP.

Rabenkirchen-Faulück, D-24407 / Schlesw.-H. (CC€20)
- Campingpark Schlei-Karschau
- Karschau 56
- 1 Jan - 31 Dez
- +49 46 42 92 08 20
- @ info@campingpark-schlei.de
- N 54°37'11'' E 09°53'02''

1 ABDEFILNOQRST — KLNQSXYZ 6
2 DEGHPQTVWX — ABDEFGIJ 7
3 BFLM — BCDEFJKNQRTUW 8
4 IO — DOQRVY 9
5 ABDEFHJKLMN — ABDFGHIJLMPRVW 10
Anzeige auf Seite 81 B 10A CEE € 22,70 / € 27,90
4,8 ha 112T(100m²) 120D — 102311

A7 Hamburg-Flensburg, Ausfahrt Schleswig/Schuby Richtung Kappeln (die B201). Ausfahrt Faulück/Arnis, dann Richtung Karschau.

Rosenfelde/Grube, D-23749 / Schlesw.-H. (CC€18)
- Rosenfelder Strand Ostsee Camping *****
- Rosenfolder Strand 1
- 27 Mär - 11 Okt
- +49 43 65 97 97 22
- @ info@rosenfelder-strand.de
- N 54°15'54'' E 11°04'39''

1 AEJMNOPQRST — KMNPQSXY 6
2 EFGHIKPSVWX — ABDEFGHIJK 7
3 ABEFGJMTUVWX — ABCDEFGHIJKLMNPQRTUVW 8
4 BCDHIJKLNOTX — DVWY 9
5 ACDEFHJLMN — ABCDFGHIJLMPRXZ 10
Anzeige auf Seite 81 B 16A CEE € 36,20 / € 46,00
24 ha 350T(100-150m²) 490D — 102512

Die B501 zwischen Grube und Fargemiel. Richtung Rosenfelde.

Scharbeutz, D-23683 / Schleswig-Holstein (CC€16)
- Ostseecamp Lübecker Bucht
- Bormwiese 1
- 1/4 - 31/10, 1/1 - 15/5
- +49 45 63 52 03
- @ info@ostseecamp-luebecker-bucht.de
- N 54°03'18'' E 10°43'49''

1 ADEFGJMNOPQRST — 6
2 AOPUVWXY — ABDEFG 7
3 ABM — ABCDEFGHIKNQRTUV 8
4 — EFVW 9
5 ABDEFHJKM — ABCFGHJOSTVW 10
Anzeige auf dieser Seite B 16A CEE € 28,50 / € 33,50
5,5 ha 50T(65-150m²) 152D — 123446

A1 HH-Puttgarden/Fehmarn. Ausfahrt Haffkrug/Scharbeutz, B76 Richtung Eutin, recht nur zur Autobahn.

Die zentrale Lage ist der ideale Start für Ihren Ostseeurlaub. Die Ausflugsmöglichkeiten und der Sandstrand sorgen für einen unterhaltsamen Urlaub. Vermietung von Unterkünften. Zwei neue Sanitärgebäude, Fahrradverleih, Spielplatz und Kiosk. Supermarkt ganz in der Nähe.

Bormwiese 1, 23683 Scharbeutz • Tel. +49 45635203
Internet: www.ostseecamp-luebecker-bucht.de

Schönberg (Ostseebad), D-24217 / Schlesw.-H. (CC€18)
- California Ferienpark GmbH****
- Große Heide 26
- 1 Apr - 30 Sep
- +49 43 44 95 91
- @ info@camping-california.de
- N 54°25'42'' E 10°21'50''

1 ADEFJKNOPQRST — KNPQRSWX 6
2 EGHOPVWX — ABDEFGIJ 7
3 BFHIJMRS — ABCDEFJKNQRTUV 8
4 BFHIOQ — DEMOPTVW 9
5 ACDEFLM — ABDEFGHIJPRZ 10
Anzeige auf Seite 81 B 10A CEE € 33,10 / € 41,10
8 ha 174T(80-120m²) 312D — 102380

In Kiel 'Ostufer' halten und weiter die B502 Richtung Schönberg. Am 1. Kreisel in Schönberg Richtung Kalifornien. CP weiter angezeigt.

Schubystrand/Dörphof, D-24398 / Schleswig-Holst.
- Damp Ostseecamping
- Schubystrand
- 27 Mär - 4 Okt
- +49 4 64 49 60 10
- @ camping@damp-ostseecamping.de
- N 54°35'53'' E 10°01'27''

1 AEFJMNOPQRS — KQSTWXYZ 6
2 DEHPVWX — ABDEFGHI 7
3 ABFGJMSV — ABCDEFKNQRTUVW 8
4 IQRT — DEJMOPR 9
5 ACDEFHKMN — ABCFGHIKMPRV 10
B 16A CEE € 26,60 / € 32,60
22 ha 253T(81-180m²) 687D — 102374

B203 Eckenförde-Kappeln. Ausfahrt Schuby, dann Richtung Schubystrand. CP ist gut ausgeschildert.

Padenstedt, D-24634 / Schleswig-Holstein
- Forellensee
- Humboldredder 5
- 1 Jan - 31 Dez
- +49 4 32 18 26 97
- @ info@familien-campingplatz.de
- N 54°02'47'' E 09°55'24''

1 AJMNOPQRST — HLMN 6
2 ADGHOPQRVW — ABDEFGHIJ 7
3 ABDFGHILMUV — ABCDEFGHIJKLNQRTUVW 8
4 ABFHI — FIN 9
5 ABDEFMN — AFGHIJMPRVWX 10
20 ha 80T(80-100m²) 219D B 16A CEE € 29,50 / € 35,50 — 102317

A7 Hamburg-Flensburg, Ausfahrt 14 Richtung Wasbek. Dann ist CP ausgeschildert.

Plön, D-24306 / Schleswig-Holstein
- Naturcamping Spitzenort
- Ascheberger Straße 76
- 1 Apr - 28 Okt
- +49 45 22 27 69
- @ info@spitzenort.de
- N 54°08'54'' E 10°23'52''

1 ADEFJMNOPQRS — ABLMNQSXYZ 6
2 DFKOPRVWX — ABDEFGIJ 7
3 BDFGJM — ABCDEFGIJKNQRTUVW 8
4 AFHILQRSX — DKPRTVY 9
5 ABDEFJKLMN — ABEFGHIJLMNPRVZ 10
B 10A CEE € 34,50 / € 41,50
4,5 ha 205T(80-110m²) 28D — 102389

A7 Hamburg-Flensburg, Ausfahrt Großenaspe. Weiter die B430 Richtung Plön. CP ist in Plön ausgeschildert.

Plön/Bösdorf, D-24306 / Schleswig-Holstein
- Gut Ruhleben
- Missionsweg 2
- 1 Apr - 4 Okt
- +49 45 22 83 47
- @ campingplatz@camp-ruhleben.de
- N 54°08'40'' E 10°27'00''

1 ADEFJMNOPQRS — LMNQSXYZ 6
2 BDFGHIPRVWX — BEFGIJ 7
3 ABFLM — ABCDFJNQRTW 8
4 AFHI — D 9
5 ACDEFKMN — ABGHIJLMPRV 10
B 12A CEE € 23,50 / € 27,50
12 ha 140T(100-140m²) 224D — 1U8042

A7 Hamburg - Flensburg, Ausfahrt Großenaspe. Weiter die B430 nach Plön. In Plön Richtung Eutin halten. Kurz hinter Plön CP angezeigt.

Pommerby, D-24395 / Schleswig-Holstein
- Seehof**
- Gammeldamm 5
- 1 Apr - 31 Okt
- +49 4 64 36 93
- @ anfrage@camping-seehof.de
- N 54°45'55'' E 09°58'04''

1 ADEFILNORS — KNQSWXY 6
2 EHJKPQVX — ABDFG 7
3 FM — ABCDEFJKNQRT 8
4 F — GIK 9
5 ABDM — ABFGJPR 10
B 10A CEE € 23,50 / € 28,50
4 ha 50T(100m²) 110D — 102307

Die B199 Kappeln-Flensburg, Ausfahrt Pommerby. Dann Ausfahrt Nieby, dann ist CP gut ausgeschildert.

Im Herzen Schleswig-Holsteins
Familien-Campingplatz FORELLENSEE
...den Alltag vergessen!

★ Animation ★ Spielplätze ★ Baden ★ Angeln
★ Separater Hundestrand ★ Kinderspielhaus ★ Wasserrutschbahn

24634 Padenstedt • Tel. 04321-82697
Internet: www.familien-campingplatz.de

Campingpark Schlei-Karschau

Campingpark am einzigen Fjord Deutschlands, direkt an der Schlei.

- Eigener Badestrand, Bootshafen mit Slipstelle, Motorbootverleih
- Ideal für Surfer und Segler • Angeln an der Schlei und Ostsee
- Sport- und Spielmöglichkeiten • Fahrradvermietung
- € 1 Energiezuschlag pro Tag • WLAN

24407 Rabenkirchen-Faulück
Tel. 0049 (0)4642-920820 • E-Mail: info@campingpark-schlei.de
Internet: www.campingpark-schlei.de

Deutschland

Schwedeneck, D-24229 / Schleswig-Holstein

- Grönwohld-Camping
- Kronshörn
- 1 Apr - 31 Okt
- +49 43 08 18 99 72
- info@groenwohld-camping.de
- N 54°28'29'' E 10°01'44''
- Von Kiel die B76 und weiter der B503 Richtung Eckernförde. 500m hinter Krusendorf rechts. CP ist weiter ausgeschildert.

1 ADE**JM**NOPQRS**T** K**M**NOQRSTWXY 6
2 EFGHKPRVW ABDE**FG**J 7
3 ABFMV ABCDEFIJKLNQRTW 8
4 **AEFHIT** FJMPQ 9
5 ACDEFHLMN ABHIJLM**P**RV 10
B 16A CEE
16 ha 120**T**(80-110m²) 482**D**
€25,00 / €30,00
102378

Sehlendorf, D-24327 / Schleswig-Holstein

- Schöning
- Wewerin 1
- 1 Apr - 11 Okt
- +49 43 82 92 05 04
- info@ostseecamping-schoening.de
- N 54°18'04'' E 10°41'30''
- A7 Ausfahrt Kiel, Richtung Oldenburg. In Kaköhl Richtung Hohe Wacht. In Sehlendorf Richtung Strand.

1 ADFG**JM**NOPQRS K**N**OPQRSTW 6
2 EHPRTVW ABDE**FG**IK 7
3 BFLMX ABCDE**FG**IJKNQRTW 8
4 FHIO IVWY 9
5 ACDFHLM**N** ABFGHIJ**P**RVZ 10
B 16A CEE
7 ha 40**T**(60-100m²) 281**D**
€26,50 / €32,50
111290

Rosenfelder Strand OSTSEE CAMPING

Rosenfelder Strand Ostsee Camping
D-23749 Rosenfelde/Grube
Tel. 0049/4365/979722
info@rosenfelder-strand.de

... direkt am Meer
... eigener Naturstrand
... familienfreundliche Preise
... ideale Infrastruktur
... hundefrei von Anfang Juli - Mitte August

ADAC Superplatz 2018 im ADAC Campingführer

www.rosenfelder-strand.de

Seekamp (Ostholstein), D-23779 / Schleswig-Holst.

- Camping-Platz Seekamp
- Seekamp
- 12 Apr - 13 Okt
- +49 4 36 54 56
- info@camping-seekamp.de
- N 54°20'36'' E 11°03'44''
- E47 (A1), Ausfahrt 8 Richtung Neukirchen. Danach nach Sütel. Ausgeschildert.

1 AF**IL**NOPQRST KNOPQSWXYZ 6
2 AEGHIPWX ABDE**FGH**IJ 7
3 BFM ABCDE**FG**IJKLNRTW 8
4 H DV 9
5 ADEMN ABGHIJM**P**STW 10
B 16A CEE
23 ha 150**T**(100-150m²) 494**D**
€22,50 / €27,50
102508

Simonsberg, D-25813 / Schleswig-Holstein

- Nordseecamping Zum Seehund GmbH & Co KG
- Lundenbergweg 4
- 3 Apr - 31 Okt
- +49 48 41 39 99
- info@nordseecamping.de
- N 54°27'19'' E 08°58'20''
- A23 bis Heide, wird dann die B5 Heide-Husum, Ausfahrt Simonsberg. Von der Ausfahrt den Schildern folgen.

1 ADE**JM**NOPQRST AKM**N**QSX 6
2 EFGPRSVWXY ABDE**FG**HIJK 7
3 ABFGLMSV ABCDEFIJKNQRS**T**UVW 8
4 B**E**FR**T**V**X** IJLUVW 9
5 ABDFHKLMN ABFGHIJMP**RV** 10
B 16A CEE
6,5 ha 143**T**(80-160m²) 56**D**
€39,00 / €49,00
108027

Der ideale Urlaubsplatz direkt an der offenen See.

Herrlicher Sandstrand. Durch Hecken parzellierte Stellplätze. Moderne Wasch- und Duschräume, speziell auch für Kinder und Behinderte. Zur Freizeitgestaltung: Eigene Reitanlage, Kegelbahn, Minigolf, Tischtennis, Poolbillard, Kinderspielplätze, Kabel-TV, Strandmission in Hauptsaison. Am Strand Bootsverleih. Großes Angebot an Mietwohnwagen und Mobilheimen, alle Wagen mit Vorzelt, Heizung, Kühlschrank usw. voll eingerichtet.

ECOCAMPING Umweltmanagement.

Camping-Ferienpark California

Große Heide 26 • 24217 Ostseebad Schönberg • Tel. 04344-9591 • Fax 04344-4817
www.camping-california.de • E-Mail: info@camping-california.de

Teilkarte Schleswig-Holstein auf Seite 73

Stein/Laboe, D-24235 / Schleswig-Holstein

- Fördeblick ★★★★
- Ellernbrook 12
- 1 Apr - 18 Okt
- +49 43 43 77 95
- info@camping-foerdeblick.de

1 ADEFHKNOPQRST	KNQSWXZ 6
2 EFGHJMOPRVW	ABDEFG 7
3 ABFGLM	ABCDEFJLNQRTUVW 8
4 BFH	BD 9
5 ACDEFGILMN	ABGHIJPST 10
B 10A CEE	€27,40
7 ha 115T (70-100m²) 295D	€34,00

N 54°24'51'' E 10°14'54''
In Kiel 'Ostufer' und der B502 Richtung Schönberg. Danach Richtung Stein halten. CP weiter angezeigt.
108031

Stein/Laboe, D-24235 / Schleswig-Holstein

- Ostsee-Camp Kliff
- Ellernbrook 6
- 27 Mär - 27 Sep
- +49 43 43 62 22
- info@ostsee-camp.de

1 ADEFHKNOPQRST	KNQSWXZ 6
2 EFGHKMOPRVWX	ABDEFG 7
3 BFLMS	ABCDEFIJKLNQRTUV 8
4 FH	Y 9
5 ABDMN	ABGHIJLPRZ 10
B 16A CEE	€29,00
7,5 ha 80T (80-100m²) 220D	€36,00

N 54°24'53'' E 10°15'08''
In Kiel den Schildern 'Ostufer' folgen. Weiter die B502 bis Ausfahrt Laboe. Dann Richtung Stein halten. CP dann ausgeschildert.
102383

Stein/Laboe, D-24235 / Schleswig-Holstein

- Campingplatz Neustein
- Ellernbrook 20
- 1 Apr - 30 Sep
- +49 43 43 81 22
- info@camping-neustein.de

1 ADEFHKNOPQRST	KNQSWXZ 6
2 EFGHKMOPRVW	ABDEFG 7
3 BGLM	ABCDEFKNQRTU 8
4 FH	9
5 ADEFLN	ABGHIJPR 10
B 16A CEE	€26,70
3,5 ha 49T (60-100m²) 100D	€31,90

N 54°24'54'' E 10°14'39''
In Kiel 'Ostufer' folgen und weiter die B502 bis Ausfahrt Laboe. Danach Richtung Stein halten. CP dann ausgeschildert.
102385

St. Peter-Ording, D-25826 / Schleswig-Holstein

- Biehl
- Utholmer Str. 1
- 15 Mär - 31 Okt
- +49 4 86 39 60 10
- campingplatz-biehl.klugmann@t-online.de

1 ADEFJMNOPQRT	KMNPQRSTV 6
2 EFHOPRSVW	ABCDEFGIJK 7
3 ABGL	ABCDEFJNQRST 8
4 FH	9
5 ABCDEFILMN	ABCFGHJPST 10
B 16A CEE	€37,00
3,5 ha 150T(80m²) 50D	€45,00

N 54°20'10'' E 08°36'15''
B5 Heide-Tönning, danach B202 Richtung St. Peter-Ording. Ausfahrt Ording-Nord: am Ende der Straße (Utholmer Straße) ist CP rechts.
110901

St. Peter-Ording, D-25826 / Schleswig-Holstein

- Olsdorf ★★★★★
- Bövergeest 56
- 1 Jan - 31 Dez
- +49 48 63 47 63 17
- campingpark.olsdorf@t-online.de

1 BEFJMNOPQRST	6
2 GOPSVXY	ABCDEFGIJ 7
3 ABFLM	ABCDEFIJNQRUVW 8
4 T	9
5 DMN	ABCFGHIJPR 10
B 16A CEE	€32,50
1,5 ha 63T(50-100m²) 8D	€39,50

N 54°18'24'' E 08°38'54''
A23, dann die B5 Richtung Husum. Hinter Tönning links ab. Auf der B202 bei St. Peter-Ording Camping angezeigt.
114413

Stocksee, D-24326 / Schleswig-Holstein

- Naturcamping am Stocksee
- Holmweg 4
- 31 Mär - 4 Okt
- +49 45 26 33 87 92
- stockseecamping@t-online.de

1 DEFJMNOPQRT	LMNX 6
2 ADGHOPRUVWXY	ABDEFGIJ 7
3 BMS	ABDFNQRTU 8
4 FHIO	DQ 9
5 ABM	ABHIJPRV 10
16A CEE	€18,00
2,5 ha 99T(80-200m²) 52D	€22,00

N 54°04'50'' E 10°20'17''
Von Hamburg A21 bis Ausfahrt 9 (Trappenkamp), danach Richtung Tensfeld. In Tensfeld Richtung Damsdorf. In Damsdorf Richtung Stocksee. Camping rechts angezeigt.
118534

St. Peter-Ording, D-25826 / Schleswig-Holstein

- Sass
- Grudeweg 1
- 1/1 - 1/11, 15/12 - 31/12
- +49 48 63 81 71
- campingsass@t-online.de

1 AEFJMNOPQRST	6
2 FHOPSVWX	ABDEFGI 7
3 ABFGLMNO	ABEFJNQRTUW 8
4 AFHIO	I 9
5 ABDEFHMN	ABFGHIJLMPRVX 10
16A CEE	€31,00
6,2 ha 125T(60-100m²) 33D	€39,00

N 54°19'56'' E 08°37'10''
A23 Hamburg-Heide. Hinter Heide Richtung St. Peter-Ording. Auf der B202, 5 km nach Tating vor St. Peter-Ording ist der CP auf der rechten Seite.
109174

Strukkamphuk (Fehmarn), D-23769 / Schlesw.-H.

- Strukkamphuk-Fehmarn ★★★★★
- 28 Mär - 1 Nov
- +49 43 71 21 94
- camping@strukkamphuk.de

1 ADEJMNOPQRST	KMNPQRSTXY 6
2 EHIJKOPSVWX	ABDEFGHIJ 7
3 ABFGLMSTUX	ABCDEFGHJKNPQRSTUVW 8
4 BCDFHIJLQTXZ	DILMNY 9
5 ACDEFGHJLMNO	ABDFGHIJMPRXZ 10
Anzeige auf dieser Seite B 16A CEE	€38,90
20 ha 308T(100-160m²) 307D	€48,50

N 54°24'42'' E 11°05'54''
B207/E47 von Norden kommend Richtung Landkirchen. Aus südlicher Richtung, Ausfahrt Avendorf. Ab Avendort Beschilderung.
102506

St. Peter-Ording/Böhl, D-25826 / Schlesw.-H.

- Silbermöwe
- Böhler Landstr. 179
- 15 Mär - 31 Okt
- +49 48 63 55 56
- camping@silbermoewe.de

1 AEFJMNOPRT	6
2 FGOPSVWX	ABDEFGHI 7
3 ABL	ABCDEFJKNQRTVW 8
4 IOS	DIV 9
5 DMN	ABCFGHJNPR 10
10-16A CEE	€33,50
1 ha 52T(60-80m²) 25D	€42,50

N 54°17'06'' E 08°39'42''
B5 Heide-Tönning, dann die B202 St. Peter Ording, Abfahrt St. Peter Ording. (OT Böhl). Dann gut ausgeschildert.
102192

Süsel, D-23701 / Schleswig-Holstein

- Süsel
- Süseler-Moor 6
- 1 Apr - 1 Okt
- +49 17 03 57 50 07
- campingsuesel@gmx.de

1 AFHKNOPQRST	LNW 6
2 ADGIPRVW	ABFGI 7
3 AGM	ABCDEFGIJKNQRTUVW 8
4	IJ 9
5 ADEFH	AGHJLMPRVZ 10
16A CEE	€33,00
5,5 ha 42T(110-150m²) 5D	€45,00

N 54°04'23'' E 10°41'17''
A1 Hamburg-Puttgarden, Ausfahrt Eutin. CP ist am Wasserskiplatz ausgeschildert, Zufahrt über den Seitenweg links davon.
111291

In 2020 auf der Messe!

- **Stuttgart** CMT - 11. bis 19. Januar
- **Hannover** ABF - 29. Januar bis 2. Februar
- **München** F.re.e - 19. bis 23. Februar
- **Essen** Reise & Camping - 26. Februar bis 1. März
- **Nürnberg** Freizeit, Garten und Touristik - 27. Februar bis 1. März
- **Düsseldorf** Caravan Salon - 29. August bis 6. September

www.ACSI.eu

Teilkarte Schleswig-Holstein auf Seite 73

Als Gast erhalten Sie ein reduziertes Greenfee im Golfpark Fehmarn

Freizeit pur auf der Ostseeinsel Fehmarn
www.wulfenerhals.de

- Camping Mietwohnwagen
- Mobilheime, Ferienhäuser
- Appartements, Hotel
- 9-Loch-Golfplatz für jedermann Direkt am 18-Loch-Golfplatz
- Separater Wohnmobilpark
- Tages-und Abendentertainment
- Beheizter Pool

Direkt reservieren unter „Suchen & Buchen"

Camping- und Ferienpark Wulfener Hals • Wulfen, 23769 Fehmarn
info@wulfenerhals.de • Tel. (0 43 71) 86 28 - 0 • Fax (04371) 37 23

Westerdeichstrich, D-25761 / Schlesw.-H.
- Nordsee Camping "In Lee"*****
- Stinteck 37
- 3 Apr - 20 Okt
- +49 48 34 81 97
- info@in-lee.de
- N 54°09'31" E 08°49'58"
- B203 Heide-West Richtung Büsum, Ausfahrt Westerdeichstrich. An der Mühle vorbei. Nach 1,5 km Richtung Stinteck. Badestrand-Schilder.

1 ADEF**JM**NOPQRS**T** MNQR**X** 6
2 FIOPSWX ABC**DEFGHIJ** 7
3 ABFG**HJL**MUV ABCDEFJKNQRTUVW 8
4 BCFH VW 9
5 ABDFKLMN ABCFGHIJMP**RWX**10
Anzeige auf dieser Seite   B 16A CEE   € 29,50
5 ha 190**T**(80-120m²) 140**D**   € 36,40
102189

Wulfen (Fehmarn), D-23769 / Schlesw.-H.
- Wulfener Hals*****
- Wulfener Hals Weg 100
- 1 Jan - 31 Dez
- +49 4 37 18 62 80
- info@wulfenerhals.de
- N 54°24'22" E 11°10'38"
- E47 in nördlicher Richtung Ausfahrt Landkirchen. Aus südlicher Richtung Ausfahrt Avendorf. Dann ab Avendorf ausgeschildert.

1 ADE**JM**NOPQRST AB**K**MNPQSUW**XY** 6
2 EFGHIKOPSVWXY ABCDE**FG**HIJ**K** 7
3 ABFG**HIJKL**MS**T**UVX ABCDEF**G**H**IJ**KLMNOPQRSTUVW 8
4 A**B**CDEFHIJKLNORS**TUXZ** DEIJMNPRSVWYZ 9
5 ACDEFGHIJKLMN ABCDEFGHIJLMP**Q**RX**YZ**10
Anzeige auf dieser Seite   B 16A CEE   € 39,00
34 ha 393**T**(80-260m²) 509**D**   € 48,40
102507

NORDSEE CAMPING "IN LEE"
- 5-Sterne Camping • Fahrrad- und Rollerverleih
- ca. 3,5 km von Büsum • schöne Radwege
- gleich am Strand

Stinteck 37, 25761 Westerdeichstrich
www.nordsee-campingplatz-in-lee.de

Wisch/Heidkate, D-24217 / Schleswig-Holstein
- Heidkoppel
- Mittelweg 114
- 1 Apr - 30 Sep
- +49 43 44 90 98
- info@camping-heidkoppel.de
- N 54°25'59" E 10°20'23"
- Von Kiel Richtung Ostufer B502 nach Schönberg. Hinter Barsbek an der alten Mühle links Richtung Heidkate. Den Schildern folgen.

1 ADEFHKNOPQRS**T** KNQSX 6
2 EHIPVW AB**EFG** 7
3 ABFG ABCDE**FG**JKNQRT 8
4 BCDFHIO 9
5 ACDEN ABEGHIJ**P**R**Z**10
B 16A CEE   € 29,00
14 ha 70**T**(90-120m²) 630**D**   € 34,00
112537

ACSI Detailkarte

Die Orte in denen die Plätze liegen, sind auf der Teilkarte **fett** gedruckt und zeigen ein offenes oder geschlossenes Zelt.
Ein geschlossenes Zelt heißt, dass mehrere Campingplätze um diesen betreffenden Ort liegen.
Ein offenes Zelt heißt, dass ein Campingplatz in oder um diesen Ort liegt.

Wittenborn, D-23829 / Schleswig-Holstein
- Seecamping Weißer Brunnen
- Seestraße 12
- 1 Apr - 14 Okt
- +49 45 54 14 13
- camping@weisser-brunnen.de
- N 53°55'15" E 10°14'05"
- A7 Hamburg-Flensburg, Ausfahrt Bad Bramstedt/Bad Segeberg. B206 Richtung Bad Segeberg. In Wittenborn ist der CP ausgeschildert.

1 ADE**JM**NOPQRS LNQSX**Z** 6
2 BDFGHIPRTUWX AB**DEFG**HIJ 7
3 BFGMU ABCDE**FKL**NQRTW 8
4 BFHIO**PQ** DE 9
5 ABDEFJKMN AFGIJLOR10
B 6A CEE   € 24,50
6,5 ha 60**T**(80-100m²) 305**D**   € 31,50
102394

Mecklenburg-Vorpommern

Ahrensberg, D-17255 / Mecklenb.-Vorp.

- Campingplatz Am Drewensee ★★★★
- 30 Mär - 1 Nov
- +49 3 98 12 47 90
- info@haveltourist.de

1 ADEF**JM**NOPQRST LN**O**PQS**X**YZ 6
2 BDGHPVWXY ABDE**FGI** 7
3 BFGMX ABCDEF**IN**QRW 8
4 BFH ERV 9
5 ACEFMN ABDGHIJ**P**RX10

Anzeige auf dieser Seite B 16A CEE ① €33,30
H61 4,6 ha 150T(68-150m²) 73D ② €35,70

N 53°15'46'' E 13°03'03''   109199

A19 Ausfahrt 18, B198 Richtung Wesenberg/Neustrelitz. Zwischen Wesenberg und Neustrelitz Ausfahrt Ahrensberg. In Ahrensberg direkt links ab und links halten.

Altenkirchen, D-18556 / Mecklenburg-Vorp.

- Knaus Camping- und Ferienhauspark Rügen
- Zittkower Weg 30
- 1/1 - 8/11, 27/11 - 31/12
- +49 3 83 91 43 46 48
- ruegen@knauscamp.de

1 ADEF**JM**NOPQRST KNOPQSW 6
2 EFJKPWX ABDE**FGHI** 7
3 BS ABE**FIJL**NQRTUVW 8
4 F**H**T EJUVW 9
5 ABDFHLMN ABDFGHJ**P**RVX10

Anzeige auf Seite 52 16A ① €32,10
3,7 ha 108T(80m²) 39D ② €38,90

N 54°38'11'' E 13°22'31''   112407

Aus Richtung Sagard die B96 nach Altenkirchen, an Juliusruh vorbei. Nach ca. 300m rechts rein, dann kommt nach ca. 1,2 km der CP hinter dem Waldcamping.

Alt Schwerin, D-17214 / Mecklenburg-Vorpommern

- Camping am See★★★
- An den Schaftannen 1
- 1 Apr - 31 Okt
- +49 39 93 24 20 73
- info@camping-alt-schwerin.de

1 ADEF**JM**NOPQRST LN**O**QSWXYZ 6
2 ADFGHPVWX ABDE**FG**IK 7
3 BF**L**MX ABCDEFIJKNQRTUVW 8
4 BEFGHILNO F 9
5 ABDHJKMN ABGHK**O**R10

Anzeige auf dieser Seite 10A ① €28,00
H70 3,6 ha 141T(80-120m²) 50D ② €28,00

N 53°31'23'' E 12°19'07''   107493

Über die A19, Ausfahrt Malchow. Den CP finden Sie an der B192 zwischen Alt Schwerin und Karow.

CAMPING AM SEE ★★★

Camping direkt am Ufer vom Plauer See mit einer circa 1,5 km langen, flachen Uferzone, ideal für Kinder. Nicht nur Segler, Angler und Sonnenanbeter kommen hier auf ihre Kosten, sondern auch die Naturfreunde, die gerne in der Vor- und Nachsaison die schöne Landschaft von Mecklenburg entdecken kommen. Modernes Sanitär.

An den Schaftannen 1, 17214 Alt Schwerin
Tel. 039932-42073 • Fax 039932-42072
Internet: www.camping-alt-schwerin.de

85

Sie finden naturnahe Erholung unter immergrünen Kiefern. Der Campingplatz liegt am schönen Ostseebadestrand. Vom 2 km entfernten Breege können Sie Schiffstouren machen, u.a. zu den berühmten 'Störtebeker Festspielen' oder auf die Insel Hiddensee. Bauliche Sehenswürdigkeiten u.a. in Altenkirchen und Breege.

Zittkower Weg 27, 18556 Altenkirchen
Tel. 038391-12965 / Fax 038391-12484
E-Mail: info@camping-auf-ruegen.de
Internet: www.camping-auf-ruegen.de

Altenkirchen, D-18556 / Mecklenb.-Vorp.
- Drewoldke****
- Zittkower Weg 27
- 1 Jan - 31 Dez
- +49 38 39 11 29 65
- info@camping-auf-ruegen.de

1 ADEF**JM**NOPQRS**T** KNOQSX 6
2 BEF**H**JKPQWXY ABDE**FGH**I 7
3 ABM ABCDE**FG**HIJK**LM**NQRTV 8
4 AFHO ADHJKQV 9
5 ABDEFHKMN ABCDEFGHIJN**P**TU10

Anzeige auf dieser Seite B 16A CEE
1 €28,90 / 2 €35,90
9 ha 340T(80m²) 86**D**

N 54°38'04'' E 13°22'24''
B96 Stralsund-Bergen Richtung Sassnitz, dann Altenkirchen. CP ist ausgeschildert. 102635

Campingplatz am Dobbertiner See
Am Zeltplatz 1, 19399 Dobbertin

Naturbelassener, unparzellierter und familär geführter Campingplatz in der Mecklenburger Seenplatte mit lockerem Baumbestand
- geöffnet: 1/4 - 15/10
- direkter Seezugang mit Badestelle und Liegewiese
- Vogelbeobachtungen im Naturpark

dobbertincamping@aol.com
www.campingplatz-dobbertin.de
Tel. 0174-7378937

Bellin, D-17373 / Mecklenburg-Vorpommern
- Ferienpark Ueckermünde-Bellin
- Dorfstr. 8b
- 1 Jan - 31 Dez
- +49 39 77 15 91 10
- info@ferienpark-ueckermuende-bellin.de

1 ABDE**JM**NOQRST KMNQR 6
2 EFGHIOPVWXY AB**FGH** 7
3 AIM ABCDEF**N**QRW 8
4 HO**Q** FJ 9
5 A**D**JM BFJL**N**QRV10

Anzeige auf Seite 88 B 8A CEE
1 €19,60 / 2 €23,80
4,5 ha 100**T**(81-100m²) 27**D**

N 53°44'12'' E 14°06'47''
B109 Greifswald-Pasewalk, Abfahrt Ueckermünde, dann Richtung Altwarp, der CP ist ausgeschildert. 113045

Boltenhagen, D-23946 / Mecklenburg-Vorpommern
- Regenbogen Ferienanlage Boltenhagen
- Ostseeallee 54
- 1 Jan - 31 Dez
- +49 38 82 54 22 22
- boltenhagen@regenbogen-camp.de

1 DEF**JM**NOPQRS**T** KNOPX 6
2 EHOPVWX ABE**FG** 7
3 BFG**HIJ**MN ABCDEFIJLMNQRT 8
4 **ABEJL**S**TUVZ** DJSVWYZ 9
5 ACDEFHJLMN ABFGHIJN**PR**10

B 16A CEE
1 €47,40 / 2 €47,40
12 ha 280**T**(60-140m²) 295**D**

N 53°58'51'' E 11°12'59''
A20 Ausfahrt 6 Grevesmühlen, dann den CP-Schildern folgen. 109188

Börgerende, D-18211 / Mecklenburg-Vorpommern
- Ferien-Camp Börgerende*****
- Deichstraße 16
- 1 Apr - 30 Okt
- +49 38 20 38 11 26
- info@ostseeferiencamp.de

1 ACDEF**JM**NOPQRST KNQSX 6
2 EGHJOPRSVX ABDE**FGH**I 7
3 BFG**HIJ**LM ABCDEFJKNQRTUVW 8
4 ABHILO**STUV**X LVW 9
5 ABDFHKMN ABEFGHIJN**PR**10

B 16A CEE
1 €37,00 / 2 €45,00
7 ha 250**T**(80-140m²) 70**D**

N 54°09'10'' E 11°53'57''
A20 Ausfahrt 13. Von Bad Doberan Richtung Warnemünde. Dann Ausfahrt Börgerende den Schildern folgen. 100092

Born, D-18375 / Mecklenburg-Vorp.
- Regenbogen Ferienanlage Born
- Nordstraße 86
- 28 Mär - 1 Nov
- +49 38 23 42 44
- born@regenbogen.ag

1 ADE**JM**NOPQRS**T** LMN**Q**RSV**X** 6
2 BDGIPWXY ABDE**FG**H 7
3 ABMW ABCDEF**GJ**KLNQRTW 8
4 BH BJMNRV 9
5 ABDEHM ABGHIJORZ10

B 16A CEE
1 €46,20 / 2 €46,20
10 ha 470**T** 161**D**

N 54°23'02'' E 12°30'16''
Von Rostock via B105 Richtung Ribnitz, links Halbinsel Darß/Prerow. Vor Born ausgeschildert. 110435

Carwitz, D-17258 / Mecklenburg-Vorpommern
- Campingplatz am Carwitzer See
- Carwitzer Straße 80
- 12 Apr - 7 Okt
- +49 39 83 12 11 60
- info@campingplatz-carwitz.de

1 AF**JM**NOPQRS**T** LNOPQSXZ 6
2 DGIPQTUVWX ABDE**FG** 7
3 AFM ABDE**FJ**NQRW 8
4 FH DEFNQR 9
5 ABM**N** ABHJPSTV10

4-10A CEE
1 €27,00 / 2 €35,00
H98 3,4 ha 100**T**(80-100m²) 22**D**

N 53°18'05'' E 13°26'25''
A11 Berlin-Szczecin (Stettin), Ausfahrt 6 Gramzow, B198 nach Prenzlau. Dort via Feldberg Richtung Carwitz. Beschildert. 109280

Dierhagen-Strand, D-18347 / Mecklenb.-Vorp.
- OstseeCamp Dierhagen GbR
- Ernst-Moritz-Arndt Str. 1
- 15 Mär - 31 Okt
- +49 38 22 68 07 78
- info@ostseecamp-dierhagen.de

1 ADE**JM**NOPQRS**T** NQRS 6
2 GOPRSVWXY ABDE**FG**I 7
3 BM ABCDE**FJ**NQRTW 8
4 FH DUV 9
5 A**B**DE**J**M**N** ABFGHJPR10

Anzeige auf Seite 87 B 16A CEE
1 €36,50 / 2 €42,10
6 ha 80**T**(80-120m²) 71**D**

N 54°17'29'' E 12°20'37''
Von der B105 in Altheide Richtung Prerow, Ahrenshoop, dann an der Ampel links Richtung Dierhagen-Strand. 109744

Camping direkt am Schweriner See
Caravan & Camper / Zelte / Blockhütten
Radwandern und Wandern
Campingshop und Bistro
SEECAMPING FLESSENOW
Tel.: 03866-81491 · www.seecamping.de

Dobbertin, D-19399 / Mecklenburg-Vorp.
- Campingplatz am Dobbertiner See
- Am Zeltplatz 1
- 1 Apr - 15 Okt
- +49 17 47 37 89 37
- dobbertincamping@aol.com

1 A**JM**NOPQRS**T** LNQSUXYZ 6
2 BDGIOPTWXY AB**FG** 7
3 BMX ABCDE**FJ**NQRTUW 8
4 FHI ABCEFHLOT 9
5 ADN ADEGHJQRV10

Anzeige auf dieser Seite B 16A CEE
1 €21,00 / 2 €28,00
4 ha 90**T**(100m²) 36**D**

N 53°37'09'' E 12°03'54''
A19 Ausfahrt Malchow/ A24 Ausfahrt Parchim/ A20 Ausfahrt Bützow, dann Richtung Dobbertin. Den CP-Schildern folgen. 113439

Dranske, D-18556 / Mecklenburg-Vorpommern
- Caravancamp Ostseeblick
- Seestr. 39a
- 1 Apr - 31 Okt
- +49 3 83 91 81 96
- caravancamp.ostseeblick@t-online.de

1 AE**JM**OPQRT KNOPQSXYZ 6
2 EJKOPSVWX ABDE**FG** 7
3 ABCDEFJKNQRW 8
4 FH V 9
5 B**D**M ABGHJPRX10

B 16A CEE
1 €22,50 / 2 €26,50
1 ha 70**T**(60-100m²) 10**D**

N 54°37'44'' E 13°13'23''
B96 über Bergen Richtung Dranske. In Dranske ist der CP ausgeschildert. 112141

Dranske, D-18556 / Mecklenburg-Vorp.
- Regenbogen Ferienanlage Nonnevitz
- Nonnevitz 13
- 28 Mär - 1 Nov
- +49 38 39 18 90 32
- nonnevitz@regenbogen-camp.de

1 ADEF**GJM**NOPQRS**T** KNQR**X** 6
2 BEFHOPQVWXY B**FG**I 7
3 ABGLMX ABCDEF**GIJ**KNQRTW 8
4 BCEFHLOT DKV 9
5 ACDEFGKMN ABFGHIJORV10

B 16A CEE
1 €39,70 / 2 €39,70
20 ha 550**T**(bis 120m²) 242**D**

N 54°40'01'' E 13°17'47''
Insel Rügen via Bergen B96 Richtung Dranske, in Kuhle rechts Richtung Gramtitz, dann Richtung Nonnevitz. CP ausgeschildert. 108082

Drosedow/Wustrow, D-17255 / Mecklenb.-Vorp.
- FKK Campingplatz am Rätzsee
- Campingplatz am Rätzsee
- 1 Apr - 31 Okt
- +49 3 98 28 26 61 91
- info@raetzsee.de

1 ADEFHKNOPQRS**T** LNOPQSXZ 6
2 BDGHPQVWXY ABDE**FGH**I 7
3 AFGMX ABCDE**FJ**NQRTW 8
4 **E**FH DINQRV 9
5 ABDE**JM**N ABFGHIJ**PR**X10

FKK 16A CEE
1 €22,60 / 2 €26,50
H69 5 ha 45**T**(90-120m²) 80**D**

N 53°15'07'' E 12°54'31''
An der 3er Gabelung in Wesenberg (B198) am Supermarkt Richtung Drosedow. Das ist der Drosedowerweg. In Drosedow direkt rechts ab in einen Sandweg. 109518

Feldberg, D-17258 / Mecklenburg-Vorpommern
- Am Bauernhof
- Hof Eichholz 1-8
- 1 Jan - 31 Dez
- +49 39 83 12 10 84
- info@campingplatz-feldberg.de

1 AF**JM**NOPQRS**T** LNOPQSX 6
2 DGHIJPSTUWX ABE**FG** 7
3 BGM ABDE**FJ**NQRTUVW 8
4 **A**FHK EFGJQRV 9
5 ABDEM**N** ABGIJMPRVWX10

B 16A CEE
1 €31,00 / 2 €46,20
H87 5 ha 65**T**(60-100m²) 45**D**

N 53°20'42'' E 13°27'24''
B198 Neustrelitz-Woldegk in Möllenbeek Richtung Feldberg. Weiterfahren Richtung Prenzlau. 1 km außerhalb der Stadt ist der CP (ist ausgeschildert). 111567

OstseeCamp Dierhagen GbR

Machen Sie doch einmal Campingurlaub im Ostseebad Dierhagen zwischen Ostsee und Bodden im Herzen der Halbinsel Fischland-Darß-Zingst! Fernab von Lärm und Verkehr, campen Sie auf unserem Campingplatz auf der sonnigen Wiese oder im lichten Mischwald.

**Ernst-Moritz-Arndt Str. 1
18347 Dierhagen-Strand
Tel. 038226-80778 • Fax 038226-80779
E-Mail: info@ostseecamp-dierhagen.de
Internet: www.ostseecamp-dierhagen.de**

Deutschland

Flessenow, D-19067 / Mecklenburg-Vorp.

- Seecamping Flessenow****
- Am Schweriner See 1A
- 27 Mär - 2 Okt
- +49 3 86 68 14 91
- info@seecamping.de
- N 53°45'07'' E 11°29'47''

1 ADEJMNOPQRST	LMNQRSXYZ 6
2 ADGHIOPQVWXY	ABDEFGH 7
3 BGHMS	ABCDEFIJNQRTUVW 8
4 EFHO	FMQRVY 9
5 ABEFHKMN	ABDGHIJOR 10

€ 30,00 / € 38,00
H100 8 ha 170T (80-110m²) 103D
107492

Von Norden: A14 Ausfahrt Jesendorf Richtung Schwerin.
Von Süden: A14 Ausfahrt Schwerin-Nord Richtung Cambs-Güstrow.
An der Ampel nach Retgendorf-Flessenow.

Freest, D-17440 / Mecklenburg-Vorpommern

- Waldcamp Freest
- Dorfstrasse 74
- 1 Apr - 15 Okt
- +49 38 37 02 05 38
- info@campingplatz-freest.de
- N 54°08'22'' E 13°43'02''

1 ABF**JM**NOPQRST	KMN 6
2 EFPVWX	ABD**FG**I 7
3 ABG**JKM**	ABCDEF**H**JNQRTW 8
4 H	FJVW 9
5 AD	BGHJOV 10

Anzeige auf dieser Seite € 23,20 / € 29,20
3,5 ha 80T (100-150m²) 44D
114426

Freest liegt an der L262. Von Lubmin aus 100m vor dem Ortsschild Freest links. Am Anfang der Orstbebauung. Camping angezeigt. Von der anderen Seite kommend, ist der CP rechts, als am Ortsende.

Graal-Müritz, D-18181 / Mecklenburg-Vorpommern

- Ostseecamp Rostocker Heide
- Wiedortschneise 1
- 1 Apr - 31 Okt
- +49 38 20 67 75 80
- info@ostseecamp-ferienpark.de
- N 54°14'40'' E 12°12'44''

1 ADE**JM**NOPQRS**T**	K**N**PQRX 6
2 BEHPQRSWXY	ABDE**FG** 7
3 BEG**JM**	ABCDE**FIJ**KNQRTV 8
4 BDFHLO**ST**	LM 9
5 ABDEFHJLN	ABEFGHIJL**N**RWX 10

B 16A CEE € 33,50 / € 41,50
27 ha 500T (80-120m²) 500D
108060

Von der B105-E22 bei Rövershagen Richtung Graal-Müritz abbiegen. Ab Torfbrücke ausgeschildert.

Ostsee-Camp.park Oderhaff

**Dorfstraße 66a
17375 Grambin/Ueckermünde
Tel. und Fax 039774-20420
E-Mail:
info@campingpark-oderhaff.de
Internet:
www.campingpark-oderhaff.de**

Grambin/Ueckermünde, D-17375 / Mecklenburg-Vorp.

- Ostsee-Camp.park Oderhaff
- Dorfstraße 66a
- 1 Apr - 15 Okt
- +49 39 77 42 04 20
- info@campingpark-oderhaff.de
- N 53°45'39'' E 14°00'38''

1 ADEFG**JM**NOPQRST	6
2 BEHIOPQRWXY	BDFG 7
3 BGM	ABFHJNQRTV 8
4	9
5 ADMN	ABFGHIJT 10

Anzeige auf dieser Seite 16A CEE € 20,20 / € 26,20
6,2 ha 60T (80-100m²) 96D
109535

Von der A20 oder A11 nach Ueckermünde, Richtung Anklam. In Grambin den CP-Schildern folgen.

Göhren, D-18586 / Mecklenburg-Vorpommern

- Regenbogen Ferienanlage Göhren
- Am Kleinbahnhof
- 1/1 - 4/11, 14/12 - 31/12
- +49 38 30 89 01 20
- goehren@regenbogen.ag
- N 54°20'47'' E 13°44'07''

1 ADE**JM**NOPQRS	KNQSV 6
2 BEHOPQSVWXY	AB**FG**H 7
3 ABDFGJM	ABCDEFGJKLMNQRTUW 8
4 BCFHNO**TVXZ**	DEJUVW 9
5 ABCDEFHKLM	ABEFGHIJO**R** 10

B 16A CEE € 38,90 / € 44,90
10 ha 480T (60-100m²) 102D
102648

B96 Stralsund-Bergen, an Ampel vor Bergen rechts, Beschilderung folgen.

Groß Quassow/Userin, D-17237 / Mecklenb.-Vorp.

- Camping- und Ferienpark Havelberge*****
- An den Havelbergen 1
- 1 Jan - 31 Dez
- +49 3 98 12 47 90
- info@haveltourist.de
- N 53°18'32'' E 13°00'08''

1 ADEF**JM**NORS**T**	LNQSXYZ 6
2 BDGHIPQTUVWXY	ABC**DEFGHIJ** 7
3 ABFGMT**UX**	ABCDE**FG**JKNQRSTUVW 8
4 ABCDE**F**HILO**TX**	ADEJNOQRVW 9
5 ABDEFHJLM	ABDEFGHIJLM**NP**RVX 10

Anzeige auf dieser Seite B 16A CEE € 33,90 / € 44,30
H54 24 ha 302T (90-287m²) 186D
109194

Über die B198 von Mirow oder Neustrelitz bis Wesenberg. Dort über Klein Quassow weiter bis Groß Quassow fahren. Von dort Zufahrt zum See. Ab Wesenberg ausgeschildert.

Ostsee - Campingplatz Liebeslaube

Ruhiges & ganzjähriges Familiencamping •

neues Sanitärgebäude
FeWos • Campingfässer
Mini-Markt • Gaststätte
Surfschule • Fahrradverleih

Wohlenberger Wiek 1, 23968 Hohenkirchen
Tel: 038428 - 60219, info@campingplatz-liebeslaube.de
www.campingplatz-liebeslaube.de

Koserow, D-17459 / Mecklenburg-Vorp.

- Am Sandfeld
- Am Sandfeld 5
- 9 Apr - 30 Sep
- +49 38 37 52 07 59
- camping@amsandfeld.de

1 AF**JM**NOPQRS**T** 6
2 HOPQTWXY ABDE**FG** 7
3 ABM ABCDE**F**J**L**NQRT 8
4 FHIO DIVW 9
5 ABDGMN ABEFGHIJ**P**RV10
Anzeige auf Seite 89 B 16A CEE ①€28,00
3,7 ha 150**T**(80-100m²) 28**D** ②€35,00

N 54°02'48" E 14°00'40"
B111 Wolgast-Swinoujscie, 2. Ausfahrt Koserow, ab hier ist der CP ausgeschildert. 102668

Krakow am See, D-18292 / Mecklenburg-Vorp.

- CP "Am Krakower See"****
- Windfang 1
- 1 Jan - 31 Dez
- +49 38 45 75 07 74
- info@ campingplatz-krakower-see.de

1 ADEF**JM**NOPQRS**T** LNOQSX**YZ** 6
2 ABDGHIJOPTVWX ABDE**FGIJ** 7
3 ABF**GLM** ABCDEFJKNQRTUVW 8
4 BFHILO IJT 9
5 ADEHKMN ABFGHIJMOR**X**10
B 16A CEE ①€27,50
H52 5,7 ha 115**T**(80-120m²) 133**D** ②€33,50

N 54°40'13" E 12°16'27"
B103, in Krakow am See die Straße nach Teterow nehmen. Nach 500m ist der CP ausgeschildert. 109941

Hohenkirchen, D-23968 / Mecklenburg-Vorp.

- Campingplatz 'Liebeslaube'
- Wohlenberger Wiek 1
- 1 Jan - 31 Dez
- +49 38 42 86 02 19
- info@ campingplatz-liebeslaube.de

1 AE**JL**NOPQRS**T** KNPQRSTX 6
2 EFHOPRVWXY AB**FIJ** 5
3 B**GLM** ABE**FI**JKNQRT 8
4 BFH FIKMPRTUVW 9
5 ABDEF**HJKMN** ABGHIJMP**R**10
Anzeige auf dieser Seite B 16A CEE ①€31,30
9 ha 150**T**(70-150m²) 347**D** ②€39,50

N 53°55'50" E 11°17'17" 118123
A20 Ausfahrt 8 Wismar Mitte Richtung Wismar. Am Kreisel die B106 Richtung Lübeck. In Gägelow Ausfahrt L1 Richtung Boltenhagen. 6 km weiter bis zur Ostsee. CP liegt am Strand vom Wohlenberger Wiek.

Kühlungsborn, D-18225 / Mecklenburg-Vorp.

- Campingpark Kühlungsborn GmbH*****
- Waldstraße 1b
- 1/1 - 5/1, 25/3 - 31/12
- +49 3 82 93 71 95
- info@topcamping.de

1 ACDE**JM**NOPQRS**T** KMNOPQRSTW**XY** 6
2 EHOPQRVWXY BDE**FG**HIJ 7
3 ABF**LM**NO**STUW** ABCDEF**IJ**KLMNQRTUVW 8
4 **ABD**FHILNOPQ**RTVXZ** JMPQSTUVWYZ 9
5 ACDEFGHLMN ABEFGHIJL**NP**R10
B 16A CEE ①€42,00
12 ha 550**T**(80-168m²) 106**D** ②€54,00

N 54°09'05" E 11°43'11" 102548
A20 Wismar-Rostock, Ausfahrt Kröpelin, weiter Kühlungsborn, dann Kühlungsborn-West. CP befindet sich an der Waldstraße, ist ausgeschildert.

Juliusruh, D-18556 / Mecklenburg-Vorpommern

- Freizeitcamp Am Wasser
- Wittower Straße 1-2
- 1 Apr - 31 Okt
- +49 38 39 14 39 28
- info@ freizeitcampamwasser.de

1 AF**JM**NOPQRS**T** KNX 6
2 BEHOPQWXY ABDE**FGH** 7
3 BGM ABCDE**F**JNQRTUW 8
4 HO DEJV 9
5 ABCD**L**MN ABGHIJL**R**10
①€31,00
10 ha 400**T**(bis 90m²) 162**D** ②€39,00

N 54°36'37" E 13°22'46" 114877
Von Stralsund immer auf der B96 bleiben bis an Bergen/Lietzow vorbei. Bei Sagard links halten Richtung Altenkirchen. Vor Juliusruh liegt der CP links der Straße, ist ausgeschildert.

Lassan, D-17440 / Mecklenburg-Vorpommern

- Naturcamping Lassan
- Garthof 5
- 1 Apr - 31 Okt
- +49 3 83 74 55 99 51
- info@campingplatz-lassan.de

1 ACF**JM**NOPQRS**T** LNQSX**Y** 6
2 CDFHIOPWXY ABF**GIJ** 7
3 ABG**Q** ABCDE**FGI**JNQRW 8
4 **T** DFQRTVW**X** 9
5 ABDEF**KL**MN ABFGHIJL**NP**RW 10
B 6A CEE ①€25,00
15 ha 80**T**(60-120m²) 19**D** ②€32,00

N 53°56'51" E 13°51'23" 114427
Von Süd: A11 Berlin-Prenzlau Ri. A20 bis Ausf. B199 Anklam. Über die B100 nach Usedom. In Murchin gegenüber nach Lassan. Von Nord: A7/A1 Ri. A20 bis Ausf. B110 Anklam oder Ausfahrt B199 Anklam. In Anklam Ri. Usedom. In Murchin Ri. Lassan.

Karlshagen, D-17449 / Mecklenburg-Vorp.

- Dünencamp Karlshagen*****
- Zeltplatzstraße 11
- 1 Jan - 31 Dez
- +49 38 37 12 02 91
- camping@karlshagen.de

1 AEF**GI**LNOPQRS**T** KNQRST 6
2 BEHOPQUWXY ABDE**FG**HIJ 7
3 AB**GJ**M ABCDE**F**GJKNQRTUVW 8
4 **A**BEFHIO V 9
5 ABDEF**KM**N ABDEFGHIJL**ORV**10
Anzeige auf Seite 90 B 16A CEE ①€32,10
5 ha 265**T**(80-90m²) 75**D** ②€41,50

N 54°07'04" E 13°50'42" 113034
B111 Wolgast-Ahlbeck. In Bannemin links nach Karlshagen abbiegen. CP ist ausgeschildert.

Lietzow (Rügen), D-18528 / Mecklenburg-Vorp.

- Störtebeker-Camp
- Waldstraße 59a
- 29 Mär - 15 Okt
- +49 3 83 02 21 66
- info@lietzow.net

1 AE**I**LNOPQRS**T** QS 6
2 BDHOPVWX AB**FG** 7
3 AL ABDFJNQRUVW 8
4 EFH EFGV 9
5 ABDFHLMN ABHIJ**PR**10
16A CEE ①€33,50
1,5 ha 50**T**(80-140m²) 31**D** ②€36,50

N 54°29'03" E 13°30'39" 111768
Lietzow ist an der B96, zwischen Bergen und Sassnitz. Von Bergen aus Kommende in Lietzow an 2. Ampel rechts abbiegen, am Ende der Straße (ca. 200m) nach links.

Klein Pankow, D-19376 / Mecklenb.-Vorp.

- Camping am Blanksee
- Am Blanksee 1
- 1 Apr - 11 Okt
- +49 38 72 42 25 90
- info@campingamblanksee.de

1 A**J**MNOPQRS**T** LN 6
2 BDFGHIPQSWXY ABE**FG** 7
3 B**F**GMX ABCDE**F**NQRTW 8
4 HI BDJQTV 9
5 ABCDEF**HKMN** ABDFHJ**P**RV10
Anzeige auf dieser Seite 10-16A CEE ①€27,50
12 ha 80**T**(100-150m²) 17**D** ②€34,50

N 53°23'13" E 12°01'14" 117980
A24 Hamburg-Berlin. Ausfahrt 16 Suckow. Suckow-Siggelkow-Groß Pankow Richtung Klein Pankow. Dann den CP-Schildern folgen.

Camping am Blanksee
ECO-Camping

Am Blanksee 1 • 19376 Klein Pankow

www.campingamblanksee.de

Tel. 038724-22590 • Handy 0152 - 08803883

Lohme/Nipmerow, D-18551 / Mecklenb.-Vorp.

- Krüger Naturcamp
- Jasmunder Straße 5
- 9 Apr - 1 Nov
- +49 3 83 02 92 44
- info@ruegen-naturcamping.de

1 ABDEF**JM**NOPQRS**T** 6
2 BCF**K**MOPQRSWXY ABDE**FG**HK 7
3 AB**FJ**LM ABCDE**FG**JMNQRTVW 8
4 FH ADVW 9
5 ABDEF**HJ**KMN ABDEGHIJL**ORV**10
Anzeige auf dieser Seite 16A CEE ①€33,00
H108 4 ha 125**T**(80-100m²) 16**D** ②€41,00

N 54°34'10" E 13°36'36" 114878
B96 Bergen-Altenkirchen, nach Bobbin rechts Richtung Sassnitz. CP ist ausgeschildert.

Krüger Naturcamp

Der Naturbelassen Campingplatz auf der Insel Rügen, 8 km nördlich von Sassnitz gelegen, ist zentraler Ausgangspunkt für zahlreiche Wanderrouten im Nationalpark Jasmund! Ihre vierbeinigen Freunde sind herzlich willkommen. Für Reisende von und nach Nordeuropa bietet der Platz eine ideale Rastmöglichkeit. Die Ostsee erreichen Sie in 1,5 km.

Jasmunder Straße 5, 18551 Lohme/Nipmerow
Tel. 038302-9244 • Fax 038302-56308
E-Mail: info@ruegen-naturcamping.de
Internet: www.ruegen-naturcamping.de

Ferienpark Ueckermünde-Bellin

Kleine familienfreundliche Ferienanlage mit Brötchenservice und eigenem Strand direkt am Stettiner Haff, das westlichste der drei großen Haffs der Ostsee.

Dorfstr. 8b, 17373 Bellin • Tel. +49 3977159110
E-Mail: info@ferienpark-ueckermuende-bellin.de
Internet: www.ferienpark-ueckermuende-bellin.de

Campingplatz Am Sandfeld ★★★★

Homepage: www.amsandfeld.de • Email: camping@amsandfeld.de

Campingplatz „Am Sandfeld"
Inh. Frau Berit Rosenzweig
Am Sandfeld 5
17459 Ostseebad Koserow
Tel.: +49 38375 20759
Fax: +49 38375 289954

Auf unserem Campingplatz bieten wir Ihnen:
- 150 Stellplätze auf insgesamt 3,7 ha (überwiegend sonnig, wahlweise schattig und halbschattig mit Strom(CEE)- und TV-Anschluss)
- zwei Ferienzimmer und einen Mietwohnwagen
- WLan-Empfang auf fast dem gesamten Platz
- Waschmaschinen, Trockner, Babydusche
- 2 mietbare Bäder mit Dusche/WC
- einen neuen Grillplatz
- einen Aufenthaltsraum mit TV
- einen Spielplatz mit zwei Tischtennisplatten
- täglich frische Brötchen und Kaffeespezialitäten sowie Pizza am Abend

Wir haben von April bis September geöffnet und freuen uns auf Ihren Besuch,
Ihre Familie Rosenzweig.

Deutschland

Loissin, D-17509 / Mecklenburg-Vorpommern
Loissin • Am Strandweg 1 • 1 Apr - 31 Okt • +49 38 35 22 43 • info@campingplatz-loissin.de
N 54°07'35" E 13°31'13"
1 AEFJMNOPQRST KNQRSWX 6
2 EHPQVWX ABDFGHIJ 7
3 ABFGMRx ABCDEFJKLMNQRTUVW 8
4 ABHIT GIV 9
5 ACDEFKMN ABGHIJLNPRV10
B 16A CEE €22,00
12 ha 320T(80-100m²) 124D €29,00
CP an der Strecke von Greifswald nach Wolgast L26. Umgehung Greifswald, Abzweig Lubmin/Brünzow. In Kemnitz Richtung Loissin. 100094

Markgrafenheide/Rostock, D-18146 / Mecklenb.-Vorp. CC€18
Camp. & Ferienpark Markgrafenheide • Budentannenweg 2 • 1 Jan - 31 Dez • +49 38 16 61 15 10 • info@baltic-freizeit.de
N 54°11'39" E 12°09'20"
1 AEJMNOPQRST AEKMNQRST 6
2 BEHOPQVWXY BCFG 7
3 BGHJMNOPW BFJNQRTW 8
4 BFHNOPQTUVXZ DIJQTW 9
5 ACDEFGHIJLM ABDGHJMORXY10
Anzeige auf dieser Seite B 16A CEE €36,50
28 ha 1114T(100-140m²) 509D €48,50
Die B105 Rostock-Stralsund, Ausfahrt Rövershagen-Hinrichshagen-Markgrafenheide. 102579

Lütow, D-17440 / Mecklenburg-Vorp. CC€20
Natur Camping Usedom • Zeltplatzstraße 20 • 1 Apr - 31 Okt • +49 38 37 74 05 81 • info@natur-camping-usedom.de
N 54°00'41" E 13°51'29"
1 ADEJMNOPQRST KNQRSTUVX 6
2 BEHPUVWXY ABEFGHIJ 7
3 ABFGM ABCDEFJKNQRTUV 8
4 BCEHIOQ EJMNPQRUVW 9
5 ACDFHLMN ABDGHIJLOR10
Anzeige auf dieser Seite B 16A CEE €27,20
18 ha 450T(30-250m²) 109D €36,00
B111 von Wolgast nach Ahlbeck. Vor Zinnowitz rechts ab. CP ist ausgeschildert. 112711

Natur Camping Usedom
• ruhige Lage direkt am Achterwasser • 18 ha großes Gelände mit Zelt-, Caravan- und Wohnmobilstellplätzen, teils parzelliert
• Waschmaschinen, Trockner • Gaststätte, Einkaufsmarkt, Fischimbiss, Surf- und Segelschule, Kanuverleih, Fahrradverleih
• Kinderanimation in der Hauptsaison, Live-Musik

Zeltplatzstraße 20, 17440 Lütow • Tel. 038377-40581
Fax 038377-41553 • E-Mail: info@natur-camping-usedom.de
Internet: www.natur-camping-usedom.de

Malchow, D-17213 / Mecklenburg-Vorpommern
Naturcamping Malchow ★★★★★ • Zum Plauer See 1 • 1 Jan - 31 Dez • +49 39 93 24 99 07 • malchow@campingtour-mv.de
N 53°29'33" E 12°22'27"
1 ADEJMNOPQRST LNOPQSWXYZ 6
2 ABDGHPQSVWXY ABCDEFGI 7
3 BFGLMX ABCDEFJKNQRTUV 8
4 ABEFHILNO BDOQV 9
5 ABDEFHJLMN ABFGHIJOSTVWX10
B 16A CEE €27,50
7 ha 120T(100-150m²) 92D €34,40
Autobahn A19 Berlin-Rostock, Ausfahrt 16 Richtung Malchow, einige km westlich von Malchow B192 Richtung Schwerin. Nach 300m ausgeschildert. 110464

Middelhagen (Rügen), D-18586 / Mecklenb.-Vorp.
DAT Stranddörp • Lobbe 32a • 1 Apr - 31 Okt • +49 3 83 08 23 14 • lobbe@campingruegen.de
N 54°18'57" E 13°43'10"
1 ADEFJMNOPQRST KNQRSVX 6
2 EHOPVX ABDEFGIJ 7
3 BGJMX ABCDEFHJNQRT 8
4 B DERVW 9
5 ABDEIMN ABHIJLNPRV10
B 16A CEE €34,50
8 ha 240T(20-220m²) 80D €40,50
CP befindet sich an der Straße von Ostseebad Baabe nach Thiessow. Deutlich ausgeschildert. 102649

Malliß, D-19294 / Mecklenburg-Vorpommern
Am Wiesengrund • Am Kanal 4 • 1 Mär - 31 Okt • +49 38 75 02 10 60 • sielaff-camping@t-online.de
N 53°11'51" E 11°20'21"
1 AEFJMNOPQRST JNXYZ 6
2 CGHPRWXY BEFGHI 7
3 BEFGIM ABDFJNQRTW 8
4 EFHIKOT ADFIQRTUVWZ 9
5 ABDEFJKMN ABFGHIJLMPRVX10
Anzeige auf dieser Seite 16A CEE €20,70
2 ha 60T(100-120m²) 47D €25,70
B191 Uelzen-Ludwigslust, dann in Malliß ausgeschildert. 110094

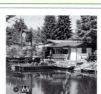

Am Wiesengrund
Ruhig gelegener Naturcamping mit Kinderbauernhof. Man kann das eigene Pferd mitbringen. Durch die vielen Kanäle auch ein idealer Platz für Boote. Kleines Restaurant mit gemütlichem Biergarten.

Fam. Sielaff, Am Kanal 4, 19294 Malliß
Tel. und Fax 038750-21060
E-Mail: sielaff-camping@t-online.de
Internet: www.camping-malliss.m-vp.de

Camp. & Ferienpark Markgrafenheide

Budentannenweg 2
18146 Markgrafenheide/Rostock
Verwaltung:
Tel. und Fax Tel. +49 3816611510 /
+49 3816611014
E-Mail: info@baltic-freizeit.de
Internet: www.baltic-freizeit.de

Preise Stellplatz 2 Pers. ab € 32,00 pro Nacht Hauptsaison. Direkt am Ostseestrand bei Warnemünde, Rostock. 1200 parzellierte Stellplätze, größtenteils mit Stromanschluss, 3 Sanitäranlagen, Waschmaschine, Wäschetrockner, Geschirrspüler, Tennisplatz, Billard, Sauna, Innen- und Außenpool, Squashcourt, Erlebnisgastronomie, Kaufhalle, Strandimbiss.

Teilkarte Mecklenburg-Vorpommern auf Seite 85

Ostseebad Karlshagen Dünencamp
Camping seit 1957 — ganzjährig geöffnet — ... Campen direkt an der Ostsee.

Tel 038371 20291
www.karlshagen.de | camping@karlshagen.de

Niendorf/Wohlenberger Wiek, D-23968 / Mecklenb.-Vorp. iD
- Campingplatz Niendorf GmbH
- Strandstraße 21
- 1 Apr - 31 Okt
- +49 38 42 86 02 22
- info@camping-meckpom.de

1 AFILNOPQRST — KNPQSX 6
2 EGHIOPUVWXY — BDEFGIK 7
3 BFLMS — BDEFKNRT 8
4 FHT — DEFJKVW 9
5 ABDEKM — ABFGHIKPR10
16A CEE — ① €23,00
4 ha 105T(70-80m²) 151D — ② €28,00

N 53°55'46" E 11°16'12"
A20, Ausfahrt 6 Grevesmühlen, nach Grevesmühlen bis zur T-Kreuzung (Grüner Weg) links Richtung B105 Boltenhagen. Am Ploggensee rechts über die L02 zum Wohlenbergerwiek bei Niendorf. — 113215

Ostseebad Prerow, D-18375 / Mecklenburg-Vorp. iD
- Meißner's Sonnen-Camp
- Villenstrasse 3
- 1 Apr - 31 Okt
- +49 38 23 36 01 98
- sonnencamp@prerow.de

1 AEGJMNOPRT — KNQR 6
2 BEFHQWXY — BFG 7
3 BGM — ABEFJNQRTW 8
4 — DJV 9
5 ADN — ABCFGHIJR10
16A CEE — ① €35,00
2 ha 67T(6-50m²) 41D — ② €41,00

N 54°27'10" E 12°33'29"
Von Rostock die B105 bis Altheide, dann Richtung Wustrow nach Prerow. In Prerow den Schildern folgen. Einfahrt Restaurant-Hotel Waldschlößchen. — 119343

Mirow, D-17252 / Mecklenburg-Vorpommern iD
- Zum Hexenwäldchen
- Blankenförde 1a
- 1 Apr - 31 Okt
- +49 39 82 92 02 15
- kontakt@hexenwaeldchen.de

1 AGHKNOPQRT — LNQXZ 6
2 BDGHOPQWXY — ABCDFGI 7
3 AFIM — AEFNRUW 8
4 EFHKLT — RTVW 9
5 ABDELMN — ABCGIJORVW10
Anzeige auf dieser Seite 6A CEE — ① €26,80
H69 3 ha 70T(80-100m²) 30D — ② €33,80
N 53°20'51" E 12°55'23" — 108142
Über die B198 Richtung Mirow. Vor Zitow Richtung Roggentin. CP ist gut ausgeschildert.

Ostseebad Rerik, D-18230 / Mecklenb.-Vorp. CC€18 iD
- Campingpark 'Ostseebad Rerik' *****
- Straße am Zeltplatz 8
- 1 Jan - 31 Dez
- +49 38 29 67 57 20
- info@campingpark-rerik.de

1 ADEJMNOPQRS — KNQRXY 6
2 EGHKOPRSVWXY — ABDEFGHIJK 7
3 ABFGIM — ABCDFGIJKLNPQRTUVW 8
4 BCDFHINOTX — CFJKMV 9
5 ABCDEFHJLMN — ABDEFGHIJNPQRV10
Anzeige auf dieser Seite B 16A CEE — ① €31,00
5,2 ha 240T(80-100m²) 52D — ② €37,00

N 54°06'47" E 11°37'51" — 117275
A20 Ausfahrt 12 Kröpelin (L11). A20 Autobahnkreuz/Wismar 105 bis Neubukow. Dann Richtung Rerik. In Rerik den CP-Schildern folgen.

Camping 'Zum Hexenwäldchen'

Naturbelassener, freundlicher Familiencamping im Müritz-Nationalpark, direkt am See, viele Familien, Kanu- und Radfahren, Schwimmen, Wandern, Strelchelzoo, Lagerfeuer, spezielle Tarife in Vor- und Nachsaison, Gaststätte vor Ort.

Blankenförde 1a, 17252 Mirow • Tel. 039829-20215 • Fax: 039829-22899
E-Mail: kontakt@hexenwaeldchen.de • Internet: www.hexenwaeldchen.de

Ostseebad Zinnowitz, D-17454 / Mecklenb.-Vorp. CC€20 iD
- Familien-Campingplatz Pommernland GmbH*****
- Dr. Wachsmannstr. 40
- 1 Jan - 31 Dez
- +49 38 37 74 03 48
- camping-pommernland@m-vp.de

1 ADEJMNOPQRST — EFGKNOQRSWXZ 6
2 BEHPQRSTXY — ABDEFGHI 7
3 ABGJM — ABCDEFGIJKLNQRTUVW 8
4 ABCEFHILNO — DEFJLVW 9
5 ABCDEFGHJLMN — ABDEFGHIJOR10
Anzeige auf Seite 91 B 6A CEE — ① €33,50
7,5 ha 360T(80-100m²) 122D — ② €40,50

N 54°04'56" E 13°53'57" — 102667
Die B111 Wolgast-Ahlbeck, in Zinnowitz an Ampel links, am ersten Kreisverkehr nach rechts, bei Apotheke links, dann bis zum Ende der Straße.

Neu-Göhren, D-19294 / Mecklenburg-Vorpommern iD
- Bootsanleger & Camping Neu-Göhren
- Zur Elde 9 (Ausbau 3)
- 1 Jan - 31 Dez
- +49 38 75 52 03 09
- bootsanleger-camping@t-online.de

1 AFJMNOPQRST — JNXYZ 6
2 CGIOPQRSWXY — ABDFG 7
3 AF — ABCDEFGI 8
4 FHIO — DEOV 9
5 ABDEFJLMN — AHIJOR10
16A CEE — ① €14,00
H172 3 ha 30T(100-120m²) 43D — ② €16,00

N 53°11'30" E 11°22'32" — 112996
Die B191 von Dannenberg nach Ludwigslust. In Malk/Göhren Richtung Alt-Kaliss 3 km. CP ist ausgeschildert. Zur Navigation: als Adresse 'Ausbau 3' eingeben.

Ostseeheilbad Zingst, D-18374 / Mecklenb.-Vorp. iD
- Wellness Camp Düne 6
- Inselweg 9
- 1 Jan - 31 Dez
- +49 38 23 21 76 17
- info@wellness-camp.de

1 ADEFJMNOPQRST — EKNQRSTXYZ 6
2 EHOPRSVWX — ABDEFGHI 7
3 ABEFGMNOR — ABCDEFJLMNQRTUVW 8
4 BCDFHLNORSTVXZ — DEIKMQRSUVWZ 9
5 ABDEFJLMN — ABEFGHIJPRW10
Anzeige auf Seite 91 B 10A CEE — ① €47,00
10 ha 402T(ha 120m²) 59D — ② €56,00

N 54°26'12" E 12°42'22" — 111618
B105 Ribnitz-Damgarten-Stralsund. In Löbnitz Richtung Barth, dann Zingst. In Zingst bei Kreisverkehr rechts. CP ab Lierna beschildert.

Neukalen, D-17154 / Mecklenburg-Vorpommern iD
- Peenecamp****
- Schulstraße 3
- 1 Jan - 31 Dez
- +49 3 99 56 29 64 08
- info@peenecamp.de

1 ABEJMNOPQRST — JN 6
2 COPVX — ABDEFGI 7
3 MN — ABCDEFGJKLMNQRTV 8
4 BFIKO — GRTV 9
5 ABDHJ — ABEFGJPRVX10
B 16A CEE — ① €23,00
2,5 ha 108T(90-150m²) 19D — ② €26,50

N 53°49'24" E 12°47'15" — 122756
Van Teterow oder Stavenhagen die B104 Richtung Malchin. Vor oder hinter Malchin die L20 in nördlicher Richtung nach Dargin und Neukalen. In Neukalen ist der CP angezeigt.

Pepelow, D-18233 / Mecklenburg-Vorpommern iD
- Ostseecamping Am Salzhaff
- Seeweg 1
- 1 Jan - 31 Dez
- +49 38 29 47 86 86
- pepelow@campingtour-mv.de

1 ADEJMNOPQRST — KNPQRSWX 6
2 EFHIPWXY — ABFG 7
3 ABG — ABCDEFJKLNQRSUW 8
4 BHLN — VW 9
5 ACDEFKM — ABFGHJNPSTX10
B 16A CEE — ① €30,70
10 ha 123T(80-120m²) 166D — ② €37,70

N 54°02'17" E 11°35'03" — 113044
A20 bis Wismar, dann die B105 Richtung Rostock, in Neubukow links (Schliemannstraße), dann 5 km nach Pepelow.

Plau am See/Plötzenhöhe, D-19395 / Mecklenb.-Vorp. CC€20 iD
- Campingpark Zuruf****
- Seestraße 38D
- 1 Jan - 31 Dez
- +49 38 73 54 58 78
- abdefghmn
- zuruf@t-online.de

1 ADEFJMNOPQRST — LNOPQSWXYZ 6
2 DGHIPSVWXY — ABDEFGHI 7
3 BGM — ABCDEFGJKLMNQRTUVW 8
4 BCHLOQ — DFJOQVWY 9
5 ABDEFGHMN — ABEFGHIJLOQR10
Anzeige auf dieser S. B 10-16A CEE — ① €26,40
H50 8 ha 126T(70-100m²) 136D — ② €32,60

N 53°26'17" E 12°17'13" — 102580
A24/E26 Hamburg-Berlin, Ausfahrt Meyenburg. Dann B103 nach Plau. In Plau an der Ampel rechts zur Plötzenhöhe. CP (am See) ist ausgeschildert.

Camping mit familiärem Charakter
- moderne Sanitäranlage
- Bistro mit Seeterrasse u. Spielplatz
- unweit von Ostsee und dem Salzhaff
- nah am Stadtzentrum von Rerik
- ganzjährig geöffnet
- Wellness & Yoga
  - WLAN frei
  - Glamping
  - Wohnmobilstellplatz

Camping met familiesfeer
- Bistro met terras aan het meer en speeltuin / gratis WiFi
- Moderne sanitaire voorzieningen
- stacaravanpark
- Wellness & Yoga / Glamping
- hele jaar geopend

mit Acsi 18 €

preiswert campen und 038296-75720
viel Meer !!! www.campingpark-rerik.de
Straße am Zeltplatz 8 - 18230 Ostseebad Rerik

Campingpark Zuruf

- Wir freuen uns auf Sie
- www.campingpark-zuruf.de
- Camping und Finnhütten
- Bootsverleih und Fahrradverleih
- CampingCard ACSI

Seestraße 38D, 19395 Plau am See/Plötzenhöhe
Tel. 038735-45878 • Fax 038735-45879
E-Mail: campingpark-zuruf@t-online.de

Familien-Campingplatz Pommernland ★★★★★

Unser Naturcampingplatz liegt am westlichen Ortsrand des Ostseebades Zinnowitz, eingebettet in die sanften Hügel des Küstenschutzwaldes, 200m vom Strand entfernt. Außerhalb der Saison bieten wir Ihnen Pauschalangebote. Der familiengeführte Campingplatz bietet für jeden etwas: 2 Kinderspielplätze, 2 Kinder-Waschhäuser, Behindertenwaschräume, Gastronomie, Imbiss und Verkaufseinrichtungen.
Die Insel Usedom bietet für Fahrradliebhaber und Wanderfreunde viele Möglichkeiten.
Ein Besuch lohnt sich zu jeder Jahreszeit.

Landessieger Campingwettbewerb 2005.
Goldmedaille 'Vorbildliche Campingplätze' in Deutschland 2006.

E-Mail: camping-pommernland@m-vp.de
Internet: camping-zinnowitz.de

Neugierig geworden??
Nehmen Sie mit uns Kontakt auf. Wir freuen uns auf Ihren Besuch.

Dr. Wachsmannstr. 40, 17454 Ostseebad Zinnowitz
Tel. 038377-40348 • Fax 038377-40349

Deutschland

Prerow, D-18375 / Mecklenburg-Vorp.
- Regenbogen Ferienanlage Prerow
- 1 Jan - 31 Dez
- +49 38 23 33 31
- prerow@regenbogen-camp.de

1 ADEGJMNOPQRST	KNOPQRSTUV 6
2 BEFHOPQVWXY	ABDEFGI 7
3 ABFGJM	ABCDEFGJKLNQRTW 8
4 ABCDFHLNOT	DKMPRVZ 9
5 ABDEFGHJLM	ABFGHIJORYZ 10
FKK B 16A CEE	① €45,00
35 ha 850T(12-190m²) 445D	② €45,00

N 54°27'16'' E 12°32'51''
In Prerow zur Ortsmitte, dort ist der CP gut ausgeschildert. 108061

Pruchten, D-18356 / Mecklenburg-Vorp.
- NATURCAMP Pruchten ★★★★
- Am Campingplatz 1
- 1 Apr - 31 Okt
- +49 3 82 31 20 45
- info@naturcamp.de

1 ADEFJMNOPQRST	KNQRSX 6
2 BEGIOPVWXY	BCEFGHI 7
3 ABFGHIMTUV	BDFGIJKLNQRTUVW 8
4 BCDHK	EFGJKLUVWZ 9
5 ACDFHLMN	ABDFGHIJLMPRVWZ 10
Anzeige auf dieser Seite B 16A CEE	① €28,00
6 ha 250T(80-100m²) 133D	② €36,00

N 54°22'46'' E 12°39'43''
B105 Ribnitz-Darmgarten Richtung Stralsund. In Löbnitz Richtung Barth, dann Pruchten. Der CP ist gut ausgeschildert. 111619

Das NATURCAMP ist ein idealer Ausgangsort für Rad- und Schiffstouren um die Halbinsel *Fischland-Darß-Zingst* zu erkunden. Erleben Sie ab September in dieser Region das Zusammentreffen tausender Kraniche.

www.naturcamp.de

Priepert, D-17255 / Mecklenburg-Vorpommern
- Havelperle
- An der Havel 33
- 1 Apr - 30 Sep
- +49 39 82 82 65 04
- havelperle-priepert@freenet.de

1 AFGJMNOPQRST	LNOPQSWXZ 6
2 DOPWX	ABDEFG 7
3	ABCDEFJNQRW 8
4 FH	GJR 9
5 ABEM	ABCGKPRV 10
B 10A CEE	① €18,50
H55 2,5 ha 130T(80-100m²) 24D	② €25,50

N 53°12'58'' E 13°02'00''
Über die B96 zwischen Fürstenberg und Neustrelitz am besten bis Ausfahrt Priepert und dem Weg folgen. Über die B196 bei Wesenberg dann Richtung Wustrow und Strassen, dort Richtung Priepert. Der Beschilderung Havelperle folgen. 117149

Priepert (Radensee), D-17255 / Mecklenb.-Vorp.
- Am Ziernsee ★★★★
- 30 Mär - 14 Okt
- +49 3 98 12 47 90
- info@haveltourist.de

1 ADEFJMNOPQRST	LNOPQSXY 6
2 BDGNPQVWX	ABDEFGI 7
3 AGM	ABCDEFJNQRW 8
4 F	R 9
5 ACDHM	ABGHIJLOPRVWX 10
16A CEE	① €25,60
H65 6,8 ha 65T(100-135m²) 86D	② €34,20

N 53°12'32'' E 13°04'23''
Von Wesenberg über die E251 via Wüstrow und Strasen durch Priepert der Straße nach bis Radensee, dort links ab in den Waldweg, der gut erreichbar ist (1,5 km) bis zum CP. Der Platz ist gut ausgeschildert. 109515

Prora, D-18609 / Mecklenburg-Vorpommern
- Camping-Meier Prora
- Proraer Chaussee 30
- 1 Apr - 31 Okt
- +49 3 83 93 20 85
- camping-meier-prora@t-online.de

1 ADEFJMNOPQRST	M 6
2 BEHOPVWX	ABDEFG 7
3 AKM	ABCDEFJKNQRTW 8
4 HO	DV 9
5 ADL	ABGHJR 10
B 6A CEE	① €34,00
3,5 ha 135T(80-100m²) 4D	② €38,00

N 54°25'25'' E 13°34'39''
B96 Stralsund-Bergen, in Bergen die B196 bis Karow, dann Prora. An der Ampel rechts Richtung Bins, CP ist ausgeschildert. 111568

Rappin (Rügen), D-18528 / Mecklenburg-Vorp.
- Banzelvitzer Berge GmbH
- OT Groß Banzelvitz
- 25 Mär - 3 Nov
- +49 3 83 83 12 48
- info@banzelvitz.de

1 AEFJMNOPRST	KNQSTUWXZ 6
2 BEFGHIJPQTUVWXY	ABDEFGHIJ 7
3 ABFGHIMTUV	ABCDEFGIJLNQRTUVW 8
4 AEFIK	AFJKLOQRTVWY 9
5 ABCDEFHKLMN	ABGHIJLMNPRV 10
B 16A CEE	① €33,50
8 ha 150T(60-100m²) 73D	② €36,50

N 54°31'01'' E 13°24'38''
Stralsund B96 Rügendamm bis Bergen. An der Ampel links Richtung Gingst/Schaprode. Nach 5 km rechts Richtung Rappin/Groß Banzelvitz, dort leicht nach oben. 102637

Komfort und Meer

402 Komfortstellplätze mit TV, Strom, Zu- und Abwasser - mit eigenem Wegesystem gut befestigt und breit genug auch für Superliner - viel Platz auch für Zelte.
Sanitäreinrichtungen auf höchstem Standard - videoüberwacht - Ferienwohnungen und Mietwohnwagen.

Wellness auf fast 2000 m²
Einrichtungen ganzjährig geöffnet

Schwimmhalle mit Süßwasser (chlorfrei)
Fitneßbereich mit Kraft- und Ausdauergeräten
Saunalandschaft - Massage - Kosmetik
Solarium - Saftbar - Frisör - Restaurant

Specials zur Vor und Nachsaison

Wellness - Camp Düne 6

Inselweg 9 • 18374 Ostseeheilbad Zingst
Telefon 0 38 32 - 17 6 17 • Fax 03 82 32 - 17 6 27
E-Mail: info@wellness-camp.de

www.wellness-camp.de

Teilkarte Mecklenburg-Vorpommern auf Seite 85

Ostseecamp Seeblick
Meschendorfer Weg 3b
18230 Ostseebad Rerik
038296 / 711-0
info@ostseecamp.de
www.ostseecamp.de

Rerik/Meschendorf, D-18230 / Mecklenb.-Vorp.

	1 ADEF**JM**NOPQRT	KM**N**OPQSW**X** 6
Ostseecamp Seeblick	2 EFGHKPRVWX	BDE**FG**HIJ 7
Meschendorfer Weg 3b	3 BFGMT	ABCD**FGI**JKNQRTUVW 8
20 Mär - 1 Nov	4 ABEFHILMOR**TZ**	EIJRSUV 9
+49 3 82 96 71 10	5 ACDEFLMN	ABGHIJLMNPR10
info@ostseecamp.de	Anzeige auf dieser Seite B 16A CEE	❶ €34,70
N 54°07'40'' E 11°38'44''	9 ha 400**T**(80-130m²) 84**D**	❷ €44,10

A20 Ausfahrt 9, Kreuz Wismar, dann die B105 Richtung Neubukow. Danach links Richtung Rerik. Rerik-Meschendorf, dort der zweite CP. 100093

Sommersdorf, D-17111 / Mecklenburg-Vorpommern

	1 AEF**JM**NOPQRST	LNOPQSU**X**Y 6
Camping- & Wohnmobilpark	2 DGHIPVWX	B**FG**HI 7
Am Hafen 2	3 BF	ABCD**FJ**KNQRTUVW 8
1 Jan - 31 Dez	4 FH	DQV 9
+49 3 99 52 29 73	5 ABEFJMN	ABFGHIJMPSTVX10
info@ camping-sommersdorf.de	16A CEE	❶ €23,30
N 53°47'55'' E 12°52'33''	2,5 ha 104**T**(80-100m²) 52**D**	❷ €28,70

Aus Richtung Berlin über die A19 Ausfahrt Teterow, dann B104 Ri. Malchin, links ab Ri. Sommersdorf. In Sommersdorf geradeaus Richtung See oder B194 Demmin folgen, Ausfahrt Wolkwitz nach Sommersdorf Ri. See. 113046

Camping Sternberger Seenland

Direkt am Luckower See, mitten im Naturpark Sternberger Seenland. Zwischen Wasser, Wald und Wiesen. Erholung für alle Altersgruppen, Familien und Hundebesitzer. Im eigenen Zelt, Wohnmobil, Caravan oder gemütlichen Ferienhaus.

19406 Sternberg • Tel. 03847-2534 • Internet: www.camping-sternberg.de

Sternberg, D-19406 / Mecklenburg-Vorp.

	1 A**J**M**N**OPQRST	LN**X** 6
Sternberger Seenland	2 DFGHOPQRUVWXY	BE**FG**HIJK 7
Maikamp 11	3 BMTUX	BDFJNQRT 8
1 Apr - 31 Okt	4 **AB**EFHIO**SXZ**	AFJKMQRTUV 9
+49 38 47 25 34	5 **AB**DEJLMN	ABFGHIJNPRV10
info@camping-sternberg.de	Anzeige auf dieser Seite B 16A CEE	❶ €33,60
N 53°42'48'' E 11°48'46''	7,5 ha 120**T**(80-100m²) 42**D**	❷ €46,50

Die 192 Wismar-Malchow. Bei Sternberg CP-Schildern folgen. 108065

Schaprode, D-18569 / Mecklenburg-Vorpommern

	1 ADE**JM**NORT	KNQRSXY 6
Am Schaproder Bodden	2 EFGHIOPQVWX	ABDE**FG**I 7
Lange Straße 24	3 ABFM	ABCDE**FJ**KNQR 8
20 Mär - 31 Okt	4 K	DEI 9
+49 3 83 09 12 34	5 ABDEFKLM	ABFGHIJR10
info@camping-schaprode.de	B 10A CEE	❶ €22,00
N 54°30'58'' E 13°09'56''	2 ha 130**T**(80-100m²) 49**D**	❷ €29,00

B96 Stralsund-Bergen, an der Ampel Gingst/Schaprode nach links abbiegen, dann den Schildern folgen. 102636

Strasen/Pelzkuhl, D-17255 / Mecklenburg-Vorp.

	1 ADEF**JM**NOPQRST	LNOPQS**XZ** 6
Naturcamping am Grossen Pälitzsee	2 BDGHNPQVWX	ABDE**FG**I 7
1 Apr - 31 Okt	3 ABFGM	ABCDE**FK**NQRU 8
+49 3 98 12 47 90	4 BD	V 9
info@haveltourist.de	5 ABDMN	ABIJPR10
	10-16A CEE	❶ €26,30
N 53°11'02'' E 12°58'35''	H78 5,6 ha 50**T**(90-100m²) 70**D**	❷ €30,20

Von Wesenberg via Wüstrow nach Strasen. CP ist gut ausgeschildert. 109516

Schillersdorf, D-17252 / Mecklenburg-Vorp.

	1 ABDEF**JM**NOPQRS**T**	LN**O**SQX 6
Campingplatz am Leppinsee	2 BDGHIPQTX	ABE**FG**I 7
C20	3 AFGM	ABCDE**FJ**KNQRW 8
24 Mär - 31 Okt	4 FHI	QRV 9
+49 3 98 12 47 90	5 ADMN	ABCGHIJPRWX10
haveltourist@t-online.de	10-16A CEE	❶ €26,40
N 53°20'50'' E 12°49'33''	H106 4 ha 70**T**(100-130m²) 50**D**	❷ €35,40

Via B198 nach Mirow, dann via Granzow über Qualzow nach Schillersdorf. CP ist gut ausgeschildert. 109517

Stubbenfelde(Seebad Kölpinsee), D-17459 / Mecklenb.-Vorp.

	1 ACE**JM**NOPRT	KNQR**S**X 6
Stubbenfelde	2 BEHOPQRTUVWXY	BE**FG**HIJ 7
Waldstraße 12	3 BMR	BD**FIJ**KLNQRTUVW 8
1 Apr - 31 Okt	4 BDFHINO**PQRTXZ**	GIJLMUVW 9
+49 38 37 52 06 06	5 ACDEFHJLMN	ABEGHIJNPR10
info@stubbenfelde.de	B 10A CEE	❶ €30,50
N 54°01'51'' E 14°02'14''	5 ha 270**T**(60-120m²) 44**D**	❷ €37,50

Ab Greifswald die B111 Richtung Wolgast und weiter Richtung Ahlbeck, 1 km hinter der Abfahrt Kölpinsee links. Es wird empfohlen nach den GPS-Koordinaten zu fahren. 109520

Thiessow, D-18586 / Mecklenburg-Vorpommern

	1 ADEF**JM**NORST	KNQRSTXYZ 6
Campingplatz Thiessow	2 EFHOPQRUVWXY	ABDE**FG**HIJ 7
Hauptstraße 4	3 BGM	ABCDE**FGI**JNQRTW 8
1 Apr - 30 Okt	4 **A**BEO	LUVW 9
+49 3 83 08 66 95 85	5 ABCDEFHLMN	ABHIJ**N**PRV10
campingplatz-thiessow@t-online.de	B 16A CEE	❶ €34,00
N 54°16'46'' E 13°42'49''	5,5 ha 320**T**(30-120m²) 25**D**	❷ €40,00

Die E22 auf der Insel Rügen Richtung Bergen. Dann rechts Richtung Göhren. Vor Göhren rechts auf die Halbinsel Mönchgut. Straße endet in Thiessow. 102650

Timmendorf/Insel Poel, D-23999 / Mecklenburg-Vorp.

	1 ADF**JM**NOPQRST	KNQSWX 6
Leuchtturm	2 EHMOPQSVX	ABDE**FG**HIJ 7
Lotsenstieg 25	3 BG**HIJ**M	ABCD**FJ**NQRT 8
1 Apr - 31 Okt	4 IO	IJK 9
+49 38 42 52 02 24	5 ABDEFKMN	ABGHIJR10
info@ campingplatz-leuchtturm.com	B 16A CEE	❶ €26,00
N 53°59'37'' E 11°22'46''	9 ha 400**T**(70-100m²) 205**D**	❷ €30,00

Aus Wismar-Mitte Richtung Rostock und dann der Beschilderung Insel Poel folgen. Danach den CP-Schildern 'Leuchtturm' folgen. 108762

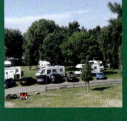

Naturcamping Hafen Stagnieß

- ruhiger Familiencamping
- gelegen am Achterwasser in der Mitte Usedoms
- Stellplätze für Caravans, Wohnmobilen und Zelte
- Möglichkeiten zum Surfen und Angeln
- flaches und ebenes Gelände
- Stellplätze in der Sonne sowie mit Schatten
- 2,5 km Fahrt zum Ostseestrand
- Fahrradverleih

Stagnieß Hafenstrasse 10A, 17459 Ückeritz
Tel. 038375-20423 • Fax 038375-20831
E-Mail: info@camping-surfen-usedom.de
Internet: www.camping-surfen-usedom.de

Camping in der Mecklenburgischen Seenplatte
Campingpark am Weißen See

- Camping
- Wohnmobil-Stellplätze
- WLAN
- Waschmaschine, Trockner
- Kinderspielplatz
- Minimarkt
- Hunde gestattet
- Mietwohnwagen
- Ferienwohnungen

www.weissersee.de

DTV-BVCD ★★★★

Haveltourist GPS: N 53° 17' 02" E 12° 56' 54"

Direkt buchen unter „Suchen + Buchen"

17255 Wesenberg • Reservierung über: Haveltourist GmbH & co. KG • Groß Quassow (Userin)
Tel. +49 398124790 • Fax +49 3981247999 • info@haveltourist.de

---

Trassenheide, D-17449 / Mecklenburg-Vorp. CC€20 iD

- ▲ Ostseeblick★★★★
- Zeltplatzstraße 20
- 28 Mär - 1 Nov
- +49 38 37 12 09 49
- @ campingplatz@trassenheide.de
- N 54°05'25" E 13°53'08"

1 ADE**JM**NOPQRST	K**NQS** 6
2 BCEHPQUVXY	ABDE**FGHIJ** 7
3 ABGMS ABCDE**FGHIJ**KLNQRTUV 8	
4 BFH	KVW 9
5 ABDEFHK	ABFGHIJLNRX10

Anzeige auf dieser Seite B 16A CEE ① €29,10
4,1 ha 250T(65–100m²) 70D ② €34,50

B111 Wolgast-Ahlbeck. In Bannemin links ab, Trassenheide. CP ist gut ausgeschildert. 113035

Wesenberg, D-17255 / Mecklenburg-Vorp. CC€18 iD

- ▲ Am Weissen See★★★★
- Am Weissen See 1
- 30 Mär - 11 Okt
- +49 3 98 12 47 90
- @ info@haveltourist.de
- N 53°17'02" E 12°56'54"

1 ADEF**JM**NOPQRS**T**	L**N**O**X** 6
2 BDGHQTUVWX	ABDE**FG** 7
3 AFM	ABCDE**F**JK**N**QRW 8
4 BFH	DJV 9
5 ABDEFHKM	ABCDGHIJL**PRWX**10

Anzeige auf dieser Seite B 16A CEE ① €25,60
3,5 ha 100T(90–112m²) 55D ② €34,20

Ab Wesenberg-Mitte ist der CP gut ausgeschildert. Der C63 folgen. 109196

Ückeritz, D-17459 / Mecklenburg-Vorp. CC€18 iD

- ▲ Naturcamping Hafen Stagnieß
- Stagnieß Hafenstrasse 10A
- 1 Apr - 31 Okt
- +49 38 37 52 04 23
- @ info@camping-surfen-usedom.de
- N 54°00'02" E 14°02'56"

1 A**JM**NOPQRS**T**	QS**X**Y 6
2 DFPQRWXY	AB**FG** 7
3	ABCDE**F**JKNQRT 8
4	VW 9
5 ADEMN	AH**J**O**RW**10

Anzeige auf Seite 92 B 16A CEE ① €20,50
4 ha 180T(80–100m²) 60D ② €26,50

Von Anklam über die B110 und B111. Von Wolgast über die B111. Camping ist deutlich um Ückeritz herum angezeigt. 121603

★★★★
Campingplatz „Ostseeblick"
geöffnet von 28/3 bis 1/11

Ummanz, D-18569 / Mecklenburg-Vorp. CC€20 iD

- ▲ Ostseecamp. Suhrendorf GmbH★★★★
- Suhrendorf 4
- 9 Apr - 31 Okt
- +49 38 30 58 22 34
- @ ostseecamp.suhrendorf@t-online.de
- N 54°27'51" E 13°08'19"

1 AE**JM**NOPRST	KM**N**QRSV**X**Y 6
2 EGHIOPQVWXY	ABDE**FG**I 7
3 ABFG**HIJM**TV	ABCDE**F**JK**N**QRTUVW 8
4 ABEFIO	DEMORV 9
5 BDEFHIKLMN	ABEH**J**L**PR**10

Anzeige auf dieser Seite B 16A CEE ① €29,00
9 ha 250T(100–150m²) 130D ② €37,00

Von Stralsund die B96 Richtung Rügen/Bergen. Bei Samtens links nach Gingst. In Gingst links Richtung Insel Ummanz. Nach der Brücke links. Camping ausgeschildert. 108081

INSEL USEDOM
Zeltplatzstraße 20
17449 Ostseebad Trassenheide
campingplatz@trassenheide.de
Tel.: 038371 20949, Fax: 038371 28472
www.campingplatz-ostseeblick.de

Waren (Müritz), D-17192 / Mecklenb.-Vorp. CC€20 iD

- ▲ CampingPlatz Ecktannen
- Fontanestraße 66
- 1 Jan - 31 Dez
- +49 39 91 66 85 13
- @ info@camping-ecktannen.de
- N 53°29'58" E 12°39'48"

1 ADEF**JM**NOPQRS**T**	LNQ**SX** 6
2 DGIPQTX	ABDE**FG** 7
3 ABFG**J**MX	ABCD**F**JK**N**QRT 8
4 BFGHK	FGILMPQRV 9
5 ABDEJKM	ABCDFGHIJMNPR10

Anzeige auf dieser Seite B 16A CEE ① €31,50
H62 17 ha 400T 61D ② €37,50

A19 Ausfahrt Waren, B192 bis Waren, nach 6 km im Ort zum OT Ecktannen abbiegen und der Beschilderung folgen. 102604

CampingPlatz Ecktannen

Der CP ist nicht parzelliert und liegt am südl. Ortsrand, dem Stadtgebiet Ecktannen vom Heilbad Waren (Müritz) direkt an der Müritz und dem Müritz-Nationalpark. Durch die naturbelassene Platzgestaltung hat jeder Gast die Möglichkeit, sich auf 17 ha seinen Stellplatz ganz nach seinem Geschmack zu wählen - egal ob sonnig, schattig oder abgeschieden.

Fontanestraße 66, 17192 Waren (Müritz)
Tel. 03991-668513 • E-Mail: info@camping-ecktannen.de
Fax 03991-664675 • Internet: www.camping-ecktannen.de

Hier ist Urlaub
DIE RÜGENINSEL UMMANZ
OSTSEECAMP SUHRENDORF

Ferienbungalows · Mietwohnwagen · Camping vom Feinsten · Windsurfing Rügen – Surfschule
Naturbadestrand · Bistro · Spielplatz · Spielmobil · TV Leinwand · Minigolf · Bootsliegeplätze · Minimarkt
Internetecke · Waschmaschinen · W- Lan · barrierefreie Sanitäranlagen · Angelrevier · Surf- und Bootsverleih

Suhrendorf 4 · 18569 Rügeninsel Ummanz · Tel. 038305 82234
www.ostseecamp-suhrendorf.de

Mecklenburgische Seenplatte - Direkt am Eingang des Müritz-Nationalpark

Camping und Wohnmobilpark Zwenzower Ufer am Großen Labussee

- Camping
- Wohnmobil-Stellplätze
- WLAN
- Waschmaschine
- Trockner
- Kinderspielplatz
- Minimarkt
- Hunde gestattet
- Mietwohnwagen

Haveltourist

GPS: N 53°19'08'' E 12°56'42''

www.zwenzowerufer.de

Direkt buchen unter „Suchen + Buchen"

17237 Zwenzow • Reservierung über: Haveltourist GmbH & Co. KG • Groß Quassow (Userin)
Tel. 03981-2479-0 • Fax 03981-2479-99 • info@haveltourist.de

Wooster Teerofen, D-19399 / Mecklenb.-Vorp.
- Camping Oase Waldsee
- Köhlerweg 9
- 1 Apr - 31 Okt
- +49 17 49 37 04 69
- info@campingoase-waldsee.de
- 1 AEFG**JM**NOPQRS**T**   LNOQS**X**Z 6
- 2 BDGHIJPQXY   AB**DEFG** 7
- 3 ABGMU   ABCDE**F**JKNQRTUW 8
- 4 FHIK**RT**   DFIJLQRTUVWY 9
- 5 ABDEMN   ABDFGHIJLMPRVW**X**10
- Anzeige auf dieser Seite 6-16A CEE ❶ €22,20
- H28 7 ha 150T(50–110m²) 133D ❷ €28,20
- N 53°35'19'' E 12°12'56''
- B192 Goldberg-Karow, Ausfahrt Wooster Teerofen. Dann ausgeschildert.
- 109542

Zingst-West, D-18374 / Mecklenburg-Vorp.
- Am Freesenbruch
- Am Bahndamm 1
- 1 Jan - 31 Dez
- +49 38 23 21 57 86
- info@camping-zingst.de
- 1 ADE**JM**NOPQRS**T**   KQS**X** 6
- 2 EHOPQRVWX   AB**CDEFG** 7
- 3 BM   ABCDEF**KL**NQRTUVW 8
- 4 ABHO**RTXZ**   VW 9
- 5 ACDEFGHJLMN   ABEFGHIJORZ10
- B 16A CEE ❶ €43,30
- 5 ha 325T(75–120m²) 39D ❷ €55,30
- N 54°26'26'' E 12°39'37''
- B105 Rostock - Stralsund. In Löbnitz links Richtung Barth, dann Richtung Zingst. CP gut ausgeschildert.
- 102601

TEL: 0174 9370469 • WWW.CAMPINGOASE-WALDSEE.DE

Zislow, D-17209 / Mecklenburg-Vorpommern
- Naturcamping Zwei Seen
- Waldchaussee 2
- 1 Jan - 31 Dez
- +49 39 92 42 90 18
- info@zweiseen.de
- 1 ADE**JM**NOPQRS**T**   LNOPQSTXYZ 6
- 2 ABDGHIPQTUVWXY   AB**DEFG** 7
- 3 ABFGMX   ABCDE**F**JNQRTUW 9
- 4 BFHO   BDFJKOQR**T** 9
- 5 ABDEFGHJLM**NO**   ABGHJO**PS**T10
- 10-16A CEE ❶ €31,60
- H75 14 ha 235T(90–120m²) 212D ❷ €39,30
- N 53°26'43'' E 12°18'40''
- A19, Ausfahrt Waren/Petersdorf Richtung Adamshoffnung/Zislow. Dann ausgeschildert. (Achtung: nach dem ersten Camping dann noch 400m weiter.)
- 110465

Zempin, D-17459 / Mecklenburg-Vorpommern
- Camping Am Dünengelände
- Bernsteinweg 1
- 1 Jan - 31 Dez
- +49 38 37 74 13 63
- camping.zempin@freenet.de
- 1 AEFG**IL**NOPQRS**T**   KQS 6
- 2 BEHPQVWXY   AB**DFG** 7
- 3 BMX   ABCDE**F**KNPQR**T** 8
- 4 BCFMO   D**F**JP 9
- 5 ABDEFHN   ABEFGHIJLR10
- 16A CEE ❶ €36,50
- 6 ha 350T(80–100m²) 171D ❷ €43,50
- N 54°04'20'' E 13°56'21''
- Von Greifswald via Wolgast B111 Richtung Zempin. CP ist gut ausgeschildert.
- 109189

Zislow, D-17209 / Mecklenburg-Vorpommern
- Wald- u. Seeblick Camp GmbH
- Waldchaussee 1
- 1 Jan - 31 Dez
- +49 3 99 24 20 02
- info@camp-zislow.de
- 1 ADE**JM**NOPQRS**T**   LNOQSWXYZ 6
- 2 ADGIPVWXY   AB**DEFGH** 7
- 3 BDFIMX   ABCDE**F**NQRTUVW 8
- 4 FGHI   DEJOQTV 9
- 5 ABDEKM   ABDEGHJM**OR**10
- B 16A CEE ❶ €24,00
- H65 11 ha 220T(80–100m²) 246D ❷ €30,00
- N 53°26'32'' E 12°18'50''
- A19 (B192), Ausfahrt Waren-Petersdorf Richtung Adamshoffnung-Zislow. Dann ausgeschildert.
- 108066

Zierow/Wismar, D-23968 / Mecklenburg-Vorp.
- Ostseecp-Ferienpark Zierow KG****
- Strandstraße 19R
- 1 Jan - 31 Dez
- +49 38 42 86 38 20
- ostseecamping@t-online.de
- 1 ADF**IL**NOPRS**T**   EKNPQRS**T** 6
- 2 AEGHOPQRVWXY   AB**DEFGH**IJ 7
- 3 AB**DFGHJL**M**RST**   ABCDE**FG**IKLNPQRTUVW 8
- 4 BDKLOP**TY**   EJLMPQVWY 9
- 5 ACDEFHILMN   ABEFGHIJLM**NP**R10
- Anzeige auf dieser Seite B 16A CEE ❶ €37,00
- 15 ha 284T(90–110m²) 167D ❷ €43,00
- N 53°56'02'' E 11°22'24''
- A20 Ausfahrt 8 Wismar-Mitte, dann links, Kreisel 3. Ausfahrt B106 Lübeck-Grevesmühlen. Ausfahrt Zierow. Den CP-Schildern folgen.
- 100095

ACSI Durchreisecampingplätze

In diesem Führer finden Sie eine handliche Karte mit Campingplätzen an den wichtigen Durchgangsstrecken zu Ihrem Ferienziel.

Ganzjährig geöffnet

Ostseecamping Ferienpark ★★★★ Zierow

Familiencamping direkt an der Ostsee

Komfortplätze, moderne Sanitäreinrichtungen Spiel- und Sportangebote, Indoor-Spielhaus, Wassersportcenter, Physiotherapiepraxis und Massagen, Hallenschwimmbad, Kosmetikerin Sauna, Restaurant, Kegelbahn

Ostseecamping   Tel.: 0049-(0)38428-63820
Ferienpark Zierow   Fax: 0049-(0)38428-63833
Strandstraße 19c   ostseecampingzierow@t-online.de
23968 Zierow   www.ostsee-camping.de

Teilkarte Mecklenburg-Vorpommern auf Seite 85

Ferienpark Birnbaumteich ★ ★ ★

Sehr ruhig gelegener Camping im Harz. Gute Rad- und Wandermöglichkeiten; hügeliges Gelände. Der Camping liegt an einem kleinen See mit Sandstrand in dem man baden kann. Keine Tourplätze direkt am See, aber ein gutes Restaurant mit Terrasse. Viele Sehenswürdigkeiten wie bspw. das Städtchen Stolberg und der Dampfzug zum Brocken.

Am Birnbaumteich 1, 06493 Harzgerode/OT Neudorf
Tel. 039484-6243 • Fax 039484-40100
Internet: www.ferienpark-birnbaumteich.de

Panoramablick

Komfortcamping mit Privatsanitär in einer Waldgegend im Harz. Ideale Lage zur Erholung, zum Wandern und für schöne Ausflüge. Besonders ruhige Lage. Der 'Panoramablick' wird seinem Namen absolut gerecht.

Hinterdorf 79, 06493 Dankerode (Harz) • Tel. +49 1747163877
E-Mail: ludwig-dankerode@web.de
Internet: www.camping-ludwig.de

Harz-Camp Bremer Teich ★ ★ ★

Ruhiger Campingplatz am Stausee mit Strand. Stellplätze unter Bäumen.

Bremer Dammteich 3, 06507 Gernrode
Tel. +49 3948560810
E-Mail: harz-camp-bremer-teich@web.de
Internet: www.harz-camp-gernrode.de

Bergwitzsee Resort

Das 'Freilufthotel' im Naturpark Dübener Heide
Kinderfreundlicher Camping direkt am Badegewässer. Waldrandlage, eigener Badestrand und Liegewiese, Spielplatz, Campingtresor, modernes Sanitär, auch für Behinderte ausgestattet. Haustiere auf speziellen Plätzen erlaubt. An der Oranjer Route: Lutherstadt Wittenberg, Wörlitz, Dessau, die Fläming Region und den touristischen Umkreis von Anhalt-Wittenberg.

Strandweg 1, 06901 Bergwitz/Kemberg • Tel. 034921-28228
E-Mail: reception@bergwitzsee.de • Internet: www.bergwitzsee.de

Havelberg, D-39539 / Sachsen-Anhalt

- Campinginsel Havelberg
- Spülinsel 6
- 1 Mär - 31 Okt
- +49 39 38 72 06 55
- info@campinginsel-havelberg.de
- N 52°49'36'' E 12°04'14''
- A24 Ausfahrt 18 Meyenburg, B107 50 km nach Havelberg. In Havelberg den Schildern folgen.

1 AEJMNOPQRST	JNXYZ 6
2 CFGHIOPQSVWXY	ABDEFGI 7
3 ABFGJMS	ABCDEFKNQRTUVW 8
4 HO	DLOQRT 9
5 ADEHJKMN	ABDFGHIJLMORX 10

Anzeige auf dieser Seite B 16A CEE €27,50
2,7 ha 80T(80-120m²) 22D €33,50
111063

Jersleben, D-39326 / Sachsen-Anhalt

- Jersleber See***
- Zum See 1
- 12 Apr - 15 Okt
- +49 39 20 35 65 41 90
- info@camping-ok.de
- N 52°14'16'' E 11°35'02''
- A2 Hannover-Berlin, Ausfahrt 70 Magdeburg-Zentrum, B189 Stendal. CP-Schild Jersleber See im Ort Jersleben. A2 Ausfahrt Jersleben. CP wird ausgeschildert.

1 AFJMNOPQR	LNOQ 6
2 ADGHIPQWX	ABFGH 7
3 BFGJ	ABCDEFJNQRTW 8
4 K	W 9
5 ADEF	AHIJLR 10

B 16A CEE €21,50
20 ha 120T(40-100m²) 250D €23,50
110030

Heide-Camp-Schlaitz GbR

Ein günstig gelegener Campingplatz für Städtebesuche am Lutherstadt Wittenberg, Leipzig, Dessau, Halle und Oranienbaum. Außerdem eine herrliche Gegend (Dübener Heide) zum Wandern und Radfahren. Der Campingplatz hat ein gutes Restaurant.

Am Muldestausee, 06774 Schlaitz (Muldestausee)
Tel. 034955-20571 • Fax 034955-20656
Internet: www.heide-camp-schlaitz.de

Kelbra/Kyffhäuser, D-06537 / Sachsen-Anhalt

- Seecamping Kelbra
- Lange Straße 150
- 1 Jan - 31 Dez
- +49 34 65 14 52 90
- buchung@campingplatz-kelbra.de
- N 51°25'33'' E 11°00'11''
- In Kelbra die B85, den Schildern Stausee folgen. Von der A38 Ausfahrt Berga/Kelbra noch ± 5 km zum CP.

1 ADEJMNOPQRST	LMNQSXYZ 6
2 ADFGHKPRSWX	ABDEFG 7
3 ABFGM	ABCDEFJNQRSTUVW 8
4 FH	FJQT 9
5 ADEFJM	AFGHJLNORVX 10

B 16A CEE €20,00
H157 8 ha 150T(70-120m²) 219D €21,00
102520

Magdeburg, D-39126 / Sachsen-Anhalt

- Barleber See****
- Wiederdorfer Straße 30
- 15 Apr - 1 Okt
- +49 3 91 50 32 44
- campingplatz@cvbs.de
- N 52°13'09'' E 11°39'33''
- A2 Hannover-Berlin, Ausfahrt 71 Rothensee Richtung Barleber See, über die Sackgasse (Schild) nach 1 km CP.

1 ADEFGHKNOPQRT	LNQS 6
2 ADGHIPRWX	ABDEFGH 7
3 ABFGM	ABCDEFJNQRT 8
4 P	DKQTV 9
5 ABDEFHJKMN	AEFGHIKR 10

B 10A CEE €26,00
15,9 ha 200T(50-100m²) 626D €32,00
102552

Naumburg, D-06618 / Sachsen-Anhalt

- Campingplatz Blütengrund
- Blütengrund 6
- 1 Jan - 31 Dez
- +49 34 45 26 11 44
- info@campingplatz-naumburg.de
- N 51°10'31'' E 11°48'15''
- Ab B180 und B87 ausgeschildert. CP liegt an dem Fluss Saale (Naumburg Richtung Freyburg).

1 ADEFJMNOPQRST	NXZ 6
2 ACFGPRSWXY	ABDEFGI 7
3 BFGM	ABCDEFJNQRTW 8
4 FH	JRV 9
5 ABDFHJKMN	ACDFGHJLMROR 10

Anzeige auf dieser Seite B 16A CEE €27,00
H100 8 ha 450T(50-100m²) 80D €33,00
102557

Plötzky/Schönebeck, D-39217 / Sachsen-A.

- Ferienpark Plötzky
- Kleiner Waldsee 1
- 1 Jan - 31 Dez
- +49 39 20 05 01 55
- info@ferienpark-ploetzky.de
- N 52°03'46'' E 11°48'01''
- Via A2 zur A14 (Kreuz Magdeburg), Ausfahrt 7 Richtung Schönebeck/Gommern. Auf der B246a durch Plötzky ist der CP. Oder A2 Ausfahrt Möser Richtung Möser B1/Biederitz B184/B246A, Gommern/Plötzky.

1 ADJMNOPQRT	HLNO 6
2 BDGHPVWX	ABDEFGIK 7
3 ABDEFGHIJMRTUV	ABCDEFGIJKLMNORSTUVW 8
4 AEHIKLNOPQRSTU	DEJQUV 9
5 ABDEFGHJLMN	ABFHIJPR 10

Anzeige auf dieser Seite B 16A CEE €25,00
12 ha 170T(100m²) 193D €33,00
113077

Im grünen Dreieck von Saale und Unstrut, landschaftlich reizvoll gelegen, befindet sich der Naumburger Campingplatz Blütengrund. Bungalows zu vermieten.

Blütengrund 6, 06618 Naumburg
Tel. 03445-261144 • Fax 03445-200571
E-Mail: info@campingplatz-naumburg.de
Internet: www.campingplatz-naumburg.de

Schlaitz (Muldestausee), D-06774 / Sachsen-A.

- Heide-Camp-Schlaitz GbR
- Am Muldestausee
- 1 Jan - 31 Dez
- +49 34 95 52 05 71
- info@heide-camp-schlaitz.de
- N 51°38'55'' E 12°25'23''
- Auf der B100 zwischen Bitterfeld und Gossa ist der CP ausgeschildert.

1 AFILNOQRT	LN 6
2 DGHOPQRX	ABDEFGI 7
3 AM	ABCDEFJNQRT 8
4 EFHIOR	DFJ 9
5 ABDEFLMN	ABFHJR 10

Anzeige auf dieser Seite B 16A €25,00
12 ha 130T(110-170m²) 97D €33,00
111621

Seeburg (Seegebiet Mansf.Land), D-06317 / Sachsen-A.

- Camping Seeburg
- Nordstrand
- 1 Jan - 31 Dez
- +49 34 77 42 82 81
- info@campingplatz-seeburg.de
- N 51°29'47'' E 11°41'03''
- Seeburg liegt an der B80 von Halle nach Lutherstadt/Eisleben. In Seeburg der Beschilderung zum CP folgen.

1 ADEFJMNOPQRST	LNQSXZ 6
2 DFGHKPSVWXY	ABFGHK 7
3 ABMX	ABCDEFJNQRTW 8
4 FH	EFNVY 9
5 ADMN	ABHJORVW 10

Anzeige auf dieser Seite B 16A CEE €25,00
33 ha 60T(70-100m²) 167D €31,00
121101

Nordstrand
06317 Seeburg (Seegebiet Mansf.Land)
Tel. 34774-28281 • Fax 34774-41757
E-Mail: info@campingplatz-seeburg.de
Internet: www.campingplatz-seeburg.de

Inmitten eines schönen Landschafts- und Naturschutzgebietes, am Ufer des 'Süßen Sees', liegt unsere Ferienanlage und Campingplatz im bekannten, durch Berg- und Weinanbau geprägten Mansfelder Land. Ein ideale Erholungs- und Freizeitort für groß und klein. Am See oder in der unmittelbaren Umgebung unserer Ferienanlage befinden sich auch zahlreiche, attraktive Ausflugsziele und Freizeitangebote.

Stiege/Hasselfelde, D-38899 / Sachsen-Anhalt

- Camping & Gästehaus Domäne***
- a/d Hauptstraße B242
- 1 Jan - 31 Dez
- +49 39 45 97 03 33
- info@domaene-stiege.de
- N 51°40'49'' E 10°52'40''
- B81 Magdeburg-Nordhausen. In Hasselfelde B242 Richtung Halle. Nach 1,5 km ausgeschildert. Von Mansfeld-Harzgerode-Allrode die B242. CP-Schild Hasselfelde folgen.

1 AJMNOPQRST	6
2 OPRTY	ABFGHIJ 7
3	ABEFJNQRTW 8
4 FHIKO	GI 9
5 ADJ	ABGHJLMORV 10

W 16A CEE €25,55
H550 4 ha 60T(70-120m²) 32D €30,55
102517

Ferienpark Plötzky

Ein Camping, der in den letzten Jahren enorm modernisiert wurde. Man kann Radfahren, wandern, an Ausflügen teilnehmen oder ins Wellnesscenter gehen. Außerdem viele Sport- und Spielmöglichkeiten für Jung und Alt. Es gibt einen Lebensmittel/Campingladen und ein sehr gutes Restaurant.

39217 Plötzky/Schönebeck • Tel. 039200-50155
Fax 039200-76082 • E-Mail: info@ferienpark-ploetzky.de
Internet: www.ferienpark-ploetzky.de

www.campinginsel-havelberg.de

Teilkarte Sachsen-Anhalt auf Seite 95

Campingplatz Alte Schmiede ★ ★ ★

Ein ruhig gelegener Camping im Wald um einen kleinen See, in dem man auch baden kann. Für Ruhesuchende. Schönes Fahrradgebiet. Magdeburg in circa 20 km. Weitere Sehenswürdigkeiten sind das Aquädukt über die Elbe und das Schiffshebewerk bei Rothensee/Magdeburg.

Steinerberg 5, 39343 Süplingen/Haldensleben
Tel. +49 39053945220
E-Mail: alteschmiedesueplingen@t-online.de

Süplingen/Haldensleben, D-39343 / Sachsen-Anhalt CC€18

- Campingplatz Alte Schmiede***
- Steinerberg 5
- 15 Apr - 15 Okt
- +49 3 90 53 94 52 20
- alteschmiedesueplingen@t-online.de
- N 52°16'47'' E 11°19'15''

1 DEF**GJM**NOPQRST	LNOPX 6	
2 BDGHIPQSWXY	ABDE**F** 7	
3 ABEGMU	ABE**FH**JNPQRT 8	
4 F	DW 9	
5 ABDFLM	AHJRVW 10	

Anzeige auf dieser Seite   16A CEE   ① €22,00
H108   43 ha 55T(80-100m²)   18D   ② €22,00
117173

A2, Ausfahrt Haldensleben, weiter über Bregenstedt, Altenhausen nach Süplingen. Campingplatz ist ausgeschildert.

Brandenburg

Alt-Schadow, D-15913 / Brandenburg   iD

- Spreewald Camping Nord**
- Neuendorferstraße
- 1 Apr - 31 Okt
- +49 35 47 36 21
- mail@spreewald-camping-nord.de
- N 52°07'33'' E 13°56'32''

1 AF**JM**NOPRST	LNQSXY 6	
2 DGHOPQWX	ABDE**FGHI** 7	
3 BF**R**	ABE**F**JNQRW 8	
4	EJQRV 9	
5 ABDEHKLMN	AGHJ**O**RV 10	

16A CEE   ① €27,00
7 ha 100T(80-100m²)   189D   ② €37,00
102655

A13 Berlin-Dresden, Ausfahrt 5a Teupitz(30 km vom Camping), B179, Richtung Märkisch-Buchholz. Bei Neu-Lübbenau Richtung Alt-Schadow. Über Brücke am Dorfplatz Schild zum Camping.

Alt-Zeschdorf, D-15326 / Brandenburg   iD

- Seecamp am Oderbruch
- Neue Siedlung 18
- 1 Jan - 31 Dez
- +49 33 60 22 47
- seecamp-oderbruch@t-online.de
- N 52°25'53'' E 14°26'46''

1 AEF**GJM**NOPQRT	LNS 6	
2 DGIOPRWXY	ABDE**FG** 7	
3 AM	ABE**F**JNQRW 8	
4 FO	QV 9	
5 ADEHKN	ABIJPR 10	

Anzeige auf Seite 99   16A   ① €30,50
H88   2,4 ha 25T(80-100m²)   40D   ② €37,50
120159

A12 Ausfahrt 9 Richtung Lebus bis links zur 167. Dann über die 2. Bahnlinie direkt links. Nach 2 km Richtung Aalkasten kommt der CP.

Club iD

Ihr Pass oder Ausweis sicher in der Tasche
Die praktische ACSI Clubkarte

Nur 4,95 € im Jahr

www.ACSIClubID.de

Altglobsow, D-16775 / Brandenburg

▲ Ferienhof Altglobsow
Seestraße 11
1 Jan - 31 Dez
+49 33 08 25 02 50
@ info@ferienhof-altglobsow.de
N 53°07'53'' E 13°07'01''
Aus Berlin die B96 bis Fürstenberg, Richtung Neuglobsow. Den Schildern 'Ferienhof Altglobsow' folgen.

1	AJMNOPQRT	LNQX 6
2	BDGOPTWX	ABFHJ 7
3	AGM	ABEFJNQRW 8
4	EFHIT	FGQ 9
5	ADFKLMN	ABGHIJLPQR10

Anzeige auf dieser Seite B 16A CEE
4,5 ha 40T(60-80m²) 68D
① €17,75
② €22,75
112778

Ferienhof Altglobsow
- Ruhige Lage Ortsrand
- Direkt am Wald und Globsowsee
- Möglichkeit der aktiven Erholung
- Laufpark, Fahrradweg, angeln
- Gemütliches Restaurant

Internet: www.ferienhof-altglobsow.de

Atterwasch, D-03172 / Brandenburg

▲ CampDeulo
Am See 4
1 Jan - 31 Dez
+49 3 56 92 66 95 25
@ campdeulo@gmx.de
N 51°55'09'' E 14°38'43''
A12 Berlin-Frankfurt/Oder, Ausfahrt 4 Fürstenwalde-West Richtung B168 Lieberose, B320 Guben. Vor Guben Richtung Gastrose. Siehe CP-Beschilderung. Bei geschlossener Schranke dort Rezeption für den Zugangscode anrufen.

1	ADEGJMNOPQRST	LNX 6
2	BDGHIPQRWXY	ABDEFG 7
3	BFGMX	ABCDEFJNQRTUV 8
4		DFGQUVW 9
5	DEHKMNO	ABCHJLPR10

B 16A CEE
H65 10 ha 40T(20-120m²) 78D
① €21,20
② €26,20
113087

Berlin-Schmöckwitz, D-12527 / Berlin/Brand.

▲ Campingplatz Krossinsee 1930 GmbH***
Wernsdorfer Straße 38
1 Jan - 31 Dez
+49 3 06 75 86 87
anfrage@campingplatz-krossinsee.de
N 52°22'12'' E 13°41'04''
A10 in südöstlicher Richtung, Ausfahrt 9 Niederlehme, Richtung Wernsdorf. Dann den Schildern Schmöckwitz folgen.

1	ADEJMNOPQRST	LNQSWXYZ 6
2	BDGHIOPQRXY	ABDEFGI 7
3	BMV	ABCDEFJNQRT 8
4	BCHOPQ	GJOPQRTV 9
5	ABDHLM	AGHKNOTU10

Anzeige auf dieser Seite B 10A CEE
8 ha 180T(20-100m²) 288D
① €31,00
② €39,00
102653

Bantikow, D-16868 / Brandenburg

▲ Knattercamping
Wusterhausenstraße 14
1 Apr - 15 Okt
+49 33 97 91 43 61
@ info@knattercamping.de
N 52°55'50'' E 12°26'55''
A24 Ausfahrt Bückwitz/Neuruppin, B167. Bei Bückwitz die B5 Richtung Kyritz und bei Wusterhausen Ausfahrt Bantikow. Weiter der Beschilderung folgen.

1	AEFGJMNOPQRST	LNQSXZ 6
2	BDGHOPWXY	ABFGIJ 7
3	ABGMS	ABEFJNQRW 8
4	IKO	DEKQR 9
5	ABDMNO	ABEGHJLNOR10

FKK 16A CEE
H70 3,6 ha 70T(100-120m²) 85D
① €21,50
② €27,50
113450

Brandenburg/Malge, D-14776 / Brandenburg

▲ Seecamp Malge
Malge 3
1 Apr - 15 Okt
+49 33 81 66 31 34
@ seecamp-malge@t-online.de
N 52°22'11'' E 12°28'16''
A2 Ausfahrt 77 Richtung Brandenburg, dann 8 km durch den Wald bis Wilhelmsdorf. Dann links den CP-Schildern folgen. Der CP liegt 50m hinter der Gaststätte.

1	BDFJMNOPQRST	LNOPQSWXYZ 6
2	ABDGHOPQSVWXY	ABDEFGHIJ 7
3	BFGMU	ABCDEFGIJNQRTUV 8
4	FH	DJLRV 9
5	ABDMN	AFGHIJLR10

10A CEE
8 ha 83T(70-150m²) 229D
① €23,20
② €27,70
109204

Beeskow, D-15848 / Brandenburg

▲ Spreepark Beeskow
Bertholdplatz 6
1 Apr - 31 Okt
+49 1 52 08 89 52 90
@ spreepark.beeskow@gmv.de
N 52°09'57'' E 14°14'22''
Vom Dreieck Potsdam oder Potsdam zur A12 'Südlicher Berliner Ring' Richtung Frankfurt/Oder, Ausfahrt 5. Richtung Beeskow B168, dann beschildert.

1	AJMNOPQRS	AHJMUXY 6
2	CGIOPQSVWX	ABEFGI 7
3	ABEFGJMNRW	ABCDEFJNQRTUV 8
4	FH	FIRV 9
5	DKM	ABGHJPRW10

16A CEE
3,5 ha 51T(100m²) 2D
① €20,00
② €20,00
117639

Brieselang/Zeestow, D-14656 / Brandenburg

▲ Camping am Havelkanal
Brieselanger Straße 11
1 Jan - 31 Dez
+49 33 23 48 86 34
@ info@camping-am-havelkanal.de
N 52°34'19'' E 12°57'56''
A10 Berliner Ring, Ausfahrt Brieselang (27). Dann Richtung Zeestow. Camping ist angezeigt.

1	AEFJMNOPQRST	JN 6
2	AOPQWX	ABDEFG 7
3	A	ABEFJNQTW 8
4	FHOP	V 9
5	ADHJKM	AGHIJORWX10

B 16A CEE
5,2 ha 40T(100m²) 125D
① €22,00
② €28,00
111962

Beetzseeheide/Gortz, D-14778 / Brandenburg

▲ Flachsberg
Flachsberg 1
1 Apr - 31 Okt
+49 17 13 64 47 42
@ info@camping-flachsberg.de
N 52°30'18'' E 12°39'36''
Von Brandenburg Richtung Nauen, bei Päwesin Richtung Bagow/Gortz. Vor Gortz links ab Richtung CP.

1	AEFJMNOPQRT	LNQSWXY 6
2	BDFGHOPTWXY	ABDEF 7
3	ABGM	ABEFHNQR 8
4	FH	JOQ 9
5	DMN	AHJMRW10

Anzeige auf dieser Seite 16A CEE
12 ha 40T(80-120m²) 121D
① €19,70
② €25,70
120155

Sehr ruhiger und naturbelassener Campingplatz direkt am langgestreckten Beetzsee. Der Platz liegt auf einer 65m hohen Anhöhe und bietet wunderschöne Aussichten auf die Umgebung. Ideal für Paddler und andere Wassersportler, sowie für Naturverbundene.

Flachsberg 1, 14778 Beetzseeheide/Gortz
Tel. 0171-3644742
E-Mail: info@camping-flachsberg.de
Internet: www.camping-flachsberg.de

Das „Tor zum Osten" – Naturcamping am Badesee. Entspannen, Baden, Radfahren in ruhiger Umgebung. Gaststube mit regionalen Gerichten. Gratis WiFi.

Neue Siedlung 18, 15326 Alt-Zeschdorf
Tel. +49 33602247 • E-Mail: seecamp-oderbruch@t-online.de
Internet: www.seecamp-oderbruch.de

Spreewald Kneipp-und ErlebnisCamping ★★★★

Spreewald Kneipp-und ErlebnisCamping in Burg/Spreewald mit 80 Komfortplätzen für Caravans und Reisemobile direkt am Hauptwasserarm der Spree, ermöglicht ausgedehnte Ausflüge mit dem Paddelboot oder Kahn, aber auch schöne Rad- und Wandertouren. Die Kneipp- und Wellnessanlage mit Holzofensauna und Infrarotkabine bietet den Gästen Ruhe und Zeit zur Erholung. In unserer Gaststube genießen Sie unser Frühstücksbuffet, täglich frische Brötchen und spreewaldtypische Gerichte. Mittagsruhe von 12.00 - 14.00.

Vetschauer Str. 1a, 03096 Burg (Spreewald) • Tel. +49 35603750966
E-Mail: info@caravan-kurcamping.de
Internet: www.caravan-kurcamping.de

Ferchesar, D-14715 / Brandenburg
- Campingpark Buntspecht★★★★ — 1 AEF**JM**NOPQRS**T** — LM**N**SXYZ 6
- Weg zum Zeltplatz 1 — 2 BDGHIPUVWXY — ABDE**FG**I**K** 7
- 1 Apr - 15 Okt — 3 B**FG**L**MS** — ABCDEF**GI**JKLNQRTUV 8
- +49 33 87 49 00 72 — 4 B**F**HKO — DEJKQRTVWY 9
- campingpark-buntspecht@web.de — 5 ABEFHJLMN — ABDFGHIJLMN**PR**10
- Anzeige auf dieser Seite B 16A CEE — €31,50
- N 52°39'15'' E 12°25'47'' — 6 ha 155**T**(90-120m²) 80**D** — €39,50
- Von der A10 nach 5 km auf die B188 östlich von Rathenow Ausfahrt Stechow, dann rechts Richtung Ferchesar. CP ist mit gelben Schildern angezeigt. — 118006

Gatow, D-14089 / Berlin/Brandenburg
- D.C.C. Camping Gatow★★★ — 1 ADE**JM**NOPQRS**T** — 6
- Kladower Damm 207-213 — 2 OPQRVWX — ABDE**FG**I**K** 7
- 1 Jan - 31 Dez — 3 **B**LM — ABCDEF**J**NQRTU 8
- +49 3 03 65 43 40 — 4 — 9
- gatow@dccberlin.de — 5 ADEFM — ABGHK**PR**10
- B 10A CEE — €29,50
- N 52°27'56'' E 13°09'49'' — H55 2,3 ha 110**T**(70-80m²) 70**D** — €38,10
- A10 Westring Berlin, Ausfahrt 26 Berlin/Spandau, Richtung Berlin, Heerstraße, danach rechts in die Gatowerstraße, Alt-Gatow zum Kladower Damm. Campingeinfahrt gegenüber der General-Steinhoff-Kaserne. — 110031

Burg (Spreewald), D-03096 / Brandenburg
- Spreewald Kneipp- und ErlebnisCamping★★★★ — 1 ADEF**JM**NOPQRST — JNUX 6
- Vetschauer Str. 1a — 2 ABCGPSVWXY — BE**FG**HIJ**K** 7
- 1 Mär - 31 Dez — 3 BM — BDFGJLNQRTUVW 8
- +49 3 56 03 75 09 66 — 4 **AE**H**TUX**Z — FRVWX 9
- info@caravan-kurcamping.de — 5 ABDLM — ABGHJMORW10
- Anzeige auf dieser Seite B 10-16A — €30,60
- N 51°49'27'' E 14°08'23'' — 2,3 ha 100**T**(50-130m²) 4**D** — €41,60
- Auf der A13/A15 die Ausfahrt 3 Richtung Vetschau/Burg nehmen, danach den Schildern folgen. — 118731

Grünheide, D-15537 / Brandenburg
- Grünheider Camping am Peetzsee GmbH — 1 AF**JM**NOPQR**T** — LNQSX 6
- Am Schlangenluch 27 — 2 ABDGHIJOPRWX — AB**FG** 7
- 3 Apr - 29 Sep — 3 G — ABCDF**J**NRW 8
- +49 33 62 61 20 — 4 — F 9
- campingplatz-gruenheide@t-online.de — 5 DMN — ABEJLMORV10
- 16A CEE — €24,10
- N 52°25'18'' E 13°50'11'' — 6,5 ha 50**T**(20-120m²) 252**D** — €29,10
- A10 Ausfahrt 6 Erkner/Grünheide Richtung Fangschleuse, dann durch den Ort und an der Kreuzung links. Nach 200m 'Am Schlangenluch' und nach 500m ist rechts der CP. — 117144

Eichhorst (Schorfheide), D-16244 / Brandenburg
- Berolina Camping am Werbellinsee — 1 AFHKNOPQRT — LNQSX**W**XYZ 6
- Am Süssen Winkel — 2 ABDGHIPVWXY — AB**DEFG** 7
- 1 Apr - 7 Okt — 3 BGM — ABCDE**F**JNQRTU 8
- +49 1 5/ 53 68 94 80 — 4 N — DEJQTV 9
- info@berolina-camping.de — 5 ABDEFGHJMN — ABFGHIJPTU10
- B 16A CEE — €35,00
- N 52°54'06'' E 13°39'43'' — 5 ha 100**T**(60-80m²) 212**D** — €35,00
- E28 Berlin-Szczecin, Abfahrt Finowfurt. An der Kreuzung B167/198, B198 Richtung Schorfheide/Eichhorst. Bei Eichhorst vor der Schleuse rechts: Am Süßen Winkel 3 km zum Camping folgen. — 102652

Himmelpfort, D-16798 / Brandenburg
- Campingpark Himmelpfort★★★ — 1 AF**JM**NOPQRST — LNPQSUVW**XZ** 6
- Am Stolpsee 1 — 2 DFGIOPQRUVWXY — ABDE**FG**HI**K** 7
- 1 Apr - 3 Okt — 3 AMX — ABCDEFJKNQRTUVW 8
- +49 33 08 94 12 38 — 4 FHI — ADEFJNR 9
- info@camping-himmelpfort.de — 5 ABDEFGJLMN — ABEGHJLOR10
- B 6-10A CEE — €30,00
- N 53°10'04'' E 13°14'05'' — H67 3,5 ha 90**T**(80-100m²) 54**D** — €39,60
- B96 Berlin-Rügen (Ostsee), Ausfahrt Fürstenberg/Ravensbrück Richtung Lychen nehmen. Durch den Ort fahren und den Schildern Himmelpfort folgen. — 109078

Falkenberg/Elster, D-04895 / Brandenburg
- Erholungsgebiet Kiebitz★★★★ — 1 ADEFG**JM**NOPQRS**T** — HLNPQ**XZ** 6
- Hörsteweg 2 — 2 DGHIPSVWX — ABE**FG**HIJ 7
- 1 Apr - 31 Okt — 3 ABDFGJMU — ABCDE**F**JNQRTU 8
- +49 3 53 65 21 35 — 4 EFHIO**QT** — DJQTUVW 9
- info@erholungsgebiet-kiebitz.de — 5 ADEFHIKMN — ABEGHIJLMRVWZ10
- Anzeige auf dieser Seite B 16A CEE — €28,00
- N 51°35'38'' E 13°15'30'' — H88 4,6 ha 75**T**(70-100m²) 88**D** — €37,80
- Von Halle, Leipzig von der A14 zur B87 Richtung Torgau. Hier Richtung Falkenberg. Camping ist angezeigt. — 107523

Camping Erholungsgebiet Kiebitz ★★★★

Für alle, die einen schönen See vor der Tür mit viel Unterhaltung suchen.

Hörsteweg 2, 04895 Falkenberg/Elster
Tel. +49 353652135
E-Mail: info@erholungsgebiet-kiebitz.de
Internet: www.erholungsgebiet-kiebitz.de

Ferch (Schwielowsee), D-14548 / Brandenburg
- Schwielowsee-Camping LTD★★★ — 1 AD**JM**NOPQRS**T** — LNQSX 6
- Dorfstraße 50 — 2 ABDHIOPQUVY — BDE**FG** 7
- 29 Mär - 15 Okt — 3 ABGMU — ABCDE**FJ**NQRT 8
- +49 33 20 97 02 95 — 4 IO**R** — ARV 9
- post@schwielowsee-camping.de — 5 ADM — ABCGHJL**O**PRV10
- 16A CEE — €29,00
- N 52°18'53'' E 12°56'40'' — 2,7 ha 80**T**(70-80m²) 42**D** — €29,00
- Über die A10 auf den Berliner Ring fahren, Ausfahrt 18 in Richtung Ferch nehmen. In Ferch ist der CP ausgeschildert. — 114472

Joachimsthal, D-16247 / Brandenburg
- Am Spring★★★★ — 1 AEFGHKNOPQRST — LNPQSW**X** 6
- Seerandstraße am Hubertusstock — 2 ABDGHIPQSTUVWXY — ABDE**FGIJ** 7
- 1 Jan - 31 Dez — 3 BGM — ABCDE**FJ**NQRTUV 8
- +49 3 33 63 42 32 — 4 FHN — KQVY 9
- camping@jatour.de — 5 ABDKN — ABGHIJORVW10
- B 16A CEE — €28,30
- N 52°54'48'' E 13°40'01'' — 10 ha 50**T**(60-90m²) 200**D** — €36,30
- A11/E28 Berlin-Stettin, Ausfahrt Joachimsthal. Vor Joachimsthal links den CP-Schildern folgen. — 113452

Kagar, D-16837 / Brandenburg
- Am Reiherholz — 1 AF**JM**NOPQRS**T** — N**X**Z 6
- Zechlinerhütter Str. 2 — 2 GHOPQXY — ABDE**FG**H 7
- 1 Jan - 31 Dez — 3 ABMX — ABCDE**F**JNQRT 8
- +49 33 92 37 03 63 — 4 FH — DJRV 9
- anmeldung@camping-am-reiherholz.de — 5 ADKM — ABHIJPR**X**10
- B 6A CEE — €20,50
- N 53°08'10'' E 12°49'03'' — 3 ha 70**T**(100-120m²) 91**D** — €24,50
- E26 Hamburg-Berlin, Ausfahrt Neuruppin. Kurz nach Neuruppin-Zentrum links Richtung Zechlin Dorf bis Wallitz. — 100102

Campingpark Buntspecht ★★★★

Schöner Familien Camping am Ferchesarer See, mitten im Naturpark Westhavelland, moderne Sanitärgebäude, Sport- und Spielanlagen, SB-Markt, Terrassengaststätte, ein Ort zum entspannen und relaxen.

Weg zum Zeltplatz 1, 14715 Ferchesar
Tel. 033874-90072 • Fax 033874-90970
E-Mail: campingpark-buntspecht@web.de
Internet: www.campingpark-buntspecht.de

ACSI EuroCampings

Schnell und einfach buchen, auch unterwegs

www.Eurocampings.de

SPREEWALD CAMPING LÜBBEN
★ ★ ★ ★

Unser kinderfreundlicher und preiswerter Camping liegt mitten im UNESCO-geschützten Spreewald Naturgebiet, nur 8 km von der A13. Hervorragender Ausgangspunkt, um mit dem Kanu, Rad oder zu Fuß den schönen Spreewald zu entdecken oder mit dem Auto die abwechslungsreich urwüchsige, landschaftlich schöne Gegend zu betrachten. Mietangebote finden Sie in der Ausstattungsliste. Modernes, sauberes und GUTES Sanitär. Ab dem 3. Kind keine Campinggebühren! Deswegen sollten Sie vielleicht auf Ihrer Reise nach Tschechien/Polen länger bleiben als geplant. Fragen Sie nach den Sonderangeboten! Rufen Sie uns an für nähere Infos. Bis bald?!

15907 Lübben/Spreewald • Tel. 03546-7053
Internet: www.spreewald-camping-luebben.de

Ketzin, D-14669 / Brandenburg
- Campingplatz An der Havel
- Friedrich-Ludwig-Jahn Weg 33
- 4 Apr - 30 Okt
- +49 33 23 32 11 50
- havelcamping@arcor.de
- 1 AF**IL**NOPQRT JNQS 6
- 2 ACDGOPVWX ABDE**FGH** 7
- 3 BLM ABCDEF**J**NQRTUW 8
- 4 HI DERV 9
- 5 ADMNO ADGHJOR 10
- Anzeige auf dieser Seite 16A CEE
- 2,5 ha 55**T**(70-100m²) 63**D**
- €22,50 / €27,50
- N 52°28'14" E 12°50'54"
- Von der A2 zur A10 Richtung Potsdam. Hinter Potsdam Ausfahrt Ketzin. Den CP-Schildern folgen.
- 118335

Campingplatz An der Havel

Sehr ruhig gelegener Camping im Seengebiet. Sehr günstige Lage für einen Postdam- und Berlinbesuch: 0,5 Stunde mit dem Zug. Havelradweg läuft am Camping entlang, also auch für Radfahrer ideal.

Friedrich-Ludwig-Jahn Weg 33, 14669 Ketzin • Tel. und Fax 033233-21150
E-Mail: havelcamping@arcor.de
Internet: www.campingplatz-brandenburg.de

Kladow/Berlin, D-14089 / Berlin/Brandenburg
- D.C.C. Camping Kladow***
- Krampnitzerweg 111-117
- 1 Jan - 31 Dez
- +49 3 03 65 27 97
- kladow@dccberlin.de
- 1 ADE**JM**NOPQRST LN 6
- 2 BDOPQRVWXY ABDE**FGH**K 7
- 3 BLM ABCDEF**J**NQRTW 8
- 4 GI 9
- 5 ABDFJKM ABGHJPR 10
- B 10A CEE
- H60 7,5 ha 150**T**(60-120m²) 452**D**
- €29,50 / €38,10
- N 52°27'13" E 13°06'49"
- A10, Ausfahrt 25 Potsdam-Nord. Zunächst auf der B273 über Potsdam, Fahrland und wieder Potsdam, dann abbiegen und auf die B2 über Groß-Glienicke nach Berlin-Spandau. Am Ritterfelddamm ist der CP ausgeschildert.
- 102640

Lenzen, D-19309 / Brandenburg
- Am Rudower See****
- Leuengarten 9
- 1 Apr - 30 Okt
- +49 3 87 92 75 88
- sigmar.beck45@gmail.com
- 1 AF**JM**NOPQRS**T** L**N**OPQSXZ 6
- 2 DFGHIOPRSUVWX ABE**FG**H 7
- 3 ABFGM BDFJKNQRTW 8
- 4 E**F**HI DJQTV 9
- 5 ABDMN ABFGHJLMOR 10
- B 16A CEE
- 3 ha 70**T**(80-120m²) 39**D**
- €17,00 / €20,00
- N 53°06'36" E 11°32'26"
- Von Hamburg aus A24, Ausfahrt Ludwigslust. Dan B5 Richtung Grabow und Lenzen folgen.
- 110605

Kloster Lehnin, D-14797 / Brandenburg
- Campingplatz-Lehnin***
- An der Reinerheide 2
- 1 Apr - 3 Okt
- +49 33 82 70 04 42
- camping-lehnin@gmx.de
- 1 F**JM**NOPQRST LNSXYZ 6
- 2 ABDGHIPQRWX ABDEF 7
- 3 AB ABEFNQR 8
- 4 FH 9
- 5 D AHJR 10
- 10-12A CEE
- H108 2 ha 40**T**(60-80m²) 50**D**
- €19,50 / €24,50
- N 52°19'47" E 12°44'20"
- A2 Berlin-Hannover. Ausfahrt 80, 3 km nach Lehnin, Richtung Brandenburg angezeigt. A2 Hannover-Berlin, Ausfahrt 79 Netzen/Brandenburg Richtung Lehnin, 3 km CP-Schildern folgen.
- 102608

Lübben/Spreewald, D-15907 / Brandenburg
- Spreewald Camping Lübben****
- Am Burglehn 10
- 15 Mär - 31 Okt
- +49 35 46 70 53
- info@spreewald-camping-luebben.de
- 1 AEJMNOPQRST JNXZ 6
- 2 ACOPRWXY ABDE**FGH**I 7
- 3 BM ABCDEF**J**NQRTW 8
- 4 **AE**H DFJRV 9
- 5 ABDEFKMN ABGHJNP**R**WZ 10
- Anzeige auf dieser Seite B 16A CEE
- H51 2,8 ha 140**T**(20-130m²) 36**D**
- €30,50 / €41,50
- N 51°56'09" E 13°53'28"
- A13 Berlin-Dresden. Ausfahrt 7 Freiwalde, B115 Richtung Lübben. A13 Dresden-Berlin, Ausfahrt 8 Duben, B87 Richtung Lübben. CP-Schild im Ort.
- 102656

Krausnick, D-15910 / Brandenburg
- Tropical Islands
- Tropical-Islands-Allee 1
- 1 Jan - 31 Dez
- +49 3 54 77 60 50 50
- welcome@tropical-islands.de
- 1 ADE**JM**NOPQRS**T** ABEHIM 6
- 2 AOPSW AB**DEFG**I 7
- 3 ABDE**GJ**MS**T** CDEFGIJNQRTW 8
- 4 ABCDFHI**J**NO ABCEKUVW 9
- 5 AB**E**LM AHIJPRVZ 10
- B 16A CEE
- H64 6 ha 112**T**(80-100m²) 150**D**
- Preis auf Anfrage
- N 52°01'54" E 13°44'53"
- A13 Berlin-Dresden, Ausfahrt 6 Staakow Richtung Krausnick. Dann den Schildern Tropical Islands folgen.
- 118145

Lübbenau, D-03222 / Brandenburg
- Spreewald-Natur-Camping "Am Schlosspark"****
- Schlossbezirk 20
- 1 Jan - 31 Dez
- +49 35 42 35 33
- info@spreewaldcamping.de
- 1 ADE**JM**NOPQRST N**X**Z 6
- 2 ACOPVWXY ABC**DEFG**I 7
- 3 BM ABCDEF**J**NQRTW 8
- 4 I**K** JRV 9
- 5 ABDEFHJMN ABCEGHIJLMPRWZ 10
- B 6-16A CEE
- 4 ha 120**T**(80-120m²) 14**D**
- €26,00 / €35,00
- N 51°52'08" E 13°58'51"
- A13 Berlin-Dresden, Ausfahrt 9 Lübbenau. Markt-Altstadt, Richtung Schloß und dann in den Park. Siehe Beschilderung.
- 109205

Kreblitz/Luckau, D-15926 / Brandenburg
- Sonnenberg***
- Zur Schafsbrücke 7
- 1 Jan - 31 Dez
- +49 35 44 30 58
- mail@camping-sonnenberg-luckau.de
- 1 AF**JM**NOPR**T** N 6
- 2 CGOPVWX ABD**FG**I 7
- 3 AB ABCDEF**J**NQRU 8
- 4 H FIV 9
- 5 ADMN ABFGHIJLOR 10
- B 16A CEE
- H79 4 ha 40**T**(100m²) 134**D**
- €19,00 / €24,00
- N 51°53'54" E 13°42'29"
- A13 Berlin-Dresden, Ausfahrt 8 Duben Richtung Luckau rechts halten, den CP-Schildern folgen. An der Ausfahrt Karche-Zaacko Richtung Kasel-Golzig. Bei Kreblitz die CP-Schilder beachten.
- 113081

Lauchhammer, D-01979 / Brandenburg
- Themencamping Grünewalder Lauch****
- Lauchstrasse 101
- 1 Apr - 1 Nov
- +49 35 74 38 26
- anfrage@themencamping.de
- 1 ADE**J**MNOPRST LMQSX 6
- 2 ADGHIKPQRSVWXY ABDE**FG**I 7
- 3 A**GJ**M ABCDEF**J**KNRTUV 8
- 4 I DEFI**J**RVZ 9
- 5 ABDEFKMN AFGHIJPRV 10
- Anzeige auf dieser Seite B 16A CEE
- 8,5 ha 126**T**(100-120m²) 118**D**
- €28,10 / €36,00
- N 51°30'25" E 13°40'01"
- A13 Ausfahrt Ruhland Nr 17. Dann die B169 Richtung Lauchhammer. In Lauchhammer Richtung Grünewalde und den CP-Schildern folgen.
- 114895

Spreewald-Natur Camping "Am See" ★★★★

Der Spreewaldnaturcamping ist der modernste Campingplatz im Spreewald. Mit den großen parzellierten Stellplätzen direkt am See, alle mit Wasser, Abwasser, Strom, TV und W-Lan, wird jeder Camperwunsch erfüllt. Der Spreewald ist per Rad, Kanu oder Paddelboot zu erkunden. Kanufahrten bieten wir direkt ab dem Campingplatz an. Moderne Ferienhäuser und Mobilheime stehen ebenfalls zur Verfügung. Unser Restaurant mit Bowlingbahn, unsere Sauna, der Abenteuerspielplatz und die super Radwege machen einen Aufenthalt unvergesslich für Groß und Klein.

Seestraße 1
03222 Lübbenau/Hindenberg
Tel. und Fax 035456-67539
E-Mail: am-see@spreewaldcamping.de
Internet: www.spreewaldcamping.de

Neuruppin/Krangen, D-16827 / Brandenburg
- Am Forsthaus Rottstiel★★★★
- 1 Apr - 28 Okt
- +49 33 92 97 06 44
- info@camping-rheinsberg-neuruppin.de
- N 53°01'09'' E 12°48'46''

1	ADEFGJMNOPQRST	LNOQSX 6
2	BDGIPUWX	ABDEFGHI 7
3	AFM	ABCDEFJKNQRTUV 8
4	BEFHIO	GJNQR 9
5	ABDJMN	ABGHIJNPRVX 10
B 16A CEE	2 ha 65T(80-100m²) 44D	①€30,00 ②€36,00

A24 Ausfahrt Neuruppin B167 Richtung Rheinsberg. Nach 8 km Ausfahrt Stendenitz.
113047

Neuruppin/Krangen, D-16827 / Brandenburg
- Stendenitz★★★★
- Stendenitz
- 1 Apr - 31 Okt
- +49 33 92 97 06 44
- stendenitz@camping-neuruppin.de
- N 53°00'26'' E 12°49'11''

1	ADEFGJMNOPQRST	LNQSXZ 6
2	BDGHPWX	ABDEFGHI 7
3	AGM	ABCDEFJKNQRTU 8
4	EFH	NRV 9
5	ABLMN	ABGHJPRVX 10
16A CEE	2,4 ha 80T(60-80m²) 35D	①€30,00 ②€36,00

A24 Ausfahrt Neuruppin, B167 Richtung Rheinsberg, dann weiter Rheinsberg. Nach 8 km von Neuruppin rechts Richtung Stendenitz.
114453

Lübbenau/Hindenberg, D-03222 / Brandenb.
- Spreewald-Natur Camping "Am See"★★★★★
- Seestraße 1
- 1 Jan - 31 Dez
- +49 35 45 66 75 39
- am-see@spreewaldcamping.de
- N 51°51'28'' E 13°51'23''

1	ADJMNOPQRST	LNOPQXYZ 6
2	ABDGHJOPSUVWXY	ABDEFGHIJ 7
3	BFGHMRU	ABCDEFJKNQRTUV 8
4	AEHIKOT	FIJKQVWY 9
5	ABDFHJKLMN	ABEGHJLORVW 10
Anzeige auf dieser Seite B 16A CEE	①€32,00
H50 15 ha 85T(40-120m²) 41D	②€40,00

A13, A59 Spreewald-Dreieck, Richtung Luckau. Nach 4 km befindet sich der Camping auf der linken Seite.
111769

Neuseddin, D-14554 / Brandenburg
- Camping am Seddiner See
- Seddiner See
- 1 Apr - 31 Okt
- +49 33 20 56 29 67
- post@icanos.de
- N 52°16'41'' E 13°01'04''

1	AFGJMNOPQRT	LNQS 6
2	ABDGHPQXY	ABDEFG 7
3	FGM	ABCDEFJNQRW 8
4		FJMQV 9
5	ABDEKM	ABHJLRV 10
B 16A CEE	3,5 ha 54T(80-100m²) 50D	①€20,25 ②€24,65

Von der A10 Ausfahrt 17, Richtung Beelitz, 1. Strasse li Leipziger Chaussee, li Fercher Weg, rechts nach Lehnmarke. Nach 1 km rechts ab und die CP-Schilder beachten.
113456

Mahlow/Berlin, D-15831 / Brandenburg
- Am Mahlower See★★★★
- Teltower Straße 34
- 1 Apr - 1 Nov
- +49 33 79 89 20
- campingbeiberlin@t-online.de
- N 52°21'50'' E 13°22'28''

1	ADEFJMNOPQRST	ABDEFGI 7
2	AGOPVWX	ABCDEFJKLNQRTUV 8
3	BM	IJ 9
4		ABCGHIJOTUX 10
5	ABDM	
Anzeige auf Seite 103 B 16A CEE	①€35,50
5D	②€43,50

Nach Potsdam über die E30 (A10) vom Dreieck/Nuthetal bis Ausfahrt 14 Ludwigsfelde-Ost. Auf der B101 Richtung Teltow. Dort Richtung Flughafen Schönefeld und Mahlow abbiegen. Camping an der Teltower Straße vor Mahlow.
118041

Niemtsch/Senftenberg, D-01968 / Brandenburg
- Komfort Camping Senftenberger See★★★★★
- Senftenbergerstraße 10
- 1 Apr - 31 Okt
- +49 35 73 6G 15 43
- komfortcamping@senftenberger-see.de
- N 51°29'57'' E 13°58'56''

1	ADEFJMNOPRST	LNPQRSTX 6
2	ADGHIPSWX	BEFGHIK 7
3	MST	ABCDFJNQRTUVW 8
4	AHTX	DKMPRTV 9
5	ABDEFIIKMN	ABEFGHIJMORV 10
B 16A CEE	H104 8 ha 130T(75-150m²) 208D	①€39,00 ②€51,00

Aus Richtung Berlin, A13 bis Ausfahrt Klettwitz. Dann nach Senftenberg, B169 nach Ruhland, Hotelroute folgen.
108820

- Stellplätze und Zeltwiese
- **Freibad, Sauna, Joga**
- Pension, Mietwohnwagen
- Biergarten, Imbiss, Grillplatz
- Spielplatz mit Bodentrampolin

www.erlebniscamping-lausitz.eu Tel. +49 35755553509

Ortrand, D-01990 / Brandenburg
- ErlebnisCamping Lausitz
- Am Rad 1
- 1 Jan - 31 Dez
- +49 3 57 55 55 35 09
- erlebniscamping@t-online.de
- N 51°22'20'' E 13°46'45''

1	ABEFJMNOPQRST	AN 6
2	ACPVWXY	ABCDEFGHI 7
3	BGMUWX	ABCDEFJNQRTUV 8
4	FHIT	ADGIV 9
5	ABDEJM	ADHJORVWX 10
Anzeige auf dieser Seite B 16A CEE	①€25,50
H110 5 ha 140T(100-120m²) 43D	②€32,10

A13 Ausfahrt 18 Ortrand, der L59 volgen, danach der L55, rechts auf die Waldteichstrasse. Dann links zur Heinersdorferstrasse. 'Am Bad' rechts zur Straße mit der Campingeinfahrt.
111648

Märkische Heide/Groß Leuthen, D-15913 / Brandenb.
- Eurocamp Spreewaldtor★★★★★
- Neue Straße 1
- 1/1 - 16/11, 11/12 - 31/12
- +49 35 47 13 03
- info@eurocamp-spreewaldtor.de
- N 52°02'53'' E 14°02'08''

1	ADEJMNOPQRST	ABLMNQSX 6
2	DGHIPRVWX	ABDEFGH 7
3	BFGM	ABCDEFJNQRTU 8
4	ABCEFHITV	ABEVWY 9
5	ABFKMN	ABFGHJLMPRVX 10
Anzeige auf dieser Seite B 16A CEE	①€28,00
9 ha 130T(80-100m²) 107D	②€33,00

A13 Dresden-Berlin, Ausfahrt Lübben, B87 Richtung Beeskow, Kreuzung Birkenhainchen links auf die B179 Richtung Königs Wusterhausen. In Gross Leuthen rechts: der Campingbeschilderung folgen.
101420

Potsdam/Berlin, D-14471 / Brandenburg
- Campingpark Sanssouci★★★★★
- An der Pirschheide 41/ Am Templ. See
- 1 Apr - 2 Nov
- +49 33 19 51 09 88
- info@camping-potsdam.de
- N 52°21'43'' E 13°00'28''

1	AEJMNOPQRST	AEHJMNOQSWXYZ 6
2	BCFGHIOPQWXY	ABDEFGHIJK 7
3	ABFLMQR	ABCDEFGIJLMNPQRTUVW 8
4	AEFHIOPQRSTXYZ	GHIKPQRVY 9
5	ABDFHLMN	ABFGHIJLMNOQRW 10
Anzeige auf dieser Seite B 10A CEE	①€33,00
6 ha 170T(70-110m²) 79D	②€39,00

A10 Ausfahrt 20 Glindow, der N273 folgen. In Potsdam ist der CP vor dem Viadukt angezeigt.
102607

- Transfer zu Bus & Bahn
- Stadtrundfahrten direkt vom Platz
- Ferienwohnung & -Zimmer
- Weinfässer

www.camping-potsdam.de

Senftenberg, D-01968 / Brandenburg
- Familienpark Senftenberger See★★★★★
- Straße zur Südsee 1
- 1 Jan - 31 Dez
- +49 35 73 80 00
- familienpark@senftenberger-see.de
- N 51°29'31'' E 14°02'45''

1	ADEFHKNOPQRST	HLNOQST 6
2	BDGHOPQVXY	ABDEFGHIK 7
3	ABDFJMRUW	ABCDEFGIJKNQRTUVW 8
4	ABEH	DIJPQRTVWY 9
5	ACDEFGHKLM	ABFGHIJNORV 10
B 16A CEE	H105 35 ha 165T(20-120m²) 622D	①€38,00 ②€38,00

Von Berlin, A13 bis Ausfahrt Großräschen, B96 bis Ausfahrt Senftenberg-Mitte/Hoyerswerda, dann Richtung Großkoschen. Die blauen Schilder zum Familienpark befolgen.
107526

Neu in 2019

Neue Strasse 1 · 15913 Märkische Heide/Groß Leuthen
Telefoon: +49 (0) 35471 - 303
info@eurocamp-spreewaldtor.de · www.eurocamp-spreewaldtor.de
Wir akzeptieren CampingCard ACSI

Campingplatz am Mahlower See

Teltower Straße 34
15831 Blankenfelde-Mahlow

Tel. +49 (0) 3379 - 312 89 20
Fax +49 (0) 3379 - 312 89 21
E-Mail: campingbeiberlin@t-online.de
www.facebook.com/campingbeiberlin

Siehdichum/Schernsdorf, D-15890 / Brandenb.
- Cp.- und Wochenendhausplatz Schervenzsee
- Am Schervenzsee 1
- 15 Apr - 15 Okt
- +49 3 36 06 77 08 00
- camping@schervenzsee.de
- N 52°11'03" E 14°26'31"

1 AF**JM**NOPQRS**T** LN**X** 6
2 BDHIOQRVWXY AB**DEFGHI**K 7
3 BGMU ABCD**EF**JKNQR**S**TUVW 8
4 FHI DIJQTV 9
5 ABDEFMN ABFGHIJ**P**RW 10
B 16A CEE
6,2 ha 80T(80-100m²) 456**D**
① €25,90
② €32,90
114901

A12 Berlin/Frankfurt a/d Oder, Ausfahrt 7 Müllrose, Richtung Eisenhüttenstadt bis Schernsdorf Mitte, dann rechts Richtung Kupferhammer. Siehe CP-Schilder.

Storkow/Kehrigk, D-15859 / Brandenburg
- Naturcampingplatz am Grubensee
- Limsdorfer Str.10
- 1 Apr - 31 Okt
- +49 17 33 93 79 97
- info@grubensee.de
- N 52°09'21" E 13°59'21"

1 AF**JM**NOPRST LN**P** 6
2 BDGHQRXY AB**DEFGHI** 7
3 BGM ABDE**FG**NQRTU 8
4 QT DEJV 9
5 ABDEMN AHIJL**O**RV 10
B 16A CEE
7,9 ha 80T(20-80m²) 170**D**
① €19,00
② €24,00
118011

Von der Ausfahrt Storkow auf die A12 zur L741 links auf die L74, dann der L42 Richtung Beeskow und dann den Schildern folgen.

Storkow/Limsdorf, D-15859 / Brandenburg
- Naturcampingplatz am Springsee***
- Am Springsee 1
- 1 Jan - 31 Dez
- +49 33 67 74 40
- info@springsee.de
- N 52°10'15" E 13°59'42"

1 AE**JM**NOPR**T** LNPQX**Z** 6
2 BDGHRSUY AB**DEFGHIJ** 7
3 ABGM AB**EF**JNQRTW 8
4 FHI D**F**JQRTVY 9
5 ABEFKMN AFGHIJLMRV 10
B 16A CEE
H80 21 ha 80T(50-100m²) 342**D**
① €25,20
② €32,20
114899

A12 Berlin-Frankfurt/Oder, Ausfahrt 3 Storkow, Richtung Storkow auf der B246 bis Wendisch Rietz Siedlung nach Behrensdorf, Ahrensdorf nach Limsdorf. Ab dort Camping gut angezeigt. Die 3 km lange Zufahrt ist etwas umständlich.

Thomsdorf (Boitzenburgerland), D-17268 / Brandenb.
- Am Dreetzsee
- Am Dreetzsee 1
- 1 Apr - 31 Okt
- +49 39 88 97 46
- dreetzseecamping@t-online.de
- N 53°16'59" E 13°25'47"

1 AF**GJM**NOPQRST LNOPQS**X**Z 6
2 BDGHIPQWX B**FG**IK 7
3 BFM ABCD**EF**JKNQRTUV 8
4 E**F**HO**T** EFJQRSTV 9
5 ACDEFKMN ABEFGIK**N**PRW 10
B 16A CEE
H96 10,5 ha 150T(80-100m²) 161**D**
① €29,00
② €37,00
112291

Auf B96 bis Fürstenberg Richtung Lychen. In Hardenberg links Richtung Thomsdorf. Jetzt den Schildern folgen.

Tiefensee/Werneuchen, D-16356 / Brandenburg
- Country-Camping Berlin
- Schmiedeweg 1
- 1 Jan - 31 Dez
- +49 33 39 89 05 14
- info@country-camping.de
- N 52°40'49" E 13°51'01"

1 AEFG**JM**NOPQRS**T** LN**X**Z 6
2 BDGHIPVWX BE**FGI** 7
3 AB**FLX** BD**F**JKNQRUV 8
4 E**FHTX** FJQRV 9
5 ABDEJLM ABFGHJLR**X** 10
B 10A CEE
H107 12,5 ha 50T(100m²) 265**D**
① €25,50
② €33,50
109203

A10, Berliner Ring Ost, Ausfahrt 2 Berlin-Alt-Hohenschönhausen. B158 Richtung Bad Freienwalde bis zum Dorf Tiefensee. Dort beschildert.

Warnitz (Oberuckersee), D-17291 / Brandenb.
- Camping am Oberuckersee
- Lindenallee 2
- 1 Mai - 15 Sep
- +49 39 86 34 59
- info@camping-oberuckersee.de
- N 53°10'38" E 13°52'25"

1 AEF**J**KNOPR**T** LNQS**X** 6
2 ABDGIJOPQTUXY AB**FG** 7
3 BFMX ABCDEFKNQRTW 8
4 H QTV 9
5 ABDM ABCGHIJ**PT** 10
6A CEE
5 ha 160T(80m²) 60**D**
① €24,50
② €31,20
102651

A11/E28 Berlin - Szczecin, Ausfahrt 7 Warnitz. Richtung Warnitz und dort gleich über den Bahnübergang links. Auf diesem Weg bleiben. Der Camping ist 6 km von der Ausfahrt 7 entfernt.

Wendisch Rietz, D-15864 / Brandenburg
- Schwarzhorn***
- Schwarzhornerweg
- 1 Jan - 31 Dez
- +49 33 67 94 01
- N 52°13'15" E 14°00'54"

1 AF**JM**NOPQRST LNPQRST**X**YZ 6
2 DGHIOPQRXY AB**DEFGHI** 7
3 F**G**JLM ABCD**EF**JNQRTW 8
4 **RSTZ** DMOPQRTVY 9
5 ADEFHNO AGHIJLRV 10
B 16A CEE
H80 13 ha 250T(50m²) 262**D**
① €21,00
② €27,00
102671

A10 Süd-Ring Berlin, A12 Frankfurt/Oder. Ausfahrt 3 Storkow, B246 Richtung Beeskow. Ausfahrt W. Rietsch, bei Bushaltestelle/Bäckerei T-Kreuzung mit CP-Schild.

Werder/Petzow, D-14542 / Brandenburg
- Blütencamping Riegelspitze****
- Fercherstraße 9 / Ecke B1
- 1 Apr - 20 Okt
- +49 3 32 74 23 97
- info@bluetencamping.de
- N 52°21'36" E 12°56'49"

1 AEF**JM**NOQRS**T** LNPQSW**X**YZ 6
2 ADGHOPQVWXY BE**FGHI** 7
3 B**L**MR BDE**FG**JKNRT 8
4 FHIO EFJV 9
5 ABDEFHKM ABGHIJ**P**R**Z** 10
Anzeige auf dieser Seite B 16A CEE
8,1 ha 130T(50-100m²) 145**D**
① €31,00
② €37,00
102606

A10 Ausfahrt 20 Glindow. Der N273 folgen. In Werder ist der CP ausgeschildert.

Urlaubsregion BERLIN–POTSDAM

Blütencamping Riegelspitze

- in der Blütenstadt **Werder (Havel)**
- **Berlin & Potsdam** bequem mit Bus und Bahn erreichbar
- moderne gemütliche **Ferienhäuser**
- Zirkuswagen, Lodges, Kotas, Übernachtungsfässer u.v.m.
- Stellplätze **direkt am See**, teilweise mit Wasser-/Abwasseranschluss
- Frühstückscafé, Mini-Shop, Gaststätte und Biergarten

14542 Werder-Petzow · Fercher Str. 9/Ecke B1 · Tel. +49(0)3327 - 4 23 97 · info@bluetencamping.de   www.bluetencamping.de

Wusterhausen ★★★★

Der Campingplatz liegt sehr reizvoll und ruhig an der Kyritzer Seenkette (22 km lang). Komfortplätze u.a. mit WLAN. Vielseitige Möglichkeiten zur Freizeitgestaltung w.z.B. Touren zum Landesgestüt Neustadt/D., nach Kampehl (Ritter Kahlbutz) oder auch Besuche in das platzeigene Sport- und Freizeitstudio. Animation in der Hauptsaison. Eiscafé und Gaststätte mit Brötchenverkauf. Stündliche Zugverbindungen nach Berlin-Potsdam.

Seestraße 42, 16868 Wusterhausen/Dosse
Tel. 033979-14274 • Fax 033979-13930
E-Mail: koellner@camping-wusterhausen.de
Internet: www.camping-wusterhausen.de

Wusterhausen/Dosse, D-16868 / Brandenb.

Wusterhausen****	1 ADEF**JM**NOPQRS**T** AEHL**N**QSX 6
Seestraße 42	2 BDGIPVWXY ABDE**FG**IK 7
1 Apr - 31 Okt	3 BFGM**R**X ABCDE**FIJM**NQRTUVW 8
+49 33 97 91 42 74	4 FHK**RSTV** DEIQV 9
koellner@camping-wusterhausen.de	5 ABDEFGHJKM ABEFGHJ**P**RVX10
	Anzeige auf dieser Seite B 16A CEE ① €26,00
N 52°54'26" E 12°27'39"	H54 12 ha 80T(80-120m²) 285D ② €34,00

E26/A24 Hamburg-Berlin, Ausfahrt 22 Neuruppin. Links ab über die B167 bis Bückwitz. Rechts nach Kyritz. In Wusterhausen Ortsmitte über die Brücke den CP-Schildern folgen. CP auf der linken Seite.   102581

Zechlinerhütte, D-16831 / Brandenburg

Schlabornhalbinsel	1 ADEFG**JM**NOPQRS**T** LMNP**O**S**X**Y**Z** 6
Reiherholz	2 BDGINPTWX AB**FG** 7
1 Apr - 31 Okt	3 AM ABE**F**NQRW 8
+49 33 92 17 02 95	4 FH QR 9
schlabornhalbinsel@web.de	5 ABDMN ABGHIJ**P**RV10
	16A CEE ① €23,50
N 53°08'57" E 12°52'18"	H54 6 ha 46T(80-90m²) 54D ② €29,50

L19 Rheinsberg-Wesenberg. In Zechlinerhütte ist der CP ausgeschildert. Man muss 0,5 km durch den Wald und die Ortschaft.   114923

ACSI Geografisch suchen

Schlagen Sie Seite 46 mit der Übersichtskarte dieses Landes auf. Suchen Sie das Gebiet Ihrer Wahl und gehen Sie zur entsprechenden Teilkarte. Hier sehen Sie alle Campingplätze auf einen Blick.

Zechlinerhütte, D-16831 / Brandenburg

Campingplatz Eckernkoppel am Tietzowsee****	1 AFG**JM**NOPQRS**T** LN**O**P**X**Y**Z** 6
1 Mär - 31 Okt	2 BDGIPQVWX ABDE**F** 7
+49 33 92 15 09 41	3 AFMX ABCDEF**N**QRU 8
campingplatz-eckernkoppel@web.de	4 FH R 9
	5 ABDM ABHIJ**P**R10
	B 16A CEE ① €21,90
N 53°09'57" E 12°52'29"	H50 1 ha 86T(50-110m²) 26D ② €26,90

Von Neuruppin (B167) Richtung Löwenberg, bei Herzberg links, über Rheinsberg nach Zechliner Hütte, CP befindet sich links.   109963

Sachsen

104

Altenberg, D-01773 / Sachsen CC€18 iD

- Kleiner Galgenteich
- Galgenteichstr. 3
- 1 Jan - 31 Dez
- +49 35 05 63 19 95
- post@camping-galgenteich.de

1	ADEFJMNOPQRST	AHLM 6
2	DGHIOPRWXY	ABDEFGH 7
3	BFGMX	ABCDEFJNQRW 8
4	FHI	9
5	ADKM	AGHJMR 10
	W 16A CEE	
	H800 5 ha 150T(80-120m²) 100D	①€22,90 / ②€27,90

N 50°46'00" E 13°44'46"   102663

CP befindet sich an der B170 Dresden-Prag, 5 km vor der Grenze.

Bad Lausick, D-04651 / Sachsen CC€14 iD

- Landidyll
- Beuchaer Oberweg 7
- 1 Jan - 31 Dez
- +49 34 34 52 27 85
- wiegmann.martin@yahoo.de

1	AEJMNOPQRST	6
2	FGPSVWXY	ABFG 7
3	BMR	ABEFJNQRUVW 8
4	IK	JVY 9
5	AD	AFHJLMORV 10
	Anzeige auf dieser Seite 16A CEE	①€20,00 / ②€26,00
	H270 3 ha 35T(100m²) 52D	

N 51°09'08" E 12°37'26"   114943

A72 Leipzig-Chemnitz, Ausfahrt Grimma, danach in Bad Lausick den Campingschildern folgen.

Camping Landidyll

Idyllischer Campingplatz zwischen Obstbäumen am Rande des Kurortes Bad Lausick. Moderne und gepflegte Sanitäranlagen. Viele Radsportmöglichkeiten auch Wanderer finden hier das Richtige. In Bad Lausick gibt es ein großes Freibad mit separater Sauna.

Beuchaer Oberweg 7, 04651 Bad Lausick • Tel. +49 3434522785
E-Mail: wiegmann.martin@yahoo.de
Internet: www.campingplatz-landidyll.com

Bautzen, D-02625 / Sachsen CC€20 iD

- Natur- und Abenteuercamping
- Nimschützer Straße 41
- 1 Apr - 31 Okt
- +49 35 91 27 12 67
- camping-bautzen@web.de

1	AEJMNOPQRST	LNX 6
2	ADFGHOPQRSTUVWX	ABEFGH 7
3	ABDMX	ABCDEFHIJNQRTUVW 8
4	HIOQ	FV 9
5	ABDMN	ABDGJPRV 10
	Anzeige auf dieser Seite B 16A CEE	①€27,50 / ②€37,50
	H270 5 ha 100T(90-150m²) 12D	

N 51°12'08" E 14°27'38"   118250

Aus Richtung Görlitz und Dresden die A4, Ausfahrt Bautzen Ost. Dann Richtung Weißwasser, danach Richtung B156.

Natur- und Abenteuercamping

Das müssen sie erleben... Natur- und Abenteuercamping... ohne auf Komfort verzichten zu müssen, ein Campingplatz der keine Wünsche offen läßt, wenn es um die schönsten Tage des Jahres, den Urlaub geht. Mitten in der Lausitz gelegen, finden Sie unseren Campingplatz am Rande der über 1000-jährigen Stadt Bautzen.

Nimschützer Straße 41, 02625 Bautzen
Tel. 03591-271267 • Fax 03591-271268
Internet: www.camping-bautzen.de

Boxberg, D-02943 / Sachsen CC€20 iD

- Campingplatz Sternencamp Bärwalder See****
- Zur Strandpromenade 2
- 1 Apr - 31 Okt
- +49 3 57 74 55 21 73
- info@sternencamp-boxberg.de

1	ADEJMNOPQRST	LNQSWXYZ 6
2	BDFGHIOSUVWX	ABFG 7
3	BG	ABCDFIJKNQRTUVW 8
4	FH	DVW 9
5	ABDEFHJKMNO	ABFHJMPQR 10
	Anzeige auf dieser S. FKK B 16A CEE	①€33,50 / ②€45,50
	H195 4 ha 94T(100m²) 12D	

N 51°23'45" E 14°34'28"   122630

Von der B156 von Bautzen-Ost nach Weißwasser Ausfahrt Kringelsdorf. Der CP-Beschilderung folgen.

Campingplatz Sternencamp ****

Bärwalder See

Komfortcamping am größten See Sachsens. Große Stellplätze, auch für große Caravans geeignet. Wasser-, Abwasser- und Stromanschluß. Modernes Sanitär. Im Bärwaldersee kann man baden und (Kite-)Surfen. Bootsanleger gleich nebenan. Rad- und Skatewege am Seeufer entlang.

Zur Strandpromenade 2, 02943 Boxberg
Tel. 035774-552173 • Internet: www.sternencamp-boxberg.de

Callenberg, D-09337 / Sachsen iD

- Erholungsg. Stausee Oberwald
- 1 Jan - 31 Dez
- +49 37 23 41 82 13
- info@stausee-oberwald.de

1	AFJMNOPQRT	HLMNOX 6
2	ADGHKPW	ABFGIJK 7
3	BFGJM	ABCDEFJNQR 8
4	BF	JQT 9
5	ABDEFJ	AGHIKRVZ 10
	B 16A CEE	①€24,20 / ②€33,20
	H400 16 ha 50T(bis 100m²) 114D	

N 50°49'06" E 12°39'33"   102611

A4 Ausfahrt 65 Hohenstein-Ernstthal. Dann den Schildern Stausee Oberwald folgen. CP an der Nordseite der A4.

Dresden-Mockritz

Unser Campingplatz liegt in der schönen, ruhigen Dresdner Vorstadt, nur 4 km bis ins Stadtzentrum von Dresden. Bushaltestelle direkt am Campingplatz, täglich Stadtrundfahrten. Fahrradweg ab Campingplatz. Zentraler Ausgangspunkt für Dresden, Sächsische Schweiz, Meißen, Moritzburg und Erzgebirge, alles mit öffentlichen Verkehrsmitteln. Freibad am Campingplatz (und Pool auf dem Platz), W-Lan, Spielplatz, Volleyballplatz, Fahrradverleih, Internetecke, Restaurant auf dem Platz, Shop, Campingshop, Komfortplätze, Einzelwaschkabinen, Entsorgungsstation für Mobile, Behindertenbad, Ferienwohnungen, Mobilheime.

Boderitzerstr. 30, 01217 Dresden • Tel. 0351-4715250
Fax 0351-4799227 • E-Mail: camping-dresden@t-online.de
Internet: www.camping-dresden.de

Chemnitz, D-09117 / Sachsen iD

- Chemnitz-Oberrabenstein****
- Thomas-Müntzer-Höhe 10
- 1 Jan - 31 Dez
- +49 3 71 85 06 08
- campingplatz@rabenstein-sa.de

1	AJMNOPQRST	6
2	AGKPRTWXY	ABDEFGHI 7
3	BFMT	ABCDEFHJNPQRT 8
4	K	FJV 9
5	ABDEJKLM	AGHJLORV 10
	Anzeige auf dieser Seite B 6A CEE	①€18,50 / ②€23,00
	H400 3 ha 60T 74D	

N 50°50'01" E 12°48'50"   102610

A72 Ausf. Chemnitz-Süd Ri. Oberlungwitz. Nach ca. 1 km rechts Ri. Limbach. CP befindet sich nach 4 km links. A4 Ausf. 67, Limbach/Rabenstein Richtung Chemnitz. Nach 900m CP rechts. Siehe auch Stausee Oberrabenstein.

Camping Chemnitz-Oberrabenstein ★★★★

Idyllisch gelegener Camping am Rande vom Rabensteiner Wald, nicht weit vom Tierpark und auch nicht weit vom Badesee. Familienbad und gratis Fahrräder vorhanden. Autobahn A4 Ausfahrt 67.

www.campingplatz-rabenstein.de

Colditz, D-04680 / Sachsen iD

- Am Waldbad****
- Im Tiergarten 5
- 30 Mär - 6 Okt
- +49 34 38 14 31 22
- info@campingplatz-colditz.de

1	AFJMNOPQRS	ABFG 6
2	BGPTWXY	ABFGH 7
3	BFGMS	ABEFINQRTU 8
4	FHIOT	DVW 9
5	ADEFJK	AFGHJPRV 10
	Anzeige auf dieser Seite 16A CEE	①€21,00 / ②€25,00
	H198 3 ha 40T 40D	

N 51°07'51" E 12°49'54"   102609

Von Hartha über B176 nach Colditz, und im Zentrum rechts Richtung CP und Schwimmbad.

Am Waldbad ★★★★

Sehr ruhiger Familiencamping am Wald. Direkt neben dem großen beheizten Freibad. Schloss Colditz (1591) und das Alte Rathaus (1540) sollte man unbedingt gesehen haben.

Im Tiergarten 5, 04680 Colditz • Tel. und Fax 034381-43122
E-Mail: info@campingplatz-colditz.de
Internet: www.campingplatz-colditz.de

Dresden, D-01217 / Sachsen CC€18 iD

- Dresden-Mockritz
- Boderitzerstr. 30
- 1/1 - 31/1, 1/3 - 31/12
- +49 35 14 71 52 50
- camping-dresden@t-online.de

1	ADEJMNOPQRST	ABL 6
2	ADGOPRVWXY	ABDEFGHIJ 7
3	BFM	ABCDEFHJKNPQRTW 8
4	FH	DJKUVWX 9
5	ABDFJKMN	AGHJLMNPQRV 10
	Anzeige auf dieser Seite B 6A CEE	①€25,50 / ②€31,50
	H120 0,5 ha 158T 10D	

N 51°00'52" E 13°44'49"   102661

A4 Dreieck-Dresden West Richtung Prag A17. Dann Ausfahrt 3 Dresden-Süd, B170 Richtung Dresden. Nach ca. 1 km rechts. Nach 800m wieder rechts. Nach 1 km liegt der CP links.

Eilenburg, D-04838 / Sachsen iD

- Freizeit und Erholungszentrum Eilenburg***
- Zum See 1
- 1 Jan - 31 Dez
- +49 34 23 65 99 33
- camp-eb@t-online.de

1	AFJMNOPQRST	LNOQRSTWXYZ 6
2	CDGHIOPVWX	ABDEFGIJK 7
3	BFGLM	ABCDEFJNUW 8
4	HIOQT	DEJKMPQRSTUV 9
5	ABDEFHJKMNO	ABFIJLMRVWZ 10
	FKK B 16A CEE	①€20,50 / ②€31,50
	H100 5 ha 150T(50-150m²) 210D	

N 51°28'20" E 12°40'48"   121559

Af der B87 von Leipzig nach Torgau, Ausfahrt Eilenburg-Ost. Den CP-Schildern folgen.

Geyer, D-09468 / Sachsen

- Campingpark Greifensteine
- Thumer Straße 65
- 1 Jan - 31 Dez
- +49 3 73 46 13 03
- @ info@campingpark-greifensteine.de

1 AEF**JM**NOPQRST	HLS 6
2 DGKPRTW	AB**FGI** 7
3 BFGJM	ABE**F**JNPQRW 8
4 Z	FJQTUW 9
5 ACDEFM	ABCHIKLRZ10
B 16A CEE	① €22,00
	② €25,75
H650 4,5 ha 150T 623D	102612

N 50°38'35'' E 12°54'54''

A72 Autobahnabfahrt Stollberg West über Zwönitz und Geyer zum Greifenbachstauweiher.

Kleinröhrsdorf/Dresden, D-01900 / Sachsen

- Cp. & Freizeitpark LuxOase *****
- Arnsdorfer Straße 1
- 1 Mär - 17 Nov
- +49 35 95 25 66 66
- @ info@luxoase.de

1 ACDEF**JM**NOPQRST	EL**N**X 6
2 ADGPQSVWX	ABDE**FG**HIK 7
3 ABDFG**HIJL**MSX ABCDE**FGHIJ**KLNQ**RS**TUVW 8	
4 **ABC**DFHILO**PQRTUVX** DGHIKVWZ 9	
5 ABCDEFKLMN ABFGHIJMNPRVX10	
B 16A CEE	① €32,70
	② €42,30
H250 7,2 ha 238T(100-200m²) 50D	107975

N 51°07'13'' E 13°58'48''

Autobahn A4 Dresden-Görlitz, Ausfahrt 85 Pulsnitz Richtung Radeberg. In Kleinröhrsdorf Schildern folgen.

Königstein, D-01824 / Sachsen

- Am Treidlerweg
- Schandauer Str. 47
- 1 Apr - 31 Dez
- +49 35 02 19 90 82 11
- @ info@camping-koenigstein.de

1 ADE**JM**NOPQRST	**JN** 6
2 CG**IJ**OPRSUVWXY	ABDE**FGIJ** 7
3 B**TW**X	ABCDE**F**J**K**N**QRT** 8
4 **AF**HI	CFGI 9
5 ABDEF**H**JKLN ABFG**H**L**M**ORVW10	
Anzeige auf dieser Seite B 16A CEE	① €25,30
	② €36,00
H371 0,7 ha 63T(50-100m²) 32D	122774

N 50°55'31'' E 14°05'35''

Dresden-Tschechien über die B172. In Königstein zwischen Bahnlinie und Elbe. Hinter dem Kreisel nach 1,5 km links ab. Dann der Beschilderung folgen.

Großschönau, D-02779 / Sachsen

- Trixi Park
- Jonsdorferstraße 40
- 1 Jan - 31 Dez
- +49 35 58 41 63 10
- @ info@trixi-park.de

1 ADF**JM**NOPQRST	AE**FGH** 6
2 DGHIJOPRVW	ABE**FG**HI 7
3 ABEFG**IMSTV** ABCDEFHIJKN**QRT**UVW 8	
4 **ABC**EFILO**RSTUVXYZ** GJQVWYZ 9	
5 ABDEFHIJLM ABG**H**JMNPQRVZ10	
Anzeige auf dieser Seite WB 16A CEE	① €37,80
H350 15 ha 70T(72-100m²) 136D	② €47,20
	110461

N 50°52'44'' E 14°40'25''

Von Bautzen die B6 nach Löbau-Zittau. In Herrnhut rechts ab nach Oberoderwitz. Dann Richtung Großschönau und den CP-Schildern folgen.

Königstein, D-01824 / Sachsen

- Königstein
- Am Alten Seegewerk 1
- 1 Apr - 31 Okt
- +49 35 02 16 82 24
- @ info@camping-koenigstein.de

1 DE**JM**NOPRS**T**	**JN**X 6
2 C**J**OPQRUVWX	ABDE**FGH** 7
3 M	ABCDE**F**N**QR** 8
4	FJ 9
5 AB**D**M	ABCEGHPR10
16A CEE	① €26,50
	② €37,50
H371 2,5 ha 150T 16D	108096

N 50°55'32'' E 14°05'48''

Die B172 Dresden-Tschechien. In Königstein zwischen Bahnlinie und Elbe. Nach dem Kreisel in Königstein nach 1,5 km links ab. Dann der Beschilderung folgen.

Kurort Gohrisch, D-01824 / Sachsen

- Caravan CP 'Sächsische Zchweiz' *****
- Dorfplatz 181d
- 1 Jan - 31 Dez
- +49 35 02 15 91 07
- @ info@caravan-camping-saechsischeschweiz.de

1 ADEF**JM**NOPQRST	AFH 6
2 FGPQRSVWX	ABDE**FGHIJ** 7
3 BFGMX ABCDE**FHI**JNPQR**T**U 8	
4 **A**DE**F**HI	WZ 9
5 ABDFHKLMNO ABCFGHIJM**P**RVX10	
Anzeige auf dieser Seite B 16A CEE	① €30,30
H330 300 ha 73T(bis 100m²)	② €39,70
	117916

N 50°54'52'' E 14°06'27''

In Königstein Richtung Bad Schandau, ca. 500m hinter dem Kreisel Richtung Kurort Gohrisch. In Gohrisch dem grünen CP-Schild folgen.

Caravan Camping 'Sächsische Schweiz'

Es erwartet Sie ein familiär geführter Panorama-Campingplatz in ruhiger, zentraler Lage im Wanderparadies Elbsandsteingebirge, modernste Sanitäranlagen, Sauna, Kinderpool, Restaurant, Planschbecken. Idealer Ausgangspunkt zum Wandern und Radfahren. Bus- und Bahnverbindung nach Dresden, Meißen, Prag.

Dorfplatz 181d, 01824 Kurort Gohrisch · Tel. 035021-59107
Fax 035021-59075 · E-Mail: info@caravan-camping-saechsischeschweiz.de
Internet: www.caravan-camping-saechsischeschweiz.de

Halbendorf, D-02953 / Sachsen

- Halbendorfer See
- Dorfstraße 45A
- 1 Apr - 14 Okt
- +49 35 77 37 64 13
- @ halbendorfersee@web.de

1 AEF**JM**NOPRS**T**	HLMOPQSWXY 6
2 DGHOPVWX	AB**FGI** 7
3 ABFGJMN**R**	ABE**F**JNQRW 8
4 F	EJQRTV 9
5 ABDEFKN AGHIJM**O**R10	
FKK B 16A CEE	① €21,90
4 ha 180T(20-100m²) 69D	② €29,60
	111104

N 51°32'45'' E 14°34'10''

A15 hinter Cottbus Richtung Döbern ab. Dann weiter Groß Düben, weiter Halbendorf. Am Ende der Straße rechts ab, Camping dann gleich links.

Leipzig, D-04159 / Sachsen

- Knaus Campingpark Leipzig Auensee
- Gustav-Esche-Straße 5
- 1 Jan - 31 Dez
- +49 34 14 65 16 00
- @ leipzig@knauscamp.de

1 ABDEF**JM**NOPQRS**T**	N 6
2 BOPRSVWXY	ABDE**FGI** 7
3 ABF**LM**	ABCDE**F**JN**QRT**W 8
4 **F**H	EFJK 9
5 AB**DJM**N ABCDFGHJ**T**UV10	
Anzeige auf Seite 52 WB 16A CEE	① €35,60
H100 9,5 ha 157T(100m²) 58D	② €44,60
	101424

N 51°22'12'' E 12°18'49''

A9 Ausfahrt Großkugel. Die B6 Richtung Leipzig. Ab Ortschild 'Leipzig' ca. 10 km auf der B6 weiter bleiben. An der Ampel Richtung Mitte. Nächste Ampel rechts. Nach 1 Camping rechts. Ausgeschildert.

Hohendubrau/Thräna, D-02906 / Sachsen

- Freizeit- & Campingpark Thräna
- Zum Wildgehege
- 19 Apr - 13 Okt
- +49 35 87 64 12 38
- @ info@freizeitcamp-thraena.de

1 A**JM**NOPQRST	L 6
2 ABCDGHPQRWXY	AB**FGHI** 7
3 B**HI**X	ABCDEFJNQR 8
4 FHIK	DFV 9
5 ADFHJK AFHIJMORVWX10	
10A CEE	① €22,50
H200 1,5 ha 50T 3D	② €30,50
	114893

N 51°14'06'' E 14°41'58''

A4 Ausfahrt 91 Richtung Gebelzig. Nach ca. 1 km rechts ab Richtung Thräna/Diehsa. Nach 2 km am CP-Schild rechts ab.

Leupoldishain/Königstein, D-01824 / Sachsen

- Nikolsdorfer Berg
- Nikolsdorfer Berg 7
- 1 Apr - 31 Okt
- +49 35 02 19 91 44
- @ info@camping-nikolsdorferberg.de

1 AEF**JM**NOPQRST	6
2 BOPRVWX	ABDE**FGI** 7
3 AM	ABCDEFJNQR 8
4 FHI	9
5 ABD	ABGHIJPR10
Anzeige auf Seite 107 10-16A CEE	① €28,00
H300 1,2 ha 50T	② €36,00
	112401

N 50°54'16'' E 14°02'19''

Über Dresden B172 nach Pirna / Bad Schandau. 10 km nach Pirna rechts nach Leupoldishain. Den Schildern folgen.

Hohnstein, D-01848 / Sachsen

- Touristencamp Entenfarm
- Schandauer Str. 21
- 1 Mär - 15 Nov
- +49 35 97 58 44 55
- @ info@camping-entenfarm.de

1 ADEF**JM**NOPQRST	6
2 GPRTWX	AB**FGI** 7
3 ABMX	ABCDE**F**JNQR 8
4 FHI	J 9
5 ABDEMN	ABFHJLPRVZ10
16A CEE	① €22,50
H311 3,3 ha 150T(50-100m²) 20D	② €29,00
	114938

N 50°58'30'' E 14°08'20''

A17 Dresden-Prag Ausfahrt Pirna. Über die Elbe Ausfahrt Graupa Richtung Pirna/Bastei. Durch Hohnstein Richtung Bad Schandau. Ausgeschildert.

Lindenau/Schneeberg, D-08289 / Sachsen

- Campingplatz Lindenau
- Am Forstteich 2
- 1 Jan - 31 Dez
- +49 3 77 22 81 02
- @ info@campingplatz-lindenau.de

1 A**JM**NOQRST	L 6
2 DGKPW	A**FG** 7
3 B**LM**	ABCDE**F**NQR 8
4 FI**TX**	FGI 9
5 ADEKLMN	AGHJLOR10
16A CEE	① €21,50
H518 5,8 ha 40T 101D	② €29,50
	107519

N 50°35'36'' E 12°35'58''

A72 Ausfahrt 11 Zwickau-Ost. Über Zwickau auf der B93 Richtung Schneeberg. Vor Schneeberg Schildern folgen.

Kamenz, D-01917 / Sachsen

- Deutschbaselitz
- Großteichstraße 30
- 1 Mär - 31 Okt
- +49 35 78 30 14 89
- @ info@campingplatz-deutschbaselitz.de

1 AEF**JM**NOPQRS**T**	LMX 6
2 DGHPQXY	ABDE**FGIJ** 7
3 BFM	ABCDEFGHINQRT 8
4 I	DEFJQTV 9
5 ABDEFJMN	AFGHJLO**RV**W10
B 16A CEE	① €25,80
H150 4 ha 80T 55D	② €31,60
	109545

N 51°18'17'' E 14°09'01''

A4 Ausfahrt Burkau. Richtung Kamenz. Bei Kamenz rechts Richtung Deutschbaselitz. Hier den Schildern folgen (2 km).

Moritzburg/Dresden, D-01468 / Sachsen

- Bad Sonnenland Ferienpark & Campingplatz
- Dresdnerstraße 115
- 1 Apr - 31 Okt
- +49 35 18 30 54 95
- info@bad-sonnenland.de
- N 51°08'34'' E 13°40'46''

1 ADEF**JM**NOPQRST	LVX 6
2 ADGHOPRWXY	ABDE**FG**HI 7
3 BFG**IMT**X	ABCDEFJNQRT 8
4 EFHIO	AEJKRVY 9
5 ABDEFJLMN	ABFGHIJLPRV10
B 16A	① €27,50
H156 18 ha 170T 170D	② €37,50

A4 Ausfahrt 80 Dresden-Wilder Mann, Richtung Moritzburg. Nach ca. 5 km links.

102659

Niederau, D-01689 / Sachsen

- Waldbad
- Am Gemeindebad 2
- 30 Mär - 31 Okt
- +49 35 24 33 60 12
- camping.oberau@web.de
- N 51°11'10'' E 13°34'32''

1 ADFHKNOPRS**T**	A 6
2 BDGHIJKPRWXY	ABDE**FG** 7
3 AG**J**MX	ABE**F**NQR 8
4 I	DJ 9
5 DEFHKMN	AGHJR10
16A CEE	① €20,50
8,5 ha 30T 122D	② €26,50

Von Meissen Richtung Weinböhle/Moritzburg, über die Bahnlinie links ab. Camping nach ± 2 km. Wenn Sie von Moritz aus nach Koordinaten fahren: Achtung, eng und man muss über Brücke mit 3,00m Höhe.

113470

Olbersdorf, D-02785 / Sachsen

- SeeCamping Zittauer Gebirge
- Zur Landesgartenschau 2
- 1 Mär - 31 Dez
- +49 35 83 69 62 92
- info@seecamping-zittau.de
- N 50°53'39'' E 14°46'14''

1 ADF**JM**NOPQRST	LNOQXY 6
2 DGHOPRWX	ABDE**FGIJ** 7
3 AMX	ABCDE**F**HJKNQRT 8
4 FHI	EFQV 9
5 ABDKMN	AFGHJLMPR10
Anzeige auf dieser Seite B 10A CEE	① €25,50
H253 5,7 ha 185T(100m²) 66D	② €32,50

A4, Ausfahrt 90 Bautzen-Ost. Dann über die B6 nach Löbau und die B178 nach Zittau. In Zittau der Umgehung zur B96 folgen. Dann den Schildern zum Olbersdorfer See folgen. Im Kreisel links.

112119

SeeCamping Zittauer Gebirge
Der östlichste Campingplatz in Deutschland.
Direkt am Dreiländereck Polen – Tschechien – Deutschland gelegen. Ob als sonnenhungriger Badeurlauber, Wanderer, Radfahrer (super für Mountainbiker), als Motorradfahrer, Kletterfreund, Städtetourist oder Fan von historischen Dampfbahnen, der "Naturpark Zittauer Gebirge" bietet viele touristische Möglichkeiten. **Anders als gewohnt!**
Zur Landesgartenschau 2, 02785 Olbersdorf
Tel. +49 3583696292 • www.see.camp

Paulsdorf, D-01744 / Sachsen

- Bad- und Campingparadies Nixi
- Am Bad 1a
- 1 Jan - 31 Dez
- +49 35 04 61 21 69
- info@talsperre-malter.de
- N 50°54'52'' E 13°39'05''

1 ABDEFHKNOPRST	EFGHLNOQSX 6
2 DGHJPRVW	AB**FG** 7
3 BFMR	ABE**F**HJNQR 8
4 IO**T**	DQTVW 9
5 ABDEK	ABGHJLP**R**VZ10
Anzeige auf dieser Seite B 16A CEE	① €25,50
H390 6 ha 200T 375D	② €30,50

B170 Dresden-Altenberg, in Dippeldiswalde rechts Richtung Malter und 'Campingparadies'. CP befindet sich am Stausee.

102662

Bad- und Campingparadies Nixi
Dieser Campingplatz in Paulsdorf, bietet reichliche Gelegenheit zur Erholung. Mit Strand, Wassersportangeboten, Museen, Restaurants und vielen Kulturaktivitäten in der Umgebung. Sauberes Sanitär mit Waschmaschine und Trockner. Volleyball, Minigolf, Supermarkt, Schwimmbad und Sauna.
Am Bad 1a, 01744 Paulsdorf • Tel. 03504-612169 • Fax 03504-618228
E-Mail: info@talsperre-malter.de
Internet: www.talsperre-malter.de

Pirna, D-01796 / Sachsen

- Waldcamping Pirna-Copitz
- Äußere Pillnitzer Straße 19
- 8 Apr - 5 Okt
- +49 35 01 52 37 73
- waldcamping@stadtwerke-pirna.de
- N 50°58'54'' E 13°55'30''

1 ABDEF**JM**NOPQRST	LX 6
2 BDGHIOPRSVWX	ABDE**FG** 7
3 AMX	ABE**F**HJKNQRTUVW 8
4 BCH	DEK 9
5 D	ABFGHIJLPSUZ10
Anzeige auf dieser Seite B 16A CEE	① €31,00
H118 6 ha 152T(90-100m²) 48D	② €42,00

A4 Ausfahrt Prag. A17 nach Pirna über die B172. In Pirna über die Elbebrücke nach Pirna-Copitz, danach Ausfahrt Graupa.

111963

Waldcamping Pirna-Copitz
Zwischen der Sächsischen Schweiz und Dresden, am Rande des historischen Stadt Pirna und an einem schönen Natursee gelegen, befindet sich der parkähnlich angelegte Waldcampingplatz Pirna-Copitz. Die Stellplätze sind parzelliert, ca. 100 m² groß und bieten teilweise einen schönen Blick auf den See. Moderne und saubere Sanitärgebäude.
Äußere Pillnitzer Straße 19, 01796 Pirna
Tel. 03501-523773 • E-Mail: waldcamping@stadtwerke-pirna.de
Internet: www.waldcamping-pirna.de

Campingplatz Gunzenberg
Das Urlaubsparadies direkt an der Talsperre Pöhl!
+49(0)37439 45050 • www.talsperre-poehl.de

Pöhl, D-08543 / Sachsen

- Talsperre Pöhl, Campingplatz Gunzenberg****
- Möschwitz, Hauptstraße 38
- 27 Mär - 1 Nov
- +49 37 43 94 50 50
- tourist-info@talsperre-poehl.de
- N 50°32'19'' E 12°11'06''

1 ABDF**JM**NOPQRST	LNQRSXYZ 6
2 ADGKOPRTVWX	ABDE**FG**HIJ 7
3 AB**FG**L**MW**	ABCDE**F**HJKNOPQRST 8
4 BEFH	FKQRTUVW 9
5 ABDEFJKLMN	ADFGHIJLPRWZ10
Anzeige auf dieser Seite B 16A CEE	① €28,00
H400 11 ha 126T(80-120m²) 756D	② €35,00

A72 Ausfahrt Plauen-Ost/Talsperre Pöhl Nr. 7. Weiter Zentrum, dann rechts ab Richtung Talsperre Pöhl. Der CP ist an der Westseite des Stausees, hinter den Parkplätzen.

102584

Rechenberg-Bienenmühle, D-09623 / Sachsen

- Erzgebirgscamp Neuclausnitz
- Hauptstraße 25
- 1 Jan - 31 Dez
- +49 3 73 27 83 06 90
- info@erzgebirgscamp.de
- N 50°44'27'' E 13°31'18''

1 AE**JM**NOPQRST	6
2 CFGOPRUVWX	AB 7
3 BX	ABE**F**JNQRUVW 8
4 FH	9
5 ADM	ABCHKPRV10
W 10-16A	① €27,50
H530 0,7 ha 53T(80-110m²)	② €32,50

A4 Ausfahrt Siebenlehn nach Freiberg, danach über die B171 nach Frauenstein.

123194

Naturcamping Reinsberg
Kleiner, familiär geführter Campingplatz neben einem Badepark in einer abwechslungsreichen Landschaft in den Ausläufern des Erzgebirges. Nahe der Bergstadt Freiberg. 6 km von Autobahnausfahrt Siebenlehn.
Badstraße 15/17, 09629 Reinsberg
Tel. 037324-82268
Internet: www.campingplatz-reinsberg.de

Reinsberg, D-09629 / Sachsen

- Naturcamping Reinsberg
- Badstraße 15/17
- 1 Apr - 31 Okt
- +49 37 32 48 22 68
- campingplatz-reinsberg@web.de
- N 51°00'14'' E 13°21'36''

1 AEF**JM**NOPQRS**T**	AF 6
2 AGOPSWX	ABD**FG** 7
3 BGM	ABE**F**HJKNQRW 8
4 F	DV 9
5 ADFKMN	ABFHJLPS**T**10
Anzeige auf dieser Seite B 16A CEE	① €21,00
H270 2 ha 70T 26D	② €29,00

A4 Ausfahrt Richtung Freiberg. Nach ca. 1,5 km links ab Reinsberg, danach der Beschilderung folgen.

114891

Idyllisch gelegener kleiner Familiencamping mit ausgezeichnetem Sanitär in den schönen Höhen der Sächsischen Schweiz an den Nikolsdorfer Wänden. Viele Wanderwege führen zu den Schönheiten des Elbsandsteingebirges. Gute Ausflugsbasis nach Dresden, mit den unterschiedlichsten kulturhistorischen Bauwerken: auch Meißen mit der Albrechtsburg und das alte Pirna sind einen Besuch sicher wert.

Nikolsdorfer Berg 7 • 01824 Leupoldishain/Königstein
Tel. +49 3502199144 • info@camping-nikolsdorferberg.de
www.camping-nikolsdorferberg.de

Teilkarte Sachsen auf Seite 104

Malerisch gelegen Camping mit Blick auf das Erzgebirge. Geeignet als Sommer- und Wintercamping. Hoch qualifizierte Sanitäranlagen.
• Terrassenförmig angelegte Stellplätze, überwiegend mit Strom und Wasser
• Modernes Sanitärgebäude, Waschmaschinen und Trockner • Brötchenservice
• Kleinfußballplatz sowie Grill- und Lagerfeuerplatz • 18-Loch Minigolfanlage
• Kinderspielplatz • Gastronomie • Internetanschluß • Kostenfreie Nutzung von Tischtennis, Billard, Fitnessraum, Fernsehraum und Kinderspielzimmer

Deutschneudorferstr. 57, 09548 Seiffen • Tel. 037362-150
Internet: www.ferienpark-seiffen.de

Seiffen, D-09548 / Sachsen

Ferienpark Seiffen
Deutschneudorferstr. 57
1 Jan - 31 Dez
+49 37 36 21 50
info@ferienpark-seiffen.de

1 ADEJMNOPQRST	6
2 FGPRTUVWX	ABDEFGH 7
3 ADFJMSX	ABCDEFJNQRTUVW 8
4 AGHIORSTVY	GIJUVW 9
5 ABDFHJKLM	AFGHJPRX 10

Anzeige auf dieser S. WB 10-16A CEE € 21,50
H720 5 ha 100T 24D € 29,50

N 50°37'36'' E 13°27'26''
A4, Ausfahrt 69 Chemnitz-Nord, B174 bis Marienberg. B171 nach Olbernhau, dann nach Seiffen. Dort ausgeschildert.
109748

Torgau, D-04860 / Sachsen

Torgau 'Am Großen Teich'***
Turnierplatzweg
15 Apr - 10 Okt
+49 34 21 90 28 75
sv-info@torgau.de

1 AJMNOPQRST	AFNX 6
2 DGPSWXY	ABFG 7
3 AG	ABEFHJNPQRTU 8
4 FH	F 9
5 D	AGHIJRV 10

B 16A CEE € 21,00
H84 1,6 ha 60T 8D € 24,00

N 51°32'45'' E 12°59'23''
In Torgau der CP-Beschilderung folgen.
121453

Volkersdorf, D-01471 / Sachsen

Oberer Waldteich
Volkersdorfer Sandweg
1 Apr - 31 Okt
+49 35 20 78 14 69
kontakt@dresden-camping.com

1 AFJMNOPQRS	LN 6
2 ADGHPWXY	ABFG 7
3 AFM	ABEFNQR 8
4	9
5 ABD	AHJR 10

FKK 16A CEE € 22,50
H204 5 ha 40T 80D € 28,50

N 51°08'19'' E 13°43'08''
Ausfahrt Dresden/Wilschdorf, Ausfahrt 81b, Richtung Wilschdorf, ausgeschildert (2 km).
101131

Rothenburg/Oberlausitz, D-02929 / Sachsen

Neiße Camp
Tormersdorfer Allee 1
1 Mai - 30 Sep
+49 16 01 81 88 88
info@neisse-tours.de

1 AJMNOPQRS	JNUX 6
2 CGHPWX	ABFI 7
3 ACFMT	ABEFJNQRTUV 8
4 AEHIO	DQV 9
5 ADJ	ABGHJORW 10

16A CEE € 21,00
H160 1,5 ha 81T (60-120m²) 2D € 35,00

N 51°19'38'' E 14°58'57''
In Rothenburg (Oberlausitz) den CP-Schildern folgen.
121813

Thüringen

Aga/Gera, D-07554 / Thüringen

Strandbad Aga
Reichenbacherstr. 14
1 Apr - 1 Nov
+49 36 69 52 02 09
strandbad.aga@thueringencamping.de

1 AJMNOPQRST	LMNX 6
2 ADGHPQRVWX	ABDEFG 7
3 BFGMU	ABCDEFNQR 8
4 IO	I 9
5 ADEHMN	AHIJLR 10

B 16A CEE € 25,00
H210 16,5 ha 100T 101D € 34,00

N 50°57'12'' E 12°05'12''
A4, Ausfahrt 58 Gera, rechts Richtung Leipzig, B2. Nach 7 km links Richtung Aga.
102583

Breitenbach, D-98553 / Thüringen

Am Waldbad
Zum Campingplatz 7
1 Jan - 31 Dez
+49 36 84 14 11 53
info@campingbreitenbach.de

1 AFJMNOPQRST	AF 6
2 AGOPTUWX	ABFHIK 7
3 AM	ABCDEFNQR 8
4 EFHIKOT	J 9
5 ABDMN	AHJLPR 10

16A CEE € 21,50
H530 3 ha 60T (50-100m²) 26D € 26,50

N 50°32'50'' E 10°46'44''
B247 Schleusingen-Suhl, nach 3 km Ausfahrt Breitenbach. CP befindet sich am Ortsende.
102476

108 Teilkarte Thüringen auf Seite 108

Breitungen, D-98597 / Thüringen

▲ Strandbad Breitungen****	1 ABCDE**JM**NOPQRS**T**	HJLM**NX** 6
⌂ Salzunger Straße 24a	2 CDGHIOPRSVW	AB**FG**IJK 7
1 Apr - 31 Okt	3 ABG**J**MS	ABCDEFJKNQRS**T**UVW 8
☎ +49 36 848 40 95 12	4 FHI**T**	FJNQTW 9
@ strandbad@breitungen.de	5 AEM	ABGHJLR10
	B 16A CEE	① €23,00
⚑ N 50°45'23" E 10°19'14"	16 ha 74**T**(64-100m²) 52**D**	② €34,60

An der B19 Eisenach-Meiningen. In Breitungen ausgeschildert. Campingplatz liegt am Kiessee. 123049

Bucha/Unterwellenborn, D-07333 / Thüringen

▲ Campingplatz Saalthal-Alter****	1 AEF**JM**NOPQRS**T**	LNOPQRS**T**XYZ 6
	2 DGIJPRSUWX	ABDEFGH 7
15 Apr - 15 Okt	3 AB**R**	ABCDE**FG**IJKNQRTW 8
☎ +49 36 73 22 22 67	4 FH	DFOQRSTVW 9
@ info@camping-saalthal-alter.de	5 ABDEN	ABHJOR10
	B 10-16A CEE	① €23,00
⚑ N 50°37'16" E 11°30'31"	H400 2,5 ha 100**T**(50-100m²) 160**D**	② €30,00

B281 von Saalfeld nach Pößneck, Ausfahrt Kamsdorf über Bucha Richtung Hohenwarte. Hinter Bucha die erste Straße links und den CP-Schildern folgen. 118024

Catterfeld, D-99894 / Thüringen

▲ Paulfeld*****	1 AE**JM**NOPQRST	LN 6
⌂ Straße am Steinbühl 3	2 BDGPQVWXY	ABDE**FGHIJ** 7
1 Jan - 31 Dez	3 ABGM	ABCDE**FJ**KNQRTW 8
☎ +49 36 25 32 51 71	4 FHK**T**	DJYZ 9
@ info@paulfeld-camping.de	5 ABDFHKMN	AFGHIJ**PQ**RV10
	Anzeige auf dieser Seite WB 16A CEE	① €30,00
⚑ N 50°49'27" E 10°36'41"	H450 7 ha 80**T**(80-100m²) 164**D**	② €38,00

A4 Richtung Dresden, Ausfahrt Waltershausen, dann Friedrichroda, B88 Richtung Ohrdruf. In Catterfeld rechts, dann noch 3 km. 108149

Drognitz, D-07338 / Thüringen

▲ Camping Thüringer Wald	1 A**J**MNOPQRS**T**	N**X** 6
⌂ Mutschwiese 1	2 BGPQRTUWXY	ABDE**FG** 7
30 Mär - 30 Okt	3 FM	ABCDE**FJ**NQRTW 8
☎ +49 17 36 46 60 39	4 FH	J 9
@ info-c.t.w@web.de	5 ABHLMN	ABHIJLOQRX10
	Anzeige auf dieser Seite 10-16A CEE	① €28,35
⚑ N 50°35'45" E 11°33'44"	13 ha 250**T** 11**D**	② €35,35

B281 von Saalfeld nach Pößneck, Ausfahrt Kamsdorf Richtung Hohenwarte. Über den Staudamm nach Drognitz. Von Drognitz der Beschilderung folgen. 122627

Eisenach/Wilhelmsthal, D-99834 / Thüringen

▲ Campingpark Eisenach****	1 ADEF**JM**NOPQRT	LN 6
1/1 - 31/10, 1/12 - 31/12	2 ABDFGPQRSTUWX	AB**FG** 7
☎ +49 3 69 29 79 80 07	3 AEFGM	ABCDE**FJ**NQRUVW 8
@ info@campingpark-eisenach.de	4 FH**T**	FQT 9
	5 ABDEFKLMN	ABFHJ**NR**10
	16A CEE	① €26,50
⚑ N 50°54'31" E 10°18'03"	H340 6,5 ha 80**T**(80-100m²) 83**D**	② €34,50

A44 Dortmund-Kassel, A7 Kassel-Würzburg, A4 Kirchheim-Eisenach, Ausfahrt 40 Eisenach-Ost, dann B19 Richtung Wartburg, nach 9 km ist CP ausgeschildert. 102417

Ettersburg, D-99439 / Thüringen

▲ Bad-Camp Ettersburg	1 AE**J**MNOPQRS**T**	6
⌂ Badteichweg 1	2 BGOPWXY	ABDE**F** 7
1 Apr - 31 Okt	3 M	ABEFNQRTW 8
☎ +49 1 76 22 84 14 64	4 FH	9
@ info@camping-weimar.de	5 ABDN	ABHJLOR10
	Anzeige auf dieser Seite 10-16A CEE	① €21,50
⚑ N 51°02'08" E 11°17'14"	H302 22 ha 38**T**(30-120m²)	② €29,50

A4, Ausfahrt 49 Weimar. Nördlich von Weimar Richtung Buchenwald. An der Ausfahrt Buchenwald geradeaus und den CP-Schildern folgen. 114486

CAMPINGPLATZ ETTERSBURG/WEIMAR

Ruhige Lage in einer Waldgegend bei Weimar und Buchenwald.

www.camping-weimar.de

Frankenhain, D-99330 / Thüringen

▲ Oberhof Camping	1 ADE**JM**NOPQRS**T**	LNOPQS**X** 6
⌂ Am Stausee 9	2 ABDG**J**KPRSTUWXY	ABDE**FG**HI 7
1 Jan - 31 Dez	3 ABGM	ABCDEFIJ**LM**NQRTW 8
☎ +49 36 20 57 65 18	4 FH	J 9
@ info@oberhofcamping.de	5 ABDFKMN	AGHIJLPR10
	Anzeige auf dieser Seite WB 16A CEE	① €24,00
⚑ N 50°43'50" E 10°45'19"	H700 10 ha 150**T**(80-100m²) 159**D**	② €33,00

A71 Ausfahrt 17 Gräfenroda. Dann B88 Richtung Frankenhain. Dem Schild 'Lütsche Stausee/Campingpark folgen. Oder A4 Ausfahrt Gotha Richtung Oberhof. In Ohrdruf Richtung Grawinkel/Frankenhain. Ohne Navi fahren. 109503

Großbreitenbach, D-98701 / Thüringen

▲ Intercamping Großbreitenbach	1 A**JM**NOPQRS**T**	AFH 6
⌂ Am Schwimmbad 4	2 BGOPRWXY	AB**FG**HIJ 7
1 Jan - 31 Dez	3 ABGMU	ABE**FH**JNPQRTW 8
☎ +49 36 78 14 23 98	4 FHI**ST**	J 9
@ info@intercamping-grossbreitenbach.com	5 DJMN	ABFGHJPRV10
	WB 16A CEE	① €22,00
⚑ N 50°35'04" E 10°59'21"	H667 7,2 ha 80**T**(80-100m²) 36**D**	② €22,00

Von Illmenau die B88 Richtung Rudolfstadt. In Gehren (8 km) rechts Richtung Großbreitenbach. CP befindet sich am Ortseingang. 102524

Camping Paulfeld ★★★★★

Am Fuße des Rennsteigs im Thüringer Wald. Ferien für die ganze Familie in einer prachtvollen Natur. Vermietung von Ferienhäusern.

99894 Catterfeld
Tel. 036253-25171 • Fax 036253-25165
E-Mail: info@paulfeld-camping.de
Internet: www.paulfeld-camping.de

Harztor (OT Neustadt-Harz), D-99768 / Thüringen

▲ Campingplatz am Waldbad****	1 ADEF**JM**NOPQRS	AF 6
⌂ An der Burg 3	2 CGRVWX	ABDE**FG**HIK 7
1 Jan - 31 Dez	3 BF**IJ**LMX	ABCDEFJNQRTW 8
☎ +49 3 63 31 47 98 91	4 **AE**FGHIO	DY 9
@ info@neustadt-harz-camping.de	5 ABDEKMN	ABFGHIJLPRV10
	WB 16A CEE	① €22,40
⚑ N 51°34'08" E 10°49'42"	H293 2,5 ha 122**T**(50-110m²) 35**D**	② €29,95

Die B243 Seesen-Nordhausen; in Nordhausen die B4 Richtung Braunlage. In Niedersachswerfen nach Neustadt. 119305

Oberhof Camping
Idylle am Lütschesee

Naturcampingpark 5 km vom Wintersportzentrum Oberhof mitten im Thüringer Wald, exzellente Wander- und Sportmöglichkeiten (Sommer & Winter) am Rennsteig und in Oberhof. Umgebung: Erfurt, Weimar, Gotha, Eisenach.

Am Stausee 9, 99330 Frankenhain
Tel. 036205-76518 • Fax 036205-71768
E-Mail: info@oberhofcamping.de
Internet: www.oberhofcamping.de

Campingplatz Hohenfelden

www.campingplatz-hohenfelden.de

Zwischen Weimar und Erfurt

See-Camping Altenburg-Pahna ★★★★

04617 Pahna
Tel. 034343-51914
Fax 034343-51912
www.camping-pahna.de

Camping ganzjährig geöffnet.
Bungalows: 1. April bis 30. Oktober.
Schöne Seelage.

Hohenfelden, D-99448 / Thüringen
- Stausee Hohenfelden★★★★
- Am Stausee 9
- 1 Jan - 31 Dez
- +49 36 45 04 20 81
- info@stausee-hohenfelden.de

1 ADEJMNOPQRST LMNQSX 6
2 ABDGHOPRUVWXY ABFGIJ 7
3 ABFGMX ABCDEFIJKNRTUVW 8
4 FH DJNQRTV 9
5 ABDJKLM ABFGIJLMPR 10
Anzeige auf dieser Seite B 16A CEE ① €24,00
H320 22,5 ha 194T(100-140m²) 371D ② €33,00
102523

N 50°52'20'' E 11°10'42''
A4 Ausfahrt Erfurt-Ost, dann Richtung Kranichfeld (ca. 6 km).
Camping rechts. Gut ausgeschildert.

Pahna, D-04617 / Thüringen
- See-Camping Altenburg-Pahna★★★★
- 1 Jan - 31 Dez
- +49 34 34 35 19 14
- camping-pahna@t-online.de

1 ADEJMNOPQRST LNOP 6
2 BDGHIPRWXY ABDEFGHIJ 7
3 ABFGM ABCDEFGIJKLMNQRSTUVW 8
4 BFHINZ AFJV 9
5 ACDEFKMN ABFGHIJMNPRVW 10
Anzeige auf dieser Seite B 16A CEE ① €24,00
H175 10 ha 100T(80-120m²) 445D ② €31,00
109815

N 51°02'37'' E 12°29'49''
A4 Ausfahrt 60 (Ronneburg), dann B7 nach Altenburg.
B93 Richtung Leipzig, rechts die B7 Richtung Frohburg, bei Eschefeld den Schildern folgen.

Paska, D-07381 / Thüringen
- Linkenmühle★★★
- Linkenmühle/Campingplatz 1
- 10 Apr - 11 Okt
- +49 36 48 32 25 48
- info@campingplatz-linkenmuehle.de

1 AEJKNOPQRST LNQXYZ 6
2 BDGJKPRTUVWXY ABDEFG 7
3 BM ABCDEFJNQRW 8
4 FHI OQR 9
5 ABKMN ABGHIJPR 10
16A CEE ① €23,80
H400 3,5 ha 50T(60-120m²) 160D ② €29,80
113052

N 50°36'27'' E 11°36'43''
A4 über Kreuz Heimsdorf, A9 bis Triptis dann die B281 bis Pössneck. Weiter Richtung Ziegenrück bis Maxa, dann die Ausfahrt nach Paska.

Ilmenau/Manebach, D-98693 / Thüringen
- Waldcampingplatz Meyersgrund
- Schmückerstraße 91
- 1 Jan - 31 Dez
- +49 36 78 45 06 36
- info@meyersgrund.de

1 ADEJMNOPQRST 6
2 ABCGOPRWXY ABFGIJK 7
3 ABM ABEFJNQRW 8
4 FH J 9
5 ABDEMN ABGHJLPR 10
W 16A CEE ① €23,00
H630 7 ha 80T(80-150m²) 103D ② €30,00
102475

N 50°39'06'' E 10°50'36''
CP befindet sich an der Straße 4 Ilmenau (7 km) nach Schleusingen.

Saalburg-Ebersdorf, D-07929 / Thüringen
- Saalburg-Am Strandbad
- Am Strandbad 1
- 1 Jan - 31 Dez
- +49 36 64 72 24 57
- cpbad@saalburg-ebersdorf.de

1 ADEFJMNOPQRST LNQSXYZ 6
2 DGIOPW ABDEFGIK 7
3 AM ABCDEFNQRW 8
4 FHI J 9
5 KN ABHJPR 10
B 16A ① €20,50
5 ha 40T(80-100m²) 148D ② €27,50
114887

N 50°29'41'' E 11°43'49''
Von der A9 Ausfahrt 28 Richtung Saalburg. Von der A4 über Rudolstadt/Saalfeld nach Ebersdorf (B90), danach Richtung Saalburg.

Jena, D-07749 / Thüringen
- Campingplatz Jena unter dem Jenzig
- Am Erlkönig 3
- 1 Mär - 31 Okt
- +49 36 41 66 66 88
- post@jenacamping.de

1 ADEJMNOPQRST AFHX 6
2 ACOPRWXY ABDEFG 7
3 AB ABCDEFGNQRT 8
4 FHI ADR 9
5 ADEMN ABDFGHIJOR 10
Anzeige auf dieser Seite 6-16A CEE ① €21,50
H100 1 ha 42T(100m²) 4D ② €27,50
112547

N 50°56'09'' E 11°36'30''
B7 von Jena Richtung Gera, über Saalebrücke, nach 200m bei der Ampel abbiegen. CP gut beschildert.

Campingplatz am Tor zum Hainich ★★★★

Tel. 036022 - 98690 • www.camping-hainich.de

CAMPING IN JENA
„Unter dem Jenzig"
idyllisch nah am Zentrum
www.jenacamping.de

Weberstedt, D-99947 / Thüringen
- Am Tor zum Hainich★★★★
- Hainichstraße 22
- 1 Jan - 24 Dez
- +49 36 02 29 86 90
- info@camping-hainich.de

1 AEJMNT FRT 6
2 BFGPUWX ABDFGHIK 7
3 BM ABCDEFJNQSUVW 8
4 FHI G 9
5 ABDMNO ABJPR 10
Anzeige auf dieser Seite B 16A CEE ① €24,50
H272 3,5 ha 161T(80-100m²) 16D ② €32,50
118028

N 51°06'10'' E 10°30'32''
A4 bei Eisenach verlassen, der B84 bis Bad Langensalza folgen.
Der Beschilderung bis Weberstedt folgen. Danach links ab.

Mühlberg, D-99869 / Thüringen
- Drei Gleichen
- Campingplatz 1
- 1 Jan - 31 Okt
- +49 36 25 62 27 15
- info@camping-drei-gleichen.de

1 ADEJMNOPQRST 6
2 APWX ABDEFG 7
3 AL ABCDEFJNQRUVW 8
4 FH FX 9
5 ABDMN ABGHIJPRV 10
B 16A CEE ① €27,50
H400 2,8 ha 150T(100m²) 36D ② €35,50
108811

N 50°52'29'' E 10°48'33''
A4, Ausfahrt Mühlberg/Wandersleben, rechts Richtung Mühlberg, Schildern folgen und im Ort rechts.

Weißensee, D-99631 / Thüringen
- Weißensee
- Günstedter Straße 4
- 1 Apr - 31 Okt
- +49 36 37 43 69 36
- campingplatz-weissensee.de

1 AEJMNOPQRST AFN 6
2 ADOPRWXY ABDEFGHIJ 7
3 ABFGMUX ABEFJNQRW 8
4 JV 9
5 ABDKMN AHJLNORV 10
B 10A CEE ① €21,50
5 ha 40T(80-120m²) 70D ② €29,50
102521

N 51°12'22'' E 11°04'03''
CP liegt an der B86 Richtung Sangerhausen, an der Nordseite vom Weißensee.

Neuengönna/Porstendorf, D-07778 / Thüringen
- Camping & Ferienpark bei Jena
- Rabeninsel 3
- 15 Mär - 31 Okt
- +49 36 42 72 25 56
- camping-jena@t-online.de

1 AJMNOPQRST LN 6
2 CDGIOPWXY ABDEFGIJ 7
3 AGMQ ABCDEFGIJKNQRTW 8
4 FH FJQT 9
5 ABDEFHJKN AHJOR 10
FKK B 10-16A ① €18,50
H100 20 ha 80T(60-100m²) 68D ② €18,50
113467

N 50°58'27'' E 11°39'00''
A4 Eisenach-Dresden, Ausfahrt 54 Jena-Lobeda. Dann die B88 Richtung Naumburg. Nach ± 7 km rechts der Strecke.

Ziegenrück, D-07924 / Thüringen
- Naturcamping Plothental
- Plothental 9
- 1 Mai - 3 Okt
- +49 1 76 81 02 72 90
- info@naturcamping-plothental.de

1 AIKNOPQRST NVX 6
2 BCOPRSWXY ABFG 7
3 AFMU AEFNQRTW 8
4 EFHIKO JRV 9
5 ADEFHM ABHJOR 10
16A CEE ① €20,00
H430 2,5 ha 50T(10-100m²) 45D ② €28,00
114949

N 50°36'36'' E 11°39'19''
In Ziegenrück Richtung Knau/Külmla. Der Beschilderung folgen, nach 500m rechts.

Nordrhein-Westfalen

Ahrdorf, D-53945 / Nordrhein-Westfalen

- Frings-Mühle
- Hubertusstraße 21-31
- 1 Jan - 31 Dez
- +49 26 97 74 25
- campingfrings-muehle@t-online.de
- N 50°22'17'' E 06°47'00''

1	ADEJMNOPQRST	N 6
2	CGOPRWX	BEFG 7
3	AM	ABDEFHJNPRTUVW 8
4	FHI	GI 9
5	ABFHJLMN	AFGHIKMPR 10

B 16A CEE
H320 3 ha 40T(100m²) 86D
€25,00 / €31,00

CP befindet sich an der B258 zwischen Blankenheim und Nürburgring. Ab Ausbauende A1 Richtung Nürburgring.

102015

Attendorn/Biggen, D-57439 / Nordrhein-W.

- Hof Biggen
- Finnentroper Straße 131
- 1 Jan - 31 Dez
- +49 2 72 29 55 30
- info@biggen.de
- N 51°08'12'' E 07°56'23''

1	ADEJMNOPQRST	N 6
2	BFOPRUWX	ABDEFGHIJ 7
3	AFGMR	ABCDEFJNOQRTW 8
4	BIOQ	DN 9
5	ACDEFHLMN	ABDFGHJMORV 10

Anzeige auf dieser Seite B 6-16A CEE €24,20
H361 18 ha 100T(80-100m²) 285D €29,20

A45 Dortmund-Frankfurt, Ausfahrt 16 Meinerzhagen, nach ca. 20 km in Attendorn Richtung Finnentrop. Hinter dem Ort befindet sich der CP gegenüber des Restaurants 'Haus am See'.

102086

Attendorn/Waldenburg, D-57439 / Nordrhein-W.

- Familiencamping Biggesee-Waldenburg ****
- Waldenburger Bucht 11
- 1 Jan - 31 Dez
- +49 2 72 29 55 00
- info@biggesee.com
- N 51°06'39'' E 07°54'09''

1	AEFJMNOPQRST	FLMNPQSXY 6
2	BDFGHIKPRUVWXY	ABDEFGHIJ 7
3	BDFGJMS	ABCDEFGIJKLMNQRTW 8
4	BEFHILOQT	AFNVZ 9
5	ACDEFJMNO	ABFGHJPRZ 10

WB 6-12A CEE
H400 5 ha 230T(80-100m²) 105D
€25,10 / €31,10

A45 Dortmund-Siegen, Ausfahrt 16 Meinerzhagen oder 18 Olpe, Richtung Attendorn, danach Schildern folgen.

100127

Stellplätze mit Panoramaaussicht
CampingCard ACSI 18 €
Saison-/Jahresplätze verfügbar
Mietwohnwagen ab 45 €

www.biggen.de
info@biggen.de

Gratis Leihwagen für Wohnmobilisten für 1 Tag (nach Verfügbarkeit)

Bad Godesberg/Mehlem, D-53179 / Nordrhein-Westf.

⌂ Genienau	1 AF**JM**NOPQRST NSX 6
🏠 Im Frankenkeller 49	2 ACGHP ABDE**FG**IJ 7
📅 1 Jan - 31 Dez	3 ABE**F**NQR 8
☎ +49 2 28 34 49 49	4 IO 9
@ genienau@t-online.de	5 DH AGHJR10
	B 6A CEE
📍 N 50°39'16'' E 07°12'07''	1,2 ha 100T(80m²) 15D
	① €20,00 ② €28,00

102044

🚗 B9 Bonn-Remagen. Nach Bad Godesberg ist der CP in Mehlem ausgeschildert.

Bielefeld, D-33649 / Nordrhein-Westfalen 📶 CC€20 iD

⌂ CampingPark Bielefeld	1 AEF**JM**NOPQRS**T** N 6
🏠 Vogelweide 9	2 ABOPWXY AB**FG**HIJK 7
📅 1 Jan - 31 Dez	3 BG**L**M**NOS** ABEF**J**NQR 8
☎ +49 52 14 59 22 33	4 FHIKO DK 9
@ bielefeld@meyer-zu-bentrup.de	5 ACDGHMN ABGHJLMN**O**RV10
	Anzeige auf Seite 113 B 16A CEE
📍 N 52°00'24'' E 08°27'28''	H330 10 ha 110T(bis 120m²) 222D
	① €27,00 ② €33,00

117143

🚗 Kreuz Bielefeld der Beschilderung A33 Richtung Paderborn, rechts halten. Ausfahrt Richtung B61, dann die B68 Richtung Osnabrück Halle-West, rechts Osnabrückerstraße, links Fortunastraße. Den CP-Schildern folgen.

Bad Honnef/Aegidienberg, D-53604 / Nordrhein-W. 📶 iD

⌂ Jillieshof	1 AF**JM**NOPQRST 6
🏠 Ginsterbergweg 6	2 AOPSTX ABDE**FG**HI 7
📅 1 Jan - 31 Dez	3 B**L**M ABCDEFJNQRTW 8
☎ +49 22 24 97 20 66	4 FI GV 9
@ information@camping-jillieshof.de	5 BDMN ABGHIJLOR10
	16A CEE
📍 N 50°39'00'' E 07°18'02''	H300 4 ha 40T(80-120m²) 181D
	① €23,50 ② €30,50

102043

🚗 A3 Ausfahrt 34. Bad Honnef folgen, in Hirnberg wird der CP ausgeschildert.

Blankenheim/Freilingen, D-53945 / Nordrhein-W. 📶 iD

⌂ Eifel-Camp*****	1 ADEF**JM**NOPQRST LNOQ 6
🏠 Am Freilinger See 1	2 ACDFGIOPRSUVWXY ABCDE**FGH**I 7
📅 1 Jan - 31 Dez	3 ABFG**L**MNSUX ABCDEFGHIJK**LM**NQRTUVW 8
☎ +49 2 69 72 82	4 BCDFHILO**PT** FJRUVWZ 9
@ info@eifel-camp.de	5 ABDFHLMN**O** ABEFGHIJMPRVXZ10
	B 16A CEE
📍 N 50°24'54'' E 06°43'07''	H442 26 ha 160T(70-180m²) 276D
	① €30,00 ② €43,00

102017

🚗 A1, Ende der Autobahn Richtung Nürburgring, dann Freilinger See.

Der Ferienpark mit traumhafter Aussicht!
Neuer Terrassencamping

Camping & Ferienpark Brilon

Große Plätze mit allem Komfort, Mietmobilheime, modernes (Kinder-)Sanitär, idealer Ausgangspunkt für (Winter-) Sportaktivitäten. Niederl.-Deutsche Leitung.

Tel. +49 (0) 29 61-97 74 23 · www.campingbrilon.de

Brilon, D-59929 / Nordrhein-Westfalen 📶 CC€18 iD

⌂ Camping & Ferienpark Brilon	1 AE**JM**NOPQRS**T** 6
🏠 Hoppecker-Straße 75	2 BFOPRSTUVW ABDE**FG** 7
📅 1/1 - 19/10, 20/12 - 31/12	3 B**HKM**T ABCDEFJKNQRTUVW 8
☎ +49 26 61 97 74 23	4 EFGH J 9
@ info@campingbrilon.de	5 ADHKL ADEFGHIPRW10
	Anzeige auf dieser S. W 10-16A CEE
📍 N 51°22'45'' E 08°35'08''	H525 19 ha 100T(120-160m²) 165D
	① €25,00 ② €31,80

118219

🚗 B251 Richtung Willingen, rechts ab Richtung Brilon. Den Schildern folgen.

Bad Sassendorf, D-59505 / Nordrhein-Westfalen 📶 iD

⌂ Kur-Camping Rumkerhof	1 AJMNOPQRST 6
🏠 Weslarner Str. 30	2 AORSVWX ABDE**FG** 7
📅 1 Jan - 31 Dez	3 A**J** ABCDEFJNQR 8
☎ +49 2 92 15 31 18	4 EFGHIK VWY 9
@ cmail@rumkerhof.de	5 ABDM AGHKORX10
	B 16A CEE
📍 N 51°35'45'' E 08°10'43''	15 ha 93T(80-100m²) 34D
	① €23,50 ② €26,00

121052

🚗 A44 Ausfahrt Soest Richtung B475 nehmen. Richtung Soest fahren. In Soest die B1 Richtung Bad Sassendorf. Bei Bad Sassendorf ist der CP angezeigt.

Brüggen, D-41379 / Nordrhein-Westfalen 📶 iD

⌂ Heide Camp Brüggen	1 AJMNOPQRST 6
🏠 Sankt Barbara Straße 43	2 ABOPSVWX ABDE**FGH** 7
📅 1 Jan - 31 Dez	3 ABCDE**F**JNRUV 8
☎ +49 21 57 87 36 22	4 HI 9
@ heidecamp@aol.com	5 ABDMN ABFGHIJLOR10
	10-16A CEE
📍 N 51°15'24'' E 06°10'24''	60 ha 52T(100m²) 120D
	① €12,00 ② €16,00

112152

🚗 Auf der A61 Ausfahrt 3 Kaldenkirchen-Süd. Über die B221 nach Brüggen. Der CP liegt in Brüggen Bracht und ist dort ausgezeichnet.

Barntrup, D-32683 / Nordrhein-Westfalen 📶 CC€18 iD

⌂ Ferienpark Teutoburgerwald Barntrup****	1 ADE**JM**NOPQRST ABFG 6
🏠 Badeanstaltsweg 4	2 BGOPSTVWXY ABCDE**FGH**K 7
📅 1 Apr - 5 Okt	3 ABFG**K**LM**N**SX ABCDEFGHIJK**LM**NPQRTUVW 8
☎ +49 52 63 22 21	4 BCEFHILO**P** CDEXZ 9
@ info@ferienparkteutoburgerwald.de	5 ADMN ABCDEFGHJNPRVZ10
	16A CEE
📍 N 51°59'12'' E 09°06'30''	H180 2,5 ha 108T(90-250m²) 7D
	① €28,50 ② €35,50

101123

🚗 Über die B66 nach Lage, Lemgo, Barntrup. In Barntrup Ri. Schwimmbad. Oder A2, Ausf. 35 Bad Eilsen, N328 Ri. Rinteln/Barntrup. Ab Paderborn B1 Ri. Hameln über Blomberg nach Barntrup. In Barntrup den CP-Schildern folgen.

Brühl (Heider Bergsee), D-50321 / Nordrhein-W. 📶 iD

⌂ Heider Bergsee	1 ADF**JM**NOPQRST LN**O**W 6
📅 1 Jan - 31 Dez	2 ABDGHOPXY AB**FG** 7
☎ +49 2 23 22 70 40	3 BF ABE**F**JNQRT 8
@ schirmer@heiderbergsee.de	4 FHO**P** 9
	5 ABDFLM AFGHIJPR10
	B 16A CEE
📍 N 50°49'46'' E 06°52'33''	4,5 ha 140T 180D
	① €20,00 ② €25,00

102013

🚗 A61/E31 Ausfahrt 108 Erftstadt. B265 Richtung Liblar/Hürth/Brühl. Ausfahrt Brühl-West/Heider Bergsee, dann den CP-Schildern folgen.

Bestwig/Wasserfall, D-59909 / Nordrhein-Westfalen

⌂ Terrassencamping Wasserfall	1 AJMNOPQRST 6
🏠 Aurorastraße 2	2 BFOPRUWX ABDE**F** 7
📅 1 Jan - 31 Dez	3 A ABCDE**F**JNR 8
☎ +49 2 90 57 21	4 EF 9
📠 +49 29 05 85 15 60	5 ADMN ABJST10
	W 10A CEE
📍 N 51°18'11'' E 08°26'18''	H625 4 ha 50T(80-100m²) 60D
	① €16,00 ② €23,00

102149

🚗 B7 Meschede-Olsberg in Bestwig Richtung 'Fort Fun'. CP ist neben 'Fort Fun', einige Meter hinter einem Bauernhof.

Datteln, D-45711 / Nordrhein-Westfalen 📶 iD

⌂ Erholungspark Wehlingsheide****	1 ABCEF**JM**NOPQRST 6
🏠 Im Wehling 26	2 ALPSVWXY ABDE**FG**H 7
📅 1 Jan - 31 Dez	3 BEF**HLM** ABCDEFJLMNQRUVW 8
☎ +49 2 36 33 34 04	4 FHO**TXZ** EFJVW 9
@ info@wehlingsheide.de	5 ADEFHKLM ABFGHIJLMORX10
	Anzeige auf dieser Seite 16A CEE
📍 N 51°40'53'' E 07°18'20''	3 ha 60T(75-150m²) 130D
	① €22,50 ② €26,00

112275

🚗 A43 Ausfahrt 8 Haltern. Dann den Schildern Richtung Datteln folgen. Der CP ist angezeigt.

Beverungen/OT Würgassen, D-37688 / Nordrhein-W. 📶 iD

⌂ Camping Am Axelsee	1 AEF**JM**NOPQRST LNQSX 6
🏠 Axelsee 1	2 CDFGHIPQVWXY ABD**FG**HI 7
📅 1 Jan - 31 Dez	3 BFM ABCDE**F**JNQRT 8
☎ +49 5 27 38 88 18	4 EFHIO**ST** BDEJV 9
@ axel-see@freenet.de	5 ABDFHLMN ABGHIJLM**NP**RVW10
	Anzeige auf dieser Seite B 16A CEE
📍 N 51°38'47'' E 09°22'52''	H132 34 ha 40T(80-100m²) 167D
	① €21,20 ② €27,20

102256

🚗 B83 von Hameln über Höxter nach Beverungen, dann Richtung Bad Karlshafen, nach einigen km Richtung Würgassen, den Schildern folgen.

Erholungspark Wehlingsheide
★ ★ ★ ★

Alle Plätze sind ausgestattet mit Strom, Wasser- und Abwasseranschluss. Privat-Sanitär auf der Parzelle möglich. Saunagarten und Standlandschaft. Bungalows zu vermieten, teilweise mit Sauna/Whirlpool.

Tel. +49 (0)2363/33404
www.wehlingsheide.de

Camping Am Axelsee

Naturparadies für Camper am Axelsee im historischen Weserbergland.
- Ferien- und Saisonplätze direkt am See
- Vermietung von Blockhütten

Axelsee 1, 37688 Beverungen/OT Würgassen
Tel. +49 527388818
E-Mail: axel-see@freenet.de · Internet: www.axel-see.de

Datteln, D-45711 / Nordrhein-Westfalen 📶 iD

⌂ Haard-Camping****	1 ADE**JM**NOPQRST 6
🏠 In den Wellen 30	2 BCPSVWXY BE**FG**HIK 7
📅 1 Jan - 31 Dez	3 BG**L**MUX ABDFGJLNQRTUV 8
☎ +49 23 63 36 13 91	4 FGHIKO FIUVWY 9
@ info@haard-camping.de	5 DFKLM ABGHJOQRVXZ10
	B 12A CEE
📍 N 51°40'42'' E 07°16'58''	H65 7 ha 39T(80-150m²) 177D
	① €14,00 ② €14,00

117168

🚗 Von Nord/West: A43, Ausfahrt 8 Haltern, Richtung Datteln. Von Süd/Ost: A2, Ausfahrt 11 Henrichenburg/Castrop-Rauxel, B235 Richtung Datteln. CP ist angezeigt.

MEYER ZU BENTRUP Camping Parks BIELEFELD & LEMGO

Vogelweide 9
33649 Bielefeld
Tel.:+49 521-459 22 33

Regenstorstr. 10
32657 Lemgo
Tel.:+49 5261-148 58

www.camping-bielefeld.de | www.camping-lemgo.de

Delecke (Möhnesee), D-59519 / Nordrhein-Westfalen

- Delecke Südufer
- Arnsberger Str. 8
- 1 Jan - 31 Dez
- +49 2 92 48 78 42 10
- info@campingplatz-moehnesee.de
- N 51°28'39'' E 08°06'02''
- A44 Ausfahrt 56 Soest/Möhnesee. Über die B229 nach Arnsberg über den See links Richtung Südufer.

1	AFHKNOPQRS**T**	LNQS 6
2	ADFGIOPVWX	ABDE**FG** 7
3	AM	ABCDEFJNQRTW 8
4	FH	DN 9
5	ABDEHJMN	ABGHIJR 10
B 16A CEE		
H200 4 ha 70**T**(70-80m²)	121**D**	€25,20 / €33,20

112153

Dülmen, D-48249 / Nordrhein-Westfalen

- Tannenwiese
- Borkenbergestraße 217
- 15 Mär - 31 Okt
- +49 25 94 99 17 59
- N 51°47'15'' E 07°16'19''
- In der Umgebung von Dülmen Schildern Richtung Flugplatz folgen. CP befindet sich zwischen dem Flugplatz und Dülmen an der B17.

1	AF**JM**NOPQRST	6
2	OPQVX	B**DFG** 7
3	B	ABCDE**F**NQR 8
4		9
5	ADM	ABGHIJPR 10
10A CEE		€17,50 / €21,40
3,6 ha 50**T**(100-120m²)	80**D**	

102039

Dortmund/Hohensyburg, D-44265 / Nordrhein-W.

- Camping Hohensyburg
- Syburger Dorfstraße 69
- 1 Jan - 31 Dez
- +49 23 17 77 43 74
- info@camping-hohensyburg.de
- N 51°25'14'' E 07°29'44''
- A45 Ausfahrt Hohensyburg. CP ausgeschildert. Oder A1, Ausfahrt Hagen-Nord.

1	AF**J**MNOPQRST	NSXY 6
2	ACFOPSWX	ABFGIJ 7
3	ABMS	ABCDEFHJKNQRW 8
4	H	ABFGHIK 9
5	ABDEFJLM	ABGJPR 10
B 16A CEE		€27,00 / €37,00
10 ha 60**T**(80-100m²)	254**D**	

107971

Düsseldorf, D-40627 / Nordrhein-Westfalen

- Zweckverband Unterbacher See
- Kleiner Torfbruch 31
- 30 Mär - 31 Okt
- +49 21 18 99 20 38
- service@unterbachersee.de
- N 51°11'58'' E 06°53'10''
- A46, Ausfahrt Ekrath Düsseldorf/Unterbach. Richtung Erkrath/Unterbach am See. Dort Schildern folgen.

1	AFGJMNOPQRST	LM**N**QRSTXYZ 6
2	ABDGHIOPRSVX	AB**FG** 7
3	BFG**JLM**	ABCDE**F**JNQRUV 8
4	I	MPQRT 9
5	ABDM	AFGHJL**NO**RVXZ 10
B 6A CEE		€27,50 / €34,50
13 ha 63**T**(55-100m²)	264**D**	

102011

Drolshagen, D-57489 / Nordrhein-Westfalen

- Camping Gut Kalberschnacke★★★★
- Kalberschnacke 8
- 1 Jan - 31 Dez
- +49 27 63 61 71
- camping@kalberschnacke.de
- N 51°04'18'' E 07°48'58''
- A45 Dortmund-Giessen, Ausfahrt 17 Drolshagen/Bergneustadt, links Richtung Biggesee bis Listersee. Bei Brücke rechts, CP nach 700m.

1	AEF**IL**NOPQRST	LNQSXYZ 6
2	ADFGIKOPRTUVWXY	ABDE**FGHIK** 7
3	ABF**M**NUV	ABCDEFHJKNQRTUVW 8
4	FHILO**QSTV**	DFQV 9
5	ACFHJLMN	ABFGHJLMOR 10
Anzeige auf dieser Seite WB 10A CEE		€27,00 / €33,00
H350 13 ha 125**T**(90-110m²)	307**D**	

102088

Effeld/Wassenberg, D-41849 / Nordrhein-Westfalen

- Amici Lodges
- Waldseestrasse 7
- 1 Jan - 31 Dez
- +49 6 91 20 06 66 44
- info@amicilodges.com
- N 51°07'46'' E 06°05'59''
- A73 Ausfahrt Herkenbosch. Der N293 Richtung Herkenbosch folgen. Weiter zur L117. CP ist angezeigt.

1	AEGILNOPQRS**T**	HILM**N**OW 6
2	ADGHIPVWX	ABDE**FG** 7
3	A**LMV**X	ABCDE**FG**JKNQRTUV 8
4	FH	FJ 9
5	ABDEFHL	ABCFGHIJ**P**RZ 10
B 10A CEE		€25,00 / €36,00
6 ha 28**T**(80-140m²)	76**D**	

122194

Dülmen, D-48245 / Nordrhein-Westfalen

- Brockmühle
- Am Heubach 1
- 1 Mär - 23 Dez
- +49 28 64 77 59
- brockmuehle@t-online.de
- N 51°50'49'' E 07°06'01''
- Auf die 67 (Neu)-Borken-Dülmen die L600 Richtung Maria Veen. CP liegt an dieser Straße, ausgeschildert.

1	ADEF**JM**NOPQRST	AJ 6
2	ACGOPSVX	AB**FG** 7
3	ABF**HIL**MX	ABCDE**F**JLNQRTUVW 8
4	AGIKO	VY 9
5	BDHMN	ABGHIJLMR 10
Anzeige auf dieser Seite 16A CEE		€20,00 / €22,00
5,6 ha 40**T**(100-120m²)	140**D**	

110098

- 40 abgrenzte Tourplätze.
- 21 Urlaubsplätze auf großen, flachen Grasfeldern.
- Kleine Tiere, Schwimmbad, Ponyreiten, Spielgelände, flacher und sauberer Bach, Kiosk, Snackbar.
- Während der Saison sind hier sicher mehr als 100 Kinder, die offen sind für neue Freundschaften.

Am Heubach 1, 48245 Dülmen • Tel. 02864-7759

Bigge-Listersee: Ihr Sauerland ★★★★

www.camping-kalberschnacke.de
Campinganlage "Gut Kalberschnacke", 57489 Drolshagen
Tel. 02763/6171 • 02763/7501 • mailto: camping@kalberschnacke.de

Teilkarte Nordrhein-Westfalen auf Seite 111

Deutschland

Camping & Freizeitanlage Dreiländersee

Der Campingplatz liegt direkt am Dreiländersee der perfekt ist zum Schwimmen, Angeln und Segeln. Direkt an der Deutsch-Niederländischen Grenze, mit wunderbaren Radwegen und nur wenige Kilometer von Gronau und der Innenstadt entfernt.

www.campingplatz-gronau.com

Camping- und Ferienpark Buschhof

Im Naturpark Weserbergland finden Sie Ruhe und Erholung.
• Schwimmteich • WLAN-Hotspot • Spielplatz, Tischtennis, Fußball, Boccia-/Boulebahn und Streichelzoo • Hundewiese • Reisemobilstellplatz und Entsorgungsstation • sanierte Sanitäranlagen • Kinderunterhaltung • Mietwohnwagen • Gaststätte
Meierbergstraße 15, 32699 Extertal/Meierberg
Tel. +49 52622575
ferienpark-buschhof@t-online.de • www.ferienpark.de

Extertal/Meierberg, D-32699 / Nordrhein-W.

Camping & Ferienpark Buschhof	1 AF**JM**NOPQRS**T**	AF 6
Meierbergstraße 15	2 BPSVWX	ABDE**FGJ** 7
1 Jan - 31 Dez	3 BFMS	ABEFJQRTUW 8
+49 52 62 25 75	4 FHKO**T**	D 9
ferienpark-buschhof@t-online.de	5 ADFHJKMN	AFGHJMORV 10
	Anzeige auf dieser Seite 16A CEE	❶ €17,50
N 52°06'17'' E 09°07'06''	H220 4,4 ha 55**T**(100-120m²) 73**D**	❷ €21,50

A2 Ausfahrt 35 Richtung Rinteln (B238). Dann Richtung Barntrup folgen. Etwa 8,5 km hinter der Ausfahrt ist der CP angezeigt. Links Richtung Meierberg. 110630

Essen-Werden, D-45239 / Nordrhein-Westfalen

Knaus Campingpark Essen-Werden	1 ADEF**JM**NOPQRST	NUX 6
	2 ACGOPQRSTVWXY	ABDE**FGH**IJ 7
Im Löwental 67	3 BM	ABCDEFGIJK**MN**QR 8
1 Jan - 31 Dez	4 **AEF**HO**Q**	EF 9
+49 2 01 49 29 78	5 A**B**DEFHJKM**N**O	ABCFGHIJM**O** 10
essen@knauscamp.de	Anzeige auf Seite 52 B 16A CEE	❶ €34,60
N 51°22'56'' E 06°59'44''	6 ha 140**T**(80-100m²) 139**D**	❷ €43,60

A52 Ausfahrt 26 Essen/Kettwig/Flugplatz. Richtung Werden (2x), CP ausgeschildert. 109025

Gronau, D-48599 / Nordrhein-Westfalen

Camping & Freizeitanlage Dreiländersee	1 ADEG**IL**NOPRST	LNS 6
	2 ADOPQWX	B**FG** 7
Hagelsweg	3 A**J**	**F**JNQ 8
1 Jan - 31 Dez	4 FH	JRT 9
+49 51 15 22 00 33	5 A	ABFSTV 10
info@campingplatz-gronau.com	Anzeige auf dieser Seite 10A	❶ €20,00
N 52°14'14'' E 07°04'46''	3 ha 60**T**(80-100m²) 15**D**	❷ €25,00

A1 Hengelo-Osnabrück, Ausfahrt 2 Gildehaus/Gronau. 2 km vor Gronau links ins Naherholungsgebiet. Dem Hagelsweg folgen bis der Campingplatz links ausgeschildert ist. Das Gelände befindet sich auf der rechten Seite. 120844

Extertal, D-32699 / Nordrhein-Westfalen

Campingpark Extertal****	1 AEF**JM**NOPQRST	LMN 6
Eimke 4	2 CDFGIOPVWX	ABDE**FGH**IJK 7
1 Jan - 31 Dez	3 AB**F**L**M**SVX	ABCDEFJKNQRTUVW 8
+49 52 62 33 07	4 BFHIKO	D 9
info@campingpark-extertal.de	5 A**B**DEFHKN	ABDGHIJMP**R**V 10
	Anzeige auf Seite 115 WB 16A CEE	❶ €19,50
N 52°03'04'' E 09°06'08''	H210 10 ha 80**T**(100-120m²) 222**D**	❷ €24,50

Der CP liegt an der Straße Rinteln-Barntrup. 1 km südlich von Bösingfeld. Der CP ist ausgeschildert. 100112

Groß Reken, D-48734 / Nordrhein-Westfalen

Camping-Park Groß-Reken	1 ABDFILNOPQRST	A**BEF**GH 6
Berge 4	2 AOPVWX	ABDE**FG**IJ 7
1 Jan - 31 Dez	3 B**KL**M**N**O	ABCDEFJNQR**S**TUW 8
+49 28 64 44 94	4 FH	W 9
rosischomberg@aol.com	5 BDEFHKMN	ABGHJPTUVXZ 10
	16A CEE	❶ €20,00
N 51°49'38'' E 07°03'45''	3 ha 110**T**(bis 100m²) 300**D**	❷ €23,00

A31, Ausfahrt 34 Borken/Reken. Den Schildern Groß Reken folgen. CP angezeigt. 113783

Für Ihre schönsten Tage des Jahres...

www.dingdener-heide.de

Ferien- & Erholungsgebiet **Dingdener Heide**

Bußter Weg 100 · 46499 Hamminkeln · T 02852/2505

Hamminkeln, D-46499 / Nordrhein-Westfalen

Erholungsgebiet Dingdener Heide GmbH	1 ABEF**JM**NOPQRS**T**	LN 6
	2 ADGHIPSW	ABDE**FG** 7
Bußter Weg 100	3 ABDFG**L**MSX	ABCDEFJKNQRTW 8
1 Jan - 31 Dez	4 BFGH	AFJRVY 9
+49 28 52 24 05	5 ABDEFHKMN	ABGHJ**PR** 10
info@dingdener-heide.de	Anzeige auf dieser Seite B 16A	❶ €21,30
N 51°46'59'' E 06°38'03''	2 ha 35**T**(80-150m²) 414**D**	❷ €29,10

A3 Ausfahrt 5 Hamminkeln. CP liegt an der N8 und ist ausgeschildert. 120125

Extertal/Bösingfeld, D-32699 / Nordrhein-W.

Bambi****	1 AF**JM**NOPQRST	N 6
Hölmkeweg 1	2 BPSUVWXY	AB**FG** 7
1 Jan - 31 Dez	3 A**L**M	ABCDEFJNQRW 8
+49 52 62 43 43	4 FHI	9
info@camping-bambi.de	5 ADMN	ADFGHJKLMPRWX 10
	Anzeige auf dieser Seite 10A CEE	❶ €20,00
N 52°04'59'' E 09°09'31''	H260 1,7 ha 30**T**(80-120m²) 30**D**	❷ €26,00

Von Bösingfeld Richtung Hameln, etwa 2 km hinter dem Kreisel in Bösingfeld 2. Ausfahrt links ab Richtung Egge. Nach 2 km kommt der Campingplatz. 102251

Heimbach, D-52396 / Nordrhein-Westfalen

Gut Habersauel	1 AF**JM**NOPQRST	NU 6
1 Jan - 31 Dez	2 CFGOPWX	AB**FG**H 7
+49 2 44 64 37	3 BFM	AB**F**JNQRW 8
info@heimbacher-campingplatz.de	4 IO	EF 9
	5 DEFHJKMN	AJP**R** 10
	Anzeige auf Seite 115 16A CEE	❶ €22,10
N 50°38'36'' E 06°28'31''	H500 13 ha 100**T**(100-150m²) 405**D**	❷ €27,10

A61, Ausfahrt Erfstad, dann N265 Zülpich-Vlatten. In Vlatten Richtung Heimbach. Durch den Ort durchfahren bis zur Tankstelle, nach rechts Richtung Hausen-Nideggen. 101997

Kleiner, gemütlicher Familienplatz am Wald. Alle Stellplätze schön bepflanzt. Wander- und Radwege direkt am Platz. Ausgangspunkt für viele Sehenswürdigkeiten. Ideal für Gäste, die ruhig und preiswert campen wollen. Kleine DCC-Clubs wilkommen.

Familie Nölting · Hölmkeweg 1 · 32699 Extertal
Tel. +49 5262 4343 · Fax: +49 5262 3336
info@camping-bambi.de · www.camping-bambi.de

Camping Bambi ★★★★
Idyllische Jahresplätze – ganzjährig geöffnet
Camping auf dem Bauernhof

ACSI Camping Europa-App

8 100 Campingplätze in einer praktischen App

www.Eurocampings.de/app

114 Teilkarte Nordrhein-Westfalen auf Seite 111

Campingpark Extertal

Eimke 4
32699 Extertal
Tel 05262/3307
info@campingpark-extertal.de
www.campingpark-extertal.de
Fax 05262/992404

Kinderfreundlicher Familienplatz in traumhafter Lage des Weserberglandes, am Rande des Teutoburger Waldes

- SB-Laden mit frischen Brötchen
- Komfortstellplätze mit Wasser, Abwasser und Strom
- Naturbadesee mit Badeinsel
- Urgemütliche Gaststätte
- Top Sanitäranlage
- Baby- und Kindersanitär
- Herrliche Wanderwege
- Große Hundefreilaufwiese
- Angelsee mit Forellenbesatz
- WLAN gratis
- CampingCard ACSI
- Kinderanimation
- und vieles mehr

Deutschland

Hellenthal, D-53940 / Nordrhein-Westfalen

- Hellenthal
- Platiss 1
- 1 Jan - 31 Dez
- +49 24 82 15 00
- info@camphellenthal.de

1 AEJMNOPQRST — AFN 6
2 CGPX — ABDEFGH 7
3 AMUV — ABCDEFJNQR 8
4 BDFHIOP — AF 9
5 ADEHJKMN — ABHKOST 10
16A CEE
8 ha 75T(80-100m²) 207D
① €25,00
② €34,00
102000

N 50°28'46" E 06°25'43"

Schleiden Richtung Hellenthal. Im Ort die B265 Richtung Trier. 0,5 km hinter dem Ortsschild links der Strecke. Ausgeschildert.

Horn-Bad Meinberg/OT Kempen, D-32805 / Nordrhein-W.

- Eggewald
- Kempenerstraße 33
- 1 Apr - 30 Okt
- +49 5 25 52 36
- glitz@campingplatz-eggewald.de

1 AFJMNOQRST — F 6
2 COPTUVX — ABDEFG 7
3 BFM — ABCDEFJNQRW 8
4 FHI — 9
5 DJM — ABFGHJOVWX 10
10A CEE
H400 2,1 ha 70T(100-150m²) 20D
① €19,00
② €22,00
102205

N 51°48'12" E 08°56'35"

A1 Paderborn-Hameln. Ab Paderborn vor Horn, ab Hameln nach Horn Schild Richtung Altenbeken. CP ist im Ortsteil Kempen. Ab A1 (via Veldrom) ca. 8 km.

Herford, D-32051 / Nordrhein-Westfalen

- Elisabethsee
- Reitweg 86
- 1 Jan - 31 Dez
- +49 5 22 13 34 11
- info@camping-elisabethsee.de

1 ABFJMOPQRST — LMN 6
2 ABCDFGHOPSVWX — ABDEFGHIJK 7
3 ADFGLMS — ABCDFGHIJKLMNPQRTUVW 8
4 BCFIO — EIJ 9
5 ADHKN — ABCHIJLPRVW 10
B 16A CEE
3 ha 50T(100-150m²) 310D
① €26,00
② €33,00
114874

N 52°06'28" E 08°34'28"

Von der A30 Ausfahrt 27 Bünde Richtung Bünde/Hessisch Oldendorf/Enger zur Pödinghauser Straße.

Hörstel, D-48477 / Nordrhein-Westfalen

- Erholungsanlage Hertha-See****
- Hertha Seestraße 70
- 3 Apr - 4 Okt
- +49 54 59 10 08
- contact@hertha-see.de

1 ABEHKNOPQRST — LN 6
2 ABDGHPQWXY — BCDEFGHI 7
3 BDFGJMN — ABCDEFJKNQRT 8
4 BFHIQ — IVY 9
5 ABDEFIJKMN — ABEGHIKPRZ 10
Anzeige auf dieser Seite B 16A CEE
25 ha 157T(100-110m²) 358D
① €28,30
② €34,70
100106

N 52°19'39" E 07°36'02"

A30/E30 Hengelo-Osnabrück, Ausfahrt Hörstel 10, dann Richtung Hörstel-Rheine, nach 100m rechts Hertha Seestraße, ausgeschildert.

GUT HABERSAUEL

Schöner, großzügig gestalteter Campingplatz an der Rur, 52 km von Aachen. Geeignet für kurze und längere Ferien. Prima Sanitäranlagen und gemütliches Bistro. Verschiedene Möglichkeiten für Ausflüge, u.a. die malerische Ortschaft Heimbach und das Kloster Mariawald.

Wander-, Radel- und Mountainbikegebiet.
Schönes Freibad auf 900m!

Jetzt auch Komfortplätze mit Wasser, Strom und Kanalisation. Gleicher Preis. Nicht reservierbar.

52396 Heimbach • Tel. 02446-437 • Fax 02446-559
E-Mail: info@heimbacher-campingplatz.de
Internet: www.heimbacher-campingplatz.de

Eichengrund

Ganzjährig geöffnet

Camping am Rand des Teutoburger Waldes

* Kinder sind herzlich willkommen
* Sanitärkabinen auf den Touristenplätzen
  (warme Dusche, WC, Waschbecken)
* Spielplatz
* Schwimmen
* Tischtennis
* Sportgelände
* Minigolf
* Wandern und Rad fahren im Geopark TERRA.vita

Im Brook 2, 49479 Ibbenbüren, Tel. 05455-521

Kalletal, D-32689 / Nordrhein-Westfalen

- CampingPark Kalletal
- Seeweg 1
- 26 Mär - 31 Okt
- +49 5 75 54 44
- info@campingpark-kalletal.de

1 DE**JM**NOPRST LMNOPQSW**XYZ** 6
2 DGHIOPSVWXY ABC**DEFGIJ** 7
3 ABDF**GLMN**V ABCDEFGIJKLNQRTUVW 8
4 ABCEFHIOR**TXZ** JKNTVW 9
5 ABDEFHLMN ABEFGHIJNPR 10
B 16A CEE

N 52°10'34'' E 08°59'57'' H50 12 ha 420**T**(100-200m²) 195**D**

❶ €43,00
❷ €53,00
100110

A2, Ausfahrt Bad Oeynhausen, Richtung Vlotho. In Vlotho Richtung Rinteln (B514). In Varenholz links halten. Den Schildern folgen.

Köln/Dünnwald, D-51069 / Nordrhein-Westfalen

- Waldbad
- Peter-Baum-Weg
- 1 Jan - 31 Dez
- +49 2 21 60 33 15
- info@waldbad-camping.de

1 AF**JM**NOPQRST ABFGHO 6
2 ABCGOPY ABDE**FGHI** 7
3 BJM ABCDEFJNQRT 8
4 IO DGJV 9
5 ABDFLMN AGHJ**NOR** 10
Anzeige auf Seite 117 B 12A CEE

N 50°59'42'' E 07°03'35'' 3,2 ha 45**T**(100m²) 74**D**

❶ €27,00
❷ €37,00
111951

A3, Ausfahrt 24 (Kreuz Leverkusen). Der U51 folgen. Auf der B51 ist der CP in Dünnwald ausgeschildert.

Höxter, D-37671 / Nordrhein-Westfalen

- Wesercamping Höxter***
- Sportzentrum 4
- 1 Jan - 31 Dez
- +49 52 71 25 89
- info@campingplatz-hoexter.de

1 AD**JM**NOPQRST **AB**HJNUXYZ 6
2 CFGOPVX AB**DFGHIJ** 7
3 BF**HMNS** ABCDE**FIJ**NQRTW 8
4 FHIO FJRVW 9
5 ABDEFH**J**KMN ABFGHJLPR 10
Anzeige auf dieser Seite 6-10A CEE

N 51°46'00'' E 09°23'00'' H106 3 ha 80**T**(80-150m²) 97**D**

❶ €24,50
❷ €34,50
109956

A44 richtung Kassel, Ausfahrt Bühren Richtung Paderborn. B64 Richtung Höxter. In Höxter Richtung Boffzen/Fürstenberg und den Schildern zum CP und Brückfeld folgen. Umleitung wegen Brückensperrung für Fahrzeuge bis 2,10m.

Köln/Poll, D-51105 / Nordrhein-Westfalen

- Campingplatz Stadt Köln
- Weidenweg 35
- 1 Apr - 23 Okt
- +49 2 21 83 19 66
- info@camping-koeln.de

1 AD**JM**NOPQRST N**X** 6
2 ACPWX ABE**FGIJ** 7
3 L ABEFJNQR 8
4 FI V 9
5 ABCDFJK AGHIJPR 10
B 16A CEE

N 50°54'10'' E 06°59'27'' 1,8 ha 140**T**

❶ €30,00
❷ €39,00
102042

A4 Ausfahrt 13 Köln/Poll. Schildern folgen.

Köln/Rodenkirchen, D-50996 / Nordrhein-Westf.

- Berger
- Uferstraße 71
- 1 Jan - 23 Dez
- +49 22 19 35 52 40
- camping.berger@t-online.de

1 AEF**JM**NOPQRST JN**X**Y 6
2 ACHOPX ABDE**FGI** 7
3 B**JLMN** ABCDEFJKNQRTW 8
4 FH GV 9
5 ABDEFLJMN AFGHIJ**NOR** 10
B 10A CEE

N 50°53'28'' E 07°01'23'' 4 ha 125**T**(80m²) 143**D**

❶ €29,25
❷ €35,50
107495

A4 Aachen-Köln. Ausfahrt Köln/Rodenkirchen. Schildern folgen.

Wesercamping HÖXTER
Sportzentrum 4 · 37671 Höxter · Tel. 05271-2589
www.wesercamping-hoexter.de

Ibbenbüren, D-49479 / Nordrhein-Westfalen

- Eichengrund
- Im Brook 2
- 1 Jan - 31 Dez
- +49 5 45 55 21
- FAX +49 5 45 52 67

1 AFILNOPQRST L 5
2 ADHPQVWX B**FG** 7
3 BF**JM**U AB**FGIJ**LNPQRUV 8
4 HI 9
5 ADM ABGHJLMR 10
Anzeige auf dieser Seite 16A CEE

N 52°13'06'' E 07°39'54'' H60 6 ha 25**T**(100m²) 225**D**

❶ €22,00
❷ €28,00
102078

A30/E30 Osnabrück-Hengelo Ausfahrt 11 Ibbenbüren. Über die B219 Richtung Saerbeck/Münster. Über den Dortmund-Ems Kanal. Nach 500m CP rechts angezeigt (Im Brook).

Königswinter/Oberpleis, D-53639 / Nordrhein-W.

- Camping im Siebengebirge
- Theodor-Storm-Str. 37
- 1 Jan - 31 Dez
- +49 22 44 64 18
- info@camping-im-siebengebirge.camp

1 AF**JM**NOPQRST A 6
2 ACOPQX AB**FG** 7
3 BFMN ABCDEFJNR 8
4 H**RST** F 9
5 ADMN ABEFGHJM**P**R 10
16A CEE

N 50°42'31'' E 07°15'57'' 1,3 ha 24**T**(100m²) 81**D**

❶ €23,00
❷ €25,00
107496

A3 Köln-Frankfurt, Ausfahrt 33 Siebengebirge. Am Ende links, Schildern folgen.

Kalkar/Wissel, D-47546 / Nordrhein-Westfalen

- Freizeitpark Wisseler See GmbH****
- Zum Wisseler See 15
- 1 Jan - 31 Dez
- +49 2 82 49 63 10
- info@wisseler-see.de

1 ABEF**GJM**NOPQRST HLMNOPQSTXYZ 6
2 DGHIOPRSVWXY ABDE**FG**H 7
3 AB**FGLMN**R ABCDEFJK**LMN**R**S**TUVW 8
4 ABDFHILO**Q** AEFKTVY 9
5 ABDEFHIJKLM**O** ABEFGHJLM**NP**RVXZ 10
Anzeige auf Seite 117 B 16A CEE

N 51°45'39'' E 06°17'06'' 35 ha 242**T**(60-160m²) 647**D**

❶ €29,00
❷ €37,00
109276

A3 Ausfahrt 3 Emmerich. N220 links ab Richtung Emmerich/Kleve. Über die Brücke 1. Straße links Richtung Kalkar. Cp ausgeschildert.

Ladbergen, D-49549 / Nordrhein-Westfalen

- Regenbogen Ferienanlage Ladbergen
- Buddenkuhle 1
- 28 Mär - 1 Nov
- +49 5 48 59 63 53
- ladbergen@regenbogen.ag

1 ADEF**JM**NOPQRST LMNQS**X** 6
2 ADGHIPQWXY B**FG** 7
3 AG**HI**LMS BFLNQR**S**UW 8
4 B E 9
5 ABDEFJKMN ABHILOR 10
B 16A CEE

N 52°09'56'' E 07°45'37'' H55 6 ha 80**T**(90-110m²) 154**D**

❶ €27,90
❷ €27,90
114759

A1 Münster/Dortmund, Ausfahrt 74 Ladbergen. Am Kreisel ist der CP ausgeschildert. Richtung Waldsee.

Durchreisecampingplätze

In diesem Führer finden Sie eine handliche Karte mit Campingplätzen an den wichtigen Durchgangsstrecken zu Ihrem Ferienziel. Durch die Farbe des jeweiligen Zeltchens können Sie erkennen, ob dieser Platz ganzjährig geöffnet ist oder nicht. Darüber hinaus gibt es für jeden Platz auch noch eine kurze redaktionelle Beschreibung, inklusive Routenbeschreibung und Öffnungszeiten.

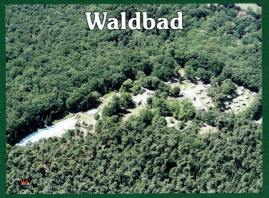

Waldbad

Schöner Campingplatz in ruhiger Lage, mitten im Waldgebiet gelegen. Neue moderne Sanitäranlagen mit fließend warmen und kalten Wasser, Waschmaschine und Bügelmöglichkeiten werden angeboten. Außerdem Kiosk, große Halle für 100 Personen und Kinderspielplatz. Auf Wunsch Reservierung. Großes beheiztes Schwimmbad mit 48 Meter langer Wasser-Rutschbahn. Gaststätte und Minigolf vorhanden. Angrenzender Wildpark sowie gute Möglichkeiten zum Wandern gegeben. 10 km zur City-Köln mit Auto und Straßenbahn gut zu erreichen.

Peter-Baum-Weg, 51069 Köln/Dünnwald
Tel. +49 221603315
E-Mail: info@waldbad-camping.de
Internet: www.waldbad-camping.de

Deutschland

Lemgo, D-32657 / Nordrhein-Westfalen
- Campingpark Lemgo
- Regenstorstraße 10
- 1 Mär - 23 Dez
- +49 5 26 11 48 58
- lemgo@meyer-zu-bentrup.de
- 1 AJMNOPQRST ABEFGHN 6
- 2 COPRSWXY ABCFGHIJK 7
- 3 ABM ABCDEFJKNQRTUV 8
- 4 FHIOSTUV Y 9
- 5 ADMN ABDFGHJORVW 10
- Anzeige auf Seite 113 16A CEE € 27,50
- H90 2,6 ha 60T(90-100m²) 10D € 30,00
- N 52°01'30'' E 08°54'31''
- In Lemgo ist CP ausgeschildert.
- 102204

Lienen, D-49536 / Nordrhein-Westfalen
- Eurocamp
- Holperdorp 44
- 1 Jan - 31 Dez
- +49 5 48 32 90
- info@camping-lienen.de
- 1 ADEJMNOPQRST 6
- 2 FPQRUWX BFG 7
- 3 BEMS BDFJKNQRW 8
- 4 F FI 9
- 5 DKM AJPR 10
- Anzeige auf dieser Seite B 10A CEE € 22,00
- H170 7,8 ha 60T(80-100m²) 173D € 28,00
- N 52°10'00'' E 07°58'52''
- B51 Osnabrück/Nahne Richtung Bad Iburg, danach Richtung Holperdorp fahren. CP ist ausgeschildert.
- 102082

Eurocamp

- im Holperdorper Tal des Teutoburger Waldes
- 170m über dem Meer
- Terrassenplätze teils mit Schatten
- moderne Sanitäranlagen
- großer Spielplatz mit Wasserspielplatz
- Ferienwohnung (4 Sterne)

Holperdorp 44, Lienen
Tel. +49 5483290
www.camping-lienen.de

Lengerich, D-49525 / Nordrhein-Westfalen
- Auf dem Sonnenhügel
- Zur Sandgrube 40
- 1 Jan - 31 Dez
- +49 54 81 62 16
- info@sonnenhuegel-camping.de
- 1 ADFJMNOPQRST LM 6
- 2 ADGHPQVWX ABDEFGI 7
- 3 AFGMU ABEFIJLNQRTUV 8
- 4 BHIOQ VWY 9
- 5 ABDEFHM ABGHIJLPRV 10
- B 10A CEE € 20,00
- H56 5,5 ha 50T(100-120m²) 180D € 26,00
- N 52°11'19'' E 07°48'16''
- A30 Hengelo-Osnabrück, am Autobahnkreuz Lotte Ausfahrt 13 Richtung Münster/Dortmund. Ausfahrt 73 Lengerich. Im Kreisverkehr rechts; ausgeschildert.
- 102084

Lindlar, D-51789 / Nordrhein-Westfalen
- Campingpark im Bergischen Land
- Oberbüschem 45
- 1 Jan - 31 Dez
- +49 22 66 66 52
- info@mein-campingpark.de
- 1 AEFJMNOPQRST 6
- 2 BFPSTUVWX BFGHI 7
- 3 ABFLMUX BCDFHJKLNPQRTUVW 8
- 4 FGIK FIJ 9
- 5 ADEFHJKMN AFGHJMR 10
- B 16A CEE € 22,00
- H300 10 ha 30T(100m²) 265D € 26,00
- N 51°04'04'' E 07°22'57''
- A45 Ausfahrt 16. Richtung Meinerzhagen. Die B54 nehmen. Weiter die L306, dann die K45. Weiter auf der K18. Über die L284 Richtung Buchholz. In Lindlar ist der CP angezeigt.
- 121561

Ferien- und Campingpark Wisseler See ★★★★

Wir können... Urlaub

Freizeitpark Wisseler See GmbH
Zum Wisseler See 15 · D-47546 Kalkar   www.wisseler-see.de

Teilkarte Nordrhein-Westfalen auf Seite 111

117

Camping ★★★★ PERLENAU
Monschau • Eifel

FAMILIENTARIF 18 €
5 Personen ab p.n.

52156 Monschau/Perlenau
Tel. 0049-2472-4136/4493
E-Mail: familie.rasch@monschau-perlenau.de
Internet: www.monschau-perlenau.de

Lippstadt, D-59558 / Nordrhein-Westfalen

- ▲ Campingparadies Lippstädter Seenplatte
- Seeufer Straße 16
- 1 Mär - 31 Okt
- +49 29 48 22 53
- info@camping-lippstadt.de
- N 51°42'04'' E 08°24'28''

1 AFJMNOPQRST — LNOQSTXY 6
2 ABDGHOPVX — ABCDEFG H 7
3 BLM — ABCDEFIJNQRTUVW 8
4 HK — PRTVY 9
5 ABDEHKMNO — ABFGHJOR 10
B 16A CEE
2,5 ha 88T(120m²) 25D
€ 23,20 / € 31,20
117999

Auf der B55 Ausfahrt Lippstadt Richtung Freizeitpark. Der CP ist ausgeschildert.

Lügde/Elbrinxen, D-32676 / Nordrhein-Westfalen

- ▲ Eichwald
- Obere Dorfstraße 80
- 1 Jan - 31 Dez
- +49 5 28 33 35
- info@camping-elchwald.de
- N 51°53'54'' E 09°15'19''

1 ADEFJMNOPQRST — ABFH 6
2 GOPTUVWX — ABDEFG 7
3 BLM — ABCDEFIJLNRTUVW 8
4 EFHIOP — J 9
5 ADMN — ABGHIJLMORVX 10
10A CEE
H160 10 ha 150T(100-150m²) 303D
€ 16,90 / € 22,10
102254

A2 Ausfahrt 27 Bielefeld. Die B66 nach Detmold Richtung Höxter, dann die B239. Dann Richtung Bad Pyrmont nach Lügde. CP liegt in Elbrinxen (ca. 8 km hinter Lügde).

Der Geheimtipp im Sauerland
Camping Seeblick
58540 Meinerzhagen, Seeuferstr. 2
Listertalsperre • Tel. 02358-381
www.campingplatz-seeblick.com

Meinerzhagen, D-58540 / Nordrhein-Westf.

- ▲ Seeblick
- Seeuferstr. 2
- 22 Mär - 9 Okt
- +49 2 35 83 81
- info@campingplatz-seeblick.com
- N 51°04'41'' E 07°48'57''

1 AJMNOPQRST — LNOQSXYZ 6
2 ADGIKPRTUW — ABDEFG 7
3 BM — ABCDEFJNRT 8
4 IO — IN 9
5 ABDEFJMN — ABFHJOR 10
Anzeige auf dieser Seite W 16A CEE
H350 2 ha 25T(80-100m²) 151D
€ 25,10 / € 25,10
102087

A45 Dortmund-Siegen, Ausfahrt 16 Meinerzhagen Richtung Attendorn. Nach 4 km rechts Richtung Listertalsperre. Nach 10 km CP links.

CAMPING LELEFELD

Im Naturpark Maas-Schwalm-Nette, ideal für Wanderungen und Radtouren. Überdachtes Schwimmbad in 500m. In der Nähe der Venekotensee, Burg Brüggen, Zoo und noch viel mehr.
Inh. Herr Gerhard Blut.

Lelefeld 4, 41372 Niederkrüchten/Elmpt
Tel. und Fax 02163-81203 • E-Mail: info@camping-lelefeld.com
Internet: www.camping-lelefeld.com

Meschede (Hennesee), D-59872 / Nordrhein-W.

- ▲ Knaus Campingpark Hennesee★★★★★
- Mielinghausen 7
- 1/1 - 8/11, 18/12 - 31/12
- +49 2 91 95 27 20
- hennesee@knauscamp.de
- N 51°17'54'' E 08°15'51''

1 ADEFJMNOPQRST — EILNOPQSX 6
2 ADGIKOPRUVWXY — ABDEFG H 7
3 ABFGMSW — ABCDEFJKLMNQRTUVW 8
4 ABFHINOQT — ABENUVWY 9
5 ABDEFHJLMN — ABDEFGHJLMPRV 10
Anzeige auf Seite 52 WB 6-16A CEE
H390 12,5 ha 182T(80-130m²) 348D
€ 35,30 / € 43,70
102150

B55 von Meschede nach Olpe. Nach 7 km am Ende des Stausees über die Brücke rechts en nach 300m CP links.

Mettingen, D-49497 / Nordrhein-Westfalen

- ▲ Zur schönen Aussicht
- Schwarze Straße 73
- 1 Jan - 31 Dez
- +49 5 45 26 06
- info@camping-schoene-aussicht.de
- N 52°18'46'' E 07°45'45''

1 AHKNOPRT — CD 6
2 AFPUWXY — BDEFG 7
3 BM — ABCDEFG JNQRUVW 8
4 FHIOPQ — G 9
5 ADEFHKM — AFGHJPRV 10
Anzeige auf Seite 119 10A CEE
H120 3 ha 50T(80-100m²) 46D
€ 24,00 / € 31,00
102076

A30, Ausfahrt 12 Ibbenbüren-Laggenbeck Richtung Mettingen. Über L594 und L796 durch Laggenbeck. CP ausgeschildert.

Monschau/Imgenbroich, D-52156 / Nordrhein-W.

- ▲ Zum Jone-Bur★★★★
- Grünentalstraße 36
- 1 Jan - 31 Dez
- +49 24 72 39 31
- camping@zum-jone-bur.de
- N 50°34'01'' E 06°16'02''

1 AEFILNOPQRT — F 6
2 OPRSVWX — ABDEFG H 7
3 AM — ABCDEFJNQRTUVW 8
4 EFHIOZ — E 9
5 DFHKM — ABDFGHJOPST 10
Anzeige auf Seite 119 B 6A CEE
8 ha 60T(60-80m²) 141D
€ 25,00 / € 32,00
100134

Auf der B258 Aachen-Monschau oder B399 Düren-Monschau ist der CP ausgeschildert. In Imgenbroich links, deutliche Beschilderung.

Monschau/Perlenau, D-52156 / Nordrhein-W.

- ▲ Perlenau★★★★
- 1 Apr - 31 Okt
- +49 24 72 41 36
- familie.rasch@monschau-perlenau.de
- N 50°32'38'' E 06°14'15''

1 AJMNOPQRT — N 6
2 BCPQRUVWX — ABDFG 7
3 A — ABCDEFIJNQRTW 8
4 FHIO — 9
5 ABDHMN — ABDGJOR 10
Anzeige auf dieser Seite 16A CEE
3 ha 70T(50-80m²) 10D
€ 25,00 / € 31,00
101998

B258 Monschau-Trier; der CP ist deutlich ausgeschildert.

Münster, D-48157 / Nordrhein-Westfalen

- ▲ Münster★★★★★
- Laerer Werseufer 7
- 1 Jan - 31 Dez
- +49 2 51 31 19 82
- info@campingplatz-muenster.de
- N 51°56'47'' E 07°41'28''

1 ADEFJMNOPQRST — ABFGHNX 6
2 ACGOPSVWX — ABDEFG HIJ 7
3 BDFGJLMNU — ABCDEFG JNQRTUVW 8
4 ABFHIJOPT — IJKRV 9
5 ACDFHLMN — ABEFGHIKOPRXZ 10
B 16A CEE
60 ha 180T(80m²) 304D
€ 24,00 / € 28,00
101122

Kreuz Münster-Süd (A1/A43) Richtung Münster. Nach ca. 2 km Richtung Bielefeld/WDR. Nach ca. 6 km Richtung MS/Wolbeck/WDR, CP ausgeschildert.

Newsletter

Melden Sie sich an für den Eurocampings Newsletter und bleiben Sie über die neusten Entwicklungen auf dem Laufenden!

www.Eurocampings.de

Camping Zur schönen Aussicht
im Tecklenburgerland

Campingplatz und Gaststätte

Schwarze Straße 73, 49497 Mettingen
Tel. 05452-606 • Fax 05452-4751
E-Mail:
info@camping-schoene-aussicht.de
Internet:
www.camping-schoene-aussicht.de

Deutschland

Nideggen/Brück, D-52385 / Nordrhein-Westfalen

- Camping Hetzingen★★★★
- Campingweg 1
- 1 Jan - 31 Dez
- +49 2 42 75 08
- info@campingplatz-hetzingen.de
- N 50°41'07"   E 06°28'13"

1 ACE**JM**NOPQRST U 6
2 COPRTUVXY AB**D**E**FG**IJ 7
3 B**HIM** ABCD**EFG**JNQRTW 8
4 BIO**QT** DEUV 9
5 ABDEFHJLM**N** ABGHJ**NOR**10
Anzeige auf dieser Seite 10A CEE
7 ha 100**T**(60-75m²) 310**D**
① €22,10
② €27,50
101996

Von Nideggen in Richtung Brück; in Brück ist der CP deutlich ausgeschildert.

Niederkrüchten/Elmpt, D-41372 / Nordrhein-Westf.

- Lelefeld
- Lelefeld 4
- 1 Jan - 31 Dez
- +49 2 16 38 12 03
- info@camping-lelefeld.com
- N 51°13'05"   E 06°08'46"

1 A**JM**NOPQRS 6
2 AOPVX AB**DEFG** 7
3 H**M** ABE**F**JNQR 8
4 FHIO DV 9
5 ABDM ABFGHIJLPRZ10
Anzeige auf Seite 118 10-16A
1,5 ha 20**T**(100m²) 82**D**
① €14,60
② €19,60
101995

Von der A52 Ausfahrt Elmpt. Hinter der ARAL-Tankstelle die zweite Straße links. CP gut ausgeschildert.

- 4 Sterne nach DTV
- täglich frische Backwaren
- 300 km Wanderwege
- Kajakfahren ab dem 15. Juli
- Reisemobile willkommen
- Vermietung von Mobilheimen
- Fahrradverleih
- am Nationalpark Eifel
- Klettergelegenheiten
- Burgen, Museen, Wildpark

Seniorenangebot
1 Woche 2 Personen/Stellplatz, 88 € (Komfortplatz 99 €), Reisemobile 13,65 € pro Nacht, exklusive Strom und Müll (außerhalb Ferien und Feiertage)

Angebot: 2 Erwachsene und 3 Kinder Stellplatz - mind. 2 Nächte € 23/Nacht

• WLAN am Platz

• Bitte auf die Beschilderung 'Campingplatz Hetzingen' achten!

Campingweg 1, 52385 Nideggen/Brück
Tel. 02427/508
info@campingplatz-hetzingen.de
Internet: www.campingplatz-hetzingen.de

Niederkrüchten/Brempt, D-41372 / Nordrhein-W.

- Brempt
- Kahrstraße 115
- 1 Jan - 31 Dez
- +49 2 16 38 09 96
- campingplatz-brempt@t-online.de
- N 51°12'51"   E 06°13'36"

1 AF**JM**NOPQRS LNQSX 6
2 ACDOPQW AB**DEFG** 7
3 ABF**J**MS ABE**F**JNQR 8
4 Y 9
5 BDFHKLMN AHIJLPRZ10
16A CEE
1 ha 15**T**(50-80m²) 200**D**
① €13,00
② €18,00
100126

A52, Abfahrt 3, Richtung Hariksee. In Brempt CP ausgeschildert (am Ortsausgang links).

Oer-Erkenschwick, D-45739 / Nordrhein-Westfalen

- Campingplatz Ludbrock
- Holthäuser Strasse 149-151
- 1 Jan - 31 Dez
- +49 2 36 85 60 07
- r.b.ludbrock@t-online.de
- N 51°39'30"   E 07°12'57"

1 A**JM**NOPQRST 6
2 ABFOPRSVWXY AB**DEFG** 7
3 ABM ABCDE**FG**JKNPQRTUVW 8
4 FHI 9
5 DEMN ABFGHIJR10
B 16A CEE
H75 3,2 ha 28**T**(100-200m²) 210**D**
① €16,00
② €20,00
118602

Von der A43 Ausfahrt 10 Wuppertal Münster. Ausfahrt Sinsen Richtung Oer-Erkenschwick.

Teilkarte Nordrhein-Westfalen auf Seite 111

Das besondere Naturerlebnis - direkt am Biggesee

- 170 Tourist-Camper
- 110 Dauer-Camper
- 10 Wohnmobile
- Zeltwiese

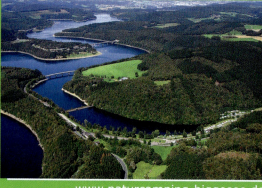

"Naturcamping Kessenhammer Biggesee" ist eine modern und komfortabel ausgestattete Campinganlage für Naturfreunde! Restaurant und Angelsportgeschäft am Platz.

D-57462 Olpe/Kessenhammer
info@naturcamping-biggesee.de
Tel. +49 (0)2761-94420
www.naturcamping-biggesee.de

Olpe/Kessenhammer, D-57462 / Nordrhein-Westfalen

Naturcamping Kessenhammer-Biggesee
Kessenhammer 3
1 Jan - 31 Dez
+49 2 76 19 44 20
info@naturcamping-biggesee.de
N 51°03'38'' E 07°51'29''

1 ACF**JM**NOPQRST AL**P**QSX 6
2 ADGIOPSVWX ABDE**FG**HIJK 7
3 AFMU ABCDEFGHJKNQRTUVW 8
4 FHIO CIN 9
5 ABDEFGHJLMN ABEFGHJR 10
Anzeige auf dieser Seite WB 16A CEE ① €22,50
H380 5,6 ha 170T(80-100m²) 115D ② €28,50
102089

A45 Dortmund-Frankfurt, Ausfahrt 18 Olpe. B55 Richtung Meschede, Ausfahrt Rhode/Kessenhammer. Schildern folgen.

Olpe/Sondern, D-57462 / Nordrhein-Westfalen

Vier Jahreszeiten-Camping Biggesee****
Am Sonderner Kopf 3
1 Jan - 31 Dez
+49 27 61 94 41 11
biggesee@freizeit-oasen.de
N 51°04'25'' E 07°51'25''

1 AEF**JM**NOPQRST LNOPQSX**Y**Z 6
2 ADGIOPRUWXY ABDE**FG**HIJK 7
3 ABE**FLM** ABCDEFJKNQRTW 8
4 BCFHILNOQ**TX** CFJLNS 9
5 ADDEF**HJ**KMN ABGHJ**O**P**RV**10
WB 6-10A CEE ① €29,00
H350 6,5 ha 200T(100m²) 142D ② €32,50
101127

A45 Ausfahrt 18 Olpe. B54 Richtung Biggesee, dann nach Attendorn. Nach 6 km hinter Sondern rechts abzuweigen.

Camping Valmetal
- Urlaub im Herzen vom Sauerland -

Kinder- und familienfreundlicher Campingplatz im Valmetal, umgeben von den Wäldern des Rothaargebirges. Idealer Ausgangspunkt für Wanderungen, Mountainbike- oder Motorradtouren. Sehr gepflegte Sanitäranlagen, Lebensmittelkiosk, Getränke- und Brötchenservice, Grillplatz, Ver- und Entsorgungsstation für Reisemobile, Restaurant in unmittelbarer Nähe. **WLAN gratis.**

Valme 2A, 59909 Ramsbeck/Valme
Tel. 02905-253 • www.camping-valmetal.de

Ramsbeck/Valme, D-59909 / Nordrhein-Westfalen

Camping Valmetal
Valme 2A
1 Jan - 31 Dez
+49 2 90 52 53
camping-valmetal@t-online.de
N 51°17'17'' E 08°24'25''

1 AEF**JM**NOPQRST 6
2 ABCPRVWX ABDE**FG**H 7
3 ABM ABCDE**F**JKNQRTW 8
4 FH 9
5 ABDLMN ABGHJMPRX 10
Anzeige auf dieser Seite W 16A CEE ① €16,00
H480 2,8 ha 30T(80m²) 120D ② €21,00
102151

A44 Dortmund-Kassel, am Autobahnkreuz Werl die A445 Richtung Meschede/Bestwig. In Bestwig Richtung Ramsbeck. Links Richtung Valme.

Camp Hammer

Im idyllischen Tal umgeben von Wäldern, Wiesen und einem Fluss liegt der familienfreundliche Platz Camp Hammer, Ihr zertifizierter Gastgeber am Nationalpark Eifel. Direkt am Eifelsteig. Kurze Entfernung nach Monschau und zum Rursee. WLAN auf dem Platz. Gasverkauf. Bistro.
Ankunft: So - Do bis 18:00 Uhr und Fr - Sa bis 20:00 Uhr.
Mittagspause: 12.00-15.00 Uhr.

An der Streng 7, 52152 Simmerath/Hammer
Tel. +49 2473929041 • E-Mail: info@camp-hammer.de
Internet: www.camp-hammer.de

Sassenberg, D-48336 / Nordrhein-Westfalen

Münsterland Eichenhof*****
Feldmark 3
1 Jan - 31 Dez
+49 25 83 15 85
info@campmuensterland.de
N 52°00'16'' E 08°03'51''

1 ADEF**JM**NOPQRST LNQSX 6
2 DGHOPQWXY BE**FG**HI 7
3 B**GLM** BDFJK**L**NQRTUV 8
4 BHIK EVW 9
5 ABDEFJLMN ABDEFGHJLM**P**RZ 10
Anzeige auf Seite 121 B 16A CEE ① €24,90
H60 18 ha 80T(100-120m²) 203D ② €30,40
102146

A30 Richtung Osnabrück. Ausfahrt 18, N475 Richtung Warendorf, weiter Richtung Sassenberg. In Sassenberg Richtung Versmold. Ortsaußerhalb Camping ausgeschildert.

Sassenberg, D-48336 / Nordrhein-Westfalen

Campingpark Heidewald*****
Versmolder Straße 44
1 Feb - 30 Nov
+49 25 83 13 94
campheidewald@web.de
N 52°00'00'' E 08°03'55''

1 AEF**JM**NOPQRS**T** 6
2 OPVWX BE**FG** 7
3 B**F**G**LM**V BD**F**JKNQRTUVW 8
4 F**H**O CEFVWY 9
5 ABDJMN ABDEGHJLM**P**R 10
Anzeige auf Seite 121 B 16A CEE ① €28,00
H63 8,5 ha 90T(100-130m²) 243D ② €34,00
111825

A30 Richtung Osnabrück. Ausfahrt 18, N475 Richtung Warendorf, dann weiter Richtung Sassenberg fahren. Den CP-Schildern folgen.

Schleiden/Harperscheid, D-53937 / Nordrhein-W.

Schafbachmühle
1 Jan - 31 Dez
+49 2 48 52 68
jw-schafbachmuehle@t-online.de
N 50°31'39'' E 06°24'42''

1 A**JM**NOPQRST 6
2 BCGPUVXY ABDE**FG** 7
3 AMS ABCDE**F**JKNQRTW 8
4 FH F 9
5 ADMN ABFGJL**O**RZ 10
10A CEE ① €21,50
14 ha 50T(70-90m²) 154D ② €29,50
110309

B258 Achen-Monschau. Dann Richtung Schleiden fahren. 3 km vor Schleiden links abbiegen. CP ist ausgeschildert.

Schloß Holte/Stukenbrock, D-33758 / Nordrhein-W.

Campingplatz Am Furlbach***
Am Furlbach 33
1 Jan - 31 Dez
+49 52 57 33 73
info@campingplatzamfurlbach.de
N 51°52'16'' E 08°40'20''

1 A**F**JMNOPQRST N 6
2 ABPQRVWXY ABDE**FG** 7
3 B**F**LM ABCDE**F**JNQRTUVW 8
4 FHI FI 9
5 ABD**M**N AGIJORW 10
B 16A CEE ① €19,50
H122 9 ha 50T(90-120m²) 191D ② €24,50
100116

A2 Dortmund-Hannover, Autobahnkreuz Bielefeld A33 Richtung Paderborn. Abfahrt 23 Stukenbrock/Senne. Dann 2 km Richtung Stukenbrock, über B68/L756, Schildern folgen.

Simmerath/Hammer, D-52152 / Nordrhein-Westf.

Camp Hammer
An der Streng 7
1 Jan - 31 Dez
+49 24 73 92 90 41
info@camp-hammer.de
N 50°33'51'' E 06°19'59''

1 AFHKNOPQR**T** J 6
2 BCGJOPWX ABDE**FG**H 7
3 AMS ABCDE**F**JKNQRTW 8
4 FHO F 9
5 D**F**HKMN ABCHJ**P**RY 10
Anzeige auf dieser Seite B 16A CEE ① €26,50
3 ha 80T 86D ② €35,50
110973

Heerlen-Aachen. Dann via B258 Richtung Monschau-Konzen-Eichersbach-Hammer.

Solingen, D-42659 / Nordrhein-Westfalen

Waldcamping Glüder
Balkhauserweg 240
1 Jan - 31 Dez
+49 2 12 24 21 20
info@camping-solingen.de
N 51°08'02'' E 07°07'02''

1 ADEF**JM**NOPQRST 6
2 ABCOPSWX AB**FG** 7
3 B**J**M ABE**F**JQRU 8
4 FHO**Z** Z 9
5 ABCDE**F**HJKMN ABHIJ**O**R 10
H80 2 ha 25T(80-100m²) 78D
① €22,50
② €29,50
108114

A1, Ausfahrt 97 Burscheid. In Burscheid Richtung Hilgen und dort Richtung Witzhelden. Dann Richtung Solingen. CP ist ausgeschildert.

Campingpark Münsterland Eichenhof • Feldmark 3 • D-48336 Sassenberg • +49 (0) 2583 1585 • www.campmuensterland.de

4500 km Rad- und Wanderwege
Restaurant mit Biergarten
Privatbäder
Mietobjekte für bis zu 4 Personen

Sonsbeck/Labbeck, D-47665 / Nordrhein-Westf.
- Campingpark Kerstgenshof
- Marienbaumer Straße 158
- 1 Jan - 31 Dez
- +49 28 01 43 08
- info@kerstgenshof.de

1	ADEF**JM**NOPQRST	6
2	AOPSVWX	AB**DEFGHIJK** 7
3	BEFGMSW	ABCDE**FGHIJKLMNQRSTUVW** 8
4	BGHIKO	CFJV 9
5	ABDEFHKMN	ABFGHIJLMPRVXZ 10

B 16A CEE ❶ €28,10
8 ha 95T(100-120m²) 245D ❷ €36,40
N 51°39'35" E 06°22'22" 110110

Die L480 von Xanten nach Sonsbeck Ausfahrt Labbeck, Richtung Marienbaum. CP angezeigt.

Sundern, D-59846 / Nordrhein-Westfalen
- Campen am Damm
- Am Amecker Damm 2
- 1 Jan - 31 Dez
- +49 2 93 59 69 90 15
- gruenebaum@sorpesee.de

1	A**JM**NOPQRS**T**	LNQSXZ 6
2	DFGIOPRUW	AB**DEFG** 7
3	ALM	ABCDEFJNQRTW 8
4	FH	N 9
5	ABDEFHJLMN	ABGHJPR 10

B 16A CEE ❶ €23,00
H250 10 ha 60T(80-100m²) 270D ❷ €25,00
N 51°18'31" E 07°56'28" 121207

A46 Ausfahrt 64 Richtung Sundern. Hinter Hachen Richtung Langscheid/Amecke. Dann ist der CP angezeigt.

Tecklenburg, D-49545 / Nordrhein-Westfalen
- Am Knoblauchsberg
- Königstraße 8
- 1 Jan - 31 Dez
- +49 5 48 23 96
- campingplatz@knoblauchsberg.de

1	AI**L**NOPRST	A 6
2	APTWX	BD**FGH** 7
3	A**J**MSU	BDFIJNQRT 8
4		9
5	ADEHN	AFH**KOR** 10

10-16A
H115 1,5 ha 25T(75m²) 70D ❶ €17,00 ❷ €22,00
N 52°12'51" E 07°49'15" 102080

Autobahn Dortmund-Osnabrück, Ausfahrt 73 Lengerich, Richtung Tecklenburg über die Lengericher Straße. 1 km vor Tecklenburg ausgeschildert.

Tecklenburg/Leeden, D-49545 / Nordrhein-W. (CC€20)
- Regenbogen Ferienanlage Tecklenburg
- Grafenstraße 31
- 28 Mär - 1 Nov
- +49 54 05 10 07
- tecklenburg@regenbogen.ag

1	ADF**JM**NOPQR**T**	6
2	AGOPVWXY	BE**FGHIJ** 7
3	B**FJMN**S	BDFJKLNQRVW 8
4	BHINO	9
5	ABDEFJKM	AFGHIKLNORVX 10

B 16A CEE ❶ €41,10
30 ha 500T(90-100m²) 366D ❷ €41,10
N 52°13'47" E 07°53'25" 102081

A1 Hengelo-Osnabrück, Ausfahrt Ibbenbüren-Laggenbeck Richtung Tecklenburg-Lengerich. Dann ausgeschildert.

Versmold/Peckeloh, D-33775 / Nordrhein-W.
- Campingpark Sonnensee*****
- Seenstraße 25
- 1 Jan - 31 Dez
- +49 54 23 64 71
- service@campingpark-sonnensee.de

1	ADF**IL**NOPQRST	LMN 6
2	DGHIPVWX	BE**FGI** 7
3	AB**FGJ**LMUV	ABCDEFJKLNQRTUVW 8
4	BHIKQ**S**	BFIJVY 9
5	ADKMN	ABCEGHJ**OR**X 10

Anzeige auf dieser S. B 10-16A CEE ❶ €27,70
15 ha 85T(90-110m²) 276D ❷ €36,70
N 52°00'52" E 08°05'19" 108818

A30 Richtung Osnabrück. Am Kreuz Lotte die A33 Richtung Bielefeld. Ausfahrt 15 die B476. Hinter Versmold-Peckeloh Camping anzeigt.

Vlotho, D-32602 / Nordrhein-Westfalen
- Sonnenwiese
- Borlefzen 1
- 1 Jan - 31 Dez
- +49 57 33 82 17
- info@sonnenwiese.com

1	ACF**JM**NOPQRS**T**	CDJLMN**W**X**Y** 6
2	ACDGHOPSVX	BC**EFGH**IJK 7
3	B**F**LMS	ABCDEFIJKLMNQRTUVW 8
4	ABEFHIO**RS**T	9
5	ACDEFHLMN	ABEFGHIJL**NO**RVX 10

B 16A CEE ❶ €30,00
H57 10 ha 80T(80-120m²) 411D ❷ €40,00
N 52°10'25" E 08°54'25" 102203

A2 Dortmund-Hannover, Ausfahrt Vlotho-Exter dann Richtung Vlotho, Schildern folgen. Hinter dem Bahnübergang links (Ortsteil Uffeln).

Vlotho, D-32602 / Nordrhein-Westfalen
- Fam. Freizeitplatz Borlefzen
- Borlefzen 2
- 1 Apr - 31 Okt
- +49 5 73 38 00 08
- info@borlefzen.de

1	AE**JM**NOPQRST	JLMNQSW**XYZ** 6
2	ACDFGHIOPRVX	AB**FG** 7
3	B**FJ**S	ABCDE**FJ**NRW 8
4	HOP	DJNRT 9
5	ADEFGHLM	ABFGHJMR 10

6A CEE ❶ €28,00
H55 40 ha 140T(80-100m²) 654D ❷ €38,00
N 52°10'23" E 08°54'22" 102202

A2 Dortmund-Hannover, Ausfahrt Vlotho-Exter Richtung Vlotho. Über die Weserbrücke rechts den Schildern folgen (Ortsteil Uffeln).

Campingpark Heidewald – Schöner Urlaub im grünen Münsterland!
Tel. +49 2583-1394 • www.campingpark-heidewald.de • Sassenberg

Wachtendonk, D-47669 / Nordrhein-Westfalen
- Blaue Lagune
- Am Heidesee 5
- 1 Jan - 31 Dez
- +49 2 83 92 77
- info@blauelagune.de

1	ABCDE**IL**NOPQRST	LMOPW 6
2	ADGHILPVW	AB**DEFG** 7
3	AFGLMU	ABCDEFJNRTUVW 8
4	FHI	EJVW 9
5	ADEHM	ABCFGHIJORVZ 10

B 20A CEE ❶ €34,00
4 ha 48T(80-120m²) 62D ❷ €43,00
N 51°22'53" E 06°16'05" 118022

Von Duisburg die A40, Ausfahrt 2 Straelen/Nettetal. Von Mönchengladbach A61, Ausfahrt Kaldenkirchen/Straelen/Leuth. CP wird ausgeschildert.

★★★★★ CAMPINGPARK
Sonnensee
Kleine-Pollmann ★★★★★ DTV-Klassifizierung
Seenstraße 25, 33775 Versmold/Peckeloh • Tel. 05423-6471
Fax 05423-2968 • E-Mail: service@campingpark-sonnensee.de
Internet: www.campingpark-sonnensee.de

• Ruhig gelegenes und gut gepflegtes Gelände, direkter Seezugang
• See mit Feinsandstrand und Liegewiese, Golfplatz 800m
• Restaurant/Café mit Biergarten und Kiosk in der Campingsaison
• Sanitärkomplex mit Familienbädern, Baby- und Kinderwaschräumen

Ermäßigungen:
Bei uns bestimmt der Gast den jeweiligen Rabattsatz durch die Dauer seines Aufenthaltes selbst. Bei einer Mindestmietdauer von 1 Woche gewähren wir 7% Rabatt, und für jede weitere Übernachtung 1% Rabatt zusätzlich, auf die gesamte Personen- und Stellplatzgebühr zu allen Saisonzeiten (Rabattstaffelung bis max. 28%).

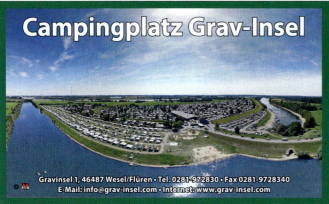

Campingplatz Grav-Insel

Gravinsel 1, 46487 Wesel/Flüren • Tel. 0281-972830 • Fax 0281-9728340
E-Mail: info@grav-insel.com • Internet: www.grav-insel.com

Wir heißen Sie und Ihre Lieben herzlich willkommen im Campingplatz Grav-Insel, dem Campingvergnügen für die ganze Familie. Rheinabwärts vom schönen Niederrhein gelegen, umgeben von Wasser und einer herrlichen Auen- und Wiesenlandschaft. Der ideale Ort die wertvollste Zeit im Jahr zu verbringen - Ihrem Urlaub. Bei uns wird Ihr Campingurlaub zum Erlebnis, ob baden, wandern, Rad fahren, tauchen, angeln, Boot fahren oder einfach nur in der Sonne liegen, bei uns ist (fast) alles möglich. Unser besonderes Augenmerk haben wir dabei auf die Wünsche unserer 'kleinen' Campinggäste gelegt. Bei einer Rundfahrt in der Rappelkiste lernen Sie die Insel kennen. Im Streichelzoo freuen sich unter anderem der Esel von Wesel 'Julius' und das Shetlandpony 'Jerry' auf die Kleinen und im neuen Abenteuerland sind der Phantasie keine Grenzen gesetzt. In den Sommerferien findet zudem noch ein Kinder- und Jugendanimationsprogramm durch die Campingkirche statt, so dass Sie Ihre Kinder gerade noch zu den Mahlzeiten sehen werden und Sie sich selbst auch richtig erholen können.

Warburg, D-34414 / Nordrhein-Westfalen

- ▲ Eversburg
- 🍴 Zum Anger 1
- 📅 1 Jan - 31 Dez
- ☎ +49 56 41 86 68

1 AB**JM**NOPQRS**T** 6
2 ABCDFGPX ABDE**FG** 7
3 A ABCDE**FGI**JKNPQR**T** 8
4 D**E**HIO 9
5 ABDJKN ABFGHIJORV10
B 16A CEE ❶ €24,50
H172 3 ha 75**T**(75-100m²) 40**D** ❷ €24,50
112402

🚗 A44 Dortmund-Kassel, Ausfahrt 65; B252 Richtung Warburg. Durchfahren bis zur B7, Richtung Kassel 1000m nach Warburg. Nicht in die Stadt fahren.

Warstein/Niederbergheim, D-59581 / Nordrhein-W.

- ▲ Wannetal
- 🍴 Wanndickerweg 2
- 📅 1 Jan - 31 Dez
- ☎ +49 29 25 20 84
- @ camping-wannetal@t-online.de

1 A**I**LNOPQRS**T** 6
2 BPRTUWX ABDE**FG** 7
3 ABFMSU ABCDEFHJNQR**T** 8
4 FHO 9
5 D**F**JLMN ABHJ**L**P**R**10
Anzeige auf dieser Seite 16A CEE ❶ €18,00
H250 3,2 ha 60**T**(80-100m²) 150**D** ❷ €23,00
100128

🚗 Autobahn Dortmund-Kassel, Abfahrt Soest-Ost, Richtung Niederbergheim. An den Ampel geradeaus Richtung Hirschberg. Nach ca. 1 km hinter der Kapelle links.

Wesel/Flüren, D-46487 / Nordrhein-Westfalen

- ▲ Campingplatz Grav-Insel
- 🍴 Gravincol 1
- 📅 1 Jan - 31 Dez
- ☎ +49 2 81 97 28 30
- @ info@grav-insel.com

1 AE**J**MNOPQRS**T** JLM**N**OPSTUVXYZ 6
2 ACDGHOPSVWX AB**L**E**FGH** 7
3 AB**D**FG**L**MS**U**VW ABCD**E**F**GJ**KN**QT**UW 8
4 BEFGHIKLNO**PQ** DEF**J**O**QRT** 9
5 ACDEF**HJ**L**M**N**O** ABFG**H**IJM**PQ**ST**Y**Z10
Anzeige auf dieser Seite B 16A CEE ❶ €21,50
250 ha 500**T**(90-200m²) 2043**D** ❷ €23,60
109275

🚗 A3 Oberhausen-Arnheim, Abfahrt 6 Wesel, dann der B58 folgen. In Wesel Nordumgehung B70/L7 weiter B8 Richtung Rees, Abfahrt Flüren. In Flüren Richtung Rees über den Deich, CP links.

Wettringen, D-48493 / Nordrhein-Westfalen

- ▲ Camping Haddorfer Seen★★★★
- 🍴 Haddorf 59
- 📅 1 Jan - 31 Dez
- ☎ +49 25 57 78 66
- @ info@camping-haddorf.de

1 AEF**JM**NOPQRS**T** LM**N**OPQS**X**Z 6
2 DGHIPQWX BE**FG**I 7
3 AEGJM BDFGJKQRTUVW 8
4 BH BF 9
5 ABDEFHJKMN ADEGHKNO**P**R**V**W10
Anzeige auf Seite 123 B 16A CEE ❶ €26,00
14,6 ha 135**T**(80-200m²) 410**D** ❷ €31,00
111942

🚗 A31 Ausfahrt Schüttorf-Ost Richtung Wettringen. Nördlich von diesem Ort ist der CP angezeigt.

Winterberg, D-59955 / Nordrhein-Westfalen

- ▲ Camping Hochsauerland
- 🍴 Remmeswiese 10
- 📅 1 Jan - 31 Dez
- ☎ +49 29 81 32 49
- @ info@camping-hochsauerland.de

1 A**JM**NOPQRS**T** 6
2 BPUX ABDE**FG** 7
3 B**L**M ABCDEF**J**NQR 8
4 VW 9
5 DEFKLMN AHJ**P**RVX10
Anzeige auf Seite 123 WB 10A CEE ❶ €24,10
H**700** 6 ha 70**T**(80-100m²) 215**D** ❷ €31,10
108091

🚗 Über die B480 an der Nordumgehung von Winterberg ausgeschildert, den CP-Schilden folgen.

Legende Karten

▲ Ein offenes Zelt bedeutet daß sich hier ein Campingplatz befindet.

▲ Ein geschlossenes Zelt bedeutet daß hier mehrere Campingplätze zu finden sind.

▲▲ Campingplätze die CampingCard ACSI akzeptieren.

70 Auf dieser Seite finden Sie das Teilgebiet.

73 Pfeile mit Seitenangaben am Kartenrand verweisen auf angrenzende Gebiete.

 Die Übersichtskarte des betreffenden Landes und im welchen Teilgebiet Sie sich befinden.

WANNETAL

Unser terrassenförmig angelegter Camping liegt direkt am Waldrand unmittelbar bei den Orten Niederbergheim und Allagen, wo die Möhne vorbeiläuft und in den Möhnesee mündet. Dort gibt es alle Arten des Wassersports.

Ebenfalls einen Besuch wert:
● Wildpark ● Bilsteinhöhle
● Museen ● alte Fachwerkhäuser

Der Camping liegt 12 km von Soest, einer der ältesten Städte Nordrhein-Westfalens.

Wanndickerweg 2, 59581 Warstein/Niederbergheim
Tel. 02925-2084 • Fax 02925-3859
E-Mail: camping-wannetal@t-online.de
Internet: www.camping-wannetal.de

Camping auf dem Dach des Sauerlandes

Ferienwelt WinterBerg

 Wintersport-Arena: Über 60 Skilifte und 100 km gespurte Loipen

 Die Bike-Arena: Fahrradspaß für die ganze Familie und den Profi

 Der Rothaarsteig: Wandern auf dem „Weg der Sinne"

 Die Höhenstraße: Touren für s Auto und Motorrad mit „Weitblick"

Campingplatz Winterberg
Niclas Engemann
Kapperundweg 1
59955 Winterberg
Telefon +49 29811776
info@campingplatz-winterberg.de
www.campingplatz-winterberg.de

GPS N 51°11'07''
     E   8°30'16''

Campingpark Hochsauerland
Christophe Klante
Remmeswiese 10
59955 Winterberg
Telefon +49 29813249
Fax +49 29813114
info@camping-hochsauerland.de
www.camping-hochsauerland.de

GPS N 51°11'55''
     E   8°31'25''

Campingplatz Ahretal
Christoph Blüggel
Zum Homberg 8
59955 Winterberg/Züschen
Telefon +49 29811652
Fax +49 29819199339
info@ahretal.de
www.ahretal.de

GPS N 51°08'49''
     E   8°32'55''

Camping Vossmecke
Thomas Stracke
Am Eschenberg 1a
59955 Winterberg/Niedersfeld
Telefon +49 29858418
Fax +49 2985553
info@camping-vossmecke.de
www.campingvossmecke.de

GPS N 51°14'24''
     E 08°31'33''

Winterberg, D-59955 / Nordrhein-Westfalen iD

▲ Campingplatz Winterberg	1 A**JM**NOPQRST	6
▣ Kapperundweg 1	2 OPRVWX	AB**FG** 7
⊙ 1 Jan - 31 Dez	3	ABCDE**F**NQR 8
☎ +49 29 81 17 76	4 FHIT	9
@ info@	5 ADM	ABHKLPR10
campingplatz-winterberg.de	Anzeige auf dieser Seite W 10A CEE	❶ €20,00
▲ N 51°11'07'' E 08°30'16''	H742 2,4 ha 25T(80-100m²) 160D	❷ €26,00
🚗 Südlich von Winterberg an der B236, Abfahrt Sommerrodelbahn.		108116

Winterberg/Züschen, D-59955 / Nordrhein-Westfalen iD

▲ Campingplatz Ahretal	1 A**JM**NORST	N 6
▣ Zum Homberg 8	2 BCPRVX	AB**FG** 7
⊙ 1 Jan - 31 Dez	3 B**LNO**	ABCDE**FJ**NR 8
☎ +49 29 81 16 52	4 **ST**	9
@ info@ahretal.de	5 D**J**KMN	ABHJLRX10
	Anzeige auf dieser Seite W 16A CEE	❶ €18,00
▲ N 51°08'49'' E 08°32'55''	H450 3 ha 30T(80-100m²) 150D	❷ €22,00
🚗 B236 Winterberg-Marburg. 7 km südlich von Winterberg in Richtung Battenberg. Im Ort ausgeschildert, CP liegt 1 km außerhalb Züschen in Richtung Bad Berleburg.		111722

Winterberg/Niedersfeld, D-59955 / Nordrhein-W. CC€18 iD

▲ Camping Vossmecke	1 A**FJM**NOPQRT	6
▣ Am Eschenberg 1a	2 BCPRUVWX	ABCDE**FG** 7
⊙ 1 Jan - 31 Dez	3 AB**F**L**MS**	ABCDE**FJ**NQRT 8
☎ +49 29 85 84 18	4 EFHI	D**J** 9
@ info@camping-vossmecke.de	5 ABDEFHKLMN	ABHJ**PR**V10
	Anzeige auf dieser Seite WB 16A CEE	❶ €23,70
▲ N 51°14'23'' E 08°31'33''	H680 4 ha 20T(80-100m²) 233D	❷ €29,30
🚗 A44 Dortmund-Kassel, Abfahrt Arnsberg (A46). Weiter bis Bestwig. Dann Richtung Winterberg, ± 800m hinter Niedersfeld CP rechts angezeigt.		100129

Xanten, D-46509 / Nordrhein-Westfalen iD

▲ Waldcamping Speetenkath	1 A**F**HKNOPQRS	L 6
▣ Urseler Str. 18	2 ABDF**GH**PQWXY	ABDE**FG** 7
⊙ 1 Jan - 31 Dez	3 B**F**M	ABCDE**FIJ**K**L**RVW 8
☎ +49 28 01 17 69	4 FHI	D 9
@ mail@	5 AB**H**MN	ABGHIJL**PR**V10
waldcamping-speetenkath.de	B 10-16A CEE	❶ €19,00
▲ N 51°39'25'' E 06°23'14''	2 ha 80T(100m²) 251D	❷ €22,00
🚗 Von der B57 Ausfahrt Sonsbeck und Richtung Xanten. Dort ist der CP angezeigt.		114764

Teilkarte Nordrhein-Westfalen auf Seite 111

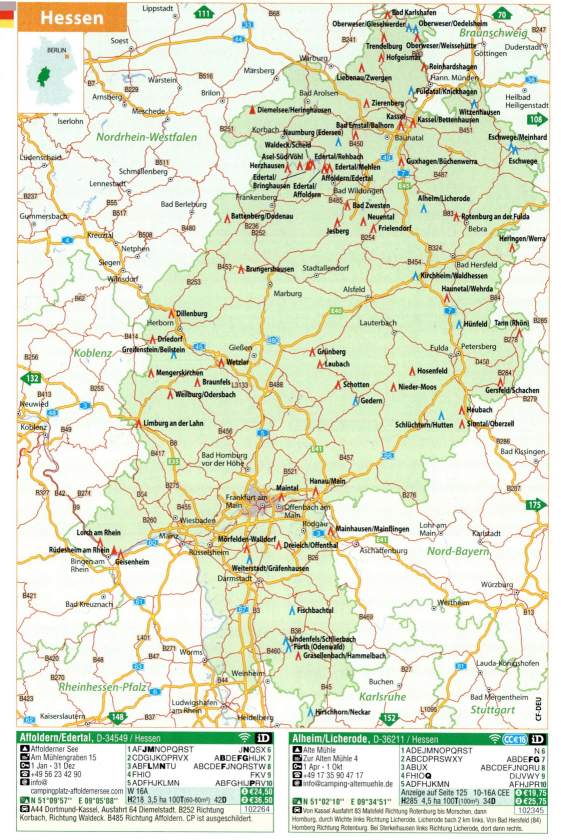

Asel-Süd/Vöhl, D-34516 / Hessen

- Campingplatz Asel-Süd Ederseeparadies
- Asel-Süd 1
- 1 Mär - 31 Okt
- +49 5 63 56 08
- info@camping-asel-sued.de
- N 51°10'52'' E 08°57'19''
- A44 Dortmund-Kassel, Ausfahrt Diemelstadt. B252 Richtung Korbach bis kurz nach Herzhausen. Links Richtung Asel-Süd. Ist ausgeschildert. CP im Süden vom Edersee.

1 AEF**JM**NOPQRT	LNQSXY 6
2 BDFGJKOPRTWXY	A**BFGH**K 7
3 BFG**HI**MX	ABCDE**FG**JNQRTU 8
4 B**E**FHIK	ADEFQRTVY 9
5 ABFHKMN	ABJRVX 10
B 16A CEE	
H280 3,6 ha 190T(70-90m²) 213**D**	❶ €25,00 ❷ €30,00

102210

Bad Emstal/Balhorn, D-34308 / Hessen

- Ferienanlage Erzeberg
- Birkenstraße 21
- 1 Jan - 31 Dez
- +49 56 25 52 74
- info@campingplatz-erzeberg.de
- N 51°16'10'' E 09°15'06''
- A44 Ausfahrt 67 Zierenberg, B251 Richtung Wolfhagen. B450 Richtung Fritzlar, Abfahrt Emstal/Balhorn, an Schauenburg/Martinhagen vorbei. CP ist ausgeschildert.

1 AEF**JM**NOPQRST	E 6
2 ABFPRSVWXY	ABD**FG** 7
3 **BL**MS	ABCDE**F**HJNPQRTUVW 8
4 FHIO**TV**	EJV 9
5 ADFHLMN	ABEFGHIJNPRXZ 10
WB 16A CEE	
H329 4 ha 45**T**(80-150m²) 95**D**	❶ €25,00 ❷ €33,00

100131

- Ausgezeichnete Lage im Zentrum des Weserberglands
- Zu Fuß in die Stadtmitte Bad Karlshafen • Moderne Sanitäranlagen, Toilette/Dusche für Behinderte • In der Umgebung Reiten, Angeln, Kegeln und Minigolf • Verschiedene Möglichkeiten für Ausflüge und Wanderungen • Schwimmbad auf dem Campingplatz • Fam. Mietzner heißt Sie herzlich willkommen

Am rechten Weserufer 2, 34385 Bad Karlshafen • Tel. 05672-710
Fax 05672-1350 • E-Mail: j.m.camping-bad-karlshafen@t-online.de
Internet: www.camper-karli-event.de

Bad Karlshafen, D-34385 / Hessen

- Camping Bad Karlshafen★★★★
- Am rechten Weserufer 2
- 1 Jan - 31 Dez
- +49 5 67 27 10
- j.m.camping-bad-karlshafen@t-online.de
- N 51°38'39'' E 09°26'54''
- An der B83 zwischen Höxter und Kassel in Bad Karlshafen. In der Stadt über die Brücke, dann an der Weser links.

1 ADE**JM**NOPQRS**T**	AFJNWXY 6
2 CGOPWX	ABDE**FG** 7
3 AB**JM**T	ABCDEFJNQRT 8
4 **RSTUVWYZ**	DERUVW 9
5 ADCDEFHJLMN	ABFHIJLOR 10
Anzeige auf dieser Seite B 16A CEE	
H400 3,7 ha 306**T**(80-120m²) 147**D**	❶ €25,00 ❷ €34,50

102255

Brungershausen, D-35094 / Hessen

- Auenland
- Zum Dammhammer 2
- 1 Apr - 31 Okt
- +49 64 20 71 72
- info@campingplatz-auenland.de
- N 50°51'47'' E 08°37'43''
- B62 Cölbe-Biedenkopf, Ausfahrt Brungershausen. Den CP-Schildern folgen.

1 AEF**JM**NOPQRST	AJNX 6
2 BCOPSWXY	AB**FG** 7
3 ABSU	ABCDEFIJNQRTW 8
4 FHIO	DRV 9
5 ADFHLMN	ABGHJORV 10
B 16A CEE	
H90 2,5 ha 40**T**(100m²) 56**D**	❶ €28,50 ❷ €37,50

113459

Bad Zwesten, D-34596 / Hessen

- Waldcamping Bad Zwesten
- Am Campingplatz 1
- 1 Apr - 31 Okt
- +49 5 62 63 79
- info@waldcamping.de
- N 51°02'50'' E 09°11'25''
- A49 Kassel-Marburg, Ausfahrt 16 Borken, dann die B3 bis Bad Zwesten. Dann CP weiter ausgeschildert. Der CP liegt nah an der B3.

1 A**JM**NOPRS**T**	AN 6
2 ACGPRVWX	ABDE**FG**I 7
3 ABFM	ABCDEFJKNQRTW 8
4 FH	F 9
5 DFHLMN	AFGHJL**O**R 10
B 10A CEE	
H194 5 ha 35**T**(100m²) 126**D**	❶ €22,00 ❷ €27,00

102268

Diemelsee/Heringhausen, D-34519 / Hessen

- Hohes Rad
- Hohes Rad 1
- 1 Jan - 31 Dez
- +49 5 63 39 90 99
- k.schiemann@freenet.de
- N 51°21'49'' E 08°43'07''
- A44 Ausfahrt 61 Wünneberg-Haaren, Richtung Wünneberg, dann Bredelar, Padberg, Diemelsee, Heringhausen, Willingen. Dort ausgeschildert.

1 AF**JM**NOPRST	LNQS 6
2 CDGIKOPRX	ABDE**FG** 7
3 BM	ABCDEFJNQR 8
4	9
5 ABDMN	ABFH**PR**X 10
B 16A CEE	
H400 2,8 ha 50**T**(35-100m²) 76**D**	❶ €21,50 ❷ €26,50

102208

Battenberg/Dodenau, D-35088 / Hessen

- Camping Ferienplatz Edertal
- Ferienplatz Edertal 1
- 1 Jan - 31 Dez
- +49 64 52 17 91
- info@camping-dodenau.de
- N 51°01'31'' E 08°34'11''
- B253 Biedenkopf-Frankenberg. Ausfahrt Allendorf/Battenfeld. B236 Richtung Winterberg, links Richtung Battenberg. Danach links Richtung Dodenau/Hobe.

1 A**JM**NOPQRST	JN 6
2 BCGKPWX	AB 7
3 ABM	ABCDEFJNR 8
4 FHIO	9
5 ABDHM	AHIJLMRV 10
Anzeige auf dieser Seite 16A CEE	
H350 2,8 ha 60**T**(bis 100m²) 60**D**	❶ €18,50 ❷ €22,00

109278

Diemelsee/Heringhausen, D-34519 / Hessen

- Seeblick
- Auf dem Kampe 3
- 1 Jan - 31 Dez
- +49 56 33 99 30 96
- mail@diemelsee-camping.de
- N 51°21'51'' E 08°43'46''
- A44 Dortmund-Kassel, Ausfahrt 61 Wünneberg-Haaren. Richtung Wünneberg, Marsberg, Bredelar, dann Heringhausen. Dort ist der CP ausgeschildert.

1 AE**JM**NOPQRST	A**BEFG**HLNOQS**T**X 6
2 DGKOPRVX	ABDE**FG** 7
3 ABM	ABCDEFJNQRT 8
4 FH**P**	ABJO**PR** 10
5 ADEFHLMN	
B 16A CEE	❶ €20,00
H400 2,2 ha 30**T**(80m²) 100**D**	❷ €26,50

102207

FERIENPLATZ EDERTAL

Matthias Ackermann • 35088 Battenberg/Dodenau
Tel. 06452-1791 • E-Mail: info@camping-dodenau.de
Internet: www.camping-dodenau.de

Idyllische Lage im Edertal. Wanderparadies. Zugang zur Eder mit Bademöglichkeit. Ausgezeichnet für Kinder. In 1,5 km Schwimmbad, Minigolf und Tennis. Handy: 0173-6673830. Ganzjährig geöffnet.

Dillenburg, D-35683 / Hessen

- Waldcamp Meerbornsheide
- Meerbornsheide 1-2
- 1 Jan - 31 Dez
- +49 2 77 13 30 50 22
- e.cimpan@web.de
- N 50°43'52'' E 08°15'46''
- A45 Dortmund-Giessen, Ausfahrt Dillenburg. In Dillenburg-Zentrum Richtung Donsbach (ausgeschildert).

1 A**JM**NOPQRST	6
2 ABPRUWXY	ABDE**FI**K 7
3 **L**	ABE**F**JNQRW 8
4 FH	DJ 9
5 ABDEFHJKM	AJLMOR 10
10-16A CEE	❶ €24,50
H550 3,5 ha 70**T**(80-100m²) 17**D**	❷ €32,50

102152

Braunfels, D-35619 / Hessen

- Camping-Park Braunfels
- Am Wehersteig 2
- 1 Jan - 31 Dez
- +49 1 76 32 10 55 79
- gerdcieslar@gmx.de
- N 50°30'42'' E 08°22'58''
- A45 Dortmund-Frankfurt, Ausfahrt 30 Wetzlar-Ost. B49 Richtung Limburg bis Ausfahrt Leun, dann rechts Richtung Braunfels, im Ort ausgeschildert.

1 B**JM**NOPRST	N 6
2 BPRSUWX	ABDE 7
3 A**L**	ABCDE**F**JQRUVW 8
4 FH	DG 9
5 ADHJKM	AFHI**O**S**T**V 10
16A CEE	❶ €17,50
H400 4 ha 30**T**(80-100m²) 142**D**	❷ €22,50

102156

Camping Offenthal

Der Campingplatz liegt im grünen Herzen des Rhein-Main-Gebietes. In der Umgebung sorgen Burgruine Hayn zu Dreieich, die hübschen Hayner Altstadtgassen und die Grube Messel (UNESCO-Welterbe) für erlebnisreiche Ausflüge. Rad- und Wanderfreunde können das 'Tor zum Odenwald' aufstoßen und auf Siegfrieds Pfaden wandeln.

Bahnhofstr. 77, 63303 Dreieich/Offenthal • Tel. 06074-5629
Internet: www.campingplatz-dreieich.de

Alte Mühle

Campen bei einer alten Wassermühle in Nordhessen. Der Camping liegt wunderbar an einer ruhigen Stelle in einem schönen Seitental vom Knüllwald und ist von Wäldern umgeben.

Zur Alten Mühle 4, 36211 Alheim/Licherode • Tel. 01735-904717
E-Mail: info@camping-altemuehle.de
Internet: www.camping-altemuehle.de

Dreieich/Offenthal, D-63303 / Hessen

- Offenthal
- Bahnhofstr. 77
- 1 Jan - 31 Dez
- +49 60 74 56 29
- info@campingplatz.dreieich.de
- N 49°59'09'' E 08°45'26''
- A661 Ausfahrt Langen, die B486 in östlicher Richtung Offenthal-Ost. An der Kreuzung links ins Zentrum Offenthal Richtung Dietzenbach, hinter dem 2. Kreisel rechts. Nach 2 km kommt der CP.

1 ADEFHKNOPRST	A 6
2 APRVXY	AB**FG**J 7
3 A**L**MW	ABCDE**F**JNQRUW 8
4 HI	K 9
5 ABDM	ABFHIJLOPRV 10
Anzeige auf dieser Seite 16A CEE	❶ €23,45
H160 3 ha 30**T**(80-120m²) 75**D**	❷ €29,45

114483

Heisterberger Weiher

In der Nähe der Fuchskaute, der höchsten Erhebung des Westerwaldes, am Fuße des Höllberges, liegt unser familienfreundlicher Platz direkt am 9,6 Ha großen Heisterberger Weiher, einer reizvollen und abwechslungsreichen Landschaft. Komfortplätze mit Seeblick, Wasser- Abwasser und Strom.

Moderne, behindertengerechte Sanitäranlagen, Wickelraum, Waschmaschine und Trockner. Aqua Fun Park in 40m im Sommer mit Naturbad. Beach Bistro, Spielplatz, Bootsverleih, Minigolf und Angeln möglich.

Am Weiher 3, 35759 Driedorf
Tel. +49 2775458 • E-Mail: cpheisterberger.weiher@gmail.com
Internet: www.camping-heisterberger-weiher.de

Driedorf, D-35759 / Hessen
- Heisterberger Weiher
- Am Weiher 3
- 1 Mär - 31 Okt
- +49 2 77 54 58
- cpheisterberger.weiher@gmail.com
- N 50°39'11'' E 08°09'42''

1 ADEJMNOPQRST LMN 6
2 ABCDFGHIOPQRSTUVWXY ABFG 7
3 ABEGHIJMRTX ABEFJNQRSTUVW 8
4 BEFGHK NOT 9
5 FHKLMN ABCGHIJRW10
Anzeige auf dieser Seite WB 16A CEE ① €21,50
H652 20 ha 66T(100-150m²) 350D ② €21,50
Auf der A45 Ausfahrt Driedorf die B255 Richtung Driedorf, danach Ausfahrt Heisterberg, wo der Campingplatz anzeigt ist. 124939

Edertal/Affoldern, D-34549 / Hessen
- Edertalerhof
- Hemfurtherstraße 21
- 1 Jan - 31 Dez
- +49 56 23 20 94
- edertaler-hof@online.de
- N 51°10'05'' E 09°04'48''

1 AFJMNOPRST LN 6
2 CDOPRSWX ABFG 7
3 ABDFGLMS ABCDEFJNQRTUW 8
4 FHIO GI 9
5 ABDN AFHJLMORV10
WB 10A CEE ① €21,00
H219 5 ha 60T(bis 40m²) 111D ② €35,00
A44 Dortmund-Kassel, Ausfahrt 64 Diemelstadt. B252 Richtung Korbach, Richtung Waldeck. B485 Richtung Affoldern. Dort ausgeschildert. 102265

Campingplatz Meinhardsee
Der Campingplatz Meinhardsee liegt eingebettet in die wunderschöne nordhessische Hügellandschaft. Der See lädt mit seinem großen Badestrand zum Baden, Tretboot fahren und Stehpaddeln ein. Weitere Freizeitaktivitäten sind die Wasserrutsche, Minigolf, Angeln und die herrlichen Rad- und Wanderwege in der nahen und fernen Umgebung.

37276 Eschwege/Meinhard • Tel. +49 56516200
E-Mail: info@werra-meisner-camping.de
Internet: www.werra-meissner-camping.de

Edertal/Bringhausen, D-34549 / Hessen
- Am Linge
- Daudenbergstraße 7
- 1 Jan - 31 Dez
- +49 56 23 93 06 53
- post@camping-am-edersee.de
- N 51°10'27'' E 08°59'58''

1 AJMNOPRST LNQRSTXY 6
2 DFGOPRUX ABDEF 7
3 ABJ ABCDEFJKNQRT 8
4 FHIO 9
5 ABDFHLMN ABEHIJR10
16A CEE ① €21,00
H151 10 ha 70T 70D ② €27,00
A44 Dortmund-Kassel, Ausfahrt 64 Diemelstadt. B252 Richtung Korbach, Richtung Wildungen. B485 Richtung Affoldern, dann Bringhausen. Ausgeschildert. 102263

Edertal/Bringhausen, D-34549 / Hessen
- Campingpl. an der Bringhäuser Bucht
- Seestrasse 3
- 1 Mär - 31 Okt
- +49 56 23 93 05 75
- info@campingplatz-bringhaeuser-bucht.de
- N 51°10'50'' E 08°59'42''

1 AJMNOPQRST LNQRSTXY 6
2 DFJKOPSUWX BFG 7
3 J BDFJNQRUVW 8
4 FHIO 9
5 AEFHKLN ABFHJR10
16A CEE ① €28,40
H260 1,7 ha 21T 56D ② €32,40
A44 Dortmund-Kassel, Ausfahrt 64 Diemelstadt. B252 Richtung Korbach, dann Richtung Bad Wildungen. B485 Richtung Affoldern, weiter Richtung Bringhausen. CP ist angezeigt. 122058

Fulda-Freizeitzentrum
Idyllisch gelegener Campingplatz am Waldrand. • Familiäre Atmosphäre.
• Gemütliches Restaurant mit schönem Biergarten.
• Bei uns finden Sie die Ruhe zum Entspannen

Fulda-Freizeitzentrum 1, 34233 Fuldatal/Knickhagen
Tel. 05607-340 • Fax 05607-934501
E-Mail: info@campingplatz-knickhagen.de
Internet: www.campingplatz-knickhagen.de

Nibelungen-Camping am Schwimmbad
• neu renovierte & gestaltete Sanitäranlagen
• ruhige, ebene Stellplätze mit schöner Aussicht, WLan gratis
• hundefreier Platz
• Sommerrodelbahn.

Kletterwald, Draisinen-Bahn, Felsenmeer, Nibelungensteig in der Nähe

64658 Fürth (Odenwald) • Tel. +49 62535804
Internet: camping-fuerth.de

Edertal/Mehlen, D-34549 / Hessen
- Ideal
- Waldecker Straße 29
- 15 Apr - 15 Okt
- +49 0 56 23 21 90
- info@campingplatz-ideal.de
- N 51°10'12'' E 09°06'28''

1 AGJMNOPRST JLX 6
2 CDGOPRWXY ABDEF 7
3 ABFM ABCDEFNQRTU 8
4 FHI 9
5 DEHKN ABGHJLRV10
16A CEE ① €21,00
H175 10,5 ha 74T(10m²) 37D ② €21,00
A44 Ausfahrt 64 Diemelstadt, B252 Richtung Korbach, B485 Richtung Bad Wildungen. In Mehlen ist der CP ausgeschildert. 102266

Edertal/Rehbach, D-34549 / Hessen
- Rehbach***
- Strandweg 9
- 1 Apr - 3 Okt
- +49 56 23 20 49
- post@campingplatz-rehbach.de
- N 51°10'57'' E 09°01'21''

1 ADEHKNOPRT LNQSTXYZ 6
2 DFGJRTVWY ABDEFGHIK 7
3 BGLM ABCDEFJKNQRTUVW 8
4 FHIO PQRTUVW 9
5 ABDEFKLMN ABEGHOR10
16A CEE ① €26,60
H255 15 ha 116T 22D ② €32,80
A44 Dortmund-Kassel, Ausfahrt 64 Diemelstadt. B252 Richtung Korbach, Richtung Wildungen. Dann N485 Richtung Affoldern nach Hemfurth, dann ausgeschildert. 102261

Eschwege, D-37269 / Hessen
- Knaus Campingpark Eschwege*****
- Am Werratalsee 2
- 1 Mär - 8 Nov
- +49 56 51 33 88 83
- eschwege@knauscamp.de
- N 51°11'29'' E 10°04'07''

1 ADEFJMNOPQRST LMNQSUXYZ 6
2 CDFGHILOPRSVWX ABDEFGHI 7
3 BDFGMS ABCDEFGIJKNQRTUVW 8
4 BEFHIO ABE 9
5 ABDEFHKMN ABDFGHJMPR10
Anzeige auf Seite 52 B 16A CEE ① €36,10
H161 6,8 ha 112T(80-100m²) 114D ② €44,30
A4 Kassel-Hannover, Ausfahrt 74. B27 Richtung Bebra, Ausfahrt Eschwege. Oder A4 Frankfurt-Dresden, Ausfahrt 32. Dann auf die B27 Richtung Eschwege. 112185

Eschwege/Meinhard, D-37276 / Hessen
- Campingplatz Meinhardsee
- Freizeitzentrum 2
- 1 Jan - 31 Dez
- +49 56 51 62 00
- info@werra-meissner-camping.de
- N 51°12'13'' E 10°02'53''

1 AFJMNOPQRST AHLMNOQSXZ 6
2 DFGHIJPQRSVWXY ABDEFGI 7
3 BEFGJMS ABCDEFJNQRT 8
4 FHINOP T 9
5 ABDEFLMN ABFGHJLPRV10
Anzeige auf dieser Seite FKK 6A CEE ① €23,20
H166 18 ha 200T(80-100m²) 430D ② €31,20
A7 Kassel-Göttingen, Ausfahrt Friedland. B524 Richtung Eschwege. In Meinhard/Grebendorf der Beschilderung folgen. Strecke für Reisemobile über 3m Höhe nicht geeignet. Andere Strecke Richtung Jestädt ist ausgeschildert. 112058

Fischbachtal, D-64405 / Hessen
- Odenwaldidyll
- Campingplatz 1
- 1 Apr - 25 Okt
- +49 61 66 85 77
- kontakt@odenwald-idyll.de
- N 49°46'35'' E 08°48'33''

1 AGJMNOPRST AMN 6
2 DGIOPVWXY ABDEFGHIJK 7
3 ABGHIMNR ABCDEFJKNQRTUVW 8
4 FGHIO CD 9
5 ABDEFGHIJKMNO ABCFGHIJLMRV10
Anzeige auf Seite 127 B 10A CEE ① €25,80
H204 4,7 ha 49T(70-110m²) 159D ② €33,80
Darmstadt A5 Ausfahrt Ober-Ramstadt nach Fischbachthal. Dann den CP-Schildern folgen. 114484

Frielendorf, D-34621 / Hessen
- Campingplatz Frielendorf
- Stettiner Straße 14
- 1 Jan - 31 Dez
- +49 56 84 92 28 56
- info@campingplatz-frielendorf1.de
- N 50°58'15'' E 09°18'59''

1 ABFJMNOPQRST AFH 6
2 GOPTWX ABDFG 7
3 BFGMN ABCDEFJNQRW 8
4 FH ABHJPQRV 9
5 ADEFIMN ABHJPQRV10
B 16A CEE ① €21,40
H250 3 ha 70T(80-100m²) 100D ② €28,40
A49 Kassel-Giessen, Ausfahrt Wabern, dann B254 Richtung Homberg, Richtung Frielendorf-Süd. Der CP ist ausgeschildert. 102271

Fuldatal/Knickhagen, D-34233 / Hessen
- Fulda-Freizeitzentrum
- Fulda-Freizeitzentrum 1
- 1 Jan - 31 Dez
- +49 5 60 73 40
- info@campingplatz-knickhagen.de
- N 51°23'21'' E 09°33'49''

1 AEJMNOPQRST 6
2 PRSVWX ABDEFGI 7
3 AM ABCDEFJNPQRT 8
4 FH F 9
5 ABDFHLMN ABHJOR10
Anzeige auf dieser Seite B 10A CEE ① €21,40
H280 3,2 ha 40T(80-120m²) 81D ② €27,80
A7 Kassel-Nord Richtung Flughafen Kassel Calden. B3 Hann. Münden Richtung Knickhagen. Oder A7 Ausfahrt Hedemünden Richtung Hann. Münden. B3 Richtung Kassel/Knickhagen. CP-Schildern folgen in Knickhagen. 100132

Fürth (Odenwald), D-64658 / Hessen

- Nibelungen-Camping am Schwimmbad
- Tiefertswinkel 20
- 3 Apr – 20 Okt
- +49 62 53 58 04
- info@camping-fuerth.de
- N 49°39'35'' E 08°47'01''

1	ADEFHKNOPQRST	ABFGH 6
2	FGOPSVWXY	ABCDEFGI 7
3	BMNOUX	ABCDEFGIJNQRTUVW 8
4	FHI	9
5	ABDHMN	AFGHJNPQRX 10

Anzeige auf Seite 126   B 16A CEE   ① €27,30
H200 5 ha 45T(80-120m²)   90D   ② €37,30

102214

Von Norden: A5 Darmstadt-Heidelberg, Ausfahrt 31 Heppenheim B460. Durch Fürth, CP links. Von Süden: A5, Ausfahrt 33 Weinheim B38A. Durch Fürth, CP links. Von Fürth der CP-Beschilderung folgen.

Gedern, D-63688 / Hessen

- Campingplatz Am Gederner See
- Am Gederner See 19
- 1 Jan – 31 Dez
- +49 60 45 95 26 43
- info@campingpark-gedern.de
- N 50°25'44'' E 09°10'50''

1	ABDEFJMNOPRST	LMNX 6
2	DGHIJPRVWXY	ABDEFG 7
3	BEGJLMW	ABCDEFJNQRTW 8
4	EFHIO	EFKNQT 9
5	ABDEFGHJLMN	ABCDFGHIJLOR 10

Anzeige auf dieser Seite   B 16A CEE   ① €27,00
H350 15 ha 157T(80-120m²)   502D   ② €36,00

102153

A45 Frankfurt-Giessen, Ausfahrt 38 Florstadt. B275 Richtung Lauterbach, dann Abfahrt Gedern. Von Gedern aus den Schildern folgen ca. 1,5 km in nordwestliche Richtung.

Geisenheim, D-65366 / Hessen

- Geisenheim am Rhein
- Am Campingplatz 1
- 15 Mär – 15 Okt
- +49 6 72 27 56 00
- campingplatzgeisenheim@t-online.de
- N 49°58'45'' E 07°57'27''

1	AFJMNOPQRST	JNXY 6
2	CPRWX	ABDEFG 7
3		ABEFNQRT 8
4		9
5	ABDLMN	ABFHJR 10

16A CEE   ① €16,00
H100 4,5 ha 100T(80-100m²)   40D   ② €34,90

102109

Zwischen der B42 und dem Rhein, zwischen Rüdesheim (3 km) und Winkel (5 km). B42 Ausfahrt Geisenheim-West, dann den CP-Schildern folgen.

Gersfeld/Schachen, D-36129 / Hessen

- Hochrhön
- Schachen 13
- 4 Apr – 31 Dez
- +49 66 54 78 36
- info@camping-hochrhoen.de
- N 50°27'45'' E 09°55'09''

1	AFJMNOPQRST	6
2	FPRUWX	ABDEFG 7
3	M	ABCDEFJNQRW 8
4	FHI	9
5	DLMN	AFGHJRV 10

W 16A CEE   ① €18,50
H589 3 ha 90T(85-95m²)   70D   ② €26,50

102348

A7 Fulda-Würzburg Ausf. 93 Fulda-Süd. B279 Gersfeld. Oder A7 Würzburg-Fulda, Ausf. 95 Brückenau/Wildflecken. B286 Ri. Bad Brückenau; nach 3 km Ri. Wildflecken. Dann Ri. Gersfeld. In Gersfeld Ri. Sachen. Ausgeschildert.

Grasellenbach/Hammelbach, D-64689 / Hessen

- Camping Park Hammelbach****
- Gasse 17
- 1 Apr – 25 Okt
- +49 62 53 38 31
- info@camping-hammelbach.de
- N 49°37'57'' E 08°49'49''

1	AEFILNOPRST	6
2	OPRUVWXY	ABDEFGHIJ 7
3	A	ABCDEFJNQRTUVW 8
4	FHISTVY	9
5	ABDMN	ABFHJMNPR 10

B 16A CEE   ① €27,70
H450 2,8 ha 35T(100-120m²)   100D   ② €37,70

110096

A5 Frankfurt am Main-Karlsruhe, Ausfahrt 31 Heppenheim, B460 Erbach, in Weschnitz rechts Richtung Hammelbach, ausgeschildert.

Greifenstein/Beilstein, D-35753 / Hessen

- Ulmbachtalsperre
- Ulmbachtalsperre 1
- 1 Apr – 15 Okt
- +49 2 77 93 49
- ulmbach-camping@t-online.de
- N 50°36'10'' E 08°16'00''

1	AEFJMNOPQRST	LX 6
2	DFGKOPRTUWXY	ABDEFGH 7
3	ABFM	ABCDEFJNQRW 8
4	EFHILOQ	DFVW 9
5	ABDEFHMN	ABGHJNPST 10

B 10-16A CEE   ① €18,10
H300 17 ha 80T(80-100m²)   256D   ② €24,10

102153

A45, Ausfahrt 27 Herborn-Süd Ri. Greifenstein, Mengerskirchen, über Beilstein Ri. Biskirchen. CP liegt zwischen Beilstein und Holzhausen. A45, Ausfahrt 28 Ehringshausen, über Katzenfurt, Holzhausen. In Holzh. und Beilst. Beschilderung folgen.

Fischbachtal Campingplatz Odenwaldidyll

Fam. Marx
Campingplatz 1
64405 Fischbachtal

Tel: 0 61 66 . 85 77
Fax: 0 61 66 . 93 37 57

www.odenwald-idyll.de

Geöffnet von 1. April bis 25. Oktober

Auf rund 4,7 ha Fläche werden den Gästen neben großzügig gestalteten Caravan- und Zeltplätzen auch modernste sanitäre Anlagen geboten.

Der besonders familien- und kinderfreundliche Platz ist wegen seines Naturschwimmbades auch für Naherholungssuchende von besonderem Reiz.

Campingplatz • Mietwohnwagen • Naturschwimmbad • Spielplatz • Kiosk

Grünberg, D-35305 / Hessen

- Spitzer Stein
- Alsfelderstraße 57
- 1 Mär – 31 Okt
- +49 64 01 65 53
- info@gruenberg.de
- N 50°35'27'' E 08°58'25''

1	ABFJMNOPQRST	ABFGH 6
2	AGOPRX	ABDEFG 7
3	BFGLMNS	ABCDEFJNQRT 8
4	FH	9
5	ADEFHMN	AHJR 10

① €16,00
H250 4 ha 70T(50-100m²)   300D   ② €21,20

102211

A5 Frankfurt-Kirchheim, Ausfahrt 7 Grünberg. Der CP liegt an der B49 Giessen-Alsfeld, östlich von Grünberg.

Guxhagen/Büchenwerra, D-34302 / Hessen

- Fuldaschleife****
- zum Bruch 6
- 1 Mär – 31 Okt
- +49 56 65 96 10 44
- info@fuldaschleife.de
- N 51°10'40'' E 09°28'41''

1	ADEFJMNOPQRST	JNUXYZ 6
2	ABCGOPRSVX	ABDEFGHIJK 7
3	ABFM	ABCDEFGIJKNQRTW 8
4	FHI	DFR 9
5	ABDEFHKLMN	ABGHJLNPRZ 10

Anzeige auf dieser Seite   B 16A CEE   ① €24,40
H152 2,8 ha 58T(80-120m²)   86D   ② €31,20

102262

A7 Kassel-Frankfurt; Ausfahrt 81 Guxhagen. Von hier den CP-Schildern folgen bis Abfahrt Büchenwerra. Dort ist der CP ausgeschildert.

Fuldaschleife ★★★★ DTV

- idealer Durchgangscamping auch für den längeren Verbleib • nur 4,6 km von der A7 (Ausfahrt 81) • in einer schönen, sonnigen Schleife der Fulda gelegen • guter Ausgangspunkt für Wander- und Radtouren am Fluss entlang • Radfahrerstation an der Radweg R1 • Bootfahrerstation
- ein prima Restaurant und Café • hervorragende Sanitäreinrichtungen

zum Bruch 6, 34302 Guxhagen/Büchenwerra
Tel. 05665-961044 • Fax 05665-961043
E-Mail: info@fuldaschleife.de • Internet: www.fuldaschleife.de

Hanau/Main, D-63452 / Hessen

- Bärensee
- Oderstrasse 44
- 1 Mär – 31 Okt
- +49 6 18 11 23 06
- info@cpl-baerensee.de
- N 50°09'07'' E 08°57'25''

1	AFJMNOPRST	LMN 6
2	ABDHPVWXY	ABDEFG 7
3	AFM	ABCDEFJNQRTUVW 8
4	FH	9
5	ABDFGHJKL	ABFHKMRZ 10

B 16A CEE   ① €18,90
H100 38 ha 60T(64m²)   1000D   ② €22,90

100151

A45 Dortmund-Würzburg. Am Hanauer Kreuz A66 Richtung Frankfurt/Hanau, Ausfahrt 37 Richtung Erlensee/Neuberg: links einordnen, 1. Kreuzung links, dann ist der CP ausgeschildert.

CAMPING PUR
WWW.CAMPINGPARK-GEDERN.DE

Haunetal/Wehrda, D-36166 / Hessen 🛈 iD
- ⛺ Ferienpark-Wehrda
- 🏠 Hohenwehrdaerstraße 22
- 📅 1 Jan - 31 Dez
- ☎ +49 66 73 91 93 10
- @ info@ferienpark-wehrda.de
- 📍 N 50°44'21'' E 09°40'13''

1 ADEILNOPRT	E 6
2 AOPRSVXY	ABDEFGI 7
3 AJMS	ABCDEFHJNPQRT 8
4 FHQT	GJ 9
5 ABDFGHLMN	ABFGHJR 10
B 16A CEE	
	① €20,00
H280 3 ha 15T(100m²) 91D	② €24,00

110308
A4 Kirchheim-Dresden, Ausfahrt 32 Bad Hersfeld, B27 Richtung Fulda, Ausfahrt Haunetal/Rhina, CP ist ausgeschildert.

Hirschhorn/Neckar, D-69434 / Hessen 🛜 CC€20 iD
- ⛺ Odenwald Camping Park
- 🏠 Langenthalerstraße 80
- 📅 1 Apr - 5 Okt
- ☎ +49 67 28 09
- @ odenwald-camping-park@t-online.de
- Anzeige auf dieser Seite   B 6A CEE
- 📍 N 49°27'09'' E 08°52'40''

1 AFILNOPQRST	ABJN 6
2 CGOPRVWXY	ABDEFGHI 7
3 BHIJLMNSU	ABCDEFHJNQRT 8
4 ABFHIOPST	ADV 9
5 ACDFHLM	ABEGHIKLPRV 10
	① €26,20
H150 8 ha 200T(80-120m²) 115D	② €34,00

109160
A5, Ausfahrt 37 Heidelberg. B37 Richtung Eberbach/Mosbach. Ausfahrt Hirschhorn. In Hirschhorn ausgeschildert, am Ortsausgang von Hirschhorn Richtung Langenthal.

Heringen/Werra, D-36266 / Hessen 🛜 iD
- ⛺ Werratal-Camping
- 🏠 Am Steinberg
- 📅 1 Jan - 31 Dez
- ☎ +49 66 24 54 20 22
- @ werratalcamping@gmk.de
- 📍 N 50°53'04'' E 10°01'15''

1 AFJMNOPQRST	AE 6
2 ABOPRSTWXY	ABDEFGH 7
3 AHIJMN	ABEFJNQRTW 8
4 FHIO	9
5 ADN	ABGHIJMPRV 10
16A CEE	
	① €22,00
H263 3,5 ha 100T(100m²) 54D	② €27,00

102418
A4 Frankfurt-Eisenach, Ausfahrt 33 Friedewald Richtung Herfa dann Heringen, oder Ausfahrt 34 Hönebach Richtung Heringen.

Hofgeismar, D-34369 / Hessen iD
- ⛺ Am Parkschwimmbad
- 🏠 Schönebergerstraße 16
- 📅 1 Jan - 31 Dez
- ☎ +49 56 71 12 15
- @ camping@in-hofgeismar.de
- 📍 N 51°30'33'' E 09°24'14''

1 ABFJMNOPRST	ABEFGHI 6
2 GOPRSWX	ABDEFGI 7
3 BFM	ABCDEFJNQRTW 8
4 FH	DF 9
5 ADM	ABCFGHIJSTVZ 10
16A CEE	
	① €18,00
H140 2 ha 40T 78D	② €25,00

109416
A44 Dortmund-Kassel, Ausfahrt Breuna. Dort ist Hofgeismar ausgeschildert. In der Stadt gibt es Schilder.

Herzhausen, D-34516 / Hessen 🛜 ✿
- ⛺ Camping und Ferienpark Teichmann****
- 🏠 Zum Träumen 1A
- 📅 1 Jan - 31 Dez
- ☎ +49 5 63 52 45
- @ info@camping-teichmann.de
- 📍 N 51°10'30'' E 08°53'28''

1 BDEJMNOPQRST	LMNQX 6
2 CDGIJOPRVWXY	ABDEFGHJ 7
3 ABFHIJMT	ABCDEFKNQRTW 8
4 BCDEFHILO	EGJKLRTUVWZ 9
5 ABDEFHKLMNO	ABFGHIKLMPRVX 10
B 16A CEE	
	① €34,10
H244 20 ha 220T(80-220m²) 250D	② €44,50

101128
A44 Dortmund-Kassel Ausfahrt Diemelstadt. B252 Richtung Korbach. Hinter Herzhausen ist der CP nach 1 km rechts ausgeschildert.

Hosenfeld, D-36154 / Hessen 🛜 ✿ iD
- ⛺ Bergwinkel
- 🏠 Am Schwimmbad
- 📅 1 Jan - 31 Dez
- ☎ +49 17 12 41 74 66
- @ info@camping-hosenfeld.de
- 📍 N 50°30'49'' E 09°28'31''

1 AFJMNOPQRST	ABF 6
2 GPRTUWX	ABEFGHI 7
3 AFMN	ABEFNQR 8
4 FHI	DJ 9
5 DMN	ABJLOR 10
16A	
	① €21,50
H360 3,5 ha 80T(80-100m²) 78D	② €27,50

102273
A7 Kassel-Würzburg, Ausfahrt 91 Fulda-Nord.
B40 Ausfahrt Neuhof. In Neuhof Richtung Hauswurz, Richtung Hosenfeld. Dort ausgeschildert.

Heubach, D-36148 / Hessen 🛜 iD
- ⛺ Birkenhain
- 🏠 Birkeweg 7
- 📅 1 Jan - 31 Dez
- ☎ +49 97 42 14 04
- @ info@campingplatz-birkenhain.de
- 📍 N 50°22'55'' E 09°42'49''

1 AFJMNOPQRST	6
2 AFOPRTUWX	ABFGHJ 7
3 A	ABEFJNQRW 8
4 I	9
5 ABDM	ABFHJORV 10
W 16A CEE	
	① €17,50
H500 2 ha 95T(100-120m²) 66D	② €22,50

114481
A7 Fulda-Würzburg, Ausfahrt Uttrichshausen Richtung Heubach, dann Richtung Camping Birkenhain.

Hünfeld, D-36088 / Hessen 🛜 CC€20 iD
- ⛺ Knaus Campingpark Hünfeld Praforst*****
- 🏠 Dr.-Detlev-Rudelsdorff-Allee 6
- 📅 1 Jan - 31 Dez
- ☎ +49 66 52 74 90 90
- @ huenfeld@knauscamp.de
- Anzeige auf Seite 52   B 16A CEE
- 📍 N 50°39'12'' E 09°43'26''

1 ADEFJMNOPQRST	N 6
2 ABOPRSVWX	ABDEFGI 7
3 ABFGJKLMX	ABCDEFHJKNQRTUVW 8
4 EFHI	J 9
5 ABDFGJKLMN	ABDFGHIJLPRV 10
	① €34,50
H220 3,5 ha 157T(100-150m²) 29D	② €42,70

102347
A7 Kassel-Frankfurt Ausfahrt 90 Hünfeld/Schlitz. CP ist beschildert. Auch über B27 zu erreichen, Ausfahrt Hünfeld/Schlitz.

Odenwald-Camping-Park
Hirschhorn am Neckar
20 km von Heidelberg

mit Pool-bar

Äußerst reizvolle Lage am Rande von Hirschhorn in einem sehr ruhigen Seitental des Neckars, durch das auch der Ulfenbach verläuft. Natur pur - Erholung - Vergnügen! Mehrfach preisgekrönter Landessieger und Bronzemedaille in der Kategorie 'Vorbildliche Campingplätze in der Landschaft'.

* Beheiztes Schwimmbad (20 x 9m), gratis
* Warme Duschen, gratis
* Kinderspielplatz * Animation für die Kleinen und Jüngeren
* Beheiztes, luxuriöses Sanitär, Behindertengerecht
* Babywickelräume
* Waschmaschinen & Trockner, Kochgelegenheit
* Geselliges Restaurant mit idyllischem Biergarten
* Supermarkt, Füll-/Wechselmöglichkeit von Gasflaschen
* Tennis, Basketball, Minigolf, Tischtennis, Outdoor Billard, Dart, Trampolin
* Radverleih, Grillplätze zu mieten
* Komfort- und Premiumplätze bis 220 m²
* Wasser- und Abwasseranschluss möglich
* Boot-, Bahn- und Radtouren möglich z.B. nach Heidelberg
* Wandern auf markierten Wegen direkt ab Camping
* Mietcaravans * Kabel-TV

Tel. 06272-809 * Fax 3658

👉 5/10/30% Ermäßigung bei einem Aufenthalt von ab dem 8./15./22. Tag.

👉 Plus extra 10% in der Vor- und Nachsaison vom Tag der Ankunft an.

Wandererlebnis auf dem 'Neckarsteig'

Romantische Touren auf dem Neckar-Radweg.

Heidelberg mit der S-Bahn in 20 Min.

WLAN

E-Mail: Odenwald-Camping-Park@t-online.de
Internet: www.odenwald-camping-park.de

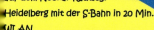
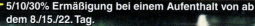

Jesberg, D-34632 / Hessen

- ⛺ Kellerwald
- 🏠 Freizeitcentrum 1
- 📅 1 Jan - 31 Dez
- 📞 +49 66 95 72 13
- @ gemeindeverwaltung@gemeinde-jesberg.de
- 📍 N 50°59'48'' E 09°08'01''

1	AF**JM**NOPQRST	**ABF** 6
2	CGOPW	ABDE**FG** 7
3	BF**HJMNR**	ABCDEFNQR 8
4		D 9
5	ADEL	AJRW 10

B 16A
H500 1,5 ha 60T(80-100m²) 152D

❶ €10,00
❷ €13,00

102269

🚗 A49 Kassel-Giessen, Ausfahrt Borken. Dann B3 bis Jesberg. Der CP ist ausgeschildert.

Kassel, D-34121 / Hessen

- ⛺ Campingplatz Kassel
- 🏠 Giesenallee 9
- 📅 12 Apr - 27 Okt
- 📞 +49 5 61 70 77 07
- @ info@campingplatz-kassel.de
- 📍 N 51°17'30'' E 09°29'15''

1	BDE**JM**NOPQRT	6
2	ACDGOPRVWXY	ABD 7
3		ABCDEFNQRT 8
4		9
5		ABCGHKORX 10

B 16A CEE
1,5 ha 92T

❶ €21,00
❷ €25,00

123259

🚗 Kassel Auestadion Richtung Zentrum. Nach 1 km rechts ab. Der Beschilderung folgen.

Kassel/Bettenhausen, D-34123 / Hessen

- ⛺ B.F.F.L. Lossaue
- 🏠 Fischhausweg 9
- 📅 15 Apr - 15 Okt
- 📞 +49 5 61 51 72 00
- @ bffl.kassel@t-online.de
- 📍 N 51°17'47'' E 09°32'56''

1	AGHKNOPQRST	A 6
2	ACGOPQSVWX	ABDEF**I**K 7
3	BFGMNSU	ABEFGJNPQRW 8
4	FHIO**T**	F 9
5	DGHMN	AHIJ**PRV** 10

FKK 10A CEE
H150 3 ha 20T(150m²) 39D

❶ €22,00
❷ €22,00

102340

🚗 A44 Dortmund-Kassel, dann A7 Frankfurt-Hannover. Ausfahrt 78 Kassel-Ost, Richtung Kassel-Zentrum. Nach ca. 1,5 km rechts ab. CP ist ausgeschildert.

Kirchheim/Waldhessen, D-36275 / Hessen (CC€20)

- ⛺ Seepark *****
- 🏠 Brunnenstraße 20-25
- 📅 1 Jan - 31 Dez
- 📞 +49 66 28 15 25
- @ info@campseepark.de
- 📍 N 50°48'52'' E 09°31'05''

1	ADEF**JM**NOPQRST	EFGHLNQWXY 6
2	ADFGHOPRSUVWX	ABDE**FG** 7
3	AG**JKLMN**OP**R**UX	ABCDEFJKNQRTUVW 8
4	EFHIO	ADIJVW 9
5	ABDEFHJKLMN	ABFGHIJLMOP**R**X 10

Anzeige auf dieser Seite WB 16A CEE
H310 10 ha 300T(40-100m²) 283D

❶ €26,00
❷ €31,00

102346

🚗 A7 Kassel-Würzburg Ausfahrt 87 Kirchheim, vor/hinter dem Kirchheimer Dreieck. Dort ist der CP ausgeschildert.

Laubach, D-35321 / Hessen

- ⛺ Caravanpark Laubach
- 🏠 Am Froschloch 1
- 📅 1 Jan - 31 Dez
- 📞 +49 64 05 14 60
- @ info@caravanpark-laubach.de
- 📍 N 50°33'03'' E 09°00'32''

1	AF**JM**NOPQRST	6
2	ABCGPSWXY	ABDE**FG**HI 7
3	ABEF**GLMN**O**SU**	ABCDEFJKNQRTUVW 8
4	**A**FH	WY 9
5	ADMN	AFGHJNOPW 10

B 16A CEE
H220 11 ha 90T(70-120m²) 300D

❶ €22,50
❷ €27,50

111301

🚗 A45 Dortmund-Aschaffenburg, Ausfahrt 36 Münzenberg/Lich. B488 Richtung Lich. Dann Richtung Laubach. Schildern folgen.

Liebenau/Zwergen, D-34396 / Hessen

- ⛺ Reiterparadies Campingpark
- 🏠 Teichweg 1
- 📅 1 Apr - 1 Nov
- 📞 +49 56 76 15 09
- @ info@ponyhofcamping.de
- 📍 N 51°28'49'' E 09°18'00''

1	ADEJMNOPQRST	**ABFGJ** 6
2	COPRUWXY	ABDE**FG**H 7
3	BDFGHIMTW	ABCDE**FG**IJKNQRTUV 8
4	EFHINOTUV	GH J 9
5	ABDFGHLM	ABFGHJMRV 10

16A CEE
H149 7,5 ha 170T 89D

❶ €52,00
❷ €76,00

100130

🚗 A44 Dortmund-Kassel, Ausfahrt 66 Breuna, Richtung Niederlistingen. B7 überqueren, Richtung Hofgeismar. Ausfahrt Liebenau/Zwergen, CP ist ausgeschildert.

Limburg an der Lahn, D-65549 / Hessen

- ⛺ Limburg
- 🏠 Schleusenweg 16
- 📅 24 Mär - 30 Okt
- 📞 +49 6 43 12 26 10
- @ info@lahncamping.de
- 📍 N 50°23'21'' E 08°04'26''

1	A**JM**NOPRS**T**	**ABF**H**J**NUVXYZ 6
2	ACGOPRWXY	ABDE**FG** 7
3	AM	ABCD**F**JNQRT 8
4	O	QRT 9
5	ABDFHLMN	ABFGHILMO**R** 10

B 6A CEE
H90 2,2 ha 200T(70m²) 50D

❶ €25,70
❷ €32,30

100150

🚗 A3 Köln-Frankfurt am Main. Ausfahrt 42 Limburg-Nord. Rechts halten, bei der Ampel links. CP ist ausgeschildert.

Lindenfels/Schlierbach, D-64678 / Hessen (CC€18)

- ⛺ Terrassen CP Schlierbach
- 🏠 Am Zentbuckel 11
- 📅 1 Apr - 31 Okt
- 📞 +49 6 25 56 30
- @ info@terrassencamping-schlierbach.de
- 📍 N 49°40'55'' E 08°46'12''

1	ADEF**JM**NOPQRST	6
2	CFGOPQSTUVWXY	ABDE**FGHIJ** 7
3	ABEMX	ABCDEFGHJKNPQRTUVW 8
4	FH	9
5	ABDJMN	AFHJLM**PRV** 10

Anzeige auf dieser Seite B 10A CEE
H250 4,5 ha 35T(80-100m²) 100D

❶ €23,00
❷ €31,00

102213

🚗 A5 Frankfurt-Basel, Ausfahrt Bensheim, B47 Richtung Michelstadt, Richtung Fürth. In Schlierbach links den CP-Schildern folgen.

Terrassencamping Schlierbach

Terrassencamping im UNESCO Geopark Bergstrasse-Odenwald, in der Nähe vom Felsenmeer. Idealer Start für Aktivurlauber und Ruhesuchenden. Mountainbike, Rennrad, Klettern, Bouldern und Wandern. Beheiztes Schwimmbad in 700 Meter. Alle Plätze mit Strom, Wasser und Abwasser. Kostenloses WLAN.

Am Zentbuckel 11, 64678 Lindenfels/Schlierbach
Tel. +49 6255630 • info@terrassencamping-schlierbach.de
www.terrassencamping-schlierbach.de

Seepark Kirchheim ★★★★★

Mehrstufiges Terrassen-Wiesengelände mit Büschen und Bäumen. Sanitärgebäude mit gehobener Ausstattung. In der Anlage ist ein Badesee, Restaurants, Wasserskilift, Bootsverleih, Hallenbad, Kegelbahn, Sauna, Tennis, Badebucht, Angeln, u.s.w. Wander- und Radwege gut ausgestattet.
Ganzjährig geöffnet.
www.campseepark.de
info@campseepark.de

Lorch am Rhein, D-65391 / Hessen

- ⛺ Naturpark-Camping Suleika
- 🏠 Im Bodenthal 2
- 📅 15 Mär - 1 Nov
- 📞 +49 67 26 83 94 02
- @ info@suleika-camping.de
- 📍 N 50°01'05'' E 07°51'21''

1	AG**JM**NOPRT	6
2	BCFNPRUVWXY	ABDE**FG**H 7
3	B	ABCDEFJNQTW 8
4	F	EJ 9
5	ABDFHLMN	ABCGHJOTU 10

Anzeige auf dieser Seite 16A
H200 4 ha 45T(20-80m²) 56D

❶ €25,80
❷ €36,80

102108

🚗 CP liegt oberhalb des Rheins an der B42 zwischen Lorch (5 km) und Assmannshausen (4 km). Achtung Tunnel Bahnübergang: Fahrzeuge über 2,25m fahren vom Koblenzer vor Lorch durch die Weinberge. Von Süden, Assmannshausen her über den Bahnübergang und der Beschilderung nach.

Naturpark & Camping im Freistaat Flaschenhals

Ökologisch geführter Platz inmitten eines Naturschutzgebietes und Weinbergen. Plätze mit Blick auf den Rhein (keine Schnaken). Spezialitätenrestaurant. D-65391 Lorch am Rhein Tel. 06726-839402
www.suleika-camping.de

Mainhausen/Mainflingen, D-63533 / Hessen

- ⛺ Seecamping Mainflingen
- 🏠 Seestraße 11
- 📅 1 Jan - 31 Dez
- 📞 +49 16 33 89 00 28
- @ eigenbetrieb@mainhausen.de
- 📍 N 50°01'22'' E 09°01'18''

1	ADEF**JM**NOPRST	LMNOP 6
2	ADGHIOPQVWXY	**ABFGIJ** 7
3	AMU	ABCDEFJKNQRW 8
4	H	F 9
5	DEJMN	ABHJLMRZ 10

B 16A CEE
H100 8 ha 60T(100m²) 303D

❶ €22,10
❷ €27,50

117148

🚗 A45 Ausfahrt 46 Mainhausen. Richtung Seligenstadt L2310, Richtung Mainhausen. Den CP-Schildern folgen.

Maintal, D-63477 / Hessen

- ⛺ Campingplatz Mainkur
- 🏠 Frankfurter Landstraße 107
- 📅 1 Apr - 30 Sep
- 📞 +49 69 41 21 93
- @ campingplatz-mainkur@t-online.de
- 📍 N 50°08'17'' E 08°46'55''

1	F**JM**NOPRT	JNSWXY 6
2	ACGPVWXY	ABDE**FGI** 7
3	AM	ABCDE**F**JNQRTUVW 8
4	HI	9
5	ABDM	ABGHM**OPR** 10

16A
H90 1,7 ha 50T(80-120m²) 21D

❶ €32,50
❷ €41,50

113085

🚗 A661, Ausfahrt 14 Frankfurt-Ost, B8 Richtung Hanau. Nach 3 km liegt rechts der CP.

www.clever-campen.de

Camping am Seeweiher

Betreiber: Familie Düngen
35794 Mengerskirchen
Tel.: 06476 - 2263 Fax:1580
E-Mail: info@seeweiher.de
Internet: www.seeweiher.de

Der idyllisch gelegene Campingplatz am südlichen Westerwald bietet Ihnen viel Entspannung und Erholungsmöglichkeiten. Familiäre Gastlichkeit in unserem Restaurant "Wirtshaus am See".

ACSI Einrichtungsliste

Die Einrichtungsliste finden Sie vorne im aufklappbaren Deckel des Führers. So können Sie praktisch sehen, was ein Campingplatz so zu bieten hat.

Mengerskirchen, D-35794 / Hessen
- Camping Am Seeweiher — 1 AFJMNOPRST — LMNX 6
- Am Seeweiher 1-2 — 2 DFGHIOPVWX — ABDEFGH 7
- 1 Jan - 31 Dez — 3 BGILMS — ABEFJNQRT 8
- +49 64 76 22 63 — 4 BFH — 9
- info@seeweiher.de — 5 ADEFHJLMN — ABGHIJLNORVWZ 10
- Anz. auf dieser Seite B 8-16A CEE — ① €21,00 / ② €27,00
- N 50°32'48'' E 08°08'51'' — H450 16 ha 16T(100m²) 200D — 111950
- A3 Frankfurt-Köln, Ausfahrt 42 Limburg-Nord. Dann B49 Richtung Weilburg-Westerburg fahren. In Waldbrunn rechts abfahren. Vor Mengerskirchen ist der CP ausgeschildert.

Campingplatz direkt an der Weser
Camping, Kanufahren, Radtouren und vieles mehr....

Kontakt:
Web: www.weissehuette.com
Mail: campingweissehuette@gmail.com
Tel: + 49 (0) 5574 / 9989 994

Mörfelden-Walldorf, D-64546 / Hessen
- Campingplatz Mörfelden — 1 AEFJMNOPRST — 6
- Am Zeltplatz 5-15 — 2 APRWXY — ABDEFG 7
- 1 Jan - 31 Dez — 3 ALM — ABDEFJNQRT 8
- +49 6 10 52 22 89 — 4 FH — 9
- info@campingplatz-moerfelden.de — 5 ADFGLMN — ABFGHJPTU 10
- B 16A CEE — ① €29,00
- N 49°58'47'' E 08°35'40'' — H100 3 ha 40T(60-120m²) 100D — 102212
- A5 Frankfurt-Basel, Ausfahrt Langen/Mörfelden. Richtung Mörfelden. Auf der Brücke links einordnen vor Abzweigung zum CP (links).

Naumburg (Edersee), D-34311 / Hessen
- Camping in Naumburg**** — 1 AEFJMNOPQRST — ABFGH 6
- Am Schwimmbad 12 — 2 CGOPRSUWXY — ABFGI 7
- 1 Jan - 31 Dez — 3 ABLMSUX — ABCDEFJKNQRTUVW 8
- +49 5 62 59 23 96 70 — 4 FHIPRT — CDEFV 9
- camping@naumburg.eu — 5 ADEFHMN — ACGHJOR 10
- WB 16A CEE — ① €25,00
- N 51°15'02'' E 09°09'37'' — H291 6,5 ha 120T(80-160m²) 111D — ② €34,00 — 111020
- A44 Dortmund-Kassel, Ausfahrt Zierenberg, B251 Richtung Edersee bis Ippinghausen; links ab Richtung Naumburg. CP ist angezeigt.

Neuental, D-34599 / Hessen
- Neuenhainer See — 1 AEFJMNOPRST — LMNO 6
- Seeblick 14 — 2 ADGHIPVWX — ABDEFG 7
- 1 Jan - 31 Dez — 3 ABGMN — ABEFJNQTUVW 8
- +49 66 93 12 87 — 4 BFHJ — DF 9
- info@neuenhainer-see.de — 5 ADFHKLMN — ABFGHIJLPRVWZ 10
- B 16A CEE — ① €19,50 / ② €24,00
- N 50°59'43'' E 09°16'02'' — H320 25 ha 100T 6D — 117640
- A7 Ausfahrt Homberg (Efze), nach Frielendorf (B254). Dann rechts Richtung Neuental. Ausgeschildert.

Nieder-Moos, D-36399 / Hessen
- CP Nieder-Mooser-See — 1 ADEFJMNOPRST — LNQRSXYZ 6
- Am Camping 1 — 2 DGHPRTVWXY — ABEFG 7
- 1 Jan - 31 Dez — 3 ABGMX — ABCDFJNQRT 8
- +49 66 44 14 33 — 4 BFGI — MQRT 9
- info@camping-nieder-moos.de — 5 ABDFHLMN — ABHJR 10
- B 16A CEE — ① €24,50 / ② €34,50
- N 50°27'59'' E 09°22'32'' — H450 10 ha 120T(70-100m²) 450D — 110095
- A5 Giessen-Frankfurt, Ausfahrt 14 Friedberg. Dann B275 bis Grebenhain. Rechts Richtung Nieder-Moos.

Oberweser/Gieselwerder, D-34399 / Hessen
- Camping Gieselwerder — 1 ADEFJNXYZ 6
- In der Klappe 21 — 2 CFOPVWX — ABDEFGIJ 7
- 28 Mär - 31 Okt — 3 BFGHIJM — ABCDEFJLNQRTW 8
- +49 55 72 76 11 — 4 BEFHI — DERVW 9
- info@camping-gieselwerder.de — 5 ADEFGHJLMN — ABDFGHJLOR 10
- Anzeige auf Seite 131 B 16A CEE — ① €23,80 / ② €33,80
- N 51°35'55'' E 09°33'18'' — H110 2,5 ha 80T(80-100m²) 170D — 100121
- A21 Ausfahrt 35, B83 nach Bad Karlshafen. B80, in Gieselwerder an der Aral links ab und vor Weserbrücke rechts. A7: Ausfahrt 75 oder 76 nach Hann. Münden, dann die B80 Richtung Bad Karlshafen. In Gieselwerder rechts.

Oberweser/Oedelsheim, D-34399 / Hessen
- Campen am Fluss**** — 1 AEFJMNOPQRST — EFGJNWXYZ 6
- Am Hallenbad — 2 CFOPVWX — ABDEFGHIJ 7
- 1 Apr - 31 Okt — 3 BFGMX — ABCDEFJKNQRTUW 8
- +49 55 74 94 57 80 — 4 FHIO — RUVW 9
- info@campen-am-fluss.de — 5 ADEFJKMNO — ABDGHIJLMPRVZ 10
- Anzeige auf Seite 131 B 16A CEE — ① €24,00 / ② €35,00
- N 51°35'34'' E 09°35'24'' — H110 2,5 ha 46T(95-110m²) 100D — 102336
- Von der A7 Nord, Ausfahrt 71, Harste/Adelebsen/Offensen/ Oedelsheim. Von der A7 Süd Ausfahrt 76, Hann. Münden/Gimte/Hemeln. Über die A44 Ausfahrt 66, Gieselwerder/Oedelsheim. In Oedelsheim den CP-Schildern folgen.

Oberweser/Weissehütte, D-34399 / Hessen
- Weissehütte — 1 AJMNOPQRST — JNXZ 6
- Weissehütte 1 — 2 CFGIPSWX — ABFGI 7
- 15 Mär - 15 Okt — 3 A — ABEFGQRUW 8
- +49 5 57 49 98 99 94 — 4 FHIO — DIKVW 9
- campingweissehuette@gmail.com — 5 ABDEFJMN — AFGHJPR 10
- Anzeige auf dieser Seite 16A — ① €21,70 / ② €30,30
- N 51°33'59'' E 09°35'45'' — H120 8 ha 230T(100m²) 53D — 121029
- Weissehütte liegt an der B80 zwischen Hann. Münden und Bad Karlshafen, 25 km nördlich von Hann. Münden.

Reinhardshagen, D-34359 / Hessen
- Campingplatz Ahletal — 1 AJMNOPRT — E 6
- Ahletal 6 — 2 BOPSUVWXY — ABDEFG 7
- 1 Jan - 31 Dez — 3 — ABCDEFJNQRTU 8
- +49 55 44 48 99 00 51 — 4 FHIO — AFHJRV 10
- campingplatz-ahletal@t-online.de — 5 DHM — ① €16,50 / ② €22,50
- B 16A CEE
- N 51°28'21'' E 09°37'18'' — H140 4 ha 30T(40-90m²) 71D — 101129
- A7 Kassel-Hannover Ausfahrt 76 Hann. Münden/Lutterberg. In Hann. Münden B80 Richtung Höxter/Reinhardshagen. In Vaake ist der Campingplatz ausgeschildert.

Rotenburg an der Fulda, D-36199 / Hessen
- Campingplatz Rotenburg/Fulda — 1 AJMNOPQRST — NVXZ 6
- Campingweg 4 — 2 COPWXY — ABDEFGI 7
- 1 Apr - 15 Okt — 3 AM — ABDEFNQRT 8
- +49 66 23 55 55 — 4 FHI — QRT 9
- tourist-info@rotenburg.de — 5 ADEFNO — ABHLPRV 10
- 16A CEE — ① €19,50 / ② €23,50
- N 50°59'36'' E 09°44'34'' — H188 0,7 ha 70T(80m²) 10D — 108119
- B83 Kassel-Bebra, Ausfahrt Rotenburg. Dort beschildert. Navi führt uns durch die Stadt. Alternativ: nach der Ampel links am Bahnhof vorbei, dann am Hotel links ab.

Rüdesheim am Rhein, D-65385 / Hessen
- Camping Ebentaler Hof Ponyland — 1 AJMNOPQRST — 6
- Auf dem Ebental 1 — 2 BGPRWXY — ABDEFG 7
- 1 Mär - 31 Okt — 3 ABI — ABEFNQ 8
- +49 67 22 25 18 — 4 — G 9
- info@ebental.de — 5 ABDEFHJKN — AFHJR 10
- 6A — ① €19,00 / ② €22,00
- N 50°00'11'' E 07°54'38'' — H300 30 ha 100T 16D — 102111
- B42 nach Rüdesheim, dann Richtung Niederwalddenkmal/Presberg. Weiter den Schildern Ebental, 'Ponyland' folgen (3 km).

Rüdesheim am Rhein, D-65385 / Hessen
- Campingplatz am Rhein — 1 AEFJMNOPQRST — N 6
- Kastanienallee 4 — 2 COPRWXY — ABDEFG 7
- 30 Apr - 4 Okt — 3 BF — ABCDFNQRT 8
- +49 67 22 25 18 — 4 — 9
- info@campingplatz-ruedesheim.de — 5 ABDEKMN — ABFGHIJOST 10
- B 10A CEE — ① €33,00 / ② €41,00
- N 49°58'40'' E 07°56'18'' — H100 3 ha 193T — 102110
- Achtung mit Navi: B42 von Koblenz im Zentrum nach rechts abbiegen (CP-Schild). B42 ab Wiesbaden am Ortsrand links (CP-Schild). Für Wohnmobile an der Bahnbrücke links, dann rechts den CP-Schildern folgen.

Schlüchtern/Hutten, D-36381 / Hessen
- Hutten-Heiligenborn — 1 AFJMNOPQRST — AF 6
- Am Heiligenborn 6 — 2 AGPRUWX — ABF 7
- 1 Jan - 31 Dez — 3 A — ABCDEFJNQRW 8
- +49 66 61 24 24 — 4 FI — 9
- helga.herzog-gericke@online.de — 5 ABDLMN — AGHJPR 10
- Anzeige auf Seite 131 10A CEE — ① €19,00 / ② €25,00
- N 50°22'06'' E 09°36'30'' — H440 5 ha 50T(80-120m²) 120D — 114482
- A7 Ausfahrt 93 Richtung Frankfurt A66. A66 Ausfahrt 48 Richtung Schlüchtern, den Schildern Hutten folgen. Ausfahrt 50 Richtung Rückers, Beschilderung Ri. Hutten. Navi: in Hutten der Beschilderung Heiligenborn, CP, Sportplatz, Freibad folgen.

CAMPEN AM FLUSS — CAMPINGPLATZ ★★★★ OEDELSHEIM
Wir heißen Sie herzlich Willkommen

Idylisch gelegen direkt an der Weser auf der Sonnenseite des wunderschönen Weserberglandes! Unser moderner Campingplatz bietet vieles was ein Camperherz begehrt!
Komfortstellplätze - saubere Sanitäranlage - Hallenbadbenutzung inklusive - Restaurant - Schutzhütte - Bootssteg und slip - Kanu- und Fahrradverleih - Rad- und Wanderwege - und vieles mehr...

Viele tolle Angebote finden Sie auf unserer Hompage!

Deutschland

34399 Oberweser/Oedelsheim - Am Hallenbad - Tel. +49 5574945780 - www.campen-am-fluss.de

Camping Gieselwerder

Idylisch gelegen an der Weser bieten wir z.B.:
- direkt am Platz
- Vermietung von Tippi, Zirkus- und Wohnwagen
- Freier Eintritt zum Schwimmbad
- Kinderanimation, Spielplatz, Boots- und Kanuverleih
- Lagerfeuer, Grillabende, Camperbuffets, Public Viewing
- DCC- und ADAC-Mitglieder erhalten 10% (Pers.-Entgelte)

http://www.camping-gieselwerder.de
Telefon +49 (0) 5572 / 7611
Anfahrt:
In der Klappe 21
34399 Oberweser- Gieselwerder

Schotten, D-63679 / Hessen iD
- ▲ Campingplatz am Nidda-Stausee
- 🏠 Am Campingplatz 1
- 📅 1 Jan - 31 Dez
- ☎ +49 60 44 14 18
- @ campingplatz@schotten.de
- 📍 N 50°28'58" E 09°05'47"

1	AFJMNOPRST	LNQRSXY 6
2	DGIOPRUVWXY	ABDEFGIJ 7
3	BL	ABCDEFJNQRTW 8
4	FH	QT 9
5	DEFKLMN	ABFGHKR 10

B 16A CEE
H230 3,3 ha 52T (80-100m²) 200D
① €20,50 ② €28,50
100152

🚗 A45 Giessen-Hanau Ausfahrt 37 Wölfersheim. B455 Richtung Schotten. Der CP ist am Niddastausee vor Schotten.

Waldeck/Scheid, D-34513 / Hessen iD
- ▲ Campingplatz Bettenhagen
- 🏠 Am Bettenhagen 1
- 📅 1 Jan - 31 Dez
- ☎ +49 56 34 78 83
- @ info@campingplatz-bettenhagen.de
- 📍 N 51°11'18" E 09°00'38"

1	AFJMNOPRT	LNQSXZ 6
2	DFKRUW	ABDEFG 7
3	A	ABEFJNQR 8
4	FHI	Q 9
5	ABDMN	AFGKNQST 10

10A CEE
H252 1,7 ha 60T 125D
① €19,00 ② €26,00
102260

🚗 A44 Dortmund-Kassel, Ausfahrt 64 Diemelstadt, B252 Richtung Korbach, dann Edersee, Sachsenhausen, Niederwerbe, Halbinsel Scheid. Dann ausgeschildert.

Sinntal/Oberzell, D-36391 / Hessen 📶 iD
- ▲ Campingplatz Sinntal
- 🏠 Alfred Kühnertstraße
- 📅 1 Apr - 31 Okt
- ☎ +49 66 64 61 61
- @ horst.krischeu@campingplatz-sinntal-oberzell.de
- 📍 N 50°20'17" E 09°42'39"

1	AFJMNOPRST	6
2	ACPRWXY	ABDEF 7
3	AF	ABCDEFNQRU 8
4	FHIO	9
5	DMN	AGHJMPR 10

16A
H310 1,8 ha 50T (100m²) 36D
① €16,00 ② €21,00
102351

🚗 A7 Fulda-Würzburg, Ausfahrt 94. B27 Richtung Motten. Vor Kothen links. Schildern Sinntal und CP folgen. CP ist in Oberzell, Gemeinde Sinntal.

Weilburg/Odersbach, D-35781 / Hessen 📶 ♥ iD
- ▲ Odersbach★★★★
- 🏠 Runkelerstraße 5A
- 📅 1 Apr - 31 Okt
- ☎ +49 64 71 76 20
- @ info@camping-odersbach.de
- 📍 N 50°28'33" E 08°14'28"

1	ADEFJMNOPRST	ANXY 6
2	CGOPVWXY	ABDEFGHIJ 7
3	BFHJMNRX	ABCDFJNQRTUVW 8
4	FHIOX	DFQRUVWY 9
5	ABDEGLMN	ABFGHIJLORVZ 10

Anzeige auf dieser Seite B 16A CEE
H130 5 ha 100T (70-150m²) 210D
① €25,90 ② €33,90
108093

🚗 A3 Köln-Frankfurt, Ausfahrt 42 Limburg-Nord, B49 Richtung Weilburg, B456 Richtung Odersbach, CP ausgeschildert.

Tann (Rhön), D-36142 / Hessen iD
- ▲ Ulstertal
- 🏠 Dippach 4
- 📅 1 Jan - 31 Dez
- ☎ +49 66 82 82 92
- @ info@camping-ulstertal@t-online.de
- 📍 N 50°36'53" E 10°01'53"

1	AJMNOPQRST	6
2	COPRSUWX	ABDEFGI 7
3	AM	ABCDEFJKNQRT 8
4	FHIO	9
5	ADEFHJKMN	AFGHJLR 10

Anzeige auf dieser Seite WB 16A CEE
H420 2,8 ha 100T (60-100m²) 40D
① €22,00 ② €27,00
102419

🚗 A7 Kassel-Würzburg, Ausfahrt Hünfeld/Schlitz. Dann Richtung Hünfeld. In Hünfeld Richtung Tann (Rhön). In Wendershausen B278 Richtung Dippach ausgeschildert.

Camping Ulstertal

Camping in der prächtigen Rhön mit vielen Tourangeboten im schönen Thüringer Wald. Feiner, ländlicher Campingplatz. Eine Oase der Ruhe. Naturverbundene Menschen finden hier, unabhängig von der Jahreszeit, eigentlich alles. Das Sanitär ist modern und mit Fußbodenheizung.

Dippach 4, 36142 Tann (Rhön) • Tel. 06682-8292
E-Mail: info-camping-ulstertal@t-online.de
Internet: www.camping-ulstertal.de

Trendelburg, D-34388 / Hessen 📶 iD
- ▲ Trendelburg★★★
- 🏠 Zur Alten Mühle 10
- 📅 1 Jan - 31 Dez
- ☎ +49 5 67 53 01
- @ conradi-camping@t-online.de
- 📍 N 51°34'20" E 09°25'26"

1	AFJMNOQRST	JNXZ 6
2	CGOPVWXY	ABDEFGI 7
3	AMN	ABCDEFJNQRTW 8
4	IO	IR 9
5	ABDEFHJKMN	ABFHLOR 10

B 16A CEE
H134 2 ha 45T (80-100m²) 49D
① €15,50 ② €20,50
102257

🚗 Ab Kassel die B83. In Trendelburg hinter der Diemelbrücke links. Ab Bad Karlshafen die B83. In Trendelburg vor dem Ortsende, vor der Diemelbrücke rechts.

Camping Am Steinrodsee

Camping in der Nähe der A5 zwischen Frankfurt und Darmstadt, eignet sich hervorragend als Zwischenstopp. Auch ein guter Ausgangspunkt für Ausflüge, Radtouren, Wanderungen und vieles mehr. An einem See gelegen (Baden nicht erlaubt).Von der A5 Ausfahrt 25 oder A67 Ausfahrt 5. Auf der B42 Richtung Darmstadt-Gräfenhausen-Steinrodsee. Zur Navigation: Sandbergweg eingeben.

64331 Weiterstadt/Gräfenhausen • Tel. +49 615053593
Internet: www.camping-steinrodsee.de

Weiterstadt/Gräfenhausen, D-64331 / Hessen 📶 CC€18 iD
- ▲ Am Steinrodsee
- 🏠 Triftweg 33
- 📅 1 Jan - 31 Dez
- ☎ +49 61 15 05 35 93
- @ info@camping-steinrodsee.de
- 📍 N 49°56'41" E 08°36'20"

1	AFJMNOPRST	6
2	ADGPSVWXY	ABDEFGIJ 7
3	AGLMNO	ABCDFJNQRTW 8
4	HIOQ	DV 9
5	ADGHJMN	ABCGHKORV 10

Anzeige auf dieser Seite 16A CEE
H100 3 ha 44T (90-120m²) 132D
① €22,30 ② €28,30
117141

🚗 A5 Frankfurt-Darmstadt, Ausfahrt 25 Weiterstadt Richtung Darmstadt, B42. An der Ampel Richtung Gräfenhausen die L3113. Hinter Gräfenhausen den CP-Schildern folgen. Für Navi: Sandbergweg Gräfenhausen eingeben.

CAMPING ODERSBACH ★★★★
Inhaber: Kur- und Verkehrsverein Odersbach e.V.

Öffnungszeiten: 1. April bis 31. Oktober. Ca. 100 Tourplätze, 200 Saisondauerplätze. **Größe der Stellplätze:** 70-150m². Der bewachte Camping liegt am Waldrand, direkt an der Lahn, in Ortsnähe. **Einrichtungen:** Getrennte Sanitärräume, Kabinen mit Dusche und Waschtisch, Behindertendusche/-Toilette, Abwaschplätze mit Heißwasser, Waschmaschinen, Trockner, Babykommode, Stromanschluss für Wohnwagen, Gasflaschen, Campinggas. Servicestation für Wohnmobile, Aufenthaltsraum (keine Konsumverpflichtung). **Geschäfte und Mahlzeiten:** Bäckerei, Metzgerei und Restaurant 'Da Ramo' mit Pizzeria am Campingeingang. Herberge und Kneipe in 200m. **Erholungsangebote:** Spielplatz, Schwimmbad, Bootsverleih, Minigolf, Tischtennis, Radverleih, Kegel, Tennis, angeln, wandern (7 markierte Tageswanderungen) und Radtouren. **Sehenswürdigkeiten:** Residenzstadt Weilburg mit Barockstil, mit Schloss und Schiffstunnel, Kristallhöhle in Kubach, Tiergarten Hirschhausen. **Kultur:** Schlosskonzerte (Juni-August) im Renaissancegarten des Schlosses.

Ein idealer Ferien- und Erholungsort
Runkelerstraße 5A, 35781 Weilburg/Odersbach
Tel. 06471-7620 • Fax 06471-379603
E-Mail: info@camping-odersbach.de
Internet: www.camping-odersbach.de

- Idyllische Lage zwischen Rhön, Spessart und Vogelsberg
- Zahlreiche Ausflugsmöglichkeiten in der Umgebung
- Angrenzendes, beheiztes Freibad
- Moderne Sanitäranlagen

www.campingplatz-hutten.de

campingplatz Hutten-Heiligenborn

Teilkarte Hessen auf Seite 124

Teilkarte Hessen auf Seite 124

CAMPINGPLATZ WERRATAL

- Romantische Lage im Werratal • Am Rande des Naturparks 'Meißner und Kaufungerwald' • Kombinierte Kanu- und Radtouren möglich • Schwimmbad, Tennisplatz, Kegelbahn und Minigolf gegenüber dem Camping • Caravans und Ferienhäuser zu mieten
- Einrichtungen für Wohnmobile • Familienwäsche morgens abgeben – abends fertig.

Am Sande 11, 37213 Witzenhausen • Tel. 05542-1465
Internet: www.campingplatz-werratal.de

Witzenhausen, D-37213 / Hessen

Campingplatz Werratal
Am Sande 11
1 Jan - 31 Dez
+49 55 42 14 65
info@campingplatz-werratal.de
N 51°20'49'' E 09°52'09''

1	ABEF**JM**NOPQRST	**ABFG**HJ**N**UVX 6
2	ACGJKOPQRSVWXY	ABDE**FG** 7
3	ABF**HIJM**NO**PR**WX	ABCDE**F**JNQRT 8
4	AEFGHIO	DFR 9
5	ABDHMN	ABFGHIJLORV 10

Anzeige auf dieser Seite W 6-16A
H144 3 ha 70T(120m²) 68D
€ 22,50
€ 31,10

A44 Dortmund-Kassel, dann die A7 Kassel-Hannover. Ausfahrt 75 Hedemünden/Werratal/Witzenhausen. B80 Richtung Witzenhausen. CP dort ausgeschildert.

102341

Wetzlar, D-35576 / Hessen

Campingplatz Wetzlar
Dammstraße 52
1 Mär - 31 Okt
+49 6 44 13 41 03
info@campingplatz-wetzlar.de
N 50°34'18'' E 08°30'29''

1	AB**JM**NOPQRST	JNV**X**YZ 6
2	ACLOPRSVWXY	AB**FGH** 7
3		ABE**FJ**QRW 8
4	FHIO	ADFR 9
5	ABDFJKLM	ABGHKPRV 10

16A CEE
8 ha 30T(50-80m²) 7D
€ 22,90
€ 28,30

B49 Ausfahrt Bahnhof/Forum. Nach ca. 300m an der Ampel links. Nach 450m rechts (Carolinenweg). Nächste Ampel links halten. Der Straße bis zum Kreisel folgen, dort geradeaus. Nach 400m rechts ab Richtung CP.

113464

Zierenberg, D-34289 / Hessen

Zur Warme
Im Nordbruch 2
1 Jan - 31 Dez
+49 56 06 39 66
camping-zierenberg@t-online.de
N 51°22'03'' E 09°18'55''

1	A**JM**NOPRST	**N** 6
2	ACPW	ABE**FG**HI 7
3	B**JLM**	ABCDEFJQRUV 8
4	O	9
5	ADFHLMN	ABFHIJLRV 10

B 16A CEE
H250 4,2 ha 30T 80D
€ 20,00
€ 22,00

A44 Dortmund-Kassel, Ausfahrt 67 Zierenberg. In Zierenberg ist der CP ausgeschildert.

110971

CARAVANING

BÄREN-CAMP ★★★★

Schöner Familiencamping direkt an der Mosel und in Ortsnähe. Sie finden gut beheiztes Sanitär vor. Dann gibt es noch ein gemütliches Restaurant mit hervorragender Küche. Ab der 4. Nacht 10% Rabatt auf den Personentarif. Auf Vorlage der ACSI Club ID 10% Rabatt im Juli und August. CampingCard ACSI Teilnehmerplatz. Akzeptanzzeiten siehe CampingCard ACSI-Führer.

Fam. Wolff • Am Moselufer 1 + 3
56859 Bullay (Mosel) • Tel. +49 6542900097
E-Mail: info@baeren-camp.de • Internet: www.baeren-camp.de

Ahrbrück, D-53506 / Rheinland-Pfalz

- Camping Denntal★★★★
- Denntalstraße 49
- 1 Apr - 1 Nov
- +49 26 43 69 05
- @ urlaub@camping-denntal.de
- N 50°28'55" E 06°59'22"

1 AEJMNOPQRST	6
2 BCFPSVWX	ABEFG 7
3 BM	ABCDEFJNQRTUV 8
4 FHQRSTV	VW 9
5 ABDFLMN	ABCDFGHIJMPRW 10
Anzeige auf dieser Seite 16A CEE	① €27,20
H216 8,2 ha 80T(100-120m²) 130D	② €36,20

113076

A61 Meckenheimer Kreuz Ausfahrt Altenahr. B257 Richtung Nürburgring/Adenau. Ahrbrück fast durch. Auf der Hauptstrasse links Ri. Kesseling (L85). Nach etwa 800m rechts (Denntalstrasse) und den VP-Schildern folgen.

Alf, D-56859 / Rheinland-Pfalz

- Moselcampingplatz Alf
- Am Mühlenteich 37
- 3 Apr - 1 Nov
- +49 6 54 29 69 17 28
- @ info@moselcampingplatz.de
- N 50°03'10" E 07°06'51"

1 ABEJMNOPQRST	N 6
2 BCFGIJOPSVXY	ABDEFGH 7
3 ABMTX	ABCDEFGIJNQRUVW 8
4 BCDEFH	CFV 9
5 ABDEFMN	ABCDGHIJPRV 10
Anzeige auf Seite 147 6-16A CEE	① €25,00
H100 2 ha 87T(70-160m²) 9D	② €25,00

123357

A1 Ausfahrt 125 Wittlich. Über die B49 nach Alf. Am Kreisel erste Ausfahrt. Dann der Beschilderung folgen.

Altenahr, D-53505 / Rheinland-Pfalz

- Camping Altenahr
- 1 Apr - 31 Okt
- +49 26 43 85 03
- @ info@camping-altenahr.de
- N 50°30'49" E 06°59'12"

1 AILNOPQRST	JNX 6
2 CGPQX	ABDEFGH 7
3 BFJM	ABCDEFKNRT 8
4 EIOP	DEIKV 9
5 ABDEKMN	ABFGHIKLR 10
16A CEE	① €22,00
2 ha 180T 35D	② €28,00

100135

A61 Ausfahrt Altenahr. In Altenahr Richtung Adenau und über die Bahnlinie, erste Brücke rechts (nach Wanderbrücke), sehr enge Brücke.

Bad Breisig, D-53498 / Rheinland-Pfalz

- Rheineck
- Rheineckerstraße
- 1 Jan - 31 Dez
- +49 2 63 39 56 45
- @ info@camping-rheineck.de
- N 50°29'30" E 07°18'38"

1 AFJMNOPQRST	6
2 ABCGOPVWX	ABDEFG 7
3 AGM	ABCDEFJNQRUVW 8
4	F 9
5 BDFHKMN	AGHIJORV 10
16A CEE	① €20,50
5 ha 125T 252D	② €27,50

114809

Auf der A61 Ausfahrt Bad Breisig. Der CP ist angezeigt.

Bad Ems, D-56130 / Rheinland-Pfalz

- Bad Ems
- Lahnstraße
- 1 Apr - 31 Okt
- +49 26 03 46 79
- @ 026034679-0001@t-online.de
- N 50°19'08" E 07°44'01"

1 AGJMNOPQRST	AJNXYZ 6
2 CGPSWXY	ABDEFG 7
3	ABCDEFNQRW 8
4	9
5 ADMN	ABGHIJR 10
16A CEE	① €21,80
H100 1,2 ha 70T(80m²) 75D	② €30,80

102097

Der Campingplatz ist von Bad Ems-Mitte aus an der Lahn, an der B260 Richtung Nassau.

Bad Hönningen, D-53557 / Rheinland-Pfalz

- Wellness-Rheinpark-Camping
- Allée St. Pierre les Nemours 1
- 1 Apr - 31 Okt
- +49 26 35 95 21 14
- @ info@wellness-rheinpark-camping.de
- N 50°30'39" E 07°18'28"

1 ABDEFJMNOPQRST	ABENWXY 6
2 CFGOPSWX	ABDEFG 7
3 ABJNO	ABDFGHJNQRTU 8
4 FHOSTUVWXYZ	UVW 9
5 ABDEFHIJKLM	ABFGHIJMP 10
B 16A CEE	① €26,90
4,5 ha 220T(60-120m²) 200D	② €32,90

112681

A3, Ausfahrt 34 Bad Honnef/Linz. Richtung Linz, weiter Bad Hönningen. CP am Rhein und ist ausgeschildert.

Birkenfeld, D-55765 / Rheinland-Pfalz

- Campingpark Waldwiesen★★★★
- Waldwiesen/Wasserschied
- 1 Apr - 19 Okt
- +49 67 82 52 15
- @ info@waldwiesen.de
- N 49°38'59" E 07°10'23"

1 ADEFJMNOPQRST	L 6
2 ABCDGIPTUVWXY	ABDEFGHI 7
3 BFLMNSX	ABCDEFJKNQRTUVW 8
4 EFH	DIJUV 9
5 DMN	ABFGHIJLMNPRV 10
Anzeige auf dieser S. FKK 16A CEE	① €26,35
H400 9,5 ha 85T(100-200m²) 23D	② €36,35

102068

A1, bis Kreuz Kaiserslautern/Saarbrücken. Dort A62 Richtung Kaiserslautern, Ausfahrt 4 Birkenfeld. Dann B41 bis der CP ausgeschildert ist.

Bockenau, D-55595 / Rheinland-Pfalz

- Bockenauer Schweiz
- Daubacher Brücke 3
- 23 Mär - 31 Okt
- +49 6 75 62 98
- @ campingbockenauerschweiz@gmail.com
- N 49°51'05" E 07°39'34"

1 AJMNOPQRST	6
2 BCGOPRSX	ABDEFGH 7
3 B	ABCDEFJNR 8
4 AFHOP	BEFIJ 9
5 ABDFGHLN	AGHJPR 10
16A CEE	① €25,00
H380 20 ha 60T(bis 100m²) 21D	② €28,50

111566

A61, Ausfahrt 51 Bad Kreuznach. B41 fahren bis Wald Bockelheim, dann Richtung Bockenau-Winterburg.

Boppard, D-56154 / Rheinland-Pfalz

- Campingpark Sonneneck
- An der B9
- 4 Apr - 15 Okt
- +49 67 42 21 21
- @ info@sonneneck-camping.de
- N 50°14'56" E 07°37'34"

1 AJMNOPQRST	AFHN 6
2 CGOPRWXY	ABDEFGHI 7
3 BJMSU	ABCDEFJKNQRTW 8
4	DEIKV 9
5 ABDEFHLM	ABGHILOR 10
B 10A	① €27,00
H100 11 ha 250T(80-100m²) 47D	② €36,00

102104

Vom Norden: A61 Kreuz-Koblenz, A48 Richtung Koblenz. Dort B9 Richtung Boppard. CP 5 km vor Boppard.

Brodenbach, D-56332 / Rheinland-Pfalz

- Historische Mühle Vogelsang
- Rhein-Mosel-Str. 63
- 1 Jan - 31 Dez
- +49 26 05 14 37
- @ info@muehle-vogelsang.de
- N 50°13'16" E 07°26'44"

1 AEFJMNOPQRST	6
2 ABCFGOPSTWXY	ABFGHI 7
3 AMX	ABEFJKNQRTW 8
4 FHK	IJ 9
5 ABDHJKLMN	AFGHIJLMRV 10
16A CEE	① €22,50
H100 1,5 ha 45T(80-120m²) 53D	② €28,50

113745

A61 Ausfahrt 39 Dieblich. Dann der B49 Richung Cochem/Trier bis Brodenbach folgen.

Bullay (Mosel), D-56859 / Rheinland-Pfalz

- Bären-Camp★★★★
- Am Moselufer 1 + 3
- 9 Apr - 8 Nov
- +49 65 42 90 00 97
- @ info@baeren-camp.de
- N 50°03'14" E 07°07'49"

1 ADEFJMNOPQRST	JNSWXYZ 6
2 COPVWXY	ABDEFGI 7
3 F	ABCDEFJNQRTW 8
4 AFH	9
5 ABDFJKLMN	ABDGHIJLPR 10
Anzeige auf dieser Seite 16A CEE	① €28,50
H80 1,9 ha 140T(70-105m²) 16D	② €35,50

102057

A1, Ausfahrt 125 Wittlich über die B49 nach Alf, dort über Moselbrücke nach Bullay. Oder A61, Ausfahrt Rheinböllen/Simmern (Airport Hahn) die B50, in Kirchberg rechts nach Zell/Mosel B421. In Zell weiter B53 Cochem.

Campingpark Waldwiesen
★★★★

Waldwiesen/Wasserschied
55765 Birkenfeld
Tel. +49 67825215
Fax +49 67825219
info@waldwiesen.de
www.camping-waldwiesen.eu

- **Ruhiger,** ökologisch geführter, **schön gelegener Naturcamping,** nah an der Stadt. • **Rezeption** mit Geschenkecke. • WLAN und Internet auf allen Plätzen. • **5 Pods** (Holzhäuschen, 3 Personen), **Basketballkorb, Torwand** und **Behindertensanitär.** • **Sanitäranlagen:** schön, sauber, sehr komfortabel. • **Stellplätze:** durch Bepflanzung parzelliert, teilweise Terrassen. • **Reisemobilplätze:** 10 Stück mit allen Einrichtungen. • **Zeltwiese** mit 6 Feuerstellen, für kleine und große Gruppen, extra gelegen, 4,5 ha groß. • **Badesee:** kontrolliertes EU-Wasser (2000 m²)

Zum Feuerberg

- **Familien**camping mit Schwimmbad
- niederländische Leitung
- große Plätze
- gemütliche Kantine
- das mittelalterliche Edinger/Eller in 200m
- Weinproben auf den diversen Weinfesten an der Mosel
- direkt am Fluss und Radweg gelegen
- zentral zwischen Koblenz und Trier
- CampingCard ACSI

Moselweinstraße, 56814 Ediger/Eller • info@zum-feuerberg.de • www.zum-feuerberg.de • Tel. 02675-701

Bürder, D-56589 / Rheinland-Pfalz

Zum stillen Winkel*****	1 ADE**JM**NOPQRS**T** — J**N** 6
Brunnenweg 1c	2 BCGOPSWXY — ABDE**FG** 7
1 Apr - 1 Nov	3 ABFM ABCDEFGHIJ**KL**NPQRTUVW 8
+49 1 57 77 72 22 16	4 FHIO — J 9
info@camping-zumstillenwinkel.de	5 ABDFMN — ABDHIJ**P**RV 10
	Anzeige auf Seite 135 B 16A CEE ❶ €28,00
N 50°30'56'' E 07°25'46''	5 ha 90**T**(100-150m²) 161**D** ❷ €36,60

A3 Ausfahrt 36 Neuwied, Richtung Neuwied, danach Richtung Kurtscheid bis Niederbreitbach, dort links wieder Richtung Neuwied bis zur Ausfahrt Bürder. CP-Schild 2.   100139

Cochem/Cond, D-56812 / Rheinland-Pfalz

Moselcamping Cochem	1 ADE**JM**NOPQRT **ABEF**HJN**WX**Z 6
Stadionstraße 11	2 CGOPVWX — ABDE**FG**I 7
3 Apr - 31 Okt	3 AB ABCDEFIJNQRT 8
+49 26 71 44 09	4 FHIO**STU** — 9
info@campingplatz-cochem.de	5 ADEFHJKM — ABGHIK**LP**R 10
	B 10A CEE ❶ €24,50
N 50°09'28'' E 07°10'26''	H100 2,4 ha 210**T**(80-120m²) 70**D** ❷ €33,50

A1/A48 Ausfahrt 4 Kaisersesch, Richtung Cochem. Dort bei neuer Brücke links über Umgehungsstraße nach der Mosel.   100147

Burgen, D-56332 / Rheinland-Pfalz

Camping Burgen****	1 AEF**JM**NOPQRST — AJ**NX**Y 6
Am Moselufer	2 CFKOPVWXY — ABDE**FGH**I 7
3 Apr - 18 Okt	3 BFGMX ABCDE**FJL**NQRTW 8
+49 26 05 23 96	4 FHIO — FR 9
info@camping-burgen.de	5 ABDMN — ABDFGHIKM**P**R 10
	Anzeige auf dieser Seite B 16A ❶ €24,00
N 50°12'53'' E 07°23'24''	H80 4 ha 120**T**(60-100m²) 64**D** ❷ €31,50

A61, Ausfahrt 39 Dieblich. Dann B49 Richtung Cochem/Trier bis zum Ortseingang Burgen.   102049

Dausenau, D-56132 / Rheinland-Pfalz

Lahn Beach	1 AJMNOPQRS**T** — JN**X**YZ 6
Hallgarten 16	2 CGOPRWX — ABDE**FG** 7
1 Apr - 31 Okt	3 BFMS ABCDE**F**NQR 8
+49 2 60 31 39 64	4 — GR 9
info@canutours.de	5 ADGHM — AGHIK**P**RV 10
	B 6-16A CEE ❶ €26,00
N 50°19'39'' E 07°45'19''	H70 3 ha 80**T**(80m²) 65**D** ❷ €34,00

CP liegt an der B260 und der Lahn, zwischen Nassau (4 km) und Bad Ems (4 km). In Dausenau über die Lahn-Brücke und dann rechts.   102098

Am Moselufer, 56332 Burgen
Tel. 02605-2396 • Fax 02605-4919
E-Mail: info@camping-burgen.de
Internet: www.camping-burgen.de

Von 13-15 Uhr ist wegen der Mittagspause keine Anreise möglich.

Diez an der Lahn, D-65582 / Rheinland-Pfalz

Oranienstein	1 AEFJMNOPQRS**T** — FJ**NX**YZ 6
Strandbadweg 1a	2 ACGOPRSWX — ABDE**FG** 7
1 Apr - 25 Okt	3 AMS ABCDE**F**JNQRTW 8
+49 64 32 21 22	4 HI — DRVY 9
info@camping-diez.de	5 ABDEFHKMN — ABFGHIJ**P**R 10
	10A CEE ❶ €21,20
N 50°22'53'' E 08°00'02''	H90 7 ha 150**T**(100m²) 157**D** ❷ €26,60

A3 Köln-Frankfurt, Ausfahrt 41 Diez. CP-Schildern folgen.   102157

Burgen, D-56332 / Rheinland-Pfalz

Knaus Campingpark Burgen/Mosel	1 ADE**JM**NOPQRST — ABJ**NX**YZ 6
Am Bootshafen (B49)	2 CFGOPQWX — ABDE**FG** 7
1 Apr - 18 Okt	3 ABGM ABCDEFJNQRTW 8
+49 26 05 95 21 76	4 FHO — F 9
mosel@knauscamp.de	5 ABDEFHKLM**N** — ABDFGIKM**P**R 10
	Anzeige auf Seite 52 B 16A CEE ❶ €33,10
N 50°12'19'' E 07°22'53''	H85 4 ha 120**T**(80-120m²) 105**D** ❷ €43,70

A61 Ausfahrt 39 Dieblich. B49 bis hinter Burgen folgen.   102050

Dorsel am Ahr, D-53533 / Rheinland-Pfalz

Campinganlage Stahlhütte	1 ADE**JM**NOPQRS**T** — 6
An der B258; Stahlhütte 1	2 CPSWXY — ABDE**FG** 7
1 Jan - 31 Dez	3 ABFM ABCDE**FGI**JKNQRTUVW 8
+49 26 69 34 38	4 FHI — G 9
info@camping-stahlhuette.de	5 ABMN — AFGHKL**P**RVW 10
	16A CEE ❶ €27,00
N 50°22'37'' E 06°47'50''	H325 5 ha 60**T**(100-150m²) 142**D** ❷ €33,00

A1, L115 Richtung Nürburgring, links ab nach Ahrtal B258. Dann rechts und den CP-Schildern folgen.   102016

Cochem, D-56812 / Rheinland-Pfalz

Schausten	1 AF**JM**NOPQRT — 6
Endertstraße 124	2 ABCOPSUWXY — ABDE**FG** 7
31 Mär - 30 Nov	3 BLMX ABDE**F**HJNQRW 8
+49 26 71 75 28	4 **AEF**H**P** — DFGIV 9
anfrage@camping-cochem.de	5 ABDEFHJKMN — ABFGHIJMO**P**R 10
	Anzeige auf dieser Seite 6-16A ❶ €27,00
N 50°09'03'' E 07°09'18''	0,9 ha 60**T** 51**D** ❷ €35,00

A48, Ausfahrt 4 Kaisersesch, Richtung Cochem (ca. 7 km). Am Ortseingang links.   102051

Ediger/Eller, D-56814 / Rheinland-Pfalz

Zum Feuerberg	1 ADE**JM**NOPQRS**T** — AJ**NX**YZ 6
Moselweinstraße	2 CGIOPVWXY — ABDE**FG** 7
1 Apr - 31 Okt	3 **KL**M — ABEFJNQRTW 8
+49 2 67 57 01	4 **AE**FH — VW 9
info@zum-feuerberg.de	5 DHMN — ABGHIJ**P**R 10
	Anzeige auf dieser Seite 16A CEE ❶ €25,50
N 50°05'30'' E 07°09'48''	H98 1,8 ha 100**T**(100-150m²) 70**D** ❷ €34,50

A48 Ausfahrt 3 Laubach, Richtung Cochem. Dann Richtung Senheim, 4 km entlang der Mosel. Nicht dem Navi folgen, sondern ab Cochem die Mosel entlang fahren.   102054

- **Stadtcamping**
- 10 Gehminuten vom Zentrum
- Geselliges Café/Restaurant
- Romantisch gelegen

Endertstraße 124
56812 Cochem
anfrage@camping-cochem.de

Tel. 0 26 71/7528
www.camping-cochem.de

Ellenz-Poltersdorf, D-56821 / Rheinland-Pfalz

Happy Holiday	1 A**JM**NOPQRS**T** — JN**WX**Y 6
Moselweinstraße	2 CFGOPWX — ABDE**FG** 7
24 Mär - 31 Okt	3 — ABCDE**F**NQR 8
+49 26 73 12 72	4 AFH — V 9
	5 ADEFKLMN — ABHKMOR 10
	16A ❶ €20,00
N 50°06'36'' E 07°14'09''	2 ha 50**T** 40**D** ❷ €26,00

A48 Ausfahrt 4 Kaisersesch Richtung Cochem, dann B49 Richtung Alf.   102053

Deutschland

Schönst gelegen Campingplatz im romantischen Wiedtal, zwischen Köln und Koblenz, nicht weit von Rhein und Mosel.

Natur. Ruhe. Komfort.

Neu!!

www.camping-zumstillenwinkel.de

Lage am Fluss - Modernes Sanitär - Wifi - Brötchenservice - Restaurantlieferservice - Komfortstellplätze - Wandern - Radfahren - Viele schöne Ausflüge in der Umgebung für jedes Alter (mehr Info dazu finden Sie auf unserer Homepage)

Brunnenweg 1c, 56589 Bürder (Ortsteil von Niederbreitbach) - Tel 0049(0)157-777 222 16 / 0049(0) 175-5395022

Fachbach, D-56133 / Rheinland-Pfalz

Camping Beach Club Fachbach	1 ADE**JM**NOPQRST	JN X 6
Furtweg 14	2 CGIOPSVWX	ABDE**FG** 7
13 Mär - 31 Dez	3 AG	ABCDEFJKNQRTUV 8
+49 2 60 31 32 02	4 FHIO	JN R 9
info@camping-beachclub.de	5 ABDEFHLMN	ABCFGHIKM**PR**10
	Anzeige auf dieser Seite B 16A	① €30,50
N 50°20'12'' E 07°41'30''	H75 3 ha 100T(80-100m²) 27**D**	② €38,50
		114817

Campingplatz an der B260 in Fachbach an de Lahn, zwischen Koblenz (Lahnstein) und Bad Ems. Hinter dem Ort an der Lahnbrücke abbiegen. Beschilderung befolgen.

Girod, D-56412 / Rheinland-Pfalz CC€18 iD

Eisenbachtal	1 AF**JM**NOPQRST	6
1 Jan - 31 Dez	2 ACGPRSTVWX	ABDE**FG**HI 7
+49 6 48 57 66	3 BFM	ABCDEFNQRTUVW 8
+49 64 85 49 38	4 EFIO	9
	5 ABDLMN	AFGHIJLR10
	Anzeige auf dieser Seite B 6A CEE	① €21,00
N 50°26'16'' E 07°54'16''	H300 3,5 ha 30T(80m²) 130**D**	② €29,00
		102095

A3 Köln-Frankfurt, Ausfahrt 41 Wallmerod-Diez. Dann Richtung Montabaur. CP nach 5 km (siehe Schild).

Eisenbachtal

Fantastisch schön gelegen am Fuße eines alten Vulkans im 'Naturpark Nassau'. Ein Kinderparadies. Ruhige Lage mitten im Wald und dem Mittelgebirge (Westerwald). Es wurde ein interessantes Biotop (Natursee) mit Rundführung angelegt. Gesellige, freundliche Atmosphäre, guter Service. Gut markierte Wander- und Radwege. Ganzjährig geöffnet.

56412 Girod
Tel. 06485-766 • Fax 06485-4938

Camping | Beachclub
Fachbach *an der Lahn*

FURTWEG 14
56133 FACHBACH
TEL.: 02603-13202

Anreisezeiten:
Täglich von 8-14 Uhr und 15-19 Uhr

www.camping-beachclub.de

- Camping mit Flair
  Alle Stellplätze mit eigenem Zu-/Abwasser- und Stromanschluss
- Hundedusche/-spielplatz
- Restaurant mit großer Panorama-Terrasse
- Strand direkt an der Lahn
- E-Bike Ladestation
- StandUp-Paddeling
- Kanuanlegestelle

Deutschland

Country Camping Schinderhannes ★★★

Campingplatz 1, 56291 Hausbay/Pfalzfeld
+49 6746 388 9797 info@countrycamping.de
www.countrycamping.de N 50°06'21'' E 07°34'04''
3 km von der Autobahn A61

KNAUS Camping in Deutschland
www.knauscamp.de

Guldental, D-55452 / Rheinland-Pfalz

▲ Campingpark Lindelgrund	1 ADEFJMNOPQRT	LN 6
Im Lindelgrund 1	2 ACPRSUX	ABDEFG 7
15 Mär - 30 Nov	3 BMSU	ABCDEFGHIJNQRUW 8
+49 6 70 76 33	4 FHIO	FJV 9
@ info@lindelgrund.de	5 ADLMN	ADFGHIJLPR 10
	Anzeige auf dieser Seite B 10A CEE	① €26,50
N 49°53'03'' E 07°51'25''	H180 8 ha 60T(80m²) 123D	② €31,50

A61 Ausfahrt 47 Waldlaubersheim, durch Windesheim/Guldental. Hinter Guldental den CP-Schildern folgen. 113080

Camping · Landschaft · Architektur

Der Lindelgrund
campingpark

neu 2020: Wasserspielplatz!
www.lindelgrund.de

Hausbay/Pfalzfeld, D-56291 / Rheinland-Pfz

▲ Country Camping Schinderhannes***	1 ADEJMNOPQRT	LN 6
Campingplatz 1	2 ADGPRUWXY	ABDEFG 7
1 Jan - 31 Dez	3 AFMNR	ABCDEFHIJNQRTW 8
+49 6 74 63 88 97 97	4 FI	9
@ info@countrycamping.de	5 ABDFLMN	AFGHIJLOR 10
	Anzeige auf dieser Seite B 16A CEE	① €27,00
N 50°06'21'' E 07°34'04''	H500 30 ha 350T(100-120m²) 150D	② €35,00

A61 Ausfahrt 43 Pfalzfeld, dann den CP-Schildern folgen (3 km). Ins Navi geben: Hausbayerstraße/Pfalzfeld. 102106

BurgStadt CampingPark ★★★★

Wandern, Rad fahren, Kultur und Natur, Ruhe und Platz
Zentral gelegen zwischen Mosel und Rhein
Nur Erwachsene & Kinder ab 14

Kastellaun-Hunsrück
E-Mail: info@burgstadt.de • Internet: www.burgstadt.de

Kastellaun, D-56288 / Rheinland-Pfalz

▲ BurgStadt CampingPark****	1 ADEJMNOPQRTU	6
Südstraße 34	2 BFGORSUVWX	ABDEFG 7
1 Mär - 31 Okt	3 JMNOS	ABCDEFJKLMNQRUVW 8
+49 6 76 24 08 00	4 AEFHIRST	GV 9
@ info@burgstadt.de	5 ABDEFHJLMN	AGHIJMNPR 10
	Anzeige auf dieser Seite B 16A CEE	① €28,50
N 50°04'04'' E 07°27'16''	H450 2,5 ha 100T(80-100m²) 59D	

Von Norden die A61, Ausfahrt Emmelshausen, dann Richtung Kastellaun. Von Süden Ausfahrt Pfalzfeld, dann Richtung Kastellaun. In Kastellaun den CP-Schildern folgen. 113752

Kirn-Nahe, D-55606 / Rheinland-Pfalz

▲ Papiermühle	1 AFILNOPQRT	6
Krebsweilerstraße 8	2 COPTUWXY	ABDEFGHI 7
15 Mär - 15 Okt	3 BFM	ABCDEFJNQRT 8
+49 67 52 64 32	4	9
@ info@papiermuehle-campingplatz.de	5 DM	AHJM 10
	B 16A CEE	① €20,50
N 49°46'14'' E 07°27'30''	H200 4 ha 40T 150D	② €26,50

A61 Ausfahrt Bingen. B41 bis Kirn, dort Richtung Meisenheim, den CP-Schildern mit dem Namen 'Andre' folgen. 101135

Koblenz, D-56070 / Rheinland-Pfalz

▲ Knaus Campingpark Rhein-Mosel Koblenz	1 BDEJMNOPQRST	6
Schartwiesenweg 6	2 ACFGOPWX	ABDEFGHI 7
1 Jan - 31 Dez	3 BJM	ABCDEFGJKNQRTU 8
+49 26 18 27 19	4 GHKO	F 9
@ koblenz@knauscamp.de	5 ABDFHJKLM	ABCFGHIJMPTUW 10
	Anzeige auf Seite 52 B 6-16A CEE	① €36,10
N 50°21'58'' E 07°36'12''	H60 5 ha 218T(80m²) 7D	② €45,10

A6, Ausfahrt Koblenz, B9. Ausfahrt Koblenz-Lützel. Dann der Beschilderung folgen. 102096

Kreuzberg/Altenahr, D-53505 / Rheinland-Pfalz

▲ Sahrtal	1 AFJMNOPQRST	AJN 6
Münstereifeler Strasse 11	2 ACPQSVW	ABDEFG 7
1 Jan - 31 Dez	3 AM	ABCDEFHJKNRTV 8
+49 26 43 24 50	4 ABCDEOPQ	AG 9
@ info@campingplatz-sahrtal.de	5 ADEFHKMN	ABHJLMNRW 10
	16A CEE	① €20,20
N 50°30'42'' E 06°57'05''	5,5 ha 25T(100-130m²) 166D	② €26,30

A61 Ausfahrt Altenahr Richtung Adenau. Hinter Altenahr Ausfahrt Kreuzberg. Über die Bahnlinie, dann über die Brücke und rechts abbiegen. CP ist angezeigt. 114811

Kreuzberg/Altenahr, D-53505 / Rheinl.-Pfz

▲ Viktoria Station****	1 AEJMNOPQRST	JNX 6
Alte Mühle 1	2 ACGOPQWX	BEFGHIJ 7
1 Apr - 31 Okt	3 BFLM	ABCDEFGJKNQRTU 8
+49 26 43 83 38	4 AEFHIO	9
@ mail@viktoria-station.de	5 ADHJMN	ABFGHIJLORX 10
	Anzeige auf dieser Seite B 10A CEE	① €25,60
N 50°30'27'' E 06°58'46''	5 ha 190T 55D	② €32,60

A61 Ausfahrt Altenahr Richtung Adenau. Nach Altenahr Ausfahrt Kreuzberg, über Bahngleise, über die Brücke, links. Ausgeschildert. 100136

Viktoria Station ★★★★

Ökologisch orientierter Campingplatz im Ahrtal Nähe Altenahr. Rotwein, Restaurants, Wälder, Wandern, Angeln, Radfahren, Rodelbahn, Weindörfer, Wasser, Bonn, Köln, Eifel, Nürburgring.

Alte Mühle 1, 53505 Kreuzberg/Altenahr
Tel. 02643-8338 • E-Mail: mail@viktoria-station.de
Internet: www.viktoria-station.de

Lahnstein, D-56112 / Rheinland-Pfalz

▲ Burg Lahneck	1 FJMNOPQRST	AFH 6
Am Burgweg	2 FGPRTUVWXY	ABDEFGHI 7
1 Apr - 31 Okt	3 A	ABCDEFNQR 8
+49 26 21 27 65	4	9
+49 2 62 11 82 90	5 ABDEFLMN	ABGHIJR 10
	Anzeige auf Seite 137 16A CEE	① €31,00
N 50°18'19'' E 07°36'47''	H200 1,8 ha 70T(60-100m²) 2D	② €39,00

B42 Ausfahrt Oberlahnstein, dann 'Kurzentrum' und/oder CP-Schildern 'Burg Lahneck' folgen. 102102

Ortsnamenregister

Hinten im Führer finden Sie das Ortsnamenregister. Praktisch und schnell Ihren Lieblingsplatz finden!

Lahnstein, D-56112 / Rheinland-Pfalz

- Wolfsmühle
- Hohenrhein 79
- 15 Mär - 1 Nov
- +49 26 21 25 89
- info@camping-wolfsmuehle.de

1 AEJMNOPQRST JNXYZ 6
2 CGPRVWX ABEFG 7
3 BMU ABCDFJNQR 8
4 IO D 9
5 ABDEHKMN ABDFGHIKPRXZ 10

Anzeige auf dieser Seite 6A CEE €24,00
H70 3 ha 150T (70-150m²) 81D €32,00

N 50°18'52'' E 07°37'40'' 102103

A61 oder A3 Richtung Koblenz A48 Ausfahrt Vallendar. B42 Richtung Koblenz, dann Rüdesheim Ausfahrt Oberlahnstein. Am Kreisel 1. rechts. CP-Beschilderung folgen. Im Navi Ostalle eingeben. CP-Beschilderung befolgen.

Lingerhahn, D-56291 / Rheinland-Pfalz

- Camping und Mobilheimpark Am Mühlenteich****
- 1 Jan - 31 Dez
- +49 6 74 65 33
- info@muehlenteich.de

1 AEFJMNOPQRST A 6
2 ABCGPRTWXY ABDEFGHIJ 7
3 BDFGMT ABCDEFJNQRTW 8
4 BEFHIOPQ ACE 9
5 ADFHLMN AFGHIJPRV 10

Anzeige auf dieser Seite 6-16A CEE €30,00
H400 15 ha 150T 206D €39,00

N 50°05'57'' E 07°34'25'' 100149

A61 Ausfahrt 44 Laudert, Richtung Laudert. Dort Richtung Lingerhahn, Schildern folgen (4 km). Möglicherweise gibt Ihr Navigationsgerät eine andere Route an: dennoch den CP-Schildern folgen.

Mendig, D-56743 / Rheinland-Pfalz

- Siesta
- Laacherseestrasse 6a
- 1 Apr - 31 Okt
- +49 26 52 14 32
- walter.boehler@t-online.de

1 AFJMNOPQRST 6
2 APTWXY ABDFG 7
3 BM ABCDEFNR 8
4   9
5 ABDHMN AFHIKOV 10

Anzeige auf dieser Seite B 16A CEE €21,00
H300 3 ha 100T 70D €27,00

N 50°23'14'' E 07°16'09'' 102048

A61 Ausfahrt Mendig, rechts in Richtung Maria Laach. Nach ca. 100m rechts über den Parkplatz zum CP.

Mesenich/Cochem, D-56820 / Rheinland-Pfalz

- Family Camping
- Wiesenweg 25
- 23 Apr - 4 Okt
- +49 26 73 45 56
- info@familycamping.nl

1 AGIKNOPRT AFJN 6
2 CGOPVWX ABFGH 7
3 ABLM ABCDEFJNQRTU 8
4 ABDEFHILO AI 9
5 ABDEFHMN ABHIJMOPR 10

B 6A CEE €37,90
H91 3 ha 102T (80-100m²) 24D €43,30

N 50°06'06'' E 07°11'38'' 109042

A48 Ausfahrt Cochem, dort über die Brücke, dann rechts in Richtung Beilstein. Ca. 4 km nach Beilstein kurz vor dem Ort Mesenich liegt der CP rechts der Straße an der Mosel.

Mittelhof, D-57537 / Rheinland-Pfalz

- Camping im Eichenwald****
- Roddern 1
- 1 Jan - 31 Dez
- +49 27 42 91 06 43
- camping@hatzfeldt.de

1 AEFJMNOPQRST FN 6
2 BPTWXY ABDEFGIJK 7
3 BFGM ABCDEFJKNQRT 8
4 EFI DGJNW 9
5 ABDEFJLMN AGHJLMNPRV 10

WB 16A CEE €21,00
H350 10 ha 65T (100m²) 208D €29,00

N 50°46'50'' E 07°47'55'' 102090

A45 Dortmund-Giesen, Abfahrt 21 Siegen/Netphen. B62 Richtung Altenkirchen, ausgeschildert.

Monzingen, D-55569 / Rheinland-Pfalz

- Nahemühle
- Nahemühle 1
- 1 Mär - 31 Okt
- +49 67 51 74 75
- info@camping-nahemuehle.de

1 AEFJMNOPQRST JNX 6
2 CGJKPRWX ABFGJ 7
3 BFMS ABCDEFHJKLMNQRTU 8
4 AEFHS ADEFGRV 9
5 ABDEFHLMN ABFGHIJOR 10

B 6-16A CEE €24,90
H300 7,5 ha 150T (80-100m²) 219D €31,90

N 49°47'45'' E 07°34'42'' 101428

An B41 zwischen Bad Kreuznach und Idar-Oberstein. In Monzingen bei CP-Schild abzweigen, über Bahnübergang, dann gleich rechts.

CAMPING SIESTA

Kleiner, einfacher Camping.
Ideal gelegen im Dreieck Rhein, Mosel, Ahr.
Geeignet für kleine Übernachtungen oder auch für einen längeren Aufenthalt.

Laacherseestrasse 6a, 56743 Mendig
Tel. 02652-1432
E-Mail: walter.boehler@t-online.de
Internet: www.campingsiesta.de

Mörschied, D-55758 / Rheinland-Pfalz

- Harfenmühle****
- Harfenmühle 2
- 1 Jan - 31 Dez
- +49 67 86 13 04
- mail@harfenmuehle.de

1 AJMNOPQRST JL 6
2 BCDGHPRTUVWXY ABFGHIJ 7
3 ABEFLMNSV BDFJKNQRTUVW 8
4 BEFGHIOT GJKWZ 9
5 ABDEFHKLMN ABFGHIJORVX 10

WB 16A CEE €32,80
H450 6,2 ha 100T (100-120m²) 115D €42,80

N 49°48'15'' E 07°16'11'' 102067

A61 Ausfahrt 42 Rheinböllen/Simmern. Auf der B50 am Flughafen Hahn vorbei bis Morbach folgen. Dann Richtung Bruchweiler/Kempfeld. Weiter Richtung Herrstein.

CAMPING BURG LAHNECK

Auf der Höhe neben der mittelalterlichen 'Burg Lahneck' gelegen. Blick über das Rheintal. Am öffentlichen Freibad (Ermäßigung für Campinggäste). Auch schattige Stellplätze. Zentrale Lage für Ausflüge zum Rhein, Mosel, Nahe, Ahr, Lahn sowie Westerwald, Taunus, Eifel und Hunsrück.

Am Burgweg 56112 Lahnstein • Tel. 02621-2765
Fax 02621-18290 • Internet: www.camping-burg-lahneck.de

CAMPING WOLFSMÜHLE

Sie finden unseren modern ausgestatteten Campingplatz im romantischen Lahntal. Unesco Weltkulturerbe. Camping Wolfsmühle ist der ideale Ausgangspunkt für Wander-, Rad- und Bootstouren. Erholung, Freizeit und Erlebnis, wir bieten Ihnen alles was das Herz begehrt. Koblenz einfach zu erreichen mit Bus oder Fahrrad (7 km).

Hohenrhein 79, 56112 Lahnstein (Rhein)
Tel. 02621-2589 • Fax 02621-2584
E-Mail: info@camping-wolfsmuehle.de
Internet: www.camping-wolfsmuehle.de

Deutschland

CAMPING NEHREN-MOSEL

- Sehr schöner Camping an der Mosel
- Stellplätze von 100 qm, prima Sanitär mit gratis Warmwasser und gutem Service
- Bootsliegeplatz mit Helling zu vermieten
- Internet Möglichkeiten
- Ankunft ab 08:00 Uhr - Abreise bis 21:00 Uhr

WIR MACHEN IHRE FERIEN ZUM VERGNÜGEN

Moselufer 1, 56820 Nehren/Cochem • Tel. 02673-9621155
E-Mail: info@campingplatz-nehren.de • Internet: www.campingplatz-nehren.de

---

Nehren/Cochem, D-56820 / Rheinland-Pfalz

- Camping Nehren-Mosel
- Moselufer 1
- 1 Apr - 31 Okt
- +49 2 67 39 62 11 55
- info@campingplatz-nehren.de
- Anzeige auf dieser Seite
- N 50°04'50" E 07°11'36"
- A48, Ausfahrt 2 Ulmen. B259 Richtung Cochem, Abzweigung Sennheim.

1 ADE**JM**NOPQRST **JNX**Y 6
2 CGOPVWXY ABDE**FG** 7
3 A**LM**S ABCDEFNRTW 8
4 FHO**P** R 9
5 ABDEFHJKMN AGHIJM**P**R 10
H80 4 ha 120T(100m²) 165**D**
10A CEE ① €27,00 ② €30,00
102056

Neustadt/Wied, D-53577 / Rheinland-Pfalz

- Verkehrsverein Neustadt/Wied
- Am Strandweg
- 1 Apr - 1 Okt
- +49 26 83 36 45
- campingneustadtwied@netcologne.de
- N 50°37'02" E 07°25'33"
- A3 Ausfahrt 35 Neustadt/Wied. Im Ort ist der CP ausgeschildert.

1 AG**JM**NOPQRST **JNX** 6
2 ACOPW AB**FG** 7
3 A ABE**FJ**NQRU 8
4 E J 9
5 ADHKM AHIJ 10
16A
1,5 ha 20T(80m²) 54**D**
① €15,00
② €18,00
100137

Niederbreitbach, D-56589 / Rheinland-Pfalz

- Campingplatz Neuerburg
- Im Freizeitgelände
- 1 Jan - 31 Dez
- +49 26 38 42 54
- verkehrsverein.niederbreitbach@t-online.de
- N 50°31'46" E 07°24'52"
- A3, Ausfahrt 36 Neuwied. Nach Straßenhaus rechts Richtung Niederbreitbach. Im Dorf den Schildern folgen.

1 A**I**L NOPQRST **ABEFGH**JN 6
2 CGOPW ABDE**FG** 7
3 B**FM**S ABCDE**FJ**NQRTW 8
4 EFGH FJ 9
5 D**FH**KMN AFGHJL**PR**VXZ 10
Anzeige auf dieser Seite B 16A CEE ① €18,00
14 ha 40T(100m²) 214**D** ② €21,00
110093

Campingplatz Neuerburg

Anerkannter Luftkurort im Herzen des Naturparks Rhein-Westerwald.
Herrliche Wander- und Radtouren. Vergnügen für Jung und Alt.
Kulinarische- und Sportangebote.

Im Freizeitgelände, 56589 Niederbreitbach
Tel. +49 26384254
E-Mail: verkehrsverein.niederbreitbach@t-online.de
Internet: www.wiedtal-camping.de

Oberhausen an der Nahe, D-55585 / Rheinland-Pfz

- Camping-Nahetal
- Bahnhofstraße 38
- 1 Mär - 1 Dez
- +49 6 75 59 60 01
- info@camping-nahetal.de
- Anzeige auf dieser Seite
- N 49°47'41" E 07°45'16"
- A61, Ausfahrt 47 Waldlaubersheim, dann Rüdesheim (Nahe), dann von Rüdesheim (Nahe) nach Norheim. In Norheim rechts Richtung Oberhausen/Oberhausen. Von Westen: B41 Ausfahrt Odernheim Richtung Duchroth.

1 A**JM**NOPQRST **J**N 6
2 CPRSVWXY ABDE**FG** 7
3 A**LM**SX ABE**FJ**LNQRTUVW 8
4 E**FH**O EFW 9
5 ABDEFHJKMN ABCF**P**HJLOR 10
16A CEE ① €25,00
H300 3,4 ha 87T(80-120m²) 17**D** ② €30,00
114819

Camping-Nahetal

Urlaub im romantischen Nahetal in einer der trockensten und wärmsten Regionen Deutschlands.
Ein Paradies für Wanderer und Radfahrer.
Geöffnet vom 1. März bis 1. Dezember.

Bahnhofstraße 38, 55585 Oberhausen an der Nahe
Tel. +49 675596001
E-Mail: info@camping-nahetal.de • Internet: www.camping-nahetal.de

---

56379 Obernhof/Lahn
Tel. 02604-9419026
Fax 02604-7260
E-Mail:
kanuwolff@aol.com
Internet:
www.campingplatz-obernhof.de

Obernhof/Lahn, D-56379 / Rheinland-Pfalz

- Campingplatz Obernhof
- 1 Apr - 31 Okt
- +49 2 60 49 41 90 26
- kanuwolff@aol.com
- Anzeige auf dieser Seite
- N 50°18'57" E 07°51'04"
- A3 Ausfahrt 40. Montabauer B49 Richtung Koblenz/Lahnstein, dann die B261 Richtung Bad Ems, danach die B260 nach Nassau. Dann die B417 weiter bis Obernhof.

1 A**FJM**NOPQRS**T** **JNX**YZ 6
2 CGPSWX AB**F** 7
3 AF ABE**FJ**NQRW 8
4 OQRT 9
5 EFHMN ABHIJLORV 10
16A CEE ① €19,50
H70 3 ha 40T 38**D** ② €26,70
102100

Camping Schönburgblick

Kleiner gemütlicher Camping direkt am Rheinufer, nahe bei Oberwesel.
Stellen Sie sich ganz gemütlich ans Rheinufer und schauen Sie den Schiffen bergauf und bergab zu. 2 Supermärkte findet man in 250m, zur Ortsmitte sind es ca. 1 km. Die Rheinradroute geht direkt an unserem Camping vorbei! Einen Übernachtungsplatz für Wohnmobile bieten wir schon für € 10,00 inklusive kompletter Versorgung.

Aussiedlung B9, 55430 Oberwesel • Tel. +49 6744714501
E-Mail: camping-oberwesel@t-online.de
Internet: www.camping-oberwesel.de

Oberwesel, D-55430 / Rheinland-Pfalz

- Schönburgblick
- Aussiedlung B9
- 14 Mär - 1 Nov
- +49 67 44 71 45 01
- camping-oberwesel@t-online.de
- Anzeige auf dieser Seite
- N 50°06'08" E 07°44'11"
- A61, Ausfahrt 44 Laudert Richtung Oberwesel die L220. Direkt am Rhein an der B9 in Oberwesel.

1 A**F**JMNOPQR **N** 6
2 AC**F**JOPSVWX AB**FG** 7
3 A ABEFNQR 8
4 H 9
5 ADEFM ABCDFGHKL**PR** 10
6-10A CEE ① €22,20
H75 0,8 ha 40T(80m²) 10**D** ② €28,00
117236

Pommern, D-56829 / Rheinland-Pfalz

- Pommern
- Moselweinstraße 12
- 1 Apr - 31 Okt
- +49 26 72 24 61
- campingpommern@netscape.net
- Anzeige auf Seite 139
- N 50°10'08" E 07°15'56"
- A61 Koblenz, Ausfahrt zur B416 Cochem/Trier.

1 AE**JM**NOPQRS**T** AFJ**N**WXYZ 6
2 CGOPSVWXY ABDE**FG**HI 7
3 ABMS ABCDE**F**JKNQRTW 8
4 FHIO**Q** D 9
5 ABDEFGHJLM**NO** ABDGHIKMP 10
B 16A ① €21,50
4,5 ha 250T(60-100m²) 135**D** ② €26,00
108097

138 Teilkarte Koblenz auf Seite 132

Pünderich, D-56862 / Rheinland-Pfalz

- Moselland
- Im Planters
- 30 Mär - 25 Okt
- +49 65 42 26 18
- campingplatz.moselland@googlemail.com

1 AJMNOPQRST — JNXY 6
2 CFGPVWXY — ABFG 7
3 ABFM — ABCDEFJNQRUW 8
4 FHIO — DE 9
5 ABCDEFHMN — ABFGHJLOR 10
Anzeige auf dieser Seite 16A CEE
① €21,00
② €29,00
H260 3,1 ha 120T 82D

N 50°02'16'' E 07°07'19''

A48 Ausfahrt 125 Wittlich. Über Kinderbeuern, Bengel, Reil und Pünderich.

102058

Camping Moselland-Pünderich

Zwischen Koblenz und Trier am Ufer der Mosel

- Rad fahren, wandern, erholen
- die Welt der alten Römer entdecken
- die Burgen und Schlösser
- ein gutes Glas Wein bei den vielen Festen genießen

www.campingplatz-moselland.de

Rehe, D-56479 / Rheinland-Pfalz

- Cp. und Freizeitparadies Rehe
- Campingplatz 1
- 1 Apr - 30 Okt
- +49 26 64 85 33
- welters-camping@t-online.de

1 AEJMNOPQRST — LOQSXYZ 6
2 BDFGHPQRTVXY — ABDEFGIJ 7
3 BFLM — ABCDEFGJNQRTW 8
4 FHILO — NTUV 9
5 ACDEFHJKLMN — ABGHJNR 10
WB 16A CEE
① €22,00
② €29,00
H600 10 ha 134T(80-100m²) 400D

N 50°37'04'' E 08°07'24''

A45 Siegen-Frankfurt, Ausfahrt 26 Herborn West, B255 Richtung Rennerod. Im Zentrum von Rehe links, Schildern folgen.

102154

Remagen, D-53424 / Rheinland-Pfalz

- Goldene Meile
- Simrockweg 9-13
- 1 Jan - 31 Dez
- +49 2 64 22 22 22
- info@camping-goldene-meile.de

1 AEJMNOPQRST — ABFHNSWX 6
2 ACOPQRSVX — ABDEFGI 7
3 ABFGMN — ABCDEFJKNQRTVW 8
4 — 9
5 ABDEFHJKLM — ABFGHIJLRVWX 10
B 10-16A CEE
① €27,50
② €39,50
11 ha 187T(100-120m²) 300D

N 50°34'34'' E 07°15'08''

B9 Bonn-Koblenz, durch Remagen fahren, vor Bahn-Unterführung links. CP ist ausgeschildert.

102046

Rolandswerth, D-53424 / Rheinland-Pfalz

- Siebengebirgsblick
- Wickchenstraße 101
- 15 Apr - 20 Okt
- +49 22 89 1 06 82
- info@siebengebirgsblick.de

1 AJMNOPQRST — JNSWXZ 6
2 CFGHOPVX — ABF 7
3 AFG — ABCDEFNQRUW 8
4 FH — 9
5 ABDEFHKN — AGHIJORV 10
16A CEE
① €23,00
② €30,00
2,8 ha 134T(80-100m²) 90D

N 50°38'42'' E 07°12'24''

B9 Bonn-Remagen. CP befindet sich am Rhein und ist in Rolandswerth ausgeschildert.

102045

Roßbach/Wied, D-53547 / Rheinland-Pfalz

- Camping Wiedschleife
- Buchenauer Weg
- 1 Jan - 31 Dez
- +49 7 63 82 66 26 62
- info@camping-wiedschleife.de

1 ABFJMNOPQRST — JN 6
2 ABCGIOPWX — ABFG 7
3 ABFM — ABEFJNQRT 8
4 FHIO — 9
5 DHM — ABGHIJR 10
16A CEE
① €20,60
② €29,20
H100 47 ha 100T(80-100m²) 60D

N 50°34'36'' E 07°24'41''

A3 Abfahrt 36 Neuwied Richtung Rengsdorf. Nach Staßenhausen rechts Richtung Niederbreitbach. Dort rechts nach Roßbach, Schildern folgen.

100138

Schauren, D-55758 / Rheinland-Pfalz

- Edelsteincamp
- Hammerweg 1
- 1 Jan - 31 Dez
- +49 67 86 16 20
- mail@edelsteincamp.de

1 AFJMNOQRST — 6
2 BCPTUVWXY — ABDEFG 7
3 — ABEFJNQRT 8
4 F — 9
5 AMN — ABHIJMPR 10
16A CEE
① €14,00
② €19,00
H480 2,5 ha 20T 80D

N 49°48'48'' E 07°14'27''

A61 bis Emmelshausen, B327 bis Hinzerath oder Morbach folgen, dann nach Bruchweiler und links nach Schauren. Durch Schauren durch, Schildern folgen. Nicht nach Navi fahren, sondern der Beschilderung folgen.

100165

Schweppenhausen, D-55444 / Rheinland-Pfz

- Aumühle
- Naheweinstraße 65
- 1 Apr - 31 Okt
- +49 67 24 60 23 92
- info@camping-aumuehle.de

1 AEJMNOPQRST — 6
2 ABCGPRWXY — ABFGK 7
3 BLMSU — ABCDEFJNQR 8
4 BHO — BFW 9
5 AEFHKN — ABDHJMNPRV 10
Anzeige auf Seite 140 10A CEE
① €22,50
② €29,50
H200 2,5 ha 61T(bis 100m²) 12D

N 49°56'02'' E 07°47'30''

A61, Ausfahrt 47 Waldlaubersheim. Richtung Schweppenhausen. Ab dort Schildern folgen.

112277

Seck, D-56479 / Rheinland-Pfalz

- Camping Park Weiherhof★★★★★
- Campingplatz Weiherhof
- 1 Jan - 31 Dez
- +49 26 64 85 55
- info@camping-park-weiherhof.de

1 AEFJMNOPQRST — LMN 6
2 DFGHIPRSTUVWXY — ABDEFGH 7
3 ABCDEFLMU — ABCDEFGHIJKNQRTUVW 8
4 BEFHILOQ — DEFINVY 9
5 ACDEFHLMN — ABDFGHJMNOPRX 10
WB 16A CEE
① €29,50
② €37,50
H450 10 ha 120T(100m²) 248D

N 50°35'12'' E 08°02'07''

A3 Köln-Frankfurt, Ausfahrt 40 Montabaur, B255 Ri. Rennerod bis Hellenhahn, im Kreisel Ri. Seck und direkt wieder links. Von S.: Ausfahrt 42 Limburg an der Lahn Nord, dann die B49/54 Ri. Siegen. CP ist angezeigt.

102155

Senheim am Mosel, D-56820 / Rheinl.-Pfz

- Holländischer Hof★★★★
- Am Campingplatz 1
- 9 Apr - 26 Okt
- +49 26 73 46 60
- holl.hof@t-online.de

1 ABDEHKNOPRST — JNQXYZ 6
2 CFGIOPSVWXY — ABDEFGH 7
3 AFLMNSU — ABCDEFJKNQRT 8
4 ABCDEFHILOP — DV 9
5 ACDEFGHKLMN — ABCDFGHIJPRYZ 10
Anzeige auf dieser Seite B 10A CEE
① €23,95
② €31,95
H80 4 ha 207T(60-200m²) 15D

N 50°04'56'' E 07°12'29''

A61/A48 Ausfahrt 4 Kaisersesch in Richtung Cochem. Über die Brücke in Cochem, dann nach Senheim. Immer an der Mosel entlang.

102055

Pommern

Unser Campingplatz... ein Paradies für Camper die auf der Durchreise sind, die am Wochenende ausspannen, Ihren Urlaub bei uns verbringen möchten oder einen Dauerstellplatz suchen. Unser großzügig angelegtes Gelände bietet jedem Besucher den individuellen Stellplatz für Caravan oder Zelt. Wir bieten Ihnen ein großes, modernes Gebäude mit Restaurant. Ein Schwimmbad gibt es auch. Stellplätze sind ausreichend vorhanden, dennoch raten wir für die Hochsaison zu reservieren.

Moselweinstraße 12, 56829 Pommern
Tel. 02672-2461 · Fax 02672-912173
E-Mail: campingpommern@netscape.net

www.campingplatz-pommern.de

Camping Laacher See
★★★★

Idyllisch gelegener Campingplatz am Nordwestufer des Laacher Sees, dem größten Vulkankratersee der Eifel. Dieser See, inmitten des gleichnamigen Naturschutzgebietes, ist ein natürlicher Freizeit- und Badesee, ideal zum schwimmen, surfen, segeln und entspannen. Wir bieten mehr als Vulkanismus... Nur Barzahlung möglich, keine Kartenzahlung.

Am Laacher See/ L113/ Vulkaneifel
56653 Wassenach/Maria Laach
Tel. 02636-2485 • Fax 02636-929750
E-Mail: info@camping-laacher-see.de
Internet: www.camping-laacher-see.de

Sensweiler, D-55758 / Rheinland-Pfalz
- Sensweiler Mühle
- B422 / Mühle 2
- 15 Apr - 31 Okt
- +49 67 81 32 53
- info@sensweiler-muehle.de
- N 49°46'09'' E 07°12'18''
- 1 AILNOQRS N6
- 2 CGOPUWXY ABDFGH7
- 3 AFLM ABCDEFJNQRW8
- 4 FI GI9
- 5 DN AHJLMPRV10
- 16A CEE
- H475 3 ha 95T 83D
- € 20,90 / € 27,80
- 102064

A61 bis Ausfahrt 42 Emmelshausen/Hunsrück, die B327 Hunsrück Höhenstraße bis hinter Morbach. Dann Richtung Idar Oberstein über Allenbach (B422).

Steinebach, D-57629 / Rheinland-Pfalz
- Haus am See, Dreifelder Weiher★★★★
- Seeburgerstr. 1
- 1 Jan - 31 Dez
- +49 26 62 71 47
- info@camping-hausamsee.de
- N 50°35'55'' E 07°48'56''
- 1 AJMNOPQRST LQSX6
- 2 BDFGOPRTWX ABFGIK7
- 3 ALM ABCDEFJKNQRTUVW8
- 4 EFH EFMNQT9
- 5 ABDEFHJLMN ABGHJSTVZ10
- 16A CEE
- H450 2,5 ha 50T 94D
- € 20,10 / € 27,10
- 109959

A3 Köln-Frankfurt, Ausfahrt 37 Dierdorf Richtung Hachenburg. In Herschbach Richtung Schenkelberg, dann Richtung Steinebach-Schmidthahn.

Simmertal, D-55618 / Rheinland-Pfalz
- Haumühle
- Haumühle 1 / B421
- 1 Jan - 31 Dez
- +49 67 54 94 65 65
- info@haumuehle.de
- N 49°48'51'' E 07°30'15''
- 1 ADEJMNOQRST NUX6
- 2 BCGPRVWXY ABFJ7
- 3 BGMTX ABCDEFJLNRTUVW8
- 4 ACEFGHK 9
- 5 ADFHJLN ABFGHIJPRV10
- € 20,00
- H200 10 ha 106T(100-200m²) 46D € 35,00
- 101137

Von Bad Kreuznach, Idar-Oberstein via der B41. In Simmertal via B421 2 km Richtung Gemünden. Aus dem N. A61 Ausfahrt Rheinböllen, Ri. Gemünden, B421 Ri. Kirn-Martinstein.

Steinen, D-56244 / Rheinland-Pfalz
- Hofgut Schönerlen★★★★★
- Stahlhoferweg
- 1/1 - 31/10, 1/12 - 31/12
- +49 2 66 62 07
- camping-kopper@t-online.de
- N 50°33'57'' E 07°48'44''
- 1 AFJMNOPQRST LQX6
- 2 DGHPTWX ABDEFGHI7
- 3 BFHLM ABCDEFJLNQRT8
- 4 AEFHILOST DN9
- 5 ABDMN ABFGHJOST10
- WB 10-16A CEE € 22,00
- H450 15 ha 160T(100-120m²) 126D € 29,00
- 102091

A3 Köln-Frankfurt, Ausfahrt 37 Dierdorf, Richtung Hachenburg. In Hersbach Richtung Schenkelberg, dan an Kreuzung rechts zur B8 bis Steinen, dann ausgeschildert.

Spabrücken, D-55595 / Rheinland-Pfalz
- Am Weißenfels
- Bronnenstrasse 1
- 10 Apr - 31 Okt
- +49 67 06 86 30
- camping.aw@gmail.com
- N 49°54'34'' E 07°42'49''
- 1 AFGJMNOPQRST N6
- 2 ABGPRSVWX ABEFGH7
- 3 FH ABCDEFJNRUV8
- 4 EFI 9
- 5 AHKM AFGHJLOTUVX10
- B 16A CEE € 16,00
- H420 4 ha 80T(bis 100m²) 14D € 16,00
- 112157

A61, Ausfahrt 46 Waldlaubersheim, Richtung Schweppenhausen, danach Richtung Spabrücken. Den CP-Schildern folgen.

Treis-Karden, D-56253 / Rheinland-Pfalz (CC €20)
- Mosel-Islands Camping★★★★★
- Am Laach
- 1 Apr - 1 Nov
- +49 26 72 26 13
- campingplatz@mosel-islands.de
- N 50°10'15'' E 07°17'33''
- 1 ADEFJMNOPQRS JNSWXYZ6
- 2 CGOPUWXY ABDEFGJK7
- 3 BFJMNU ABCDEFJKNQRTUV8
- 4 FHK FKO9
- 5 ADFHKLMN ABFGHIJMPR10
- Anzeige auf Seite 141 B 16A CEE € 31,00
- H76 6 ha 130T(80-120m²) 133D € 39,00
- 100146

A48 Ausfahrt 5 Kaifenheim Richtung Treis-Karden, Schildern folgen.

St. Goar am Rhein, D-56329 / Rheinland-Pfalz
- Loreleyblick
- An der Loreley
- 1 Jan - 31 Dez
- +49 67 41 20 66
- info@camping-loreleyblick.de
- N 50°08'28'' E 07°43'22''
- 1 AJMNOPRST NX6
- 2 CFGOPQRWX ABDEFG7
- 3 BM ABCDEFJNQRT8
- 4 G9
- 5 ABDFLMN AGHPR10
- B 6A CEE € 26,25
- H100 6 ha 200T(80m²) 13D € 31,85
- 102105

An der B9, südlich kurz vor St. Goar. Von Norden: A61, Ausfahrt Koblenz, B9 Richtung Boppard. Von Süden: Ausfahrt Bingen und dann die B9 Richtung St. Goar.

Waldbreitbach, D-56588 / Rheinland-Pfalz
- Am Strandbad
- Strandbadweg 8
- 1 Jan - 31 Dez
- +49 26 38 12 95
- mail@wiedtalcamping.de
- N 50°33'17'' E 07°25'09''
- 1 AFILNOQRST AFJN6
- 2 BCGOPWX ABDEFG7
- 3 BFMNOR ABCDEFJKNQR8
- 4 AEFHIOST 9
- 5 CDEFHMN ABHJLRVX10
- 16A CEE € 26,20
- 1,5 ha 120T(80-100m²) 60D € 35,80
- 101132

A3, Ausfahrt 36 Neuwied. Nach Straßenhaus rechts Richtung Niederbreitbach. In Niederbreitbach Richtung Waltbreitbach, dort ausgeschildert.

Camping Aumühle

Kleiner gemütlicher Camping am südlichen Hunsrück. Ideal als Übernachtungsplatz.
3 km von der A61, Ausfahrt 47.

Naheweinstraße 65, 55444 Schweppenhausen
Tel. 06724-602392 • Fax 06724-601610
E-Mail: info@camping-aumuehle.de
Internet: www.campingaumuehle.com

Nur bei Angabe dieses CC-Logos wird die CampingCard ACSI akzeptiert.

Siehe auch die Gebrauchsanweisung in diesem Führer.

Mosel-Islands Camping ★★★★★

Der Camping mit Yachthafen liegt an einem der landschaftlich schönsten Orte an der Mosel. Unser Camping hat Stellplätze von 80 - 120m², Strom- und Wasseranschluss, neues Sanitärgebäude mit moderner Ausstattung (auch für Behinderte), Abenteuerpark mit Trampolin. Diverse Freizeitangebote in direkter Umgebung. Schön gelegenes Schwimmbad, Tennis, Minigolf, Wassersport, Bootstouren, Angeln und Tanzabende. Prächtige Wandertouren zur weltbekannten Burg Eltz und zur Burg Pyrmont mit märchenhaften Blick über das Moseltal. Treis-Karden ist eine anerkannte Touristengegend, etwa 40 km die Mosel aufwärts von Koblenz. Tief eingeschnittene Täler sorgen für einen außergewöhnlichen Charme, im Volksmund auch das 'Siebengebirge der Mosel' genannt.

Am Laach, 56253 Treis-Karden
Tel. 02672-2613 • Fax 02672-912102
E-Mail: campingplatz@mosel-islands.de
Internet: www.mosel-islands.de

Öffnungsperiode 01.04 - 01.11

Waldbreitbach, D-56588 / Rheinland-Pfalz

- Camping Wiedhof
- Wiedhof 1
- 1 Apr - 31 Okt
- +49 26 38 42 58
- mail@wiedtalcamping.de
- N 50°33'14'' E 07°25'31''

1 AF**JM**NOPQRST — J**N** 6
2 ACGPTX — AB**FG** 7
3 AFM — ABCDEF**J**NQR 8
4 — DI 9
5 DKM — AHIJR 10
10A CEE
2,5 ha 30**T**(80-100m²) 92**D**
① €21,70 ② €28,70

A3 Ausfahrt 36 Neuwied. Nach Straßenhausen rechts Richtung Niederbreitbach. Dort rechts nach Waltbreitbach. Nach der Brücke über Wied Schildern folgen.

102047

Winningen, D-56333 / Rheinland-Pfalz

- Winninger Ferieninsel Ziehfurt
- Inselweg 10
- 1 Mai - 30 Sep
- +49 26 06 18 00
- info@camping-winningen.de
- N 50°18'41'' E 07°29'58''

1 AD**JL**NOPRST — JNQSW**X**Y 6
2 CPRWXY — ABD**FG** 7
3 B — ABE**F**NQR 8
4 — 9
5 ABDFLMN — AGHIKPR 10
B 16A
H100 5 ha 200**T** 200**D**
① €30,00 ② €38,00

In Koblenz Richtung KO-Metternich. B416 Richtung Cochem. In Winningen links (Hafen und CP). Von der A61, Ausfahrt 38 Winningen und CP-Beschilderung folgen.

102101

Wassenach/Maria Laach, D-56653 / Rheinl.-Pfz

- Camping Laacher See****
- Am Laacher See/ L113/ Vulkaneifel
- 1 Apr - 27 Sep
- +49 26 36 24 85
- info@camping-laacher-see.de
- N 50°25'19'' E 07°15'54''

1 B**I**LNOPQRST — LMNPQS**X**YZ 6
2 ABDFGILOPSTUVWXY — ABDE**FG** 7
3 ABJM — ABCDE**F**JKNQRTUVW 8
4 **E**FHIO**R** — 9
5 ABDEFIJKLM**O** — ABCDGHIJL**P**R 10
Anzeige auf Seite 140 B 16A CEE
H220 7 ha 95**T**(80-120m²) 95**D**
① €29,00 ② €37,00

A61, Ausfahrt Mendig/Maria Laach. Dann ca. 5 km Richtung Norden.

109541

Zell (Mosel), D-56856 / Rheinland-Pfalz

- Campingpark Zell/Mosel
- Moselufer
- 1 Jan - 31 Dez
- +49 65 42 96 12 16
- info@campingpark-zell.de
- N 50°02'02'' E 07°10'28''

1 AEF**JM**NOPQRST — JNW**X**YZ 6
2 CFGJPSVWX — AB**FG** 7
3 B**N** — ABCDEFJNQRTUV 8
4 AEFH — FORV 9
5 ABDHMN — ABGHJMPRVZ 10
16A CEE
H95 1,5 ha 75**T**(80-85m²) 21**D**
① €31,20 ② €34,40

A61 Ausfahrt Pfalzfeld, Richtung Kastellaun. Dann Richtung Zell-Nord.

102059

141

CAMPING ALTSCHMIEDE
★★★★

GRATIS BEHEIZTES SCHWIMMBAD MIT 3 RUTSCHBAHNEN IN DEN SOMMERMONATEN SCHÖNER FAMILIEN- UND NATURCAMPINGPLATZ

Der Camping liegt im Sauertal auf einem noch aktiven Bauernhof mit vielen Tieren.
Die Gegend ist besonders schön und bietet viele Ausflugsmöglichkeiten in die 'Luxemburger Schweiz'. Es wird vieles für Sie organisiert. In der Vor- und Nachsaison € 18,- pro Nacht mit der CampingCard ACSI.

54669 Bollendorf
Tel. 06526-375 • Fax 06526-1330
E-Mail: info@camping-altschmiede.de
Internet: www.camping-altschmiede.de

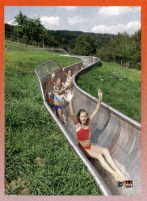

Bernkastel/Kues, D-54470 / Rheinland-Pfalz
- Knaus CP Bernkastel-Kues
- Am Hafen 2
- 1 Mär - 20 Dez
- +49 65 31 82 00
- bernkastelkues@knauscamp.de
- N 49°54'32'' E 07°03'21''

1 BDEF**JM**NOQR**T** JN**X**YZ 6
2 CFPWXY AB**FG**I 7
3 AB ABEF**J**KNQRW 8
4 HIO FVW 9
5 ADEMN ABGHIJMOTU 10
Anzeige auf Seite 52 B 16A CEE ❶ €33,10
H110 3,2 ha 220**T** 53**D** ❷ €41,10

A48 bis Ausfahrt 125 Wittlich, dann B50 in Richtung Mosel. An der Kueser Seite von Bernkastel ist die Einfahrt zum CP am Ende des Hafens.
102061

Bollendorf, D-54669 / Rheinland-Pfalz
- Altschmiede★★★★
- 1 Apr - 31 Okt
- +49 6 52 63 75
- info@camping-altschmiede.de
- N 49°50'28'' E 06°20'13''

1 A**JM**NOPQR**T** ABHI**J**N**U**X 6
2 CFGPQVWX ABDE**FG**H 7
3 AFM ABCDE**FJ**KNRTW 8
4 ABDEFHIO JR 9
5 ABDEFHN ABDHJOR 10
Anzeige auf dieser Seite B 6A CEE ❶ €22,90
H300 5,5 ha 250**T** 154**D** ❷ €29,90

B257 Bitburg, Ausfahrt Echternacherbrück. Vor der Grenzbrücke rechts Richtung Bollendorf. Im Ort Richtung Körperich. Zweiter CP, ausgeschildert.
102007

Dockweiler, D-54552 / Rheinland-Pfalz
- CP Dockweiler Mühle
- Mühlenweg 1
- 1 Jan - 31 Dez
- +49 65 95 96 11 30
- info@campingpark-dockweiler-muehle.de
- N 50°15'20'' E 06°46'47''

1 ADEF**JM**NOPQRST N 6
2 ACDGOPSUVWX ABDE**FG** 7
3 BMS ABCDE**FJ**NQRTW 8
4 FH IJ 9
5 DM ABDFGHIJMPRW 10
Anzeige auf dieser Seite B 16A ❶ €29,00
H530 10 ha 100**T**(80-90m²) 187**D** ❷ €29,00

A61 und A1 Richtung Daun. Über Hillesheim und B410 Campingschildern folgen.
100144

Wander- und Anglerparadies in der Vulkaneifel

Campingpark Dockweiler Mühle
D - 54552 Dockweiler
Tel. +49 (0) 65 95 . 96 11 30
www.campingpark-dockweiler-muehle.de

- Mitten im Naturpark Eifel • Angelsee • Radeln
- Schwimmen • Ferienhäuser • Ideal für Ausflüge z.B. Erlebniswelt Nürburgring, Vulkanmaare, Trier, Wildpark Daun • Großzügige Standplätze
- Abenteuerspielplatz • Entsorgungsstation

Echternacherbrück, D-54668 / Rheinland-Pfz
- Campingpark Freibad Echternacherbrück
- Mindenerstraße 18
- 1 Apr - 15 Okt
- +49 65 52 53 40
- info@echternacherbrueck.de
- N 49°48'44'' E 06°25'53''

1 AE**JM**NOPQRS**T** ABFH**J**NO**U**X 6
2 CGOPVWXY ABDE**FG**H 7
3 BFG**J**MSU ABCDEF**J**K**L**NQRTW 8
4 **A**BCEFHIL**OQ** ARV 9
5 ACDEFGHKM ABGK**N**PSTXY 10
Anzeige auf Seite 143 B 12A CEE ❶ €31,25
H300 8 ha 400**T** 140**D** ❷ €40,75

B257 Bitburg-Echternach, Ausfahrt Echternacherbrück links, letzte Straße links. Nach 200m CP und Schwimmbad ausgeschildert.
100158

Bernkastel/Wehlen, D-54470 / Rheinland-Pfalz
- Camping Schenk
- Hauptstraße 165
- 1 Apr - 31 Okt
- +49 65 31 81 76
- info@camping-schenk.com
- N 49°56'16'' E 07°02'57''

1 AE**JM**NOPQR**T** AB**J**N**Q**SW**X**YZ 6
2 CFOPSTUVWXY ABDE**FG** 7
3 ABFGMS ABCDE**FJ**NPQRTUVW 8
4 E**F**H DF 9
5 ADN ABHIJ**MP**R 10
Anzeige auf dieser Seite 16A CEE ❶ €23,50
H110 2 ha 55**T**(60-100m²) 54**D** ❷ €31,10

A48 Ausfahrt 125 Wittlich, dann die B50 Richtung Bernkastel. 102062
1. Kreisel (= 1. Ausfahrt), danach Bernkastel bis zum 4. Kreisel. Danach die 2. Ortseinfahrt nehmen.

Erden, D-54492 / Rheinland-Pfalz
- Erden
- Am Moselufer 1
- 4 Apr - 25 Okt
- +49 65 32 40 60
- camping-erden@gmx.de
- N 49°58'48'' E 07°01'13''

1 A**JM**NOPQR**T** JN**P**X**Y**Z 6
2 ACFGPQWXY ABDE**FG**H**I**K 7
3 BM ABCDEF**Q**RTW 8
4 FHIKO DV 9
5 ABDEFHJKMN ABFGHIKLMPRW**X** 10
Anzeige auf dieser Seite B 16A CEE ❶ €23,30
H100 2 ha 50**T**(80-120m²) 73**D** ❷ €31,30

A1 Ausfahrt Wittlich Richtung Bernkastel Kues. In Zeltingen über die Brücke Richtung Traben-Trarbach.
114815

**Am Moselufer 1
54492 Erden
Tel. 06532-4060
www.camping-erden.de**

✓ Familiencamping
✓ Täglich frische Brötchen
✓ Wandern, Rad fahren, Erholen
✓ Café-Bistro
✓ Zentrum für TOPWEINE
✓ Ausgangspunkt für Ausflüge
✓ Hunde sind herzlich WILLKOMMEN

Camping mit Blick auf die Weinberge

bietet Familie Schenk auf ihrem gemütlichen Feriencamp im reizenden Moseltal von Bernkastel-Wehlen. Bei den wöchentlichen Weinproben erfahren Sie alles, was Sie schon immer über Wein wissen wollten. Parzellierte, hochwasserfreie Stellplätze, eigenes Schwimmbad, eine hervorragende Service und morgens frische Brötchen sorgen für erholsame Ferien.

**Hauptstraße 165, 54470 Bernkastel/Wehlen
Tel. 0049-6531-8176 • Fax 0049-6531-7681
E-Mail: info@camping-schenk.com
Internet: www.camping-schenk.com**

Nur bei Angabe dieses CC-Logos wird die CampingCard ACSI akzeptiert.

Siehe auch die Gebrauchsanweisung in diesem Führer.

CAMPINGPLATZ ECHTERNACHERBRÜCK Mindener Str. 18 | 54668 Echternacherbrück
Tel. 06525-340 | Fax 93155 | info@echternacherbrueck.de | www.echternacherbrueck.de

---

Gentingen, D-54675 / Rheinland-Pfalz
- ▲ Ourtalidyll★★★★
- Uferstraße 17
- 3 Apr - 25 Okt
- +49 6 56 63 52
- @ info@eifelidyll.de
- N 49°54'01'' E 06°14'33''

1	AEJMNOPQRT	JNUX 6
2	CFGPV	ABDEFGH 7
3	ABFMS	ABCDEFJKNQRTUVW 8
4	BFHI	EFGJVY 9
5	ABDHKMN	ABFHJOR 10

B 16A CEE   €24,70
3,5 ha 90T(bis 100m²) 100D   €32,50
102005

Von Nord: B50 Bitburg - Vianden. Kurz vor der Luxemburger Grenze Ri. Roth-Gentingen. Achtung Navigation: Nicht abfahrern bei Körperich/Obersgegen.

Gerolstein, D-54568 / Rheinland-Pfalz
- ▲ Eifelblick / Waldferienpark Gerolstein★★★★
- Hillenseifen 200
- 1 Jan - 31 Dez
- +49 6 59 16 78
- waldferienpark-gerolstein@t-online.de
- N 50°13'02'' E 06°36'28''

1	AEJMNOPRST	E 6
2	AFPRSUVW	ABFGH 7
3	BFJLMSUX	ABCDEFJNPQRSTUV 8
4	BCFHIKNOPQST	FJ 9
5	ADEFHJKLMNO	ABCDFGHIJPRWZ 10

Anzeige auf dieser Seite   16A CEE   €22,50
H457   2 ha 38T(100-120m²)   28D   €29,50
117924

Von Prüm (B410) 4 km vor Gerolstein, Ausfahrt Hinterhausen. Beschilderung Waldferienpark Gerolstein beachten und dann Camping Eifelblick folgen.

Gillenfeld, D-54558 / Rheinland-Pfalz
- ▲ Feriendorf Pulvermaar
- Vulkanstraße
- 1 Jan - 31 Dez
- +49 65 73 99 65 00
- @ info@feriendorf-pulvermaar.de
- N 50°07'52'' E 06°56'00''

1	AFJMNOPQRT	LMNPXZ 6
2	ADFGPRSWXY	ABDEFGHK 7
3	ABFMU	ABCDEFJNQRTW 8
4	EFH	JW 9
5	ABDEFHJMN	ABDFGHIJLMORVZ 10

Anzeige auf dieser Seite   16A CEE   €22,50
4 ha 50T(60-120m²)   122D   €26,50
114808

A1 Ausfahrt 121 Mehren. Rechts ab der B421 Richtung Zell. CP nach 6,7 km angezeigt mit Schild 'Feriendorf'.

Feriendorf Pulvermaar liegt direkt über dem Maar, am Rande des ehemaligen Vulkantrichters. In 200m: Naturbad Pulvermaar (Bootsverleih). Sonnige und schattige Plätze. Spielplatz und Sportplatz. Gemütliches Café/Imbiss von Ostern bis Herbst. Wanderungen zum Vulkan mit vielen geologischen Informationen.

Vulkanstraße, 54558 Gillenfeld • Tel. +49 6573996500
Gsm +49 172 8879345 • E-Mail: info@feriendorf-pulvermaar.de
Internet: www.feriendorf-pulvermaar.info

Waldferienpark Gerolstein-Hinterhausen

Bungalowpark

Im Wald gelegen Ferienpark vermieten wir:
- 6 pers. Bungalows.
- 4 pers. Chalets.
- Allen mit Fernseher, Dusche/Wc, Karmin Ofen und Wifi.
- Eigene Parkplatz.
- Haustier freundlich.
- Restaurant und Kellerbar

Hillenseifen 200 • 54568 Gerolstein Tel. +49 6591678
www.parkgerolstein.com • waldferienpark-gerolstein@t-online.de

Camping Eifelblick

- modernes Sanitärgebäude
- 2-Pers. Schäferhütten mit Heizung und Kühlschrank
- Auf jedem Stellplatz Ver- und Entsorgung
- Café-Restaurant, Kellerbar, Hallenbad, Solarium, Sauna
- Minigolf, Wanderwege, Fliegenfischen
- Poolbillard, Flipper und verschiedene Spiele
- Streichelzoo und Kinderspielplatz
- Brötchenservice
- WLAN auf der gesamten Anlage
- Angelscheine erhältlich (3 Strecken)

Deutschland

Urlaub in ruhiger, zentraler Lage -
WLAN auf allen Plätzen verfügbar - Angelmöglichkeiten

Telefon: 0049 6525 510   www.camping-suedeifel.de   info@camping-suedeifel.de

Moselhöhe ★★★★

Durch seine Lage hoch über der Mosel bietet dieser ruhige Terrassencamping ein fantastisches Panorama. Kommen Sie hierher und genießen Sie die gesunde Luft und Ruhe. Wander- und Fahrradmöglichkeiten über und über. Jede Menge Sehenswürdigkeiten im Saar-Mosel Raum.

Bucherweg 1, 54426 Heidenburg • Tel. +49 650999016
E-Mail: vandijk1968@hotmail.com
Internet: www.moselhöhe.de

Heidenburg, D-54426 / Rheinland-Pfalz CC€18 iD
- Moselhöhe★★★★
- Bucherweg 1
- 1 Apr - 1 Nov
- +49 6 50 99 90 16
- vandijk1968@hotmail.com
- N 49°47'58'' E 06°55'37''

1 AFJMNOPRST	6
2 AFOPUVWX	ABDEFG 7
3 ABFGMU	ABCDEFJNPQRTUV 8
4 FIKQ	B 9
5 ADHLMN	ABCDGHIJLOPQRV 10
Anzeige auf dieser Seite B 16A CEE	① €23,50
H414 3 ha 60T(100-120m²) 42D	② €30,50

A1 Ausfahrt 131 Mehring Richtung Thalfang. 7 km bis CP-Schild, an Kreuzung Talling links Richtung Heidenburg.   110100

Alter Bahnhof ★★★

Wir bieten Dir einen schönen Platz an der lieblichen Sauer, direkt auf der Grenze Deutschland/Luxemburg. Unser Campingplatz liegt direkt am GR-5 Wanderweg und dem Sauertal-Radweg.
Lust auf Ausflüge? Trier, Saarburg, Echternach oder Luxemburg-Stadt sind ganz in der Nähe.

Uferstraße 42, 54308 Langsur/Metzdorf • Tel. +49 650112626
info@camping-metzdorf.de • www.camping-metzdorf.de

Igel, D-54298 / Rheinland-Pfalz iD
- Campingplatz Igel
- Moselstraße
- 1 Apr - 31 Okt
- +49 6 50 11 29 44
- info@camping-igel.de
- N 49°42'18'' E 06°33'12''

1 AJMNOPRST	JNWXY 6
2 ACOPWXY	ABF 7
3 AN	ABCDEFJNQRTW 8
4 HO	9
5 DFHKMN	ABHJLORXZ 10
16A	① €19,00
H131 3 ha 30T(60-80m²) 50D	② €25,00

A1 Ausfahrt 14 Mertert (Lux) zur N1 Richtung Wasserbillig/Mertert. In Wasserbillig hinter der Brücke über die Sauer rechts auf die B49.   111375

Irrel, D-54666 / Rheinland-Pfalz CC€16 iD
- Nimseck★★★
- 14 Mär - 1 Nov
- +49 6 52 53 14
- info@camping-nimseck.de
- N 49°51'13'' E 06°27'45''

1 ACJMNOPQRT	ABJUX 6
2 ACFGPRTUVWXY	ABDEFG 7
3 AM	ABCDEFJNQRTVW 8
4 ABCDFHINOP	J 9
5 ADEFHLMN	ABDHJLPST 10
Anzeige auf dieser Seite B 16A CEE	① €23,70
H250 7 ha 150T(100-120m²) 154D	② €31,50

B257 von Bitburg Richtung Echternach. Ausfahrt Irrel, CP links. Ausgeschildert.   100157

Irrel, D-54666 / Rheinland-Pfalz CC€16 iD
- Südeifel
- Hofstraße 19
- 1 Apr - 31 Okt
- +49 6 52 55 10
- info@camping-suedeifel.de
- N 49°50'31'' E 06°27'26''

1 AEJMNOPQRT	JNUX 6
2 ACGOPWX	ABDEFG 7
3 BMV	ABEFNQRTUW 8
4 EFHIKOPQ	F 9
5 ADEHJKMN	ADHJPST 10
Anzeige auf dieser Seite B 6A CEE	① €21,00
H300 3 ha 60T 103D	② €27,00

B257 von Bitburg Richtung Echternach. Ausfahrt Irrel, Richtung Ortsmitte. Der CP ist ausgeschildert.   102008

Körperich/Obersgegen, D-54675 / Rheinland-Pfalz iD
- Eifelcamping Reles-Mühle
- Kapellenweg 3
- 1 Jan - 31 Dez
- +49 65 66 14 65
- info@eifelcamping.com
- N 49°56'02'' E 06°15'03''

1 AJMNOPQRT	6
2 COPVWX	ABDEFGH 7
3 AMU	ABCDEFJNQRW 8
4 FHI	J 9
5 DMN	ABHJPR 10
12A CEE	① €18,00
H300 2 ha 40T 71D	② €23,00

B50 Bitburg-Körperich-Vianden. In Obersgegen liegt rechts der CP. Gut ausgeschildert.   102004

Kyllburg, D-54655 / Rheinland-Pfalz iD
- Camp Kyllburg
- Karl Kaufmann Weg 5
- 1 Apr - 1 Nov
- +49 65 63 81 33
- info@campkyllburg.de
- N 50°02'17'' E 06°35'28''

1 ADEJMNOPQRST	ABFGHJN 6
2 ABCFGOPWXY	ABFGK 7
3 ABFLMX	ABEFJNRTW 8
4 ABCDEFHIO	BFLUVW 9
5 ABDEFHJLMNO	ABCHIJMPR 10
16A CEE	① €27,40
H265 3,5 ha 60T(120-200m²) 31D	② €34,40

A60 Ausfahrt Baden/Kyllburg. Über die B257 Richtung Kyllburg. Links auf die L34, an der Brücke zur Bademerstraße. Erste rechts. Die Zufahrt kann als steil empfunden werden.   100145

Langsur/Metzdorf, D-54308 / Rheinland-Pfz CC€18 iD
- Alter Bahnhof★★★
- Uferstraße 42
- 1 Mär - 31 Dez
- +49 6 50 11 26 26
- info@camping-metzdorf.de
- N 49°45'11'' E 06°30'08''

1 ADEJMNOPQRST	JNUX 6
2 ABCOPSWXY	ABFG 7
3 ABMS	ABEFGIJNRTW 8
4 BFH	G 9
5 ABDFHJLMN	ABDFGHIKPRV 10
Anzeige auf dieser Seite B 16A CEE	① €24,50
H149 2,2 ha 53T(50-120m²) 85D	② €31,00

Von Trier L44 richtung Luxemburg, Ausfahrt Mertert (Lux). Auf der N1 Richtung Wasserbillig. In Wasserbillig hinter der Sauerbrücke links auf die B418. Dann noch ca. 6 km.   110874

Camping Landal Sonnenberg

Familienfreundlicher Campingplatz am Waldrand oberhalb der Mosel mit vielen Indoor-Einrichtungen

✓ Geräumige Stellplätze in der Nähe von Trier
✓ Hallenschwimmbad, Indoor-Spielparadies und Kletterwald
✓ Parkshop, Restaurant und Vinothek

www.landalcamping.de/sonnenberg

Leiwen, D-54340 / Rheinland-Pfalz

▲ Landal Sonnenberg*****	1 ADEJMNOPQRST	EFG 6
Sonnenberg 1	2 BPRSUVWXY	ABFGHK 7
27 Mär - 6 Nov	3 ABDFGJLMRUVW	ABCDEFGIJNQRTW 8
+49 6 50 79 36 90	4 ABCDEFHIKLPQUX	EIJUV 9
@ sonnenberg@landal.com	5 ACDEFJKLMNO	ABCDEGHIJOPQRVZ 10
	Anzeige auf dieser Seite B 10A CEE	€ 46,00
	H354 2,5 ha 130T(65-120m²) 260D	€ 57,00
▲ N 49°48'12'' E 06°53'30''		102024

A1 Koblenz-Trier, Ausfahrt 128 Föhren-Leiwen. Folgen Sie den Schildern 'Sonnenberg'.

Neumagen-Dhron, D-54347 / Rheinland-Pfalz

▲ CP Neumagen-Dhron	1 AJMNOPQRT	JMN 6
Moselstraße 22	2 COPVWX	ABDEFG 7
1 Apr - 31 Okt	3	ABCDEFJNQR 8
+49 65 07 52 49	4	9
@ camping.	5 ABDHN	ABFGHJOR 10
neumagen@t-online.de	10-16A CEE	€ 25,00
	H123 1,5 ha 60T(80-110m²) 40D	€ 33,00
▲ N 49°50'57'' E 06°53'35''		108122

A1/E44, Ausfahrt 127 Salmtal/Klausen. Richtung Piesport-Neumagen-Dhron. Im Ort beschildert.

Manderscheid, D-54531 / Rheinland-Pfalz

▲ Naturcamping Vulkaneifel***	1 AEGJMNOPRST	6
Herbstwiese 1	2 ABFOPUVXY	ABDEFGIJK 7
1 Apr - 31 Okt	3 AFM	ABCDEFIJNQRTW 8
+49 6 57 29 21 10	4 FHI	FGJ 9
@ info@	5 ABDJMN	ABFGHIKLORVW 10
naturcamping-vulkaneifel.de	Anzeige auf dieser Seite 6-16A CEE	€ 26,00
	H404 3,2 ha 90T(60-140m²) 29D	€ 28,00
▲ N 50°05'49'' E 06°47'53''		102021

A1 Ausfahrt 122, weiter Richtung Manderscheid. In Manderscheid Mitte der CP-Beschilderung folgen. Gleich ortsaußerhalb links.

Naturcamping Vulkaneifel
Von ADAC, DCC und ACSI empfohlen ★★★

• Viele Ausflugmöglichkeiten • Auch geologisch ein sehr interessantes Gebiet
• Separates Jugendgelände, Kinder bis 7 Jahre frei • Wasserspielplatz für die Kleinen • Hunde auf einer extra Terrasse zugelassen • 1. Platz im Wettbewerb 'Vorbildliche Campingplätze in der Landschaft' im Bezirk Trier!

Herbstwiese 1, 54531 Manderscheid • Tel. 06572-92110
Fax 06572-921149 • E-Mail: info@naturcamping-vulkaneifel.de
Internet: www.naturcamping-vulkaneifel.de

5-Sterne Campingplatz in der Eifel!

- Gasthaus - Restaurant - Pizzeria
- Sportplatz - neuer Spielplatz
- Basketball - Tischtennis
- Moderne Toiletten und Duschen mit kindgerechtem Bereich
- Gratis Zugang für Campinggäste ins Freibad
- Gratis WLAN

Prümtal CAMPING OBERWEIS

Familie Köhler | In der Klaus 17 | D-54636 Oberweis
Tel. 0049 - 6527 - 92920 | www.pruemtal.de

Neuerburg, D-54673 / Rheinland-Pfalz

▲ Camping In der Enz****	1 ADEJMNOPQRT	ABFGHN 6
In der Enz 25	2 CPRVWX	ABDEFG 7
16 Mär - 31 Okt	3 BHMN	ABCDEFJKNQRTUV 8
+49 65 64 26 60	4 FHI	FJ 9
@ info@camping-inderenz.com	5 ADEFKMN	ABDFGHJPR 10
	Anzeige auf dieser Seite B 16A CEE	€ 27,50
	6 ha 77T(80-100m²) 21D	€ 38,50
▲ N 50°01'40'' E 06°16'37''		102003

A60 Ausfahrt 3 Richtung Neuerburg. Über Arzfeld nach Emmelbaum und Zweifelscheid. Nach 3 km links abbiegen Camping In der Enz. Ist ausgeschildert.

Oberweis, D-54636 / Rheinland-Pfalz

▲ Prümtal-Camping Oberweis*****	1 AEJMNOPQRT	ABFGHJN 6
In der Klaus 17	2 CGOPSVWXY	ABDEFGHI 7
1 Jan - 31 Dez	3 BFMU	ABCDEFJKNQRTUVW 8
+49 6 52 79 29 20	4 ABEFHIOP	E 9
@ info@pruemtal.de	5 ABDEFGHKLMN	ABDEFGHIJMNPRX 10
	Anzeige auf dieser Seite B 16A CEE	€ 29,70
	H300 3,8 ha 240T(65-100m²) 94D	€ 39,30
▲ N 49°57'32'' E 06°25'28''		100156

B50 Bitburg, Richtung Vianden. Mitten im Ort links, Schildern zum CP und Schwimmbad folgen.

Camping In der Enz
Herzlich & Erholsam!

Wandern und Radfahren in der Natur

Geräumige Stellplätze
Moderne Sanitäranlage
Gratis WLAN
Privatsanitär
Wohnmobilservice
Freibad gratis

In der Enz 25 - Neuerburg
0049-6564-2660 - Südeifel
www.camping-inderenz.com

Teilkarte Trier auf Seite 141

Camping Landal Warsberg

Familienfreundlicher Campingplatz mit traumhafter Aussicht über das Tal der Saar

✓ Hallenschwimmbad, Fun- & Entertainmentprogramm
✓ Restaurant, Parkshop und Adventure-Golf
✓ Sessellift zur Stadt Saarburg, Sommerrodelbahn

www.landalcamping.de/warsberg

Prüm, D-54591 / Rheinland-Pfalz
- Waldcamping Prüm★★★★
- Postfach 1012, Prumtalstrasse 43
- 1 Jan - 31 Dez
- +49 65 51 24 81
- info@waldcamping-pruem.de
- N 50°13'07'' E 06°26'16''

1 AEJMNOPQRST — AFH 6
2 ACGPVWXY — ABDEFGH 7
3 BFMN — ABCDEFJNQRTW 8
4 FHIOP — W 9
5 ABDEFMN — ABEGHJLPR 10
B 10A CEE
3,5 ha 150T(90m²) 70D
€28,20 / €38,20
100141

E29 Köln-Prüm. In Prüm Richtung Industriegebiet. Der CP ist ausgeschildert.

Saarburg, D-54439 / Rheinland-Pfalz
- Waldfrieden★★★★
- Im Fichtenhain 4
- 1 Mär - 3 Nov
- +49 65 81 22 55
- info@campingwaldfrieden.de
- N 49°36'03'' E 06°31'40''

1 ADEJMNOPQRST — 6
2 BGOPSTVWXY — ABDEFGHI 7
3 BHIM — ABCDEFJNQRTW 8
4 ABFHI — GIV 9
5 ABDEFHJMN — ABDFGHIJMPRV 10
Anzeige auf dieser Seite 16A CEE
H210 6,5 ha 62T(85-120m²) 32D
€23,50 / €29,50
102029

B51 Trier Richtung Saarburg, Krankenhaus-Schildern folgen, durch Tunnel, dann ist der CP ausgeschildert.

Reinsfeld, D-54421 / Rheinland-Pfalz
- Campingpark Reinsfeld
- Parkstraße 1
- 1 Jan - 31 Dez
- +49 6 50 39 51 23
- info@camping-reinsfeld.de
- N 49°41'08'' E 06°52'01''

1 ABDEJMNOPQRST — AFN 6
2 ABDGPQWXY — ABFG 7
3 BEFGMNS — ABCDEFJKNQRT 8
4 BCDEFHILN — 9
5 ABDMN — AFGHJLORVWX 10
B 10-16A
H515 20 ha 554T(100-120m²) 300D
€33,50 / €45,50
102026

A1, Ausfahrt 132 Reinsfeld, dort den CP-Schildern folgen.

Waldfrieden ★★★★

Platz in ruhige Waldrandlage an der Stadtgrenze. 2 km in die Stadtmitte, 1,5 km zum Frei- und Hallenbad, 1 km zum Einkaufszentrum. Befestigter Wohnmobilplatz und Komfortplätze. Schönes, ausgebautes Wander- und Radwegenetz an Saar und Mosel. Ausflugsmöglichkeiten: Trier, Luxemburg und Frankreich. Angebote für ACSI-Gäste. Kleiner Shop und Imbiss. Appartement. Hunde erlaubt.

Im Fichtenhain 4, 54439 Saarburg • Tel. +49 6581 2255
info@campingwaldfrieden.de • www.campingwaldfrieden.de

Riol (Mosel), D-54340 / Rheinland-Pfalz
- CampingPark Triolago
- Am Campingplatz
- 1 Apr - 31 Okt
- +49 65 02 71 19
- campingpark@triolago.de
- N 49°47'32'' E 06°48'40''

1 BFJMNOPQRST — LMNWXYZ 6
2 ACDGHPSVWXY — ABFG 7
3 AJLM — ABCDEFJLNQRUV 8
4 FHK — FJQRTUVW 9
5 ADFGLMN — ABCGHIKMORVY 10
16A CEE
6 ha 80T(100-140m²) 205D
€31,00 / €31,00
117147

A1 Ausfahrt Fell/Longuich, A602 oder A48 geradeaus. Nach 3 km Freizeitsee Triolago.

Schweich, D-54338 / Rheinland-Pfalz
- Zum Fährturm
- Am Yachthafen
- 11 Apr - 17 Okt
- +49 6 50 29 13 00
- camping@kreusch.de
- N 49°48'52'' E 06°45'01''

1 AJMNOPQRST — ABFGHNQSUWXYZ 6
2 ACGOPSWXY — ABDEFGH 7
3 AFLN — ABCDEFHNPQRW 8
4 FH — ORT 9
5 ADEFHJLMN — ADFGHIJMPRV 10
Anzeige auf Seite 147 B 16A CEE
H129 3,5 ha 115T(100m²) 120D
€21,90 / €29,70
102023

A1 Ausfahrt Schweich. In Schweich direkt vor der Moselbrücke links. Nach 100m rechts unter der Brücke durch zum Campingplatz.

Saarburg, D-54439 / Rheinland-Pfalz
- Landal Warsberg★★★★
- In den Urlaub
- 27 Mär - 6 Nov
- +49 65 81 91 46 10
- warsberg@landal.de
- N 49°37'14'' E 06°32'33''

1 ADEJMNOPQRST — EFG 6
2 FPTVWXY — ABCEFGH 7
3 ABEFGJMSVX — ABCDEFGIJNQRTW 8
4 ABCDEFGHIKLNOPTUV — CEFJUVWY 9
5 ACDEFKLMN — ABDGHIKLMOPQRWZ 10
Anzeige auf dieser Seite B 16A CEE
H285 11 ha 460T(80-100m²) 192D
€37,25 / €48,00
100161

A60 Ausfahrt Bitburg, der B51 volgen. In Konz Richtung Saarburg. In Saarburg der CP-Beschilderung Warsberg folgen.

Stadtkyll, D-8004 DE / Rheinland-Pfalz
- Landal Wirfttal★★★★
- Wirftstraße 81
- 1 Jan - 31 Dez
- +49 65 97 92 92 10
- wirfttal@landal.de
- N 50°20'18'' E 06°32'21''

1 ADEJMNOPRST — EFGN 6
2 BCDGPRVWXY — ABDEFGH 7
3 ABDFGJMNPTVW — ABCDEFGJNQRT 8
4 BCDEFHLPTU — BFJTUVWY 9
5 ACDFHKLM — ABCDEGHIJMOPRZ 10
Anzeige auf Seite 147 16A CEE
H482 5 ha 150T(75-80m²) 321D
€38,50 / €49,95
102018

A1, Ausfahrt Blankenheim. B51 Richtung Trier. In Stadtkyll Schildern 'Ferienzentrum Wirfttal' folgen.

Saarburg, D-54439 / Rheinland-Pfalz
- Camping Leukbachtal★★★
- Leukbachtal 1
- 28 Mär - 25 Okt
- +49 65 81 22 28
- info@camping-leukbachtal.de
- N 49°35'58'' E 06°32'29''

1 AJMNOPQRST — 6
2 CPSVWXY — ABDEFGHK 7
3 AMSU — ABCDEFJNQRTW 8
4 FHI — V 9
5 DMN — ABCDFGHIJMPRW 10
Anzeige auf dieser Seite 6A CEE
H288 2,5 ha 75T(80-130m²) 32D
€25,50 / €31,50
102028

Von Trier B51 nach Saarburg, Schild 'Krankenhaus' folgen. Dann CP-Schild folgen.

Camping Leukbachtal ★★★

Sie finden unseren schönen Camping an der Saarburger Stadtgrenze, nur 1 km zur idyllischen Stadtmitte. Einkaufscenter in 200m. Flache Rad- und Wanderwge direkt an dem Camping, in die Stadt und an der Saar entlang. Schwimmbad in 600m. All-in Preis.

Leukbachtal 1, 54439 Saarburg • Tel. +49 65812228
info@camping-leukbachtal.de • www.camping-leukbachtal.de

Camping Landal Wirfttal

Gemütlicher Campingplatz an einem kleinen Stausee, ganzjährig geöffnet

✓ Freizeitsee mit Sonnenwiese und Tretbooten
✓ Wander- und Fahrradparadies Vulkaneifel
✓ Hallenschwimmbad, Restaurant und Parkshop

www.landalcamping.de/wirfttal

Landal Wirfttal

Traben-Trarbach, D-56841 / Rheinland-Pfalz

- 🏕 Wolf
- 🏞 Uferstraße
- 📅 14 Apr - 12 Okt
- ☎ +49 65 41 91 74
- @ info@campingplatz-wolf.de
- 📍 N 49°58'52'' E 07°06'14''
- 🚗 A48 Ausfahrt 125 Wittlich, richtung Traben/Trarbach, dann Richtung Wolf.

1	AJMNOQRST	JNWXYZ 6
2	CGPWXY	ABFG 7
3	B	AEFJNQR 8
4	FH	9
5	ABDEGJMN	AHIJLMOR 10
16A CEE		① €26,10
H100 3 ha 150T(80-100m²) 80D		② €33,70
		110097

Traben-Trarbach, D-56841 / Rheinland-Pfalz 📶 CC€20 iD

- 🏕 Moselcamping Rissbach★★★★
- 🏞 Rissbacherstraße 155
- 📅 3 Apr - 31 Dez
- ☎ +49 65 41 31 11
- @ info@moselcamping.de
- 📍 N 49°57'55'' E 07°06'19''
- 🚗 A48 bis Ausfahrt 125 Wittlich, dann B50 Richtung Mosel. Links entlang der Mosel Richtung Traben-Trarbach. CP ausgeschildert.

1	ADEJMNOPQRST	ABFJMNSWXY 6
2	CGOPSVWXY	ABDEFGH 7
3	BFMTUX	ABCDEFJNQRTW 8
4	ABDFHIO	FRVY 9
5	ABDEFHKLMN	ABFGHJMPR 10
Anzeige auf dieser Seite B 6-16A CEE		① €37,00
H110 1,8 ha 80T(80-100m²) 26D		② €37,00
		102060

Wallendorf, D-54675 / Rheinland-Pfalz 📶 iD

- 🏕 Camping Sauer-Our
- 🏞 Ourtalstraße 1
- 📅 3 Apr - 4 Okt
- ☎ +49 65 66 93 33 29
- @ info@eifelidyll.de
- 📍 N 49°52'33'' E 06°17'16''
- 🚗 Von Nord: B50 Bitburg-Vianden. Richtung Körperich, Niedersgegen und Wallendorf. Von Süd: Trier-Echternach N10 Richtung Vianden.

1	AJMNORT	JNUX 6
2	CGOPTWX	ABDEFG 7
3	A	ABDEFNRTW 8
4	FH	CDRUV 9
5	ADMN	ABHJPR 10
B 16A CEE		① €21,30
2,5 ha 90T 64D		② €27,90
		102006

Waxweiler, D-54649 / Rheinland-Pfalz 📶 CC€20 iD

- 🏕 Campingpark Eifel★★★★★
- 🏞 Schwimmbadstraße 7
- 📅 30 Mär - 31 Okt
- ☎ +49 6 55 49 20 00
- @ info@ferienpark-waxweiler.de
- 📍 N 50°05'32'' E 06°21'32''
- 🚗 Straße Prüm-Bitburg, Ausfahrt Waxweiler. Im Ort Schilder 'Ferienpark Camping' folgen.

1	AEILNOPQRT	AB 6
2	ACGPVWX	ABDEFGH 7
3	BM	ABCDEFJKNQRTW 8
4	BDFHILO	JV 9
5	ABDEFKN	ABGHJOST 10
Anzeige auf dieser Seite 16A CEE		① €30,00
2 ha 95T(80-120m²) 60D		② €39,80
		102002

Camping- & Wohnmobilpark "Zum Fährturm"

- Maritim eingerichtetes Restaurant im alten Fährturm mit großer Moselterrasse
- Yachthafen mit Wasserskischule und Bootsverleih
- Beheiztes Erlebnisfreibad neben dem Campingplatz
- Kinderspielplatz
- Direkt am Moselradweg gelegen, direkt vor Trier, der ältesten Stadt Deutschlands
- Umgeben von Weinbergen

Am Yachthafen, 54338 Schweich
Tel. +49 650291300
Fax +49 6502913050
E-Mail: camping@kreusch.de
Internet: www.kreusch.de

Campingpark Eifel ★★★★★

Wo die Sonne zu Hause ist

Unser 5-Sterne-Campingplatz, in der prächtigen Eifelnatur eingebettet, liegt unmittelbar am Ufer des Flüsschens Prüm in Nachbarschaft zu dem räumlich getrennten Bungalow-Ferienpark. 95 großzügig angelegte Stellplätze laden Sie und Ihre Familie herzlich ein. Natürlich bieten wir Ihnen moderne Waschräume mit Waschmaschinen, Wäschetrockner und für unsere jüngsten Gäste einen eigenen, schmucken Kindersanitärbereich.

Schwimmbadstraße 7, 54649 Waxweiler • Tel. +49 655492000
info@ferienpark-waxweiler.de • www.ferienpark-waxweiler.de

MOSEL CAMPING "Mosel..... pur genießen!" ★★★★★

www.moselcamplatz.de

Campingplatz • Campingmietobjekte • Wohnmobilstellplatz

Traben-Trarbach/Moezel · Rissbacherstraße 155 · 56841 Traben-Trarbach · Tel. +49 (0) 65 41-3111
Alf/Moezel · Am Mühlenteich · 56859 Alf/Moezel · Tel. +49 (0) 65 42-9 69 17 28

Teilkarte Trier auf Seite 141

Teilkarte Trier auf Seite 141

HEILHAUSER MÜHLE

Ein Camping auf dem man sich zu Hause fühlt, so schön versteckt in den Tälern der Eifel. Auch Saisonplätze möglich! Die 'Prüm' lädt ein zum Floß fahren und spielen. Autotouren zu schönen kleinen Dörfern und Städten. Sehr gute Rad-, Wander- und Inlinermöglichkeiten. Gutes Restaurant im alten Mühlengebäude mit Terrasse. Großer Naturspielplatz.
In Waxweiler (2 km) Sportanlagen.

54649 Waxweiler/Heilhausen
Tel. +49 6554805
E-Mail: walter.tautges@t-online.de
Internet: www.campingplatz-heilhauser-muehle.de

Waxweiler/Heilhausen, D-54649 / Rheinl.-Pfz CC€16 iD

▲ Heilhauser Mühle	1 **AJM**NOPQR**S**T	**J**N**U**X 6
⌂ Heilhauser Mühle 1	2 ACOPRSXY	AB**DEFG**H 7
1 Apr - 31 Okt	3 **B**FM	ABD**EF**J**N**QRT 8
+49 6 55 48 05	4 BEFHI	D 9
@ walter.tautges@t-online.de	5 ADFHLMN	ABHJLM**O**R10
	Anzeige auf dieser Seite 10A CEE	
	6 ha 70**T** 38**D**	€ 21,00 € 26,00
N 50°06'29'' E 06°20'58''		100142

E42 Lüttich - St.Vith-Prüm bis Ausfahrt 3 Richtung Habscheid/Pronsveld. In Pronsveld Richtung Lünebach-Waxweiler.

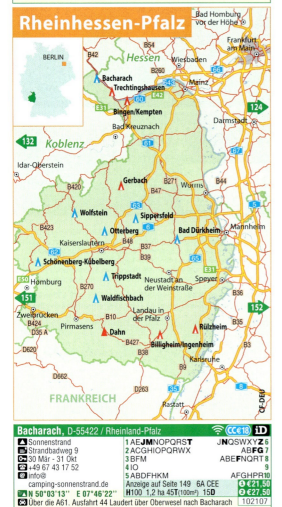

ACSI Camping Europa-App

8 100 europäische Campingplätze in einer praktischen App

- Schnell und einfach buchen, auch unterwegs
- Kostenlose Updates mit Änderungen und neuen Campingplatz-Bewertungen
- Mit Informationen zu 9 000 kontrollierten Reisemobil-Stellplätzen kombinierbar
- Auch offline nutzbar

ab 0,99 €

www.Eurocampings.de/app

Bad Dürkheim, D-67098 / Rheinland-Pfalz CC€20 iD

▲ Knaus Campingpark Bad Dürkheim****	1 ADEF**JM**NOPQR**S**T	L**N** 6
	2 ADGHOPQVWX	ABD**EFG**I 7
⌂ In den Almen 1	3 **B**FG**HILM**N**S**	ABCDEFJL**N**QRTW 8
1 Jan - 31 Dez	4 **B**FHK	AB**EF** 9
+49 6 32 26 13 56	5 ACDFGHLM	ABCDGHIJP**R**V**X**Z10
@ badduerkheim@knauscamp.de	Anzeige auf Seite 52 B 16A CEE	€ 41,50
	H109 16 ha 280**T**(80-160m²) 316**D**	€ 52,10
N 49°28'23'' E 08°11'29''		102160

A61 Ausfahrt 60 Kreuz Ludwigshafen. Dann die A650/B37 nach Bad Dürkheim. An der 2. Ampel rechts und die 2. Straße wieder rechts.

Billigheim/Ingenheim, D-76831 / Rheinland-Pfalz iD

▲ Camping im Klingbachtal	1 ADEF**JM**NOPQR**S**T	AB**FG** 6
⌂ Klingenerstraße 52	2 ACGOPSVWXY	ABD**FG** 7
1 Apr - 31 Okt	3 AFG**LN**S	ABCDEFJ**N**QRUV 8
+49 63 49 61 45	4 FH	F 9
@ info@camping-klingbachtal.de	5 ABDEJKN	ABJPRX10
	Anzeige auf Seite 149 B 16A CEE	€ 27,50
	H310 2,2 ha 92**T**(90-130m²) 3**D**	€ 35,50
N 49°08'13'' E 08°04'20''		102162

A65 Neustadt-Karlsruhe, Ausfahrt 17. Dann B38 Richtung Bad Bergzabern, in Ingenheim Richtung Sportplatz. Nicht über Billigheim anfahren. Der CP-Beschilderung folgen.

Bingen/Kempten, D-55411 / Rheinland-Pfalz

▲ Hindenburgbrücke	1 F**JM**NOPR**S**T	**J**N**Q**S**X** 6
⌂ Mainzerstrasse 199	2 COPRWXY	AB**FG** 7
1 Jan - 31 Dez	3 B	AB**EF**N**Q**RU 8
+49 6 72 11 71 60	4	9
@ camping-bauerschorsch@web.de	5 ADEFGHLMN	ABGHJ**P**R10
	6A CEE	€ 18,50
	H100 4 ha 100**T**(60-80m²) 60**D**	€ 21,50
N 49°58'13'' E 07°56'21''		102112

A60 Bingen-Ost, Ausfahrt 13 'Bin-Kempten'/Fähre. Camping am Rhein, unter der Bahnunterführung durch. Max. Durchfahrtshöhe 2,10m. Reisemobile fahren besser 700m weiter und dann rechts über die Brücke.

Dahn, D-66994 / Rheinland-Pfalz iD

▲ Büttelwoog****	1 AB**FJM**NOPR**S**T	AB**EFG**HI 7
⌂ Am Campingplatz 1	2 BOPQUVWXY	ABD**EFG** 7
22 Mär - 5 Nov	3 **B**FGJM	ABCDEFJK**N**QRTW 8
+49 63 91 56 22	4 FHIO	DV 9
@ buettelwoog@t-online.de	5 ABDFHKLM**N**	ABHIJM**N**O**R**10
	Anzeige auf Seite 149 B 4A	€ 24,00
	H250 1,6 ha 180**T**(80-100m²) 62**D**	€ 35,00
N 49°08'13'' E 07°46'04''		100173

B10 Pirmasens-Landau. Rechts Ausfahrt B427 Hinterweidenthal/Dahn. Im Zentrum ist der CP ausgeschildert; Bahnlinie überqueren.

Bacharach, D-55422 / Rheinland-Pfalz CC€18

▲ Sonnenstrand	1 AE**JM**NOPQR**S**T	**J**N**Q**SWX**YZ** 6
⌂ Strandbadweg 9	2 ACGHIOPQRWX	AB**FG** 7
30 Mär - 31 Okt	3 **B**FM	AB**EF**N**Q**RT 8
+49 67 43 17 52	4 IO	9
@ info@camping-sonnenstrand.de	5 ABDFHKM	AFGHPR10
	Anzeige auf Seite 149 6A CEE	€ 21,50
	H100 1,2 ha 45**T**(100m²) 15**D**	€ 27,50
N 50°03'13'' E 07°46'22''		102107

Über die A61. Ausfahrt 44 Laudert über Oberwesel nach Bacharach (B9). Hinter der Ausfahrt Laudert ohne Navi weiter: Beschilderung Oberwesel-Bacharach folgen.

Dahn, D-66994 / Rheinland-Pfalz iD

▲ Neudahner Weiher	1 AF**GJM**NOPQR**S**T	L**N** 6
⌂ Neudahner Weiher 5	2 BCDGIPRVX	AB**DEFG**H 7
1 Apr - 1 Nov	3	ABCDEFJ**N**QRTUW 8
+49 63 91 13 26	4 FH	E 9
@ kontakt@neudahner-weiher.de	5 ADFHJLN	ABFHIJTU10
	B 8A CEE	€ 27,50
	H200 8 ha 100**T**(150-180m²) 71**D**	€ 37,50
N 49°09'53'' E 07°45'13''		113222

B10 Pirmasens-Landau. Ausfahrt B427 Hinterweidenthal nach Dahn. Zwischen Dahn-Hinterweidenthal, 3 km vor Dahn nach rechts.

Camping und Badesee am Moby Dick

- Zelt- und Wohnmobilstellplätze
- ADAC, ACSI u. DCC Tipp • moderne Sanitäranlagen
- zahlreiche Sport- und Freizeitaktivitäten
- idyllische Lage am Waldrand • Attraktive Ausflugsziele
- täglich 10.00 - 20.00 Uhr geöffnet (Mai - Sept)
- Sandstrand mit Badeaufsicht • großzügige Grasliegeflächen
- Sonnenliegen • Restaurant mit Sonnenterrasse
- Tretbootverleih

Informationen unter: **www.mobydick.de**

Campingplatz am Moby Dick, Am See 3, 76761 Rülzheim, Tel. 07272-9284-34/-0, info@mobydick.de

---

Gerbach, D-67813 / Rheinland-Pfalz

▲ Donnersberg	1 AE**JM**NOPR**T**	A 6
Kahlenbergweiher 1	2 BCGPRTUVWXY	ABDE**FG**IJ 7
30 Mär - 15 Sep	3 BF**LMN**T**X**	ABCDEFGJKNPQRTU 8
☎ +49 63 61 82 87	4 ACDEFGHOT**XZ**	ABDJUVW 9
@ info@	5 ABDEFLM	ABHIJ**PR**10
campingdonnersberg.com	10A CEE	① €27,00
	H400 10 ha 130T(80-140m²) 52D	② €38,00
⚐ N 49°40'14'' E 07°53'11''		102116

A63 Ausfahrt 54 Kircheim-Bolanden. Weiter L404/L385 Ri. 'Donnersberg'. Von der A61 (Nord), Gau Bickelheim die B420 Ri. Rockenhausen. Wird in Hochstädten zur B48. Weiter bis Dielkirchen, links auf L385 und den CP-Schildern Ri. Gerbach folgen.

Otterberg, D-67697 / Rheinland-Pfalz

▲ Gänsedell	1 AF**JM**NOPQRST	6
In der Gänsedell 1	2 ABPRUVWXY	ABDE**FG** 7
1 Jan - 31 Dez	3 AF**N**	ABEFNQR 8
☎ +49 63 01 55 37	4	F 9
@ info@camping-otterberg.de	5 DGMN	AFHIJOR10
	Anzeige auf dieser Seite 16A CEE	① €20,00
	H340 2,6 ha 30T(80m²) 71D	② €27,00
⚐ N 49°30'44'' E 07°46'58''		102118

B40 Ausfahrt Otterberg, dort Richtung Rockenhausen. Nach 1 km liegt der CP links.

CAMPING Otterberg IN DER GÄNSEDELL
ECO CAMPING

In der Gänsedell 1 · 67697 Otterberg
www.camping-otterberg.de · info@camping-otterberg.de
Telefon 0 63 01 / 55 37 · Fax: 0 63 01 / 79 43 68

Rülzheim, D-76761 / Rheinland-Pfalz

▲ Camping & Badesee am Moby Dick	1 ABEF**IL**NOPRST	LM 6
Am See 3	2 ABCDGHOPQVWX	ABDE**FG** 7
1 Jan - 31 Dez	3 BFGM**NO**S	ABCDEFGNQRTW 8
☎ +49 72 72 92 84 34	4	9
@ info@mobydick.de	5 ABDE	ABHJPRZ10
	Anzeige auf dieser Seite B 16A CEE	① €25,50
	H110 5 ha 127T(70-80m²) 330D	② €40,00
⚐ N 49°09'05'' E 08°16'23''		101141

A65 Ludwigshafen-Karlsruhe Ausfahrt 18 Herxheim, Richtung Germersheim/Rülzheim. Der CP ist ausgeschildert.

Schönenberg-Kübelberg, D-66901 / Rheinl.-Pfz

▲ Ohmbachsee★★★★	1 ADE**JM**NOPQRST	AFL**N** 6
Campingpark Ohmbachsee 1	2 ADFGPRSUVWXY	ABDE**FG**I 7
1 Jan - 31 Dez	3 BJ**LMNR**	ABCDEFGIJK**L**NQRTW 8
☎ +49 63 73 40 01	4 FHI	EFGIT 9
@ mail@	5 ABDEFHJLMNO	ADFGHIJMPRWX10
campingpark-ohmbachsee.de	Anzeige auf dieser Seite B 16A CEE	① €25,50
	H300 7 ha 68T(100m²) 200D	② €35,50
⚐ N 49°24'43'' E 07°24'14''		102069

A6 Ausfahrt 11 Bruchmühlbach-Miesau. Dann den Schildern Schönenberg-Kübelberg. Vor der Ortschaft rechts.

Campingpark Ohmbachsee ★ ★ ★ ★

Ruhiger Platz mit Lage am See. Neues Sanitärgebäude mit Mietbädern. Gratis WLAN. Sehr gutes Restaurant. Schöne Rad- und Wanderwege. Campingfässer & Mietzelte. Hundedusche. Schnelle Autobahnanbindung. Brötchenservice. 4-Sterne-Platz.

Campingpark Ohmbachsee 1, 66901 Schönenberg-Kübelberg
Tel. 06373-4001 • E-Mail: mail@campingpark-ohmbachsee.de
Internet: www.campingpark-ohmbachsee.de

Einfach schöne Ferien: Genießen Sie die Südpfalz auf intensive Art. Mitten in der schönsten Natur, zwischen Wald und Wiesen, bei Wandern und Wein.

CAMPING IM KLINGBACHTAL
Billigheim-Ingenheim
Südliche Weinstrasse

Klingener Straße, Tel. 0 63 49 / 61 45
WWW.CAMPING-KLINGBACHTAL.DE

Campingplatz Büttelwoog ★ ★ ★ ★

Gelegen in einem idyllischen Seitental, in Waldreicher Umgebung finden Sie Ruhe und Erholung. Desweiteren steht Ihnen unsere Rezeption mit Lebensmittel-, Getränke- und Gasverkauf, ein italienisches Restaurant, sowie ein Spiel- und Minigolfplatz zu Verfügung.

Am Campingplatz 1, 66994 Dahn • Tel. 06391-5622
Fax 06391-5326 • E-Mail: buettelwoog@t-online.de
Internet: www.camping-buettelwoog.de

Sonnenstrand

- Ruhiger, komfortabler Familiencamping mit Sandstrand direkt am Rhein • Schiffstouren, Wander- und Radmöglichkeiten
- 300m zur Stadt Bacharach vom Campingplatz • Gratis WLAN • holländische Inhaber

Strandbadweg 9, 55422 Bacharach • Tel. 06743-1752
Fax 06743-3192 • E-Mail: info@camping-sonnenstrand.de
Internet: www.camping-sonnenstrand.de

CAMPING CLAUSENSEE ★★★★
im Naturpark Pfälzerwald

Baden in klarem Wasser, die Luft des Pfälzer Waldes atmen, heimische Spezialitäten genießen, Zeit mit der Familie verbringen beim wandern, radfahren und klettern. Einfach Seele und Füße baumeln lassen...
67714 Waldfischbach-Burgalben · Telefonnummer: +49 6333-5744 · www.campingclausensee.de

---

CAMPING-FREIZEITZENTRUM Sägmühle

Die Sägmühle liegt im Naturpark 'Pfälzerwald', südlich vom Luftkurort Trippstadt. Ein idyllischer Natursee liegt direkt am Campingplatz. Die Komfortstellplätze sind mit Strom, Frisch- und Abwasseranschluss ausgestattet. Unser Restaurant ist für seine Pfälzer Spezialitäten bekannt.

Sägmühle, 67705 Trippstadt • Tel. 06306-92190 • Fax 06306-2000
E-Mail: info@saegmuehle.de • Internet: www.saegmuehle.de

Trippstadt, D-67705 / Rheinland-Pfalz (CC€18) iD
- Camping Freizeitzentrum Sägmühle★★★★★
- Sägmühle
- 1/1 - 1/11, 18/12 - 31/12
- +49 6 30 69 21 90
- info@saegmuehle.de
- N 49°21'06" E 07°46'51"

1 AF**JM**NOPQRST	L**M**N 6
2 BDGIOPUVWXY	ABDE**FG**H 7
3 BFG**J**MNS	ABCDEFJKNQRTUVW 8
4 BDFHL	EFU 9
5 ABDFHKLMN	ABCGHIJPR10

Anzeige auf dieser Seite B 16A CEE €27,00
H343 10 ha 200T(100-120m²) 170D €35,00
A6 bis zur Ausfahrt Kaiserslautern-West. Der Strecke über B270 Richtung Pirmasens folgen. Nach 9 km links ab, Richtung Karlstal/Trippstadt. Den CP-Hinweisen folgen. 102119

Sippersfeld, D-67729 / Rheinland-Pfalz (CC€20) iD
- Naturcampingplatz Pfrimmtal★★★★
- Pfrimmerhof 2a
- 1 Jan - 30 Nov
- +49 63 57 97 53 80
- info@campingplatz-pfrimmtal.de
- N 49°33'07" E 07°57'38"

1 AF**JM**NOPQRST	L N 6
2 BCDGPRTUWXY	ABD**FG**H 7
3 BFM	ABCDEFJNQRT 8
4 AEFI	FIJKL 9
5 ABDKLMN	ABFHIJL**OR**10

WB 16A CEE €28,00
H400 8,2 ha 260T(100m²) 113D €43,00
A61, am Knoten Alzey A63 Richtung Kaiserslautern bis zur Ausfahrt Göllheim, dann Richtung Dreissen. Über Standenbühl, dann links Richtung Sippersfeld. Nach 4 km links Richtung Pfrimmerhof. 100166

Waldfischbach, D-67714 / Rheinland-Pfalz (CC€20) iD
- Clausensee★★★★
- Schwarzbachstraße
- 1 Jan - 31 Dez
- +49 63 33 57 44
- info@campingclausensee.de
- N 49°16'31" E 07°43'15"

1 AEF**IL**NOPQRT	LM**N**O**QX** 6
2 BCDGHPQVX	BE**FG**H 7
3 AB**LM**S	BDFIJK**LM**NQRTUVW 8
4 BFHIO	EFTY 9
5 ACDEFHKMN	ABFGHIJ**PRV**10

Anzeige auf dieser Seite B 6-16A CEE €30,00
H200 13 ha 100T(100-125m²) 159D €38,60
A6 Ausfahrt 15. Die B270 Richtung Pirmasens. Auf der B270 Ausfahrt Waldfischbach und den CP-Schildern folgen. Der CP liegt 7 km außerhalb von Waldfischbach. 100172

Trechtingshausen, D-55413 / Rheinland-Pfalz iD
- Marienort
- Am Morgenbech 1A
- 1 Jan - 31 Dez
- +49 17 16 87 28 55
- campmarienort@freenet.de
- N 50°00'16" E 07°51'20"

1 A**JM**NOPQRST	J**N**X**Y** 6
2 CGIKPQRUWXY	ABDE**FG**I 7
3 BFM	ABE**F**JNQRT 8
4 FHO	DV 9
5 ALMN	AFGHIMOR10

Anzeige auf dieser Seite B 10A CEE €18,00
4 ha 60T 111D €24,00
A61 Ausfahrt 46 Bingen-Mitte, B9 Richtung St. Goar. Vor Trechtingshausen nicht über den Bahnübergang (zur kurze Kurve), sondern in der Ortseinfahrt rechts. CP-Schilder befolgen, unter der Bahnlinie durch. 108127

Camping Marienort

Leicht abfallendes, durch eine Brücke über einen kleinen Fluss, zweigeteiltes Gelände. Schöne Plätze direkt am Rhein. Eigenes Restaurant mit frischgefangenen Forellen als Spezialität. Vom 15. Oktober bis 1. Mai Stellplätze für 15 Euro pro Nacht inkl. Strom.

Am Morgenbech 1A, 55413 Trechtingshausen • Tel. + 49 1716872855
E-Mail: campmarienort@freenet.de
Internet: www.campingplatz-marienort.de

Wolfstein, D-67752 / Rheinland-Pfalz (CC€20) iD
- Camping am Königsberg★★★★
- Am Schwimmbad 1
- 20 Mär - 31 Okt
- +49 63 04 41 43
- info@campingwolfstein.de
- N 49°34'49" E 07°37'06"

1 AE**JM**NOPQRST	AB**N** 6
2 CGPRVWXY	ABDE**FG**H I 7
3 ABF**JM**SUW	ABCDEFGIJKNQRI UVW 8
4 BEFHIORSTZ	CDEJKUVWZ 9
5 ABDFGHKMN	ABCDHIJL**NP**RV10

Anzeige auf dieser Seite B 16A CEE €32,00
H200 3,8 ha 90T(100-150m²) 20D €46,00
An der B270 zwischen Kaiserslautern und Idar-Oberstein. Südlich von Wolfstein. Aus dem Süden rechts, aus dem Norden links. 102115

★★★★ Camping am Königsberg Wolfstein

Unten am Fuße des Königsberges, am Rande des ruhigen Städtchens Wolfstein und mitten im prächtigen Naturgebiet des Lautertals findet man unseren gemütlichen Familiencamping.

Am Schwimmbad 1 • D-67752 Wolfstein • Deutschland
Tel.: 06304 4143 • Fax: 06304 7543
E-mail: info@campingwolfstein.de • Internet: www.campingwolfstein.de

---

EuroCampings

Immer ein Campingplatz, der zu Ihnen passt!
- 9 900 jährlich inspizierte Campingplätze in 31 Ländern
- Filter auf mehr als 200 Einrichtungen
- Schnell und einfach buchen, auch unterwegs
- Mehr als 100 000 Campingplatz-Bewertungen

www.Eurocampings.de

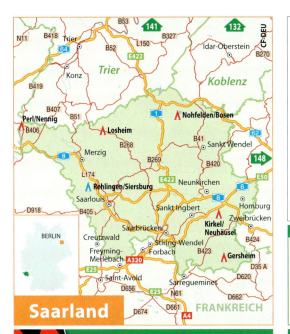

LOSHEIM AM SEE

Gelegen an einem schönen See im Schwarzwälder Hochwald. In der Umgebung prächtige Wanderrouten. Direkt bei einer Kneippkureinrichtung. Ein schöner Terrassencamping, ideal für Wassersportler. Sonderangebote bei einem längeren Aufenthalt.

Zum Stausee 210
66679 Losheim
Tel. 06872-4770 • Fax 06872-993204
E-Mail: werner.harth@t-online.de
Internet: www.losheim-stausee.de/campingpark.html

Losheim, D-66679 / Saarland

▲ Losheim am See	1 ADEF**JM**NOPQRS**T**	LNQS**X**Z 6
🏠 Zum Stausee 210	2 DGPUVWX	AB**FG** 7
☎ 1 Jan - 31 Dez	3 B**EF****JL**MS	ABCDEFJNQRTW 8
☎ +49 68 72 47 70	4 **EF**HIO**PQ**	ADFJT 9
@ werner.harth@t-online.de	5 ABDFHKL**M**N	ABCFGHIKORVWZ10

Anzeige auf dieser Seite   B 16A CEE   ❶ €23,00
📍 N 49°31'26''   E 06°43'48''   H331 8 ha 100T(80-100m²) 339D   ❷ €28,00
🚗 Von Trier B268 folgen. Nicht durch Losheim, sondern Richtung Stausee fahren. CP ausgeschildert.   100162

Bewerten Sie einen Campingplatz und gewinnen Sie mit etwas Glück ein iPad.

www.Eurocampings.de

Nohfelden/Bosen, D-66625 / Saarland

▲ Bostalsee★★★★★	1 AEF**JM**NOPQRST	LMNOQST**X**Y 6
🏠 Am Campingplatz 1	2 ADGHIOPSUVWX	BE**FG**HK 7
☎ 1 Jan - 31 Dez	3 ABFG**JL**MS	BDFIJKLNQRTUVW 8
☎ +49 6 85 29 23 33	4 B**EF**HILO**T**	ADJMPQRTUVW 9
@ campingplatz@bostalsee.de	5 ABDEFJLMN	ABFGHIJLMPRVX10

Anzeige auf dieser Seite   B 16A CEE   ❶ €33,00
📍 N 49°33'38''   E 07°03'40''   H400 14 ha 114T(100-110m²) 344D   ❷ €37,00
🚗 A1 bis Kreuzung Nonnweiler und über die A62 bis Ausfahrt 3 Türkismühle. Dann den Bostalsee-Schildern folgen.   101136

camping Walsheim

Eric und Marianne Meerdink
Tel. 06843-800180
E-Mail: info@campingwalsheim.de

Camping Walsheim liegt im preisgekrönten UNESCO-Biosphärenreservat Bliesgau.

Gersheim, D-66453 / Saarland

▲ Camping Walsheim	1 ADE**JM**NOPQRST	AF 6
🏠 Heuweg 3	2 CFGOPTVWX	AB**FG** 7
☎ 1 Mär - 1 Nov	3 B**FG**LMU	ABCDEFGHJNQRTW 8
☎ +49 68 43 80 01 80	4 FHI	BD 9
@ info@campingwalsheim.de	5 ABDEFHKN	ABFGHIJOPRVWX10

Anzeige auf dieser Seite   B 16A CEE   ❶ €23,50
📍 N 49°09'36''   E 07°14'43''   H170 5,5 ha 100T(70-120m²) 86D   ❷ €29,50
🚗 A8 Ausfahrt 33 Zweibrücken/Ixheim. Danach die L465 Richtung Gersheim. Beschilderung Camping Walsheim befolgen.   123013

Kirkel/Neuhäusel, D-66459 / Saarland

▲ Mühlenweiher★★★	1 ADEF**JM**NOPQRST	AFM 6
🏠 Unnerweg 5C	2 ADGOPSVWXY	ABDE**FG**HIK 7
☎ 1 Jan - 31 Dez	3 ABFGMN**O**UX	ABEFJNQRTW 8
☎ +49 6 84 91 81 05 55	4 **EF**HIOP	LUVW 9
@ info@caravanplatz-kirkel.de	5 ADEFHKLMN**O**	ABFGHIJNPRVZ10

B 10A CEE   ❶ €22,50
📍 N 49°16'55''   E 07°13'43''   H205 3 ha 35T(90-150m²) 80D   ❷ €28,50
🚗 A8 Ausfahrt 28 Limbach nach Kirkel-Neuhäusel, an der B40 den Campingschildern folgen.   102070

Perl/Nennig, D-66706 / Saarland

▲ Mosel-Camping Dreiländereck	1 A**J**MNOPQRS**T**	N**X**Y 6
🏠 Zur Moselbrücke 15	2 CPRW	ABD**FG** 7
☎ 1 Apr - 15 Okt	3	ABE**F**NRW 8
☎ +49 6 86 63 22	4 H	9
@ info@mosel-camping.de	5 DHL	AKOR10

16A CEE   ❶ €19,80
📍 N 49°32'32''   E 06°22'17''   2,7 ha 40**T** 70D   ❷ €25,80
🚗 A1/E44 Trier-Luxemburg, Ausfahrt Grevenmacher, dann Richtung Remich. Nach Brücke links, zweiter CP.   110735

Unser Tipp für Familien:
»Märchenhäuser«
Campingplatz Bostalsee

Camping am Bostalsee ★★★★★

★ Ganzjährig geöffnet
★ Komfort- und Wohnmobilstellplätze
★ Mietwohnwagen und -zelte
★ DTV 5 Sterne
★ Sanitärgebäude mit Sauna
★ Separate Jugend- und Gruppenzeltplätze
★ Zahlreiche Freizeit- und Wassersportmöglichkeiten
★ Super-Sparpakete unter **camping.bostalsee.de**

Campingplatz Bostalsee · Am Campingplatz 1 · 66625 Nohfelden-Bosen · Telefon (0 68 52) 9 23 33 · campingplatz@bostalsee.de

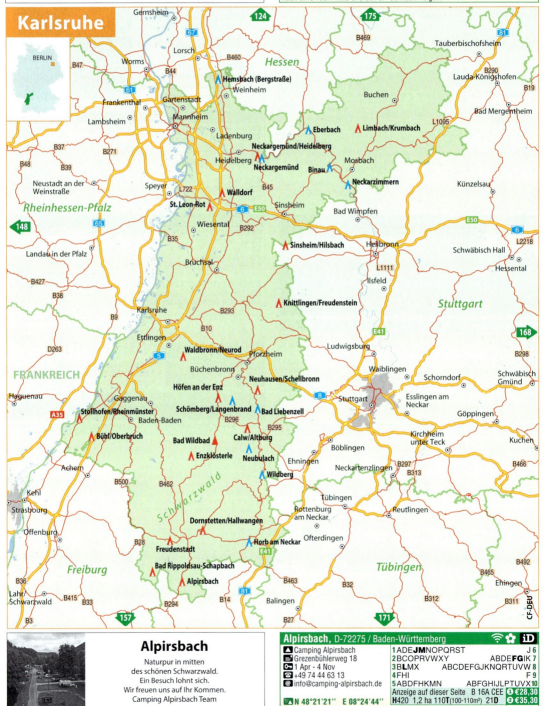

Campingpark Bad Liebenzell

Unser Campingpark mit Freibad, Tennisplätzen, Beachvolleyball und Kinderspielplatz bietet im wunderschönen Nordschwarzwald Stellplätze, Zeltwiesen, Ferienbungalows, Mietwohnwagen, Safari-Zeltlodges, Campingfässer und ein Tipizelt-Restaurant mit Biergarten.

Pforzheimerstr. 34, 75378 Bad Liebenzell
Tel. 07052-934060 • E-Mail: info@campingpark-bad-liebenzell.com
Internet: www.campingpark-bad-liebenzell.com

Bad Liebenzell, D-75378 / Baden-Württ.

▲ Campingpark Bad Liebenzell	1 ADEILNOPQRST	ABFH N 6
🏠 Pforzheimerstr. 34	2 CGOPVWX	BCEFGHIJ 7
📅 1 Jan - 31 Dez	3 BFGLMNS	BDFIJLNR 8
☎ +49 70 52 93 40 60	4 FHIOP	BDEFK 9
@ info@	5 DEFKM	ABDGHIJPR 10
campingpark-bad-liebenzell.com	Anzeige auf dieser Seite WB 16A CEE	€ 30,50
⊕ N 48°46'44'' E 08°43'53''	H330 3 ha 150T(80-100m²) 115D	€ 30,50
🚗 A8 Ausfahrt 43 Pforzheim-West. Danach B463 Richtung Bad Liebenzell. Am Stadtrand neben dem städtischen Schwimmbad befindet sich der CP.		102226

Bad Rippoldsau-Schapbach, D-77776 / Baden-W.

▲ Schwarzwaldcamping Alisehof	1 ABEFJMNOPQRST	JN 6
🏠 Rippoldsauer Straße 2-8	2 COPRUVWXY	ABDEFGHIJK 7
📅 1/4 - 8/11, 11/12 - 12/1	3 AM	ABCDEFGJKLNQRTUV 8
☎ +49 7 83 92 03	4 EFHIOQX	DGIJ 9
@ camping@alisehof.de	5 ABDEFGHJMN	ABFGHKLORW 10
	Anzeige auf dieser Seite WB 16A	€ 34,00
⊕ N 48°23'00'' E 08°17'59''	H460 4 ha 110T(90-120m²) 55D	€ 41,20
🚗 A5 Ausfahrt Offenburg, B33 Villingen-Schwenningen, geht über in B294 vorbei Haslach Richtung Freudenstadt. Hinter dem Tunnel bei Wolfach, Bad Rippoldsau-Schapbach folgen.		102167

Bad Wildbad, D-75323 / Baden-Württemberg

▲ Family-Resort Kleinenzhof*****	1 AEILNOPQRST	ABEFGJN 6
🏠 Kleinenzhof 1	2 CGOPSVWX	BCEFGHIJ 7
📅 1 Jan - 31 Dez	3 ABDEFMTUWX	ABCDFIJKLMNQRTUVW 8
☎ +49 70 81 34 35	4 ABEFGHIKOQRTV	EGIJLUVWYZ 9
@ info@kleinenzhof.de	5 ACDEFGHLMN	ABFGHIJLPRVY 10
	Anzeige auf dieser Seite WB 16A CEE	€ 31,00
⊕ N 48°44'15'' E 08°34'34''	H470 6 ha 150T(90-110m²) 187D	€ 43,60
🚗 A8 Ausfahrt 43 Pforzheim-West. B294 Richtung Bad Wildbad. In Calmbach B294 folgen, Richtung Freudenstadt.		100181

Bad Wildbad, D-75323 / Baden-Württemberg

▲ Schwarzwald Camping Fautsburg	1 AFILNOPQRST	EN 6
🏠 Rehmühle 1	2 CPUWX	BEFG 7
📅 1 Jan - 31 Dez	3 BM	BDFJNRW 8
☎ +49 70 55 13 20	4 FHI	DEJ 9
@ info@campingfautsburg.com	5 ABDFHKMN	AHIJLORV 10
	16A CEE	€ 24,00
⊕ N 48°39'54'' E 08°32'52''	H600 2 ha 85T(60-100m²) 155D	€ 34,00
🚗 A8, Ausfahrt 43 Pforzheim-West. B294 Richtung Bad Wildbad. In Calmbach B294 Richtung Freudenstadt, ca. 15 km CP-Beschilderung folgen.		107533

Binau, D-74862 / Baden-Württemberg

▲ Fortuna Camping am Neckar****	1 ABEFILNOPQRST	ABNQRXYZ 6
🏠 Neckarstraße 6	2 CGOPSVWXY	BEFG 7
📅 1 Apr - 30 Okt	3 ABFGLMU	ABCDFJNQRUW 8
☎ +49 6 26 36 69	4 BFHN	FN 9
@ info@fortuna-camping.de	5 ABDEFHLMNO	ABCEFHIJMPRVZ 10
	Anzeige auf dieser Seite 16A CEE	€ 30,00
⊕ N 49°21'53'' E 09°03'29''	H155 3 ha 150T(100-150m²) 53D	€ 36,00
🚗 Die A6, Ausfahrt 33 Sinsheim. B292 Richtung Mosbach bis Obrigheim. Dann B37 Richtung Heidelberg. CP ausgeschildert.		100174

Deutschland

Kein Platz für Langeweile.
Hier dürfen Erwachsene ihre Kindheitserinnerungen neu entdecken und Kinder ihre Träume leben.

Familie Harter • Kleinenzhof 1
75323 Bad Wildbad
Tel. 07081/3435 • Fax 3770
E-mail: info@kleinenzhof.de
www.kleinenzhof.de

Camping • Hotel • Ferienwohnungen • Mobilheime • Restaurant • Sporthalle • Hallenbad

---

Bühl/Oberbruch, D-77815 / Baden-Württemberg

▲ Adam Camping	1 ADEFJMNOPQRST	HLMNQX 6
🏠 Campingstraße 1	2 ADGJOPQSVWXY	ABDEFG 7
📅 1 Jan - 31 Dez	3 BFGLMS	ABCDEFJLNQRTUVW 8
☎ +49 72 23 21 94	4 BFH	E 9
@ info@campingplatz-adam.de	5 ACDEFHKLMN	ABGHIJMPR 10
	WB 10A CEE	€ 31,00
⊕ N 48°43'35'' E 08°05'02''	H120 25 ha 180T(80-120m²) 332D	€ 42,00
🚗 A5 Karlsruhe-Basel, Ausfahrt 52. Am Ende der Ausfahrt ist der CP angezeigt.		102166

Calw/Altburg, D-75365 / Baden-Württemberg

▲ Holiday Camp Altburg	1 ABFILNOPQRST	AB 6
🏠 Oberreichenbacher Straße	2 OPWX	ABCDEFGI 7
📅 1 Jan - 31 Dez	3 AFMN	ABCDEFJKNQRUVW 8
☎ +49 7 05 15 07 88	4 EFHIZ	D 9
@ info@holiday-camp.de	5 ABDMN	ABHIJORV 10
	Anzeige auf dieser Seite 16A CEE	€ 20,30
⊕ N 48°43'40'' E 08°41'18''	H635 6,7 ha 80T(80-120m²) 302D	€ 25,90
🚗 A8 Ausfahrt 43 Pforzheim West. B294 bis Höfen. In Höfen Richtung Calw. Am Ortseingang Calw rechts ab Richtung Altburg. Dann CP ausgeschildert.		102227

HÖHENCAMPING KÖNIGSKANZEL

Familie Eiermann
72280 Dornstetten/Hallwangen
Tel. +49 74436730
www.camping-koenigskanzel.de

Vorteilswochen in der Vor- und Nachsaison!

Dornstetten/Hallwangen, D-72280 / Baden-W.

▲ Höhencamping Königskanzel	1 ACDEFJMNOPQRST	ABFG 6
🏠 Freizeitweg 1	2 FGPSUVWXY	ABDEFGHI 7
📅 1 Mär - 5 Nov	3 ABEFGMX	ABDEFGHIJKLNQRSTUV 8
☎ +49 74 43 67 30	4 BEFHIZ	J 9
@ info@camping-koenigskanzel.de	5 ABDEFKMN	ABFGHJPRZ 10
	Anzeige auf dieser Seite B 16A CEE	€ 35,40
⊕ N 48°28'51'' E 08°30'01''	H700 4 ha 50T(110-120m²) 103D	€ 47,80
🚗 A5, dann B28 Richtung Freudenstadt. Von Freudenstadt Richtung Dornstetten. Von hier aus ist der CP ausgeschildert.		102232

• Viele Sport- und Erholungsangebote
• Moderne Koch- und Abwaschküche, Geschirrspüler gratis
• Mietcaravans • Familienarrangement
• Angebotswochen für Senioren ab 50 Jahre

Oberreichenbacher Straße, 75365 Calw/Altburg
Tel. 07051-50788 • Fax 07051-51419
E-Mail: info@holiday-camp.de • Internet: www.holiday-camp.de

CAMPING MÜLLERWIESE

Idyllischer, kleiner Camping im Naturpark Nördlicher Schwarzwald. Schöne, ländliche und sehr ruhige Lage mitten im Luftkurort Enzklösterle. Sehr gepflegte Sanitäranlagen. Separate, autofreie Zeltwiese mit neuem Sanitär. Wanderhütten- und Apartmentvermietung. Ideales Rad- und Wandergebiet. Kurort mit vielen Freizeitangeboten, Riesenrutschbahn, Waldkletterpark, Adventure Golf, gratis Bus und Zug. Thermalkurbad in 10 Km. Geschäfte und Restaurants 300m vom Camping. **WiFi Hotspot.** Sonderangebote in der Vor- und Nachsaison.

Camping Müllerwiese
Hirschtalstraße 3
75337 Enzklösterle
Tel. und Fax (+49)07085-7485

E-Mail: info@muellerwiese.de
Internet: www.muellerwiese.de
(mit GPS-tracks)

Hemsbach (Bergstraße), D-69502 / Baden-W.
- Wiesensee****
- Ulmenweg 7
- 1 Jan - 31 Dez
- +49 6 20 17 26 19
- info@camping-wiesensee.de

1 ABE**JM**NOPQRST — ABL**M**N 6
2 ADGHIOPRSVWX — ABDE**FGH** 7
3 ABG**HLMNO**X — ABCDEF**J**KNQRTUVW 8
4 EHO — 9
5 ADEFGHKLMN — ABFGHIJ**PR**10
B 16A CEE — € 22,50 / € 31,50
H100 3,5 ha 60T(70-80m²) 180**D**

N 49°35'52" E 08°38'25"
A5 Frankfurt-Basel, am Darmstädter Kreuz Richtung Heidelberg auf der A5 bleiben bis zur Ausfahrt 32 Hemsbach. CP ausgeschildert.
102215

Höfen an der Enz, D-75339 / Baden-Württemberg
- Quellgrund
- Sägmühlenweg
- 1 Jan - 31 Dez
- +49 70 81 69 84
- info@campingplatz-quellgrund.de

1 AF**JM**NOPQRST — JN 6
2 COPWX — A**BFG** 7
3 AD**JLM** — BCD**FH**NQR 8
4 AEFH**RTXZ** — D 9
5 ABDFM — AH**J**P**R**10
16A CEE — € 31,00 / € 41,00
H365 3,7 ha 50T(70-110m²) 132**D**

N 48°48'27" E 08°34'58"
A8 Ausfahrt 43 Pforzheim-West. B294 Richtung Freudenstadt. Der CP ist hinter dem Ortseingang von Höfen hinter der Aral Tankstelle.
102224

Eberbach, D-69412 / Baden-Württemberg
- Eberbach
- Alte Pleutersbacherstraße 8
- 1 Apr - 1 Nov
- +49 62 71 10 71
- info@campingpark-eberbach.de

1 AF**IL**NOPQRST — A**BEFJ**NXY 6
2 CGOPVWX — B**EFG** 7
3 ABF**HILN** — ABEF**J**NQRT 8
4 FHO — 9
5 ABDFHLM — ABHIKR10
Anzeige auf dieser Seite 16A CEE
€ 25,30 / € 32,50
H226 2 ha 100T(60-80m²) 24**D**

N 49°27'38" E 08°58'57"
A5, Ausfahrt 37 Heidelberg. Dann der B37 nach Eberbach folgen. Die Brücke überqueren.
108132

Horb am Neckar, D-72160 / Baden-Württ.
- Schüttehof
- Schütteberg 7
- 1 Jan - 31 Dez
- +49 74 51 39 51
- info@camping-schuettehof.de

1 ADEF**JM**NOPQRST — AF 6
2 AGPWX — ABE**FG**HIJ 7
3 ABFG**IMN**S**X** — ABDEFGIJNQR**ST** 8
4 FGHIO — D 9
5 ABDFLMN — ABCDEFGHL**PR**VXY10
Anzeige auf dieser Seite WB 16A
€ 28,00 / € 39,00
H500 8 ha 64T(60-100m²) 253**D**

N 48°26'43" E 08°40'25"
A81 Stuttgart-Singen. Ausfahrt 30 Richtung Horb. In Horb links ab zur B14. Links in die Altheimerstraße. CP liegt links. Von Freudenstadt aus: B14, dann sofort rechts ab.
100185

Enzklösterle, D-75337 / Baden-Württemberg
- Müllerwiese
- Hirschtalstraße 3
- 15 Apr - 15 Okt
- +49 70 85 74 85
- info@muellerwiese.de

1 AF**JM**NOPQR**T** — J 6
2 BCGOPQSVX — ABDE**FG** 7
3 BM — ABCDE**FJ**NQRTUVW 8
4 EFGH — FI 9
5 BDM**N** — ABFGHIJOR10
Anzeige auf dieser Seite 10A CEE
€ 29,00 / € 36,00
H600 1,6 ha 48T(60-160m²) 37**D**

N 48°40'00" E 08°28'08"
Von Pforzheim die B294 nach Calmbach nehmen. Hier rechts und über Bad Wildbad nach Enzklösterle. Im Zentrum rechts zum CP.
109548

CAMPINGPLATZ LANGENWALD

Familie Eiermann
72250 Freudenstadt
Tel. +49 (0)7441 2862
Fax +49 (0)7441 2893
www.camping-langenwald.de

Vorteilswochen in der Vor- und Nachsaison!

Knittlingen/Freudenstein, D-75438 / Baden-W.
- Stromberg-Camping***
- Diefenbacher Straße 70
- 1 Jan - 31 Dez
- +49 70 43 21 60
- info@strombergcamping.de

1 ADEF**JM**NOPQRST — ABF 6
2 GPRVWXY — BE**FG**I 7
3 BI**MR** — ABCDEFNQR 8
4 BCDFH — D 9
5 ACDEFLM — ABFGHIJ**PR**V10
B 16A — € 22,50 / € 33,50
H320 7,5 ha 50T(80-100m²) 402**D**

N 49°02'06" E 08°50'00"
A8 Stuttgart-Karlsruhe, Ausfahrt 44 Pforzheim-Nord zur B294 Richtung Bruchsal. In Bretten die B35 bis Knittlingen, dann links in Richtung Freudenstein.
102222

Camping Schüttehof

Ruhig gelegener Camping oberhalb der mittelalterlichen Stadt Horb am Neckar, am Rande des Schwarzwalds. Mit eigenem Schwimmbad. Restaurant mit ausgezeichneter Küche zu sehr günstigen Preisen in ruhiger Umgebung.

Schütteberg 7, 72160 Horb am Neckar
Tel. 07451-3951 • Fax 07451-623215
E-Mail: info@camping-schuettehof.de
Internet: www.camping-schuettehof.de ©

Freudenstadt, D-72250 / Baden-Württemberg
- Camping Langenwald
- Straßburger Straße 167
- 4 Apr - 31 Okt
- +49 74 41 28 62
- www.camping-langenwald.de

1 AE**JM**NOPQRST — AB**N** 6
2 BCGOPSUVWXY — ABDE**FG**HIK 7
3 BGLMSX — ABCDEFGHIJNQRTUV 8
4 BDEFHIOQX — DIJ 9
5 ABDEFJKMN — AEFGHJLNORV10
Anzeige auf dieser Seite B 16A CEE
€ 34,00 / € 42,00
H700 1,5 ha 80T(90-100m²) 24**D**

N 48°27'32" E 08°22'21"
Von Westen: A5 Ausfahrt 54 Appenweier, B28 Richtung Freudenstadt, Richtung Kniebis. 3 km vor Freudenstadt links. Von Osten: A81 Ausfahrt 30 Horb, L370 Richtung Freudenstadt. 3 km hinter Freudenstadt rechts.
101143

AUF DEM TABLET SERVIERT

Unterwegs informiert: Ab sofort können Sie CARAVANING überall kaufen und lesen – und zwar mit allen mobilen Endgeräten.

www.caravaning.de/epaper

Campingpark Eberbach
Im Herzen des Odenwaldes!

Genießen Sie die herrliche Lage des Campingplatzes direkt am Neckar und lassen sie sich von dem zauberhaften Blick auf die Altstadt der Stauferstadt Eberbach faszinieren. Unternehmen Sie Radtouren entlang des Neckars, gehen Sie schwimmen im Frei- bzw. Hallenbad direkt neben dem Campingplatz oder wandern Sie in der schönen Natur des Neckartals und des Odenwaldes. Saubere Sanitäranlagen, warme Duschen sind inklusive. **»Sie finden uns ca. 30 km östlich von Heidelberg, gute Zugverbindungen!«**

Weitere Informationen unter: www.campingpark-eberbach.de · Info-Telefon +49 (0) 6271 / 10 71

Limbach/Krumbach, D-74838 / Baden-Württ.
▲ Odenwald Camping****	1 AF**IL**NOPQRST	ABE**F** 6
🛏 Alte Mühle 1	2 GOPTUVWXY	ABE**FG** 7
📅 1 Jan - 31 Dez	3 AFGHI**JMNP**UV	ABCDE**F**NRT 8
☎ +49 62 87 14 85	4 AEFHINO**QRSTXY**	AEV 9
@ info@odenwald-camping.de	5 ABDEFGHKLM	ABHIJL**OR**10
	16A CEE	① €29,00
N 49°27'29'' E 09°10'37''	H370 12 ha 120T(70-100m²) 276**D**	② €37,00

102284

A6 Ausfahrt 33 Sinsheim. B292 Richtung Obrigheim nach Mosbach. B27 Richtung Buchen, abbiegen Richtung Fahrenbach, Robern, Krumbach.

Neckargemünd, D-69151 / Baden-Württ.
▲ Friedensbrücke	1 AF**IL**NOPQRS**T**	N**X**Y 6
🛏 Falltorstraße 4	2 CGOPWX	ABCDE**FG** 7
📅 1 Apr - 18 Okt	3 A**LV**	ABEFJN**QR**T 8
☎ +49 62 23 21 78	4 FHIO	R 9
@ info@ camping-bei-heidelberg.de	5 ABDEFIKM	ABGHI**PR**10
	Anzeige auf dieser Seite B 16A CEE	① €27,00
N 49°23'47'' E 08°47'40''	H130 3 ha 100**T**(60-80m²) 20**D**	② €36,00

102223

A5, Ausfahrt 37 Heidelberg. B37 Richtung Eberbach. Bei der Einfahrt nach Neckargemünd links in die Poststraße abbiegen, oder schon vor der Brücke rechts. Schildern folgen.

Neckargemünd/Heidelberg, D-69151 / Baden-W.
▲ Camping Haide****	1 ADE**IL**NOPQRST	JN**X** 6
🛏 Ziegelhäuserstraße 91	2 CGPWXY	A**BEFG**HIJ 7
📅 1 Apr - 3 Nov	3 B	AB**F**N**QR** 8
☎ +49 62 23 21 11	4 FHIO	FV 9
@ camping-haide@t-online.de	5 ABDM	ABGHIKL**NOR**10
	Anzeige auf dieser Seite B 8A CEE	① €20,30
N 49°24'06'' E 08°46'45''	H119 3,6 ha 160**T**(80-100m²) 40**D**	② €25,70

102219

A5 Ausfahrt 37 in Heidelberg. Über die 1. Brücke, dem Neckar Richtung Eberbach folgen.

Camping Haide ★ ★ ★ ★ bei Heidelberg

Herrlicher Platz 36000 m² • Im romantischen Neckartal • Direkt am Ufer des Neckars • Auf der Grenze von Heidelberg und Kleingemünd • 6 km zum Heidelberger Schloss.

Der Camping hat einen schönen Spielplatz für die Kleinen. 2002 vom DTV (Deutscher Tourismusverband) mit 4-Sternen ausgezeichnet.
Renoviertes Sanitär • Kostenlose Internetnutzung.

69151 Neckargemünd/Heidelberg • Tel. 06223-2111 • Fax 06223-71959
E-Mail: camping-haide@t-online.de • Internet: www.camping-haide.de

Neckarzimmern, D-74865 / Baden-Württ.
▲ Cimbria	1 ADE**IL**NOPRST	ABN**X**Y 6
🛏 Wiesenweg 1	2 CGOPRSVWXY	BE**FG** 7
📅 1 Apr - 30 Okt	3 B**FMNS**	ABCDE**FG**NQR 8
☎ +49 62 61 25 62	4 FHI**P**	R 9
@ info@camping-cimbria.de	5 ADEFHKLMN	ABGHIJL**PR**10
	Anzeige auf dieser Seite 16A CEE	① €27,00
N 49°19'10'' E 09°07'32''	H110 3 ha 120**T**(80-110m²) 20**D**	② €35,00

102285

A6 Ausfahrt 33 Sinsheim. B292 Richtung Mosbach. Kreuz Mosbach Richtung Heilbronn. Ausfahrt Neckarzimmern. Der Camping ist am Ortseingang von Neckarzimmern.

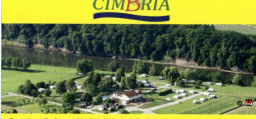

Camping direkt am Neckar. Wander-, Rad- und Skateroute am Camping entlang. Ruder- und Angelgelegenheit. Schönes Schwimmbad. Spielgeräte für Kinder. Ein Camping auf dem Sie sich nicht langweilen werden. Familie Gerz heißt Sie herzlich willkommen.

Wiesenweg 1, 74865 Neckarzimmern
Tel. 06261-2562 • Fax 06261-35716
E-Mail: info@camping-cimbria.de • Internet: www.camping-cimbria.de

Neubulach, D-75387 / Baden-Württemberg
▲ Camping Erbenwald	1 AF**JM**NOPQRST	ABFG**N** 6
🛏 Miss Gasse	2 GPVWX	ABDE**FG**HI 7
📅 1 Jan - 31 Dez	3 ABF**H**IMRX	ABDE**F**HJNRTUVW 8
☎ +49 70 53 73 82	4 ABEFHIJOP**S**	JKL 9
@ info@camping-erbenwald.de	5 ABDEFLMN	ABHIJ**PR**V10
	Anzeige auf dieser Seite W 16A CEE	① €32,50
N 48°40'39'' E 08°41'23''	H620 7,9 ha 75**T**(80-130m²) 311**D**	② €42,50

102228

A8 Ausfahrt 43 Pforzheim-West. B463 Richtung Calw. Dort rechts in Richtung Neubulach/Liebelsberg, dann CP-Schildern folgen.

CAMPING AN DER FRIEDENSBRÜCKE NECKARGEMÜND

Ihre Urlaubs- und Übernachtungsadresse liegt direkt am Ufer des Neckars. Nur 15 km vom Kreuz Heidelberg. Es gibt eine gute Bus-, Zug- und Schiffsverbindung ins schöne Heidelberg.
Der Camping ist Ausgangspunkt für Ausflüge ins Neckartal, den Odenwald, Kraichgau oder die Kurpfalz. An der Burgenstraße lassen sich zahlreiche Burgen und Schlösser besichtigen. Sie finden herrliche Rad- und Wanderwege am Neckar oder in den Wäldern vor.
Die gesellige Campingterrasse mit Kiosk lädt ein zu kleinen Speisen und Getränken. Die Familie van der Velden freut sich auf Ihren Besuch.

69151 Neckargemünd • Tel. und Fax 06223-2178
E-Mail: info@camping-bei-heidelberg.de
Internet: www.campingplatz-am-neckar.de

Freizeitcenter Oberrhein GmbH
Camping-, Ferien- und Erholungspark

Am Campingpark 1
D-77836 Rheinmünster
Tel. +49 (0) 72 27 / 25 00
info@freizeitcenter-oberrhein.de
www.freizeitcenter-oberrhein.de

ATTRAKTIVE ANGEBOTE
www.freizeitcenter-oberrhein.de

HIER BEGINNT DER SÜDEN!

Neuhausen/Schellbronn, D-75242 / Baden-Württ.
- International Camping Schwarzwald
- Freibadweg 1
- 1 Jan - 31 Dez
- +49 72 34 65 17
- famfrech@t-online.de
- N 48°49'08'' E 08°44'05''

1 ADEJMNOPQRST **ABFH** 6
2 GOPVWX **BEFG**H 7
3 BFG**JLMN** ABCD**F**NR 8
4 A**F**HIO**STZ** DEFKV 9
5 ABDLM ABGHIJL**P**R 10
B 16A CEE
H540 5 ha 70**T**(80-100m²) 256**D**
€ 24,00
€ 32,00
100180

A8, Ausfahrt 43 Pforzheim-West. B10/B463 Richtung Calw. Ende Pforzheim links in Richtung Huchenfeld-Neuhausen. Ab Stuttgart: A8, Ausfahrt 46 Heimsheim, Friolzheim, Tiefenbronn, Hamberg, Schellbronn.

Schömberg/Langenbrand, D-75328 / Baden-W.
- Höhencamping-Langenbrand ★★★★
- Schömbergerstraße 32
- 1 Jan - 31 Dez
- +49 70 84 61 31
- info@hoehencamping.de
- N 48°47'55'' E 08°38'08''

1 A**F**I**L**NOPRT 6
2 OPVWX **BEFG**H 7
3 AM ABCD**F**NRT 8
4 **F**HIS D 9
5 CDEM ABFGHIJ**P** 10
Anzeige auf dieser Seite 16A CEE
H700 1,6 ha 39**T**(100-120m²) 64**D**
€ 25,20
€ 32,20
102225

A8 Ausfahrt 43 Pforzheim-West. B10 links ab Richtung Stadt bis 'Bauhaus', rechts. Rechts dann Richtung Brötzingen. 4. Ampel in Bad Büchenbronn/Schömberg rechts. Richtung Schömberg bis Langenbrand.

Höhencamping-Langenbrand ★ ★ ★ ★
4-Sterne Campingplatz direkt am Waldrand.
Alle Plätze mit Strom und Kabel-TV. Ganzjärig geöffnet.
2 Personen + 1 Stellplatz von € 25,20.

Familie Eberhardt, Schömbergerstraße 32
75328 Schömberg/Langenbrand • Tel. 07084-6131
Fax 07084-931435 • E-Mail: info@hoehencamping.de
Internet: www.hoehencamping.de

Sinsheim/Hilsbach, D-74889 / Baden-Württemberg
- FKK Camping Hilsbachtal ★★★★
- Eichmühle 1
- 1 Apr - 31 Okt
- +49 7 26 02 50
- info@camping-hilsbachtal.de
- N 49°10'39'' E 08°52'14''

1 AEFGHKNOPQRST ABFGH 6
2 ACGIOPSWXY BE**FG** 7
3 A**F**G**L**MV BD**F**IJNQRTUVW 8
4 **F**HIO**T** KL 9
5 ADE**F**KMN ABFGHIJ**P**VW 10
FKK 16A CEE
H220 7 ha 50**T**(65-100m²) 250**D**
€ 25,00
€ 33,00
111989

A6, Ausfahrt 33 Sinsheim. Dort rechts nach Weiler und Hilsbach Richtung Adelshofen. Dann rechts ab, Schildern folgen.

St. Leon-Rot, D-68789 / Baden-Württemberg
- St. Leoner See ★★★★
- Am St. Leoner See 1
- 1 Jan - 31 Dez
- +49 6 22 75 90 09
- info@st.leoner-see.de
- N 49°16'58'' E 08°35'05''

1 ADE**FIL**NOPQRST L**N**QRSW 6
2 ADGHIPQVWX B**FG** 7
3 BGJ**L**M ABDE**F**IJ**L**NQRT 8
4 AHI JL 9
5 ABDEILM ABFGHIJ**P**R 10
Anzeige auf Seite 157 B 16A CEE
H104 7 ha 330**T**(25-120m²) 661**D**
€ 24,00
€ 31,00
102221

A5 Heidelberg-Karlsruhe, Ausfahrt 39 Walldorf. Dann Richtung Reilingen, St. Leon-Rot.

Stollhofen/Rheinmünster, D-77836 / Baden-Württ.
- Freizeitcenter Oberrhein ★★★★★
- Am Campingpark 1
- 1 Jan - 31 Dez
- +49 72 27 25 00
- info@freizeitcenter-oberrhein.de
- N 48°46'24'' E 08°02'22''

1 ADE**FJ**MNOPQRST L**M**NPQRSTWXYZ 6
2 ACDGHIPQRVWXY ABC**DEFG**HIJ 7
3 BFG**HIJLMN**O**S** ABCDE**F**GIJ**KLM**NQRTUVW 8
4 AE**F**HIL**O**P DEJKMPRUVWZ 9
5 AC**DEF**GHIJK**LM**N**O** ABCFGHIJ**LM**P**R**XYZ 10
Anzeige auf dieser Seite WB 16A CEE
H125 36 ha 300**T**(75-132m²) 491**D**
€ 36,00
€ 50,00
100179

A5 Karlsruhe-Basel, Ausfahrt 52 Rheinmünster. Durch Zentrum Richtung Stollhofen. Im Zentrum links ausgeschildert.

Waldbronn/Neurod, D-76337 / Baden-Württ.
- Albtal
- Kochmühle 1
- 1 Jan - 31 Dez
- +49 7 24 36 18 49
- albtal-camping@gmx.de
- N 48°54'53'' E 08°27'20''

1 ABDE**J**MNOPQRST J 6
2 ABCOPQSWX AB**FG** 7
3 AB**F**NQRW 8
4 **F**H F 9
5 ABD**F**HLM AGHJOP**R** 10
B 16A CEE
H250 10 ha 75**T**(70-100m²) 201**D**
€ 28,70
€ 35,90
102164

A5 ab Basel, Ausfahrt 47 Ettlingen/Karlsruhe/Ruppur. Vor Ettlingen durch den Tunnel. Vor Waldbronn rechts über Bahnübergang. Oder über die A8, Ausfahrt 42.

Walldorf, D-69190 / Baden-Württemberg
- Walldorf Astoria
- Schwetzingerstr. 98
- 15 Apr - 15 Okt
- +49 62 27 91 95
- info@campingplatz-walldorf-astoria.de
- N 49°18'59'' E 08°38'06''

1 A**F**HKNOPQRS**T** 6
2 AOPQWX BDE**F**I 7
3 **JL** BD**F**NQR 8
4 **F**HIO 9
5 ABDEHKL AHIK**O**R 10
B 16A CEE
H110 3 ha 60**T**(80-100m²) 50**D**
€ 24,00
€ 32,00
102220

A5 Frankfurt-Basel, Ausfahrt 39. Weiter links Richtung Heidelberg/Schwetzingen, B291 Richtung Walldorf-West folgen. Ab hier ausgeschildert.

Teilkarte Karlsruhe auf Seite 152

Erholungsanlage St. Leoner See

Ganzjährig geöffneter 4 Sterne Campingplatz mit Bade- und Wassersportsee in der Metropolregion Rhein-Neckar. Campinghäuser und Schlafhütten stehen zur Verfügung. Die sanitären Anlagen mit Einzelwaschkabinen und Familienbädern sind behindertengerecht eingerichtet. Interessante Städte wie Heidelberg, Mannheim, Speyer und Schwetzingen befinden sich in der Umgebung. Reservierung ab 3 Nächte.

Angebot am Platz: Schwimmen, Tauchen, Segeln, Surfen, Wasserski, Stand-up Paddling, Beachvolleyball, Minigolf, Tischtennis, Spielplätze, Restaurant, Kioske, SB-Laden. Kinderbetreuung in der Saison.

Öffnungszeiten: Juni–August: 7–22 Uhr, Mai + September: 8–20 Uhr, Oktober–April: 8–16 Uhr

Telefon 0 62 27 / 5 90 09 · Fax 0 62 27 / 88 09 88
Am St. Leoner See 1 · 68789 St. Leon-Rot
info@st.leoner-see.de · www.st.leoner-see.de

Deutschland

Wildberg, D-72218 / Baden-Württemberg

- Camping Carpe Diem ★★★
- Martinsholzle 6-8
- 1 Apr - 1 Okt
- +49 70 54 93 18 51
- campingcarpediem@live.de
- N 48°36'41'' E 08°44'06''

A8 Ausfahrt 43 Pforzheim-West Richtung Calw. In Calw die B463 Richtung Nagold. Weiter Wildberg. Dann den CP-Schildern folgen.

1 AE**JM**NOPQRST	A 6
2 CPVWX	B**FG** 7
3 ABM	ABCD**F**JNQRTUW 8
4 FGHIO	ADEFU 9
5 ADFHJKLMN	ABDFHIK**P**RX 10

Anzeige auf dieser Seite 16A CEE
H372 3 ha 130T (80-110m²) 32D

€ 28,00
€ 35,00
102229

3,5 Sterne Campingplatz Schwarzwald

Sorgloses kampieren und genießen im Schwarzwald.

Herrlich gelegen mitten in den Wäldern 1,5 Km von der mittelalterlichen Stadt Wildberg und am Fluss Nagold.

- Niederländische Eigner
- Schwimmbad
- Spielplatz / Tischtennis
- Campingstüble
- Animationsprogramm
- Wander- und Radrouten
- Viele Ausflugsmöglichkeiten
- WLAN

Hendrik und Karin Smits, Martinsholzle 6-8, 72218 Wildberg, Tel. 07054-931851
www.campingcarpediem.de · campingcarpediem@live.de

157

Campingplatz Hegne am Bodensee

Der Campingplatz liegt direkt am See in nächster Nähe zu Konstanz, mit eigener Zughaltestelle. Kostenlose Nutzung des ÖPNV durch die Kurkarte. Voll ausgestattete Mietunterkünfte. Schlaffässer, Naturstrandbad mit kinderfreundlicher Badezone. Gutbürgerliche Küche. Reservierung möglich.

Nachtwaid 1, 78476 Allensbach/Hegne
Tel. +49 75339493913 • E-Mail: info@camping-hegne.de
Internet: www.camping-hegne.de

Achern, D-77855 / Baden-Württemberg

- Camping am Achernsee
- Am Campingplatz 1
- 1 Jan - 31 Dez
- +49 7 84 12 52 53
- info@campingplatz-achernsee.de

1 ABDEF**JM**NOPQRST LMN 6
2 ADGHIPQVWXY ABDE**FG** 7
3 BFGM ABDE**F**JNQRTW 8
4 H VW 9
5 ADLMN ABGHIKORV10
Anzeige auf dieser Seite B 10A CEE €23,60
H144 40 ha 100T(70-80m²) 350D €31,60

A5 Karlsruhe-Basel, Ausfahrt 53 Achern. An Ampel links. Der CP ist nach 300m links ausgeschildert. 100977

Camping am Achernsee

Ruhevolle Lage am Fuße des Schwarzwaldes
• Kinder- und familienfreundlich angelegt • Wenige Kilometer nach Baden-Baden und Offenburg oder jenseits des Rheins nach Straßburg • Wandern im Schwarzwald oder im Elsass • Kultur und Gastronomie - alles in unmittelbarer Umgebung
Wir freuen uns auf Ihren Besuch
Ausfahrt BAB A5 Achern • GPS: N 48°38'46" E 08°02'09"

Am Campingplatz 1, 77855 Achern • Tel. 07841-25253
info@campingplatz-achernsee.de • www.campingplatz-achernsee.de

---

Allensbach, D-78476 / Baden-Württemberg

- Campingplatz Allensbach
- Strandweg 30
- 15 Mär - 15 Okt
- +49 7 53 39 97 65 65
- info@campingamsee.com

1 BEGJKNOPQRS**T** LMNQSXY 6
2 ADGIJPWXY ABDE**FG**IJ 7
3 BGMS ABCDE**F**JKNQRT 8
4 FHI FGMRT 9
5 ADEFHKLM ABCFGHIKORWXZ10
B 16A CEE €32,50
H405 3 ha 145T(70-80m²) 75D €38,10

N 47°42'38" E 09°04'47"
Ab AB Kreuz Hegau (A81) nach Radolfzell B33 Richtung Konstanz. In Allensbach den CP-Schildern folgen. 113684

Allensbach/Hegne, D-78476 / Baden-Württ.

- Campingplatz Hegne am Bodensee
- Nachtwaid 1
- 15 Mär - 15 Okt
- +49 7 53 39 49 39 13
- info@camping-hegne.de

1 ABEFGILNOPQRS**T** LMNOQSV**X**Z 6
2 ADGIJKOPRSXY ABDE**FG**IK 7
3 AB**L**MS ABCDEFGIJKNQRT 8
4 FHI FJRW 9
5 ABDFHILMN ABCGHIJ**P**RZ10
Anzeige auf dieser Seite B 16A CEE €35,20
H408 2,2 ha 90**T**(80-120m²) 62**D** €42,80

N 47°42'15" E 09°05'52"
B33 Radolfzell Richtung Konstanz. In Allensbach Richtung Hegne ist der CP ausgeschildert. 102297

Allensbach/Markelfingen, D-78315 / Baden-W.

- Willam★★★★
- Schlafbach 10, Reichenau
- 1 Apr - 3 Okt
- +49 75 33 62 11
- info@campingplatz-willam.de

1 ABEFHKNOPQRS**T** LMNPQSW**YZ** 6
2 DGIJKPQSWX ABDE**FG**HI 7
3 ABFGM ABCDE**F**NQRT 8
4 ABCDFH LOR 9
5 ABDFHKLMN ACDGIJOTUVY10
Anzeige auf dieser Seite B 16A CEE €32,50
H404 4,5 ha 130**T**(70-100m²) 180**D** €41,50

N 47°43'45" E 09°01'31"
Von Radolfzell Richtung Konstanz. Auf der B33 Ausfahrt Allensbach, den CP-Schildern 'William' folgen. CP zwischen Markelfingen und Allensbach. 102425

Bad Bellingen/Bamlach, D-79415 / Baden-W.

- Lug ins Land-Erlebnis★★★★
- Römerstraße 3
- 1 Jan - 31 Dez
- +49 76 35 18 20
- info@camping-luginsland.de

1 AE**JM**NOPQRST ABF**N**O 6
2 AFGOPUVWXY ABDE**FG**HI 7
3 BFGH**I**KLMNSX ABCDEFLNQRTUVW 8
4 ABCDEFHIKLO**RXY** DEIRVXZ 9
5 ACDEFGLMN ABFGHIJL**NP**RVZ10
Anzeige auf dieser Seite 159 B 16A CEE €38,50
H300 9 ha 220**T**(80-100m²) 200**D** €48,50

N 47°42'44" E 07°32'49"
A5 Ausfahrt 67 Efringen-Kirchen/Bad Bellingen, Richtung Bad Bellingen, dann ausgeschildert. 101145

Badenweiler, D-79410 / Baden-Württemberg

- Feriencamping Badenweiler
- Weilertalstraße 73
- 24 Jan - 8 Dez
- +49 76 32 15 50
- info@camping-badenweiler.de

1 ADEF**JM**NOPQRST ABF 6
2 CFGOPUVWX ABDE**FG**HI 7
3 BDF**L**MX ABCDEFIJNQRTVW 8
4 EFH**I**Y DJV 9
5 ABDFJKMN ABGHIJ**NP**TUV10
B 16A CEE €33,10
H350 1,6 ha 100**T**(90-130m²) 3**D** €41,10

N 47°48'35" E 07°40'37"
A5 Karlsruhe-Basel, Ausfahrt Mühlheim/Neuenburg/Badenweiler. 12 km geradeaus Richtung Schönau. Am Ortseingang nach 700m links. 107456

Bodman-Ludwigshafen, D-78351 / Baden-W.

- Campingplatz Schachenhorn
- Radolfzeller Straße 23
- 15 Mär - 15 Okt
- +49 7 77 39 37 68 51
- info@camping-schachenhorn.de

1 A**FI**LNOPQRST LM**N**OPQS**X**Y 6
2 ADFGIJPWXY ABDE**FG**I 7
3 A**F**M ABCDE**FJ**KNPQRTW 8
4 FHIO DFKLRT 9
5 ABDLMN ABGHIKLPRVW10
Anzeige auf dieser Seite B 16A CEE €32,00
H400 2,6 ha 180**T**(50-70m²) 50**D** €37,00

N 47°49'04" E 09°02'20"
Von Stuttgart A81 Singen-Stockach West. Via Espasingen Ri. Ludwigshafen. Cp liegt rechts an der B31. Von München A96 Lindau, weiter die B31 Ri. Friedrichshafen-Stockach. 121422

Campingplatz Schachenhorn

2,6 Ha großer Camping am Bodensee mit sonnigen und schattigen Plätzen. Für Ruhesuchende, Naturliebhaber, Wanderer und Radfahrer. Mit Naturstrand und Möglichkeiten zum Kanu fahren und Rudern. Frische Brötchen auf dem Campingplatz erhältlich. Moderne Sanitäranlagen mit Behindertentoilette und -dusche.

Radolfzeller Straße 23, 78351 Bodman-Ludwigshafen
Tel. 07773-9376851 • E-Mail: info@camping-schachenhorn.de
Internet: www.camping-schachenhorn.de

Camping Willam ★★★★
zwischen Allensbach und Markelfingen

Unser Campingplatz liegt am südlichsten Punkt Deutschlands in unmittelbarer Nähe der Stadt Konstanz, direkt am Bodensee. Wir sind ein kinderfreundlicher Familienplatz in herrlicher Bodenseelandschaft mit sehr schönem Badestrand bei flachfallendem Ufer mit erstklassiger Wasserqualität. Angebote: Bodenseeradweg, Baden, Angeln, Bootsvermietung, Kanuverleih. Beachvolleyball, Fußball, Basketball, Kinderanimation, WLAN und noch viel mehr.

Schlafbach 10, Reichenau, 78315 Allensbach/Markelfingen
Tel. 07533-6211 • Fax 07533-1054
E-Mail: info@campingplatz-willam.de
Internet: www.campingplatz-willam.de

Bräunlingen, D-78199 / Baden-Württemberg

- Kirnbergsee
- Seestraße 15
- 1 Jan - 31 Dez
- +49 76 54 75 10
- info@campingplatz-kirnbergsee.de
- N 47°55'45'' E 08°21'52''

1 AEF**JM**NOPQRST	L**NQ**X 6
2 DFGKPUVWX	ABDE**FG** 7
3 AF**HIM**	ABCDEFJNQRTW 8
4 FHO**XZ**	J 9
5 ABDEFJKLM**N**	ABGHIJLORZ10
W 16A CEE	❶ € 29,80
H840 1,2 ha 75T(90-100m²) 64D	❷ € 39,30
	102173

B31 Freiburg -(Titisee)- Donaueschingen, Abfahrt Löffingen, links Richtung Dittishausen-Unterbränd. Im Kreisel geradeaus. Der CP ist ausgeschildert.

Donaueschingen/Pfohren, D-78166 / Baden-Württ.

- Riedsee-Camping
- Am Riedsee 11
- 1 Jan - 31 Dez
- +49 7 71 55 11
- info@riedsee-camping.de
- N 47°56'15'' E 08°32'03''

1 ADEF**JM**NOPQRST	L**M**QS 6
2 ADGHPVWX	ABDE**FG**I 7
3 ABF**LMN**SU	ABCDEFJKNQRTW 8
4 AFHIN**X**	NW 9
5 ABDEFHLM**N**	ABGHIJ**NP**RZ10
16A CEE	❶ € 26,00
H750 10 ha 155T(75-120m²) 400D	❷ € 33,00
	101433

A81 Stuttgart-Singen, Ausfahrt Geisingen. Noch 13 km Richtung Donaueschingen bis zum Stadtteil Pfohren. Links abbiegen, danach ausgeschildert.

Engen im Hegau, D-78234 / Baden-Württ.

- Campingplatz Sonnental
- Im Doggenhardt 1
- 1 Jan - 31 Dez
- +49 77 33 75 29
- info@camping-sonnental.de
- N 47°51'43'' E 08°45'39''

1 A**JM**NOPQRS**T**	A 6
2 AOPSTUVWXY	ABDE**FG**I 7
3 ABFM	ABCDEFJNQRTUVW 8
4 FH	9
5 ADEFHKLMN	ABDFGHIJOR10
Anzeige auf dieser Seite W 10A CEE	❶ € 24,00
H522 3 ha 85T(10-80m²) 70D	❷ € 30,00
	102234

A81 Richtung Singen, Ausfahrt 39 Engen. Dann ist CP ausgeschildert.

Ettenheim, D-77955 / Baden-Württemberg

- Campingpark Oase****
- Mühlenweg 34
- 3 Apr - 4 Okt
- +49 78 22 44 59 18
- info@campingpark-oase.de
- N 48°14'51'' E 07°49'41''

1 ADEF**IL**NOPQRST	**AFG** 6
2 AGPRUVX	ABDE**FG** 7
3 BFG**JLMN**R**S**X	ABCDEFJKNQRTU 8
4 FHIO	9
5 ABDEFJLM**N**	ABGHIJ**PT**10
Anzeige auf dieser Seite B 6A CEE	❶ € 30,00
H250 5 ha 160T(80-130m²) 85D	❷ € 39,00
	100183

A5, Ausfahrt Ettenheim, Ausfahrt 57A Richtung Ettenheimweiler, gerade außerhalb der Stadt, gut ausgeschildert.

Freiburg, D-79117 / Baden-Württemberg

- Busses Camping am Möslepark
- Waldseestraße 77
- 1 Mär - 20 Dez
- +49 76 17 67 93 33
- info@camping-freiburg.com
- N 47°58'53'' E 07°52'55''

1 ADE**JM**NOPQRST	6
2 ABOPRTWXY	ABDE**FG**HIK 7
3 B**J**L	ABCDEFJNQRTW 8
4 FHI**STUVXYZ**	FGIV 9
5 ABDHJKLMN	ABGHIJP**TU**WX10
B 10-16A	❶ € 33,00
H320 0,7 ha 80T(60-100m²) 21D	❷ € 40,00
	102129

A5 Ausfahrt 62 Freiburg-Mitte, Richtung Titisee. Beschilderung folgen. Vorm Tunnel links einordnen, Richtung Stadion/Ebnet, den Schildern nach rechts folgen.

Freiburg, D-79104 / Baden-Württemberg

- Freiburg Camping Hirzberg
- Kartäuserstraße 99
- 1 Jan - 31 Dez
- +49 76 13 50 54
- hirzberg@freiburg-camping.de
- N 47°59'34'' E 07°52'26''

1 ADEF**JM**NOPQRS	6
2 AFOPUWXY	ABDE**FG**IJ 7
3 A**L**	ABCDEFJNR 8
4 FHI	ADV 9
5 ABDFLM**N**	AEGHIKLPTU10
Anzeige auf dieser Seite W 10A	❶ € 31,90
H280 1,2 ha 85T(60-100m²) 29D	❷ € 37,90
	108809

A5, Ausfahrt Freiburg-Mitte, Richtung Titisee. Beschilderung folgen, vor Tunnel links einordnen Richtung Stadion (Ebnet), Am Sporthaus Kiefer links.

Freiburg Camping Hirzberg

- Am Waldrand an einer schönen grünen Wiese gelegen und direkt in der Stadt (15-20 min. zu Fuß vom Zentrum).
- Öffentliche Verkehrsmittel in der Nähe.
- Restaurant und 'Biergarten' neben an.
- 144 km Radwege um die Stadt. 586 km Wanderwege.
- Ausgeschilderte MTB-Routen ab Camping.
- Beheiztes Schwimmbad in 1 km.
- Mietzelte, Mietcaravans, Internet und Hotspot vorhanden.

Kartäuserstraße 99, 79104 Freiburg
Tel. 0761-35054 • Fax 0761-289212
INTERNET: WWW.FREIBURG-CAMPING.DE

Camping Sonnental ist ganzjährig geöffnet und bietet Ihnen optimale Möglichkeiten zur Freizeitgestaltung und Entspannung. Der Hegau, eine der schönsten Landschaften Deutschlands, wird Ihnen Anregungen dazu geben, denn er ist ein idealer Ausgangspunkt für Ausflüge in die nahe gelegene Schweiz, nach Frankreich und Österreich.

Im Doggenhardt 1, 78234 Engen im Hegau • Tel. 07733-7529
Fax 07733-2666 • E-Mail: info@camping-sonnental.de
Internet: www.camping-sonnental.de

TUNISEE CAMPING

Tunisee Camping liegt in einer der wärmsten Gegenden zwischen Kaiserstuhl und dem Schwarzwald. Von hier aus lassen sich sehr schöne Ausflüge machen. Der Platz hat einen eigenen Naturbadesee mit Wasserski-Anlage und schwimmendem Eisberg. Große Stellplätze und gute Sanitäranlagen.
Idealer Familiencampingplatz, jedoch ohne Unterhaltungsprogramme.

79108 Freiburg/Hochdorf
Tel. +49 76652249
E-Mail: info@tunisee.de
Internet: www.tunisee.de

Rund um zwei kleine Seen (12 Hektar) finden Sie alles für einen gelungenen Bade-, Erholungs- und Campingurlaub. Moderne Sanitär, freundliche Mitarbeiter, Kiosk und ein Gasthaus sorgen für das Wohlbefinden der Gäste. Seenachtsfest mit Feuerwerk am letzten Juliwochenende!

77948 Friesenheim/Schuttern
Tel. 07821-6337460 • Fax 07821-633766460
E-Mail: campingplatzschuttern@friesenheim.de
Internet: www.campingschuttern.de

Erholsame Familienferien auf der Halbinsel Höri am Bodensee

Standplätze mit viel Platz
Bike- und E-Bike Verleihstation
Ferienprogramm

www.campingplatz-horn.de
Strandweg 3-18   D-78343 Gaienhofen-Horn   +49(0)7735 - 685

● Moderner, sehr sauberer, ruhiger Naturcamping
● Gutes Sanitär, Kiosk und Restaurant ● Am Schwimmbad und Tennispark gelegen ● Ausgangspunkt für Touren in den Schwarzwald, Kaiserstuhl, Europapark Rust mit der neuen Wasserwelt RULANTICA, Auto- und Eisenbahnmuseum usw
● Hunde sind nicht gestattet vom 15/07 - 15/08.

79336 Herbolzheim • Tel. 07643-1460 • Fax 07643-913382
E-Mail: s.hugoschmidt@t-online.de
Internet: www.laue-camp.de

Freiburg/Hochdorf, D-79108 / Baden-Württ.

Tunisee Camping	1 ADEF**JM**NOPQRST	LNOPQWX 6
Seestraße 30	2 ADGKPRVWXY	ABDE**FG**IJ 7
1 Apr - 31 Okt	3 BFGM**UX**	ABCDEFJNQRUVW 8
+49 76 65 22 49	4 HIL	DEFV 9
info@tunisee.de	5 ABDEFJLM**N**	ABDGHIKL**PQ**R10

Anzeige auf dieser Seite   B 16A CEE   ① €27,70
N 48°03'51''   E 07°48'52''   H204 30 ha 150T(80-119m²) 365D   ② €34,70

A5 Karlsruhe-Basel, Ausfahrt 61 Freiburg-Nord. An der Ampel rechts und dann 4 mal links. CP ist ausgeschildert.   102127

Friesenheim/Schuttern, D-77948 / Baden-Württ.

CP Baggersee Schuttern****	1 AD**JM**NOPQRST	LNQXY 6
In der Kruttenau 100	2 DGJKPRVX	ABDE**FG**HIJ 7
1 Apr - 1 Okt	3 AFGJM	ABCDEFJNRT 8
+49 78 21 63 37 46 0	4 HI	W 9
campingplatzschuttern@friesenheim.de	5 ACDEFJM	ABGHKL**PR**10

Anzeige auf dieser Seite   B 16A CEE   ① €21,50
N 48°24'01''   E 07°51'28''   H250 10 ha 125T(80-100m²) 350D   ② €26,50

A5 Ausfahrt Lahr, die B36 Richtung Strassburg, Ausfahrt Kürzell. Geradeaus Richtung Schüttern, die Unterdorfstraße durchfahren. Dann ausgeschildert.   102124

Gaienhofen/Horn, D-78343 / Baden-Württ.

Campingplatz Horn	1 ADEFG**JM**NOPQRST	LMNQSTXYZ 6
Strandweg 3-18	2 DGHPWXY	ABDE**FG**H 7
1 Apr - 4 Okt	3 ABFGJM	ABCDE**FJ**NQRTW 8
+49 7 73 56 85	4 CFH	DQRTVW 9
info@campingplatz-horn.de	5 ABDFGHLM**N**	ABCDGHIJPRVZ10

Anzeige auf dieser Seite   B 16A CEE   ① €28,00
N 47°41'18''   E 08°59'41''   H399 6 ha 216T(60-150m²) /2D   ② €36,00

Von Radolfzell die L192 Richtung Stein am Rhein-Moos-Gaienhofen-Horn. Dann ausgeschildert.   102238

Grafenhausen/Rothaus, D-79865 / Baden-W.

Rothaus Camping	1 ADEF**JM**NOPQRT	6
Mettmatalstraße 2	2 BOPSUVWX	ABDE**FG**IJ 7
1 Jan - 31 Dez	3 AMU	ABCD**FJ**NQR 8
+49 77 44 88 00	4 FHI	D 9
info@rothaus-camping.de	5 ABDFHLM**N**	ABCDGHIJ**PR**10

Anzeige auf Seite 162   WB 16A CEE   ① €29,70
N 47°47'42''   E 08°14'06''   H930 2,5 ha 40T(80-100m²) 86D   ② €41,70

Titisee Richtung Schluchsee, dann Richtung Rothaus/Grafenhausen, nach ca. 4 km rechts.   102179

Herbolzheim, D-79336 / Baden-Württemberg

Terrassencamping Herbolzheim****	1 ADEFIKNOPQRST	**ABFH** 6
Im Laue 1	2 GPUVWXY	ABDE**FG** 7
9 Apr - 3 Okt	3 ABFMN	ABCDEFNQRT 8
+49 76 43 14 60	4 **A**FHI	V 9
s.hugoschmidt@t-online.de	5 ABDLM**N**	ABDFGHIJ**OR**10

Anzeige auf dieser Seite   B 10A CEE   ① €29,00
N 48°12'59''   E 07°47'18''   H330 2,2 ha 80T(80-120m²) 45D   ② €37,00

A5 Ausfahrt 58 Herbolzheim, kurz vor dem Ort rechts Richtung Schwimmbad. CP gut ausgeschildert.   102125

Hinterzarten/Titisee, D-79822 / Baden-Württ.

Bankenhof****	1 ADE**JM**NOPQRST	LNQX 6
Bruderhalde 31a	2 CDGKOPQRVXY	ABCDE**FG**HI 7
1 Jan - 31 Dez	3 BFLM	ABCDFHIJKLNQRT 8
+49 76 52 13 51	4 **A**EFHIO**X**	ADIVYZ 9
info@camping-bankenhof.de	5 ACDEFHJLMN	ABFGHIJL**NP**RVWZ10

Anzeige auf Seite 161   WB 16A CEE   ① €30,00
N 47°53'10''   E 08°07'51''   H860 3 ha 180T(80-100m²) 35D   ② €41,00

A5 Karlsruhe-Basel, Ausfahrt Freiburg-Mitte, B31 Titisee folgen. In Titisee-Mitte Richtung Bruderhalde.   102176

Camping im Hochschwarzwald

Hinterzarten ••• Titisee ••• Lenzkirch

Camping Bankenhof
Hinterzarten ★★★★

www.camping-bankenhof.de
Tel. +49 (0) 7652 1351
ganzjährig geöffnet

Camping Bühlhof
Hinterzarten/Titisee

www.camping-buehlhof.de
Tel. +49 (0) 7652 1606
15. Dezember - 31. Oktober geöffnet

Camping Kreuzhof
Lenzkirch ★★★★

www.camping-kreuzhof.de
Tel. +49 (0) 7653 1450
ganzjährig geöffnet

Naturcamping Weiherhof
Hinterzarten/Titisee

www.camping-titisee.de
Tel. +49 (0) 7652 1468
1. Mai - 15. Oktober geöffnet

www.camping-im-hochschwarzwald.de

- 20 % Rabatt zwischen 15.1. und 15.3. sowie 15.10. und 15.12.
- 5% Ermäßigung für ACSI-Führer Inhaber
- Spielplatz angrenzend
- Baden und Segeln im Schluchsee 3 km
- Baden im Schlüchtsee 2 km

Terrassencampingplatz mit Sonnen- und Schattenplätzen. Auf dem Platz herrscht eine gemütliche Atmosphäre. Viele Wandermöglichkeiten in direkter Umgebung, auch zum Heimatsmuseum und Bierbrauerei Rothaus.

79865 Grafenhausen/Rothaus
Tel. 07748-800 • www.rothaus-camping.de

Hinterzarten/Titisee, D-79856 / Baden-Württemberg

▲ Bühlhof	1 A**JM**NOPQRST	6
🏠 Bühlhof	2 BOPTUWX	ABDE**FG**I 7
📅 1/1 - 31/10, 15/12 - 31/12	3 B	ABCDE**F**JNR 8
☎ +49 76 52 16 06	4	9
@ info@camping-buehlhof.de	5 A	AHIJ**P**R10
	Anzeige auf Seite 161 16A	① €26,80
N 47°53'44'' E 08°08'17''	H850 3 ha 200T(80-120m²) 60D	② €36,80
🚗 A5 Ausfahrt Freiburg-Mitte. B31 bis Titisee-Mitte. Im Zentrum Richtung Bruderhalde folgen, 1. CP ab Titisee-Dorf rechts.		102174

Hinterzarten/Titisee, D-79856 / Baden-Württemberg

▲ Weiherhof	1 ADE**JM**NOPQRST	LNQS**X**Y 6
🏠 Bruderhalde 25	2 BDGHKOPQRTUVXY	AB**DEFG**H 7
📅 1 Mai - 15 Okt	3 **BLM**	ABCDE**F**HNQRT 8
☎ +49 76 52 14 68	4 FHIO**PS**	DIKNQRTV 9
@ kontakt@camping-titisee.de	5 ABDFHJKM**N**	AGHIJL**P**RVZ10
	Anzeige auf Seite 161 B 20A CEE	① €33,40
N 47°53'23'' E 08°08'05''	H870 2 ha 150T(80-115m²) 11D	② €46,40
🚗 A5 Ausfahrt Freiburg-Mitte, der B31 bis Titisee-Dorf folgen, 2. CP hinter dem Ort Richtung Bruderhalde.		102175

Ihringen, D-79241 / Baden-Württemberg

▲ Kaiserstuhl Camping	1 AF**JM**NOPQRST	ABFH 6
🏠 Nachtwald 5	2 GPVWXY	ABDE**FG**HIJ 7
📅 1 Apr - 30 Okt	3 BFG**HILMN**P**S**	ABCDE**F**JNQRT 8
☎ +49 76 68 95 00 65	4 FHIO	V 9
@ info@kaiserstuhlcamping.de	5 ABDEFMN	ABF**G**HIJL**P**RV10
	B 16A CEE	① €29,00
N 48°01'49'' E 07°39'27''	H200 9,5 ha 420T(100-120m²) 30D	② €38,00
🚗 A5 Ausfahrt Freiburg-Mitte, direkt Richtung Umkirch. Dann via Waltershofen und Merdingen direkt nach Ihringen. 1 km vor dem Ort ist der CP links, hinter dem Schwimmbad.		102128

Kandern, D-79400 / Baden-Württemberg

▲ Terrassen-Camping-Kandern	1 AF**JM**NOPQRST	**ABFHN** 6
🏠 Schwimmbadweg 2	2 AFOPRUVWXY	ABDE**FG**I 7
📅 15 Mär - 15 Okt	3 AG**JK**N	ABCDEFNQR 8
☎ +49 76 26 78 74	4 FH	9
@ kontakt@terrassen-camping-kandern.de	5 BDJM**N**	ABGHIJL**P**RV10
	16A CEE	① €27,50
N 47°43'13'' E 07°39'36''	H400 2,2 ha 60T(80-100m²) 45D	② €35,90
🚗 Von der A5 zur A98, Kreuz Weil am Rhein. Dann Ausfahrt 4 nach Kandern, ca. 10 km.		102134

Camping Hochrhein ★ ★ ★ ★

Ferien am Hochrhein - Südschwarzwald, für Campingfreunde ein Erlebnis! Herzlich willkommen! Gut gepflegt, groß, mit Freibad, direkt am Rhein, zur Schweizer Grenze hin, dicht am Schwarzwald und Bodensee. Für Ruhe und Erholung. 'Rheinwander-und-Radweg' am Camping entlang. Erlebe unsere Gastfreundschaft und genieße das Restaurant auf unserer Terrasse. Wir garantieren einen einmaligen Urlaub in freundschaftlicher Atmosphäre. Wir freuen uns auf Sie.

Fabian Frehner und Familie
Oberdorf 56, 79790 Küssaberg/Kadelburg
Tel. +49 77414244 • E-Mail: camping-hochrhein@t-online.de
Internet: www.camping-hochrhein.de

Kirchzarten, D-79199 / Baden-Württemberg

▲ Camping Kirchzarten*****	1 ADE**JM**NOPQRST	ABFH**N** 6
🏠 Dietenbacherstraße 17	2 CGOPVX	ABDE**FG**HIJ 7
📅 1 Jan - 31 Dez	3 BF**JLMNR**	ABCDEFHIK**LM**NQRTUV**X** 8
☎ +49 7 66 19 04 09 10	4 **AFH**IO**PT**	DEGIKV**W** 9
@ info@camping-kirchzarten.de	5 ACDEFKLMN	ABF**G**HI**KN**PR**Z**10
	Anzeige auf Seite 163 WB 16A CEE	① €45,70
N 47°57'37'' E 07°57'03''	H280 6 ha 430T(80-110m²) 115D	② €50,70
🚗 A5 Karlsruhe-Basel, Ausfahrt B31 Freiburg-Mitte Richtung Titisee bis Ausfahrt Kirchzarten. CP ist ausgeschildert.		100187

Konstanz, D-78464 / Baden-Württemberg

▲ Bruderhofer	1 AEF**JM**NOPQRT	L**N**OPQRST**X** 6
🏠 Fohrenbühlweg 50	2 DGJOPSWX	ABDE**FG** 7
📅 1 Apr - 30 Sep	3 M	ABE**F**NQRTW 8
☎ +49 7 53 13 13 88	4 FH	D 9
FAX +49 7 53 13 13 92	5 ABDEHIMN	ABCHIJM**P**R10
	Anzeige auf dieser Seite 16A CEE	① €34,00
N 47°40'26'' E 09°12'35''	H406 2 ha 40T(60-100m²) 57D	② €40,00
🚗 A81, Richtung Konstanz. Dort ist der CP ausgeschildert.		112163

Bruderhofer

Konstanz ist der ideale Ausgangspunkt für Ausflüge rund um den Bodensee. Unser Camping befindet sich im Orteil Allmannsdorf ca. 1 km vom Fähreanleger Konstanz - Meersburg. Von unserem Camping sind es 4 km nach Konstanz City und 4 km zur Blumeninsel Mainau.

Fohrenbühlweg 50, 78464 Konstanz • Tel. 07531-31388
Fax 07531-31392 • Internet: www.campingplatz-konstanz.de

Konstanz/Dingelsdorf, D-78465 / Baden-Württ.

▲ Seepark Fließhorn	1 AEF**IL**NOPQRST	LMOPQSW 6
🏠 Am Fließhorn 1	2 DGJPVXY	ABDE**FG**HIJ 7
📅 1 Apr - 15 Okt	3 BM	ABCDE**FJ**LNQRTW 8
☎ +49 75 33 52 62	4 FHI	DFHKOR 9
@ info@fliesshorn.de	5 ACDFGHLMN	ABC**G**HIJOR10
	B 16A CEE	① €35,50
N 47°44'04'' E 09°10'21''	H350 5,8 ha 80T(10-80m²) 107D	② €43,50
🚗 Von der A81 der B33 Radolfzell Richtung Konstanz folgen. Ab hier ist der CP ausgeschildert.		115071

Konstanz/Dingelsdorf, D-78465 / Baden-Württ.

▲ Campingplatz Klausenhorn	1 ADEFGILNOPQRST	LMQS**X**Y 6
🏠 Hornwiesenstraße 40-42	2 DGHKPWXY	ABDE**FG**HI 7
📅 1 Apr - 3 Okt	3 ABFGM ABCDE**FI**.I**KLM**NQRTUVW 8
☎ +49 75 33 63 72	4 BEFHILO	DFKW 9
@ info@camping-klausenhorn.de	5 ABDEFKMN	ABC**FG**HIJORV10
	B 16A CEE	① €35,00
N 47°44'46'' E 09°08'52''	H392 3 ha 240T(65-100m²) 75D	② €43,00
🚗 Die D33 Radolfzell-Konstanz bis Allenshach, dann Richtung Dettingen/Dingelsdorf. Dem CP-Schild 'Klauserhorn' folgen.		102300

Küssaberg/Kadelburg, D-79790 / Baden-Württ.

▲ Hochrhein****	1 ADEF**JM**NOPRST	ABJNUV**X**Y 6
🏠 Oberdorf 56	2 CFGKOPVWX	ABDE**FG**H 7
📅 1 Jan - 31 Dez	3 BJMS	ABCDE**F**JNQRW 8
☎ +49 77 41 42 44	4 **A**EFHIO	FQRV 9
@ camping-hochrhein@t-online.de	5 DFJLMN	ABC**FG**HIJL**N**ORV10
	Anzeige auf dieser Seite B 16A CEE	① €27,60
N 47°36'18'' E 08°17'59''	H335 4,2 ha 160T(100m²) 97D	② €35,40
🚗 B34 Waldshut Richtung Tiengen-West (Schaffhausen), Ausfahrt Ettikon, Kadelburg, Küsseberg. Hinter Kadelburg ist der CP rechts gut ausgeschildert.		102184

Lenzkirch, D-79853 / Baden-Württemberg

▲ Kreuzhof****	1 AEF**JM**NOPQRST	EFLM 6
🏠 Bonndorferstraße 63	2 DOPVX	ABDE**FG**H 7
📅 1 Jan - 31 Dez	3 BFG**HIM**NUVX ABCDE**F**JLNQRTW 8
☎ +49 76 53 14 50	4 AFHIKO**STVXY**	DGV 9
@ info@camping-kreuzhof.de	5 ACDFLMN	AB**G**HIJ**NP**RVZ10
	Anzeige auf Seite 161 WB 16A CEE	① €38,00
N 47°51'41'' E 08°13'27''	H805 2 ha 150T(80-120m²) 41D	② €54,00
🚗 B317 Titisee Richtung Feldberg, Ausfahrt Lenzkirch B315. CP ca. 2 km hinter Lenzkirch Richtung Bondorf.		102178

Münstertal, D-79244 / Baden-Württemberg

▲ Camping Münstertal	1 AEF**JM**NOPQRST	ABEF**N** 6
🏠 Dietzelbachstraße 6	2 GPRVWXY	ABCDE**FG**H 7
📅 1 Jan - 31 Dez	3 BFG**HIJM**NO**ST** ABCDEFJLNQRTUVW 8
☎ +49 76 36 70 80	4 ABDEFHIL**QRSTVXYZ**	IV 9
@ info@camping-muenstertal.de	5 ACDEJLMN	ABCE**G**HIJM**P**R**X**Z10
	Anzeige auf Seite 163 WB 16A CEE	① €40,80
N 47°52'11'' E 07°45'50''	H360 4,9 ha 305T(80-110m²) 13D	② €55,00
🚗 A5 Karlsruhe-Basel, Ausfahrt Bad Krozingen/Staufen/Münstertal. L120/L123 bis Bad Krozingen, Ausfahrt L123. Hinter Staufen, zweiter CP links.		100188

Genießen Sie unsere Vielfalt und unseren Komfort

★ Sanitäranlagen mit Mietbadezimmern, Babywickelraum, Behindertenbad
★ Beheiztes Frei- und Hallenbad
★ Wellnessoase mit Saunalandschaft/Solarium
★ Fitnessraum, Wasser- und Wirbelsäulengymnastik
★ Praxis für Physiotherapie/Massage (alle Kassen), Badekuren
★ Individuelle Kosmetikbehandlungen
★ Lebensmittelgeschäft, Gasverkauf
★ Gemütliches Restaurant mit Gartenterrasse
★ Reiterhof mit Islandpferden und Ponys
★ Abenteuerspielplatz mit Fußballfeld
★ Basketball, Beachvolleyball, Boccia, Tischtennis
★ Tennisplatz, Minigolfanlage
★ Freizeitraum mit Billard, Tischfußball, Tischtennis
★ Forellenteich und Biotop
★ Kinderprogramm, Kino und Fußballtraining in der Ferienzeit
★ Geführte Mountainbike- und Wandertouren

★ Verleih von Fahrrädern und E-Bikes
★ Waschmaschine und Trockner
★ Skiabstell- und Trockenraum
★ Ver- und Entsorgung für Reisemobile
★ Hundedusche
★ Agility Parcours

Unsere Stellplätze haben alle

★ Frisch- und Abwasser
★ Stromanschluss
★ TV-Anschluss mit Sky-Empfang inkl. Bundesliga
★ Internetzugang über WLAN mit eigenem Laptop

Unser Tipp für Sie

Wohnen in unserem Ferienhaus und unseren Appartements

Seit 1983 mit der Bestnote bewertet

Camping Münstertal
Schwarzwald

www.camping-muenstertal.de

Telefon +49 (0) 7636 / 70 80
info@camping-muenstertal.de
Dietzelbachstraße 6 | D-79244 Münstertal
2. Platz nach Staufen

Neuenburg am Rhein, D-79395 / Baden-Württ.		📶 iD
⛺ Gugel Dreiländer★★★★	1 ADEF**JM**NOPQRST	E**N** 6
🏕 Oberer Wald 1-3	2 ABDGKOPVWXY	ABDE**FG** 7
📅 1 Jan - 31 Dez	3 BF**GJLMNO**SX	ABCDEF**JL**NQRTUV 8
☎ +49 76 31 77 19	4 ABDFHILO**PRSTVYZ**	V 9
@ info@camping-gugel.de	5 ACDFJLMN	ABEFGHIJ**NP**RVW 10
	Anz. auf Seite 165 B 10-16A CEE	❶ €34,50
	H315 13 ha 220**T**(80-100m²) 260**D**	❷ €43,50
🅿 N 47°47'49'' E 07°33'02''		100189

A5 Karlsruhe-Basel, Ausfahrt Mülheim/Neuenburg/Badenweiler.
An nächster Kreuzung mit Ampeln links, dann ausgeschildert.

Oberried, D-79254 / Baden-Württemberg		📶 CC€20 iD
⛺ Kirnermartes Hof	1 AF**JM**NOPQRST	6
🏕 Vörlinsbach 19a	2 CFOPRSUWXY	ABDE**FGH** 7
📅 1 Jan - 31 Dez	3 A**L**M	ABCDFJNQRTW 8
☎ +49 76 61 47 27	4 FHIKO**T**	EI 9
@ info@kirnermartes.de	5 ADHKMN	ABFGHIJL**PR**10
	Anz. auf dieser Seite WB 16A CEE	❶ €30,70
	H450 2,5 ha 55**T**(75-100m²) 66**D**	❷ €38,50
🅿 N 47°55'50'' E 07°57'33''		110800

In Freiburg-Zentrum zur B31 Richtung Donaueschingen.
In Kirchzarten L126 Richtung Todtnau. Abzweig nach Oberried ist gut ausgeschildert.

• Camping am Bauernhof • Wohlfühl- und Saunabereich • Mobilhomes • Appartemente • Brennerei

Neue Sanitäranlagen seit 2019

Familie Jautz · Vörlinsbach 19a · 79254 Oberried · Tel. 07661/4727
info@kirnermartes.de · www.camping-kirnermarteshof.de

CAMPING KIRCHZARTEN ★★★★★

Camping Kirchzarten KG
Kirchzarten/Deutschland
Tel. +49(0)7661/9040910
www.camping-kirchzarten.de

Ferien im Südschwarzwald – vor den Toren Freiburgs.

· 500 Stellplätze inkl. Komfortstellplätze
· modernste Dusch- und WC-Bereiche
· komplett barrierearm
· private Mietbadezimmer
· Eintritt in das angrenzende Dreisamfreibad inbegriffen
· Kostenlose Nutzung von Bus und Bahn
· ganzjährig geöffnet

Teilkarte Freiburg auf Seite 157

163

Camping, Restaurant, beheiztes Freibad mit Wellenrutsche und Kinderanimation: alles bei uns.

Schlafen – wie und wo du möchtest: Mobilheim, Jagdhütte, Auenhöhle oder doch im Wohnwagen?

Schuhe aus und auf gehts!
Beach-Volleyball – das perfekte Spiel für Groß und Klein.

Schlafen & Essen · Erholen · Erleben | camping-orsingen.de

Am Alten Sportplatz 8
78359 Orsingen-Nenzingen
Tel +49 7774 92 37 87 0

Orsingen, D-78359 / Baden-Württemberg

- Camping und Ferienpark Orsingen****
- Am Alten Sportplatz 8
- 15 Mär - 10 Nov
- +49 7 77 49 23 78 70
- info@camping-orsingen.de
- N 47°50'31" E 08°56'12"

1 ADEJMNOPQRST	AB**FG**N**O** 6
2 AFGOPUVW	ABDE**FG** 7
3 AB**FHIJK**LMS ABCDEFIJKNQRTUW 8	
4 B**FHJ**LO	EFV 9
5 ACDEFHLMN ABCDFGHIJ**P**TUVWY 10	

Anzeige auf dieser Seite   B 16A CEE   €35,80
H480 11,5 ha 175**T**(77-136m²)   81**D**   €46,80

119319

Stockach Richtung Nensingen, Nensingen durchfahren nach Orsingen. Dann den Schildern folgen.

Riegel/Kaiserstuhl, D-79359 / Baden-Württemberg

- Camping Müller-See
- Müller-See 1
- 1 Apr - 31 Okt
- +49 76 42 36 94
- info@muellersee.de
- N 48°09'48" E 07°44'28"

1 AEFHKNOPQRST	LOQ 6
2 ADGJPRSVWX	AB**DEFGI** 7
3 A**L**M	ABCDE**FJ**NQRTV 8
4 FHIO	G 9
5 ADEMN	ABFGHJTU 10

Anzeige auf dieser Seite   B 16A CEE   €25,00
H175 5 ha 53**T**(60-100m²)   155**D**   €33,00

112160

A5 Karlsruhe-Basel, Ausfahrt 59. Rechts abbiegen, Beschilderung folgen.

Camping Müller-See

- Camping (5 ha) in ruhiger Umgebung
- der eigene See ist 12 ha groß
- vor dem Campingplatz 30 Reisemobilstellplätze
- 1 km zur Stadt mit prima Gastronomie

Riegel und Umgebung:
Nähe, bis 20 km
- Europapark Rust
- Kaiserstuhl mit Rad- und Wandermöglichkeiten
- Naturschutzgebiet Taubergießen, mit Möglichkeiten zum Kanu fahren und angeln

Müller-See 1, 79359 Riegel/Kaiserstuhl
Tel. 07642-3694 • Fax 07642-923014
E-Mail: info@muellersee.de • Internet: www.muellersee.de

Rust, D-77977 / Baden-Württemberg

- Europa Park***
- Europa-Park-Strasse 2
- 6/4 - 3/11, 23/11 - 5/1
- +49 78 22 77 66 88
- info@europapark.de
- N 48°16'17" E 07°43'02"

1 JMNOPRST	L 6
2 ACDORSWX	AB 7
3 BGMN	ABEFGJNQRT 8
4 E**F**H	AF 9
5 ADEFHIJKL	AGHPRVXYZ 10

16A CEE   €35,00
2,5 ha 200**T**(50-60m²)   55**D**   €35,00

111071

A5/E35 Ausfahrt 57b. Weiter Richtung Europa Park. Ausgeschildert.

Schluchsee, D-79857 / Baden-Württemberg

- Schluchsee****
- Gewann Zeltplatz 1
- 1 Jan - 31 Dez
- +49 7 65 65 73
- info@camping-schluchsee.de
- N 47°49'20" E 08°09'46"

1 ADEF**J**MNOPQRST	LNOQRST**XYZ** 6
2 DFHKOPQRUWX	AB**FGI** 7
3 AFG**L**M	ABCDEFIJKNQRTW 8
4 **A**BEFHI	VW 9
5 ABDEHLMN**O**	ABGHIJLN**P**RV 10

WB 16A CEE   €35,60
H930 5 ha 220**T**(80-120m²)   80**D**   €48,20

101146

Ausfahrt Freiburg-Mitte Richtung Titisee. Ab Titisee in Richtung Schluchsee. Der CP liegt 500m vor dem Ort rechts. Ausgeschildert.

Reichenau (Insel Reichenau), D-78479 / Baden-W.

- Sandseele OHG
- Zum Sandseele 1
- 29 Mär - 6 Okt
- +49 75 34 73 84
- info@sandseele.de
- N 47°41'53" E 09°02'40"

1 ADEHKNOPQR**ST**	LMNOPQSTU**X**Y 6
2 D**J**PWXY	ABDE**FG**HI 7
3 BEFM**NO**S ABCDE**FIJ**K**LM**NQRTW 8	
4 ABCFHIO	GQRTUVW 9
5 ADFHILMN	ABCGHIJPRZ 10

B 16A CEE   €36,10
12 ha 250**T**(bis 80m²)   89**D**   €46,10

112164

B33 Radolfzell-Konstanz bis Allensbach. Dort ist Reichenau angezeigt. Eine Allee führt direkt auf die Halbinsel.

Seelbach, D-77960 / Baden-Württemberg

- Schwarzwälder Hof*****
- Tretenhofstraße 76
- 1 Jan - 31 Dez
- +49 78 23 96 09 50
- info@spacamping.de
- N 48°18'00" E 07°56'38"

1 AE**JM**NOPQR**S**T	ABE**FJ**N 6
2 CGOPRTUVWXY	ABDE**FG**HI 7
3 ABFG**HL**MNSWX	ABCDFHIJKNQRTUVW 8
4 ABDEFHI**ST**UVW**YZ**	FGIJW 9
5 ABDFHJLMN	ABFGH**JP**QRVWXYZ 10

Anzeige auf dieser Seite   B 10A CEE   €44,50
H210 4 ha 180**T**(80-110m²)   57**D**   €63,30

108003

A5, Ausfahrt Lahr Richtung Biberach. Ausfahrt Reichenbach, 1. Ort ist Seelbach. Nach Ortsausgang rechts.

★★★★★ **Ferienparadies / Spacamping**

Schwarzwälder Hof

Super-Angebot:
im Preis enthalten ist der Eintritt in das Hallenbad, Freibad und täglich 2 Stunden in die über 1.400 m² großen Saunalandschaft

★ 5-Sterne-Camping
★ Landhotel
★ Restaurant
★ Reisemobilhafen
★ Naturstammbungalows
★ Spa-Bereich mit Massage, Kosmetik u. Wannenbädern

Ferienparadies Schwarzwälder Hof • Fam Schwörer
Tretenhofstr. 76 • D-77960 Seelbach
Tel. +49 (0)7823/960950 • Fax 9609522
E-Mail: info@spacamping.de • www.spacamping.de

★★★★ Das Ferien- und Wellnessparadies zwischen Schwarzwald und Rhein

Deutschland

Dreiländer-Camping-und Freizeitpark
In der Hochsaison einmal die Woche abends
Musik- oder Showprogramm

- **Beachbar** direkt am Schwimmbad mit Musik, Tanz und Cocktails.
- **Erlebnisbad** mit 160 m² Wasserspaß, Sonnenterrasse drinnen und draußen.
- **Wellnesscenter** mit Fitnessraum, Sauna, Saunagarten, Dampfbad, Solarium, Massagebad, Massage- und Kosmetikbehandlung, Wellnesskurtage und extra Privatmietbad.
- **Sport und Spiel:** Tennisplätze, Beachvolleyball, Minifußball, Basketball, Boules, Minigolf, Open-Air-Schach, Kanutouren auf dem Rhein.
- **Speziell für Kinder:** großer Spielplatz, Streichelzoo, Jugendraum und Rennauto.
- **Allgemein:** Einmal die Woche Begrüßungstreffen für Gäste. SB-Laden, prima Restaurant, Grillplatz und Snackbar. Komfortplätze mit Zu- und Abwasser, Sat-Anschluß und WLAN auf der gesamten Anlage. Radverleih, Radtouren und Freizeitprogramm für die ganze Familie.
- **In der Umgebung:** Golfplatz in 2,5 km.

Ganzjährig jede 10. Übernachtung für alle Personen gratis. Außerdem in der Vor- und Nachsaison Sonderrabatt ab der 2. Nacht auf dem Campingplatz. Im Winter: Übernachtungstotalpreis vor der Schranke.

**Oberer Wald 1-3
79395 Neuenburg am Rhein
Tel. +49 76317719
E-Mail: info@camping-gugel.de
Internet: www.camping-gugel.de**

Komfort Camping mit freundlicher Atmosphäre

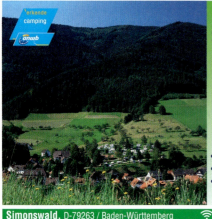

Camping Schwarzwaldhorn

Vermietung von Mobilheimen und Wohnwagen

Kleiner Familiencamping mit freundlicher Atmosphäre, 86 Plätze. Luxuriöses Sanitär. Prächtige Aussicht, beheiztes Freibad in 100m.

Anfahrt: Autobahn A5, Ausfahrt Freiburg-Nord. Über die B294 über Bleibach kommen Sie in den Simonswald. Fordern Sie am besten unseren Katalog an.

Camping Schwarzwaldhorn
Rudolf Evers
D-79263 Simonswald
Tel. 0049(0)7683/477 oder 1048
Fax 0049(0)7683/909169
www.schwarzwald-camping.de
info@schwarzwald-camping.de

- Eintritt ins Schwimmbad gratis
- Bus und Bahn gratis
- Kleiner, freundlicher ANWB Charmecamping

Simonswald, D-79263 / Baden-Württemberg

- Schwarzwaldhorn****
- Ettersbach 4b
- 1 Apr - 20 Okt
- +49 7 68 34 77
- schwarzwald-camping.de
- N 48°06'03" E 08°03'05"

1 AEG**JM**NOPQR**T** ABF**GJ**N 6
2 CFOPRTUWXY ABCDE**FG** 7
3 AB**J**MX ABCDEFJNQRTUVW 8
4 ABEFGHILO ADEFUV 9
5 ABDEHJMN ABDF**HJ**PRV10
Anzeige auf dieser Seite 16A CEE
H300 1,5 ha 36T(60-120m²) 50D
€36,00 / €45,00
102171

A5 Karlsruhe-Basel, Ausfahrt Freiburg-Nord. B294 Richtung Waldkirch. Durch den Tunnel 2. Ausfahrt Richtung Simonswald. Über den Kreisel vom Ortseingang Simonswald geradeaus. Nach 4 km ist rechts der CP.

Staufen, D-79219 / Baden-Württemberg

- Belchenblick
- Münstertäler Straße 43
- 1 Jan - 31 Dez
- +49 76 33 70 45
- info@camping-belchenblick.de
- N 47°52'20" E 07°44'09"

1 AEF**JM**NOPQRST AEFN 6
2 CGOPRVWXY ABDE**FG**HI 7
3 B**FLMN**X ABCDEFIJLNQRTVW 8
4 AFHI**PST**Y IJLUV 9
5 ACDE**JM**N ABEGHIKPRV**Y**10
Anzeige auf Seite 167 WB 16A
H300 2,2 ha 180T(80-110m²) 34D
€33,60 / €44,60
102130

A5 Ausfahrt Bad Krözingen, Richtung Staufen/Münstertal. In Staufen Richtung Münstertal fahren. CP liegt ca. 500m außerhalb des Ortes.

Camping Sandbank Titisee
Seerundweg 9
79822 Titisee
+49 (0) 7651 / 972 48 48
info@camping-sandbank.de
www.camping-sandbank.de

Camping Kinzigtal

Ruhiger, familienfreundlicher Campingplatz im Herzen des Schwarzwaldes zwischen Offenburg und Freiburg. Eine gutbürgerliche Gaststätte sorgt für das leibliche Wohl. Ausgangspunkt für zahlreiche Aktivitäten. KONUS-karte erhältlich, freie Schwimmbadbenutzung von ca. Mitte Mai bis Anfang September.

Welchensteinacherstr. 34, 77790 Steinach • Tel. 07832-8122
Fax 07832-6619 • E-Mail: webmaster@campingplatz-kinzigtal.de
Internet: www.campingplatz-kinzigtal.de

Steinach, D-77790 / Baden-Württemberg

- Camping Kinzigtal
- Welchensteinacherstr. 34
- 1 Jan 31 Dez
- +49 78 32 81 22
- webmaster@ campingplatz-kinzigtal.de
- N 48°17'45" E 08°02'52"

1 AF**JM**NOPQRST **ABF**HN 6
2 CPRVWXY ABDE**FG**H 7
3 AB**MN**X ABEFJNQRT 8
4 ABEFHILO Z 9
5 ABDFLM**N** ABFGHJPQR10
Anzeige auf dieser Seite WB 16A
H355 3,5 ha 50T(60-80m²) 72D
€32,00 / €45,00
101431

A5 Karlsruhe-Basel, Ausfahrt 55 Offenburg. B33 Richtung Villingen/Schwenningen ca. 20 km bis Steinach. An der T-Kreuzung links. Ausgeschildert.

St. Peter, D-79271 / Baden-Württemberg

- Steingrubenhof
- Haldenweg 3
- 20/3 - 20/10, 20/12 - 10/1
- +49 7 66 02 10
- info@ camping-steingrubenhof.de
- N 48°01'25" E 08°02'05"

1 AEF**JM**NOPQRST N 6
2 FOPRTUWX ABDE**FG** 7
3 ABM BDF**J**NQR 8
4 EFH DI 9
5 ADHLMN ABDF**GHJ**P**RZ**10
Anz. auf dieser Seite WB 16A CEE
H760 2 ha 70T(70-100m²) 122D
€24,60 / €32,50
102172

A5 bis Freiburg-Nord, dann B294 Richtung Denzlingen. Auf der Glottertalstraße Richtung St. Peter. Den Berg hoch. Camping kurz vor St. Peter links.

Camping Steingrubenhof

Unser Campingplatz befindet sich auf einem Bergrücken am Ortsrand des Luftkurortes St. Peter mit seinem berühmten Kloster. Der Platz liegt in 760m Höhe auf trassiertem Wiesengelände mit wunderschönen Ausblick auf den Hausberg 'Kandel'. (1242 m)

Haldenweg 3, 79271 St. Peter • Tel. 07660-210 • Fax 07660-1604
E-Mail: info@camping-steingrubenhof.de
Internet: www.camping-steingrubenhof.de

Stockach (Bodensee), D-78333 / Baden-Württ.

- Campingpark Papiermühle
- Johann-Glatt-Straße 3
- 1 Mär - 30 Nov
- +49 7 77 19 19 04 90
- campingpark-stockach@ web.de
- N 47°50'31" E 08°59'42"

1 ABE**JM**NOPQRST 6
2 ABCGOPUVWXY ABDE**FG**H 7
3 **L**MS ABCDEFJNQRW 8
4 FH D 9
5 ABDMN ABFGHKMPRX10
6A CEE
4 ha 40T(72-120m²) 36D
€25,00 / €32,00
115070

A81 bis Kreuzung Hegau Richtung Stockach folgen. Ausfahrt Stockach-West.

Sulzburg, D-79295 / Baden-Württemberg

- Sulzbachtal*****
- Sonnmatt 4
- 1 Jan - 31 Dez
- +49 76 34 59 25 68
- a-z@camping-sulzbachtal.de
- N 47°50'52" E 07°41'53"

1 ACDEF**JM**NOPQRST A 6
2 ABFOSUWXY ABDE**FG** 7
3 A**H**M**NO**X ABCDEFIJQRTUVW 8
4 A**E**FHI**X** DV 9
5 ABDEFJKM ABDF**GHIJ**P**R**10
Anzeige auf Seite 167 WB 16A CEE
H313 2,4 ha 100T(100-120m²) 11D
€35,40 / €47,20
111356

A5, Ausfahrt Heitersheim. B3, Ausfahrt Sulzburg, vor dem Ort rechts.

Schlüchttal Camping ★★★

Im Tal 10, 79777 Ühlingen/Birkendorf • Tel. 07743-5373
Fax 07743-1211 • E-Mail: urlaub@schluechttal-camping.de
Internet: www.schluechttal-camping.de

- der Camping liegt oben im romantischen Schlüchttal.
- viel Ruhe und Erholung.
- das Restaurant hat eine anständige Küche.
- gute Ausgangsbasis für Touren in die Umgebung.
- Naturschwimmbad in 600m mit Beachvolleyball.
- 10% Rabatt auf den Personenpreis.

Hegau Camping GmbH
An der Sonnenhalde 1
78250 Tengen
+49 (0) 77 36 / 92 47 - 0
info@hegi-camping.de
www.hegi-camping.de

SUPER 2018

5 STERNE, SPIEL & SPASS

Tengen, D-78250 / Baden-Württemberg		
Hegi Familien Camping*****	1 ABDE**JM**NOPQRST	AEFGLMO 6
An der Sonnenhalde 1	2 DGIPRUVWX	ABC**DEFGH** 7
10 Jan - 18 Dez	3 ABDG**HIJMN**SU	ABCDE**FIJLM**NQRTUVW 8
+49 7 73 69 24 70	4 ABCDFHIR**STUVX**	BEFYZ 9
info@hegi-camping.de	5 ABDHLMNO	ABCDFGHIJMNPRVZ 10
	Anzeige auf dieser Seite B 16A CEE	€ 42,30
N 47°49'26'' E 08°39'13''	12 ha 250T(bis 146m²) 72D	€ 58,10

Der CP liegt nordwestlich von Engen. Über die A81 Singen-Stuttgart fahren und Ausfahrt 39 Engen nehmen. Den CP-Schildern folgen. 111623

Todtnau/Muggenbrunn, D-79674 / Baden-W.		
Hochschwarzwald***	1 AE**JM**NOPRT	6
Oberhäuserstraße 6	2 FOPQRUVWX	ABDE**FGH** 7
1 Jan - 31 Dez	3 ABFMX	ABCDEFIJNQRT 8
+49 76 71 12 88	4 F	D 9
info@camping-hochschwarzwald.de	5 ABDFLMN	ABDGHJ**P**RV 10
	WB 10A CEE	€ 27,90
N 47°51'55'' E 07°54'58''	H1050 2,2 ha 53T(75-80m²) 37D	€ 36,10

A5 Karlsruhe-Basel, Ausfahrt Freiburg-Mitte, B31 Richtung Donaueschingen. Bei Kirchzarten die L126 Richtung Todtnau. 102131

CAMPING Vergnügen von A bis Z

Naturschwimmbad

Der Campingplatz liegt am Ortseingang von Sulzburg, von Weinbergen umgeben. Das Gelände ist terrassiert und bietet komfortable Stellplätze. Spielplatz, geführte Wanderungen, Radtouren, Tennisplätze, Weinproben und Vespermöglichkeit.

www.camping-sulzbachtal.de

CAMPING SULZBACHTAL

Campingvergnügen von A bis Z

Camping Sulzbachtal GmbH
Sonnmatt 4 · 79295 Sulzburg
Tel. 0 76 34. 59 25 68 · Fax 0 76 34. 59 25 69
a-z@camping-sulzbachtal.de

Titisee, D-79822 / Baden-Württemberg		
Sandbank****	1 ADE**JM**NOPQRST	LNQSXYZ 6
Seerundweg 9	2 BDFGHPQRUVWXY	ABDE**FGH**I 7
4 Apr - 18 Dez	3 BLM	ABCDE**FJ**KNQRT 8
+49 76 65 19 72 48 48	4 FHI	NTVZ 9
info@camping-sandbank.de	5 ABDFHKMN	AGHIJ**O**RZ 10
	Anz. auf Seite 166 B 16A CEE	€ 36,90
N 47°53'15'' E 08°08'18''	H820 2 ha 220T(80-115m²)	€ 49,90

A5 Ausfahrt Freiburg-Mitte, B31 Titisee folgen, dann Richtung Bruderhalde, vierter CP ab Titisee. 102177

Ühlingen/Birkendorf, D-79777 / Baden-Württ.		
Schlüchttal***	1 ADEF**JM**NOPQRST	AF**N** 6
Im Tal 10	2 CGPVWXY	ABDE**FGIJ** 7
1 Jan - 31 Dez	3 **BJ**LMU	ABCDEFJNQRT 8
+49 77 43 53 73	4 A**F**HIO	DGIK 9
urlaub@schluechttal-camping.de	5 ABDFHJLMN	ABFGHIL**P**RVZ 10
	Anzeige auf Seite 166 W 16A CEE	€ 20,60
N 47°45'06'' E 08°17'35''	H800 3 ha 65T(80-100m²) 125D	€ 27,00

A5 Karlsruhe-Basel, Ausfahrt Freiburg-Mitte/Titisee/Schluchsee B31. Auf der Brücke links Richtung Rothaus/Grafenhausen. Birkendorf ist ausgeschildert; 'Im Oberholz'. 102180

Camping Belchenblick

- 10 min. am Bach entlang zu Fuß in die Stadtmitte
- Freibad
- Hallenbad
- Sauna - Solarium
- Tennis
- Kinderspielplatz
- Komfortplätze
- TV-Anschluss
- SB-Einkauf
- Gratis ÖNV in den Schwarzwald und nach Baden
- Ausflüge
- Badekuren
- Physiotherapie

Münstertäler Str. 43, 79219 Staufen • Tel. +49 76337045 • Fax +49 76337908
info@ camping-belchenblick.de • www.camping-belchenblick.de

Teilkarte Freiburg auf Seite 157

Teilkarte Freiburg auf Seite 157

Natürlich erholen in der Bodenseeregion:

Campinggarten Wahlwies

Stahringer Str. 50 · D-78333 Wahlwies/Stockach
Tel. +49 (0) 77 71 / 35 11 · info@camping-wahlwies.de

www.camping-wahlwies.de

Wahlwies/Stockach, D-78333 / Baden-W.
- ▲ Campinggarten Wahlwies | 1 ADE**JM**NOPQRS**T** 6
- 🏠 Stahringer Straße 50 | 2 AOPRXY ABDE**FG**HI 7
- ⌚ 1/1 - 14/11, 15/12 - 31/12 | 3 AM ABCDEFJNQRTUW 8
- ☎ +49 77 71 35 11 | 4 FGHI J 9
- @ info@camping-wahlwies.de | 5 ABDHMN ABCDGHIJMPR10
- Anzeige auf dieser Seite B 16A CEE ① €31,80
- 📍 N 47°48'11" E 08°58'11" | H340 1,2 ha 55**T**(70-120m²) 21**D** ② €41,60
- 🚗 Ab Stuttgart A81/98, Ausfahrt 12 Stockach-West. CP-Schild 'Wahlwies' folgen. 102233

Waldkirch/Siensbach, D-79183 / Baden-Württ.
- ▲ Elztalblick | 1 AFILNORST 6
- 🏠 Biehlstraße 10 | 2 FPUWX AB**FG**7
- ⌚ 1 Apr - 20 Okt | 3 AM ABCDEFJNQR 8
- ☎ +49 76 81 42 12 | 4 FHIO 9
- @ elztalblick@t-online.de | 5 ABDFJKM**N** ABGHJ**P**R10
- 16A CEE ① €30,00
- 📍 N 48°06'08" E 07°59'29" | H340 2 ha 80**T**(80-100m²) 30**D** ② €40,00
- 🚗 A5 Ausfahrt Freiburg-Nord, B294 Richtung Waldkirch. Durch den Tunnel bis Abzweig Waldkirch-Ost, dann noch 3 km bis Siensbach. 102126

Waldshut, D-79761 / Baden-Württemberg
- ▲ Rhein Camping Waldshut | 1 AEF**JM**NOPQRST AF**JN**QWXZ6
- 🏠 Jahnweg 22 | 2 COPRSWXY ABDE**FG**I 7
- ⌚ 1 Jan - 31 Dez | 3 B**F**J**LNP** ABCDE**F**HJNQRT 8
- ☎ +49 77 51 31 52 | 4 AFHO**PT** G 9
- @ info@rheincamping.de | 5 ABDEFJLMN AFGHIJ**NO**QRZ10
- B 16A CEE ① €26,30
- 📍 N 47°36'40" E 08°13'31" | H300 45 ha 50**T**(60-80m²) 31**D** ② €35,10
- 🚗 B34 Richtung Waldshut, vor der CH-Grenze Richtung Tiengen. Nach 1 km rechts. Dann ausgeschildert. 102183

Willstätt/Sand, D-77731 / Baden-Württ.
- ▲ Europa Camping Sand | 1 ADE**JM**NOPQRST 6
- 🏠 Waldstraße 32 | 2 AGPRVWX AB**FG**7
- ⌚ 20 Mär - 1 Nov | 3 AEFJNQR 8
- ☎ +49 78 52 23 11 | 4 F 9
- @ europacamping.sand@gmail.com | 5 ADFLMN ABFJOTUW10
- Anzeige auf dieser Seite 16A CEE ① €22,00
- 📍 N 48°32'36" E 07°56'07" | H303 1,2 ha 40**T**(90-120m²) 15**D** ② €30,00
- 🚗 A5 Ausfahrt 54 Appenweier/Straßburg. Dann Richtung Straßburg. CP ausgeschildert über Sand. Camping 150m ortsaußerhalb. Gut aufpassen! 102123

Europa Camping Sand

Idealer Durchreise Camping von und in den Süden, 5 Minuten zur Ausfahrt 54 der A5. Zur Erholung in der Rheinebene sind Sie genau richtig. Ausflüge nach Straßburg und in den Schwarzwald. Frische Brötchen auf Camping. Restaurant mit toller deutsch-mediterranen Küche und himmlische Ruhe auf dem Campingplatz.

Waldstraße 32, 77731 Willstätt/Sand · Tel. +49 78522311
E-Mail: europacamping.sand@gmail.com
Internet: www.europa-camping-sand.de

Wolfach/Halbmeil, D-77709 / Baden-Württemberg
- ▲ Trendcamping Wolfach***** | 1 ADF**JM**NOPQRT J**N** 6
- 🏠 Schiltacherstr. 80 | 2 CFOPRTUVWX ABDE**FG**HI 7
- ⌚ 3 Apr - 12 Okt | 3 AB**F**JL**M**NUX ABCDEFJNQRTUVW 8
- ☎ +49 78 34 85 93 09 | 4 A**E**FHIKO FGVW 9
- @ info@trendcamping.de | 5 ADEFHJKLN ABFGHJL**O**R**W**10
- B 16A CEE ① €35,00
- 📍 N 48°17'27" E 08°16'42" | H330 3 ha 50**T**(80-120m²) 19**D** ② €47,40
- 🚗 W: A5 Ausf. 56 Lahr. B33 Ri. Villingen-Schwenningen. Durch Wolfach. Nach 3 km links der Strecke bei Halbmeil Ri. Schiltach. O: A81 Ausf. 34 Rottweil, B462 Ri. Offenburg/Schramber. An Schiltach vorbei. Rechts der Strecke bei Halbmeil. 110959

Buchen Sie eine organisierte Campingreise bei ACSI!

www.ACSIcampingreisen.de

Abtsgmünd/Hammerschmiede, D-73453 / Baden-W.
- ▲ Hammerschmiede-See | 1 AE**JM**NORT LQ**X**Z 6
- 🏠 Hammerschmiede 2 | 2 DFGPTWXY ABDE**FG**7
- ⌚ 1 Mai - 30 Sep | 3 ABG**L**M ABCDE**F**JNQRW 8
- ☎ +49 7 96 33 69 | 4 FH QT 9
- @ hug.hammerschmiede@t-online.de | 5 ADEHMN AHJLMOR10
- 10A CEE ① €17,00
- 📍 N 48°56'46" E 09°58'38" | H440 5 ha 100**T**(80-100m²) 190**D** ② €22,10
- 🚗 A7 Ausfart 114. D29 bis Hüttlingen, weiter die B19 bis Abtsgmünd. Bis zur Ausfahrt zum Hammerschmiede See, hinter Pommertsweiler links. 102363

Aichelberg, D-73101 / Baden-Württemberg
- ▲ Aichelberg*** | 1 ADE**JM**NOPRST 6
- 🏠 Bunzenberg 1 | 2 APRSVWX ABDE**FG**7
- ⌚ 4 Apr - 4 Okt | 3 FG**L** ABCDEFJKNQRTW 8
- ☎ +49 71 64 27 00 | 4 FH F 9
- @ info@camping-aichelberg.de | 5 ABDEFHLMN AGHLM**P**TUX10
- Anzeige auf dieser Seite B 10A CEE ① €23,00
- 📍 N 48°38'22" E 09°33'18" | H375 2,6 ha 50**T**(80-100m²) 65**D** ② €31,00
- 🚗 A8 München-Stuttgart, Ausfahrt 58, danach rechts ab. Nach 50m links ab. A8 Stuttgart-München, Ausfahrt 58 am Kreisel die 3. Straße rechts, nach 200m rechts ab. 112597

- Ruhige, optimale Lage, nur 1 km von der Ausfahrt 58 der Autobahn A 8 entfernt.
- Geöffnet vom 04.04. bis 04.10.2020
- Neues, komfortables Sanitärgebäude.

Camping Aichelberg
Bunzenberg 1
73101 Aichelberg
Tel. 0049 (0) 71 64 - 27 00
E-Mail: info@camping-aichelberg.de
GPS: N 48°38'22" E 09°33'18"

2020: ACSI-Card € 18.-
04.04.-26.06.
07.09.-04.10.

www.camping-aichelberg.de

Braunsbach, D-74542 / Baden-Württemberg
- ▲ Naturcamping Braunsbach | 1 ADEF**JM**NOPQRST J**N**UX 6
- 🏠 Im Brühl 1 | 2 CGPSVXY AB**FG**H 7
- ⌚ 1 Apr - 31 Okt | 3 AM ABEFJNQRU 8
- ☎ +49 79 06 94 06 73 | 4 FHIO 9
- @ info@camping-braunsbach.de | 5 ADEHJMN ABCGHJMPRV10
- 10A CEE ① €22,30
- 📍 N 49°11'57" E 09°47'17" | H250 2,5 ha 65**T**(80-100m²) 19**D** ② €29,50
- 🚗 A6 Ausfahrt 42 Kupferzell. Dann über Fessbach und Döttingen nach Braunsbach. Der CP ist ausgeschildert. 101142

Teilkarte Stuttgart auf Seite 168

Buchhorn am See, D-74629 / Baden-Württemberg

▲ Seewiese****	1 AEF**IL**NOPQRST	ABCL**N**X 6
🏠 Seestr. 11	2 ADGOPTWX	B**EFGH** 7
🗓 1 Jan - 31 Dez	3 AB**G**LMR	AB**F**HJNQRT 8
☎ +49 7 94 16 15 68	4 FH**IP**	DF 9
@ info@camping-seewiese.de	5 ABDEFHJKLM	ACFGHIJ**OR**10
	B 16A CEE	❶ €22,50
⚑ N 49°09'06'' E 09°30'00''	H407 5 ha 40**T**(90-120m²) 297**D**	❷ €28,50
🚗 A6, Ausfahrt 40 Richtung Öhringen. Dann via Pfedelbach und Heuberg nach Buchhorn. Dann ausgeschildert.		102288

Creglingen/Münster, D-97993 / Baden-W. CC€18 iD

▲ Cp. Romantische Strasse	1 ABDE**FJM**NOPQRST	EJL**MN** 6
🏠 Münstersee Strasse 24-26	2 CDGJPSUWXY	ABDE**FG** 7
🗓 15 Mär - 15 Nov	3 B**FJ**MX	ABCDEFJNQRTUVW 8
☎ +49 7 93 32 02 89	4 FG**IT**	E 9
@ camping.hausotter@web.de	5 ABDFLN	ABEGHJLPRV 10
Anzeige auf dieser Seite	B 6A CEE	❶ €25,30
⚑ N 49°26'21'' E 10°02'32''	H320 6 ha 100**T**(80-100m²) 47**D**	❷ €34,40
🚗 A7 Ausfahrt 108 Rothenburg. Dann Richtung Bad Mergentheim. In Creglingen ausgeschildert, Richtung Münster. CP liegt kurz hinter Münster rechts der Straße.		102430

Camping Romantische Strasse

Unser Platz liegt am Herrgottsbach, einem Seitental der Romantischen Strasse. Ein Idealer Ausgangspunkt für Radfahrer und Wanderer. Für Entdecker liegen die bekannten Städte wie Rothenburg o.d. Tauber, Weikersheim, Würzburg und Dinkelsbühl in gut erreichbarer Nähe. Mit unsere Gaststätte, Hallenbad und angrenzendem Badesee mit Wasserspielplatz ist für Jung und Alt viel geboten.

Münstersee Strasse 24-26, 97993 Creglingen/Münster
Tel. 07933-20289 • Fax 07933-990019
E-Mail: camping.hausotter@web.de
Internet: www.camping-romantische-strasse.de

Deutschland

Ellenberg, D-73488 / Baden-Württemberg

▲ Fuchs	1 ADEF**JM**NOPQRST	L**N**QSXY 6
🏠 Haselbach 11	2 ADFGHPRSTUVWX	ABDE**FGH**I 7
🗓 1 Jan - 15 Okt	3 A**L**MU	ABCDE**F**JNQR**W** 8
☎ +49 79 65 22 70	4 FH**IQ**	GK 9
@ info@camping-fuchs.de	5 ABDEFGHKMN	ABFHJM**P**R 10
	16A CEE	❶ €17,50
⚑ N 48°59'13'' E 10°13'04''	H500 3 ha 21**T**(100m²) 131**D**	❷ €23,50
🚗 A7 Ulm-Würzburg, Ausfahrt 113 Ellwangen Richtung Dinkelsbühl. Bei Muckental Richtung Haselbach und Stausee. Zweiter CP rechts.		110361

Essingen/Lauterburg, D-73457 / Baden-Württ. iD

▲ Hirtenteich	1 AEJMNOPRST	A 6
🏠 Hasenweide 2	2 FGOPRSVWX	ABDE**FGH**I 7
🗓 1 Jan - 31 Dez	3 BFMX	ABCDEFGJNQRTW 8
☎ +49 7 36 52 96	4 FH**T**	BF 9
@ info@hirtenteich.camp	5 ABDFHJLMN	ABGHIJLMOPTUVXZ 10
	WB 16A CEE	❶ €22,00
⚑ N 48°47'12'' E 09°58'54''	H680 3,5 ha 60**T**(70-100m²) 174**D**	❷ €29,00
🚗 A7 Ausfahrt Aalen/Westhausen, Richtung Schwäbisch-Gmünd. B29 Aalen-Schwäbisch-Gmünd, ca. 6 km westlich von Aalen Richtung Essingen/Skizentrum Hirtenteich.		102364

Ellenberg, D-73488 / Baden-Württemberg

▲ Sonneneck	1 AEF**JM**NOPQRS	LM**N**QSXY 6
🏠 Haselbach 12	2 ADGHPSUWX	ABDE**FG**IK 7
🗓 29 Mär - 31 Okt	3 **B**LM	ABCDEFGHJKNQRTUW 8
☎ +49 79 65 23 59	4 FHR**ST**	9
@ info@camping-sonneneck.de	5 ADFGLMN	ABFGHJ**P**R**X**Z 10
	B 16A CEE	❶ €20,50
⚑ N 48°59'14'' E 10°13'01''	H500 2,8 ha 30**T**(80-100m²) 101**D**	❷ €27,50
🚗 A7 Ulm-Würzburg Abfahrt 113 Ellwangen, Richtung Dinkelsbühl. Bei Muckental Richtung Haselbach und Stausee. Erster CP rechts.		102434

Freudenberg, D-97896 / Baden-Württemberg iD

▲ Seecamping Freudenberg	1 ADEF**JM**NOPRS**T**	A**H**N**Q**X 6
🏠 Mühlgrundweg 10	2 DGPRWX	ABDF**GH**I**JK** 7
🗓 1 Jan - 31 Dez	3 BFM**NT**	ABCDEFJNQRTUV 8
☎ +49 93 75 83 89	4 H**IQ**	D 9
@ info@ seecamping-freudenberg.de	5 ABDLMN	ABFGHJLN**P**R**Z** 10
	B 16A CEE	❶ €21,15
⚑ N 49°45'44'' E 09°19'07''	H100 5,7 ha 50**T**(60-80m²) 252**D**	❷ €28,15
🚗 In Miltenberg Richtung Wertheim/Freudenberg, durch Freudenberg Richtung Wertheim. Dann im Kreisel den Schildern folgen.		102278

Ellwangen, D-73479 / Baden-Württemberg

▲ AZUR Cp. Ellwangen a.d. Jagst	1 ADEF**JM**NOPRS**T**	E**N** 6
🏠 Rotenbacher Str. 37-45	2 ACOPSWXY	ABDE**FG** 7
🗓 4 Apr - 24 Okt	3 G	ABCDEFJNQRTW 8
☎ +49 79 61 79 21	4 FH	Y 9
@ ellwangen@azur-camping.de	5 ADEFHKMN	ABGHIJLPRVX 10
	B 16A CEE	❶ €30,00
⚑ N 48°57'35'' E 10°07'15''	H440 3,5 ha 80**T**(80-120m²) 9**D**	❷ €39,00
🚗 A7 Ausfahrt 113 Ellwangen. In Ellwangen durch den Tunnel, an der T-Kreuzung rechts ab. Rechts über die Brücke (Bahnlinie und kl. Fluss) die erste Straße links. Den CP-Schildern folgen.		102436

Gruibingen, D-73344 / Baden-Württemberg iD

▲ Campingplatz Winkelbachtal	1 AJMNOPRST	6
🏠 Campingplatz 1	2 ABCPRSWX	AB**FG** 7
🗓 1 Jan - 31 Dez	3 X	ABCDEFJNQRTW 8
☎ +49 1 76 20 51 25 36	4 FHI	9
@ dannenmann.bau@t-online.de	5 DN	AHJR 10
	B 16A CEE	❶ €20,50
⚑ N 48°35'31'' E 09°37'28''	H600 3,5 ha 60**T**(60-80m²) 25**D**	❷ €28,50
🚗 A8 Ausfahrt 59 Gruibingen/Mühlhausen. Dann Richtung Gruibingen. CP ist gut ausgeschildert.		101430

Hohenstadt, D-73345 / Baden-Württemberg CC€20 iD

▲ CP Waldpark Hohenstadt	1 ADE**JM**NOPRST	6
🏠 Waldpark 1	2 AFGOPRSTUVWXY	ABDE**FG** 7
🗓 1 Mär - 31 Okt	3 AFMX	ABCDE**F**JNQRUVW 8
☎ +49 73 35 67 54	4 FH	W 9
@ camping@ waldpark-hohenstadt.de	5 ADFGHLMN	ABDGHJLM**P**R 10
Anzeige auf dieser Seite	16A CEE	❶ €24,50
⚑ N 48°32'51'' E 09°40'02''	H800 7,5 ha 60**T**(100-150m²) 110**D**	❷ €31,50
🚗 A8/E52 Stuttgart-Ulm, Ausfahrt 60 (Behelfsausfahrt). CP Schildern Hohenstadt folgen.		117762

Campingplatzkontrolle

Alle Campingplätze in diesem Führer wurden im vergangenen Jahr von einem unserer 124 ACSI-Inspektoren besucht und begutachtet.

Sie erkennen diese Campingplätze an der Jahresprüfplakette, die meist im Rezeptionsbereich auf dem ACSI-Schild zu finden ist.

CAMPING WALDPARK HOHENSTADT

Gemütlicher Familiencampingplatz sonnig gelegen auf 800m Höhe. Großzügige Stellplätze mit und ohne Schatten. Spielplatz, Restaurant mit schönem Biergarten. Unter freundlicher, familiärer Leitung. Nur 2 km von der Autobahn A8 / E53 Stuttgart – Ulm entfernt und trotzdem absolut ruhig gelegen.

Camping Waldpark Hohenstadt
Waldpark 1 – 73345 Hohenstadt   **www.waldpark-hohenstadt.de**
Tel. 0049-7335-6754

Sperrfechter Freizeit-Park

Erholung pur inmitten der Natur - entdecken Sie unseren naturnahen Campingplatz direkt am Kocher-Jagst-Radweg. Baden im quellwassergespeisten Badesee, Angeln, Tretboot- und Kettcarverleih, Boulebahnen, Massage - viel Urlaub für alle Generationen.

Hirschfeld 3, 74229 Oedheim • Tel. 07136-22653
E-Mail: info@sperrfechter-freizeitpark.de
Internet: www.sperrfechter-freizeitpark.de

Oedheim, D-74229 / Baden-Württemberg

- Sperrfechter Freizeit-Park
- Hirschfeld 3
- 1 Jan - 31 Dez
- +49 7 13 62 26 53
- info@sperrfechter-freizeitpark.de

1 ADEFJMNOPQRST HJLMN 6
2 ACDGPSVWXY ABDEFG 7
3 ABFGMS ABCDEFGHJNQRTW 8
4 BFHX DTUVWY 9
5 ABDMN AGHIJPTUZ10
Anzeige auf dieser Seite 16A CEE €27,00
H160 30 ha 100T(100m²) 356D €37,00

N 49°14'29'' E 09°13'56'' 109434

A81, Ausfahrt Neuenstadt Richtung Bad Friedrichshall bis Oedheim. Ab der A6: Ausfahrt Heilbronn/Neckarsulm nach Bad Friedrichshall/Oedheim, dann ausgeschildert.

Löwenstein, D-74245 / Baden-Württemberg

- Campingpark Breitenauer See*****
- 1 Jan - 31 Dez
- +49 71 30 85 58
- info@breitenauer-see.de

1 AEILNOPQRST LMNOPQSTXYZ 6
2 DGHJPTWX BEFGHI 7
3 BGMSU BDEGHINRTUV 8
4 BCFHIOTX FJQRTW 9
5 ABDEKLMO ABGHIKLNORZ10
Anzeige auf dieser Seite 16A CEE €33,00
H268 10 ha 302T(100-120m²) 313D €39,00

N 49°07'01'' E 09°23'00'' 102289

A81 Stuttgart-Würzburg, Ausfahrt 10 Weinsberg/Ellhofen. B39 Richtung Obersulm/Löwenstein. Ausfahrt Obersulm/Willsbach. Ausgeschildert.

Pfedelbach/Buchhorn, D-74629 / Baden-Württemberg

- Camping-Club Ludwigsburg
- Am Wasserturm 22
- 1 Jan - 31 Dez
- +49 79 44 13 92 27
- uwe.goennenwein@t-online.de

1 FJMNOPQRST JLNX 6
2 ACDHOPQXY ABDEFGH 7
3 BHIMSU ABCDEFHJNQRT 8
4 BEFH 9
5 DM ABCFHIJLNPRXZ10
B 16A CEE €20,50
H410 3 ha 80T 140D €25,50

N 49°09'22'' E 09°30'06'' 114835

A6 Ausfahrt Öhringen. Dann über Pfedelbach und Heuberg nach Buchhorn. Danach ausgeschildert.

Murrhardt/Fornsbach, D-71540 / Baden-Württ.

- Waldsee
- Am Waldsee 17
- 1 Jan - 31 Dez
- +49 71 92 64 36
- camping-waldsee@t-online.de

1 AJMNOPRST LMN 6
2 BCDGHIOPRSTUVWXY ABDFGHI 7
3 BGJLM ABCDEFJNQRTW 8
4 FGHIT E 9
5 ABDEFGHJORV ABGHJORV10
B 16A CEE €23,60
H351 2,6 ha 90T(80m²) 97D €32,60

N 48°58'34'' E 09°39'59'' 102362

Murrhardt liegt an der Verbindungsstraße Salzbach-Gaildorf zwischen der B14 und B19. Bei Murrhardt die Ausfahrt 'Waldsee'. Am See vorbei zum CP.

Schurrenhof/Donzdorf, D-73072 / Baden-Württ.

- Camping Schurrenhof
- Schurrenhof 4
- 15 Mär - 15 Okt
- +49 71 65 92 85 85
- info@schurrenhof.de

1 AEFJMNOPRT A 6
2 FPSVWX BEFGIK 7
3 ABDHIJLMU ABCDEFJNQRUV 8
4 FHI DGV 9
5 ABDEFHJLMN ABFGHJRV10
Anzeige auf Seite 171 W 10A CEE €18,50
H555 2,8 ha 125T(80-120m²) 124D €25,50

N 48°43'40'' E 09°46'12'' 102366

A8 Stuttgart-München, Ausfahrt 56 Göppingen. Dann B10 Donzdorf, 1. Kreisel Heidenheim. Nach 1 km links Reichenbach/Schurrenhof. Von der B29 Richtung Schwäb.-Gmünd. Dort Richtung Donzdorf. In Rechburg rechts nach Schurrenhof.

Neckarsulm, D-74172 / Baden-Württemberg

- Reisach-Mühle****
- In der Hälde
- 1 Jan - 31 Dez
- +49 71 32 21 69
- info@campingplatz-reisachmuehle.de

1 AFILMNOPQRST AEFH 6
2 AGOPUVWX BDFG 7
3 BHIMN ABFNQR 8
4 FHST 9
5 ABDLM AHIR10
16A CEE €18,80
H270 2,3 ha 80T(50-100m²) 150D €26,80

N 49°11'14'' E 09°14'50'' 102287

A6 Ausfahrt 37 Neckarsulm. Im 1. Kreisel rechts und im 2. Kreisel links. Richtung Sportplatz und 'Aquatoll' Gelände. Der CP liegt hinter den Tennisplätzen.

Schwäbisch Hall/Steinbach, D-74523 / Baden-W.

- Am Steinbacher See
- Mühlsteige 26
- 15 Mär - 15 Okt
- +49 79 1 29 84
- thomas.seitel@t-online.de

1 ADEFJMNOPQRST N 6
2 CDOPSVWXY ABDEFGHI 7
3 AFGLMSX ABCDEFJNQRW 8
4 FGHIOS BEFH 9
5 ADHMN ABGHJLPRVW10
B 16A CEE €24,50
H270 1 ha 50T(75m²) 40D €33,50

N 49°05'53'' E 09°44'32'' 100175

A6, Ausfahrt 43 Richtung Schwäbisch Hall. In Schwäbisch Hall Straße B14 und B19 ausgeschildert (Richtung Comburg). Am Fußballplatz vorbei fahren.

Weikersheim/Laudenbach, D-97990 / Baden-W.

- Schwabenmühle****
- Weikersheimer Straße 21
- 4 Apr - 6 Okt
- +49 79 34 99 22 73
- camping-schwabenmuehle.de

1 ABEFJMNOPQRS 6
2 CFGOPRSVWXY ABFGHIK 7
3 ABMX ABCDEFGIJKNPQRTUVW 8
4 AEFGHIO AFW 9
5 ADHMN ABCDFGHJPRX10
Anzeige auf dieser Seite B 16A CEE €26,00
H270 2,3 ha 70T(80-100m²) 4D €34,00

N 49°27'28'' E 09°55'34'' 117855

A81 Stuttgart-Würzburg. Ausfahrt 3 Tauberbischofsheim. B290 bis Bad Mergentheim, B19 Richtung Würzburg. In Jagersheim Richtung Weikersheim, dann Richtung Laudenbach (3 km). Kurz vor Laudenbach CP rechts.

Eine historische Mühlenanlage, an einem kleinen Fluss im Weinbaugebiet, mitten an der malerischen Romantischen Straße gelegen, 70 Komfortplätze, sehr schöne und moderne Sanitäranlagen, freundliche Inhaber, unweit von Rothenburg und Würzburg, Radfahrerparadies, schöne Wanderwege, viel Sehenswertes, Gaststätten und Läden in ein paar Minuten, Gute Bahnverbindung, Fahrradmitnahme im Radelzug GRATIS.

Weikersheimer Straße 21, 97990 Weikersheim/Laudenbach
Tel. +49 7934992223 • Fax +49 7934992408
E-Mail: info@camping-schwabenmuehle.de
Internet: www.camping-schwabenmuehle.de

Wertheim, D-97877 / Baden-Württemberg

- Wertheim-Bettingen
- Geiselbrunnweg 31
- 1 Apr - 1 Nov
- +49 93 42 70 77
- info@campingpark-wertheim-bettingen.de

1 AEFJMNOPQRST JNWXYZ 6
2 ACPRWXY ABDEFGHI 7
3 AFM ABCDEFJNQRTW 8
4 H FY 9
5 ABDFMN AGHLPRW10
Anzeige auf Seite 171 B 10A CEE €20,50
H140 7,5 ha 100T(80-100m²) 133D €25,50

N 49°46'51'' E 09°34'00'' 100169

A3 Aschaffenburg-Würzburg, Ausfahrt 66 Wertheim. Der CP ist ausgeschildert.

Teilkarte Stuttgart auf Seite 168

CAMPING WERTHEIM-BETTINGEN

Urlauber und Durchreisende finden ein flaches Gelände von 2 ha vor, mit gepflegten Baumgruppen und 600m Ufer am Main entlang. Der Camping hat einen Hafen, Anleger und Helling. Sie erreichen uns über die A3 Aschaffenburg-Würzburg, Ausfahrt 66. Von Norden aus nimmt man die 2. Abfahrt, von Süden her die 1. Abfahrt Wertheim.

CARAVANS KÖNNEN 'ANGEKOPPELT' ÜBERNACHTEN

Geiselbrunnweg 31, 97877 Wertheim
Tel. +49 93427077
Internet: www.campingpark-wertheim-bettingen.de

Wertheim/Bestenheid, D-97877 / Baden-W.

- AZUR Cp-park Wertheim am Main
- An den Christwiesen 35
- 4 Apr - 24 Okt
- +49 9 34 28 31 11
- wertheim@azur-camping.de
- N 49°46'40" E 09°30'33"

1 ADEF**JM**NOPRS**T**	ABFGH**NX**YZ 6
2 CPRWX	ABDE**FG** 7
3 F**J**MS	ABCDEFJKNQRTW 8
4 FHR	B**F**Y 9
5 ADFLMN	AGHKLOR10
Anzeige auf dieser Seite 6-16A CEE	❶ €35,50
H140 7 ha 220**T**(80-95m²) 49**D**	❷ €48,50
	102357

A3 Frankfurt-Würzburg, ausfahrt 65 Wertheim/Marktheidenfeld bis Wertheim und dann in Richtung Miltenberg bis Bestenheid. Weiter auf CP-Beschilderung.

AZUR Cp-park Wertheim am Main

Auf diesem wunderschönen Camping können Sie direkt am Main die großen Flusskreuzfahrtschiffe beobachten, zu Fuß oder mit dem Rad in wenigen Minuten die historische Altstadt erreichen oder auch nur in den Biergarten den herrlichen Ausblick genießen.

An den Christwiesen 35, 97877 Wertheim/Bestenheid
Tel. 09342-83111 • E-Mail: wertheim@azur-camping.de
Internet: www.azur-camping.de/wertheim

Camping Schurrenhof

Liegt in ruhiger Lage. Erholung mit schönem Panorama. Restaurant, Möglichkeiten zum Wandern, Radfahren, Mountainbiken, Reiten auf Islandpferden, Schwimmen, Freizeitzentrum mit u.a. Minigolf, Trampolin, Kinderzug usw.
Märklinmuseum Göppingen, Legoland Günzburg und Schwäbisch Gmünd.

Schurrenhof 4, 73072 Schurrenhof/Donzdorf
Tel. 07165-8190/928585 • Fax 07165-1625
E-Mail: info@schurrenhof.de • Internet: www.schurrenhof.de

Albstadt, D-72458 / Baden-Württemberg

- Sonnencamping Albstadt
- Beibruck 54
- 1 Jan - 31 Dez
- +49 7 43 19 37 03 48
- info@sonnencamping.de
- N 48°12'52" E 08°58'42"

1 ABDE**JM**NOPQRS	6
2 FOPSTUVWX	ABE**FGI** 7
3 ABEGMUW	ABCDEFJNQRTUVW 8
4 **E**FHIO	A**F**J 9
5 ABDMNO	ABFGHJ**PR**V10
WB 16A CEE	❶ €32,00
H747 7 ha 57**T**(80-110m²) 32**D**	❷ €40,00
	122329

A81 Ausfahrt 31 Empfingen. Dann die B463 nach Bisingen, Balingen. Weiter nach Albstadt. Hier der Beschilderung folgen.

Pfählhof ★ ★ ★

Der Platz ist familiengeführt, gepflegt und sehr ruhig. Er liegt in einem Seitental inmitten der Natur im Biosphärengebiet Schwäbische Alb. Er ist Ausgangspunkt für herrliche Wanderungen, schöne Ausflüge in die Umgebung. Erholung und Entspannung im Thermalbad Bad Urach. Shopping im Outletcenter Metzingen.

Pfählhof 2, 72574 Bad Urach • Tel. 07125-8098
E-Mail: camping@pfaehlhof.de • Internet: www.pfaehlhof.de

Bad Urach, D-72574 / Baden-Württemberg

- Pfählhof***
- Pfählhof 2
- 1 Jan - 31 Dez
- +49 71 25 80 98
- camping@pfaehlhof.de
- N 48°30'14" E 09°25'28"

1 EF**IL**NOPQRST	6
2 CPSVWX	BE**FGI** 7
3 BM	BDFJNQR**T** 8
4 FH	DJK 9
5 ABDEFLM	ABFGHJ**LOR**10
Anzeige auf dieser Seite 16A CEE	❶ €29,00
H500 4,5 ha 50**T**(80-120m²) 173**D**	❷ €37,00
	102291

A8 Ausfahrt 56 Nürtingen. Dann der B297 folgen, in Nürtingen die B313 bis Metzingen. Dann der B28 bis Bad Urach folgen.

Aitrach, D-88319 / Baden-Württemberg

- Park-Camping Iller****
- Illerstraße 57
- 1 Apr - 15 Okt
- +49 75 65 54 19
- info@camping-iller.de
- N 47°56'57" E 10°05'15"

1 ACD**FIL**NOPRT	ABFG**N** 6
2 CGPX	BE**FGH** 7
3 ABMU	ABDFIJK**L**NQR**T** 8
4 BEFGHIO	DJR 9
5 ABDHMN	ABFGHJL**P**V10
Anzeige auf dieser Seite B 16A	❶ €29,00
H590 2,8 ha 70**T**(80-120m²) 139**D**	❷ €36,00
	102440

A7 Ulm-Memmingen. Memminger Kreuz Richtung Lindau fahren. In Aitrach rechts CP-Beschilderung folgen.

Park-Camping Iller ★ ★ ★ ★

Schöner Camping im Naturschutzgebiet, besonders für Familien. Direkt am Iller-Radweg. Großes beheiztes Schwimmbad, Spielplatz, Kinderprogramm, Fußballfeld und modernes Sanitär.
Idealer Ausgangspunkt für Ausflüge in die Alpen, zum Bodensee, nach Österreich, oder den Barockkirchen der Gegend.

Illerstraße 57, 88319 Aitrach • Tel. +49 75655419
E-Mail: info@camping-iller.de • Internet: www.camping-iller.de

Teilkarte Tübingen auf Seite 171

schloss helmsdorf
freizeitzentrum immenstaad am bodensee

→ Familienbetrieb
→ Restaurant mit Seeterrasse
→ Apartments
→ Yachthafen mit Gästeliegeplätzen
→ kleiner Supermarkt
→ großer Badestrand mit Liegewiese

Wir freuen uns auf Sie!
Ihre Familie Flemisch

www.schlosshelmsdorf.de → Infos +49 (0) 7545-6252

Friedrichshafen, D-88045 / Baden-Württemberg
- CAP-Rotach
- Lindauerstraße 2
- 31 Mär – 29 Okt
- +49 75 41 70 07 77 77
- info@cap-rotach.de

1 ADEFG**JM**NOPQRS**T** LM**N**QSW**X** 6
2 DIJOPSVWX ABDE**FGI** 7
3 AB ABCDE**FIJLM**NQRT**R** 8
4 AEFHIO GILRV 9
5 ADEFLMN ABFGHIK**OR** 10
B 6A CEE € 28,00
0,8 ha 85T(36–100m²) 44D € 37,00

B31 Richtung Lindau. Vor Friedrichshafen 'Stadtmitte' folgen. Dann 'Jugendherberge' folgen. 100m hinter der Rotach-Brücke rechts. 113686

Friedrichshafen, D-88048 / Baden-Württemberg
- Campingplatz Friedrichshafen-Fischbach
- Grenzösch 3
- 13 Apr – 6 Okt
- +49 7 54 14 20 59
- info@camping-fischbach.de

1 AFHKNOPQRS**T** LM**N**QSW**XY** 6
2 DGHOPVWX ABDE**FGI** 7
3 AB ABCDE**FJ**KNQRT 8
4 AFHO T 9
5 ABDEFIKN ABGHIKR 10
B 10A CEE € 28,00
H367 2 ha 80T(70–120m²) 40D € 36,00

Von Stockach B31 Richtung Friedrichshafen. Dann ist der CP ausgeschildert. 102299

Hagnau, D-88709 / Baden-Württemberg
- Campingplatz Alpenblick
- Strandbadstraße 13
- 1 Apr – 23 Okt
- +49 75 32 49 57 60
- info@campingplatz-alpenblick.de

1 A**I**KNOPQRS**T** LM**N**SW 6
2 DGJOPRTWX ABDE**FGI** 7
3 B ABCDE**FIJ**KNQRT**W** 8
4 FHO 9
5 ADEFKM AGHIKL**NP**R 10
B 16A CEE € 34,70
2 ha 80T(50–80m²) 150D € 42,70

Von Singen nach Lindau. Der B31 bis Hagnau, danach den CP Schildern folgen. Aus Ulm-Ravensburg nach Markdorf. Dann Hagnau und den CP Schildern folgen. 113685

Waldbad Camping Isny
88316 Isny im Allgäu
Tel. +49(0)7562 23 89
Fax +49(0)7562 20 04
www.camping-isny.de
info@camping-isny.de

- Badestrand
- Kinderprogramm
- Wellness
- Ferienbungalow
- Restaurant

CAMPING CHRISTOPHORUS ****

Erholen Sie sich im **Illertal**, umgeben von drei **herrlichen Seen** zum Baden & Radfahren. **Idealer Ausgangspunkt** für Ausflugsziele in der unmittelbaren Umgebung.

Camping Christophorus | Kirchberg a. d. Iller | +49 7354 663
info@camping-christophorus.de | www.camping-christophorus.de

Illmensee, D-88636 / Baden-Württemberg
- Camping Seewiese
- Kirchplatz 2
- 1 Mai – 5 Okt
- +49 7 55 84 66
- info@camping-illmensee.de

1 AF**I**LNOPQRS**T** L**N**QXYZ 6
2 CDGJOPVXY ABDE**FGHIK** 7
3 BFGLM ABCDE**FK**NQR**TUW** 8
4 **A**FHIKO DFKQTV 9
5 ABDMN ABFGHIJMORV 10
16A CEE € 28,00
H700 1,6 ha 40T(60–80m²) 75D € 31,40

Kreuz Hegau A498 Singen-Stockach. Dann die B31 bis Überlingen. Richtung Pfullendorf bis Heiligenberg. An der Kirche rechts. In Rickertsreute an der Tankstelle rechts nach Illmensee. 111954

Immenstaad, D-88090 / Baden-Württemberg
- Schloss-Kirchberg
- 17 Mai – 27 Okt
- +49 75 45 64 13
- info@mupu.de

1 AEF**JM**NOPQRS**T** L**N**OPQSW**X** 6
2 DGJPSUVWXY ABDE**FG** 7
3 BGM ABE**FJ**NQR**TW** 8
4 **E**FHO 9
5 ABDEFHIM AGHIKPR 10
B 16A CEE € 30,50
H330 8 ha 100T(67–113m²) 230D € 37,50

B31 an der Straße Überlingen-Friedrichshafen ist der CP ab Immenstaad ausgeschildert. 110462

Immenstaad, D-88090 / Baden-Württemberg
- Schloß Helmsdorf OHG
- Schloß Helmsdorf 1
- 30 Mär – 7 Okt
- +49 75 45 62 52
- info@schlosshelmsdorf.de

1 ADEF**I**LNOPQRS**T** L**N**OQSXYZ 6
2 DGJOPRUVWXY ABDE**FG** 7
3 BS ABCDE**FJ**NQR**TW** 8
4 **A**FH I 9
5 ACDEFGHLMN ABCHIJMPR 10
Anzeige auf dieser Seite B 6A CEE € 39,60
H319 5,5 ha 80T(75–100m²) 239D € 49,20

Ab Kreuz Hegau A81 nach Stockach. Über die B31 nach Überlingen/Friedrichshafen. Bei Stetten weiter B31/E54 nach Immenstaad. CP kurz hinter Immenstaad und gut angezeigt. 109749

Isny im Allgäu, D-88316 / Baden-Württ.
- Waldbad Camping Isny GmbH****
- Lohbauerstraße 61-69
- 15 Mär – 15 Okt
- +49 75 62 23 89
- info@camping-isny.de

1 AF**JM**NOPQRS**T** LM 6
2 BDFGHPSVXY BE**FG** 7
3 AFM**NS** BD**FJ**NQRUV**W** 8
4 I IJV 9
5 ADEFHJKL ABDEGHIJ**PR**V 10
Anzeige auf dieser Seite 16A CEE € 32,50
H700 4,5 ha 50T(100m²) 5D € 42,50

A7 Ulm, dann A96 Memmingen-Lindau. Ausfahrt 8 Leutkirch-Süd Richtung Isny. Hier den CP-Schildern folgen. 108810

Isny/Beuren, D-88316 / Baden-Württemberg
- Am Badsee****
- Allmisried 1
- 15 Apr – 15 Okt
- +49 75 67 10 26
- campingbadsee@t-online.de

1 AEF**I**LNOPQRS**T** LMQRSX 6
2 DFGJPVX BE**FGI**K 7
3 ABFGM BD**F**IJNPQR**S**T**U**W 8
4 EFHIKO**P** FIT 9
5 ABDEFGHKMN ABFGHIJMPTUVZ 10
B 16A CEE € 25,00
H720 3,5 ha 80T(64–100m²) 206D € 32,00

E61 Oberschwäbische Barockstraße Leutkirch-Isny. In Leutkirch-Süd Richtung Beuren. Dann ist der CP ausgeschildert. 102441

Kirchberg (Iller), D-88486 / Baden-Württ.
- Christophorus****
- Werte 6
- 1 Jan – 31 Dez
- +49 7 35 46 63
- info@camping-christophorus.de

1 AEF**I**LNOPQRS**T** EL**N**OQSX 6
2 ADFGPVWX BE**FG** 7
3 ABFG**JM**N**R**S BD**FJ**NQRT 8
4 BDH**ST** DJV 9
5 ABDEHLMN ABFGHIJ**PR**V 10
Anzeige auf dieser Seite B 16A CEE € 30,60
H540 8 ha 150T(80–100m²) 462D € 38,60

A7 Ulm-Memmingen, Ausfahrt 125, in Altenstadt Richtung Kirchberg. Vor Kirchberg Schildern folgen. 101432

FERIENCHALETS MINI-LODGES SAFARIZELTE MIETCARAVANS TIPIZELTE
Wassersport Unterhaltungsprogramm Veranstaltungszelt

Camping Park Gohren am Bodensee ★★★★

Camping Park Gohren
Zum Seglerhafen
D-88079 Kressbronn a.B.
Telefon +49 (0) 75 43 / 60 59-0
Telefax +49 (0) 75 43 / 60 59-29

www.campingpark-gohren.de

Attraktive Angebote für die Nebensaison mit unserer Kundenkarte!

Krauchenwies, D-72505 / Baden-Württemberg
- Seencamping Krauchenwies
- Ablacher Str. 4
- 1 Jan - 31 Dez
- +49 7 57 69 61 57 06
- info@seencamping.de

1	ABDE**JM**NOPQRST	L**N**X 6
2	CDGIOPVWXY	B**FG**I 7
3	ABFGMS	ABDEFGJNQRTUW 8
4	FHIO	AEF 9
5	ABDM	ABFGHJOP**R**10
16A CEE		① €32,00
H581 3 ha 53T(80-100m²) 56**D**		② €40,00

N 48°01'07'' E 09°14'09''   122372
A81 Ausfahrt 31, Empfingen, B463, Richtung Rottweil/Albstadt. Dann Richtung Sigmaringen. In Sigmaringen B313 Richtung Meßkirch. Hier die B311 Richtung Mengen. Weiter Richtung Krauchenwies. Der Beschilderung folgen.

Kressbronn, D-88079 / Baden-Württemberg
- Gohren am Bodensee ★★★★
- Zum Seglerhafen
- 12 Apr - 15 Okt
- +49 7 54 36 05 90
- info@campingplatz-gohren.de

1	ADEF**I**LNOPQRS**T**	LNOPQRSTVW**X**Y 6
2	ADFGJOPRSVWXY	ABCDE**FG**HIJ 7
3	BDG**J**MUW	ABDEFGIJKLNQRTW 8
4	ABDEFHIKO**PQ**R**TX**	ABDIJKSVW 9
5	ACGHLMN	ABEFGHIKLM**NO**RVXZ10
Anzeige auf dieser Seite B 16A CEE		① €36,50
H400 45 ha 726T(60-100m²) 972**D**		② €46,50

N 47°35'17'' E 09°33'47''   102371
B31 Lindau-Friedrichshafen. Hinter Kressbronn links in Richtung Langenargen. An der Kiesgrube entlang den CP-Schildern folgen.

Kressbronn, D-88079 / Baden-Württemberg
- Iriswiese ★★★★
- Tunau 16
- 12 Apr - 20 Okt
- +49 75 43 80 10
- info@campingplatz-iriswiese.de

1	A**J**MNOPR	LNPQSW**X**Y 6
2	ADFJKPVX	ABDE**FG**HI 7
3	BMU	ABCDEFJKNQRT 8
4	FHIO	9
5	ACDEFHKMN	ABGHIJ**N**P**R**10
Anzeige auf dieser Seite 10A CEE		① €30,00
H400 8 ha 200T(60-100m²) 200**D**		② €37,00

N 47°35'14'' E 09°34'58''   109207
B31 Lindau-Friedrichshafen. Durch Kressbronn links ab Richtung Langenargen. Der CP ist gut ausgeschildert.

Leibertingen/Thalheim, D-88637 / Baden-W.
- Campinggarten Leibertingen
- Beim Freibad 1 - Vogelsang
- 1 Apr - 23 Okt
- +49 75 75 20 91 71
- info@campinggarten-leibertingen.de

1	AILNOPQRS	AFH 6
2	FGOPSUVW	BE**FG** 7
3	ABDEGM	ABCDEFJNQRTUVW 8
4	BFIKO	Z 9
5	ABDEFHJKMN	AGHJLOSTVX10
Anzeige auf Seite 174 16A CEE		① €27,30
H730 2 ha 44T(100m²) 10**D**		② €34,30

N 48°00'37'' E 09°01'42''   121946
B311 Freiburg-Ulm, Ausfahrt Leibertingen. In Thalheim links in die 'Schwimmbadstraße' abbiegen. Den Schildern folgen. Camping liegt rechts oben neben dem Weg.

Campingplatz Iriswiese
Tunau 16
D-88079 Kressbronn
Telefon +49 (0) 75 43 / 80 10
Telefax +49 (0) 75 43 / 80 32
info@campingplatz-iriswiese.de

www.campingplatz-iriswiese.de

Campinggarten Leibertingen

Bei uns gehören Sie zur Familie.....Unser kleiner, familiärer Campinggarten liegt im schönen Donautal ca. 23 km vom Bodensee. Bei uns erwarten Sie großzügige Stellplätze, eigenes Naturbad mit Rutsche und Sprungfelsen, neue Sanitäranlagen. Kinder dürfen sich über ein Spielzimmer, viele Streicheltiere auf einem echten Bauernhof und einen Kinderspielplatz freuen. WLAN gratis, Brötchenservice und Kiosk. Ein Hund kostenlos!
Beim Freibad 1 - Vogelsang, 88637 Leibertingen/Thalheim
Tel. +49 7575209171 • E-Mail: info@campinggarten-leibertingen.de
Internet: www.campinggarten-leibertingen.de

Oberteuringen/Neuhaus, D-88094 / Baden-W.

CP am Bauernhof/Ferienhof Kramer
Sankt Georg Straße 8
13 Apr - 15 Sep
+49 75 46 24 46
kramer@camping-am-bauernhof.de
N 47°44'22" E 09°28'19"

1 AF**IL**NOPQRS**T**   A 6
2 CGOPWX   ABDEF**GH**I 7
3 ABFGMSW   ABFJNQRTW 8
4 FHIK   I 9
5 ABDMN   ABFGHIJMPRVX 10
B 16A CEE   €27,50
H456 0,9 ha 51**T**(100-120m²) 4D €38,50
111720

A81 Stuttgart-Singen-Meersburg. B33 Richtung Ravensburg / Markdorf/Neuhaus. Ulm-Ravensburg. B33 Richtung Meersburg/Neuhaus.

Machtolsheim, D-89150 / Baden-Württ.

Heidehof****
Heidehofstraße 50
1 Jan - 31 Dez
+49 73 33 64 08
info@camping-heidehof.de
N 48°28'39" E 09°44'41"

1 ADEF**JM**NOPQRST   ABFG 6
2 AGPTVWX   ABDEF 7
3 BFG**IJM**   ABCDEFJK**LM**NQRT 8
4 BFHILO   EF 9
5 ABDEFGLMN   ABFGJLMPRVX 10
Anzeige auf dieser Seite WB 16A CEE €31,00
H725 25 ha 150**T**(60-100m²) 811**D** €40,00
101144

A8 Stuttgart-Ulm Ausfahrt 61 Merklingen, dann in Richtung Blaubeuren, der CP ist 2 km außerhalb von Machtolsheim. Ist von der Autobahn aus gut angezeigt.

Salem/Neufrach, D-88682 / Baden-Württ.

Gern-Campinghof Salem
Weildorferstraße 46
1 Apr - 31 Okt
+49 75 53 82 96 95
info@campinghof-salem.de
N 47°46'12" E 09°18'27"

1 AEF**JM**NOPQRS**T**   N 6
2 BCGOPVWX   ABDE**FG**HIJ 7
3 ABDFG**HILMNT**X   ABCDEFJKNQRTUVW 8
4 ACDFGHIKLOQ**TXZ**   EFKVW 9
5 ABDEFHKMN   ABCDEHIJPRV 10
Anzeige auf dieser Seite 10-16A CEE €26,00
H467 2 ha 94**T**(80-120m²) 28**D** €33,00
112985

A81 Stuttgart-Singen nach Lindau. Dann die B31 Überlingen-Salem. Von Ulm: die B30 Ulm-Ravensburg. B33 Richtung Markdorf. Dann Richtung Salem/Neufrach.

Markdorf, D-88677 / Baden-Württemberg

Wirthshof*****
Steibensteig 10
15 Jan - 15 Dez
+49 7 54 44 62 70
info@wirthshof.de
N 47°42'53" E 09°24'32"

1 ADEF**JM**NOPQRST   AB 6
2 GOPVX   ABCDE**FG** 7
3 ABDEFG**JLM**W   ABCDEFJK**LM**NQRTUVW 8
4 ABCDEFH**QSTVXYZ**   AEFGVW 9
5 ABDFHLMN   ABCFGHIKMPRZ 10
Anzeige auf Seite 175   B 16A CEE €35,50
H411 10 ha 270**T**(80-100m²) 134**D** €47,50
102298

Ab Meersburg der B33 bis hinter Markdorf folgen. Ab Ravensburg B33 Richtung Meersburg vor Markdorf. Der CP ist dann ausgeschildert.

Gern - Campinghof Salem

9 km vom Bodensee mit seiner herrlichen Umgebung. Ideales Gebiet zum Wandern und Radfahren. Am Platz ein Kiosk mit kleiner Küche, Kinderbauernhof, Ponyreiten und großen Spielraum. Angebotswochen in der Vor- und Nachsaison auf Anfrage.

E-Mail: info@campinghof-salem.de
Internet: www.campinghof-salem.de

Münsingen, D-72525 / Baden-Württ.

Ferienanlage Hofgut Hopfenburg
Hopfenburg 12
1 Jan - 31 Dez
+49 73 81 93 11 93 11
info@hofgut-hopfenburg.de
N 48°24'12" E 09°30'31"

1 ADEFG**JM**NOPQRS   6
2 BFGPUVW   BEF 7
3 B**D**H**IM**   BDFGIJPQRTUVW 8
4   ABDEIV 9
5 ABDMN   ABCFGHIKNOSTV 10
Anzeige auf dieser Seite WB 16A CEE €25,65
H780 10 ha 80**T**(100-120m²) 60**D** €33,65
120271

A8 Stuttgart-München. Ausfahrt 55 Richtung Nürtingen-Metzingen Bad Urach. In Münsingen den CP-Schildern folgen. Camping liegt etwas ortsaußerhalb. Oder Ausfahrt Merklingen und dann Münsingen folgen.

Sigmaringen, D-72488 / Baden-Württemberg

Sigmaringen****
Georg-Zimmerer-Straße 6
3 Apr - 15 Okt
+49 75 71 50 41 1
info@outandback.de
N 48°05'01" E 09°12'29"

1 ADEF**JM**NOPQRST   NVXZ 6
2 CGOPRSVWXY   AD**FG** 7
3 ABFG**JL**MTWX   ABDFJNQRUVW 8
4 EFHO   FJRU 9
5 ABCDEFGHKLM**N**   ABCFGHIJLPR 10
B 16A CEE   €25,00
H570 1,5 ha 104**T**(100-130m²) 25**D** €36,00
102293

A81 Ausfahrt 38. B311 Richtung Tuttlingen, dann Richtung Sigmaringen B311/B313. Ab hier den CP Schildern folgen.

Sonnenbühl/Erpfingen, D-72820 / Baden-Württ.

AZUR Rosencp. Schwäbische Alb
Hardtweg 80
1 Jan - 31 Dez
+49 7 12 84 66
erpfingen@azur-camping.de
N 48°21'47" E 09°11'00"

1 ABDEFG**JM**NOPQRST   AB 6
2 FGPRTUVWXY   ABDE**FG**IJ 7
3 ABFG**JM**SX   ABCDFJNQRT 8
4 FH
5 ABDMN   ABDFGHJLRVW 10
Anzeige auf dieser Seite WB 16A CEE €33,50
H790 9 ha 150**T**(100m²) 304**D** €46,50
102292

Von Stuttgart-Reutlingen die B312/313 Richtung Sigmaringen. Der Strecke zur Bärenhöhle, Sonnenbühl-Erpfingen ist gut ausgeschildert.

AZUR Rosencp. Schwäbische Alb

Mitten auf der Schwäbischen Alb, im Luftkurort Sonnenbühl gelegen, ist dieser AZUR Camping ein idealer Ausgangspunkt für ausgiebige Wanderungen, Ausflüge zu den umliegenden Burgen und Schlössern oder für Stadtbesichtigungen nach Tübingen, Reutlingen oder in die Outlet-City Metzingen.
Hardtweg 80, 72820 Sonnenbühl/Erpfingen
Tel. 07128-466 • E-Mail: erpfingen@azur-camping.de
Internet: www.azur-camping.de

Tettnang/Badhütten, D-88069 / Baden-Württ.

Gutshof Camping Badhütten
Laimnau/Badhütten 1/2
6 Apr - 1 Nov
+49 7 54 39 63 30
gutshof.camping@t-online.de
N 47°38'00" E 09°38'51"

1 A**IL**NOPQRS**T**   AFHINU 6
2 CFGPVWXY   BE**FG** 7
3 BFHIMS   BCD**F**JKNQRTU 8
4 **A**FHIK   DI 9
5 ABDFGHKM   ABFGHJORW 10
16A CEE   €36,40
H380 10 ha 200**T**(120-150m²) 314**D** €47,40
102368

B31 Lindau-Friedrichshafen. Hinter Kressbronn in Richtung Tettnang, Abfahrt Tannau/Laimnau, dann ist der CP ausgeschildert.

Tübingen, D-72072 / Baden-Württemberg

Neckar-Camping Tübingen***
Rappenberghalde 61
1 Apr - 30 Okt
+49 7 07 14 31 45
mail@neckarcamping.de
N 48°30'38" E 09°02'09"

1 ADEF**IL**NOPQRST   ABN 6
2 CFGOPRWXY   ABDE**FG**HI 7
3 BM   ABCDEFHNRT 8
4 FH   ADFV 9
5 ABDEFLM   AFGHIJ**NO**R 10
H400 3 ha 83**T**(60-80m²) 47**D** €33,50
 €41,50
102290

A81 Ausfahrt 28 Herrenberg. Dann der B28 Richtung Tübingen folgen. In der Stadt den CP-Schildern folgen. CP ist mitten in der Stadt.

Teilkarte Tübingen auf Seite 171

Teilkarte Tübingen auf Seite 171

WIRTHSHOF CAMPING ★★★★★

EINZIGARTIG. VIELFÄLTIG. FAMILIÄR.

abwechslungsreiches Freizeitprogramm
vielseitiges Bewegungsangebot
Wellness & Spa | 4-Sterne-Hotel | Indoor-
Spielscheune, Spielschloss, Minigolf
und Pit-Pat | beheiztes Schwimmbad
Campingerlebnis in der Natur

Camping Wirthshof | Steibensteg 10
D-88677 Markdorf | Telefon +49 7544-96270

wirthshof.de

5-STERNE-CAMPING BEIM BODENSEE

Deutschland

Uhldingen-Mühlhofen, D-88690 / Baden-Württ.
- Campingplatz Birnau-Maurach
- 24 Mär – 28 Okt
- +49 75 56 66 99
- info@mupu.de

1 AEF**IL**NOPQRST   LPQS**X** 6
2 DKPX   ABDE**FG** 7
3 ABFM   ABCDFJNQRTUVW 8
4 BCDFHI**Q**   V 9
5 ABDFHLN   AHIJPR 10
B 16A
H333 4 ha 80T (70-100m²) 100**D**
① €40,00
② €47,00
102296

N 47°44'26'' E 09°13'34''
B31 Stockach via Überlingen nach Uhldingen. Hier ist der CP ausgeschildert.

Westerheim, D-72589 / Baden-Württemberg
- ALB-Camping Westerheim
- Beim Campingplatz 1
- 1 Jan – 31 Dez
- +49 73 33 61 40
- info@alb-camping.de

1 AEF**JM**NOPRST   ABFGM 6
2 AFGPTVWX   ABDE**FG** 7
3 BFG**JMNS**   ABCDFGIJKNQRTUW 8
4 BFHILO**PQR**   CDEFI 9
5 ABCDEFHLMN   ABFGHJLM**NP**QRVWZ 10
WB 16A CEE
H820 20 ha 74T (80-100m²) 936**D**
① €29,20
② €37,20
102367

N 48°30'37'' E 09°36'34''
A8 Stuttgart-München. Behelfsausfahrt 60 Hohenstadt Richtung Westerheim. A8 München-Stuttgart Ausfahrt 61 Richtung Westerheim. Der CP ist ausgeschildert und von der Autobahn aus gut erreichbar.

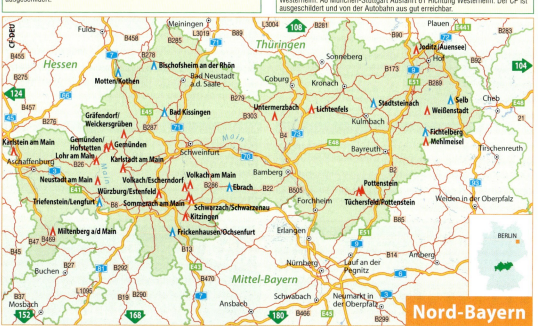

Nord-Bayern

Deutschland

Camping Fichtelsee ★★★★★

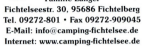

Familie Langer
Fichtelseestr. 30, 95686 Fichtelberg
Tel. 09272-801 • Fax 09272-909045
E-Mail: info@camping-fichtelsee.de
Internet: www.camping-fichtelsee.de

* Sommer- und Wintercamping
* Tausend und eine Möglichkeit rund um den Erlebnisberg Ochsenkopf
* Im Herzen des Freizeitzentrums Fichtelsee
* Inmitten des Nordic-Parks Fichtelgebirge
* Komfortable Sanitäranlagen mit vielen Extras, Kabel-TV, großzügiger Spielplatz

Ideales Wintersportgebiet, Ski alpin, Langlauf, Skating

Bad Kissingen, D-97688 / Bayern CC€18 iD
- Knaus Campingpark Bad Kissingen
- Euerdorfer Str. 1
- 1 Jan - 31 Dez
- +49 9 71 78 51 39 66
- @ badkissingen@knauscamp.de

1 AF**JM**NOPQRST	N 6
2 ACOPRSWXY	ABF**G** 7
3 A	ABCDEFJNQRUVW 8
4 FH	E 9
5 ABDFLM	ABCDFJQRX10
Anzeige auf Seite 52 B 16A CEE	① €43,10 ② €52,10

N 50°11'22'' E 10°04'20'' H200 2 ha 80**T**(80-110m²) 26**D**   102423

A7 Würzburg-Fulda, Ausfahrt 96, dann Bad Kissingen und der Beschilderung folgen. A71 Schweinfurt-Meiningen, Ausfahrt 26, dann B287 Bad Kissingen Beschilderung folgen.

Bischofsheim an der Rhön, D-97653 / Bayern CC€18 iD
- Camping Rhöncamping★★★★
- Kissingerstraße 53
- 1/1 - 31/10, 11/2 - 31/12
- +49 97 72 13 50
- @ info@rhoencamping.de

1 AF**JM**NOPQRST	ABFG 6
2 GOPRVWX	ABDF**G** 7
3 AG**JM**	ABCDEF**H**IJNPQRW 8
4 FHI**S**	9
5 ABDMN	ABFGHJL**P**R10
W 16A CEE	① €23,00 ② €29,00

N 50°23'44'' E 10°01'14'' H418 3,8 ha 80**T**(80-100m²) 100**D**   102421

A7 Würzburg-Fulda, Abfahrt 95 Bad Brückenau/Wildflecken. Richtung Bischofsheim. In Bischofsheim den CP-Schildern folgen.

Ebrach, D-96157 / Bayern CC€20 iD
- Weihersee
- Schwimmbadweg 21
- 5 Apr - 18 Okt
- +49 9 55 39 89 05 79
- @ weihersee@t-online.de

1 AEJMNOPRST	6
2 BCOPUVWXY	ABDE**FG** 7
3 B	ABCDEFJNQRUW 8
4 FH	F 9
5 AD	AHJL**P**R10
Anzeige auf dieser Seite 16A CEE	① €26,00 ② €34,00
3 ha 105**T**(90-100m²) 28**D**	

N 49°50'44'' E 10°28'57''   121059

A3 Würzburg-Nürnberg, ausfahrt 76 Geiselwind, ca 15 Min Richtung Ebrach. Dann den CP-Schildern folgen.

Camping Weihersee

Ruhiger Familiencamping mitten im idyllischen Naturpark Steigerwald. Ideal für Radfahrer, Naturliebhaber. Dicht an der Stadt Bamberg. Baumwipfelpfad 1 km. Naturschwimmbad 300m.

Schwimmbadweg 21
96157 Ebrach
www.weihersee.de

Fichtelberg, D-95686 / Bayern CC€20 iD
- Fichtelsee★★★★★
- Fichtelseestraße 30
- 1/1 - 31/10, 6/12 - 31/12
- +49 9 27 28 01
- @ info@camping-fichtelsee.de

1 AEF**JM**NOPQRST	L 6
2 DGOPRVWXY	ABDE**FG** 7
3 AB**JL**MU	ABCDEFJNOQRTUVW 8
4 EFHIO	9
5 ABDMN	ABDEGHJ**O**R**X**10
Anzeige auf dieser Seite WB 16A CEE	① €25,10 ② €33,50
H800 2,6 ha 100**T**(90-140m²) 25**D**	

N 50°00'59'' E 11°51'20''   102565

B303 Richtung Fichtelberg/Marktredwitz. Den weißen Schildern 'Fichtelsee' und CP-Schildern folgen.

Frickenhausen/Ochsenfurt, D-97252 / Bayern CC€20 iD
- Knaus Campingpark Frickenhausen
- Ochsenfurterstraße 49
- 1 Jan - 31 Dez
- +49 93 31 31 71
- @ frickenhausen@knauscamp.de

1 ADEF**JM**NOPQRST	ANWXYZ 6
2 ACGPRVWXY	ABDE**FG**HI 7
3 BGM	ABCDEFJNQRTUVW 8
4 FHIO	EFV 9
5 ADFLMN	ABCDGHJL**P**RVZ10
Anzeige auf Seite 52 16A CEE	① €34,50 ② €42,70
3,4 ha 77**T**(80-100m²) 93**D**	

N 49°40'09'' E 10°04'28''   102428

A3 Würzburg-Nürnberg, Ausfahrt 71 Randersacker. B13 bis Frickenhausen. Dann der CP-Beschilderung folgen.

Gemünden, D-97737 / Bayern iD
- Saaleinsel
- Duivenallee 7
- 1 Apr - 13 Okt
- +49 93 51 85 74
- @ poststelle@campingplatz-saaleinsel.de

1 ADEF**JM**NOPRS**T**	ABFJ**N**XZ 6
2 CGOPRWX	ABDE**FG**H 7
3 AFG**JM**N**S**	ABCDEFJNQRTU 8
4 FHI	RV 9
5 ADEM	ABGHJLPR10
B 16A CEE	① €24,50 ② €33,50

N 50°03'37'' E 09°41'28'' H180 5,2 ha 150**T**(80-120m²) 200**D**   102355

A3 Frankfurt-Würzburg, Ausfahrt 61 Hösbach. Dann B26 Lohr-Gemünden. Campingschildern folgen.

Gemünden/Hofstetten, D-97737 / Bayern iD
- Spessart-Camping Schönrain★★★★★
- Schönrainstr. 4-18
- 1 Apr - 30 Sep
- +49 93 51 86 45
- @ info@spessart-camping.de

1 AF**JM**NOPQRST	A 6
2 OPQRTUVWXY	ABC**D**E**FG**H 7
3 BCFM	ABCDE**FI**JLMNQRTUVW 8
4 FHIO**P**QRS**UV**	EFV 9
5 ABDFGLMN	ABGJLN**O**R10
B 16A CEE	① €28,70 ② €37,90

N 50°03'05'' E 09°39'25'' H170 7 ha 100**T**(100-150m²) 32**D**   101427

A3 Frankfurt-Würzburg, Ausfahrt 63 Weibersbrunn/Lohr. B26 Richtung Lohr/Gemünden. In Gemünden über die Mainbrücke, dann rechts Richtung Hofstetten und CP-Schildern folgen.

Gräfendorf/Weickersgrüben, D-97782 / Bayern iD
- Roßmühle
- Roßmühle 7
- 1 Jan - 31 Dez
- +49 93 57 12 10
- +49 9 35 78 32

1 A**JM**NOPRST	JNXZ 6
2 CPRWX	ABCDE**FG**I 7
3 AM	ABCDEFJNQRTUVW 8
4 FH	GIR 9
5 ABDEFLMN	AFGHJL**P**R10
6-10A CEE	① €25,00 ② €31,00

N 50°06'24'' E 09°47'00'' H172 4 ha 100**T**(80-100m²) 176**D**   102354

A7 Fulda-Würzburg, Ausfahrt 97. B287 Richtung Hammelburg, dann B27 Richtung Karlstadt. Hinter Obereschenbach der Ausfahrt Gräfendorf folgen. Etwa 1 km hinter Weickersgrüben den CP-Schildern folgen.

Joditz (Auensee), D-95189 / Bayern iD
- Auensee
- Am Auensee 1
- 1 Jan - 31 Dez
- +49 9 29 53 81
- @ info@auensee-camping.de

1 ADE**I**LNOPQRST	LNX 6
2 ADGOPRTWXY	ABDE**FG** 7
3 AFGM	ABEFNQRW 8
4 FHI	9
5 ADKM	AHJLPRV10
W 16A CEE	① €18,60 ② €23,60

N 50°22'29'' E 11°50'16'' H450 6 ha 50**T** 150**D**   102561

A9 Ausfahrt 3 Berg/Bad Steben. Dann Richtung Joditz. Anschließend ist CP ausgeschildert. An der schmalen Einbahnstraße geradeaus. Schild 'Auensee' folgen.

Karlstadt am Main, D-97753 / Bayern iD
- Am Schwimmbad
- Baggersweg 6
- 1 Apr - 15 Okt
- +49 93 53 99 61 07
- @ info@campingplatz-karlstadt.de

1 A**JM**NORT	ABFGJNX 6
2 CGPRVWX	ARF**FG** 7
3 A	ABEFNQR 8
4	9
5 ADEFMN	ABCHPR10
16A CEE	① €18,50 ② €24,60

N 49°57'29'' E 09°45'45'' H160 1,3 ha 40**T**(80-95m²) 70**D**   102356

B27 Würzburg-Zellingen-Karlstadt. Von Würzburg aus hinter dem ALDI-Supermarkt rechts. Über die Brücke, nach der Ampel links. Schildern folgen.

Karlstein am Main, D-63791 / Bayern iD
- Freizeitgebiet Großwelzheim
- Kirchweg 1
- 1 Jan - 31 Dez
- +49 61 88 50 94
- @ camping.karlstein@online.de

1 AEHKNOPRS**T**	LM**N** 6
2 ABDGHPRWX	ABDE**FG**HIJ 7
3 BFG**JM**	ABCDEFJKNQRTVW 8
4 FHIO	9
5 ABDEFHJKM**N**	ABGHIJRZ10
B 6A CEE	① €18,50 ② €24,50

N 50°03'30'' E 09°00'46'' H100 12 ha 100**T**(60-80m²) 450**D**   102276

A45 Dortmund-Würzburg, Ausfahrt 45 Karlstein. B8 rechts Richtung Hanau. Direkt nach Karlstein am Main Schild 'Camping/Badesee' folgen.

Kitzingen, D-97318 / Bayern iD
- Schiefer Turm
- Marktbreiterstr. 20
- 28 Mär - 6 Okt
- +49 9 32 13 31 25
- @ info@camping-kitzingen.de

1 AEF**JM**NOPQRST	JNWXYZ 6
2 ACOPRVWXY	ABDE**FG**I 7
3 AM	ABCDFGIJNQRW 8
4 H	9
5 ADM	AHJPRZ10
16A CEE	① €28,00 ② €37,00

N 49°43'54'' E 10°10'06'' H181 3 ha 70**T**(85-130m²) 56**D**   101138

A3 Würzburg-Nürnberg Ausfahrt 72 Biebelried, dann die B8 Richtung Kitzingen. Den Schildern zum Schwimmbad folgen.

Club iD

Die praktische ACSI Clubkarte

www.ACSIClubID.de

Mainufer

Idealer Camping für Wohnmobile und Wohnwagen. Idyllisch am breiten Main mit Sandstrand. Direkter Zugang zum Schwimmbad mit Rutsche, große Liegewiese und Sportplatz. Minigolf und Biergarten mit Restaurant. 10 Minuten zu Fuß ins Zentrum.

Jahnstraße 12, 97816 Lohr am Main
Gsm +49 (0) 163-7301846
E-Mail: info@camping-lohr.de
Internet: www.tsv-lohr.de und
www.camping-lohr.de

Lichtenfels, D-96215 / Bayern
- Maincamping
- Krößwehrstr. 52
- 1 Apr - 15 Okt
- +49 9 57 17 17 29
- @ info@maincamping.de
- N 50°09'22'' E 11°05'11''
- B173, Ausfahrt Lichtenfels-Ost/Oberwallenstadt. CP ist ausgeschildert.

1 AEFJMNOPQRST JLNXZ 6
2 CDGIOPSVWXY ABDEFGHI 7
3 ABMN ABCDEFJNQRTW 8
4 FHIO V 9
5 ADN ABFGHJOR10
B 16A CEE
H300 1 ha 85T(81-100m²) 45D
€15,10 / €19,50
102525

Neustadt am Main, D-97845 / Bayern
- Main Spessart Camping International
- +49 9 39 36 39
- @ info@camping-neustadt-main.de
- N 49°54'41'' E 09°35'03''
- A3 Frankfurt-Würzburg, Ausfahrt 65 Marktheidenfeld Richtung Lohr. Dann Richtung Neustadt. 2 km vor Neustadt CP am Main.

1 EFJMNOPRST ABFJNQSWXYZ6
2 COPVWXY BEFG 7
3 BFLM ABCDEFJNQRTU 8
4 BHIP V 9
5 ACDEMN ABFGHJPR10
16A CEE
H164 5,6 ha 90T(90-130m²) 160D
€24,50 / €31,50
107812

Lohr am Main, D-97816 / Bayern
- Camping Mainufer
- Jahnstraße 12
- 15 Apr - 15 Okt
- +49 16 37 30 18 46
- @ info@camping-lohr.de
- N 49°59'54'' E 09°34'58''
- A3 Frankfurt-würzburg, Ausfahrt 63 Weibersbrunn, Richtung Lohr am Main, vorbei Lohr am Main B26 nehmen, bei McDonald's abzweigen, CP-Schildern folgen.

1 AEFJMNOPQRT ABHINXY 6
2 CGHOPSWX ABDEFG 7
3 FGN ABEFJNQRU 8
4 FH 9
5 D ABHIJOR10
Anzeige auf dieser Seite 16A CEE
H150 2,2 ha 80T(80-90m²) 50D
€22,50 / €29,50
108134

Pottenstein, D-91278 / Bayern
- Bärenschlucht ★★★★
- Bärenschlucht 1
- 1 Jan - 31 Dez
- +49 9 24 32 06
- @ info@baerenschlucht-camping.de
- N 49°46'45'' E 11°23'07''
- A9 Ausfahrt 44 Pegnitz. Richtung Pottenstein. B470 ab Forchheim Richtung Pegnitz. Bei Km 10. A73 Forcheim-Nord über die B470.

1 ADEFJMNOPQRST JNU 6
2 COPRUVWXY ABDEFGIJ 7
3 BLMW ABCDEFJNQRTW 8
4 FH J 9
5 ABDFJKLMN ABEGHKR10
B 6-16A CEE
H400 5 ha 150T(50-120m²) 56D
€23,10 / €30,10
101140

Mehlmeisel, D-95694 / Bayern
- Holderbach
- Schafgasse 14a
- 1 Jan - 31 Dez
- +49 9 27 23 87
- @ info@campingplatz-holderbach.de
- N 49°58'31'' E 11°51'09''
- B303 Richtung Fichtelberg. Dort Richtung Mehlmeisel. Nach ca. 3 km braunen CP-Schildern folgen. Erster CP am Ortsrand.

1 AFJMNOPQRST F 6
2 OPTVWX ABFG 7
3 MU ABEFJNR 8
4 HIO DV 9
5 D AGHGHJR10
W 16A CEE
H650 0,8 ha 54T(bis 100m²) 26D
€20,00 / €27,00
100171

Pottenstein, D-91278 / Bayern
- Jurahöhe
- Kleinlein 9
- 1 Jan - 31 Dez
- +49 92 43 91 73
- @ campingplatz-jurahoehe@gmx.de
- N 49°47'54'' E 11°22'30''
- Von Bamberg oder Würzburg via B470 nach Ebermannstadt. Via Behringermühle und Tüchersfeld nach Kleinlesau.

1 AFJMNOPQRST 6
2 PRUVWXY ABDFG 7
3 BLM ABEFJNQRUVW 8
4 FH D 9
5 ADFJKMN ABFHJLR10
16A CEE
H468 1,6 ha 55T(81-100m²) 31D
€20,40 / €26,40
109035

Miltenberg a/d Main, D-63897 / Bayern
- Mainwiese
- Steingässerstrasse 8
- 1 Apr - 30 Sep
- +49 93 71 39 85
- @ campingplatzmainwiese@gmail.com
- N 49°42'13'' E 09°15'15''
- B469 Aschaffenburg-Amorbach, Richtung Miltenberg. Im Zentrum über Mainbrücke Richtung Klingenberg und dann gleich rechts.

1 AEFJMNOPRST JNWX 6
2 CGOPRWXY ABDEFG 7
3 BFM ABCDEFJNQR 8
4 EFH 9
5 ABDHMN AGHKLMR10
16A
H126 2,5 ha 80T(70-100m²) 60D
€20,00 / €27,00
102279

Schwarzach/Schwarzenau, D-97359 / Bayern
- Mainblick ★★★★
- Mainstraße 2
- 1 Apr - 25 Okt
- +49 9 32 46 05
- @ info@camping-mainblick.de
- N 49°48'13'' E 10°13'02''
- A3, Ausfahrt 74 nach Kitzingen/Schwarzach/Dettelbach, Richtung Schwarzach/Dettelbach/Würzburg. Nach Hörblach rechts abbiegen auf die B22. Im Kreisverkehr die 3. Ausfahrt. CP-Schildern 'Schwarzenau' folgen.

1 AFJMNOPQRST ABJNQSWXYZ6
2 ACGOPRSVWXY ABDEFGHI 7
3 AFLM ABCDFJKNQRTW 8
4 FHIOPQ V 9
5 ABDFLMN AGHJLPR10
Anzeige auf dieser Seite B 16A CEE
H123 2,9 ha 80T(85-100m²) 90D
€24,50 / €31,50
101429

Motten/Kothen, D-97786 / Bayern
- Rhönperle
- Zum Schmelzhof 36
- 1 Apr - 30 Okt
- +49 9 74 84 50
- @ info@camping-rhoenperle.de
- N 50°22'25'' E 09°46'11''
- A7 Fulda-Würzburg, ausfahrt 94 Bad Brückenau-Volkers-Motten. B27 Richtung Fulda/Motten. Nach 6 km, CP im Ort Kothen, Gemeinde Motten.

1 ADEFJMNOPQRST L 6
2 ADOPRSUWXY ABDEFG 7
3 M ABCDEFJNPQRTW 8
4 FHI 9
5 ABDLMN ABFGHJPR10
Anzeige auf dieser Seite 16A
H387 3 ha 80T(80-90m²) 38D
€25,00 / €32,00
102350

Rhönperle

Idyllisch gelegener Campingplatz mit Badesee, Baumbestand und großer Zeltwiese. Neue Sanitäranlagen. Wanderwege und Radfahrmöglichkeiten vorhanden. Bäckerei und Gasthof in der unmittelbarer Nähe.

Zum Schmelzhof 36, 97786 Motten/Kothen • Tel. 09748-450
E-Mail: info@camping-rhoenperle.de
Internet: www.camping-rhoenperle.de

Mainblick ★★★★

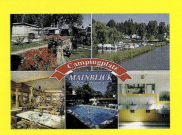

Mainstraße 2, 97359 Schwarzach/Schwarzenau
Tel. +49 9324605 • E-Mail: info@camping-mainblick.de
Internet: www.camping-mainblick.de

CAMPING ESTENFELD
von S. Strümper

Zwischenstation auf dem Weg in den Süden und Ausgangspunkt für einen Besuch in Würzburg per Rad oder Bus. Viel Ruhe und überdurchschnittlich viele Sonnenstunden, 5 Km von der A7/E45 Hannover-Füssen, Ausfahrt 101 Würzburg/Estenfeld. Frühstücksservice.

Maidbronnerstr. 38, 97230 Würzburg/Estenfeld
Tel. 09305-228 • Fax 09305-8006
E-Mail: cplestenfeld@freenet.de
Internet: www.camping-estenfeld.de

Selb, D-95100 / Bayern
- Halali-Park
- Heidelheim 37
- 1 Apr - 31 Okt
- +49 92 87 23 66
- info@halali-park.de

1 ADEF**JM**NOPQRST L 6
2 ADGPRTUWXY ABDE**FG**I 7
3 BX ABE**FNQR** 8
4 FHIO DI 9
5 DMN ADGHL**OR** 10
Anzeige auf dieser Seite 16A CEE ❶ €18,60
H625 5,2 ha 80T 125D ❷ €23,60

N 50°08'39'' E 12°03'04'' 102585
A93, Ausfahrt 9 Selb-West/Marktleuthen. Bei Km 5,5 links Richtung Heidelheim. CP ist ausgeschildert. A9 Ausfahrt 37 Gefrees Richtung Selb. Von Marktleuthen den CP-Schildern folgen.

CAMPING RÜCKERT KLAUSE

Sehr ruhig gelegener Terrassencamping am Berg. Genießen Sie die tolle Aussicht und die herrliche Ruhe. Die Natur lädt ein zu herrlichen Wanderungen. In der Umgebung viele Städte, die es zu besuchen lohnt: Coburg, Bamberg, Lichtenfels, Staffelstein und Kloster Banz und die Vierzehnheiligen.

Wüstenwelsberg 16, 96190 Untermerzbach
Tel. und Fax 09533-288

HALALI-PARK
EINER DER SCHÖNSTEN NATURCAMPINGS IN EUROPA!

• Wandern und Rad fahren möglich • Am Naturpark Fichtelberg
• Ideal für Kinder • Caravanvermietung • Reservieren nicht notwendig • Gaststätte mit Terrasse • An der Stadt des Porzellans
• 15 km vom Grenzübergang nach Tschechien

Heidelheim 37, 95100 Selb • Tel. 09287-2366 • Fax 09287-800841
E-Mail: info@halali-park.de • Internet: www.halali-park.de

Untermerzbach, D-96190 / Bayern
- Rückert Klause
- Wüstenwelsberg 16
- 1 Apr - 31 Okt
- +49 9 53 32 88

1 AFJMNOPQRT 6
2 FPRTUWX ABDEF 7
3 ABCDEFJNQR 8
4 FI
5 DMN ABFJR 10
Anzeige auf dieser Seite 16A CEE ❶ €18,20
H356 1 ha 25T (60-100m²) 35D ❷ €22,20

N 50°08'15'' E 10°49'41'' 102477
Aus dem Westen via B279 nach Pfarrweisach-Lichtenstein-Wüstenwelsberg Richtung Untermerzbach. Via B4, Ausfahrt Kattenbrunn/Untermerzbach/Obermerzbach.

Sommerach am Main, D-97334 / Bayern
- Katzenkopf****
- Am See 7
- 1 Apr - 26 Okt
- +49 93 81 92 15
- info@camping-katzenkopf.de

1 AEF**JM**NOPRST JLNQSXYZ 6
2 ACDGHIOPRVWXY ABDE**FG** 7
3 BFG**JLM** ABCDEFJKNQRTUVW 8
4 FHIO RTV 9
5 ABDFLMN AGHJ**OR** 10
B 6-16A CEE ❶ €26,80
H198 6 ha 174T (85-140m²) 100D ❷ €34,80

N 49°49'33'' E 10°12'03'' 102426
A3 Würzburg-Nürnberg, Ausfahrt 74 Kitzingen-Schwarzach. Anschließend Richtung Volkach. Nach 4 km Richtung Sommerach, dann beschildert.

Volkach am Main, D-97332 / Bayern
- Ankergrund
- Fahrerstraße 7
- 1 Apr - 18 Okt
- +49 93 81 67 13
- campingplatz-ankergrund.de

1 AF**JM**NOPQRS JNWXYZ 6
2 CHOPRSVWX ABDE**FG** 7
3 AFGM ABCDEFJNPQRUV 8
4 FH 9
5 ABDEFKMN ABGHIJ**PR** 10
B 16A CEE ❶ €25,50
H280 2 ha 95T (100-150m²) 60D ❷ €32,10

N 49°52'09'' E 10°12'54'' 102425
A3 Würzburg-Nürnberg, Ausfahrt 74 Kitzingen/Schwarzach. Sommerach/Volkach Beschilderung folgen, In Volkach ist der CP ausgeschildert.

Stadtsteinach, D-95346 / Bayern
- Camping Stadtsteinach
- Badstraße 5
- 1 Mär - 1 Nov
- +49 92 25 80 03 94
- info@camping-stadtsteinach.de

1 ACDEF**JM**NOPQRST AB**FG**O 6
2 GOPQRTUVWXY ABDE**FGI** 7
3 BM**NOR** ABCDEFJKNPQRW 8
4 FHO FG 9
5 ADFHKLM ABGHJ**PR** 10
B 16A CEE ❶ €24,00
H350 3,5 ha 100T (90-110m²) 36D ❷ €32,60

N 50°09'37'' E 11°30'57'' 102562
A9 München-Berlin Ausfahrt Himmelkron/Stadtsteinach. Über die B303 Richtung Untersteinach/Kulmbach. Kurz vor Untersteinach im Kreisel rechts nach Stadtsteinach. Den CP-Schildern folgen.

Volkach/Escherndorf, D-97332 / Bayern
- Campingplatz-Escherndorf-Mainschleife
- An der Güß 9A
- 5 Apr - 27 Okt
- +49 93 81 28 89
- info@campingplatz-mainschleife.de

1 ADE**FIL**NOPQRXY JN**X**YZ 6
2 CIOPSVWXY ABDE**FG** 7
3 A**LM** ABCDEFIJNQRTW 8
4 FH 9
5 ABDFILMN AFGH**JOR** 10
B 16A CEE ❶ €29,00
H198 2 ha 80T (90-100m²) 20D ❷ €37,00

N 49°51'36'' E 10°10'35'' 112347
A7 Würzburg-Fulda, Ausfahrt 101 Estenfeld/Würzburg Richtung Escherndorf. Schildern folgen.

Triefenstein/Lengfurt, D-97855 / Bayern
- Main-Spessart-Park*****
- Spessartstraße 30
- 1 Jan - 31 Dez
- +49 93 95 10 79
- info@camping-main-spessart.de

1 ADEF**IL**NOPRST W**X**Y 6
2 APRSUVWXY ABDE**FG** 7
3 BFG**LMS** ABCDEFJKNQRTUVW 8
4 **ABC**FHIKLO EF**I** 9
5 ABDFGHLMN ABCDFGHJLPSTVX 10
Anzeige auf Seite 179 B 6-10A CEE ❶ €26,00
H155 9,5 ha 180T (90-110m²) 187D ❷ €33,00

N 49°49'06'' E 09°35'18'' 100168
A3 Frankfurt-Würzburg, ausfahrt 65 Marktheidenfeld. In Triefenstein/Lengfurt über die Brücke und dann den CP-Schildern folgen (6 km). Oder A3 Ausf. 66 Wertheim. Am Main entlang Richtung Lengfurt. CP-Schildern folgen (8 km).

Weißenstadt, D-95163 / Bayern
- Am Weissenstädter See
- Badstraße 91
- 1 Jan - 31 Dez
- +49 9 25 32 88
- whuettel-stadtbad@t-online.de

1 ACF**JM**NOPQRST ALM**N**QRSTXYZ 6
2 CDGIPSVWXY ABDE**FG** 7
3 AB**FLMNO** ABCDEFJKNQRTW 8
4 EFHI**OW** T 9
5 ABDEFHJKLMN**O** ABFGHJLMPPR 10
WB 10A CEE ❶ €21,50
H618 2,5 ha 150T (80-150m²) 81D ❷ €28,50

N 50°06'28'' E 11°52'49'' 102563
A9 Nürnberg-Berlin, Ausfahrt Gefees. Via Weissenstadt Richtung Selb. CP ist ausgeschildert.

Tüchersfeld/Pottenstein, D-91278 / Bayern
- CP Fränkische Schweiz
- Im Tal 1a
- 1 Apr - 15 Sep
- +49 92 42 17 88
- campingplatz-fraenkische-schweiz.info

1 ADEF**JM**NOPQRST JNU 6
2 COPRVX ABDE**FG** 7
3 A**L** ABCDE**F**JNQR 8
4 FHIO 9
5 ABD**JM**N ABGHKL**OR** 10
16A CEE ❶ €29,70
H300 2 ha 155T ❷ €36,90

N 49°46'59'' E 11°21'59'' 102526
A73 Ausfahrt 9 Forchheim-Süd. B470 via Ebermannstadt, Fränkische Schweiz, Richtung Weiden. 1. CP hinter Tüchersfeld. Zwischen Km-Pfahl 11,5 und 12.

Würzburg/Estenfeld, D-97230 / Bayern
- Estenfeld
- Maidbronnerstr. 38
- 30 Mai - 15 Sep
- +49 9 30 52 28
- cplestenfeld@freenet.de

1 AF**JM**NOPQRST 6
2 AOPRWX ABDE**FG**HI 7
3 AF**L** ABCDE**F**JNQRTW 8
4 HI DG 9
5 ABDEFJLMN AGHJL**OR** 10
Anzeige auf dieser Seite 16A ❶ €21,50
H359 0,5 ha 50T (70-85m²) 5D ❷ €28,50

N 49°49'57'' E 09°59'53'' 100170
A7 Würzburg-Fulda, Ausfahrt 101 Würzburg/Estenfeld. B19 Richtung Estenfeld. CP ist ausgeschildert.

CAMPING MAIN-SPESSART-PARK
WALD · WASSER · WEIN · KULTUR

★★★★★

97855 Triefenstein/Lengfurt am Main
Tel.: +49 93 95/10 79 - Fax: +49 93 95/82 95
E-Mail: info@camping-main-spessart.de
Internet: http://www.camping-main-spessart.de

Familienfreundliche Campinganlage mit mustergültiger Sanitärausstattung. Stellplätze mit Strom, Kanal- und Wasseranschluss.

Separater Jugendzeltplatz, **eigener Platzbereich für Campingclubs** mit großem Aufenthaltsraum.

Freizeitgelände für Fußball, Beachvolleyball, Badminton, Boccia, Streetball und Tischtennis. **Kinderspielplatz, Kleintiergehege.**

Beheiztes Freibad direkt neben dem Camping.

Idyllische Umgebung mit romantischen Städtchen und Weinorten. Radwege durch das Maintal.

Ferienprogramm im Juli und August.

Sie können bei uns angekoppelt mit Strom auf dem separatem Platzteil übernachten. Verbilligte Tarife in der Vor- und Nachsaison. Sonderprogramme ab 7. bis 21. Juni 2020 'Mainfranken & Badisches Frankenland' und ab 6. bis 17. September 2020 'Mainfranken zum Kennenlernen'

***** NEU *****
Gratis WLAN

Mittel-Bayern

Altenveldorf, D-92355 / Bayern

- ▲ Am Hauenstein
- Seestraße 9
- 1 Jan - 31 Dez
- +49 9 18 24 54
- @ campingamhauenstein@t-online.de
- N 49°13'01'' E 11°40'09''
- A3 Nürnberg-Regensburg, Ausfahrt 93 Velburg. CP-Schildern folgen.

1 AFJMNOPQRST	A 6
2 APRWX	ABFGH 7
3 AM	ABCDEFJKNQRW 8
4 O	F 9
5 ABDFJKM	AHJPR 10
B 16A CEE	① €26,50
H550 3,5 ha 100T(80-120m²) 91D	② €36,50
	102570

Berg in der Oberpfalz, D-92348 / Bayern

- ▲ Camping in Berg
- Hausheimer Straße 31
- 1 Jan - 31 Dez
- +49 91 89 15 81
- @ camping-in-berg@t-online.de
- N 49°19'47'' E 11°25'43''
- A3 Nürnberg-Regensburg Ausfahrt 91 Oberölsbach, Richtung Neumarkt und Berg, weiter beschildert.

1 AFJMNOPQRST	6
2 AFGPWX	ABDEFGH 7
3 A	ABCDEFHJKNQRTUW 8
4 FHI	I 9
5 DN	AHJOR 10
Anzeige auf dieser Seite 16A CEE	① €24,00
H450 1,5 ha 63T(100m²) 51D	② €33,00
	112165

Campingplatz Blaibach

Camping in der freien Natur im Bayerischen Wald: ideale Mischung für Erholung, Natur und Abenteuerurlaub. Direkt am Regen, wo Sie eine Kanutour machen lassen. Mehrere familienfreundliche Nationalparks in der Nähe. Perfekt für Wandertouren.

Oberes Dorf 7, 93476 Blaibach/Kreuzbach
Tel. +49 99414128
info@aquahema.de • www.aquahema.de

Blaibach/Kreuzbach, D-93476 / Bayern

- ▲ Campingplatz Blaibach
- Oberes Dorf 7
- 1 Mai - 3 Okt
- +49 99 41 41 28
- @ info@aquahema.de
- N 49°09'36'' E 12°48'31''
- Von Westen: AG/E50 Nürnberg Ri. Amberg. B93 Ri. Schwandorf, dann B85 Ri. Blaibach. Von Süden: A3 Passau, am Kreuz Deggendorf A92/B11 Ri. Regen. In Patersdorf B85 Richtung Cham. In Miltach die ST2140 nach Blaibach.

1 AILNOPQRST	JNUV 6
2 BCGOPRSWXY	ABFGH 7
3 ABFGMW	ABCDEFJNQR 8
4 HI	FRUZ 9
5 ADJ	ABHIJPRV 10
Anzeige auf dieser Seite B 16A CEE	① €20,10
H380 1,6 ha 40T(80-100m²) 32D	② €27,30
	121911

Bad Kötzting, D-93444 / Bayern

- ▲ Am Flussfreibad
- Jahnstraße 42
- 1 Jan - 31 Dez
- +49 99 41 81 24
- @ info@camping-koetzting.de
- N 49°10'47'' E 12°51'51''
- Von Cham B85 Richtung Regen. Bei Miltach Richtung Kötzting. CP wird in Kötzting auf blau-weißen Schildern Richtung Freibad angezeigt.

1 AFJMNOPQRST	JNX 6
2 CGOPX	ABFG 7
3 B	ABFJNQRW 8
4 FH	9
5 ADFJKLMN	ABGHIJPR 10
16A CEE	① €24,00
H500 1,4 ha 55T(80-100m²) 30D	② €32,00
	102616

Breitenbrunn, D-92363 / Bayern

- ▲ Jura Camping Platz
- Badstraße 4
- 1 Jan - 31 Dez
- +49 94 95 33 37
- @ info@juracamping-breitenbrunn.de
- N 49°04'44'' E 11°37'24''
- A3 Nürnberg-Regensburg Ausfahrt 94 Parsberg/Dietfurt. In Breitenbrunn den Schildern folgen.

1 AEFJMNOPQRST	AB 6
2 BCGOPVWXY	ABDEFGH 7
3 AMS	ABCDEFJNQRTUVW 8
4 FHI	I 9
5 ADHMN	ABCFGHJPR 10
16A CEE	① €18,00
H400 1,1 ha 55T(100m²) 70D	② €25,00
	109812

Deining, D-92364 / Bayern

- ▲ Campingplatz Sippelmühle GbR
- Sippelmühle 1
- 1 Jan - 31 Dez
- +49 91 84 16 46
- @ camping@sippelmuehle.de
- N 49°10'54'' E 11°32'17''
- A3 Nürnberg - Regensburg Ausfahrt 92. Die B299 Richtung Greisselbach, Döllwang, Waltersberg, dann den Schildern folgen.

1 ACFJMNOPQRST	L 6
2 BDFGHIOPRTUWXY	ABEFG 7
3	ABCDEFJNQRU 8
4 FH	9
5 DHJK	AFHJPR 10
Anzeige auf dieser Seite B 16A CEE	① €24,50
H453 6 ha 50T(70-200m²) 160D	② €34,50
	123506

Camping in Berg

Schönes Urlaubs- und Freizeitgebiet am Fünf-Flüsse-Radweg für Wanderer und Sportler.

Auch zur Durchreise gut geeignet, direkt an der Achse Nürnberg-Regensburg.

Auch Zeltcamper sind bei uns herzlich willkommen.

Hausheimer Straße 31, 92348 Berg in der Oberpfalz
Tel. 09189-1581 / 0171-7506400 • Fax 09189-412733
E-Mail: camping-in-berg@t-online.de
Internet: www.camping-in-berg.de

Campingplatz Sippelmühle

Campingplatz Sippelmühle - im Herzen Bayerns
Bei uns finden Sie Ruhe und Erholung.
Wandern, Radfahren oder eine Abkühlung im Naturbadeweiher mit Sandstrand genießen.

Sippelmühle 1, 92364 Deining • Tel. 091-841646
E-Mail: camping@sippelmuehle.de
Internet: www.sippelmuehle.de

Campingplatz Fischer-Michl

Wald Seezentrum 4, 91710 Gunzenhausen • Tel. 09831-2784
Fax 09831-80397 • E-Mail: fischer-michl@t-online.de
Internet: www.campingplatz-fischer-michl.de

- 45.000 m² Gelände
- Ca. 120 große (120 m²) Plätze
- Prächtige, neue Sanitäranlage
- Idealer Platz für Radfahrer
- 320 Km Radwege in flachem Gelände

Neuer, moderner Familiencamping, am Südufer vom Altmühlsee. Gegenüber ein großer Erholungsstrand mit Kiosk und Terrasse am See. Bootsverleih, Segelhafen mit Anlegeplätzen im Wasser und am Strand, Segelschule. Im Ort gibt es einen Reitplatz.

CAMPING BAUER-KELLER

Sie können hier direkt an der Autobahn sicher übernachten. Ausfahrt Greding, direkt gegenüber Auffahrt München. Der Gasthof ist bekannt für seine Gemütlichkeit und seine günstigen, feinen Mahlzeiten.
Kraftsbucher Str. 1, 91171 Greding
Tel. 08463-64000 • Fax 08463-640033
Internet: www.hotel-bauer-keller.de

Greding, D-91171 / Bayern
- Bauer-Keller
- Kraftsbucher Straße 1
- 1/1 - 31/10, 16/12 - 31/12
- +49 8 46 36 40 00
- info@hotel-bauer-keller.de

1	JMNOPQRST	6
2	ABUW	A 7
3	A	AEFNQ 8
4		G 9
5	DHJL	ANPST10

Anzeige auf dieser Seite 10A CEE ❶ €15,50
H300 1 ha 80T(40-60m²) 24D ❷ €17,50
N 49°02'26'' E 11°20'59'' 102530
A9 München-Nürnberg, Ausfahrt 57 Greding. Genau gegenüber der Auffahrt nach München.

Dinkelsbühl, D-91550 / Bayern
- DCC Campingpark Romantische Straße
- Kobeltsmühle 6
- 1 Jan - 31 Dez
- +49 98 51 78 17
- campdinkelsbuehl@aol.com

1	ADEFJMNOPQRST	LN 6
2	DGHIPSUVXY	ABDEFGIK 7
3	AGJLM	ABCDEFJKNQRW 8
4	FHI	F 9
5	ABDMN	ABFGHJMPRVW10

B 10A CEE ❶ €22,90
H350 14 ha 400T(bis 100m²) 151D ❷ €30,30
N 49°04'52'' E 10°20'02'' 102433
A7 Ausfahrt 112 Dinkelsbühl. In Dinkelsbühl an der B25 ausgeschildert. Zwischen Tankstelle und Bahnübergang Richtung Dürrwangen.

Erlangen/Dechsendorf, D-91056 / Bayern
- Rangau
- Campingstraße 44
- 15 Mär - 15 Okt
- +49 91 35 88 66
- infos@camping-rangau.de

1	ADEFJMNOPQRST	LQSX 6
2	ADHOPQRSVWXY	ABDEFG 7
3	BFLMNR	ABCDEFJNQRT 8
4	FHIO	V 9
5	ADFJLMN	ABGHJMPR10

B 6A CEE ❶ €26,50
H300 1,8 ha 113T(60-80m²) 60D ❷ €35,50
N 49°37'54'' E 10°56'51'' 102479
A3 Ausfahrt 81 Erlangen-West, Richtung Dechsendorf. Nach ungefähr 2 km links abbiegen, dann CP-Schildern folgen. A73, Ausfahrt Erlangen-Nord, dann Richtung Dechsendorf. Dort rechts.

Etzelwang, D-92268 / Bayern
- Frankenalb Camping
- Nürnberger Straße 5
- 1 Apr - 1 Dez
- +49 96 63 91 90 00
- frankenalb-camping@web.de

1	AFILNOPRT	ABFG 6
2	CGOPVWXY	ABDEFG 7
3	A	ABCDEFJNQR 8
4	H	9
5	D	ABLR10

16A CEE ❶ €19,00
H460 2,5 ha 40T 100D ❷ €24,00
N 49°31'31'' E 11°34'55'' 102569
B14 zwischen Lauf und Sulzbach-Rosenberg. Ausfahrt Etzelwang oder Neukirchen. CP liegt am Schwimmbad in Etzelwang.

Furth im Wald, D-93437 / Bayern
- Einberg
- Dabergerstraße 33
- 1 Apr - 31 Okt
- +49 99 73 18 11
- drachencamping@gmail.com

1	AFJMNOPRST	ABNPQSXY 6
2	CGPRVX	BEFG 7
3	BFLM	ABCDEFJNQR 8
4	FI	VZ 9
5	ADHKLMNO	ABFHJLNPRV10

16A CEE ❶ €24,50
H400 2,5 ha 80T(80-100m²) 8D ❷ €30,50
N 49°18'36'' E 12°51'31'' 102614
Von Cham aus B20 Richtung Fürth im Wald. Im Ort ist der CP an der Kirche mit Pfeilen ausgeschildert.

Geslau, D-91608 / Bayern
- Mohrenhof
- Lauterbach 3
- 1 Jan - 31 Dez
- +49 98 67 78 86 09
- info@mohrenhof-franken.de

1	ADEJMNOPQRST	LMN 6
2	ADFGHIPSUVWX	ABDEFGIJK 7
3	BDFGHIJLMTX	ABCDEFGJKNQRTUVW 8
4	BFHIKO	FGJKWY 9
5	ABDFHLMN	ABDFGHJLMPRV10

Anzeige auf dieser Seite B 16A CEE ❶ €27,50
H450 10 ha 330T(80-120m²) 71D ❷ €34,50
N 49°20'42'' E 10°19'26'' 117991
A7 Ausfahrt 108 Rothenburg ob der Tauber. Richtung Geslau. Hinter Geslau links Richtung Lauterbach. Dort rechts Richtung CP.

Gunzenhausen, D-91710 / Bayern
- Altmühlsee-Camping Herzog
- Seestraße 12
- 1 Jan - 31 Dez
- +49 98 31 90 33
- post@camping-herzog.de

1	ACFJMNOPQRST	MX 6
2	DGHPRSVWX	BFG 7
3	BGJMU	ABCDFGIJNQRTW 8
4		I 9
5	ACDFGJLM	ABFGHIKOR10

B 16A CEE ❶ €24,90
H408 4,5 ha 150T(100m²) 78D ❷ €32,90
N 49°07'38'' E 10°44'38'' 108104
A6 Heilbronn Richtung Nürnberg, Ausfahrt 52 Richtung Gunzenhausen, vor Gunzenhausen hinter BMW-Werkstatt gleich rechts.

Gunzenhausen, D-91710 / Bayern
- Campingplatz Fischer-Michl
- Wald Seezentrum 4
- 1 Apr - 31 Okt
- +49 98 31 27 84
- fischer-michl@t-online.de

1	ACEFJMOQRST	LMNQRSTXYZ 6
2	DGHIOPRVW	BFG 7
3	BEGHIMS	ABCDEFJKNQRTW 8
4		TV 9
5	ABDFHJKM	ABDFGHIJPRWZ10

Anzeige auf dieser Seite B 16A CEE ❶ €27,20
H415 4,5 ha 120T(120m²) 50D ❷ €35,20
N 49°07'32'' E 10°43'00'' 111699
A6 Heilbronn Richtung Nürnberg, Ausfahrt 52 Richtung Gunzenhausen. Dann Richtung Nördlingen/Altmühlsee, Südufer-Wald.

Hechlingen am See/Heidenheim, D-91719 / Bayern
- Hasenmühle
- Hasenmühle 1
- 1 Mär - 15 Nov
- +49 98 33 16 96
- campingplatz.hasenmuehle@t-online.de

1	AFGJMNORST	LNQX 6
2	CDGHIOPRVWX	ABFGIJ 7
3	A	ABEFJNQRW 8
4	FHI	K 9
5	DMNO	ABFGHIJLORVX10

B 16A CEE ❶ €19,00
H477 2 ha 33T(100-120m²) 40D ❷ €27,00
N 48°58'18'' E 10°43'35'' 110736
A6 Heilbronn-Nürnberg, Ausfahrt 52 Richtung Gunzenhausen. Dann auf der B466 Richtung Nördlingen, weiter durch Ostheim nach Hechlingen.

Aktiv-, Kultur - oder Erholungs-urlaub – der Mohrenhof nahe **Rothenburg o.d.Tauber** ist das perfekte Ziel für alle die Abstand vom Alltag suchen. Besuchen Sie unseren idyllisch gelegenen Campingplatz und lassen sich in der kleinen Seekneipe mit regionalen Köstlichkeiten verwöhnen.

Familie Mohr · Lauterbach 3
91608 Geslau · Tel.: 09867-978609
www.mohrenhof-franken.de

Hirschau, D-92242 / Bayern 📶 CC€20 iD

- ⛺ Freizeitpark Monte Kaolino
- 🏠 Wolfgang Drossbachstraße 114
- 📅 1 Jan - 31 Dez
- ☎ +49 9 62 28 15 02
- @ info@montekaolino.eu
- 📍 N 49°31'52" E 11°57'58"
- 🚗 In Hirschau-Zentrum an der der B14 angezeigt. Danach der Beschilderung folgen. Ca. 2 km südwestlich von Hirschau.

1 ADEF**JM**NOPQRST	ABFGHIM 6
2 GHOPRVWXY	ABDE**FG**HIJ 7
3 ABEG**J**MWX	ABCDE**F**JNQRTUW 8
4 BFHIO	EH 9
5 ABDEFJKLM	ABDFGHIJPRZ 10
B 16A CEE	
H450 3,3 ha 210T(60-100m²) 131**D**	① €26,00 ② €34,00

102568

Hohenwarth, D-93480 / Bayern 📶 iD

- ⛺ Hohenwarth
- 🏠 Ferienzentrum 3
- 📅 1/1 - 8/11, 14/12 - 31/12
- ☎ +49 9 94 63 67
- @ info@campingplatz-hohenwarth.de
- 📍 N 49°12'21" E 12°55'27"
- 🚗 Straße Kötzingen-Bayerisch Eisenstein, nach ca. 6 km links ausgeschildert. Schildern zum CP folgen.

1 ACDEF**JM**NOPRST	ELMNUX 6
2 CDGOPRTVX	ABDE**FG**H 7
3 B**F**JMSX	ABCDE**F**JNRT 8
4 **AEF**IO**ST**	GIRV 9
5 ABCDEFGHJMN	ABGHJMN**OR**10
Anz. auf dieser Seite WB 16A CEE	① €25,55 ② €34,75
H500 10 ha 280T(80-100m²) 122**D**	

100177

Hohenwarth

Im Naturpark 'Oberer Bayerischer Wald' gelegen. Geeignet für Liebhaber von Natur und (Wasser-) Sport. Erholung für Groß und Klein. Sauna, Solarium, ausgezeichnete Sanitäranlagen. Restaurant und Laden.

Ferienzentrum 3, 93480 Hohenwarth
Tel. 09946-367 • Fax 09946-477
E-Mail: info@campingplatz-hohenwarth.de
Internet: www.campingplatz-hohenwarth.de

Laaber, D-93164 / Bayern 📶 iD

- ⛺ Hartlmühle
- 🏠 Hartlmühle 1
- 📅 1 Mai - 30 Sep
- ☎ +49 9 49 85 33
- @ info@hartlmuehle.de
- 📍 N 49°03'30" E 11°54'19"
- 🚗 Von der A3 Ausfahrt 96 Laaber, weiter den Schildern folgen.

1 AF**JM**NOPQRST	A 6
2 ABCFGOPUWX	ABDE**FG**HI 7
3 **B**LM	ABCDE**F**JNQRTW 8
4 FHO	FGIKRV 9
5 ABDEFHJKNO	ABHJLPRV 10
B 16A	
H372 5 ha 30T(80-120m²) 100**D**	① €24,00 ② €30,00

113476

Mitterteich, D-95666 / Bayern 📶 CC€20 iD

- ⛺ Panorama und Wellness Cp. Großbüchlberg*****
- 🏠 Großbüchlberg 32
- 📅 1 Jan - 31 Dez
- ☎ +49 96 33 40 06 73
- @ camping@freizeithugl.de
- 📍 N 49°58'23" E 12°13'30"
- 🚗 A93 Ausfahrt 16 oder 17, dann Ri. Mitterteich. An der Ampel im Stadtzentrum Beschilderung 'Freizeithugl' folgen. Nach 200m links Ri. Großbüchlberg. Dort hinter dem Ortsschild rechts den CP-Schildern folgen.

1 ADEF**JM**NOPQRST	6
2 AFRSTUVWX	ABDE**FG**H 7
3 **J**U	ABCDE**F**JNQRTUVW 8
4 FHITUV	9
5 ABDFKLM	AFGHJ**P**RZ 10
Anz. auf dieser Seite WB 16A CEE	① €24,00 ② €32,00
H605 1,6 ha 60T(80-110m²) 10**D**	

117922

Neualbenreuth, D-95698 / Bayern CC€16 iD

- ⛺ Campingplatz Platzermühle
- 🏠 Platzermühle 2
- 📅 1 Jan - 31 Dez
- ☎ +49 96 38 91 22 00
- @ info@camping-sibyllenbad.de
- 📍 N 49°58'15" E 12°26'41"
- 🚗 A93 Ausfahrt Mitterteich-Süd, dann Neualbenreuth folgen.

1 A**JM**NOPQRST	6
2 PRSUVWX	ABDE**FG**HI 7
3 **B**LMU	ABCDEFJNQRV 8
4 FHI	I 9
5 ADLMN	AGHJR 10
Anz. auf dieser Seite 16A CEE	① €20,00 ② €26,00
H550 1 ha 44T(100-120m²) 25**D**	

118244

Campingplatz Platzermühle

Am Mittelpunkt Europas im Dreiländereck Bayern-Böhmen-Sachsen und 2 km von den Heilquellen des Kurbetriebs Sibyllenbad. Großzügige und ebene Stellflächen 100-120 m², alle mit Strom, Wasser und Abwasser, komfortable Sanitäreinrichtung, ganzjährig geöffnet, ruhige Lage.

Platzermühle 2, 95698 Neualbenreuth
Tel. 09638-912200 • Fax 09638-912208
Internet: www.camping-sibyllenbad.de

See-Campingpark Neubäu ★ ★ ★ ★

See-Campingpark Neubäu ist ein idyllisch gelegener Familiencamping direkt am See mit neuem Sanitär und ausgezeichnetem Restaurant. Wander- und Fahrradmöglichkeiten, auch schön für Kinder.

Seestraße 4, 93426 Neubäu • Tel. 09469-331
E-Mail: info@see-campingpark.de
Internet: www.see-campingpark.de

Neubäu, D-93426 / Bayern 📶 CC€20 iD

- ⛺ See-Campingpark Neubäu****
- 🏠 Seestraße 4
- 📅 1 Jan - 31 Okt
- ☎ +49 94 69 46 93 31
- @ info@see-campingpark.de
- 📍 N 49°14'09" E 12°25'28"
- 🚗 Der CP liegt in Neubäu am See, an der Strecke B85 Schwandorf-Bodenwöhr-Roding-Cham.

1 ADEF**JM**NOPQRST	LMN**Q**SX 6
2 BDFGHJOPRVWXY	ABDE**FG**HI 7
3 BM	ABCDEFGJKL**N**PQRSTUVW 8
4 EHIOT	DEFMQT 9
5 DFGJLMNO	ABDFGHJPRZ 10
Anzeige auf dieser S. B 10-16A CEE	① €23,00 ② €30,00
H360 4 ha 60T(70-140m²) 139**D**	

102591

Neunburg vorm Wald, D-92431 / Bayern 📶 iD

- ⛺ Camping Haus Seeblick
- 🏠 Gütenland 16
- 📅 1 Jan - 31 Dez
- ☎ +49 9 67 26 12
- @ info@camping-haus-seeblick.de
- 📍 N 49°20'12" E 12°26'25"
- 🚗 A93 Hof-Regensburg, Ausfahrt 31 Schwarzenfeld. Via Neunburg vorm Wald Richtung Rötz zum Eixendorfer See. Ausgeschildert.

1 ADEF**JM**NOPQRST	6
2 BDIPRTUWXY	ABDE**FG** 7
3 **G**LM	ABEFJNR 8
4 I	9
5 AD	AHJ**P**R 10
Anzeige auf dieser Seite 16A CEE	① €20,00 ② €27,00
H453 2 ha 45T(80-110m²) 45**D**	

112166

Camping in der Oberpfalz!
Genießen Sie die Ruhe und Natur im Oberpfälzer Wald beim Wandern, Radfahren, Entspannen!
www.camping-haus-seeblick.de

Fam. Mehltretter
Gütenland 16
92431 Neunburg v.W.
Tel. +49(0)9672/612

Neustadt an der Waldnaab, D-92660 / Bayern 📶 iD

- ⛺ Waldnaab
- 🏠 Gramaustr. 64
- 📅 1 Jan - 31 Dez
- ☎ +49 96 02 36 08
- @ pfoster@neustadt-waldnaab.de
- 📍 N 49°44'15" E 12°10'20"
- 🚗 A93 Ausfahrt Neustadt-Nord. Dann ist der CP ausgeschildert.

1 AF**JM**NOPQRST	FJ**N** 6
2 ACGPVWXY	ABDE**FG**I 7
3 BFM	ABE**F**NQRW 8
4 FH	9
5 DEK	AFHJPRV 10
16A CEE	① €25,00 ② €25,00
H650 5 ha 33T(72-110m²) 13**D**	

102587

Nürnberg, D-90471 / Bayern 📶 iD

- ⛺ Knaus Campingpark Nürnberg
- 🏠 Hans-Kalb-Straße 56
- 📅 1 Jan - 31 Dez
- ☎ +49 91 19 81 27 17
- @ nuernberg@knauscamp.de
- 📍 N 49°25'22" E 11°07'18"
- 🚗 A9 Ausfahrt 52 Nürnberg-Fischbach. Den Schildern Stadion/Messe folgen. Vor Stadion CP-Schildern folgen.

1 ADF**JM**NOPRS**T**	6
2 ABPRVWXY	ABDE**FG**I 7
3 BM	ABCD**F**JNQRT 8
4 FHIO	EV 9
5 ABDFJKM	ABGHJ**P**R 10
Anzeige auf Seite 52 B 16A CEE	① €38,50 ② €47,50
H380 2,7 ha 160T(50-80m²) 28**D**	

102528

Obernzenn, D-91619 / Bayern 📶 iD

- ⛺ See Camping Obernzenn
- 🏠 Urphertshofer Straße 17
- 📅 26 Mär - 10 Okt
- ☎ +49 98 44 14 38
- @ kamleiter@seecamping-obernzenn.de
- 📍 N 49°26'46" E 10°27'23"
- 🚗 A7 Würzburg-Ulm, Ausfahrt 107 Bad Windsheim. B470 bis Illesheim. Rechts nach Obernzenn. Dort ist CP beschildert.

1 ADEF**JM**NOPQRST	LMN**Q**SXYZ 6
2 DFGHJOPRSUVWX	ABDE**FG** 7
3 ABG**HI**LM	ABCDEFJKNQRUVW 8
4 FHIO	DF 9
5 ADHMN	ABFGHJL**P**RWX 10
16A CEE	① €21,80 ② €30,80
H800 2,1 ha 49T(80-100m²) 35**D**	

112266

Internationaler Campingplatz Naabtal

93188 Pielenhofen • Tel. 09409-373 • Fax 09409-723
E-Mail: camping.pielenhofen@t-online.de
Internet: www.camping-pielenhofen.de

Die freundliche Familie BACH heißt Sie herzlich willkommen!

Dieser Familiencampingplatz ist einer der schönsten in Ost-Bayern. Am Ufer der Naab vollkommene Erholung am Wasser. Außerdem zahlreiche Wander- und Radfahrmöglichkeiten. Diverse Sehenswürdigkeiten: Regensburg, Walhala, Tropfsteinhöhlen, Donaudurchbruch etc. Wurde schon zum 'besten Campingplatz Bayerns' gewählt und erhielt bereits 7 Mal hintereinander die ADAC Auszeichnung.

Deutschland

Pappenheim, D-91788 / Bayern
- Natur-Camping
- Badstraße 1
- 1 Apr - 25 Okt
- +49 91 43 12 75
- @ info@camping-pappenheim.de

1 AEF**JM**NOQRT — N**X** 6
2 CGOPRX — ABDE**F** 7
3 A — ABCDEFNQR 8
4 I — 9
5 AD — ABHJLRZ 10
16A CEE
€18,50 / €26,50
H404 15 ha 75T(100m²) 25D
102483

Der CP liegt in Pappenheim. B2 Richtung Augsburg sofort nach Treuchtlingen links. Ausgeschildert.

Pfofeld/Langlau, D-91738 / Bayern
- See Camping Langlau
- Seestraße 30
- 1 Mär - 15 Nov
- +49 9 83 49 69 69
- @ mail@seecamping-langlau.de

1 ACDEF**JM**NOQRST — LMNOQRSTXYZ 6
2 DGHPQRVWXY — ABDE**FGIJ** 7
3 BFG**JM**S — ABCDEFGIJKNOQRTW 8
4 BIO**P** — JLMPQTVWY 9
5 ACDEFJLMN — ABHJL**P**RVWZ 10
B 6A CEE
€26,35 / €34,35
H428 12,4 ha 424T(80-100m²) 81D
102480

A6 Heilbronn-Nürnberg, Ausfahrt 52 Richtung Gunzenhausen-Pleinfeld. Siehe Schild 'Seecamping Langlau am kleinen Brombachsee'.

Pielenhofen (Naabtal), D-93188 / Bayern
- Internationaler Campingplatz
- Distelhausen 2
- 1 Jan - 31 Dez
- +49 9 40 93 73
- @ camping.pielenhofen@t-online.de

1 AF**JM**NOPQRST — JMN**X**Z 6
2 ACGIPSVWXY — ABDE**FG** 7
3 BF**MN** — ABCDE**F**JNQRT 8
4 FHI**ST** — IJV 9
5 ABDFHJLMN — ABGHJLMOR 10
Anz. auf dieser Seite B 6-10A CEE
€24,65 / €32,85
H350 6 ha 100T(70-110m²) 178D
102571

A3 Nürnberg-Regensburg, Ausfahrt 97 Nittendorf. Über Etterzhausen nach Pielenhofen, gut ausgeschildert.

Pleinfeld, D-91785 / Bayern
- Waldcamping Brombach e.K.
- Sportpark 13
- 1 Jan - 31 Dez
- +49 91 44 60 80 90
- @ anfrage@waldcamping-brombach.de

1 ADEF**JM**NOPQRST — LMN**S**XYZ 6
2 BDHIOPRSVWXY — ABDE**FGHIJ** 7
3 ABFG**JLMN**O — ABCDFIJKLNQRTUVW 8
4 A**B**CHILNO — CEFK**T**VW 9
5 ACDEFHJLMN — ABGHIJ**O**TUV 10
B 8-10A CEE
€28,95 / €39,95
H418 14 ha 421T(100m²) 185D
102481

A6 Heilbronn Richtung Nürnberg, Ausfahrt 52 Richtung Gunzenhausen/Pleinfeld. CP-Schild 'Waldcamping Brombach' am großen Brombachsee.

Plößberg, D-95703 / Bayern
- Plößberg
- Großer Weiher Str. 22
- 1 Jan - 31 Dez
- +49 9 63 69 12 48
- @ info@campingplatz-ploessberg.de

1 AF**JM**NOPQRST — FLM**N**X 6
2 DGPRWX — ABCDE**F**JNQRW 7
3 ABGJM — DQRTV 9
4 FHIO**PQ** — AGHJNOR 10
5 ABDEFHJKMN
B 16A CEE
€22,00 / €29,00
H620 4 ha 100T(81-100m²) 111D
110884

A93 Richtung Regensburg-Hof, Ausfahrt 20 Windischeschenbach. Dan Richtung Plößberg. Den CP-Schildern folgen (großer Weiher).

Regensburg-West, D-93049 / Bayern
- AZUR Campingpark Regensburg
- Weinweg 40
- 1 Jan - 31 Dez
- +49 9 41 27 00 25
- @ regensburg@azur-camping.de

1 ADF**JM**NOPQRST — N**X** 6
2 ACOPVWXY — ABDE**FGI** 7
3 M**N** — ABCDEFJKNQRT 8
4 IO — F 9
5 ABDFM — ABGHJL**NO**RW 10
B 16A CEE
€37,00 / €50,00
H333 2,5 ha 110T(60-80m²) 56D
102592

A93 Regensburg-Weiden, Ausfahrt 40 Regensburg-West. Dann ist CP gut ausgeschildert.

Roth/Wallesau, D-91154 / Bayern
- Camping Waldsee****
- Badstraße 37
- 1 Jan - 31 Dez
- +49 91 71 55 70
- @ info@camping-waldsee.de

1 ABDEF**JM**NOPQRS**T** — LN**X**Z 6
2 BDGIPRVWXY — ABDE**FG** 7
3 BM — ABCDEFJNQRTUVW 8
4 BFHI — EHJ**T** 9
5 ABDFJKMN — ABDEFGHIJ**PR** 10
Anzeige auf dieser Seite B 16A CEE
€23,00 / €30,00
H370 4 ha 100T(80-120m²) 156D
111113

A9 Nürnberg-München, Ausfahrt Allersberg Richtung Hilpoltstein. In Hilpoltstein rechts ab Richtung Roth/Eckersmühlen, bis Wallesau durchfahren. Am Ortseingang links.

Idyllischer Komfortcampingplatz, mit eigenem See im Wald im fränkischen Seengebiet. Herrlicher Platz für eine Verschnaufpause. Ein idealer Ausgangspunkt zum wandern oder Radfahren. Wir bieten Ihnen Komfortstellplätze mit TV-Anschluss, auch für Reisemobile. Minimarkt, Restaurant, Spielplatz, Bolzplatz, Tischtennis, schwimmen im See, Bootsvermietung, Animationsprogramme. Moderne Sanitäranlagen!

**Badstraße 37
91154 Roth/Wallesau
Tel. 09171-5570
Fax 09171-843245
E-Mail: info@camping-waldsee.de
Internet:
www.camping-waldsee.de**

Schillingsfürst, D-91583 / Bayern
- Frankenhöhe
- Fischhaus 2
- 1 Jan - 31 Dez
- +49 98 68 51 11
- @ info@campingplatz-frankenhoehe.de

1 ADEF**JM**NOPQRST — LMN 6
2 ADGPSTWXY — ABDE**FGH**I 7
3 BLMSX — ABCDEFHJNQRTW 8
4 FHIOQ — DV 9
5 ABDEFHKMN — ABDFGHJ**PR**V 10
Anzeige auf dieser Seite B 16A CEE
€21,00 / €26,00
H450 2 ha 160T(100m²) 66D
100176

A7 Ausfahrt 109 Wörnitz, Richtung Schillingsfürst. In Schillingsfurst Richtung Dombuhl, CP ist ausgeschildert. 100m nach Fischhaus rechts.

Camping Frankenhöhe
Schillingsfürst

Ruhiger Campingplatz an der Romantischen Straße: Rothenburg, Dinkelsbühl; Ansbach; Schillingsfürst. Rad fahren, wandern. 200m zum kleinen Badesee mit Wassermühle und Raubvogelschau.

**Fischhaus 2, 91583 Schillingsfürst
Tel. 09868-5111 • Fax 09868-959699
E-Mail: info@campingplatz-frankenhoehe.de
Internet: www.campingplatz-frankenhoehe.de**

Camping Murner See — www.see-camping.de

Thumsenreuth, D-92703 / Bayern

- Campingplatz Erlenweiher
- Erlenweg 10
- 1 Apr - 31 Okt
- +49 9 68 27 37
- info@erlenweiher.de
- N 49°51'24'' E 12°06'16''
- A93 Ausfahrt 19. Richtung Erbendorf folgen.

1 AF**JM**NOPR**T**	LM 6
2 ADGIPSVWX	A**BFG** 7
3 ABGM	ABE**F**JQRW 8
4 FH	E 9
5 ABDFJKMN	ABGHJPR10
B 16A CEE	❶ €21,80
H450 10 ha 45T(70-110m²) 105D	❷ €28,00
	113477

Uffenheim, D-97215 / Bayern

- Camping Uffenheim
- Sportstrasse 3
- 10 Apr - 1 Nov
- +49 98 42 15 68
- info@camping-uffenheim.de
- N 49°32'37'' E 10°13'29''
- A7 Würzburg-Rothenburg, Ausfahrt 105 oder 106. Richtung Uffenheim. In Uffenheim Richtung Bad Mergentheim. Beschilderung Camping und Hallenbad befolgen.

1 E**JM**NOPR**T**	ABFGH 6
2 APRWX	A**BFG** 7
3	ABEFNQRW 8
4 FHIO	Y 9
5 ADE	ABCK**OR**10
16A CEE	❶ €25,40
H328 2 ha 48T(60-85m²)	❷ €35,40
	102429

Schnaittenbach, D-92253 / Bayern

- Am Naturbad
- Badstraße 13
- 1 Apr - 30 Sep
- +49 96 22 17 22
- info@campingplatz.schnaittenbach.de
- N 49°33'22'' E 12°00'15''
- An der B14 Nürnberg-Lauf-Tschechische Grenze. Blau/weißen CP-Schildern folgen. Hinter der Autowerkstatt rechts, dem weißen Schild 'Am Naturbad' folgen.

1 AFJMNOPQRS**T**	AFGM 6
2 DGPVWXY	AB**FG** 7
3 BFGM**R**	ABEFJNQRTW 8
4 FH	9
5 ADEFJK	ABHJR10
B 16A CEE	❶ €19,50
H410 5 ha 25T 134D	❷ €25,20
	102567

Wackersdorf, D-92442 / Bayern

- Camping Murner See****
- Sonnenriederstraße 1
- 1 Apr - 31 Okt
- +49 94 31 38 57 97
- info@see-camping.de
- N 49°20'44'' E 12°12'31''
- A93 Regensburg-Weiden-Hof, Ausfahrt 33 Schwandorf, dann B85 Richtung Wackersdorf. Ausgeschildert.

1 AEF**JM**NOPQRS**T**	LOQSXZ 6
2 ADGHPVWX	ABDE**FGH** 7
3 B**F**JLM	ABCDEFIJKNQRTUW 8
4	E 9
5 ABDHJLMN	ABGHJL**OR**10
Anzeige auf dieser Seite B 16A CEE	❶ €26,60
H380 14 ha 100T(120-150m²) 134D	❷ €34,40
	111405

Waldmünchen, D-93449 / Bayern

- Ferienpark Perlsee
- Alte Ziegelhütte 6
- 1 Jan - 31 Dez
- +49 99 72 14 69
- info@ferienpark-perlsee.de
- N 49°23'43'' E 12°41'54''
- Von Cham über die B22 und B85 nach Waldmünchen. Im Ort geradeaus bis zum 2. Kreisel, dann die 1. links (scharfe Kurve). Den CP-Schildern folgen.

1 AEF**JM**NOPRST	LMN**Q**SXYZ 6
2 DFGHKPRTUVX	ABDE**FG**HIJ 7
3 ABFJMUX	ABCDEFJLNQRT 8
4 E**F**HIO	KTVW 9
5 ABDEFJLMN	ABFGHJL**OR**10
Anz. auf dieser Seite WB 16A CEE	❶ €26,00
H550 5 ha 250T(80-120m²) 80D	❷ €36,20
	102613

Ferienpark Perlsee
Campingplatz • Mobilheime • Ferienhäuser
Strandbad • Restaurant
Alte Ziegelhütte 6 • 93449 Waldmünchen (3 km zur tschechischen Grenze)
info@ferienpark-perlsee.de • www.ferienpark-perlsee.de

Simmershofen/Walkershofen, D-97215 / Bayern

- Camping-Paradies-Franken****
- Walkershofen 40
- 1 Jan - 31 Dez
- +49 98 48 96 96 33
- camping-paradies-franken@web.de
- N 49°31'21'' E 10°07'28''
- A7 Würzburg-Rothenburg Ausfahrt 105 oder 106. CP-Beschilderung folgen. Achtung: nicht nach Navi fahren!

1 ABF**JM**NOPRS**T**	N 6
2 AFGOPRVWX	ABDE**FG**HIK 7
3 BM	ABCDEFJNQRTUVW 8
4 FH**X**	FV 9
5 ABDFHLMN	AGHJPR10
Anzeige auf dieser Seite B 16A CEE	❶ €26,00
H334 1,5 ha 68T(80-140m²) 2D	❷ €36,00
	117993

Windischeschenbach, D-92670 / Bayern

- Schweinmühle
- Schweinmühle
- 1 Apr - 15 Okt
- +49 96 81 13 59
- info@schweinmuehle.de
- N 49°49'12'' E 12°08'46''
- A93 Hof Regensburg, Ausfahrt 20 Richtung Windischeschenbach. Den CP-Schildern folgen, ca. 5 km von der Autobahn.

1 ADEF**JL**NOPQRS**T**	LN 6
2 ACDGOPWXY	ABDE**FG**HI 7
3 ABDHIMU	ABCDEFJKNQRTW 8
4 FH	EI 9
5 ABDDFJKMN	AGHJLPR10
16A CEE	❶ €19,80
H600 1,7 ha 55T(100m²) 46D	❷ €26,50
	112167

Zur Mühle

Camping Zur Mühle ist ein ruhiger Campingplatz mit einem guten Restaurant, 15 Minuten zu Fuß zum Playmobil Park.

Seewaldstraße 75
90513 Zirndorf/Leichendorf
Tel. 0911-693801 • Fax 0911-9694601
E-Mail: camping.walther@t-online.de
Internet: www.camping-zur-muehle.de

Zirndorf/Leichendorf, D-90513 / Bayern

- Zur Mühle
- Seewaldstraße 75
- 1 Apr - 15 Nov
- +49 9 11 69 38 01
- camping.walther@t-online.de
- N 49°25'53'' E 10°55'34''
- A3 Kreuz Fürth/Erlangen Richtung Fürth bis Ausfahrt Nürnberg-West. Über Rothenburgstraße Richtung Großhabersdorf. CP ab hier beschildert.

1 ADEF**JM**NOPQRS**T**	6
2 AOPVWX	ABDE**FG**HI 7
3 BM	ABCDEFJNQRTUVW 8
4 O	9
5 ABDFKMN	ABGHJ**OR**10
Anzeige auf dieser Seite 16A CEE	❶ €24,00
H303 3 ha 50T(80-100m²) 180D	❷ €30,00
	111956

Camping-Paradies-Franken

Idealer Ausgangspunkt für Würzburg, Bad Mergentheim, Bad Windsheim, Rothenburg ob der Tauer. Sehr ruhige Lage. Von der A7 kommend von Norden AS 105 Richtung Aub, von Süden kommend AS 106 Richtung Bad Mergentheim. Ganzjährig geöffnet! Auf unsere Homepage finden Sie aktuelle Angebote!

Fam. Scherer - Walkershofen 40 - D-97215 Simmershofen
Tel. +49 9848969632   www.camping-paradies-franken.de

ACSI EuroCampings

Zu jedem Campingplatz in diesem Führer gehört eine sechsstellige Nummer. Damit können Sie den betreffenden Campingplatz auf der Webseite suchen.

www.Eurocampings.de

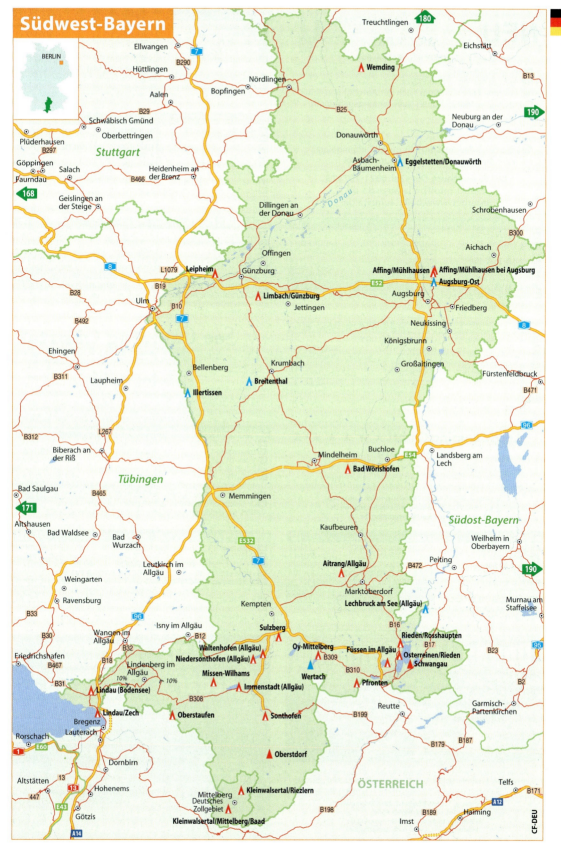

Deutschland

NEU — CARAVANING PARK AUGSBURG
CAMPING "BELLA AUGUSTA"

- **Neue** Sanitäranlagen
- **Neue** Außenanlagen und Plätze
- Italienischer Flair nur **500m** nach der Autobahnausfahrt
- Gelegen an wunderschönen Naherholungsgebiet mit Badesee
- Kinderspielplatz
- Shop
- Direkt am Rande Augsburgs als erster Campingplatz nach der Autobahnausfahrt Augsburg Ost-A8.

86169 Augsburg-Ost • Tel. 0821-707575
E-Mail: info@bella-augusta.de
Internet: www.bella-augusta.de

Affing/Mühlhausen, D-86444 / Bayern
- Ludwigshof am See — 1 ADEF**IL**NOQRS**T** — HLMX 6
- Augsburgerstr. 36 — 2 ADGIJOPWX — ABDE**FGH** 7
- 1 Apr - 31 Okt — 3 ABF**MN** — ABCDEFNR 8
- +49 8 20 79 62 15 00 — 4 — DGIVW 9
- info@campingludwigshof.de — 5 DELM — AHIJLMOR 10
- 16A CEE — ❶ €32,50
- N 48°25'55" E 10°55'24" — H451 12 ha 70T(100-150m²) 180D — ❷ €40,50
- A8 Ausfahrt 73 Augsburg-Ost, Richtung Neuburg a/d Donau, nach 2,5 km CP links. — 102487

Affing/Mühlhausen bei Augsburg, D-86444 / Bayern
- Lech Camping GmbH★★★★★ — 1 ADEF**JM**NOPQR**T** — LP 6
- Seeweg 6 — 2 ADGIJOPWXY — ABDE**FGH** 7
- 15 Apr - 15 Sep — 3 BFMU — ABCDEFIJK**LN**QRTW 8
- +49 82 07 22 00 — 4 H — FGIKMQV 9
- info@lech-camping.de — 5 ABDFGLMN — ABGHIJMPTUZ 10
- Anzeige auf dieser Seite B 10A CEE — ❶ €37,50
- N 48°26'13" E 10°55'45" — H484 3 ha 50T(100-120m²) 6D — ❷ €46,50
- A8 Ausfahrt 73 Augsburg-Ost, Richtung Neuburg, am Flugplatz vorbei. Nach ein paar km kommt der CP rechts. — 102486

Lech Camping GmbH ★ ★ ★ ★ ★ bei Augsburg

• Legoland 25 Min. • Historisches Augsburg • Badesee
• Restaurant mit Seeterrasse • Neuwertiges Sanitärgebäude
• Spielplatz • Trampolin • Boote • WLAN • Hundefreundlich • Gästezimmer

Seeweg 6, 86444 Affing/Mühlhausen bei Augsburg
Tel. +49 82072200 • E-Mail: info@lech-camping.de
Internet: www.lech-camping.de

Aitrang/Allgäu, D-87648 / Bayern
- Elbsee★★★★★ — 1 ACDEF**JM**NOPQRT — LM**N** 6
- Elbseestrasse 3 — 2 ABDGIOPRVWXY — ABDE**FGHI** 7
- 1 Jan - 31 Dez — 3 BDFGIMSTW — ABCDE**FGIJKLMN**QRTUVW 8
- +49 8 34 32 48 — 4 BD**E**FHILOPQR**ST**V**XZ** — GILQUVW 9
- info@elbsee.de — 5 ABDEFJLMN — ABCFGHIJ**NOP**RXZ 10
- WB 16A CEE — ❶ €34,50
- N 47°48'10" E 10°33'14" — H750 4 ha 120T(80-110m²) 192**D** — ❷ €43,50
- A7 Ulm-Kempten, Ausfahrt 134. B12 Richtung Kaufbeuren. Nach Unterthingau den Schildern nach Aitrang Elbsee folgen. — 102491

Donau-Lech Camping

An der Romantischen Straße gelegener Camping mit eigenem See. Am gemütlichem Städten Donauwörth. Bestens geeignet für Fahrradfreizeit und Ausflüge, aber auch als Zwischenstopp auf den Weg in den Süden.

Campingweg 1, 86698 Eggelstetten/Donauwörth
Tel. und Fax 09090-4046
E-Mail: kontakt@donau-lech-camping.de
Internet: www.donau-lech-camping.de

Augsburg-Ost, D-86169 / Bayern
- Bella Augusta★★★ — 1 AE**JM**NOPQRST — L**N** 6
- Mühlhauser Straße 54b — 2 ADGIJPRSVWXY — ABDE**FGH** 7
- 1 Jan - 31 Dez — 3 BG**LMS** — ABCDEFIJNQRT 8
- +49 8 21 70 75 75 — 4 — DGIV 9
- info@bella-augusta.de — 5 ABDEFGJLM — AGHIJ**NP**RV 10
- Anzeige auf dieser Seite 16A CEE — ❶ €34,50
- N 48°24'44" E 10°55'24" — H464 6,6 ha 60T(bis 120m²) 100D — ❷ €43,50
- A8, Ausfahrt 73 Augsburg-Ost, Richtung Neuburg a/d Donau, Richtung Flugplatz, erste Ampel rechts, nach 200m CP rechts an der Mühlhauser Straße. — 102488

Bad Wörishofen, D-86825 / Bayern
- Kur & Vital Campingplatz — 1 AEF**JM**NOPQRT — 6
- Walter-Schulz-Str. 4 — 2 AOPRVWX — ABDE**FGH** 7
- 1/3 - 30/11, 26/12 - 15/1 — 3 **HLMNOP** — ABCDEFJNPQRW 8
- +49 8 24 79 97 37 35 — 4 IO**RSTUVWXZ** — GUVW 9
- info@kurcamping-bad-woerishofen.de — 5 ADFLMN — ABGHIJPRX 10
- 10A — ❶ €28,90
- N 48°01'27" E 10°35'54" — H618 1,2 ha 30T(60-90m²) 36D — ❷ €36,70
- A96 Lindau-München, Ausfahrt 19 Bad Wörishofen. Dann den CP-Schildern folgen. — 102490

Breitenthal, D-86488 / Bayern
- See Camping Günztal — 1 AEF**IL**NOPQRST — LM**N**OPQRS**X** 6
- Oberrieder Weiherstraße 5 — 2 CDFGIRSVW — ABC**DEFGJ** 7
- 10 Apr - 25 Okt — 3 AGMSU — ABCDEFJKNPQRTUW 8
- +49 82 82 88 18 70 — 4 HO — FKMNQTY 9
- info@see-camping-guenztal.de — 5 ABDEFHM — ABFGHJL**NP**RV 10
- Anzeige auf dieser Seite B 10A CEE — ❶ €25,00
- N 48°13'39" E 10°17'32" — H515 2,5 ha 90T(80-100m²) 36D — ❷ €36,00
- A8 Stuttgart-München, Ausfahrt 67 Günzburg Richtung Krumbach. Hier rechts halten bis Breitenthal und der Oberrieder Weiherstraße folgen. Siehe CP-Schilder. — 117142

See Camping Günztal

www.see-camping-guenztal.de
info@see-camping-guenztal.de

• 126 befestigte Stellplätze
• Zeltwiese
• Gruppenzeltplätze
• Trekkinghütten
• Biergarten und Bistro
• Spielplatz
• Bootsverleih
• Surfschule

Oberrieder Weiherstr. 5
D- 86488 Breitenthal
Tel. 08282-881870
Fax 08282-881871

Nur 25 km zum Legoland Deutschland und Skylinepark

Eggelstetten/Donauwörth, D-86698 / Bayern
- Donau-Lech Camping — 1 ADF**IL**NOPQRST — LMO**X** 6
- Campingweg 1 — 2 DGJPRVWXY — ABD**FG**I 7
- 1 Jan - 31 Dez — 3 A**LM** — ABEFJNQRW 8
- +49 90 90 40 46 — 4 — J 9
- kontakt@donau-lech-camping.de — 5 DHMN — ABFGHIJLOTUV 10
- Anzeige auf dieser Seite 16A CEE — ❶ €25,00
- N 48°40'32" E 10°50'28" — H411 5 ha 127T(100m²) 37D — ❷ €25,00
- CP südlich von Donauwörth die B2 Richtung Augsburg, 1 km von Ausfahrt Asbach/Bäumenheim entfernt. Richtung Eggelstetten an der B2. — 102485

Füssen im Allgäu, D-87629 / Bayern
- Hopfensee★★★★★ — 1 AE**JM**OPQRS — EFGL**N**QSXZ 6
- Fischerbichl 17 — 2 ADFGIJOPRSTUVWXY — ABC**DEFG**H 7
- 1/1 - 4/11, 15/12 - 31/12 — 3 ABDFM**N**UW — ABCDEFJKLNQRSTUVW 8
- +49 83 62 91 77 10 — 4 BCDEFHIJLOQR**ST**V**XYZ** — IJUVWY 9
- info@camping-hopfensee.com — 5 ACDEFGHJLM — ABCEFGHIJM**P**R 10
- WB 16A CEE — ❶ €45,35
- N 47°36'07" E 10°41'00" — H800 8 ha 376T(80-120m²) 9D — ❷ €60,05
- A7 Ausfahrt Füssen/Hopferau. Voor Hopferau rechts Richtung Hopfen am See. Hopfen am See ganz durch, danach liegt der CP rechts. — 102497

STELLPLATZ Radar

• Über 12.000 Stellplätze
• Detaillierte Infos zu den Stellplätzen
• Über 100.000 Stellplatz-Bewertungen

DER STELLPLATZFÜHRER FÜR IHR HANDY

Illertissen, D-89257 / Bayern

▲ Illertissen****	1 ADEFJMNOPQRST	A 6
▤ Dietenheimerstraße 91	2 ACGOPWX	BEFGI 7
⌚ 1 Apr - 31 Okt	3 A	ABCDEFJNPQRT 8
☎ +49 73 03 78 88	4	D 9
@ info@camping-illertissen.de	5 ABDMN	ABDHJPR10
	Anzeige auf dieser Seite B 16A CEE	① €27,00
	H513 3 ha 50T(70-80m²) 104D	② €37,00

🅿 N 48°12'44'' E 10°05'17'' 102438
🚗 A7 Ulm-Memmingen, Ausfahrt 124 Illertissen. Dann Richtung Dietenheim. Dort ausgeschildert.

Immenstadt (Allgäu), D-87509 / Bayern

▲ Alpsee Camping****	1 AEFILNOPQRST	ABLNQRST 6
▤ Seestraße 25	2 DFGJOPVWX	BDEFGH 7
⌚ 1/1 - 7/1, 3/4 - 31/12	3 BMN	ABFJKNQRT 8
☎ +49 83 23 77 26	4 FHT	9
@ mail@alpsee-camping.de	5 ABDMN	ABGHIJMPR10
	Anzeige auf dieser Seite WB 16A	① €46,50
	H730 3 ha 215T(80-110m²) 20D	② €58,50

🅿 N 47°34'22'' E 10°11'37'' 100192
🚗 Alpenstraße 308 in Bühl verlassen, links den CP-Schildern folgen.

Kleinwalsertal/Mittelberg/Baad, D-87569 / Bayern

▲ Vorderboden****	1 AFILNOPQRST	NU 6
▤ Vorderboden 1	2 CFOPRSVWX	BEFG 7
⌚ 29 Mai - 18 Okt	3 ABMU	BDFJNQRT 8
☎ +43 55 17 61 38	4 EFHIO	I 9
@ info@camping-vorderboden.at	5 ABDGM	ABGHJPTUV10
	Anzeige auf dieser Seite 16A	① €32,00
	H1250 1,2 ha 80T(80-120m²) 7D	② €47,00

🅿 N 47°18'45'' E 10°08'02'' 102453
🚗 B19 Kempten-Sonthofen. Vor Oberstdorf rechts, Richtung Kleinwalsertal. L201 folgen Richtung Baad. Dort befindet sich der CP links.

Kleinwalsertal/Riezlern, D-87567 / Bayern

▲ Zwerwald***	1 ADFGILNOPQRS	U 6
▤ Zwerwaldstraße 29	2 CFPRVX	BEFH 7
⌚ 16/5 - 31/10, 12/12 - 19/4	3 BM	BFJNQRT 8
☎ +43 55 17 57 27	4	9
@ specht@camping-zwerwald.at	5 ABDM	ABHJLR10
	W 16A CEE	① €28,20
	H1100 2 ha 100T(80-100m²) 10D	② €37,00

🅿 N 47°21'01'' E 10°10'46'' 102452
🚗 B19 Kempten-Sonthofen, vor Oberstdorf rechts, Richtung Kleinwalsertal. Nach Kirche in Riezlern links, den Schildern folgen.

Camping Illertissen ★ ★ ★ ★

Idealer Ferien- und Durchgangsplatz in ruhiger Umgebung. Eine gelungene Kombination aus Wasser, Wald und Heide. Prima Sanitär, Stromanschlüsse, warme Duschen, beleuchtetes Gelände, Lebensmittel (Laden), GRATIS Schwimmbadnutzung. Legoland in Günzburg ist eine knappe Autostunde entfernt.

Dietenheimerstraße 91, 89257 Illertissen
Tel. +49 73037888 • Fax +49 73032848
info@camping-illertissen.de • www.camping-illertissen.de ©

Lechbruck am See (Allgäu), D-86983 / Bayern

▲ Via Claudia Camping****	1 ADEFJMNOPQRST	LNQSUXY 6
▤ Via Claudia 6	2 DFGIOPSUVWXY	ABDEFGHIJ 7
⌚ 1 Jan - 31 Dez	3 ABDFGLMST	ABCDEFJKLMNQRTUVW 8
☎ +49 88 62 84 26	4 ABCDEFGHILOQ	FHL 9
@ info@camping-lechbruck.de	5 ABDEFJKMN	ABDFGHIJLMNPRVZ10
	Anz. auf dieser Seite WB 16A CEE	① €33,90
	H750 18 ha 418T(100-200m²) 318D	② €42,90

🅿 N 47°42'42'' E 10°49'07'' 102493
🚗 A7, Ausfahrt 138 Nesselwang, dann über Seeg nach Roßhaupten. Dort die B16 Richtung Markt-Oberdorf. Die erste Abfahrt Richtung Lechbruck. In Lechbruck Richtung Campingplatz halten.

Tel. +43 (0)5517/6138 - Sommer
info@camping-vorderboden.at
www.camping-vorderboden.at

So schön kann Urlaub sein.

- komfortable Anlagen
- großzügige Plätze
- moderne Sanitärhäuser
- richtig coole Mietunterkünfte
- abwechslungsreiches Freizeitprogramm
- diverse Ausflugsmöglichkeiten

www.via-claudia-camping.de

Via Claudia 6
D-86983 Lechbruck am See
info@camping-lechbruck.de
Tel: +49 (0)8862 8426

Wir sind das Allgäu!

Leipheim, D-89340 / Bayern

- Schwarzfelder Hof
- Schwarzfelder Weg 1-3
- 1 Jan - 31 Dez
- +49 8 22 17 26 28
- info@schwarzfelder-hof.de
- N 48°27'53'' E 10°12'12''

1 AEILNOPQRST	LNX 6
2 ADFGIJPSVWX	BEFGH 7
3 ABDGHIMUX	BDFGJNQRTUVW 8
4 BEFGHIKOX	IT 9
5 ABDEFHKMN	ABCGHJLMPRV 10
B 6-16A CEE	❶ €26,30
H465 6 ha 60T(80-100m²) 33D	❷ €38,50

113054

A8 Stuttgart-München, Ausfahrt 66 Leipheim. Der B10 kurz folgen. In Leipheim nordwestlich über die Donau nach Riedheim abbiegen. Dann weiter mit Schildern angezeigt.

Limbach/Günzburg, D-89331 / Bayern

- Waldcamping Stubenweiher
- Am Stubenweiher
- 1 Apr - 31 Okt
- +49 8 22 37 97
- stubenweiher@gmx.de
- N 48°24'35'' E 10°20'25''

1 AFILNOPQRST	L 6
2 ABDFGIPRSTUVWXY	ABEFGH 7
3 A	ABCDFJNQRT 8
4	
5 ADHLN	ABGHJOTU 10
16A CEE	❶ €25,80
H772 8 ha 50T(60-100m²) 70D	❷ €36,80

111958

A8 Stuttgart-München Ausfahrt 67 Günzburg. Dann Richtung Kleinkötz, dann Beschilderung folgen.

Lindau (Bodensee), D-88131 / Bayern

- Campingpark Gitzenweiler Hof★★★★★
- Gitzenweiler 88
- 1 Jan - 31 Dez
- +49 8 38 29 49 40
- info@gitzenweiler-hof.de
- N 47°35'12'' E 09°42'40''

1 ABCEFILNOPQRST	ABFGOQRUV 6
2 AFGOPRSUVWXY	BCEFGHIJ 7
3 ABDFGHIMSUV	BDFIJKLNPQRTUV 8
4 ABCDEFGHIKLMNOPQX	ADEIJKRSUVW 9
5 ABCDEFGHJLMNO	ABEFGHIJMNPSTVWXYZ 10
WB 16A CEE	❶ €36,00
H450 14 ha 349T(90-110m²) 362D	❷ €48,50

100190

A96, Ausfahrt 4 Weißensberg Richtung Lindau, ausgeschildert.

Lindau/Zech, D-88131 / Bayern

- Park-Camping Lindau am See★★★★
- Fraunhoferstraße 20
- 22 Mär - 10 Nov
- +49 8 38 27 22 36
- info@park-camping.de
- N 47°32'13'' E 09°43'42''

1 AEFILNOPQRST	LMNQRSUXY 6
2 DFGHKOPSVXY	BEFGHI 7
3 BFGMS	BDFIJKNQRUVW 8
4 BEFGHILOPQ	RV 9
5 ACDEFKLMN	ABCEGHIKMNPTUW 10
Anzeige auf dieser Seite B 16A CEE	❶ €36,50
H400 5,5 ha 270T(70-100m²) 60D	❷ €48,50

102372

E121 Friedrichshafen-Lindau Richtung Österreichische Grenze. CP-Schildern folgen. CP liegt vor der Grenze rechts.

PARK-CAMPING LINDAU AM SEE

Internet: www.park-camping.de

E-Mail: info@park-camping.de

Telefon: 08382-72236

Fax: 08382-976106

Missen-Wilhams, D-87547 / Bayern

- Campingplatz Wiederhofen★★
- Zur Thaler Höhe 12
- 1 Jan - 31 Dez
- +49 8 32 04 81
- info@campingplatz-wiederhofen.de
- N 47°35'14'' E 10°06'45''

1 AFGILNOPRT	
2 CFPRTVWX	ABEFG 7
3 M	ABFJNQR 8
4 I	D 9
5 ADEHKM	ABHJOTUV 10
W 6-10A CEE	❶ €24,30
H950 1,2 ha 35T(60-100m²) 55D	❷ €30,90

102447

Deutsche Alpenstraße 308 Lindau-Sonthofen. In Immenstadt Richtung Missen, ausgeschildert.

Niedersonthofen (Allgäu), D-87448 / Bayern

- Camping Zeh am See / Allgäu★★★★
- Burgstraße 27
- 1 Jan - 31 Dez
- +49 83 79 70 77
- info@camping-zeh-am-see.de
- N 47°37'49'' E 10°14'45''

1 AEFILNOPQRST	LMNQSXY 6
2 CDFGHJOPSVWXY	BEFG 7
3 ABGLM	BDFJLNQRTW 8
4 DFHIKOP	9
5 ABDEFLMN	ABCFGHJLNPRX 10
Anz. auf dieser Seite WB 16A CEE	❶ €28,00
H720 1,7 ha 60T(80-100m²) 50D	❷ €38,00

102445

A7 Ulm-Kempten, Ausfahrt 136. A980 bis Ausfahrt Waltenhofen. Dann B19 Richtung Immenstadt bis Ausfahrt Niedersonthofen. Nicht in Memhölz abfahren, sondern weiter geradeaus nach Niedersonthofen.

Camping Zeh am See/Allgäu ★★★★

Direkt am Niedersonthofener See mit Badestrand, ein idealer Campingplatz für Kinder. Rad- und Wanderparadies (Schloss Neuschwanstein). Modernes Sanitärhaus mit Mietbad. WLAN 100%.

Burgstraße 27, 87448 Niedersonthofen (Allgäu)
Tel. +49 83797077
info@camping-zeh-am-see.de • www.camping-zeh-am-see.de

Die Orte in denen die Plätze liegen, sind auf der Teilkarte **fett** gedruckt und zeigen ein offenes oder geschlossenes Zelt. Ein geschlossenes Zelt heißt, dass mehrere Campingplätze um diesen betreffenden Ort liegen. Ein offenes Zelt heißt, dass ein Campingplatz in oder um diesen Ort liegt.

Camping Aach

Familie Blenk
Aach 1
87534 Oberstaufen
Tel. +49 8386363

anfrage@camping-aach.com
www.camping-aach.de

Oberstaufen, D-87534 / Bayern

- Aach★★
- Aach 1
- 1 Jan - 31 Dez
- +49 8 38 63 63
- anfrage@camping-aach.com
- N 47°31'19'' E 09°58'20''

1 ADEILNOPQRT	BEFG 6
2 FOPRUVW	BDFJNQRT 8
3 A	I 9
4 FHPQR	ABIJPRZ 10
5 ABDEFHJKLMN	
Anzeige auf dieser Seite 16A CEE	❶ €35,00
2 ha 50T(50-80m²) 51D	❷ €50,00

102373

Die B308 Lindau-Immenstadt in Oberstaufen rechts Richtung Aach. 1 km vor der österreichischen Grenze, Camping auf der linken Seite.

Oberstdorf, D-87561 / Bayern

- Oberstdorf
- Rubinger Straße 16
- 1 Jan - 31 Dez
- +49 83 22 65 25
- camping-oberstdorf@t-online.de
- N 47°25'23'' E 10°16'37''

1 AILNOPQRST	BEFGI 7
2 FPQRSVX	BDFJNQRUVW 8
3 BNR	KV 9
4 EFHI	ABEGHKPR 10
5 ADEFKMN	
W 16A CEE	❶ €26,10
H850 1,6 ha 115T(70-100m²) 46D	❷ €26,10

102450

B19 Kempten-Sonthofen, vor Zentrum Oberstdorf links, CP-Schildern folgen.

Oberstdorf, D-87561 / Bayern

- Rubi-Camp Oberstdorf
- Rubinger Straße 16
- 1/1 - 3/11, 15/12 - 31/12
- +49 83 22 95 92 02
- info@rubi-camp.de
- N 47°25'25'' E 10°16'46''

1 AFILNOPQRST	BDEFGIJ 7
2 FOPSVR	ABCDFIJKLNQRTUVW 8
3 AINOR	IW 9
4 FHT	ABEFGHJMPTVX 10
5 ADEHKMN	
WB 16A CEE	❶ €38,40
H800 1,8 ha 100T(100-120m²) 4D	❷ €49,40

112171

B19 Kempten-Sonthofen-Oberstdorf. Kurz vor dem Zentrum Oberstdorf links. Von hier ab noch ca. 500m. 2. CP rechts der Straße.

Osterreinen/Rieden, D-87669 / Bayern

- Magdalena
- Bachtalstraße 10
- 1 Apr - 31 Okt
- +49 83 62 49 31
- info@sonnen-lage.de
- N 47°36'56'' E 10°43'24''

1 ADEFJMNOPQRT	LNQSXY 6
2 ADFGJPRTUVWXY	ABDEFG 7
3 BM	ABCDFJNQRT 8
4 FIO	FGILMQRUVW 9
5 ABDEFGJLMN	ABGHIJPRZ 10
16A CEE	❶ €26,10
H820 1,5 ha 80T(50-80m²) 61D	❷ €36,40

102495

A7 bis Füssen. Danach an der Ausfahrt Richtung Rieden, dann rechts. Hier ist der CP angezeigt.

Oy-Mittelberg, D-87466 / Bayern

- ▲ Wertacher Hof**
- 🏠 Grüntenseestraße
- 📅 1 Jan - 31 Dez
- ☎ +49 8 36 17 70
- 📠 +49 83 61 93 44
- 📍 N 47°37'45'' E 10°27'34''

1 ADFG**IL**NOPQRST	LN**QS** 6
2 DFGKOPRVWX	BE**FG**HIJ 7
3 AM**R**	BDFJNQRW 8
4 FHI**P**	9
5 ABDEFKLM	ABF**G**HIKR 10
WB 16A CEE	
H900 3,5 ha 60T(60-100m²) 160D	❶ €20,80 ❷ €29,40

🚗 A7 Memmingen-Kempten. Ausfahrt 137 Oy-Mittelberg Richtung Wertach. In Haslach den CP-Schildern folgen.   102444

Pfronten, D-87459 / Bayern

- ▲ Pfronten
- 🏠 Tiroler Straße 184
- 📅 1 Mai - 15 Okt
- ☎ +49 83 63 83 53
- @ info@camping-pfronten.de
- 📍 N 47°33'48'' E 10°34'44''

1 AE**JM**NOPQRST	6
2 ACFGOPVWX	ABDE**FG** 7
3 BU	ABCDEFGJKNQR 8
4 FHI	G 9
5 ABDEHJMN	ABG**HIJOR** 10
16A	❶ €25,00
H850 1,6 ha 100T(65-100m²) 1D	❷ €25,00

🚗 A7 Richtung Füssen, Ausfahrt 137. B309 nach Pfronten, gleich hinter Pfronten, 300m vor der Grenze nach Österreich.   102498

Campingplatz Öschlesee
Moos 1, 87477 Sulzberg
Tel. 08376-93040
Fax 08376-93041
camping.oeschlesee@t-online.de
www.camping.oeschlesee.de

Rieden/Rosshaupten, D-87669 / Bayern

- ▲ Seewang
- 🏠 Tiefental 1
- 📅 1 Jan - 31 Dez
- ☎ +49 8 36 74 06
- @ info@camping-forggensee.de
- 📍 N 47°38'33'' E 10°43'46''

1 ABEFJMNOQRST	LN**QS**XY 6
2 DFGOPRSVX	ABDE**FG** 7
3 BMU	ABCDEFGJK**LQ**RTUVW 8
4 FIO	DIJQW 9
5 ABDFKM	ABCFG**HIJ**PR 10
WB 16A CEE	❶ €34,00
H810 2,5 ha 107T(80m²) 63D	❷ €46,20

🚗 Von Ulm der A7 bis Füssen folgen. In Füssen links zur B16 Richtung Rieden. Am Radweg rot gesperrt, gleich rechts bis zum Campingplatz.   102494

Sonthofen, D-87527 / Bayern

- ▲ An der Iller****
- 🏠 Sinwagstraße 2
- 📅 1/1 - 3/11, 15/12 - 31/12
- ☎ +49 83 21 23 50
- @ info@illercamping.de
- 📍 N 47°30'24'' E 10°16'23''

1 ADE**IL**NOPQRST	N**UV** 6
2 CFOPQRSVW	ABDE**FG** 7
3	ABCDEFJNQRUV 8
4 HIO	R 9
5 ADEM	ABF**G**HIJPR 10
WB 16A CEE	❶ €26,50
H740 1,7 ha 70T(70-120m²)	❷ €34,00

🚗 B19 Kempten-Oberstdorf. In Sonthofen Schildern folgen. CP liegt links der Straße.   100193

Schwangau, D-87645 / Bayern

- ▲ Bannwaldsee****
- 🏠 Münchener Straße 151
- 📅 1 Jan - 31 Dez
- ☎ +49 83 36 29 30 00
- @ info@camping-bannwaldsee.de
- 📍 N 47°35'30'' E 10°46'21''

1 ADE**IL**NOPQRST	LN 6
2 ADFGJOPQRVWXY	ABC**DEFGH** 7
3 BGMU	ABCDEFG**IJ**KNQRTUVW 8
4 ABEFHIJLNO**PX**	DHIQTVWY 9
5 ACDFGJLMN	ABCFG**HIK**O**RX**Z 10
WB 16A CEE	❶ €40,30
H800 7 ha 500T(50-100m²) 209D	❷ €58,25

🚗 A7 bis Ausfahrt Füssen B16. Danach der B17 nach Schwangau. CP befindet sich 2 km stadtauswärts.   100194

Sulzberg, D-87477 / Bayern

- ▲ Öschlesee****
- 🏠 Moos 1
- 📅 1 Jan - 31 Dez
- ☎ +49 8 37 69 30 40
- @ camping.oeschlesee@t-online.de
- 📍 N 47°40'29'' E 10°20'02''

1 AEF**IL**NOPQRST	N 6
2 FGJOPSVWXY	ABDE**FG**H 7
3 BFM	ABDFJKNQRT 8
4 HIO	V 9
5 ABEHLM	AFG**HIJ**P**RV** 10
Anz. auf dieser Seite WB 16A CEE	❶ €29,00
H750 5 ha 100T(80-100m²) 150D	❷ €37,50

🚗 A7 Memmingen-Kempten vorbei Kempten Ausfahrt 136. A980 3 km folgen, dann Richtung Sulzberg.   100191

Schwangau, D-87645 / Bayern

- ▲ Brunnen*****
- 🏠 Seestraße 81
- 📅 1 Jan - 31 Dez
- ☎ +49 83 62 82 73
- @ info@camping-brunnen.de
- 📍 N 47°35'48'' E 10°44'19''

1 ADE**JM**NOPQRST	LN**QS**XY 6
2 DFGJOPRUVWXY	BE**FG**HI 7
3 BDFG**HI**M	ABCDEFGJK**LM**NQRTUVW 8
4 BFHILO**PQTUVY**	VW 9
5 ACDFGJKLMN	ABFG**HIJ**PR 10
WB 16A CEE	❶ €42,00
H800 6 ha 300T(80-120m²) 63D	❷ €59,10

🚗 A7 bis Ausfahrt 137, dann der B309/B310 folgen. B16 rechts nach Füssen, dann B17 bis Schwangau. An der Tankstelle/Reweladen abzweigen, den CP-Schildern folgen.   102499

Waltenhofen (Allgäu), D-87448 / Bayern

- ▲ Insel-Camping am See Allgäu****
- 🏠 Insel 32 3/4
- 📅 1 Jan - 31 Dez
- ☎ +49 83 97 98 81
- @ info@insel-camping.de
- 📍 N 47°38'26'' E 10°16'44''

1 AF**IL**NOPRST	LNOPQS**X** 6
2 DFGJPSVX	BC**EFG**HI 7
3 BM**R**UW	BDFJKNQRT 8
4 **P**	IQ 9
5 ADKLMN	ABFG**HIJ**M**NPR**Z 10
WB 16A CEE	❶ €26,00
H750 1,5 ha 85T(60-100m²) 67D	❷ €34,00

🚗 A7 Memmingen-Kempten-Füssen, Ausfahrt 136. A980 5 km folgen. Zweite Ausfahrt, B19 Richtung Waltenhofen. Dann Schildern folgen.   102442

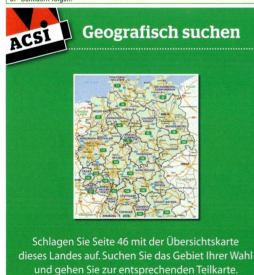

Geografisch suchen

Schlagen Sie Seite 46 mit der Übersichtskarte dieses Landes auf. Suchen Sie das Gebiet Ihrer Wahl und gehen Sie zur entsprechenden Teilkarte. Hier sehen Sie alle Campingplätze auf einen Blick.

Wemding, D-86650 / Bayern

- ▲ Campingpark Waldsee Wemding
- 🏠 Wolferstädter Str. 100
- 📅 1 Apr - 5 Nov
- ☎ +49 9 09 29 01 01
- @ info@campingpark-waldsee-wemding.de
- 📍 N 48°53'04'' E 10°44'08''

1 ADEFG**JM**NOPQRST	HLM**X** 6
2 BDGIPRSTUVWXY	ABDE**FG**H 7
3 ABFG**HJM**N	ABCDEFJNQRT 8
4 FHIO	IJKQT 9
5 ADFHMN	ABFG**H**IJOR**V** 10
B 16A CEE	❶ €27,00
H490 12 ha 236T(80-100m²) 126D	❷ €33,00

🚗 B2 (Romantische Straße), zwischen Weißenburg und Donauwörth Ausfahrt Richtung Wemding. Den CP-Schildern folgen. Gleich vor der Stadt rechts.   102484

Wertach, D-87497 / Bayern

- ▲ Waldesruh****
- 🏠 Bahnhofstr. 19
- 📅 1 Jan - 8 Nov
- ☎ +49 83 65 10 04
- @ info@camping-wertach.de
- 📍 N 47°36'31'' E 10°25'04''

1 AFG**IL**NOPRT	6
2 AFOPRVWX	BE**FG**IJ 7
3 ABM	ABDEFJNPQR 8
4 IO**P**	K 9
5 DMN	ABFG**HJ**N**PR** 10
W 16A CEE	❶ €27,10
H915 1,7 ha 30T(60-80m²) 100D	❷ €40,10

🚗 A7 Stuttgart-Ulm-Kempten, Ausfahrt 137 Oy. Dann B310 Richtung Wertach. 2 km vor Wertach, auf der Alten Staatsstraße nach Wertach. Ausgeschildert.   110000

Wertach, D-87497 / Bayern

- ▲ Camping-Grüntensee-International****
- 🏠 Grüntenstr. 41
- 📅 1 Jan - 31 Dez
- ☎ +49 8 36 53 75
- @ info@camping-gruentensee.de
- 📍 N 47°36'37'' E 10°26'47''

1 ABDEF**IL**NOPQRST	LMN**QS**X 6
2 ADFGJPQRSUVWXY	BE**FG**H 7
3 BFM	BDEFGJKNQRT 8
4 AFHIJO**PRS**T	GIJNQTV 9
5 ABDEGHJLMN	ABFG**HIJ**MNPR 10
WB 16A	❶ €34,00
H930 5 ha 150T(80-100m²) 127D	❷ €48,00

🚗 A7 Ausfahrt 137 Oy-Mittelberg, 6 km geradeaus. An erster Ampel links abzweigen, danach CP-Schildern folgen.   102446

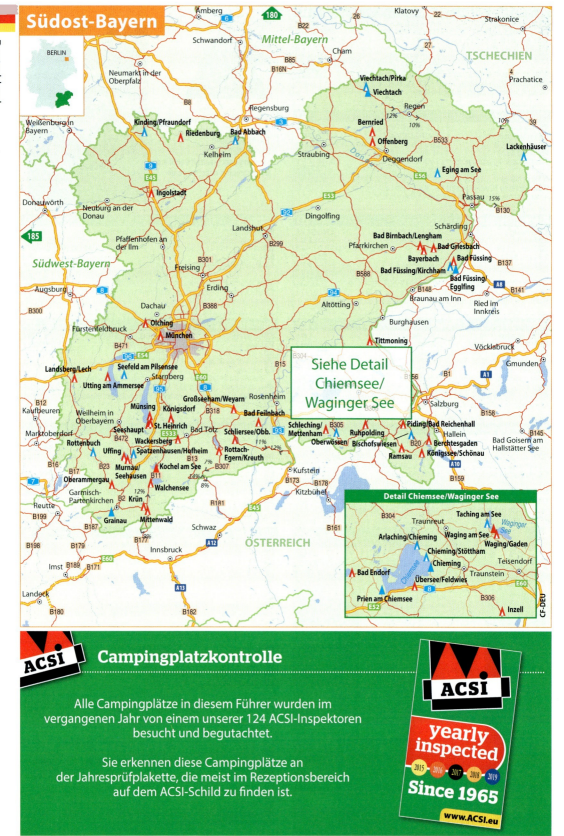

Arlaching/Chieming, D-83339 / Bayern

- ▲ Kupferschmiede
- Trostbergerstraße 4
- 1 Apr - 4 Okt
- +49 8 66 74 46
- @ info@campingkupferschmiede.de
- N 47°55'47" E 12°29'33"
- A8 Salzburg-München Ausfahrt Grabenstätt. Richtung Seebruck. CP liegt 1 km vor Seebruck rechts.

1	ADEJMNOQRT	LNQSXY 6
2	DGIJOPVWXY	ABDEFG 7
3	ABLM	ABCDEFNQRTW 8
4	FHI	9
5	ABDEGHJKLMN	ABDGKMPR 10
Anzeige auf dieser Seite B 16A CEE		① €27,55
H526 2,5 ha 80T (80-100m²) 120D		② €35,90
		102626

Bad Füssing/Egglfing, D-94072 / Bayern

- ▲ Fuchs Kur-Camping****
- Falkenstraße 14
- 1 Jan - 31 Dez
- +49 8 53 73 56
- @ info@kurcamping-fuchs.de
- N 48°19'00" E 13°18'58"
- A3 Nürnberg-Passau, Ausfahrt 118 Pocking/Bad Füssing Richtung Egglfing. Schildern folgen.

1	ADFJMNOPQRST	AB 6
2	OPRSVWXY	ABDEFGHI 7
3	ABKLM	ABCDEFHJNQRUVW 8
4	EFHIOX	I 9
5	ABDFHLMN	ABDEFGHJNPRW 10
Anzeige auf dieser Seite B 16A CEE		① €26,70
H324 1,5 ha 90T (65-100m²) 14D		② €29,50
		108107

Bad Abbach, D-93077 / Bayern

- ▲ Freizeitinsel
- Inselstr. 1a
- 20 Mär - 8 Nov
- +49 9 40 59 57 04 01
- @ info@campingplatz-freizeitinsel.de
- N 48°56'12" E 12°01'15"
- Von Norden: A93 Ausf. Pentling (B16) Ri. Kelheim. Danach Ausf. Poikam Ri. Inselbad. Von Süden: A93 Ausf. Bad Abbach (B16) Ri. Kelheim. Danach Ausf. Poikam Ri. Inselbad.

1	AFJMNORST	NU 6
2	ACFGPUVW	ABDEFG 7
3	ALT	ABCDEFJNRTUVW 8
4	FHK	R 9
5	ABDHJMNO	AFGHJPRZ 10
Anz. auf dieser Seite B 6-16A CEE		① €28,00
H355 2 ha 78T (60-120m²) 22D		② €37,00
		121601

Bad Birnbach/Lengham, D-84364 / Bayern

- ▲ Arterhof*****
- Hauptstraße 3
- 1 Jan - 31 Dez
- +49 8 56 39 61 30
- @ info@arterhof.de
- N 48°26'07" E 13°06'34"
- B388, ca. 14 km östlich von Pfarrkirchen Richtung Lengham fahren. Ausgeschildert.

1	ADEFJMNOPQRST	ABE 6
2	GOPRSVWXY	ABDEFGH 7
3	ABLMSUX	ABCDEFGHIJKLMNPQRTUVW 8
4	ADEFGHIKOSTVWXYZ	IUVWZ 9
5	ABDEFHIJKLMN	ABCEFGHJPRX 10
Anzeige auf dieser Seite B 16A CEE		① €34,10
H360 5 ha 230T (90-130m²) 30D		② €45,90
		108106

Bad Endorf, D-83093 / Bayern

- ▲ Camping Stein
- See 10
- 15 Apr - 7 Okt
- +49 80 53 93 49
- @ rezeption@camping-stein.de
- N 47°53'03" E 12°16'10"
- A8 Salzburg-München, Ausfahrt 106 Bernau. Über Prien Richtung Bad Endorf. In Mauerkirchen Richtung Simssee. Oder A8 München-Salzburg, Ausfahrt 102 Rosenheim.

1	AEFIKNOPQRST	LQSXY 6
2	DFGJPRVWX	ABDEFGHI 7
3	BEFLM	ABCDEFJNQRTUVW 8
4	FHIO	DEF 9
5	ABDMN	ABEFGHIJLMNPRX 10
16A CEE		① €32,10
H476 3 ha 70T (80-100m²) 82D		② €41,75
		108005

Bad Füssing/Egglfing, D-94072 / Bayern

- ▲ Kur- und Feriencamping Max 1*****
- Falkenstraße 12
- 1 Jan - 31 Dez
- +49 8 53 79 61 70
- @ info@campingmax.de
- N 48°19'57" E 13°18'49"
- A3 Nürnberg-Passau, Ausfahrt 118, B12 Richtung Simbach. Ausfahrt Futting Richtung Bad Füssing.

1	AEFJMNOPQRST	AF 6
2	GOPQRSVWXY	ABDEFGHIJK 7
3	ABL	ABCDEFGHIJLMNQRTUVW 8
4	ADEFGHIORTVWXZ	GIVZ 9
5	ABDFHJKLMN	ABCEFGHJMNPRX 10
B 16A CEE		① €38,00
H324 3,7 ha 164T (60-120m²) 42D		② €55,80
		111960

Bad Füssing/Kirchham, D-94148 / Bayern

- ▲ Preishof
- Angloh 1
- 1 Jan - 31 Dez
- +49 85 37 91 92 00
- @ info@preishof.de
- N 48°20'17" E 13°16'56"
- A3/E56, Ausfahrt 118, zur B12 Richtung Simbach. Ausfahrt Tutting/Kirchham, durchs Zentrum von Kirchham, Richtung Golfplatz.

1	ADEFJMNOPQRST	6
2	PQRVWX	ABDEFGH 7
3	ABKLU	ABCDEFJNQRTUV 8
4	AFHIORSTVXYZ	DEF 9
5	ADJLMN	ABDGHJMNPRX 10
B 16A CEE		① €22,80
H330 6,5 ha 230T (100-120m²) 75D		② €28,80
		102645

Bad Feilnbach, D-83075 / Bayern

- ▲ Kaiser Camping****
- Reithof 2
- 3/3 - 7/11, 18/12 - 31/12
- +49 80 66 88 44 00
- @ info@kaiser-camping.com
- N 47°47'21" E 12°00'21"
- A8 München-Salzburg, Ausfahrt 100, Aibling/Bad Feilnbach folgen. Dann Richtung Bad Feilnbach. CP rechts von der Strecke, angezeigt.

1	ADEJMNOPQRST	ABCDFJ 6
2	ACGOPSVWXY	ABDEFGHIK 7
3	BDILMSUX	ABCDEFJKNQRTW 8
4	BCFHIOPQ	9
5	ABDFHJKLMN	ABFGHIJPRZ 10
Anz. auf dieser Seite WB 16A CEE		① €32,40
H600 14 ha 376T (90-140m²) 300D		② €39,40
		102598

Bad Füssing, D-94072 / Bayern

- ▲ Holmernhof*****
- Am Tennispark 10
- 1 Jan - 31 Dez
- +49 85 31 12 47 40
- @ campingholmernhof@t-online.de
- N 48°21'30" E 13°18'24"
- A3 Ausfahrt 118, Pocking/Bad Füssing. In Bad Füssing ausgeschildert.

1	ADEFHKNOPQRST	ABFGHIN 6
2	GOPSVWXY	ABCDEFGHIJ 7
3	ABDFGLMNOPR	ABCDEFGHJKLMNPQRTUVW 8
4	AEFHIORSTWXYZ	AIVYZ 9
5	ABDFKLMN	ABCEFGHJPRXZ 10
WB 16A CEE		① €34,70
H340 3,4 ha 160T (85-115m²) 3D		② €45,30
		111624

Für ACSI-Kunden 5% Rabatt auf Stellplatz!

BESTE AUSSICHT AUF ENTSPANNUNG!

Vital CAMP Bayerbach · Tel. +49 85 32 927 80 70
www.vitalcamping-bayerbach.de

Bad Griesbach, D-94086 / Bayern
- Kur & Feriencp Holmernpcp Dreiquellenbad*****
- Singham 40
- 1 Jan - 31 Dez
- +49 8 53 29 61 30
- info@camping-bad-griesbach.de
- N 48°25'12'' E 13°11'31''

1 ADEF**JM**NOPQRS — N 6
2 GORSTVWXY — ABDE**FG**HIJ 7
3 AB**KLM** — ABCDEF**GJKLM**NPQRTUVW 8
4 **A**DEFHIOR**S**TUVW**XYZ** — GHIJLVWZ 9
5 ABDFKLMN — ABCEFGHIJMORWZ10

H360 4,5 ha 195**T**(80-120m²) 23**D**
❶ €36,20
❷ €52,80
108108

A3 Ausfahrt 118 Pocking, B12 bis Ausfahrt B388, CP ausgeschildert.

Winkl-Landthal ★★★★

4-Sterne Naturcampingplatz Winkl-Landthal im Nationalpark Berchtesgadener Land. Sommer wie Winter ruhig und sonnig, am Fuße der 'Schlafenden Hexe' gelegen. Modernes Sanitär, zum Teil Komfortplätze, unzählige Wanderangebote. Busverbindung in 100m. Alle Ausflugsziele wie Königssee, Kehlsteinhaus, Salzbergwerk in ca. 20 Min. erreichbar. Therme- und Erlebnisbad je 9 km. Naturfreibad 4 km. Organisierte Ausflüge z.B. Salzburg (25 km), Skigebiet Götschen in 1,5 km. Reservierung über das Kontaktformular auf unserer Homepage wird angeraten. Auf Ihren Besuch freut sich Fam. Oeggl!

Klaushäuslweg 7, 83483 Bischofswiesen
Tel. +49 86528164
E-Mail: info@camping-winkl.de · Internet: www.camping-winkl.de

Bayerbach, D-94137 / Bayern
- Vital Camping Bayerbach*****
- Huckenham 11
- 1 Jan - 31 Dez
- +49 8 53 29 27 80 70
- info@vitalcamping-bayerbach.de
- N 48°24'55'' E 13°07'48''

1 ADE**JM**NOPQRS — E 6
2 FGIOPRSUVW — ABDE**FG** 7
3 AB**LM** — ABCDEF**GJ**K**LM**NQRTUVW 8
4 **D**EFGHIO**TVWXZ** — IJ 9
5 ABDEFGHIJKLM — ABCGHJMOPRWX10
Anz. auf dieser Seite WB 16A CEE
❶ €27,70
❷ €29,70
H400 12 ha 330**T**(70-130m²) 45**D**
118172

A3 Regensburg-Linz. Ausfahrt 118 Richtung Pocking/Pfarrkirchen (B388). Weiter Abfahrt Bayerbach. Den CP-Schildern folgen.

Berchtesgaden, D-83471 / Bayern
- Camping-Resort Allweglehen*****
- Allweggasse 4
- 1 Jan - 31 Dez
- +49 86 52 23 96
- urlaub@allweglehen.de
- N 47°39'06'' E 13°02'16''

1 ADE**JM**NOPQRST — ABNUV 6
2 CFGOPQRSTUVWXY — ABCDE**FGH** 7
3 AB**LMX** — ABCDEF**GJKLM**NQRTUVW 8
4 **A**EFGHIO**TVWXZ** — FJWZ 9
5 ACDFHJKLMN**O** — ABFGHJNOPRVXZ10
WB 16A CEE
H570 3,5 ha 150**T**(100-150m²) 16**D**
❶ €49,95
❷ €68,75
102647

A8 München-Salzburg, Ausfahrt 115 Richtung Bad Reichenhall/Berchtesgaden. ± 3 km vor Berchtesgaden Camping angezeigt. Letzte Kilometer vor dem Camping, schmale, steile Zufahrt.

Bernried, D-94505 / Bayern
- Campingland Bernrieder Winkl
- Grub 6
- 1 Jan - 31 Dez
- +49 99 05 85 74
- info@camping-bernried.de

1 AFJMNOPRST — 6
2 AOPRUVXY — ABDE**FG**HJ 7
3 AF**MN** — ABCDE**F**JNQRUVW 8
4 F — GI 9
5 ADJM — ABFGHIJLMPRV10
WB 16A CEE
H500 1 ha 60**T**(90-100m²) 27**D**
❶ €24,40
❷ €29,40
108866

A3 Regensburg-Passau, Ausfahrt 109 Metten Richtung Bernried oder 108 Schwarzach Richtung Bernried. In Bernried ist der CP ausgeschildert.

Bischofswiesen, D-83483 / Bayern
- Winkl-Landthal****
- Klaushäuslweg 7
- 1/4 - 16/10, 18/12 - 7/1
- +49 86 52 81 64
- info@camping-winkl.de
- N 47°40'36'' E 12°56'10''

1 A**JM**NOPQRST — JN 6
2 CFOPRUVWXY — ABDE**FG**I 7
3 A**LM** — ABCDEFJNQRTUVW 8
4 **A**FHI — Z 9
5 ABDHMN — ABCDEFGHJLPRZ10
Anzeige auf dieser Seite W 10A
H690 2,5 ha 56**T**(80-100m²) 20**D**
❶ €35,10
❷ €48,50
102632

A8 München-Salzburg, Ausfahrt Bad Reichenhall. B20 Richtung Berchtesgaden. 11 km vor Berchtesgaden (Winkl).

Chieming, D-83339 / Bayern
- Möwenplatz
- Grabenstätterstraße 18
- 6 Apr - 30 Sep
- +49 8 66 43 61
- h.lintz@t-online.de
- N 47°52'50'' E 12°32'00''

1 ADEHKNOPQRT — LNQS 6
2 ADGJKPQRVWXY — ABDE**FG** 7
3 AB**LM** — ABCDE**F**JNQRW 8
4 FH — 9
5 ADM — ABDGHPTU10
Anzeige auf Seite 193 16A
H500 0,8 ha 70**T**(80-130m²) 36**D**
❶ €29,10
❷ €41,65
102627

A8 Salzburg-München, Ausfahrt Grabenstätt/Chieming.

Chieming, D-83339 / Bayern
- Chiemsee Strandcamping
- Grabenstätter Straße
- 1 Apr - 3 Okt
- +49 8 66 45 00
- info@chiemsee-strandcamping.de
- N 47°52'35'' E 12°31'44''

1 ABDE**JM**NOPQRST — LNPQS**X** 6
2 ADFJPRVWXY — ABCDE**FG** 7
3 AB**LM** — ABCDEFJKNQRTW 8
4 FH**Q** — NZ 9
5 ABDF**H**JMN**O** — ABDGHKPTU10
Anzeige auf Seite 193 16A CEE
H520 1,5 ha 90**T**(50-90m²) 30**D**
❶ €31,50
❷ €45,10
102628

A8 München-Salzburg, Ausfahrt 109 Richtung Chieming. Der CP ist ca. 5 km von der Ausfahrt Grabenstätt entfernt. 1. CP links.

Chieming/Stöttham, D-83339 / Bayern
- Seehäusl****
- Beim Seehäusl 1
- 1 Apr - 1 Okt
- +49 8 66 43 03
- info@camping-seehaeusl.de
- N 47°54'08'' E 12°31'10''

1 A**JM**NOPQRST — LNQS**X** 6
2 ADFGIJPSVWXY — ABDE**FG** 7
3 A**LS** — ABEFJKNQRTW 8
4 FH**X** — 9
5 ABDFGHJKLNO — ABCDGHJMP**T**10
Anzeige auf Seite 193 16A CEE
H550 1,5 ha 44**T**(50-110m²)
❶ €33,50
❷ €48,50
118289

A8 München-Salzburg, Ausfahrt 109 Grabenstätt/Chieming. Stöttham, den Schildern Seehäusl folgen. Besonders vorsichtig sein mit langen und/oder breiten Fahrzeugen auf dem schmalen Zufahrtsweg.

Club iD

**Ihr Pass oder Ausweis sicher in der Tasche
Die praktische ACSI Clubkarte**

- kann als Ausweisersatz an der Rezeption hinterlegt werden
- wird auf fast 8 800 Campingplätzen in ganz Europa akzeptiert
- Rabatte im ACSI Webshop

Nur 4,95 € im Jahr

www.ACSIClubID.de

Eging am See, D-94535 / Bayern 🛜 CC€18 iD

- Bavaria Kur- und Sport Camping★★★★
- Grafenauer Str. 31
- 1 Jan - 31 Dez
- +49 85 44 80 89
- info@bavaria-camping.de
- N 48°43'16'' E 13°15'55''

1	ADEF**JM**NOPRST	6
2	ACGPQSUVXY	BE**FG** 5
3	AB**FJ**LM	ABCDE**FJ**NQRST 8
4	FHIO**PQRS**	GILV 9
5	ABDFHJLM	ABFGHIJL**NP**RX 10

Anzeige auf dieser Seite WB 16A CEE ①€23,00
H420 6 ha 120T(120m²) 48D ②€28,95 107913

A3, Ausfahrt 113. Folgen Sie Eging am See. Vor Eging am See ist der CP ausgeschildert.

Grainau, D-82491 / Bayern 🛜 CC€20 iD

- Camping Erlebnis Zugspitze GmbH★★★
- Griesener Straße 2
- 1 Jan - 31 Dez
- +49 8 82 19 43 91 11
- office@pure-camping.de
- N 47°28'49'' E 11°03'13''

1	ADEF**JM**NOPQRS**T**	J 6
2	CFOPQRWX	ABDE**FG** 7
3	AB**L**	ABEFJNQRUV 8
4	EFH**RTX**	F 9
5	ADJMN	ABFGHK**P**R 10

Anzeige auf dieser Seite W 16A CEE ①€42,00
H750 3 ha 120T(60-100m²) 42D ②€58,00 102545

Von München Richtung Garmisch-Partenkirchen zur A95 Eschenlohe. Über die B2 und B23 Richtung GAP. Auf der B23 Fernpass/Ehrwald. CP liegt am Fluss. Oder A7 Ulm, Kempten und Füssen, hinter Reutte. Dann die B23 Richtung GAP.

SONDERTARIFE für ACSI-CampingCard-Inhaber!

Camping Erlebnis Zugspitze GmbH★★★
Griesener Str. 2 | 82491 Grainau
Telefon +49 (0)8821 94 39 111
office@pure-camping.de
www.pure-camping.de

Drei-Sterne-Komfort mitten in der Natur!
Entdecken Sie unsere modernisierte Anlage!
NEU: Top-Komfort im Wohnmobilhafen Zugspitzblick!

Der 'Möwenplatz' Chieming liegt unmittelbar am Ostufer des Chiemsees mit herrlichem Blick zur Herren- und Fraueninsel und der bayerischen Gebirgskette. 400m flacher Badestrand bieten unbegrenzte Bademöglichkeiten für groß und klein. Elektrobootbesitzer, Segler, Surfer, Angler, Bergsteiger, Wanderer und Radfahrer kommen am Chiemsee voll auf ihre Kosten. Außerdem bietet sich ein unerschöpfliches Repertoire an Ausflugsmöglichkeiten in nächster Umgebung.

Der 'Möwenplatz' Chieming verfügt über 100 Stellplätze und gehört somit zu den kleineren Campingplätzen am Chiemsee. Individuelle Betreuung des Gastes wird bei uns großgeschrieben. Einkaufsmöglichkeiten (SB-Laden, Getränkehandel) sind in nur 800m Entfernung am Ortsanfang von Chieming.

Am Platz befinden sich:
- 130 qm Parzellen - auf Anfrage • Kinderspielplatz • Tischtennis • Minigolf/Fahrradverleih 500m • Bootsverleih 800m • Surfschule 600m
- 3 Restaurants (500 - 1000m) • Schiffanlegestelle 800m.

Zu einem angenehmen Aufenthalt gehören natürlich auch gepflegte sanitäre Anlagen. Warmwasser auf allen Hähnen, Warmwasserduschen (€ 0,50), Spülraum, eine Münzwaschmaschine und Trockner (€ 3,50)!

Grabenstätterstraße 18, 83339 Chieming • Tel. 08664-361
E-Mail: h.lintz@t-online.de • Internet: www.moewenplatz.de

Grainau, D-82491 / Bayern 🛜 iD

- Camping Resort Zugspitze
- Griesener Straße 9
- 1 Jan - 31 Dez
- +49 8 82 19 43 91 11
- info@perfect-camping.de
- N 47°28'39'' E 11°03'06''

1	ADEF**IL**NOPQRST	J 6
2	CFORSVWX	ABDE**FG** 7
3	A**L**	ABCDEF**GI**J**LM**NQRTUVW 8
4	EFHRT**X**	FJW 9
5	ADJMN	ABGHJPR 10

WB 16A CEE ①€51,20
H780 3,5 ha 125T(100-140m²) 10D ②€71,00 121824

Von München Richtung Garmisch-Partenkirchen bis zum AB-Ende A95 Eschenlohe. Dann die B2, die in die B23 nach GAP übergeht. B23 Fernpass/Ehrwald. Einfahrt am Restaurant Schmölzer Wirt. Oder: A7 Ulm, Kempten und Füssen, hinter Reutte Ri. GAP.

Seehäusl ☆☆☆
die Perle direkt am Chiemsee

Sehr ruhig gelegen
Neue und moderne Sanitäranlagen
Restaurant mit Panoramaterrasse
Tel. 0049 (0)8664 303
www.seehaeusl.com
Hunde erlaubt
Familäre Atmosphäre
Kostenlose Benutzung von Tretbooten

Bavaria Kur- und Sport Camping
★★★★

Prächtiger, in der vollen Natur gelegener Terrassencamping im Gehbereich zum Sport- und Kurort. Schöne große Plätze, leicht zugänglich für Behinderte. Komfortables, modernes und gepflegtes Sanitär. Auch im Winter empfohlen. Leckere, gepflegte Küche.

Grafenauer Str. 31, 94535 Eging am See
Tel. 08544-8089 • Fax 08544-7964
E-Mail: info@bavaria-camping.de • Internet: www.bavaria-camping.de

DER NEUE FAMILIENCAMP AM CHIEMSEESTRAND
Chiemsee Strand Camping
... das Leben genießen ...
www.chiemsee-strandcamping.de

Camping Seehamer See

An der A8, nur 37 km von München. Idealer Durchreiseplatz. Mit traumhafter Lage direkt am Seehamer See. Eigener Strand und gemütliches kleines Restaurant. Bis 22 Uhr Ankunft und Sie können angekoppelt bleiben. Der Camping ist direkt vom Autobahnparkplatz 'Seehamer See-West' oder 'Seehamer See-Ost' erreichbar: zwischen den Ausfahrten Weyarn und Irschenberg. 300 Meter bis zum Camping.

Hauptstraße 32, 83629 Großseeham/Weyarn
Tel. und Fax 08020-1400
E-Mail: info@seehamer-see.de
Internet: www.seehamer-see.de

Großseeham/Weyarn, D-83629 / Bayern
- Camping Seehamer See
- Hauptstraße 32
- 1 Jan - 31 Dez
- +49 80 20 14 00
- info@seehamer-see.de
- 1 AJMNOPQRS**T** — LQS 6
- 2 ADGJPWXY — ABDE**FG** 7
- 3 **L** — ABCDE**FIJ**NRTW 8
- 4 — 9
- 5 ABDEFHLMN — AGHI**P**RZ 10
- Anzeige auf dieser Seite B 16A — € 25,00
- H657 4 ha 90**T**(40-60m²) 90**D** — € 37,00
- N 47°51'06" E 11°51'40" — 109997
- A8 München-Salzburg, ca 37 km vor München. Zwischen den Ausfahrten Weyarn und Irschenberg, Ausfahrt über den Autobahnparkplatz 'Seehamer See-West' oder 'Seehamer See-Ost'. 300m bis zum CP.

Ingolstadt, D-85053 / Bayern
- AZUR Waldcamping Ingolstadt
- Am Auwaldsee
- 1 Jan - 31 Dez
- +49 84 19 61 16 16
- ingolstadt@azur-camping.de
- 1 ABDE**JM**NOPQRS**T** — LN 6
- 2 ABDGIOPWXY — B**FG** 7
- 3 **BJ**MS — ABDFJNQRT 8
- 4 — AF**T**Y 9
- 5 ABDJMN — ABFGHKTUY 10
- B 10-16A CEE — € 33,50
- H365 10 ha 275**T**(80-100m²) 133**D** — € 45,50
- N 48°45'14" E 11°27'51" — 102534
- A9 München-Nürnberg, Ausfahrt 62 Ingolstadt-Süd. Den Schildern 'Camping Auwaldsee' folgen.

Inzell, D-83334 / Bayern
- Lindlbauer
- Kreuzfeldstraße 44
- 1/1 - 8/11, 20/12 - 31/12
- +49 8 66 59 28 99 88
- info@camping-inzell.de
- 1 ADEF**JM**NOPQRS**T** — 6
- 2 DFGORSTUVWX — ABDE**FG**HI 7
- 3 ARI X — ABCDEFGIJL**N**QRTUVW 8
- 4 FH — F 9
- 5 ABDMN — ABGHJ**P**RX 10
- Anzeige auf dieser Seite WB 16A CEE — € 37,15
- H699 3 ha 91**T**(80-130m²) 2**D** — € 51,15
- N 47°46'02" E 12°45'12" — 120911
- A8 München-Salzburg. Ausfahrt 112 Siegsdorf Richtung Bad Reichenhall/Inzell. Dann der Beschilderung folgen.

Landerlebnis mit viel **Komfort** am Tor der Alpen im **Süden Bayerns**
+49 (0) 8665 - 928 99 88
www.camping-inzell.de

Kinding/Pfraundorf, D-85125 / Bayern
- Kratzmühle****
- Mühlweg 2
- 1 Jan - 31 Dez
- +49 8 46 16 41 70
- info@kratzmuehle.de
- 1 ADF**JM**NOPQRST — LNQSXZ 6
- 2 ACDGIKOPRSUVWX — ABDE**FG**HIJ 7
- 3 BF**JL**M — ABCDEF**JKLN**QRS**T**UVW 8
- 4 HIO**X** — JKRV 9
- 5 ABDEFGJLMN — ABDFGHIJL**NP**RZ 10
- Anzeige auf Seite 195 B 16A CEE — € 29,00
- H384 15 ha 375**T**(80-130m²) 192**D** — € 36,00
- N 49°00'12" E 11°27'07" — 102532
- A9 Nürnberg-München, Ausfahrt 58 Altmühltal, Richtung Kinding. CP ist ausgeschildert.

Kochel am See, D-82431 / Bayern
- Kesselberg
- Altjoch 2 ½
- 19 Apr - 3 Okt
- +49 8 85 14 64
- alois.perkmann@gmx.de
- 1 ADE**JM**NOPQR**T** — LN 6
- 2 ADFGIJPSVWXY — ABD**FG** 7
- 3 ABMW — ABCDE**F**NQRT 8
- 4 O — DF 9
- 5 ABDEFJKMN — ABHIJORV 10
- 16A CEE — € 30,00
- H600 1,5 ha 120**T**(50-70m²) 60**D** — € 38,00
- N 47°38'13" E 11°20'57" — 102543
- A8 nach München, über B2 Richtung Garmisch-Partenkirchen A95. Ausfahrt 9 Kochelberg/Murnau, B472. Rechts zur B11, kurz nach Kochel Richtung Innsbruck.

Kochel am See, D-82431 / Bayern
- Renken
- Mittenwalderstraße 106
- 15 Apr - 5 Okt
- +49 88 51 61 55 05
- info@campingplatz-renken.de
- 1 AE**JM**NOPQRT — LNQSXY 6
- 2 ADFGJOPRTWX — AB**FG**I 7
- 3 A X — ABCDEFNQRT 8
- 4 FHI — DQ 9
- 5 ABDEFHJKMN — ABFGHKLOR 10
- 16A CEE — € 27,00
- H600 1 ha 60**T**(50-100m²) 13**D** — € 34,00
- N 47°38'25" E 11°21'16" — 102542
- A8 nach München, über die B2 Richtung A95 Garmisch-Partenkirchen. Ausfahrt 9 Kochel/Murnau, B472. Dann rechts zur B11, kurz nach Kochel Richtung Innsbruck.

Königsdorf, D-82549 / Bayern
- Campingplatz Königsdorf am Bibisee
- Zum Lindenrain 8
- 1 Jan - 31 Dez
- +49 8 17 18 15 80
- mail@camping-koenigsdorf.de
- 1 ADE**JM**NOPQRS**T** — HLNQR 6
- 2 ADGIJOPRVWX — ABDE**FG**HI 7
- 3 **B**LMU — ABCDEFJKNQRT 8
- 4 FH — 9
- 5 ABDEFIKMN — ABEGHIJORZ 10
- WB 6-16A CEE — € 29,00
- H600 1,8 ha 90**T**(80-120m²) 270**D** — € 38,00
- N 47°50'16" E 11°28'09" — 102540
- A8, in München über B2 Richtung A95 Garmisch-Partenkirchen. Ausfahrt 6 zur B11 Richtung Königsdorf, nach 2 km Richtung Geretsried. Ausfahrt Bibisee.

Königssee/Schönau, D-83471 / Bayern
- Camping Mühlleiten GmbH
- Königsseer Straße 70
- 10/4 - 25/10, 15/12 - 31/12
- info@camping-muehlleiten.de
- 1 ADE**JM**NOPQRST — JN 6
- 2 BCFOPRSVWX — ABDE**FG** 7
- 3 **B**K — ABCDEFJNQR 8
- 4 **AE**FHO — IZ 9
- 5 ABDEFHJKLMN — ABGHPST 10
- W 16A CEE — € 26,30
- H600 1,8 ha 80**T**(50-75m²) 22**D** — € 40,30
- N 47°35'59" E 12°59'21" — 102634
- A8 Ausfahrt Bad Reichenhall Richtung Berchtesgaden. Im Kreisel Richtung Königssee B20. Nach 3 km Camping rechts.

Krün, D-82494 / Bayern
- Tennsee*****
- Am Tennsee 1
- 1/1 - 4/11, 14/12 - 31/12
- +49 8 82 51 70
- info@camping-tennsee.de
- 1 ACDEF**JM**NOPQRS**T** — LN 6
- 2 ACDFGOPQRUVWXY — ABCDE**FG**HIJ 7
- 3 BDFLMT — ABCDEFJLMNQRTUVW 8
- 4 **A**BCEF**HI**J**OPS** — ILUVW 9
- 5 ABDEFJLMN — ABCEFGHIJM**NP**RVZ 10
- WB 16A CEE — € 39,20
- H950 5,2 ha 265**T**(80-100m²) 5**D** — € 53,20
- N 47°29'27" E 11°15'16" — 102546
- Ab 'Münchener Ring' den Schildern Garmisch-Partenkirchen folgen zur A95 bis Autobahnende Eschenlohe. Dann die B2, geht über zur B23 bis GAP. Dort über die B2 Richtung Mittenwald. Zwischen Klais und Barmsee.

Lackenhäuser, D-94089 / Bayern
- Knaus Campingpark Lackenhäuser****
- Lackenhäuser 12/
- 1/1 - 8/11, 18/12 - 31/12
- +49 8 58 33 11
- lackenhaeuser@knauscamp.de
- 1 ADF**JM**NOPRS**T** — ABE**FG**N 6
- 2 BCFGIPRSUVWXY — ABDE**FG**HIJ 7
- 3 B**FG**JMR — ABCDEFJKNQRSTUVW 8
- 4 **A**BCEFHI**OPQTZ** — AEJUVW 9
- 5 ACDFJLM — ABEFGHJL**NP**RVZ 10
- Anzeige auf Seite 52 WB 16A CEE — € 37,80
- H800 19 ha 322**T**(80-100m²) 157**D** — € 47,10
- N 48°44'56" E 13°49'00" — 102664
- B12 zwischen Freyung und Passau, Ausfahrt Waldkirchen. Bis Waldkirchen-Ost, hier ist der CP ausgeschildert. Noch ca. 28 km.

Newsletter

Melden Sie sich an für den Eurocampings Newsletter und bleiben Sie über die neusten Entwicklungen auf dem Laufenden!

www.Eurocampings.de

CAMPINGPLATZ ★★★★ KRATZMÜHLE

Urlaub im Naturpark Altmühltal
Lassen Sie sich verwöhnen

Kratzmühle - ein Campingplatz für alle die Ruhe und Erholung suchen

Deutschland

- mitten im Naturpark Altmühltal
- nur 5 Minuten zum Kratzmühlsee
- direkt an der Altmühl und dem Altmühltal-Radweg
- Komfortstellplätze (Wasser- und Abwasseranschluss)
- 5 Sanitärhäuser - teilweise mit Kinderbereich
- Familienbäder, Behinderteneinrichtung
- Wohnmobilentsorgung
- Kiosk, Gaststätte
- viele Freizeit- und Sporteinrichtungen
- Waldhochseilgarten und Golfplatz (5 km)
- Shuttleservice zum Bahnhof Kinding
- nahe der Autobahn A9 München-Nürnberg

85125 Kinding, OT Kratzmühle, Tel: +49 8461 - 64 17 0
info@kratzmuehle.de, **www.kratzmuehle.de**

www.kratzmuehle.de

 Naturpark Altmühltal

Landsberg/Lech, D-86899 / Bayern
- Landsberg am Lech GbR
- Pössinger Au 1
- 1 Jan - 31 Dez
- +49 8 19 14 75 05
- campingparkgmbh@aol.com
- 1 DEF**JM**NOPQRST 6
- 2 APRVWXY ABDE**FGHI** 7
- 3 ABF**H**IM ABCDE**F**IJNPQRTW 8
- 4 I 9
- 5 ABDLMN ABFGHIJL**N**ORZ10
- B 16A CEE
- H654 6,5 ha 200T(100m²) 203**D**
- €20,50 / €26,50
- N 48°01'56" E 10°53'08"
- A96 München-Lindau, Ausfahrt 26 Landsberg-Ost, hier Richtung Stadtmitte, an der Aral-Tankstelle links. CP ausgeschildert.
- 102489

Mittenwald, D-82481 / Bayern
- Naturcampingpark Mittenwald
- Am Horn 4
- 1 Jan - 4 Nov
- +49 88 23 52 16
- camping@mittenwald-info.de
- 1 AEJ**M**NOPQRST U 6
- 2 BCFJOPRSTWXY ABDE**FG** 7
- 3 B**W** ABCDE**F**JNQRW 8
- 4 FH F 9
- 5 ABDEFKMN AGHKPRZ10
- WB 16A CEE
- H900 7,5 ha 200T(60-120m²) 109**D**
- €30,00 / €36,00
- N 47°28'21" E 11°16'39"
- Ab 'Münchener Ring' den Schildern Garmisch-Partenkirchen folgen zur A95 bis Autobahnende Eschenlohe. Dann die B2/B23 nach Garmisch. Dann weiter über die B2 nach Mittenwald.
- 102547

München, D-81247 / Bayern
- München-Obermenzing
- Lochhausener Straße 59
- 15 Mär - 31 Okt
- +49 8 98 11 22 35
- book.campingm@outlook.de
- 1 AEF**JM**NOPRS**T** 6
- 2 ABOPVXY ABDE**FGI** 7
- 3 B ABCDE**F**JNOQRW 8
- 4 IO**P** E 9
- 5 ABDEHM**N** AGH**I**NOR10
- 10A CEE
- H517 5,5 ha 250**T**(80-200m²) 123**D**
- €26,00 / €30,00
- N 48°10'27" E 11°26'47"
- A99 Richtung Stuttgart bis Kreuz München-West, Ausfahrt München-Lochhausen, dann links auf die Lochhausener Straße.
- 102574

Münsing, D-82541 / Bayern
- Hirth
- Am Schwaiblbach 3
- 1 Jan - 30 Nov
- +49 8 17 75 46
- campingplatzhirth@t-online.de
- 1 ADF**JM**NOPQR**T** LNOPQSX 6
- 2 ADFGHJOPWX AB**FG** 7
- 3 LM ABE**F**JNQRW 8
- 4 FH D 9
- 5 ABDEJM ABHJOR10
- 16A
- H570 3,3 ha 50**T**(80-100m²) 253**D**
- €32,00 / €40,00
- N 47°51'15" E 11°20'18"
- A95 München-Garmisch-Partenkirchen, Ausfahrt 6 Wolfratshausen. An der Ostseite des Starnberger Sees, 6 km nördlich von Seeshaupt.
- 102537

Murnau/Seehausen, D-82418 / Bayern
- Halbinsel Burg
- Burgweg 41
- 1 Jan - 2 Nov
- +49 88 41 98 70
- info@camping-staffelsee.de
- 1 ADEFHK**N**OPQRST LN**X**Y 6
- 2 DFGPQRWXY ABDE**FGI** 7
- 3 BM ABCDEFJNQR**X** 8
- 4 FHIO 9
- 5 ABDFJL AHKOR10
- B 16A CEE
- 2 ha 130**T** 20**D**
- €32,40 / €40,00
- N 47°41'06" E 11°10'43"
- Von der A95 Ausfahrt Murnau, weiter nach Murnau, in Murnau Richtung Oberammergau. Am Kreisel Richtung Staffelsee, weiter der CP-Beschilderung folgen.
- 112168

Oberammergau, D-82487 / Bayern
- Campingpark Oberammergau
- Ettalerstraße 56 B
- 1/1 - 11/11, 10/12 - 31/12
- +49 8 82 29 41 05
- info@camping-oberammergau.de
- 1 A**JM**NOPQRST N 6
- 2 CFGOPRSVWX ABDE**FGHI** 7
- 3 D**FJM**N**PW** ABCDE**F**IJK**LM**NQRTW 8
- 4 FHI IJL 9
- 5 ADM ABCEFGHIJMPRV10
- WB 16A CEE
- H850 2 ha 85**T**(60-150m²) 31**D**
- €29,60 / €41,10
- N 47°35'25" E 11°04'07"
- A7 Ulm-Memmingen, Ausfahrt 128 Memmingen. A96 Richtung München, Ausfahrt 25 Landsberg. B17 nach Schongau. Dann B23 Richtung Garmisch-Partenkirchen.
- 107458

Oberwössen, D-83246 / Bayern
- Litzelau ★★★★
- Litzelau 4
- 1 Jan - 31 Dez
- +49 86 40 87 04
- camping-litzelau@t-online.de
- 1 A**JM**NOQRS**T** J 6
- 2 BCFOPQUVWXY ABDE**FGHI** 7
- 3 B**F**IL ABCDE**F**JNQRTUV 8
- 4 FHIKOP**STU** J 9
- 5 ABDLMN ABGHIJLPRV10
- Anzeige auf dieser Seite WB 16A CEE
- €26,00
- H634 4 ha 62**T**(80-120m²) 83**D**
- €33,00
- N 47°43'03" E 12°28'45"
- A8 München-Salzburg, Ausfahrt 106 Bernau und via B305 Richtung Reit im Winkl, nach Oberwössen (20 km).
- 102599

Camping Litzelau ★★★★
- Ca. 145 Plätze für Zelte, Caravans und Reisemobile, Plätze für Rollstuhlfahrer • schöne Wandergegend • Sauna, Solarium, Whirlpool
- moderne Sanitäranlagen mit Kinderwaschbecken und Wickelraum
- behindertengerechter Waschraum/WC
- Streichelzoo

Litzelau 4, 83246 Oberwössen • Tel. +49 86408704
E-Mail: camping-litzelau@t-online.de
Internet: www.camping-litzelau.de

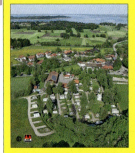

Eingebettet in die schöne Landschaft des Chiemgaus liegt der familiegeführte, freundliche Campingplatz mit Ferienhaus. Sehr gut geeignet zum Wandern und Radfahren. Moderne Sanitäranlage und geheiztes Freischwimmbad.

Bernauerstraße 110, 83209 Prien am Chiemsee
Tel. 08051-4136
E-Mail: ferienhaus-campingpl.hofbauer@t-online.de
Internet: www.camping-prien-chiemsee.de

Camping Simonhof
Inh. Andreas Graßl
Alte Reichenhallerstraße 110
83486 Ramsau
Tel. 0049-8657-284
www.camping-simonhof.de
E-Mail: info@camping-simonhof.de

Der Campingplatz Simonhof liegt idyllisch eingebettet von den Berchtesgadener Kalkalpen auf 860m Höhe, am Rande des Nationalparks Berchtesgaden. Wanderungen sind direkt vom Platz aus möglich. Langlaufloipe direkt am Platz. Ganzjährig geöffnet. Vor- und Nachsaisonpreise.

Offenberg, D-94560 / Bayern
- Auf dem Kapfelberg
- Kapfelberg 2
- 15 Mär - 30 Okt
- +49 9 90 56 45
- post@camping-kapfelberg.de
- 1 AJMNOPRT 6
- 2 AGPSUWX ABDEFG 7
- 3 A ABCDEFJKNQRTW 8
- 4 FHI F 9
- 5 D AGHJMPRV 10
- Anzeige auf dieser Seite B 16A CEE € 24,00
- H400 0,3 ha 65T(80-100m²) 1D € 27,00
- N 48°52'32'' E 12°52'51''
- A3 Regensburg-Passau, Ausfahrt 109 Metten Richtung Neuhausen. In Neuhausen vor dem Sonnenstudio links. Den CP-Schildern folgen. 108867

Olching, D-82140 / Bayern
- Ampersee
- Josef-Kistler Weg 5
- 1 Mai - 11 Okt
- +49 8 14 21 27 86
- info@campingampersee.de
- 1 AFJMNOPQRT LMPQSX 6
- 2 ADGILPVWXY ABEFG 7
- 3 AJL ABCDEFGJNQRW 8
- 4 9
- 5 ADFHLN AFGHR 10
- 10A € 29,00
- H499 2,7 ha 35T(100m²) 70D € 35,00
- N 48°13'46'' E 11°21'32''
- A8 Augsburg-München, Ausfahrt 78 Fürstenfeldbruck/Olching. Dort CP ausgeschildert. 109022

Piding/Bad Reichenhall, D-83451 / Bayern
- Staufeneck
- Strailachweg 1
- 3 Apr - 25 Okt
- +49 86 51 21 34
- camping-staufeneck@t-online.de
- 1 ADEJMNOPQRST 6
- 2 ABCRSVWXY ABDEFG 7
- 3 ALM ABCDEFGJNPQRTW 8
- 4 EFH 9
- 5 ABDMN AGHJTU 10
- 10A CEE € 26,90
- H484 2,7 ha 100T(80-100m²) 20D € 31,30
- N 47°44'47'' E 12°53'48''
- A8 München-Salzburg, Ausfahrt Bad Reichenhall. Vor Bad Reichenhall rechts Ausfahrt zum Camping. Campingschildern folgen. 102630

Auf dem Kapfelberg
Herrlicher Campingplatz am Waldrand mit traumhafter Aussicht über das Donautal und einem herrlichen Blick über die Berge des Bayerischen Waldes. Zahlreiche Wander- und Fahrradwege in der Umgebung.

Kapfelberg 2, 94560 Offenberg • Tel. 09905-645
E-Mail: post@camping-kapfelberg.de
Internet: www.camping-kapfelberg.de

Prien am Chiemsee, D-83209 / Bayern
- Hofbauer
- Bernauerstraße 110
- 1 Apr - 30 Okt
- +49 80 51 41 36
- ferienhaus-campingpl.hofbauer@t-online.de
- 1 AEJMNOPQRST ABCFG 6
- 2 AOPSTVWX ABDEFGI 7
- 3 BLMU ABCDEFJNQRTUVW 8
- 4 GHIO EFGIUV 9
- 5 ABDFHKMN ABEGHIKPRV 10
- Anzeige auf dieser Seite B 16A CEE € 28,30
- H522 1,5 ha 90T(75-100m²) 57D € 37,30
- N 47°50'20'' E 12°21'04''
- A8 München-Salzburg, Ausfahrt 106 Bernau. Dann ca. 3 km Richtung Prien. 100m nach dem Kreisel CP links der Straße. 102595

Prien am Chiemsee, D-83209 / Bayern
- Panorama Camping Harras
- Harrasserstraße 135
- 12 Apr - 4 Nov
- +49 80 51 90 46 13
- info@camping-harras.de
- 1 ADEFGJMNOPRST LNQSXY 6
- 2 ADJKRVWXY ABDEFGH 7
- 3 BLM ABCDEFIJKNRTW 8
- 4 FHOP DVZ 9
- 5 ABDFHLMN ABGHIJLNRZ 10
- B 6A CEE € 36,70
- H511 2 ha 150T(30-70m²) 40D € 54,30
- N 47°50'26'' E 12°22'24''
- A8 München-Salzburg, Ausfahrt 106 Bernau, 3 km Richtung Prien. Nach 2 km am Kreisel rechts. Dann ist der CP gut ausgeschildert. 102594

Ramsau, D-83486 / Bayern
- Simonhof
- Alte Reichenhallerstraße 110
- 1/4 - 31/10, 1/12 - 28/2
- +49 8 65 72 84
- info@camping-simonhof.de
- 1 AEJMNOPQRST 6
- 2 BCFOPQRSTVWXY ABDEFG 7
- 3 AB ABCDEFJKNQRTUV 8
- 4 FHIO 9
- 5 ABDEFIMN ABCGHJPR 10
- Anzeige auf dieser Seite W 16A CEE € 34,10
- H860 1,5 ha 90T(70-100m²) 30D € 46,30
- N 47°37'38'' E 12°52'09''
- B305 Von Siegsdorf nach Ramsau, Schildern folgen. 102633

Riedenburg, D-93339 / Bayern
- Talblick
- Austraße 40
- 1 Apr - 15 Okt
- +49 9 44 24 30
- campingplatz-talblick@web.de
- 1 AFJMNOPQRST N 6
- 2 BCDFOPWXY ABDEFGH 7
- 3 AM ABCDEFGNQRT 8
- 4 EHI 9
- 5 DN AHJLR 10
- 16A CEE € 19,00
- H384 2,6 ha 70T(100-150m²) 70D € 27,00
- N 48°58'03'' E 11°40'46''
- A9 Nürnberg-München, Ausfahrt 59 Denkendorf-Pondorf-Riedenburg. In Riedenburg Richtung Prunn. CP liegt 0,5 km rechts von der Straße. 113890

Rottach-Egern/Kreuth, D-83700 / Bayern
- Camping Wallberg
- Rainerweg 10
- 1 Jan - 31 Dez
- +49 80 22 53 71
- campingplatz-wallberg@web.de
- 1 AJMNOPQRST QSX 6
- 2 OPVWXY ABDEFG 7
- 3 BHL ABCDEFJNQRTW 8
- 4 FHO I 9
- 5 ADFHLMN AFGHJLPRZ 10
- Anzeige auf Seite 197 WB 16A € 26,70
- H734 3,5 ha 150T(80-120m²) 101D € 36,30
- N 47°41'18'' E 11°44'55''
- Autobahn München-Salzburg, Ausfahrt Holzkirchen, Miesbach. Zwischen Tegernsee und Bad Wiessee. 102578

Rottenbuch, D-82401 / Bayern
- Terrassen-Camping am Richterbichl****
- Solder 1
- 1 Jan - 31 Dez
- +49 88 67 15 00
- info@camping-rottenbuch.de
- 1 AEFJMNOPQRST LU 6
- 2 DGOPUVX ABDEFGHI 7
- 3 BFMNU ABCDEFJNQRTW 8
- 4 EFHIO FIW 9
- 5 ABDEHJKMN ABDFGHIJPR 10
- Anzeige auf dieser Seite W 16A CEE € 24,50
- H763 1,2 ha 50T(80-100m²) 44D € 32,50
- N 47°43'39'' E 10°58'01''
- Von A7 Ulm-Kempten, Ausfahrt 134. B12 bis Marktoberdorf. Dann die B472 Richtung Schongau, danach B23 Richtung Garmisch-Partenkirchen. CP liegt an der Romantischen Straße. 102492

Terrassen-Camping am Richterbichl
Familie Echtler • Solder 1, 82401 Rottenbuch
Tel. +49 88671500
E-Mail: info@camping-rottenbuch.de
Internet: www.camping-rottenbuch.de

Stellplätze, Wanderhütten, Ferienwohnung, zentral gelegen im Alpenvorland zwischen Zugspitze und Allgäu, im Herzen der Region Pfaffenwinkel, Sommer- und Wintercampingplatz, Badeweiher, Spielplatz, Wandern und und und.

ACSI Aktionen und News

www.youtube.com/ACSIcampinginfo

www.facebook.com/ACSI.EUR

CAMPING WALLBERG

83700 Rottach-Egern
Tel. 08022-5371
Fax 08022-670274
E-Mail: campingplatz-
wallberg@web.de
Internet: www.campingplatz-
wallberg.de

Prächtige Lage am Fuß der Alpen. Ausgezeichneter Sommer- und Wintercampingplatz. Einfach zu erreichen, auch im Winter.

Ruhpolding, D-83324 / Bayern
- Ortnerhof★★★★
- Ort 5
- 1 Jan - 31 Dez
- +49 86 63 17 64
- camping-ortnerhof@t-online.de

1	ABEFHKNOPQRST	N 6
2	AFOPQRSVWXY	ABDE**FG** 7
3	ABDF**LMR**	ABCDEFJNQRTW 8
4	AFHI	FZ 9
5	ADLMN	ABCFGHJ**NPR**10

Anzeige auf dieser Seite WB 16A CEE € 31,30 / € 42,20
N 47°44'33'' E 12°39'47'' H670 3,6 ha 100T(80-120m²) 81D 102631

A8 München-Salzburg, Ausfahrt 112 Siegsdorf, Richtung Ruhpolding. CP liegt auf der Südseite der Stadt an der B305. Ab Zentrum angezeigt.

Schleching/Mettenham, D-83259 / Bayern
- Camping Zellersee★★★★
- Zellerseeweg 3
- 1 Apr - 30 Sep
- +49 86 49 98 67 19
- info@camping-zellersee.de

1	ADEHKNOPQRST	LM 6
2	BDGIJOPSUVWXY	ABDE**FGI** 7
3	AFG**LMWX**	ABCDEFGJNQRT 8
4	FH	FJUVW 9
5	ABDEFMN	ABGHJ**PTU**10

Anzeige auf dieser Seite 16A CEE € 33,00 / € 45,00
N 47°44'04'' E 12°24'56'' H558 2,3 ha 60T(50-90m²) 34D 109209

A8 München-Salzburg. Ausfahrt 106 Bernau, Richtung Reit im Winkl. In Marquartstein Richtung Schleching.

- kleiner Natur- und Familiencampingplatz
- schöne Lage am See mit Liegewiese
- Wandern, Radfahren und Mountainbiken direkt vom Campingplatz aus.
- Neu! Niederländische Inhaber

www.camping-zellersee.de

Schliersee/Obb., D-83727 / Bayern
- Camping Lido
- Westerbergstraße 27
- 1 Apr - 1 Nov
- +49 80 26 66 24
- info@camping-lido.de

1	AE**JM**NOPQRST	LNQSX 6
2	CDFGIJPRVWXY	ABDE**FG** 7
3	BL	ABE**FG**JKNQRW 8
4	AEFHO	UVW 9
5	ABDFHK	ABGHJMR 10

16A CEE € 33,50 / € 45,50
N 47°43'41'' E 11°51'06'' H800 1 ha 67T(16-60m²) 65D 102577

A8 München-Salzburg, Ausfahrt 98 Weyarn. Dann über Miesbach. Gut ausgeschildert.

Seefeld am Pilsensee, D-82229 / Bayern
- Pilsensee
- Am Pilsensee 2
- 1 Jan - 31 Dez
- +49 81 52 72 32
- info@camping-pilsensee.de

1	ADEF**JM**NOPQRS**T**	LNQRSTXYZ 6
2	DGIOPSVWXY	ABC**DEFG** 7
3	B**FLM**	ABCDE**FI**KNQRTU 8
4		FJMQR 9
5	ACDEFJLMN	ABCDFHIJLM**PR**VYZ10

Anzeige auf dieser Seite B 16A CEE € 33,50 / € 47,50
N 48°01'49'' E 11°11'57'' H549 10 ha 140T(100m²) 368D 102535

B2068 Oberpfaffenhofen-Herschling, südlich von Seefeld abzweigen.

CAMPING ORTNERHOF
★ ★ ★ ★

**Inhaber Helmut Bichler
D-83324 Ruhpolding
Tel. 08663-1764 • Fax 08663-5073
Internet: www.camping-ruhpolding.de**

Dieser Campingplatz liegt im Chiemgau (Voralpen) neben einem Hotel-Restaurant.
▶ Guter Ausgangspunkt für Wintersport, Wandern, Rad fahren usw.
▶ Trocken- und Skiraum vorhanden. Loipe direkt am Camping.
▶ Golfplatz in 900m. Bushaltestelle vor dem Camping ▶ Reisemobilplatz vor dem Camping, für 1 Nacht € 9,- exkl. Strom ▶ Separate Sanitäranlagen für Behinderte ▶ Gratis Ferienpass u.a. für Schwimmbad und Lifte. ▶ Rabatt bei Bus nach Salzburg und Regionalbus kostenlos.

Ganzjährig geöffnet!

Seeshaupt, D-82402 / Bayern
- Camping Seeshaupt
- St. Heinricherstraße 127
- 1 Apr - 31 Okt
- +49 8 80 19 15 68 80
- info@camping-seeshaupt.com

1	ADEF**JM**NOPQRST	LNQSX 6
2	ACDGJOPRSWXY	ABC**DFG** 7
3	B**LN**	ABCDE**FJ**KNQRT 8
4	FHR	FR 9
5	ABDEFKM	ABCFGHIJ**PR**10

B 16A CEE € 37,00 / € 45,00
N 47°49'13'' E 11°19'27'' H600 2 ha 45T(80-190m²) 67D 102539

A8 nach München, über die B2 zur A95 Garmisch-Partenkirchen. Ausfahrt 7 Seeshaupt, dann rechts Richtung Seeshaupt.

D-82229 Seefeld · Tel. 08152 7232
🌐 camping-pilsensee.de

→ STELLPLÄTZE   → SCHLAFFÄSSER
→ MOBILHEIME   → ZELTWIESE

WLAN VOR DEN TOREN MÜNCHENS

Teilkarte Südost-Bayern auf Seite 190   **197**

D-83236 Übersee-Feldwies
Tel. 08642-470 · Fax: 08642-1636
E-Mail: info@chiemsee-camping.de
Internet: www.chiemsee-camping.de

Fordern Sie bitte unseren Folder an!

Spatzenhausen/Hofheim, D-82447 / Bayern 📶 ✱ CC€20 iD

⛺ Brugger am Riegsee	1 AEF**IL**NOPQRT LM**N**QSTXY 6
🏠 Seestraße 2	2 DFGIJPSUVWXY ABDE**FGH** 7
📅 3 Apr - 18 Okt	3 BG**J**MX ABC**DFG**IJKNQRTUVW 8
☎ +49 8 84 77 28	4 BFHILO KT 9
@ office@camping-brugger.de	5 ABDEFJLMN ABCDFGHIJMPRZ10
	Anzeige auf Seite 199 B 16A CEE ❶ €29,95
📍 N 47°42'23'' E 11°13'05''	H650 6 ha 100T(60-120m²) 300**D** ❷ €38,95

🚗 A95 Garmisch-Partenkirchen, Ausfahrt 9 Sindelsdorf. Links zur B472 Richtung Habach, dann Murnau, weiter den Schildern Hofheim folgen.   108109

Taching am See, D-83373 / Bayern 📶 CC€18 iD

⛺ Seecamping Taching am See	1 ADEF**IK**NOPQRST LM**N**QSXYZ 6
🏠 Am Strandbad 1	2 DGHIJOPSVWXY ABDE**FG** 7
📅 1 Apr - 15 Okt	3 B**F**G**L**MS ABCDEFJNQRTW 8
☎ +49 86 81 95 48	4 FH DV 9
@ info@seecamping-taching.de	5 ADFGKLN ABDGHJPRZ10
	Anzeige auf dieser Seite B 16A CEE ❶ €23,45
📍 N 47°57'42'' E 12°43'54''	H481 1,6 ha 98T(80-100m²) 98**D** ❷ €29,45

🚗 A8 München-Salzburg, Ausfahrt Traunstein/Siegsdorf. Auf der Strecke Waging-Tittmoning bei Taching Richtung See, danach noch ca. 0,3 km.   102620

Weit weg vom Rest der Welt - mitten im Bayerischen Wald. Der Schnitzmühle Natur Campingplatz liegt direkt am Fluss, dem Schwarzen Regen – unserem 'Rio Negro'. Über eine Brücke erreicht man die Campinginsel. Ideal für moderne Nomaden mit gewöhnlichen und ungewöhnlichen rollbaren Untersätzen.

Schnitzmühle 1, 94234 Viechtach • Tel. 09942-9481-0
Fax 09942-9481-70 • E-Mail: info@schnitzmuehle.de
Internet: www.schnitzmuehle.de

Seecamping Taching am See

Am Strandbad 1, 83373 Taching am See
Tel. und Fax +49(0)8681-9548 • Handy +49(0)175-4364312
www.seecamping-taching.de
E-Mail: info@seecamping-taching.de

Gepflegter, ruhiger und familienfreundlicher Gemeindecampingplatz, direkt am Ufer des Tachinger See gelegen, dem wärmsten See Oberbayerns. **Wir freuen uns auf Sie!**

Tittmoning, D-84529 / Bayern 📶 iD

⛺ Seebauer	1 ADEF**JM**NOPQRST L**N** 6
🏠 Furth 9	2 DGIJOPRSVWXY ABDE**FG** 7
📅 1 Apr - 30 Sep	3 ABFM ABC**DE**F**J**KNQRTW 8
☎ +49 86 83 12 16	4 FHI INQTV 9
@ info@camping-seebauer.de	5 ADMN ABGHJPR10
	B 16A ❶ €25,25
📍 N 48°04'21'' E 12°44'21''	H500 2,3 ha 40T(90-100m²) 101**D** ❷ €34,25

🚗 A3 von Regensburg bis Ausfahrt Straubing. Dann die B20 bis Burghausen. Von dort noch 15 km. 3 km vor Tittmoning ist der CP gut ausgeschildert.   102619

St. Heinrich, D-82541 / Bayern 📶 iD

⛺ Beim Fischer ****	1 AEFJMNOPQRST L**N**OPQRSTUV**X**Y 6
🏠 Buchscharnstraße 10	2 ADGIOPSVWX ABDE**FG**I 7
📅 1 Jan - 31 Dez	3 BFG**L**M ABCDEFJNQRTW 8
☎ +49 8 80 18 02	4 FHIO GIVW 9
@ susannehub@aol.com	5 ABDMN ABGHJL**PR**10
	B 16A CEE ❶ €26,40
📍 N 47°49'34'' E 11°20'20''	H592 4 ha 77T(80-85m²) 96**D** ❷ €34,40

🚗 Die A8/A9/A96 Münchner Ring, über die B2 zur A95 Richtung Garmisch-Partenkirchen. Ausfahrt 7 Seeshaupt. In St. Heinrich ist der CP angezeigt.   114862

Übersee/Feldwies, D-83236 / Bayern 📶 iD

⛺ Chiemsee Camping ****	1 AHKNOPQRST L**N**QSXY**Z** 6
🏠 Rödlgries 1	2 ADGHJPRVWX ABDE**FG** 7
📅 1 Apr - 31 Okt	3 BEFG**L**MUVW ABCDEFJKNQRTUV 8
☎ +49 8 64 24 70	4 BFHO L 9
@ info@chiemsee-camping.de	5 ADM ABGHI**PR**10
	Anzeige auf dieser Seite B 16A CEE ❶ €33,00
📍 N 47°50'28'' E 12°28'19''	H526 7,4 ha 330T(80-100m²) 180**D** ❷ €42,50

🚗 A8 München-Salzburg, Ausfahrt 108 Übersee. Dann ausgeschildert.   102596

Höllensteinsee

Ruhig gelegener Naturcamping mit vielen offenen großen Plätzen, von der Natur und einem Seitenarm des Höllensteinsees umgeben. Baden, Kanu, Angeln möglich.
Gute Ausstattungen.
Ausflugsangebote in den Naturpark Bayerischer Wald und all die anderen Attraktionen.

Leitenweg 12
94234 Viechtach/Pirka
Tel. 09942-8501
E-Mail:
info@camping-hoellensteinsee.de
Internet:
www.camping-hoellensteinsee.de

Uffing, D-82449 / Bayern 📶

⛺ Campingplatz Aichalehof	1 EF**JM**NOPQRST L**N**PQSXY 6
🏠 Aichalehof 4	2 DGJPTWX ABDE**FG** 7
📅 1 Mai - 3 Okt	3 ABM ABCDEFHJNQRS**T** 8
☎ +49 8 84 62 11	4 FH 9
@ camping@aichalehof.de	5 ABDEFJLN AFHJOR10
	B 10-16A CEE ❶ €29,50
📍 N 47°41'57'' E 11°09'27''	H633 6 ha 100T(80-100m²) 300**D** ❷ €38,50

🚗 A95 München - Garmisch-Partenkirchen, Ausfahrt 9. Dann B472 Richtung Eglfing bis Uffing. Dort Beschilderung folgen.   112169

Jeden Monat NEU am Kiosk

Camping - Ferien
in den Bayerischen Alpen

Ihr Platz für Camping-Urlaub und Erholung direkt am schönen Riegsee. Das Blaue Land in der Region Murnau erwartet Sie, mit wunderbaren Berg-und Moorlandschaften zwischen Riegsee, Staffelsee und Froschhauser See.

CAMPING
BRUGGER
AM RIEGSEE

Seestrasse 2
82447 Spatzenhausen / Hofheim

Utting am Ammersee, D-86919 / Bayern

▲ Campingplatz Utting am Ammersee	1 A**DEFJM**NOPQRS**T**	L**M**NQST**X**YZ 6
▣ Im Freizeitgelände 5	2 A**D**GIJOPQVWX	ABE**FG** 5
⌕ 1 Apr - 15 Okt	3 A**FGJMNSW**	ABCDEFJNQRT 8
☎ +49 88 06 72 45	4 **F**H	PQT 9
@ info@ammersee-campingplatz.de	5 A**C**DJLMN	ABFGHIJ**N**PR 10
	Anzeige auf Seite 198 WB 16A CEE	€ 29,10
◐ N 48°01'39'' E 11°05'43''	H685 1,4 ha 120T(60-80m²) 180**D**	€ 36,10
🚗 A96 München-Landsberg, Ausfahrt Ammersee-West, den CP-Schildern folgen.		100186

Viechtach, D-94234 / Bayern

▲ Adventurecamp 'Schnitzmühle'	1 A**DEJM**NOPQRST	JL**N**UXYZ 6
▣ Schnitzmühle 1	2 **C**DGJPQSX	ABDE**FGH**I 7
⌕ 1 Jan - 31 Dez	3 **B**F**G**I**M**STUX	ABCDE**GI**JLN**Q**RTW 8
☎ +49 9 94 29 48 10	4 ABDEF**G**HIL**O**PSTUV**XZ**	ADGIKLR 9
@ info@schnitzmuehle.de	5 A**B**DEF**H**JLMN ABFGHJLM**NO**QRV 10	
	Anzeige auf Seite 198 WB 10A CEE	€ 31,40
◐ N 49°04'10'' E 12°54'49''	H418 2 ha 80T(120m²) 66**D**	€ 46,40
🚗 A3 Regensburg-Passau, Ausfahrt 110 Ri. Deggendorf. Die B11/E53 bis Patersdorf. Nach links auf die B85 nach Viechtach. Den CP-Schildern folgen. Achtung: Einfahrt 12% Steigung und 3,20m Durchfahrtshöhe.		102618

Viechtach, D-94234 / Bayern

▲ Knaus Campingpark Viechtach****	1 A**DEFJM**NOPQRST	E 6
▣ Waldfrieden 22	2 **B**GPRSTUVWXY	ABDE**FG**HIJ 7
⌕ 1/1 - 8/11, 18/12 - 31/12	3 A**B**FGMSU	ABFJKNQRT 8
☎ +49 99 42 10 95	4 F**G**HIO**PQT**X	EGJ 9
@ viechtach@knauscamp.de	5 A**B**DMN ABEFGHIJLM**P**RV 10	
	Anzeige auf Seite 52 WB 16A CEE	€ 38,10
◐ N 49°04'57'' E 12°51'12''	H560 5,7 ha 183**T**(80-100m²) 100**D**	€ 46,90
🚗 A3 Regensburg-Passau, Ausfahrt 110 Richtung Deggendorf. Die B11/E53 bis Patersdorf. Dort links die B85 bis Viechtach. Den Schildern 'Knaus-Camping' folgen.		102617

Viechtach/Pirka, D-94234 / Bayern

▲ Höllensteinsee	1 A**JM**NOPQRST	JLNP 6
▣ Leitenweg 12	2 **C**DFGJOPWXY	A**F**G 7
⌕ 9 Apr - 4 Okt	3 A	ABEFNQR 8
☎ +49 99 42 85 01	4 **F**	KNQ 9
@ info@ camping-hoellensteinsee.de	5 A**B**DH	AJPR 10
	Anzeige auf Seite 198 12A CEE	€ 30,80
◐ N 49°06'03'' E 12°52'34''	H403 3,5 ha 100**T** 30**D**	€ 42,80
🚗 B85 nach Viechtach. Der Beschilderung Bad Kötzting Richtung Pirka (ST2139) folgen. In Pirka dem CP-Schild folgen.		122371

Wackersberg, D-83646 / Bayern

▲ Camping Demmelhof****	1 A**DEFJM**NOPQRS	L**N**QSUXZ 6
▣ Stallau 148	2 **C**DFGJOPSUVWXY	ABDE**FG**I 7
⌕ 1 Jan - 31 Dez	3 B**DEL**X ABCDE**FGI**JKNQRTW 8	
☎ +49 80 41 81 21	4 **F**HIKO**P**	FJNUWY 9
@ info@ campingplatz-demmelhof.de	5 A**B**DEF**H**KMN ABFGHIKLM**P**RWX 10	
	Anzeige auf dieser Seite WB 16A CEE	€ 25,00
◐ N 47°45'02'' E 11°30'05''	H703 2,6 ha 50**T**(30-120m²) 86**D**	€ 32,00
🚗 Von Bad Tölz Richtung Peißenberg und Kochel am See (B472). Schräg gegenüber vom Blomberg.		111102

Waging am See, D-83329 / Bayern

▲ Tettenhausen	1 A**DEFJM**NOPQRS	L**M**NQS**X**YZ 6
▣ Hauptstraße 2	2 **D**GHIJOPRVWXY	ABDE**FG** 7
⌕ 1 Jan - 31 Dez	3 **B**F**GLM**	ABCDEFGIJNQRTVW 8
☎ +49 86 81 16 22	4 **F**H	9
@ campingplatz-tettenhausen@t-online.de	5 A**B**DEF**H**JLN**O**	ABHKMPRZ 10
	B 10A CEE	€ 25,60
◐ N 47°57'12'' E 12°45'04''	H460 1 ha 80**T**(75-100m²) 40**D**	€ 31,60
🚗 A8 München-Salzburg, Ausfahrt Siegsdorf in Richtung Traunstein/ Waging. Danach nach Tettenhausen.		102621

Demmelhof ★ ★ ★ ★

Familienfreundlicher Campingplatz mit Komfort
• Sport- und Ausflugsangebote • Kiosk und Spielplatz
• Prima Sanitäranlagen • Umweltfreundlicher Betrieb
(Warmwasser durch Solarenergie)

Stallau 148, 83646 Wackersberg • Tel. +49 80418121
E-Mail: info@campingplatz-demmelhof.de
Internet: www.campingplatz-demmelhof.de

WAGINGERSEE
WÄRMSTER BADESEE OBERBAYERNS

StrandCamping — WAGING AM SEE
5 Sterne Campingparadies, Appartements & Restaurant

Strandcamping Waging • Am See 1 • 83329 Waging am See
Tel: +49 (0) 8681 552 • Fax: +49 (0) 8681 45010

www.strandcamp.de • info@strandcamp.de

Waging am See, D-83329 / Bayern
- Ferienparadies Gut Horn *****
- Gut Horn
- 1 Mär - 30 Nov
- +49 8 68 12 27
- info@gut-horn.de
- N 47°56'47'' E 12°45'22''
- A8 München-Salzburg, Ausfahrt 112 Traunstein, Richtung Waging am See. Richtung Fridolfing über Tettenhausen zum CP Gut Horn.

1 ADEF**JL**NOPQRST LM**N**QRST**X**YZ 6
2 DFGIJPTVWXY ABDE**FGH** 7
3 AB**FJL**MS ABCDEFJKNQRTW 8
4 BEF**HIX** GIMQRTZ 9
5 ACDFG**J**KLMN ABGHJL**P**RW10
Anzeige auf dieser Seite B 16A CEE ① €27,90
H470 5 ha 250T(72-90m²) 120D ② €42,75
110143

Waging/Gaden, D-83329 / Bayern
- Schwanenplatz *****
- Am Schwanenplatz 1
- 24 Apr - 4 Okt
- +49 8 68 12 81
- info@schwanenplatz.de
- N 47°56'10'' E 12°45'36''
- A8, Ausfahrt Traunstein, Richtung Waging. Dann Richtung Freilassing. Nach 1,5 km links bei Gaden.

1 ADEF**H**KNOPQRT LM**N**QSXYZ 6
2 CDGIJOPRVWXY ABDE**FGH** 7
3 A**BL**M ABCDEFJKNQRTUVW 8
4 B**F**H**X** VZ 9
5 ABDEFHKLMN ABGHJ**P**RWZ10
B 10A CEE ① €30,30
H432 4 ha 151T(85-120m²) 82D ② €39,30
102624

Waging am See, D-83329 / Bayern
- Strandcamping Waging am See *****
- Am See 1
- 1 Jan - 31 Dez
- +49 8 68 15 52
- info@strandcamp.de
- N 47°56'34'' E 12°44'50''
- A8 München-Salzburg, Ausfahrt Traunstein/Siegsdorf, Richtung Traunstein. Dann noch 10 km nach Waging.

1 ACDEF**JM**NOPQRST HLM**N**QRSTXY 6
2 DFGHJOPSVWXY ABDE**FG**RV 7
3 ABDEFG**JLMN**OSTUW ABCDEF**GIJ**KL**M**NPQRTUVW 8
4 **A**BCDEFHIJLNO**PQ**R**TV**XYZ BDIMPQRTUVWZ 9
5 ACDFGHIKLM**N**O ABEFGHIJMPRVXYZ10
Anzeige auf dieser S. B 10-16A CEE ① €38,05
H450 3,5 ha 654T(80-200m²) 435D ② €51,85
102623

Walchensee, D-82432 / Bayern
- Walchensee
- Lobisau
- 9 Mai - 3 Okt
- +49 88 58 92 91 68
- info@camping-walchensee.de
- N 47°34'57'' E 11°18'37''
- A8 nach München, über B2 Richtung A95 Garmisch-Partenkirchen. Ausfahrt 9 Sintelsdorf, B472. Dann rechts zur B11, nach Kochel Richtung Innsbruck.

1 AEF**JM**NOPQRST L**N**OPQSXY 6
2 BDGJKOPRSVWX ABDE**FG** 7
3 A**L** ABCDEF**N**QRT 8
4 FH Q 9
5 ABDEFIJMN ABGHIJ**O**R10
10A CEE ① €25,80
H804 2,8 ha 120T(50-100m²) 45D ② €35,80
102544

URLAUBSFREUDEN...

Neuer Spielplatz

CAMPING nach Herzenslust

GPS:
N 47°56'47''
E 12°45'22''

Gut Horn
Camping & Apartments

Urlaub am Gutshof
...direkt am Waginger See

BVCD/DTV Campingplatz Klassifizierung

Gut Horn • Ute Stepper
D - 83329 Waging am See
Tel. +49 (0)86 81-227
Fax: +49 (0)86 81-42 82
info@gut-horn.de
www.gut-horn.de

400m eigener Strand, ruhige Lage am See mit Blick auf die Alpenkette, Liegewiese, Segelbootsplatz mit Slipbahn und Bootssteg, Elektrobootsverleih, Surf- und Segelschule, Stehpaddeln, Angelkarten erhältlich, Kinderspielplatz, separater Jugendplatz, Minigolf, Tischtennis, Volleyballplatz, Boulebahn, Strandrestaurant, neue komfortable Sanitäranlagen, Massageraum für Wellnessangebote, gut sortierter Edeka-Markt, täglich frische Backwaren, Stromanschluß für Zelte und Caravans.

Schweiz

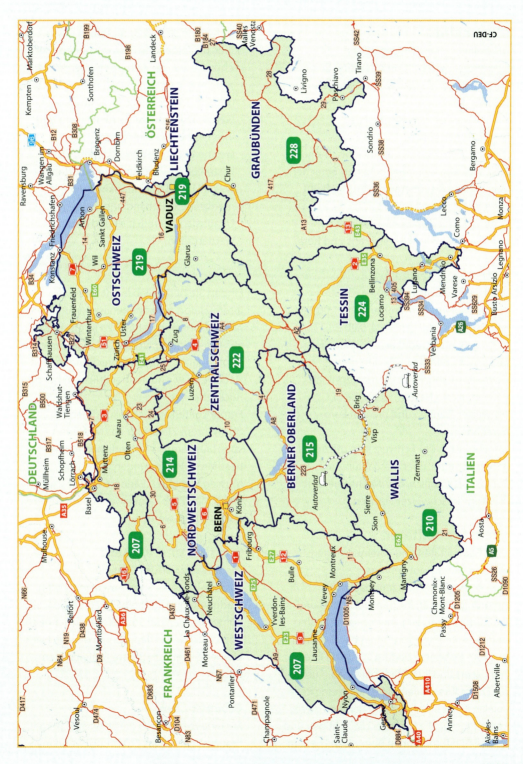

Schweiz

Allgemeines

Offizieller Name: Schweizerische Eidgenossenschaft (Confédération Suisse/Confederazione Svizzera/Confederaziun Svizra).
Die Schweiz ist kein Mitglied der Europäischen Union.
Deutsch, Französisch und Italienisch sind die am häufigsten gesprochenen Sprachen. Man kommt fast überall mit Englisch gut zurecht.
Zeitunterschied: In der Schweiz ist es genauso spät wie in Berlin, Paris und Rom.

Währung und Geldfragen

Währung: Schweizer Franken (CHF). Wechselkurs im September 2019: 1,00 € = ca. 1,10 CHF / 1,00 CHF = ca. 0,90 €.
Bankkarte und Kreditkarte können Sie fast überall benutzen. Es gibt genug Geldautomaten. Für Zahlungsterminals (Pins) ist es am besten, wenn Sie in Schweizer Franken und nicht in Euro abrechnen.
Der Euro ist in der Schweiz kein offizielles Zahlungsmittel, aber die Zahlung mit Euro ist oft möglich, das Wechselgeld ist meistens in Schweizer Franken.

Grenzformalitäten

Viele Formalitäten und Vereinbarungen in Bezug auf die notwendigen Reisedokumente, Fahrzeugpapiere, Anforderungen an Ihr Transportmittel und Ihr Campingfahrzeug, medizinische Kosten und die Mitnahme von Tieren hängen nicht nur vom Reiseziel, sondern auch von Ihrem Abreiseort und Ihrer Nationalität ab. Auch die Dauer Ihres Aufenthaltes kann eine Rolle spielen. Es ist unmöglich, im Rahmen dieses Leitfadens für alle Benutzer die richtigen und aktuellen Informationen über diese Themen zu gewährleisten. Wir empfehlen Ihnen daher, die folgenden Fakten in jedem Fall rechtzeitig vor der Abreise zu überprüfen:
- welche Reisedokumente Sie für sich selbst und Ihre Mitreisenden benötigen,
- welche Dokumente Sie für Ihr Auto und Ihren Anhänger benötigen,
- welche Waren und Medikamente Sie kostenlos ein- und ausführen dürfen,
- wie bei Unfall oder Krankheit die medizinische Behandlung in Ihrem Urlaubsland geregelt ist und bezahlt werden kann.

Haustiere

Finden Sie heraus, ob Ihr Haustier an Ihrem Zielort willkommen ist. Nehmen Sie hierzu frühzeitig Kontakt zu Ihrem Tierarzt auf. Dieser informiert Sie über relevante Impfungen und die entsprechenden Nachweise wie auch über Pflichten bei der Rückkehr.
Ferner sollten Sie sich erkundigen, ob an Ihrem Zielort für das Mitführen von Haustieren im öffentlichen Raum bestimmte Bedingungen gelten. So müssen in einigen Ländern Hunde immer einen Maulkorb tragen oder hinter Gittern transportiert werden.

Straßen und Verkehr

Die Schweiz verfügt über ein ausgezeichnetes Straßennetz mit vielen Viadukten und Tunneln in den Bergen. Im Winter können die Straßen durch Schneefall unpassierbar werden, aber in diesem Fall können Sie gut markierte Umleitungen nutzen.

Gebirgsstraßen

Für eine Fahrt durch die Schweizer Berge braucht man etwas Erfahrung, wenn man

Schweiz

mit einem Wohnwagen unterwegs ist.
In den Alpen gibt es Steigungen von 6 %
bis 15 % und mehr. Fast alle Gebirgsstraßen
sind auf der Seite gesichert, auf der sich der
Abgrund befindet.
Achtung! Bergpässe in der Schweiz,
Österreich und Italien können für
Fahrzeuge mit Wohnwagen oder
Anhängern vorübergehend gesperrt,
schwer zu passieren oder sogar dauerhaft
verboten sein. Überprüfen Sie dies vor
Beginn Ihrer Reise. Mehr Informationen:
alpenpaesse.de (deutschsprachig).

Tanken

Benzin (Super 95 und Super Plus 98) und
Diesel (Gazole) sind leicht erhältlich.
Autogas ist einigermaßen gut verfügbar.
Zum Tanken von Autogas nutzen einige
Tankstellen den europäischen Anschluss
(ACME) und andere den italienischen
Anschluss (Dish).
Tankstellen sind oft mindestens von 8.00
bis 18.00 Uhr geöffnet. In Städten und an
Schnellstraßen sind sie oft von 7.00 bis
20.00 Uhr und an Autobahnen von 6.00
bis 23.00 Uhr geöffnet. Überdies verfügen
die meisten Tankstellen über einen
Nachtautomaten.

Verkehrsregeln

Abblendlicht (oder Tagfahrlicht) ist
tagsüber vorgeschrieben.
An einer Kreuzung mit Straßen
gleichen Ranges hat der von rechts
kommende Verkehrsteilnehmer Vorfahrt.
Straßenbahnen haben grundsätzlich immer
Vorfahrt. Der Verkehr im Kreisverkehr hat
Vorfahrt, wenn dies ausgeschildert ist. Im
Gebirge hat bergauffahrender Verkehr
Vorfahrt vor bergabfahrendem Verkehr. Auf
schmalen Straßen hat das jeweils schwerere
Fahrzeug Vorfahrt.
Der Alkoholgrenzwert beträgt 0,5 ‰, aber
0,1 ‰ für Fahrer, die ihren Führerschein
noch keine 3 Jahre besitzen.

Schweiz

Fahrer dürfen nur mit einer Freisprechanlage telefonieren.
Kinder unter 12 Jahren oder einer Größe unter 1,50 m müssen in einem Kindersitz sitzen.
Blitzerwarner sind verboten, entfernen Sie (falls erforderlich) die Standorte von Radarfallen in der Schweiz aus Ihrer Navigationssoftware.
Winterreifen werden bei winterlichen Verhältnissen dringend empfohlen (Schneeketten können durch ein Schild vorgeschrieben werden).

Besondere Bestimmungen

In der Schweiz gibt es die „Bergpoststrassen" (blaues Schild mit gelbem Posthorn) auf denen Linienbusse und Postautos immer Vorfahrt haben.
Bei Staus müssen Sie so weit wie möglich nach rechts oder links fahren, damit in der Mitte eine freie Spur (Rettungsgasse) für Einsatzfahrzeuge entsteht.
Das Parken ist unter anderem an Stellen verboten, an denen gelbe Streifen und Kreuze auf der Fahrbahndecke angebracht wurden.
Ladung darf an der Seite nicht überstehen, aber Fahrräder dürfen maximal 20 cm überstehen.

Vorgeschriebene Ausrüstung

Ein Warndreieck ist im Fahrzeug vorgeschrieben.

Wohnwagen, Wohnmobil

Ein Wohnmobil oder ein Gespann aus Pkw und Wohnwagen darf bis zu 4 m hoch, 2,55 m breit und 18,75 m lang sein (der Wohnwagen selbst darf bis zu 12 m lang sein).
Auf Autobahnen mit mindestens drei Fahrspuren in die gleiche Richtung dürfen Sie mit Ihrem Wohnwagen nicht auf der ganz linken Spur fahren (und auch nicht mit einem Wohnmobil > 3,5 Tonnen).
Es wird empfohlen, Unterlegkeile mitzunehmen, um die Räder Ihres Wohnwagens an einem (kleinen) Hang zu sichern.

Fahrrad

Ein Fahrradhelm ist nur erforderlich, wenn Sie schneller als 20 km/h fahren.
Telefonieren und Tippen auf einem Handy sind auf dem Fahrrad verboten.
Kinder unter 6 Jahren dürfen nur in Begleitung einer Person im Mindestalter von 16 Jahren auf der Straße mit dem Rad fahren.
Jeder, der 16 Jahre oder älter ist, darf ein

Höchstgeschwindigkeiten

Schweiz	Außerhalb geschlossener Ortschaften	Schnellstraße	Autobahn
Auto	80	100	120
Mit Anhänger	80	80	80
Wohnmobil < 3,5 Tonnen	80	100	120
Wohnmobil > 3,5 Tonnen	80	100	100

Innerhalb geschlossener Ortschaften beträgt die Höchstgeschwindigkeit 50 km/h.

Schweiz

Kind auf einem Fahrrad in einem Kindersitz mit Beinschutz transportieren.
Radfahrer dürfen nur auf einem Fahrradweg oder Fahrradstreifen nebeneinander fahren.

Maut und Umweltzonen
Maut
Auf allen Schweizer Autobahnen ist eine Mautvignette erforderlich. Achtung! Für Wohnwagen und Anhänger ist eine zweite Vignette erforderlich.
Die Vignette ist (und kostet) das Gleiche für Autos, Wohnwagen, Anhänger und Wohnmobile bis zu einem Gesamtgewicht von 3,5 Tonnen und ist ein Jahr lang gültig. Wenn die Vignette fehlt, riskieren Sie eine hohe Geldstrafe. Es ist ratsam, die Vignette vor der Reise online zu bestellen, z.B. über *tolltickets.com*. Das erspart Ihnen Wartezeiten an der Grenze.
Für Fahrzeuge (auch Wohnmobile) über 3,5 Tonnen müssen Sie eine „Schwerverkehrsabgabe" (PSVA) bezahlen. Sie können sich diesbezüglich beim Zoll an der Grenze melden. Mehr Informationen: *ezv.admin.ch* (Suchen Sie „psva").
Achtung! Der Grenzübergang Basel-Weil (an der E35, deutsche A5, Schweizer A2) kann nicht ohne Vignette passiert werden.

Tunnel
Es gibt 2 Tunnel, für die Sie eine separate Maut bezahlen müssen: den Grossen-St.-Bernhard-Tunnel und den Munt-la-Schera-Tunnel. Letzterer ist zeitweise einspurig, daher können Sie ihn nur zu festgelegten Zeiten durchfahren. Mehr Informationen: *letunnel.com*, *livigno.eu/de/tunnel-munt-la-schera* und *ekwstrom.ch*.
Einige Tunnel können Sie mit dem Autozug durchqueren. Mehr Informationen: *sbb.ch/de/station services/auto-velo/car-trains.html*.

Umweltzonen
Es gibt (Stand September 2019) noch keine Umweltzonen, die für ausländische Touristen von Bedeutung sind.

Panne und Unfall
Stellen Sie Ihr Warndreieck auf der Autobahn mindestens 100 m (auf sonstigen Straßen 50 m) hinter Ihrem Auto auf, wenn dies für den übrigen Verkehr nicht gut sichtbar ist. Allen Insassen wird empfohlen, eine Sicherheitsweste anzuziehen.
Rufen Sie bei einer Panne die Notrufnummer Ihrer Pannenhilfe-Versicherung an. Sie können auch einen Schweizer Pannendienst anrufen:
+41 44 283 33 77 (ACS) oder 0800 140 140 (TCS). Auf großen Straßen und entlang Bergpässen können Sie auch im Falle einer Panne über eine Notrufsäule um Hilfe bitten.
Das Abschleppen auf der Autobahn ist bis zur ersten Ausfahrt erlaubt.

Notrufnummern
112: allgemeine Notrufnummer für Polizei, Feuerwehr und Rettungswagen
117: Polizei
118: Feuerwehr
144: Rettungswagen

Campen
Die meisten Campingplätze in der Schweiz liegen an den Seen. Die Campingplätze in den Bergregionen sind oft klein und haben nur die Grundversorgung für Zeltcamper. Im Westen der Schweiz verfügen die Campingplätze oft über zahlreiche Dauerstellplätze. Wildcampen außerhalb der Campingplätze ist nur erlaubt, wenn Sie vorher die Erlaubnis des Grundbesitzers oder der örtlichen Polizei eingeholt haben.

Schweiz

Besonderheiten
Auch im Winter sind viele Schweizer Campingplätze geöffnet, vor allem im Berner Oberland und in Graubünden. Beim Camping in den Bergen kann es ratsam sein, das Wetter im Auge zu behalten.
Schweizer Campingplätze sind streng bei der Verwendung von Gas. Es ist möglich, dass Sie einen Fragebogen über die Funktionsfähigkeit Ihrer Geräte ausfüllen müssen.

Wohnwagen, Wohnmobil
Die Übernachtung in einem Wohnwagen, Wohnmobil oder Auto außerhalb von Campingplätzen ist nur auf Parkplätzen an den Autobahnen für eine Nacht erlaubt, wenn Sie auf der Durchreise sind. Abgesehen von lokalen Ausnahmen ist das Übernachten an öffentlichen Straßen sonst verboten.

Suche nach einem Campingplatz
Über *Eurocampings.eu* können Sie ganz einfach einen Campingplatz suchen und auswählen.

Praktisch
Die Steckdosen haben zwei runde Löcher (Typ C) oder drei versetzt angeordnete runde Löcher (Typ J).
Auf *iec.ch/worldplugs* können Sie überprüfen, ob Sie einen Adapter (Weltstecker) benötigen.
Schützen Sie sich vor Zecken, da diese Krankheiten übertragen können.
Leitungswasser kann bedenkenlos getrunken werden.
Zusätzliche Kosten z. B. für Touristensteuer oder umweltbedingte Abgaben fallen manchmal sehr hoch aus.
Achtung! Wenn Sie von einem Mobiltelefon aus oder über das Internet telefonieren, prüfen Sie bitte vorab, ob die Schweiz in Ihrem EU-Paket enthalten ist.

Klima Genève	Jan.	Feb.	März	Apr.	Mai	Jun.	Jul.	Aug.	Sept.	Okt.	Nov.	Dez.
Durchschnittliche Höchsttemperatur	4	6	10	14	18	22	25	24	21	15	8	5
Durchschnittliche Anzahl der Sonnenstunden pro Tag	2	3	5	7	8	9	10	9	7	4	2	1
Durchschnittliche monatliche Niederschlagsmenge (mm)	69	70	68	56	66	77	58	68	70	66	79	75

Klima Lugano	Jan.	Feb.	März	Apr.	Mai	Jun.	Jul.	Aug.	Sept.	Okt.	Nov.	Dez.
Durchschnittliche Höchsttemperatur	6	8	12	15	19	23	26	25	21	17	11	7
Durchschnittliche Anzahl der Sonnenstunden pro Tag	4	5	6	6	6	8	9	8	6	5	4	3
Durchschnittliche monatliche Niederschlagsmenge (mm)	76	71	106	152	194	171	133	166	153	140	120	63

Klima Zürich	Jan.	Feb.	März	Apr.	Mai	Jun.	Jul.	Aug.	Sept.	Okt.	Nov.	Dez.
Durchschnittliche Höchsttemperatur	2	4	8	13	17	21	23	22	19	13	7	3
Durchschnittliche Anzahl der Sonnenstunden pro Tag	2	3	5	6	7	7	8	7	6	3	2	1
Durchschnittliche monatliche Niederschlagsmenge (mm)	67	70	69	87	103	124	117	133	92	69	82	73

Westschweiz

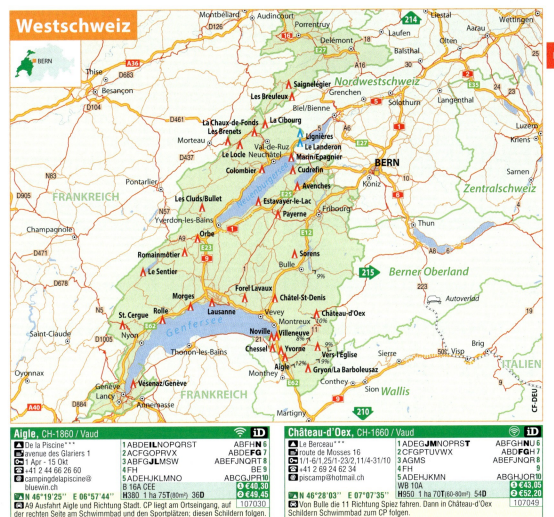

Aigle, CH-1860 / Vaud

- De la Piscine★★★
- avenue des Glariers 1
- 1 Apr - 15 Okt
- +41 2 44 66 26 60
- campingdelapiscine@bluewin.ch
- N 46°19'25'' E 06°57'44''

1 ABDE**IL**NOPQRST	ABFH**N** 6
2 ACFGOPRVX	ABDE**FG** 7
3 ABFG**JL**MSW	ABEFJNQRT 8
4 FH	BE 9
5 ADEHJKLMNO	ABCGJPR10
B 16A CEE	❶ €40,30
H380 1 ha 75T(80m²) 36D	❷ €49,45

A9 Ausfahrt Aigle und Richtung Stadt. CP liegt am Ortseingang, auf der rechten Seite am Schwimmbad und den Sportplätzen; diesen Schildern folgen.

107030

Avenches, CH-1580 / Vaud

- Camping Port-Plage★★★★★
- Vers l'Eau Noire
- 1 Apr - 30 Sep
- +41 2 66 75 17 50
- camping@avenches.ch
- N 46°54'16'' E 07°02'56''

1 ADEG**JM**NOPRT	LMNQSW**XYZ** 6
2 ADGHIPQVX	ABDE**FG** 7
3 B**GL**MS	ABCDEFNQRT 8
4 BDFHI	NT 9
5 ABDEFGHJLM	ABCFGHIJPRZ10
B 13A CEE	❶ €45,85
H430 7,5 ha 308T(70m²) 500D	❷ €55,20

Von Salavaux Richtung Avenches. In Avenches dreimal dem Wegweiser 'Camping' folgen. Port-Plage ist der 3. Camping links. Von Biel aus in Faoug am Rathaus links abbiegen.

107020

Château-d'Oex, CH-1660 / Vaud

- Le Berceau★★★
- route de Mosses 16
- 1/1-6/1,25/1-23/2,11/4-31/10
- +41 2 69 24 62 34
- piscamp@hotmail.ch
- N 46°28'03'' E 07°07'35''

1 ADEG**JM**NOPRS**T**	ABFGH**NU** 6
2 CFGPTUVWX	ABD**FG**H 7
3 AGMS	ABEFJNQR 8
4 FH	9
5 ADEHJKMN	ABGHJOR10
WB 10A	❶ €43,05
H950 1 ha 70T(60-80m²) 54D	❷ €52,20

Von Bulle die 11 Richtung Spiez fahren. Dann in Château-d'Oex Schildern Schwimmbad zum CP folgen.

107049

Châtel-St-Denis, CH-1618 / Fribourg

- Le Bivouac★★★★
- route des Paccots 21
- 15 Apr - 30 Sep
- +41 2 19 48 78 49
- info@le-bivouac.ch
- N 46°31'32'' E 06°55'06''

1 ADE**JM**NOPRT	AF**N** 6
2 AOPRSTUVWXY	ABDE**FG**H 7
3 AMS	ABCDEFJNQRW 8
4 EFHO	9
5 ABDEHJKMN	ABHJORV10
10A	❶ €36,35
H898 2 ha 30T(80-120m²) 130D	❷ €44,60

E27 Fribourg-Vevey. Ausfahrt Châtel-St. Denis/Les Paccots. In Richtung Les Paccots fahren. CP liegt auf der linken Seite.

110603

Campingreisen

34 spannende Campingreisen mit dem eigenen Wohnmobil oder Wohnwagen.

www.ACSIcampingreisen.de

Teilkarte Westschweiz auf Seite 207

Schweiz

Der Campingplatz liegt westlich vom Dorf, Richtung See. Das Areal ist eben und mit Obstbäumen bewachsen. Für Jugendliche gibt es einen separaten Bereich. Der Strand ist sauber und breit und auch für Kinder ungefährlich. Schloss Colombier ist einen Besuch wert!
Saisonplätze zu mieten (März-Oktober)

**Camping Paradis-Plage, CH-2013 Colombier
Tel. +41-(0)32-841 24 46
info@paradisplage.ch, www.paradisplage.ch**

Chessel, CH-1846 / Vaud
- Au Grand-Bois★★★
- route d'Evian
- 1 Jan - 31 Dez
- +41 2 44 81 42 25
- info@au-grand-bois.ch

1 ADFJMNOPQRST — AFN 6
2 ACFGOPSWX — ABDEFGH 7
3 ABLMS — ABEFJNQRW 8
4 FH — DEJV 9
5 ABDEFGHJKMN — ABFGHIKORVZ10
10A CEE
H400 3,5 ha 20T(80m²) 160D
① €30,65 ② €32,95
N 46°21'23'' E 06°53'57''
A9 Ausfahrt 16 Villeneuve und den Schildern Noville folgen. Camping nach 3 km hinter Noville rechts der Straße. 111638

Colombier, CH-2013 / Neuchâtel
- Paradis-Plage★★★★★
- Port 8, allée du Port
- 1 Mär - 30 Okt
- +41 3 28 41 24 46
- info@paradisplage.ch

1 ADEILNOPRST — 6
2 ABDGHJKOPRVXY — BDEFGHIJK 7
3 BFMS — ABCDFJNRT 8
4 ADHNP — EFLORV 9
5 ACDEFGJKLMN — ABFGHLPRZ10
Anzeige auf dieser Seite B 10A CEE
H430 4 ha 124T(40-64m²) 176D
① €51,25 ② €62,25
N 46°58'02'' E 06°52'13''
Der CP liegt an der Straße Nr. 5 Yverdon-Neuchâtel in Colombier, 500m hinter dem Schloss auf der rechten Seite. 107019

Cudrefin, CH-1588 / Vaud
- Communal de Cudrefin★★★
- route de Neuchatel 87
- 15 Mär - 31 Okt
- +41 2 66 77 32 77
- camping@cudrefin.ch

1 ABDEFGILNOPRT — FLMNQSXYZ 6
2 DGIOPWX — ABDEFGJ 7
3 AGMNS — ABCDEFNQRTW 8
4 FH — EV 9
5 DHJKMN — ABFGHIJPRVZ10
B 10-16A CEE
H435 5 ha 70T(60-80m²) 443D
① €32,50 ② €45,30
N 46°57'38'' E 07°01'41''
Von Neuchâtel nach Estavayer-le-Lac, CP rechts der Strecke vor der Ortseinfahrt. 112573

Camping de Vidy ★★★★

Im Grünen in direkter Seelage. 450 Stellplätze für Zelte und Wohnwagen. Äußerst moderne Einrichtungen! Laden und Restaurant, Kinderspielplatz. Terrasse mit Aussicht auf den See.

**Camping de Vidy, Chemin du Camping 3, CH-1007 Lausanne
Tel. 0041 (0)21 622 50 00, www.camping-lausanne.ch**

Estavayer-le-Lac, CH-1470 / Fribourg
- La Nouvelle Plage★★★
- chemin de la Grande Gouille 2
- 30 Mär - 15 Okt
- +41 2 66 63 16 93
- info@nouvelle-plage.ch

1 ABDEJMNOPQRST — HLMNPQRSTUWXYZ 6
2 ADGHIOPQVWX — ABDEFGIJK 7
3 ABFGJLMNOQ — ABEFGJNQRTW 8
4 FHI — AGJMNPRTUV 9
5 ACDEFGHJKLMNO — ABGHIJLPRVZ10
B 10A CEE
H428 1,5 ha 60T(42-70m²) 122D
① €54,45 ② €66,20
N 46°51'24'' E 06°50'52''
Von der Autobahn am 1. großen Kreisel, 3. Ausfahrt Richtung Estavayer-le-Lac und See. Dann 1. Kreisel vor der Post 3. Ausfahrt und dann geradeaus. Am Ende der Straße links bis zum Parkplatz (Zufahrtstor). 107022

Forel Lavaux, CH-1072 / Vaud
- Camping des Cases★★★★
- chemin des Cases 2
- 1 Jan - 31 Dez
- +41 2 17 81 14 64
- info@campingforel.ch

1 ADEILNOPRST — ABHN 6
2 AGPVWX — ABDEFG 7
3 BFLMNS — ABCDEFJNQRW 8
4 O — G 9
5 ABDEFGHJLMNO — ABJLOR10
B 13A CEE
H677 4 ha 60T(80-100m²) 157D
① €33,85 ② €44,85
N 46°31'44'' E 06°45'55''
Von Chexbres Richtung Moudon fahren. 1 km vor Forel ist der CP ausgeschildert. 107010

Gryon/La Barboleusaz, CH-1882 / Vaud
- Les Frassettes C.C.C.V.★★★★
- chemin des Bloz 2
- 1 Jan - 31 Dez
- +41 2 44 98 10 88
- frassettes@camping-club-vaudois.ch

1 AEGJMNOPRST — 6
2 FGOPRSUWX — ABDEFGHIJK 7
3 BLMSU — ABCDEFJNQRT 8
4 FHI — D 9
5 DM — BCHIJPRVZ10
W 10A
H1200 1 ha 45T 52D
① €41,00 ② €51,80
N 46°16'59'' E 07°04'35''
A9, Ausfahrt Aigle in Richtung Gryon/Ollon/Villars nehmen. In Villars in Richtung Gryon/La Barboleusaz fahren. Ausgeschildert. 107031

La Chaux-de-Fonds, CH-2300 / Neuchâtel
- Bois du Couvent★★★
- Bois du Couvent 108
- 1 Mai - 30 Sep
- +41 7 92 40 50 39
- info@boisducouventcamping.ch

1 ADEILNOQRT — 6
2 BGOPRUX — ABDEFGHIJ 7
3 AS — ABCDEFHJNPRTU 8
4 FGHO — EJK 9
5 DLN — AFHJPRVZ10
16A CEE
H1060 1,4 ha 40T(50-80m²) 68D
① €28,40 ② €31,15
N 47°05'37'' E 06°50'11''
Von Le Locle in La Chaux-de-Fonds den Wegweisern Neuchâtel folgen. Der CP liegt auf der rechten Seite. 107014

La Cibourg, CH-2616 / Neuchâtel
- La Cibourg★★★★
- Clermont 157
- 1 Jan - 31 Dez
- +41 3 29 68 39 37
- lacibourg@bluewin.ch

1 ADILNOPQRT — 6
2 APTX — ABDEFGHJ 7
3 BFMS — ABEFJNPR 8
4 IKOP — GHIJ 9
5 ABDFHJKLM — AFHJORZ10
W 10A CEE
H1050 4 ha 30T 87D
① €28,95 ② €36,25
N 47°07'13'' E 06°53'35''
An der 30 von La Chaux-de-Fonds nach Biel entlang. Über den Bahnübergang, dann am Kreisel den braunen CP-Schildern folgen. 107013

Lausanne, CH-1007 / Vaud
- De Vidy★★★★
- chemin du Camping 3
- 1 Jan - 31 Dez
- +41 2 16 22 50 00
- info@clv.ch

1 ABDEJMNORST — LNQSWXZ 6
2 ADOPQVWXY — ABDEFGH 7
3 ABMSW — ABCDEFJNQR 8
4 FHIOP — HLN 9
5 ACDEFGHJKLMNO — ABFGHJLPRV10
Anzeige auf dieser Seite B 10A CEE
H378 4,5 ha 450T(80m²) 74D
① €39,55 ② €50,55
N 46°31'03'' E 06°55'52''
In Lausanne Schildern Lausanne-Süd folgen bis zum Ortsausgang von La Maladière. Schildern folgen A-Straße Genève. CP gut ausgeschildert. 107011

Le Landeron, CH-2525 / Neuchâtel
- Des Pêches★★★★
- rue du Port 6
- 1 Apr - 15 Okt
- +41 3 27 51 29 00
- info@camping-lelanderon.ch

1 ABDEJMNOPQRST — FGHLMNQSXYZ 6
2 ACDGHOPQVX — ABDEFGHIJK 7
3 BEFGLMNOSU — ABCDEFGJNQRSTU 8
4 FHO — EFUVW 9
5 ACDFHJLMN — ABDFGHIJPRV10
Anzeige auf Seite 209 B 16A CEE
H450 4 ha 150T(64-100m²) 308D
① €43,50 ② €50,80
N 47°03'11'' E 07°04'12''
Von La Neuville Richtung Le Landeron. Der CP ist im Dorf ausgeschildert. Achtung: in der Zufahrt zum CP sind hohe Verkehrsschwellen, Schritt fahren. 107016

Le Locle, CH-2400 / Neuchâtel
- La Belle Verte★★★
- Mont-Pugin 6
- 1 Apr - 25 Okt
- +41 7 88 12 26 97
- camping@labelleverte.ch

1 AILNOPRST — ABFGHI 6
2 BFGOPX — BDEFG 7
3 AFGHJMSW — BDFJNQRT 8
4 FHIO — DW 9
5 ADEFHJKMN — ABGJPRV10
16A CEE
H960 1,2 ha 38T 49D
① €34,05 ② €40,10
N 47°03'08'' E 06°45'37''
Von Les Pons-de-Martel am Ortseingang von Le Locle rechts Richtung Schwimmbad. Der CP liegt neben dem Schwimmbad. Von La Chaux-de-Fonds auch Richtung Schwimmbad. 107001

Camping des Pêches
Le Landeron ★★★★

Im Herzen der 'Drei-Seen' Region am Ufer des Bielersee

Schweiz

Der Campingplatz Des Pêches bietet:
- Ausgezeichnete Infrastruktur
- Schwimmbadeintritt gratis
- Mietträder und E-Bikes
- Radfahrerparadies; Fahrradcamping
- Touristenattraktionen und Sportaktivitäten
- Wasserspielplatz
- Gratis WLAN
- Tourisme Neuchâtelois - lädt ein zum Stadtbesuch mit der gratis Tageskarte für den ÖPNV

www.camping-lelanderon.ch
Rue du Port 6 - 2525 Le Landeron
Tel. +41 327512900
Fax +41 327516354
E-Mail: info@camping-lelanderon.ch

Le Sentier, CH-1347 / Vaud
- Camping Lac de Joux****
- Le Rocheray 37
- 1 Jan - 31 Dez
- +41 2 18 45 51 74
- campinglacdejoux@bluewin.ch
- N 46°37'35" E 06°15'10"

1 ADEJMNOQRT	LNQSWX	6
2 DFGIKORWX	ABDEFGIJK	8
3 AMSU	ABEFJNQRT	8
4 FHIO	D	9
5 ABDHMN	ABFGRVW	10
10A		
H1000 0,7 ha 31T(20-60m²) 41D	€39,80 / €48,05	

106992
Von Le Sentier (an Südwestpunkt von Lac de Joux) wird CP ausgeschildert (über Le Lieu auch ausgeschildert; schwierige Strecke).

Marin/Epagnier, CH-2074 / Neuchâtel
- Camping de la Tène****
- route de la Tène 106
- 1 Apr - 30 Sep
- +41 3 27 53 73 40
- camping.latene@bluewin.ch
- N 47°00'16" E 07°01'19"

1 ABDEFJMNOQRST	LMNQSXY	6
2 ABDGHILOPRSVX	ABDEFG	7
3 BFJLMNPQS	ABCDEFGHNQRT	8
4 BCH	ELNT	9
5 ACDJLMN	ABFGHIJOQRV	10
B 12-16A CEE		
H461 3 ha 48T(60-81m²) 178D	€41,65 / €49,90	

107017
N5, Ausfahrt Marin Richtung Epagnier. CP ist ausgeschildert.

Les Brenets, CH-2416 / Neuchâtel
- Camping Lac des Brenets****
- Champ de la Fontaine 6
- 1 Jan - 31 Dez
- +41 3 29 32 16 18
- info@camping-brenets.ch
- N 47°03'56" E 06°41'55"

1 ADEJMNOPQRT	JLNUWXYZ	6
2 CDFGKOPRSUVWX	ABDEFGHIK	7
3 ABFHMNOS	ABCDEFJKLMNQRTW	8
4 HIO	DERT	9
5 ADEFHJKLM	ABEFGHIJPRV	10
B 13A CEE		
H790 5,3 ha 100T(80-100m²) 171D	€34,80 / €44,85	

109036
Von La Chaux-de-Fonds Richtung Le Locle, durch das Zentrum Richtung Les Brenets, Richtung französische Grenze. Nach 5 km liegt der CP links der Strecke, 200m von der französischen Grenze.

Morges, CH-1110 / Vaud
- TCS Le Petit Bois****
- Promenade du Petit-Bois 15
- 1 Apr - 4 Okt
- +41 2 18 01 12 70
- camping.morges@tcs.ch
- N 46°30'17" E 06°29'20"

1 ADEJMNOPRST	ABFGHLMNOPQRSTWXYZ	6
2 ADFGKOPRVWX	ABDEFGHIJ	7
3 ABFLMNSV	ABCDEFNQRTW	8
4 BFHIOP	AKPRST	9
5 ACDEFHIKLMN	ABFGILNPSTVWX	10
B 6A		
H375 3,2 ha 170T(80m²) 79D	€55,85 / €68,65	

106999
A1 aus Bern, Lausanne oder Genève; Ausfahrt 15 Morges-Ouest (West) Richtung Lac. CP ist ausgeschildert.

Les Breuleux, CH-2345 / Jura
- Les Cerneux****
- 1/1 - 1/11, 4/12 - 31/12
- +41 3 24 86 96 66
- info@lescerneux.ch
- N 47°12'43" E 07°02'05"

1 ADEFGJMNOPQRT	A	6
2 BFGPRSTUVWX	ABDEFGJ	7
3 AFHIMSW	ABCDEFGIJNQRTU	8
4 BFHIORTUX	DGHJV	9
5 ACDFJKLMN	ABCFGHJPQRV	10
WB 16A CEE		
H993 3 ha 45T(60-80m²) 61D	€38,45 / €49,45	

110686
Von Tramelan Richtung Les Reussilles, links Richtung Les Breuleux. Im Dorf ist nach ca. 2,5 km der CP ausgeschildert.

Noville, CH-1845 / Vaud
- Les Grangettes****
- rue des Grangettes 31
- 1 Jan - 31 Dez
- +41 2 19 60 15 03
- info@les-grangettes.ch
- N 46°23'36" E 06°53'44"

1 ADEGJMNOPQRST	LMNQSWXY	6
2 ADFGIPVX	ABDEFG	7
3 BGLMS	ABFJNQRW	8
4 FHO	ABC	9
5 ABDEFHJKLMN	ABGHJORWX	10
Anzeige auf dieser Seite B 13A CEE		
H375 6 ha 72T(70-80m²) 227D	€37,55 / €48,50	

111254
A9 Ausfahrt 16 Richtung Villeneuve, weiter Richtung Noville/Evian. In Noville rechts ab, der Campingbeschilderung folgen.

Les Cluds/Bullet, CH-1453 / Vaud
- Les Cluds***
- VD 28
- 1 Jan - 31 Dez
- +41 2 44 54 14 40
- vd28@campings-ccyverdon.ch
- N 46°50'31" E 06°33'34"

1 AGILNORT		6
2 BNOPTUWX	ABDEFGI	7
3 AMS	ABCDEFJNR	8
4 F	D	9
5 DFJLM	ABFGHJPR	10
W 6A CEE		
H1220 10 ha 20T(40-50m²) 71D	€30,20 / €30,20	

107002
Neuchâtel - Yverdon. An St. Croix vorbei Ri. Bullet, ungefähr 3 km. Der CP ist ausgeschildert. Gespanne oder Reisemobile nicht die Strecke ab dem Lac des Brenets oder Cp Brenets nehmen. Kein Passiermöglichkeiten.

Orbe, CH-1350 / Vaud
- TCS Le Signal****
- route du Signal 9
- 4 Apr - 5 Okt
- +41 2 44 41 38 57
- camping.orbe@tcs.ch
- N 46°44'10" E 06°31'57"

1 ADEJMNOPQRST	AFHN	6
2 ABFGOPRTWXY	ABDEFGH	7
3 BDIJMNOSV	ABCDEFNPQRTW	8
4 BCDFHNOP	BD	9
5 ACDEFGHIKMO	ABIJPR	10
B 6A		
H450 2,1 ha 90T(80-100m²) 85D	€42,10 / €51,25	

106996
Die A1 von Lausanne oder Bern. Die A9 nach Vallorbe. Abfahrt Orbe. 1 km vor dem Dorf ausgeschildert.

Lignières, CH-2523 / Neuchâtel
- Fraso Ranch****
- 3 ch. du Grand-Marais
- 1 Jan - 31 Okt
- +41 3 27 51 46 16
- camping.fraso-ranch@bluewin.ch
- N 47°05'10" E 07°04'16"

1 ADEFJMNOPQRST	ABFG	6
2 AGOPVWXY	ABDEFGJ	7
3 BFMNS	ABCDEFJNQRT	8
4 BFHOTU		9
5 ABDEFJKLMNO	ABDHJNPRVZ	10
Anzeige auf dieser Seite WB 10A CEE		
H800 4 ha 47T(50-100m²) 378D	€35,25 / €42,55	

107015
In Le Landeron Richtung Lignières fahren. Durchs Dorf Lignières 1 km auf der rechten Seite.

Fraso Ranch ★★★★

Moderner familienfreundlicher Camping im Jura auf 800m Höhe. Am sonnigen Südhang von Chasseral. Ideales Wander-, Rad- und Golfgebiet und viele Möglichkeiten zum Paragleiten. Gleich am Bieler- und Neuenburgersee. Prima Sanitär (auch für Behinderte), beheiztes Schwimmbad und Kinderbecken, Sauna, Jacuzzi. Viel Sportmöglichkeiten. Kinderspielplatz, Laden mit Restaurant, Stellplätze 100 m².

3 ch. du Grand-Marais, 2523 Lignières • Tel. 032-7514616
camping.fraso-ranch@bluewin.ch • www.camping-lignieres.ch

Camping les Grangettes
CH-1845 Noville

www.les-grangettes.ch

Mitten im wichtigsten Naturschutzgebiet der Schweiz, direkt am Genfersee mit Sandstrand und schöner Sonnenwiese. Sehr ruhig gelegen, bestens geeignet für erholsame Ferien.

Viele Möglichkeiten zum wandern und für Ausflüge.

info@les-grangettes.ch   +41 (0)21 960 15 03

Teilkarte Westschweiz auf Seite 207

Payerne, CH-1530 / Vaud
- Piscine Camping★★★
- rte de la Piscine 23
- 1 Apr - 30 Okt
- +41 2 66 60 43 22
- info@piscine-payerne.ch
- N 46°48'40'' E 06°56'44''
- An der Hauptstraße Bern - Lausanne: aus Richtung Bern 2. Ausfahrt / aus Richtung Lausanne auch 2. Ausfahrt

1 ABDEJMNOPQRST	AFHIOP 6
2 AGOPXY	ABDEFGK 7
3 AFGLMNS	AEFNQRW 8
4 FHI	9
5 ADEFHIJKLM	ABIJRZ 10
B 10-16A CEE	
H489 3 ha 35T (60-100m²) 141D	① €21,05 ② €25,65

107023

St. Cergue, CH-1264 / Vaud
- Les Cheseaux C.C.C.V.★★★
- 12 route du Télésiège
- 1 Jan - 31 Dez
- +41 2 23 60 18 98
- cheseaux@camping-club-vaudois.ch
- N 46°26'47'' E 06°08'37''
- Von Nyon nach St. Cergue und dann Richtung La Cure, 1 km hinter dem Dorf links. Der CP ist ausgeschildert.

1 ABDILNOPQRST	6
2 PW	ABDEFGHIK 7
3 ABJLMSUW	ABEFJNQR 8
4 FHO	D 9
5 DMN	BIJPR 10
W 10A	
H1098 0,7 ha 27T (20-60m²) 27D	① €35,70 ② €43,95

106993

Rolle, CH-1180 / Vaud
- Camping de Rolle "Aux Vernes"★★★
- chemin de la Plage
- 1 Apr - 1 Okt
- +41 2 18 25 12 39
- reception@campingrolle.ch
- N 46°27'42'' E 06°20'46''
- A1 aus Bern, Lausanne oder Genève, Ausfahrt Rolle. Weiter ausgeschildert.

1 ADEJMNOPRST	LMNOQRSWX 6
2 ACDFGHIJKOPRVWX	ABDEFG 7
3 ABLMS	ABEFHNQRT 8
4 DFHO	RT 9
5 ABCDEHIKLMNO	ABFGJPRY 10
B 10A	
H373 1,5 ha 89T (25-75m²) 30D	① €46,50 ② €55,65

107000

Vers-l'Église, CH-1864 / Vaud
- La Murée★★★
- chemain des Planches 3
- 1 Jan - 31 Dez
- +41 2 44 92 15 58
- camping.lamuree@bluewin.ch
- N 46°21'19'' E 07°07'37''
- A9. Ausfahrt Aigle Richtung Leysin/Les Diablerets. In Vers-l'Église liegt der CP rechts der Straße.

1 AJMNOPRT	N 6
2 CFGOPVWX	ABDEFG 7
3 AFMS	ABCDEFJNQRTW 8
4 FHI	9
5 DGLMN	AFGHJPRV 10
WB 10A CEE	
H1116 1,1 ha 50T (80-90m²) 34D	① €31,95 ② €31,95

107050

Romainmôtier, CH-1323 / Vaud
- Le Nozon★★
- chemin du Signal 2
- 1 Apr - 1 Okt
- +41 2 44 53 13 70
- caravans@camping-romainmotier.ch
- N 46°41'25'' E 06°27'56''
- N9 von Vallorbe nach La Sarraz. Abzweig nach Romainmotier. Dort wie beschildert durchs Dorf dem Straßenverlauf folgen (300m geht es hoch).

1 AILNOQRT	AF 6
2 AFOPRSTUVWX	AB 7
3 AMS	ABCDEFHNQRU 8
4 FI	9
5 ABDEHMN	AIJRW 10
5A	
H734 1,7 ha 45T (80-100m²) 100D	① €42,10 ② €51,25

106998

Vésenaz/Genève, CH-1222 / Genève
- Pointe à la Bise★★★★
- chemin de la Bise
- 28 Mär - 6 Okt
- +41 2 27 52 12 96
- camping.geneve@tcs.ch
- N 46°14'42'' E 06°11'36''
- Von Genève Richtung Evian (Frankreich). Nach ein paar Kilometer Vésenaz. Im Zentrum CP-Schild nach links folgen. Weiter den Schildern folgen.

1 ADEJMNOPQRST	FLMNQSTXYZ 6
2 ADFGIKOPVWXY	ABDFG 7
3 ABLMS	ABCDEFHJNQRTW 8
4 BFHIOQ	DFVW 9
5 ACDFHKLMNO	ABFGIJNORV 10
B 6A	
H377 3,2 ha 110T (20-90m²) 84D	① €61,60 ② €77,20

106995

Saignelégier, CH-2350 / Jura
- Camping Saignelégier★★★
- Sous la Neuvevie 5A
- 1 Mai - 31 Okt
- +41 3 29 51 10 82
- info@campingsaignelegier.ch
- N 47°15'11'' E 07°01'10''
- Vom Zentrum Saignelégier aus liegt der CP 1,5 km Richtung Biel.

1 AJMNOPQRST	6
2 ABGOPRSXY	ABDE 7
3 BMS	ABCFNRTW 8
4 FH	AFJ 9
5 ABDJM	AJOSTV 10
B	
H1000 2 ha 60T 45D	① €28,40 ② €35,70

116719

Villeneuve, CH-1844 / Vaud
- Les Horizons Bleus C.C.C.V.★★★
- rue du Quai 11
- 1 Jan - 31 Dez
- +41 2 19 60 15 47
- horizon-bleu@camping-club-vaudois.ch
- N 46°23'43'' E 06°55'17''
- A9 aus Richtung Martigny an Ausfahrt Villeneuve verlassen. Der CP liegt am Ortseingang von Villeneuve auf der linken Seite in einer Kurve.

1 ABDEJMNOPQRST	LNSTVWXY 6
2 ADFGOPRSWX	ABDEFGIJK 7
3 BJLMSU	ABCDEFJNQRT 8
4 FHIO	DV 9
5 ABDEFHJK	ABCFGIKPQRVZ 10
WB 10A	
H380 1 ha 24T (70m²) 48D	① €41,20 ② €49,45

107027

Sorens, CH-1642 / Fribourg
- La Forêt★★★★
- rue principale 271
- 1 Apr - 15 Okt
- +41 2 69 15 18 82
- campingforet@gmail.com
- N 46°40'26'' E 07°01'30''
- A12, Ausfahrt Rossens. Weiter der 12 Richtung Bulle bis Sorens folgen. Dann noch 5 km den Schildern folgen.

1 AFGJMNOPQRST	ABF 6
2 APTUVWX	ABDEFGK 7
3 ALMS	ACDEFJKNQRUVW 8
4 FIU	BE 9
5 ABDEFGJKLMN	ABFGHJPR 10
W 14A	
H1020 4,5 ha 40T (80-120m²) 128D	① €27,65 ② €34,95

107024

Yvorne, CH-1853 / Vaud
- Clos de la George SA
- Les Ecots 3
- 1 Jan - 31 Dez
- +41 2 44 66 58 28
- info@closdelageorge.ch
- N 46°20'48'' E 06°56'34''
- Die A9 bei Ausfahrt Villeneuve verlassen. Dann Richtung Aigle. Der CP liegt links der Straße und ist ausgeschildert.

1 DEILNOPQRST	AFH 6
2 ABCDFGIOPSVWXY	ABDEFGHK 7
3 ABFLMS	BCDFJNQRW 8
4 FHIOP	DFUV 9
5 ABDHMNO	ABFGHIJLPSTV 10
10A CEE	
H385 2,6 ha 70T (80-160m²) 135D	① €30,20 ② €37,55

107028

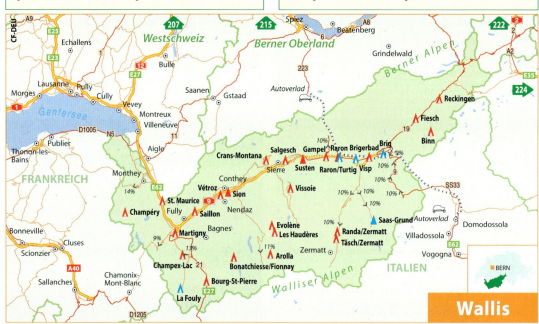

210

Arolla, CH-1986 / Wallis

- Camping Arolla**
- route de Tselion 8
- 15 Jun - 15 Sep
- +41 2 72 83 22 95
- @ info@camping-arolla.com

1 ADEJLNOPRT	N 6
2 CFGNOPQRTUVWX	ABDEF 7
3	ABEFNQRV 8
4 EF	A 9
5 ABD	AGJOR 10
10A CEE	
	① €31,15
H1970 1,2 ha 80T(40-100m²) 6D	② €31,15

N 46°01'37'' E 07°29'09'' 108018

In Sion Val d'Herens abfahren. Hinter Les Hauderes Schild Arolla folgen. In La Monta beim Hotel-Restaurant De La Tza links ab den CP-Schildern folgen.

Binn, CH-3996 / Wallis

- Giessen
- 1 Mai - 15 Okt
- +41 2 79 71 46 19
- @ info@camping-giessen.ch

1 AJMNOPQRST	6
2 CFNPTWXY	ADFG 7
3	ABEFNQR 8
4 FHI	G 9
5 ADMN	AJR 10
10A	
	① €25,65
H1450 4 ha 100T(50-100m²) 14D	② €35,70

N 46°22'10'' E 08°12'09'' 111966

Aus Brig 16 km Richtung Furkapass, hinter Lax rechts nach Ernen/Binn. In Ernen scharf rechts. Camping 2 km hinter Binn. Anspruchsvolle schmale Bergstraße und ein spärlich beleuchteter Tunnel.

Bonatchiesse/Fionnay, CH-1948 / Wallis

- Camping Forêt des Mélèzes**
- route de Mauvoisin 451
- 1 Jun - 30 Sep
- +41 2 77 78 12 40
- @ camping.bonatchiesse@gmail.com

1 AJMNORT	JN 6
2 BCFGOPSVWX	ABEFG 7
3 ABM	ABEFKNQRTW 8
4 FH	BG 9
5 ABDHJLMN	ABFJRV 10
6A CEE	
	① €32,05
H1600 6 ha 150T 14D	② €36,60

N 46°01'15'' E 07°19'45'' 120337

E27 Martigny-Grand Saint Bernard, Ausfahrt in Sembrancher Richtung Verbier und Mauvoisin. In Mauvoisin weiter bis zum CP.

Bourg-St-Pierre, CH-1946 / Wallis

- Cp. du Grand-St.-Bernard*
- 1 Jun - 30 Sep
- +41 7 93 70 98 22
- @ vincent.formaz@netplus.ch

1 ADEJMNOPQRST	E 6
2 FGOPUW	ABDEFIJK 7
3 AS	ABFJNQRW 8
4 FHIO	F 9
5 ADHKN	ABGIJPRVZ 10
13A CEE	
	① €32,95
H1600 1,2 ha 20T(80m²) 39D	② €42,10

N 45°57'10'' E 07°12'27'' 109773

Martigny Richtung St. Bernhard, Ausfahrt Bourg-St-Pierre. Nach ca. 200m CP auf rechter Seite.

Brig, CH-3900 / Wallis

- Geschina****
- Geschinaweg 41
- 1 Mai - 18 Okt
- +41 2 79 23 06 88
- @ geschina@bluewin.ch

1 ADEJMNOPRST	ABFGH 6
2 ACFOPWX	ABDEFGH 7
3 AM	ABEFNQRT 8
4 IO	9
5 ADN	ABGIJOR 10
Anzeige auf dieser Seite 10A CEE	
	① €28,10
H684 2 ha 75T 25D	② €36,00

N 46°18'34'' E 07°59'36'' 107117

In Brig den Hinweisen Brig-Glis folgen und weiter 'Altstadt' (P) folgen. Danach dem CP Nr 9.101 folgen.

Brigerbad, CH-3900 / Wallis

- Brigerbad****
- Thermalbadstrasse 1
- 11 Apr - 25 Okt
- +41 2 79 48 48 37
- @ camping@brigerbad.ch

1 ADEFHKNOPRST	ABEFGHI 6
2 AFGOPVXY	ABDEFGHIK 7
3 ABM	ABCDEFNQRTW 8
4 FHIORTVWXZ	DGHJVZ 9
5 ACDHLMN	AGHIORVYZ 10
10A	
	① €36,80
H672 4 ha 200T(60-100m²) 216D	② €48,35

N 46°18'06'' E 07°55'52'' 110400

Im Rhônedal zwischen Visp und Brig, ist mit 'Thermalbad Brigerbad' ausgeschildert. Liegt neben einer sehr großen Schwimmbadanlage.

Champéry, CH-1874 / Wallis

- du Grand Paradis***
- 18 route du Grand Paradis
- 1 Jan - 31 Dez
- +41 2 44 79 19 90
- @ campingchampery@bluewin.ch

1 AGJMNOPRST	N 6
2 BCFGPRXY	ABDEFG 7
3	ABEFJNQR 8
4 FH	J 9
5 DM	BCHJPQR 10
W 10-13A	
	① €31,60
H1062 1 ha 23T(70-90m²) 33D	② €41,65

N 46°09'45'' E 06°51'37'' 107033

A9, Ausfahrt Monthey und dann Richtung Champéry. Der CP ist ausgeschildert und liegt 2 km hinter Champéry.

Champex-Lac, CH-1938 / Wallis

- Les Rocailles
- 1 Jan - 31 Dez
- +41 2 77 83 19 79
- @ pnttex@netplus.ch

1 ADJMNOPRT	N 6
2 FGOPRUWX	ABDEFG 7
3 M	ABFJNQRW 8
4 FHO	9
5 DHMN	ABHIJR 10
10A	
	① €42,10
H1470 0,7 ha 50T 20D	② €52,20

N 46°01'57'' E 07°06'30'' 110924

Martigny Richtung St. Bernhard. In Orsières (nicht eher) Richtung Champex. Schildern Champex folgen. Hinter Champex-Lac liegt der CP rechts.

Camping des Glaciers
La Fouly, Val Ferret, 1600 m ★ ★ ★ ★

Der idyllisch gelegene Campingplatz ist in eine ausgedehnte unberührte Naturlandschaft eingebettet. Erstklassige Sanitäranlagen, sowie ein Freizeitraum mit TV. 11.5. - 5.7. und 24.8. - 6.10.: Rabatt.

A. Darbellay, 1944 La Fouly
Tel. +41 277831826
info@camping-glaciers.ch
www.camping-glaciers.ch

Schweiz

Crans-Montana, CH-3963 / Wallis

- La Moubra**
- 2 Impasse de la Plage
- 1/1 - 31/10, 1/12 - 31/12
- +41 2 74 81 28 51
- @ info@campingmoubra.ch

1 AEJMNOPQRST	LNQ 6
2 BDJOPRTUWXY	ABFGH 7
3 AGHLMNSW	ABCDEFJNQRW 8
4 FHIO	T 9
5 ADEFHKM	ABGJPRV 10
W 6A CEE	
	① €38,25
H1500 3 ha 80T(60-80m²)	② €39,35

N 46°18'14'' E 07°28'50'' 112537

Von Sierre Richtung Crans-Montana. Am Schild 'Route La Moubra' diesen Weg einschlagen. Danach ist der CP mit weißen Schildern angezeigt.

Evolène, CH-1983 / Wallis

- Evolène***
- route de Lannaz
- 1 Mai - 15 Okt
- +41 2 72 83 11 44
- @ info@camping-evolene.ch

1 ADEJMNORST	ABN 6
2 FOPWX	ABDEFG 7
3 AM	ABCDEFJNQRTVW 8
4 FHO	DUVW 9
5 DMNO	ABGJOR 10
10A CEE	
	① €32,05
H1400 0,9 ha 70T(80-100m²) 3D	② €39,35

N 46°06'39'' E 07°29'47'' 107071

In Sion das Val d'Hérens einfahren. Evolène durch, der CP liegt an der rechten Seite.

CAMPING GESCHINA, 3900 BRIG ★★★★

Schönes Campgelände am Rande der historischen Stadt Brig. Großes, beheiztes Schwimmbad direkt neben dem Gelände. Zahlreiche Möglichkeiten für Ausflüge innerhalb 1 Stunde. Zermatt mit dem Matterhorn, Saastal mit der Mischabelgruppe, der Aletschgletscher (Unesco Welterbe) usw. Wunderbarer Aufenthalt garantiert.

Familien Eyer und Schmid, Geschinaweg 41, CH-3900 Brig
Tel./Fax +41 (0) 27 923 06 88 • www.geschina.ch • geschina@bluewin.ch

Fiesch, CH-3984 / Wallis

- Eggishorn****
- Fiescheralerstraße 50
- 1 Jan - 31 Dez
- +41 2 79 71 03 16
- @ info@camping-eggishorn.ch

1 ADEJMNOPQRST	AB 6
2 CFGOPVWXY	ABDEFG 7
3 ABFGMNSU	ABCDEFJNQRTU 8
4 FHIKO	9
5 ABDEFHKLMN	AEGHJOPR 10
WB 16A CEE	
	① €37,90
H1050 10 ha 80T(70-110m²) 100D	② €48,15

N 46°24'37'' E 08°08'21'' 112986

Aus Brig Richtung Furkapass, Ausfahrt nach Fiesch und dem Dorfweg folgen. Camping kurz hinter der Ortschaft.

Gampel, CH-3945 / Wallis

- Rhone***
- Lampertji 7
- 1 Apr - 31 Okt
- +41 2 79 32 20 41
- @ info@campingrhone.ch

1 ADEJLNOPQRST	ABFN 6
2 CFOPVWXY	ABDEFG 7
3 AJLMU	ABCDEFJNQRTUW 8
4 BFHI	DJV 9
5 ADHIKMN	ABHJPT 10
B 6-10A CEE	
	① €28,45
H630 4,5 ha 220T(60-90m²) 151D	② €36,60

N 46°18'27'' E 07°44'36'' 107095

Von Goppenstein, nach Gampel 1. Straße rechts. Von Visp oder Sierre, Ausfahrt Goppenstein, 1. links.

La Fouly, CH-1944 / Wallis

- Des Glaciers****
- route de Tsamodet 36
- 16 Mai - 4 Okt
- +41 2 77 83 18 26
- @ info@camping-glaciers.ch

1 ADEJMNOPQRST	N 6
2 BCFGOPRUVWXY	ABDEFGK 7
3 ABMNSVW	ABCDFJKNQRTW 8
4 FHIO	ADJU 9
5 ABDMN	ABDGJLNPRVY 10
Anzeige auf dieser Seite B 10A CEE	
	① €35,45
H1600 7 ha 200T(50-120m²) 8D	② €44,20

N 45°56'00'' E 07°05'43'' 107054

Martigny Richtung St. Bernhard. In Orsières Richtung La Fouly/Val Ferret, am Ortsende rechts. Verkehrsschild 'Durchgang verboten' gilt nicht für CP-Gäste.

Schweiz

MOLIGNON
Les Haudères
★★★★ CAMPING

Fam. Rossier
CH-1984 Les Haudères
Tel. 027-2831240
info@molignon.ch
www.molignon.ch

Les Haudères, CH-1984 / Wallis
- Molignon★★★★
- route de Molignon 163
- 1 Jan - 31 Dez
- +41 2 72 83 12 40
- info@molignon.ch

1 ADEJMNOPQRST ABCFG 6
2 CFOPRTUVWXY BDEFGHIJ 7
3 ABMS ABCDEFJNQRTW 8
4 FHI J 9
5 ABDFHLMN ABHJPR10
Anzeige auf dieser Seite WB 10A CEE ① €27,90
N 46°05′29″ E 07°30′29″ H1450 2,5 ha 10T(75-100m²) 37D ② €27,90
107072
Bei Sion Richtung Val d'Hérens. 3 km hinter Evolène liegt der CP an der rechten Seite. Gut ausgeschildert.

Martigny, CH-1920 / Wallis
- TCS Martigny★★★
- 68 rue Levant
- 18 Apr - 13 Okt
- +41 2 77 22 45 44
- camping.martigny@tcs.ch

1 ABDEJMNOPRST F 6
2 AFGPVWXY ABDEFGIJK 7
3 BFJMS ABCDEFJNQRTW 8
4 FHIO G 9
5 ADEHN AFGIKPRVZ10
B 10A ① €43,95
N 46°05′50″ E 07°04′43″ H467 2,5 ha 70T(58-80m²) 64D ② €54,00
107034
In Martigny Richtung St. Berhardtunnel. Dann Ausfahrt Martigny/Expo fahren. Der angegebene CP liegt auf der linken Straßenseite gegenüber dem Expo-Gebäude.

EINE KLEINE BERGIDYLLE, DIE 365 TAGE IM JAHR AUF SIE WARTET.

- Günstiger Taxishuttle nach Zermatt (10 km) • Einstieg für 17 km langen Langlaufloipe, 15 min bis ins Skigebiet Zermatt • Ausgangspunkt zu den schönsten 29 Viertausender der Alpen • Restaurant mit ausgezeichneter regionaler und marktfrischer Küche • Saubere Einrichtungen, ruhige Lage, WiFi, Grillecke, Waschküche, Aufenthaltszelt, Gratis Warmwasser, Gasservice • Entsorgungsstation, Ausguss für chemische Toiletten • GPS Daten: N 46°5′9″ E /°46′51″
Weitere Informationen unter: www.camping-randa.ch

Randa/Zermatt, CH-3928 / Wallis
- Attermenzen★★★★
- 1 Jan - 31 Dez
- +41 2 79 67 25 55
- rest.camping@rhone.ch

1 ADEJMNOPRST N 5
2 FOPRTUWXY BDEFGHJ 7
3 AK ABEFNQRT 8
4 FH FG 9
5 ABDFHKLMN AGJPTUV10
Anzeige auf dieser Seite W 10A ① €38,45
N 46°05′09″ E 07°46′51″ H1400 2,4 ha 150T(80-100m²) 11D ② €47,60
107101
Von Visp, Richtung Zermatt. Randa umfahren. Der CP liegt etwas nach Randa auf der linken Seite. Gut ausgeschildert.

Camping Santa Monica ★★★★

Kantonstraße 56, CH-3942 Raron/Turtig
Tel. +41 279342424
E-Mail: info@santa-monica.ch
Internet: www.santa-monica.ch

Raron, CH-3942 / Wallis
- Simplonblick★★★
- Kantonstraße 12
- 1 Apr - 20 Okt
- +41 2 79 34 32 05
- info@camping-simplonblick.ch

1 ADEJMNOPQRST ABH 6
2 ABFOPTWXY ABEFGH 7
3 ALMSU ABEFNQR 8
4 BFH AE 9
5 ABDEFHMN ABHKLPSTV10
12A ① €24,25
N 46°18′14″ E 07°47′41″ H637 4 ha 80T(80-100m²) 127D ② €28,85
107096
Von Gampel nach Visp (Kantonstraße Raron). Die Einfahrt zum CP ist zwischen dem Hotel/Restaurant und der Tankstelle.

Raron/Turtig, CH-3942 / Wallis
- Santa Monica★★★★
- Kantonstraße 56
- 8 Apr - 18 Okt
- +41 2 79 34 24 24
- info@santa-monica.ch

1 ADEJLNOPQRST ABFG 6
2 ABCFGOPRVWX ABDEFGH 7
3 AFGKLMNUX ABCDEFIJLMNQRTUVW 8
4 BCEFGHILO BEJ 9
5 ABCDEFGHJKLMN ABDGHJNPSTV10
Anzeige auf dieser Seite 16A CEE ① €27,45
N 46°18′11″ E 07°48′08″ H630 4 ha 124T(80-120m²) 181D ② €33,85
107098
Der CP liegt auf dem Weg von Gampel nach Visp. Die Einfahrt zum CP liegt in der Nähe der Renault-Werkstatt.

Reckingen, CH-3998 / Wallis
- Camping Augenstern★★★
- Ellbogen 21
- 1 Jan - 31 Dez
- +41 2 79 73 13 95
- info@campingaugenstern.ch

1 ABEJMNOPRST ABFGN 6
2 CFPWX ABDEFG 7
3 ABJLMU ABEFJNQR 8
4 FH 9
5 DHKMN AGHJPR10
W 16A CEE ① €36,35
N 46°27′53″ E 08°14′41″ H1300 3,5 ha 110T(80-100m²) 30D ② €46,30
107135
Von Brig Richtung Furkapass fahren. In Reckingen vor der Kirche rechts abfahren und dann noch ungefähr 1 km den Schildern folgen.

Am Kapellenweg ★★★

Dieser Familiencamping ist bildschön gelegen auf 1.560m Höhe gleich bei Saas-Grund. Umgeben von einer prachtvollen Landschaft und weit weg vom Verkehr. Nachts hört man das Rauschen der Saas im Hintergrund.

3910 Saas-Grund • Tel. 027-9574997
E-Mail: camping@kapellenweg.ch
Internet: www.kapellenweg.ch

Saas-Grund, CH-3910 / Wallis
- Am Kapellenweg★★★
- 20 Mai - 9 Okt
- +41 2 79 57 49 97
- camping@kapellenweg.ch

1 ADEJMNOPRST 6
2 FOPWX ABDEFG 7
3 ABCDEFJNQR 8
4 FHIOP D 9
5 ABDN ABGJNOR10
Anzeige auf dieser Seite 10A CEE ① €46,70
N 46°07′00″ E 07°56′24″ H1560 0,7 ha 100T(30-80m²) 8D ② €66,85
101056
In Visp Richtung Saas-Grund und Saas-Fee fahren. Im Zentrum von Saas-Grund Richtung Saas-Almagell. Nach fast 700m liegt der CP auf der rechten Seite.

Legende Karten

 Ein offenes Zelt bedeutet daß sich hier ein Campingplatz befindet.

 Ein geschlossenes Zelt bedeutet daß hier mehrere Campingplätze zu finden sind.

 Campingplätze die CampingCard ACSI akzeptieren.

70 Auf dieser Seite finden Sie das Teilgebiet.

73 Pfeile mit Seitenangaben am Kartenrand verweisen auf angrenzende Gebiete.

 Die Übersichtskarte des betreffenden Landes und im welchen Teilgebiet Sie sich befinden.

Camping Torrent ★ ★ ★

Grosser, geselliger und familiärer Campingplatz mitten im Herzen des sonnigen Wallis. Zentral gelegen für spektakuläre Ausflüge in die nahe gelegene Bergwelt. Der Campingplatz liegt auf 648 m.ü.M. und ist umgeben von vielen 3000er Bergen. Viele Schatten spendende Pappeln säumen den Platz, ausserdem liegt der Camping Torrent in einer grossen Weinregion. Der Platz verfügt über viele Touristenplätze mit Strom, 4 Wohnwagen zum Mieten, Kinderspielplatz, Bistro mit Bedienung und guter frischer Küche, jeden Freitag Grillplausch und jede 2. Woche mit Live-Musik.

Kreuzmatten 24a, 3952 Susten
Tel. +41 793276312 • info@campingtorrent.ch
www.campingtorrent.ch

Schweiz

Saas-Grund, CH-3910 / Wallis
- Mischabel***
- 27 Jun - 6 Sep
- +41 2 79 57 16 08
- mischabel@hotmail.com
- N 46°06'49'' E 07°56'29''

1 AJMNOPQRST 6
2 CFOPWX ABDEFG 7
3 M ABCDEFJNQR 8
4 FHIOZ F 9
5 ABDHMN ABHJLMNOR 10
10A CEE
H1620 1,8 ha 150T(80-120m²) 1D
€42,10 / €65,90
107120

Von Visp Richtung Saas-Grund und Saas-Fee. Im Zentrum von Saas-Grund die Hauptstraße Richtung Saas-Almagell. Nach 1 km Camping rechts, Bushaltestelle 'Untere Brücke'.

Susten, CH-3952 / Wallis
- Bella-Tola*****
- Waldstraße 133
- 15 Apr - 31 Okt
- +41 2 74 73 14 91
- info@bella-tola.ch
- N 46°17'56'' E 07°38'11''

1 BDEJMNOQRT ABFG 6
2 AFGPRTUVWX ABDEFGH 7
3 AGHLMN ABCDEFINQRT 8
4 BDFHLO DJLUVW 9
5 ABDEFHLMN ABGHJPR 10
B 10-16A
H750 4 ha 190T(60-100m²) 80D
€36,60 / €46,40
107066

E62/A9 Visp-Sierre. In Susten die Strecke verlassen und den CP-Schildern ca. 2 km durch den Wald folgen. Gut ausgeschildert.

Saillon, CH-1913 / Wallis
- De la Sarvaz****
- route de Fully 100
- 1/1 - 8/1, 8/2 - 31/12
- +41 2 77 44 13 89
- info@sarvaz.ch
- N 46°09'35'' E 07°10'02''

1 ADEJMNOPQRST ABCDFG 6
2 AFGOPVWX ABCDEFGHJK 7
3 ABFGJLMSU ABDEFJLNQRTUVW 8
4 FHIOPQ GJKLUVW 9
5 ACDFHJKLMNO ABEGHIKLNPQRVZ 10
WB 16A CEE
H480 3 ha 87T(70-140m²) 72D
€39,80 / €49,65
110365

A9 Martigny-Sierre, Autoroute du Rhone, Ausfahrt Saxon. Dann Ausfahrt Saillon/Fully. Rechts Richtung Saillon und nach ca. 2 km CP rechts von der Strecke.

Susten, CH-3952 / Wallis
- Camping du Monument**
- Kantonstraße 68
- 1 Mai - 20 Sep
- +41 2 74 73 18 27
- camping.monument@hotmail.com
- N 46°18'25'' E 07°36'39''

1 ADJMNOPRST A 6
2 ABFPQRTWXY ABDF 7
3 ALM AEFNQR 8
4 FH 9
5 ABDEHMN ABKMT 10
10A
H600 5,5 ha 170T(60-100m²) 12D
€34,70 / €42,65
107064

An der E2/A9 Visp-Sierre, 6 km vor Sierre. Gut ausgeschildert. Ab Sion, 6 km hinter Sierre.

Salgesch, CH-3970 / Wallis
- Swiss Plage****
- Campingweg 2
- 24 Mär - 31 Okt
- +41 2 74 55 66 08
- info@swissplage.ch
- N 46°18'05'' E 07°33'53''

1 ADEJMNOPRST FLNX 6
2 ACDHIPVWXY ABDEFG 7
3 BGMNOPS ABCDEFNQRT 8
4 HO JTV 9
5 ACDEFGHLMN ABGHJPRW 10
10A CEE
H500 8 ha 80T(60-70m²) 224D
€35,70 / €43,20
107063

Von Visp Richtung Sierre/Lausanne. Vor Sierre über die Brücke Richtung Varen/Salgesch. CP ist dort ausgeschildert. Von Sion, Sierre durch Richtung Simplon/Brig bis zur Ausfahrt Salgesch.

Susten, CH-3952 / Wallis
- Gemmi 'Agarn'****
- Briannenstraße 8
- 29 Mär - 9 Okt
- +41 2 74 73 11 54
- info@campinggemmi.ch
- N 46°17'52'' E 07°39'33''

1 ACDEFJMNOPQRSTU 6
2 AFOPVWXY ABDEFG 7
3 AJKLMRV ABCDEFJLMNQRUVW 8
4 FHO E 9
5 ABDEFHKMN ABEHJNPTUZ 10
16A CEE
H620 0,8 ha 69T(70-100m²) 8D
€38,10 / €50,70
107093

Der E2 folgen von Visp nach Sierre, dann Ausfahrt Agarn. Den Schildern 'Camping Torrent', 150m hinter Torrent liegt Gemmi.

Sion, CH-1950 / Wallis
- Sedunum***
- 10 route des Ecussons
- 1 Apr - 31 Okt
- +41 2 73 46 42 68
- info@camping-sedunum.ch
- N 46°12'40'' E 07°18'43''

1 ADEILNOPRT AFLN 5
2 ABDGOPRVY ABDEFG 7
3 ABFLMS ABCDEFJKNQRTUW 8
4 FHIO F 9
5 ABDEFHJKLMN ABHIJPRV 10
10A CEE
H450 3 ha 20T(90m²) 92D
€32,05 / €42,10
107052

In Martigny A9 in Richtung Sion. Ausfahrt 25, 9.36 folgen Richtung 'Les Isles'-Aproz.

Susten, CH-3952 / Wallis
- Torrent***
- Kreuzmatten 24a
- 15 Mär - 30 Okt
- +41 7 93 27 63 12
- info@campingtorrent.ch
- N 46°17'58'' E 07°39'31''

1 JMNOPQRST 6
2 AFPRTWXY ABDEF 7
3 AJLMSU ABCDEFNQRSU 8
4 FHIO D 9
5 ADEHMN ABFJOTU 10
Anzeige auf dieser Seite   16A CEE
H648 5 ha 200T(100m²) 95D
€32,05 / €37,55
107097

E22 von Visp nach Sierre, dann Ausfahrt Agarn. Der CP ist gut ausgeschildert.

Sion, CH-1950 / Wallis
- TCS Camping Sion*****
- chemin du Camping 6
- 1/1 - 30/10, 16/12 - 31/12
- +41 2 73 46 43 47
- camping.sion@tcs.ch
- N 46°12'42'' E 07°18'49''

1 DEJMNOPQRST AFLMNQ 6
2 ACDFGIOPRVXY ABDEFGHJK 7
3 BFGJLMNPR SUVW ABCDEFJKNQRTUVW 8
4 BCDFHILOPQ AFJK 9
5 ACDEFKLMN ABFGHIKMPRVZ 10
WB 4A
H480 8 ha 446T(60-140m²) 177D
€49,80 / €61,70
107053

In Martigny A9 Richtung Sion fahren. Dann Ausfahrt 25 Conthey/Vétroz. Dann Schild 'Iles' folgen. Danach wird der CP ausgeschildert.

Täsch/Zermatt, CH-3929 / Wallis
- Alphubel***
- 10 Apr - 18 Okt
- +41 2 79 67 36 35
- welcome@campingtaesch.ch
- N 46°03'57'' E 07°46'30''

1 ABJMNOPRST 6
2 CDFOPWX ABDEFG 7
3 GL ABEFNQR 8
4 FH F 9
5 ADN AHKPR 10
10A
H1400 0,7 ha 100T(60-100m²) 3D
€39,35 / €50,35
107102

In Visp Richtung Zermatt. In Täsch 100m hinter dem Bahnhof rechts abbiegen, über den Bahnübergang und Brücke. CP ist ausgeschildert.

St. Maurice, CH-1890 / Wallis
- du Bois-Noir
- route Cantonale
- 1 Apr - 31 Okt
- +41 7 93 21 99 21
- info@campingduboisnoir.ch
- N 46°11'35'' E 07°01'35''

1 BDJMNOPRST AF 6
2 ABFPVXY ABFG 7
3 AMS ABCDEFNQRTW 8
4 FHIO E 9
5 ADHKMNO ABHJOTUZ 10
10A
H462 3 ha 40T(110-120m²) 62D
€35,70 / €42,10
115704

A9 Lausanne-Martigny, Ausfahrt 19 Richtung Martigny die N21 links der Straße. Ausgeschildert.

Vétroz, CH-1963 / Wallis
- Botza*****
- 1 route du Camping
- 1 Jan - 31 Dez
- +41 2 73 46 19 40
- info@botza.ch
- N 46°12'21'' E 07°16'44''

1 ABDEILNOPRST ABFGHN 6
2 AFGPRVXY BEFGH 7
3 BFHLMNSW ABCDEFJKNQRTW 8
4 BDFHNOP GJ 9
5 ABDEFGHJKLMN ABGHIKLNPSTV 10
WB 6A CEE
H480 3 ha 125T(60-153m²) 97D
€35,45 / €43,65
107051

A9 Martigny-Sion, Ausfahrt 25 Vétroz/Ardon. Links ab Botza folgen.

Teilkarte Wallis auf Seite 210

Schweiz

Visp, CH-3930 / Wallis		🛜 CC€20 iD
▲ Camping/Schwimmbad Mühleye****	1 ADE**JM**NOPRS**T**	**ABF**GH 6
🏠 Mühleye 7	2 ACFGOPVWX	ABDE**FG**H 7
🕐 1 Apr - 31 Okt	3 AFG**HJ**KLM	ABCDEFNQRUV 8
☎ +41 2 79 46 20 84	4 AB**E**FHIO	BJK 9
@ info@camping-visp.ch	5 ADEFGHJKLMN	ABDGKPRVWXZ10
	Anzeige auf dieser Seite	WB 16A CEE
📍 N 46°17'53'' E 07°52'23''	H640 3,6 ha 177**T**(50-150m²) 5**D**	① €27,55 ② €30,40
🚗 CP liegt an der Straße von Gampel nach Visp. Bis zur ersten Ampel in Visp fahren, dann vor der Brücke direkt hinter der Tankstelle links abbiegen. Gut ausgeschildert.		107763

Nordwestschweiz

Vissoie, CH-3961 / Wallis		🛜 iD
▲ d'Anniviers*	1 A**I**LNORT	**ABN** 6
🏠 route des Landaus	2 FNOPRTUWX	ABD**F** 7
🕐 1 Apr - 31 Okt	3 AM	ABEFJNW 8
☎ +41 2 74 75 15 72	4	9
@ georgestheytaz@bluewin.ch	5 D	ABJPR10
	10A	① €36,60
📍 N 46°13'06'' E 07°34'59''	H1200 0,5 ha 32**T**(40-80m²) 34**D**	② €44,85
🚗 Bei Sierre in das Tal Val d'Anniviers. Im Dorf Vissoie wird der CP deutlich ausgeschildert.		107070

Burgdorf, CH-3400 / Berner Mittelland		🛜 iD
▲ Waldegg***	1 A**JM**NOPQRST	J N 6
🏠 Waldeggweg 4D	2 ABCJKOPTUVWXY	ABDE**FG** 7
🕐 15 Apr - 15 Okt	3 AMU	ABCDEFNQR 8
☎ +41 3 44 22 24 60	4 FHIO	9
@ camping.waldegg@bluemail.ch	5 DEFJKNO	ABGJORV10
	10A CEE	① €32,50
📍 N 47°03'13'' E 07°37'57''	H500 0,8 ha 32**T**(50-80m²) 18**D**	② €38,00
🚗 A1 Basel-Bern, Ausfahrt 39 Kirchberg/Burgdorf, Richtung Burgdorf. CP ausgeschildert. Nach der Brücke links (2,70m Breite).		107058

Erlach, CH-3235 / Berner Mittelland		🛜 iD
▲ Gemeinde Camping Erlach****	1 ACDFG**JM**NORST	LMNQSWXY 6
🏠 Stadtgraben 23	2 DGIJOPQVX	ABDE**FG**IJ 7
🕐 30 Mär - 14 Okt	3 ABFGM**N**S	ABCDEFGIKNQRT 8
☎ +41 3 23 38 16 46	4 BCIO**P**	DTV 9
@ camping@erlach.ch	5 ACDEIJMN	ABGHIJNORVZ10
	B 6A CEE	① €63,90
📍 N 47°02'44'' E 07°06'07''	H395 1,6 ha 80**T**(70-90m²) 125**D**	② €66,10
🚗 Von Gals Richtung Erlach/Täuffelen. Im Dorf Erlach links ab, 100m hinter dem CP Mon Plaisir.		107042

Frick, CH-5070 / Aargau		🛜 iD
▲ Camping Frick****	1 ADE**JM**NOPQRST	**ABE**FGH 6
🏠 Juraweg 21	2 AOPVWXY	ABDE**FG**H 7
🕐 1 Apr - 31 Okt	3 B**L**M**NP**	ABCDEFJNQRT 8
☎ +41 6 28 71 37 00	4 FHI	D 9
@ info@campingfrick.ch	5 ABDFJKMN	AGPR10
	B 13A CEE	① €30,20
📍 N 47°30'01'' E 08°01'07''	H344 1 ha 30**T**(80m²) 79**D**	② €37,55
🚗 A3 Basel-Luzern-Bern-Zürich, Richtung Zürich/Rheinfelden. Ausfahrt 17 Frick. Hallenbad/CP ausgeschildert.		107104

Aarburg, CH-4663 / Aargau		🛜 iD
▲ Wiggerspitz***	1 ABDE**JM**NOPQRS**T**	AFHN**U** 6
🏠 Hofmattstraße 40	2 ACOPWX	ABD**EFG** 7
🕐 1 Apr - 15 Okt	3 B	ABCDEFJNQRW 8
☎ +41 6 27 91 58 10	4 FHI	D 9
@ info@camping-aarburg.ch	5 ADEFJLMN	ABGHK**O**STV10
	B 10A CEE	① €32,05
📍 N 47°18'58'' E 07°53'42''	H402 1,2 ha 90**T**(80m²) 35**D**	② €32,95
🚗 A1/A2 Basel-Luzern, Ausfahrt 46 Rothrist (Aarburg). CP ausgeschildert.		107077

Gampelen, CH-3236 / Berner Mittelland		🛜 iD
▲ Neuenburgersee****	1 ADEG**JM**NOPQRST	ABFLMQSW**XY**Z 6
🏠 Seestraße 50	2 ABDGIPRVWXY	ABDE**FG** 7
🕐 4 Apr - 12 Okt	3 ABFMTV	ABCDEFNQRTW 8
☎ +41 3 23 13 23 33	4 BCDFHILNO**PQ**	DFKNRTVWZ 9
@ camping.gampelen@tcs.ch	5 ACDFGHJKLMN**O**	ABEFGIJLPQRVZ10
	B 6A CEE	① €50,55
📍 N 47°00'03'' E 07°02'35''	H430 11 ha 160**T**(70-90m²) 727**D**	② €62,45
🚗 Gampelen Richtung Cudrefin. Schilder befolgen. Im Kreisel an der großen Tankstelle abbiegen, und dort links um die Tankstelle herum, dann der Straße bis zur Einfahrt folgen.		107018

Bad Zurzach, CH-5330 / Aargau		🛜 iD
▲ Camping Bad Zurzach****	1 ADE**JM**NOPQRT	**ABF**GHJ 6
🏠 Talacherweg 5	2 CGOPRVWX	BE**FG** 7
🕐 28 Mär - 25 Okt	3 AM	BDFJNQRW 8
☎ +41 5 62 49 25 75	4 FHIO	D 9
@ info@camping-badzurzach.ch	5 ABDEHJKLM	ABEGIKMPRZ10
	B 13A CEE	① €39,00
📍 N 47°34'58'' E 08°18'28''	H325 2 ha 66**T**(60-80m²) 156**D**	② €46,30
🚗 Von Basel A3 Richtung Zürich, Ausfahrt Laufenburg vor Straße 7, in Zurzach Schild 'Camping/Regionalbad' folgen.		107122

Camping Bad Zurzach ★★★★

Direkt am Rheinufer im Kurort Bad Zurzach. Bahnhof und Stadtmitte sind in ca. 10 Minuten zu Fuß erreichbar. Das schöne Regibad befindet sich direkt gegenüber dem Campingplatz. Guter Ausgangspunkt für den Ausflug zum Rheinfall von Schaffhausen und der Burg.

Talacherweg 5, 5330 Bad Zurzach • Tel. +41 562492575
info@camping-badzurzach.ch • www.camping-badzurzach.ch

Meinisberg/Biel, CH-2554 / Berner Mittelland iD
- Seeland Camp***
- Berg 5
- 1 Apr - 30 Sep
- +41 3 23 77 26 86
- info@seeland-camp.ch

1 ABCGJMNOPRT	AF 6
2 AGPUVX	ABDEFGJ 7
3 ABFMSU	ABCDEFNQRT 8
4 FHIO	DE 9
5 ABDEHJN	ABCFHJLORVW 10
13A	
H520 3 ha 25T (30-80m²) 78D	€ 38,20 / € 51,00

107037

In Biel Richtung Solothurn, dem Schild Meinisberg folgen. In Meinisberg links nach oben und CP-Schild folgen. Ziemlich steiler und enger Anstieg.

Reinach/Basel, CH-4153 / Basel iD
- Camping Waldhort****
- Heideweg 16
- 29 Feb - 24 Okt
- +41 6 17 11 64 29
- info@camping-waldhort.ch

1 ABDEJMNOPQRST	AF 6
2 AOPSVWXY	ABDFGHIJ 7
3 BMNO	ABCDEFJNQRT 8
4 FH	9
5 ABDEFHMN	ABCFGHKORV 10
H350 3,3 ha 105T (60-80m²) 134D	€ 40,75 / € 48,05

107055

Autobahn Basel-Delémont, Ausfahrt Reinach-Nord, CP ausgeschildert.

Möhlin, CH-4313 / Aargau iD
- Campingplatz 'Bachtalen'**
- Schwimmbadstrasse 1
- 15 Mär - 31 Okt
- +41 6 18 51 50 95
- info@camping-moehlin.ch

1 ADEJMNOPQRST	N 6
2 ABCOPTUWXY	ABDEFG 7
3 BM	ABEFHNPQRTW 8
4 FHIO	DN 9
5 ADFKN	AGJOSTV 10
B 10A	
H320 1 ha 40T (50-80m²) 57D	€ 28,85 / € 31,55

107073

A3 Basel-Luzern-Bern-Zürich, Richtung Rheinfelden, Ausfahrt 15 Rheinfelden-Ost/Möhlin. CP/Schwimmbad ausgeschildert.

Sutz/Lattrigen, CH-2572 / Berner Mittelland iD
- Camping Sutz am Bielersee****
- Kirchrain 40
- 30 Mär - 31 Okt
- +41 3 23 97 13 45
- mail@camping-sutz.ch

1 ADEFGJMNOPQRST	LMNOPQSWX 6
2 ADGIJOPSVX	ABDEFGHI 7
3 ABEFGMRS	ABCDEFJKNQRTUVW 8
4 FHI	FGNUVW 9
5 ABDFJKMN	ABFGIJORVZ 10
B 10-15A	
H420 10 ha 56T (60-80m²) 373D	€ 39,35 / € 49,45

107038

Von Biel Richtung Nidau-Täuffelen. Nach 1 km hinter dem Zentrum von Ipsach rechts, gleich hinter Holzsägerei Spychiger A.G. Holz + Imprägnierung.

Neuenegg, CH-3174 / Berner Mittelland
- Thörishaus****
- Strandheimstrasse 20
- 1 Apr - 31 Okt
- +41 3 18 89 02 71
- info@camping-thoerishaus.ch

1 BDFGJMNOPRT	J 6
2 ACOPSWX	ABDEFG 7
3 AMS	ABCDEFNQRW 8
4 FH	9
5 DHKLM	ABFGJPRV 10
10A	
H548 5,5 ha 20T 208D	€ 34,35 / € 43,50

107045

A12 Bern-Fribourg, Ausfahrt Flamatt. Am 2. Kreisel nach rechts, nach ca. 300m ist die Ausfahrt zum CP ausgeschildert.

Wabern/Bern, CH-3084 / Berner Mittelland iD
- Eichholz***
- Strandweg 49
- 20 Apr - 30 Sep
- +41 3 19 61 26 02
- info@campingeichholz.ch

1 ADEGJMNOPQRST	JNX 6
2 ACGJKOPSWXY	ABDEFGHIJ 7
3 ACFGM	ABEFNQRW 8
4 FH	GLV 9
5 ABDFGHJKLN	ABFGHJLMPRV 10
B 16A CEE	
H510 3,5 ha 250T (60-100m²) 10D	€ 39,35 / € 53,10

107059

Autobahn Ri. Interlaken, Ausf. Bern-Ostring. In der Stadt auf etwa 4 km ausgeschildert. Am letzten Kreisel den angegebenen Weg zum CP einfahren. Dieses 'Durchfahrtsverbot' gilt nicht für die CP-Gäste.

Camping Panorama

Dieses gepflegte Gelände liegt auf 900m in den Voralpen. Idealer Ausgangspunkt für Wanderungen und Ausflüge ins Berner Oberland. Gute Infrastruktur, Kiosk.

Camping Panorama, CH-3703 Aeschi Rossern
Tel. +41 (0)33 654 43 77, +41 (0)33 223 36 56
www.camping-aeschi.ch

Beatenberg, CH-3803 / Berner Oberland iD
- Camping-Ferien Wang
- Wang 164
- 16 Apr - 31 Okt
- +41 7 99 49 65 37
- camping-wang@gmx.ch

1 AFGILNORT	6
2 FOPUWX	ABFG 7
3 AMU	ABCDEFNQRTW 8
4 IK	9
5 AD	ABJORV 10
Anzeige auf dieser Seite 6A	
H1100 1 ha 30T (63-70m²)	€ 38,45 / € 43,95

119285

Von Interlaken über Unterseen nach Beatenberg. Ca. 2 km hinter dem Tourist-Center ist der Camping Wang angezeigt. Von Thun aus NICHT mit dem Caravan/Reisemobil erreichbar.

Aeschi/Spiez, CH-3703 / Berner Oberland CC €18 iD
- Panorama-Rossern***
- Rossern Scheidgasse 26
- 15 Mai - 15 Okt
- +41 3 36 54 43 77
- postmaster@camping-aeschi.ch

1 ABILNORST	6
2 OPUWXY	ABDEFG 7
3 AM	ACDEFNQRT 8
4 F	I 9
5 AD	ABDJNOTUV 10
Anzeige auf dieser Seite 10A CEE	€ 29,90 / € 39,75
H902 1 ha 45T (80m²) 51D	

107087

Autobahn Bern-Spiez, Ausfahrt Spiez Richtung Aeschi.

Camping-Ferien Wang

Wunderschöner Camping oberhalb von Interlaken. Fantastischer Blick auf Eiger, Mönch und Jungfrau. Viele Ausflüge möglich, baden im Thuner- oder Brienzersee oder wandern. Die pure Erholung garantiert.

Wang 164, 3803 Beatenberg • Tel. +41 799496537
E-Mail: camping-wang@gmx.ch
Internet: www.camping-wang.ch

Camping Aareschlucht CH-3862 Innertkirchen

Schweiz

Der kleine charmante und günstige Camping in der Mitte der Schweizer Alpen. Grosses Netz markierter Wege, unverfälschte Natur. Wir gewähren auf unseren sehr günstigen Preisen in den Monaten Mai/Juni und Sept./Okt. einen Rabatt von 25 % auf Personen- und Parzellenpreise, bei mind. 1 Woche Aufenthalt.

Tel. +41 (0)33 971 27 14 • campaareschlucht@bluewin.ch
www.camping-aareschlucht.ch

Boltigen, CH-3766 / Berner Oberland
- Jaunpass★★★
- 1 Jan - 31 Dez
- +41 3 37 73 69 53
- camping@jaunpass.ch

1	ADEGILNOPQRST	6
2	FOPRSTW	ABCDEFGH 7
3	AMS	ABEFGJNQR 8
4	BFHIOP	DGI 9
5	ACDFHJKMN	ABGHJOQRVY 10
W 10A CEE		① €33,70
H1515 150 ha 35T(80-100m²) 144D		② €41,40

N 46°35'35'' E 07°20'24''   107047
Bern-Interlaken. Vor Spiez Ausfahrt Zweisimmen. Durchfahren bis Reidenbach. Dort dem Hinweis Jaunpass folgen.

Gstaad, CH-3780 / Berner Oberland
- Bellerive★★★
- Bellerivestraße 38
- 1 Jan - 31 Dez
- +41 3 37 44 63 30
- bellerive.camping@bluewin.ch

1	AJMNOPQRT	NU 6
2	COPRSVWX	ABDEFG 7
3	A	ABCDFJNQR 8
4	AFHIOQ	DEJ 9
5	ADMN	ABFGKORV 10
W 12A CEE		① €34,40
H1050 0,8 ha 35T(80-100m²) 29D		② €43,95

N 46°28'52'' E 07°16'22''   107048
Von Saanen Richtung Gstaad. Den Schildern folgen. CP liegt rechts der Straße, 1,3 km hinter dem Kreisel in Saanen.

Bönigen, CH-3806 / Berner Oberland
- Bönigen-Interlaken★★★★
- Campingstraße 14
- 19 Apr - 13 Okt
- +41 3 38 22 11 43
- camping.boenigen@tcs.ch

1	ADEJMNOPRST	ABFLNQXZ 6
2	ADKOPRVWX	ABDEFG 7
3	BMU	ABDFNQRT 8
4	FHIO	9
5	ABDEFIM	ABFGHJOR 10
B 12A		① €56,40
H568 1,5 ha 85T(80-100m²) 21D		② €65,55

N 46°41'27'' E 07°53'37''   107083
Autobahn Bern-Thun-Interlaken-Luzern, kurz nach Interlaken Ausfahrt Bönigen, Richtung Bönigen, den CP-Schildern folgen.

Innertkirchen, CH-3862 / Berner Oberland
- Aareschlucht★★★
- Hauptstraße 34
- 1 Mai - 31 Okt
- +41 3 39 71 27 14
- campaareschlucht@bluewin.ch

1	ADEJMNOPQRST	N 6
2	FOPUWX	ABDEFG IJ 7
3	BMU	ABCDEFNQR 8
4	I	D 9
5	ADMN	ABGKPR 10
Anzeige auf dieser Seite 10A		① €30,20
H630 0,5 ha 45T(50-100m²) 14D		② €34,95

N 46°42'34'' E 08°12'53''   107131
Aus Richtung Meiringen liegt der CP zwischen Meiringen und Innertkirchen links der Strecke, kurz hinter der Einfahrt Ost zur Aareschlucht bei Innertkirchen.

Brienz, CH-3855 / Berner Oberland
- Aaregg★★★★★
- Seestraße 22
- 3 Apr - 31 Okt
- +41 3 39 51 18 43
- mail@aaregg.ch

1	ADEFILNOPQRST	LNQSWXYZ 6
2	ADGIKOPSVWXY	ABDEFGH 7
3	BFM	ABCDEFGI IJKNQRTUVW 8
4	FHOP	FJLNOQRW 9
5	ACDEFJLMNO	ABFGHIJMPQST 10
B 16A CEE		① €56,75
H560 4 ha 227T(60-125m²) 69D		② €81,50

N 46°44'53'' E 08°02'56''   107110
Straße Nr. 4 von Luzern nach Brienz; gegenüber der Esso-Tankstelle bergab. Der CP ist gut ausgeschildert.

Innertkirchen, CH-3862 / Berner Oberland
- Grund★★★
- Grundstraße 44
- 1 Jan - 31 Dez
- +41 3 39 71 44 09
- info@camping-grund.ch

1	AJMNOPQRST	6
2	FOPX	ABDEFG 7
3		ABCDEFNQR 8
4	AFHIO	DFIJ 9
5	DN	ABGJORV 10
10A		① €30,05
H630 1,5 ha 100T(40 120m²) 21D		② €34,40

N 46°42'08'' E 08°13'38''   109002
Von Meiringen Richtung Innertkirchen. Gut sichtbares Schild rechts, dann noch 200m.

Frutigen, CH-3714 / Berner Oberland
- Grassi★★★★
- Grassiweg 60
- 1 Jan - 31 Dez
- +41 3 36 71 11 49
- info@camping-grassi.ch

1	ADEJMNOPRT	NU 6
2	CFOPRWXY	ABDEFGH 7
3	AMS	ABEFJNQR 8
4	FIO	DJUVW 9
5	ADMN	ABDFGHJPRZ 10
Anzeige auf dieser Seite W 10A CEE		① €32,15
H809 2,6 ha 68T(20-120m²) 72D		② €39,45

N 46°34'55'' E 07°38'29''   107060
Der Strecke Spiez-Kandersteg folgen, Ausfahrt Frutigen-Dorf. Über die Brücke, dann in den Ort. Am Hotel Simplon links abbiegen. Campingplatz ist deutlich ausgeschildert.

Camping Grassi ★ ★ ★ ★

Abseits der Straße, am Engstligenbach, liegt der ruhige Camping im Sommerferienort Frutigen. Unerschöpfliche Auswahl an Ausflügen. Gratis Fahrräder vorhanden. W-Lan gratis.
Wintercamping: Skigebiete in Adelboden, Kandersteg, Elsigenalp nur 10-12 km entfernt.

Info: Lars Glausen, Grassiweg 60, 3714 Frutigen • Tel. +41 336711149
E-Mail: info@camping-grassi.ch • Internet: www.camping-grassi.ch

---

Grindelwald, CH-3818 / Berner Oberland
- Eigernordwand 27★★★★
- Bodenstrasse 4
- 29/5 - 10/10, 18/12 - 31/12
- +41 3 38 53 12 42
- camp@eigernordwand.ch

1	IKNOR	N 6
2	PRTWX	BEFGHJ 7
3	B	ABCDFNRT 8
4	FHI	9
5	ABM	AJPRV 10
WB 10A		① €45,75
H960 2 ha 50T 30D		② €54,95

N 46°37'20'' E 08°00'58''   107114
Bis zum Ort Grindelwald fahren, dort die erste Straße rechts Richtung 'Jungfrau bahnen', am Stadion Grund entlang, rechts den Schildern folgen.

ACSI Club iD

Ihr Pass oder Ausweis sicher in der Tasche
Die praktische ACSI Clubkarte

Nur 4,95 € im Jahr

www.ACSIClubID.de

Camping Alpenblick ★★★★

Schöner Sommer- und
Wintercamping am Thunersee.
Idealer Ausgangspunkt
für das berühmte
Jungfraugebiet, Beatenberg
usw. Wassersport auf dem
Thuner- und Brienzersee
möglich. Wanderungen in
alle Himmelsrichtungen.
Hervorragende Sanitäranlagen, CH-3800 Interlaken/Unterseen
Tipibar, neue Rezeption mit   Tel.   +41 (0)33 822 77 57   info@camping-alpenblick.ch
Campladen und Bistro.   Fax   +41 (0)33 821 60 45   www.camping-alpenblick.ch

Schweiz

Interlaken (Thunersee), CH-3800 / Berner Oberland
- ▲ Manor Farm 1★★★★★
- 🏠 Seestraße 201
- 📅 1 Jan - 31 Dez
- ☎ +41 3 38 22 22 64
- @ info@manorfarm.ch

1 ABCDE**IL**NOPQRST FJ**L**MNSW**XYZ** 6
2 ACDFGIJKOPRSVWXY ABDE**FGHI** 7
3 BFG**JKLM** ABCDEFJ**L**NQRTUV 8
4 BFHI**OP** AEIRT 9
5 ACDEFGHLM ABEFGIKL**PRV** 10
B 10A ① €49,45
H560 7,8 ha 300T(40-120m²) 316D ② €58,60

📍 N 46°40'52" E 07°48'55"
🚗 A8 Spiez-Interlaken-Brienz. Ausfahrt 24 Interlaken-West Richtung Gunten. CP-Symbol 1 folgen.
101076

Interlaken/Wilderswil, CH-3812 / Berner Oberland
- ▲ Oberei 8★★★
- 🏠 Obereigasse 9
- 📅 1 Mai - 30 Sep
- ☎ +41 3 38 22 13 35
- @ oberei8@swisscamps.ch

1 A**J**MNOPQRT 6
2 OPVWX ABDE**FGH** 7
3 AMU ABCD**F**NQR 8
4 FHIO EGI 9
5 ABDM**N** ABJPR 10
6-10A ③ €37,15
H580 0,5 ha 53T(48-116m²) 6D ② €44,50

📍 N 46°39'42" E 07°51'53"
🚗 Autobahn Bern-Brienz, Ausfahrt 25 Lauterbrunnen/Grindelwald. In Wilderswil den Schildern zum CP folgen.
107085

Interlaken-Ost, CH-3800 / Berner Oberland
- ▲ TCS Camping "Interlaken" 6★★★
- 🏠 Brienzstraße 24
- 📅 11 Apr - 13 Okt
- ☎ +41 3 38 22 44 34
- @ camping.interlaken@tcs.ch

1 ADE**JM**NOPQRST JNSUVX 6
2 ABCFGOPRVWXY ABDE**FGHIJK** 7
3 ABF**LM** ABEFJNQRT 8
4 FHIO GKLQRUVWZ 9
5 ABDHJMN ABFGHILM**PRV** 10
B 8A CEE ① €50,90
H567 1,2 ha 110T(70-100m²) 38D ② €60,95

📍 N 46°41'33" E 07°52'08"
🚗 A8 Bern-Interlaken-Luzern, Ausfahrt 26 Interlaken-Ost Richtung Ringgenberg, nach der Brücke links. CP-Symbol 6 folgen.
107082

Kandersteg, CH-3718 / Berner Oberland
- ▲ Rendez-vous★★★
- 🏠 Hubleweg
- 📅 1 Jan - 31 Dez
- ☎ +41 3 36 75 15 34
- @ rendez-vous.camping@bluewin.ch

1 ADEG**IL**NOPQRST 6
2 FOPTUVWXY ABDE**FGHI** 7
3 A**J**U ABE**F**JNQR 8
4 AFHI 9
5 ABDEFKMN ABGHJ**P**RVZ 10
Anzeige auf dieser Seite W 10A ① €38,90
H1200 1 ha 60T(80-100m²) 20D ② €46,25

📍 N 46°29'53" E 07°41'07"
🚗 N6 Ausfahrt Spiez Richtung Kandersteg. In Kandersteg Dorf folgen. Der CP ist ausgeschildert.
111255

Interlaken/Unterseen, CH-3800 / Berner Oberl.
- ▲ Alpenblick★★★★
- 🏠 Seestraße 130
- 📅 1 Jan - 31 Dez
- ☎ +41 3 38 22 77 57
- @ info@camping-alpenblick.ch

1 ABDE**JM**NOPRS**T** JLNQRSTWXZ 6
2 ACDFOPSVWXY ABDE**FG** 7
3 ABF**LMS** ABEFG**IJ**NQRTW 8
4 FHO A 9
5 ABDEFHJLMN ABFGHIK**PRV**Z 10
Anzeige auf dieser Seite WB 16A ① €53,10
H560 2,6 ha 130T(60-100m²) 96D ② €62,25

📍 N 46°40'47" E 07°49'04"
🚗 A8 Thun-Interlaken-Brienz. Ausfahrt 24 Interlaken-West. CP-Schild mit dem Symbol 2 folgen.
107078

camping stuhlegg ★★★★

Peter Luginbühl
Stueleggstr. 7
CH-3704 Krattigen
T +41 (0)33 / 654 27 23
F +41 (0)33 / 654 67 03
info@camping-stuhlegg.ch
www.camping-stuhlegg.ch

Interlaken/Unterseen, CH-3800 / Berner Oberland
- ▲ Hobby 3★★★
- 🏠 Lehnweg 16
- 📅 1 Apr - 30 Sep
- ☎ +41 3 38 22 96 52
- @ info@campinghobby.ch

1 ADEJMNOPQR**T** F 6
2 AFOPVWXY ABDE**FGHIK** 7
3 BF**LM** ABCDEFNQRT 8
4 FHIO 9
5 ABDJMN ABFGJPRV 10
B 10A ① €51,35
H560 1,6 ha 80T(80-130m²) 40D ② €60,50

📍 N 46°41'02" E 07°49'47"
🚗 A8 Spiez-Interlaken-Brienz. Ausfahrt 24 Interlaken-West. CP-Symbol 3 folgen.
107079

Krattigen, CH-3704 / Berner Oberland
- ▲ Stuhlegg★★★★
- 🏠 Stueleggstraße 7
- 📅 1 Jan - 31 Dez
- ☎ +41 3 36 54 27 23
- @ info@camping-stuhlegg.ch

1 ADEG**IL**NOPQRST ABFG 6
2 AFOPUWX ABDE**FGHIJ** 7
3 BEFMSU ABCDE**FJ**NQRT 8
4 FHIO J 9
5 ABDEFKMN ABDFGIJPTUVZ 10
Anzeige auf dieser Seite W 13A ① €38,45
H750 2,4 ha 65T(80m²) 96D ② €47,60

📍 N 46°39'32" E 07°43'01"
🚗 Autobahn Basel-Bern-Interlaken, Ausfahrt Leissigen Richtung Krattigen.
107086

Interlaken/Unterseen, CH-3800 / Berner Oberland
- ▲ Jungfrau 5★★★★
- 🏠 Steindlerstraße 60
- 📅 15 Mai - 15 Sep
- ☎ +41 79 63 33 40 08
- @ info@jungfraucamp.ch

1 **IL**NORST AFN 6
2 OPWX ABDE**FGHI** 7
3 BM ABE**F**NQRT 8
4 FHIO 9
5 ADFHKLN**O** AFGJR 10
10A ① €36,60
H580 2 ha 60T(60-100m²) 45D ② €36,50

📍 N 46°41'13" E 07°50'03"
🚗 A8 Bern-Spiez-Interlaken, Ausfahrt Interlaken-West. CP-Symbol 5 folgen.
107081

Rendez-vous ★★★

Ideal gelegenes, terrassenförmiges
Areal auf 1200m Höhe.
Hervorragender Ausgangspunkt
für schöne Wanderungen
und Skitouren (Bergbahn
Oeschinensee). Die herrliche
Bergwelt, die ausgezeichnete
Infrastruktur und die sprichwörtliche
Gastfreundschaft machen Ihren
Urlaub zu einem unvergesslichen
Erlebnis.

3718 Kandersteg
Tel. +41 336751534
E-Mail:
rendez-vous.camping@bluewin.ch
Internet:
www.camping-kandersteg.ch

Interlaken/Unterseen, CH-3800 / Berner Oberland
- ▲ Lazy-Rancho 4★★★★
- 🏠 Lehnweg 6
- 📅 10 Apr - 11 Okt
- ☎ +41 3 38 22 87 16
- @ info@lazyrancho.ch

1 ADE**IL**NOPQRS**T** ANX 6
2 CFGOPSVX ABDE**FGHIK** 7
3 B**HIL**MU ABCDEFGIJNQRTUVW 8
4 FHIO**PTU** 9
5 ABCDMN**O** ABFGHIJPRV 10
B 10-16A ① €51,35
H560 1,6 ha 90T(60-90m²) 57D ② €60,50

📍 N 46°41'09" E 07°49'48"
🚗 A8 Spiez-Interlaken-Brienz. Ausfahrt 24 Interlaken-West. CP-Symbol 4 folgen.
107080

Teilkarte Berner Oberland auf Seite 215

Schweiz

Camping Breithorn

Dieses Gelände liegt mitten im Jungfraugebiet. Sowohl für Sommer-, als auch Winterurlaub geeignet. Die bekannten Orten Wengen und Mürren sind gut erreichbar.

Camping Breithorn, CH-3824 Stechelberg
Tel. +41 (0)33 855 12 25, Fax +41 (0)33 855 35 61
info@campingbreithorn.ch
www.campingbreithorn.ch

ACSI Camping Europa-App

8 100 europäische Campingplätze in einer praktischen App

- Schnell und einfach buchen, auch unterwegs
- Kostenlose Updates mit Änderungen und neuen Campingplatz-Bewertungen
- Mit Informationen zu 9 000 kontrollierten Reisemobil-Stellplätzen kombinierbar
- Auch offline nutzbar

ab 0,99 €

www.Eurocampings.de/app

Lauterbrunnen, CH-3822 / Berner Oberland

Camping Jungfrau*****	
Weid 406	
1/1 - 31/10, 15/12 - 31/12	
+41 3 38 56 20 10	
info@campingjungfrau.swiss	

1 ADE**IL**NOPQRST — NU 6
2 CFOPSUVWXY — ABCDE**FG**HIJK 7
3 B**F**JMN — ABCDEFGIJKNQRT 8
4 **AE**FHIO**P** — DEFGHJKLV 9
5 ACDEFGHILMN — ABFGHIJ**N**PRVYZ10
Anzeige auf Seite 219 WB 15A CEE ❶ €47,50
H800 4,5 ha 250T(80-100m²) 129D ❷ €57,95
N 46°35'16'' E 07°54'37''
107088
Der Straße Interlaken-Lauterbrunnen folgen; hinter dem Bahnhof nach rechts; diese Straße führt direkt zum CP.

Lenk im Simmental, CH-3775 / Berner Oberland

Hasenweide***	
Hasenweide 1	
1/1 - 5/11, 1/12 - 31/12	
+41 3 37 33 26 47	
camping-hasenweide.ch	

1 ADE**JM**NOPQRST — N 6
2 BCFOPRTVWX — ABDE**FG** 7
3 A — ABEFJNQR 8
4 FHIO — DG 9
5 ABDHJMN — AGJORVW10
W 6A ❶ €31,85
H1100 0,3 ha 50T(40-60m²) 56D ❷ €40,85
N 46°25'42'' E 07°28'37''
112513
In Zweisimmen den Schildern nach Lenk folgen. Durch den Ort bis Oberried. CP liegt ganz am Ende des Tals, im Wald. Durchfahren bis zum Restaurant Simmenfälle, und dort nach links.

Lenk im Simmental, CH-3775 / Berner Oberland

Seegarten***	
Seestraße 2	
24/5 - 30/10, 1/12 - 22/4	
+41 3 37 33 16 16	
info@campingseegarten.ch	

1 ADEFHKNOPQRST — 6
2 DFOPVW — ABDE**FG**HIJK 7
3 AMU — ABCDE**F**JNQR 8
4 FHI — D 9
5 ADMN — ABFGHJNPR10
W 10A CEE ❶ €34,80
H1100 1 ha 20T(100-140m²) 64D ❷ €40,65
N 46°27'08'' E 07°26'39''
112512
Aus Zweisimmen den Schildern nach Lenk. Kurz hinter dem Ort ist der CP ausgeschildert.

Meiringen, CH-3860 / Berner Oberland CC€20

AlpenCamping****	
Brünigstraße 47	
1 Jan - 31 Dez	
+41 3 39 71 36 76	
info@alpencamping.ch	

1 AD**JM**NOPRS**T** — 6
2 AFGOPRVW — ABDE**FG**HK 7
3 BT — ABEFJNQRTUW 8
4 FHI**OT** — F 9
5 ABDEJMN — ABDFGHJPRV10
Anzeige auf dieser Seite WB 10A CEE ❶ €43,50
H595 1,4 ha 47T(80-110m²) 28D ❷ €54,45
N 46°44'04'' E 08°10'18''
117774
Von Interlaken nach Luzern über die A8 nach Meiringen. Bei Meiringen den CP-Schildern folgen.

Ringgenberg, CH-3852 / Berner Oberland

Talacker	
Rosswaldstraße	
1 Jan - 31 Dez	
+41 3 38 22 11 28	
camping@talacker.ch	

1 ADJMNOPQR**T** — 6
2 ABFOPRSUWX — ABDE**FG** 7
3 AB**LM** — ABE**F**JNQRTVW 8
4 FHIO — 9
5 ABDEFHIMN — ABGJPRV10
13A ❶ €41,65
H620 0,8 ha 45**T**(80-100m²) 15D ❷ €52,65
N 46°42'27'' E 07°54'28''
114067
A8 Thun-Spiez-Interlaken. Ausfahrt 26 Interlaken-Ost. Weiter Richtung Ringgenberg. Am Ort vorbei links ab. CP ist angezeigt.

Saanen, CH-3792 / Berner Oberland

Saanen beim Kappeli****	
Campingstraße 15	
1/1 - 31/10, 1/12 31/12	
+41 3 37 44 61 91	
info@camping-saanen.ch	

1 ADE**JM**NOPRST — N 6
2 CFGOPRVWX — ABDE**FG**IJK 7
3 AM — AB**F**JNPQR 8
4 FHIO — DL 9
5 DMN — ABFGHK**P**TV10
WB 13A ❶ €39,00
H1050 0,8 ha 34**T**(35-98m²) 40D ❷ €47,40
N 46°29'13'' E 07°15'54''
113975
Die Kantonstraße 11 von Zweisimmen 2x Richtung Gstaad auf 2 nacheinander folgenden Kreiseln. Nach 100m rechts. CP ist angezeigt.

AlpenCamping Meiringen ★★★★

Familienfreundlicher, sonniger Ganzjahres-Campingplatz. Zentral gelegen, inmitten der Alpenpässe Susten, Grimsel und Furka. Ideal für Abenteuerreisen, Wanderungen (Aareschlucht, Jungfrauregion, Wasserfälle) und abwechslungsreiche Klettergebiet. Viele Kultur (Sherlock Holmes Museum, Ballenberg etc.) machen Ihren Aufenthalt zu einem unvergesslichen Erlebnis

alpencamping.ch   Meiringen-Hasliberg • info@alpencamping.ch
T +41 (0)33 971 36 76

Stechelberg, CH-3824 / Berner Oberland CC€18

Breithorn***	
Sandbach	
1/1 - 30/10, 15/12 - 31/12	
+41 3 38 55 12 25	
info@campingbreithorn.ch	

1 **AIL**NOR — N 6
2 COPSWX — ABDE**FG** 7
3 A — AB**F**JNQR 8
4 FH — H 9
5 ABDMN — ABDFGJ**P**R10
Anzeige auf dieser Seite W 10A CEE ❶ €30,20
H830 1 ha 35**T**(80m²) 41D ❷ €36,45
N 46°34'05'' E 07°54'34''
107091
Interlaken-Lauterbrunnen, in Lauterbrunnen Richtung Stechelberg, nach 3 km CP rechts der Straße.

Stechelberg, CH-3824 / Berner Oberland CC€18

Rütti***	
1 Mai - 30 Sep	
+41 3 38 55 28 85	
campingruetti@stechelberg.ch	

1 **AIL**NOPQR — 6
2 CFOPRSWXY — ABDE**FG** 7
3 AM — ABDFNQR 8
4 FHI — A 9
5 ABDE**M**N — ABDGJPR10
Anzeige auf dieser Seite 10A ❶ €30,20
H900 1 ha 100**T**(40-100m²) 13D ❷ €37,15
N 46°32'47'' E 07°54'07''
107090
CP am Ende der Straße Lauterbrunnen-Stechelberg.

Camping Rütti, CH-3824 Stechelberg
Tel. +41 (0)33 - 855 28 85, Tel. P. +41 (0)33 855 16 41
campingruetti@stechelberg.ch, www.campingruetti.ch

Camping Jungfrau — Mountain Holiday Park
Switzerland
www.campingjungfrau.swiss

- Sehr moderne Einrichtungen
- Familienfreundlich, Kinderspielplatz
- Wander- und Skigebiete 'Jungfrauregion'
- Restaurant, Supermarkt,...
- Bungalows, Caravans, Zimmer/Frühstück
- Besonders geeignet für Reisemobile
- Winterstellplätze, gratis Skibus

Eiger — Mönch — Jungfrau

FREE WiFi Hotspot swisscom

CAMPING JUNGFRAU AG, CH-3822 LAUTERBRUNNEN, Berner Oberland, Tel. +41(0)33 856 20 10
info@campingjungfrau.swiss, www.campingjungfrau.swiss, GPS = 3822 Lauterbrunnen, Weid 406
/CampingJungfrau

Zweisimmen, CH-3770 / Berner Oberland
▲ Fankhauser★★★★
⌂ Eygässli 1
📅 1 Jan - 31 Dez
☎ +41 3 37 22 13 56
@ info@camping-fankhauser.ch
◆ N 46°33'46" E 07°22'34"

1 ADEILNOPQRST	AN 6
2 CDFOPRWX	ABDEFGIJK 7
3 ALMSUV	ABCDEFJNQRW 8
4 FGHIOP	DFLUVW 9
5 DMNO	ABFGHJMPQRVZ10
WB 13A CEE	① €34,70
H950 2,5 ha 20T(40-100m²) 125D	② €37,90

Der 11 von Spiez nach Zweisimmen folgen. Camping ist an dieser Straße angezeigt und liegt vor Zweisimmen. Direkt links hinter dem Bahnübergang.   118295

Zweisimmen, CH-3770 / Berner Oberland CC€20
▲ Vermeille★★★★
⌂ Ey Gässli 2
📅 1 Jan - 31 Dez
☎ +41 3 37 22 19 40
@ info@camping-vermeille.ch
◆ N 46°33'46" E 07°22'41"

1 ADEJMNOPQRST	ABFNU 6
2 CFOPRWX	ABDEFGHIJK 7
3 ALMU	ABCDEFJNQRT 8
4 FHIO	DLUVW 9
5 BDHMN	ABDFGHJMPQRVZ10
WB 10A CEE	① €33,60
H950 1,3 ha 15T(80-120m²) 71D	② €41,10

Die 11 von Spiez nach Zweisimmen folgen. CP an der 11 beschildert, liegt vor Zweisimmen. Von der Ausfahrt zum CP noch 200m weiterfahren. Zweiter Camping hinter dem Bahnübergang.   107061

DANK TABLET IMMER DABEI
WWW.PROMOBIL.DE/TABLET

Appenzell, CH-9050 / Appenzell
▲ Camping Eischen/Kau★★★★
⌂ Kaustraße 123
📅 1 Jan - 31 Dez
☎ +41 7 17 87 50 30
@ info@eischen.ch
◆ N 47°19'19" E 09°23'12"

1 AEILNOPRST	E 6
2 FGPRW	ABCDEFG 7
3 BLM	ABEFJNQRT 8
4 FHTUVX	G 9
5 ABDHJLMN	AFGHIJPRZ10
B 10A	① €31,75
H1037 1,8 ha 60T 118D	② €38,20

Vor Appenzell CP-Hinweis. Richtung Kau halten. Die Strecke geht dann 3 km über einen kurvigen Weg bergan, wo man vom Landgasthof Eischen/Kau eine herrliche Aussicht hat.   107189

Arbon, CH-9320 / Thurgau
▲ Camping Buchhorn★★★
⌂ Philosophenweg 17
📅 1 Apr - 6 Okt
☎ +41 7 14 46 65 45
@ info@camping-arbon.ch
◆ N 47°31'28" E 09°25'14"

1 ADEFHKNOPQRS	FGLMOQWXY 6
2 ADFGKPVWX	ABDEFG 7
3 BFGS	ABEFNQR 8
4 IOP	FMNR 9
5 ABDEFIJMN	ABCFGHIJNPRVZ10
B 10A	① €32,95
H400 2,5 ha 120T(50-80m²) 46D	② €42,10

Von der 13 aus nördlicher Richtung vor Arbon Schildern 'Strandbad-Camping' folgen. Aus südlicher Richtung durch Arbon und Schildern folgen.   107188

Ostschweiz

Teilkarte Ostschweiz auf Seite 219

Schweiz

Wiedehorn
CH-9322 Egnach
Tel. +41 (0)714771006
Fax +41 (0)714773006
www.seehorn.ch
info@seehorn.ch

Ruhige, erholsame Lage zwischen Obstbäumen, direkter Zugang zum Bodensee mit herrlichem Badeplatz, moderne Infrastruktur, ideale Verkehrsanbindung, direkt am Bodensee-Radweg gelegen.

Bächli/Hemberg, CH-9633 / Sankt Gallen

▲ Camping Bächli****	1 ADE**IL**NOPRST 6
🏠 Wisstraße 9	2 FOPRUWXY ABE**FG**IJ 7
📅 1 Jan - 31 Dez	3 AM**N** ABCDFJNQRTW 8
☎ +41 7 13 77 11 47	4 FHI**P** DGW 9
@ info@camping-baechli.ch	5 ABDHJMN ABEFGHJMNPRV10
	Anzeige auf dieser Seite WB 10A ❶ €26,55
📍 N 47°18'24'' E 09°11'42''	H851 0,8 ha 40T(70m²) 33**D** ❷ €33,85
🚗 An der Kreuzung im Ort Bächli Richtung St. Peterzell. CP ab Schönengrund ausgeschildert.	111256

Bächli ★★★★

• Im Sommer wie im Winter erholsame Lage
• Alle Möglichkeiten für Sport oder zum Faulenzen
• Sehr familiär und kinderfreundlich, Kinderspielplatz
• Restaurant und Lebensmittelladen nur 100m
• Kabel-TV und Stromanschlüsse auf jedem Platz
• Modernste Sanitäranlagen, Saison- und Jahresplätze

Familie Thoma, Wisstraße 9, 9633 Bächli/Hemberg
Tel. 0041-(0)71-377 11 47
E-Mail: info@camping-baechli.ch • Internet: www.camping-baechli.ch

Bad Ragaz, CH-7310 / Sankt Gallen

▲ Giessenpark***	1 ADE**IL**NOPQRST ABBFGH 6
🏠 Seestraße 41	2 ABCOPQRSVY ABCDE**FG**HIJ 7
📅 1 Jan - 31 Dez	3 ABCFG**KLMN**U ARCDEFJNQRST 8
☎ +41 0 16 01 23 45	4 FHIO**P** DEJVWZ 9
@ info@giessenpark.com	5 ABDJLMN ABFGHJOPSTZ10
	WB 10-16A ❶ €52,35
📍 N 47°00'19'' E 09°30'46''	H448 1 ha 50T(80-100m²) 50**D** ❷ €60,60
🚗 Aus dem Norden nach Bad Ragaz, bis hinter das Zentrum, dort ist der CP zu sehen, links, dann rechts und durch den Park.	107192

Bernhardzell, CH-9304 / Sankt Gallen

▲ Camping St-Gallen-Wittenbach**	1 ADG**JM**NOPQRT 6
🏠 Leebrücke	2 ACPSWX ABDE**FG**H 7
📅 31 Mär - 1 Okt	3 A**KLM** ABEFNQRT 8
☎ +41 7 12 98 49 69	4 FHIO E 9
@ campingplatz.stgallen@ccc-stgallen.ch	5 ABDEHJMN AFGHJOSTV10
	6A CEE ❶ €31,15
📍 N 47°27'41'' E 09°21'57''	H545 1,5 ha 70T 31**D** ❷ €36,60
🚗 E60 Ausfahrt St. Gallen/Trogen. Dann den Schildern Richtung Wittenbach/Gossau folgen. Bernhardzell folgen und auf das CP-Schild rechts hinter der Brücke achten.	112180

• Neben Städtchen und Schloss Werdenberg, eine Montforter Gründung, 13. Jh.
• Werdenberg ist das einzige noch bewohnte mittelalterliche Städtchen der Schweiz
• Liegt an der schweizerischen Velo Rhein-Route Nr. 2
• Zentral gelegen für Ausflüge ins Toggenburg und Fürstentum Liechtenstein
• Eulen- und Greifvogelpark mit 30 Gehegen

Camping Werdenberg, CH-9470 Buchs
Tel. +41 (0)81 756 15 07
verkehrsvereinbuchs@bluewin.ch • www.verkehrsverein-buchs.ch

Bischofszell, CH-9220 / Thurgau

▲ Leutswil	1 AF**IL**NOPQRST JU 6
📅 1 Apr - 31 Okt	2 ACKPW ABDE**FG**IJ 7
☎ +41 7 14 22 63 98	3 AM ABCDE**FN**QRUVW 8
@ leutswil@cctg.ch	4 I F 9
	5 ABDJKMN ABFGHJPRV10
	10A CEE ❶ €26,55
📍 N 47°30'06'' E 09°16'29''	H478 2 ha 20T 50**D** ❷ €32,05
🚗 Auf Straße 14 zwischen Weinfelden und Amriswil Ausfahrt nach Gossau. In Bischofszell Richtung Gossau, bei Avia-Tankstelle links, nach ca. 3 km CP rechts der Brücke.	107183

Buchs, CH-9470 / Sankt Gallen

▲ Camping Buchs-Werdenberg**	1 ADF**IL**NOPQRS**T** 6
🏠 Marktplatz 11	2 AOPWX ABDE**FG**IJK 7
📅 1 Apr - 31 Okt	3 **J** ABE**FN**QR 8
☎ +41 81 756 15 07	4 FHI D 9
@ verkehrsvereinbuchs@bluewin.ch	5 BDMN ABHJPTU10
	Anzeige auf dieser Seite B 16A ❶ €39,35
📍 N 47°09'57'' E 09°27'55''	H436 0,7 ha 25T(70m²) 18**D** ❷ €49,45
🚗 Von A3 Ausfahrt Buchs, dann Richtung Wattwil und den CP-Schildern folgen. Achtung: bei Ampel links!	110683

Egnach, CH-9322 / Thurgau

▲ Seehorn****	1 ADEF**IL**NOPQRST FLMW 6
🏠 Wiedehorn	2 ADFGIKOPVWX ABDE**FG**HIJK 7
📅 1 Mär - 31 Okt	3 ABDGMX ABDEFGIJK**LMN**QRTUVW 8
☎ +41 7 14 77 10 06	4 IO EFNRV 9
@ info@seehorn.ch	5 ABDEFJKLMN ABCFGHJP**R**V10
	Anzeige auf dieser Seite B 13A CEE ❶ €44,85
📍 N 47°32'12'' E 09°23'52''	H400 2,5 ha 80T(100-120m²) 188**D** ❷ €52,20
🚗 Campingplatz liegt an der 13 zwischen Romanshorn und Arbon, sowohl aus westlicher, wie aus östlicher Richtung ist der Campingplatz ausgeschildert.	107187

Eschenz, CH-8264 / Thurgau

▲ Camping Hüttenberg AG*****	1 ADEF**IL**NOPRS**T** AF 6
🏠 Hüttenberg	2 FGOPRSUVWX ABE**FG**HIK 7
📅 9 Apr - 18 Okt	3 ABEF**JM**SU ABCDEFJNQRTUVW 8
☎ +41 5 27 41 23 37	4 FHIO AFJKW 9
@ info@huettenberg.ch	5 ABCDEFHJMN ABCFGHJORVZ10
	Anzeige auf Seite 221 B 10-16A CEE ❶ €40,75
📍 N 47°38'40'' E 08°51'37''	H487 6 ha 60T(95-120m²) 285**D** ❷ €49,00
🚗 In Eschenz an der Straße 13, bei Agip-Tankstelle Hüttenberg hinauf fahren.	107147

Flaach, CH-8416 / Zürich

▲ Flaach am Rhein****	1 ADEF**JM**NOPQRST AFHJ**N** 6
🏠 Stäubisallmend 4	2 ACGIOPRSVWXY ABDE**FG**HIJ 7
📅 3 Apr - 11 Okt	3 ABF**LMUV** ABCDEFJNQRTUVW 8
☎ +41 5 23 18 14 13	4 BFHIOQ ACDFJKVWZ 9
@ camping.flaach@tcs.ch	5 ABDEF**KLM**N ABCFGHKLPRVZ10
	B 6-13A CEE ❶ €53,10
📍 N 47°34'43'' E 08°34'57''	H350 4 ha 200T(60-120m²) 122**D** ❷ €67,75
🚗 Am Restaurant Ziegelhütte abbiegen, danach noch etwa 500 Meter.	113976

Immer ein Campingplatz, der zu Ihnen passt!
• 9 900 jährlich inspizierte Campingplätze in 31 Ländern
• Filter auf mehr als 200 Einrichtungen
• Schnell und einfach buchen, auch unterwegs
• Mehr als 100 000 Campingplatz-Bewertungen

www.Eurocampings.de

Kreuzlingen, CH-8280 / Thurgau
- Fischerhaus****
- Promenadenstr. 52
- 1 Apr - 20 Okt
- +41 7 16 88 49 03
- info@camping-fischerhaus.ch

1 ADEFHKNOPQRST	ABFHILNOPQRSTVWXY 6
2 ADGKOPWX	ABDEFGK 7
3 ABGM	ABEFGIKLNQRT 8
4 FHIO	GKLNQRT 9
5 ACDEFHJLMN	ABCFGHIJNOPQRVZ10
B 16A	❶ €48,50
H397 2,8 ha 120T(50-80m²) 111D	❷ €60,40

N 47°38'49'' E 09°11'54'' 107182
CP an der Südseite von Kreuzlingen. Die Autobahn bei Kreuzlingen-Süd verlassen. Auf die 13 in Richtung Romanshorn (CP-Schildern nach). Nach der Bahnunterführung links, dann zweimal rechts.

Langwiesen, CH-8246 / Thurgau
- Freizeitanlage Rheinwiese***
- Hauptstrasse 96C
- 10 Apr - 11 Okt
- +41 76 26 59 33 00
- info@camping-schaffhausen.ch

1 ADEHKNOPQRT	FJM 6
2 ACFGIJKPXY	ABDEFG 7
3 BFGM	ABDFNRTW 8
4 FH	L 9
5 ADEFGHIJKMN	ABGHIJPRVZ10
B 16A CEE	❶ €38,45
4,3 ha 54T(50-100m²) 47D	❷ €47,60

N 47°41'14'' E 09°39'21'' 107137
An Straße 13 Schaffhausen-Kreuzlingen, 1 km östlich von Schaffhausen.

manser – ferien beim bauer
Kleiner Campingplatz mitten im Grünen zwischen Obstbäumen. Fantastische Aussicht. 4 km vom Bodensee. Erlebnisbauernhof mit vielen Tieren. Spielplatz mit Trampolin und Kart. Gemütlicher Aufenthaltsraum mit Küche. Schöne Radwege, familiäres Ambiente. Für die Gäste, die Natur und Tiere zu schätzen wissen.

Barbara und Dominik Manser info@manserferien.ch Tel. 071-4772291
Täschliberg, CH-9315 Winden www.manserferien.ch

HÜTTENBERG
DER FAMILIEN-CAMPINGPLATZ
www.huettenberg.ch

Winden, CH-9315 / Thurgau
- Camping Manser***
- Täschliberg
- 1 Apr - 31 Okt
- +41 7 14 77 22 91
- info@manserferien.ch

1 ADFGJMNOPQRST	6
2 AFGPWX	ABFIJK 7
3 ABHIMU	ABEFGLMNQRTW 8
4 BHIK	EI 9
5 ABDMN	ABFGJPQRV10
Anzeige auf dieser Seite B 16A CEE	❶ €28,85
H470 1 ha 30T 6D	❷ €36,15

N 47°30'39'' E 09°21'43'' 118510
A1 Ausfahrt 1 Arbon-West, links nach Neukirch, im Kreisel 3. Abfahrt links nach Wittenbach (CP-Schild). Nach 2,2 km links nach Täschliberg (CP-Schild).

Murg, CH-8877 / Sankt Gallen
- Camping Am See*
- Strandbodenstrasse 16
- 1 Apr - 18 Okt
- +41 8 17 38 15 30
- info@murg-camping.ch

1 ADILNOPQRST	LMNOPQS 6
2 ADFGIJKLORSVWXY	ABFGI 7
3 BFGMNO	ABEFNQRT 8
4 FHIO	9
5 ADEK	ABGJPRV10
10A	❶ €43,50
H420 2 ha 42T(40-60m²) 21D	❷ €49,90

N 47°06'55'' E 09°12'54'' 110267
A3, Ausfahrt Richtung Murg, von einem Schild am Wasser ausgewiesen. Aus Chur Ausfahrt Murg. Von Zürich Ausfahrt Murg. CP-Schilder beachten.

Camping Reussbrücke

Ruhige Lage an der Reuss in Ottenbach mitten im bekannten Vogelreservat
- reichlich geschützte Blumen und seltene Wasservögel in der Umgebung
- geeignet für Flusstouren mit dem eigenen Boot
- zentrale Lage zwischen Zürich und Luzern (A4 Ausfahrt Nr. 31, 4 km)
- idealer Ausgangspunkt für Radtouren und Wanderungen
- GPS: N 47°16'47'' E 08°23'43''

Camping Reussbrücke, Muristrasse 34, CH-8913 Ottenbach
Tel. +41 (0)44 761 20 22, info@camping-reussbruecke.ch
www.camping-zurich.ch

Ottenbach, CH-8913 / Zürich
- Reussbrücke****
- Muristraße 34
- 4 Apr - 10 Okt
- +41 4 47 61 20 22
- info@camping-reussbruecke.ch

1 ADEFGILNOPQRT	AJ 6
2 ACOPSWX	ABDEFG 7
3 BM	ABEFNRTW 8
4 FHIO	DV 9
5 ABDEFHJKM	ABFGHIJQRV10
Anzeige auf dieser Seite 6A CEE	❶ €39,55
H385 1,5 ha 40T(80-120m²) 76D	❷ €47,60

N 47°16'47'' E 08°23'21'' 107123
Auf der A4 Zürich-Gotthard Ausfahrt 31 Affoltern am Albis. Dann über Obfelden nach Ottenbach. In Ottenbach Camping ausgeschildert. Camping liegt vor der Brücke und ist über den Parkplatz anfahrbar.

Sankt Margrethen, CH-9430 / Sankt Gallen
- Bruggerhorn
- Strandbadstraße 1
- 1 Apr - 31 Okt
- +41 7 17 44 22 01
- strandbad.stmargrethen@bluewin.ch

1 AFHKNOPQRST	ABFGHLMP 6
2 ACDFGPWXY	ABDEFGIJ 7
3 BFGMN	ABEFNQRT 8
4 O	V 9
5 ADEFIJKMN	ABGIJRZ10
10A	❶ €28,85
H404 1 ha 36T(75m²) 127D	❷ €38,00

N 47°27'04'' E 09°39'23'' 107198
Autobahn E60 Ausfahrt Margrethen. Aufpassen: es wird sofort links zum CP Strandbad Bruggerhorn geführt. Autobahnüberführung, am Ende der Straße links. Navi einstellen auf Sankt Margrethen, Schweiz.

Winterthur, CH-8400 / Zürich
- Am Schützenweiher
- Eichliwaldstr. 4
- 1 Jan - 31 Dez
- +41 5 22 12 52 60
- info@camping-winterthur.info

1 ADEJMNOPQRT	6
2 AORSVWXY	ABDEFGHIJK 7
3 ABJMX	ABEFJNQRT 8
4 EFHIO	V 9
5 DN	ABCFGHPRVZ10
13A CEE	❶ €34,80
H440 2,1 ha 90T(30-50m²) 24D	❷ €42,10

N 47°31'10'' E 08°42'59'' 110107
A1, E60 St.Gallen-Zürich, Abfahrt Winterthur Ohringen, nach 250m auf der rechten Seite Camping ausgeschildert.

Triesen, FL-9495 / Liechtenstein
- Camping Mittagspitze****
- Sägastrasse 29
- 1 Apr - 31 Dez
- +423 3 92 36 77
- info@campingtriesen.li

1 ABDEFILNOPQRST	AF 6
2 ABGOPSUWXY	ABDEFGIK 7
3 BNUWX	ABEFJNQR 8
4 FHIO	GJ 9
5 ABDJLMN	ABHJNORV10
Anzeige auf dieser Seite 10A	❶ €41,30
H510 4 ha 70T 104D	❷ €48,60

N 47°05'11'' E 09°31'37'' 107191
A13, Ausfahrt Balzers, Richtung Vaduz, nach 3 km rechts, CP ausgeschildert.

Wagenhausen, CH-8259 / Thurgau
- Wagenhausen
- Hauptstraße 82
- 28 Mär - 31 Okt
- +41 5 27 41 42 71
- info@campingwagenhausen.ch

1 ADEFILNOPRT	ABJUXYZ 6
2 CFGPWX	BEFGHIJK 7
3 ABJM	ABCDEFJNQRTW 8
4 FHI	BE 9
5 ABDFHJKLM	ABHJPRVZ10
B 10-13A CEE	❶ €35,70
H405 4,6 ha 50T(70-125m²) 235D	❷ €45,75

N 47°39'45'' E 08°50'26'' 109269
Straße 13 Schaffhausen-Kreuzlingen-Konstanz. Im Ort Wagenhausen ist der CP ausgeschildert.

Liechtenstein
Liechtenstein das Fürstentum im Herzen Europas!

Ein Ferienparadies und einer der schönsten Campingplätze am Fuß der Alpen in Liechtenstein.

Camping Mittagspitze
Neues Restaurant

FL-9495 Triesen bei Vaduz
Tel. 00423-3923677
Tel. 00423-3923688
Fax 00423-3923680
Internet: www.campingtriesen.li

Schweiz

Teilkarte Ostschweiz auf Seite 219

221

Zentralschweiz

Brunnen, CH-6440 / Schwyz 🛜 iD

▲ Hopfraeben***	1 AF**JM**NOPQRT	L**N**OQS 6
🏠 Hopfrebenstrasse 1	2 ADFGJKOPWX	A**BDEFG** 7
📅 11 Apr - 30 Sep	3 B	AB**F**NQR 8
☎ +41 4 18 20 18 73	4 FH	V 9
@ info@camping-hopfraeben.ch	5 ADEHKM	AGIJ**P**RV10
	13A CEE	① €43,60
📍 N 46°59'52'' E 08°35'36''	H445 1,5 ha 80T(100m²) 43**D**	② €51,20
🚗 Straße 2b Luzern-Brunnen, 1 km nordwestlich von Brunnen, bei Fabrik Ruag abzweigen, CP gut ausgeschildert.		107143

Buochs, CH-6374 / Nidwalden 🛜 iD

▲ TCS Camping Buochs Vierwaldstättersee	1 ADE**JM**NOPQRST	FGLMNOQSW**X**Y 6
🏠 Seefeld 4	2 ADFGJOPRSVW	BE**FG**HIJ 7
	3 BFG**LMN**SV	ABDFIJKNQRTUVW 8
📅 4 Apr - 4 Okt	4 BFHIO	A**F**JK**R**V**Z** 9
☎ +41 4 16 20 34 74	5 A**D**HMN	ABCFGHKPQR**V**Z10
@ camping.buochs@tcs.ch	B 16A CEE	① €53,10
📍 N 46°58'47'' E 08°25'05''	H465 3,2 ha 150T(75-130m²) 118**D**	② €65,90
🚗 A2 von Gothard, Ausfahrt Buochs, unter der Autobahn durch, links, dann CP-Schildern folgen.		110268

Engelberg, CH-6390 / Obwalden 🛜 CC20 iD

▲ Eienwäldli*****	1 ADE**IL**NOPRST	**EFGHIN** 6
🏠 Wasserfallstraße 108	2 CFGOPRSVWXY	BE**FG**HIJ 7
📅 1 Jan - 31 Dez	3 BDF**KL**MVW	BD**F**JKNQRTUVW 8
☎ +41 4 16 37 19 49	4 ABCFHIO**RSTUVXYZ**	GVW 9
@ info@eienwaeldli.ch	5 ACDEFGHJKLMN	ABDEFGHIJPQTUVZ10
	Anzeige auf Seite 223 WB 10A CEE	① €41,95
📍 N 46°48'34'' E 08°25'26''	H1000 3,7 ha 150T(60-120m²) 150**D**	② €52,00
🚗 A2, Ausfahrt Stans-Süd. Beim Kloster in Engelberg rechts Richtung Eienwäldli. CP nach 1,5 km hinter dem Hotel Eienwäldli.		107129

Giswil (Sarnersee), CH-6074 / Obwalden 🛜 iD

▲ International Sarnersee Giswil****	1 ADE**JM**NOPQRST	L**M**NOQS**X** 6
🏠 Campingstraße 11	2 DFG**J**PRVWX	AB**EFG** 7
	3 ABGM	ABCD**F**NQRTW 8
📅 28 Mär - 11 Okt	4 FHIO	GKOTV 9
☎ +41 4 16 75 23 55	5 ABDEFIJMN	AB**H**JOPRV**Z**10
@ giswil@camping-international.ch	B 10A CEE	① €42,10
📍 N 46°51'13'' E 08°11'16''	H504 1,9 ha 100T(40-100m²) 69**D**	② €49,45
🚗 Von Luzern Richtung Interlaken, hindurchfahren bis Giswil, hier Ausfahrt Kleinteil/Grossteil, gegenüber der Kirche Richtung Grossteil, nach 2,8 km Einfahrt der CP-Straße.		107109

Lungern, CH-6078 / Obwalden 🛜 CC20 iD

▲ Obsee***	1 ADG**IL**NOPRS**T**	L**M**QRSTU**X**YZ 6
🏠 Campingstraße 1	2 ADGJOPUVWX	AB**EFG** 7
📅 1 Jan - 31 Dez	3 AF**GJM**	ABCD**EFJ**NQRT 8
☎ +41 4 16 78 14 63	4 AEFHIO	GHI 9
@ camping@obsee.ch	5 ABDFJLMN	AB**F**GHIJ**P**RV10
	Anzeige auf dieser Seite WB 10A CEE	① €48,50
📍 N 46°47'06'' E 08°09'06''	H686 2,2 ha 92T(40-80m²) 128**D**	② €59,50
🚗 A8 Brienz Richtung Luzern. In Lungern an der 1. Ampel links, den Schildern folgen.		110302

Obsee - für Ihren Urlaub oder einen kurzen Aufenthalt.
Obsee - Naturgenuss auf dem Wasser mit Blick auf die Gipfel.

Ihr Abendessen wird in unserem gemütlichen Restaurant mit Holzkohlegrill serviert. Natürlich zubereitet und stilvoll von den Regeln der Kunst serviert.

Obsee - Ihre Campingerfahrung auf dem See.
Obsee - Ausgangspunkt für Sommer und Winter.

**Camp Obsee, Klaus Bürgi
CH-6078 Lungern**
T. 0041-(0)41-678 14 63
F. 0041-(0)41-678 21 63
www.obsee.ch
camping@obsee.ch

Altdorf, CH-6460 / Uri 🛜 iD

▲ Remo Camping	1 ADE**FJM**NOPQRS**T**	**EFGH** 6
🏠 Flüelerstrasse 112	2 AOPRSWX	AB**DEFG**K 7
📅 1 Jan - 31 Dez	3	BD**F**NQR 8
☎ +41 4 18 70 85 41	4 FHIO	9
@ info@camping-altdorf.ch	5 ADEFHKM	ABCFGKPR10
	W 13A CEE	① €27,30
📍 N 46°53'33'' E 08°37'41''	H450 0,9 ha 30T(50m²) 28**D**	② €34,60
🚗 A2 Basel-Gotthardtunnel, Ausfahrt 26 Altdorf. Den Schildern folgen. Im Kreisverkehr rechts. Nach ca. 150m Camping links der Straße.		107144

Luzern, CH-6006 / Luzern 🛜 iD

▲ International Lido****	1 ADE**JM**NOPQRST	L**N**QSWXY 6
🏠 Lidostraße 19	2 ADGOPSVWXY	AB**DEFG**H 7
📅 1 Jan - 31 Dez	3 B**N**X	ABCDEF**J**NQRTW 8
☎ +41 4 13 70 21 46	4 FHIO	DK 9
@ luzern@camping-international.ch	5 D**E**FGHJKMN	AFGHIJ**P**RVZ10
	B 10A CEE	① €45,95
📍 N 47°03'00'' E 08°20'18''	H435 2,7 ha 250T(70-80m²) 28**D**	② €55,10
🚗 An Straße 2 Luzern-Küssnacht, Ausfahrt beim Tennispark, dann noch 150m, schräg gegenüber dem Lido-Bad.		107126

 ACSI Camping Europa-App

8 100 europäische Campingplätze in einer praktischen App **ab 0,99 €**

- Schnell und einfach buchen, auch unterwegs
- Kostenlose Updates mit Änderungen und neuen Campingplatz-Bewertungen
- Mit Informationen zu 9 000 kontrollierten Reisemobilstellplätzen kombinierbar
- Auch offline nutzbar

www.Eurocampings.de/app

EIENWÄLDLI

Mit Herz und Leidenschaft

Schweiz

Camping Eienwäldli *****
Sporthotel *** sup. | Camping ***** | Restaurant
Wasserfallstraße 108 | CH - 6390 Engelberg

📞 +41 41 637 19 49
✉ info@eienwaeldli.ch
🖥 www.eienwaeldli.ch

GANZ-JAHRES CAMPING

Meierskappel, CH-6344 / Luzern 📶 CC€18 iD
- Campingplatz Gerbe
- Landiswilerstraße
- 1 Mär - 31 Okt
- +41 4 17 90 45 34
- info@swiss-bauernhof.ch

1 ADE**IL**NOPQRS**T**	A 6
2 AOPTWX	ABDE**FG** 7
3 A**I**M	ABEFNQR 8
4 FHIO	9
5 ABDEJKN	AGJPRV10
Anzeige auf dieser Seite	16A CEE

① €25,65
② €32,95

N 47°07'16" E 08°26'54"
H450 1,6 ha 60**T**(80m²) 25**D**
109014
A4 Rotkreuz-Schwyz, Ausfahrt Küssnacht, dann den Schildern folgen, Richtung Meierskappel, und kurz vor der Kreuzung beim Bauernhof links.

In Meierskappel (LU): In wundervollem Gebiet, ideal zum Wandern und Radfahren. Zentrale Verkehrslage zum Kennenlernen der Schweiz, 12 km von Luzern. Familien- und kinderfreundliches Ferienerlebnis auf dem Bauernhof. Naturnahes Campieren. Grosse Plätze mit Stromanschluss (CEE Euro blue) ohne Parzellierung. Moderne Sanitäranlagen, Ver- und Entsorgungsstation für Wohnmobile. Laden mit frischem Brot, Campingrestaurant, Lagerfeuer, Schwimmbad, grosser Spielplatz, viele Tiere und vieles mehr. Fam. Knüsel

Landiswilerstraße, 6344 Meierskappel • Tel. +41 417904534
E-Mail: info@swiss-bauernhof.ch • Internet: www.swiss-bauernhof.ch

---

Mosen, CH-6295 / Luzern 📶 iD
- Camping Seeblick*****
- Campingstrasse 5
- 1 Mär - 31 Okt
- +41 4 19 17 16 66
- infos@camping-seeblick.ch

1 ADEF**IL**NOPQR**T**	FLM**N**QS 6
2 DFGKOPVWX	ABDE**FG**H**IJ**K 7
3 BFM	ABCDFJKNQRTW 8
4 FHIO	DGIKLN 9
5 ACDEHJMN	ABGIK**P**RVZ10
B 10A	

① €38,80
② €47,95

N 47°14'41" E 08°13'29"
H523 2,5 ha 70**T**(70-100m²) 113**D**
107124
An der Straße 26 Lenzburg-Luzern, in Mosen gegenüber dem Bahnhof.

Sachseln, CH-6072 / Obwalden 📶 iD
- Ewil
- Brünigstraße 258
- 10 Apr - 20 Sep
- +41 4 16 66 32 70
- info@camping-ewil.ch

1 AEF**IL**NOPR**T**	LNQSX 6
2 ADFGJOPRSUVWX	**BEFG**H 7
3 AL	BD**FJ**NQRTW 8
4 EFH	DR 9
5 ABDHJMN	BGKPR10
Anzeige auf dieser Seite	B 13-16A

① €33,40
② €39,80

N 46°51'21" E 08°12'54"
H470 1,5 ha 26**T**(70-100m²) 51**D**
112536
Der N8 Luzern-Interlaken folgen, Ausfahrt 35 Sarnen-Süd. Im Kreisel links ab und dann geradeaus. Der CP ist ausgeschildert.

Camping Ewil, Sachseln

- Idealer Urlaubsort für Erholung, Sport, Spaziergänge und Ausflüge.
- Obstbäume spenden Schatten.
- Strandbad am Sarnersee.
- Kiosk mit lebensmitteln und einer Buvette.
- Moderne Sanitäranlagen.
- Mitten in der Schweiz.

Brünigstraße 258   Tel. +41 (0)41-6663270
6072 Sachseln   E-Mail: info@camping-ewil.ch

Sarnen, CH-6060 / Obwalden 📶 iD
- Camping Seefeld Park Sarnen*****
- Seestrasse 20
- 1 Jan - 31 Dez
- +41 4 16 66 57 88
- welcome@seefeldpark.ch

1 ADE**FI**KNOPQRS**T**	ABFHIJLM**N**QRSTVXYZ 6
2 ACDFGIPVWX	BE**FG**HI 7
3 ABEFG**JLMN**	BDFJKNQRTW 8
4 BCFHIOUY	ACEKMNRVW 9
5 ABDFHIJKLMN	ABCFGHIJ**P**RVYZ10
Anzeige auf dieser Seite	WB 13A CEE

① €52,20
② €64,10

N 46°52'59" E 08°14'33"
H471 2,6 ha 129**T**(80m²) 62**D**
107128
A2 Basel-Luzern-Gotthard-Chiasso. An der Kreuzung Loppe die A8 Richtung Interlaken. Ausfahrt Sarnen-Süd.

ankommen   ausruhen   geniessen

seefeld park sarnen, ⛺ ≈ 🍴 *****

Camping Seefeld Park, Seestrasse 20, 6060 Sarnen
Tel. +41 (0)41 666 57 88, www.seefeldpark.ch

Teilkarte Zentralschweiz auf Seite 222

Teilkarte Zentralschweiz auf Seite 222

Schweiz

unterägeri

- Ruhiges Campgelände am Ägerisee
- Am Wasser mit Liegewiese
- Ideal zum Radfahren und Wandern
- Campladen & Restaurant
- Barrierefreie Duschen & Toiletten
- Aufenthaltsraum für Camper
- Gratis W-Lan
- Ganzjährig geöffnet

www.campingunteraegeri.ch

Wilbrunnenstrasse 81, CH-6314 Unterägeri, Tel. +41 (0)41 750 39 28, GPS: N 47° 07′ 40″ E 08° 35′ 31″

Sempach, CH-6204 / Luzern
TCS Camping Sempach★★★★
Seelandstrasse 6
23 Mär - 25 Okt
+41 4 14 60 14 66
camping.sempach@tcs.ch
1 ADEF**IL**NOPQRST LM**N**Q 6
2 ACDFGHIOPSVWXY ABDE**FG**HIJ 7
3 ABEG**ILMNT** ABCDEFJLNQRTUVW 8
4 **ABC**EFHINO AFJKNRTUVWZ 9
5 ACDEFHIJKLMN ABCFGHIJLMPRVYZ10
B 6-13A CEE
€57,15
€69,95
N 47°07′31″ E 08°11′24″ H510 5,2 ha 236T(70-100m²) 222D
107107
Autobahn A2 Basel-Luzern, Ausfahrt 21 Sempach, CP südlich von Sempach ausgeschildert.

Sursee, CH-6210 / Luzern
Camping Sursee/ Waldheim★★★
Baselstrasse
28 Mär - 26 Okt
+41 4 19 21 11 61
info@camping-sursee.ch
1 ADEF**JM**NOPQRS**T** 6
2 AOPSWX ABDE**FG**I 7
3 A**LM** ABCDE**F**NQRT 8
4 FHIO DG 9
5 ABDEFJMN ABFGJ**P**RV10
10A CEE
€29,30
€37,55
N 47°10′31″ E 08°05′13″ H520 1,7 ha 30T(80m²) 82D
107105
A2 Basel-Luzern, Ausfahrt 20 Sursee. Die B2 Richtung Basel weiter folgen. Am 4. Kreisel rechts Richtung Basel. CP ist angezeigt.

Unterägeri, CH-6314 / Zug
Unterägeri★★★★
Wilbrunnenstraße 81
1 Jan - 31 Dez
+41 4 17 50 39 28
info@campingunteraegeri.ch
1 ACDEFHKNOPQRS**T** LM**N**Q 6
2 DFGJPVWXY ABDE**FG**HJ 7
3 BMS ABDEFJNQRT 8
4 EFHIO N 9
5 ABCDEFHIKLMN ABFGHJPRVZ10
Anzeige auf dieser Seite WB 10A CEE
€41,95
€51,90
N 47°07′40″ E 08°35′31″ H724 4,8 ha 150T(50-100m²) 120D
107140
A4 Luzern-Zürich, Ausfahrt Baar Richtung Ägeri. Über Baar nach Unterägeri. Innerorts ausgeschildert.

Vitznau/Luzern, CH-6354 / Luzern
Camping Vitznau★★★★
Altdorfstraße 34
28 Mär - 4 Okt
+41 4 13 97 12 80
info@camping-vitznau.ch
1 ADE**IL**NOPQRST ABFGN 6
2 FOPSUVWX ABDE**FG**IK 7
3 BM BDEFJKNQRTUVW 8
4 FI FHNR 9
5 ABDHJ ABFGHJPTUV10
Anzeige auf dieser Seite 15A CEE
€49,15
€58,30
N 47°00′24″ E 08°29′11″ H450 2 ha 160T(80-90m²) 72D
107127
In Vitznau (Straße 2b) an der Kirche dem CP-Schild folgen, dann noch ca. 400m den Berg hinauf.

Campingplatzkontrolle

Alle Campingplätze in diesem Führer wurden im vergangenen Jahr von einem unserer 124 ACSI-Inspektoren besucht und begutachtet.

Sie erkennen diese Campingplätze an der Jahresprüfplakette, die meist im Rezeptionsbereich auf dem ACSI-Schild zu finden ist.

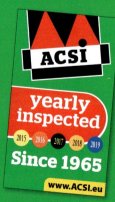

224

Camping Isola
CH-6515 Gudo
Tel. +41 (0)91 859 32 44
Fax +41 (0)91 859 33 44
isola2014@ticino.com
www.campingisolaticino.ch

Schweiz

Aktionen und News

www.youtube.com/ACSIcampinginfo
www.facebook.com/ACSI.EUR

Gordevio, CH-6672 / Ticino
- Gordevio-Valle Maggia****
- via Contanale
- 8 Apr - 12 Okt
- +41 9 17 53 14 44
- camping.gordevio@tcs.ch

1 BDEG**JMN**OPRS**T**	ABFG**J**N 6
2 BCHKOPQRUVWXY	ABDE**FG**I 7
3 AB**L**MV	ABCDEFNQRT 8
4 BFHILO**P**	ADFKLV 9
5 ACDEFGHLMN	ABGHIJPRVX10
B 10A	❶ €64,45
H292 2,5 ha 230T(60-80m²) 44D	❷ €84,05

N 46°13'17'' E 08°44'31''
A2, Ausfahrt Bellinzona-Süd/Locarno, Richtung Locarno-Ascona, an Locarno vorbei Ausfahrt Vallemaggia. Vor Gordevio ist der CP ausgeschildert. 107145

Acquarossa, CH-6716 / Ticino
- Acquarossa**
- Via Lucomagnio 163
- 1 Jan - 31 Dez
- +41 9 18 71 16 03
- madlen.burri@bluewin.ch

1 A**JMN**OPRS**T**	A**N** 6
2 CFOPWX	ABDE**FG** 7
3 AMU	ABE**FJ**NQRW 8
4 FHI	D 9
5 ABDHMN	AJORV10
Anzeige auf dieser Seite 10A	❶ €40,50
H560 9 ha 50T(50-80m²) 31D	❷ €48,40

N 46°27'35'' E 08°56'31''
1 km nördlich von Acquarossa an der Straße über den Lukmanier-Pass. Von Norden ist die Zufahrt schwierig, besser durchfahren und vor der Brücke in Acquarossa drehen, dann problemlos einfahren. 107158

Acquarossa (Bleniotal)
Camping Acquarossa
CH-6716 Acquarossa
T +41-91-871-1603
M +41-79-444-3506
www.camping-acquarossa.ch
madlen.burri@bluewin.ch

Agno, CH-6982 / Ticino
- Lugano Lake****
- Via di Molinnazzo 9
- 1 Apr - 31 Okt
- +41 7 93 74 26 87
- info@campingluganolake.ch

1 ADE**JMN**OPRST	JLMNQSWX 6
2 ACDHIOPQWXY	AB**FGH** 7
3 AFG**LM**	ABCDE**FJ**NQR 8
4 FHO**Q**	NR 9
5 ABDEHJMN	ABKPR10
10A	❶ €52,20
H275 8 ha 170T(60-100m²) 90D	❷ €60,40

N 45°59'44'' E 08°54'21''
A2, Ausfahrt Lugano-Nord/Ponte Tresa, Richtung Ponte Tresa. In Agno Richtung Flugplatz. Am Kreisel gegenüber Flugplatz rechts ist der CP ausgeschildert. 113352

Gudo, CH-6515 / Ticino
- Isola****
- Via al Gaggioletto 3
- 1 Jan - 31 Dez
- +41 9 18 59 32 44
- isola2014@ticino.com

1 ADE**JMN**OPQRS**T**	AF 6
2 ABCGOPVXY	ABDE**FG** 7
3 ABFGM	ABCDEFJNQRTW 8
4 FHILNOP	9
5 ABDEFGHJKL**N**	ABJNPRW10
Anzeige auf dieser Seite B 10A CEE	❶ €39,80
H207 3 ha 48T(40-100m²) 77D	❷ €51,75

N 46°10'15'' E 08°55'53''
A2, Ausfahrt Bellinzona-Süd/Locarno Richtung Locarno. Nach ± 8 km rechts Richtung Flugplatz. Dann Richtung Gordola-Gudo, dann Gudo. Zwischen Cugnasco und Gudo ist der CP ausgeschildert. Schmaler Zufahrtsweg. 107765

Avegno, CH-6670 / Ticino
- Camping Piccolo Paradiso****
- via Cantonale
- 20 Mär - 31 Okt
- +41 9 17 96 15 81
- info@camping-piccoloparadiso.ch

1 ABDEFG**JMN**OPR**T**	F**J**N 6
2 BCHKOPQRSTUVWXY	ABDE**FG** 7
3 AB**FGJ**LM	ABEFGIJNQRTW 8
4 BCFHIO**P**	J 9
5 ABDFGHIJLMN	ABGHIJORV10
B 10A	❶ €56,20
H321 44 ha 300T(80m²) 90D	❷ €65,35

N 46°12'02'' E 08°44'39''
A2 Ausfahrt Bellinzona-Süd/Locarno, Richtung Locarno-Ascona, an Locarno vorbei Ausfahrt Vallemaggia. Vor Avegno ist der CP ausgeschildert. 107160

Locarno, CH-6600 / Ticino
- Delta*****
- Via Respini 27
- 1 Mär - 31 Okt
- +41 9 17 51 60 81
- info@campingdelta.com

1 ACDEHKNOPRS**T**	JLMNOQSUWX**YZ** 6
2 ACDFGHIOPQRVWXY	ABDE**FG** 7
3 B**FGKLMN**O	ABCDEFJKNQRTUW 8
4 **A**BFHIJLO**PQ**R	DLNRUV 9
5 ACDEFGHIJKLMNO	ABGHI**JN**PR10
B 13A	❶ €70,50
H195 6 ha 300T(60-110m²) 50D	❷ €70,50

N 46°09'35'' E 08°48'14''
A2, Ausfahrt Bellinzona-Süd/Locarno, Richtung Locarno, direkt hinter dem Tunnel Ausfahrt Locarno. In der Stadt ist der CP ausgeschildert. 107170

Claro, CH-6702 / Ticino
- Al Censo****
- Al Campeggio 2
- 1 Apr - 14 Okt
- +41 9 18 63 17 53
- info@alcenso.ch

1 AF**JMN**OR**T**	A**J**N 6
2 ACGOPRTUVWXY	ABDE**FG** 7
3 AM	ABDEFNQRT 8
4 FHIOP**U**	9
5 ABDHMN	ABGHIJPRV10
16A CEE	❶ €49,80
H270 2,5 ha 100T(80m²)	❷ €63,70

N 46°15'56'' E 09°01'09''
A2 Ausfahrt Bellinzona-Nord, Landstraße Richtung St. Gotthard/Biasca. Camping in Claro nicht so deutlich ausgeschildert. Camping ist ortsaußerhalb von Claro. 107159

Camping Riarena ****

Hier finden Sie den Urlaub, den Sie schon so lange suchen! Auf unserem Campingplatz findet jeder die Erholung, die er sucht. Die Natur ist ganz in der Nähe, zentral gelegen, familienfreundlich und doch sehr ruhig.

- Restaurant mit sonniger Terrasse
- Gelateria
- Brötchenservice
- grosse, naturbelassene Parzellen
- gratis WLAN
- schöne Mietwohnwagen
- grosses Schwimmbad mit Poolbar
- Kinderspielplatz
- Haustiere willkommen

Cugnasco, CH-6516 / Ticino
- Riarena****
- Via Campeggio 1
- 13 Mär - 18 Okt
- +41 9 18 59 16 88
- info@campingriarena.ch

1 ADEHKNOPQRS**T**	AF**J**N 6
2 ACGOPQVWX	ABDE**FGH** 7
3 ABFM	ABCDEFIKNQRT 8
4 BCDFHILO**P**	D 9
5 ABDEFGKLMN	ABGHIJPRV10
Anzeige auf dieser Seite B 10A	❶ €50,35
H217 3,2 ha 100T(70-100m²) 105D	❷ €60,40

N 46°10'11'' E 08°54'51''
A2 Ausfahrt Bellinzona-Süd/Locarno. Dann unbedingt die 8 km zum Flughafen fahren, dann im Kreisel Richtung Gordola-Gudo. In Cugnasco Camping ausgeschildert. 107169

Familie Berner   +41 (0)91 859 16 88
Via Campeggio 1   info@campingriarena.ch
CH-6516 Cugnasco   www.campingriarena.ch

Losone, CH-6616 / Ticino
- ⛺ Melezza★★★
- 🏠 Via Arbigo
- 📅 1 Apr - 31 Okt
- ☎ +41 9 17 91 65 63
- @ camping-melezza@bluewin.ch
- 📍 N 46°10'37'' E 08°43'44''

1	ADE**JM**NOPQR	A**J**N 6
2	ABCKOPQVWXY	ABDE**FG**I**J** 7
3	AB**GL**MW	ABEFNQRTU 8
4	FHI**OT**	AFLU 9
5	ABDEFGHIJMNO	ABGIJ**P**RVZ10

B 10A H260 2,1 ha 148**T**(40-80m²) 76**D**
❶ €54,40 ❷ €65,55 107146

🚗 A2, Ausfahrt Bellinzona-Süd/Locarno, Richtung Locarno-Ascona, an Locarno vorbei Ausfahrt Losone. CP nach 300m hinter dem Industriegebiet Zandone, Richtung Intragna-Golino.

Melano, CH-6818 / Ticino
- ⛺ Camping Monte Generoso★★★
- 🏠 Via Tannini 12
- 📅 11 Apr - 18 Okt
- ☎ +41 9 16 49 83 33
- @ camping@montegeneroso.ch
- 📍 N 45°55'42'' E 08°58'39''

1	ADE**JM**NOPQRST	L**M**N**P**QSUW**XYZ** 6
2	ADFGIOPVWXY	ABDE**FG**K 7
3	ABMS	ABEFNQRT 8
4	IO	DORT 9
5	ABDFGHMN	ABGPR10

Anzeige auf dieser Seite 8-10A
B 272 2 ha 90**T**(70-80m²) 59**D**
❶ €56,20 ❷ €67,20 107180

🚗 A2 Bellinzona-Chiasso, Ausfahrt Melide in Richtung Chiasso. Der zweite angezeigte CP liegt direkt vor dem Viadukt und noch vor Melano; ausgeschildert.

Melano, CH-6818 / Ticino
- ⛺ Camping Paradiso-Lago★★★★
- 🏠 Via Pedreta 26
- 📅 15 Apr - 31 Okt
- ☎ +41 9 16 48 28 63
- @ info@camping-paradiso.ch
- 📍 N 45°55'24'' E 08°58'45''

1	ADEFGHKNOPQRS**T**	L**M**N**Q**SW 6
2	ADFG**J**OPRTVWXY	ABDE**FG** 7
3	ABFM	ABCDEF**GJ**NQRW 8
4	FIO**P**	N 9
5	ABDEFHIK**MN**	ABGHIOR10

Anzeige auf dieser Seite 4A
H270 3,5 ha 140**T**(60-65m²) 60**D**
❶ €54,75 ❷ €65,90 107179

🚗 A2 Bellinzona-Chiasso, Ausfahrt Melide in Richtung Chiasso. Im Ort Melano ist der CP ausgeschildert.

Meride, CH-6866 / Ticino
- ⛺ Monte San Giorgio Camping★★★★
- 🏠 Via ala Caraa 2
- 📅 10 Apr - 25 Okt
- ☎ +41 9 16 46 43 30
- @ info@montesangiorgiocamping.ch
- 📍 N 45°53'17'' E 08°56'58''

1	ADEG**JM**NOPR	AB 6
2	ABCDGOPQRUXY	ABDE**FG** 7
3	ABM	ABDEFNQRTW 8
4	FI	A 9
5	ADHJKMN	AB**J**N**P**R10

B 14A H533 1,2 ha 110**T**(80m²) 14**D**
❶ €49,80 ❷ €61,70 107181

🚗 A2, Bellinzona-Chiasso, Ausfahrt Mendrisio, Richtung Stabio-Varese, Richtung Arzo. In Arzo Richtung Serpieno-Meride. Vor Meride ausgeschildert.

Monteggio, CH-6998 / Ticino
- ⛺ Tresiana★★★★
- 🏠 Via Cantonale 21
- 📅 28 Mär - 25 Okt
- ☎ +41 9 16 08 33 42
- @ info@camping-tresiana.ch
- 📍 N 45°59'28'' E 08°49'00''

1	ADEG**J**MNOPRS**T**	AF**J**N**U** 6
2	COPRVWXY	ABDE**FG**H 7
3	AB**FL**MU	ABCDEFGINQRTW 8
4	BFHIO**X**	ADGI 9
5	ABDEFGKMN**O**	ABDGH**JL**P**R**V10

B 10A H255 1,5 ha 90**T**(56-80m²) 46**D**
❶ €52,30 ❷ €61,45 107177

🚗 A2 Ausfahrt Lugano-Nord/Ponte Tresa, Richtung Ponte Tresa. In Ponte Tresa Richtung Luino. Bis zur Grenze und dann rechts ab. Der CP ist in Molinazzo di Monteggio ausgeschildert.

Muzzano, CH-6933 / Ticino
- ⛺ TCS Camping Lugano★★★★
- 🏠 1 Jan - 31 Dez
- ☎ +41 9 19 94 77 88
- @ camping.muzzano@tcs.ch
- 📍 N 45°59'43'' E 08°54'31''

1	ABDEF**GJM**NOPRST	AFL**M**PQSW**XYZ** 6
2	ADFGIPRVWXY	ABDE**FG**I**K** 7
3	BF**L**MNV	ABCDEFIJNQRTUVW 8
4	BFI**J**LOP	CDEF**J**N 9
5	ACDFGHJKLMN	ABGHIK**P**RVZ10

B 10A CEE H275 4,7 ha 210**T**(80-120m²) 57**D**
❶ €67,20 ❷ €82,75 107173

🚗 A2, Ausfahrt Lugano-Nord/Ponte Tresa. In Agno Richtung Flugplatz. Vor Muzzano ist der CP ausgeschildert. An der Suzuki-Werkstatt über die Parallelstraße zum CP.

Tenero, CH-6598 / Ticino
- ⛺ Lago Maggiore★★★★
- 🏠 Via Lido 2
- 📅 27 Mär - 25 Okt
- ☎ +41 9 17 45 18 48
- @ info@clm.ch
- 📍 N 46°10'09'' E 08°51'13''

1	ACDEHKNOPQRST	HL**M**OQSW 6
2	ADGHIOPRVWXY	ABDE**FG** 7
3	BEF**L**MV	ABCDEF**J**KNQRSTVW 8
4	BDFHNORS**X**	DKL 9
5	ACDEFGHKLM**NO**	ABGHI**JP**QRY10

B 16A H195 3,2 ha 360**T**(56-92m²) 155**D**
❶ €49,45 ❷ €64,10 107166

🚗 A2, Ausfahrt Bellinzona-Süd/Locarno, Richtung Locarno. Am Flughafen vorbei in Richtung Locarno/Tenero. Nach der Ausfahrt Tenero sind alle CP ausgeschildert.

Tenero, CH-6598 / Ticino
- ⛺ Lido Mappo★★★★★
- 🏠 Via Mappo
- 📅 3 Apr - 18 Okt
- ☎ +41 9 17 45 14 37
- @ camping@lidomappo.ch
- 📍 N 46°10'37'' E 08°50'35''

1	ADEHKNOPR	L**M**N**Q**SW**XYZ** 6
2	ADFGHIJOPRVWXY	ABDE**FG**H 7
3	AB**GL**M	ABCDEF**J**NQRTW 8
4	BHL	EK 9
5	ACDFGHL**MO**	ABCFGHI**JP**RVZ10

B 10-16A H206 6,5 ha 357**T**(60-80m²) 96**D**
❶ €56,20 ❷ €72,70 107161

🚗 A2, Ausfahrt Bellinzona-Süd/Locarno, Richtung Locarno, am Flughafen vorbei Richtung Locarno/Tenero. Nach Ausfahrt Tenero alle CP deutlich ausgeschildert.

Schweiz

Tenero, CH-6598 / Ticino		
▲ Camping Miralago S.A.★★★★★	1 BDEF**JM**NOPQRS	ABFLM**N**QSW 6
Via Roncaccio 20	2 ADFGHIOPQRSVWXY	ABDE**FG**H 7
1 Jan - 31 Dez	3 ABFG**L**MSUV	ABEFGJNQRTUVW 8
+41 9 17 45 12 55	4 BCDFHKOQ**UXY**	DIJKNR 9
info@camping-miralago.ch	5 ACDFGHKM**O**	ABCGHIJMPRVZ10
	B 13-16A	① €88,80
	H195 2,2 ha 113T(50-92m²) 67**D**	② €107,10
N 46°10'23'' E 08°50'53''		107163
A2, Ausfahrt Bellinzona-Süd/Locarno, Richtung Locarno, am Flughafen vorbei Richtung Locarno/Tenero. Nach Ausfahrt Tenero ist der CP ausgeschildert.		

Tenero, CH-6598 / Ticino		
▲ Camping Tamaro Resort★★★★★	1 ADEFHKNOPQRS**T**	ALM**N**ST 6
Via Mappo 32	2 ADFGHOPQRVWX	ABDE**FG** 7
14 Mär - 1 Nov	3 ABG**L**MU	ABCDEFJKNQRTUVW 8
+41 9 17 45 21 61	4 ABCDEFHINO**X**	EKLNVWZ 9
info@campingtamaro.ch	5 ABCDEFGHJLMNO	ABCEGHIJLPRVZ10
	Anzeige auf dieser Seite B 12A CEE	① €61,35
	H193 6 ha 290T(60-150m²) 174**D**	② €79,65
N 46°10'33'' E 08°50'40''		107162
A2 Ausfahrt Bellinzona Süd/Locarno Richtung Locarno. Am Flughafen vorbei Richtung Locarno/Tenero. Hinter der Ausfahrt Tenero sind alle Campings angezeigt.		

Tenero, CH-6598 / Ticino		
▲ Rivabella★★★	1 ADE**JM**NOPQRST	LM**N**QSW**XZ** 6
Via Naviglio 11	2 ADGHOPRVWXY	ABDE**FG** 7
1 Jan - 31 Dez	3 AB**L**M	ABCDEFJNQRUW 8
+41 9 17 45 22 13	4 FHO	DGJL 9
info@camping-rivabella.ch	5 ABDEFGHJKLMN	ABGHIJPRW10
	B 10A CEE	① €49,80
	H195 1 ha 38T(60-80m²) 57**D**	② €58,95
N 46°10'21'' E 08°50'50''		107164
A2, Ausfahrt Bellinzona-Süd/Locarno, Richtung Locarno, am Flughafen vorbei Richtung Locarno/Tenero. Nach Ausfahrt Tenero ist der CP ausgeschildert.		

Tenero, CH-6598 / Ticino		
▲ Campofelice Camping Village★★★★★	1 ACDEHKNOPQRS	ABFGHJLMQSUVW**XYZ** 6
Via Brere 7	2 ACDFGHIJOPQRVWXY	ABC**DEFG**H 7
26 Mär - 31 Okt	3 ABDEFG**JLMNO**STUVW	ABCDEFGHJKNQRTUVW 8
+41 9 17 45 14 17	4 **A**BCDEFHIORSTUVXY	ADGIJKMNORTUVWXZ 9
info@campofelice.ch	5 ACDEFGHJKLMNO	AEFGHIJNPQRVXYZ10
	Anzeige auf dieser Seite B 13A	① €54,00
	H195 15 ha 576T(80-100m²) 256**D**	② €77,80
N 46°10'08'' E 08°51'21''		107167
A2, Ausfahrt Bellinzona-Süd/Locarno, Richtung Locarno, am Flughafen vorbei Richtung Locarno/Tenero. Nach Ausfahrt Tenero ist der CP ausgeschildert.		

Graubünden

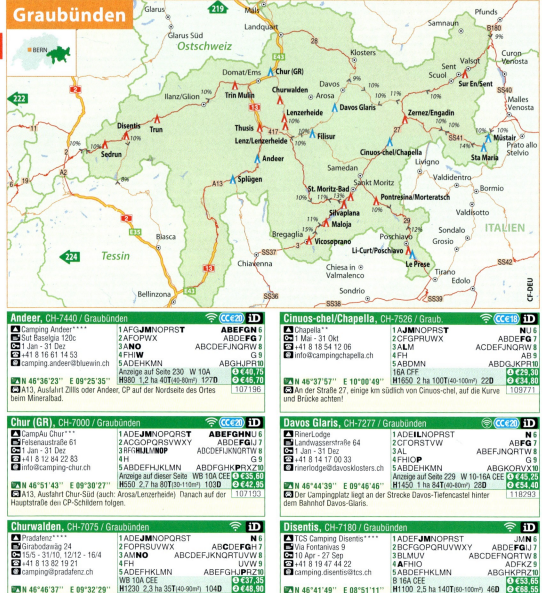

Andeer, CH-7440 / Graubünden
- Camping Andeer★★★★
- Sut Baselgia 120c
- 1 Jan - 31 Dez
- +41 8 16 61 14 53
- camping.andeer@bluewin.ch

1 AFG**JM**NOPRS**T**	**ABEFGN** 6
2 AFOPWX	ABDE**FG** 7
3 A**NO**	ABCDEFJNQRW 8
4 FHI**W**	G 9
5 ADEHKMN	ABGHJPR 10

Anzeige auf Seite 230 W 10A
H980 1,2 ha 40T(40-80m²) 127D
① €40,75
② €46,70

N 46°36'23'' E 09°25'35''
A13, Ausfahrt Zillis oder Andeer, CP auf der Nordseite des Ortes beim Mineralbad.
107196

Cinuos-chel/Chapella, CH-7526 / Graub.
- Chapella★★
- 1 Mai - 31 Okt
- +41 8 18 54 12 06
- info@campingchapella.ch

1 A**JM**NOPRS**T**	N**U** 6
2 CFGPRUWX	ABDE**FG** 7
3 A**LM**	ACDEFJNQRW 8
4 FH	AB 9
5 ABDMN	ABDGJKPR 10
16A CFF	

H1650 2 ha 100T(40-100m²) 22D
① €29,30
② €34,80

N 46°37'57'' E 10°00'49''
An der Straße 27, einige km südlich von Cinuos-chel, auf die Kurve und Brücke achten!
109771

Chur (GR), CH-7000 / Graubünden
- CampAu Chur★★★
- Felsenaustraße 61
- 1 Jan - 31 Dez
- +41 8 12 84 22 83
- info@camping-chur.ch

1 ADE**JM**NOPQRS**T**	**ABEFGHN**U 6
2 ACGOPQRSVWXY	ABDE**FG**IJ 7
3 R**FG**H**IJ**L**MNOP**	ABCDEFIJKNQRTW 8
4 H	G 9
5 ABDEFHJKLMN	ABDFGHK**P**RXZ 10

Anzeige auf dieser Seite WB 10A CEE
H550 2,7 ha 80T(30-110m²) 103D
① €35,60
② €42,95

N 46°51'43'' E 09°30'27''
A13, Ausfahrt Chur-Süd (auch: Arosa/Lenzerheide). Danach auf der Hauptstraße den CP-Schildern folgen.
107193

Davos Glaris, CH-7277 / Graubünden
- RinerLodge
- Landwasserstraße 64
- 1 Jan - 31 Dez
- +41 8 14 17 00 33
- rinerlodge@davosklosters.ch

1 ADE**IL**NOPRS**T**	N 6
2 C**F**ORSTVW	AB**FG** 7
3 A**L**	ABEFJNQRTW 8
4 FHIO**P**	G 9
5 ABDEHKMN	ABGKORVX 10

Anzeige auf Seite 229 W 10-16A CEE
H1450 1 ha 84T(40-80m²) 28D
① €45,25
② €54,40

N 46°44'39'' E 09°46'46''
Der Campingplatz liegt an der Strecke Davos-Tiefencastel hinter dem Bahnhof Davos-Glaris.
118293

Churwalden, CH-7075 / Graubünden
- Pradafenz★★★★
- Girabodaweg 24
- 15/5 - 31/10, 12/12 - 16/4
- +41 8 13 82 19 21
- camping@pradafenz.ch

1 ADE**JM**NOPQRST	N 6
2 FOPRSUVWX	ABCDE**FG** 7
3 A**MNO**	ABCDEFJKNQRTUVW 8
4 FH	UVW 9
5 ADEFHKLMN	ABEFGHK**P**RXZ 10

WB 10A CEE
H1230 2,3 ha 35T(40-90m²) 104D
① €37,35
② €48,90

N 46°46'37'' E 09°32'29''
Die 3, mitten in Churwalden. Den CP-Schildern auf Migros folgen.
109210

Disentis, CH-7180 / Graubünden
- TCS Camping Disentis★★★★
- Via Fontanivas 9
- 10 Apr - 27 Sep
- +41 8 19 47 44 22
- camping.disentis@tcs.ch

1 ADE**JM**NOPRS**T**	**JM**N 6
2 BCFGOPQRUVWXY	ABDE**FG**IJ 7
3 BLMUV	ABCDEFNQRTW 8
4 **A**FHIO	ADFKZ 9
5 ABDEFHKLMN	ABGHKPRZ 10
B 16A CEE	

H1100 2,5 ha 140T(60-100m²) 46D
① €53,65
② €68,55

N 46°41'49'' E 08°51'11''
2 km südlich von Disentis an der Straße zum Lukmanier-Pass.
107154

CampAu Chur — Ganzjährig geöffneter Campingplatz

Reizvolle, ruhige Lage zwischen Rhein (Kanu, angeln) und dem Sportzentrum (Hallen- und Freibad, Sauna, Tennis, Eisbahn, Reitmöglichkeit). Nebelfrei in den Winter. Neue beheizte Sanitäranlagen. Spezielle Einrichtungen für Reisemobile. Lebensmittelladen und Restaurant am Campingplatz. Kinderspielplatz. 2 km zur Bram Brüesch Seilbahn, die Sie in wenigen Minuten in ein herrliches Ski- und Wandergebiet bringt.

Neu: Mietbungalows

CampAu Chur, Felsenaustrasse 61, CH-7000 Chur (GR)
Tel. +41(0)81 284 22 83, Fax +41(0)81 284 56 83
www.camping-chur.ch

Filisur, CH-7477 / Graubünden

- Islas★★★★
- 1 Apr - 31 Okt
- +41 8 14 04 16 47
- @ info@campingislas.ch

1 ADEGJMNOPRST	AN 6
2 BCFPRWXY	ABDEFG 7
3 ABLMU	ABCDEFJNQRTW 8
4 FHO	9
5 ABDFGHJLMN	ABDHIJPRVZ 10

Anzeige auf dieser Seite B 13-16A ① €37,55
H950 4,4 ha 120T (30-80m²) 85D ② €45,75

N 46°40'17'' E 09°40'27'' 107200

Von Tiefencastel erst Richtung Davos/Albula, dann Richtung Bergün/Albula. Hinter Alvaneu Bad den Schildern folgen. Albula-Pass ist von Osten für Gespanne nicht zu befahren.

Le Prese, CH-7746 / Graubünden

- Cavresc★★★
- Via dal Cavresc 1
- 1 Jan - 31 Dez
- +41 8 18 44 02 59
- @ camping.cavresc@bluewin.ch

1 ADEGJMNOPRST	N 6
2 CFOPVWX	ABCDEFG 7
3 AMNOU	ABEFJNQRTW 8
4 FHIO	DE 9
5 ABDEGHMN	ABGHJORV 10

Anzeige auf dieser Seite B 13A CEE ① €45,40
H966 1 ha 84T (30-75m²) 17D ② €52,75

N 46°17'41'' E 10°04'49'' 109013

Im Ort Le Prese in einer Seitenstraße (Ostseite) der Hauptstraße 29, den Schildern folgen.

Camping «Cavresc»★★★
SONNE - BERGE - SEE
Camping «Cavresc»,
A. Sertori-Lardi
CH-7746 Le Prese
Tel./Fax 0041-(0)81-844 02 59,
camping.cavresc@bluewin.ch
www.campingcavresc.ch

«Islas» Filisur

Auf 950m ü. M. zwischen den Kurorten Lenzerheide, Davos und St. Moritz im herrlichen Albulatal gelegen.

- Abseits des Verkehrslärms, klimatisch geschützte Lage
- 130 km markierte Wanderwege
- Gemütliches Restaurant
- 18-Loch Golfplatz und Schwefelbad in der Nähe
- Eigenes Schwimmbad

Camping «Islas»,
CH-7477 Filisur
www.campingislas.ch

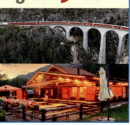

Schweiz

Lenz/Lenzerheide, CH-7083 / Graubünden

- St. Cassian
- Voia Principala 106
- 1 Jan - 31 Dez
- +41 8 13 84 24 72
- @ st-cassian@camping-lenzerheide.ch

1 ADEJMNOPQRST	6
2 BFGOPUWXY	ABCDEFG 7
3 L	ABCDEFJNQRTW 8
4	EFGJ 9
5 ADKLMN	ABEFHJOPRVXZ 10

W 10A CEE ① €34,80
H1415 2,8 ha 60T (40-100m²) 140D ② €45,75

N 46°41'59'' E 09°33'30'' 110580

Die B3, 3 km südlich von Lenzerheide. Neben dem Restaurant St. Cassian.

Lenzerheide, CH-7078 / Graubünden

- Camping Gravas★★
- Voa Nova 6
- 1 Jan - 31 Dez
- +41 8 13 84 23 35
- @ gravas@camping-lenzerheide.ch

1 ADEJMNOPQRST	6
2 BCORTUWXY	ABDEFGI 7
3 AL	ABEFJNQRTW 8
4 IO	9
5 ADMN	ABEFHJPR 10

W 16A CEE ① €43,05
H1445 1,1 ha 40T (60-100m²) 80D ② €54,95

N 46°43'22'' E 09°33'20'' 123712

Camping an der Südwestseite von Lenzerheide ausgeschildert. Rezeption in der Mitte des lang gezogenen Campingplatzes.

Li-Curt/Poschiavo, CH-7745 / Graubünden

- Boomerang★★★
- Via da Vial 40
- 1 Apr - 31 Okt
- +41 8 18 44 07 13
- @ info@camping-boomerang.ch

1 ADEJMNOPRST	N 6
2 CFOPRXY	ABDEFGHIK 7
3 AM	ABEFJNQRW 8
4 FHIO	ADFJKU 9
5 ABDEHJMNO	AGHJNPRV 10

Anzeige auf dieser Seite B 10A ① €44,50
H980 1,5 ha 33T 62D ② €51,80

N 46°18'27'' E 10°03'52'' 107209

Aus St. Moritz die 29 über den Bernina Pass, 3 km südlich von Poschiavo an einer Seitenstraße (ausgeschildert).

Camping Boomerang ★ ★ ★

Herzlich willkommen auf dem Campgelände Boomerang, einer Oase der Gemütlichkeit, mitten in der intakten Natur der Bündner Bergwelt, im strahlenden Valposchiavo! Bereichern Sie Ihren Urlaub mit Kultur, Gastronomie, Ausflügen, Mountainbike Fahrten, Angeln und anderen attraktiven Freizeitaktivitäten.

7745 Li Curt/Poschiavo • Tel +41 81 844 0713
E-Mail: info@camping-boomerang.ch
Internet: www.camping-boomerang.ch

Maloja, CH-7516 / Graubünden

- Camping Maloja★★
- Isola 8
- 1 Jun - 30 Sep
- +41 8 18 24 38 81
- @ info@camping-maloja.ch

1 ADEGJMNOPRT	LNQQS 6
2 BCDFGJPRTWX	ABDEFG 7
3	ABEFNQR 8
4 FH	D 9
5 ADGKMN	AGJPRV 10

6A CEE ① €38,90
H1817 1,5 ha 154T 10D ② €48,05

N 46°24'21'' E 09°42'38'' 107203

Am südöstlichen Punkt vom Silvaplanersee. Ausfahrt von der Hauptstraße 3 und 1 km dem schmalen Weg folgen. Gut angezeigt.

Müstair, CH-7537 / Graubünden

- Muglin
- Via Muglin 223
- 30 Apr - 25 Okt
- +41 8 18 58 59 90
- @ info@campingmuglin.ch

1 ADEJMNOPQRST	6
2 CFGOPW	ABDEFG 7
3 AENOU	ABCDEFJQRTUVW 8
4 IOT	D 9
5 ADHKM	ADGHJPR 10

Anzeige auf dieser Seite B 13A CEE ① €35,05
H1244 4,5 ha 65T (100m²) 29D ② €48,25

N 46°37'26'' E 10°26'56'' 121086

Innerorts der Kantonsstraße 28 folgen, Abfahrt CP.

Camping Muglin im Val Müstair

Unser neu angelegtes Campgelände mit 92 großen, voll ausgestatteten Stellplätzen, liegt mitten in der Natur des Val Mustair. Exzellenter, moderner Camping auf früherem Bauernhof mit einmaliger Sauna im Heuschober. Kloster Sankt Johann (Unesco Weltkulturerbe) liegt in unmittelbarer Umgebung.

Camping Muglin, CH-7537 Müstair Tel. +41 (081) 858 59 90 www.campingmuglin.ch

Pontresina/Morteratsch, CH-7504 / Graubünden

- Morteratsch★★★★
- Plauns 13
- 20/5 - 25/10, 19/12 - 13/4
- +41 8 18 42 62 85
- @ mail@camping-morteratsch.ch

1 ADEJMNOPRST	JN 6
2 CFPRWXY	ABDEFGHIJ 7
3 BLM	ABCDEFGIJLMNQRTW 8
4 FHIOT	DFJVW 9
5 ACDEFHJKMN	ABGJORV 10

① €43,50
H1850 4 ha 250T 48D ② €52,65

N 46°27'38'' E 09°56'12'' 107208

An der 29 von St. Moritz zum Bernina-Pass, 4 km südlich von Pontresina.

Sedrun, CH-7188 / Graubünden

- Rheincamping Sedrun/Zarcuns★★★
- Via Alpsü 244
- 15 Mai - 31 Okt
- +41 7 91 26 80 61
- @ info@campadi-rein.ch

1 AJMNOPRST	N 6
2 CFGPW	ABDEFG 7
3 ABGHL	ABEFJNQRT 8
4 EFO	9
5 ADHK	BGHJOR 10

16A CEE ① €48,50
H1400 15 ha 74T 12D ② €59,50

N 46°40'26'' E 08°45'18'' 109070

Die 19 von Chur zum Oberalp-Pass. Hinter Camischolas links ab auf die Via Tgamaura (Schild Campadi Rein), dann erste rechts. Straße durch den Ort nicht für Wohnwagen oder Wohnmobile geeignet.

CAMPING RINERLODGE DAVOS

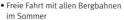

Davos Klosters garantiert Abwechslung - und das auch noch kostenlos!

- Freie Fahrt mit allen Bergbahnen im Sommer
- Fantastisches Wandergebiet für alle Ansprüche
- Idealer Wintercamping im beliebten Ski- und Langlaufgebiet Davos Klosters
- Gut ausgestatteter Campingplatz an der Talstation der Rinerhornbahn
- 84 Plätze mit 10-16A Stromanschluss

Camping RinerLodge
Landwasserstr. 64,
CH-7277 Davos Glaris
Tel. +41 (0)81 417 00 33
rinerlodge@davosklosters.ch
www.welcome.rinerhorn.ch

Frische Luft, kühle Nächte und Sterne so viel Sie wollen.

Auf unseren Campingplätzen in Andeer und Splügen in Graubünden (Schweiz) ist das alles dabei. Die Campingplätze sind das ganze Jahr über geöffnet für den Urlaub in den Bergen oder den Zwischenstopp auf dem Weg über die San Bernardinoroute (A13) nach Süden (Tessin / Italien).

www.campingandeer.ch   www.campingspluegen.ch

Viamala   Camping-Erlebnis, natürlich!

Silvaplana, CH-7513 / Graubünden
- Silvaplana****
- Via da Bos-Cha 15
- 16 Mai - 4 Okt
- +41 8 18 28 84 92
- reception@campingsilvaplana.ch

1 ADEJMNOPRST   LNQRSTXYZ 6
2 DFGOPRTXY   ABCDEFG 7
3 BFGLNO   ABCDEFJKLNQRTW 8
4 FHIOQ   M 9
5 ABCDHMN   AGHJORVWZ 10
16A
❶ €44,40
❷ €53,55
N 46°27'23'' E 09°47'36''   H1810 4 ha 180T(50-80m²) 140D
107202

Direkt südlich von Silvaplana an der Hauptstraße 3 am See. Die Zufahrtsstraße liegt sich südlich vom Ort. Den Schildern in und ums Dorf herum folgen.

Splügen, CH-7435 / Graubünden
- Camping Splügen****
- Campingstrasse 18
- 1 Jan - 31 Dez
- +41 8 16 64 14 76
- camping@spluegen.ch

1 ADEJMNOPRS   NU 6
2 ACFOPRW   ABDEFGHIK 7
3 AMNO   ABDEFJNQRTW 8
4 EFGHI   G 9
5 ABDEHMN   ABHKPRV 10
Anzeige auf dieser Seite   W 10A CEE
❶ €45,10
❷ €54,25
N 46°32'58'' E 09°18'51''   H1470 0,8 ha 30T(80-120m²) 110D
107197

A13 Ausfahrt Splügen. Der Beschilderung folgen. Ca. 500m westlich des Ortes.

St. Moritz-Bad, CH-7500 / Graubünden
- St. Moritz***
- Via San Gian 55
- 20 Mai - 27 Sep
- +41 8 18 33 40 90
- camping.stmoritz@tcs.ch

1 ADEJMNOPRST   N 6
2 FOPRVW   ABDEFGHIJK 7
3 ALM   ABCDEFJNQRT 8
4 FHI   DK 9
5 ABDEHMN   ABGKPTUZ 10
6A CEE
❶ €47,40
❷ €61,90
N 46°28'42'' E 09°49'30''   H1800 1,5 ha 130T(70-120m²) 2D
107201

2 km südlich von St. Moritz-Bad an der Hauptstraße 27.

Sta Maria, CH-7536 / Graubünden
- Pè da Munt***
- 21 Mai - 4 Okt
- +41 8 18 58 71 33
- campingstamaria@bluewin.ch

1 AJMNOPRST   6
2 CFOPRTUWX   ABDEFG 7
3 A   ABEFNQRW 8
4 FH
5 ABDN   ABGJPRV 10
10A
❶ €33,85
❷ €44,85
N 46°35'49'' E 10°25'33''   H1450 2 ha 60T(30-85m²)
107215

CP etwas außerhalb des Ortes, an der Straße zum Umbrailpass.

Sur En/Sent, CH-7554 / Graubünden
- Sur En****
- 1 Jan - 31 Dez
- +41 7 96 11 11 47
- wb@sur-en.ch

1 ADEGJMNOPRST   ABNU 6
2 CFOPRWX   ABDEFGHK 7
3 BHLMTUW   ABCDEFJLNQRTW 8
4 AEFHIOT   FJU 9
5 ABDEFHLMN   AGJPQRWX 10
WB 15A
❶ €40,20
❷ €49,15
N 46°49'07'' E 10°21'57''   H1124 3 ha 160T(70-100m²) 47D
107212

Ausfahrt zum Camping auf der 27 zwischen Ramosch und Crusch. Sehr starkes Gefälle zum Inn über eine überdachte Holzbrücke zum Campingplatz.

Thusis, CH-7430 / Graubünden
- Camping Thusis***
- Pantunweg 3
- 14 Feb - 18 Dez
- +41 8 16 51 24 72
- camping.thusis@tcs.ch

1 ABDEGJMNOPRST   N 6
2 ABCOPQWXY   ABDEFG 7
3 ABFMNU   ABCDEFJKNQRTW 8
4 FH   9
5 ADKMN   ABFGHKORV 10
B 16A CEE
❶ €52,20
❷ €64,10
N 46°41'56'' E 09°26'42''   H700 4,5 ha 104T(50-100m²) 16D
107195

Von der A13 Ausfahrt Thusis-Süd und den CP-Schildern folgen.

Trin Mulin, CH-7016 / Graubünden
- Trin
- Via Geraglia 2
- 1 Apr - 31 Okt
- +41 7 64 40 19 93
- info@campingtrin.ch

1 AGJMNOPRST   L 6
2 ADFPW   ABDEFGIK 7
3 ABMNPU   ABEFJNQR 8
4 FHIQ   DH 9
5 ABDEFGHKMN   AJPR 10
13A CEE
❶ €40,30
❷ €49,45
N 46°49'41'' E 09°20'50''   H800 2,2 ha 126T(50-100m²) 36D
118551

Der B19 Chur-Disentis folgen. Hinter dem Tunnel rechts Richtung Trin Mulin. Camping ist ausgeschildert, Zufahrt über den Parkplatz.

Trun, CH-7166 / Graubünden
- Restaurant/Camping Trun***
- Via Campadi 2
- 10 Apr - 31 Okt
- +41 8 15 44 56 97
- info@camping-trun.ch

1 ADEJMNOPRST   NUV 6
2 CFGOPQRWXY   ABDEFG 7
3 HILMNO   ABCDEFJNQRW 8
4 FHIO   GH 9
5 ABDEFHKLMN   ABGHJLORV 10
B 10A
❶ €42,10
❷ €54,40
N 46°44'28'' E 08°59'39''   H850 4,5 ha 25T(80-100m²) 82D
107153

1 km östlich von Trun am Vor-Rhein. Von Straße 19 aus Schildern folgen.

Vicosoprano, CH-7603 / Graubünden
- Mulina**
- 1 Mai - 31 Okt
- +41 8 18 22 10 35
- camping.mulina@bluewin.ch

1 AJMNOPRST   N 6
2 CDFGOPTUWX   ABDEFGK 7
3   AEFJNQRW 8
4 FHI   A 9
5 ADHN   ABGJLPRV 10
10A CEE
❶ €27,45
❷ €37,55
N 46°21'22'' E 09°37'51''   H1070 2,5 ha 200T(40-75m²) 14D
107204

CP auf der Nordseite von Vicosoprano, Straße 3, Ausfahrt Roticcio, auch ausgeschildert.

Zernez/Engadin, CH-7530 / Graubünden
- Cul***
- Via da Cul
- 8 Mai - 16 Okt
- +41 8 18 56 14 62
- campingzernez@gmail.com

1 ADEJMNOPRST   N 6
2 CFOPRVWXY   ABDEFGIJ 7
3 BM   ABCDEFJNQRW 8
4 FHI   DK 9
5 ABDEFHJKMN   ABGJPRV 10
16A CEE
❶ €38,65
❷ €52,10
N 46°41'48'' E 10°05'13''   H1472 3,6 ha 250T(40-120m²) 35D
107206

Straße 27, Ausfahrt etwas südlich von Zernez.

Gebrauchsanweisung

Um die Möglichkeiten des Führers optimal nutzen zu können, sollten Sie die Gebrauchsanweisung auf Seite 10 gut durchlesen. Hier finden Sie wertvolle Informationen, beispielsweise die Berechnung der Übernachtungspreise.

❶ € 25,00
❷ € 35,80

Österreich

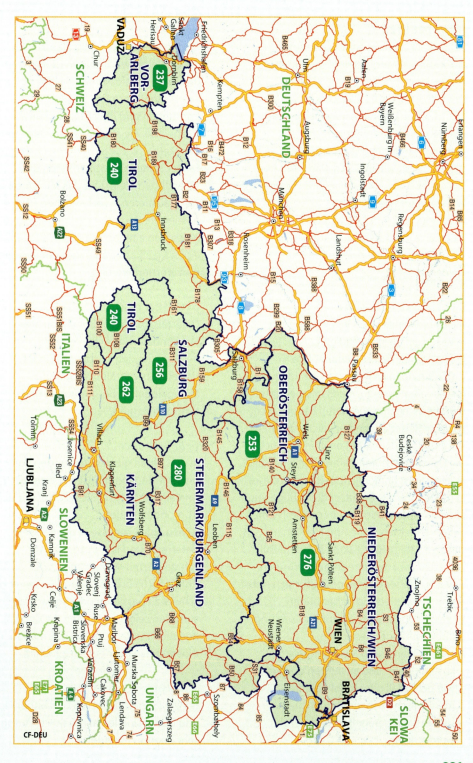

Österreich

Allgemeines
Offizieller Name: Republik Österreich
Österreich ist Mitglied der Europäischen Union.
Deutsch ist die offizielle Sprache. In touristischen Gebieten kommt man fast überall mit Englisch gut zurecht.
Zeitunterschied: In Österreich ist es genauso spät wie in Berlin, Paris und Rom.

Währung und Geldfragen
Währung: Euro.
Bankkarte und Kreditkarte können Sie fast überall benutzen. Es gibt genug Geldautomaten.

Grenzformalitäten
Viele Formalitäten und Vereinbarungen in Bezug auf die notwendigen Reisedokumente, Fahrzeugpapiere, Anforderungen an Ihr Transportmittel und Ihr Campingfahrzeug, medizinische Kosten und die Mitnahme von Tieren hängen nicht nur vom Reiseziel, sondern auch von Ihrem Abreiseort und Ihrer Nationalität ab. Auch die Dauer Ihres Aufenthaltes kann eine Rolle spielen. Es ist unmöglich, im Rahmen dieses Leitfadens für alle Benutzer die richtigen und aktuellen Informationen über diese Themen zu gewährleisten. Wir empfehlen Ihnen daher, die folgenden Fakten in jedem Fall rechtzeitig vor der Abreise zu überprüfen:
- welche Reisedokumente Sie für sich selbst und Ihre Mitreisenden benötigen,
- welche Dokumente Sie für Ihr Auto und Ihren Anhänger benötigen,
- welche Waren und Medikamente Sie kostenlos ein- und ausführen dürfen,
- wie bei Unfall oder Krankheit die medizinische Behandlung in Ihrem Urlaubsland geregelt ist und bezahlt werden kann.

Haustiere
Finden Sie heraus, ob Ihr Haustier an Ihrem Zielort willkommen ist. Nehmen Sie hierzu frühzeitig Kontakt zu Ihrem Tierarzt auf. Dieser informiert Sie über relevante Impfungen und die entsprechenden Nachweise wie auch über Pflichten bei der Rückkehr.
Ferner sollten Sie sich erkundigen, ob an Ihrem Zielort für das Mitführen von Haustieren im öffentlichen Raum bestimmte Bedingungen gelten. So müssen in einigen Ländern Hunde immer einen Maulkorb tragen oder hinter Gittern transportiert werden.

Straßen und Verkehr
Österreich verfügt über ein dichtes Straßennetz, das sich in einem hervorragenden Zustand befindet. Unbefestigte Straßen gibt es nur in abgelegenen Bergregionen und Naturschutzgebieten.

Gebirgsstraßen
In den Alpen gibt es Steigungen von 6 % bis 15 % und mehr. Fast alle Gebirgsstraßen sind auf der Seite gesichert, auf der sich der Abgrund befindet.
Achtung! Bergpässe in der Schweiz, Österreich und Italien können für Fahrzeuge mit Wohnwagen oder Anhängern vorübergehend gesperrt, schwer zu passieren oder sogar dauerhaft verboten sein. Überprüfen Sie dies vor Beginn Ihrer Reise. Mehr Informationen: *alpenpaesse.de* (deutschsprachig).

Tanken
Benzin (Super/Bleifrei 95 und Super Plus 98) und Diesel sind leicht erhältlich. Autogas ist sehr begrenzt verfügbar.

Österreich

Für Autogas nutzen einige Tankstellen den europäischen Anschluss (ACME) und andere den italienischen Anschluss (Dish). Tankstellen an Autobahnen und in Großstädten sind in der Regel 24 Stunden am Tag geöffnet, andere Tankstellen sind mindestens von 8.00 bis 20.00 Uhr geöffnet. In Österreich gibt es auch viele Nachtautomaten und unbemannte Tankstellen.

Verkehrsregeln

Abblendlicht ist bei schlechter Sicht, im Dunkeln und in Tunneln vorgeschrieben. An einer Kreuzung mit Straßen gleichen Ranges hat der von rechts kommende Verkehrsteilnehmer Vorfahrt. Der Verkehr im Kreisverkehr hat Vorfahrt, wenn dies ausgeschildert ist. Straßenbahnen haben grundsätzlich immer Vorfahrt. Auf schmalen Gebirgsstraßen muss der Verkehr, der am einfachsten ausweichen kann, Vorrang gewähren.
Der Alkoholgrenzwert beträgt 0,49 ‰, aber 0,1 ‰ für Fahrer, die ihren Führerschein seit weniger als 2 Jahren besitzen.
Am Steuer dürfen Sie kein Telefon in der Hand halten, auch dann nicht, wenn Sie anhalten (das Telefonieren mit Freisprechanlage ist allerdings erlaubt).

Kinder unter 14 Jahren und einer Größe unter 1,50 m müssen in einem Kindersitz sitzen.
Sie dürfen die Funktion in Ihrer Navigationssoftware verwenden, die Sie vor Radarfallen oder Abschnittskontrollen warnt.
Winterreifen sind vom 1. November bis 15. April im Winter Pflicht (Schneeketten können durch ein Schild vorgeschrieben werden).

Besondere Bestimmungen

Das Rauchen im Auto ist in der Gegenwart eines Kindes unter 18 Jahren verboten.
Bei Staus müssen Sie so weit wie möglich nach rechts oder links fahren, damit in der Mitte eine freie Spur (Rettungsgasse) für Einsatzfahrzeuge entsteht.
Das Parken ist unter anderem entlang einer gelben Linie und in mit einer gelben Zickzacklinie gekennzeichneten Zonen verboten.
Eine grün blinkende Ampel zeigt an, dass die Ampel bald auf orange umspringen wird.
Die Notrufsäulen sind mit Blinklichtern ausgestattet, die z.B. vor Geisterfahrern, Verkehrsunfällen oder Staus warnen.
Es ist vorgeschrieben, das Auto vor der

Höchstgeschwindigkeiten

Österreich	Außerhalb geschlossener Ortschaften	Autobahn
Auto	100	130
Mit Anhänger > 0,75 Tonnen*	70/80**	80/100**
Wohnmobil < 3,5 Tonnen	100	130
Wohnmobil > 3,5 Tonnen	70	80

* Mit einem Anhänger < 0,75 Tonnen können Sie 100 km/h außerhalb geschlossener Ortschaften und auf der Autobahn fahren.
** Nur wenn der Anhänger nicht schwerer als das Auto und das Gespann aus Auto und Anhänger < 3,5 Tonnen ist, gelten die höheren Höchstgeschwindigkeiten.
Innerhalb geschlossener Ortschaften beträgt die Höchstgeschwindigkeit 50 km/h.

Österreich

Abfahrt vollständig von Schnee und Eis (einschließlich des Daches) zu befreien. Es ist verboten, den Motor laufen zu lassen, wenn man etwas länger steht, z.B. an einem Bahnübergang oder wenn Sie das Auto von Eis befreien.

Vorgeschriebene Ausrüstung
Ein Warndreieck, eine Sicherheitsweste und ein Verbandskasten sind im Fahrzeug vorgeschrieben.

Wohnwagen, Wohnmobil
Ein Wohnmobil oder ein Gespann aus Auto und Wohnwagen darf bis zu 4 m hoch, 2,55 m breit und 18,75 m lang sein (der Wohnwagen selbst darf bis zu 12 m lang sein).
Für einen Wohnwagen mit einer zulässigen Höchstmasse > 0,75 Tonnen müssen Sie mindestens einen Unterlegkeil mitnehmen. Ein Gespann aus Auto und Wohnwagen muss außerhalb geschlossener Ortschaften mindestens 50 m Abstand zu anderen Gespannen und Lkws halten.

Fahrrad
Kinder unter 12 Jahren müssen einen Fahrradhelm tragen (auch hinten auf dem Fahrrad sitzend). In Niederösterreich ist das Tragen eines Fahrradhelms bis 15 Jahre Pflicht.
Telefonieren und Tippen auf einem Handy sind auf dem Fahrrad verboten.
Kinder unter 8 Jahren müssen hinten in einem Fahrradsitz sitzen und das Fahrrad von einer Person von mindestens 16 Jahren gefahren werden. Kinder dürfen nicht auf einem Fahrradsitz am Lenker transportiert werden.
Kinder unter 12 Jahren dürfen nur mit Begleitung auf der Straße mit dem Rad fahren.

Radfahrer dürfen nur auf Fahrradwegen nebeneinander fahren.

Maut und Umweltzonen
Maut
Für die Nutzung von Autobahnen in Österreich benötigen Sie eine „Autobahnvignette". Sie können eine Vignette für 10 Tage, 2 Monate oder ein Jahr kaufen. Die Mautvignette ist an Tankstellen und Poststellen in Grenznähe erhältlich, Adressen:
asfinag.at/toll/sales-outlet. Es ist ratsam, die „Autobahnvignette" vorab online zu bestellen, zum Beispiel über *tolltickets.com*. Die Vignette muss auf der linken Innenseite der Windschutzscheibe angebracht sein. Zusätzlich zur normalen Vignette ist eine „digitale Mautvignette" erhältlich. Diese digitale Vignette wird auf das Nummernschild registriert und kann online unter *shop.asfinag.at* bestellt werden (Sie können auch die separate Maut für die „Sondermautstrecken" hier bezahlen), weitere Informationen: *asfinag.at*. Bestellen Sie diese digitale Vignette mindestens 18 Tage vor dem gewünschten Starttermin. Der Preis und die Gültigkeit der digitalen Vignette ist identisch mit der normalen Vignette. Für Wohnwagen und Anhänger ist keine zusätzliche Vignette erforderlich.

Besonderheiten
Fahrzeuge mit einem Gewicht von mehr als 3,5 Tonnen (einschließlich Wohnmobilen) zahlen über eine sogenannte GO-Box eine Maut pro Kilometer. Diese Box ist an der Grenze erhältlich. Mehr Informationen: *go-maut.at*.
Nach der vollständigen Öffnung des Pfändertunnels wurde die „Korridorvignette" abgeschafft. Auf dem

Österreich

23 Kilometer langen Abschnitt der A14 Rheintal/Walgau zwischen der deutschen Grenze und der Anschlussstelle Hohenems in Vorarlberg benötigen Sie nun eine Autobahnvignette oder eine GO-Box. Neben den Autobahnen gibt es in Österreich auch eine Reihe von „Sondermautstrecken" und Bergpässen, für die Sie eine separate Mautgebühr zahlen müssen. Mehr Informationen: *asfinag.at/toll/route/route-and-digital-section-toll/route-rates* und *oeamtc.at/poi*.

Umweltzonen
Es gibt (Stand September 2019) noch keine Umweltzonen, die für ausländische Touristen von Bedeutung sind.

Panne und Unfall
Stellen Sie Ihr Warndreieck auf der Autobahn mindestens 200 bis 250 m (auf sonstigen Straßen 150 m) hinter Ihrem Auto auf, wenn das Auto für den übrigen Verkehr nicht gut sichtbar ist. Der Fahrer muss eine Sicherheitsweste anziehen.
Rufen Sie bei einer Panne die Notrufnummer Ihrer Pannenhilfe-Versicherung an. Sie erreichen den österreichischen Pannendienst unter folgenden Nummern: 120 (ÖAMTC) und 123 (ARBÖ). Auf Autobahnen können Sie auch über eine Notrufsäule (Notruftelefon) die Pannenhilfe anrufen.
Das Abschleppen auf der Autobahn ist bis zur ersten Ausfahrt erlaubt.

Notrufnummern
112: allgemeine Notrufnummer für Polizei, Feuerwehr und Rettungswagen
133: Polizei
122: Feuerwehr
144: Rettungswagen

Campen
Österreichische Campingplätze gehören zu den besten Europas. Vor allem Kärnten

Österreich

zeichnet sich durch seine hervorragende Lage, sein stabiles Klima und seine schönen Seen aus. Viele Campingplätze in Tirol haben sich auf Wellness spezialisiert oder sind auf sportliche Camper ausgerichtet. Wildcampen außerhalb der Campingplätze ist nur mit Genehmigung der Behörde vor Ort oder des Grundbesitzers erlaubt.

Besonderheiten
Auch im Winter sind viele österreichische Campingplätze geöffnet, vor allem in Vorarlberg, Tirol und Salzburg. Sie bieten oft viel Komfort bezüglich beheizter Räume.
Zusätzliche Kosten wie z. B. die Touristensteuer oder umweltbedingte Abgaben können manchmal sehr hoch ausfallen.

Wohnwagen, Wohnmobil
Die Übernachtung in einem Wohnwagen, Wohnmobil oder Auto außerhalb von Campingplätzen ist außer in Wien, Tirol und in den Nationalparks auf der Durchreise für eine Nacht erlaubt.

Suche nach einem Campingplatz
Über **Eurocampings.eu** können Sie ganz einfach einen Campingplatz suchen und auswählen.

Praktisch
Die Steckdosen haben zwei runde Löcher (Typ C oder F).
Auf **iec.ch/worldplugs** können Sie überprüfen, ob Sie einen Adapter (Weltstecker) benötigen.
Schützen Sie sich vor Zecken, da diese Krankheiten übertragen können.
Leitungswasser kann bedenkenlos getrunken werden.

Klima Innsbruck	Jan.	Feb.	März	Apr.	Mai	Jun.	Jul.	Aug.	Sept.	Okt.	Nov.	Dez.
Durchschnittliche Höchsttemperatur	4	6	11	15	20	23	25	24	21	16	8	4
Durchschnittliche Anzahl der Sonnenstunden pro Tag	2	4	5	5	6	6	7	6	6	5	3	2
Durchschnittliche monatliche Niederschlagsmenge (mm)	44	41	56	58	87	110	137	111	78	57	63	53

Klima Klagenfurt	Jan.	Feb.	März	Apr.	Mai	Jun.	Jul.	Aug.	Sept.	Okt.	Nov.	Dez.
Durchschnittliche Höchsttemperatur	0	4	10	15	20	23	26	25	21	14	6	1
Durchschnittliche Anzahl der Sonnenstunden pro Tag	2	4	5	6	7	8	8	7	6	4	2	1
Durchschnittliche monatliche Niederschlagsmenge (mm)	31	35	50	65	79	114	118	99	90	83	79	49

Klima Wien	Jan.	Feb.	März	Apr.	Mai	Jun.	Jul.	Aug.	Sept.	Okt.	Nov.	Dez.
Durchschnittliche Höchsttemperatur	3	5	10	15	21	23	26	25	20	14	8	4
Durchschnittliche Anzahl der Sonnenstunden pro Tag	2	3	4	6	8	8	9	8	6	4	2	1
Durchschnittliche monatliche Niederschlagsmenge (mm)	37	39	46	52	62	70	68	58	54	40	50	44

Österreich

Bregenz, A-6900 / Vorarlberg 📶 iD
- ▲ Seecamping Bregenz★★★★
- 🏠 Hechtweg
- 📅 15 Mai - 15 Sep
- ☎ +43 5 57 47 18 95
- @ info.seecamping@aon.at
- 📍 N 47°30'20'' E 09°42'45''

1 AJMNOPQRS**T**	LQS**XYZ**	6
2 ADGIJKOPWXY	ABDE**FG**	7
3 ABM	ABCDEFNQR	8
4 FH		9
5 ABDEFJKN	AGJOR	10

B 10A CEE ❶ €38,50
H400 10 ha 500T 30**D** ❷ €48,50

🚗 A14 Ausfahrt Bregenz Richtung See. Nach dem City-Tunnel rechts Richtung 'Stadtzentrum', 1. Ampel rechts den grünen CP-Schildern folgen (oder Richtung Höchst und den CP-Schildern folgen). 100857

Feldkirch, A-6800 / Vorarlberg 📶 iD
- ▲ Waldcamping Feldkirch
- 🏠 Stadionstraße 9
- 📅 1 Apr - 31 Okt
- ☎ +43 5 52 27 60 01 31 90
- @ waldcamping@feldkirch.at
- 📍 N 47°15'32'' E 09°35'00''

1 AF**JM**NOPQRS**T**	ABFHI	6
2 ABGOPSVWX	ABDE**FG**	7
3 B**FGLMN**	ABEFJNQRT	8
4 FHIO		9
5 ABDN	ABFGHIKPRVZ	10

Anzeige auf dieser Seite 10A CEE ❶ €32,60
H500 3,5 ha 64**T**(60-120m²) 64**D** ❷ €41,40

🚗 A14 Ausfahrt Feldkirch-Nord, am 2. Kreisel Richtung Gisingen. Links nach Gisingen. Im Kreisverkehr in Feldkirchen rechts. Der Straße bis zum Kreisel folgen. Danach 2 mal rechts. Den grünen Schildern folgen. 100866

Innerbraz (Klostertal), A-6751 / Vorarlberg 📶 iD
- ▲ Walch's Camping & Landhaus★★★★
- 🏠 Arlbergstraße 93
- 📅 15/5 - 11/10, 11/12 - 19/4
- ☎ +43 5 55 22 81 02
- @ info@landhauswalch.at
- 📍 N 47°08'31'' E 09°55'36''

1 ADEG**JM**NOPQRST	N	6
2 AFGOPVWX	ABDE**FG**	7
3 B**DFLM**	ABCDEFJKNQRTUVW	8
4 AEFGHIO**STV**	GILW	9
5 ABDJMN	ABFGH**PRV**	10

Anzeige auf Seite 239 WB 16A CEE ❶ €45,80
H700 2,5 ha 50**T**(80-120m²) 58**D** ❷ €53,80

🚗 A14/E60 Bregenz-Bludenz-Braz. Richtung Arlberg über die S16. An der T-Kreuzung rechts. Nach 2 km CP links. Von Landeck/Arlberg Ausfahrt Braz und Beschilderung folgen. In Navi eingeben: Innerbraz. 117766

Nenzing, A-6710 / Vorarlberg 📶 iD
- ▲ Alpencamping Nenzing★★★★★
- 🏠 Garfrenga 1
- 📅 1 Jan - 31 Dez
- ☎ +43 55 25 62 49 10
- @ office@alpencamping.at
- 📍 N 47°10'57'' E 09°40'56''

1 ADE**JM**NOPQRS**T**	ABEFG**N**	6
2 ABCFGOPRSUVWX	BCE**FG**H	7
3 AD**HI**LMU	BCDEFIJK**LM**NQRTUVW	8
4 **A**BCDEFHO**TUVXY**	HKWZ	9
5 ABDEFGHLMN	ABCEGHJMPR	10

WB 16A CEE ❶ €44,00
H700 3,3 ha 165**T**(80-160m²) 13**D** ❷ €58,00

🚗 A14 Bregenz-Innsbruck, Ausfahrt 41 Feldkirch/Frastanz. An der Ampel links Richtung Frastanz auf die 190. An der 1. Ampel rechts, hier den grünen Campingschildern folgen. Ausfahrt 50 ist auch möglich, aber eng. 101349

Nüziders, A-6714 / Vorarlberg 📶 ✦ iD
- ▲ Panorama CP Sonnenberg
- 🏠 Hinteroferst 12
- 📅 1 Mai - 27 Sep
- ☎ +43 5 55 26 40 35
- @ info@camping-sonnenberg.com
- 📍 N 47°10'15'' E 09°48'15''

1 AEF**IL**NOPQRS**T**		6
2 AFOPRSUVWX	ABDE**FG**H	7
3 B**L**MUWX	ABCDEFJKNQRTUVW	8
4 BEFGHIO	J	9
5 ABDMN	ABEFGHJPTU	10

Anzeige auf Seite 239 13A CEE ❶ €38,40
H580 1,9 ha 116**T**(90-110m²) 2**D** ❷ €46,40

🚗 A14, Ausfahrt 57 Nüziders und Schildern Nüziders folgen. Danach wird CP angezeigt. 105965

Au im Bregenzerwald, A-6883 / Vorarlberg 📶 iD
- ▲ Camping Austria Fam. Köb
- 🏠 Neudorf 356
- 📅 1 Jan - 31 Dez
- ☎ +43 55 15 23 31
- @ info@campingaustria.at
- 📍 N 47°18'58'' E 09°59'56''

1 ADHKNOPQRS**T**	HJ**N**U	6
2 CFOPRSVWX	ABCDE**FG**	7
3 M	ABCDE**F**JNQRW	8
4 AEFHIO	Y	9
5 CDLMN	ABEFGHJPRZ	10

Anzeige auf dieser Seite W 15A CEE ❶ €26,40
H800 0,6 ha 40**T**(50-80m²) 15**D** ❷ €36,40

🚗 B200 Dornbirn-Warth. Der CP ist im Ort ausgeschildert: bei Gasthof Schiff über die Brücke, rechts und sofort links ums Haus. 100867

Camping Austria Fam. Köb

Prima Camping für Sommer und Winter. Im Sommer finden Sie hier ein riesiges Wandergebiet. Im Winter prima Skifahren und Langlaufen. Der gratis Skibus verkehrt direkt ab dem Campingplatz. Restaurant und Supermarkt gleich in der Nähe.

Neudorf 356, 6883 Au im Bregenzerwald • Tel. +43 55152331
E-Mail: info@campingaustria.at
Internet: www.campingaustria.at

Da lacht das Camperherz

- beheiztes Freizeitbad
- großzügige Stellplätze (60 - 100 m²)
- gepflegter und ruhiger Platz
- Grillabende mit Live-Musik
- Kinderspielplatz & Beachvolleyball
- ausgedehntes Rad- und Wandernetz
- historische Sehenswürdigkeiten in Feldkirch
- lebendige Kulturszene mit vielen Festivals
- idealer Ausgangspunkt für Ausflüge im 4-Ländereck

WALDCAMPING FELDKIRCH

Tel. +43 5522 76001-3190, Fax -3199
waldcamping@feldkirch.at, www.waldcamping.at

Alpencamping in Vorarlberg
www.alpenregion-vorarlberg.com/camping

Aktiv in Vorarlberg

Natur pur, Berge voller Abenteuer und jede Menge Aktivitäten erwarten Naturgenießer, Sportbegeisterte und Familien im Sommer wie Winter. Erleben Sie eine wunderschöne Bergwelt auf
- 800 km Wanderwegen
- zahlreichen Mountainbike-Routen
- zwei 18-Loch Golfplätzen
- zahlreichen Pistenkilometern in fünf Skigebieten
- kurvigen Rodelstrecken, schönen Winter- und Schneeschuhwanderwegen

» Tipp: Vorteilhaft unterwegs mit der Gästekarte!
Die Gästekarte bietet viele Gratisleistungen sowie attraktive Ermäßigungen auf viele Angebote in der Region.

Alpenregion Bludenz Tourismus GmbH
Rathausgasse 12, 6700 Bludenz – Österreich
T +43 55 52 302 27, info@alpenregion.at
www.alpenregion-vorarlberg.com/camping

Brandnertal
Alpenstadt Bludenz
Klostertal
Biosphärenpark
Großes Walsertal

VORARLBERG

Panorama Camping Sonnenberg

Ihr Wohlfühlplatz in den Bergen:
Optimaler Ausgangspunkt für Ausflüge, Wanderungen und Radfahren. Kinderprogramm (HS) und freier Eintritt ins Freibad VAL BLU.

camping.info AWARD 2019

Familie Dünser
Hinteroferst 12, 6714 Nüziders
T +43 55 52 640 35
info@camping-sonnenberg.com
www.camping-sonnenberg.com

Walch's Camping **** & Landhaus ***

Familie Walch
Arlbergstr. 93, 6751 Innerbraz
T +43 55 52 281 02
info@landhauswalch.at
www.campingplatz-arlberg.at

Teilkarte Vorarlberg auf Seite 237

Raggal, A-6741 / Vorarlberg

- Grosswalsertal
- Plazera 21
- 15 Mai - 30 Sep
- +43 5 55 32 09
- info@camping-grosswalsertal.at
- N 47°12'57''   E 09°51'13''

1	A**JM**NOPQRT	AB 6
2	FGOPUVW	ABDE**FG** 7
3	BGM	ABCDEFJNRW 8
4	EFI	I 9
5	ADN	ABHJ**P**R10

Anzeige auf dieser Seite 16A CEE
H888 0,8 ha 55**T**(65-100m²) 1**D**

① €30,30
② €41,30

105964

A14 Bregenz-Arlberg, Ausfahrt 50 Nenzing/Bludesch in Richtung Bludesch/Thüringen/Ludesch. Von Ludesch nach Raggal (6 km), durch Raggal, 2 km Richtung Sonntag; der CP liegt links.

8 100 europäische Campingplätze in einer praktischen App

www.Eurocampings.de/app

Tirol

Achenkirch, A-6215 / Tirol

- Achensee Camping Schwarzenau
- Achenkirch 1
- 1/1 - 31/10, 1/12 - 31/12
- +43 66 44 66 20 70
- office@schwarzenau.cc
- N 47°28'05''   E 11°42'50''

1	AC**JM**NOPQRST	L NOPQRST**X**YZ 6
2	DFGKOPRUVY	ABDE**FG** 7
3	B**L**	ABE**FG**NQR 8
4	**A**EFHIO**TX**	MV 9
5	ABCDEFIJKMN	ABFGHKMPRZ10

W 16A
H930 1,5 ha 58**T**(60-100m²) 14**D**

① €36,50
② €46,50

Über Bad Tölz auf Straße B13 und B307 nach Achenwald/Achenkirch.

105999

Achenkirch, A-6215 / Tirol

- Alpen-Caravanpark Achensee*****
- 1 Jan - 31 Dez
- +43 52 46 62 39
- info@camping-achensee.com
- N 47°29'57''   E 11°42'23''

1	ADE**JM**NOPQRST	L NOPQRST**X**YZ 6
2	DFGKOPQRTVX	ABDE**FGH** 7
3	BDEG**HILM**	ABCDE**GJ**LNPQRTUVW 8
4	**A**BCEFGHIO**PQ**	ITUVW 9
5	ABDEFGHJLMN	ABFGHJ**PR**W10

Anzeige auf dieser Seite WB 10A CEE
H930 2,5 ha 150**T**(80-100m²) 52**D**

① €49,50
② €63,50

A8 München-Rosenheim, Holzkirchen A93 Kufstein, Ausfahrt Wiesing zum Achensee, Maurach, Achenkirch.

105998

Abenteuer & Spaß
am Erlebnis Comfort Camping
AUFENFELD

TOP! 60m lange WasserRutsche mit Zeitmessung!

NEU! klimatisierte KLETTER- und BOULDERHALLE

www.camping-zillertal.at

60m lange Wasserrutsche mit Zeitmessung! | Relax-Ruheraum mit Panoramaterrasse | NEU: beschneiter Übungsskilift direkt am Platz | Gratisskibus | Kinderbecken, Hallenbad | Erlebnisteich | Fitnessraum | großzügige Sauna- & Wellnessoase | Tennisplätze | Skaterpark | Fun-Court | Trampolinanlage | Beach-Volleyball | Tret-Gokarts | Abenteuer-Spielplätze | Reitanlage | klimatisierte Kletter- und Boulderhalle | Restaurants | Cafés | Supermarkt | Westernfort | Indoor-Spielhaus mit Kinderkino uvm.

A-6274 Aschau im Zillertal · Aufenfeldweg 10 · Tel. +43 (0)5282 2916 · e-mail: info@camping-zillertal.at

Aschau, A-6274 / Tirol

- Erlebnis Comfort Camping Aufenfeld *****
- Aufenfeldweg 10
- 1/1 – 5/11, 15/12 – 31/12
- +43 52 82 29 16
- info@camping-zillertal.at
- N 47°15'48" E 11°53'59"

1	ADE**JM**NOPQRST	**EFG**HLUV 6
2	DFGJOPRSUVX	ABCDE**FG** 7
3	BDFG**HIJLMNO**TUVWX	ABCDEFIJKLNQRS**TUV** 8
4	**ABCDEFHIKLOPQRSTVXZ**	IJLUVWY 9
5	ACDEFGHJLMN	ABEGHIJLPRXZ10

Anzeige auf dieser S. WB 6-16A CEE
H570 12 ha 350T(80-120m²) 100D
① €52,10
② €73,10
106014

A12 Ausfahrt 39 Zillertal, B169 nach Aschau, dort über die Ziller zum CP.

Biberwier, A-6633 / Tirol

- Alpencamp Marienberg
- Marienbergweg 15
- 1/1 – 30/10, 15/12 – 31/12
- +43 5 67 32 02 37
- info@alpencamp-marienberg.at
- N 47°22'29" E 10°53'33"

1	AE**JM**NOPQRST	6
2	CFORSTUVWXY	ABDE**FG**H 7
3	**LMS**	ABCDEFHJNQRTUVW 8
4	AEFHIO	UVW 9
5	ADEFGLMN	ABFGHIJMP**RV**10

W 16A CEE
H1000 2 ha 75T(90-110m²) 50D
① €30,45
② €41,45
113148

B179 Reutte-Imst. In Lermoos Ausfahrt Biberwier. An der T-Kreuzung rechts; den CP-Schildern folgen.

Biberwier, A-6633 / Tirol

- Feriencenter Camping Biberhof
- Schmitte 8
- 1 Jan – 31 Dez
- +43 56 73 29 50
- reception@biberhof.at
- N 47°22'56" E 10°54'07"

1	A**IL**NOPQRS**T**	6
2	BCFGOPRVWXY	ABDE**FG**H 7
3	AF**L**MU	ABCDEFIJ**L**NQRTUVW 8
4	FH	I 9
5	ADHLMN	ABDGHJMPRW10

Anzeige auf dieser Seite W 10A CEE
H1000 2,5 ha 60T(80-100m²) 67D
① €33,40
② €46,40
108150

Reutte Richtung Lermoos. Ortsmitte Lermoos Richtung Biberwier. T-Kreuzung in Biberwier Richtung Ehrwald. Nach 300m CP rechts.

Detailkarte

Die Orte in denen die Plätze liegen, sind auf der Teilkarte **fett** gedruckt und zeigen ein offenes oder geschlossenes Zelt.
Ein geschlossenes Zelt heißt, dass mehrere Campingplätze um diesen betreffenden Ort liegen.
Ein offenes Zelt heißt, dass ein Campingplatz in oder um diesen Ort liegt.

Feriencenter Camping Biberhof

Ruhig gelegen & familiengeführt ist er, der Campingplatz Biberhof im Außerfern in Tirol, umringt von richtig viel Natur, mit einem plätschernden Bach, der direkt daran vorbeifließt und Fichtenwäldern, die die Naturidylle perfekt machen. Idealer Ausgangspunkt für Sommer- & Winteraktivitäten in den Bergen der Zugspitzarena.
Alle Sportanlagen sind KOSTENLOS

- Trampolin
- Fußballplatz
- Basketball
- Tischtennis
- Kinderspielplatz
- Fahrradverleih
- Rodelverleih
- Kleiner Streichelzoo

Schmitte 8, 6633 Biberwier
Tel. +43 56732950
Fax +43 567320105
E-Mail: reception@biberhof.at
Internet: www.biberhof.at

Teilkarte Tirol auf Seite 240

Plansee TIROL
natur erleben

Sennalpe +43 (0)5672 78115
Seespitz +43 (0)5672 78121

www.plansee-tirol.at

2 Campingplätze, Hotel Forelle, Musteralpe

gemütliche Kioske, Tauchcamp - in perfekter Lage!

Österreich

Breitenwang, A-6600 / Tirol
- Seespitz***
- Plansee
- 1 Mai - 15 Okt
- +43 5 67 27 81 21
- info@plansee-tirol.at

1 ADE**JM**NOPQRST LNOPQSX 6
2 DFGIPRTUWXY ABDE**FG** 7
3 BMX ABEFNQRT 8
4 **AE**FHIO**T** FR 9
5 ABDEFJMN ABGHJLPRZ10
Anzeige auf dieser Seite 12A CEE
N 47°28'27'' E 10°47'05'' H900 1 ha 150T(80-100m²) 17D
Über B179 nach Reutte, dann Richtung Plansee, erster CP links.
① €33,00 ② €42,40
101345

Ehrwald, A-6632 / Tirol
- Zugspitz Resort Camping****
- 1 Jan - 31 Dez
- +43 56 73 23 09
- welcome@zugspitze-resort.at

1 ADE**JM**NOPQRST ABEFGHI 6
2 BFGOPRSUVWX ABCDE**FGH**IJ 7
3 BDE**LMU** ABCDEFIJKL**N**QRTUVW 8
4 ABEFHILO**PQRSTUV**X GLUVWXY 9
5 ABDFHJLM ABHJPQRV10
WB 16A CEE
N 47°25'37'' E 10°56'28'' H1200 5 ha 170T(80-100m²) 153D
B179 nach Reutte/Lermoos, B314 Lermoos-Ehrwald, in Lermoos Richtung Tiroler Zugspitzbahn nach Ehrwald.
① €70,00 ② €106,00
105977

Breitenwang, A-6600 / Tirol
- Sennalpe***
- Plansee
- 1 Jan - 31 Dez
- +43 5 67 27 81 15
- info@plansee-tirol.at

1 ADE**JM**NOPQRST LNOPQSXZ 6
2 BDFGIPRVWXY ABDE**FG** 7
3 BGMUX ABCDEFJNRTW 8
4 **AE**FHIO FJRUW 9
5 ACDEFJLMN ABCGHJPRZ10
Anzeige auf dieser Seite WB 12A CEE
N 47°29'11'' E 10°50'23'' H1000 5 ha 200T(80-100m²) 152D
Über B179 nach Reutte, dann Richtung Plansee, bei Hotel Forelle rechts.
① €33,00 ② €42,40
100858

Fieberbrunn, A-6391 / Tirol
- Tirol Camp****
- Lindau 20
- 19/5 - 2/11, 9/12 - 19/4
- +43 5 35 45 66 66
- office@tirol-camp.at

1 ACDEF**JM**NOPQRS**T** ABEFGHIM 6
2 GOPRSUVWX ABDE**FGH** 7
3 ABF**HILMUW** ABCDEFIJL**MN**QRTUVW 8
4 AB**E**FHILO**PQRSTUVYZ** GIUV 9
5 ACDEFHJLMN ABEGHJ**NP**QRVWYZ10
Anzeige auf Seite 243 W 10A
N 47°28'06'' E 12°33'14'' H820 / ha 250T(100-120m²) 101D
B164 St. Johann in Tirol-Saalfelden, In Fieberbrunn ausgeschildert.
① €48,60 ② €64,00
100864

Brixen im Thale, A-6364 / Tirol
- Brixen im Thale
- Badhausweg 9
- 1 Jan - 31 Dez
- +43 53 34 81 13
- info@camping-brixen.at

1 ABD**JL**NOPQRST 6
2 FOPRWX ABDE**FG** 7
3 BFLMU ABCDE**F**JNQRTUV 8
4 **E**FHIO IJVW 9
5 ADFMNO ABFGHJPQRZ10
WB 16A CEE
N 47°26'46'' E 12°15'26'' H800 2,5 ha 60T(100-120m²) 222D
B170 Kitzbühel-Wörgl vor dem Tunnel rechts, 2. Ausfahrt links.
B170 Wörgl-Kitzbühel vor dem Tunnel links, 2. Ausfahrt rechts.
① €34,00 ② €45,00
106020

Fügen, A-6263 / Tirol
- Wohlfühlcamping Hell****
- Gageringerstraße 1
- 1 Jan - 31 Dez
- +43 5 28 86 22 03
- info@hells-ferienresort.at

1 ADE**JM**NOPQRST ABEFG 6
2 AFGOPSUVX ADDE**FGH** 7
3 BDFGLMU ABCDEFGHIJKL**N**QRTUVW 8
4 BEFHILO**RSTVX** IJVZ 9
5 ABDEFGHJLMN ABCEFGHKPTUVXZ10
Anzeige auf Seite 243 WB 16A CEE
N 47°21'33'' E 11°51'06'' H540 3 ha 155T(80-100m²) 48D
Inntal-Autobahn, Ausfahrt 39 Zillertal, auf der B169 Richtung Fügen, dann Ausfahrt Gagering.
① €45,50 ② €65,50
101583

Ehrwald, A-6632 / Tirol
- Dr. Lauth
- Zugspitzstraße 34
- 1 Jan - 31 Dez
- +43 56 73 26 66
- info@campingehrwald.at

1 AF**JM**NOPQRST AB 6
2 FGOPRTUWXY ABDE**FGH** 7
3 ALMSUX ABEFGHJKNPQRTW 8
4 **AE**FHI DF 9
5 ADFGHJLMN ABGHJLPRVWZ10
W 16A CEE
N 47°24'40'' E 10°55'25'' H1020 1 ha 65T(80-100m²) 48D
Über B179 nach Reutte/Lermoos, in Lermoos Richtung Zugspitzbahn nach Ehrwald. Erster CP rechts von der Straße.
① €32,50 ② €48,25
105978

Grän, A-6673 / Tirol
- Comfort-Camp Grän****
- Engelstr. 13
- 15/5 - 1/11, 15/12 - 19/4
- +43 56 75 65 70
- info@comfortcamp.at

1 AF**JM**NOPQRST EN 6
2 CFOPRSTUVWX ABDE**FGH** 7
3 ABD**H**IMX ABCDEFGHIJKL**N**QRTUVW 8
4 AEFGHI**STVX** IUVW 9
5 ABDEFGHJLMN ABCEFG**H**JPRZ10
Anzeige auf dieser Seite WB 16A CEE
N 47°30'36'' E 10°33'22'' H1150 3,3 ha 150T(80-100m²) 43D
A7 von Kempten, Ausfahrt Oy, über Wertach, Oberjoch, Grän.
① €43,70 ② €57,70
101344

Hall (Tirol), A-6060 / Tirol
- Schwimmbad Camping Hall in Tirol***
- Scheidensteinstr. 26
- 1 Mai - 30 Sep
- +43 5 22 35 85 55 50
- info@camping-hall.at

1 AE**JM**NOPRT ABFGH 6
2 AFGOPVX ABDE**FG** 7
3 AG**JL**N**O** ABCDEFGIJNQRT 8
4 AEFHO**P** 9
5 ABDEFJKN ABFGHJPRXZ10
Anzeige auf dieser Seite B 10A CEE
N 47°17'06'' E 11°29'45'' H563 0,9 ha 85T(60-100m²)
Inntal-Autobahn, Ausfahrt 68 Hall und Schildern folgen (Richtung Schwimmbad, B171).
① €28,50 ② €38,50
100876

---

comfort CAMP
Grän / Tannheimertal

Familie Lang & Familie Gehring
Engetalstraße 13
A-6673 Grän
www.comfortcamp.at | info@comfortcamp.at
Tel. +43 / (0) 5675 / 6570

Schwimmbad Camping Hall in Tirol
★ ★ ★

• Gemütlicher Familiencamping gleich an der historischen Ortsmitte von Hall • Gratis Eintritt ins nächstgelegene wunderschöne und beheizte Freibad • Gratis WiFi

Scheidensteinstr. 26, 6060 Hall (Tirol)
E-Mail: info@camping-hall.at • Internet: www.camping-hall.at

CAMPING & APPARTEMENTS SEEHOF • A-6233 Kramsach • Moosen 42 - am Reintalersee
Tel. +43/ (0) 5337 / 63541, Fax DW 20 • info@camping-seehof.com • www.camping-seehof.com

Kramsach (Reintalersee), A-6233 / Tirol 📶 ©©€20 iD

- Camping und Appartements Seehof*****
- Moosen 42
- 1 Jan - 31 Dez
- +43 5 33 76 35 41
- @ info@camping-seehof.com
- N 47°27'43'' E 11°54'26''

1	ADE**JM**NOPQRS**T**	L N O P 6
2	ADFGJOPRSUVX	ABDE**FG**H 7
3	B**HI**MUVX	ABCDEFHJK**L**NQRTUVW 8
4	ABEFHIKLO**QR**S	IKQUVWY 9
5	ABDEFJLMN	ABCDEFGHJLMN**PR**VX 10

Anzeige auf dieser S. WB 13-16A CEE ❶ €39,00
H560 4 ha 130T(90-120m²) 50D ❷ €52,80
108925

A12 Ausfahrt 32 Kramsach, ca. 5 km den grünen Schildern 'Zu den Seen' oder 'Campingplätze' folgen. 2. CP an der Straße. Rezeption links neben der Zufahrt (Holzhäuschen). Über den Neudegger Höhenweg kommend (nicht erlaubt) liegt der CP rechts.

Längenfeld, A-6444 / Tirol 📶 iD

- Camping Ötztal****
- Unterlängenfeld 220
- 1 Jan - 31 Dez
- +43 52 53 53 48
- @ info@camping-oetztal.com
- N 47°04'20'' E 10°57'51''

1	AE**JM**NOPQRST	ABEFGI**N**UV 6
2	CFOPSVWXY	ABC**DE**FG**H** 7
3	BFGMN**O**WX	ABCDEFGIJKLNQRTUVW 8
4	**A**EFGHIOR**STWXYZ**	DJLU 9
5	ABDEFGHLMN	ABEFGHIJPRWZ 10

Anzeige auf Seite 251 WB 12-16A CEE ❶ €40,90
H1180 2,6 ha 125T(80-120m²) 52D ❷ €55,90
105986

A12 Inntal-Autobahn, Ausfahrt Ötztal, ins Ötztal B186 bis Längenfeld.

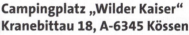

Campingplatz „Wilder Kaiser"
Kranebittau 18, A-6345 Kössen

Kinderbereich *Neuer Wellnessbereich*

- Mobilheime + Campingfässer zu mieten
- Kinderbetreuung • Abenteuerspielplatz
- TOPI Kinderclub • Funcourt • Minimarkt
- behindertengerechtes Sanitär
- WLAN gratis • Mietbadezimmer
- Aufenthaltsräume • Golf
- Beachvolleyball • 2 Restaurants
- Boulder-Block • Wasserspielplatz
- Ganzjahresanimation

Tel. +43-5375-6444 www.eurocamp-koessen.com GPS: N 47°39'14'' E 12°24'54''

LERMOOS LÄRCHENHOF

- 160 m² Saunaparadies • 200m entfernt beheiztes Schwimmbad (gratis) • 1 km entfernt Tennis und Discothek • 3 km entfernt Reiten • 4 km entfernt See • ca. 150m entfernt Skilift und Skischule • Jede halbe Stunde Skibus vom Campingplatz (gratis) • Schöne Sanitäranlagen • Appartment- und Zimmervermietung • Ganzjährig geöffnet

Gries 16, 6631 Lermoos • Tel. 05673-2197 • Fax 05673-21975
info@laerchenhof-lermoos.at • www.camping-lermoos.at

Lermoos, A-6631 / Tirol 📶 iD

- Lermoos Lärchenhof
- Gries 16
- 1 Jan - 31 Dez
- +43 56 73 21 97
- @ info@laerchenhof-lermoos.at
- N 47°24'25'' E 10°52'09''

1	ADEJMNOPRST	ABFGH 6
2	AFOPWX	ABDE**FG** 7
3	**L**MX	ABCDEFJNQRW 8
4	AEFHIO**STV**	FGIUVW 9
5	ABDEFHJLMN	ABGHIKPR 10

Anzeige auf dieser Seite W 16A CEE ❶ €25,00
H1000 3 ha 50T(60-80m²) 77D ❷ €31,00
105980

Über Reutte nach Lermoos. In Lermoos ist der CP bei BP-Tankstelle.

Der kleine & ruhige Sonnenplatz in Kramsach!

* Schwimmbad mit Kinderpool
* Genuss Restaurant mit Terrasse
* Komfortplätze bis 120 m²
* Sauna & Spa auf 500 m²
* Appartements für Freunde
* 5 neue private Badezimmer
* eigene Übernachtungsplätze

6233 Kramsach, Seebühel 14
Tel: 0043 5337 63371
office@camping-stadlerhof.at
www.camping-stadlerhof.at

Österreich

Karwendel - Camping - Maurach am Achensee - kleiner, familiär geführter Campingplatz - gemütliches Restaurant - Holzblockhäuser und Zimmer zu vermieten - Sommer- und Wintercamping - gepflegte Sanitäreinrichtungen

www.karwendel-camping.at
Familie Kinigadner D. und A. · 6212 Maurach am Achensee
Tel. +43/5243/6116 · Fax: +43/5243/20036 · info@karwendel-camping.at

Leutasch, A-6105 / Tirol

▲ Tirol.Camp Leutasch*****	1 A**DEJM**NOPQRST	EFG**J**N 6
🛏 Reindlau 230b	2 CFGOPRSVXY	ABDE**FGH** 7
⏰ 13/5 - 22/10, 15/12 - 10/4	3 A**F**L**M**X	ABCDEF**JK**L**M**NQRTUVW 8
☎ +43 5 21 46 57 00	4 **A**EFGHIQRTV	GJKUVW 9
@ info@tirol.camp	5 A**B**DFHJLMNO	ABCEGHIJPRXZ10
	Anzeige auf dieser Seite WB 12A CEE	① €43,00
⛰ N 47°23'55'' E 11°10'47''	H1130 2,8 ha 127T(80-120m²) 15D	② €59,00
		101346

🚗 Garmisch-Partenkirchen-Mittenwald-Scharnitz-Giessenbach-Leutasch. Direktverbindung Mittenwald-Leutasch nicht zu empfehlen; teilweise sehr enge Straßen und Maximalgewicht von 7,5t.

Seecamping Wimmer

Durch seine zentrale Lage ist der Seecamping Wimmer ideal für Ihren Familienurlaub. Der Campingplatz liegt direkt am Achensee mit zahlreichen Freizeitaktivitäten und Geschäften in der Nähe. Es gibt ein neues Hallenbad mit Sauna, Strand und großem Spielplatz. Der Bootssteg von Buchau ist in ca. 3 Minuten erreichbar. Die Rofanbahn ist mit dem kostenlosen Regiobus erreichbar! Die Sanitäranlagen wurden kürzlich renoviert und werden mehrmals täglich gereinigt.

Buchau 7, 6212 Maurach
Tel. +43 524320238
www.achensee-camping.at · info@achensee-camping.at

Lienz, A-9900 / Tirol

▲ Comfort & Wellness Camping Falken****	1 A**DEFJM**NOPQRST	X 6
	2 FOPVWXY	ABDE**FGI** 7
🛏 Falkenweg 7	3 A**LM**N	ABCDEFI**J**NPQRTUVW 8
⏰ 4 Apr - 12 Okt	4 FHIO	FKLWZ 9
☎ +43 66 44 10 79 73	5 A**B**DEFGHJMN	ABEGHIJ**L**PRVZ10
@ camping.falken@tirol.com	Anzeige auf Seite 247 B 6A CEE	① €36,00
⛰ N 46°49'22'' E 12°46'14''	H672 2,5 ha 132T(70-120m²) 36D	② €46,00
		106040

🚗 Über Kufstein-Kitzbühel-Mittersill-Felbertauerntunnel nach Lienz. In Lienz am Kreisel Richtung Spittal. An der zweiten Ampel (ÖAMTC) rechts. Dann den Schildern folgen.

Lienz/Amlach, A-9908 / Tirol

▲ Dolomiten Camping Amlacherhof****	1 A**JM**NOPQRS**T**	AUX 6
	2 FGOPVWXY	ABDE**FGHI** 7
🛏 Seestrasse 20	3 A**H**IJ**LM**UX	ABCDEF**JK**L**M**NQRTUVW 8
⏰ 1 Apr - 31 Okt	4 FHIO**PS**	EGILUVWXY 9
☎ +43 6 99 17 62 31 71	5 A**B**DEFHMN	ABGHIJO**P**R10
@ info@amlacherhof.at	Anzeige auf Seite 247 WB 16A CEE	① €33,10
⛰ N 46°48'48'' E 12°45'47''	H710 2,5 ha 85T(80-120m²) 31D	② €41,30
		110377

🚗 Felbertauerntunnel-Lienz, bei Lienz hinter dem Kreisel Richtung Spittal. An der 2. Ampel rechts Richtung Feriendorf/Amlach, noch 2 km den Schildern folgen.

Lienz/Tristach, A-9907 / Tirol

▲ Camping Seewiese****	1 A**J**KNOPQRS**T**	LM**N**X 6
🛏 Tristachsee 2	2 BDFG**IJ**OPRTWXY	ABDE**FG** 7
⏰ 6 Mai - 19 Sep	3 A**B**F**GLM**X	ABCDF**J**NQRW 8
☎ +43 485 26 97 67	4 FHIO	9
@ seewiese@hotmail.com	5 A**B**DEHJN	AFGHIJOR10
	Anzeige auf Seite 247 6A	① €40,00
⛰ N 46°48'23'' E 12°48'08''		② €51,00
		110250

🚗 Von Kufstein-Kitzbühel-Felbertauerntunnel Ri. Lienz. In Lienz der Beschilderung Tristach-Tristachersee und Seewiese folgen.

Das besondere Naturerlebnis für Camper

Umgeben von den mächtigen Bergen ist TIROL.CAMP Leutasch im Sommer ein idealer Ausgangspunkt zum Wandern und Bergsteigen sowie im Winter zum Langlaufen und Skifahren. Sowohl beim Sommercamping als auch beim Wintercamping profitieren Sie in Leutasch von zahlreichen Angeboten. Mit integriertem Restaurant, Schwimmbad und Saunabereich bleiben bei einem außergewöhnlichen Campingerlebnis kaum Wünsche offen.

Reindlau 230b, 6105 Leutasch · Tel. 05214-65700
E-Mail: info@tirol.camp · Internet: www.tirol.camp

Matrei in Osttirol, A-9971 / Tirol

▲ Edengarten	1 A**JM**OPRT	N 6
🛏 Edenweg 15A	2 FGOPVWXY	ABDE**FG**H 7
⏰ 20 Apr - 15 Okt	3 A**M**	ABCDE**FGJ**NQRTW 8
☎ +43 48 75 51 11	4 FHIOQ	I 9
@ info@campingedengarten.at	5 DEHJKLM	ABHIKOR10
	16A CEE	① €31,00
⛰ N 46°59'43'' E 12°32'20''	H941 1,5 ha 75T(80-100m²) 6D	② €38,00
		101351

🚗 Vom Felbertauerntunnel die 2. Ausfahrt nach Matrei/Goldriedbahn/Virgen. Camping nach 500m rechts.

Maurach, A-6212 / Tirol

▲ Karwendel Camping	1 A**DEJM**NOPQRST	**N**OQRST 6
🛏 Planbergstraße 23	2 FGOPRVX	ABDE**FG** 7
⏰ 1/1 - 30/10, 15/12 - 31/12	3 **B**LM	ABEF**J**NQRTW 8
☎ +43 52 43 61 16	4 **A**EFH	FGIJ 9
@ info@karwendel-camping.at	5 A**D**EFLMN	ABEGHI**JM**PR10
	Anzeige auf dieser Seite W 16A	① €38,50
⛰ N 47°25'17'' E 11°44'26''	H1000 1,5 ha 55T(80-100m²) 51D	② €46,50
		106001

🚗 Über Bad Tölz auf Straße B13 und B307 nach Achenwald und Maurach am Achensee.

Maurach, A-6212 / Tirol

▲ Seecamping Wimmer***	1 A**DEJM**NOPQRS**T**	I**LM**NPQRSTVX 6
🛏 Buchau 7	2 DFGHOPRVX	ABDE**FG** 7
⏰ 1/4 - 15/10, 15/12 - 28/3	3 **F**LNO	ABCDE**FJ**NQRTW 8
☎ +43 5 24 32 02 38	4 **E**FH	KRUW 9
@ info@achensee-camping.at	5 ACDEFLMN	ABGH**J**PRX10
	Anzeige auf dieser Seite W 6A	① €35,00
⛰ N 47°25'58'' E 11°44'06''	H930 1,5 ha 85T(60-120m²) 5D	② €43,00
		106000

🚗 Über Bad Tölz auf der B13 und B307 nach Achenwald und Maurach. Oder über die A12 Richtung Innsbruck, Ausfahrt 39 Wiesing. Dann Richtung Achensee.

ACSI EuroCampings

Zu jedem Campingplatz in diesem Führer gehört eine sechsstellige Nummer. Damit können Sie den betreffenden Campingplatz einfacher auf der Webseite suchen.

www.Eurocampings.de

Teilkarte Tirol auf Seite 240

Campingurlaub zwischen Glockner und Dolomiten

Osttirol

Österreich

● www.osttirol.com   Osttirol Information, T. +43 50 212 212, info@osttirol.com

COMFORT & WELLNESS CAMPING FALKEN ****
Moderner Komfort & Wellness Campingplatz am südlichen Stadtrand von Lienz, 900m vom Stadtzentrum. Gratis Warmduschen und gratis W-Lan. Ab 3 Tagen Aufenthalt gratis Eintritt ins Dolomitenbad und Strandbad Tristacher See. Buffet - Mini-Markt, Camper-Service, großer Wellnessbereich "Falkennest".

T. +43 664 4107973, **www.camping-falken.com**

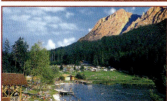

CAMPING SEEWIESE ****
Idyllisch gelegener Komfort-Campingplatz beim einzigen Badesee Osttirols, direkt unter den Felswänden der Lienzer Dolomiten. Freier Eintritt in das Strandbad Tristachersee und in der Hauptsaison Gratisbus in die Stadt Lienz. Gratis W-Lan, Camper-Service.
Tristachersee 2, 9907 Lienz/Tristach,
T. +43 4852 69767, **www.campingtirol.com**

NATIONALPARK CAMPING KALS ****
Der Campingplatz ist terrassenförmig angelegt, in einer ruhigen und sonnigen Lage mit einem einzigartigen Bergpanorama. Das moderne Sanitärgebäude sorgt für maximalen Komfort. Alle Sanitäranlagen sind mit Fußbodenheizung und Belüftung ausgestattet. Überall gratis Warmwasser vorhanden.

T. +43 4852 67389, **www.nationalpark-camping-kals.at**

DOLOMITEN CAMPING AMLACHERHOF ****
Camping in herrlich ruhiger Lage an einem der schönsten Plätze im Lienzer Talboden. Alle Komfortstellplätze mit Wasser- und Abwasseranschluss, Strom, Camper-service. Schwimmbad, Imbiss, Minigolf, Trampolin, Fahrradverleih, etc. direkt auf dem Campingplatz. 10 Apartments für 2 bis 6 Personen.

T. +43 699 17623171, **www.amlacherhof.at**   MIT SCHWIMMBAD

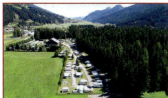

CAMPING LIENZER DOLOMITEN ***
Komfortabler Campingplatz mit eigenem See zu günstigen Preisen im Zentrum der Dolomiten. Ausgangspunkt für Bergwanderungen und Radtouren: Pustertal, Villgrattal mit dem Winkeltal und Tiroler Gailtal mit dem Lesachtal.

T. +43 4842 5228, **www.camping-tirol.at**

CAMPING EDENGARTEN
Zentral gelegen und doch ruhig. Schöne Sanitäranlagen, gut gepflegte Rasenflächen. Restaurant vor Ort. Supermärkte, Bergbahnen, Schwimmbad und viele Freizeitmöglichkeiten in unmittelbarer Nähe. Idealer Ausgangspunkt für viele schöne Wanderungen.

T. +43 4875 5111, **www.campingedengarten.at**

Österreich

Das Ferienparadies bei Innsbruck

Tirol
springlebendig
Natterer See
★★★★★

Comfortcamping · Mobilheime · Appartements · Gästezimmer

www.natterersee.com

Ferienparadies Natterer See
Natterer See 1 · A-6161 Natters/Tirol/Austria · Tel. +43 (0) 512 / 54 67 32
Fax +43 (0) 512 / 54 67 32 - 16 · E-Mail: info@natterersee.com

Nassereith, A-6465 / Tirol 🛜 CC€16 iD
- Rossbach★★★★
- Rossbach 325
- 1/1 - 30/10, 15/12 - 31/12
- +43 52 65 51 54
- @ rainer.ruepp@gmx.at

1 AJMNOPQRT ABFGN 6
2 CFGOPVWXY ABDEFGH 7
3 AHILM ABCDEFJNQRTW 8
4 AEFHIOP I 9
5 ABDEFKMN ABDGHIJMORV 10
Anzeige auf dieser Seite W 6A CEE
H850 1 ha 80T(70-80m²) 2D
① €25,50
② €34,10

N 47°18'37'' E 10°51'20''
B179 Reutte-Nassereith (über den Fernpass), Ausfahrt Nassereith. Im Zentrum Richtung Domitz/Rossbach. Den CP-Schildern folgen.
100868

Natters, A-6161 / Tirol 🛜 iD
- Ferienparadies Natterer See★★★★★
- Natterer See 1
- 1 Jan - 31 Dez
- +43 5 12 54 67 32
- @ info@natterersee.com

1 ACDEJKNOPQRST HILMNUV 6
2 ABDFGOPSUVWXY ABDEFGH 7
3 BDFGILMSTUVX ABCDEFIJKLNQRTUVW 8
4 ABCDEFHIJLNOP ACEFGIJLMNPQRTUVWYZ 9
5 ACDEFGHIJLMN ABCEFGHIJLMPRVX 10
Anzeige auf dieser S. WB 6-16A CEE
H830 11 ha 176T(60-160m²) 70D
① €45,40
② €61,20

N 47°14'18'' E 11°20'21''
A13, Brenner-Autobahn, Ausfahrt 3 Innsbruck-Süd/Natters. Schildern folgen Richtung Natterer See.
100873

Mayrhofen, A-6290 / Tirol 🛜 CC€18 iD
- Alpenparadies Mayrhofen★★★★
- Laubichl 125
- 1/1 - 20/10, 18/12 - 31/12
- +43 5 28 56 25 80 51
- @ camping@alpenparadies.com

1 ADEJMNOPQRST ABEFGNUV 6
2 FGOPVX ABDEFG 7
3 BM ABCDEFGJLMNPQRTUVW 8
4 AFHIOQSTUVX GI 9
5 ACDEFJLMN ABGHJPRVWZ 10
W 16A CEE
H630 2,5 ha 220T(60-100m²) 72D
① €31,60
② €43,00

N 47°10'34'' E 11°52'11''
A12 Ausfahrt 39 Zillertal, B169 nach Mayrhofen.
106016

Neustift, A-6167 / Tirol 🛜 CC€18 iD
- Stubai★★★★
- Stubaitalstraße 94
- 1 Jan - 31 Dez
- +43 52 26 25 37
- @ info@campingstubai.at

1 ADEJMNOPQRST NU 6
2 ACFOPRSTUWX ABDEFGH 7
3 ABDMSUX ABCDEFJLMNQRTV 8
4 BEFHILOSTVX IKUV 9
5 ACDEFLMN ABDGHIJPRV 10
Anzeige auf dieser Seite WB 6A CEE
H950 2 ha 110T(60-100m²) 50D
① €33,20
② €43,60

N 47°06'36'' E 11°18'31''
A13 Brenner-Autobahn, Ausfahrt Europabrücke, auf B183 nach Stubaital, nach Neustift.
105995

In den Alpen den Alltag hinter sich lassen - den Urlaub unter freiem Himmel verbringen, eintauchen in die Natur mit einem Gefühl von Freiheit - das ist Camping!

Willkommen im Urlaub
Camping Stubai — A-6167 Neustift im Stubaital
Tel: +43 / 5226 / 2537 - Fax: +43 / 5226 / 2934-2
e-mail: info@campingstubai.com — www.campingstubai.at

Pettneu am Arlberg, A-6574 / Tirol 🛜 CC€20 iD
- Arlberglife Ferienresort
- Dorf 58 A-C
- 1 Jan - 18 Dez
- +43 54 48 83 52
- @ info@arlberglife.com

1 AJMNOPQRT N 6
2 AFOPSVWX ABDEFGH 7
3 LM ABCDEFGIJNQRUVW 8
4 EFHIO GHIJ 9
5 ADEGHJKMN ABDGHJMPR 10
W 10-13A
H1215 1 ha 30T(70-100m²) 15D
① €38,20
② €45,20

N 47°08'53'' E 10°20'48''
A14 über Bregenz-Innsbruck: Von Bregenz Ausfahrt St. Anton, weiter Richtung Pettneu. Von Innsbruck Ausfahrt Flirsch. Schilder Arlberg Lifecamping in Pettneu befolgen.
111925

Pettneu am Arlberg, A-6574 / Tirol 🛜 iD
- Camping Arlberg★★★★
- Strohsack 35C
- 1/6 - 18/10, 1/12 - 30/4
- +43 54 48 22 26 60
- @ info@camping-arlberg.at

1 ADFJMNOPQRST EFGNU 6
2 ACFGOPRSVW ABDEFGH 7
3 AFL ABCDEFJLMNQRW 8
4 AEFHSTVX 9
5 ADEFGHKMN ABEFGHIKPR 10
W 16A CEE
H1228 5 ha 145T(105-9999m²)
① €30,20
② €43,20

N 47°08'42'' E 10°20'16''
Über die S16 Bregenz-Innsbruck ca. 2 km östlich des Arlbergtunnels. Ausfahrt Pettneu. Der CP ist ausgeschildert (Hallenbad-Camping Arlberg).
112492

Nassereith, A-6465 / Tirol 🛜 iD
- Camping Fernsteinsee
- Fernstein 426
- 15 Mai - 15 Okt
- +43 52 65 52 10
- @ welcome@camping-fernsteinsee.at

1 ADEJMNOPRST L 6
2 BCDFGOPRVWX ABDEFGH 7
3 BLMS ABCDEFJNQRW 8
4 AEFHIOPT GIQTUV 9
5 ABDEGHILN ABEGHJOR 10
B 6-13A CEE
H980 6 ha 120T(100-150m²) 32D
① €31,70
② €39,50

N 47°20'31'' E 10°48'58''
Über die B179 nach Reutte und dann Richtung Fernpass.
105981

pro mobil
Jeden Monat NEU am Kiosk

Sommer und Winter
ROSSBACH
IHR FREIZEITCAMPING IM HERZEN DER ALPEN

Top Preis im Winter
Stellplatz pro Monat € 55,-
Saisonplatz Okt.-April
€ 550,- inkl. Personen

NEU: Klettergarten (15 Min.)

NEU
Urlaub(s)pass einbegriffen
mit vielen Vorteilen
www.imst.at

A-6465 Nassereith • Telefon (0 52 65) 51 54
E-Mail: rainer.ruepp@gmx.at

Ein idealer Camping in den Alpen, ruhige Umgebung, umgeben von Wald- und Weideland mit rundherum schönem alten Baumbestand. Kultiviertes Gelände mit parzellierten Plätzen, Freizeitraum, Buffet, Kinderspielplatz und eigenem beheizten Schwimmbad.

Linienbus nach Landeck gratis.

SUPERANGEBOT:
ab 3 Tage für 2 Personen inklusive Stellplatz, Strom, Dusche, Touristenabgaben und beheiztem Schwimmbad.

www.campingrossbach.at

Preise pro Tag	3-7 Tage	8-14 Tage	15-21 Tage	22-28 Tage	extra Pers.	Kinder
Nebensaison 01.03. bis 10.07. / 15.08. bis 30.11.	€ 20,00	€ 19,50	€ 19,00	€ 18,00	€ 8,00	€ 4,00
Hochsaison 11.07. bis 14.08. / 01.12. bis 28.02.	€ 23,00	€ 22,50	€ 21,50	€ 21,00	€ 8,50	€ 4,30

MAYRHOFEN ★★★★

Österreich

★ Moderner Sommer- und Wintercampingplatz am Waldrand
★ Nur wenige Gehminuten zu Fuß ins Zentrum von Mayrhofen
★ Zwei moderne, beheizte Sanitäranlagen
★ Sehr moderne Sauna, Solarium, Dampfbad, Infrarotkabine
★ Sommerski in Hintertux
★ Hervorragender Ausgangspunkt für Wanderungen und tolle Bergtouren
★ Langlaufloipe direkt am Campingplatz
★ Viele Skigebiete im Umkreis – Gratisskibus direkt vom Campingplatz
★ Schwimmbad Winter wie Sommer – im Winter beheizt bis 32 Grad
  (Neu: Schwimmbadüberdachung)
★ Reduzierte Preise in Vor- und Nachsaison
★ Kinder bis 3 Jahre kostenlos
★ Ab 15 Übernachtungen 10% Rabatt auf die Personengebühr
★ Kinderspielplatz mit Piratenhaus
★ Panoramaterrasse mit Luxus- und Komfortstellplätzen
★ Restaurant direkt am Campingplatz mit internationale Gerichten,
  im Sommer mit Livemusik
★ Kostenpflichtiges WLAN am Campingplatz
★ Blockhäuschen mit Grillplatz, Tischtennis
★ Vermietung von Komfortzimmern und Appartements
              Wir freuen uns auf Ihren Besuch.

Familie Hermann Kröll, A-6290 Mayrhofen
Tel. 05285-6258051 • Fax 05285-6258060
E-Mail: camping@alpenparadies.com
Internet: www.campingplatz-tirol.at

Prägraten am Großvenediger, A-9974 / Tirol

Camping Bergkristall
Hinterbichl 9a
15 Mai - 31 Okt
+43 48 77 52 23
info@bergkristall-hinterbichl.at
N 47°01'05'' E 12°20'25''

1 AF**JM**NOPRT	N**UX** 6	
2 CFGOPTVWX	ABDE**FG** 5	
3 X	ABEF**NQR** 8	
4 **E**FHI	G 9	
5 ADJN	ABHJOR 10	
Anzeige auf dieser Seite 16A	① €27,00	
H1331 0,4 ha 34T(90m²) 14D	② €34,00	

106023

Mittersill-Felbertauernstraße/Tunnel B108 Richtung Lienz.
Bei Matrei 2. Ausfahrt Richtung Matrei/Virgen/Prägraten. 3 km hinter Prägraten ist der Camping in Hinterbichl ausgeschildert.

BERGKRISTALL

Kleiner ruhiger Camping, im von der Natur gesegneten und Bergen umringten Virgental. Gute Sanitäranlagen und ein großer, beheizter Aufenthaltsraum. Das Gästehaus auf dem Gelände gehört auch zum Camping. Hinterbichl ist ein idealer Ausgangspunkt für große und kleine Wanderungen. Für Fortgeschrittene gibt es viele Berge über 3000m (u.a. der Grossvenediger).

Hinterbichl 9a, 9974 Prägraten am Großvenediger
Tel. 04877-5223 • Fax 04877-52234
E-Mail: info@bergkristall-hinterbichl.at
Internet: www.bergkristall-hinterbichl.at

Prutz, A-6522 / Tirol

Aktiv Camping Prutz★★★★
Pontlatzstraße 22
1 Jan - 31 Dez
+43 54 72 26 48
info@aktiv-camping.at
N 47°04'49'' E 10°39'34''

1 ACDE**JM**NOPQRST	N**U** 6	
2 ACFOPRSVWX	ABDE**FGH** 7	
3 BFG**H**MWX ABCDEFHJKNQRTUW 8		
4 **A**BDEFHIO**PQ**	UVW 9	
5 ABDEFJKMN ABCDFGHJL**PQ**RVW10		
Anzeige auf dieser S. WB 6-10A CEE	① €38,00	
H866 1,5 ha 125T(60-120m²) 12D	② €50,00	

100870

Mautfrei: von Imst nach Landeck, dann auf der B180 Richtung Serfaus (Reschenpass) nach Prutz. Oder A12 Richtung Reschenpass, durch den Tunnel bei Landeck, dann auf die B180 (Mautpflicht).

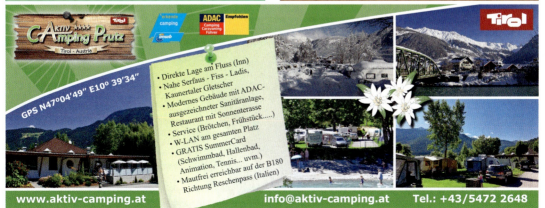

• Direkte Lage am Fluss (Inn)
• Nahe Serfaus - Fiss - Ladis, Kaunertaler Gletscher
• Modernes Gebäude mit ADAC ausgezeichneter Sanitäranlage, Restaurant (Brötchen, Frühstück.....)
• Service (Brötchen, Frühstück.....)
• W-LAN am gesamten Platz
• GRATIS SummerCard (Schwimmbad, Hallenbad, Animation, Tennis... uvm.)
• Mautfrei erreichbar auf der B180 Richtung Reschenpass (Italien)

www.aktiv-camping.at   info@aktiv-camping.at   Tel.: +43/5472 2648

Teilkarte Tirol auf Seite 240

Österreich

Reutte, A-6600 / Tirol 📶 iD
- ⛺ Camping Reutte
- 🏠 Ehrenbergstraße 53
- 📅 1 Jan - 31 Dez
- 📞 +43 5 67 26 28 09
- @ camping-reutte@aon.at

1	AEF**JM**NOPRT	6
2	FOPSVWX	ABDE**FG**H 7
3		ABCDE**FH**JNQRT 8
4	A**E**FH	9
5	ABDEFHJLMN	ABEFGHJOR10

Anzeige auf dieser Seite   W 16A CEE   ① €30,00
H854 2,2 ha 80T(80-120m²) 65D   ② €39,00

📍 N 47°28'41''   E 10°43'22''   105975

🚗 Über die B179 nach Reutte. Ausfahrt Reutte-Süd. Nach 400m links abbiegen (Richtung Hospital).

Camping Reutte

Ebenes Wiesengelände am Waldrand, gelegen an der 'Via Claudia'.
14 km von den 'Königsschlössern' entfernt: Schloss Neuschwanstein und Schloss Hohenschwangau.

Ehrenbergstraße 53, 6600 Reutte
Tel. 05672-62809 • Fax 05672-628094
E-Mail: camping-reutte@aon.at
Internet: www.camping-reutte.com

Ried, A-6531 / Tirol 📶 CC€18 iD
- ⛺ Dreiländereck★★★★
- 🏠 Gartenland 37
- 📅 1 Jan - 31 Dez
- 📞 +43 54 72 60 25
- @ info@tirolcamping.at

1	A**JM**NOPQRS	UV 6
2	AOPRSVWX	ABDE**FG**HIJK 7
3	ADFG**IJM**NO**P**STWX	ABCDE**FI**JKNQRT 8
4	ABCDEFHILO**QTVXYZ**	EFIUVW 9
5	ACDEFGHJLMN	ABDFGHIJ**P**RY10

Anzeige auf dieser Seite   W 16A CEE   ① €41,60
H880 1 ha 60T(70-100m²) 35D   ② €50,60

📍 N 47°03'21''   E 10°39'24''   105989

🚗 Mautfrei: über Imst auf der 171 nach Landeck (Richtung Reschenpass), und nach Ried. Oder A12 Richtung Meran (Reschenpass), dann die B180 Richtung Serfaus (Mautpflicht).

Schwoich, A-6334 / Tirol 📶 iD
- ⛺ Maier
- 🏠 Egerbach 54
- 📅 1 Jan - 31 Dez
- 📞 +43 5 37 25 83 52
- @ info@camping-maier.com

1	A**JM**NOPQRST	A 6
2	AGOPRTUVX	ABDE**FG**H 7
3	A**L**M	ABEFGJNQRW 8
4	EFHIO	9
5	ADLN	AGHJPRV10

W 13A CEE   ① €28,00
H550 1,8 ha 80T(80-100m²) 20D   ② €36,00

📍 N 47°33'09''   E 12°09'34''   106007

🚗 Inntal-Autobahn, Ausfahrt 6 Kufstein-Süd, B173 Richtung Kitzbühel, dann Schildern folgen. Oder mautfrei A93, Ausfahrt Kiefersfelden dann über die B171 nach Kufstein und Richtung Kitzbühel.

'CAUSE EVERYONE NEEDS A HOLIDAY HOME.'
Located in the heart of the alps

Zentral gelegener, gut gepflegter Campingplatz mitten in Ried, für Sommer und Winter mit Top Sanitär und Wellness mit Sauna, Infrarotkabine und Dampfbad. Erster Campingplatz nach Serfaus-Fiss-Ladis. Idealer Start zum Skifahren, Wandern und Rad fahren, Raften, Canyoning u.v.m. Gratis Zugang zum Badesee und Schwimmbad, gratis Ski- und Postbus u.v.m. Skigebiet und Supermarkt in 500m.

0043 5472 6025
info@tirolcamping.at
www.tirolcaming.at

CAMPING DREILÄNDERECK

Sölden, A-6450 / Tirol 📶 iD
- ⛺ Sölden
- 🏠 Wohlfahrtstraße 22
- 📅 11/6 - 20/9, 29/10 - 19/4
- 📞 +43 5 25 42 62 70
- @ info@camping-soelden.com

1	ADEF**JM**NOPQRST	N 6
2	CFOPRSUVWXY	ABDE**FG**HI 7
3	ABGMWX	ABCDE**FJ**KNQRTVW 8
4	**AEF**HIORS**TVX**	FLUVW 9
5	ACFJLMN	ABEGHIJ**P**RV10

Anzeige auf Seite 251   WB 10A CEE   ① €38,50
H1380 1,3 ha 99T(60-90m²) 3D   ② €51,50

📍 N 46°57'28''   E 11°00'43''   101350

🚗 A12/E60 Inntal-Autobahn, Ausfahrt Ötztal. Die B186 ins Ötztal bis Sölden. Den Ortsschildern folgen.

Söll, A-6306 / Tirol 📶 iD
- ⛺ Franzlhof
- 🏠 Dorfbichl 37
- 📅 1/1 - 30/10, 15/12 - 31/12
- 📞 +43 53 33 51 17
- @ info@franzlhof.com

1	ADE**JM**NOPRST	6
2	FPRVX	AC**DE**FG 7
3	B**JL**NOUW	ABCDEFG**JL**NQRTUV 8
4	AEFH**TV**	EGJ 9
5	ABDFGHJLN	ABEGHJPRW10

WB 16A CEE   ① €37,40
H700 5,5 ha 50T(90-110m²) 62D   ② €48,40

📍 N 47°30'29''   E 12°11'23''   108154

🚗 A12 Ausfahrt 6, Kufstein-Süd, Richtung St. Johann; hinter Söll rechts ab nach Söll, nicht auf der Umgehungsstraße bleiben. Dann der Beschilderung folgen.

St. Johann (Tirol), A-6380 / Tirol 📶 iD
- ⛺ Michelnhof
- 🏠 Weiberndorf 6
- 📅 1/1 1/11, 1/12 - 10/12
- 📞 +43 5 35 26 25 84
- @ camping@michelnhof.at

1	ACF**JM**NOPQRST	6
2	GPRTVWXY	AB**CDEFG** 7
3	A**HI**	ABCDE**FI**JNQRT 8
4	FHI	9
5	ADEFHJKLMN	ABFGHJ**NP**R10

WB 10A CEE   ① €37,40
H663 4 ha 90T(90-95m²) 40D   ② €47,40

📍 N 47°30'39''   E 12°24'32''   106019

🚗 Die B161 von St. Johann in Tirol Richtung Kitzbühel. Nach 2 km den CP-Schildern folgen.

Stams, A-6422 / Tirol 📶 CC€18 iD
- ⛺ Eichenwald
- 🏠 Schiesstandweg 10
- 📅 1/4 - 15/10, 1/12 - 6/1
- 📞 +43 52 63 61 59
- @ info@tirol-camping.at

1	AC**JM**NOPQRST	ABFG**N**UV 6
2	ABCFGOPRSUVWXY	ABDE**FG**H 7
3	B**FL**M	ABCDEFHJNPQRTUVW 8
4	AEFHIO**QT**	EGJUW 9
5	ABDEFGHJLMN	ABFGHIJLMPRVX10

Anzeige auf dieser Seite   WB 13A CEE   ① €31,70
H670 5 ha 100T(70-100m²) 40D   ② €41,70

📍 N 47°16'32''   E 10°59'10''   100871

🚗 Reutte, Fernpass, Nassereith, Mieming, Richtung Mötz/Stams, CP ausgeschildert.

CAMPING EICHENWALD

- Ruhige Lage mitten in der Natur, geschützt durch Eichen
- Nur 5 Minuten entfernt von Stams (Geschäfte und Restaurants) • Beheiztes Schwimmbad
- Abenteuerspielplatz, Tischtennis • Wildwasserfahren (Kajak) in der Umgebung • Tennis (1 km), Minigolf, Kegeln, Reiten (3 km) • **Stellplätze für Wohnmobile** • Im Mai und September ab 5 Tagen kostenloser Stellplatz während der ganzen Periode • Schneesafaripaket: Camping, Liftpass, Schwimmbad/Fitness (für Informationen schauen Sie auf www.tirol-camping.at) • Innerhalb von 10 km: Hallenbad, Freibäder (5 km), Sauna, Squash, See • Urlaub an einem Ort, wo früher Fürsten und Äbte weilten
- Neu: Komfortstellplatz mit eigenen Sanitäranlagen

Schiesstandweg 10, 6422 Stams • Tel.und Fax 05263-6159
E-Mail: info@tirol-camping.at • Internet: www.tirol-camping.at

ACSI-Kunden sind willkommen

ÖTZTAL

Campingeldorado Ötztal

CAMPING ÖTZTAL – ARENA
6441 Umhausen
www.oetztalcamping.com

CAMPING ÖTZTAL
6444 Längenfeld
www.camping-oetztal.com

ÖTZTALER NATURCAMPING
6444 Huben bei Längenfeld
www.oetztalernaturcamping.com

CAMPING SÖLDEN
6450 Sölden
www.camping-soelden.com

Strassen, A-9918 / Tirol

▲ Camping Lienzer Dolomiten★★★
Tassenbach 23
30 Mär – 30 Okt
+43 48 42 52 28
camping-dolomiten@gmx.at
N 46°44'47'' E 12°27'49''

1	A**JM**NOPRST	AN 6
2	FOPRSVWX	ABDE**FG** 7
3	AX	ABCDEFJNQRW 8
4	FH	9
5	ADEFHN	ABGHJPR 10
Anzeige auf dieser Seite		① €31,50
H1100 2 ha 75T(80-120m²) 25D		② €40,50

München-Kufstein-Mittersill-Felbertauernstraße-Lienz, dann Richtung Sillian, 3 km vor Sillian Strassen/Tassenbach.
109162

Tannheim, A-6675 / Tirol

▲ Camping Alpenwelt★★★★★
Kienzerle 3
7/5 – 1/11, 17/12 – 13/4
+43 5 67 54 30 70
info@alpenwelt.tirol
N 47°30'29'' E 10°29'41''

1	ADE**JM**NOPR**T**	6
2	CFOPSTUVWX	ABDE**FG** 7
3	AM	ABCDEFGJNQRTUVW 8
4	FHIO**ST**	HI 9
5	ADJMN	ABFGHJMPRVZ 10
WB 16A CEE		① €35,40
H1150 1,2 ha 60T(70-9999m²) 27D		② €46,40

An der B199/B308 Sonthofen-Füssen im Tannheimer Tal. CP liegt westlich von Tannheim, zwischen Tannheim und Zöblen.
111075

Thiersee, A-6335 / Tirol

▲ Camping Rueppenhof
Seebauern 8
15 Apr – 15 Okt
+43 53 76 56 94
rueppenhof@gmail.com
N 47°35'18'' E 12°07'01''

1	A**JM**NOPQRST	L**N**PQSX 6
2	ADGHJOPRVX	ABDE**FG** 7
3	A**NO**TX	ABCDEFNQR 8
4	AEFHI	FGIW 9
5	DMN	ABGHJORV 10
Anzeige auf dieser Seite	16A CEE	① €29,00
H600 1 ha 25T(80-100m²)	50D	② €39,00

Inntal-Autobahn, Ausfahrt Kufstein, nach Thiersee (7 Km), 2. CP.
106004

Camping Rueppenhof

Ruhiger, idyllisch gelegener Campingplatz mit familiärer Atmosphäre direkt am See.
Viele Sportmöglichkeiten.

2. Platz am Thiersee

6335 Thiersee • Tel. +43 53765694
E-Mail: rueppenhof@gmail.com
Internet: www.rueppenhof.com

Camping Lienzer Dolomiten ★★☆

7 km vor der Grenze nach Südtirol und Italien liegt dieser kleine, aber feine Campingplatz am Waldrand im Herzen der Dolomiten und zugleich mitten zwischen Lesach, Villgraten, Winkel und dem Pustertal. Stellplätze von 80-120 m² mit Stromanschluss. Warmwasser in den Duschen im Preis inbegriffen. Hier können Sie auch Fußball spielen, Basketball und Badminton usw. Dank der günstigen Lage im Tal gibt es hier gute Möglichkeiten für Gleitschirmflieger.
Viele Möglichkeiten für Ausflüge auf die vielen Almhütten und zu Rad- und Wandertouren.

Tassenbach 23, 9918 Strassen
Tel. 04842-5228 • Fax 04842-522815
E-Mail: camping-dolomiten@gmx.at
Internet: www.camping-tirol.at

FAMILIENCAMPING in Herzen Tirols ▶ 5 Min von der Autobahn, leicht zu finden

Reiten ▶ auf dem Campingplatz & im Freigelände • Ponyreiten & Fahrt mit der Pferdekutsche gratis • **Schwimmbad** • eigene **Kletterwand** • viele Outdoor Aktivitäten • **Raften** • Fußball • Canyoningen • **Mountainbiken** • Volleyball • **Segway** • Wandern ... und ... und ... und • idealer Familiencamping mit vielen kostenlosen Aktivitäten für Kinder • **Spezial Familienpakete** - Themenwochen

Das Neuste finden Sie auf unserer Webseite ▶ www.alpencampingmark.com oder auf Alpencamping Mark

ALPENCAMPING Mark - Weer / Tirol
A-6116 Weer/Tirol · Bundesstr. 12

Telefon +43-5224-68146
info@alpencampingmark.com
www.alpencampingmark.com

Umhausen, A-6441 / Tirol
- ⛺ Camping Ötztal-Arena****
- 🏠 Mühlweg 32
- 📅 1 Jan - 31 Dez
- ☎ +43 52 55 53 90
- @ info@oetztal-camping.at

1 AJMNOPQRST LN 6
2 CDFGOPRSTUVWXY ABDEFG 7
3 ABMNOW ABCDEFHJNQRT 8
4 AEFHIST J 9
5 ADEFHJLMN ABGHIJLMPR10
Anzeige auf Seite 251 W 14-16A CEE   ① €33,15
H1036 0,8 ha 100T (32-110m²) 2D   ② €45,15
N 47°08'08'' E 10°55'54''   105985
Inntal-Autobahn A12, Ausfahrt Ötztal (B186), Richtung Ötztal bis Umhausen, den Schildern folgen.

Panoramacamping Westendorf Tirol

Sommer / Winter

www.panoramacamping.at
info@panoramacamping.at
6363 Westendorf - Mühltal 70
Tel. 0043/(0)5334-6166

Volders, A-6111 / Tirol
- ⛺ Schloss Camping Aschach
- 🏠 Hochschwarzweg 2
- 📅 1 Mai - 25 Sep
- ☎ +43 5 22 45 23 33
- @ info@schlosscamping.com

1 ADEJMNOPQRST ABFG 6
2 AFGOPTVY ABDEFGH 7
3 BLMX ABCDEFNQRTW 8
4 AEFHX UVW 9
5 ADEFJLMN ABGHIJPR10
B 16A CEE   ① €32,00
H555 2 ha 160T (80-120m²)   ② €40,00
N 47°17'14'' E 11°34'20''   100875
Inntal-Autobahn, Ausfahrt 61 Wattens oder 68 Hall, dann B171 nach Volders.

Walchsee, A-6344 / Tirol
- ⛺ Seespitz****
- 🏠 Seespitz 1
- 📅 1 Jan - 31 Dez
- ☎ +43 53 74 53 59
- @ info@camping-seespitz.at

1 ABEJMNOPRST HLMNQRSWXZ 6
2 ACDFGIOPQRWXY ABDEFG 7
3 BFHIJLMNOU ABCDEFJKNQRT 8
4 AEFH MNPTVW 9
5 ABDEFKLMN ABGHJPRZ10
WB 6-10A   ① €35,70
H668 2,5 ha 180T 70D   ② €47,10
N 47°38'57'' E 12°18'50''   106017
A8 München-Innsbruck, Ausfahrt Oberaudorf Richtung Niederndorf/Walchsee. Direkt an der Tankstelle rechts.

Ferienpark TERRASSENCAMPING SÜD-SEE
A-6344 Walchsee
+43 5374 5339
www.terrassencamping.at

Walchsee, A-6344 / Tirol
- ⛺ Ferienpark Terrassencamping Süd-See****
- 🏠 Seestraße 76
- 📅 1 Jan - 31 Dez
- ☎ +43 53 74 53 39
- @ info@terrassencamping.at

1 AJMNOPQRST LNQWXY 6
2 ADFGIPQRUVWXY ABEFGH 7
3 BHILPR ABCDEFJKNQRTUVW 8
4 AEFH IMTUVW 9
5 ABDEFKLMN ABGHJLMPRZ10
Anzeige auf dieser Seite   W 16A CEE   ① €49,50
H670 11 ha 150T (70-150m²) 152D   ② €67,50
N 47°38'26'' E 12°19'26''   106018
A8 München-Salzburg Richtung Innsbruck. Ausfahrt 59 zur B172 von Niederndorf nach Kössen. Vor Walchsee rechts. Campingplatz angezeigt.

Waidring, A-6384 / Tirol
- ⛺ Camping Steinplatte
- 🏠 Unterwasser 43
- 📅 1 Jan - 31 Dez
- ☎ +43 53 53 53 45
- @ info@camping-steinplatte.at

1 ADEFJMNOPQRST ABDEFGH 7
2 DFGJOPRVWX ABDEFG 7
3 BHJLMNR ABCDEFJNQRTW 8
4 EFHIOPST EFIVW 9
5 ABDEFGHKLMN ABDEGHJPR10
Anzeige auf dieser Seite   WB 10A   ① €36,00
H780 4 ha 220T 127D   ② €45,10
N 47°35'00'' E 12°34'59''   100863
Von Norden kommend mautfrei: München, Ausfahrt Oberaudorf. B172 über Kössen bis Erpfendorf. Ri. Lofer bis nach Waidring. Von Westen kommend: Inntal-Autobahn, Ausfahrt Wörgl-Ost bis nach St. Johann. Ri. Waidring.

Weer, A-6116 / Tirol
- ⛺ Alpencamping Mark****
- 🏠 Bundesstraße 12
- 📅 1 Apr - 10 Okt
- ☎ +43 52 24 68 14 6
- @ info@alpencampingmark.com

1 ADEJMNOPQRST ABFG 6
2 AFGOPSTVY ABDEFG 7
3 BFGHIMNOTUW ABCDEFHIJNPQRTW 8
4 ABCDEFHILO ADFUVWXZ 9
5 ABDEFJLN ABCDGHJLMPRZ10
Anzeige auf dieser Seite   10-16A   ① €34,00
H555 2 ha 95T (80-130m²) 5D   ② €46,60
N 47°18'23'' E 11°38'57''   100874
A12 Inntal-Autobahn, Ausfahrt 61 Wattens. Von Kufstein Richtung Innsbruck, Ausfahrt 49 Schwaz oder 53 Vomp, dann nach Weer. Sehr einfach zu erreichen.

CAMPING STEINPLATTE IN A-6384 WAIDRING

Camping Steinplatte liegt im Herzen Tirols am Fuße der Loferer Steinberge! Idealer Ausgangspunkt für Wander- und Bergtouren, Mountainbiketouren und Kanuwildwasserfahrten!
Im Winter: direkter Einstieg zur Langlaufloipe, geräumte Wanderwege, Rodelbahnen und kilometerlanges Skivergnügen machen den Urlaub perfekt! Unser Campingstüberl verwöhnt Gäste mit traditionellen Köstlichkeiten aus Küche und Keller! Das ergibt eine Mischung, die Familien, Aktivurlauber und Lebensgenießer verführt und verzaubert!
Der perfekte Urlaub am Camping Steinplatte!
NEU: schöner Badesee.

CAMPING STEINPLATTE • Unterwasser 43 • 6384 Waidring • Tel.: +43 53535345
F: +43 53535406 • Mail: info@camping-steinplatte.at • www.camping-steinplatte.at

Teilkarte Tirol auf Seite 240

Campingdorf Hofer
Zell im Zillertal

• Neu ist die Harmonisierung der 5 Elemente nach Feng Shui auf dem gesamten Gelände. Unser Campingplatz, unser Gästehaus und unser Appartementhaus wurden energetisch harmonisiert, die Elemente aktiviert und miteinander verbunden. • Das Campingdorf ist ein kleiner Familienbetrieb. • Überdachtes und beheiztes Freischwimmbad. • Freier W-Lan-Zugang im Aparthaus. • Preisgünstige Gästezimmer.

Gerlosstraße 33, 6280 Zell im Zillertal
Tel. 05282-2248 • Fax 05282-22488
E-Mail: info@campingdorf.at
Internet: www.campingdorf.at

Österreich

Westendorf, A-6363 / Tirol

▲ Panoramacamping	1 AEF**JM**NOPQRST	**ABFGH** 6
▣ Mühltal 70	2 FOPRUVWXY	ABDE**FGH** 7
⊙ 1/1 - 19/10, 18/12 - 31/12	3 B**FL**MUWX	ABCDEFGJL**N**QRTUVW 8
☎ +43 53 34 61 66	4 **A**B**EF**GHIO**PSTXZ**	KUVW 9
@ info@panoramacamping.at	5 ABDFHJLMN	ABCDEGHIJ**P**RW10
	Anzeige auf Seite 252 WB 12A	① €32,50
▲ N 47°25'58'' E 12°12'07''	H800 2,2 ha 90T(85-90m²) 44D	② €40,90
Inntal-Autobahn, Ausfahrt 17 Wörgl, nach Westendorf (Brixental).		100861

Zell im Zillertal, A-6280 / Tirol

▲ Campingdorf Hofer	1 ADE**JM**NOPQRST	CD**N**UV 6
▣ Gerlosstraße 33	2 FGOPVX	ABDE**FGH** 7
⊙ 1 Jan - 31 Dez	3 A**L**MX	ABCDEFJNQRTW 8
☎ +43 52 82 22 48	4 **A**BDEFHIO	GI 9
@ info@campingdorf.at	5 ABEFJLMN	ABCGHJPRZ10
	Anzeige auf dieser S. WB 6-16A CEE	① €36,50
▲ N 47°13'44'' E 11°53'10''	H600 1,6 ha 100T(80-100m²) 11D	② €47,90
A12 Ausfahrt 39 Zillertal, B169 nach Zell am Ziller, 4. CP im Zillertal.		106015

Wiesing, A-6210 / Tirol

▲ Camping Inntal****	1 ADE**JM**NOPQRST	AB 6
⊙ 1/1 - 31/10, 1/12 - 31/12	2 AFGPRUVY	ABDE**FG** 7
☎ +43 5 24 46 26 93	3 A**HI**M	ABCDEFJL**N**QRTUVW 8
@ jbrugger@camping-inntal.at	4 **A**B**EF**HILO**ST**	EFIW 9
	5 ACDFGLMN	ABGHJLPRVXZ10
	W 10-13A	① €36,50
▲ N 47°24'22'' E 11°48'23''	H560 2,1 ha 100T(80-100m²) 62D	② €46,50
Inntal-Autobahn, Ausfahrt 39 Wiesing, Schildern folgen.		101347

ACSI Klein & Fein Campen
Mehr als 2 000 kleine und gemütliche Campingplätze
www.Kleinecampingplaetze.de

Eggelsberg, A-5142 / Oberösterreich

▲ Seewirt	1 A**J**MNOQR**T**	L 6
▣ Ibm 80	2 DGHPVX	ABDE**FGH** 7
⊙ 1 Jan - 31 Dez	3 BM	ABCDEF**N**QR 8
☎ +43 77 48 23 45	4 FI	G 9
@ camping-seewirt@aon.at	5 ABDFGHKN	ABIJMNPRVW10
	10A	① €26,40
▲ N 48°04'20'' E 12°57'19''	H426 1 ha 40T(70-100m²) 51D	② €33,80
Von Braunau die B156 bis Eggelsberg, Ibm-See folgen, vor Ibm-See am Restaurant Seewirt links.		106025

Idyllischer, kleiner Campingplatz in besonders ruhige Lage, gleich neben dem Golfplatz und auch ganz nah am Badesee. Ebene Rasenplätze, gepflegte Sanitäranlagen, familiäre Atmosphäre und Frühstücksservice. 'Ihr Wohnzimmer unterm Sternenhimmel!'

Golfplatzstrasse 21, 4101 Feldkirchen an der Donau
Tel. +43(0)664-4824900 • E-Mail: office@camping-puchner.at
Internet: www.camping-puchner.at

Feldkirchen an der Donau, A-4101 / Oberösterreich

▲ Camping Puchner	1 AF**JM**NOPRT	LM**N**W 6
▣ Golfplatzstrasse 21	2 DFGPRWX	ABDE**F** 7
⊙ 1 Mai - 30 Sep	3 AB**KL**M	ABDEFJNQRUW 8
☎ +43 66 44 82 49 00	4 FHI	9
@ office@camping-puchner.at	5 ADFIJKN	ABHJOST10
	Anzeige auf dieser Seite B 16A	① €30,90
▲ N 48°19'48'' E 14°04'24''	H300 2 ha 30T(80-120m²) 50D	② €39,90
Die 131 Aschach a.d. Donau Richtung Linz. 3. Ausfahrt Feldkirchen a.d. Donau. Am CP-Schild und 'Badesee' ca. 3 km den CP-Hinweisen folgen.		114594

Au an der Donau, A-4332 / Oberösterreich

▲ Camping Au an der Donau	1 ADE**IL**NOPQRT	J**N**SUXYZ 6
▣ Hafenstraße 1	2 CFGHIJOPVWXY	ABDE**FG** 7
⊙ 1 Apr - 30 Sep	3 B**FG**L**M**N	ABCDEFJKNQRTW 8
☎ +43 7 26 25 30 90	4 FHI	FGIKQVW 9
@ info@camping-audonau.at	5 ADEFGHIJKN	ABCGHJPRV10
	Anzeige auf dieser Seite B 13A CEE	① €36,00
▲ N 48°13'40'' E 14°34'45''	H231 2,4 ha 50T(65-180m²) 20D	② €41,00
A1 Salzburg-Wien, Ausfahrt 155 Enns Richtung Mauthausen. Nach der Donaubrücke links halten und den CP-Schildern folgen. Nach 2 km rechts ab nach Au.		112495

Au an der Donau
mit Gastgarten, idyllisch direkt am Donauradweg
NEU kuschelige Schlaffässer
Hafenstraße 1, 4332 Au an der Donau • Tel. 07262-53090
info@camping-audonau.at • www.camping-audonau.at

Teilkarte Oberösterreich auf Seite 253

Böhmerwaldcamp

Versteckt gelegener Camping an einem öffentlichen Badesee mit Wassersportangeboten. Das Badewasser hat eine Temperatur bis 26 °C. Unmarkierte Stellplätze auf Gras, durch Sträucher vom See getrennt. Es gibt eine 18- und 9- Loch Golfanlage in direkter Umgebung. Herrliche Wander- und Radmöglichkeiten.

Seeweg 1, 4163 Klaffer am Hochficht • Tel. 07288-6318
E-Mail: gemeinde@klaffer.ooe.gv.at
Internet: www.camping-klaffer.at

Klaffer am Hochficht, A-4163 / Oberösterreich

Camping Böhmerwaldcamp	1 ADE**JM**NOPQRT	L**MN** 6
Seeweg 1	2 BDGPUVWXY	A**BFG** 7
1 Jan - 31 Dez	3 B**GL**	ABEFJNQRUV 8
+43 72 88 63 18	4 FHO	ET 9
gemeinde@klaffer.ooe.gv.at	5 ADHKL	ABGHJR10
	Anzeige auf dieser Seite W 16A CEE	① €20,50
N 48°41'51'' E 13°52'03''	H650 1 ha 45T(80-100m²) 49D	② €20,50

A3, Ausfahrt 115 Passau. Hauzenberg-Breitenberg und Aigen folgen. Kurz vor Klaffer dem Schild folgen. 101342

Grein, A-4360 / Oberösterreich

Grein	1 AE**JM**NOPRT	**N**WXYZ 6
Campingplatz 1	2 CFOPVWXY	B**FG** 7
1 Apr - 1 Okt	3 AB	ABEFJNQRT 8
+43 7 26 82 12 30	4 HO	DFUV 9
office@camping-grein.at	5 ABDEFHKMN	ADHMPRW10
	Anzeige auf dieser Seite B 6A	① €29,50
N 48°13'30'' E 14°51'11''	H238 2 ha 87T(100m²) 7D	② €37,50

A1 Linz-Wien, Ausfahrt 123 Amstetten. Danach den Schildern Grein folgen. CP ist angezeigt und liegt in Grein an der B3. 106134

Linz, A-4030 / Oberösterreich

Camping-Linz am Pichlingersee	1 ADEF**IL**NOPRST	L**MO** 6
	2 ADGOPVWXY	ABDE**FGH** 7
Wienerstraße 937	3 AF**LM**	ABCDEFGIJNQRTW 8
15 Mär - 15 Okt	4 FH	D 9
+43 7 32 30 53 14	5 ABDEHKL	ABGHL**PR**10
office@camping-linz.at	Anzeige auf dieser Seite B 16A CEE	① €29,00
N 48°14'06'' E 14°22'43''	H265 2,4 ha 110T(80-100m²) 62D	② €37,00

A1 Richtung Wien, Ausfahrt 160 Asten. Vor Asten Richtung Linz. Nach 2,3 km ist rechts der CP. Ist von der A1 aus gut ausgeschildert. 106108

Gemütlicher Platz an der Donau, nur 200m vom Zentrum und 800m vom Schwimmbad und dem Tennisplatz.
Viele Wander- und Radmöglichkeiten in die Umgebung.
Reduzierte Preise bei längerem Verbleib.

Campingplatz 1, 4360 Grein • Tel. und Fax 07268-21230
E-Mail: office@camping-grein.at • Internet: www.camping-grein.at

Wienerstraße 937, 4030 Linz • Tel. 0732-305314
E-Mail: office@camping-linz.at
Internet: www.camping-linz.at

Mondsee, A-5310 / Oberösterreich

AustriaCamp	1 DEFG**IL**NOPQRST	LMNOPQRSTUVW**XYZ** 6
St. Lorenz 60	2 ADFGIPVX	ABDE**FGH** 7
1/1-6/1,7/2-1/3,19/3-1/11, 6/12-31/12	3 ABG**HLMN**	ABCDEFJKNQRT 8
	4 ABEFHIJOQ**T**	LMNPSTW 9
+43 66 48 32 63 27	5 ABDEFGHJKLMN	ABGHIJLMPTUVZ10
office@austriacamp.at	Anzeige auf dieser Seite B 16A CEE	① €40,60
N 47°49'49'' E 13°21'53''	H500 2 ha 100T(50-70m²) 40D	② €53,00

B154 Mondsee nach St. Gilgen. Nach 5 km links die Schilder 'AustriaCamp' beachten. 101580

Haibach/Schlögen, A-4083 / Oberösterreich

CP Freizeitanlage Schlögen	1 ADE**JM**NOPQR**T**	ABJ**N**WXY 6
Mitterberg 3	2 CDFGOPRUVWX	BE**FG** 7
27 Mär - 31 Okt	3 A	ABCDEFJNQRUVW 8
+43 72 79 82 41	4 FHO	GHV 9
info@ freizeitanlage-schloegen.at	5 ACDEGHJKL	AHIJPR10
	Anzeige auf dieser Seite 16A CEE	① €32,00
N 48°25'24'' E 13°52'04''	H301 3 ha 60T(80m²) 74D	② €41,00

An der B130 Passau-Linz ca. 6 km an Haibach vorbei. CP liegt links der Straße, direkt an der 'Schlögener Schlinge' an der Donau. 108155

Mondsee/Tiefgraben, A-5310 / Oberösterr.

Camp MondSeeLand*****	1 AD**JM**NOPQRS**T**	ABNO 6
Punz Au 21	2 AFGPVWX	ABDE**FGH**IJK 7
4 Apr - 4 Okt	3 BF**HIJ**LMTU	ABCDEFJLNQRTUVW 8
+43 62 32 26 00	4 A**BDE**FHIO	F 9
austria@campmondsee.at	5 ACDFGHLMN	ABGHIJM**NP**RVWZ10
	Anzeige auf Seite 255 B 16A CEE	① €37,10
N 47°52'00'' E 13°18'24''	H500 4 ha 100T(80-120m²) 83D	② €49,30

A1 Salzburg-Wien, Ausfahrt 264 Mondsee. 1. Kreisel Richtung Straßwalchen, am 2. Kreisel 3. Ausfahrt den CP-Schildern folgen. 111074

Freizeitanlage Schlögen

Dieser Terrassencamping direkt an der Donau mit geschütztem Yachthafen, bietet viele Wassersportmöglichkeiten. Vermietung von Fahrrädern. Viele markierte Stellplätze auf Gras mit Blick auf den Fluss. Sehr gepflegte Anlage.

Mitterberg 3, 4083 Haibach/Schlögen
Tel. 07279-8241 • Fax 07279-824122
E-Mail: info@freizeitanlage-schloegen.at
Internet: www.freizeitanlage-schloegen.at

34 spannende Campingreisen
mit dem eigenen
Wohnmobil oder Wohnwagen.

www.ACSIcampingreisen.de

A-5310 Mondsee/Tiefgraben
Punz Au 21
Tel. +43(0)6232/2600
austria@campmondsee.at
www.campmondsee.at

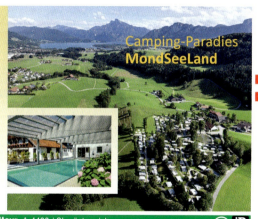

Camping-Paradies **MondSeeLand**

Österreich

Modernste Anlage mit **180 Stellflächen, 3 Ferienhütten** in absolut ruhiger Naturlandschaft zwischen Mondsee und Irrsee, **in der Nähe Salzburgs** gelegen. **Beheizter überdachter Pool**, Fischteich, **'Robinson-Tal'** (Abenteuerwald für Kinder), **Spielplatz, modernste Sanitäranlagen**, Stellflächen mit Strom, Wasser und Kanalisation, Gasthaus, Küche, Kiosk und Waschküche. **Wo die Kinder glücklich sind, haben auch die Eltern Urlaub!**

Camping am Fluss

Kleiner familiärer Campingplatz am rechten Ufer der Enns im Stadtteil Münichholz. Besuchen Sie die 1033-jährige Altstadt. Kommen Sie zur Erholung und Sportaktivitäten, auch im Winter. Gratis Wifi. Ganzjährig geöffnet.

4400 Steyr • Tel. 0043 (0)7252-78008
www.campingamfluss.at

Steyr, A-4400 / Oberösterreich

▲ Camping am Fluss	1 A**JM**NOP**RT**	J**N**UX 6
🏠 Kematmullerstr. 1a	2 CGPWX	AB**FG** 7
📅 1 Jan - 31 Dez	3 A**JN**	ABEF**JN**Q 8
☎ +43 7 25 27 80 08	4 HI	9
@ kontakt@campingamfluss.at	5 ADEH	ABHJPR10
	Anzeige auf dieser Seite 16A	❶ €28,00
▲ N 48°03'34'' E 14°25'57''	H320 0,5 ha 40T(80-100m²) 5D	❷ €34,00
🚗 An der B122 Bad Hall-Amstetten ist der CP angezeigt. An der Hagerstraße weiter den Schildern folgen.		101343

Pettenbach, A-4643 / Oberösterreich

▲ Almtal Camp	1 ADE**JM**NOPQRST	ABFG 6
🏠 Enengl 1	2 AFPVWXY	BCE**FG** 7
📅 1 Jan - 31 Dez	3 BGN	BDFJK**LM**NQRTU 8
☎ +43 66 41 66 40 28	4 AEFHIO	IV 9
@ office@almtalcamp.at	5 ABDEFHJKLMN	ABEFGHJPRZ10
	Anzeige auf dieser Seite WB 16A CEE	❶ €29,60
▲ N 47°59'28'' E 14°01'15''	H250 6 ha 80T(70-80m²) 373D	❷ €39,60
🚗 A9 (Pyhrnautobaan) Ausfahrt 5: Ried im Traunkreis. Richtung Voitsdorf / Pettenbach. Danach den Campingschildern folgen.		124291

Familien- und tierfreundlicher Campingplatz am Eingang zum Salzkammergut. Ganzjährig geöffnet, mit großen, neuen Sanitäranlagen mit separatem Wickelraum, Waschbecken, Waschmaschinen und Trocknern, Spielmaschine, Hundedusche. Minimarkt mit u.a. ofenfrischem Gebäck. Genießerküche im 'Gasthaus am Platz'. Beheiztes Schwimmbad, Beachvolleyballplatz, Tischtennis, Boccia, gratis Radverleih, Fußballfeld, Spielplatz und Tennisplatz für Sportler. Ausgangspunkt für Ausflüge ins schöne Almtal.

Enengl 1, 4643 Pettenbach • Tel. +43 6641664028
E-Mail: office@almtalcamp.at • Internet: www.almtal-camp.at

St. Wolfgang, A-5360 / Oberösterreich

▲ Appesbach	1 ADE**JM**NOPQRST	LNQRSTXYZ 6
🏠 Au 99	2 DFGJOPVWX	ABDE**FG**H 7
📅 10 Apr - 22 Dez	3 AF**HILM**NU	ABCDEFJNQRT 8
☎ +43 61 38 22 06	4 AEFHIJOP	DEMNPQRTVW 9
@ camping@appesbach.at	5 ACDEFGHIKLMN	ABFGHJLMNPRV10
	WB 10-16A	❶ €36,50
▲ N 47°43'56'' E 13°27'49''	H535 2,2 ha 100T(80-110m²) 74D	❷ €45,50
🚗 Straße von Strobl nach St. Wolfgang (600m vor St. Wolfgang).		110299

Insel Camping

Am Südufer des Attersees (dem größten See Österreichs), 500m vom Dorf, ruhige Lage, große Stellplätze mit **eigenem** Strand.

Unterburgau 37, 4866 Unterach (Attersee) •Tel. 07665-8311
E-Mail: camping@inselcamp.at • Internet: www.inselcamp.at

Unterach (Attersee), A-4866 / Oberösterreich

▲ Insel Camping	1 ADEF**JM**NOPQRST	JL**N**QSWX 6
🏠 Unterburgau 37	2 CDFGOPRWXY	ABDE**FG** 7
📅 1 Mai - 15 Sep	3 A**NO**	ABCDEF**N**QRT 8
☎ +43 76 65 83 11	4 AIO	R 9
@ camping@inselcamp.at	5 ABDJN	AGHIJPR10
	Anzeige auf dieser Seite 10A CEE	❶ €26,10
▲ N 47°48'03'' E 13°28'56''	H470 1,8 ha 100T 45D	❷ €33,10
🚗 B151 Mondsee-Seewalchen. Bei km 30,6 rechts. Dann den CP-Schildern folgen.		106056

St. Wolfgang, A-5360 / Oberösterreich

▲ Berau****	1 AD**JM**NOPQR**T**	L**N**QSWXZ 6
🏠 Schwarzenbach 16	2 DFGKOPRWXY	BE**FG**H 7
📅 1 Jan - 31 Dez	3 B**LM**TW	ABCDEFJKNQRTW 8
☎ +43 61 38 25 43	4 ABEFHIO**PRTUV**	GIJNQRTVWX 9
@ rezeption@berau.at	5 ACDEGHJLMN	AFGHJLPRVZ10
	Anzeige auf dieser Seite WB 10A CEE	❶ €36,10
▲ N 47°43'50'' E 13°28'42''	H520 2 ha 160T(90m²) 51D	❷ €47,90
🚗 Straße von Strobl nach St. Wolfgang, CP an der Straße links, ausgeschildert.		106051

€20 NEBENSAISON SPECIAL
Stellplatz, 2 Personen, inkl. Strom

Lifestyle-Camping am Wolfgangsee
Top Gastronomie   www.berau.at

Berau am Wolfgangsee

Steinbach (Attersee), A-4853 / Oberösterreich

▲ Grabner	1 ADE**JM**NOP**RT**	L**N**OPQSWXYZ 6
🏠 Seefeld 47	2 DFGJKLOPSVWX	ABDE**FG**H 7
📅 1 Apr - 15 Okt	3 AD**LMNW**	ABCDEFNQRTUW 8
☎ +43 76 63 89 40	4 HIO	ENUW 9
@ office@camping-grabner.at	5 ACDEFGHIKMN	ABCHJPR10
	16A CEE	❶ €31,80
▲ N 47°50'15'' E 13°32'44''	H470 3,2 ha 100T(80-120m²) 111D	❷ €41,80
🚗 A1, Ausfahrt 234 Seewalchen. Dann Richtung Weyreg und weiter bis Seefeld. CP liegt rechts der Strecke.		106079

Teilkarte Oberösterreich auf Seite 253

Salzburg

SEECAMPING PRIMUS

Ruhiger Campingplatz direkt am kristallklaren Wolfgangsee (der vorletzte Campingplatz). Ein Ruhepol in der schönen Umgebung mit zahlreichen Möglichkeiten für Wassersport (eigener Steg), zum Rad fahren und Wandern. 3 km von St. Gilgen entfernt und 40 km von Salzburg.

Schwand 39, 5342 Abersee/St. Gilgen
Tel. +43 622732280 • Fax +43 6227322284
Internet: www.seecamping-primus.at

Abersee/St. Gilgen, A-5342 / Salzburg

- Romantik Camp. Wolfgangsee Lindenstrand★★★★
- Schwand 19
- 1 Apr - 15 Okt
- +43 62 27 32 05
- camping@lindenstrand.at
- N 47°44'23'' E 13°24'08''

1 ADE**JM**NOPQRST L**N**OPQRSTXZ 6
2 DFGJOPRVWXY ABDE**FG** 7
3 ABDF ABCDEFIJNQRTUVW 8
4 ABEFHIJLO NRVW 9
5 ABCDGMN ABDGHJPRW 10
Anzeige auf Seite 257 B 12A CEE ① €31,30
H541 3 ha 150T(80-110m²) 50D ② €40,50
106053

B158 von St. Gilgen nach Strobl, Ausfahrt ausgeschildert in Schwand. Links 4 km nach St. Gilgen.

Abersee/St. Gilgen, A-5342 / Salzburg

- Seecamping Primus
- Schwand 39
- 24 Apr - 29 Sep
- +43 6 22 73 22 80
- seecamping.primus@aon.at
- N 47°44'27'' E 13°24'21''

1 ADE**JM**NOPQRS T L**N**QSWXYZ 6
2 DFGKOPRVWXY ABDE**FG** 7
3 B ABCDEFNQRUVW 8
4 EFH GIN 9
5 AD ABDGJNPR 10
Anzeige auf dieser Seite 10A ① €31,40
H540 2 ha 75T 64D ② €38,60
106052

B158 von St. Gilgen nach Strobl. Ausfahrt ist beschildert. Schwand, 4 km hinter St. Gilgen. Aufpassen: Vorletzter CP!

Abersee/St. Gilgen, A-5342 / Salzburg

- Seecamping Wolfgangblick
- Seestraße 115
- 26 Apr - 29 Sep
- +43 65 05 93 42 97
- camping@wolfgangblick.at
- N 47°44'14'' E 13°25'58''

1 AD**IL**NOPQRST L**N**QSWXZ 6
2 DFGJKOPRVWXY ABDE**FG** 7
3 A**JLM** ABDEFNQRT 8
4 EFHIO 9
5 ACDEFGHMN ABFGHJLPR 10
Anzeige auf Seite 258 12A ① €32,90
H550 2,2 ha 80T(70-95m²) 46D ② €40,70
106054

B158 von St. Gilgen nach Strobl, bei Km-Pfahl 34 Ausfahrt Abersee nehmen. Ausgeschildert.

Abtenau, A-5441 / Salzburg

- Vitalcamping Oberwötzlhof★★★★★
- Erlfeld 37
- 1 Jan - 31 Dez
- +43 62 43 26 98
- oberwoetzlhof@sbg.at
- N 47°35'10'' E 13°19'29''

1 A**JM**NOPQRS T ANUVX 6
2 FGOPVWXY ABDE**FGH** 7
3 AM ABCDE**FJLM**NQRTUVW 8
4 AEFHO**STZ** G 9
5 ABDEHMN ABEJLMPRV 10
W 10A ① €39,40
H686 2 ha 50T(80-100m²) 25D ② €50,40
109164

Von Salzburg Ausfahrt Golling-Abtenau (2,5 km vor Abtenau). Aus Villach hinter dem Tauerntunnel Ausfahrt Eben.

Altenmarkt im Pongau, A-5541 / Salzburg

- Camping Glonerbauer
- Zauchenseestrasse 89
- 1 Jan - 31 Dez
- +43 66 44 43 29 91
- info@glonerbauer.at
- N 47°21'57'' E 13°25'25''

1 AD**JM**NOPQRT 6
2 ADFGOPQWX ABFG 7
3 A**U** ABEFJKNQTW 8
4 A**K** I 9
5 ADHL AFGHJ**O**RV 10
Anzeige auf Seite 258 W 6A ① €20,40
H862 2 ha 20T(100m²) 74D ② €32,40
123252

Den Campingplatz erreicht man über die A10 Ausfahrt Altenmarkt. Er ist nicht ausgeschildert.

Altenmarkt im Pongau, A-5541 / Salzburg

- Campingplatz Passrucker
- Götschlau 33
- 1 Jan - 31 Dez
- +43 64 52 73 28
- camping.passrucker@sbg.at
- N 47°22'19'' E 13°25'10''

1 A**JM**NOPRST AB 6
2 ACFGOPRSWXY ABDE**FG**HK 7
3 A**LM**U ABCDEFJNQRTV 8
4 EFHIOR**ST** IY 9
5 ABDMN ABEFGHJN**O**RV 10
Anzeige auf Seite 257 WB 13A ① €29,20
H850 1,2 ha 50T 32D ② €38,60
106057

A10, Ausfahrt 63 Knoten Ennstal. Dann B99 Richtung Graz bis Ausfahrt Altenmarkt-West. Bis zur Kirche fahren; den CP-Schildern folgen.

Abersee/St. Gilgen, A-5342 / Salzburg

- Camping Birkenstrand Wolfgangsee★★★★
- Schwand 17a
- 1 Apr - 25 Okt
- +43 66 49 40 48 79
- camp@birkenstrand.at
- N 47°44'21'' E 13°24'02''

1 ADE**IL**NOPQRST L**N**OPQRSTWXZ 6
2 DFGOPRVWXY ABCDE**FG**HIK 7
3 AMU ABCDEFJNQRTUVW 8
4 FHIO**ST** HNRVW 9
5 ABDEFGJKMN ABDGHJPTUV 10
Anzeige auf dieser Seite B 12A CEE ① €28,60
H540 1,8 ha 110T(80-100m²) 37D ② €36,40
107669

B158 St. Gilgen-Strobl, 4 km hinter St. Gilgen in Schwand Ausfahrt links, Schildern folgen.

CAMPING BIRKENSTRAND direkt am Wolfgangsee ★★★★

www.birkenstrand.at

Schwand 17a
5342 St. Gilgen/Abersee
Austria
+43 (0)664/9404879

- Windgeschützt
- Kajak-/ Stand-Up-/ und Fahrradverleih
- Moderne Sanitäranlagen
- Bistro
- Lebensmittelladen
- Gratis WIFI
- Sauna

Sternstunden erleben.

5 Indoor Pools (Sportpool 50 m) 100 m Wasserrutsche

Wer das Campen in freier Natur liebt, ist am Sportcamp Woferlgut ebenso richtig wie alle, die Vier-Sterne-Komfort in einem Hotel suchen!

Woferlgut Sportcamp **** Restaurant Hotel

A-5671 Bruck/Großglockner, Krössenbach 40
Tel.: +43(0)6545 7303-0, Fax: +43(0)6545 7303-3
Mail: info@sportcamp.at, **www.sportcamp.at**

Bad Gastein, A-5640 / Salzburg

- Cp.-Appartement-Bungalow Erlengrund Gastein
- Erlengrundstr. 6
- 1 Jan - 31 Dez
- +43 6 43 43 02 05
- office@kurcamping-gastein.at
- N 47°08'03'' E 13°07'47''
- A10 Salzburg-Villach, Ausfahrt 47 Bischofshofen, B311 bis Ausfahrt zur B167. Richtung Bad Gastein halten. Nach dem 2. Kreisel nach 2 km links (Erlengrundstraße). Nach ungefähr 1 km re. beim CP-Schild.

1 ADE**JM**NOPQRST	AB 6
2 CFGOPRVWXY	ABDE**FG** 5
3 **B**L**MSU** ABCDEFJLNPQRTUVW 8	
4 EFHI**OT**	ADEIJ 9
5 AD**M**N ABGHJ**NO**P**T**UZ 10	
W 16A	
H875 2,4 ha 100**T**(100-120m²)	39**D**

① €39,00
② €49,00
106060

Bad Hofgastein, A-5630 / Salzburg

- Kurcamping Bertahof
- Vorderschneeberg 16
- 1 Jan - 31 Dez
- +43 64 32 67 01
- camping@bertahof.at
- N 47°08'38'' E 13°07'11''
- A10 Salzburg-Villach, Ausfahrt 46 Bischofshofen. B311 folgen bis Ausfahrt zur B167, nach Bad Gastein, CP 1 km vor Bad Gastein rechts der Straße.

1 A**JM**NOPRST	L 6
2 DFGOPRVWXY	ABDE**FGH** 7
3 A**L** ABCDEFIJNRTUVW 8	
4 **E**FH	9
5 ADLMN ABGHJMP**R**10	
W 16A	
H857 2,7 ha 50**T**(100m²)	80**D**

① €31,00
② €40,00
106059

Campingplatz Passrucker

Unser Sommer- und Wintercampingplatz ist sehr ruhig gelegen in ca. 800m vom Zentrum Altenmarkt. Wir bieten unseren Gästen die modernsten Sanitäranlagen mit speziellen Räumen für Babys und Behinderte. Außerdem: Minishop, Aufenthaltsraum, einige Spielgeräte und beheiztes Schwimmbad. Gratis Skibus ins bekannte Skizentrum *AMADÉ*. Neu: die unvergleichliche THERME AMADÉ in Altenmarkt. Auch ideal als Übernachtungsplatz auf Ihrem Weg in den Norden oder Süden nur 2 km von der A10: Ausfahrt Ennstal, Ausfahrt 63. Im Zentrum von Altenmarkt den Campingschildern folgen.

Götschlau 33, 5541 Altenmarkt im Pongau • Tel. +43 64527328
E-Mail: camping.passrucker@sbg.at • Internet: www.camping-passrucker.at

---

Bruck, A-5671 / Salzburg

- Sportcamp Woferlgut****
- Krössenbach 40
- 1 Jan - 31 Dez
- +43 6 54 57 30 30
- info@sportcamp.at
- N 47°17'01'' E 12°49'00''
- Ohne Vignette über die A8 (München-Salzburg), Ausfahrt Siegsdorf, dann Richtung Inzell, Lofer, Zell am See Richtung Bruck und den CP-Schildern folgen.

1 AE**JM**NOPQRST	A**IL**N**X** 6
2 DFG**I**OPVWXY	ABDE**FGH** 7
3 BDEFGH**IJ**L**M**N**OSU**WX ABCDEFJKL**MN**QRTUVW 8	
4 ABCDEFH**IJ**KLOP**QRS**TUV**X**Y ADEFG**I**LQRUVWY 9	
5 ACDEFGHJLMN ABEGHJNPQRVWXZ 10	
Anzeige auf dieser Seite WB 16A CEE	
H757 18 ha 270**T**(100-180m²)	176**D**

① €43,70
② €60,70
106035

Romantik-Camping WOLFGANGSEE LINDENSTRAND ★★★★

SALZKAMMERGUT
AUSTRIA

+ Ruhiger Familiencampingplatz
+ Direkt am Wolfgangsee, 140m Badestrand mit großem Badesteg
+ Neue Sanitäranlagen
+ Gratis W-Lan (WiFi)
+ Komfortplätze (Wasser, Abwasser, Strom)
+ Mini-Markt
+ Indoor-Räume mit Kinderspielbereich
+ Kinderspielplatz, Ballwiese,...
+ Herrliche Umgebung mit zahlreichen Möglichkeiten für Sport und Kultur

5342 ABERSEE / ST. GILGEN, SCHWAND 19
T: +43 6227 3205, WWW.LINDENSTRAND.AT

Teilkarte Salzburg auf Seite 256

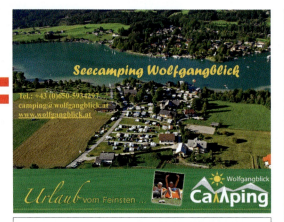

Österreich

Neunbrunnen am Waldsee

Willkommen auf diesem Camping. Ein Ort wo Zufriedenheit, Entspannung und Lebensfreude zusammentreffen. Dieser idyllische Platz liegt am Waldrand mit einem kleinen See mit Quellwasser (kalt) inmitten schöner Weiden. Genießen Sie den herrlichen Blick über die Berge des Steinernen Meeres, wo Sie zahllose Ausflüge machen können und viele Sehenswürdigkeiten sind. Ideal für Sportliebhaber: von Segeln oder Windsurfen bis Mountainbike und Gletscherski. Dieser Camping ist besonders familienfreundlich. Ideal für jedermann.

Gratis WLAN

Neunbrunnen 56, 5751 Maishofen • Tel. +43 654268548
E-Mail: camping@neunbrunnen.at
Internet: www.camping-neunbrunnen.at

**Sommer & Winter Camping
Wanderparadies
200m zum Skilift
Direkt an der Loipe**
Altenmarkt-Zauchensee ☏ +43 664 44 32 991

www.glonerbauer.at

Kaprun, A-5710 / Salzburg 🛜 iD

▲ Mühle Kaprun	1 AD**EJM**NOPQRST	ABFG 6
🏠 Umfahrungsstr. 5	2 CGOPSVXY	ABDE**FG** 7
🗓 1/6 - 25/9, 20/10 - 15/5	3 A**L**MUX	ABCDEFJNQRUVW 8
☎ +43 65 47 82 54	4 FHIO**PQSTV**	GL 9
@ office@campkaprun.at	5 ABDEFHJKLMN	AFGHJPR10
	W 16A	① €34,30
N 47°15'51'' E 12°44'44''	H731 1,5 ha 70T(80-120m²) 60D	② €43,30
🚗 Ohne Vignette über die A8 München-Salzburg, Ausfahrt Siegsdorf ('Kleines deutsches Eck'), dann Richtung Inzell, Lofer, Zell am See, Kaprun. Durch den Tunnel und dann komt der Camping nach ca. 1 km links (scharfe Kurve).		109163

Maishofen, A-5751 / Salzburg 🛜 CC€18 iD

▲ Neunbrunnen am Waldsee	1 AE**JM**NOPQRST	LN 6
🏠 Neunbrunnen 56	2 BDFGPSWX	ABDE**FG**H 7
🗓 1 Jan - 31 Dez	3 B**JL**M	ABCDEFJNQRW 8
☎ +43 6 54 26 85 48	4 FH**P**	GI 9
@ camping@neunbrunnen.at	5 ADFGHLMN	ABGHJMPR10
	Anzeige auf dieser Seite WB 16A CEE	① €25,50
N 47°22'40'' E 12°47'43''	H786 3 ha 100T(70-100m²) 68D	② €33,10
🚗 Ohne Vignette ab der A8 München-Salzburg. Ausfahrt Siegsdorf, dann die B306 Richtung Inzell, Lofer und Zell am See. In Maishofen vor dem Tunnel Richtung Camping der Beschilderung folgen.		106030

Mauterndorf, A-5570 / Salzburg 🛜 CC€20 iD

▲ Camping Mauterndorf****	1 AD**EJM**NOPQRST	AB 6
🏠 Markt 145	2 ACFGOPRSUVWX	AB**CFG** 7
🗓 1 Jan - 31 Dez	3 AB**L**U	ABCDEFJK**L**NQRTUVW 8
☎ +43 6 47 27 20 23	4 BFHIOR**TVX**	EGIJUVW 9
@ info@camping-mauterndorf.at	5 ABDFGHJLMN	ABEGHKPR10
	Anzeige auf Seite 259 WB 12A CEE	① €36,00
N 47°08'35'' E 13°59'53''	H1160 2,5 ha 163T(65-100m²) 36D	② €48,00
🚗 A10, Ausfahrt St. Michael im Lungau, Richtung Mauterndorf. B99 Erlebnisberg Großeck-Speiereck. CP liegt an der B99 nach 1,5 km auf der linken Seite.		111964

Obertrum, A-5162 / Salzburg 🛜 iD

▲ Obertrum am See	1 ADF**JM**NOPQR**T**	LNQSX 6
🏠 Seestraße 18	2 DFGOPTVX	AB**DEFG** 7
🗓 1 Mai - 30 Sep	3 AM	ABE**F**NQR 8
☎ +43 62 19 64 42	4 FHI	IKMPQT 9
@ info@oitner-urlaubamsee.at	5 ABDEFGKN	ABGHJPR10
	12A	① €28,00
N 47°56'33'' E 13°04'09''	H480 1 ha 50T(70-90m²) 34D	② €36,00
🚗 L102 von Obertrum Richtung Seeham. CP 1 km außerhalb des Ortskerns an der Straße.		106026

Pfarrwerfen, A-5452 / Salzburg 🛜 iD

▲ Vierthaler	1 ADEILNOPQRST	NU 6
🏠 Reitsam 8	2 AC**T**GOPWXY	ABDE**FG** 7
🗓 11 Apr - 30 Sep	3 ABFM	ABE**FG**NQRTW 8
☎ +43 64 68 56 57	4 EFHI	JK 9
@ vierthaler@	5 ABDEGMN	AGHJLPRV10
camping-vierthaler.at	12-16A	① €25,20
N 47°26'35'' E 13°12'36''	H550 1,5 ha 50T 3D	② €31,30
🚗 Von Norden: A10 Salzburg-Villach, Ausfahrt 43 Werfen, links Ri. Bischofshofen B159, Ausfahrt 41,6 links abbiegen. Von Süden: A10 Villach-Salzburg, Ausfahrt 44 Pfarrwerfen, links Ri. Bischofshofen B159, Ausfahrt 41,6 links abbiegen.		110877

Radstadt, A-5550 / Salzburg iD

▲ Camping Forellencamp	1 ADEJMNOPRST	6
🏠 Gaismairallee 51	2 AFPQWX	AB**FG** 7
🗓 1 Jan - 31 Dez	3 A**L**	ABE**F**JNQRT 8
☎ +43 67 63 34 89 60	4 FHIO	9
@ info@forellencamp.com	5 ABDLN	AHJ**N**R10
	Anzeige auf Seite 259 W 16A CEE	① €21,90
N 47°22'59'' E 13°26'55''	H856 1 ha 20T(100m²) 90D	② €27,70
🚗 A10, Ausfahrt 63 Richtung Radstadt B99 und kurz vor Radstadt Schildern folgen.		110802

Immer ein Campingplatz, der zu Ihnen passt!

- 9 900 jährlich inspizierte Campingplätze in 31 Ländern
- Filter auf mehr als 200 Einrichtungen
- Schnell und einfach buchen, auch unterwegs
- Mehr als 100 000 Campingplatz-Bewertungen

www.Eurocampings.de

Camping Mauterndorf!
365 Tage im Jahr, wunderbar!

- Direkt an der 8er-Kabinenbahn Grosseck-Speiereck.at
- 147 Pistenkilometer, 50 km Langlaufloipen
- Schikindergarten, Schischule im Winter
- Zahlreiche Wanderwege, zB nach Mauterndorf
- 163 Komfortplätze in ruhiger Lage
- Top Sanitäranlagen, Waschräume, Babydusche
- Exzellenter Wellnessbereich
- Café/Shop/Frühstücksraum mit Terrasse
- Vermietung von Mobilheimen, Appartements & Zimmern
- Spielplatz, Smarty-Spaß im Sommer
- Schwimmbad am Platz
- Sommer- & Winterpauschalen

Camping Mauterndorf • Markt 145 • A-5570 Mauterndorf • Tel. +43 647272023 • www.camping-mauterndorf.at • info@camping-mauterndorf.at

Radstadt, A-5550 / Salzburg

- Tauern Camping
- Schloßstraße 17
- 1 Jan - 31 Dez
- +43 64 52 42 15
- info@tauerncamping.at

N 47°23'15'' E 13°27'40''

1	AJMNOPRST	6
2	AGOPRUWX	BEFGH 7
3	AIJLMNO	ABEFJNQRT 8
4	FHK	9
5	ABDLMN	AEHJR 10

Anzeige auf dieser Seite   W 10A CEE €24,80
H850 1,8 ha 30T(80m²) 60D €32,40
108167

A10, Ausfahrt 63 Richtung Radstadt B99. Nach 6 km rechts Radstadt-West. Nach 300m links. CP ist ausgeschildert.

Rauris, A-5661 / Salzburg

- Nationalpark Cp. Andrelwirt
- Dorfstraße 19
- 1 Jan - 31 Dez
- +43 65 44 71 68
- camping@andrelwirt.at

N 47°11'51'' E 12°58'35''

1	AEJMNOPQRST	AJNUV 6
2	CFGOPVWX	ABDEFGH 7
3	ABFGMUWX	ABCDEFHJNPQRTW 8
4	AEFHIOT	DGLUVWY 9
5	ABDFHJKLMN	ABEHJPQRX 10

Anzeige auf dieser Seite   W 16A CEE €36,35
H966 1,8 ha 53T(80-120m²) 57D €46,35
107674

B311 Zell am See-Bischofshofen, Ausfahrt Rauris. CP ist 4 km hinter Rauris in Wörth gut ausgeschildert.

Salzburg, A-5026 / Salzburg

- Schloss Aigen Salzburg
- Weberbartlweg 20
- 1 Mai - 30 Sep
- +43 6 62 63 30 89
- camping.aigen@elsnet.at

N 47°46'50'' E 13°05'23''

1	ADEJMNOPQRST	6
2	ABCFPWXY	ABFG 7
3	ALM	ABEFNQR 8
4	AFHI	9
5	ABDEFGIJKN	AGJMPRW 10

Anzeige auf dieser Seite   16A CEE €27,00
H420 2,5 ha 120T €35,00
106028

A10 Salzburg-Villach Ausfahrt Salzburg-Süd, Richtung Anif / Glasenbach/Aigen. Den Schildern 'Camping Aigen' folgen.

Forellencamp

Der Campingplatz liegt am Fuße des Radstätter Tauern in der Sportwelt Amadé. Neue Duschen und großräumige Sanitäreinrichtungen, Waschmaschine und Trockenraum, Stromanschlüsse und Gasbetrieb stehen zur Verfügung. Das Haus is bekannt für Ihre herrvorragende traditionelle österreichische Küche und Fischspezialitäten. Sommer und Winter geöffnet!

Gaismairallee 51, 5550 Radstadt • Tel. +43 6763348960
E-Mail: info@forellencamp.com • Internet: www.forellencamp.com

TAUERN CAMPING

- Sommer- und Wintercamping • Ein idealer Familiencamping
- 5 km vom Autobahn • Wandern in der Dachstein-Tauernregion
- 72 km Langlaufloipen
- 130 Skilifte im Skigebiet 'Ski-Grossraum Radstädter Tauern'

Fam. Ernst Kaswurm
Schloßstraße 17, 5550 Radstadt • Land Salzburg
Tel. 06452-4215 • Fax 06452-42154
Internet: www.tauerncamping.at

Genießen Sie Ihr Campingparadies im Rauriseertal!

Unser Campingplatz ist der ideale Ort für Ihren Campingurlaub im Sommer wie im Winter. Ruhe- und Erholungsuchende sind hier genau richtig. Auch als Ausgangspunkt für Wanderungen und Radtouren ist unser Campingplatz eine perfekter Wahl.

- Sauna, moderne Waschräume und Sanitäranlagen • Ski-, Schuh- & Trockenraum • WLAN & TV-Kabel • Outdooraktivitäten Saisonstellplätze

Nationalpark Camping Andrelwirt
Dorfstraße 19, 5661 Rauris, Austria
Tel. +43(0)6544/7168
www.andrelwirt.at
camping@andrelwirt.at

CAMPING   GASTHOF   RESTAURANT   JUGENDHOTEL   X-FUN

CAMPING SCHLOSS AIGEN SALZBURG

Camping Salzburg Aigen liegt am südöstlichen Rand der 'Festspielstadt' Salzburg, am Waldrand des Aigen Parks.

Der Platz hat einfaches, sauberes Sanitär und ein Restaurant mit einer Karte zu vernünftigen Preisen. Ein großes Grasfeld, teilweise mit Schatten von hohen Birken, auf dem man selbst seinen Platz aussuchen kann. Auf dem etwas höher angelegten Teil gibt es auch noch stille Eckchen.

Von diesem Camping aus, der sowohl in, als auch bei Salzburg liegt, ist man in wenigen Minuten in der Stadt. Mit dem öffentlichen Nahverkehr (Tickets auf allen Buslinien 24 Stunden gültig) kommt man ohne Parkprobleme in die 'Altstadt' (Haltestelle in 500m, alle 10 Minuten Verbindung).

Einige Sehenswürdigkeiten: das Geburtshaus von Mozart, Festung Hohensalzburg (eine herrliche Wanderung, aber auch mit dem Lift erreichbar), die Residenz, der Dom ('kleiner St. Peter'), die Franziskanerkirche, der St. Peters Friedhof mit den Katakomben, die alte Geschäftsgassen Getreidegasse, Judengasse und Goldgasse und das Lustschloss Hellbrunn. Angenehmer Zwischenstop für ein paar Tage auf der Reise in den Süden.

**Weberbartlweg 20, 5026 Salzburg • Tel. 0662-633089 / 627923
Internet: www.campingaigen.com**

Österreich

CAMPING NORD-SAM
DIE GRÜNE OASE DER MOZARTSTADT
Salzburg ★★★★

60 YEARS 1959-2019

3km zur Altstadt • in 20 min. ist man mit Bus oder Rad im Zentrum • W-LAN
Busstop direkt am Platz • einzigartige parzellierte Parkanlage • Minimarket
Preise inkl. Wamwasserdusche und Swimming Pool • Infopoint & Kartenbüro

www.camping-nord-sam.com • Samstraße 22a, A-5023 Salzburg, +43 662/660494

Salzburg-Nord, A-5023 / Salzburg 📶 CC€20 iD

▲ Camping Nord-Sam★★★★
🏠 Samstraße 22a
📅 10 Apr - 11 Okt
📞 +43 6 62 66 04 94
@ office@
camping-nord-sam.com
📍 N 47°49'38'' E 13°03'45''

1	AE**JM**NOPQRS**T**	AB 6
2	AGOPQRTVWXY	ABDE**FG**H 7
3	A**L**	ABCDEFJNQRT 8
4	A**F**HI	UV 9
5	ACDHJN	ABGHL**PR**10

Anzeige auf dieser Seite 10A CEE | ❶ €43,00
H441 1,3 ha 100T(80-120m²) | ❷ €57,00

101579

🚗 A1 München-Wien, Ausfahrt 288 Salzburg-Nord. Nach 1. Ampel links voreinordnen und den CP-Schildern folgen. 500m bis zum CP.

Sonnenterrassen Camping
St.Veit im Pongau ★★★★

Klein aber fein! Komfortplätze auf zentral gelegenen Terrassencamping, ideal zum Wandern, Besichtigungen und Ausflüge im Salzburgerland. Extras: gratis Skibus, großer angelegter Spielplatz, Brötchenservice und Imbiss für den kleinen Hunger. Preis inkl. Dusche und WLAN.

5621 St. Veit im Pongau, Bichlwirt 12
Telefon: 06415 57333
E-Mail: office@camping-stveit.at
Web: www.camping-stveit.at

Salzburg-Nord, A-5020 / Salzburg 📶 iD

▲ Panoramacamping Stadtblick
🏠 Rauchenbichlerstraße 21
📅 1/1-6/1,20/3-7/11,4/12-12/12, 27/12-31/12
📞 +43 6 62 45 06 52
@ info@panorama-camping.at
📍 N 47°49'44'' E 13°03'07''

1	AILNOPQRS**T**	6
2	ABFPSUVWX	ABDE**FG**H 7
3	A**F**L	ABEFNQRTUVW 8
4	A**F**HIO	I 9
5	ABDEKLMN	ABGHK**PR**10

H480 0,8 ha 70T(40-70m²) 8D | ❷ €47,00

106027

🚗 A1 Salzburg-Wien Ausfahrt Salzburg-Nord. Gleich rechts. Den Schildern 'CP Stadtblick' folgen (an erster Ampel nach Ausfahrt rechts).

Strandcamping Seekirchen

Genießen Sie zwischen tropischen Palmen und atemberaubender Aussicht das ruhige Ambiente des Strandbades Seekirchen. Täglich (kein Ruhetag) von 8-11 Uhr können Sie unser großzügiges Frühstücksbuffet genießen. Im Anschluss dient der, mit Palmen verzierte, Gastgarten zu weiterem Genuss. Unser Campingplatz ist in Ruhiger Lage, direkt am Ufer des Wallersees, gepflegte sanitäre Anlagen sowie viel Unterhaltung für die ganze Familie.

Seestraße 2, 5201 Seekirchen • Tel. 06212-4088
E-Mail: info@camping-seekirchen.at
Internet: www.camping-seekirchen.at

ACSI Club iD

Ihr Pass oder Ausweis sicher in der Tasche
Die praktische ACSI Clubkarte

Nur 4,95 € im Jahr

www.ACSIClubID.de

Seekirchen, A-5201 / Salzburg 📶 iD

▲ Strandcamping Seekirchen
🏠 Seestraße 2
📅 1 Apr - 31 Okt
📞 +43 62 12 40 88
@ info@camping-seekirchen.at
📍 N 47°54'11'' E 13°08'30''

1	ADE**JM**NOPQRST	HLM**N**QRSTX 6
2	DFGHJOPRVWX	ABDE**FG** 7
3	B**FG**LMV	ABCDEFJNQRTW 8
4	AEFHI**P**	MNPQRTUVW 9
5	ABDEFIJKMN	ABGHJOPRWZ10

Anzeige auf dieser Seite B 16A | ❶ €28,00
H510 1,5 ha 90T(25-100m²) 40D | ❷ €38,00

106048

🚗 In Seekirchen die Seebadstraße oder Bahnhofsstraße Ri. Privatuniversität Schloss Seeburg zum Wallersee. Den CP-schildern folgen. Oder von Neumarkt zur Seekirchener Landstraße bis Seewalchen links ab und PU Schloss Seeburg.

St. Johann im Pongau, A-5600 / Salzburg 📶 CC€20 iD

▲ Kastenhof
🏠 Kastenhofweg 6
📅 1 Jan - 31 Dez
📞 +43 64 12 54 90
@ info@kastenhof.at
📍 N 47°20'29'' E 13°11'53''

1	AE**JM**NOPRS**T**	N 6
2	CFGOPRVWXY	ABDE**FG**H 7
3	AB**IL**MSU	ABE**F**JNQRT 8
4	**F**HIO**RSTV**	GI 9
5	ABDMN	ABEFGHIJLNORV10

Anzeige auf dieser Seite WB 15A CEE | ❶ €29,00
H600 2 ha 40T(80m²) 81D | ❷ €35,00

106058

🚗 A10, Ausfahrt 46 Bischofshofen, Ri. Zell am See B311 bis Ausfahrt St. Johann im Pongau/Grossarl/Hüttschlag. Unter Bahnunterführung hindurch, über die Brücke, erste Straße links, nach 150m Eingang.

Camping Kastenhof

In der Nähe vom Stadtzentrum St. Johann (500m) und direkt in der bekannten Salzburger Sportwelt 'Amadé' liegt für Sommer- und Wintergäste der **Camping Kastenhof**. Herrliche Rad- und Wanderwege und gratis Skibus im Winter. Wir vermieten auch Appartements und Zimmer mit Frühstück. 'Wellness Oase' mit Sauna, Sonnenbank, Dampfbad und Infrarotsauna.

Fam. Weissacher • Kastenhofweg 6, 5600 St. Johann im Pongau
Tel. und Fax 06412-5490 • E-Mail: info@kastenhof.at
Internet: www.kastenhof.at

Panoramacamping Stadtblick ★ ★ ★ ★

5 Minuten zum Bus, direkter Radweg ins Stadtzentrum, beste Lage für den Besuch von Salzburg und Umgebung. Ausgezeichnete Küche, WLAN, Waschmaschine und Trockner, Laden mit täglich frischem Brot und großer Spielplatz nebenan. Apartments und Zimmer für 2 bis 5 Personen.

Rauchenbichlerstraße 21, 5020 Salzburg-Nord • Tel. +43 662450652
E-Mail: info@panorama-camping.at • Internet: www.panorama-camping.at

Österreich

St. Johann im Pongau, A-5600 / Salzburg
- Camping Wieshof
- Wieshofgasse 8
- 1 Jan - 31 Dez
- +43 64 12 85 19
- info@camping-wieshof.at

1 AJMNOPRST 6
2 AFRTUVWX ABDEFGIJ 7
3 AL ABCDEFJNQR 8
4 FHI I 9
5 ABD ABGHIKNPR10

Anzeige auf dieser Seite WB 16A CEE ① €30,30
N 47°20'45'' E 13°11'32'' H600 1,5 ha 70T(70-100m²) 60D ② €39,30

Über A10 Salzburg-Villach, Ausfahrt 47, B311 Richtung Zell am See bis St. Johann im Pongau. CP-Schild rechts der Straße. 109800

Zell am See, A-5700 / Salzburg
- Panorama Camp Zell am See
- Seeuferstraße 196
- 1/1 - 19/10, 20/12 - 31/12
- +43 6 54 25 62 28
- info@panoramacamp.at

1 AEFJMNOPQRST NQU 6
2 FGIOPRWXY ABDEFGHIJ 7
3 BLMUX ABCDEFJNQRTUVW 8
4 EFGHIKO IVY 9
5 ABDGJMN ABEGHJMPRV10

Anzeige auf dieser Seite WB 16A CEE ① €38,50
N 47°18'07'' E 12°48'57'' H756 1 ha 50T(70-90m²) 12D ② €52,50

Keine Vignette. Von Lofer Richtung Zell am See, nicht in den Tunnel hineinfahren. Ausfahrt Thumersbach. CP am Südufer, nach 6 km rechts. 106034

Ruhig und sonnseitig gelegen am Stadtrand von Sankt Johann, Terrassencamping für Caravans und Wohnmobile, Komfort-Stellplätze ca. 70 - 90 m² (auf Wunsch Luxusplätze mit über 100 m²!), Stromanschluss 16 Ampere, WLAN am gesamten Platz, Waschräume mit Einzelwaschkabinen, Abwaschen, moderne Waschküche (2 Waschmaschinen, 2 Trockner) Skiraum, Skibushaltestelle.
Wieshofgasse 8, 5600 St. Johann im Pongau
Internet: www.wieshof-stjohann.com

St. Martin bei Lofer, A-5092 / Salzburg
- Park Grubhof★★★★★
- St. Martin 39
- 1/1-22/3,4/4-19/4,30/4-1/11, 12/12-31/12
- +43 6 58 88 23 70
- home@grubhof.com

1 AEJMNOPQRST JNUVX 6
2 CFGOPSVWXY ABDEFGH 7
3 BFLMU ABCDEFGIJLNQRSTUVW 8
4 ABEFGHIOPRSTVXYZ FIJRUVW 9
5 ACDEFGHJKLMN ABFGHIJLNPQRWZ10

Anzeige auf dieser S. WB 10-16A CEE ① €44,60
N 47°34'27'' E 12°42'21'' H650 10 ha 225T(bis 180m²) 42D ② €60,40

Von der B312 in Lofer Ausfahrt Richtung Zell am See B311, nach 1 km links, CP ausgeschildert. 101078

St. Veit im Pongau, A-5621 / Salzburg
- Sonnenterrassencamping St.Veit im Pongau★★★★
- Bichlwirt 12
- 1 Jan - 31 Dez
- +43 6 41 55 73 33
- office@camping-stveit.at

1 ACJMNOPRST 6
2 FOPRSUVWX ABEFGH 7
3 ABLM ABCDEFJKNQRTUVW 8
4 AEFHIKOP 9
5 ABDEFMN ABEGHKLMPRW10

Anzeige auf Seite 260 W 16A CEE ① €24,50
N 47°19'30'' E 13°10'02'' H630 2 ha 64T(80-100m²) 40D ② €32,50

A10, Ausfahrt 46 Bischofshofen. Dann die B311 Richtung Zell am See über St. Johann im Pongau bis zur Ausfahrt St. Veit. CP nach 500m rechts von der Strecke. 111712

Zell am See, A-5700 / Salzburg
- Seecamp Zell am See
- Thumersbacherstraße 34
- 1 Jan - 31 Dez
- +43 65 42 72 11 50
- zell@seecamp.at

1 ADEJMNOPQRST AEFGHLMNOPQRSTUVWX 6
2 DFGIJKOPRVWXY ABDEFGHIJ 7
3 BDFGLM ABCDEFJKNQRTUVW 8
4 ABCEHIOP FLRTUVW 9
5 ACDFGHJKLMN ABEGHJMPRV10

WB 16A CEE ① €39,20
N 47°20'23'' E 12°48'32'' H752 3 ha 160T(75-95m²) 32D ② €52,80

Aus Richtung Saalfelden oder Zell am See Ausfahrt Thumersbach nehmen, den Schildern folgen. Nicht in den Tunnel fahren! 106033

NATUR erleben & KOMFORT genießen...
- XXL-Komfortplätze bis 180m² und XXL-Familienbäder
- Idyllische Lage am Fluss mit getrennten Bereichen für Familien, Ruhesuchende, mit & ohne Hund - große Zeltwiese, Mietunterkünfte
- im Juli/August Kinderprogramm und SommerCard = gratis Schwimmbäder, Seilbahnen & Saalachtaler Naturgewalten

Winter & Sommer geöffnet!
- Wander- & Radtouren direkt vom Campingplatz
- Ganz nah: Salzburg, Großglockner & Berchtesgaden
- Gratis Skibus ins Familienskigebiet Lofer (2km)
- Winterwanderungen direkt vom Camping, Loipe 300m
- Restaurant, Shop, Kinderspielraum, Wellness & Sauna

Grubhof ★★★★
5092 St. Martin / Lofer
Tel. +43 (0)6588 82370

www.grubhof.com

Teilkarte Salzburg auf Seite 256

Kinderfreundlicher camping BERGGRUSS

Idyllisch gelegener Campingplatz mit **50 großzügigen** Plätzen im **herrlichen** Drautal, an der Nordseite mit Blick auf die Kreuzeckgruppe und im Süden auf die Karnischen Alpen

- Moderne Sanitäranlagen
- Zentrale Lage für Radtouren
- Schwimmbad mit Gegenstromanlage
- Drauradweg (200 km)
- Spielplatz
- Bergwanderungen
- Beachvolleyball
- Nur 15 km vom Weissensee
- Landeplatz für Paraglider

Internet und WiFi kostenlos

BERGGRUSS SPARWOCHEN:
Vom 01-05. bis 30-06. und vom 30-08. bis 31-10.:
€ 85 (exklusiv Kurtaxe)

Fam. Tiefnig, Nr. 49, 9771 Berg im Drautal • Tel. und Fax 04712-615
E-Mail: camping.berggruss@aon.at • Internet: www.berggruss.de

Camping Bad Ossiacher See

Unser landschaftlich fantastisch gelegener Campingplatz befindet sich im Herzen von Kärnten, am Westufer des Ossiacher Sees, wo die Sonne am längsten scheint. Unser Spielplatz direkt am Wasser und der separate, nicht tiefe Teil für Nichtschwimmer, machen unseren Camping perfekt für junge Familien. Möglichkeiten zur Freizeitgestaltung: Segeln, Surfen, Tauchen, Kajak fahren, Fußball, Beachvolleyball, Streetball, Tischtennis und Paragleiten von der Gerlitzen und am Campingplatz landen. Sauna direkt am See. Natürlich gibt es ein Restaurant und ein Geschäft auf dem Campingplatz. Sonderangebote in der Vor- und Nachsaison.

Seeuferstr. 109, A-9520 Annenheim
Tel. 0043-4248-2757 • Fax 0043-4248-275757
E-Mail: office@camping-ossiachersee.at
Internet: www.camping-ossiachersee.at

Dieses Sudoku sponserte Ihnen Seecamping Mössler, Schwimmbad Camping Mössler und www.sudokuhints.com.

Besuchen Sie uns online auf www.moessler.at oder offline in Döbriach am Millstätter See.

Wir freuen uns auf Ihren Besuch.
Ihre Familie Mössler und Team.

Mit dem ausgefüllten Sudoku bekommen Sie als Neukunde 10 Euro Rabatt.

Dellach im Drautal, A-9772 / Kärnten

- Camping Am Waldbad
- Rassnig 8
- 16 Apr - 1 Okt
- +43 4 71 42 88
- info@camping-waldbad.at

1 ADE**JM**NOPQRST   ABFGHIJ**N**UX 5
2 BCFGOPRVWXY   ABDE**FG** 7
3 ABEFG**L**MS   ABCDEFGHIKNPQRTW 8
4 BCDEFHILO**X**   AENRUVW 9
5 ACDEFGHJKLM   ABDGHIJMPRWXZ 10

Anzeige auf dieser S. B 10-16A CEE   **€31,00**
H618 3 ha 200T(68-110m²) 44**D**   **€48,00**

N 46°43'54''   E 13°04'41''

106043

2 Strecken möglich: 1) die B100 Spittal-Lienz. 2) Mittersill-Felbertauerntunnel-Lienz-Dellach im Drautal. Inerorts scharfe Kurve, Camping angezeigt.

Döbriach, A-9873 / Kärnten

- Seecamping Mössler
- Seefeldstraße 1
- 27 Mär - 8 Nov
- +43 42 46 73 10
- camping@moessler.at

1 ADE**JM**NOPQRST   ABFGLM**N**OPQRSTW**XZ** 6
2 CDFGHIPRVWX   AB**C**DE**FGH** 7
3 ABG**HI**LMT   ABCDEFJKNPQRTUVW 8
4 **A**BEFHO**P**   DEUV 9
5 ACDFGLMN   ABCDHIJPST 10

Anzeige auf dieser Seite B 6A   **€50,20**
H580 1 ha 72T(70-100m²) 11**D**   **€67,50**

N 46°46'07''   E 13°38'58''

101587

A10 Salzburg-Villach. Ausf. 139 Millstätter See. An der Ampel li. B98 Ri. Radenthein. Nach ca. 12 km re. Ri. Döbriach-See. Nach ca. 1,5 km CP re. Von Süden Ausf. 178 Villach-Ossiachersee Ri. Millstätter See.

Camping Am Waldbad

Der Campingplatz liegt direkt am Drauradweg, inmitten der Natur. Wandern, Radfahren, Paddeln, Rafting, Canyoning und Klettern sind direkt vom Campingplatz aus möglich. Prima Restaurant, Animation im Juli und August, modernste sanitäre Einrichtungen. Gratis Eintritt für Campinggäste in das Erlebnisschwimmbad!

Rassnig 8, 9772 Dellach im Drautal • Tel. 04714-288 • Fax 04714-2343
E-Mail: info@camping-waldbad.at • Internet: www.camping-waldbad.at

Österreich

Camping BRUNNER am See

Direkt am See - mitten in den Bergen

- Komfortcamping für Sonnenanbeter, Wanderer und Familien
- Aktivprogramm ● Appartements ● Ferienhäuser
- Beste Infrastruktur ● Reservierungen
- Ganzjährig offen
- DIREKT am Millstätter See
- Sonderangebote für Pensionisten in der Vor- und Nachsaison

Mit der **KÄRNTEN CARD** gratis kreuz und quer durch Kärnten

A-9873 Döbriach • Glanzerstr. 108
Tel. 0043/4246/7189 oder 7386
E-Mail: info@camping-brunner.at
Internet: www.camping-brunner.at (Webcam)

Döbriach, A-9873 / Kärnten

Burgstaller Komfort Cp Park	1 ACDE**JM**NOPQRST	LMNOPQRSTWXZ 6
Seefeldstraße 16	2 DFGHPRVWXY	ABCDE**FG**H 7
3 Apr - 1 Nov	3 BDEFGH**IJ**LM**NO**RSTVW	ABCDEFGHIJKL**N**PQRTUVW 8
+43 42 46 77 74	4 ABDEFGHILMO**PSTX**	DEIMPQRTUVW 9
info@burgstaller.co.at	5 ACDEFGHLMN	ABEFGHIJPSTZ10

Anzeige auf Umschlag, 265 B 6-10A CEE ① €49,60
N 46°46'12'' E 13°38'53'' H580 12 ha 570T(65-120m²) 74D ② €58,50
A10 Salzburg-Villach, Ausfahrt 139 Millstätter See (Ausfahrt li.). 101586
An der Ampel links B98 Ri. Radenthein. Nach ca. 12 km rechts Ri. Döbriach-See.
Von Süden Ausfahrt 178 Villach/Ossiacher See Ri. Millstätter See.

Döbriach, A-9873 / Kärnten (CC€20)

Brunner am See	1 ACDE**JM**NOPQRST	LNOPQRSTUVW 6
Glanzerstraße 108	2 CDFGHIOPQRSVWX	ABC**DEF**GH 7
1 Jan - 31 Dez	3 BDFG**JLM**NOUW	ABCDEFGHIJKL**MN**PQRTUVW 8
+43 42 46 71 89	4 ABCEFGHILOT	IJUVW 9
info@camping-brunner.at	5 ACDFGHKLMN	ABDGHIKMNPSTVZ10

Anzeige auf dieser Seite WB 6A CEE ① €50,10
N 46°46'04'' E 13°38'53'' H580 3,5 ha 215T(60-107m²) 12D ② €66,50
A10 Salzburg-Villach, Ausf. 139 Millstätter See. Ampel links, B98 101588
Ri. Radenthein. Nach 12 km rechts Ri. Döbriach-See. Nach ca 1,5 km beim ADEG-
Markt rechts. Von S: Ausf. 178 Villach/Ossiacher See Ri. Millstätter See.

Happy Camping Golser

- Ruhig gelegener kleiner Familiencampingplatz.
- Direkt am See mit Privatstrand.
- Gemütliche Grillabende.
- Segeln, surfen, Tennis.
- Günstige Kindertarife.

Mauerweg 4, 9873 Döbriach • Tel. 04246-7714 • Fax 04246-29314
E-Mail: info@happycamping.at • Internet: www.happycamping.at

Döbriach, A-9873 / Kärnten (CC€18)

Happy Camping Golser GmbH	1 A**JM**NOPQRST	LNPQS 6
Mauerweg 4	2 DFGHOPRVWX	ABDE**FG**H 7
1 Mai - 30 Sep	3 AB**FJLM**NUW	ABCDEFIJKNPQRTW 8
+43 42 46 77 14	4 FHO**T**	DI 9
info@happycamping.at	5 ABDJMN	ABGHIJPST10

Anzeige auf dieser Seite B 6A ① €33,20
N 46°46'32'' E 13°38'28'' H580 1,5 ha 120T(70-90m²) 3D ② €41,20
A10 Salzburg-Villach, Ausfahrt 139 Millstätter See (Ausfahrt links!). 106103
An der Ampel links, B98 Richtung Radenthein. Am Spar Markt wenden und 600m
zurückfahren. Von Süden Ausfahrt 178 Villach/Ossiacher See Richtung Millstätter See.

Döbriach, A-9873 / Kärnten

Schwimmbad Camp. Mössler****	1 ADEG**JM**NOPQRST	ABFG**N**OPQRSTUWXZ 6
Glanzerstraße 24	2 CFGPRVWXY	ABC**DEF**GH 7
27 Mär - 8 Nov	3 BDFG**ILM**NO**T**	ABCDEFJKL**N**PQRTUVW 8
+43 42 46 77 35	4 ABDEFGHIO**PQT**X**Z**	DEILUVZ 9
camping@moessler.at	5 ABDFJLMNO	ABEGHJPR10

Anzeige auf Seite 263 B 16A CEE ① €46,10
N 46°46'28'' E 13°39'20'' H580 4 ha 192T(70-100m²) 40D ② €62,20
A10 Salzburg-Villach, Ausfahrt Millstätter See (Ausfahrt links), an 106100
der Ampel links, B98 Ri. Radenthein, nach ca. 12 km rechts Ri. Döbriach-See. Nach
1,5 km links. Von Süden Ausfahrt 178 Villach/Ossiacher See Ri. Millstätter See.

Eberndorf, A-9141 / Kärnten (CC€20)

Naturisten Feriendorf Rutar Lido	1 ADEF**JM**NOPQRST	ABEFGLM**N** 6
Lido 1	2 DFGIPVWXY	ABDE**FG**H 7
1 Jan - 31 Dez	3 A**L**MST	ABCDEFHIJL**N**PQRUVW 8
+43 42 36 22 62	4 **A**EFGHIO**QRTUX**	EGHIJWZ 9
fkkurlaub@rutarlido.at	5 ACDEFJLMNO	ADGHIJM**P**RVX10

Anzeige auf Seite 273 FKK WB 16A CEE ① €38,90
N 46°35'02'' E 14°37'34'' H447 15 ha 228T(70-140m²) 138D ② €54,90
A2 von Klagenfurt Ausfahrt 298 Grafenstein links, B70 Richtung Graz. 100890
Nach 4 km rechts nach Tainach, Eberndorf, Rutar Lido. Von Graz A2, Ausfahrt 278 Völkermarkt-Ost.

Faak am See, A-9583 / Kärnten

Anderwald	1 ADE**JM**NOPQRST	LNOPQRS**X** 6
Strand Nord 4	2 ABDFGHIKOQRWXY	BE**FG**H 7
1 Apr - 30 Okt	3 A**L**M	BDFGJKNQRTW 8
+43 42 54 22 97	4 **A**BDEFGHILO**PQ**	Y 9
office@campinganderwald.at	5 ABDFGJLN	ABGHIJMPRZ10
	B 16A	① €47,60

N 46°34'24'' E 13°56'07'' H590 3,6 ha 220T(80-100m²) ② €54,60
A10 Salzburg-Villach, Ausfahrt Faaker See. CP an der Straße von 101358
Faak nach Egg auf der linken Seite.

Komfort-Campingpark Burgstaller
am Millstätter See

KÄRNTEN Millstätter See

TOP CAMPING AUSTRIA

Find us on: facebook

9873 Döbriach - Seefeldstr.16 - Kärnten - Österreich
0043 4246 7774   0043 4246 77744
info@burgstaller.co.at   www.burgstaller.co.at

GRATIS DOWNLOAD: Der Burgstaller-Song und der Burgstaller-Kids-Song als MP3 auf unserer Homepage!!!

NEU: Europas fantastischstes Sanitärgebäude mit Kinderbereich im U-Boot, Bällebad, Indoor-Spielplatz, Jugendraum, Kino u.v.m. - alle Infos auf unserer Homepage!

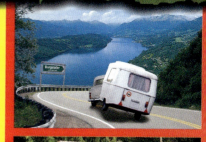

Es zählt nicht, woher du kommst. Wichtig ist, wohin du gehst...!

Pensionisten-Sonderpreis: 20.90 in der Nebensaison inkl. 2 Pensionisten und Normalplatz, exkl. Ortstaxe

Topi Club DER KINDERCLUB VON TOP CAMPING AUSTRIA

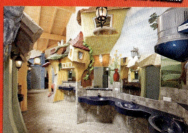

Der Rest steht auf einer anderen Seite: www.burgstaller.co.at

Camping Juritz

Das 1000-Sterne-Hotel im Süden Österreichs.

Die einzigartige ruhige Lage mitten in einem großen Naturschutzgebiet garantiert Ihnen unglaubliche Entspannungsmöglichkeiten, wie schwimmen, wandern und Wassersport. Herrliche Radwege in einer unberührten Natur machen Ihren Urlaub zu einem unvergesslichen Erlebnis. Vergessen Sie nicht das überdachte Schwimmbad, wo Sie von Mitte April bis Oktober herrlich im warmen Wasser verweilen und Ihr Urlaub ist perfekt! *Neues Sanitär!* WLAN *nur* im Juli und August kostenlos! *In der Vor- und Nachsaison viel Rabatt mit der CampingCard ACSI und bei längerem Aufenthalt.*

**Campingstraße, 9181 Feistritz im Rosental • Tel. +43 42282115
Fax +43 422821154 • E-Mail: office@camping-juritz.com
Internet: www.camping-juritz.com**

Faak am See, A-9583 / Kärnten

- Arneitz
- Seeuferlandesstraße 53
- 23 Apr - 30 Sep
- +43 42 54 21 37
- camping@arneitz.at

1 AEFIKNOPRST HLMNQRSTXZ 6
2 ADFGJKOPQSVWXY ABCDEFGH 7
3 ABDFLMNOUV ABCDEFGJKNPQRTUVW 8
4 ABEFHILMOPZ L 9
5 ACDFGHIJLNO AEGHIJMNPRZ 10
Anzeige auf dieser Seite B 16A CEE
€ 41,60 / € 57,60
H565 6,5 ha 400T (60-120m²)
N 46°34'28'' E 13°56'08''
106118
A10 Salzburg-Villach, dann A2 oder A11, Ausfahrt Faaker See. Erster Camping rechts Richtung Egg.

Durch Hecken und Bäume getrennte Stellplätze mit Strom, Abwasserentsorgung und TV. Moderne Sanitäranlagen, großer Supermarkt und Selbstbedienungsrestaurant.

**Seeuferlandesstraße 53, 9583 Faak am See
Tel. +43 42542137 • E-Mail: camping@arneitz.at
Internet: www.arneitz.at**

Faak am See, A-9583 / Kärnten

- Gruber
- Strand Nord 3
- 1 Mai - 16 Sep
- +43 42 54 22 98
- gruber@strandcamping.at

1 ABEJMNOPQRST LNPQSVXYZ 6
2 ABDFGHIOPQRSVWXY ABDEFG 7
3 ABDFM ABCDEFIJKNQRTUV 8
4 ABCDEFHO EQT 9
5 ABDEFGLMN ABGHIJLMPQRVX 10
B 16A
€ 43,10 / € 56,10
H500 2,6 ha 140T (80-100m²) 29D
N 46°34'24'' E 13°56'05''
100888
A10 Salzburg-Villach, Ausfahrt Faaker See. In Drobollach Richtung Egg, dann Faak (dritter CP rechts).

Ihr Sommer- und Wintercampingplatz inmitten der fantastischen Bergwelt des Nationalparks Hohe Tauern. Komfortable Sanitäranlagen, vielfältige Einrichtungen, herrlicher Blick auf den Großglockner, absolute Ruhe, Kreuzung vieler Wanderwege, Langlauf und Skifahren. Kostenloser Skibus hält am Campingplatz. Ausgezeichnetes Restaurant und Pension mit Frühstück.

**9844 Heiligenblut • Tel. 04824-2048 • Fax 04824-24622
E-Mail: nationalpark-camping@heiligenblut.at
Internet: www.heiligenblut.at/nationalpark-camping**

Faak am See, A-9583 / Kärnten

- Familien-Erlebnis Camping Poglitsch
- Kirchenweg 19
- 15 Apr - 15 Okt
- +43 42 54 27 18
- poglitsch@net4you.at

1 AEFJMNOPQRST HLNQX 6
2 ADFGIOPRWXY ABDEFGH 7
3 BDFHLMNOS ABCDEFJNQRTUV 8
4 ABEFHIJLMOP DEQRUVZ 9
5 ACDEFGIKLN ABGHIJLMPRVX 10
B 16A CEE
€ 38,10 / € 52,10
H500 7 ha 230T 19D
N 46°34'11'' E 13°54'25''
106120
A10 Salzburg-Villach, Ausfahrt Faaker See. In Drobollach scharfe Kurve rechts Richtung Faak. Der CP liegt in Faak. Ausgeschildert.

Feistritz im Rosental, A-9181 / Kärnten CC€18

- Juritz
- Campingstraße
- 1 Mai - 30 Sep
- +43 42 28 21 15
- office@camping-juritz.com

1 AEGJMNOPQRST C 6
2 AFGOPRWX ABCDEFG 7
3 AGMUV BDFIJNQRT 8
4 BCEFHIO 9
5 ADFHLN ABDGJMPRV 10
Anzeige auf dieser Seite B 10-16A
€ 30,00 / € 42,00
H500 3 ha 90T
N 46°31'31'' E 14°09'38''
101034
Villach, Karawankentunnel (SLO) Ausfahrt St. Jakob im Rosental. Richtung Feistritz (Schildern folgen und nicht dem GPS/Navi).

Feldkirchen, A-9560 / Kärnten

- Sonnenresort Maltschacher See
- Maltschacher See Straße 5
- 6 Mai - 23 Sep
- +43 42 77 26 44
- info@sonnenresort-maltschachersee.at

1 DEFGJMNOPQRT EFGLMNQRST 6
2 BDFGIOPRVWXY BEFGH 7
3 BFJMNRX BDFNQRTW 8
4 BFHINOPT AEGMRTVW 9
5 ACDEFGJL ABGHJMORZ 10
6A
€ 35,10 / € 40,80
H576 4 ha 58T (64-128m²) 395D
N 46°42'01'' E 14°08'37''
123698
A10 Salzburg-Villach, Ausfahrt Ossiacher See, B94 Richtung Feldkirchen. Rechts B95 Richtung Klagenfurt bis Oberglan, dann der Beschilderung folgen.

Gösselsdorf, A-9141 / Kärnten CC€18

- Sonnencamp am Gösselsdorfer See
- Seestraße 21-23
- 25 Apr - 17 Okt
- +43 42 36 21 68
- office@goesselsdorfersee.com

1 ADEFJMNOPQRST JLMN 6
2 CDGOPVWXY ABDEFGHIJ 7
3 AFGLM ABCDEFHJNPQRTUVW 8
4 ABEFHIKLOQ DT 9
5 ABDFGJLM ABDGHIJNPO 10
Anzeige auf dieser Seite 13A CEE
€ 34,30 / € 46,10
H447 7 ha 230T (80-144m²) 102D
N 46°34'29'' E 14°37'28''
106130
Hinter Völkermarkt die B82, 2 km hinter Eberndorf Richtung Eisenkappel. In Gösselsdorf ausgeschildert.

**Seestraße 21-23
9141 Gösselsdorf • Tel. 04236 2168
office@goesselsdorfersee.com
www.goesselsdorfersee.com**

Greifenburg, A-9761 / Kärnten

- Fliegercamp Oberes Drautal
- Seeweg 333
- 1 Apr - 15 Okt
- +43 47 12 86 66
- info@fliegercamp.at

1 AJMNOPQRST L 6
2 DFGIPRVWXY ABDEFG 7
3 ABGHLM ABCDEFNQRT 8
4 FHIO GIUV 9
5 ABDEFGLMN AEGHIJLNPRX 10
B 12A CEE
€ 25,10 / € 34,60
H580 5 ha 140T (80m²) 11D
N 46°44'51'' E 13°11'40''
108170
A10 Salzburg-Villach, Ausfahrt B100 Richtung Lienz, kurz vor Greifenburg Schildern links 'Badesee' und 'Camping' folgen.

Heiligenblut, A-9844 / Kärnten CC€20

- Nationalpark CP Grossglockner
- Hadergasse 11
- 1 Jan - 31 Dez
- +43 48 24 20 48
- nationalpark-camping@heiligenblut.at

1 ADEJMNOPQRST N 6
2 CFPRUWX ABDEFGH 7
3 AFM ABCDEFJNQW 8
4 AEFHNO G 9
5 ABDEFGHJKLMN ABGHJLOPR 10
Anzeige auf dieser Seite W 16A
€ 32,10 / € 39,10
H1300 1,5 ha 70T (80-120m²) 4D
N 47°02'13'' E 12°50'20''
106038
3 Routen: a) Zell am See-Großglockner-Heiligenblut; b) Mittersill-Felbertauerntunnel-Lienz-Heiligenblut; c) Tauern-Autobahn Spittal/Drau-Großglocknerstraße-Heiligenblut. Innerorts den CP-Schildern folgen. Ohne GPS fahren!

Hermagor-Pressegger See, A-9620 / Kärnten

- Max-Pressegger See
- Presseggen 5
- 10 Mai - 30 Sep
- +43 42 82 27 27
- info@camping-max.com

1 AHKNORT LMOPQRSTX 6
2 DFGPRTUVWXY ABDEFHI 7
3 A ABCDEFNQRT 8
4 F IMQT 9
5 ABDN ABHIJR 10
6A
€ 21,50 / € 30,00
H600 1,2 ha 35T (100-120m²) 5D
N 46°37'49'' E 13°27'15''
101352
A2 Villach-Grenze Italien, Ausfahrt 364 Gailtal, B111 bis 6 km vor Hermagor, links Schildern folgen (Presseggersee). Die Strecke über die 'Windische Höhe' ist gesperrt.

Hermagor-Pressegger See, A-9620 / Kärnten

- Naturpark Schluga Seecamping *****
- 10 Mai - 20 Sep
- +43 42 82 27 60
- camping@schluga.com
- N 46°37'55'' E 13°26'42''
- A23 Villach-Grenze Italien. Ausfahrt 364 Hermagor/Gailtal. Danach B111 bis 6 km vor Hermagor. CP rechts der Straße. Route über Paternion/Feistritz 'Windische Höhe' für Caravans gesperrt!

1	ACDE**JM**NOPQRST	LM**N**PQRST X 6
2	BDFGHOPRSUVWXY	ABDE**FG**HIJ 7
3	BFGIJM**NO**TUW	ABCDEFIJKLNQRTUVX 8
4	ABCDEFHIJLO**P**	ADEILMRTV 9
5	ACDEFGHILMN	ABGHIJLM**N**P RV 10

Anzeige auf dieser Seite B 16A
H600 8,8 ha 350T(80-140m²) 72D
1 €35,90 2 €48,30 106068

Hermagor-Pressegger See, A-9620 / Kärnten

- Schluga Camping Hermagor *****
- Vellach 15
- 1 Jan - 31 Dez
- +43 42 82 20 51
- camping@schluga.com
- N 46°37'53'' E 13°23'46''
- A23 Villach-Grenze Italien (Udine), Ausfahrt 364 Hermagor/Gailtal. Weiter die B111 bis 2 km vor Hermagor. Am CP-Schild rechts, nach 50m CP links. Route Paternion/Feistritz 'Windische Höhe' für Caravans gesperrt!

1	ACDE**JM**NOPQRST	ABE**FGMN**PQRSTUX 6
2	FGHOPRSVXY	ABDE**FG**HIJ 7
3	BDFIM**NO**RTUW	ABCDEFGIJKLM**N**QRTUVW 8
4	ABCDEFHIJKLMO**PRST**VX	DEFGIKLMRTV 9
5	ACDFHILMN	ABEFGHIJM**N**P RVX 10

Anzeige auf dieser Seite WB 16A
H600 5,6 ha 297T(80-120m²) 39D
1 €43,45 2 €58,15 106066

Hermagor-Pressegger See, A-9620 / Kärnten

- Sport-Camping-Flaschberger
- Obervellach 27
- 1 Jan - 31 Dez
- +43 42 82 20 20
- office@flaschberger.at
- N 46°37'56'' E 13°23'48''
- A23 Villach-Grenze Italien, Ausfahrt 364 Hermargor/Gailtal, B111 bis ± 2 km vor Hermagor. Am CP-Schild rechts. CP nach 100m rechts. Route über Paternion/Feistritz 'Windische Höhe' für Caravans gesperrt!

1	AC**JM**NOPRS**T**	ABMO 6
2	FGOPRVWXY	ABDE**FG**HK 7
3	AF**JM**NORU	ABCDEFIJ**L**NQRUVW 8
4	EFHIO**PRST**	IJUV 9
5	ADEFKMN	ABDEFHIJM**N**P RVX 10

Anzeige auf dieser Seite W 16A
H610 2 ha 80T(90-120m²) 12D
1 €27,40 2 €36,40 106067

Sport-Camping-Flaschberger

Schwimmbad, Tennishalle, Kegelbahnen. 6 Ferienwohnungen, Wander- und Radtouren direkt vom Platz weg. Gratis baden am Presseggersee. Winter: Skigebiet Nassfeld (10,5 km), gratis Skibus (100m).

Obervellach 27, 9620 Hermagor-Pressegger See • Tel. 04282-2020
E-Mail: office@flaschberger.at • Internet: www.flaschberger.at

Irschen, A-9773 / Kärnten

- Rad-Wandercamping-Ponderosa ***
- Glanz 13
- 27 Apr - 30 Sep
- +43 66 06 86 70 55
- info@rad-wandercamping.at
- N 46°44'39'' E 13°02'39''
- Von Lienz oder Spittal der B100/E66 folgen, Ausfahrt Glanz (Gemeinde Irschen). Ausfahrt zum CP ist gut ausgeschildert.

1	A**JM**NOPQRST	UX 6
2	FGOPRUWXY	ABDE**FG**H 7
3	LMX	ABCDEFIJ**LM**NQRTUVW 8
4	**AE**FGHI	9
5	ABDEFGHKN	ABHIJPR 10

Anzeige auf dieser Seite B 6A
H617 0,9 ha 33T(80-130m²)
1 €22,50 2 €29,30 106041

Rad-Wandercamping-Ponderosa

Campingplatz im Natur- und Kräuterdorf Irschen. Outdoorpark Oberdrautal, das größte natürliche Sportareal Kärntens. Eine geradezu perfekte Umgebung für Radfahrer, Mountainbiker, Bergwanderer und Naturverbundenen. 2014 wurden die Sanitäranlage komplett saniert. Luxus im Urlaub; lassen Sie sich überraschen. Hausgemachte Spezialitäten und Grillabende im Restaurant. Morgens frisch gebackene Brötchen. WLAN kostenlos.

Glanz 13, 9773 Irschen
Tel. 0660-6867055 • E-Mail: info@rad-wandercamping.at
Internet: www.rad-wandercamping.at

Keutschach am See, A-9074 / Kärnten

- FKK-Kärntner Lichtbund Turkwiese
- Dobeinitz 32
- 1 Jun - 31 Aug
- +43 66 02 28 44 66
- office@klb.at
- N 46°35'00'' E 14°10'05''
- A2 Villach-Klagenfurt, Ausfahrt Velden Richtung Keutschach bis nach Keutschach. Am 2. Kreisel die 1. Straße rechts. Uferstraße Richtung Süden. Den CP-Schildern folgen.

1	ADEGHKNORT	LMPQ 6
2	BDFGIPRVWX	BE**FG** 7
3	AFM	B**F**NQR 8
4	FHIO	9
5	ADEFKN	ABF**H**JPR 10

FKK 10-12A
H500 1 ha 56T(48-80m²) 60D
1 €35,20 2 €35,20 112195

Keutschach am See, A-9074 / Kärnten

- Family CP Sonnenhotel Hafnersee
- Plescherken 5
- 1 Mai - 30 Sep
- +43 42 73 23 75
- info@sonnenhotel-hafnersee.at
- N 46°35'23'' E 14°08'13''
- A2 Villach-Klagenfurt, Ausfahrt Velden Richtung Keutschach am See, dann rechts zum Sonnenhotel Hafnersee über den Parkplatz zur Schranke.

1	ADEF**JM**NOPQRT	LM**N**PQRST 6
2	DFGIOPTVWXY	BE**FG** 7
3	AG**JM**	BDFJNQRTW 8
4	FHI**T**	IMV 9
5	AGKL	AGH**J**OR 10

B 6A
H500 7 ha 350T(80-100m²) 209D
1 €35,50 2 €46,10 123699

Strandcamping Süd

Naturbelassener, schön angelegter familienfreundlicher Campingplatz direkt zwischen See und Waldrand, abseits vom Straßenverkehr, ideale Erholung in einer Hügellandschaft. Komfortables Sanitär. Großzügige Plätze in unmittelbarer Seenähe. Ausgezeichnete Wasserqualität des Sees und kindgerechter Strand. Vielfältige Freizeiteinrichtungen. Seeterrassen-Restaurant mit Frühstückskiosk. Schöne Rad- und Wanderwege. Hunde sind willkommen.
Neu: Hundedusche.

**Dobeinitz 30
9074 Keutschach am See
Tel. 04273-2773 • Fax 04273-27734
E-Mail: info@strandcampingsued.at
Internet: www.strandcampingsued.at**

Keutschach am See, A-9074 / Kärnten		
▲ FKK Grosscamping Sabotnik	1 ADEF**JM**NOPQRST	L**MNS**XYZ 6
🏠 Dobein 9	2 ABDFGHIKPRVWXY	BE**FG** 7
📅 1 Mai - 30 Sep	3 B**FLMS**	BDFKNQRTW 8
☎ +43 42 73 25 09	4 BCDFHIJLP**TX**	DEGIV 9
@ info@fkk-sabotnik.at	5 ACDGHLN	AGHIJMNOR 10
N 46°34'41'' E 14°09'10''	H500 9 ha 750**T**(80-100m²) 307**D**	① €30,90 ② €35,40
A2 Villach-Klagenfurt, Ausfahrt Velden, Richtung Keutschach am See bis zu den CP-Schildern, rechter Hand der Straße ausgeschildert (FKK-Zentrum Keutschacher See).		106123

Keutschach am See, A-9074 / Kärnten		
▲ Strandcamping Brückler Nord	1 ADEJMNOPRT	L**NS**XYZ 6
🏠 Plaschischen 5	2 ADFGJOPRVWX	ABD**FH** 7
📅 1 Mai - 30 Sep	3 A**LM**	ABCDEFNQR 8
☎ +43 42 73 23 84	4 ABEFH	EGUV 9
@ camp.brueckler@aon.at	5 ADEFHMN	ABGHIJMPRZ 10
	12A	① €39,10
N 46°35'30'' E 14°10'08''	H500 2 ha 200**T**(80-100m²) 72**D**	② €51,10
A2 Villach-Klagenfurt, Ausfahrt Velden Richtung Viktring bis in Keutschach, beim Kreisel direkt rechts zum CP.		101033

FKK GROSSCAMPING SABOTNIK

Dobein 9
9074 Keutschach am See

Tel. 04273-2509
Fax 04273-2605

E-Mail: info@fkk-sabotnik.at
Internet: www.fkk-sabotnik.at

Familienfreundlicher Campingplatz in ruhiger Lage direkt am Keutschacher See mit einer großen Liegewiese und drei Badestegen. Sanitäreinrichtungen mit Solarenergie, Strom, Warmwasser und Duschen, Massage, Sauna und ärztlicher Hilfe auf dem Campingplatz. Mehrere Sportfelder, Tischtennis, Babybad, Jugendraum, Spielplatz, Kinderbetreuung, Streichelzoo, Großschach und Animationsprogramm, SB-Laden, Behindertentoilette und Strandbar und Internetcafé. Für Hundehalter haben wir ein eigenes Gelände. Vermietung von Zimmern (mit Dusche/WC) und Wohnwagen. Bei Aufenthalt von 10 Tagen, 11. Tag gratis. **Neu: Schwimmstunden und Zumba auf dem Platz!**

Keutschach am See, A-9074 / Kärnten		
▲ FKK-Camping Müllerhof	1 AEHKNOPQRST	L**MNS**XYZ 6
🏠 Dobein 10	2 DFGIJPRVWXY	ABDE**FG** 7
📅 1 Mai - 20 Sep	3 BDF**GL**MST	ABCDEFJKNQRTW 8
☎ +43 42 73 25 17	4 BDFHIO**TX**	DE 9
@ muellerhof@fkk-camping.at	5 ACDFGHLN	ABEGHIJPRZ 10
	Anzeige auf dieser Seite FKK 6A CEE	① €38,00
N 46°34'41'' E 14°09'02''	H500 5,8 ha 280**T**(80-100m²) 50**D**	② €50,10
A2 Villach-Klagenfurt, Ausfahrt Velden Richtung Keutschach am See, bis Schilder rechts der Straße 'FKK-Zentrum Keutschacher See', dann erster CP links.		106125

Keutschach am See, A-9074 / Kärnten		
▲ Strandcamping Süd	1 A**JM**NOPQRT	LPS**X** 6
🏠 Dobeinitz 30	2 ABDFGJPRVWXY	ABDE**FG** 7
📅 1 Mai - 30 Sep	3 **BL**MU	ABCDEFNQRT 8
☎ +43 42 73 27 73	4 BFHI	9
@ info@strandcampingsued.at	5 ABDEFHLN	ABDGHIJMPRZ 10
	Anzeige auf dieser Seite 13-14A	① €38,00
N 46°35'07'' E 14°10'23''	H500 2 ha 160**T**(80-100m²) 45**D**	② €49,60
A2 Ausfahrt Klagenfurt West-Süduferstraße Richtung Reifnitz. Bei Gemeindeamt Reifnitz links abbiegen Ri. Keutschach. Über den Kreisverkehr geradeaus noch 1 km.		106124

Familie Safron
9074 Keutschach am See
Kärnten - Austria - Österreich
Telefon +43 4273 2517
Fax +43 4273 25175
www.fkk-camping.at
muellerhof@fkk-camping.at

CAMPING MIT ALLEN SINNEN
zahlreiche Wander- und Radtouren

» Direkt am Keutschacher See
» in ruhiger, sonniger Lage
» familienfreundlicher Platz
» spezielle Kinderbetreuung
» Spielplatz, Spielraum
» Baby-Wickelraum
» gepflegte Sanitäranlagen
» mit Sauna und Massage
» Kabel-TV-Anschlüsse
» Seerestaurant - Shop
» Unterhaltungsprogramme
» WLAN inklusive

Bereit sein für tolle Abenteuer, Tage voller Freiheit, neue Horizonte entdecken oder einfach nur den Moment genießen. Urlaub, der ein Leben lang in Erinnerung bleibt. Bin wieder da. In meiner Kindheit. In Kärnten.

Das kostenlose Camping- und Caravaningmagazin erhalten Sie bei:
Urlaubsinformation Kärnten
Tel.: +43 (0)463 3000
E-Mail: info@kaernten.at
www.camping.at

Keutschach am See, A-9074 / Kärnten
- Textilcamping Reichmann
- Reauz 5
- 27 Apr - 25 Sep
- +43 66 41 43 04 37
- info@camping-reichmann.at

1 AE**JM**NOPQRS**T** LN 6
2 DFGIJPUVWX AB**FG** 7
3 A**FLM** ABEFNRT 8
4 FHI DGUV 9
5 ABDEFKLMN AB**JMP**RZ 10
6-12A

N 46°35'01'' E 14°13'44'' H520 1,2 ha 180**T** 19**D**
❶ €35,30
❷ €46,30

A2 Villach-Klagenfurt, Ausfahrt Velden Richtung Keutschach am See. Durch Keutschach bis Schild rechts Camping Reichmann.

110233

Kötschach/Mauthen, A-9640 / Kärnten
- Alpencamp Kärnten★★★★
- Kötschach 284
- 1/1 - 4/11, 15/12 - 31/12
- +43 4 71 54 29
- info@alpencamp.at

1 ADE**JM**NOPQRST J**NUVX** 6
2 CFOPVWXY ABDE**FGH** 7
3 B**HIMN**X ABCDEFHJNPQRT 8
4 A**E**FHIO**RSTVX** GIJKRUVWYZ 9
5 ABDEFGJLMN ABGHIJNPQR 10
Anzeige auf dieser Seite W 16A CEE

N 46°40'11'' E 12°59'30'' H715 1,6 ha 80**T**(80-135m²) 19**D**
❶ €36,50
❷ €48,50

B100 Lienz-Spittal an der Drau. In Oberdrauburg Ausfahrt Plöckenpass/Italien. CP wird in Kötschach gut ausgeschildert Ri. Lesachtal.

106044

Klagenfurt, A-9020 / Kärnten
- Klagenfurt Wörthersee
- Metnitzstrand 5
- 9 Apr - 30 Sep
- +43 4 63 28 78 10
- info@gocamping.at

1 ADE**JM**NOPQRST HLMNOPQS 6
2 ADFGHIOPVWXY ABDE**FG** 7
3 B**FGJLM**U ABCDEFGJKNQRTW 8
4 BFHILO QTUVW 9
5 ABDEFGHILN ABGHJLMPRVYZ 10
Anzeige auf dieser Seite B 10A

N 46°37'06'' E 14°15'23'' H440 4,1 ha 340**T**(80-160m²)
❶ €39,40
❷ €51,20

A2 Villach-Klagenfurt, Ausfahrt Klagenfurter See, Schildern zum CP folgen.

106121

Ledenitzen (Faaker See), A-9581 / Kärnten
- Ferien am Walde
- Sportplatzweg
- 1 Mai - 30 Sep
- +43 42 54 26 70
- camp.f.a.walde@aon.at

1 A**JM**NOPQRST 6
2 ABOPWXY ABDE**FGH** 7
3 A**FLM** ABDEFKNQRTW 8
4 FHI V 9
5 ACDEN ABGHIJLMPRV 10
10A

N 46°34'13'' E 13°57'08'' H550 5 ha 230**T**(120m²)
❶ €36,50
❷ €46,50

A10-A11 Salzburg-Villach-Slowenien, Ausfahrt St. Niklas/ Faaker See. Richtung Faaker See. In Egg Richtung Ledenitzen. Der Beschilderung folgen.

100887

CAMPING KLAGENFURT WÖRTHERSEE

In der malerischen Ostbucht des Wörthersees finden Sie unseren gepflegten Campingplatz. Wir liegen mitten im Grünen und nur einen Steinwurf vom Strandbad Klagenfurt entfernt. Idealer Ausgangspunkt für Radtouren rund um den See oder in die Stadt.

Metnitzstrand 5, 9020 Klagenfurt
Tel. +43 463287810 • info@gocamping.at
www.gocamping.at

Kolbnitz, A-9815 / Kärnten
- Campanula Camping
- Rottau
- 1 Mai - 30 Sep
- +43 4 87 33 02 94
- info@campanulacamping.eu

1 A**J**MNOPQR**T** J**NUX** 6
2 COPWX ABE**FG**HIJK 7
3 AGM**N** ABEFJQ 8
4 EFHIJK DFQR 9
5 ABEGH**N** AF**P** 10
6A CEE

N 46°52'14'' E 13°19'18'' H661 2 ha 40**T**(75-100m²) 19**D**
❶ €27,80
❷ €36,80

CP liegt an der B106 Möllbrücke-Obervellach in Kolbnitz, mit Schildern angezeigt.

121860

Natur & Familiencamping Oberdrauburg

- 10.000 m² ruhige Lage direkt am Waldrand
- 58m lange Wasserrutsche • Kleinkinderbadebereich mit diversen Wasserfontänen
- Wasserrutsche • beheizbares Nirosta-Schwimmbecken
- Kids River Becken • Kinderfilme • Beachvolleyplatz • Fußballplatz • Tischtennis
- Fahrradverleih • angrenzender Tennisplatz • neu gestaltete Buffetterrasse
- gratis WLAN am Camping und Schwimmbad

Der Campingplatz ist umgeben von Wiesen und Wäldern. Es gibt vollkommen neue Sanitär- und Freizeitanlagen mit extra Kindertoiletten und viele Freizeitangeboten. Die Anlagen sind behindertengerecht ausgestattet. Optimaler Ausgangspunkt für ausgedehnte Wanderungen, Radtouren oder Entdeckungsreisen, um Kultur und Natur des Oberdrautales zu erforschen. Die Kleinen und Jugendlichen werden von unseren Kinderanimateuren von Anfang Juni bis August unterhalten. WLAN und Schwimmbad im Preis inbegriffen. EC-Kartenzahlung möglich.

Öffnungszeiten: Camping: 1. Mai bis 30. September,
Erlebnisbad: Anfang Juni bis Ende August. Tel.: 0043 (0)4710-2210.

Gailbergstraße, 9781 Oberdrauburg • Tel. 04710-224922
Fax 04710-224816 • E-Mail: tourismus@oberdrauburg.at
Internet: www.oberdrauburg.at

Malta, A-9854 / Kärnten
Terrassencamping Maltatal*****
Malta 6
12 Apr - 20 Okt
+43 4 73 32 34
info@maltacamp.at
N 46°56'58" E 13°30'34"

1 ADEJMNOPQRST — ABFG 6
2 ACFGOPRTUVXY — ABDEFGH 7
3 BIMN ABCDEFGHIJKLNPQRTUVW 8
4 ABDEFHIKLOPTV — EGUVZ 9
5 ACDEFGHJLMN — ABDGHJMPSTY 10
Anz. auf Umslag, 271 B 6-13A CEE — €33,00
H800 3,9 ha 238T(60-150m²) 26D — €43,50
101353

A10 Salzburg-Villach, Ausfahrt 130 Gmünd. Dort Schildern Richtung Maltatal folgen. 2 km hinter Fischerstratten liegt der CP rechts von der Straße.

Mörtschach, A-9842 / Kärnten
Camping am See Lindlerhof
Lassach 11
1 Jan - 31 Dez
+43 6 76 83 55 58 35
camping@lindlerhof.at
N 46°54'33" E 12°54'39"

1 AGJMNOPQRST — FHJLNUX 6
2 CDFGOPRUVWX — ABDEFGHK 7
3 BEFMU ABCDEFGHIJNPQRW 8
4 ABCDEFHIKOT — FJVY 9
5 ABDEFHJKMN — ABFGHIKLPQRVWX 10
WB 10A CEE — €24,00
1 ha 70T(64-144m²) 5D — €33,00
118240

Von Mittersill-Felbertauerntunnel-Lienz Richtung Großglockner oder Zell am See-Großglocknerstrasse Richtung Lienz. Camping zwischen Winklern und Mörtschach bei Km 17.0 angezeigt.

Millstatt/Dellach, A-9872 / Kärnten
Neubauer
Dellach 3
1 Mai - 13 Okt
+43 47 66 25 32
info@camping-neubauer.at
N 46°47'18" E 13°36'49"

1 ADEJMNOPRST — LMNOPQ 6
2 DFGIKOPRTUVWXY — ABDEFGH 7
3 ABLM ABCDEFIJKNQRT 8
4 FHKO — DEGIK 9
5 ADFGJKMN — AHJPST 10
Anzeige auf dieser Seite B 6A CEE — €32,00
H580 1,5 ha 120T(80-90m²) 23D — €45,00
106099

A10 Salzburg-Villach, Ausfahrt 139 Millstätter See (Ausfahrt links!). An der Ampel links B98 Richtung Radenthein. ± 4 km hinter Millstatt in Dellach rechts. Siehe CP-Schildern.

Oberdrauburg, A-9781 / Kärnten
Natur- & Familiencamping Oberdrauburg
Gailbergstraße
1 Mai - 30 Sep
+43 47 10 22 49 22
tourismus@oberdrauburg.at
N 46°44'33" E 12°58'11"

1 ACDEJMNOPQRST — ABFGH 6
2 FGOPRTUVWXY — ABDEFGH 7
3 AFGLMN ABEFGHIJKNPQRTW 8
4 ABCEFHILO — VW 9
5 ADGHJLMN — ABGHJPRVZ 10
Anzeige auf dieser Seite B 12A CEE — €28,70
H660 1,2 ha 66T(80-110m²) — €40,10
106042

B100 Spittal Richtung Lienz bis Oberdrauburg, oder Mittersill-Felbertauerntunnel-Lienz-Oberdrauburg. Dann Ausfahrt Plöckenpass und nach 500m kommt der Camping.

Sport-Erlebnis Camping

- Natur und Erlebnis – viel Freiraum für Kinder.
- Wo Sie stehen entscheiden Sie selbst.
- Sehr ruhige Lage direkt am Fluss.
- Vom 18. April bis 30. Mai und vom 1. September bis 11. Oktober: -10%.
- Gratis WLAN.

9821 Obervellach 175 • Tel. 04782-2727 • Fax 04782-27274
E-Mail: info@sporterlebnis.at • Internet: www.sporterlebnis.at

Obervellach 175, A-9821 / Kärnten
Sport-Erlebnis Camping
18 Apr - 11 Okt
+43 47 82 27 27
info@sporterlebnis.at
N 46°55'36" E 13°12'07"

1 AJMNOPRST — JNUVX 6
2 CFGPRWXY — ABDEF 7
3 BFGHIMNOPSTW — ABEFNQR 8
4 FHIO — FR 9
5 ADEFHLN — AGHIJLMNPRVZ 10
Anzeige auf dieser Seite 16A — €26,00
H600 2 ha 200T(120m²) 26D — €36,00
100879

A10 Salzburg-Villach, Ausfahrt 139 Spittal-Millstatter See, B100 Richtung Lienz. In Lurnfeld rechts B106 bis Obervellach. Dann rechts und den CP-Schildern folgen.

Moosburg in Kärnten, A-9062 / Kärnten
Tigringer See FKK
Tigring Schloßstraße 5
1 Mai - 30 Sep
+43 4 27 28 35 42
fkk@tigring.at
N 46°41'01" E 14°10'44"

1 AILNOPRST — LMN 6
2 DFGHIPRTWXY — ABDEFGH 7
3 BFLM ABCDEFJNQRTW 8
4 FHIO — 9
5 ADN — AGHJPR 10
FKK B 16A CEE — €32,60
H560 7 ha 150T(100-150m²) 30D — €40,60
106114

A10 Salzburg-Villach, Ausfahrt Ossiacher See, dann B94 Richtung Feldkirchen, dort rechts B95 Richtung Klagenfurt bis Moosburg, dort links Richtung Tigring, Schildern folgen.

Ossiach, A-9570 / Kärnten
Kalkgruber
Alt-Ossiach 4
26 Apr - 26 Sep
+43 65 05 17 85 07
office@camping-kalkgruber.at
N 46°41'15" E 14°01'10"

1 ACJMNOPQRT — 6
2 FOPRUVWX — ABFG 7
3 AFM — ABEFJNQRT 8
4 FHIK — D 9
5 ADN — ABDGHJLMPRX 10
Anzeige auf dieser Seite 10A CEE — €34,80
H500 0,9 ha 30T(80-100m²) 1D — €42,80
109806

A10 Salzburg-Villach, Ausfahrt Ossiacher See, Richtung Feldkirchen. In Steindorf rechts Richtung Ossiach. Dann 1. CP rechts.

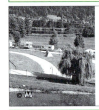

Camping Kalkgruber

Mit Ihrem ganzen Hab und Gut zum jüngsten Campingplatz Kärntens! Verkauf von frischen Forellen.

Ruhig und klein

9570 Ossiach • Tel. +43 6505178507
E-Mail: office@camping-kalkgruber.at
Internet: www.camping-kalkgruber.at

Ossiach, A-9570 / Kärnten
Kölbl
Ostriach 106
10 Apr - 10 Okt
+43 42 43 82 23
info@camping-koelbl.at
N 46°39'44" E 13°58'20"

1 AFILNOPQRST — LMNOPQRSTWXYZ 6
2 ADFGHIOPRVWX — ABDEFGH 7
3 BFHIJMNO ABCDEFIJKLNQRTUVW 8
4 ABDEFHIOX — DEGIMPQRUVW 9
5 ABDEFGLMN — ABDFGHIJLMPQRZ 10
Anzeige auf Seite 271 B 8A CEE — €42,70
H500 17 ha 180T(80-100m²) 36D — €54,70
100885

A10 Salzburg-Villach, Ausfahrt Ossiacher See, Richtung Südufer, nach Heiligen Gestade erster CP links.

Direkt am See
Naturbadestrand
Kinderspielplatz
Beschaulicher Campingplatz inmitten von Obst- und Walnussbäumen

Österreich

- Wanderparadies inmitten des Nationalparks Hohe Tauern und des Biosphärenparks Nockberge
- Panoramasanitär zum Wohlfühlen
- Ausgezeichnetes Restaurant
- Mobilheime + Zimmer
- **www.camping-maltatal.at**

Familie Pirker - 9854 Malta 6 info@maltacamp.at ☎ +43 4733/234

Ossiach, A-9570 / Kärnten 📶 (CC €20) iD

⛺ Terrassen Camping Ossiacher See
📫 Ostriach 67
📅 1 Mai - 30 Sep
☎ +43 4 24 34 36
@ martinz@camping.at
🌐 N 46°39'49'' E 13°58'29''

1 ACDEF**JM**NOPQRST	HLM**N**OPQRSTVWXYZ	6
2 ADFGHIJOPUVWXY	ABDE**FGH**	7
3 BDFG**JM**NOU	ABCDEF**GIJKL**MNQRTVW	8
4 ABCDEFHILNO**P**	ADEGIJLMPQRUVW	9
5 ACDFGHIJLMN	ABDGHIJMPRVXYZ	10

Anzeige auf dieser Seite B 6-16A CEE ❶ €46,50
H501 10 ha 500**T**(80-110m²) 139**D** ❷ €61,10

🚗 A10 Salzburg-Villach, Ausfahrt Ossiacher See in Richtung Südufer. 101355
An der Ampel links Richtung Ossiach, nach ± 5 km kommt der CP an der linken Seite.

Ossiach, A-9570 / Kärnten 📶 iD

⛺ Wellness Seecamping Parth
📫 Ostriach 10
📅 4 Apr - 11 Okt
☎ +43 4 24 32 74 40
@ camping@parth.at
🌐 N 46°39'55'' E 13°58'35''

1 ADEF**JM**NOPQRST	LM**N**OPQRSTWXY	6
2 ADFGJOPRTUVWXY	ABC**DEFGH**	7
3 BF**JM**NOU	ABCDEF**IJKLM**NQRTUVW	8
4 ABDEFHIJLO**PRSTUVXY**	EGIKLMPQRSUVW	9
5 ACDEFJLMN	ABGHIJLM**P**RVXZ	10

B 6-16A CEE ❶ €44,80
H500 2,2 ha 150**T**(75-120m²) 39**D** ❷ €60,00

🚗 A10 Salzburg-Villach, Ausfahrt Ossiacher See Richtung Südufer. 100884
Nach Heiligen Gestade dritter CP links.

CAMPING KÖLBL
A-9570 Ossiach • Tel. 04243-8223 oder 446
Fax 04243-8690 • Gsm (0664)-2020040
E-Mail: info@camping-koelbl.at
Internet: www.camping-koelbl.at

Sehr gepflegtes, komfortables Feriengebiet mit Bäumen und großzügigen, mit Hecken abgetrennten Stellplätzen, nahe am See. Liegewiese, großer Badestrand, ideal für Kinder. Bootshafen, Aufbewahrungsplatz für Surfbretter.
● Hervorragende Sanitäranlagen.
● Aktive Freizeitgestaltung für Jung und Alt.
● Mobilheime zu mieten.

NEU:
URLAUB MACHEN MIT DEM EIGENEN PFERD....
ODER MIT EINEM MIETPFERD VON UNS.

Anfahrt: Autobahnausfahrt Villach-Ossiacher See, Ossiacher Süduferstraße bis kurz vor Ossiach

E-Mail: martinz@camping.at • www.terrassen.camping.at

Direkt am idyllischen Ossiacher See liegt unser Familiencamping 'Terrassencamping Ossiacher See'. Durch die Terrassen, Zäune, Sträucher, Bäume und Bäche, Teiche wie eine natürliche Parklandschaft.
Vom ADAC als 'hervorragend' bewertet, große Stellplätze (80-120 m²) jeder mit Stromanschluss, 5 moderne Sanitärgebäude, Privatsanitär über den Camping verteilt.
Für Kinder: 5 Spielplätze, idealer Kinderstrand (sehr flach), Kinderbetreuung, Kindertheater, Videos, Badeinsel, Kinderzelt, Kindersanitär, Indoor-Spielplatz. Separater Hundebereich.
Für Sportler: Tennisplätze (Unterricht), Fußball, Volleyball, Streetball, Badmintonplatz, Tischtennis, Surf- und Segelschule, Radvermietung, eigenes Fischwasser, Wassersport, Wanderungen, Sportanimation, Radtouren und Reiten 10 km, Golf 20 km.
Für die Jugend: großer Aufenthaltsraum, wöchentlich Disco, Spielautomaten, Großbildvideo, Trampolins, Lagerfeuer.

Camping direkt am See

Unser Superpreis Angebot

- Kinder bis 12 Jahre in der Vor- und Nachsaison gratis
- Kinder bis 3 Jahre durchgehend gratis
- Familienpakete
- Seniorenrabatt
- Last-minute Angebote

Terrassen Camping Ossiacher See
Familie Martinz • A-9570 Ossiach, Ostriach 67
Telefon +43 4243436 • Fax +43 42438171

Teilkarte Kärnten auf Seite 262 und 263

Rennweg am Katschberg, A-9863 / Kärnten

▲ Ramsbacher	1 ADEJMNOPQRST	ABF**N** 6
🏠 Gries 53	2 ACFGOPRVWXY	ABDE**FGH** 7
📅 1 Jan - 31 Dez	3 AG**JL**MN**O**T	ABCDEFJNQR 8
☎ +43 4 73 46 63	4 EFGH	UVW 9
@ info@camp-ram.at	5 ADFHLMN	ABGHJ**P**STV 10
	Anzeige auf dieser Seite	W 16A CEE

N 47°01'56'' E 13°35'44'' | H1200 1,4 ha 65T(80-100m²) 18D

① €29,00 ② €40,00

🚗 A10 Salzburg-Villach, Ausfahrt 112 Rennweg, B99 Richtung Rennweg, erste Straße rechts, bei Verkehrsbüro rechts, bis Gries Hauptstraße folgen, dann den CP-Schildern folgen. — 106089

Sachsenburg, A-9751 / Kärnten

▲ Drau-Camping Sachsenburg	1 AJMNOPRST	X 6
🏠 Ringmauergasse 8	2 ACFGOPRVWX	ABDE**FGH** 7
📅 1 Mai - 30 Sep	3 ADFJMN	ABCDEFJNQRT 8
☎ +43 65 03 10 31 31	4 AEFHI	EV 9
@ info@draucamping.at	5 DMN	ABEGHJ**NPR** 10
	B 16A CEE	

N 46°49'42'' E 13°20'54'' | H550 1,3 ha 80T(80-100m²) 8D

① €30,00 ② €46,00

🚗 A10 Salzburg-Villach Ausfahrt B100 Richtung Lienz. In Sachsenburg den Schildern zum CP folgen. — 109804

Ossiach, A-9570 / Kärnten

▲ Ideal Camping Lampele****	1 AC**JM**NOPQRT	ELMNOPQRSTWXYZ 6
🏠 Alt-Ossiach 57	2 DFGHOPRTUVWXY	ABDE**FG** 7
📅 1 Mai - 30 Sep	3 AFM**RU**V	ABCDEFJNQRTUVW 8
☎ +43 4 24 35 29	4 ABFHILO**RSTX**	EUVW 9
@ camping@lampele.at	5 ACDEFGHLMN	ABDGHIJLMPR 10
	Anzeige auf dieser Seite	B 8-16A

N 46°40'58'' E 13°59'54'' | H500 4 ha 172T(80-100m²) 15D

① €40,90 ② €55,00

🚗 A10 Salzburg-Villach, Ausfahrt Ossiacher See Richtung Südufer. Weiter bis Ossiach und dann links zum CP. — 106117

Alt-Ossiach 57
9570 Ossiach • Tel. 04243-529
E-Mail: camping@lampele.at
Internet: www.lampele.at

Pesenthein, A-9872 / Kärnten

▲ Terrassencamping Pesenthein	1 ADE**JM**NOPQRST	HLMQSW 6
🏠 Pesenthein 19	2 DFGHOPRTUVWX	ABDE**FGH** 7
📅 10 Apr - 30 Sep	3 BLM	ABEFNPQRT 8
☎ +43 47 66 26 65	4 FHIO	JUV 9
@ camping@pesenthein.at	5 ADHLN	ABDHIKPSTV 10
	Anzeige auf dieser Seite	FKK GA CEE

N 46°47'47'' E 13°35'57'' | H560 5 ha 213T(70-95m²) 42D

① €42,00 ② €57,00

🚗 A10 Salzburg-Villach, Ausfahrt 139 Millstätter See (Ausfahrt links!), an der Ampel links auf B98 Richtung Radenthein, ca. 2 km nach Millstatt CP an der Ostseite von Pesenthein links. — 106098

Terrassencamping Pesenthein

Terrassen Campingplatz direkt am Millstätter See. Ca. 200 großzügige Stellplätze. Durch die leichte Hanglage kann jeder am Campingplatz die wunderschöne Aussicht genießen. Direkt mit dem Strandbad verbunden. Getrennte Bereiche am Campingplatz und im Strandbad sowohl für Textil als auch FKK Camper. Kostenloser WLAN-Zugang und Millstätter See Inclusive Card.

Pesenthein 19, 9872 Pesenthein • Tel. und Fax +43 4766-2665
E-Mail: camping@pesenthein.at • Internet: www.pesenthein.at

Reisach, A-9633 / Kärnten

▲ Alpenferienpark Reisach	1 AE**JM**NOPRT	AF 6
🏠 Schönboden 1	2 BFGPRSUVXY	ABDE**FGH** 7
📅 1 Mai - 4 Okt	3 ABEFG**LM**	ABCDEFJKNQRTW 8
☎ +43 4 28 43 01	4 FHIO	EJ 9
@ info@alpenferienpark.com	5 ABDGHKLN	ABDHIJORV 10
	Anzeige auf dieser Seite	10A

N 46°39'17'' E 13°08'57'' | H800 3 ha 57T(40-100m²) 16D

① €33,00 ② €42,50

🚗 Zu erreichen über Kötschach oder Hermagor über die B111 nach Reisach. In Reisach die Ausfahrt zum Alpenferienpark nehmen und dann noch 1,5 km den Schildern folgen. — 108171

ALPENFERIENPARK REISACH

200 Meter über dem Tal liegt der Terrassencamping auf 800m Höhe an der Südflanke des Reisskofel im Gailtal, mit herrlicher Aussicht auf den Karnischen Kamm mit vielen Schattenplätzen. Seit 2010 komplett neues Sanitär. Der Platz hat ein kleines, eigenes Restaurant. Wir vermieten auch voll ausgestattete Blockhütten für 2-6 Personen.

Schönboden 1, 9633 Reisach • Tel. 04284-301
E-Mail: info@alpenferienpark.com • Internet: www.alpenferienpark.com

Sankt Kanzian, A-9122 / Kärnten

▲ Camping Breznik - Turnersee	1 ACDEF**JL**NOPQRST	LMN**O**Q 6
🏠 Unternarrach 21	2 DGPVWXY	ABDE**FGH** 7
📅 5 Apr - 27 Sep	3 B**FHLM**	ABCDEFHIJKNPQRTUVW 8
☎ +43 42 39 23 50	4 **A**BDEFHILMO	DEILS 9
@ info@breznik.at	5 ACDEFGLMN	ABDEGHIKPRY 10
	Anzeige auf Seite 273	8-16A

N 46°35'09'' E 14°33'59'' | H480 7,5 ha 202T(80-110m²) 253D

① €38,00 ② €52,20

🚗 Ab Klagenfurt A2, Ausf. 298 Grafenstein, B70 Ri. Völkermarkt, dann Ri. Tainach/St. Kazian. Den CP-Schildern Turnersee folgen. Von Graz A2, Ausf. 278 Völkermarkt-Ost. — 100889

Sankt Kanzian, A-9122 / Kärnten

▲ Panorama	1 ADE**JM**NOPRST	N 6
🏠 Obersammelsdorf 4	2 FPUX	ABDE**FG** 7
📅 1 Mai - 15 Sep	3 **A**HILM	ABCDEFHNPRT 8
☎ +43 42 39 22 85	4 AFH	9
@ urlaub@ilsenhof.at	5 ADMN	AHJOR 10
	B 10A	

N 46°35'15'' E 14°35'04'' | H500 2 ha 70T(100m²) 50D

① €34,40 ② €45,80

🚗 Von Klagenfurt A2 Ausfahrt 298 Grafenstein, B70 Richtung Völkermarkt, dann Turnersee-Nord. Ab Graz Ausfahrt 278 Völkermarkt-Ost, dann Turnersee-Nord. — 106129

Sankt Kanzian, A-9122 / Kärnten

▲ Terrassencamping	1 ADG**JM**NOPRT	LNQRSXZ 6
🏠 Obersammelsdorf 10	2 DFGPRUVWX	ABDE**F** 7
📅 1 Mai - 31 Okt	3 **A**HIL	ABCDEFHJNPQR 8
☎ +43 42 39 22 85	4 AFH	IJ 9
@ urlaub@ilsenhof.at	5 ADEFJKM	ABHJORW 10
	10A	

N 46°35'11'' E 14°34'51'' | H480 2 ha 50T(80m²) 60D

① €38,70 ② €52,50

🚗 Von Klagenfurt A2 Ausfahrt Grafenstein, B70 Richtung Völkermarkt, dann Turnersee-Nord. Von Graz, Ausfahrt 278 Völkermarkt-Ost, dann Turnersee-Nord. — 110051

Sankt Kanzian (Klopeiner See), A-9122 / Kärnten

▲ Camping Nord	1 ADEF**JM**NOPQRST	LMNOPQRS 6
🏠 Klopein am See X-1A	2 ADGOVW	ABDE**FGHIJ** 7
📅 1 Mai - 30 Sep	3 **A**L	ABCDEFHJNPRTUV 8
☎ +43 4 23 94 00 55	4 AFHI	9
@ camping@nord.at	5 ADEIL	AHKPRZ 10
	B 13A	

N 46°36'30'' E 14°35'07'' | H446 1,6 ha 21T(60-100m²) 94D

① €37,00 ② €49,00

🚗 Von Graz A2, Ausfahrt 278 Völkermarkt-Ost, den Schildern Klopeinersee folgen (Nordufer). — 108172

Sankt Kanzian (Klopeiner See), A-9122 / Kärnten

▲ Ferienzentrum Camping "Süd"	1 AF**JM**NOR	LNPSX 6
🏠 Südpromenade 57	2 DFGOPVW	ABF**G** 7
📅 1 Mai - 25 Sep	3 L	ABEFNQR 8
☎ +43 42 39 23 22	4 AFH	QT 9
@ office@feriensued.com	5 ADJL	AP 10
	8A	

N 46°35'59'' E 14°34'57'' | H450 1,6 ha 40T(70-90m²) 50D

① €39,80 ② €47,80

🚗 Von Klagenfurt A2, Ausfahrt 298 Grafenstein, Klopeiner See Südufer. Von Graz A2, Ausfahrt 278 Völkermarkt-Ost, Klopeiner See Südufer. — 112522

Zu jedem Campingplatz in diesem Führer gehört eine sechsstellige Nummer. Damit können Sie den betreffenden Campingplatz auf der Webseite suchen.

www.Eurocampings.de

CAMPING-GENUSS
AN EINEM DER WÄRMSTEN BADESEEN!

Die familienfreundlichen Campingplätze direkt am See und am Fluss bieten perfektes und entspanntes Camping-Erlebnis. 2000 Sonnenstunden und die wärmsten Badeseen Europas sind die idealen Voraussetzungen dafür.
TIPP: Aktiv Card Südkärnten mit vielen geführten Touren.

Tourismusregion
Klopeiner See – Südkärnten

info@klopeinersee.at
Tel. +43 (0) 4239 - 2222
www.klopeinersee.at
camping.klopeinersee.at

Klopeiner See Südkärnten

Österreich

www.AUSTRIA-CAMPING.AT

CAMPING BREZNIK – TURNERSEE

Direkt am Turnersee – an einem der wärmsten Badeseen Österreichs. Traumhafte Lage inmitten eines Naturschutzgebietes.
Parzellierte Normal-, Komfort- und Premiumplätze von 80 bis 140 m². Restaurant, Minimarkt. Großer Kinderspielplatz und Indoor-Spielbereich, Kinderanimation im Juli & August.
Mobilheimpark, Glamping Lodge-Zelt. NEU: 4**** Glamping Mobilheime.

9122 St. Kanzian/Turnersee, Tel. +43 (0) 4239 - 2350, www.breznik.at

RUTAR LIDO - NATURISTENFERIENDORF

365 Stellplätze, Appartementhotel, Ferienwohnungen und Mobilheime.
Bäderlandschaft mit Hallenbad, Sauna, Wellnessbecken.
150.000 m² parkähnliche Anlage mit Badesee - separater Hundehalterteil.
Restaurant und Campingladen. ACSI-Card.
Ganzjährig geöffnet.

9141 Eberndorf, Tel. +43 (0) 4236 - 2262, www.rutarlido.at

Schiefling am Wörthersee, A-9535 / Kärnten

🏕 Camping Weisses Rössl	1 ADE**JM**NOPQRS**T**	L 6
🏠 Auenstraße 47	2 BDFOPRTUWXY	AB**FG** 7
📅 20 Apr - 6 Okt	3 A**L**M	ABCDEFNQRT 8
☎ +43 42 74 28 98	4 FHI**PT**	EFGIVW 9
@ office@	5 ABDEFJLN	ABGHJMPR 10
weisses-roessl-camping.at	Anzeige auf dieser Seite	B 16A
	H280 2,5 ha 150T 29D	€37,90 / €49,50
N 46°37'09" E 14°06'20"		108160

A2 Villach-Klagenfurt, Ausfahrt Velden-West, Richtung Maria Wörth, Wörthersee Süd; dann ca. 6 km den Schildern folgen. Nicht nach Schiefling!

Seeboden, A-9871 / Kärnten

🏕 Strandcamping Winkler	1 A**JM**NOPRST	LM**N**OPQRSTW 6
🏠 Seepromenade 33	2 DGPRVWX	ABDE**F**H 7
📅 1 Mai - 1 Okt	3 ABG**JLMNU**	ABEFNPQRTW 8
☎ +43 476 28 19 27	4 FH	MPQTUVW 9
@ strandcampingwinkler@	5 DHLN	ABHKSTY 10
gmail.com	B 6-16A	
	H560 0,6 ha 70T(50-70m²)	€37,00 / €47,90
N 46°48'55" E 13°31'13"		106093

A10 Salzburg-Villach, Ausfahrt Millstätter See (Ausfahrt links!). In Seeboden B98 den CP-Schildern 'Winkler zum See' folgen. Gäste dürfen die Verbotsstraße einfahren.

Spittal an der Drau, A-9800 / Kärnten

🏕 Camping Draufluss	1 ADE**JM**NOPRST	JNU 6
🏠 Schwaig 10	2 ACFGOPRWXY	ABDE**FG**H 7
📅 15 Apr - 1 Okt	3 A**M**	ABEFNQR 8
☎ +43 47 62 24 60	4 FHIO	G 9
@ drauwirt@aon.at	5 ABDEFLN	ABHIJM**OR** 10
	16A	
	H600 0,7 ha 50T(80-100m²) 8D	€23,80 / €30,80
N 46°47'07" E 13°29'13"		106063

A10 Salzburg-Villach, Ausfahrt 146 Spittal-Ost. In Spittal den CP-Schildern und 'Goldeckbahn' folgen. Hinter Draubrücke links.

St. Georgen am Längsee, A-9313 / Kärnten

🏕 Wieser Längsee	1 AF**JM**NOPRST	N 6
🏠 Bernaich 8	2 AFGPVWXY	ABDE**F**G 7
📅 1 Mai - 1 Okt	3 A**KL**	ABCDEFNQR 8
☎ +43 65 06 00 36 80	4 FHI	I 9
@ info@campingwieser.com	5 AD	AGHKLORW 10
	Anzeige auf dieser Seite	13A
	H540 2 ha 80T(120-160m²) 6D	€29,90 / €37,10
N 46°48'08" E 14°24'45"		106128

Auf der B317/B83 5 km nördlich von St. Veit Ausfahrt 281, dann noch 500m.

Rosental Rož, A-9173 / Kärnten

🏕 Rosental Rož	1 ACDE**JM**NOPRST	L 6
🏠 Gotschuchen 34	2 DFGOPVWXY	ABDE**FG**H 7
📅 15 Apr - 15 Okt	3 BFGM	ABCDEFGHIJKNPQRTUVW 8
☎ +43 4 22 68 10 00	4 **A**BCDEFHIKLO	EJUVWZ 9
@ camping.rosental@roz.at	5 ACDEFGJLMN	ABGHIJMNPQRW 10
	16A	
	H430 6 ha 391T(100-180m²) 31D	€37,70 / €56,90
N 46°32'38" E 14°23'26"		106132

Von Klagenfurt Richtung Loiblpass, bei Ferlach die B85 bis Gotschuchen. CP-Schildern folgen. Der CP kommt nach 1,3 km.

St. Michaël, A-9143 / Kärnten

🏕 Petzencamping Pirkdorfer See	1 ADE**JM**NOPRST	LN 6
🏠 Pirkdorf 29	2 DFGIOPVW	ABDE**FG**H 7
📅 1 Jan - 31 Dez	3 AFGMT	ABCDEFHJNPQRTU 8
☎ +43 4 23 03 21	4 ABEFHIO**PQ**	GJTW 9
@ info@pirkdorfersee.at	5 ADFJLMN	ABHIJPRVW 10
	WB 12A CEE	
	H500 10 ha 27T(90m²) 155D	€34,80 / €46,60
N 46°33'30" E 14°45'05"		106131

Von Klagenfurt B70, Ausfahrt Klopeiner See. Dann B82 bis Eberndorf, B81 bis St. Michaël folgen. Schildern folgen.

FÜR GENIESSER CAMPING WIESER   ST. GEORGEN AM LÄNGSEE
IM HERZEN KÄRNTENS INMITTEN DER NATUR UND KULTUR.

Erholungsurlaub mit gemütlicher Atmosphäre. 120 m² freie Abstellflächen, Panoramablick, Moorteich mit Liegewiese, Längsee. Auch ideale Zwischenstopp auf dem Weg in den Süden, 'angekoppelt' übernachten. B83 Abzweig 281.

Bernaich 8 A-9313 St. Georgen am Längsee Tel. +43 (0)650-6003680
E-mail: info@campingwieser.com   Internet: www.campingwieser.com

Ihr inspirierender Naturlaub! • moderner, gepflegter Camping am See • besonders für Naturliebhaber • ADAC-Auszeichnungen seit 1992 • äußerst kinder- und familienfreundlich • Strandbad (Sandstrand, Spielplatz) • kein Durchgangsverkehr • Wellness für die Gäste • familiäre Atmosphäre • von der Terrasse des Restaurants Blick auf den See

RONACHER Weissensee-Ostufer
Terrassencamping Ferienapartments Restaurant
A-9714 Mösel 6
T +43 4761 256 | F DW-4
info@campingronacher.at
www.campingronacher.at

Steindorf, A-9552 / Kärnten

	1	
▲ Seecamping Laggner★★★★	1 A**IL**NOPQRT	LM**N**OPQSW**XY** 6
■ Strandweg 3	2 ADFGIOPTVWXY	ABDE**FH** 5
☎ 10 Mai - 22 Sep	3 BG**LM**N**O**SX	ABCDEF**IJ**L**N**QRT 8
☎ +43 65 07 30 07 06	4 FH	IQ 9
@ heidi.hinkel@gmail.com	5 ADEF**HKN**	ABDHJPR10
	Anzeige auf dieser Seite B 10A	❶ €39,00
	1 ha 40T(60-90m²) 13D	❷ €50,00
⌖ N 46°41'40'' E 14°00'34''		
🚗 A10 Salzburg-Villach, Ausfahrt Ossiacher See Richtung Nordufer und Feldkirchen auf B94. Nach 15 km rechts in Richtung Ossiach über Bahn und sofort rechts zurück nach Steindorf. Zirka 900m links nach Gasthof zum Strandweg 3.		118433

Seecamping Laggner ★★★★

Direkt am See, modernes Sanitär, Restaurant, WLAN inkl. und Ferienwohnungen.

Strandweg 3, 9552 Steindorf
Tel. 0650-7300706 • Tel. Winter 0650-6825222
E-Mail: heidi.hinkel@gmail.com
Internet: www.seecamping-laggner.eu

Steinfeld, A-9754 / Kärnten

▲ Camping Bergfriede	1 AFJMNOPRT	A 6
■ Mitterberg 3	2 FGIPRUWX	ABDE**F** 7
☎ 1 Mai - 30 Sep	3 ABM	ABCDEFKNQRV**W** 8
☎ +43 4 71 74 01	4 E**F**HI	G 9
@ camping.bergfriede@aon.at	5 DL	ABJOR10
	Anzeige auf dieser Seite 16A	❶ €26,00
⌖ N 46°45'43'' E 13°14'37''	H775 2 ha 35T(90-100m²) 2D	❷ €36,00
🚗 Von der B100 Spittal - Linz, Ausfahrt Steinfeld, dann den Schildern Bergfriede folgen.		121283

Schöner, ruhiger Bauernhofcamping (Höhelage 775m). Gut geeignet für Familien mit Kindern. Viele Wander- und Radmöglichkeiten. Im Mai, Juni und September 17 Euro pro Nacht inklusive. Gratis WLAN.

Mitterberg 3, 9754 Steinfeld • Tel. 04717-401
E-Mail: camping.bergfriede@aon.at
Internet: www.camping-bergfriede.com

Stockenboi, A-9714 / Kärnten

▲ Camping Ronacher	1 AE**JM**NOPRT	L**N**OPQSX 6
■ Mösel 6	2 DFGHJPUVX	ABDE**FGH** 7
☎ 10 Mai - 5 Okt	3 ADGMV	ABCDEF**J**NQR**TW** 8
☎ +43 4 76 12 56	4 FIO**TV**	IQRSTU 9
@ info@campingronacher.at	5 ABDEFI**L**N	ABGHIJM**N**R**Z**10
	Anzeige auf dieser Seite B 10A	❶ €35,00
⌖ N 46°42'11'' E 13°24'54''	H930 1,8 ha 140T(70-100m²) 2D	❷ €43,00
🚗 A10 Salzburg-Villach, Ausfahrt 146 Spittal-Ost und über Mautbrücken nach Weissensee-Ost, CP ausgeschildert.		100880

Steindorf/Stiegl, A-9552 / Kärnten

▲ Seecamping Hoffmann★★★★	1 A**IL**NOPQRST	LM**N**OPQRSTX**Z** 6
■ Uferweg 61	2 ADFGIJOPRUVWXY	BE**FG**N 7
☎ 1 Mai - 30 Sep	3 BG**KLM**N**O**UX	BDFKNQRT 8
☎ +43 42 43 87 04	4 ABEFGHO**PQTX**	JQRTUVW 9
@ info@seehotel-hoffmann.at	5 ABDEFH**LN**	ABDHJPR10
	16A	❶ €38,50
⌖ N 46°41'42'' E 13°59'48''	H500 1 ha 42T(70-90m²) 7D	❷ €47,70
🚗 A10 Salzburg-Villach, Ausfahrt Villach/Ossiachersee, B94 Richtung Feldkirchen. In Steindorf der Beschilderung folgen.		112174

Techendorf (Weißensee), A-9762 / Kärnten

▲ Knaller	1 A**DJ**MNOPR**ST**	L**N**OQRSWX 6
■ Techendorf 16	2 DFGJOPTUWXY	ABDE**FG** 7
☎ 4/5 - 31/10, 20/12 - 28/2	3 BFMU	ABCDEFIJ**KL**NQRT 8
☎ +43 47 13 22 34 50	4 FH**P**	S 9
@ camping@knaller.at	5 DEF	AGHJPRWX10
	Anzeige auf dieser Seite WB 16A CEE	❶ €34,50
⌖ N 46°42'50'' E 13°17'45''	H940 1,4 ha 140T(70-120m²) 2D	❷ €43,50
🚗 A10 Salzburg-Villach, Ausfahrt 139 Spittal/Millstätter See, B100 bis Greifenburg. Links B87 Richtung Hermagor. Schildern Richtung Weißensee-Süd bis Techendorf folgen, nach der Brücke links.		106065

Knaller

Terrassenförmig angelegter Familiencamping direkt am Weissensee.

• neues, modernes, beheiztes Sanitär.
• großer Strand und Liegewiese.
• Versorgung für Reisemobile und Caravans.
• im Winter Schlittschuhlaufen und andere Wintersportaktivitäten.
• im Sommer baden, tauchen, Boot fahren, Rad fahren, wandern.
• SB-Restaurant und kleine Karte in der Hochsaison.
• Kinderspielplatz.
• Vermietung von E-Bikes.
• gratis Bus in den Naturpark.
• zentrale Lage.

Techendorf 16 • 9762 Techendorf (Weißensee) • Tel. +43 4713223450
Fax +43 4713223411 • E-Mail: camping@knaller.at • Internet: www.knaller.at/camping

OSSIACHER SEE
www.seecamping-berghof.at

SEECAMPING BERGHOF

NEU: Adventure Minigolfplatz + 7 Mobilheime

Direkt am See gelegenes, in Terrassen angelegtes Gelände mit Bäumen und Sträuchern parkähnlich bepflanzt, abseits vom störenden Straßenlärm. Sie können entspannen in erholsamer Ruhe, aber auch bei vielen sportlichen und kreativen Aktivitäten mitmachen. Großes Kinder- und Familienprogramm, Kinderbetreuung, Fittich- und Wittichland oder auch 'TOP-Kinderclub' lassen jedermann individuelle Urlaubsfreuden entdecken.

Seecamping Berghof am Ossiachersee
A-9523 Villach
Ossiacher See - Süduferstraße 241
T. +43/4242/41133

Österreich

Villach/Landskron, A-9523 / Kärnten
- Plörz
- Ossiacher See Süduferstraße 289
- 1 Mai - 30 Sep
- +43 67 63 22 14 94
- info@camping-ploerz.at
- N 46°39'19'' E 13°56'24''
- A10 Salzburg-Villach, Ausfahrt Ossiacher See Richtung Südufer. In Heiligen Gestade der 3. CP links.

1 B**JM**NOPQRT LM**N**OPQSWXZ 6
2 ADFGOPRTUVWX BE**F**HIJK 7
3 A B**F**JNQRT 8
4 FHIO**X** G 9
5 ADN ABGHJM**P**RVZ10
Anzeige auf dieser Seite 12A ① €36,90
H500 1 ha 110**T**(80-100m²) 7**D** ② €50,30
113370

Villach/Landskron, A-9523 / Kärnten iD
- Seecamping Berghof *****
- Ossiacher See Süduferstraße 241
- 4 Apr - 18 Okt
- +43 4 24 24 11 33
- office@seecamping-berghof.at
- N 46°39'12'' E 13°56'00''
- A10 Salzburg-Villach, Ausfahrt Ossiacher See; links ab ca. 3 km bis ans Nordufer, dann rechts Richtung Südufer. An der Ampel zur 'Burg Landskron' links Richtung Ossiach ca. 4 km.

1 ACDE**J**KNOPQRST HL**N**OQRSTWXYZ 6
2 ADFGHOPSUVWXY AB**CDEFGH** 7
3 BDF**GJMN**O**U** ABCDEFG**IJ**K**LN**QRTUVW 8
4 A**B**CDFHIJLO**PQ** DEGI**J**LMNPRUVWZ 9
5 ACDEFGLM**N** ABGHIJO**P**RVYZ10
Anzeige auf dieser Seite B 6-16A CEE ① €44,00
H500 10 ha 400**T**(80-150m²) 31**D** ② €59,00
100886

Villach/Landskron, A-9523 / Kärnten iD
- Seecamping Mentl
- Ossiachersee Süduferstraße 265
- 27 Apr - 30 Sep
- +43 4 24 24 18 86
- info@camping-mentl.at
- N 46°39'15'' E 13°56'13''
- A10 Salzburg-Villach, Ausfahrt Ossiacher See Richtung Südufer. In Heiligen Gestade zweiter CP links.

1 AEFHKNOPQRT LM**N**OPQSW 6
2 ADFGHOPRUVWX ABDE**FG** 7
3 B**F**GMU ABCDEFJKNQRTUVW 8
4 AB**F**H**X** DGIUVW 9
5 ABDEHLMN ABEGHIJPR10
Anzeige auf dieser Seite B 16A CEE ① €41,90
H500 3 ha 178**T**(72-150m²) 11**D** ② €56,50
101357

Völkermarkt/Dullach, A-9100 / Kärnten iD
- Stausee Camping
- Dullach 8
- 1 Mai - 31 Okt
- +43 65 02 64 49 96
- office@stauseecamping.com
- N 46°38'03'' E 14°41'30''
- A2 278 Ausfahrt Völkermarkt-Ost, rechts ab auf die B80. Der Beschilderung Stausee folgen.

1 AF**JM**NOPQRST AL**NX** 6
2 ADGOPVX ABDE**F**HIK 7
3 AM ABEFJNQRUV 8
4 FHIO E 9
5 ADMN AGHIJLORW10
B 16A CEE ① €31,80
H500 2,5 ha 27**T**(80m²) 51**D** ② €41,80
118536

Camping Plörz

Herzlich willkommen am Südufer des Ossiacher Sees, wo Gäste zu Freunden werden, in einer Atmosphäre zum Wohlfühlen und Erholen. Sie dürfen bei uns Ihren Liebling (den Hund) mitbringen. Weitere Informationen finden Sie auf unserer Homepage www.ploerz.at. Wir freuen uns auf Ihren Besuch. Besser anrufen als mailen.

Ossiacher See Süduferstr. 289, 9523 Villach/Landskron
Tel. 0676-3221494
E-Mail: info@camping-ploerz.at • Internet: www.ploerz.at

Geheimtipp!

Seecamping Mentl
Ossiachersee Süduferstraße 265
9523 Landskron
Tel.: +43 4242 41886
E-Mail: info@camping-mentl.at

Teilkarte Kärnten auf Seite 262 und 263

Teilkarte Kärnten auf Seite 262 und 263

Camping Alpenfreude
Gailtaler Bergbad

Ein gemütlicher Familiencampingplatz mit Schwimmbad. Umringt von einer prächtigen Natur, ideal zum wandern. Durch die zentrale Lage lassen sich leicht Tagestouren nach Italien oder Slowenien machen. Ermäßigung für die Senioren oder bei längerem Verbleib.
Auch in der Vor- und Nachsaison ist Kärnten schön.

9612 Wertschach bei Nötsch
Tel. 04256-2708 • Fax 04256-27084
E-Mail: camping.alpenfreude@aon.at
Internet: www.alpenfreude.at

Weißbriach, A-9622 / Kärnten

- Camping Alpendorf
- 208
- 1 Jan - 31 Dez
- +43 4 28 63 46
- santner_johann@gmx.at

1 ADEJMNOPRST		6
2 FPTWX	ABDEFH	7
3 AMU	ABEFJNQR	8
4 EFGI		9
5 ABDFN	ABJPR	10
WB 16A	① €22,80	
H820 1,7 ha 90T(100m²)	② €28,80	

100881

N 46°40'58'' E 13°14'52''
A10 Salzburg-Villach, Ausfahrt 139 Spittal/Millstätter See, B100 bis Greifenburg, links B87 nach Hermagor. In Weißbriach Schildern folgen.

Weißensee, A-9762 / Kärnten

- Seecamping Müller
- Oberdorf 22
- 1 Mai - 30 Sep
- +43 66 44 31 30 78
- info@seecamping-weissensee.at

1 AJMNOPRST	FHLNOQRSXYZ	6
2 DFGJOPRUWXY	ABDEFGH	7
3 AFM	ACDEFKNR	8
4 FH	QRV	9
5 ABDN	AGJMRV	10
16A	① €24,00	
H930 6 ha 250T(120m²)	② €30,00	

110381

N 46°43'12'' E 13°15'39''
A10 Salzburg-Villach, Ausfahrt 139 Spittal/Millstättersee; B100 Richtung Lienz; bei Greifenburg links. B87 Richtung Weißensee-Westufer.

Wertschach bei Nötsch, A-9612 / Kärnten

- Alpenfreude
- Wertschach 27
- 1 Mai - 30 Sep
- +43 42 56 27 08
- camping.alpenfreude@aon.at

1 ACDEJMNOPQRST	ABFGHM	6
2 AFGOPRUVWX	ABDEFGH	7
3 AFJMX	ABCDEFLNQRTW	8
4 DEFIOP	DJ	9
5 CDEFGHIKLMN	ABDFGHIJLOR	10
Anzeige auf dieser Seite 16A CEE	① €26,85	
H800 5 ha 150T(50-120m²) 15D	② €36,65	

101354

N 46°36'26'' E 13°35'26''
A10 Salzburg-Villach-Italien, dann A2 Richtung Italien Ausfahrt Hermagor, B111. Nach der Ausfahrt Nötsch den CP-Schildern folgen.

Geografisch suchen

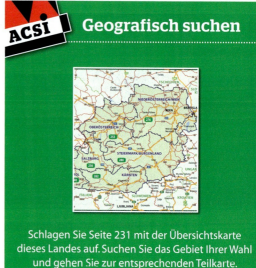

Schlagen Sie Seite 231 mit der Übersichtskarte dieses Landes auf. Suchen Sie das Gebiet Ihrer Wahl und gehen Sie zur entsprechenden Teilkarte. Hier sehen Sie alle Campingplätze auf einen Blick.

Niederösterreich/Wien

Berndorf, A-2560 / Niederösterreich

- Seecamping Masai Mara
- Köhlerweg 9
- 1 Jan - 31 Dez
- +43 6 99 11 06 37 20
- info@seecamping-masai-mara.at
- N 47°56'01'' E 16°08'46''

1 ABDEJMNOPQRST	JLN	6
2 ADGPSVX	BFHK	7
3 ABMN	BFNQRU	8
4 FHI	ADRTUVX	9
5 ABDEFJKMN	ABFHIJMPQRV	10
16A CEE		❶ €24,70
0,8 ha 20T(50-100m²) 65D		❷ €34,90

123285

Ausfahrt 29 auf der A2/E59 von Wien nach Süden, Richtung Berndorf B19. Dort (na 6 km) ist der Camping gut angezeigt (links ab).

Geras, A-2093 / Niederösterreich

- Geras Edlersee
- Hornerstraße
- 1 Apr - 31 Okt
- +43 2 91 22 66
- gemeinde.geras@aon.at
- N 48°47'32'' E 15°39'48''

1 AJMNOPQRST	LMN	6
2 DGHOPTWX	BF	7
3 BGJM	BFNQR	8
4 FH		9
5 DEK	AHJRV	10
6A CEE		❶ €18,70
H506 2,5 ha 20T(80m²) 25D		❷ €24,70

106148

B30 über Horn und Hötzelsdorf nach Geras. Camping kurz vor Geras ausgeschildert.

Kaumberg, A-2572 / Niederösterreich

- Paradise Garden
- Höfnergraben 2
- 1 Apr - 30 Sep
- +43 67 64 74 19 66
- grandl@camping-noe.at
- N 48°01'11'' E 15°56'36''

1 AJMNOPQRST		6
2 CPWX	ABDEFGH	7
3	ABDFIJKNQR	8
4 FHI	DL	9
5 BDKM	AEHJPR	10
Anzeige auf dieser Seite B 16A CEE		❶ €23,00
H466 1,5 ha 65T(80-120m²) 85D		❷ €29,00

106152

A1, Ausfahrt 59 St. Pölten-Süd und die B20 bis Traisen. Im Kreisverkehr links über die B18 ohne Hainfeld nach Kaumberg. 3 km nach Kaumberg rechts und dann noch 1 km zum CP.

Klosterneuburg, A-3400 / Niederösterreich

- Donaupark CP Klosterneuburg
- In der Au 1
- 30 Mär - 16 Nov
- +43 2 24 32 58 77
- campklosterneuburg@oeamtc.at
- N 48°18'38'' E 16°19'42''

1 ADEJMNOPRST		6
2 AOPRSVWX	ABDEFGHI	7
3 BDLMU	ABCDEFJNQRW	8
4 FHO		9
5 ABDFKMN	ABCDEFGHIKMPR	10
Anzeige auf Seite 279 B 6A CEE		❶ €36,20
H155 2,3 ha 193T(60-90m²) 2D		❷ €45,20

101079

Von Westen: A1, Ausfahrt Sankt Christophen B19, über Tulln und B14 nach Klosterneuburg, dort CP ausgeschildert.

Krems (Donau), A-3500 / Niederösterreich

- Donau Camping Krems
- Yachthafenstraße 19
- 1 Apr - 27 Okt
- +43 2 73 28 44 55
- donaucampingkrems@aon.at
- N 48°24'14'' E 15°35'33''

1 ADEJMNOPQRST	JNSWXZ	6
2 ACFPWX	ABDEFG	7
3 M	ABEFNQR	8
4 FHIO	EVW	9
5 ABDE	ABHJNPTUZ	10
Anzeige auf dieser Seite B 6A		❶ €27,50
H196 0,8 ha 60T 4D		❷ €33,50

106141

Von Osten Kreuz St. Pölten die S33. Danach die B37 Richtung Krems. In Krems, Kreisel 3. Ausfahrt, dann sofort am Schifffahrtszentrum Krems/Stein links zum CP.

Marbach an der Donau, A-3671 / Niederöst.

- Marbacher Freizeitzentrum
- Campingweg 2
- 2 Apr - 26 Okt
- +43 74 41 32 07 33
- gasthof@wienerin.co.at
- N 48°12'49'' E 15°08'26''

1 AEJMNOPQRST	JNSWXZ	6
2 COPRVWX	BEFGH	7
3 BGL	BEFJNQRVW	8
4 HI	JV	9
5 ABDM	AHKNPTU	10
Anzeige auf dieser Seite 20A CEE		❶ €26,40
H230 0,4 ha 50T(70-100m²) 6D		❷ €31,80

106135

A1 Linz-Wien. Ausfahrt 100 Ybbs/Wieselburg. Der Straße Richtung Ybbs/Persenbeug folgen. Über die Donau Richtung Krems. Nach ca. 7 km auf der rechten Seite ist der CP.

Neulengbach, A-3040 / Niederösterreich

- Finsterhof
- Inprugg 1
- 1 Jan - 31 Dez
- +43 2 77 25 21 30
- ursula.fischer@utanet.at
- N 48°13'18'' E 15°54'48''

1 ADJMNOPQRST		6
2 ACOPRTWXY	ABDEFGHIK	7
3 BF	BCDEFJNQRT	8
4 FHIO		9
5 BD	ABFGHJLOR	10
B 12A CEE		❶ €16,00
H202 2,8 ha 90T(80-120m²) 120D		❷ €16,00

106151

Über die A1 Ausfahrt St. Christophen oder Altlengbach Richtung Tulln. 1 km hinter Inprugg liegt der CP auf der linken Seite.

Durchreisecampingplätze

In diesem Führer finden Sie eine handliche Karte mit Campingplätzen an den wichtigen Durchgangsstrecken zu Ihrem Ferienziel.

Donaupark Camping Krems
AN DER DONAU

Schöner, in Krems/Stein direkt am Donauradweg gelegener Camping mit herrlichem Blick auf das Stift Göttweig, am Beginn der Wachau (UNESCO Weltkulturerbe). In wenigen Minuten entfert die Innenstadt von Krems und Stein. Unser Campingplatz bietet schöne, saubere Sanitäranlagen. Warmwasserdusche im Preis inbegriffen. Aufenthaltsraum mit Sat-TV und gratis WLAN. Grillplatz und Terrasse mit Büffet.

Yachthafenstraße 19, 3500 Krems (Donau)
Tel. und Fax +43 273284455 • E-Mail: donaupampkingkrems@aon.at
Internet: www.donauparkcamping-krems.at

Oberretzbach, A-2070 / Niederösterreich

- Waldcamping Hubertus
- Waldstraße 54
- 1 Mai - 31 Okt
- +43 2 94 22 00 57
- camping@waldcamping-hubertus.at
- N 48°47'21'' E 15°58'03''

1 ADEJMNOPQRST		6
2 BCPUXY	BEFGHI	7
3 M	BFNQR	8
4 FH		9
5 D	ABHIJLPR	10
16A CEE		❶ €22,70
H319 1 ha 32T(80m²) 2D		❷ €29,70

106149

Von Retz nach Norden der N35 folgen. Innerorts Oberretzbach 1. Straße links den Campingschildern folgen.

Komfortcamping im 'Wienerwald'
'PARADISE GARDEN'

Sehr ruhiger Platz. Hervorragende Ausgangsbasis für Wien Besuche. 1 km von der idealen, schönsten Durchgangsstrecke für 'Ungarnfahrer' (B20, B18). Herrliche und romantische Wander- und Radrouten. Schönes Sanitär.

Bei einem Aufenthalt von mehr als 3 Tagen 10% Ermäßigung!

2572 Kaumberg
Tel. 0676-4741966 • Fax 02765-3883
E-Mail: grandl@camping-noe.at
Internet: www.camping-noe.at

Rastenfeld, A-3532 / Niederösterreich

- Seecamping Ottenstein
- Ottenstein 5
- 1 Mai - 30 Sep
- +43 2 82 64 16
- office@ottensteinersee.at
- N 48°35'59'' E 15°20'31''

1 ADEGJMNOPQRST	LNQRSTXZ	6
2 BDGHPRUVWX	ABDEF	7
3 LM	ABCDEFINQRT	8
4 I	AKMPQRT	9
5 BDEFKN	AHJRVWZ	10
6A CEE		❶ €30,30
H383 2 ha 110T(60-90m²) 3D		❷ €37,10

114517

Von Krems die B37 Richtung Rastenfeld. Weiter an der Kreuzung auf die B38 rechts Richtung 'Schloß Ottenstein' halten. Dann am Schild Schloß Ottenstein/Segel und Surfschule/Seecamping links. Dann den Schildern folgen.

Marbacher Freizeitzentrum

Campingplatz direkt an der Donau in Niederösterreich
Ferienregion Wachau-Nibelungengau
• Rad fahren am Donauradweg • Wandern • Angeln
• Golf spielen • Wasserski • Wakeboarden • Beachvolleyball
• Schlösser • Burgen • Klöster • 100 km von Wien
Auch ideal für einen Zwischenstop auf dem Weg nach Ungarn. Autobahn A1: Ausfahrt 90 Pöchlarn oder Ausfahrt 100 Ybbs.

Campingweg 2, 3671 Marbach an der Donau
Tel. +43 7413 20733
E-Mail: gasthof@wienerin.co.at • Internet: www.marbach-freizeit.at

Machen Sie Urlaub an einem der schönsten Plätze der Wachau: Der schöne alte, traditionelle Gasthof der Familie Stumpfer liegt ganz in der Nähe von Schloss Schönbühel direkt an der Donau. Der charmante Gasthof bietet eine behaglich-ländliche Atmosphäre, traumhafte Blicke zur Donau und einen einladenden Gastgarten. Das Restaurant serviert regional-kreativ-moderne Gerichte mit Gebrauch von lokalen Produkten. Der Gasthof Stumpfer hält 6 preiswerte Komfortzimmer bereit - mit Blick zur Donau oder in den Obstgarten des Hauses. Der 10.000 m² große, dem Gasthof angeschlossene Campingplatz direkt an der Donau bietet 60 wohnmobil-gerecht ausgestattete Stellplätze für Urlaubs- und Dauercamper.

3392 Schönbühel • Tel. 02752-8510 • Fax 02752-851017
office@stumpfer.com • www.stumpfer.com

Rossatz, A-3602 / Niederösterreich
- Rossatzbach
- 1 Apr - 31 Okt
- +43 67 68 48 81 48 00
- camping@rossatz-arnsdorf.at

1 ADE**JMN**OPQRS**T** J**N**X**Y**Z 6
2 CGHJOPWXY B**FG** 7
3 BGM ABCDEFJNQRT 8
4 FH 9
5 ABDEFHK ABHJ**OR**10
Anzeige auf dieser Seite B 16A €27,00 / €31,00
H120 0,5 ha 60T(80-120m²) 15D
100852

N 48°23'24'' E 15°31'00''
An der B33 Melk-Krems. Südliches Donauufer.

Camping Rossatzbach
Der Camping liegt am Südufer der Donau und am Nordrand des Dunkelsteiner Waldes mit ausgezeichneten Wanderangeboten für romantische Waldwanderungen. Die renommierten Wachauer Weine können Sie hier in den ausgezeichneten Pensionen, den typischen Schenken oder direkt im Weinkeller verkosten.

Erläuterungen: Gemeindeamt, A-3602 Rossatz
Während der Saison telefonisch reservieren: +43 676848814800
camping@rossatz-arnsdorf.at • www.rossatz-arnsdorf.at

Schönbühel, A-3392 / Niederösterreich
- Stumpfer
- Schönbühel 7
- 1 Apr - 31 Okt
- +43 27 52 85 10
- office@stumpfer.com

1 ADE**JMN**OPQRS**T** J**N**XZ 6
2 ACFGOPVWXY BE**FG** 7
3 B**N** BDFNQRT 8
4 AFHI**S** GIV 9
5 BDEFGHLM ABFGHJOR10
Anzeige auf dieser Seite 16A CEE €29,30 / €36,50
H207 1 ha 50T(80-90m²) 15D
108932

N 48°15'15'' E 15°22'15''
A1 Linz-Wien, Ausfahrt 80 Melk. Am Kreisel Melk-Nord/Wachau folgen. 300m vor der BP scharfe Rechtskurve, der B33 Richtung Schönbühel folgen. CP hinter dem Gasthof Stumper.

Newsletter

Melden Sie sich an für den Eurocampings Newsletter und bleiben Sie über die neusten Entwicklungen auf dem Laufenden!

www.Eurocampings.de

www.campingamsee.at
office@campingamsee.at

N 48°13'27" E 15°39'33"

Bimbo Binder-Promenade 15, 3100 St.Pölten, Österreich   +43 676 898 798 898

Wien
Wein, Wachau und Radfahren

...wo Gäste Freunde werden
Donaupark Camping
Tulln & Klosterneuburg

www.campingtulln.at
www.campingklosterneuburg.at

St. Pölten, A-3100 / Niederösterreich
- ▲ Camping am See
- ✉ Bimbo Binder-Promenade 15
- 15 Apr - 31 Okt
- ☎ +43 67 68 98 79 88 98
- @ office@campingamsee.at
- N 48°13'27'' E 15°39'33''
- Von der A1 am Knoten St. Pölten S33 Richtung Krems. Danach Ausfahrt St. Pölten Nord. Am zweiten Knoten Richtung West.

1 BDEFJMNOPQRST L N 6
2 ADGIJKOPRVWXY ABDEFG 7
3 ABGJLMNR ABEFJNQRUVW 8
4 FHOPQRX FQV 9
5 ADN AGHIJOPRV 10
Anzeige auf Seite 278 B 16A CEE
❶ €35,10 ❷ €45,50
H250 2,2 ha 50T(100-200m²) 43D
118645

Traisen, A-3160 / Niederösterreich
- ▲ Terrassen-Camping Traisen
- ✉ Kulmhof 1
- 1 Mär - 1 Okt
- ☎ +43 2 76 26 29 00
- @ info@camping-traisen.at
- N 48°02'33'' E 15°36'11''
- A1 Linz-Wien, Ausfahrt 59 St. Pölten-Süd in Richtung Mariazell. Nach 15 km Traisen. Den CP-Schildern folgen. Vor der Kirche rechts.

1 AJMNOPQRST 6
2 GOPUVWXY BEFG 7
3 BFMU BDFIJNQR 8
4 EFHI JV 9
5 ABDEHMN ABGHIJNOR 10
Anzeige auf dieser Seite 6A CEE
❶ €28,50 ❷ €36,50
H415 2,2 ha 40T(60-80m²) 65D
108166

TERRASSEN-CAMPING TRAISEN

Eine Camping-Insel mitten im Grünen und doch nur 500 Meter vom Ortskern entfernt. Genießen Sie die schöne Aussicht auf die Hügel und Berge der Voralpen. Unser solarbeheiztes Schwimmbad bietet Abkühlung an heißen Sommertagen. Zahlreiche Ausflugs- und Wandermöglichkeiten. Es wird Ihnen bei uns gefallen.

Kulmhof 1, 3160 Traisen • Tel. 02762-62900 • Fax 02762-629004
E-Mail: info@camping-traisen.at • Internet: www.camping-traisen.at

Tulln an der Donau, A-3430 / Niederösterr.
- ▲ Donaupark Camping Tulln
- ✉ Donaulände 76
- 1 Apr - 15 Okt
- ☎ +43 2 27 26 52 00
- @ camptulln@oeamtc.at
- N 48°19'59'' E 16°04'08''
- A1 Linz-Wien, Ausfahrt 41 St. Christophen Richtung Tulln (B19). In Tulln Richtung Klosterneuburg. Unter der Bahnlinie durch, die 1. rechts. Nach 650m links ab, den CP-Schildern folgen.

1 ADEJMNOPQRST HLMNWXYZ 6
2 CDGOPWXY ABDEFG 7
3 BFGJMN ABCDEFJNQRT 8
4 ABHO DERVW 9
5 BDEFKLMN ABEFGHIJLNORV 10
Anzeige auf dieser Seite B 6A CEE
❶ €33,50 ❷ €40,50
H179 10 ha 90T(80-100m²) 140D
101080

Waidhofen an der Thaya, A-3830 / Niederösterreich
- ▲ Waidhofen
- ✉ Badgasse
- 1/5 - 29/6, 2/7 - 30/9
- ☎ +43 2 84 25 03 56
- @ stadtamt@waidhofen-thaya.gv.at
- N 48°48'38'' E 15°17'24''
- Die 5. Ausfahrt Waidhofen. Im Kreisel geradeaus. Brücke über die Thaya. An der Ampel im Zentrum 'Freizeitzentrum' folgen. Dann den CP-Schildern nach.

1 AJMNOPQRST JMNU 6
2 CGIPWXY BEFGHIK 7
3 ABLMS ABDFNQRTW 8
4 HIV EQTV 9
5 ABDN ABEHJPRV 10
B 16A ❶ €21,30 ❷ €25,90
H477 1 ha 60T(80m²) 5D
110676

Wien, A-1220 / Wien
- ▲ Aktiv Camping Neue Donau
- ✉ Am Kaisermuehlendamm 119
- 15 Apr - 30 Sep
- ☎ +43 12 02 40 10
- @ neuedonau@campingwien.at
- N 48°12'30'' E 16°26'50''
- Von 1-2-4-21-22-23. Über die Donaubrücke direkt Richtung Ölhafen Lobau 3-3a. Nach 250m am Ende der Straße. Siehe CP-Schild.

1 ABDEJMNOPQRST 6
2 AOPRSVWX ABDEFGIJ 7
3 ABFM ABCDEFJNQRW 8
4 AFHIO V 9
5 ABDEFHJKN ABFGHIKLNOTUV 10
B 16A CEE ❶ €36,00 ❷ €47,00
H176 3,5 ha 200T(60-80m²)
106156

Wien, A-1230 / Wien
- ▲ Wien Süd
- ✉ Breitenfurter straße 269
- 1 Jun - 15 Sep
- ☎ +43 18 67 36 49
- @ sued@campingwien.at
- N 48°09'01'' E 16°18'02''
- Von A21/A2, abfahren Richtung Wien, Ausfahrt Altmannstorf, weiter wie beschildert.

1 ABDEJMNOPQRST 6
2 AOPVWXY ABDEFGHIJK 7
3 AB ABCDEFJNQRTUW 8
4 FHIO L 9
5 DN AGHIKNOR 10
B 16A CEE ❶ €35,00 ❷ €45,40
H211 2,5 ha 254T(45-100m²)
106158

Wien-West, A-1140 / Wien
- ▲ Wien West
- ✉ Hüttelbergstr. 80
- 1/1 - 31/1, 11/2 - 31/12
- ☎ +43 19 14 23 14
- @ west@campingwien.at
- N 48°12'50'' E 16°15'02''
- Ende der A1, an der ersten Ampel links, dann geradeaus bis zum CP rechts. Den Schildern folgen.

1 ABDEJMNOPQRST 6
2 ACOPSVWXY ABDEFGIJ 7
3 ABCDEFJNQRSW 8
4 AFHIO FUV 9
5 ABDEFHJKN AGHIKNOTUVX 10
B 13A CEE ❶ €35,00 ❷ €45,40
H318 2,5 ha 200T(26-80m²) 10D
106157

Steiermark/Burgenland

Aigen (Ennstal), A-8943 / Steiermark
- Putterersee
- Hohenberg 2A
- 15 Apr - 31 Okt
- +43 66 44 84 00 61
- camping.putterersee@aon.at

1 A**JM**NOPQRT	L**NQ** 6
2 D**FGH**PUWX	AB**CDEFG** 7
3 A**M**	ABCDEF**J**L**NQR**W 8
4 F**HIO**	**FG**I 9
5 A**BDEFGHJK**MN	AB**DFGJ**PTU 10
Anzeige auf dieser Seite	13A CEE

H650 2 ha 70T(90-100m²) 38**D**

① €28,30
② €36,90

N 47°31'16" E 14°07'56"

106111

A10 Salzburg, Ausfahrt Radstadt Richtung Graz. Bei Wörschach Richtung Aigen/Ketten, ausgeschildert.

Andau, A-7163 / Burgenland
- Pusztasee
- Ödenburgerstraße
- 15 Apr - 15 Okt
- +43 66 46 53 16 23
- e.nagy@andau.bgld.gv.at

1 B**JM**NOPQRST	L**N** 6
2 D**G**OPVWX	A**BDEF** 7
3 AB**EG**N	ABCDE**F**NQRTW 8
4 F**HO**	9
5 A**BDFGH**LM	AB**FGHJ**MOR 10
B 6-12A CEE	

H133 4 ha 140T(bis 80m²) 284**D**

① €18,35
② €22,35

N 47°46'27" E 17°00'47"

100856

Durch Andau Richtung Tadten/St. Andrä, beim verlassen von Andau CP auf der rechten Seite.

Bad Gleichenberg, A-8344 / Steiermark
- Camping Im Thermenland****
- Bairisch Kölldorf 240
- 1 Jan - 31 Dez
- +43 31 59 39 41
- camping.bk@aon.at

1 ABDEF**IL**NOPQRST	E 6
2 COP**RV**WX	AB**DEFG**H 7
3 AB**LM**	ABCDEFIJKNOQRTUVW 8
4 AEFH**SXZ**	**D** 9
5 A**DFL**	AB**GHJ**PR 10
B 16A CEE	

H280 2 ha 95T(100m²) 32**D**

① €26,40
② €26,40

N 46°52'32" E 15°56'04"

110954

A2 Graz-Wien, Ausfahrt 157 Gleisdorf-Süd. Die 68 nach Feldbach. Weiter auf der B66 Richtung Radkersburg. Hinter Bad Gleichenberg ist der CP ausgeschildert.

Bad Radkersburg, A-8490 / Steiermark
- Camping Parktherme
- Thermenstraße 30
- 1 Mär - 15 Dez
- +43 3 47 62 67 7(55 6)
- info@parktherme.at

1 ADEF**IL**NOPQRST	A**BEF**H**IN** 6
2 COP**RSV**WXY	A**BDEFG**H 7
3 A**LM**	ABCDEFGNQRTUVW 8
4 HI**RSTUVWYZ**	VW 9
5 A**DHIL**	AB**GHJ**PTUV 10
B 16A CEE	

H207 0,9 ha 60T(80m²) 16**D**

① €36,20
② €36,20

N 46°41'14" E 15°58'33"

106164

A9, Ausfahrt 226 Gersdorf, B69 Richtung Bad Radkersburg. CP-Schild in Alt-Neudörfl. (Slo): Maribor-Bad Radkersburg. Durchs Dorf. Den CP-Schildern 'Parkthermen/Camping' folgen.

Fam. Steiner · A-8943 Aigen/Ennstal · Hohenberg 2a
Mobil: +43 (0)664/484 0061
www.camping-putterersee.at

50PLUS CAMPINGPARK FISCHING****

Nur für Erwachsene
Ruhe & Entspannung
Knotenpunkt Radwegenetz

Österreich

www.camping50plus.at

Bad Waltersdorf, A-8271 / Steiermark

- Thermenland CP Rath & Pichler
- Campingweg 316
- 1 Jan - 31 Dez
- +43 66 43 11 70 00
- thermenland@camping-bad-waltersdorf.at
- N 47°09'45'' E 16°01'23''

1	ADEF**JM**NOPQRST	**N** 6
2	ACFPRSVWX	ABDE**FGH**IK 7
3	A**L**	ABCDEFGIJNQRTUVW 8
4	AFHIOP**Q**	DGV 9
5	ABDMN	ADGHJORWX 10

Anzeige auf dieser Seite B 16A CEE € 30,60
H292 1,6 ha 73T(80-98m²) 27D € 34,40

A2, Ausfahrt 126 Sebersdorf/Bad Waltersdorf, Richtung Heil Therme und Bad Waltersdorf.

110468

Burgau, A-8291 / Steiermark

- Camping Schloss Burgau
- Schlossweg 296
- 1 Apr - 31 Okt
- +43 6 99 12 34 62 00
- campingschlossburgau@aon.at
- N 47°08'46'' E 16°05'54''

1	A**JM**NOPQRST	ALM 6
2	ADPWXY	ABDE**F** 7
3	BG**LNO**	ABEFNQR 8
4	FHI	A 9
5	ADN	AGHJRW 10

Anzeige auf dieser Seite 16A € 31,35
0,5 ha 48T(60-120m²) 14D € 35,85

A2 von Wien nach Bad Waltersdorf Richtung Bad Blumau. Schildern Burgau folgen. CP in der Stadt angezeigt. Am Naturbad vorbei weiter fahren.

108157

Camping Schloss Burgau

Idyllischer, kleiner Campingplatz…
A - 8291 Burgau, Tel.: 0043-699-12346200
E-Mail: campingschlossburgau@aon.at
www.camping-schloss-burgau.at

Donnerskirchen, A-7082 / Burgenland

- Sonnenwaldbad Camping
- Badstraße 25
- 1 Mai - 30 Sep
- +43 26 83 86 70
- sonnenwaldbad@donnerskirchen.at
- N 47°53'33'' E 16°37'52''

1	ADEJMNOPQRS**T**	ABFGHM 6
2	FGPUWXY	AB**FG** 7
3	BFG**LNO**	ABEFJNQRTW 8
4	FH	9
5	ADFHLN	ABHJPR 10

Anzeige auf dieser Seite B 16A € 29,60
H184 5 ha 45T 140D € 34,80

In Donnerskirchen B50 Schildern 'Camping' und 'Freibad' folgen.

106167

Eggersdorf, A-8063 / Steiermark

- Freie Menschen FKK
- Volkersdorferstraße 48
- 1 Mai - 30 Sep
- +43 66 44 10 42 15
- info@naturismus-graz.at
- N 47°08'15'' E 15°34'03''

1	AG**JM**NOPRST	AM 6
2	CGPRWX	ABDE**F** 7
3	ABFMN	ABEFNQR 8
4	IO	J 9
5	DE	AHIJR 10

FKK 16A € 24,40
H450 2 ha 25T(48-64m²) 71D € 24,40

A2 Graz-Wien, nach Gleisdorf-West. B65 Richtung Graz/Eggersdorf (Kumberg). Bei Eggersdorf/Volkersdorf durchfahren bis zum Schild FKK-Naturismus Erholungsgelände. Dem Sandweg folgen.

106145

Thermenland Camping
A-8271 Bad Waltersdorf 316

3 Thermen - 1 Campingplatz

Oldtimer-Autobus-Ausflüge

Aktionspreis ab 6 Nä. € 18,90
Info: www.camping-bad-waltersdorf.at
Tel. 0043 (0)664-3117000

Fisching/Weißkirchen, A-8741 / Steiermark

- 50plus Campingpark Fisching****
- Fisching 9
- 15 Apr - 15 Okt
- +43 3 57 78 22 84
- campingpark@fisching.at
- N 47°09'47'' E 14°44'18''

1	AFHKNOPQRSTU	LM 6
2	ADFGOPSVWX	ABDE**FG**HIK 7
3	L**X**	ABCDEFJNQR**S**UVW 8
4	**AE**FGHIO	FIKUVWXZ 9
5	ADEFHJLMN	ABDEGHIJNPRV 10

Anzeige auf dieser Seite 6A CEE € 31,40
H681 1,5 ha 62T(100-130m²) 11D

S36, Ausfahrt Zeltweg-West, B78 Richtung Weißkirchen, beim Kreisverkehr Richtung Fisching. Schildern folgen.

109737

SONNENWALDBAD CAMPING IN DONNERSKIRCHEN

Der Campingplatz besticht durch seine Lage zwischen dem modernen Sonnenwaldbad, dem Ortsgebiet von Donnerskirchen und dem bewaldeten Leithagebirge, das zu ausgedehnten Spaziergängen einlädt. Der Campingplatz bietet Abstellmöglichkeiten für Wohnwagen, Wohnmobile und Zelte. Im wunderschön angelegten Areal gibt es Liege- und Spielwiesen mit Kinderspielplätzen, Tennisanlage, neues Schwimmbad mit 40m langer Rutsche, Kinderbecken mit Rutsche und einen Beachvolleyballplatz. Behindertengerechte Sanitärräume vorhanden. Ebenfalls Entleerung für Chemietoiletten möglich, Waschmaschinen, Trockner und Babywickeltische geboten. Der von Mai bis September geöffnete Campingplatz bietet nahegelegene Einkaufsmöglichkeiten (1 km). Kulinarsch verwöhnt Sie unser Gasthaus mit heimischen Spezialitäten.

Badstraße 25, 7082 Donnerskirchen • Tel. +43 2683-8541 (Tel. Campingplatz 8670)
E-Mail: sonnenwaldbad@donnerskirchen.at • Internet: www.sonnenwaldbad.at

Jennersdorf

Die hundefreundliche gepflegte Anlage bietet eine moderne und komfortable Ausstattung, alles was Sie heute von einem modernen Campingplatz erwarten. Und das zu moderaten Preisen. Als Campinggast werden Ihnen Begünstigungen in der Therme Loipersdorf (nur 6 km) und im Freibad gewährt. Ahlreiche Freizeitangebote, Ausflugsziele und Veranstaltungen bieten sich in der näheren Umgebung an.

Freizeitzentrum 3, 8380 Jennersdorf • Tel. 03329-46113
Fax 03329-4626121 • E-Mail: camping.jennersdorf@speed.at
Internet: www.camping-jennersdorf.at

Camping Gössl
am Grundlsee im Salzkammergut

Im Herzen Österreichs. Ausgangspunkt für die verschiedensten Ausflugsziele und die schönsten Wanderungen ins Tote Gebirge.

Gössl 17, 8993 Grundlsee • Tel. 03622-20155
E-Mail: office@campinggoessl.com
Internet: www.campinggoessl.com

Grundlsee, A-8993 / Steiermark

	Camping Gössl	1 **AJM**NOPQRS**T**	LNOPQSX**Y** 6
	Gössl 17	2 DFGHKOPVW	ABDE**FG** 7
	1 Mai - 31 Okt	3	ABCDEFJKNQRTW 8
	+43 3 62 22 01 55	4 FH	D 9
	office@campinggoessl.com	5 ABDKLMN	ABGJPR10

Anzeige auf dieser Seite B 16A CEE ①€24,90
N 47°38'20'' E 13°54'08'' H710 1 ha 85**T**(70-120m²) 20**D** ②€30,90

Von Salzburg die B158 bis Bad Ischl, dann die B145 Richtung Bad Aussee. Dann Richtung Grundlsee bis Gössl. CP liegt hinter dem Kreisel. 106086

Fürstenfeld, A-8280 / Steiermark

	Thermenland Camping Fürstenfeld★★★★	1 ADE**GJM**NOPQRST	AFHIJM**N** 6
	Badstrasse 3	2 BCGOPRUWXY	ABDE**FG**HIJK 7
	1 Apr - 15 Nov	3 B**GL**MNUV	ABEFJKNQRT 8
	+43 3 38 25 49 40	4 ABCEFHIO	9
	info@camping-fuerstenfeld.at	5 ADHILN	ABHIJPR10

Anzeige auf dieser Seite B 16A CEE ①€28,90
N 47°03'27'' E 16°03'46'' H267 4 ha 53**T**(80-90m²) 34**D** ②€33,90

A2 Richtung Grenze Ungarn/Fürstenfeld, dann Ausfahrt 1 (Zentrum). Hinter der Brücke rechts zum Freibad. Einfahrt zum Camping über das Freibad. 106162

THERMENLAND CAMPING FÜRSTENFELD ★★★★

Unser Campingplatz liegt in einer ruhigen waldreichen Umgebung, weitab vom täglichen Alltagsstress. Es ist ein netter Familiencampingplatz mit einem nahegelegenen Schwimmbad, für Campinggäste gratis zugänglich. Die schöne Umgebung eignet sich für Rad- und Wandertouren. Wir heißen Sie herzlich willkommen.

Badstrasse 3, 8280 Fürstenfeld • Tel. +43 338254940
E-Mail: info@camping-fuerstenfeld.at
Internet: www.camping-fuerstenfeld.at

Hartberg, A-8230 / Steiermark

	Campingplatz Hartberg	1 A**IL**NOPRST	**ABEFGHI** 6
	Augasse 35	2 AOPWXY	ABDE**F** 7
	1 Apr - 31 Okt	3 B**GN**	ABEFNQR 8
	+43 33 32 60 36 03	4 FH**RTVX**	9
	herz@hartberg.at	5 ADN	AHJR10

B 12A CEE ①€24,40
N 47°16'42'' E 15°58'21'' H330 0,5 ha 70**T** 10**D** ②€29,40

A2 Ausfahrt 115 Hartberg. Den Schildern 'Zentrum' bis zum Eurospar folgen. Kreisverkehr folgen. Links ab. Dann die 1. Straße links Richtung Herzhalle. CP-Schildern befolgen. Camping an der Tezeption Wiesengasse 16, Freizeitbad. 106153

Jennersdorf, A-8380 / Burgenland

	Jennersdorf	1 AFGILNOPRST	ABFHIM 6
	Freizeitzentrum 3	2 GPRVWX	ABDE**FG**HI 7
	16 Mär - 31 Okt	3 A**LM**N	ABEFNQRTW 8
	+43 3 32 94 61 33	4 HIO	W 9
	camping.jennersdorf@speed.at	5 ADN	ABHJPR10

Anzeige auf dieser Seite 16A CEE ①€27,75
N 46°56'45'' E 16°08'02'' H241 1 ha 55**T**(70-90m²) 22**D** ②€35,75

A2 von Wien oder Graz Ausfahrt Ilz Richtung Fürstenfeld. Dann Richtung Jennersdorf und den CP-Schildern folgen. 106163

Großlobming, A-8734 / Steiermark

	Murinsel	1 ADE**JM**NOPQRS**T**	LN 6
	Teichweg 1	2 ACDFGIPVWX	ABE**FG**HI 7
	1 Apr - 31 Okt	3 A**LN**	ABCDEFHJNOPQRUVW 8
	+43 3 51 26 00 88	4 IO**X**	DVZ 9
	office@camping-murinsel.at	5 ADEFGLN	ABFGHIJPRV10

Anzeige auf dieser Seite 16A CEE ①€29,50
N 47°11'40'' E 14°48'20'' H640 5 ha 60**T**(100m²) 54**D** ②€41,50

S36 Knittelfeld-Ost, den Schildern folgen. Nicht über Spielberg-Knittelfeld-West wegen zu niedriger Durchfahrt. Ohne Navi. 111204

Relaxcamping!
In der Region können Sie wandern und radeln.
Unser Campingplatz liegt in der Nähe der Red Bull Ring Formel 1 Rennstrecke.

Teichweg 1, 8734 Großlobming • Tel.+43 351260088
E-Mail: office@camping-murinsel.at
Internet: www.camping-murinsel.at

Städt. Freizeitzentrum Leibnitz

Ruhig gelegen, in der Südsteiermark zwischen Höhen und Weinbergen am Stadtzentrum (500m), am Fluss, Berg und Schloss. Gemeindebad und Freizeitcenter. Ideal für Ausflüge zur Sausaler und Südsteierischen Weinstraße und dem Römerradweg R6, der Sie nach Graz, Spielfeld, Bad Radkersburg und ins Sulmstal führt.

R.H. Bartschgasse 33, 8430 Leibnitz • E-Mail: camping@leibnitz.at
Tel. 03452-82423-29 oder 03452-82463 (von Mai bis August)
Internet: www.leibnitz.at und www.camping-steiermark.at

Leibnitz, A-8430 / Steiermark

	Städt. Freizeitzentrum Leibnitz	1 ABDEF**JM**NOPQRST	ABFGHI**N** 6
	R.H. Bartschgasse 33	2 ABCGPSVWXY	ABDE**FG** 7
	1 Mai - 16 Okt	3 ABEFG**HJL**MN	ABCDEFGINQRW 8
	+43 3 45 28 24 63	4 FH	9
	camping@leibnitz.at	5 ADEF	ABGHIJ**P**R10

Anzeige auf dieser Seite B 16A CEE ①€24,60
N 46°46'43'' E 15°31'44'' H283 1 ha 61**T**(60-100m²) ②€30,00

A9, Ausfahrt 214 Leibnitz. Den Schildern Leibnitz-Zentrum folgen, dann den CP-Schildern. 100891

In 2020 auf der Messe!

- **Stuttgart** CMT - 11. bis 19. Januar
- **Hannover** ABF - 29. Januar bis 2. Februar
- **München** F.re.e - 19. bis 23. Februar
- **Essen** Reise & Camping - 26. Februar bis 1. März
- **Nürnberg** Freizeit, Garten und Touristik - 27. Februar bis 1. März
- **Düsseldorf** Caravan Salon - 29. August bis 6. September

www.ACSI.eu

Camping Oggau

Ruhiger Campingplatz im ältesten Rotweinanbaugebiet Österreichs. In der Nähe des schönen Schwimmbads Oggau. Der Camping hat ein schönes Sanitärgebäude, Restaurant, SB-Laden und Kinderspielplatz. Im Yachthafen kann man Boote mieten für eine Tour über den See. Die Radwege der Neusiedlersee-Route führen am Camping entlang. Die Weltstadt Wien ist von hier aus ca. 70 km entfernt. Gruppen sind willkommen.

Campingplatz 1, 7063 Oggau (Burgenland)
Tel. +43 26857271
office@campingoggau.at
Internet: www.campingoggau.at

Österreich

Einrichtungsliste

Die Einrichtungsliste finden Sie vorne im aufklappbaren Deckel des Führers. So können Sie praktisch sehen, was ein Campingplatz so zu bieten hat.

Oggau (Burgenland), A-7063 / Burgenland
- Oggau
- Campingplatz 1
- 1 Apr - 31 Okt
- +43 26 85 72 71
- office@campingoggau.at
- N 47°50'39'' E 16°41'15''

1 ABDEF**JM**NOPQRST — **AFHN**S**XYZ** 6
2 PRVWXY — ABDE**FG** 7
3 BFG**LN** — ABCDE**FG**JNQRTW 8
4 FH — V 9
5 ABDFKLM — ABDGHJMPR10
Anzeige auf dieser Seite 10A — ① €32,05
H130 8 ha 151T(50-80m²) 305D — ② €45,30
Von der A4 oder A3 die B50 nehmen und diese Richtung Oggau und Rust verlassen. In Oggau den CP-Schildern folgen.
106168

Leoben, A-8700 / Steiermark
- Hinterberg
- Hinterbergstraße 47
- 1 Mai - 15 Sep
- +43 3 84 22 27 82
- campingclubleobenhinterberg@gmx.at
- N 47°21'39'' E 15°03'57''

1 AJMNOPQRS**T** — 6
2 AFOPWX — AB**F** 7
3 AS — ABE**F**NQR 8
4 IO — 9
5 ADH — AJMPR10
16A — ① €24,00
H540 3 ha 40T(80m²) 30D — ② €24,00
S6 Ausfahrt Leoben-West. Am Kreisel 3/4 Richtung Hinterberg. Am 'Hornbach' entlang, unter der Brücke durch und links. Nach 400m kommt der CP. Oder A2 Ausfahrt St.Michael-Leoben.
106137

Podersdorf am See, A-7141 / Burgenland
- StrandCP Podersdorf am See
- Strandplatz 19
- 20 Mär - 16 Nov
- +43 21 77 22 79
- strandcamping@podersdorfamsee.at
- N 47°51'15'' E 16°49'36''

1 ABDE**JM**NOPQRST — LMNQRST**XYZ** 6
2 ADFG**IJ**KOPVWXY — ABCDE**FG** 7
3 ABM — ABCDEFGHIJKNQRTW 8
4 ABFH — DFM 9
5 ABDEN — ABGHIJLPRZ10
B 13A CEE — ① €34,00
H124 7,5 ha 450T(60-80m²) 247D — ② €38,00
A4 bis Gols, nach 4 km rechts nach Podersdorf. Vor dem Ort rechts ab (nördliche Richtung). Den Schildern 'zum See' zum CP folgen.
100855

Mühlen, A-8822 / Steiermark
- Camping am Badesee
- Hitzmannsdorf 2
- 30 Apr - 30 Sep
- +43 35 86 24 18
- office@camping-am-badesee.at
- N 47°02'13'' E 14°29'15''

1 AEF**JL**NOPQRST — LN 6
2 DFGPUVWXY — ABDE**FG**H 7
3 AF**L**MUX — ABCDE**F**NQRTW 8
4 **A**BEFGHIKO — JUVW 9
5 ABDEFGHJKN — ABHJMORV10
6A CEE — ① €28,00
H960 1,5 ha 40T(100m²) 26D — ② €36,00
N83 südlich Neumark in der Steiermark, Ausfahrt nach Mühlen. Vor Mühlen liegt der CP. CP-Schild an der Straße.
110083

Pölfing-Brunn, A-8544 / Steiermark
- Sulmtal-Camping & Appartements
- Badstraße 20
- 1 Jan - 31 Dez
- +43 66 48 54 66 70
- office@amc-strohmeier.at
- N 46°43'25'' E 15°17'40''

1 ADE**JM**NOPQRST — AF 6
2 DGPVWX — ABDE**FG** 7
3 BE**G**M**N** — ABCDE**F**GJNQRUVW 8
4 FH**T** — IJ 9
5 A**C**DEHLM — AEGJPR10
B 16A CEE — ① €22,90
1 ha 40T(100-110m²) 22D — ② €22,90
Auf der Hauptstraße durch Brunn nach 100m, 1. links. Gegenrichtung aus Jagernigg auf der Hauptstraße nach 200m, 1. rechts. CP-Schild oder Schwimmbad folgen.
122599

Oberwölz, A-8832 / Steiermark
- Rothenfels
- Bromach 1
- 1 Apr - 7 Nov
- +43 67 65 55 20 03
- camping@rothenfels.at
- N 47°12'03'' E 14°17'35''

1 A**J**MNOPQRST — 6
2 FGPRTUXY — ABDE**FG**H 7
3 AB**H** — ABCDE**F**JNQR 8
4 FH — 9
5 DN — AGJLST10
FKK 6A CEE — ① €20,00
H900 6 ha 40T(100-200m²) 20D — ② €26,00
B96 Niederwölz, B75 Oberwölz, nach Stadtplan nach 150m rechts, Schildern 'Schloss Camping' folgen.
101584

Purbach, A-7083 / Burgenland
- Campingplatz Storchencamp Purbach
- Campingplatz 1
- 1 Apr - 26 Okt
- +43 6 99 15 00 85 95
- office@gmeiner.co.at
- N 47°54'34'' E 16°42'20''

1 AF**JM**NOPQRST — **ABFGHN**QRST 6
2 DGOPWX — ABDE**F** 7
3 AB**L**M**N** — ABCDE**F**JNQRTW 8
4 HO — AGIV 9
5 ABDEFHLN — ABHJ**O**RW10
Anzeige auf Seite 284 B 6A CEE — ① €28,00
H122 10 ha 50T(80-100m²) 407D — ② €34,00
B50 Eisenstadt-Neusiedl am See. Im Ort CP-Schild oder Schild 'Zum See' folgen.
106166

Campingplatzkontrolle

Alle Campingplätze in diesem Führer wurden im vergangenen Jahr von einem unserer 124 ACSI-Inspektoren besucht und begutachtet.

Sie erkennen diese Campingplätze an der Jahresprüfplakette, die meist im Rezeptionsbereich auf dem ACSI-Schild zu finden ist.

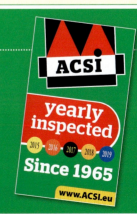

Teilkarte Steiermark/Burgenland auf Seite 280

STORCHENCAMP RUST

- Der Campingplatz hat einen eigenen Zugang zum See mit Liegewiese.
- Mit der 'Neusiedler See Card' haben Campinggäste kostenlosen Eintritt in alle Schwimmbäder rund um den See.
- Weinproben und 'Events' von Mai bis Oktober.

Ruster Bucht
7071 Rust (Burgenland)
Tel. +43 69915008595
Wintertelefon: +43 26835538
E-Mail: office@gmeiner.co.at
Internet: www.gmeiner.co.at

STORCHENCAMP PURBACH

- Der Campingplatz liegt in ruhiger Lage direkt neben dem Erlebnisschwimmbad und bietet Fußball, Tennis, Volley- und Basketball.
- Das Restaurant Storchenbeisl bietet lokale Küche auf dem Campingplatzareal.
- Weinproben und 'Events' von Mai bis Oktober.

Campingplatz 1
A-7083 Purbach
Tel. +43 69915008595
E-Mail: office@gmeiner.co.at
Internet: www.gmeiner.co.at

Rust, A-7071 / Burgenland
Campingplatz Storchencamp Rust
Ruster Bucht
1 Apr - 26 Okt
+43 6 99 15 00 85 95
office@gmeiner.co.at
N 47°48'04'' E 16°41'30''

1 ADEF**JM**NOPQRST ABFGHILM**N**QRSTVXYZ 6
2 DGIPQVX ABD**EFG**H 7
3 BEG**JLMU** ABCDEFJNQRTW 8
4 FHIO AEGIKNPRT 9
5 ABDEFKMN ABFGHJ**O**TUV 10
Anzeige auf dieser Seite B 12A CEE €35,00
H116 5 ha 220T(80m²) 261D €45,00
Von der A4 oder A3 die B50 nehmen und diese Richtung Oggau und Rust verlassen. In Rust den CP-Schildern folgen. 106169

Sankt Andrä am Zicksee, A-7161 / Burgenland
Zicksee Camping
27 Mär - 18 Okt
+43 21 76 21 44
camping@standraezicksee.at
N 47°47'30'' E 16°54'58''

1 ADEHKNOPQRST LMQSU**X** 6
2 DGKOPVXY ABD**EFG**H 7
3 ABF ABCDE**F**JKNQRTW 8
4 FH 9
5 DMN AGHIJORZ 10
B 13A CEE €29,70
H131 4 ha 235T(70-105m²) 100D €36,80
A4 von Wien Ausfahrt Mönchhof. Dann Richtung Frauenkirchen und St. Andrä. Den CP-Schildern folgen. 106171

St. Georgen am Kreischberg, A-8861 / St.
Olachgut★★★★★
Kaindorf 90
1 Jan - 31 Dez
+43 35 32 21 62
office@olachgut.at
N 47°06'27'' E 14°08'22''

1 A**JM**NOPQRST LNU 6
2 CDFGOPRUVWXY ABC**DEFG**H**IK** 7
3 ABF**HIL**MTU ABCDEFJK**L**MNPQRTUVW 8
4 ABCDEFHIO**T** FGIJ 9
5 ABDFHKMN ABDGHJLMPRV 10
Anzeige auf dieser Seite WB 16A CEE €32,40
H832 10 ha 140T(100-140m²) 61D €42,40
A10/E55, Ausf. 104 St. Michael. Straße 96 bis Tamsweg, dann Straße 97 bis St. Georgen, nach 2 km CP re. 106112

Sportlich aktiv und Erholung pur! Entspannung an unserem Freizeitteich, verbunden mit einer erfrischenden Abkühlung, sportlich aktiv mit fischen, schwimmen, radeln, wandern, golfen... und Reiten! Eigene Reitschule und Bauernhof! Olachgut - wo Urlaub Spaß macht!

Kaindorf 90, 8861 St. Georgen am Kreischberg
Tel. +43 (0)3532-2162 oder +43 (0)3532-3233 • Internet: www.olachgut.at

---

St. Peter am Kammersberg, A-8842 / St.
Bella Austria★★★★
Peterdorf 100
23 Apr - 27 Sep
+43 3 53 67 39 02
info@camping-bellaustria.com
N 47°10'49'' E 14°12'55''

1 A**JM**NOPQRST AFN 6
2 CFGPRVWX ABDE**FG** 7
3 ABFMU ABCDEFJKNPQRTUVW 8
4 BFHIKL**TX** EU 9
5 ABDFHL ABHIJOST 10
Anzeige auf dieser Seite B 16A CEE €27,40
H800 5,5 ha 45T(110m²) 217D €35,40
Über die B99 Richtung Tamsweg. Auf die Turracher Bundesstrasse B95 Richtung Ramingstein, Predlits, Falkendorf nach Murau. Durch Murau nach Frojach-Katsch, weiter Peterdorf, dann Camping Bella Austria. 109413

Der Campingplatz liegt in einer prächtigen Umgebung mitten in der Natur, wo Sie sich herrlich erholen können. St. Peter am Kammersberg ist ein romantisches Dorf im Katschtal auf 800m. Hier können Sie Spaziergänge durch die Wälder machen und sich von den Traditionen faszinieren lassen, die dieses Tal so gastfreundlich und einmalig machen.

Camping Bella Austria - Peterdorf
8842-St. Peter Am Kammersberg
Steiermark - Österreich

Ortsnamenregister

Hinten im Führer finden Sie das Ortsnamenregister. Praktisch und schnell Ihren Lieblingsplatz finden!

St. Sebastian, A-8630 / Steiermark
Erlaufsee
1 Mai - 15 Sep
+43 6 64 60 64 44 00
campingplatz@st-sebastian.at
N 47°47'24'' E 15°16'56''

1 AJMNOPQRS**T** HLM**N**OPQSU 6
2 DFGHOPRTWXY AB**DEF** 7
3 M**U** ABEF**J**NQR 8
4 FI L 9
5 DN ABJRV 10
Anzeige auf dieser Seite 12A €22,80
H802 1 ha 75T(80-120m²) 17D €27,80
Über die B20 bis St. Sebastian-Zentrum. Am Gemeindeamt vorbei und auf dieser Straße weiterfahren, CP nach 3 km. 100865

campingplatz erlaufsee

Camping pur erlebt man im Mariazeller Land, nur 100 Meter vom Erlaufsee entfernt. Der Erlaufsee lädt zum Baden, Boot fahren, Tauchen, Fischen und Klettern im Hochseilgarten ein. Beliebte Freizeitziele sind der Wallfahrtsort Mariazell mit der Basilika, eine Seilbahnfahrt auf die Bürgeralpe mit Holzknechtland, Sessellift- und Rollerfahrt auf die Gemeindealpe, Fahrten mit der Museumstramway oder Mariazellerbahn sowie Wanderungen und Radtouren in der Region.

Campingplatz Erlaufsee, 8630 St. Sebastian
Tel. 0664-60644400
E-Mail: campingplatz@st-sebastian.at
www.st-sebastian.at

mariazeller Land ...ein Geschenk des Himmels   www.mariazeller-land.at

Niederlande

Niederlande

Allgemeines
Offizieller Name: Königreich der Niederlande.
Die Niederlande sind Mitglied der Europäischen Union.
Niederländisch ist die offizielle Sprache. In touristischen Gebieten kommt man fast überall auch mit Englisch oder Deutsch gut zurecht.
Zeitunterschied: In den Niederlanden ist es genauso spät wie in Berlin, Paris und Rom.

Währung und Geldfragen
Währung: Euro.
Bankkarte und Kreditkarte können Sie fast überall benutzen. Es gibt genug Geldautomaten.

Grenzformalitäten
Viele Formalitäten und Vereinbarungen in Bezug auf die notwendigen Reisedokumente, Fahrzeugpapiere, Anforderungen an Ihr Transportmittel und Ihr Campingfahrzeug, medizinische Kosten und die Mitnahme von Tieren hängen nicht nur vom Reiseziel, sondern auch von Ihrem Abreiseort und Ihrer Nationalität ab. Auch die Dauer Ihres Aufenthaltes kann eine Rolle spielen. Es ist unmöglich, im Rahmen dieses Leitfadens für alle Benutzer die richtigen und aktuellen Informationen über diese Themen zu gewährleisten. Wir empfehlen Ihnen daher, die folgenden Fakten in jedem Fall rechtzeitig vor der Abreise zu überprüfen:
- welche Reisedokumente Sie für sich selbst und Ihre Mitreisenden benötigen,
- welche Dokumente Sie für Ihr Auto und Ihren Anhänger benötigen,
- welche Waren und Medikamente Sie kostenlos ein- und ausführen dürfen,
- wie bei Unfall oder Krankheit die medizinische Behandlung in Ihrem Urlaubsland geregelt ist und bezahlt werden kann.

Haustiere
Finden Sie heraus, ob Ihr Haustier an Ihrem Zielort willkommen ist. Nehmen Sie hierzu frühzeitig Kontakt zu Ihrem Tierarzt auf. Dieser informiert Sie über relevante Impfungen und die entsprechenden Nachweise wie auch über Pflichten bei der Rückkehr.
Ferner sollten Sie sich erkundigen, ob an Ihrem Zielort für das Mitführen von Haustieren im öffentlichen Raum bestimmte Bedingungen gelten. So müssen in einigen Ländern Hunde immer einen Maulkorb tragen oder hinter Gittern transportiert werden.

Straßen und Verkehr
Die Niederlande verfügen über ein ausgezeichnetes Straßennetz, das größtenteils aus Autobahnen mit mindestens 4 Spuren besteht. Es gibt nur wenige unbefestigte (Sand-) Straßen.
Tipp! Am Rande vieler niederländischer

Niederlande

Großstädte können Sie bequem auf den sogenannten „transferia" (P+R, park & ride) parken, von wo aus Sie mit öffentlichen Verkehrsmitteln schnell und kostengünstig ins Stadtzentrum gelangen.

Tanken

Benzin (Euro 95, E10 und Superplus 98) ist leicht erhältlich (beim Tanken von E10 am Einfüllstutzen, in der Bedienungsanleitung oder bei Ihrem Händler prüfen, ob Ihr Fahrzeug damit fahren kann). Diesel und Autogas sind ebenfalls leicht erhältlich. Zum Tanken von Autogas wird der Bajonettanschluss genutzt.
Tankstellen sind oft auf jeden Fall von 7.00 bis 20.00 Uhr geöffnet. In größeren Orten und an Autobahnen sind Tankstellen in der Regel 24 Stunden am Tag geöffnet. In den Niederlanden gibt es auch viele Nachtautomaten und völlig unbemannte Tankstellen.

Verkehrsregeln

Abblendlicht ist bei schlechter Sicht, im Dunkeln und in Tunneln vorgeschrieben. An einer Kreuzung mit Straßen gleichen Ranges hat der von rechts kommende Verkehrsteilnehmer Vorfahrt. Straßenbahnen haben grundsätzlich immer Vorfahrt. Der Verkehr im Kreisverkehr hat Vorfahrt, wenn dies durch Verkehrsschilder angegeben ist. Wenn diese Schilder nicht vorhanden sind, hat der Verkehr von rechts Vorfahrt.
Der Alkoholgrenzwert beträgt 0,5 ‰, aber

Niederlande

0,2 ‰ für Fahrer, die ihren Führerschein seit weniger als 5 Jahren besitzen.
Fahrer dürfen nur mit einer Freisprechanlage telefonieren.
Kinder, die kleiner als 1,35 m sind, müssen in einem Kindersitz sitzen.
Sie dürfen die Funktion in Ihrer Navigationssoftware verwenden, die Sie vor Radarfallen oder Abschnittskontrollen warnt.
Winterreifen sind nicht vorgeschrieben.

Besondere Bestimmungen
Eine grüne Mittellinie zeigt an, dass die Höchstgeschwindigkeit für Pkws auf dieser Straße 100 km/h beträgt (für Gespanne aus Auto und Wohnwagen 90 km/h und für Wohnmobile > 3,5 Tonnen 80 km/h).
Radfahrer dürfen andere Fahrzeuge als Fahrräder rechts überholen.
Eine gelb blinkende Fußgängerampel (manchmal ein Dreieck mit einem Ausrufezeichen darin) zeigt an, dass Fußgänger die Straße überqueren dürfen, wenn kein Verkehr kommt.
Das Parken ist unter anderem dann verboten, wenn eine gelbe Linie am Straßenrand verläuft.

Vorgeschriebene Ausrüstung
In den Niederlanden ist keine bestimmte Art von Ausrüstung im Auto vorgeschrieben. Es wird jedoch empfohlen, ein Warndreieck, Sicherheitswesten und Ersatzlampen mitzunehmen.

Wohnwagen, Wohnmobil
Ein Wohnmobil oder ein Gespann aus Pkw und Wohnwagen darf bis zu 4 m hoch, 2,55 m breit und 18 m lang sein (der Wohnwagen selbst darf bis zu 12 m lang sein). Auf unbefestigten Straßen beträgt die maximale Breite 2,20 m.
Mit einem Gespann von mehr als 7 m Länge dürfen Sie auf Autobahnen/Autoschnellstraßen mit drei oder mehr Fahrspuren ausschließlich die beiden ganz rechten Spuren befahren, es sei denn, Sie wollen nach links abbiegen.

Fahrrad
Ein Fahrradhelm ist nicht vorgeschrieben.
Telefonieren und Tippen auf einem Handy sind auf dem Fahrrad verboten.
Sie dürfen einen Fahrgast im Alter von 8 Jahren oder älter auf dem Gepäckträger befördern. Jüngere Kinder müssen in einem Fahrradsitz sitzen.
Radfahrer dürfen zu zweit nebeneinander fahren.

Maut und Umweltzonen
Maut
Auf niederländischen Straßen werden keine Mautgebühren erhoben, außer für den Westerscheldetunnel (N217) in

Höchstgeschwindigkeiten

Niederlande	Außerhalb geschlossener Ortschaften	Autobahn
Auto	80	100
Mit Anhänger	80	90*
Wohnmobil < 3,5 Tonnen	80	100
Wohnmobil > 3,5 Tonnen	80	80

*Die Höchstgeschwindigkeit wird fast immer durch ein Schild angezeigt. Wenn es kein Schild gibt, beträgt die Höchstgeschwindigkeit 70 km/h.

Niederlande

Zuid-Beveland und den Kiltunnel (N62) bei Dordrecht. Mehr Informationen: *westerscheldetunnel.nl* und *kiltunnel.nl*.

Umweltzonen
Eine wachsende Zahl niederländischer Städte verfügt über eine Umweltzone, darunter Amsterdam, Arnheim und Utrecht. Die Regeln sind von Ort zu Ort unterschiedlich.
Weitere Informationen: *amsterdam.nl/parkeren-verkeer/milieuzone*, *arnhem.nl/stad_en_wijken/Wegen_en_vervoer/milieuzone* und *utrecht.nl/wonen-en-leven/gezonde-leefomgeving/luchtkwaliteit/milieuzone-utrecht*.

Panne und Unfall
Stellen Sie Ihr Warndreieck auf der Autobahn mindestens 100 m (auf sonstigen Straßen 30 m) hinter Ihrem Auto auf, wenn die Warnblinkanlage Ihres Autos nicht funktioniert und es ein Hindernis für den übrigen Verkehr darstellt. Allen Insassen wird empfohlen, eine Sicherheitsweste anzuziehen.
Rufen Sie bei einer Panne die Notrufnummer Ihrer Pannenhilfe-Versicherung an. Sie können auch einen niederländischen Pannendienst anrufen: +31 88 269 28 88 (ANWB) oder +31 20 651 51 15 (Route Mobiel).

Notrufnummer
112: allgemeine Notrufnummer für Polizei, Feuerwehr und Rettungswagen

Campen
Niederländische Campingplätze gehören zu den besten in Europa. Die Campingplätze sind gut organisiert und es gibt viel Grün. Die Autos stehen oft außerhalb

Niederlande

des Campingplatzes, was der Ruhe des Campingplatzes zugutekommt. Während der Schulferien und an Wochenenden gibt es für Kinder ein umfangreiches Animationsprogramm und die Einrichtungen (wie Indoor-Spielplätze und Straßenfußballfelder) sind innovativ. Wildcampen außerhalb der Campingplätze ist nur in einigen Gemeinden erlaubt.

Besonderheiten

ACSI verzichtet darauf, Sterne in den Campinginformationen über die niederländischen Campingplätze aufzunehmen. Die Sterne, die Sie in der Werbung sehen, werden von den Campingplätzen selbst angegeben, ACSI trägt keinerlei Verantwortung für die Richtigkeit der Anzahl der Sterne. Viele niederländische Campingplätze bieten sogenannte Familientarife für 4, 5 oder mehr Personen inklusive Strom an. Das bedeutet, dass Sie für 2 Personen oft den gleichen Betrag bezahlen wie für eine ganze Familie.

Zusätzliche Kosten wie z. B. für Touristensteuer oder umweltbedingte Abgaben können manchmal sehr hoch ausfallen.

Wohnwagen, Wohnmobil

Sie dürfen nicht in Ihrem Wohnmobil, Wohnwagen oder Auto an einer öffentlichen Straße übernachten.

Suche nach einem Campingplatz

Über **Eurocampings.eu** können Sie ganz einfach einen Campingplatz suchen und auswählen.

Praktisch

Die Steckdosen haben zwei runde Löcher (Typ C oder F). Auf **iec.ch/worldplugs** können Sie überprüfen, ob Sie einen Adapter (Weltstecker) benötigen. Schützen Sie sich vor Zecken, da diese Krankheiten übertragen können. Leitungswasser kann bedenkenlos getrunken werden.

Klima Vlissingen	Jan.	Feb.	März	Apr.	Mai	Jun.	Jul.	Aug.	Sept.	Okt.	Nov.	Dez.
Durchschnittliche Höchsttemperatur	6	6	10	12	16	19	21	21	19	15	9	6
Durchschnittliche Anzahl der Sonnenstunden pro Tag	2	2	4	6	7	7	7	6	5	3	2	1
Durchschnittliche monatliche Niederschlagsmenge (mm)	62	45	46	41	42	50	71	62	73	70	76	64

Klima De Bilt	Jan.	Feb.	März	Apr.	Mai	Jun.	Jul.	Aug.	Sept.	Okt.	Nov.	Dez.
Durchschnittliche Höchsttemperatur	5	6	11	13	18	21	22	22	19	15	9	5
Durchschnittliche Anzahl der Sonnenstunden pro Tag	2	2	4	5	7	7	6	6	5	3	2	1
Durchschnittliche monatliche Niederschlagsmenge (mm)	68	53	50	49	52	58	77	84	72	72	74	70

Nord-Holland

Legende Karten

 Ein offenes Zelt bedeutet daß sich hier ein Campingplatz befindet.

 Ein geschlossenes Zelt bedeutet daß hier mehrere Campingplätze zu finden sind.

 Campingplätze die CampingCard ACSI akzeptieren.

 Auf dieser Seite finden Sie das Teilgebiet.

Pfeile mit Seitenangaben am Kartenrand verweisen auf angrenzende Gebiete.

 Die Übersichtskarte des betreffenden Landes und im welchen Teilgebiet Sie sich befinden.

Akersloot/Alkmaar, NL-1921 CE / N-Holland CC€18 iD

De Boekel
Boekel 22
1 Jan - 31 Dez
+31 7 25 33 01 09
info@deboekel.nl

N 52°35'10'' E 04°45'09''

A9 Amstelveen-Alkmaar, Ausfahrt 11 Richtung Akersloot. In Akersloot geradeaus fahren bis Pontveer. Von Pontveer noch 1,5 km in Richtung Alkmaar.

1 AEG**JM**NOPRS**T**		NQSXYZ 6
2 AFOPSVWX		ABDE**FG**K 7
3 AF**L**MSUX	ABCDE**FH**IJNPQRTW 8	
4 FHIKO		GJRVWY 9
5 ABDJN	ABCDFGHIJ**P**RZ10	

Anzeige auf dieser Seite B 16A CEE ① €21,70
2 ha 40T(125-200m²) 14D ② €31,40

112487

Camping 'De Boekel'

- Stimmungsvoller Familiencamping
- Kinderfreundlich
- Cafeteria mit Terrasse
- Spielgeräte
- Brötchenservice
- Kanuvermietung
- Gutes Fischwasser
- mit Rundfahrtschiff vom Camping aus zum Käsemarkt

DAS GANZE JAHR GEÖFFNET
Boekel 22
1921 CE Akersloot/Alkmaar
Tel. 072-5330109
Internet: www.deboekel.nl

Teilkarte Nord-Holland auf Seite 291

Niederlande

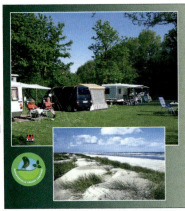

CAMPING ALKMAAR
CAMPERPARK ALKMAAR

- Zentrumsnähe vom gemütlichen Alkmaar und nah am Künstlerdorf Bergen
- Schnell mit dem Rad in den Dünen, im Wald und am Strand
- Neben dem großen Spielpark Batavier
- Trekkinghütten
- Beheiztes Toilettengebäude
- 170 befestigte Reisemobilplätze

Bergerweg 201, 1817 ML Alkmaar
Tel. 072-5116924
info@campingalkmaar.nl
www.campingalkmaar.nl

Nach Amsterdam?
In deinem eigenen Zelt, einem Zirkuswagen oder einer neuen Eco-Hütte!
www.campingzeeburg.nl

Amsterdam, NL-1095 KN / Noord-Holland
Camping Zeeburg	1 ABDE**IL**NOPRT	ABFGHL 6
Zuider IJdijk 20	2 ADFGHOPQSVWX	ABDE**FG**I**K** 7
1 Jan - 31 Dez	3 **LM**	ABCDFJNQRT 8
+31 2 06 94 44 30	4 H**K**Q	FLNRV 9
info@campingzeeburg.nl	5 ACDHJKN	ABCFGHIJPVYZ 10

Anzeige auf dieser Seite B 10A CEE   ❶ €34,00
3,8 ha 550**T**(15-70m²) 97D   ❷ €43,00
N 52°21'56'' E 04°57'34''   108371
A10 Ost Ausfahrt S114. An der Ampel links Richtung Zentrum/Artis. An der Ampel Zuiderzeeweg links und nach 50m rechts. Den Schildern folgen. Achtung: Straßenschwellen.

Alkmaar, NL-1817 ML / Noord-Holland
Camping Alkmaar/Camperpark Alkmaar	1 ABDEHKNORS	6
Bergerweg 201	2 AHOPQSVWXY	ABDE**EFGH** 7
1 Apr - 1 Okt	3 A**LM**	ABCD**FG**JNPQRTUVW 8
+31 7 25 11 69 24	4 H	FV 9
info@campingalkmaar.nl	5 ADN	ABCDFHIJ**PST** 10

Anzeige auf dieser Seite B 6-10A CEE   ❶ €32,00
6 ha 290**T**(80-100m²) 17D   ❷ €42,00
N 52°38'32'' E 04°43'24''   105466
Alkmaar Ring West, Ausfahrt Bergen. CP-Schildern folgen.

Amsterdam, NL-1108 AZ / Noord-Holland
Gaasper Camping Amsterdam	1 ABDE**IL**NOPRT	NQS 6
Loosdrechtdreef 7	2 AOPSVWX	ABDE**FG** 7
15/3 - 1/11, 28/12 - 4/1	3 A**HLM**	ABCDE**F**JNQRTUVW 8
+31 2 06 96 73 26	4 FHO	V 9
info@gaaspercamping.nl	5 ACDEFGHJK**MN**	ABCDFGHIJLPRZ 10

Anzeige auf Seite 293 10A CEE   ❶ €34,10
5,5 ha 360**T**(20-100m²) 60D   ❷ €42,60
N 52°18'45'' E 04°59'25''   105497
A9 der Teil zwischen der A1 und A2. Bei Ausfahrt 1, Weesp (S113) abfahren. Dann den CP-Schildern folgen.

Camping de Badhoeve
- mitten im Naturgebiet
- direkt am Bade-/Freizeitwasser
- im Fahrradbereich von Amsterdam-Zentrum
- in der Nähe von Marken und Volendam
- reichlich befestigte Reisemobilplätze

www.campingdebadhoeve.nl

Amsterdam, NL-1022 AM / Noord-Holland
Vliegenbos	1 BDEHKNOPRT	6
Meeuwenlaan 138	2 ABOPSVWXY	ABDE**FG**IJ 7
27 Mär - 19 Okt	3 **L**	ABFJNQRW 8
+31 2 06 36 88 55	4 HO	AFLV 9
vliegenbos.sdn@amsterdam.nl	5 AB**D**HJKN	ABCGHIJPRVZ 10

Anzeige auf dieser Seite B 6-10A CEE   ❶ €31,00
1,8 ha 56**T**(50-90m²) 50D   ❷ €41,00
N 52°23'26'' E 04°55'41''   108290
A10 Nord Ausfahrt 116 Richtung Zentrum. Dann Ausfahrt S118 Noord. Links Richtung Noord 300-399. Am Kreisel links, nach 150m rechts. Den Schildern folgen.

Amsterdam, NL-1026 CP / Noord-Holland
Camping de Badhoeve	1 ABDEG**JM**NORT	LN**Q**SXZ 6
Uitdammerdijk 10	2 ADFGIPSWX	ABDE 7
3 Apr - 28 Sep	3 BCF**LM**	A**F**JNQRW 8
+31 2 04 90 42 94	4 FHIO**Q**	RV 9
info@campingdebadhoeve.com	5 ABDEFHJKLN	AFGHIJ**PST** 10

Anzeige auf dieser Seite 8A CEE   ❶ €34,35
5 ha 100**T**(15-50m²) 89D   ❷ €39,80
N 52°23'04'' E 05°00'47''   108372
A10 Nord Ausfahrt S115. An der Ampel Richtung Durgerdam. Am Kreisel Richtung Durgerdam. Hinter Durgerdam geradeaus. CP nach 500m. Der Beschilderung folgen.

CAMPING VLIEGENBOS
- Amsterdam Nord • Wohnmobile, Caravans, Zelte
- Blockhütten und Mietzelte • 15 Minuten nach Amsterdam-Mitte

Meeuwenlaan 138, 1022 AM Amsterdam
Tel. +31 206368855
E-Mail: vliegenbos.sdn@amsterdam.nl
Internet: www.amsterdam.nl/vliegenbos

ACSI Camping Europa-App

8 100 europäische Campingplätze in einer praktischen App

- Schnell und einfach buchen, auch unterwegs
- Kostenlose Updates mit Änderungen und neuen Campingplatz-Bewertungen
- Mit Informationen zu 9 000 kontrollierten Reisemobil-Stellplätzen kombinierbar
- Auch offline nutzbar

ab 0,99 €

www.Eurocampings.de/app

Teilkarte Nord-Holland auf Seite 291

CAMPEN AN DER HOLLÄNDISCHEN KÜSTE

Vom Nordholländischen Dünenreservat ist der breite Strand zu Fuß oder mit dem Fahrrad schnell zu erreichen. In der Nähe von Castricum finden Sie den Camping Bakkum und den Camping Geversduin. Kommen Sie mit Ihrem eigenen Wohnwagen oder Zelt, oder buchen Sie ein Panorama-Zelt, das Gemüsehaus oder die Hobbit-Wohnung. Natürliche Erholung, die schon auf der Website kennemerduincampings.de beginnt!

KENNEMERDUINCAMPINGS.DE | +31(0)251-237546 | INFO@KENNEMERDUINCAMPINGS.NL

Niederlande

Bloemendaal aan Zee, NL-2051 EC / N-Holland
- Kennemer Duincamping de Lakens
- Zeeweg 60
- 29 Mär - 28 Okt
- +31 2 35 41 15 70
- info@campingdelakens.nl
- N 52°24'16'' E 04°33'07''

1 ADEHKNOPRST KLQS 6
2 DEHOQRTVWX ABDEFGH 7
3 ABEFGLMU ABCDEFGIJKNQRTW 8
4 ABDFHILTXZ ADJLVWY 9
5 ACDEFGLMN ABFGHIJLOPTUYZ 10
B 16A CEE
27 ha 581T(80-120m²) 331D
① €53,95
② €58,55
109629

A9, bei Rottepolderplein auf die A200, dann N200 Richtung Haarlem-Overveen-Bloemendaal aan Zee. Hinter Overveen der zweite CP auf der rechten Seite, nah am Meer.

Castricum, NL-1901 NH / Noord-Holland
- Kennemer Duincamping Geversduin
- Beverwijkerstraatweg 205
- 27 Mär - 30 Okt
- +31 2 51 66 10 95
- info@campinggeversduin.nl
- N 52°31'49'' E 04°38'55''

1 ABDEJMNOPRT 6
2 ABOPQVWXY ABDEFGH 7
3 ABEFGMSV ABCDEFGHIJKNQRTW 8
4 ABEFHIL AJLV 9
5 ABDEGHIKLN ABCDGHIJOQTUYZ 10
Anzeige auf Seite 293 B 16A CEE
23 ha 295T(80-100m²) 420D
① €53,95
② €56,65
105412

A9, Ausfahrt 9 Heemskerk. Am Kreisel re. An der Ampel geradeaus nach De Baandert. Am Ende li. ab in Mozartstraat. Am Kreisel re. in Marquettelaan. Am Rijksstraatweg re. ab. Nach 1,5 km li.

Gaasper Camping Amsterdam
- nur 15 Minuten mit der Metro ins Zentrum von **Amsterdam**
- gratis WiFi Internet

www.gaaspercamping.nl

Callantsoog, NL-1759 JD / Noord-Holland
- De Nollen
- Westerweg 8
- 4 Apr - 25 Okt
- +31 2 24 58 12 81
- info@denollen.nl
- N 52°50'29'' E 04°43'08''

1 ADENOPQRST NQ 6
2 HPQVWX ABDEFGHK 7
3 BFGLMSV ABCDEFHJKNPQRTUVW 8
4 BDHILO AEFKVY 9
5 ACDEFMN ABDEGHIJPRYZ 10
Anzeige auf dieser Seite B 10A CEE
9 ha 209T(70-120m²) 215D
① €37,00
② €46,00
105455

Von der N9 die Ausfahrt Callantsoog und den CP-Schildern De Nollen folgen.

Castricum aan Zee, NL-1901 NZ / N-Holl.
- Kennemer Duincamping Bakkum
- Zeeweg 31
- 27 Mär - 25 Okt
- +31 2 51 66 10 91
- info@campingbakkum.nl
- N 52°33'44'' E 04°38'00''

1 ABDEHKNOPRT 6
2 ABPQSVWXY ABDEFG 7
3 ABCEFGLMNSV ABCDEFGIJKNPQRTW 8
4 BCDEFHIKLNQR BJLVWY 9
5 ACDEFGHKMNO ABCDFGHIJNOPQTUVYZ 10
Anzeige auf dieser Seite B 16A CEE
60 ha 337T(80-130m²) 1436D
① €48,80
② €51,50
100754

A9 Beverwijk-Alkmaar Ausfahrt 10 Castricum. An der Ampel N203 Richtung Castricum. Bei Castricum Richtung Castricum aan Zee. Über die Bahnüberführung im Kreisel geradeaus. Der CP liegt nach 1,5 km rechts der Strecke.

Herrlich Campen mit dem Strand in nächster Nähe.
Tel. 0224-581281 • Internet: www.denollen.nl

Callantsoog, NL-1759 JD / Noord-Holland
- Tempelhof
- Westerweg 2
- 1 Jan - 31 Dez
- +31 2 24 58 15 22
- info@tempelhof.nl
- N 52°50'48'' E 04°42'56''

1 ADEGILNOPQRST EFGHN 6
2 HPQVWX ABDEFGH 7
3 ABEFLMNVW ABCDEFGJKLMNQRTUV 8
4 ABCHILOQRT JLV 9
5 ACDEFHLMN ABCDEGHIJPRYZ 10
Anzeige auf Seite 293 B 16A CEE
14 ha 210T(90-135m²) 259D
① €46,00
② €58,00
105454

N9, Ausfahrt 't Zand, weiter Richtung Groote Keeten. CP-Schilder 'Tempelhof' beachten.

Callantsoog, NL-1759 NX / Noord-Holland
- Vakantiepark Callassande
- Voorweg 5a
- 27 Mär - 30 Okt
- +31 2 24 58 16 63
- receptie.callassande@roompot.nl
- N 52°51'23'' E 04°43'03''

1 ADEJMNOPQRST CDFGHN 6
2 HOPQVWX ABDEFGH 7
3 BCFLMNSV ABCDEFHJKLNPQRTUVW 8
4 BCDFHILNOQ CJVW 9
5 ACDEFGHJKLN ABDEGHIJPQRZ 10
Anzeige auf dieser Seite B 10A CEE
12,5 ha 383T(60-120m²) 266D
① €44,50
② €47,00
105453

N9, Ausfahrt 't Zand, weiter Richtung Groote Keeten, CP-Schilder beachten.

VAKANTIEPARK CALLASSANDE
Callantsoog

Lebhafter Familiencampingplatz, nur wenige Gehminuten vom Nordseestrands entfernt. Mit Hallenbad und Wasserrutsche, Restaurant, Snackbar und Supermarkt.

roompot.de/acsi Servicenummer 040 - 55 55 78 78

De Cocksdorp (Texel), NL-1795 LS / Noord-Holland

- Landal Sluftervallei
- Krimweg 102
- 27 Mär - 6 Nov
- +31 2 22 31 62 14
- sluftervallei@landal.nl

N 53°09'28'' E 04°50'37''

1 ADE**JM**NORT — EFG**N**QST 6
2 GHPQW — ABDE**FGH**K 7
3 BF**JL**MNRV — ABCDEFG**L**NQRTUV 8
4 ABFHIL**QU** — EJVW 9
5 ACDEFHLN — ABEFGHJ**P**RYZ 10

B 16A CEE
36 ha 57T(80m²) 332**D**

Preise auf Anfrage
105441

Ab der Fähre der N501 folgen. Bei Ausfahrt 10 nach De Cocksdorp. Ausfahrt 35 links zu den Landal Sluftervallei (De Krimweg).

De Cocksdorp (Texel), NL-1795 LN / N-Holl.

- Duinpark & Camping De Robbenjager Texel
- Vuurtorenweg 148
- 1 Apr - 23 Okt
- +31 2 22 31 62 58
- info@duinparkderobbenjager.nl

N 53°10'38'' E 04°51'37''

1 AEHKNOPRS**T** — KNQST**X**Y 6
2 EHPQWX — ABCDE**FG** 7
3 AB**F**LU — ABCDEFGHJNPQRTUV 8
4 AFH — JUVWZ 9
5 ADEFLN — ABCDEFGHJPQRZ 10

Anzeige auf dieser Seite   B 16A CEE
3,7 ha 131T(80-160m²) 40**D**

① €49,70
② €65,40
110374

Ab der Fähre der N501 folgen. Bei Ausfahrt 10 Richtung De Cocksdorp. Ausfahrt 35 geradeaus zum Leuchtturm. CP ist rechts. Achtung scharfe Kurve.

Im Nationalpark Duinen van Texel am Leuchtturm und Strande. Modernes Sanitär, große Stellplätze mit Strom und WLAN. Für Naturliebhaber und Ruhesuchende. Sport- und Freizeitangebote, Rad- und Wanderwege. Sonderbereich für Reisemobile (auch sehr große), ebenfalls in den Dünen. **Reservieren erforderlich.**

Vuurtorenweg 148, 1795 LN De Cocksdorp (Texel) • Tel. +31 222316258
info@duinparkderobbenjager.nl • www.duinparkderobbenjager.nl

De Cocksdorp (Texel), NL-1795 JV / N-Holl.

- Vakantiepark De Krim Texel
- Roggeslootweg 6
- 1 Jan - 31 Dez
- +31 2 22 39 01 12
- reserveringen@krim.nl

N 53°09'06'' E 04°51'32''

1 ACDEG**JM**NOPQT — ABEHI**N**QST**X**Y 6
2 GHOPQVWXY — ABCDE**FG**HK 7
3 ABDEF**HIJK**M**RV** — ABCDEFG**HJKL**M**N**QRS**T**UVW 8
4 ABCDEFHIL**OPQ**RU — CDEFGIJLPUVWY 9
5 ACDEFGHIJLMN — ABDEFGHIJMNPRZ 10

Anzeige auf dieser Seite   B 10A CEE
31 ha 413T(80-100m²) 715**D**

① €59,70
② €63,40
101308

Von der Fähre aus der N501 folgen. Ausfahrt 10 Richtung De Cocksdorp. Ausfahrt 33 links zur Vakantiepark De Krim.

Camping De Krim
für das richtige Urlaubsgefühl !

Erholung auf dem best ausgestatteten Ferienpark im Watt! U.a. mit sensationellem Schwimmbad!

WWW.KRIM.NL | 0222 390 112

De Koog (Texel), NL-1796 MT / Noord-Holland

- Camping Coogherveld Texel
- Kamperfoelieweg 3
- 3 Apr - 25 Okt
- +31 2 22 31 77 28
- info@coogherveld.nl

N 53°05'46'' E 04°55'55''

1 AE**JM**NOPQRT — N 6
2 HOPQVWX — ABCDE**FG** 7
3 B**L**MV — ABCDE**FG**HJNPQRTW 8
4 BCHI**P** — CHJUVW 9
5 ADN — ABCEGHJPRZ 10

Anzeige auf dieser Seite   B 16A CEE
2 ha 54T(80-100m²) 45**D**

① €41,20
② €55,70
111149

Ab der Fähre der N501 folgen. Ausfahrt 10 Richtung De Koog. Ungefähr 300m hinter der Ortsgrenze De Koog 1. CP rechts.

Camping Coogherveld Texel
chalets - kamperen - luxe lodges

Gemütlicher Familiencamping 200m vom Badeort De Koog und in der Nähe des Strandes.

www.coogherveld-texel.nl • Tel: +31 222 317728

De Koog (Texel), NL-1796 AA / Noord-Holland

- Camping Kogerstrand
- Badweg 33
- 26 Mär - 27 Okt
- +31 2 22 39 01 12
- receptie.kogerstrand@krim.nl

N 53°06'03'' E 04°45'30''

1 BDEG**JM**NOPRST — KM**N** 6
2 EHOPQTVWX — ABCDE**FG** 7
3 ABD**F**LMV — ABCDEFGHJNPQRTW 8
4 ABCFHIO**P** — ABFLUVW 9
5 ADEFM**N** — ABCEFHIJ**P**TUYZ 10

6-16A CEE
52 ha 1050T(20-100m²) 279**D**

① €44,20
② €56,90
105444

Von De Koog über die Düne fahren. CP liegt in den Dünen zwischen De Koog und der Nordsee. Ab der Fähre die N501 nehmen. Am Kreisverkehr 10 in Ri. De Koog fahren. Im Zentrum Durchgangsstr. folgen. Achten Sie auf die CP-Schilder.

Den Burg (Texel), NL-1791 PE / Noord-Holland

- 't Woutershok
- Rozendijk 38
- 7 Apr - 28 Sep
- +31 2 22 31 30 80
- info@woutershok.nl

N 53°03'32'' E 04°45'33''

1 AEG**JM**NOPT — N 6
2 BHPQVWX — ABDE**FGH** 7
3 BFM — ABCDEFHJKNPQRTUV 8
4 FH — BCUVW 9
5 D**N** — ABCEHJMPRZ 10

B 16A CEE
6 ha 150T(120-195m²) 6**D**

① €43,25
② €55,95
109730

Ab der Fähre der N501 folgen. Am Kreisel (10) Richtung De Koog. Am Kreisel 11 links ab und den CP-Schildern folgen.

Den Burg (Texel), NL-1791 NS / Noord-Holland

- De Bremakker
- Tempelierweg 40
- 3 Apr - 24 Okt
- +31 2 22 31 28 63
- info@bremakker.nl

N 53°04'20'' E 04°45'28''

1 AEGIKNOPRT — N 6
2 BHPQWX — **FG**H 7
3 BFGMV — LMNQUV 8
4 BCFHILO**PQ** — JVW 9
5 ADEFHKN — ABEHJPRZ 10

10A CEE
7 ha 32T(100m²) 160**D**

① €38,70
② €50,90
100705

Ab der Fähre der N501 folgen. Im Kreisverkehr 10 und 11 geradeaus Richtung De Koog fahren. Am Kreisverkehr 12 links abbiegen. Am Anfang des Tannenwaldes rechts abbiegen.

Den Burg (Texel), NL-1791 NP / Noord-Holland

- De Koorn-aar
- Grensweg 388
- 3 Apr - 25 Okt
- +31 2 22 31 29 31
- info@koorn-aar.nl

N 53°03'50'' E 04°45'34''

1 ADEG**IL**NOPQRST — N 6
2 BHPQVWX — D**FGH** 7
3 ABFMV — LMNQUV 8
4 HIL — JVW 9
5 ADEHL — ABEHJMPRZ 10

10A CEE
5,5 ha 80T(150m²) 106**D**

① €40,20
② €51,90
111324

Ab der Fähre der N501 folgen. Am Kreisverkehr 10 in Richtung De Koog fahren. Am Kreisverkehr 11 links abbiegen und dann der ersten Straße rechts folgen.

Den Helder, NL-1783 BW / Noord-Holland

- De Donkere Duinen
- Jan Verfailleweg 616
- 10 Apr - 13 Sep
- +31 2 23 61 47 31
- info@donkereduinen.nl

N 52°56'12'' E 04°44'01''

1 ADE**JM**NOPQRST — N 6
2 BGHOPQVWXY — ABDE**FGH** 7
3 F**L** — ABCDEFNPQRTUVW 8
4 — JVW 9
5 DN — ABDGHJPRZ 10

Anzeige auf dieser Seite   6-16A CEE
5,5 ha 177T(100-140m²) 13**D**

① €30,25
② €41,60
105446

Der CP liegt von Den Helder aus nach Callantsoog am Rande der Stadt, am Helderse Vallei.

Die Ausgangsbasis für einen Tag mit dem Rad auf TEXEL

**Jan Verfailleweg 616
1783 BW Den Helder
Tel. 0223-614731**
E-Mail: info@donkereduinen.nl
Internet: www.donkereduinen.nl

Immer ein Campingplatz, der zu Ihnen passt!

- 9 900 jährlich inspizierte Campingplätze in 31 Ländern
- Filter auf mehr als 200 Einrichtungen
- Schnell und einfach buchen, auch unterwegs
- Mehr als 100 000 Campingplatz-Bewertungen

www.Eurocampings.de

Den Hoorn, NL-1797 RN / Noord-Holland

▲ Camping Loodsmansduin	1 ADE**JM**NOPQST ABFGM**N** 6
🏠 Rommelpot 19	2 HPQVWXY ABCD**EFG**H 7
📅 26 Mär - 25 Okt	3 ABMSV ABCDEFGHJNPQRTUVW 8
☎ +31 2 22 39 01 12	4 ABCHILO**Q** BCFJUVW 9
@ receptie.loodsmansduin@	5 ADEHLN ABCDEFGHJMPTUZ 10
krim.nl	Anzeige auf dieser S. FKK 16A CEE
🅿 N 53°01'17'' E 04°44'28''	38 ha 234**T**(60-120m²) 283**D** €43,70 / €56,40

🚌 Von der Fähre auf die N501. Ausfahrt 3 nehmen. Jetzt den grünen oder weißen CP-Schildern 'Loodsmansduin' folgen. 101541

De Krim Texel — **Campen mitten in der freien Natur**
für das richtige Insel-Feeling!

Einmalig campen mitten im Nationalpark Texelsche Dünen auf Camping Loodsmansduin.

WWW.KRIM.NL | ☎ 0222 390 112

KUSTCAMPING EGMOND AAN ZEE
Egmond aan Zee

Überschaubarer Campingplatz mit beheiztem Freibad, nur ca. 1200 Meter vom Nordseestrand entfernt und ganz in der Nähe von Alkmaar und Amsterdam.

roompot.de/acsi Servicenummer 040 - 55 55 78 78

Edam, NL-1135 PZ / Noord-Holland

▲ Strandbad Edam	1 ABDEHKNOPQRT FHLM**N**QS**XYZ** 6
🏠 Zeevangszeedijk 7A	2 DFGIPSVWX ABD**EFG**H**I**K 7
📅 27 Mär - 4 Okt	3 ABCFLMV ABCD**EFGH**IJKNPQRTW 8
☎ +31 2 99 37 19 94	4 FHIO FLV 9
@ info@campingstrandbad.nl	5 ADEFHKLMN ABCDFGHJ**P**RYZ 10
🅿 N 52°31'07'' E 05°04'26''	Anzeige auf dieser Seite B 10A CEE €26,00
	4,5 ha 150**T**(60-80m²) 117**D** €31,20

🚌 N247 Amsterdam-Volendam-Hoorn. Ausfahrt Edam-Nord, den CP-Schildern folgen. Navigation abschalten! 105496

Hilversum, NL-1213 PZ / Noord-Holland

▲ De Zonnehoek	1 ADEGJMNOPQRS**T** 6
🏠 Noodweg 50	2 BPQWXY AB**FG**H 7
📅 15 Mär - 31 Okt	3 AFLM ABCD**F**KNRTUVW 8
☎ +31 3 55 77 19 26	4 BDFHIO**Q** 9
@ info@campingzonnehoek.com	5 DEFHLMN ABHJ**NP**ST 10
🅿 N 52°11'37'' E 05°09'17''	4 ha 60**T**(80-100m²) 60**D** €20,00 / €23,00

🚌 A27, Ausfahrt 33 Hilversum, Richtung Loosdrecht. Danach Schildern 'Vliegveld Hilversum' folgen. 105499

Strandbad Edam

- direkt am IJsselmeer
- WIFI Internet
- 20% Ermäßigung in der Vor-/Nachsaison
- 20 km von Amsterdam
- Edam-Volendam-Marken

Zeevangszeedijk 7A, 1135 PZ Edam • Tel. 0299-371994 • Fax 0299-371510
E-Mail: info@campingstrandbad.nl • Internet: www.campingstrandbad.nl

Hoorn/Berkhout, NL-1647 DR / N-Holland

▲ 't Venhop	1 ABDEG**IL**NOPR**T** N**XZ** 6
🏠 De Hulk 6a	2 APVWXY ABD**EFG**H 7
📅 1 Jan - 31 Dez	3 ALM ABCD**EF**JNRUVW 8
☎ +31 2 29 55 13 71	4 BFHILO FJNRVWX 9
@ info@venhop.nl	5 ABDEFHKLN ABCDEFGHJ**P**ST 10
🅿 N 52°37'55'' E 05°00'42''	Anzeige auf dieser Seite 10A CEE €28,00
	4 ha 80**T**(80-100m²) 155**D** €36,00

🚌 A7 Purmerend-Hoorn Ausfahrt 7, Hoorn-West. Oder A7 Hoorn-Purmerend, Ausfahrt 7 Avenhorn. An der Ampel links Richtung Hoorn-West. An der Ampel Hoorn-West folgen. Nach 350m rechts ab, den Campingschildern folgen. 108059

Egmond aan den Hoef, NL-1934 PR / N-Holland

▲ De Markiess	1 ABE**IL**NOPR**T** 6
🏠 Driehuizerweg 1A	2 AOPQWX AB**DEFG** 7
📅 3 Apr - 27 Sep	3 ABFLM ACE**F**NRTW 8
☎ +31 7 25 06 22 74	4 FHIKO**Q** V 9
@ info@demarkiess.nl	5 DMN ABCGHIJ**P**STZ 10
	6A CEE
🅿 N 52°38'02'' E 04°39'37''	2,2 ha 40**T**(80-100m²) 60**D** €24,00 / €27,00

🚌 Alkmaar Ring West. Ausfahrt Egmond. Richtung Egmond. 500m hinter der AVIA-Tankstelle rechts ab Kromme Dijk, 200m weiter links in den Driehuizerweg einfahren. CP ist rechts der Straße. 107866

CAMPING 'T VENHOP ★ ★ ★

- Nettes Lokal mit Sonnenterrasse
- An hervorragendem Fisch- und Fahrwasser gelegen
- Vermietung von luxuriösen Chalets und Blockhütten
- Im Fahrradbereich vom historischen Städtchen Hoorn
- 10% Ermäßigung für alle ACSI-Führerbesitzer im Juli und August

De Hulk 6a, 1647 DR Hoorn/Berkhout • Tel. 0229-551371
E-Mail: info@venhop.nl • Internet: www.venhop.nl

Egmond aan Zee, NL-1931 AV / N-Holland

▲ Kustcamping Egmond aan Zee	1 ABDE**JM**NOPQT ABFG 6
🏠 Nollenweg 1	2 OPQUVWX AB**DEFG**H 7
📅 1 Jan - 31 Dez	3 BFLM**U** ABCDE**F**JNQRTUV 8
☎ +31 7 25 06 17 02	4 BFHIL IJVWY 9
@ receptie.egmond@roompot.nl	5 ACDEFGHJKLMN ABCEHIJ**P**RYZ 10
	Anzeige auf dieser Seite 10A CEE €57,30
🅿 N 52°37'19'' E 04°38'17''	11 ha 73**T**(100-120m²) 205**D** €60,90

🚌 Alkmaar Ring West, Abfahrt Egmond. Durchfahren bis zur Ampel. Bei Egmond rechts ab Richtung Egmond aan Zee. An der 2. Ampel rechts. Nach 150m rechts ab, schmaler Weg, dieser führt zum CP. 110293

Julianadorp aan Zee, NL-1787 PP / N-Holl.

▲ De Zwaluw	1 AE**JM**NOPQRST K**N** 6
🏠 Zanddijk 259	2 EHPQVW AB**DEFG** 7
📅 27 Mär - 27 Okt	3 BF**L**RV ABCD**EFG**HJNPQRTW 8
☎ +31 2 23 64 14 92	4 H FI 9
@ campingdezwaluw@	5 DEKMN ABDFGHJ**P**RZ 10
quicknet.nl	Anzeige auf dieser Seite 10-16A CEE €27,50
🅿 N 52°53'43'' E 04°43'04''	2 ha 68**T**(50-100m²) 73**D** €37,50

🚌 Von Alkmaar (N9), 1. Ausfahrt Julianadorp (Süd). Von Den Helder (N9) 2. Ausfahrt Julianadorp (Süd). Den Schildern 'Kustrecreatie' folgen. An den Dünen rechts ab. 1. CP in Julianadorp aan Zee rechts. 105451

Graft, NL-1484 EN / Noord-Holland

▲ Camping Tuinderij Welgelegen	1 AEGHKNORT N**X** 6
🏠 Raadhuisstraat 24A	2 OPSWX AB**DFG** 7
📅 1 Apr - 1 Okt	3 AM AE**F**NQRW 8
☎ +31 2 99 67 30 32	4 FHK ER 9
@ mail@	5 DN AFGHJ**P**STZ 10
campingtuinderijwelgelegen.nl	B 6A CEE
🅿 N 52°33'45'' E 04°49'58''	2 ha 29**T**(60-80m²) 77**D** €20,30 / €24,30

🚌 N244 Purmerend-Alkmaar. Ausfahrt Graft/Driehuizen. Richtung Graft. Vor dem Rathaus rechts ab, diese kleine Straße führt zum CP. 105468

Gemütlicher Familiencampingplatz – große Plätze - moderne Sanitäranlagen - 200m vom Strand - Waschsalon - Restaurant, Snackbar und Kantine mit harmonischer Terrasse - Spielplatz

**Zanddijk 259, 1787 PP Julianadorp aan Zee
Tel. 0223-641492
E-Mail: campingdezwaluw@quicknet.nl
Internet: www.campingdezwaluw.nl**

Haarlem, NL-2033 AD / Noord-Holland

▲ De Liede	1 **G**J**M**NOR**T** JNQS**XZ** 6
🏠 Lieoever 68	2 ACDP AB**DEFG** 7
📅 1 Jan - 31 Dez	3 ALM ABCDE**F**JNQRW 8
☎ +31 2 35 35 86 66	4 HIOQ FQRV 9
@ info@campingdeliede.nl	5 DEFHKMN ABEGHJR 10
	4A CEE
🅿 N 52°22'40'' E 04°04'34''	1,5 ha 80**T**(40-90m²) 33**D** €23,95 / €32,45

🚌 A9 am Rottepolderplein die A200 Richtung Haarlem nehmen. Rechts ab zur Überführung. Den CP-Schildern folgen. 105415

Qualitätscampingplätze in **Noord-Holland**

Noorder Sandt Julianadorp aan Zee
Sint Maartenszee Sint-Maartenszee
Tempelhof Callantsoog

www.ardoer.com/noord-holland

Julianadorp aan Zee, NL-1787 CX / N-Holl.

- Ardoer camping 't Noorder Sandt
- Noorder Sandt 2
- 28 Mär - 25 Okt
- +31 2 23 64 12 66
- noordersandt@ardoer.com
- N 52°54'22'' E 04°43'29''

1 ADE**JM**NOPQRST EFGHIKNQS 6
2 EGHPQVWXY ABCDE**FG**HIK 7
3 ABCF**HILMV** ABCDEFGJKNQR**S**TUVW 8
4 BCHILO**QT** CJLRV 9
5 ABDEFHLMN ABCDEFGHJPRZ 10
Anzeige auf dieser Seite B 10A CEE €47,00
11 ha 180**T**(100m²) 237**D** €59,00
105447

N9 Ausfahrt Julianadorp aan Zee. Innerorts der Beschilderung 'Kustrecreatie'. An der Küstenstraße rechts ab und CP-Schildern folgen.

Petten, NL-1755 LA / Noord-Holland

- Corfwater
- Strandweg 3
- 13 Mär - 1 Nov
- +31 2 26 38 19 81
- camping@corfwater.nl
- N 52°46'14'' E 04°39'33''

1 ABDEGHKNOPRT KNOPQSW**X** 6
2 EFHOPQUVW AB**D**E**FGH** 7
3 ABCM ABCDEFGJK**L**NQRTW 8
4 FHIO ACFVW 9
5 ABDM**N** ABCDFGHIJPTZ 10
Anzeige auf Seite 297 6A CEE €38,55
5,5 ha 240**T**(80-120m²) 54**D** €50,60
105408

N9 Alkmaar-Den Helder. Am Kreisverkehr in Burgervlotbrug Richtung Petten. Bis zum Kreisverkehr an den Dünen. Geradeaus den CP-Schildern folgen.

Landsmeer/Amsterdam, NL-1121 AL / Noord-Holland

- Het Rietveen
- Noordeinde 130
- 1 Mär - 1 Okt
- +31 2 04 82 14 68
- info@campinghetrietveen.nl
- N 52°26'10'' E 04°54'44''

1 AHKNOPRS**T** LNQS**X**YZ 6
2 ADFGHOPVWXY ABDE 7
3 **L** ABCDEFNRW 8
4 H V 9
5 D ABGHIJR 10
10A CEE €30,00
1,5 ha 80**T**(100-130m²) €38,00
109376

A10, Ring Amsterdam, Ausfahrt S117 Landsmeer Richtung Den IJp. Der Platz ist ± 600m links der Strecke hinter dem Geschäftszentrum von Landsmeer.

Petten, NL-1755 KK / Noord-Holland

- De Watersnip
- Pettemerweg 4
- 27 Mär - 30 Sep
- +31 2 26 38 14 32
- info@watersnip.nl
- N 52°45'37'' E 04°39'46''

1 ADEHKNOPQRT ABFGH**N** 6
2 GOPQVWX ABDE**FGH** 7
3 ABEFGMNV ABCDE**FJ**KNQRTUVW 8
4 BDHILO**PQ** FJVWY 9
5 ACDEFGHJKLM**N** ABEGHIJ**P**STXZ 10
Anzeige auf Seite 297 B 6-10A CEE €37,55
18 ha 200**T**(80-100m²) 309**D** €48,10
100752

N9 Alkmaar-Den Helder. Kreisel Burgervlotbrug Richtung Petten. CP liegt rechter Hand am Kreisel, kurz vor dem Kreisel an den Dünen.

Noord-Scharwoude, NL-1723 PX / Noord-Holland

- DroomPark Molengroet
- Molengroet 1
- 28 Mär - 2 Nov
- +31 8 80 55 15 97
- molengroet@droomparken.nl
- N 52°41'41'' E 04°46'15''

1 ADE**I**LNOPQRST ABL**N**OPQS**X**YZ 6
2 DGHIPVX ABDE**FG** 7
3 ABFG**L**MSV ABCDEFHJKNPQRTUVW 8
4 BFHIKLO GJVWY 9
5 ABDEFHJKLMN ABCEFGHIJMPQRYZ 10
B 10A CEE €31,50
11 ha 150**T**(80-100m²) 149**D** €43,50
100755

N245 Alkmaar-Schagen. Ausfahrt Geestmerambacht/ CP-Schild Molengroet.

Kampeerterrein Buitenduin ★ ★

Molenweg 15
1871 CD Schoorl
Tel. 072-5091820
Internet:
www.kampeerterreinbuitenduin.nl

- kleiner ruhiger Campingplatz
- in waldreicher Umgebung
- nahe dem Zentrum und den Dünen
- beheizte Toilettengebäude
- videoüberwachter Parkplatz
- Haustiere nicht erlaubt

Schoorl, NL-1871 AP / Noord-Holland

- De Bregman
- Gerbrandtslaan 18
- 8 Apr - 30 Sep
- +31 7 25 09 19 59
- info@campingdebregman.nl
- N 52°41'33'' E 04°42'33''

1 AG**IL**NORT 6
2 PQVX ABDE**FGH** 7
3 ABC**L**MVABCDEFGHJKNPQRTUVW 8
4 H V 9
5 ADEFHKI M**N** ABCGHJ**P**ST 10
B 10A CEE €34,10
3,2 ha 50**T**(70-100m²) 10**D** €45,70
105464

N9 Alkmaar-Den Helder. In Schoorldam Richtung Schoorl. Von Schoorl Richtung Bergen (Duinweg). Nach 1,6 km links ab. CP-Schildern folgen.

Schoorl, NL-1871 CD / Noord-Holland

- Kampeerterrein Buitenduin
- Molenweg 15
- 27 Mär - 25 Okt
- +31 7 25 09 18 20
- info@kampeerterreinbuitenduin.nl
- N 52°42'24'' E 04°41'49''

1 ABEGHKNOR**T** 6
2 OPQVWX ABDE**FG** 7
3 AFLM ACDEFJNQRUVW 8
4 EFH 9
5 DN ABCDFGHJ**P**TUZ 10
Anzeige auf dieser Seite 10A CEE €31,50
1,2 ha 33**T**(70-90m²) 35**D** €42,50
113466

N9 Alkmaar-Den Helder, Ausfahrt Schoorl, Richtung Schoorl. Kurz vor der Ampel am Fußgängerüberweg rechts. Vor 'Molen' rechts ab.

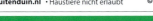

34 spannende Campingreisen mit dem eigenen Wohnmobil oder Wohnwagen.

www.ACSIcampingreisen.de

CAMPING & HOTEL CORFWATER

Campen am Meer – 100 Meter zum Strand

Strandweg 3 1755 LA Petten +31 (0)226 381981 camping@corfwater.nl www.corfwater.de

Niederlande

St. Maartenszee, NL-1753 BA / N-Holland
- Ardoer Camping St. Maartenszee
- Westerduinweg 30
- 28 Mär – 27 Sep
- +31 2 24 56 14 01
- sintmaartenszee@ardoer.com
- N 52°47'39'' E 04°41'22''

1 AE**JM**NOPQRST 6
2 OPQVWXY ABDE**FG**HIK 7
3 ABCFJMV ABCDEFGHIJK**L**NPQRTUVW 8
4 BFHIL FJV 9
5 ACDFGHKLMN ABCDEFGHIJPSTYZ10
Anzeige auf Seite 296 B 6-10A CEE € 37,00
5 ha 300T(60-90m²) 15D € 47,00
101548

N9 Alkmaar-Den Helder. In St. Maartensvlotbrug Richtung St. Maartenszee. Bis zum Kreisverkehr an den Dünen. Rechts ab, erster CP rechts.

St. Maartenszee, NL-1753 BA / Noord-Holland
- Duincamping De Lepelaar
- Westerduinweg 15
- 28 Mär – 27 Sep
- +31 2 24 56 13 51
- info@delepelaar.nl
- N 52°48'09'' E 04°41'48''

1 ABDEG**JM**NOR**T** 6
2 FQTVWXY ABDE**FG** 7
3 ABCFMS ACE**FGI**JKNQRTW 8
4 BFHIL ABDJV 9
5 ABDEGHJMN ABCFGHIJ**NO**TUVYZ10
Anzeige auf dieser Seite 10A CEE € 36,50
16 ha 215T(20-80m²) 99D € 46,50
105459

N9 Alkmaar-Den Helder, Ausfahrt St. Maartenszee bis zum Kreisel an den Dünen. Dort rechts. Rezeption nach 1,3 km links. Erst neben dem Weg parken.

St. Maartenszee, NL-1753 KA / Noord-Holland
- Aan Noordzee
- Westerduinweg 34
- 27 Mär – 26 Okt
- +31 2 24 56 31 09
- info@aannoordzee.nl
- N 52°47'59'' E 04°41'40''

1 EG**JM**NOPRT N 5
2 OPQVWX **FG**H 7
3 ABMN CDEFJLMNQUV 8
4 FH JVW 9
5 D ABCEFHJ**P**QRZ10
Anzeige auf dieser Seite 10A CEE € 47,00
8 ha 190T(100-120m²) 33D € 50,00
107649

N9 Alkmaar-Den Helder. In St. Maartensvlotbrug Richtung St. Maartenszee bis zum Kreisverkehr an den Dünen. Rechts ab, ca. 800m, 2. CP rechts.

Camping Aan Noordzee
- Privatsanitär auf jedem Platz
- große geschützte Plätze (ab 100 m²)
- im Gehbereich durch die Dünen zum Meer
- Ruhe, Platz, Natur und Spielplätze
- auch Luxusbungalows zu vermieten

www.aannoordzee.nl

Duincamping De Lepelaar

Durchatmen in der Natur.
Campen in den Dünen,
an einer einmaligen Stelle
in Holland.
Ruhe und Natur genießen.

www.delepelaar.nl

Tuitjenhorn, NL-1747 CA / Noord-Holland
- Campingpark de Bongerd *****
- Bongerdlaan 3
- 3 Apr – 28 Sep
- +31 2 26 39 14 81
- info@bongerd.nl
- N 52°44'06'' E 04°46'33''

1 ABDEG**JM**NOPQRT **ABEFGHIN** 6
2 PVWX ABDE**FG**HK 7
3 ABC**D**EFLSUV ABCDFJKNQRTUV 8
4 BHIKL HJVWY 9
5 ACDEJKLMN BCEHIJMPRYZ10
10A CEE € 59,55
18 ha 156T(100-120m²) 415D € 73,10
105461

N245 Alkmaar-Schagen, Ausfahrt Tuitjenhorn/Industriegebiet De Banne, dann den CP-Schildern folgen.

**Stellplätze, Bungalows und Camperhütten • breites Animationsprogramm
800m zum Strand • sauberstes un schönstes Örtchen von Nordholland**

BUCHEN SIE JETZT ONLINE UND SIE SPAREN DIE RESERVIERUNGSKOSTEN

Recreatiepark De Watersnip Pettemerweg 4 1755 KK Petten aan Zee T. 0226 381 432 info@watersnip.nl www.watersnip.nl

Familiecamping Vogelenzang

Im Tulpengebiet zwischen Vogelenzang und den Amsterdamer Dünen der Stadtwerke liegt Camping Vogelenzang, versteckt im Grünen und von Wald, Wiesen, Dünen und Tulpenfeldern umgeben. Dieser ruhige Familiencamping wird gerne wegen der Natur, der zentralen Lage zur Randstad und der Strandnähe besucht!

CampingCard ACSI gilt nur für Caravans und Wohnmobile (inkl. Deichsel und/oder Aufbau) unter 7,80m. Zugfahrzeuge mit Wohnwagen max. 7 m3. Höchstgewicht 3,8 To. Auf den Stellplätzen keine Anhänger oder zusätzliche Autos erlaubt! Haustiere nicht erlaubt.

Seit 60 Jahren ein Begriff unter den Campern!

**Tweede Doodweg 17
2114 AP Vogelenzang
Tel. +31 235847014
E-Mail: info@vogelenzang.nl
Internet: www.vogelenzang.nl**

Velsen-Zuid, NL-1981 EH / Noord-Holland
- ▲ Natuurkampeerterrein Schoonenberg
- Driehuizerkerkweg 15D
- 1 Apr - 31 Okt
- +31 2 55 52 39 98
- info@campingschoonenberg.nl
- N 52°27'10'' E 04°38'24''

1 EGJMNOPQRT 6
2 ABOPQRVWXY ABDEK 7
3 ACLM ABCDFNR 8
4 VW 9
5 DN ABCJOST 10
4A CEE ① €25,00
2,5 ha 82T(60-100m²) ② €34,00
Über die A9 auf die A22, dann N202 Richtung IJmuiden folgen. CP mit kleinen Schildern angezeigt. 109794

IJmuiden, NL-1976 BZ / Noord-Holland
- De Duindoorn
- Badweg 40
- 1 Apr - 30 Sep
- +31 2 55 51 07 73
- camping@duindoorn.nl
- N 52°27'19'' E 04°34'24''

1 GHKNORT KMNQS 6
2 AEOPQUW ABFGH 7
3 BLM ABFNRW 8
4 FHILO VY 9
5 ACDKMN ABHJLNPSTZ 10
6A CEE ① €32,15
5 ha 150T(65m²) 150D ② €46,05
A9/A22 Richtung IJmuiden. Am Ende der Straße Richtung Velsen zur Fähre, Richtung IJmuiden aan Zee. CP an der Fähre beschildert. 105414

Vogelenzang, NL-2114 AP / Noord-Holland
- ▲ Familiecamping Vogelenzang
- Tweede Doodweg 17
- 28 Mär - 2 Okt
- +31 2 35 84 70 14
- info@vogelenzang.nl
- N 52°18'55'' E 04°33'46''

1 ADEHKNOPRT ABF 6
2 BGPVWXY ABDEFG 7
3 BFLM ABCDEFGHJLNPRT 8
4 BHILOPQ EVWXY 9
5 ACDEFGHJLM ABDGHIJPRZ 10
Anzeige auf dieser Seite B 16A CEE ① €36,45
22 ha 188T(80-120m²) 246D ② €50,65
N206 Haarlem-Leiden. Beim Vogelenzang CP-Schild. Von Haarlem rechts ab, von Leiden links ab. 105416

Warmenhuizen, NL-1749 VW / N-Holland
- ▲ Landschapscamping de Kolibrie
- De Groet 2
- 28 Mär - 10 Okt
- +31 2 26 39 45 39
- info@dekolibrie.eu
- N 52°41'58'' E 04°44'46''

1 ABEGILNOPRT 6
2 FPVWX ABFGH 7
3 ACFHILMUX ABEFHJNQRTUVW 8
4 BHIKLO FJVWY 9
5 ADN ABCDFGHJPT 10
Anzeige auf dieser Seite B 6-10A CEE ① €23,50
4 ha 100T(150-280m²) 15D ② €28,50
N245 Alkmaar-Schagen, Ausfahrt N504 Schoorl/Koedijk. Bis zum Kanal, dann rechts. 1. Straße rechts. An der 3er-Gabelung rechts (Diepsmeerweg). Der Straße bis zum CP folgen. 120899

- drei Kilometer von Schoorl
- am Freizeitgebiet Geestmerambacht
- Gastfreundschaft und Freiheit genießen
- kinderfreundlicher Camping
- schönes beheiztes Sanitär

www.dekolibrie.eu
Erleben Sie bei uns das wahre Leben im Freien mit Strand und Stadt gleich nebenan
De Groet 2, 1749 VW Warmenhuizen • Tel. 0226-394539

Geografisch suchen

Schlagen Sie Seite 285 mit der Übersichtskarte dieses Landes auf. Suchen Sie das Gebiet Ihrer Wahl und gehen Sie zur entsprechenden Teilkarte. Hier sehen Sie alle Campingplätze auf einen Blick.

Süd-Holland

Barendrecht, NL-2991 SB / Zuid-Holland

- Recreatiepark de Oude Maas
- Achterzeedijk 1a
- 1 Jan - 31 Dez
- +31 7 86 77 24 45
- info@recreatieparkdeoudemaas.nl
- N 51°49'57'' E 04°33'08''

1 ADEGILNOPQRST	NXYZ 6
2 ACPVWX	ABFG 7
3 BM	ABCDEFJNQRTUV 8
4 H	EV 9
5 ADM	ABEFGHJPSTZ 10

B 12A CEE
12 ha 100T (100-120m²) 130D
① €23,00
② €30,20
105435

A29, Ausfahrt Barendrecht, Schildern folgen. A15, Abfahrt Barendrecht und dann Schildern folgen.

Brielle, NL-3231 AA / Zuid-Holland

- Camp. Jachthaven de Meeuw
- Batterijweg 1
- 27 Mär - 26 Okt
- +31 1 81 41 27 77
- info@demeeuw.nl
- N 51°54'24'' E 04°10'31''

1 ADEJMNOPQRT	LNQSXYZ 6
2 DGHPVWX	ABDFGH 7
3 BFLM	ADEFIJNQRTUVW 8
4 BHIOP	FJV 9
5 BDEFKMN	ABGHJOPQRZ 10

Anzeige auf dieser Seite B 10A CEE
13 ha 165T (80-130m²) 256D
① €34,40
② €36,85
101327

A15 Ausfahrt Europoort anhalten. Brielle folgen. In Brielle ausgeschildert.

Brielle, NL-3231 NC / Zuid-Holland

- De Krabbeplaat
- Oude Veerdam 4
- 31 Mär - 2 Okt
- +31 1 81 41 23 63
- info@krabbeplaat.nl
- N 51°54'36'' E 04°11'05''

1 ACDEJMNOPQRT	LNQSXYZ 6
2 DGHPVX	ABCDEFGH 7
3 BFLMNV	ABCDEFNQRTW 8
4 ABCDFHILOP	FILQRTVWY 9
5 ACDEFKMN	ABEFGHIJNOPQRZ 10

Anzeige auf dieser Seite 10A CEE
18 ha 68T (81-120m²) 366D
① €30,80
② €39,90
105403

A16 Breda-Rotterdam, Ausfahrt Europoort. Dieser Straße folgen bis Brielle. Vor Brielle ausgeschildert (Ausfahrt Brielse Maas-Noord).

Delft, NL-2629 HE / Zuid-Holland

- Naturistencamping Abtswoudse Hoeve
- Rotterdamseweg 213-215
- 1 Jan - 31 Dez
- +31 1 52 56 12 02
- info@navah.nl
- N 51°58'40'' E 04°22'58''

1 AEGJMNOPRST	LN 6
2 DPW	ABFGH 7
3 ALMS	ABEFJNQRW 8
4	Y 9
5 KM	ABFGHJPTUZ 10

FKK 10A CEE
15,6 ha 50T (100-120m²) 120D
① €28,55
② €30,15
121066

A13 Ausfahrt 10 Delft-Süd, die N470 Richtung Delft Ausfahrt TU Delft. Am Ende der Ausfahrt links Midden-Delfland, Rotterdamseweg und dann der Beschilderung folgen.

Delft, NL-2616 LJ / Zuid-Holland

- Vakantiepark Delftse Hout
- Korftlaan 5
- 27 Mär - 1 Nov
- +31 1 52 13 00 40
- info@delftsehout.nl
- N 52°01'05'' E 04°22'45''

1 ACDEILNORST	ABFGLNQ 6
2 ADGOPVWX	ABDEFGH 7
3 BFLM	ABCDFGJKNQRTUVW 8
4 ABEFHILO	ABCEFJVY 9
5 ACDEFHLMN	ABCEFGHIJNPRWXZ 10

Anzeige auf dieser Seite B 6-16A CEE
6 ha 200T (100-120m²) 84D
① €38,10
② €46,70
105404

A13, Ausfahrt 9 Delft, ab hier ausgeschildert.

De Krabbeplaat

Luxus 4-Sterne Camping. Familiencamping in einer schönen Umgebung mit ungeahnten Möglichkeiten. Gerade für Familien mit kleinen Kindern ist unsere Anlage bestens geeignet. In den Ferien ist ein Animationsteam da mit unserem eigenen Keet Krabbevanger. Verlangen Sie unsere Vor- und Nachsaison Angebote.

Oude Veerdam 4, 3231 NC Brielle · Tel. 0181-412363
E-Mail: info@krabbeplaat.nl · Internet: www.krabbeplaat.nl

KAMPEERRESORT KIJKDUIN
Den Haag

Lebhafter Familiencampingplatz an den Dünen mit Hallenbad, diversen Restaurants und Supermarkt.

roompot.de/acsi   Servicenummer 040-55 55 78 78

Den Haag, NL-2555 NW / Zuid-Holland CC€20 iD
- ▲ Kampeerresort Kijkduin
- 🏠 Machiel Vrijenhoeklaan 450
- 📅 1 Jan - 31 Dez
- ☎ +31 7 04 48 21 00
- @ info@kijkduinpark.nl

1 ACD**J**MNOPT EFGKNQS 6
2 EHOPQVX ABDE**FG** 7
3 BFG**J**LMNTV ABDEFGIJKLNRTUVW 8
4 ABFHIO**PQS**U JVY 9
5 ACDEFGHKLN**O** ABEHIKMPQRYZ10
Anzeige auf dieser Seite B 10A CEE ❶ €50,00
29 ha 350T(80-120m²) 500D ❷ €54,00

N 52°03'36'' E 04°12'43'' 105401

🚗 Bei Kijkduin (Südwestlich von Den Haag). Über die A12 Den Haag einfahren. Weiter Richtung Kijkduin. Dann CP-Schilder befolgen.

's-Gravenzande, NL-2691 KV / Zuid-Holland iD
- ▲ Jagtveld
- 🏠 Nieuwlandsedijk 41
- 📅 1 Apr - 1 Okt
- ☎ +31 1 74 41 34 79
- @ info@jagtveld.nl

1 AFHKNOPQRS**T** KMQRS 6
2 AEHOPW ABDE**FG** 7
3 AM ABCDFJNQRUVW 8
4 DFHI EVW 9
5 DMN ABCFGHJ**P**RZ10
4-10A CEE ❶ €35,00
3,3 ha 48T(70-100m²) 135D ❷ €47,00

N 51°59'48'' E 04°08'01'' 105402

🚗 Von Rotterdam A20 und N220 Richtung Hoek van Holland. Am Ende der N220 (Maasdijk) geradeaus. Auch über die N211 und dann Richtung Hoek van Holland zu erreichen. Beschilderung folgen.

's-Gravenzande, NL-2691 KR / Zuid-Holland iD
- ▲ Strandpark Vlugtenburg
- 🏠 't Louwtje 10
- 📅 1 Jan - 31 Dez
- ☎ +31 1 74 41 24 20
- @ info@vlugtenburg.nl

1 ACD**J**MNOPQRT KMQS 6
2 EHOPQVX AB**FG** 7
3 ABM ABCDEFJNQRTUVW 8
4 BFH EJVW 9
5 ADEFGJKN ABEFGHIJMPQRZ10
Anzeige auf dieser Seite 16A CEE ❶ €37,60
7 ha 90T(80-150m²) 105D ❷ €45,90

N 52°00'07'' E 04°08'11'' 111065

🚗 Von Rotterdam die A20 und N220 Richtung Hoek van Holland. In 's Gravenzande der CP-Beschilderung folgen. Von Den Haag Richtung Hoek van Holland über die N211, der Beschilderung folgen.

Strandpark Vlugtenburg

Neu angelegter und gut gepflegter Camping mit sauberem Sanitär.
Das Campgelände liegt direkt hinter den Dünen und der See.
Gut geeignet zum Rad fahren und für Ausflüge nach Den Haag,
Delft und Rotterdam.
Separate Plätze für Wohnmobile und Zirkuswagen in der Vermietung.

't Louwtje 10, 2691 KR 's-Gravenzande • Tel. 0174-412420
Internet: www.vlugtenburg.nl

Auf der Insel Voorne-Putten bei Haringvliet und dem Nordseestrand, liegt der stimmungsvolle mittelgroße Familiencamping 't Weergors. In weniger als 10 Minuten spaziert man vom Camping aus zum historischen Festungshafen und dem Strand von Hellevoetsluis.

Zuiddijk 2, 3221 LJ Hellevoetsluis
Tel. +31 181312430 • E-Mail: info@weergors.nl
Internet: www.weergors.nl

Hellevoetsluis, NL-3221 LJ / Zuid-Holland CC€18 iD
- ▲ 't Weergors
- 🏠 Zuiddijk 2
- 📅 27 Mär - 2 Nov
- ☎ +31 1 81 31 24 30
- @ info@weergors.nl

1 ADE**J**MNOPQRS**T** FNQS**X**Y 6
2 HPX ABDE**FG**H 7
3 BFM**NV** ABCDE**FG**JKNQRTW 8
4 ILO BEFJKLVY 9
5 CDELMN ABEFGHJMP**R**Z10
Anzeige auf dieser Seite 6A CEE ❶ €27,60
7 ha 100T(90m²) 174D ❷ €34,45

N 51°49'46'' E 04°06'57'' 105387

🚗 N57, Abfahrt Hellevoetsluis. Den Schildern folgen.

Hoek van Holland, NL-3151 VP / Zuid-Holland iD
- ▲ Hoek van Holland
- 🏠 Wierstraat 100
- 📅 1 Mär - 31 Okt
- ☎ +31 1 74 38 25 50
- @ campinghvh@rotterdam.nl

1 ADEGHKNORT NQ 6
2 HOPQVX AB**FG** 7
3 ABM ABCDEFJNQRT 8
4 HI FV 9
5 ACDEMN ABEFGHIJPRZ10
6A CEE ❶ €37,50
5,5 ha 74T(100m²) 213D ❷ €47,50

N 51°59'22'' E 04°07'41'' 105386

🚗 A20 Den Haag-Rotterdam, Ausfahrt Hoek van Holland, ab hier ausgeschildert.

Katwijk aan Zee, NL-2225 JS / Zuid-Holland iD
- ▲ Camping De Zuidduinen
- 🏠 Zuidduinseweg 1
- 📅 1 Apr - 30 Sep
- ☎ +31 7 14 01 47 50
- @ info@zuidduinen.nl

1 ADEGHKNOPQRS**T** KQS 6
2 AEHPQRVW ABDE**FG** 7
3 BMS ABCDEFJKNQRTW 8
4 BFHILO**Q** BEFVW 9
5 ACDEFHKMN ABEGHIJPTUZ10
B 4-10A CEE ❶ €44,80
5 ha 175T(70-90m²) 87D ❷ €50,10

N 52°11'41'' E 04°23'26'' 105399

🚗 Von der A44 und N206 Abfahrt Katwijk aan Zee fahren und dann den Schildern Zuid-Boulevard folgen. Anschließend den CP-Schildern folgen.

Katwijk aan Zee, NL-2221 EW / Zuid-Holland iD
- ▲ Molecaten Park Noordduinen
- 🏠 Campingweg 1
- 📅 1 Jan - 31 Dez
- ☎ +31 7 14 02 52 95
- @ noordduinen@molecaten.nl

1 ADEGHKNOPQRS**T** ABEFGK 6
2 AEHOPRVWX ABDE**FG** 7
3 AB**M** ABCDEFJKNQRTUVW 8
4 BILO EJVW 9
5 ADEFKMN ABCEHIJ**P**TUZ10
B 10A CEE Preise auf Anfrage
11 ha 214T(85-100m²) 153D

N 52°12'37'' E 04°24'37'' 105427

🚗 A44, Ausfahrt 8 (N206) Richtung Katwijk, Ausfahrt Katwijk-Noord. CP-Beschilderung folgen.

Melissant, NL-3248 LH / Zuid-Holland CC€16 iD
- ▲ Elizabeth Hoeve
- 🏠 Noorddijk 8a
- 📅 15 Mär - 31 Okt
- ☎ +31 1 87 60 15 48
- @ info@campingelizabethhoeve.nl

1 AE**J**MNOPQRS**T** NX 6
2 PVWX AB**DFG** 7
3 AB**L**MSU ABDE**F**NQRUVW 8
4 H 9
5 D ABDGHIJ**P**RZ10
Anzeige auf Seite 301 16A CEE ❶ €23,50
8 ha 18T(250m²) 80D ❷ €25,05

N 51°45'47'' E 04°04'10'' 110214

🚗 N215, von Hellevoetsluis oder Ouddorp beim Km-Pfahl 13,4 rechts ab, von Middelharnis bei Km-Pfahl 13,4 links ab.

ACSI Durchreisecampingplätze

In diesem Führer finden Sie eine handliche Karte mit Campingplätzen an den wichtigen Durchgangsstrecken zu Ihrem Ferienziel. Durch die Farbe des jeweiligen Zeltchens können Sie erkennen, ob dieser Platz ganzjährig geöffnet ist oder nicht. Darüber hinaus gibt es für jeden Platz auch noch eine kurze redaktionelle Beschreibung, inklusive Routenbeschreibung und Öffnungszeiten.

Besuchen Sie www.campingdeduinpan.com
oder rufen Sie uns an: (+31) 252 371 726

Niederlande

CLEVER CAMPEN
www.clever-campen.de

Noordwijk, NL-2204 AS / Zuid-Holland CC€20 iD
- De Duinpan
- Duindamseweg 6
- 1 Jan - 31 Dez
- +31 2 52 37 17 26
- contact@campingdeduinpan.com
- N 52°16'06'' E 04°28'11''

1 ADEGJMNOPRT	6
2 APRVWX	ABFG 7
3 AL	ABCDEFNQRUVW 8
4	JVW 9
5 ADM	ABCEGHIJPRZ 10
Anzeige auf dieser Seite 16A CEE	① €33,00
3,5 ha 81T(100-140m²) 12D	② €43,00

105425

A44, Ausfahrt 3 Sassenheim/Noordwijkerhout, Ri. Noordwijkerhout.
Am Kreisverkehr am Kongresszentrum rechts ab (Gooweg). Beim nächsten Kreisverkehr links ab (Schulpweg) geht über in Duindamseweg.

Camping de Grevelingen

Am Grevelingenmeer. Ideal für Wassersportler. Ruhiger Familiencamping mit schönen großen Camp- und Reisemobilplätzen. Großer Spielplatz, Fischweiher und Animation in der Hochsaison. Wander- & Radwegenetz, gratis WLAN sowie Hunde erlaubt.

Havenweg 1, 3244 LK Nieuwe-Tonge
Tel. +31 187651259 • E-Mail: info@degrevelingen.nl
Internet: www.degrevelingen.nl

Nieuwe-Tonge, NL-3244 LK / Zuid-Holland CC€18 iD
- de Grevelingen
- Havenweg 1
- 13 Mär - 31 Okt
- +31 1 87 65 12 59
- info@degrevelingen.nl
- N 51°42'20'' E 04°08'10''

1 AEGJMNOPRST	NQSTWXYZ 6
2 CDPVW	ABFGH 7
3 BFMSU	ABCDEFINQRTUVW 8
4 IQ	Y 9
5 DEMN	BFGHJPQRZ 10
Anzeige auf dieser Seite 10A CEE	① €24,50
6 ha 80T(100-125m²) 275D	② €34,00

105393

N215, von Oude-Tonge Richtung Nieuwe-Tonge, ab hier ausgeschildert.

Noordwijk, NL-2204 AN / Zuid-Holland iD
- De Wulp
- Kraaierslaan 25
- 27 Mär - 1 Nov
- +31 2 52 37 28 26
- camping@dewulp.nl
- N 52°16'26'' E 04°28'40''

1 ADEGHKNOPQRST	6
2 APRVWX	ABDEFG 7
3 ABLM	ABEFJNQRTUVW 8
4 BIOPQ	VW 9
5 ADEFHKN	ABCEGHIJPRZ 10
6-10A CEE	① €29,15
2,5 ha 49T(80-100m²) 100D	② €37,40

105421

A44, Ausfahrt 3 Sassenheim/Noordwijkerhout, Richtung Noordwijk/Noordwijkerhout. Im Kreisel am Kongresszentrum rechts Richtung Noordwijkerhout. Weiter den Schildern folgen.

Noorden, NL-2431 AA / Zuid-Holland CC€18 iD
- Koole Kampeerhoeve
- Hogedijk 6
- 27 Mär - 30 Sep
- +31 1 72 40 82 06
- info@kampeerhoevekoole.nl
- N 52°09'53'' E 04°49'08''

1 AGJMNORT	N 5
2 OPX	ABDE 7
3 BF	ABCDEFJNRW 8
4 H	FV 9
5 D	ABHJPR 10
Anzeige auf dieser Seite 6A CEE	① €24,80
1 ha 30T(40-100m²) 11D	② €31,30

101555

A2, Ausfahrt 5 Richtung Kockengen (N401). Hinter Kockengen im Kreisel rechts (N212), 1. Straße links Richtung Woerdens Verlaat/Noorden. CP in Noorden hinter der Kirche mit eigenem Schild ausgewiesen.

Gruppenunterkünfte
& Camping
dazu Fahrradverleih

Hogedijk 6, 2431 AA NOORDEN
Tel. 0172-408206
E-Mail: info@kampeerhoevekoole.nl
Internet: www.kampeerhoevekoole.nl

Noordwijk, NL-2204 BC / Zuid-Holland iD
- Le Parage
- Langevelderlaan 43
- 15 Mär - 1 Okt
- +31 2 52 37 56 71
- info@leparage.nl
- N 52°16'57'' E 04°29'12''

1 ADEGJMNORT	6
2 APQVWX	ABDEFGH 7
3 BFLM	ABCEFJNRTW 8
4 FHIO	V 9
5 DEFHKN	ABGHIJOPST 10
Anzeige auf Seite 303 6A CEE	① €29,00
4 ha 45T(85-100m²) 125D	② €32,00

105417

N206 Ausfahrt Langevelderslag, Richtung Langevelderslag. 2. Straße links. Am Ende rechts. CP ist ausgeschildert.

Noordwijk, NL-2204 AN / Zuid-Holland CC€18 iD
- De Carlton
- Kraaierslaan 13
- 1 Apr - 15 Okt
- +31 2 52 37 27 83
- info@campingcarlton.nl
- N 52°16'17'' E 04°28'35''

1 AGJMNOPR	6
2 APRVW	ABFG 7
3 BHIL	ABFJNR 8
4	EFV 9
5 DN	ABDGHIJPR 10
Anzeige auf dieser S. B 10-16A CEE	① €30,40
2,1 ha 55T(100-150m²) 46D	② €36,40

105423

A44, Ausfahrt 3 Sassenheim/Noordwijkerhout Richtung Noordwijkerhout. Am Kreisverkehr am Kongresszentrum rechts ab (Gooweg). Am nächsten Kreisverkehr links ab (Schulpweg). Hinter der Manege Bakker rechts ab.

Zwischen den Wäldern der Dünenlandschaft 'Hollands Duin' und Niederlandes größtem Blumengarten: 'de Bollenstreek'. In Noordwijk sind nette Läden zu finden sowie sonnige Terrassen, Reitschulen, Minigolf usw.
DE CARLTON: Treffpunkt für viele Tage Urlaubsfreude.

Kraaierslaan 13, 2204 AN Noordwijk • Tel. 0252-372783
Internet: www.campingdecarlton.nl

Teilkarte Süd-Holland auf Seite 299

CAMPING OP HOOP VAN ZEGEN

Netter Familiencampingplatz, umgeben von Feldern mit blühenden Blumenzwiebeln und Wäldern. Ein 120 Jahre alter Bauernhof! Nur 2,5 km vom Strand und von Noordwijk entfernt, das viele Möglichkeiten zum Bummeln und Ausgehen bietet.

Westeinde 76, 2211 XR Noordwijkerhout
Tel. 0252-375491
Internet: www.campingophoopvanzegen.nl

Camping Port Zélande

- Kleiner Camping im Naturgebiet Kabbelaarsbank.
- Am Grevelingenmeer im Gehbereich vom Nordseestrand. • Gratis Zugang in den Bungalowpark nebenan, u.a. mit subtropischem Schwimmbad, Restaurants, Supermarkt, Sportanlagen und (Kinder)Unterhaltung.

Port Zélande 2, 3253 MG Ouddorp • Tel. +31 111674020
Internet: www.campingportzelande.nl

Ouddorp, NL-3253 MG / Zuid-Holland

Camping Port Zélande	1 ADE**IL**NOPQRST	**AB**EFGHIKLNPQRSTXYZ 6
Port Zélande 2	2 DEHIQWX	ABDE**FG**HK 7
1 Jan - 31 Dez	3 AF**HIJMN**O**RSTVW**	ABCDEFIKNQRTW 8
+31 1 11 67 40 20	4 AFHIJKLMN**PQSTUVZ**	CFLOQRTUVWY 9
camping.portzelande@ groupepvcp.com	5 ACEFGHILN	ABFGHIJMPRZ10
	Anzeige auf dieser Seite	B 6-10A CEE €51,00
N 51°45'22" E 03°51'53"	6 ha 220**T**(100m²) 10**D**	€66,00

Von Zierikzee N59 Renesse - Burgh-Haamstede. Dann N57 Ouddorp-Rotterdam, Beschilderung Port Zélande/Kabbelaarsbank folgen. 112020

Noordwijkerhout, NL-2211 XR / Zuid-Holland

Op Hoop van Zegen	1 ADE**JM**NOPRT	6
Westeinde 76	2 APWX	A**BFGH** 7
13 Mär - 1 Nov	3 ABDFM	AC**FG**JKNPQRTW 8
+31 2 52 37 54 91	4 FHK	V 9
info@ campingophoopvanzegen.nl	5 AD**M**N	ABCDFGHJPSTVZ10
	Anzeige auf dieser Seite	B 6-12A CEE €23,00
N 52°14'56" E 04°27'49"	1,8 ha 140**T**(80-100m²)	€30,20

A44, Ausfahrt Sassenheim/Noordwijkerhout, Richtung Noordwijkerhout. Am Kreisverkehr beim Kongresszentrum geradeaus. An der Gabelung links ab. 105419

Ouddorp, NL-3253 LR / Zuid-Holland

RCN Vakantiepark Toppershoedje	1 ACDEG**JM**NOPQRT	KN 6
Strandweg 2-4	2 EHOPQX	BE**FG**HK 7
27 Mär - 2 Nov	3 BCEFMU	BCDFNQRT 8
+31 8 50 40 07 00	4 BI	CEFIJVWXY 9
reserveringen@rcn.nl	5 ACDEFHJKLM	ABHJPQRZ10
	B 10-16A CEE	€36,90
N 51°49'24" E 03°55'00"	13 ha 138**T**(100m²) 167**D**	€47,80

Autobahn Hellegatsplein-Oude Tonge-Ouddorp. In Ouddorp ist der CP ausgeschildert. 105390

Noordwijkerhout, NL-2211 ZC / Zuid-Holland

Sollasi	1 ADEG**JM**NOPQRST	LNQS 6
Duinschooten 14	2 ADGHIPRVWX	AB**FG** 7
15 Mär - 1 Nov	3 B**LM**	ACDFNRTW 8
+31 2 52 37 64 37	4 BCHIO	V 9
info@sollasi.com	5 ADEFHK	ABCGHIJMO**P**R10
	Anzeige auf Seite 303 10A CEE	€32,00
N 52°17'04" E 04°30'19"	20 ha 50**T**(60-80m²) 125**D**	€35,00

A4, Ausfahrt Nieuw-Vennep, Richtung Lisse, Schildern Keukenhof folgen, Richtung Langeveldserslag. Nach Viadukt zweite Straße links. 100776

Rijnsburg, NL-2231 NW / Zuid-Holland

Vakantiepark Koningshof	1 ADE**IL**NOPQRS	ABEFGHN 6
Elsgeesterweg 8	2 AGPRSVX	ABDE**FG** 7
21 Mär - 31 Okt	3 BDE**FLMN**X	ABCDEFJKNQRTUVW 8
+31 7 14 02 60 51	4 **AB**DHILO	EFVW 9
info@koningshofholland.nl	5 ACDEFHL**MN**	ABEFGHIJPQRZ10
	Anzeige auf dieser Seite B 10A CEE	€42,80
N 52°11'58" E 04°27'16"	8,7 ha 200**T**(80-100m²) 124**D**	€54,10

A44, Ausfahrt 7 Oegstgeest/Rijnsburg, Richtung Rijnsburg. In Rijnsburg CP-Beschilderung folgen. 101320

Oostvoorne, NL-3233 XD / Zuid-Holland

Gorshoeve	1 AEG**IK**NOPRT	6
Kamplaan 4	2 PVX	AB**FG** 7
1 Apr - 1 Okt	3 AB**LM**	ABE**F**NQRTW 8
+31 1 81 48 23 18	4 H	J 9
info@camping-gorshoeve.nl	5 ALMN	ABEGHJ**P**ST10
	6A CEE	€22,50
N 51°55'16" E 04°07'05"	2,5 ha 40**T**(100m²) 67**D**	€30,30

N15 Europoort-Oostvoorne. N218 Oostvoorne, Ausfahrt Kruiniger Gors. Den Schildern 'Camping Gorshoeve' folgen. 113303

Midicamping Van der Burgh

Alles was man von einem modernen Camping erwarten darf...schönes Ambiente, gratis Ponyreiten, Streichelzoo, Brotservice, Spielplatz, Animation (Hochsaison), Hunde gestattet (angeleint). Im Polder zwischen Hellevoetsluis und Rockanje gelegen.
- 300m vom St. Annabos • 700m von den Voorner Dünen
- 2,5 km vom Strand • direkt am Radwegenetz
- entdecken Sie die schöne Umgebung der südholländischen Inseln.

Voet- of Kraagweg 9, 3235 LL Rockanje
Tel. 0181-404179 • Fax 0181-404866
E-Mail: info@midicamping.nl • Internet: www.midicamping.nl

Rockanje, NL-3235 LL / Zuid-Holland

Midicamping Van der Burgh	1 AEG**JM**NOPQRST	6
Voet- of Kraagweg 9	2 PWX	A**BFG** 7
1 Jan - 31 Dez	3 BIMU	ABCDE**FG**JNPQRUVW 8
+31 1 81 40 41 79	4 BHK	EVY 9
info@midicamping.nl	5 AMN	ABDFGHJ**P**QRZ10
	Anzeige auf dieser Seite 10A CEE	€24,25
N 51°51'23" E 04°05'36"	5 ha 85**T**(150m²) 29**D**	€31,00

Rotterdam-Europoort A15, Ausfahrt 12 Richtung Brielle. N57 Rockanje dort die N496, in Rockanje ausgeschildert. 121013

Club iD

Ihr Pass oder Ausweis sicher in der Tasche
Die praktische ACSI Clubkarte

Nur **4,95 €** im Jahr

- kann als Ausweisersatz an der Rezeption hinterlegt werden
- wird auf fast 8 800 Campingplätzen in ganz Europa akzeptiert
- Rabatte im ACSI Webshop

www.ACSIClubID.de

CAMPING SOLLASI & LE PARAGE

Ruhe & Freiraum

Camping Sollasi (Noordwijkerhout) liegt zwischen den Blumenzwiebelfeldern und direkt am Oosterduinse See. Camping Le Parage (Noordwijk) liegt direkt am Rand der Naturlandschaft 'Het Hollands Duin'. Beide Campingplätze sind großzügig angelegt und haben moderne Einrichtungen.

Meer, Strand und Reitschule 't Langeveld' (mit Möglichkeit für Außenritte) sind ganz in der Nähe. Im Areal von Sollasi sind gleich zwei Tennisplätze vorhanden. Kurzum, zwei herrliche Campingplätze für Jung und Alt in einem der schönsten Küstengebiete der Niederlande!

BESTELLEN SIE UNSEREN GRATIS PROSPEKT

Ort: Noordwijk/Noordwijkerhout

Für weitere Informationen rufen Sie an:
Sollasi 0252-376 437 • Le Parage 0252-375 671

EuroCampings — Buchen Sie jetzt Ihren Stellplatz oder Ihre Mietunterkunft über ACSI

www.Eurocampings.de

Rockanje, NL-3235 LA / Zuid-Holland
- Molecaten Park Rondeweibos
- Schapengorsedijk 19
- 27 Mär - 31 Okt
- +31 1 81 40 19 44
- rondeweibos@molecaten.nl

1	ADEJMNORT	ABFN 6
2	EHOPQVWX	ABDEFGH 7
3	BFMNS	ABCDEFLNQRTUVW 8
4	FHINOPQ	EVY 9
5	ACDEFLM	ABEFGHIJPRZ10

Anzeige auf Seite 357 10A CEE
32 ha 100T(80m²) 858D
① €46,30 ② €51,10

N 51°51'25" E 04°05'04"
A15/N57. Ausfahrt Rockanje. Den Schildern Rondeweibos folgen. 108376

Rockanje, NL-3235 CC / Zuid-Holland
- Molecaten Park Waterbos
- Duinrand 11
- 27 Mär - 31 Okt
- +31 1 81 40 19 00
- waterbos@molecaten.nl

1	ADEHKNORT	ABFGN 6
2	PQVWXY	BEFG 7
3	BFMS	ABCDEFJLMNQRTUVW 8
4	HILOP	ABEJVY 9
5	ABDEK	ABEFGHJPRZ10

Anzeige auf Seite 357 B 10A CEE
7,5 ha 118T(100m²) 268D
① €41,95 ② €46,70

N 51°52'48" E 04°03'15"
A15, Ausfahrt Europoort nehmen, Richtung Hellevoetsluis, Ausfahrt Rockanje, danach den Schildern folgen. 108295

Stellendam, NL-3251 AG / Zuid-Holland
- Vlugtheuvel
- Eendrachtsdijk 10
- 15 Mär - 1 Nov
- +31 1 87 49 12 81
- info@vlugtheuvel.nl

1	AEILNOPQRST	6
2	PVX	ABFGHK 7
3	BMS	ABCDEFNQRUVW 8
4	FH	XY 9
5	N	ABFGHJPQRZ10

16A CEE
7 ha 50T(180-200m²) 79D
① €23,50 ② €29,50

N 51°48'01" E 04°01'58"
Von Rotterdam die N57, Ausfahrt Stellendam-Noord. Am Ende der Ausfahrt links der Straße folgen. 121027

Warmond, NL-2362 AH / Zuid-Holland
- Spijkerboor
- Boekhorsterweg 21
- 1 Apr - 1 Okt
- +31 7 15 01 88 69
- info@campingspijkerboor.nl

1	AEGILNORT	LNQSXYZ 6
2	ADGNPQRVWX	BEFG 7
3	BFM	ABCDEFJNQRUVW 8
4	I	JRV 9
5	BD	ABHIJPRZ10

6-10A CEE
4 ha 64T(80-100m²) 117D
① €26,00 ② €33,00

N 52°11'28" E 04°33'35"
A4, Ausfahrt 6 Hoogmade, Richtung Rijpwetering. Vor Oud Ade (CP-Schild). Vor Oud Ade an den Wassermühlen links ab, hinter der 2. Brücke links. 105430

Wassenaar, NL-2244 BH / Zuid-Holland
- Duinhorst
- Buurtweg 135
- 1 Apr - 30 Sep
- +31 7 03 24 22 70
- info@duinhorst.nl

1	DEHKNOPRST	ABF 6
2	AGPQWXY	ABDEFGH 7
3	BFLMNSU	ABCDEFGJKNQRTUVW 8
4	BHILOR	FV 9
5	ABDEFHKLMN	ABEFGHIJOPSTZ10

6-10A CEE
11 ha 181T(50-110m²) 212D
① €28,00 ② €40,50

N 52°06'39" E 04°20'36"
Ortsgrenze Den Haag-Wassenaar. Nur über die N440 (Landscheidingsweg) aus Richtung Den Haag, Ausfahrt Duindigt/Duinhorst folgen. CP mit ANWB-Schildern angezeigt. 105400

Wassenaar, NL-2241 BN / Zuid-Holland
- Maaldrift
- Maaldrift 9
- 1 Apr - 1 Okt
- +31 7 05 11 36 88
- campingmaaldrift@hotmail.com

1	ADEGJMNOPRT	6
2	APVWX	ABFG 7
3	AL	ABCDEFNQRTUVW 8
4	HIK	PQ 9
5	DEHN	ABCEHJRZ10

Anzeige auf dieser Seite B 6A CEE
3 ha 95T(50-100m²) 55D
① €22,75 ② €31,75

N 52°09'10" E 04°26'02"
Im Norden von Wassenaar (übergang A44/N44) an der Ampel abfahren, von Den Haag links, von Amsterdam rechts). Anschließend den CP-Schildern folgen. Die Straße läuft parallel zur A44. 105431

CAMPING MAALDRIFT
Einfacher, geschützter Campingplatz.
Neue Sanitäranlagen, inklusive Babyraum und Einrichtungen für Behinderte.
Ungefähr 7 km vom Strand am 'Wassenaarse Slag'.
Zwischen Leiden und Wassenaar gelegen.

Maaldrift 9, 2241 BN Wassenaar • Tel. 070-5113688
Internet: www.campingmaaldrift.nl

Wassenaar, NL-2242 JP / Zuid-Holland
- Vakantie- en attractiepark Duinrell
- Duinrell 1
- 1 Apr - 1 Nov
- +31 7 05 15 52 55
- info@duinrell.nl

1	DEJMNORT	ABEFGHI 6
2	ABGOPQWXY	ABDEFGH 7
3	BJLMRSUW	ABCDEFKNQRTUVW 8
4	BDFHILOPQ	BCGJLVWXY 9
5	ACDEFGHIJLMO	ABEGHIKLPQRYZ10

B 6A
20 ha 610T(80-100m²) 459D
① €47,50 ② €68,50

N 52°08'45" E 04°23'15"
Schildern 'Duinrell' (Vergnügungspark u/o CP) folgen. Beschildert ab der N44/A44 Den Haag-Leiden. 101319

Zevenhuizen, NL-2761 ED / Zuid-Holland
- Recreatiepark De Koornmolen
- Tweemanspolder 6A
- 1 Apr - 29 Sep
- +31 1 80 63 16 54
- info@koornmolen.nl

1	ADEGJMNOPQRST	ELNQS 6
2	ACDGPSWXY	ABDEFGH 7
3	BGLMS	ABCDFJLNQRTW 8
4	BCFHIKLOR	FJVY 9
5	ADEFKLMN	ABFHIJPRZ10

Anzeige auf dieser Seite B 6A CEE
6 ha 88T(50-140m²) 177D
① €25,50 ② €38,30

N 52°00'32" E 04°33'54"
A12 Ausfahrt 9 Zevenhuizen-Waddinxveen auf der A20 Ausfahrt 17 Nieuwerkerk a/d IJssel-Zevenhuizen. Dann Richtung Zevenhuizen. An der Feuerwehr links ab Tweemans Polder. Nach ca. 1 km rechts liegt die Einfahrt von De Koornmolen. 105433

Recreatiepark De Koornmolen

Der Campingplatz liegt mitten im Natur- und Freizeitgebiet Rottemeren. Sie sind in der prächtigen Natur untergebracht und für mehr Trubel können Sie in die umliegenden Städte Rotterdam, Den Haag, Zoetermeer und Gouda. Auch für Kinder wird genug angeboten, u.a. Tischtennis, Schwimmen und Fußball.
Vor Ort: Tierwiese und in den Ferien Animationsprogramm.

Tweemanspolder 6A, 2761 ED Zevenhuizen • Tel. 0180-631654
E-Mail: info@koornmolen.nl • Internet: www.koornmolen.nl

Zeeland

Aagtekerke, NL-4363 RJ / Zeeland
- Ardoer camping Westhove
- Zuiverseweg 2
- 27 Mär - 25 Okt
- +31 1 18 58 18 09
- westhove@ardoer.com
- N 51°33'21'' E 03°30'52''

1 AEGIKNORT EFGX 6
2 PVWX ABCEFGH 7
3 BDFLMS ABDFIJLNQRTUVW 8
4 HILOPQRST EVY 9
5 ACDEKMN ABDEFGHIJPRYZ 10
Anzeige auf Seite 311 B 6-10A CEE ① €50,00
8,4 ha 261T(81-100m²) 46D ② €61,50
100800

Von Middelburg den Schildern Domburg folgen. Vor Domburg ausgeschildert.

Baarland, NL-4435 NR / Zeeland
- Ardoer comfortcamping Scheldeoord
- Landingsweg 1
- 27 Mär - 1 Nov
- +31 1 13 63 99 00
- scheldeoord@ardoer.com
- N 51°23'47'' E 03°53'53''

1 CDEGJMNOPQRST ABEFGHKN 6
2 EFGHOPVX ABCDEFGH 7
3 BDFMNS ABCDEFIJKLMNRTUVW 8
4 ABEHIJLOPST CEFLV 9
5 ACDEFHKMN ABEFGHIJPRVZ 10
Anzeige auf Seite 311 16A CEE ① €47,00
17 ha 200T(120m²) 231D ② €59,00
100812

A58 Ausfahrt 's-Gravenpolder (35). Über 's-Gravenpolder nach Hoedekenskerke. Schildern 'Scheldeoord' folgen.

Brouwershaven, NL-4318 TV / Zeeland
- Den Osse
- Blankersweg 4
- 3 Apr - 25 Okt
- +31 1 11 69 15 13
- info@campingdenosse.nl
- N 51°44'18'' E 03°53'21''

1 ADEGJMNOPQRST ABFGNOQRSXYZ 6
2 OPVX ABDEFGH 7
3 BFMN ABCDEFNQRTUV 8
4 BCHILO EF 9
5 ABDEKN ABEFGHIJPQPRZ 10
Anzeige auf dieser Seite 6-16A CEE ① €43,60
8,5 ha 80T(80-120m²) 168D ② €58,60
105392

N59 Richtung Zierikzee. In Zierikzee Richtung Brouwershaven. In Brouwershaven ausgeschildert.

Brouwershaven, NL-4318 TM / Zeeland
- Noorder Nieuwland
- Schouwsedijk 1
- 15 Mär - 1 Nov
- +31 1 11 69 12 23
- info@campingnoordernieuwland.nl
- N 51°43'48'' E 03°54'29''

1 ADEJMNOPRST OX 6
2 DPVWX ABFGHIK 7
3 BM ABCDEFGJNQRTUVW 8
4 HIQ DJ 9
5 DN ABFGHJPRZ 10
10A CEE ① €26,30
2 ha 90T(90-120m²) 25D ② €38,10
108381

N59 Richtung Zierikzee, in Zierikzee Ausfahrt Brouwershaven. Vom Brouwershaven ausgeschildert.

Burgh-Haamstede, NL-4328 GR / Zeeland
- Ardoer camping Ginsterveld
- Maireweg 10
- 27 Mär - 1 Nov
- +31 1 11 65 15 90
- ginsterveld@ardoer.com
- N 51°42'59'' E 03°43'46''

1 ACEHKNOPQRT EFGNX 6
2 OPQVX ABDFGK 7
3 BFMV BCDEFIJKLNQRTUV 8
4 HIL JVY 9
5 ACDEFGKLMN ABEGHIJPQRZ 10
Anzeige auf Seite 311 B 6-16A CEE ① €47,30
14 ha 310T(80-100m²) 311D ② €60,60
100801

Ab Burgh-Haamstede ausgeschildert. Der R107 folgen.

Camping Den Osse
Vermietung & Stellplätze gleich am Grevelingenmeer
Blankersweg 4 ● Brouwershaven ● Tel. 0111-691513 ● www.campingdenosse.nl

Deutschlands größter exklusiver ONLINE MARKTPLATZ für Wohnwagen und Wohnmobile
www.caraworld.de
In Zusammenarbeit mit promobil CARAVANING

Camping de Duinhoeve
Maireweg 7
4328 GR
Burgh-Haamstede

www.deduinhoeve.nl
info@deduinhoeve.nl
+31 (0)111 651 562

Niederlande

Burgh-Haamstede, NL-4328 GR / Zeeland

- De Duinhoeve B.V.
- Maireweg 7
- 21 Feb - 31 Dez
- +31 1 11 65 15 62
- info@deduinhoeve.nl

1 ADEG**JM**NOPQRS**T** N**X** 6
2 OPQVX AB**FG**H 7
3 AEF**JMN**V ABCDEFGK**L**NQRTW 8
4 HILO**TU** CEJLV 9
5 CDEFLMN ABFGHIJLPQRZ 10
Anzeige auf dieser Seite B 10A CEE ❶ €37,80
47,5 ha 820**T**(100-110m²) 729**D** ❷ €40,60

N 51°43'07'' E 03°43'44''
A29 Dinteloord-Rotterdam. In Hellegatsplein Richtung Zierikzee. 105378
Dann Richtung Renesse/Haamstede. Route 107 folgen.

Burgh-Haamstede, NL-4328 PD / Zeeland

- Rozenhof
- Hogeweg 26
- 1 Apr - 31 Okt
- +31 1 11 65 13 28
- rozenhof@zeelandnet.nl

1 AE**JM**NOPQRT **X** 6
2 OPQVWX AB**FG**H 7
3 BM ABCDE**FG**JKNPQRTUV 8
4 ILO EJ 9
5 DEKMN ABFGHIJ**P**STZ 10
B 10A CEE ❶ €35,75
N 51°41'20'' E 03°43'40'' 3,5 ha 47**T**(80-130m²) 115**D** ❷ €38,55
A29 Dinteloord-Rotterdam. In Hellegatsplein Richtung Zierikzee. 105380
Dann Richtung Haamstede. N57 folgen, dann R110.

Mit der ganzen Familie nach:

- West-Zeeuws-Vlaanderen, mit außerordentlich vielen Sonnenstunden.
- **GRATIS WIFI**
- An ein Naturgebiet grenzend.
- Breiter Sandstrand.
- An den Radrouten mit Knotenpunktsystem (auch Belgien).
- Sehenswürdigkeiten: Sluis, Brugge, Knokke und Gent.
- Allein reisende Jugendliche und Wohnmobile nehmen wir nicht auf.

Familie F. de Winter • Strijdersdijk 9 • 4506 HR Cadzand • Tel. 0117-391497
Internet: www.dehoogtecadzand.nl

Für einen endlosen Urlaub!

Burgh-Haamstede, NL-4328 GV / Zeeland

- Groenewoud
- Groenewoudswegje 11
- 28 Mär - 25 Okt
- +31 1 11 65 14 10
- info@campinggroenewoud.nl

1 AHKNOPQRT ABFGLN**X** 6
2 DGPQVWX ABDE**FG**H 7
3 BFMV ABCDE**FG**JNQRTV 8
4 FHILO**P**R VY 9
5 ADEFKLM ABDEFGHJ**P**RZ 10
Anzeige auf dieser Seite 10A CEE ❶ €35,55
17 ha 62**T**(100-125m²) 140**D** ❷ €43,95

N 51°42'29'' E 03°43'18''
Von Burgh-Haamstede Richtung Leuchtturm. Ab Ampeln vierte 107673
Straße links, nach 200m liegt der CP links.

Cadzand, NL-4506 HR / Zeeland

- De Hoogte
- Strijdersdijk 9
- 1 Apr - 31 Okt
- +31 1 17 39 14 97
- info@dehoogtecadzand.nl

1 AE**JM**NOPQ**T** KNQ 6
2 EHPVWX AB**D**E**FG**H 7
3 AB**FL**MSV AE**F**HJNPQRW 8
4 BCHL EJ 9
5 DMN ABHIJPST 10
Anzeige auf dieser Seite 6A CEE ❶ €24,45
N 51°22'58'' E 03°25'54'' 4,5 ha 120**T**(80-100m²) 122**D** ❷ €33,85
Über Terneuzen (Maut) Richtung Oostburg. An der Mühle in 105362
Cadzand rechts Richtung Cadzand-Bad. 2. Straße rechts und CP-Schildern folgen.

CAMPING GROENEWOUD

In unmittelbarer Umgebung vom Camping Groenewoud finden Sie schöne, weiße Strände und die schäumende Nordsee. Auf dem 17 ha prächtigen Naturgelände, an die Zeepeduinen grenzend, ist dieser Familiencamping ein einmaliger Platz für echte Urlaubserholung. Nur 6 bis 8 Minuten braucht man mit dem Fahrrad um die Dünenübergänge in der Nähe des Leuchtturms zu erreichen. Nirgendwo anders sind die Dünen so schön und so breit! Das Gelände hat einen schönen, großen Fisch- und Spielweiher für Kinder. Ein schöner Spielplatz mit dem 45 m² großen Springkissen und das neue Freibad im mediterranen Stil mit gemütlicher Gaststätte, machen Ihre Ferien komplett. Die Stellplätze haben 100 bis 125m² sind grün, gut gepflegt und bieten viel Privatsphäre. Kabel-TV, WLan, luxuriöse, nagelneue Sanitäranlagen mit Fußbodenheizung, Waschmaschine und Trockner, Bügelbrett und Bügeleisen machen Ihren Aufenthalt komplett.

Groenewoudswegje 11, 4328 GV Burgh-Haamstede
Tel. 0111-651410 • E-Mail: info@campinggroenewoud.nl
Internet: www.campinggroenewoud.nl

CAMPING DISHOEK
Dishoek

Gemütlicher Familiencampingplatz direkt an den Dünen des südlich gelegenen Nordseestrands mit gemütlichem Bistro/Café, Snackbar und Supermarkt.

roompot.de/acsi Servicenummer 040 - 55 55 78 78

Cadzand, NL-4506 HC / Zeeland
- De Wielewaal
- Zuidzandseweg 20
- 27 Mär - 1 Nov
- +31 1 17 39 12 16
- info@campingwielewaal.nl

1 ADE**IL**NOPR**T**   N 6
2 HPVWXY   AB**FG** 7
3 B**FLM**   AE**F**HNPQRTW 8
4 A**H**   J 9
5 A**D**N   ABGHJPSTZ 10
Anzeige auf dieser Seite   6-10A CEE
4,5 ha 90**T**(100-120m²)   31**D**
① €23,00
② €32,50

N 51°21'40"   E 03°25'30"
108594

Über Terneuzen (Maut) Richtung Oostburg, dann Richtung Cadzand. Hinter Kreisel R104 ist nach 500m der CP rechts.

De WIELEWAAL
camping-hoeve

Groß angelegt mit abwechselnder Bepflanzung, in einer schönen Polderlandschaft, im Fahrradbereich zur See. Der Campingplatz ist bekannt für seine gute Atmosphäre mit seinen, auf Naturerlebnis abgestimmten, Aktivitäten.

Zuidzandseweg 20, 4506 HC Cadzand
Tel. 0117-391216
E-Mail: info@campingwielewaal.nl
Internet: www.campingwielewaal.nl

Cadzand, NL-4506 HK / Zeeland
- Wulpen
- Vierhonderdpolderdijk 1
- 28 Mär - 25 Okt
- +31 1 17 39 12 26
- info@campingwulpen.nl

1 AEG**JM**NOPQRT   N 6
2 HOPVWX   ABDE**FG** 7
3 AB**FL**MSV   ABCDEFHJNQRTUVW 8
4 BCHILO   EVW 9
5 A**B**DHMN   ABCDFGHJPRZ 10
10A CEE
4,7 ha 135**T**(100-130m²)   75**D**
① €32,00
② €42,00

N 51°22'12"   E 03°25'00"
105369

Nach Ortseingang Cadzand an der Mühle rechts. Dann erste Straße rechts.

Camping Omnium

Suchen Sie einen schönen Stadtcamping in Zeeland am historischen Zentrum der Einkaufsstadt Goes? Die Suche hat ein Ende, kommen Sie auf unseren attraktiven Campingplatz. Er liegt neben einem Freizeitcenter mit *dem* Erlebnisbad von Zeeland, jeder Menge Attraktionen für Jung und Alt, u.a. Tropenwald und Sportanlagen und Squash. Das Zentralrestaurant ist jeden Tag für einen Snack und ein Getränk geöffnet.

Zwembadweg 3, 4463 AB Goes
Tel. +31 113233388 • Internet: www.omnium.nl

Cadzand-Bad, NL-4506 HT / Zeeland
- Molecaten Park Hoogduin
- Zwartepolderweg 1
- 1 Jan - 31 Dez
- +31 1 17 39 12 35
- hoogduin@molecaten.nl

1 ADE**JM**NOPQRST   KNQS 6
2 EHPVWX   ABDE**FG**H 7
3 ABD**FL**MSV   ABCDEFGJKNPQRTUVW 8
4 BCHI**Q**   JVW 9
5 ACDEHM   ABCEFGHJ**P**RYZ 10
B 10A CEE
10 ha 200**T**(95-120m²)   214**D**
① €50,25
② €55,65

N 51°23'04"   E 03°24'50"
101567

Via Terneuzen (Zoll) Richtung Oostburg via Schoondijke. Am zweiten Kreisel rechts Richtung Cadzand. An der Mühle in Cadzand rechts Richtung Cadzand-Bad. Siehe CP-Schildern.

Dishoek/Koudekerke, NL-4371 NT / Zeeland
- Dishoek
- Dishoek 2
- 27 Mär - 25 Okt
- +31 1 18 55 13 48
- info@roompot.nl

1 ACDEG**JM**NOPQRT   KMN 6
2 AEHPQVWX   ABDE**FG**H 7
3 ABFM   ABCDEFJNQRTUV 8
4 BIO**PQ**   VY 9
5 CDEFGHKMN   ABEFHIJ**P**RY 10
Anzeige auf dieser Seite   B 6A CEE
4,6 ha 270**T**(bis 80m²)   15**D**
① €49,00
② €53,00

N 51°28'08"   E 03°31'25"
105356

A58 bis Vlissingen, Ausfahrt Dishoek abfahren. Schildern folgen.

Domburg, NL-4357 RD / Zeeland
- Campingresort Hof Domburg
- Schelpweg 7
- 1 Jan - 31 Dez
- +31 1 18 58 82 00
- info@roompot.nl

1 ACDEG**JM**NOPQT   ABEHMN 6
2 EOPQVX   BE**FG**H 7
3 ABD**FJKM**N**OPR**   ABCDFLNQRTUVW 8
4 HIL**P**R**STVXYZ**   AEJVXY 9
5 CDEFKLMN   ABEHIJPQRZ 10
Anzeige auf Seite 307   B 6A CEE
20 ha 473**T**(80m²)   450**D**
① €57,00
② €60,95

N 51°33'33"   E 03°29'13"
105353

A58 Bergen op Zoom-Vlissingen, Ausfahrt Middelburg. Schildern Richtung Domburg folgen. In Domburg ausgeschildert.

Ellemeet, NL-4323 LC / Zeeland
- Klaverweide
- Kuijerdamseweg 56
- 15 Mär - 25 Okt
- +31 1 11 67 18 59
- info@klaverweide.com

1 ADEG**JM**NOPQRST   X 6
2 OPW   ABDE**FG** 7
3 BFMV   ABE**F**KNQRTUV 8
4 HIL**P**   VY 9
5 ACDEK   ABEFGHJNPR 10
Anzeige auf Seite 307   10A CEE
4 ha 76**T**(100-120m²)   41**D**
① €40,80
② €43,60

N 51°43'55"   E 03°49'13"
109728

CP liegt an der N57 Brouwersdam-Serooskerke, Ausfahrt Ellemeet.

Goes, NL-4463 AB / Zeeland
- Omnium
- Zwembadweg 3
- 1 Apr - 1 Okt
- +31 1 13 23 33 88
- info@omnium.nl

1 ADG**JM**NORST   E**F**GHI 6
2 AGPWXY   AB**FG** 7
3 AD**FJLN**P**SW**   ABCDEFJNQRW 8
4 BFHK**SUVYZ**   L 9
5 DEFHIK   ABFHIJPQTUZ 10
Anzeige auf dieser Seite   B 6A CEE
1 ha 54**T**(50-100m²)
① €23,00
② €36,00

N 51°30'36"   E 03°53'49"
107851

A58 Ausfahrt Goes. An der Ampel rechts ab. Dann Richtung Haten fahren (Freizeitgebiet 'De Hollandse Hoeve'/Omnium).

Groede, NL-4503 BL / Zeeland
- De Ploeg
- Voorstraat 47
- 15 Mär - 5 Nov
- +31 6 21 53 89 28
- campingdeploeg@hetnet.nl

1 FG**JM**NOPQRST   6
2 OPVWX   ABDE**FG**H 7
3 AMSU   ABEFNRT 8
4   9
5 DN   ABFGHJPRWX 10
4A CEE
3,5 ha 50**T**(80-100m²)   100**D**
① €27,40
② €39,30

N 51°22'55"   E 03°30'43"
108393

Durch Westerscheldetunnel Richtung Breskens. Vor Breskens Richtung Groede. CP befindet sich am Ortseingang.

Strandcamping Valkenisse
Der Familiencampingplatz an der seeländischen Rivièra

- Komfort Stellplätze
- Privat Badezimmer
- Mietchalets
- Kinderparadies
- Tierwiese
- Restaurant
- Imbiss
- Supermarkt

KONTAKT
Valkenisseweg 64
4373 RR Biggekerke
T +31 (0)118 56 13 14
info@campingvalkenisse.nl
www.campingvalkenisse.nl

Niederlande

Groede, NL-4503 GC / Zeeland
- 🏠 Dusarduyn
- 🏕 Provinciale weg 3
- 📅 1 Apr - 31 Okt
- ☎ +31 6 50 43 59 53
- @ info@campingdusarduijn.nl
- 📍 N 51°22'57'' E 03°30'56''
- 🚗 Über Terneuzen (Maut) Richtung Breskens. Vor Breskens Richtung Groede. Achten Sie auf Km-Pfahl 2,3.

1 E**GIL**NOPQRST 6
2 OPVWX A**BFG**HK 7
3 A**L**MS AE**F**JNRVW 8
4   9
5 A**D**N BFGHJ**NPR**10
6A CEE
1,2 ha 45**T**(80-100m²) 20**D**
① €24,40
② €34,40
107864

Hoek, NL-4542 PN / Zeeland   CC€12
- 🏠 Oostappen Vakantiepark Marina Beach
- 🏕 Middenweg 1
- 📅 28 Mär - 31 Okt
- ☎ +31 1 15 48 17 30
- @ info@vakantieparkmarinabeach.nl
- 📍 N 51°18'52'' E 03°43'34''
- 🚗 An Straße N61, 4 km westlich von Hoek.

1 E**JM**NOPQRST LNQRST**X**YZ 6
2 D**FG**HOPQVWXY AB**DEFG**7
3 B**DFJ**MSUV ABCDE**FG**JKNQRTUVW 8
4 BCDEHIO**PQ** AEJV 9
5 ACDEFHKL ABEFGHIJMR10
Anzeige auf Seite 308   B 4-6A CEE
212 ha 475**T**(100-110m²) 779**D**
① €49,50
② €51,10
100810

Groede, NL-4503 PA / Zeeland   iD
- 🏠 Strandcamping Groede
- 🏕 Zeeweg 1
- 📅 26 Mär - 1 Nov
- ☎ +31 1 17 37 13 84
- @ receptie@strandcampinggroede.nl
- 📍 N 51°23'48'' E 03°29'21''
- 🚗 Vor Groede Richtung Strand. CP-Schildern folgen.

1 AE**JM**NOPQRST KMNQS 6
2 E**H**PVWX AB**DEFG**H 7
3 AB**FGLM**SUV ABCDEFGHJKN**P**QRTUVW 8
4 **A**BCDF**H**ILNO EJV 9
5 ACDEFHLM ABCEFGHIJMPQRYZ10
B 6-16A CEE
28 ha 706**T**(80-200m²) 378**D**
① €37,20
② €46,20
100808

CAMPINGRESORT HOF DOMBURG
Domburg

Vielseitiger Campingplatz am Nordseestrand mit Schwimmparadies, Kur- und Beautyzentrum, Indoor-Spielplatz, diversen Restaurants u.v.m.

roompot.de/acsi Servicenummer 040 - 55 55 78 78

Groot Valkenisse/Biggekerke, NL-4373 RR / Zeeland   CC€18   iD
- 🏠 Strandcamping Valkenisse bv
- 🏕 Valkenisseweg 64
- 📅 27 Mär - 24 Okt
- ☎ +31 1 18 56 13 14
- @ info@campingvalkenisse.nl
- 📍 N 51°29'32'' E 03°30'24''
- 🚗 Vlissingen-Koudekerke Richtung Zoutelande, Ausfahrt Groot Valkenisse. Von der A58 aus der N288 folgen: an der Ampel Biggekerke Ausfahrt Groot-Valkenisse.

1 AE**H**KNOQRT KMNQ 5
2 AE**H**PVWX AB**DEFG**K 7
3 A**D**FM ABCDE**FJKLM**NRTUV 8
4 BC**I**O**PQ** JV 9
5 AC**D**EF**KL**M**N** AB**D**EGHJP**Q**RYZ10
Anzeige auf dieser S.   B 10-16A CEE
10,2 ha 150**T**(100m²) 230**D**
① €45,00
② €57,00
105354

Heinkenszand, NL-4451 RL / Zeeland
- 🏠 Stelleplas
- 🏕 Stelleweg 1
- 📅 1 Apr - 1 Okt
- ☎ +31 1 13 56 39 56
- @ info@campingstelleplas.nl
- 📍 N 51°28'56'' E 03°47'50''
- 🚗 A58, Ausfahrt Heinkenszand. Ausgeschildert.

1 **JM**NOPQRST A**BFN** 6
2 A**D**GPWX AB**FG**H 7
3 A**F**MS ABCEFNRW 8
4 H EV 9
5 **D**EHKL AB**H**JR10
B 16A CEE
10 ha 15**T**(70-100m²) 197**D**
① €25,00
② €28,00
105385

Kamperland, NL-4493 NS / Zeeland   iD
- 🏠 Camping Anna-Friso
- 🏕 Strandhoekweg 1
- 📅 27 Mär - 1 Nov
- ☎ +31 1 13 37 12 36
- @ info@annafriso.nl
- 📍 N 51°35'49'' E 03°41'34''
- 🚗 A58 Bergen op Zoom-Vlissingen. Ausfahrt Zierikzee. Vor Zeelandbrücke Richtung Kamperland. In Kamperland ausgeschildert.

1 AE**IL**NOR**T** KN 6
2 E**H**PVWX AB**DEFG** 7
3 BS ABCDFNQRTUVW 8
4 HILO**P** JY 9
5 A**B**DELMN ABFGHJPRZ10
B 10A CEE
5 ha 31**T**(80-100m²) 235**D**
① €29,95
② €32,40
100802

Hengstdijk, NL-4585 PL / Zeeland   CC€18
- 🏠 Recreatiecentrum De Vogel
- 🏕 Vogelweg 4
- 📅 27 Mär - 8 Nov
- ☎ +31 1 14 68 16 25
- @ info@de-vogel.nl
- 📍 N 51°20'31'' E 03°59'25''
- 🚗 Die N61 Terneuzen-Zaamslag-Hulst über die Ausfahrt Vogelwaarde Richtung Hengstdijk. Den CP-Schildern folgen.

1 CE**JM**NOQRST EFG**H**LMNQSUXYZ 6
2 **D**GHOPVXY AB**DEFG**HK 7
3 B**F**HI**JM**N**S** ABCDE**FG**JKNQRT 8
4 BC**IJ**LO**PRST** EJPQRTVY 9
5 C**D**EFGHKLMN ABEFGHIJM**P**RVYZ10
Anzeige auf dieser Seite   B 6A CEE
54 ha 215**T**(100-110m²) 342**D**
① €37,00
② €47,00
105398

Teilkarte Zeeland auf Seite 304   **307**

Niederlande

Kamperland, NL-4493 NC / Zeeland

- de Molenhoek
- Molenweg 69A
- 4 Apr - 1 Nov
- +31 1 13 37 12 02
- info@demolenhoek.com

1 ADE**JM**NOPQRST	ABFG 6
2 PVX	AB**DEFG** 7
3 ABFMV	ABCDE**FGI**JNQRTW 8
4 H**I**LO**PQ**	AJVY 9
5 ABDEFKM	ABFGHIJPRZ10

Anzeige auf dieser Seite 6A CEE — €44,00 / €54,00
9,5 ha 75T(80-120m²) 302D
101565

N 51°34'44'' E 03°41'52''
A58 Bergen op Zoom-Vlissingen, Ausfahrt Zierikzee. Vor der Zeelandbrücke Richtung Kamperland. In Kamperland ausgeschildert.

ROOMPOT BEACH RESORT
Kamperland

Toller Familiencampingplatz direkt am kinderfreundlichen Strand mit subtropischem Schwimmparadies, umfangreichem Sport- und Animationsprogramm, Beach Club und Restaurant.

roompot.de/acsi Servicenummer 040 - 55 55 78 78

Kamperland, NL-4493 PH / Zeeland

- Roompot Beach Resort
- Mariapolderseweg 1
- 1 Jan - 31 Dez
- +31 1 13 37 40 00
- info@roompot.nl

1 ACDEG**J**MNOPT	EFGHIKNPQRS**XYZ** 6
2 EGHOPVX	ABCDE**FG**H 7
3 ABDFG**JM**N**OPRS**T**U**VABCDEFJKLNQRTUVW 8
4 **A**HILN**OPQ**S**TU**V	AEJMVY 9
5 ACDEFGHILM	ABDEHI**J**O**P**QRYZ10

Anzeige auf dieser Seite 6-16A CEE Preise auf Anfrage
72 ha 584T(90-115m²) 1096D 101398

N 51°35'23'' E 03°43'17''
A58 Bergen op Zoom-Vlissingen, Ausfahrt Zierikzee. Vor der Zeelandbrücke Richtung Kamperland. In Kamperland ausgeschildert.

Kamperland, NL-4493 CX / Zeeland

- RCN vakantiepark de Schotsman
- Schotsmanweg 1
- 27 Mär - 2 Nov
- +31 8 50 40 07 00
- reserveringen@rcn.nl

1 ACDEG**IL**NOPRT	ABFGHLNQRS**XYZ** 6
2 DGPQX	ABDE**FGH** 7
3 BFG**JM**N	ABCDEFNQRTUVW 8
4 **A**BHIL	IJLMPRVY 9
5 CDEFKLMN	ABDEFGHJPQRZ10

10-16A CEE — €40,45 / €50,90
30 ha 668T(100m²) 233D 105383

N 51°34'06'' E 03°39'48''
A58 Bergen op Zoom-Vlissingen, Ausfahrt Zierikzee. Vor Zeelandbrücke Richtung Kamperland. In Kamperland ausgeschildert.

Kortgene, NL-4484 NT / Zeeland

- Ardoer vakantiepark de Paardekreek
- Havenweg 1
- 27 Mär - 8 Nov
- +31 1 13 30 20 51
- paardekreek@ardoer.com

1 AE**JM**NOPQRST ABCL**N**QRSW**XYZ** 6
2 DGOPVX AB**FGH** 7
3 BDEFGMU ABCDEFJKNQRTUV 8
4 HILO**PQSTU**V CEFJVY 9
5 ACDE**L**N ABEFGHIJMPQRYZ10

Anzeige auf Seite 311 10A CEE — €50,95 / €62,40
10 ha 120T(80-120m²) 271D 105384

N 51°33'04'' E 03°48'28''
A58 Bergen op Zoom-Vlissingen, Ausfahrt Zierikzee. Richtung Zierikzee, Ausfahrt Kortgene. Ab dort ausgeschildert.

Kruiningen, NL-4416 RE / Zeeland

- den Inkel recreatie
- Polderweg 12
- 1 Jan - 31 Dez
- +31 1 13 32 00 30
- info@deninkel.nl

1 DEG**JM**NOPQRST	ABEFGH**NX** 6
2 ADEGIPVWXY	ABDE**FGH** 7
3 BF**IM**N**S**V	ABCDEF**IJ**KNRTUV 8
4 B**I**O**PQS**	EV 9
5 BDEFHKLMN	ABEFGHIJ**P**STYZ10

Anzeige auf Seite 309 B 6-10A CEE — €26,00 / €34,40
8 ha 75T(120m²) 144D 100811

N 51°26'04'' E 04°02'43''
A58 Ausfahrt 32 Kruiningen. Schildern folgen.

Middelburg, NL-4335 BB / Zeeland

- Stadscamping Zeeland
- Koninginnelaan 55
- 1 Jan - 31 Dez
- +31 1 18 85 65 50
- info@stadscampingzeeland.nl

1 ADE**IL**NOPQRST	6
2 AIVW	AB**FG** 7
3 AM	ABCDEFJ**L**NPQRTUV 8
	JV 9
5 A	ABFGHJPRZ10

Anzeige auf dieser Seite 16A CEE — €35,00 / €38,00
4 ha 120T(100-120m²) 15D 101334

N 51°29'49'' E 03°35'49''
A58 Bergen op Zoom-Vlissingen. Ausfahrt Middelburg, von der A58 Ausfahrt 38 dann Breewijk/Griffioen, in die folgende Straßen abbiegen: Laan der Verenigde Naties, Breeweg, Koninginnelaan.

- Stadt Middelburg in 10 Min. zu Fuß
- zentrale lage auf Walcheren (Zeeland)
- ruhige Atmosphäre
- Gratis WLAN, Strom und Duschen
- kaum Kinder!
- SEHR saubere Anlagen
- großes Sortiment an Plätzen
- ganzjährig geöffnet

Koninginnelaan 55, 4335 BB Middelburg • Tel. +31 118856550
info@stadscampingzeeland.nl • www.stadscampingzeeland.nl

Nieuwvliet, NL-4504 AA / Zeeland

- Ardoer camping International
- St. Bavodijk 2D
- 27 Mär - 25 Okt
- +31 1 17 37 12 33
- international@ardoer.com

1 ADE**IL**NOPQRST	F**N** 6
2 HPVWX	ABDE**FGH**K 7
3 ABDEF**L**MNSUV	ABCDEFJLNQRTUVW 8
4 BH**I**KLO**Q**	EFJLV 9
5 ABDEFMN	ABCDEFGHIJ**P**STYZ10

Anzeige auf Seite 311 6A CEE — €40,90 / €50,90
8 ha 112T(80-140m²) 149D 105365

N 51°22'28'' E 03°28'10''
Über Terneuzen (Maut) Richtung Breskens. Vor Breskens Richtung Groede und nach Nieuwvliet fahren. Im Kreisel R102 rechts abbiegen. CP kommt nach 700m.

Euro**Campings**

Bewerten Sie einen Campingplatz und gewinnen Sie mit etwas Glück ein iPad.

www.Eurocampings.de

Nieuwvliet, NL-4504 PN / Zeeland

- 't Schorre
- Zeedijk 18
- 27 Mär - 15 Okt
- +31 1 17 37 15 37
- trompet@zeelandnet.nl

1 A**J**MNOPQR**T** KMN**QS** 6
2 EHPVWX AB**DEFG**HK 7
3 A**J**LM ACD**F**JNPQRTW 8
4 HIO**Q** EFVY 9
5 AD**MN** ABFHJP**R**Z 10
10A CEE ① €25,60
1,8 ha 18T (60-80m²) 65D ② €35,50

105361

N 51°23'04'' E 03°26'38''
Über Terneuzen (Maut) Richtung Breskens, weiterfahren bis Nieuwvliet bis zum Kreisel 103. Dort rechts ab.

Nieuwvliet-Bad, NL-4504 PT / Zeeland (CC €18)

- Schippers
- Baanstpoldersedijk 6
- 3 Apr - 30 Okt
- +31 1 17 37 12 50
- info@campingschippers.nl

1 AEG**J**MNOPRT KMN**QS** 6
2 EHPVWX AB**FGH** 7
3 AF**HIL**M ABC**DEF**JNQRTUVW 8
4 H 9
5 DN ABC**DF**HJORZ 10
10A CEE ① €35,00
4 ha 48T (80-150m²) 120D ② €45,00

107889

N 51°23'23'' E 03°27'23''
Über Terneuzen (Maut) Richtung Breskens. Vor Breskens über Groede nach Nieuwvliet. Im Kreisverkehr R102 Richtung Nieuwvliet-Bad. Siehe CP-Schilder.

Nieuwvliet-Bad, NL-4504 PS / Zeeland (CC €20)

- Ardoer camping Zonneweelde
- Baanstpoldersedijk 1
- 1 Jan - 31 Dez
- +31 1 17 37 19 10
- info@campingzonneweelde.nl

1 ADEG**J**MNOPQRST AB**FGN** 6
2 HPVWX AB**CDEFGH** 7
3 ABDE**F**LMSV ABC**DEFGJ**KN**P**QRTU**V** 8
4 BCHILO C**FJ**VWY 9
5 AC**D**E**F**G**L**M ABC**DEFGHJ**P**RYZ** 10
Anzeige auf Seite 311 10A CEE ① €55,40
7,5 ha 75T (130m²) 270D ② €69,60

105367

N 51°22'56'' E 03°27'28''
Über Terneuzen (Maut) Richtung Breskens. Vor Breskens über Groede nach Nieuwvliet. Im Kreisverkehr R102 rechts, dann ausgeschildert.

Noordwelle/Renesse, NL-4326 LJ / Zeeland

- Ardoer strandpark De Zeeuwse Kust
- Hellweg 8
- 1 Jan - 31 Dez
- +31 1 11 46 82 82
- zeeuwsekust@ardoer.com

1 ACE**J**MNOPQRST EFGKMN**X** 6
2 EHPVW AB**CDEFGH** 7
3 BDE**F**JM**N**V ABC**DEFIJ**KL**N**QRTUV 8
4 BCHIOTU ACEFVY 9
5 AB**EF**HLN AB**EF**GHJMPQRZ 10
Anzeige auf Seite 311 B 16A CEE ① €58,00
13,4 ha 168T (115-150m²) 359D ② €70,00

117770

N 51°44'16'' E 03°48'08''
A29 Dinteloord-Rotterdam. Vom Hellegatsplein Richtung Zierikzee, dann Richtung Renesse, Ellemeet, Scharendijke R101/Hellweg.

Oostburg, NL-4501 NE / Zeeland

- Boerderijcamping de Paardenwei
- Brugsevaart 12
- 1 Apr - 31 Okt
- +31 1 17 45 54 97
- info@trekpaardenwereld.nl

1 BEG**IL**NOPQRT 6
2 PWX AB**F** 7
3 A**HIL**S ABC**DEF**GJNQRTUW 8
4 AHIO AGJ 9
5 AD ABHJ**P**QRZ 10
B 10-16A CEE ① €25,00
0,8 ha 62T (100-120m²) 11D ② €35,00

119424

N 51°19'31'' E 03°27'01''
N253 (Rundweg Oostbrug) Kreisel zur N674, rechts ab Veerhoekdijk. CP liegt am Straßenende.

Oostkapelle, NL-4356 RE / Zeeland (CC €20)

- Ardoer Camping De Pekelinge
- Landmetersweg 1
- 27 Mär - 25 Okt
- +31 1 18 58 28 20
- pekelinge@ardoer.com

1 ADEG**J**KNOPQRST EF**GH** 6
2 GPVX AB**FGH** 7
3 B**DF**LM**N**V ABC**DF**JKL**N**QRTUVW 8
4 HIKLOP ACEFVY 9
5 ACDEK**M**N AB**EF**GHIJNP**Q**RY**Z** 10
Anzeige auf Seite 311 B 10A CEE ① €52,50
10 ha 273T (80-120m²) 175D ② €64,00

100799

N 51°33'25'' E 03°33'03''
A58 Bergen op Zoom-Vlissingen, Ausfahrt Middelburg. Schildern folgen, Domburg/Oostkapelle. In Oostkapelle ausgeschildert.

Oostkapelle, NL-4356 RJ / Zeeland (CC €20)

- Ardoer campingpark Ons Buiten
- Aagtekerkseweg 2A
- 3 Apr - 2 Nov
- +31 1 18 58 18 13
- onsbuiten@ardoer.com

1 ACEGHKNOPQRT AB**CEFGX** 6
2 OPVX AB**CDEFG**HIJ 7
3 B**DF**LMS ABC**DEF**GIJKL**N**QRTUVW 8
4 HILOTUV E**FJ**VY 9
5 AC**D**E**F**KL**N** AB**EF**GHIJPQRZ 10
Anzeige auf Seite 311 B 8-16A CEE ① €50,50
7,6 ha 308T (110-150m²) 89D ② €63,50

105351

N 51°33'47'' E 03°32'47''
A58 Bergen op Zoom-Vlissingen, Ausfahrt Middelburg. Schildern folgen, Domburg/Oostkapelle. In Oostkapelle ausgeschildert.

Oostkapelle, NL-4356 AM / Zeeland

- In de Bongerd
- Brouwerijstraat 13
- 29 Mär - 3 Nov
- +31 1 18 58 15 10
- info@campingindebongerd.nl

1 AEG**IL**NOPQRT EFG**X** 6
2 OPXY AB**CDEFG**HI 7
3 B**DF**LM BD**F**JKL**N**QRTUVW 8
4 HILO E**FJ**LVY 9
5 B**D**EK**M**N AB**EF**GHJMNP**R**Z 10
① €48,50
11,8 ha 315T (80-120m²) 142D ② €59,50

105352

N 51°33'52'' E 03°33'21''
A58 Bergen op Zoom-Vlissingen, Ausfahrt Middelburg. Schildern folgen, Domburg/Oostkapelle. In Oostkapelle ausgeschildert.

den inkel RECREATIE

Im Naturgebiet mit Wäldern, Angelteichen und beheiztem Freibad (gratis). Verkauf und Vermietung von Chalets, großzügige Stellplätze, nahe Oosterschelde und Westerschelde.

Nordseestrand in 25 Minuten mit dem Auto.

Polderweg 12, 4416 RE Kruiningen
Tel. 0113-320030 • Fax 0113-320031
E-Mail: info@deninkel.nl • Internet: www.deninkel.nl

Ouwerkerk, NL-4305 RE / Zeeland (CC €16)

- de Kreekoever
- Baalpapenweg 1
- 1 Apr - 1 Nov
- +31 1 11 64 14 54
- kreekoever@zeelandnet.nl

1 A**J**MNOPQRST N**X** 6
2 GOPRVX AB**DEFGH** 7
3 A**F**LMU AB**EF**JKNQRTVW 8
4 BCDFHI EV 9
5 AC**DM** AEGHIJPSTZ 10
Anzeige auf dieser Seite B 6-10A ① €23,80
5,5 ha 49T (80-110m²) 172D ② €27,80

112289

N 51°37'24'' E 03°59'06''
Über N59, Ausfahrt Ouwerkerk. In Ouwerkerk, den CP-Schildern folgen.

Camping de Kreekoever

Ist ein ruhiger und geselliger Familiencamping gelegen am Krekengebiet von Ouwerkerk und im Fahrradbereich zur Oosterschelde und nach Zierikzee. Sie können angeln, Rad fahren, tauchen, baden usw. Campingplatz vorhanden. Hunde erlaubt. Animationsteam in der Hochsaison. Mobilheimvermietung. Komfortplätze.

Baalpapenweg 1, 4305 RE Ouwerkerk • Tel. 0111-641454
E-Mail: kreekoever@zeelandnet.nl • Internet: www.dekreekoever.nl

Ouwerkerk, NL-4305 RJ / Zeeland

- De Vier Bannen
- Weg v.d. Buitenl. Pers 1A
- 15 Mär - 31 Okt
- +31 1 11 64 20 44
- info@vierbannen.nl

1 AE**IL**NOPQRST KLNPQ**X** 6
2 DEGPQWXY AB**DFG** 7
3 A**F**LMSVX AEFNQRT 8
4 BHIO DVWY 9
5 AD**LN** ABHIJPST 10
Anzeige auf dieser Seite B 16A CEE ① €29,00
6 ha 150T (120-170m²) 4D ② €43,00

109734

N 51°37'05'' E 03°59'29''
Über die N59, Ausfahrt Ouwerkerk. Dann ausgeschildert. An der Zeeland Brücke erste Straße rechts, danach rechts ab und dem Weg folgen. Camping liegt neben dem Watersnoodmuseum (Sturmflut Museum).

Renesse, NL-4325 DM / Zeeland

- Ardoer Camping Julianahoeve
- Hoogenboomlaan 42
- 29 Mär - 3 Nov
- +31 1 11 46 14 14
- info@julianahoeve.nl

1 ACDEHKNOPQRST EF**GH**N 6
2 EHPQVX AB**CDEFG**H 7
3 BDE**F**G**HI**MN ABC**DEF**JKL**N**QRTUVW 8
4 ILNQUV EJ 9
5 AC**DEF**HKL**M**N AB**EF**GHIKPRZ 10
Anzeige auf Seite 311 B 16A CEE ① €53,80
39 ha 314T (85-110m²) 1175D ② €65,60

105376

N 51°43'50'' E 03°45'19''
A29 Dinteloord-Rotterdam. In Hellegatsplein Richtung Zierikzee. Dann Richtung Renesse. Renesse-West, R104.

Camping De Vier Bannen

Willkommen auf dem Campinggelände De Vier Bannen. Wir haben große Plätze und verschiedene Spielanlagen für Kinder. Im Sommer nimmt der Förster die Kinder mit auf Entdeckung und abends wird Brot am Lagerfeuer gegrillt! WLAN und Duschen gratis. Neben unserem Gelände liegt das Hochwassermuseum mit der ganzen Geschichte der Katastrophe von 1953. Unser Campingplatz ist die ideale Ausflugsbasis für den Erholungs- und Aktivurlaub. Ruhe, Raum und Gastlichkeit sind uns sehr wichtig. Informieren Sie sich unverbindlich über unsere Angebote!

Weg v.d. Buitenl. Pers 1A, 4305 RJ Ouwerkerk • Tel. +31 111642044
E-Mail: info@vierbannen.nl • Internet: www.vierbannen.nl

Ruhige Lage mitten im Naturgebiet, 5 Min. zu Fuß zum Meer. Camping mit moderner Ausstattung. Mietchalets, Mietwohnwagen. Schwimmbad mit Cabriodach, Freizeitshop, Taverne mit Küche und Imbiss.

Scholderlaan 8 4325 EP Renesse Tel. +31 111 461309 www.campingduinhoeve.nl

Gemütlicher Familiencamping direkt an einem der breitesten Strände der Niederlande und gleich am belebten Badeort Renesse. Rad- und Wanderwege rundum, alles mögliche wird geboten und auch Ruhe kann man hier finden. Wir bieten Stellplätze von 80-125 m² (2 verschiedene Tarife) und große befestigte Wohnmobilplätze mit 100 m².

Hoogenboomlaan 28, 4325 DJ Renesse • Tel. 0111-461231
info@vakantieparkschouwen.nl • www.vakantieparkschouwen.nl

Renesse, NL-4325 DJ / Zeeland
- Vakantiepark Schouwen
- Hoogenboomlaan 28
- 20 Mär - 25 Okt
- +31 1 11 46 12 31
- @ info@vakantieparkschouwen.nl
- N 51°43'43'' E 03°45'48''
- 1 ADEHKNORT NX 6
- 2 NOQVXY ABCDEFGH 7
- 3 BFHIMV ABCDEFNRTUV 8
- 4 ILNPQ JV 9
- 5 CDEKMN ABEFGHIJOPSTZ 10
- Anzeige auf dieser Seite B 10A CEE €42,30
- 9 ha 80T(80-125m²) 310D €45,10
- A29 Dinteloord-Rotterdam. Bei Hellegatsplein Richtung Zierikzee. Dann Renesse. Renesse-West, R104. 105374

Renesse, NL-4325 DD / Zeeland
- De Brem
- Hoogenboomlaan 11A
- 1 Jan - 31 Dez
- +31 1 11 46 26 26
- @ info@campingdebrem.nl
- N 51°43'34'' E 03°45'03''
- 1 ACEGHKNOPQRST ABFNX 6
- 2 OPQVX ABDEFGH 7
- 3 BFMSV AFJKNQRTUV 8
- 4 ILP EJ 9
- 5 DFKMN ABEFGHIJPRZ 10
- 10-16A CEE Preis auf Anfrage
- 12 ha 100T(80-120m²) 329D
- A29 Dinteloord-Rotterdam. In Hellegatsplein Richtung Zierikzee. Dann Richtung Renesse R104. In Renesse-West ausgeschildert. 105377

Retranchement, NL-4525 ND / Zeeland
- De Wachtsluis
- Wachtsluis 1
- 1 Apr - 31 Okt
- +31 1 17 39 12 25
- @ info@wachtsluis.nl
- N 51°21'41'' E 03°22'48''
- 1 AEGJMNOPQRT KMNQRST 6
- 2 EHPQVWX ABDEFGH 7
- 3 ABLMU ABCDFJKLNQRTUVW 8
- 4 H Y 9
- 5 ADMN ABCHJPR 10
- Anzeige auf dieser Seite B 4-16A CEE €35,00
- 3 ha 90T(100-180m²) €41,40
- Über Terneuzen (Maut) bis Schoondijke. Richtung Oostburg, dann Richtung Cadzand. Weiter Richtung Retranchement. Dort rechts ab den CP-Schildern folgen. 116318

Der besondere Platz am Meer!

Schön gelegener, ruhiger Camping im **Naturgebiet**. Strand 800m!
Ideal für Radfahrer (Knoten 29).
TEEHAUS, Privatsanitär, beheiztes modernes Sanitär. Bei Het Zwin.

www.wachtsluis.nl +31-117-391225

Renesse, NL-4325 EP / Zeeland
- Duinhoeve
- Scholderlaan 8
- 14 Mär - 1 Nov
- +31 1 11 46 13 09
- @ receptie@campingduinhoeve.nl
- N 51°44'21'' E 03°46'39''
- 1 ACIKNOPQRST CDNX 6
- 2 EOPQVWX ABFGH 7
- 3 BFHIM ABCDFJKNQRTUVW 8
- 4 HIL EV 9
- 5 CDEFKLMN ABDEGHJPRZ 10
- Anzeige auf dieser Seite B 16A CEE €40,80
- 4,5 ha 200T(90-120m²) 34D €53,60
- A29 Dinteloord-Rotterdam, von Hellegatsplein Richtung Zierikzee. Danach Richtung Renesse. Route 101 und 102 folgen, danach ist der CP ausgeschildert. 101332

 **Detailkarte**

Renesse, NL-4325 LD / Zeeland
- International
- Scharendijkseweg 8
- 14 Mär - 1 Nov
- +31 1 11 46 13 91
- @ info@camping-international.net
- N 51°44'20'' E 03°47'19''
- 1 ACEJMNORST NQSXY 6
- 2 EOPQX ABDEFGH 7
- 3 BM ABCDEFJKNQRTUVW 8
- 4 HILOP JVW 9
- 5 ACDHMN ABEFGHIJPQRZ 10
- Anzeige auf dieser Seite B 16A CEE €45,00
- 3,1 ha 300T(80-100m²) 108D €57,00
- A29 Dinteloord-Rotterdam, in Hellegatsplein Richtung Zierikzee. Dann Richtung Renesse. An 1. Kreisverkehr Route 101 folgen. 105375

Camping International

Willkommen auf unserem gemütlichen Familiencamping, noch keine 100 Meter vom Strand. Große Campplätze, modernes Sanitär, jeden Morgen frische Brötchen, geselliger Bar....Wollen Sie nicht mal bei uns einen tollen Urlaub verbringen?

Scharendijkseweg 8, 4325 LD Renesse • Tel. 0111-461391
Fax 0111-462571 • E-Mail: info@camping-international.net
Internet: www.camping-international.net

Renesse, NL-4325 CP / Zeeland
- Molecaten Park Wijde Blick
- Lagezoom 23
- 1 Jan - 31 Dez
- +31 1 11 46 88 88
- @ wijdeblick@molecaten.nl
- N 51°43'07'' E 03°46'05''
- 1 ACDEGJMNOPQRST EFGX 6
- 2 OPQX ABCDEFGHK 7
- 3 BFHIMSX ABCDEFKLNQRTUVW 8
- 4 HILOP GJV 9
- 5 ACDEFKMN ABDEFGHIJNPQRZ 10
- Anzeige auf Seite 357 B 6-16A CEE €64,00
- 8 ha 218T(90-120m²) 131D €70,00
- Vor Renesse der R106 folgen. Ab hier ist der CP ausgeschildert. 105379

Die Orte in denen die Plätze liegen, sind auf der Teilkarte **fett** gedruckt und zeigen ein offenes oder geschlossenes Zelt. Ein geschlossenes Zelt heißt, dass mehrere Campingplätze um diesen betreffenden Ort liegen. Ein offenes Zelt heißt, dass ein Campingplatz in oder um diesen Ort liegt.

Qualitätscampingplätze in Zeeland

Ardoer
Campingplätze mit Herz

Duinoord	Burgh-Haamstede
Ginsterveld	Burgh-Haamstede
International	Nieuwvliet
Julianahoeve	Renesse
Meerpaal	Zoutelande
Ons Buiten	Oostkapelle
Paardekreek	Kortgene
Pekelinge	Oostkapelle
Scheldeoord	Baarland
Westhove	Aagtekerke (Domburg)
Zeeuwse Kust	Renesse
Zonneweelde	Nieuwvliet
Zwinhoeve	Retranchement

www.ardoer.com/**zeeland**

CAMPING DE ZANDPUT
Vrouwenpolder

Ruhiger Familiencampingplatz in einzigartiger Lage in den Dünen des Nordseestrandes und ganz in der Nähe eines geselligen Badeorts.

roompot.de/acsi Servicenummer 040 - 55 55 78 78

Retranchement/Cadzand, NL-4525 LX / Zeeland CC€18 iD
- Ardoer camping De Zwinhoeve
- Duinweg 1
- 27 Mär - 8 Nov
- +31 1 17 39 21 20
- @ zwinhoeve@ardoer.com

1 ADE**JM**NOPQRST   K**N**QRST 6
2 EHPVWX   ABDE**FGH** 7
3 AB**L**MS   ABCDEF**J**LNQRTUV**W** 8
4 BCHL   J 9
5 ABDEFHL   ABCDEFGHJP**RZ**10
Anzeige auf Seite 311   B 10A CEE   €44,45
9 ha 107T(80-125m²)   183D   €54,90

N 51°21'57'' E 03°22'26''   105370

Via Cadzand bis Cadzand-Bad fahren. Folgen Sie den Schildern 'Het Zwin'. Via Antwerpen bis Sluis, dort Richtung Retranchement fahren.

Resort Land & Zee
Campen auf verschiedene Arten. Der frühere Meeresarm bildet einen Natursee (mit Freizeitinselchen) von 2 ha, wo Sie campen und sich erholen können. Einmaliges Gebiet. Es gibt natürliche Spielelemente, wie Dünen mit einem Krabbeltunnel, Übergänge übers Wasser, Spielplatz, Amphitheater und Irrgarten im Maisfeld. Jeden morgen frische Brötchen an der Hotelrezeption. Gemütliches (Abhol)Restaurant.

Rampweg 28, 4326 LK Scharendijke
Tel. 0111-671785
E-Mail: info@landenzee.nl • Internet: www.landenzee.nl

Retranchement/Cadzand, NL-4525 LW / Zeeland CC€18 iD
- Cassandria-Bad
- Strengweg 4
- 27 Mär - 31 Okt
- +31 1 17 39 23 00
- @ info@cassandriabad.nl

1 AEG**IL**NOPQRST   N 6
2 HPVWX   AB**CFGH** 7
3 ABD**FL**MU   ABFHJNPQRTUV**W** 8
4 BCDHILO   EJVW 9
5 ADEFHMN   ABCDEFGHJP**RZ**10
Anzeige auf dieser Seite   10A CEE   €40,90
5,5 ha 110T(80-100m²)   111D   €43,30

N 51°21'57'' E 03°23'11''   100809

Über Terneuzen (Maut) bis Schoondijke, danach Ri. Oostburg nach Cadzand Ri. Retranchement. Dort rechts den Schildern nach. Oder N49 Antwerpen-Knokke, Ausfahrt Sluis. Nach 1 km links. Durch den Ort, dann links ab den Schildern folgen.

In der Nähe des **meeres** & des Naturschutzgebietes **Zwin**

www.cassandriabad.nl
Zeeuws-Vlaanderen +31(0)117 - 39 23 00

Retranchement/Cadzand, NL-4525 LW / Zeeland CC€18 iD
- Den Molinshoeve
- Strengweg 2
- 3 Apr - 10 Okt
- +31 1 17 39 16 74
- @ info@molinshoeve.nl

1 AE**JM**NOPRT   M**N**QR 6
2 FHPVWX   ABDE**FG**H 7
3 AB**L**MSU   ABCDEFGHJLNPQRTUV**W** 8
4 HI   Y 9
5 ADN   ABCDFGHJP**RZ**10
Anzeige auf dieser Seite   10A CEE   €32,00
5,2 ha 39T(160-190m²)   51D   €42,00

N 51°21'42'' E 03°23'01''   116319

Über Terneuzen (Maut) bis Schoondijke. Dann Ri. Cadzand. Weiter Ri. Retranchement, dort re. Den Hinweisen folgen. Oder N49 Antwerpen-Knokke, Ri. Sluis. Nach 1 km li Ri. Retranchement. Durch den Ort, dann li ab.

CAMPING DEN MOLINSHOEVE

Am Meer genießen ist immer super!
• Gastfreundlicher und ruhiger Campingplatz, umgeben von Ackerland und doch nahe am Strand • Panoramaplätze mit Fernsicht über die Polder • Neue und luxuriöse Sanitäranlagen mit Regenduschen • Platz für Fahrräder im Innenraum • Zoover 9,5 • Standard 10A Strom und kostenloses WLAN

Tel. +31 117391674
E-Mail: info@molinshoeve.nl • Internet: www.molinshoeve.nl

Scharendijke, NL-4322 NB / Zeeland iD
- De Vliedberg
- Elkerzeeseweg 42
- 1 Mär - 1 Nov
- +31 1 11 67 12 93
- @ camping@devliedberg.nl

1 ADE**GIL**NOPQRST   6
2 OPX   AB**CFG** 7
3 BMU   ABCDE**FG**JKNPQRTUV 8
4 BIO   9
5 ABDN   ABEFGHJMPSTZ10
  10A CEE   €36,80
5,5 ha 84T(120m²)   38D   €48,60

N 51°43'50'' E 03°50'31''   108383

N59 Zierikzee - Burgh-Haamstede, Ausfahrt Scharendijke. In Scharendijke ausgeschildert.

Scharendijke, NL-4322 NM / Zeeland CC€16 iD
- Duin en Strand
- Kuijerdamseweg 39
- 1 Jan - 31 Dez
- +31 1 11 67 12 16
- @ info@duinenstrand.nl

1 AEG**JM**NOPQRST   XY 6
2 OPX   AB**FG** 7
3 FM   ABCDE**F**JNQRUVW 8
4 HIMNOQ   AEL 9
5 ACEM**N**   ABDFGHJLPQST10
Anzeige auf dieser Seite   B 4-10A CEE   €33,00
8 ha 300T(60-100m²)   128D   €37,80

N 51°44'06'' E 03°49'40''   110752

N59 Zierikzee-Renesse, Rotterdam-Ouddorp folgen. Ausfahrt Ellemeet-Scharendijke, unten an der Ausfahrt links.

300m von der Nordsee und dem Grevelingenmeer! Ruhiger Camping in der Vor- und Nachsaison. Besonders für Wassersportler, Wanderer und Radfahrer.

Kuijerdamseweg 39, 4322 NM Scharendijke • Tel. 0111-671216
E-Mail: info@duinenstrand.nl • Internet: www.duinenstrand.nl

Scharendijke, NL-4326 LK / Zeeland CC€18 iD
- Resort Land & Zee
- Rampweg 28
- 1/1-5/1,21/2-7/11,18/12-24/12, 27-12/31-12
- +31 1 11 67 17 85
- @ info@landenzee.nl

1 ADEG**JM**NOPQRS**T**   6
2 EPVX   AB**FG**K 7
3 BMU   ABCDE**FG**JKNQRTUV**W** 8
4   GV 9
5 BLN   ABEFGHJPR10
Anzeige auf dieser Seite   4-16A CEE   €49,90
7 ha 57T(80-200m²)   16D   €60,90

N 51°44'17'' E 03°49'03''   117967

N59 Zierikzee-Renesse, Rotterdam Ouddorp folgen, Ausfahrt Ellemeet, Scharendijke, am Ausfahrtende links. Am Kreisel der Beschilderung 'Resort Land en Zee' folgen.

Ruhiger Campingplatz am Rande der Grenzstadt Sluis.
Der Eingang befindet sich an der Zuiddijkstraat.

Hoogstraat 68, 4524 LA Sluis
Tel. +31 (0)117-461662
E-Mail: info@campingdemeidoorn.eu
Internet: www.campingdemeidoorn.eu

Sluis, NL-4524 LA / Zeeland CC€18 iD
- De Meidoorn
- Hoogstraat 68
- 3 Apr - 25 Okt
- +31 1 17 46 16 62
- @ info@campingdemeidoorn.eu

1 AE**JL**NOPQRS**T**   N 6
2 OPVXY   ABDE**FGH** 7
3 BF**MN**S   ACDE**F**JNQRT 8
4 HIO**PQ**   GV 9
5 DEFGHMN   ABDFGHIJP**RZ**10
Anzeige auf dieser Seite   B 6A CEE   €28,00
5,5 ha 130T(80-120m²)   100D   €38,60

N 51°18'45'' E 03°23'33''   105372

In Sluis ausgeschildert. CP-Einfahrt über Zuiddijk, deshalb Nr. 51 ins Navi eingeben.

Nur bei Angabe dieses CC-Logos wird die CampingCard ACSI akzeptiert.

Siehe auch die Gebrauchsanweisung in diesem Führer.

St. Kruis/Oostburg, NL-4528 KG / Zeeland

- Bonte Hoeve
- Eiland 4
- 1 Apr - 1 Nov
- +31 1 17 45 22 70
- info@bontehoeve.nl

#		
1	A I L NOPQRST	NUX 6
2	OPVXY	ABDEFGH 7
3	BDFGLMSUV	ABCDFLNQRTUVW 8
4	BHIO	CEF 9
5	ABDEHMN	ABDEFHIJPRZ 10

Anzeige auf dieser Seite 10A CEE
9 ha 50T (100-130m²) 245D

① €36,85
② €47,25

N 51°18'06'' E 03°30'35''
CP liegt an der Straße Oostburg-St. Margriete (B).

105373

Vlissingen, NL-4384 NP / Zeeland

- De Lange Pacht
- Boksweg 1
- 1 Apr - 31 Okt
- +31 1 18 46 04 47
- delangepacht@zeelandnet.nl

#		
1	AG J M NOPQRS T	6
2	AOPVWX	ABDEFGH 7
3	AMS	ABCDEFGHIJNQRTUVW 8
4	I	9
5	DN	BFGJPR 10

B 10A CEE
1,2 ha 88T (120-150m²)

① €28,00
② €39,00

N 51°28'06'' E 03°33'17''
A58 bis Vlissingen folgen, dann Richtung Koudekerke. Direkt nach dem Ortseingang links zum CP.

110826

Vlissingen, NL-4382 CL / Zeeland

- De Nolle
- B.v.Woelderenlaan 1
- 1 Jan - 31 Dez
- +31 1 18 41 43 71
- info@camping-denolle.nl

#		
1	DEGJMNOPRST	KNQ 6
2	AEHPQRSVWX	ABFGH 7
3	A J MN	ABEFJNRTUVW 8
4	F	CJ 9
5	ABDMN	ABFHKPRW 10

6A CEE
1,3 ha 18T (70-80m²) 37D

① €29,50
② €41,50

N 51°27'06'' E 03°33'25''
A58 Vlissingen. Schildern 'boulevard' folgen.

105357

Vrouwenpolder, NL-4354 NN / Zeeland

- De Zandput
- Vroondijk 9
- 27 Mär - 25 Okt
- +31 1 18 59 72 10
- info.zandput@roompot.nl

#		
1	ACDE J MNOPT	NQ 6
2	EHPVWX	ABFGH 7
3	BFMV	ABCDFJNQRTUVW 8
4	HILO P	CJVWY 9
5	ACDELN	ABEHIJPRY 10

Anzeige auf Seite 312 6-10A CEE
12 ha 238T (70-110m²) 280D

① €48,00
② €51,95

N 51°35'11'' E 03°36'19''
A58 Bergen op Zoom-Vlissingen, Ausfahrt Middelburg, Oostkapelle-Vrouwenpolder. Im Ort ausgeschildert.

107660

Vrouwenpolder, NL-4354 KC / Zeeland

- Elzenoord
- Koningin Emmaweg 2a
- 1 Mär - 15 Nov
- +31 6 20 26 53 26
- info@elzenoord.nl

#		
1	AG H KNOPQRST	X 6
2	OPW	ABDEFG IK 7
3	ADIMUV	ABCDEF J LNPRTUV 8
4	HIKOQ	GJY 9
5	DN	ABEFGHJPR 10

B 10A CEE
2 ha 60T (140-215m²) 23D

① €46,50
② €49,00

N 51°34'42'' E 03°36'52''
A58 Bergen op Zoom-Vlissingen, Ausfahrt 38, dann die N57 bis Vrouwenpolder. In Vrouwenpolder ausgeschildert.

118939

Vrouwenpolder, NL-4354 KK / Zeeland

- Hofstede Molenzicht
- Lepelstraat 2
- 1 Apr - 27 Okt
- +31 1 18 59 12 48
- info@campinghofstedemolenzicht.nl

#		
1	A J MNOPQRST	X 6
2	PWX	ABF 7
3	ALMU	ABEFGJLNQRTUV 8
4	HIK	IY 9
5	DN	ABEFHJPR 10

B 16A CEE
2,5 ha 60T (150-180m²) 5D

① €38,50
② €41,00

N 51°34'17'' E 03°36'38''
A58 Bergen op Zoom-Vlissingen, Ausfahrt 38, dann die N57 bis Vrouwenpolder. In Vrouwenpolder ausgeschildert.

122014

Wemeldinge, NL-4424 NC / Zeeland

- Linda
- Oostelijke Kanaalweg 4
- 1 Apr - 31 Okt
- +31 1 13 62 12 59
- info@campinglinda.nl

#		
1	AE J MNOPQRST	KNOPQS X 6
2	AEHIOPVX	ABDEFGH 7
3	BDFLMSVX	ABCDEF J KNQRTW 8
4	BFH	EFJVWY 9
5	ABDEHLM NO	ABEFGHJPRYZ 10

Anzeige auf dieser Seite 6-10A CEE
10 ha 52T (120m²) 263D

① €27,50
② €34,00

N 51°30'58'' E 04°00'27''
A58 Bergen op Zoom, Ausfahrt 33 Yerseke, Richtung Wemeldinge. Nach Brücke über Kanal erste Straße rechts, am Ende der Straße ausgeschildert.

105397

Westenschouwen/Burgh-Haamstede, NL-4328 RM / Zeeland

- Ardoer Camping Duinoord
- Steenweg 16
- 1 Jan - 31 Dez
- +31 1 11 65 88 88
- duinoord@ardoer.com

#		
1	AEG J LNOPQRST	FGN 6
2	EPQVW	ABDEFGH 7
3	AMSV	ABCDEF IJ KNQRTUVW 8
4	BHIL	E 9
5	ACDEGLMN	ABEFGHIJPSTZ 10

Anzeige auf Seite 311 4-6A CEE
4 ha 131T (110m²) 96D

① €46,05
② €54,70

N 51°40'19'' E 03°42'23''
N57 Zierikzee-Neeltje Jans. Ausfahrt Westenschouwen, weiterfahren bis zum Kreisverkehr, dort 3/4-Kehre. CP liegt an der linken Seite. Der R112 folgen.

108297

Wolphaartsdijk, NL-4471 NB / Zeeland

- 't Veerse Meer
- Veerweg 71
- 1 Apr - 1 Nov
- +31 1 13 58 14 23
- info@campingveersemeer.nl

#		
1	AG I LNOPQRST	KNX 6
2	ADOPVWXY	ABDE FGH 7
3	ABEF H ILMSUV	ABCDEF J KLNQRTUVW 8
4	BFHIO	EFVWXY 9
5	ADHN	ABCEFGHIJPST 10

Anzeige auf dieser Seite 6-10A CEE
9,5 ha 50T (100-140m²) 209D

① €25,00
② €31,00

N 51°32'40'' E 03°48'45''
A58 Bergen op Zoom-Vlissingen, Ausfahrt Zierikzee. Dann 2. Ausfahrt Wolphaartsdijk. CP ist ausgeschildert.

108389

Schöner Familiencamping mit großen Stellplätzen, auch mit Privatsanitär, Reisemobilplätzen und Mietmöglichkeiten!

www.campingveersemeer.nl
tel: +31 113 581423

Zoutelande, NL-4374 ND / Zeeland

- Janse
- Westkapelseweg 59
- 20 Mär - 1 Nov
- +31 1 18 56 13 59
- info@campingjanse.nl

#		
1	AEHKNOPQRST	LN X 6
2	EHOPQVW	ABFGH K 7
3	BFLMSU	ABCDE FG JKNQRTVW 8
4	BH	J 9
5	ABDM	ABEFGHJPRZ 10

Anzeige auf dieser Seite 6-10A CEE
2,5 ha 136T (95m²) 10D

① €35,50
② €44,50

N 51°30'37'' E 03°27'59''
A58 Vlissingen-Koudekerke-Zoutelande. In Zoutelande Richtung Westkapelle, ca. 2 km außerhalb Zoutelande.

107659

camping
JANSE
zoutelande

Westkapelseweg 59
4374 ND Zoutelande
Tel. 0118-561359
Internet:
www.campingjanse.nl

Zoutelande, NL-4374 NG / Zeeland

- Weltevreden
- Westkapelseweg 55
- 1 Jan - 31 Dez
- +31 1 18 56 13 21
- info@campingweltevreden.nl

#		
1	AEGHKNOP R T	KN 6
2	EHOPQVXY	AB CDEFGH 7
3	ABF LMS	ABCDEF JKLNQRTUV 8
4	BL X	JY 9
5	ABD	ABFGHJPR 10

6-10A CEE
2,5 ha 89T (80-90m²) 52D

① €42,00
② €42,00

N 51°30'32'' E 03°28'02''
A58 Vlissingen-Zoutelande. In Zoutelande Richtung Westkapelle, ca. 2 km nach Zoutelande 1. CP links.

107830

Campingplatzkontrolle

Alle Campingplätze in diesem Führer wurden im vergangenen Jahr von einem unserer 124 ACSI-Inspektoren besucht und begutachtet.

Sie erkennen diese Campingplätze an der Jahresprüfplakette, die meist im Rezeptionsbereich auf dem ACSI-Schild zu finden ist.

KAMPEERTERREIN DE ZEVEN LINDEN · SINDS 1938 ·

Nirgendwo in den Niederlanden gibt es so eine angenehme Vielfalt an Kultur und Natur.

Zevenlindenweg 4, 3744 BC Baarn • Tel. +31 356668330
E-Mail: info@dezevenlinden.nl • Internet: www.dezevenlinden.nl

Baarn, NL-3744 BC / Utrecht

▲ Allurepark De Zeven Linden	1 AEG**JM**NOPRST	6
Zevenlindenweg 4	2 ABOPVWXY	AB**DEFG**H 7
1 Jan - 31 Dez	3 ACFLMS	ABCD**FG**HIJKNPQRTUV**W** 8
+31 3 56 66 83 30	4 BFHI	FVW 9
@ info@dezevenlinden.nl	5 ABCDEM	ABCDFGHJM**P**QSTXZ10

Anzeige auf dieser Seite   B 6-10A CEE   ❶ €28,30
N 52°11'48''   E 05°14'49''   11,5 ha 326**T**(110m²)   6**D**   ❷ €34,60

An der N415 Hilversum-Baarn ist der CP ab ca. 2 km von Baarn gut ausgeschildert.   105500

Bilthoven, NL-3722 GZ / Utrecht

▲ Bos Park Bilthoven	1 ADE**JM**NOPQRT	AB**F**GH 6
Burg.van de Borchlaan 7	2 ABGOPQVWXY	AB**DEFG**H 7
1 Apr - 31 Okt	3 B**F**H**IJ**LMNV	ABCD**FG**HIKNPQRTUV**W** 8
+31 3 02 28 67 77	4 BFHIOQ	BD**F**J 9
@ info@bosparkbilthoven.nl	5 DEHKLM	ABCDEGHIJPQTUZ10

Anzeige auf dieser Seite   16A CEE   ❶ €31,40
N 52°07'52''   E 05°13'14''   20 ha 130**T**(bis 175m²)   508**D**   ❷ €36,85

An der Straße Den Dolder-Bilthoven ist der CP gut ausgeschildert.   105501

BOS PARK BILTHOVEN

Bos Park Bilthoven auf dem Utrechter Heuvelrug ist ein schöner Waldcamping mitten in den Sandverwehungen, mit großen (Saison) Komfortplätzen bis 175 m², umringt von prächtigen Bäumen.

Beheiztes Freibecken (auch ein Becken für die Kleinsten) und mehrere Spielgeräten. Von Ihrem Stellplatz spazieren oder fahren Sie mit dem Rad direkt in den Wald. Im Gehbereich vom Bahnhof für Ausflüge u.a. nach Utrecht und Amersfoort. Wir vermieten auch Coco Sweets für den Clamping Urlaub. Genießen Sie den Waldpark Bilthoven.

Burg. van de Borchlaan 7, 3722 GZ Bilthoven
Tel. 030-2286777 • E-Mail: info@bosparkbilthoven.nl
Internet: www.bosparkbilthoven.nl

Bunnik, NL-3981 HG / Utrecht

▲ Buitengoed de Boomgaard	1 ADEG**JM**NOPQRS**T**	LN 6
Parallelweg 9	2 ADOPRWXY	AB**DEFG** 7
28 Mär - 11 Okt	3 ABE**FL**MSW	ABCDE**F**GHJNPQRTW 8
+31 3 06 56 38 96	4 BDFHIKO	CHVY 9
@ buitengoeddeboomgaard.nl	5 ABDEHKMN	ABDFGHIJL**P**QSTYZ10

Anzeige auf Seite 315   6-10A CEE   ❶ €26,00
N 52°03'35''   E 05°11'56''   11 ha 200**T**(150m²)   66**D**   ❷ €33,00

A12 Ausfahrt 19 Bunnik/Ouijk/Wijk bij Duurstede. Nach der Ausfahrt sofort rechts in die Parallelweg.   118630

Doorn, NL-3941 ZK / Utrecht

▲ RCN Vakantiepark Het Grote Bos	1 ADEG**JM**NOPQRT	AB**F**GH 6
	2 ABGOPQRVWXY	AB**DEFG**H 7
Hydeparklaan 24	3 B**F**G**HIJ**LMN**RST**VX	ABCD**F**GHIJKNPQRTUV**W** 8
27 Mär - 2 Nov	4 BCD**EF**HINO**Q**	CEJUVWY 9
+31 8 50 40 07 00	5 ACDEFH**J**KLM	ABCDEFGHIJM**P**QRYZ10
@ reserveringen@rcn.nl		

B 10A CEE   ❶ €31,05
N 52°03'22''   E 05°18'49''   80 ha 350**T**(75-150m²)   471**D**   ❷ €37,05

A12 (Arnheim-Utrecht u.u.), Ausfahrt Driebergen. Dann ab Ort Beschilderung folgen. CP liegt in Dreieck Doorn-Driebergen-Maarn.   105523

In 2020 auf der Messe!

- **Stuttgart** CMT - 11. bis 19. Januar
- **Hannover** ABF - 29. Januar bis 2. Februar
- **München** F.re.e - 19. bis 23. Februar
- **Essen** Reise & Camping - 26. Februar bis 1. März
- **Nürnberg** Freizeit, Garten und Touristik - 27. Februar bis 1. März
- **Düsseldorf** Caravan Salon - 29. August bis 6. September

www.ACSI.eu

Teilkarte Utrecht auf Seite 314

Doorn, NL-3941 MN / Utrecht

- ▲ Vakantiepark Bonte Vlucht
- 🏠 Leersumsestraatweg 23
- 📅 1 Apr - 30 Okt
- ☎ +31 3 43 47 32 32
- @ info@bontevlucht.nl

1 ACDEHKNOPQRST	ABFG 6
2 BGOQRTWXY	ABDE**FGH**K 7
3 AB**FLMN**SUV	ABCDEFGJKNPQRTUVW 8
4 BCDFHINO**PQ**RS	IUVWY 9
5 ABDEFHKLN	ABCEFGHIJNO**P**QRZ 10
4-10A CEE	❶ €25,00
17 ha 70**T**(80-120m²) 185**D**	❷ €28,00

📍 N 52°01'40'' E 05°23'07'' 105524

🚗 Der CP liegt an der N225 zwischen Doorn und Leersum. Aus Richtung Doorn links und von Leersum aus rechts. Gut ausgeschildert.

Doorn, NL-3941 XR / Utrecht

- ▲ Vakantiepark De Maarnse Berg
- 🏠 Maarnse Bergweg 1
- 📅 27 Mär - 31 Okt
- ☎ +31 3 43 44 12 84
- @ info@maarnseberg.nl

1 ADEHKNOPQRST	F 6
2 ABPVWXY	ABD**EFGH** 7
3 ABCF**JL**MRS	ABCD**FG**HJNPRUVW 8
4 BCDFHI	IJ 9
5 ADEFHKLMN	ABCDHJPTUZ 10
Anzeige auf dieser Seite B 10A CEE	❶ €23,45
H55 20 ha 75**T**(100-225m²) 211**D**	❷ €32,75

📍 N 52°03'48'' E 05°21'06'' 100781

🚗 A12 ab Utrecht, an Ausfahrt Maarn/Doorn CP-Schild, unten zweimal rechts. A12 ab Arnheim, Ausfahrt Maarsbergen. Durch Maarn-Zentrum. An N227 ausgeschildert.

Leerdam, NL-4143 LP / Utrecht

- ▲ Camping Ter Leede
- 🏠 Recht van ter Leede 28a
- 📅 1 Apr - 1 Okt
- ☎ +31 3 45 59 92 32
- @ info@campingterleede.nl

1 AEFG**JM**NOPRS**T**	6
2 APRSWXY	ABDE**FG** 7
3 A	ABEFJNQRUW 8
4	J 9
5 A	ABCDFHIJPR 10
6-16A CEE	❶ €18,00
2,5 ha 45**T**(90-100m²) 11**D**	❷ €21,00

📍 N 51°54'19'' E 05°03'43'' 124653

🚗 A2 Utrecht Ausfahrt Leerdam (Ausfahr 12). Von Den Bosch Ausfahrt 15 bis Leerdam. Den Campingschildern 'Ter Leede' folgen.

Leersum, NL-3956 KD / Utrecht

- ▲ Molecaten Park Landgoed Ginkelduin
- 🏠 Scherpenzeelseweg 53
- 📅 27 Mär - 31 Okt
- ☎ +31 3 43 48 99 99
- @ landgoedginkelduin@molecaten.nl

1 ADEGHKNOPQRST	ABEFGH 6
2 ABGPQVWXY	ABCDE**FGH** 7
3 ABCDFG**HIJLMN**RS**T**UVX	ABCDEFGHIJKLNPQRTUVW 8
4 BCDEFGHIKMNO**PQTUV**	AGIJUVWY 9
5 ACDEFHJKLMN	ABCDEFGHIJ**P**RYZ 10
Anzeige auf Seite 357 B 10A CEE	❶ €43,40
H50 95 ha 220**T**(80-110m²) 233**D**	❷ €46,40

📍 N 52°01'46'' E 05°27'31'' 108286

🚗 N225, bei der Kirche im Zentrum von Leersum ist der CP ausgeschildert.

Maarn, NL-3951 KD / Utrecht

- ▲ Allurepark Laag Kanje
- 🏠 Laan van Laagkanje 1
- 📅 28 Mär - 27 Sep
- ☎ +31 3 43 44 13 48
- @ allurepark@laagkanje.nl

1 AEGHKNOPRST	LM**N** 6
2 BDGHOPRVWXY	ABE**FG** 7
3 ABCFG**HILMN**SV ABCDE**FG**HIJKNPQRTUVW 8
4 BCDFGHIKOQ	CFJUVW 9
5 ACDEFHJLMN ABCDEFGHIJ**PQ**RYZ 10
Anzeige auf dieser Seite B 10A CEE	❶ €27,00
30 ha 241**T**(100m²) 361**D**	❷ €30,60

📍 N 52°04'39'' E 05°22'46'' 101523

🚗 An der N227 Amersfoort-Doorn sowohl in Maarn als auch an Kreuzung 'Quatre Bras' gut ausgeschildert.

Renswoude, NL-3927 CB / Utrecht

- ▲ Allurepark De Lucht
- 🏠 Barneveldsestraat 49
- 📅 1 Apr - 30 Sep
- ☎ +31 3 42 41 28 77
- @ info@delucht.com

1 AEGJMNOPQRS**T**	ABCDFG 6
2 APWXY	AB**FGH** 7
3 ABCEF**HILMN**V	ABCDE**FG**HINPQRTVW 8
4 BFHIKR	EJVWY 9
5 ABDEFKN	ABCEFGHIJMO**P**RVXYZ 10
B 10A CEE	❶ €21,95
20 ha 90**T**(100m²) 303**D**	❷ €24,35

📍 N 52°06'13'' E 05°32'29'' 113410

🚗 A1, Ausf. Ede nehmen, Ri. Scherpenzeel (A30). Weiter Ri. Renswoude. Von der A12, Ausf. Maarsbergen, Ri. Woudenberg/Renswoude. In Renswoude den Schildern folgen.

Buitengoed de Boomgaard • Parallelweg 9, 3981 HG • BUNNIK
info@buitengoeddeboomgaard.nl • www.buitengoeddeboomgaard.nl

Mitten in Holland zwischen alten Obstbäumen oder auf einem der offenen Felder campen - für jeden ist was dabei. In der Region Kromme Rijn und dem nahen Utrechtse Heuvelrug tolle Radtouren durch Wälder und Wiesen. Lieber Unterhaltung in der Stadt? Der Campingplatz ist 7 km mit dem Fahrrad von Utrecht und der Zug bringt Sie in knapp 10 Minuten nach Utrecht CS oder in 40 Minuten nach Amsterdam CS.

Camping De Grebbelinie
www.campingdegrebbelinie.nl
Tel: 0318-591073

Renswoude, NL-3927 CJ / Utrecht

- ▲ Camping de Grebbelinie
- 🏠 Ubbeschoterweg 12
- 📅 1 Apr - 12 Okt
- ☎ +31 3 18 59 10 73
- @ info@campingdegrebbelinie.nl

1 AE**JM**NOPRST	L 6
2 ADFGPWX	AB**FG** 7
3 ABS	ABCDEFGIJKNPQRTUV 8
4 FGHIK	BFIVWY 9
5 ADJN	ABDEFGHIJPSTZ 10
Anzeige auf dieser Seite 6-10A CEE	❶ €27,00
4,5 ha 125**T**(105-140m²) 9**D**	❷ €37,00

📍 N 52°05'05'' E 05°33'04'' 119901

🚗 Von der A30 Ausfahrt Scherpenzeel. Am Kreisel geradeaus Richtung Renswoude (CP-Schildern folgen). Von der A12 Ausfahrt 23 Renswoude/Veenendaal. Der Beschilderung Ri. Renswoude folgen. Danach den CP-Schildern folgen.

Allure Park Laag Kanje

Tienhoven, NL-4235 VM / Utrecht

- ▲ De Koekoek
- 🏠 Lekdijk 47
- 📅 15 Mär - 1 Okt
- ☎ +31 1 83 60 14 91
- @ info@camping-dekoekoek.nl

1 AE**JM**NOPQR**T**	JNSW**XY** 6
2 CHOPQWX	AB**FG** 7
3 AFSV	ABCDE**FJ**NQRTW 8
4 BIO**Q**	9
5 DEHMO	ABIJPRYZ 10
4-6A CEE	❶ €21,00
23 ha 140**T**(100-250m²) 200**D**	❷ €23,00

📍 N 51°57'43'' E 04°56'43''

🚗 Hauptstraße Gorinchem-Schoonhoven, am Lekdijk rechts Richtung Ameide, Deich folgen, nach ca. 10 km links.

Vakantiepark De Maarnse Berg
via Bergweg in Maarn   Tel. 0343-441284

große Plätze | Privatsphäre | Utrechtse Heuvelrug | Waldgebiet | klein | gastlich | kinderfreundlich | verblüffende Gastronomie | Rad- und Wandergebiet

Vakantiepark "DE HEIGRAAF"
Auffallend vielseitig!

- Henschotermeer in 150m
- Aktivitäten für Jung und Alt
- Tourplätze
- (Vor-/Hoch-/Nach-) Saisonplätze
- Kauf- und Mietchalets/Mobilheime
- Gaststätte 'De Deel'/'De Feesterij'
- Snacks im Leckerdoppeldecker
- Überdachte Spielscheune
- Glamping
- Ideal für Gruppen

Henschotermeer

www.heigraaf.nl | Familie van de Lagemaat | De Heygraeff 9 | Woudenberg | info@heigraaf.nl | 033 286 50 66

van Helvoortlaan 36, 3443 AP Woerden
Tel. 0348-421320 • Fax 0348-409691
campingbatenstein@planet.nl
www.camping-batenstein.nl

Ruhiger Camping mit Saison- und Passantenplätzen, im Fußgängerbereich zur Ortsmitte von Woerden. Grenzt an ein ultramodernes Schwimmbad mit Fitnesscenter.

Woudenberg, NL-3931 MK / Utrecht
- 't Boerenerf
- De Heygraeff 15
- 27 Mär - 3 Okt
- +31 3 32 86 14 24
- info@campingboerenerf.nl

1 AE**JM**NOPRS**T** LM**N** 6
2 ADHOPRVWXY **ABDEFG**HJK 7
3 ABCFILMSUV ABCDE**F**JKNPQRTUVW 8
4 BFHIK DJUVWY 9
5 DMN ABDHIJ**P**RZ10
Anzeige auf dieser Seite 6-16A CEE
4,5 ha 50T(80-100m²) 99**D** ①€20,00 ②€25,50
110454

A28, Ausfahrt 5, Maarn/Amersfoort Zuid; A12, Ausfahrt Maarn/Doorn Richtung Amersfoort. N224 Richtung Woudenberg; 1. rechts, Henschotermeer. Nach 50m links und sofort rechts.

Woerden, NL-3443 AP / Utrecht
- Batenstein
- van Helvoortlaan 36
- 27 Mär - 25 Okt
- +31 3 48 42 13 20
- campingbatenstein@planet.nl

1 ADEG**JM**NOR**T** **EFGH**IN 6
2 APSVWX **ABDEFG**HIJ 7
3 BCM**R**SU ABCDEF**K**NQRTVW 8
4 FH**RST** DFVW 9
5 ADJM**N** ABDFGHJ**NP**ST10
Anzeige auf dieser Seite 6A CEE
N 52°05'34'' E 04°53'06'' 1,6 ha 40T(60-100m²) 73**D** ①€22,10 ②€30,10
100779

A2 Ausfahrt 5 Richtung Kockengen, danach Richtung Woerden (N212). In Woerden ist der CP ausgeschildert. Oder A12, Ausfahrt 14, danach den Schildern folgen.

Woudenberg, NL-3931 ML / Utrecht
- Vakantiepark De Heigraaf
- De Heygraeff 9
- 1 Apr - 24 Okt
- +31 3 32 86 50 66
- info@heigraaf.nl

1 AEHKNOPRS**T** LM**N** 6
2 ADHIOPVWXY **ABDEFGH**7
3 ABDF**G**HIL MSUV ABCDE**FGH**IJKL**N**PQRTUVW 8
4 BCDFHIK**Q** CDEUVW 9
5 ACDELM**N** ABCDEFGH**P**RYZ10
Anzeige auf dieser Seite B 4-16A CEE
N 52°04'47'' E 05°22'54'' 16 ha 250T(100-250m²) 326**D** ①€23,40 ②€30,60
105522

Über die A12 oder A28, Ausfahrt Maarn, von dort ausgeschildert.

- kinderfreundliches und groß angelegtes Campen auf dem Bauernhof
- schöne Spielgeräte, Go-Karts und Trampoline, Riesenspaß für jedes Kind • 'Henschotermeer' in 200 Meter vom Platz • prächtige Rad- und Spazierwege • Um noch mehr von der Umgebung zu sehen, begibt sich Bauer Gerard jede Woche auf ein Abenteuer mit dem Planwagen
- fast jeder Platz mit Strom, Kunstrasen und Abwasseranschluss
- gut gepflegte und vollausgestattete Sanitäranlagen. Mehr Infos und Vorschau bei Ferien auf dem Bauernhof auf unserer Webseite.

De Heygraeff 15, 3931 MK Woudenberg • Tel. +31 332861424
E-Mail: info@campingboerenerf.nl • Internet: www.campingboerenerf.nl
(geen aankomst en vertrek op zondag)

Vakantiepark De Krakeling ★★★★
Der Utrechter Heuvelrug von der besten Seite!
www.dekrakeling.nl - 030-6915374

Zeist, NL-3707 HW / Utrecht
- Allurepark De Krakeling
- Woudenbergseweg 17
- 27 Mär - 27 Sep
- +31 3 06 91 53 74
- info@dekrakeling.nl

1 ADEJMNOPQRS**T** LN 6
2 ABDOPQVWXY ABDE**FGH**7
3 ABFG**HIL**MS ABCDEFGHIJNPQRT 8
4 BCDFHIK VWY 9
5 ABDEFHJKLMN ABCDEGHJ**P**RYZ10
Anzeige auf dieser Seite B 10A CEE
N 52°05'35'' E 05°16'58'' 22 ha 347**T**(120m²) 215**D** ①€29,20 ②€33,20
100780

A28 Utrecht-Amersfoort, Ausfahrt Zeist-Oost, A28 ab Amersfoort, Ausfahrt Zeist. Von Zeist via Woudenbergseweg gut zu finden.

EuroCampings

Immer ein Campingplatz, der zu Ihnen passt!

- 9 900 jährlich inspizierte Campingplätze in 31 Ländern
- Filter auf mehr als 200 Einrichtungen
- Schnell und einfach buchen, auch unterwegs
- Mehr als 100 000 Campingplatz-Bewertungen

www.Eurocampings.de

Flevoland

Bant, NL-8314 RA / Flevoland

Vakantiepark Eigen Wijze
Schoterpad 1
1 Mär - 31 Okt
+31 5 27 26 18 99
info@vakantieparkeigenwijze.nl

1	ABDEG**JM**NOPQRS**T**	LN 6
2	ADHPQVWX	AB**FG** 7
3	BCEF**L**MNSV	AEFNQRUVW 8
4	HIK	CFJRVWY 9
5	ABDN	AGHJPQRVYZ 10

6-16A CEE
2 ha 60T(100-150m²) 37D
€23,00 / €29,00

N 52°47'17'' E 05°46'23'' 110290

A6 Emmeloord-Joure, Ausfahrt 16 Bant. Dann Richtung Luttelgeest, 1. Straße links. Nach etwa 2 km liegt der CP an der linken Seite.

Biddinghuizen, NL-8256 RJ / Flevoland

Resort Zuiderzee
Spijkweg 15
16 Mär - 31 Okt
+31 3 21 33 13 44
info@resortzuiderzee.nl

1	ADEG**JM**NOPQRST	EFGHLM**N**QRS**XYZ** 6
2	DGHOPVWX	ABDE**FGH** 7
3	ABDFG**JLMR**S**T**UV	ABCDEFGHJKLNPQRTUVW 8
4	BDFHIKLMNO**PQ**STUV	EJLORTUVWY 9
5	ACDEFIJKLMNO	ABEFGHIK**NPRZ** 10

B 6-10A CEE
45 ha 559T(100m²) 749D
€48,00 / €50,00

N 52°26'49'' E 05°47'31'' 100768

Von Süden: A28 Ausfahrt 13 Richtung Lelystad, den Schildern Walibi World folgen, an Walibi vorbei. Von Norden: A28 Ausfahrt 16 Richtung Lelystad, dann den Schildern Walibi World folgen. CP liegt an der N306.

Biddinghuizen, NL-8256 RZ / Flevoland

Molecaten Park Flevostrand
Strandweg 1
27 Mär - 31 Okt
+31 3 20 28 84 80
flevostrand@molecaten.nl

1	ABDEG**JM**NOPQRST	ABE**FG**HLM**N**PQRSTW**XYZ** 6
2	ADFGHOPQVWX	ABDE**FG** 7
3	ABCDFG**JLM**NSV	ABCDEFGJKNQRTUVW 8
4	BDEFHILNO**PQ**U	CEFJMOPQRTUVWY 9
5	ACDEHJLMN	ABCDEGHIJ**PRZ** 10

Anzeige auf Seite 357 10-20A CEE
25 ha 330T(80-120m²) 415D
€25,75 / €30,65

N 52°23'07'' E 05°37'45'' 108267

A28 Ausfahrt 13 Richtung Lelystad. Schildern Walibi folgen. Der CP liegt zwischen der N306 und dem Veluwesee. Ist angezeigt.

ACSI Camping Europa-App

8 100 europäische Campingplätze in einer praktischen App

ab 0,99 €

- Schnell und einfach buchen, auch unterwegs
- Kostenlose Updates mit Änderungen und neuen Campingplatz-Bewertungen
- Mit Informationen zu 9 000 kontrollierten Reisemobilstellplätzen kombinierbar
- Auch offline nutzbar

www.Eurocampings.de/app

Almere, NL-1316 AN / Flevoland

Waterhout
Trekvogelweg 10
3 Apr - 25 Okt
+31 3 65 47 06 32
info@waterhout.nl

1	AE**JM**NOPQRST	LNQRST**XYZ** 6
2	ADGHIPRVWXY	ABDE**FGH**IJK 7
3	BCEFG**HILM**N**R**SUV	ABCDEFGHJKNPQRTUVW 8
4	BCDHIKO**RSTUV**XYZ	ACFMOPQRTVWY 9
5	ADEFGHKN	ABCFGHIJOQRVWZ 10

10A CEE
6,5 ha 205T(100m²) 49D
€29,00 / €35,00

N 52°24'07'' E 05°13'32'' 110695

A6 Almere: Auf der Hollandse Brug rechts(Ringweg). Ausfahrt: Almere Muziekwijk Hogering/N702/s101 Richtung Almere Muziekwijk. Nach 8 km links Richtung Noorderplassenweg. Nach 11 km links nach Trekvogel.

Dronten, NL-8251 ST / Flevoland

't Wisentbos
De West 1
1 Apr - 30 Sep
+31 3 21 31 66 06
info@wisentbos.nl

1	ADE**JM**NOPQRS**T**	J**N**X 6
2	BCGOPWX	ABDE**FG**H 7
3	BCLMX	ABCD**F**HJNPQRTW 8
4	HIOQ	EF 9
5	DFN	ABDFGHJ**P**RYZ 10

Anzeige auf dieser Seite 10A CEE
9 ha 50T(80-110m²) 290D
€20,90 / €29,40

N 52°31'16'' E 05°41'31'' 108268

Von der N309 Lelystad-Dronten am Kreisel links ab. Nach ± 500m liegt der CP auf der linken Seite.

't Wisentbos

Camping 't Wisentbos in Dronten, seit mehr als 30 Jahren im Flevoland unter den Erholungssuchenden bekannt.
Offen 1. April – 30. September.
Ruhiger Familiencamping (9 ha) mit großen Tour-, Saison- und Jahresplätzen, Reisemobilplätzen und Servicestation.
Ruhige Lage und gut ausgeleuchtetes Gelände.
Gutes Sanitär. Camping 't Wisentbos ist bekannt für sein sehr gutes Fischrevier rund um und in der Umgebung von Dronten. Der Campingplatz liegt 1,5 km vom Zentrum Dronten mit überdachten Einkaufszentrum.
Keine Lust zu kochen nach einem gemütlichen Tag?
Im Gastrocenter gibt es prima Tellergerichte, aber auch eine Tasse Kaffee, Getränke oder Snacks.

De West 1, 8251 ST Dronten • Tel. 0321-316606
E-Mail: info@wisentbos.nl • Internet: www.wisentbos.nl

Campingreisen

34 spannende Campingreisen mit dem eigenen Wohnmobil oder Wohnwagen.

www.ACSIcampingreisen.de

Dronten, NL-8251 PX / Flevoland

- De Ruimte
- Stobbenweg 23
- 27 Mär - 27 Sep
- +31 3 21 31 64 42
- info@campingderuimte.nl

1 AE**JM**NOPQRST		FG 6
2 BPQVWXY		ABDE**FGH** 7
3 AEFLMUX	ABCDEFGHIJNPQRTUVW	8
4 BCFHIJLO		AFV 9
5 ABDEFGHLMN		ABDFGHJPR10
Anzeige auf dieser Seite	B 6A CEE	€30,00
6 ha 94T(80-120m²)	28D	€41,00

N 52°29'48'' E 05°50'15''

A28 Ausfahrt 16, Elburg vorbei nach Dronten. Über die Brücke vom Veluwesee an der Ampel Richtung Kampen. CP ist angezeigt.

110655

Camping De Ruimte

Attraktiver Familien-/Charmecamping mitten im Wald, in der Nähe der Veluwerandmeren • Spielplatz • Kinderbecken • Freizeitteam • Restaurant, in dem Sie preiswert essen können, mit gemütlicher Terrasse • Vollständig behindertengerecht

Stobbenweg 23, 8251 PX Dronten • Tel. +31 321316442
www.campingderuimte.nl

Emmeloord, NL-8302 AC / Flevoland

- Het Bosbad
- Banterweg 4
- 1 Apr - 1 Nov
- +31 5 27 61 61 00
- info@campinghetbosbad.nl

1 ADE**JM**NOPQR**T**		AE 6
2 ABPSVWXY		AB**FG** 7
3 BGLMU	ABCE**F**HNQRW	8
4 DFHIO		EFJVY 9
5 DEHJKMN		ABFGH.I**P**R10
B 6A CEE		€20,60
2 ha 32T(100-120m²)	53D	€27,60

N 52°43'08'' E 05°45'17''

An der A6, Ausfahrt 15 Emmeloord-Noord ist der CP ausgeschildert. Liegt an der Nordseite neben dem Schwimmbad.

101550

Kraggenburg, NL-8317 RD / Flevoland

- Netl de Wildste Tuin
- Leemringweg 19
- 5 Apr - 27 Okt
- +31 5 27 20 30 43
- info@netl.nl

1 ADEGHKOPRST		LMN 6
2 DGHOPSVWX		ABDE**FG**HK 7
3 BCFGKMX	ABCDE**F**NQRTW	8
4 FHIKO		FJLR 9
5 ADGHKNO		AFGHJPRZ10
B 4-10A CEE		€21,50
10 ha 66T(100-150m²)	5D	€28,50

N 52°40'55'' E 05°52'28''

Nordost-Polder Hauptstraße Marknesse-Kraggenburg. Nordwest: Overijssel Vollenhoven Richtung Marknesse.

123015

Kraggenburg, NL-8317 RD / Flevoland

- Recreatiepark De Voorst
- Leemringweg 33
- 29 Mär - 30 Sep
- +31 5 27 25 25 24
- devoorst@vdbrecreatie.nl

1 AE**JM**NOPQRST		AFJNX**Y**Z 6
2 ABCFGOPQRVWXY		AB**DEFG** 7
3 ABC**FJLMNOSU**	ABCDE**F**JKNQRTW	8
4 ABCDEFHIO		EFJRVY 9
5 ADEHJKLMN		ABHIJPQRZ10
4-10A CEE		€24,50
13 ha 170T(100-200m²)	110D	€32,50

N 52°40'32'' E 05°53'32''

A6 bis Lelystad-Nagele-Ens. Dann ausgeschildert.

100762

Lelystad, NL-8245 AB / Flevoland

- 't Oppertje
- Uilenweg 11
- 27 Mär - 1 Okt
- +31 3 20 25 36 93
- info@oppertje.nl

1 AE**GJM**NOPQRS**T**	LMNQRS**T**X**YZ**	6
2 DGHIOPQVWXY	AB**DFGH**	7
3 A**J**L**M**U	ABCDE**FG**HIJNPQRTUVW	8
4 FH	F**J**MPRT**V**Y	9
5 DN	ABCDFGHIJPSTVZ	10
Anzeige auf dieser Seite	B 6A CEE	€25,50
3 ha 85T(120-150m²)	18D	€31,50

N 52°29'09'' E 05°25'01''

Von der A6 Ausfahrt 10, Larserdreef Richtung Lelystad. Durch 4 Kreisel geradeaus, hinter dem 5. Kreisel links in den 'Buizerdweg'. CP ist angezeigt.

105517

Urk, NL-8321 NC / Flevoland

- Vakantiepark 't Urkerbos
- Vormtweg 9
- 1 Apr - 30 Sep
- +31 5 27 68 77 75
- info@urkerbos.nl

1 ADE**JM**NOPQRS**T**		AF 6
2 BGPQVWX		AB**FGH** 7
3 BCF**I**MVX	ABCDE**F**GJNPQRTUVW	8
4 BCDFHIKLO		BFJVY 9
5 ADEFHKMN	ABEFGH**JP**STW**Y**Z	10
Anzeige auf Seite 319	10A CEE	€25,00
14 ha 180T(120-150m²)	82D	€35,00

N 52°40'45'' E 05°36'35''

A6 Ausfahrt 13 nach Urk. Der Straße durch Urk geradeaus folgen, am 3. Kreisel links ab (ist angezeigt). Nach 1,5 km CP rechts.

120372

Newsletter

Melden Sie sich an für den Eurocampings Newsletter und bleiben Sie über die neusten Entwicklungen auf dem Laufenden!

www.Eurocampings.de

Ruhiger, grüner Camping an **den Oostvaardersplassen**. An einem Segel- und Surfgewässer. An einem Angelpark, Kanuverleih usw. Separates Feld für Zeltcamper. Felder mit Hartstreifen für Reisemobile. Auch Reisemobilplätze nur für die Übernachtung. In den Blockhütten und auf einigen Feldern sind Hunde **nicht** erlaubt.

An den Oostvaardersplassen, Uilenweg 11, 8245 AB Lelystad
Tel. 0320-253693
E-Mail: info@oppertje.nl • Internet: www.oppertje.nl

FAMILIEN- UND HUNDECAMPING AM WASSER

Viele Einrichtungen für jedes Alter und Ihren Hund!

- Stellplätze am Wasser und hinter dem Deich
- Reisemobilplätze
- Restaurant am Hafen
- Gratis WLAN

ERKEMEDERSTRAND
Camping Horeca Jachthaven & Dagrecreatie

CampingCard ACSI nur gültig auf den Binnendeichplätzen

Erkemederweg 79 — info@erkemederstrand.nl
3896 LB Zeewolde — 036-5228421

WWW.ERKEMEDERSTRAND.NL

Niederlande

Zeewolde, NL-3896 LS / Flevoland

- De Parel
- Groenewoudseweg 71
- 30 Mär - 31 Okt
- +31 3 65 22 78 62
- info@campingdeparel.nl

1 AEJMNOPQRST JLMNSXYZ 6
2 BCDGHIPQVWXY ABEFGH 7
3 AFGILMSU ABCDEFGJNRTW 8
4 BFHIKLNOQ RTVY 9
5 DEFHJKN ABHJLNPR 10
6-10A CEE
4 ha 120T(80-130m²) 100D
€26,05 / €35,85

N 52°19'57'' E 05°29'34''
A28 Ausfahrt 9 Richtung Zeewolde. Der CP liegt westlich von Zeewolde und ist ausgeschildert.
110291

Zeewolde, NL-3896 LA / Flevoland

- Naturistenpark Flevo-Natuur
- Wielseweg 3
- 28 Mär - 26 Okt
- +31 3 65 22 88 80
- info@flevonatuur.nl

1 ADEGJMNOPQRST AEFGN 6
2 ABDGHPRVWXY ABDEFGH 7
3 ABCFGLMNSUV ABCDEFGHIJKNPQRTUVW 8
4 BCDFGHILNOPQTX CJLRTV 9
5 ACDEFHJLMN ABCEFGHJLOPQRWYZ 10
FKK B 4-10A CEE
35 ha 249T(100-130m²) 479D
€42,10 / €44,30

N 52°16'16'' E 05°26'05''
Ab A28 Ausfahrt 9 Richtung Almere. Der CP ist ausgeschildert direkt an der Brücke vorbei.
105519

Zeewolde, NL-3896 LB / Flevoland

- Erkemederstrand
- Erkemederweg 79
- 20 Mär - 28 Okt
- +31 3 65 22 84 21
- info@erkemederstrand.nl

1 AEGJMNOPQRST LMNQRSTXYZ 6
2 ABDFGHIPQVWX ABFGHJ 7
3 ABCFGJLMSUVX ABCDEFGJNQRTUVW 8
4 BCDHIKLNO CFJMPRTV 9
5 ABDEFGHK ABDFGHIJMPRZ 10
Anzeige auf dieser Seite 10-16A CEE
35 ha 229T(120-180m²) 229D
€31,10 / €38,20

N 52°16'12'' E 05°29'19''
A28, Ausfahrt 9 Richtung Zeewolde. Über die Brücke erste rechts, danach links (Erkemederweg). CP ist ausgeschildert.
109789

Kinderfreundlicher Camping am alten Fischerörtchen Urk.

+31 (0)527 687775 | info@urkerbos.nl | www.urkerbos.nl

Zeewolde, NL-3896 LS / Flevoland

- Camping het Groene Bos
- Groenewoudse Weg 98
- 1 Apr - 9 Okt
- +31 3 65 23 63 66
- info@hetgroenebos.nl

1 ABDEJMNOPQRT 6
2 BPQVWX ABDEFGH 7
3 BCLMSU ABCDFHJNPQRTUVW 8
4 HIKO FVWY 9
5 ADHN ABDGHJPQPRZ 10
Anzeige auf dieser Seite B 6-10A CEE
4 ha 50T(85-225m²) 32D
€23,00 / €29,00

N 52°20'24'' E 05°30'20''
A28 Ausfahrt 9 Richtung Zeewolde, CP liegt westlich von Zeewolde und wird angezeigt.
113075

KGC camping hetgroenebos.nl

Zeewolde, NL-3896 LT / Flevoland

- RCN Vakantiepark Zeewolde
- Dasselaarweg 1
- 27 Mär - 26 Okt
- +31 8 50 40 07 00
- reserveringen@rcn.nl

1 ACDEGJMNOPQRST EFGLMNQRSTXYZ 6
2 DFGHIPQVWX ABDEFGHK 7
3 ABCEFGLMNSV ABCDFJKNQRTUVW 8
4 BCDFGHIKLNOQ BCEIJMPQTVWY 9
5 ACDEFHJLMN ABEFGHJNPRYZ 10
B 10A CEE
43 ha 350T(100-120m²) 329D
€32,20 / €34,40

N 52°18'42'' E 05°32'37''
A28 Ausfahrt 9 Richtung Zeewolde. Der CP liegt im Süden, 1 km draußen von Zeewolde und ist ausgeschildert.
105518

Club iD

Ihr Pass oder Ausweis sicher in der Tasche
Die praktische ACSI Clubkarte

Nur **4,95 €** im Jahr

- kann als Ausweisersatz an der Rezeption hinterlegt werden
- wird auf fast 8 800 Campingplätzen in ganz Europa akzeptiert
- Rabatte im ACSI Webshop

www.ACSIClubID.de

Overijssel

Si Es An

Camping Si-Es-An liegt im Naturgebiet Het Reestdal auf der Grenze der Overijssel nach Drenthe. Das idyllische Reestdal ist eine herrliche Wander- und Radgegend, wo der Naturfreund auf seine Kosten kommt. Kommen Sie Ruhe und Freiheit genießen und fühlen Sie die warme Gastfreundschaft von Oud Avereest.

De Haar 7, 7707 PK Balkbrug • Tel. 0523-656534
E-Mail: info@si-es-an.nl • Internet: www.si-es-an.nl

Balkbrug, NL-7707 PK / Overijssel
- Si Es An
- De Haar 7
- 15 Mär - 1 Nov
- +31 5 23 65 65 34
- info@si-es-an.nl

1 AE**JM**NOPQRST 6
2 PQWXY AB**DEFG** 7
3 ABF**LMVX** ABCD**FG**JNQRTUV 8
4 BDFGHILOQ EFJVW 9
5 ADEFGJKLMN ABCD**FGHIJ**P**RZ**10
Anzeige auf dieser Seite 10-16A CEE ① €24,00
9,5 ha 60T(100-120m²) 137**D** ② €35,00
N 52°36'35'' E 06°22'19''
In Balkbrug Richtung De Wijk. Dann den braunen CP-Schildern folgen. Den Sandweg meiden!
113423

Balkbrug, NL-7707 PK / Overijssel
- 't Reestdal
- De Haar 5
- 1 Apr - 28 Okt
- +31 5 23 65 62 32
- info@reestdal.nl

1 AEG**IL**NOPQRST ABFG**N** 6
2 GPQVWXY ABDE**FG**H 7
3 ABFG**LM** ABCDEFGIK**LM**NQRTUV 8
4 ABCDEFHILO**Q** CEUV 9
5 ABDEFHKLM**N** ABDFGHIJPST10
Anzeige auf dieser Seite B 6-16A CEE ① €27,50
8,5 ha 76T(100-120m²) 132**D** ② €39,50
N 52°36'37'' E 06°22'17''
In Balkbrug Richtung De Wijk. Dann der braune Beschilderung folgen (den Sandweg meiden).
105728

Bathmen, NL-7437 RZ / Overijssel
- de Flierweide
- Traasterdijk 16
- 15 Mär - 1 Nov
- +31 5 70 54 14 78
- info@flierweide.nl

1 AG**JM**NOPRS**T** 6
2 AOPRSVWXY ABDE**FG** 7
3 AC**LS** ABCDFGHJKNQRTUV 8
4 FHIO JY 9
5 DN ABCDFGHJM**P**R10
Anzeige auf Seite 321 4-16A CEE ① €20,40
2 ha 60T(120-140m²) 1**D** ② €29,30
N 52°15'22'' E 06°17'31''
A1 Ausfahrt 25 Bathmen. Den CP-Schildern folgen (Richtung Flierweide).
117764

Beerze/Ommen, NL-7736 PK / Overijssel
- Beerze Bulten
- Kampweg 1
- 28 Mär - 27 Okt
- +31 5 23 25 13 98
- info@beerzebulten.nl

1 AEG**IL**NOPRT AEFGHJLMNXZ 6
2 CDGHPQVWXY ABDE**FG**H 7
3 ABCDEFG**JLM**N**RSTV** ABCD**FG**IJK**LM**NQRTUV 8
4 A**BDEFHIL**OR**STUVXZ** ACFHJRUVW 9
5 ACDEFGJKLM**N** ABDEGHIJ**PQ**RYZ10
Anzeige auf Seite 321 B 8-16A CEE ① €55,00
26 ha 540T(100-120m²) 104**D** ② €70,00
N 52°30'41'' E 06°32'43''
Von der N36 Ausfahrt Beerze. Weiter angezeigt.
108815

Campen mit Privatsanitär!
mit der **CC** ab € 20,-!
CampingCard ACSI

Zeit: 1. April bis 20. Mai / 8. Juni bis 11. Juli / 28. August bis 28. Oktober 2020

Weitere Arrangements und/oder online buchen auf:
www.reestdal.nl

Gratis WLAN

Der entspannte Urlaub für Alle!

CARAVANING
Jeden Monat NEU am Kiosk

Ich campe natürlich auf Camping Starnbosch

Sterreboseweg 4
7722 KG Dalfsen
Tel. 0529-431571
E-Mail: info@starnbosch.nl

Liebe Camper,

für einen aktiven Urlaub im Freien mitten im Wald kommen Sie zum Camping Starnbosch, dem grünsten Camping vom Vechtdal. Genießen und aktiv draußen sein, gemeinsam in einer Waldgegend. Mit den Kindern schön in den Schulferien campen oder einfach nur mal so in der Vor- und Nachsaison. Besuchen Sie unsere Webseite für nähere Infos oder verlangen Sie unseren Prospekt.

www.starnbosch.nl

Beerze/Ommen, NL-7736 PJ / Overijssel

▲ Natuurcamping Huttopia De Roos	1 ADEG**IL**NOPR**T**	FJN 6
	2 CGHPQVWXY	ABD**EFG**H 7
🏠 Beerzeweg 10	3 ABF**L**M	ABCDEFJKNQRTW 8
📅 13 Apr - 1 Okt	4 ABEFHI	ABJV 9
☎ +31 5 23 25 12 34	5 ACDFM	ABGHIJ**N**OQSTZ10
@ info@campingderoos.nl	6A CEE	① €25,80
⊕ N 52°30'39" E 06°30'56"	27 ha 275**T**(120-150m²) 33**D**	② €31,80
🚗 In Ommen südlich der Brücke über die Vecht den Beerzerweg nehmen.		105742

Belt-Schutsloot, NL-8066 PT / Overijssel

▲ Kleine Belterwijde	1 AEG**JM**NOPQRS**T**	FLNPQSVW**XYZ** 6
🏠 Vaste Belterweg 3	2 DFGHIPQVWXY	AB**D**EFGH 7
📅 29 Mär - 1 Nov	3 ABEFMNS ABCD**FG**JKNQRTUVW 8
☎ +31 3 83 86 67 95	4 BDFHI**Q**	EFJNORTV 9
@ camping@kleinebelterwijde.nl	5 DHMN	ABDFHIJOR10
	Anzeige auf dieser Seite 6A CEE	① €21,90
⊕ N 52°40'15" E 06°03'38"	3,5 ha 40**T**(70-100m²) 143**D**	② €30,90
🚗 N334 Richtung Giethoorn, Ausfahrt Belt-Schutsloot. CP im Ort ausgeschildert.		100761

Camping 'De Flierweide'

Theo und Gerry Flierman

Traasterdijk 16, 7437 RZ Bathmen
Tel. (0570) 54 14 78, www.flierweide.nl, info@flierweide.nl
Wünschen Sie mehr Informationen, rufen Sie uns an, oder mailen Sie uns!

CAMPING KLEINE BELTERWIJDE ★ ★ ★

Ein prima Ausgangspunkt für Rad- und Kanutouren. Campingbungalows und Kanus vor Ort zu mieten. Die Sanitäranlagen sind gut. Der herrlich gelegene Camping im rustikalen Wasserdorf ist wie geschaffen für Land- und Wassererholung!

Vaste Belterweg 3, 8066 PT Belt-Schutsloot • Tel. 038-3866795
E-Mail: camping@kleinebelterwijde.nl
Internet: www.campingkleinebelterwijde.nl

Dalfsen, NL-7722 KG / Overijssel

▲ Starnbosch	1 AEGJMNOPQRST	ABCDEFG 6
🏠 Sterreboseweg 4	2 BGPVWXY	AB**D**EFGHK 7
📅 1 Jan - 31 Dez	3 ABFMV	ABCDE**FG**HIJK**LM**NPQRTUVW 8
☎ +31 5 29 43 15 71	4 BCHIOQ**T**	BDFJVW 9
@ info@starnbosch.nl	5 ABCDEFHJLMN**O**	ABDFGHIJOPRWYZ10
	Anzeige auf dieser Seite B 6-10A CEE	① €26,70
⊕ N 52°28'31" E 06°15'47"	8 ha 248**T**(100-140m²) 29**D**	② €28,40
🚗 A28 Zwolle-Meppel-Hoogeveen, Ausfahrt 21 die N340 Richtung Dalfsen. Dann den Schildern folgen.		105703

Beuningen, NL-7588 RK / Overijssel

▲ Natuurkampeerterrein Olde Kottink	1 AEGHKNOPQRST	LN 6
🏠 Kampbrugweg 3	2 ABCDHPQTWXY	AB**D**E**FG**HK 7
📅 3 Apr - 4 Okt	3 AM	ABCDE**F**HJNQRTUW 8
☎ +31 5 41 35 18 26	4 FGHI	IJVW 9
@ info@campingoldekottink.nl	5 ADN	ABDJPRZ10
	Anzeige auf dieser Seite 6A CEE	① €25,00
⊕ N 52°21'14" E 07°00'45"	6 ha 90**T**(120-200m²) 8**D**	② €32,00
🚗 A1 Hengelo-Oldenzaal. Auf der Straße nach Oldenzaal-Denekamp ausgeschildert.		111404

NATUURKAMPEERTERREIN OLDE KOTTINK

Ursprünglichkeit und Einfachheit genießen. Olde Kottink ist idyllisch von Wald, Wiesen umgeben und liegt am Fluss. Sehr große Plätze auf Gras. Natur, Kultur, malerische Städtchen und Dörfer: Hier finden Sie alles. Twente, hier könnte man für immer bleiben!

Kampbrugweg 3, 7588 RK Beuningen (OV) • Tel. 0541-351826
Internet: www.campingoldekottink.nl • www.kottinkhof.nl

✓ Waldgegend
✓ Rad- und Wanderwege
✓ Verschiedene Gastronomianlagen
✓ Beauty & Wellness
✓ Innen- und Außenpools

Beerze (Gemeinde Ommen)

Blokzijl, NL-8356 VZ / Overijssel

▲ Watersportcamping 'Tussen de Diepen'	1 ADEG**JM**NOPQRS**T**	ABFGNQSXY**Z** 6
	2 CFGPVWX	AB**D**E**FG**H 7
🏠 Duinigermeerweg 1A	3 AFMV	ABCE**F**NPQRTW 8
📅 28 Mär - 31 Okt	4 ABCDFHIJNO**PQ**	EFGJOV 9
☎ +31 5 27 29 15 65	5 ABDEFGHJKLMN	ABDFGHJPQRYZ10
@ camping@tussendediepen.nl	Anzeige auf dieser Seite B 10A CEE	① €28,50
⊕ N 52°43'43" E 05°58'13"	5,2 ha 60**T**(60-80m²) 160**D**	② €36,00
🚗 Von Zwolle Richtung Hasselt-Zwartsluis-Vollenhove. Am Kreisel geradeaus über den Deich nach Blokzijl. Den Schildern folgen.		100760

Watersportcamping 'Tussen de Diepen'

Hervorragender Camping in zentraler Lage zwischen Wieden und den Weerribben grenzend am malerischen Städtchen Blokzijl! Man kann auf unserem Camping auch Trekkerhütten und Mobilheime mieten. Fabelhafte Möglichkeiten zum Radeln, Kanufahren, Segeln, Rudern und Angeln! Auf dem Camping gibt es ein beheiztes Schwimmbad.

Duinigermeerweg 1A, 8356 VZ Blokzijl
Tel. 0527-291565 • E-Mail: camping@tussendediepen.nl
Internet: www.tussendediepen.nl en www.watersportcamping.nl

PARK CAMPING MOOI DELDEN ★ ★ ★ (★)
De Mors 6, 7491 DZ Delden

Seit 40 Jahren beruhigende Erfahrung.
★ Sehr modernes Sanitär ★
Auch Vermietung von Gasgrills. ANWB 8,8

Tel. 074-3761922
E-Mail: info@mooidelden.nl
Internet: www.mooidelden.nl

Ruhe & Raum

In der Twente, im wunderschonen Naturgebiet 'Het Lutterzand'. Naturbadeteich, viele Möglichkeiten für Wander- und Radtouren, herausragende Sanitäranlagen.

Lutterzandweg 16, 7587 LH De Lutte
☎ 0541-551289 • E-Mail: info@camping-meuleman.nl
Internet: www.camping-meuleman.nl

Dalfsen, NL-7722 HV / Overijssel

▲ Vechtdalcamping Het Tolhuis	1 AEGHKNOPQRT	ABFG**N** 6
🏠 Het Lageveld 8	2 GPRVWXY	ABDE**FG**H 7
📅 1 Apr - 31 Okt	3 ABFGMSV ABCDE**FG**JKNQRTUVW 8	
☎ +31 5 29 45 83 83	4 BDFGHILO	EJVW 9
@ info@tolhuis.com	5 ADEFGHKLM ABDEFGHIJO**P**TUY10	
	Anzeige auf dieser Seite 10A CEE	❶ €29,35
N 52°30'07'' E 06°19'18''	5 ha 54**T**(120-150m²) 76**D**	❷ €36,55

🚗 A28, Ausfahrt 21, N340 Richtung Dalfsen. In Dalfsen Richtung Vilsteren. Dann CP ausgeschildert.

105702

De Bult/Steenwijk, NL-8346 KB / Overijssel

▲ Residence De Eese	1 ABEG**JM**NOPQRST	ABFG 6
🏠 Bultweg 25	2 ABGPQVWXY	A**BFG**H 7
📅 1 Jan - 31 Dez	3 ABFGMSTUVX ABCDEFGHJKLNPQRTUVW 8	
☎ +31 5 21 51 37 36	4 ABCDFHIKLNOQ	JVW 9
@ info@residencedeeese.nl	5 ADEFGHJKLNO ABDEFGHIJPRZ10	
	Anzeige auf dieser Seite B 8-10A CEE	❶ €23,50
N 52°48'52'' E 06°07'12''	12,5 ha 83**T**(80-100m²) 60**D**	❷ €32,50

🚗 A32, Ausfahrt 6: Steenwijk/Vledder und dann den Schildern folgen.

109230

Bultweg 25 | 8346 KB De Bult/Steenwijk | Tel. 0521-513736
www.residencedeeese.nl

De Lutte, NL-7587 LH / Overijssel

▲ Landgoedcamping Het Meuleman	1 ACEG**JM**NOPQRST	LNU 6
🏠 Lutterzandweg 16	2 ABDHPQTXY	ABDE**FG** 7
📅 1 Apr - 30 Sep	3 AG**JL**MSTX ABCDFGIJKNQRTW 8	
☎ +31 5 41 55 12 89	4 BCDFGH	JVW 9
@ info@camping-meuleman.nl	5 ADFLMN	ABDHJNORZ10
	Anzeige auf dieser Seite B 6A	❶ €32,00
N 52°20'01'' E 07°01'46''	7 ha 111**T**(100-300m²) 6**D**	❷ €42,00

🚗 A1 Hengelo-Oldenzaal, Ausfahrt De Lutte. Nach De Lutte Richtung Beuningen, CP-Schildern folgen.

111064

Delden, NL-7491 DZ / Overijssel

▲ Park Camping Mooi Delden	1 AE**JM**NOPRST	ABFGH**N** 6
🏠 De Mors 6	2 AGPQVWXY	ABDE**FG**K 7
📅 31 Mär - 1 Nov	3 AF**JK**LMNVX ABCDEFGIJKNQRTUVW 8	
☎ +31 7 43 76 19 22	4 BFHIKOQ**RTUVX**	FJV 9
@ info@mooidelden.nl	5 ABDEFGHN	ABDHJPRZ10
	Anzeige auf dieser Seite B 10A CEE	❶ €30,05
N 52°15'16'' E 06°43'37''	3 ha 45**T**(100-130m²) 63**D**	❷ €37,35

🚗 In Stadt und Umgebung Delden ist der CP gut ausgeschildert.

101558

Den Ham, NL-7683 SC / Overijssel

▲ De Blekkenhorst	1 AE**JM**NOPRST	ABFG**N** 6
🏠 Nienenhoek 8	2 PQVWXY	ABDE**FG**H 7
📅 1 Apr - 1 Nov	3 ABF**HIJL**MS**T**UV	LMNRVW 8
☎ +31 5 46 67 15 59	4 AB**E**FHIKLOQ	EFJY 9
@ info@de-blekkenhorst.nl	5 ABDEHKN	ABEHIJPSTZ10
	6-16A CEE	❶ €36,00
N 52°28'27'' E 06°29'41''	7,3 ha 100**T**(120-150m²) 24**D**	❷ €46,00

🚗 Von Ommen Richtung Den Ham. Vor Den Ham den kleinen Schildern folgen.

112016

Durchreisecampingplätze

In diesem Führer finden Sie eine handliche Karte mit Campingplätzen an den wichtigen Durchgangsstrecken zu Ihrem Ferienziel. Durch die Farbe des jeweiligen Zeltchens können Sie erkennen, ob dieser Platz ganzjährig geöffnet ist oder nicht. Darüber hinaus gibt es für jeden Platz auch noch eine kurze redaktionelle Beschreibung, inklusive Routenbeschreibung und Öffnungszeiten.

Camping de Twentse Es
*3 km zur Autobahn, Bushaltestelle 1 km,
5 Km zur Innenstadt Enschede*

ANWB 8,7 WiFi

Keppelerdijk 200 7534PA Enschede TEL: 053-4611372 www.twentse-es.nl info@twentse-es.nl

Den Nul/Olst-Wijhe, NL-8121 RZ / Overijssel
- ▲ Het Klaverblad
- 🏠 Holstweg 44A
- 📅 1 Apr - 1 Okt
- ☎ +31 6 13 24 61 36
- @ info@campinghetklaverblad.nl

1 AEG**IL**NOPR**T**	N 6
2 OPVWX	AB**D**E**FG** 7
3 AS	DE**FG**HJNQRTVW 8
4 HIO	9
5 DHKLN	ABFHIJPR10
16A CEE	❶ €21,00
2,1 ha 57T(110-140m²) 1D	❷ €31,00

N 52°21'28'' E 06°07'19'' 119718
N337 (Zwolle-Deventer), zwischen Wijhe und Olst liegt Den Nul. Von Wijhe aus links ab in Den Nul. Den CP-Schildern folgen.

Enschede, NL-7534 PA / Overijssel CC€20
- ▲ Euregio-Cp 'De Twentse Es'
- 🏠 Keppelerdijk 200
- 📅 1 Jan - 31 Dez
- ☎ +31 5 34 61 13 72
- @ info@twentse-es.nl

1 ADEJMNOPQRST	ABFGN 6
2 ADGPQVWXY	AB**D**E**FGH** 7
3 AFM	ABCDEFGJNQRTUVW 8
4 BCDFHILO**PQ**	EFJV 9
5 ACDEFGHKLMN	ABDEFGHIJLPRZ10
Anzeige auf dieser Seite 10A CEE	❶ €25,75
10 ha 80T(100-130m²) 179D	❷ €25,75

N 52°12'37'' E 06°57'05'' 100791
A35/N35 Richtung Enschede, Ausfahrt Glanerbrug. Richtung Glanerbrug halten. Ausgeschildert.

Denekamp, NL-7591 NH / Overijssel CC€16
- ▲ De Papillon
- 🏠 Kanaalweg 30
- 📅 28 Mär - 27 Sep
- ☎ +31 5 41 35 16 70
- @ info@depapillon.nl

1 ACEG**JM**NOPQRST	CDFGLMNO 6
2 DGHIPQVWXY	ABE**FG**HK 7
3 ABEFG**L**MSV	ABCDFGIJKNPQRTUVW 8
4 ABCDEFHILO	AJVWX 9
5 ACDEFHKLMN	ABDEGHJM**P**STW10
Anzeige auf dieser Seite B 4-16A CEE	❶ €37,20
16 ha 265T(130-160m²) 130D	❷ €49,40

N 52°23'32'' E 07°02'55'' 105791
An der N342 Denekamp-Nordhorn ist der CP gut ausgeschildert.

De Papillon – Camping & Bungalowpark
Kanaalweg 30 | 7591 NH Denekamp | www.depapillon.nl

Enter, NL-7468 RS / Overijssel
- ▲ 't Schuttenbelt
- 🏠 Vloodweg 7
- 📅 15 Apr - 15 Sep
- ☎ +31 5 47 38 14 72
- @ info@vakantiecentrum-schuttenbelt.nl

1 AG**IL**NOPRT	AFH 6
2 AGPVWXY	AB**D**E**FG**H 7
3 B**FLMN**SU	ABCDEFNRT 8
4 BFHIO	EJUVW 9
5 DEFHN	ABEHIJ**PQ**RZ10
B 10A CEE	❶ €19,00
8 ha 50T(100-110m²) 98D	❷ €24,00

N 52°17'47'' E 06°36'52'' 105755
A1 Deventer-Hengelo, Ausfahrt 28 Richtung Enter. CP ist vor Enter schon ausgeschildert.

Stadtcamping Deventer liegt an der IJssel: direkt gegenüber der historischen Altstadt der Hansestadt Deventer. Stadt und Umland ergänzen sich hier recht harmonisch. Von hier aus tolle Radtouren möglich, die Stadt besuchen, baden, durch die Natur streifen, angeln oder sich erholen.

STADSCAMPING DEVENTER

Worp 12, 7419 AD Deventer • Tel. +31 570613601
E-Mail: deventer@stadscamping.eu • Internet: www.stadscamping.eu

Deventer, NL-7419 AD / Overijssel
- ▲ Stadscamping Deventer
- 🏠 Worp 12
- 📅 1 Jan - 31 Dez
- ☎ +31 5 70 61 36 01
- @ deventer@stadscamping.eu

1 AE**JM**NORS**T**	JN 6
2 ACGHPRWXY	AB**FG** 7
3 EL	ABE**FG**JNW 8
4 FH	AFV 9
5 AD	ABFGHIKMPR10
Anzeige auf dieser Seite 16A CEE	❶ €24,00
2,5 ha 80T(100-120m²) 11D	❷ €34,00

N 52°15'02'' E 06°08'58'' 110213
A1 Apeldoorn-Hengelo, Ausfahrt 23 Richtung Deventer-Zentrum. Über Brücke Richtung Twello N344, nach Brücke rechts. CP liegt hinter dem Hotel.

Camping & Bungalowpark 't Stien'n Boer

Sehr schöne Lage in der Twente bei Enschede, Haaksbergen und dem Naturgebiet 'Het Lankheet'. Ideal für Familien, aktive Senioren und als Startpunkt für einen Fahrrad- und Wanderurlaub, und liegt an einer Vogelfluglinie! Übernachten Sie auf einem unserer Plätze oder in einer unserer Unterkünfte.

Scholtenhagenweg 42, 7481 VP Haaksbergen (Twente)
Tel. +31 535722610
E-Mail: info@stiennboer.nl • Internet: www.stiennboer.nl

Diepenheim, NL-7478 PX / Overijssel
- ▲ de Mölnhöfte
- 🏠 Nijhofweg 5
- 📅 1 Jan - 31 Dez
- ☎ +31 5 47 35 15 14
- @ info@molnhofte.nl

1 AE**JM**NOPQRST	AFN 6
2 AFPRVWXY	AB**FG**H 7
3 ABEMV	ABEFJNQRTW 8
4 BDFHO**Q**	FJ 9
5 ACDEFHJLMN**O**	ABFHIJ**P**RZ10
B 6A CEE	❶ €20,80
6,5 ha 55T(100-120m²) 100D	❷ €31,90

N 52°11'28'' E 06°39'26'' 108343
A1 Ausfahrt 28 Rijssen/Goor Richtung Goor. In Goor Richtung Diepenheim. Der CP liegt an der Straße von Diepenheim nach Neede links.

Haaksbergen (Twente), NL-7481 VP / Overijssel CC€18
- ▲ Camping & Bungalowpark 't Stien'n Boer
- 🏠 Scholtenhagenweg 42
- 📅 28 Mär - 4 Okt
- ☎ +31 5 35 72 26 10
- @ info@stiennboer.nl

1 ACEG**JM**NOPRST	ABEFGN 6
2 ABPQVWXY	AB**D**E**FG**H 7
3 ABCDEFG**JL**MSV	ABCDE**FG**JKNPQRTUVW 8
4 **A**BCDEFHIKLO**Q**	CEFIJVWY 9
5 ABDEFHKLMN	ABEFGHIJM**P**STYZ10
Anzeige auf dieser Seite B 6-10A CEE	❶ €31,70
10,5 ha 110T(80-100m²) 136D	❷ €41,90

N 52°08'24'' E 06°43'28'' 100792
Von der N18 Ausfahrt Haaksbergen-Zuid, Camping danach ausgeschildert.

Diffelen/Hardenberg, NL-7795 DA / Overijssel CC€12
- ▲ de Vechtvallei
- 🏠 Rheezerweg 76
- 📅 1 Apr - 30 Okt
- ☎ +31 5 23 25 18 00
- @ info@devechtvallei.nl

1 AE**JM**NOPR**T**	CDF 6
2 GOPQVWXY	AB**D**E**FG** 7
3 AFMUX	AB**DF**JKNQRTU 8
4 BDGHILO**PQ**	EFJVW 9
5 ADEFHJKMN	ABDGHJ**P**RZ10
Anzeige auf dieser Seite B 16A CEE	❶ €25,00
7,6 ha 50T(100-120m²) 146D	❷ €32,00

N 52°32'08'' E 06°34'10'' 105734
Hardenberg-Rheeze. Rheeze durch Richtung Diffelen. Nach ca. 2 km links von der Straße.

DE VECHTVALLEI

Familiencamping De Vechtvallei liegt im Naturgebiet des Overijsselse Vechtdal, das für seine herrliche Fahrradumgebung bekannt ist.

7795 DA Diffelen/Hardenberg
Internet: www.devechtvallei.nl

Niederlande

Niederlande

**Scholtenhagenweg 30
7481 VP Haaksbergen
Tel. 053-5722384
E-Mail:
campingscholtenhagen@planet.nl
Internet: campingscholtenhagen.nl**

Entspannen Sie sich in einer einladenden Umgebung, in der Gastfreundschaft Standard ist, kommen Sie zum Radfahren, Einkaufen, Wandern, Sport, Faulenzen oder Baden im subtropischen Schwimmbad De Wilder. Bei Haaksbergen, am Rande mehrerer schöner Naturschutzgebiete, finden Sie unsere großzügigen Stellplätze, Glampingzelte oder Wohnmobilplätze. Genießen Sie viel Spaß in unmittelbarer Nähe, Spielplätze, Museen, Surfweiher, Angeln und im Sommer viele Events in der Nähe. Der Campingplatz liegt in der Nähe von Enschede und Hengelo, aber auch an der deutschen Grenze und der Achterhoek. Bei Ger, Diny und Mark Hendriks bist du herzlich willkommen!

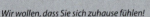

Camping Heino

★★★★★

Wir wollen, dass Sie sich zuhause fühlen!

www.campingheino.nl | 0572-391 564

Heino, NL-8141 PX / Overijssel

- Camping Heino
- Schoolbosweg 10
- 27 Mär - 30 Sep
- +31 5 72 39 15 64
- info@campingheino.nl

1 ACDEG**JM**NOPQRST EFGHLM 6
2 ADGHOPQRVWXY AB**D**E**FG**HK 7
3 ABDFG**H**I**MST**UVW ABCDF**GH**IJ**KLM**NPQRTUVW 8
4 ABCDEFHIKLNO**Q** EFJLUVY 9
5 ABDEFHJKLMN ABEFGHIJMO**P**RXYZ10
Anzeige auf dieser Seite 10A CEE €36,00
13 ha 220**T**(100-120m²) 162**D** €47,00

N 52°26'21'' E 06°16'48''

Autobahn Amersfoort-Zwolle-Meppel, Ausfahrt 20 Zwolle-Noord, N35 in Richtung Raalte. Ab Almelo N35 in Richtung Zwolle, Ausfahrt Heino-Noord, ab Deventer in Richtung Raalte-Zwolle. 105705

Haaksbergen (Twente), NL-7481 VP / Overijssel

- Camping Scholtenhagen B.V.
- Scholtenhagenweg 30
- 1 Jan - 31 Dez
- +31 5 35 72 23 84
- campingscholtenhagen@planet.nl

1 ADE**JM**NOPQRS**T** EFG**H**IN 6
2 APQVWX AB**D**E**FGH** 7
3 ABCF**L**MSUX ABE**FG**JNPQRTUVW 8
4 B**D**FHILO**Q** AUVW 9
5 ADEFHKMN ADEFGHJMPRZ10
Anzeige auf dieser Seite B 10A CEE €31,85
9,3 ha 80**T**(100-110m²) 173**D** €46,65

N 52°08'53'' E 06°43'23''

Von Norden: N18 Ausfahrt Haaksbergen, von Süden die N18 Ausfahrt Haaksbergen-Zuid. Danach der CP-Beschilderung folgen. 100793

Hellendoorn, NL-7447 PR / Overijssel

- Natuurcamping Eelerberg
- Ossenkampweg 4
- 1 Apr - 1 Okt
- +31 5 48 68 12 23
- camping@camping-eelerberg.nl

1 AEG**IL**NOPRT AN 6
2 PQVWXY AB**D**E**FG** 7
3 ABMS ACF**IJ**NQRTUVW 8
4 **B**FHI FJUV 9
5 ABDKMN ABHIJOSTZ10
B 6A CEE €29,50
3,5 ha 70**T**(100-150m²) 6**D** €39,00

N 52°25'12'' E 06°25'12''

An der N347 Ommen-Hellendoorn ist der CP deutlich ausgeschildert. 108051

Hardenberg, NL-7797 RD / Overijssel

- De Klimberg
- Ommerweg 27
- 1 Apr - 31 Okt
- +31 5 23 26 19 55
- camping@deklimberg.nl

1 ACE**JM**NOPQRT CDFGN 6
2 BDGHPQVWXY AB**D**E**FG**H 7
3 AB**F**L**M**V ABCDE**FG**IJLNQRTUVW 8
4 B**D**IKLO**PQ** EVWY 9
5 ACDEFHKMN ABEHIJPRZ10
B 10-16A CEE €32,25
10 ha 315**T**(144m²) 190**D** €39,25

N 52°33'42'' E 06°33'34''

An der Bundesstraße Ommen-Hardenberg, an der linken Seite entlang der Sekundärstraße. Vom Kreisel, weiße Pfähle gut angezeigt. 105733

Hellendoorn, NL-7447 PK / Overijssel

- Vakantiepark Hellendoorn
- Sanatoriumlaan 6
- 21 Mär - 31 Okt
- +31 5 48 68 16 16
- info@vakantieparkhellendoorn.nl

1 ADE**IL**NOPQRST EFGL 6
2 BDHPQWXY AB**D**E**FG**H 7
3 AB**F**J**LM**X ABCDFJNQRTUVW 8
4 **B**FG**H**IO**QST** JUVWXY 9
5 ABDEFHJKL**N** ABEHIJOST10
6A CEE €25,40
4,5 ha 40**T**(100m²) 64**D** €35,80

N 52°24'23'' E 06°26'03''

Der CP ist deutlich an der N347 Ommen-Hellendoorn ausgeschildert. 109229

Hardenberg, NL-7771 TD / Overijssel

- Vakantiepark De Kleine Belties
- Rheezerweg 79
- 4 Apr - 31 Okt
- +31 5 23 26 13 03
- info@kleinebelties.nl

1 ACE**JM**NOPRT ABEFGHLN 6
2 BDGHOPQVWX AB**E**F**GH** 7
3 ABCDFMSV ABCDEFJKLNQRT 8
4 B**D**FHILO**QU** CEJUVY 9
5 ACDEFGLMN ABFGHIJPRYZ10
Anzeige auf dieser Seite B 6-10A CEE €36,60
16 ha 100**T**(80-120m²) 402**D** €45,40

N 52°33'47'' E 06°35'32''

Hauptstraße Ommen-Hardenberg. An der Ampel in Hardenberg rechts ab. Den Schildern Rheeze folgen. Der CP liegt auf der rechten Seite, 2 km außerhalb von Hardenberg. 105729

Holten, NL-7451 HL / Overijssel

- Ardoer camping De Holterberg
- Reebokkenweg 8
- 1 Jan - 31 Dez
- +31 5 48 36 15 24
- holterberg@ardoer.com

1 AE**JM**NOPRST ABFG 6
2 ABGPRVWXY AB**D**E**FG**H 7
3 ABCDGMSV ABCDEFG**JK**LNQRTUVW 8
4 **B**CFHIKOR EFUVWY 9
5 ABDEFHLMN ABDGHJPRZ10
Anzeige auf dieser Seite B 6-16A CEE €29,00
6,5 ha 120**T**(80-140m²) 118**D** €43,00

N 52°17'31'' E 06°26'06''

A1 Deventer-Hengelo, Ausfahrt 27 Richtung Holten. Vor Holten Richtung Rijssen, N350. CP vor dem Kreisverkehr ausgeschildert. 105754

Große Camp- und Wohnmobilplätze, Standard und mit eigenem Sanitär. Auf dem Park ein Hallenbad mit Rutschbahn und Whirlpool, die Plaza, das 't Eethuys sowie ein Bade- und Angelweiher. Sonntagsruhe wird eingehalten.

**Rheezerweg 79, 7771 TD Hardenberg
Tel. +31 523261303
E-Mail: info@kleinebelties.nl • Internet: www.kleinebelties.nl**

Holten, NL-7451 RG / Overijssel

- Ideaal
- Schreursweg 5
- 1 Apr - 30 Sep
- +31 5 48 36 17 25
- info@campingideaal.nl

1 AE**IL**NORT 6
2 AFOPRSVWXY AB**D**E**FG** 7
3 AMSU AB**E**F**G**KNQRTW 8
4 **B**FHI E 9
5 D ABDFGHIJPR10
Anzeige auf dieser Seite B 6A CEE €17,00
2 ha 50**T**(100-150m²) 31**D** €23,00

N 52°16'43'' E 06°26'52''

A1 Ausfahrt 27 Richtung Holten, 2. Ausfahrt rechts. Camping ist ausgeschildert. 108340

Hardenberg/Heemserveen, NL-7796 HT / Overijssel

- Ardoer vakantiepark 't Rheezerwold
- Larixweg 7
- 1 Apr - 26 Okt
- +31 5 23 26 45 95
- rheezerwold@ardoer.com

1 ADE**JL**NOPRT ABEFGHN 6
2 BGPQVWX ABDE**FG**K 7
3 ABCFMNSV ABCDE**FI**JLNQRTUVW 8
4 BCDFHILO**QST** BCEFJUVY 8
5 ABDEHJKLM ABDEGHJPSTZ10
Anzeige auf Seite 330 B 6-10A CEE €35,00
11 ha 128**T**(100-150m²) 126**D** €45,00

N 52°34'28'' E 06°33'56''

N343 Ausfahrt Hardenberg/Slagharen, Slagharen folgen und Campingschilder beachten, dann links ab. 105735

Camping Ideaal

Schreursweg 5 - 7451 RG Holten
tel; 0031548361725   mob; 0031683717992
info@campingideaal.nl

WWW.CAMPINGIDEAAL.NL

Twente €12,- pro Nacht pro Platz
info@rammelbeek.nl
Breemorsweg 12
0541 229368
www.rammelbeek.nl

Ruhebereich inkl. Dusche inkl. Strom Hallenbad

8,4 Fantastisch Score uit 177 reviews

Aufwachen am Lemelerberg

0572-331241 www.lemeleresch.nl

Lattrop/Ootmarsum, NL-7635 NH / Overijssel

- De Rammelbeek
- Breemorsweg 12
- 3 Apr - 30 Sep
- +31 5 41 22 93 68
- info@rammelbeek.nl

1	AE**JM**NOPQRST	EFGHLMN 6
2	BCDHIPQVWXY	ABDE**FG** 7
3	ABDF**H**IMSV	ABCDE**FG**I**JKLM**NQRTUVW 8
4	ABCDFHILO**P**	BCETUVWXY 9
5	ACDEFHJKN	ABCGHIJMO**P**RYZ10

Anzeige auf dieser Seite B 6-10A CEE €29,50
18 ha 220T (100-120m²) 190**D** €31,00

An der Straße von Denekamp-Nordhorn ist der CP gut ausgeschildert.
100775

Lemele, NL-8148 PC / Overijssel

- de Lemeler Esch Natuurcamping
- Lemelerweg 16
- 4 Apr - 3 Okt
- +31 5 72 33 12 41
- info@lemeleresch.nl

1	ACDEGHKNOPRST	ABFG 6
2	GPQVWXY	ABDE**FGHK** 7
3	ABC**FL**MSX	ABDFIJKLNQRTUVW 8
4	ABEFGHIO**T**	AFJUVW 9
5	ABDEFHJKMN	ABDEFGHIJ**P**STWXYZ10

Anzeige auf dieser Seite B 6-10A CEE €40,00
12 ha 189T (100-150m²) 18**D** €47,85

N347 zwischen Ommen und Hellendoorn. Ausfahrt Lemele und dann direkt rechts auf die Sekundärstraße fahren. CP ist nach 200m links.
105746

Mariënberg/Hardenberg, NL-7692 PC / Overijssel

- de Pallegarste
- Pallegarsteweg 4
- 30 Mär - 26 Okt
- +31 5 23 25 14 17
- info@depallegarste.nl

1	ACE**JM**NOPQRST	ABFGHILN 6
2	ADGHOPQVWX	AB**CFGH** 7
3	ABDEF**GLM**SUV	ABCDE**FGH**IJKLNQRTUV 8
4	BCDF**H**IKLO**Q**	BCEUVW 9
5	ACDEFGKMN	ABEHIJM**P**RYZ10

Anzeige auf dieser Seite B 16A CEE €40,00
14 ha 85T (120m²) 277**D** €48,00

In Mariënberg mit Dorfkirche an linken Seite, Richtung Sibculo. CP ist gut ausgeschildert.
100772

Lemelerveld, NL-8151 PP / Overijssel

- Charmecamping Heidepark
- Verbindingsweg 2a
- 4 Apr - 1 Okt
- +31 5 72 37 15 25
- info@campingheidepark.nl

1	ADEG**JM**NOPQRST	ABFGLMN 6
2	ADGHOPQWXY	ABDE**FGHJ** 7
3	ABDF**GLM**NSX	ABCDE**FGHJ**KLNQRTUVW 8
4	BCDFHIKLO**Q**	BCEFVY 9
5	ABDEFHKMN	ABEGHIJ**P**STZ10

Anzeige auf dieser Seite B 6-10A CEE €33,40
5,5 ha 100T (100-200m²) 74**D** €45,30

A28 Amersfoort-Zwolle, Ausfahrt 18 Zwolle-Zuid, dann N35 Richtung Almelo/Heino. In der Nähe von Raalte Richtung Ommen. Ausfahrt Lemelerveld. CP an der Straße Hoogeveen-Raalte gelegen. Ausfahrt Lemelerveld.
105704

Charmecamping Heidepark
- Neues Sanitär – Südeuropäisches Schwimmbad
- 10 km mit dem Fahrrad entfernt von vielen schönen Dörfern • Freizeitprogramm durch den Eendenclub
- Jedes Feld mit Spielplatz und viel Raum zum spielen

Verbindingsweg 2a, 8151 PP Lemelerveld
Tel. 0572-371525
E-Mail: receptie@campingheidepark.nl
Internet: www.campingheidepark.nl

NUR KOMFORTPLÄTZE:

16A STROM (3600W), WASSER, KABEL-TV UND WLAN AM PLATZ!

RAD FAHREN und WANDERN im Vechtdaler WALD
WWW.DEPALLEGARSTE.NL

Markelo, NL-7475 SJ / Overijssel

- De Borkeld
- Winterkamperweg 30
- 1 Apr - 1 Okt
- +31 5 47 36 38 93
- info@deborkeld.nl

1	ADEG**IL**NOPRS**T**	AF 6
2	AGPRVWXY	ABDE**FG** 7
3	BFV	ABCDE**FG**JKNRTUVW 8
4	B**H**I**Q**	9
5	DEHMN	ABF**H**IJ**P**RYZ10

B 6A CEE €22,80
8,2 ha 50T (100-110m²) 100**D** €33,20

A1 Deventer-Hengelo, Ausfahrt 27 Richtung Markelo, an Kreisverkehr ist der CP links ausgeschildert.
105757

DE BOVENBERG

Gemütlichkeit im Grünen.

Bovenbergweg 14, 7475 ST Markelo • Tel. 0547-361781
Fax 0547-363479 • E-Mail: info@debovenberg.nl
Internet: www.debovenberg.nl

Markelo, NL-7475 ST / Overijssel

- De Bovenberg
- Bovenbergweg 14
- 1 Apr - 18 Okt
- +31 5 47 36 17 81
- info@debovenberg.nl

1	AEG**JM**NOPRST	L 6
2	ADGHPRVWXY	ABDE**FG**H 7
3	ABDFMSV	ABCDE**FG**NQRTUVW 8
4	BFHIO	EF 9
5	ABDEMN	ABDF**H**IJ**P**STZ10

Anzeige auf dieser Seite B 10A CEE €26,20
4,5 ha 63T (100-200m²) 16**D** €34,10

Ab Kreuz Schüttorf A1/E30 Hengelo Richtung Almelo. Am Kreuz Azelo weiter auf der A1 Richtung Apeldoorn, Ausf. 27 Markelo. In Markelo Ri. Rijssen, ca. 3 km außerhalb Markelo ist der CP vor dem Kreisel links ausgeschildert.
113301

Luttenberg, NL-8105 SZ / Overijssel

- Vakantiepark De Luttenberg
- Heuvelweg 9
- 27 Mär - 28 Sep
- +31 5 72 30 14 05
- receptie@luttenberg.nl

1	AE**IL**NOPQRST	ACDF**H**N 6
2	PQVWXY	ABDE**FGH**K 7
3	BC**FIJL**MNSV	ABCDE**FGHJ**KLNQRTUVW 8
4	AB**CE**F**H**IKLNO**T**U**X**	ABFJVWY 9
5	ABDEFGHKLMN	ABEG**H**IJKPSTYZ10

Anzeige auf dieser Seite B 10A CEE €32,00
8,6 ha 190T (80-200m²) 73**D** €40,00

Via Deventer: A1, Ausfahrt Deventer Richtung Raalte N348. An Raalte vorbei, an der T-Kreuzung die N348 Richtung Ommen nehmen. Den Schildern folgen bis Ausfahrt Luttenberg.
105706

Jeder Tag ein Urlaubstag!
sehr kinderfreundlich • große Plätze
ANWB Top-Camping • viele kostenlose
Einrichtungen • Hallen- und Außenbecken
Gratis WLAN • und vieles mehr
www.luttenberg.nl

Heuvelweg 9, 8105 SZ Luttenberg • +31(0)572-301405 • receptie@luttenberg.nl

Mander/Tubbergen, NL-7663 TD / Overijssel

- Dal van de Mosbeek
- Uelserweg 153
- 27 Mär - 31 Okt
- +31 5 41 68 06 44
- receptie@dalvandemosbeek.nl

1	AEG**JM**NOPQRST	6
2	PQVWX	ABDE**FG**H 7
3	AF**H**IMSUV	ABCDE**FG**HIJKNPQRTUVW 8
4	F**H**IKO	Y 9
5	ADHN	ABDEGHJPRW10

Anzeige auf dieser S. B 10-16A CEE €22,40
6 ha 132T (160-200m²) €32,80

A1 Ausfahrt Almelo. Nach Tubbergen. Dann Richtung Uelsen. Am Uelserweg 153, Einfahrt Plasdijk, kommt man zum Camping.
118408

Dal van de Mosbeek

Unser Platz hat eine super Lage in Mander bei Tubbergen und Ootmarsum, gleich an der deutschen Grenze (Uelsen 5 km). In direkter Umgebung zu den Naturgebieten Springendal, Mosbeek-Tal und die Streu, die sich bestens zum Radfahren und Wandern eignen. Camping mit 132 Komfortplätzen (160-200 m²), inkl. gratis WLAN. Wir haben ein sehr sauberes, modernes und beheiztes Sanitärgebäude.
Neu 2019: Freizeitraum zum Essen und Trinken mit TV etc.

Uelserweg 153, 7663 TD Mander/Tubbergen • Tel. 0541-680664 • Fax 0541-626224
E-Mail: receptie@dalvandemosbeek.nl • Internet: www.dalvandemosbeek.nl

Niederlande

Ein geselliger 4★★★★-Camping in Paasloo

Camping KROLSBERGEN

Einrichtungen:
- 6 Amp. Strom auf den Plätzen
- Imbiss mit Tellergerichten
- Waschsalon
- Mobilheimvermietung
- Freizeitteam in der Hochsaison
- Beheiztes Schwimmbad auch für die Kleinen
- Drahtloses Internet
- Anständige und saubere Toiletteneinrichtungen

Paasloërweg 16, 8378 JB Oldemarkt/Paasloo
Telefon: 0561 - 45 14 71
info@campingkrolsbergen.nl
www.campingkrolsbergen.nl

Am schönen Nationalpark de Weerribben

Markelo, NL-7475 AT / Overijssel
- De Poppe Recreatiepark
- Holterweg 23
- 30 Mär - 30 Sep
- +31 5 47 36 12 06
- info@depoppe.nl

1 ADE**IL**NOPRT	ABFGL	6
2 ADGHOPVWXY	AB**DEFG**	7
3 ABDFMSV	ABCDE**FG**JNQRTVW	8
4 BCI	CE	9
5 ABDEHKLMN	ABHIJ**PR**Z	10
6-16A CEE	① €30,00	
14 ha 80**T**(110m²) 231**D**	② €42,00	

N 52°15'34'' E 06°27'33'' 108262

A1 Deventer-Hengelo, Ausfahrt 27 Richtung Markelo, an Kreisverkehr sofort rechts.

Markelo, NL-7475 PR / Overijssel
- Landgoed Kattenbergse Hoeve
- Hogedijk 8
- 31 Mär - 1 Okt
- +31 5 47 70 02 30
- info@kattenbergsehoeve.nl

1 AE**IL**NOPQRT	ABFG	6
2 ABGPRVWXY	AB**DEFG**	7
3 ABCFMS	ABCDE**FG**JNQRTVW	8
4 BDIO	BUVW	9
5 ABDEHKMN	ABHIJPTZ	10
6-16A CEE	① €22,50	
10 ha 50**T**(120m²) 124**D**	② €22,50	

N 52°13'29'' E 06°28'35'' 110232

A1 Deventer-Hengelo, Ausfahrt 27 Richtung Markelo. CP ist ausgeschildert.

- schöner Spielweiher mit Taubrücke
- Mietfahrräder (u.a. E-Bikes)
- überdachtes Schwimmbad
- Spielplatz mit Airtrampolin
- Restaurant mit Imbiss
- frische Brötchen

Vakantiepark Sallandshoeve
Familiencamping mit großen Luxusplätzen am Fuße des Sallander Heuvelrug.

www.sallandshoeve.nl
Holterweg 85, Nieuw Heeten
Tel: 0572-321342

Nieuw-Heeten, NL-8112 AE / Overijssel   CC€18
- Vakantiepark Sallandshoeve
- Holterweg 85
- 29 Mär - 30 Sep
- +31 5 72 32 13 42
- info@sallandshoeve.nl

1 ADE**IL**NORT	EFG	6
2 APRVWX	AB**FG**H	7
3 ABEF**J**M**RT**V	ABEFHJNQRTUV	8
4 BFHI**PQ**	CJVWY	9
5 ABDEFGHKLN	ABEFHIJPR	10
Anzeige auf dieser Seite 10A CEE	① €29,00	
3 ha 67**T**(100-150m²) 95**D**	② €32,00	

N 52°19'15'' E 06°20'35'' 108263

A1 Ausfahrt Holten, N332 Richtung Raalte. Nach 7 km rechts (ausgeschildert).

Camping 't Haasje, in der Nachbarschaft von Fortmond, liegt in einer grünen Bucht an der IJssel, die dort zum schönsten Teil des westlichen IJssellands gehört. Am Camping liegt ein großes und vielfältiges Fischrevier, sowohl fliessend aber auch mit Stillwasser, in denen man verschiedene Fischarten fangen kann. Auch für den nichtangelnden Urlauber hat der Camping viel zu bieten.

Fortmonderweg 17, 8121 SK Olst • Tel. 0570-561226
Fax 0570-562089 • E-Mail: info@kampeeridee.eu
Internet: www.kampeeridee.eu

Nijverdal, NL-7441 DK / Overijssel   CC€18
- Ardoer camping De Noetselerberg
- Holterweg 116
- 3 Apr - 25 Okt
- +31 5 48 61 26 65
- noetselerberg@ardoer.com

1 ADEG**IL**NOPRT	AEFGH	6
2 PQVWXY	ABDE**FG**HK	7
3 ABCDEFLMV	ABCDEFGJKNQRTUVW	8
4 BDFHILO	CEFJLUVWY	9
5 ABCDEFGJLMN	ABCDEGHIJ**P**STYZ	10
Anzeige auf Seite 330 B 8-16A CEE	① €38,40	
11 ha 210**T**(90-110m²) 72**D**	② €48,85	

N 52°21'00'' E 06°27'21'' 100773

In Nijverdal Straße Richtung Rijssen folgen. Route zum CP ist an dieser Straße gut ausgeschildert.

Notter, NL-7467 PD / Overijssel   iD
- De Grimberghoeve
- Klokkendijk 14
- 1 Apr - 1 Okt
- +31 5 48 51 32 92
- info@grimberghoeve.nl

1 AE**JM**NOPRS**T**	JN	6
2 ABCHIPQSVWXY	ABDE**FG**HK	7
3 AILMS**T**UV	ABCDEFGIJNQRTUVW	8
4 FHIK	EJRVWY	9
5 DEKN	BFGHJ**PR**Z	10
B 6-16A CEE	① €21,60	
3 ha 65**T**(125-200m²) 7**D**	② €28,20	

N 52°19'38'' E 06°31'44'' 118029

Von der A1 Ausfahrt 28 Rijssen. Auf der N350 links ab Richtung Rijssen. Am Kreisel sofort rechts, dann links ab, Klokkendijk (Notter).

Oldemarkt/Paasloo, NL-8378 JB / Overijssel   CC€20
- De Eikenhof
- Paasloërweg 12
- 1 Jan - 31 Dez
- +31 5 61 45 14 30
- info@eikenhof.nl

1 ACE**JM**NOPQRST	ABFGX	6
2 AGOPQVWXY	AB**FG**HJ	7
3 BCDFMTVWX	ABCDEFGJKNQRTUVW	8
4 BCDFHIKLNO**P**	ABCEFHJLUVWY	9
5 ADEFGHKLMN	ABDEFGHJMPRYZ	10
Anzeige auf dieser Seite B 6-10A CEE	① €27,50	
11 ha 101**T**(90-115m²) 176**D**	② €37,50	

N 52°48'57'' E 05°59'48'' 100733

N351 Emmeloord-Wolvega. In Kuinre Richtung Oldemarkt. Oder A32 Steenwijk-Wolvega, Ausfahrt 7, und Richtung Oldemarkt Beschilderung folgen.

Komm genießen am Rande der Weerribben (Giethoorn)

De Eikenhof auch für Ihren Urlaub!
8378 JB Oldemarkt/Paasloo • 0561-451430 • www.eikenhof.nl

Oldemarkt/Paasloo, NL-8378 JB / Overijssel   iD
- Krolsbergen
- Paasloërweg 16
- 1 Apr - 1 Okt
- +31 5 61 45 14 71
- info@campingkrolsbergen.nl

1 ACEG**JM**NOPQRS**T**	ABFGNX	6
2 ABGPRVWXY	ABDE**FG**H	7
3 ABCFGMS**T**VX	ABCDE**FG**HIJKNPQRTVW	8
4 BCDFHINOP	EJLUVWY	9
5 ADEFHKLMNO	ABF**G**HJNPSTVYZ	10
Anzeige auf dieser Seite B 6A CEE	① €23,00	
6,5 ha 44**T**(90-110m²) 142**D**	② €33,00	

N 52°48'58'' E 06°00'24'' 100734

A32 afslag 7 Steenwijk Richtung Witte Paarden, Oldemarkt, Paasloo. Camping an dieser Straße ausgeschildert.

Olst, NL-8121 SK / Overijssel   CC€16
- 't Haasje
- Fortmonderweg 17
- 15 Apr - 30 Sep
- +31 5 70 24 10 41
- info@kampeeridee.eu

1 ADE**JM**NOPQRS	ABFGJNWXY	6
2 CFGHPQRVWXY	ABDE**FGH**	7
3 BFM	ABCDEFIJNRTW	8
4 FHI**Q**	FLVW	9
5 ABDEFKLMN	ABGHIJPQSTVYZ	10
Anzeige auf dieser Seite B 4-6A CEE	① €26,00	
15 ha 100**T**(80-120m²) 286**D**	② €37,50	

N 52°21'47'' E 06°05'14'' 105708

Straße Zwolle-Deventer (N337), östlich von der IJssel. CP liegt nördlich von Olst. Ausfahrt bei Den Nul.

Der perfekte Urlaub
für Camper und alle, die es werden wollen

CLEVER CAMPEN

Die ganze Campingwelt in einem Heft. Jetzt 5 x im Jahr.

Ommen, NL-7731 PB / Overijssel (CC€14) iD
- Camping & Bungalowpark Besthmenerberg
- Besthemerweg 1
- 27 Mär - 28 Sep
- +31 5 29 45 13 62
- info@besthmenerberg.nl
- N 52°30'30'' E 06°26'37''

1	ACEJMNOPQRST	ABEFG 6
2	BGPQXY	ABDEFGH 7
3	ABCFGHILMSTUVX	ABCDEFGHIJKNQRTUVW 8
4	BCDEFHILNOP	ACJUVWY 9
5	ACDEFHJKLMN	ABDEHIJLOPQRZ 10

Anzeige auf dieser Seite B 4-10A CEE ① €33,70
85 ha 543T(100-120m²) 169D ② €35,50
An der R103 Ommen-Beerze gelegen. Am CP-Schild über den Bahnübergang. 105741

Ommen, NL-7731 BC / Overijssel iD
- de Koeksebelt
- Zwolseweg 13
- 1 Apr - 28 Okt
- +31 5 29 45 13 78
- info@koeksebelt.nl
- N 52°30'59'' E 06°24'51''

1	AEJMNOPQRST	ABFGHJLNXZ 6
2	CDGHPQVWXY	ABDEFGHIJ 7
3	ABCEFGLMSUV	ABCDEFGHIJKLMNQRTUVW 8
4	ABDEFGHIKLO	CFHJOQRV 9
5	ABDEFGHJKMN	ABCEFGHJMPRZ 10

B 6-10A CEE ① €44,50
12 ha 250T(100-150m²) 67D ② €56,50
Von der N34 über die Brücke in Ommen in südliche Richtung des Vecht. Direkt hinter der Brücke rechts am Hotel 'de Zon' vorbei Richtung Vilsteren. CP nach ca. 500m rechts. 105752

Ommen, NL-7731 RC / Overijssel (CC€18) iD
- Resort de Arendshorst
- Arendshorsterweg 3a
- 27 Mär - 12 Okt
- +31 5 29 45 32 48
- info@arendshorst.nl
- N 52°31'10'' E 06°21'52''

1	ACEJMNOPQRST	FJNXZ 6
2	ABCGHPQVWXY	ABDEFGHIJ 7
3	BFHJLMSV	ABEFGIJLNQRTUVW 8
4	AEFHIKOQ	JQRVW 9
5	ABDEFGHJLMN	ABDFHIJOPTX 10

Anzeige auf dieser Seite 6-10A CEE ① €24,50
12 ha 125T(150-250m²) 110D ② €34,00
CP ist entlang der Straße Ommen-Zwolle N340 ausgeschildert. 108264

RESORT **** DE ARENDSHORST
Campen auf einer Top-Location direkt an der Vecht. Ruhiger Campingplatz mit großen Stellplätzen, hervorragende Rad- und Wandermöglichkeiten und optimales Fischrevier.
Arendshorsterweg 3a, 7731 RC Ommen
Tel. 0529-453248
info@arendshorst.nl
www.arendshorst.nl

Ootmarsum, NL-7638 PP / Overijssel (CC€16) iD
- Bij de Bronnen
- Wittebergweg 16-18
- 1 Jan - 31 Dez
- +31 5 41 29 15 70
- info@campingbijdebronnen.nl
- N 52°25'29'' E 06°53'23''

1	AEILNOPQRST	6
2	BPQWXY	ABDEFGH 7
3	BFNS	ABCDEFHJKMNPRTUVW 8
4	DFHIOQ	JVY 9
5	DEFHKMN	ABDFGHJNPSTZ 10

Anzeige auf dieser Seite B 6A CEE ① €18,70
8 ha 43T(70-120m²) 142D ② €25,90
In Ootmarsum wird der CP gut ausgeschildert. (Mit der Navigation in Nutter.) 105778

VAKANTIECENTRUM BIJ DE BRONNEN
Camping & Feriendorf
Bij de Bronnen
Firma Steggink & Sohn
Wittebergweg 16-18, 7638 PP Ootmarsum
Tel. 0541-291570 (niemand da 292041)
Handy 06-12468636
Internet: www.campingbijdebronnen.nl

Ootmarsum, NL-7631 CJ / Overijssel (CC€20) iD
- De Kuiperberg
- Tichelwerk 4
- 27 Mär - 19 Okt
- +31 5 41 29 16 24
- info@kuiperberg.nl
- N 52°24'29'' E 06°53'04''

1	AJMNOPQRST	6
2	FOPQSTUVWXY	ABDEFGH 7
3	S	ABCDEFGHJNQRTUVW 8
4	FHIO	EJVW 9
5	ADEFHKN	ABDEFGHJOPSTI 10

Anzeige auf dieser Seite B 16A CEE ① €25,50
H60 4 ha 80T(100m²) 10D ② €35,50
Auf der N349 von Ootmarsum nach Almelo ist der CP gut angezeigt. 105782

Ootmarsum, NL-7637 PM / Overijssel (CC€18) iD
- De Witte Berg
- Wittebergweg 9
- 26 Mär - 3 Okt
- +31 5 41 29 16 05
- info@dewitteberg.nl
- N 52°25'25'' E 06°53'35''

1	AEJMNOPRST	ABCDFGLN 6
2	BDGHIPQSVWXY	ABDEFGH 7
3	ABCDEFIJMSVX	CDEFGIJKLMNPQRTUVW 8
4	BDFHIO	BEFGIJVWX 9
5	ABDEFHKLMN	ABDGHJPTUZ 10

Anzeige auf dieser Seite B 6-10A CEE ① €30,00
6,5 ha 136T(100-140m²) 52D ② €42,00
In Ootmarsum ist der CP gut ausgeschildert. 110750

TWENTE GENIEẞEN
AM RANDE VON OOTMARSUM

CAMPING de Haer

Tel. 0541-291847 • E-Mail info@dehaer.nl
WWW.DEHAER.NL

Ootmarsum/Agelo, NL-7636 PL / Overijssel (CC€18) iD
- De Haer
- Rossummerstraat 22
- 28 Mär - 1 Nov
- +31 5 41 29 18 47
- info@dehaer.nl
- N 52°23'25'' E 06°54'06''

1	AEJMNOPQRST	A 6
2	ABOPQSVWXY	ABDEFGH 7
3	ABFGMSVX	ABCDEFHJKNPQRTUVW 8
4	BCDFHIO	BJUVWXY 9
5	ADEFHKMN	ABDFGHJPR 10

Anzeige auf dieser Seite B 6-10A CEE ① €23,20
5,5 ha 130T(100-140m²) 62D ② €29,40
Der Platz liegt an der Straße von Ootmarsum nach Oldenzaal und ist gut ausgeschildert. 113428

De Kuiperberg

Ootmarsum / www.kuiperberg.nl / 0541-291624

Ruhiger, kleinerer Relaxcamping in der Natur, im Gehbereich von Ootmarsum. Die großen Plätze (Terrassen) haben Sicht über die Twenter Anhöhen. Das neue Luxussanitär rundet Ihre Unterbringung ab. Jeden morgen frische warme Brötchen direkt vom Bäcker. Der Campingplatz verfügt über keine Einrichtungen für Kinder, so dass Sie sich in der Rabattperiode nicht auf einem "verlassenen Spielplatz" fühlen. Ein Campingplatz ohne großes Tamtam. Reisemobilanlagen und zentral gelegen im Rad- und Wandernetz.

Reutum/Weerselo, NL-7667 RS / Overijssel

▲ De Molenhof	1 AEG**JM**NOPQRST	ABEFGHIN 6
🏠 Kleijsenweg 7	2 AGOPQVWXY	ABDE**FGH**K 7
🗓 3 Apr - 27 Sep	3 ABDEFG**JL**MSVX	ABCDEFGIJKNQRTUVW 8
☎ +31 5 41 66 11 65	4 BFHIO	BFIJLVY 9
@ info@demolenhof.nl	5 ACDEFGHIMN	ABDEGHJPRVYZ10
	Anzeige auf dieser Seite B 10A CEE	① €44,90
N 52°21'57'' E 06°50'37''	16 ha 500T (100-130m²) 62**D**	② €56,30

In Weerselo ist der CP ausgeschildert. Er liegt an der Straße von Weerselo nach Tubbergen. 105780

Ootmarsum/Hezingen, NL-7662 PH / Overijssel

▲ Hoeve Springendal B.V.	1 AEG**JM**NOPQRST	N 6
🏠 Brunninkhuisweg 3	2 BCFPQSVWXY	AB**FG**HK 7
🗓 1 Jan - 31 Dez	3 AS	ABCDE**FG**IJNQRTUVW 8
☎ +31 5 41 29 15 30	4 **E**FHIKO	GIJV 9
@ info@hoevespringendal.nl	5 ADHJN	ABCDEHJPRZ10
	Anzeige auf dieser Seite B 10A CEE	① €27,40
N 52°26'30'' E 06°53'38''	3 ha 58**T** (120-200m²) 15**D**	② €32,80

In Ootmarsum ist der CP gut ausgeschildert. 112442

Rheeze, NL-7794 RA / Overijssel

▲ Camping 't Veld	1 ACEG**JM**NOPQRT	CDFGHN 6
🏠 Grote Beltenweg 15	2 DHIPQVWX	AB**DEFG**HK 7
🗓 5 Apr - 28 Sep	3 ADFMSVX	BDE**FJLM**NQRTUVW 8
☎ +31 5 23 26 22 86	4 BCDFGHILO	ACDJKVY 9
@ info@campingtveld.nl	5 ABDEFGKMN	ABDEGHJ**P**RYZ10
	Anzeige auf dieser Seite B 6-10A CEE	① €36,00
N 52°32'48'' E 06°34'19''	8 ha 105**T** (80-100m²) 164**D**	② €48,00

Bundesstraße Ommen-Hardenberg, an Tankstelle rechts. Hardenberg-Rheeze folgen. Ca. 1 km nach Hardenberg rechts. Ausgeschildert. 105731

Ossenzijl, NL-8376 EM / Overijssel

▲ De Kluft	1 ADEG**IL**NOPQRST	JLNUV**XYZ** 6
🏠 Hoogeweg 26	2 CDFGHPSVWXY	AB**DEFG**HK 7
🗓 1 Apr - 31 Okt	3 AB**F**M**Q**	ABCDE**FG**IJKNQRTW 8
☎ +31 5 61 47 73 70	4 ABCDEFHIO	FGHJNORVW 9
@ info@dekluft.nl	5 ABDEFGHJKLMN	ABFGHJPRZ10
	B 6A CEE	① €28,80
N 52°48'28'' E 05°55'54''	14,5 ha 180**T** (100m²) 119**D**	② €37,00

N32 Richtung Oldemarkt. Vorbei an Oldemarkt, vor Ossenzijl ist der CP ausgeschildert. 100759

Rheeze, NL-7794 RA / Overijssel

▲ Sprookjescamping De Vechtstreek	1 ACE**JM**NOPRST	ABEFGHLN 6
	2 DGHPQVWX	AB**CDEFG**HK 7
🏠 Grote Beltenweg 17	3 ABCDEFMUVX	ABCDEFGIJKNQRTUVW 8
🗓 3/4 - 14/9, 9/10 - 26/10	4 **ABD**FGHILO**ST**U	ADEFJVWY 9
☎ +31 5 23 26 13 69	5 ACDEFGJKLMN	ABGHIJPRYZ10
@ info@sprookjescamping.nl	6-10A CEE	① €53,00
N 52°32'46'' E 06°34'14''	14 ha 266**T** (100m²) 176**D**	② €60,40

Bundesstraße Ommen-Hardenberg. In Hardenberg an Shell-Tankstelle rechts. Ab Rheeze ausgeschildert. 105732

Raalte, NL-8102 SV / Overijssel

▲ Krieghuusbelten	1 ACEHKNOPQRST	CDFGHLNQ 6
🏠 Krieghuisweg 19	2 DGPQVWXY	AB**DEFG**H 7
🗓 1 Apr - 30 Sep	3 ABDF**HIJM**NSUV	ABCDE**FG**HJNQRTUV 8
☎ +31 5 72 37 15 75	4 BDFHILO**Q**	ACEJV 9
@ info@krieghuusbelten.nl	5 ABCDEFKLMN	ABEGHIJP**R**XZ10
	B 10A CEE	① €40,00
N 52°25'37'' E 06°10'36''	26 ha 200**T** (100-120m²) 251**D**	② €52,00

An Kreuzung N35 Zwolle-Almelo und N348 Richtung Deventer in nördliche Richtung. Beschilderung folgen. Von Ommen an Restaurant 'De Lantaren' rechts. 109788

Rheeze/Hardenberg, NL-7794 RA / Overijssel

▲ Kampeerdorp de Zandstuve	1 AE**IL**NOPQRST	ABEFGHI 6
🏠 Grote Beltenweg 3	2 BPQVWXY	AB**CDEFG**HK 7
🗓 29 Mär - 27 Okt	3 ABCDFGMTX	ABCDEFGIJ**KL**NQRTUVW 8
☎ +31 5 23 26 20 27	4 BDFGHILNO**PQ**	ACDFJLVY 9
@ info@zandstuve.nl	5 ACDEFGHIKLMN	ABCDEGHJO**P**RZ10
	Anzeige auf Seite 329 B 8-16A CEE	① €58,00
N 52°33'30'' E 06°35'16''	10 ha 286**T** (100-125m²) 88**D**	② €68,00

Bundesstraße Ommen-Hardenberg, an der Ampel in Hardenberg rechts. Beschilderung Rheeze folgen. Ca. 2 km ortsaußerhalb von Hardenberg rechts. 105730

Reutum, NL-7667 RR / Overijssel

▲ De Weuste	1 ACE**JM**NOPQRST	ABFGN 6
🏠 Oldenzaalseweg 163	2 ACOPQVWXY	AB**CDEFG**H 7
🗓 1 Apr - 30 Sep	3 ABF**HI**LMRSU	ABCDEFGIJKNPQRTUVW 8
☎ +31 5 41 66 21 59	4 BCDFGHIKLOP**QS**	EJV 9
@ info@deweuste.nl	5 ABDEFHKN	ABCDEGHJPRZ10
	Anzeige auf dieser Seite B 10A CEE	① €21,40
N 52°21'59'' E 06°50'02''	9,5 ha 68**T** (100-165m²) 94**D**	② €32,80

CP liegt an der N343 Oldenzaal-Tubbergen. Gut ausgeschildert. Kommt man von der A1, nimmt man die Ausfahrt 31 Weerselo. 111505

Natur - um auf zurückzukommen!

Mitten im Naturgebiet nahe Ootmarsum!

Brunninkhuisweg 3
7662 PH Ootmarsum/Hezingen
Tel. 0541-291530
E: info@hoevespringendal.nl
www.hoevespringendal.nl

9,3

Zu jedem Campingplatz in diesem Führer gehört eine sechsstellige Nummer. Damit können Sie den betreffenden Campingplatz auf der Webseite suchen.

www.Eurocampings.de

Rheezerveen/Hardenberg, NL-7797 HH / Overijssel

- Vakantiepark Het Stoetenslagh
- Elfde Wijk 42
- 3 Apr - 30 Sep
- +31 5 23 63 82 60
- info@stoetenslagh.nl

1 ADEG**JM**NOPRST	EHLMN 6
2 DGHPVWX	ABDE**FG**H 7
3 ABCDEFG**LMRT**UVX	ABCDEFGJKLNQRTUVW 8
4 BCDHILNOQ	CJVWY 9
5 ABDEFGHJKLM	ABEFGHIJMPQRZ10

Anzeige auf dieser Seite   B 10A CEE   € 53,50
26 ha 341T(120-140m²) 206D   € 73,00

N 52°35'11'' E 06°31'50''   105736

A28 Ausfahrt N377 nach Slagharen. Vor Slagharen N343 Richtung Hardenberg. Nach der Ausfahrt Lutten 1. Ausfahrt rechts. Weiter nach 3 km CP links. Von Hardenberg nach Slagharen, nach 5 km links ab Elfde wijk.

Slagharen, NL-7776 PA / Overijssel

- Attractie en Vakantiepark Slagharen
- Knappersveldweg 3
- 31 Mär - 29 Okt
- +31 5 23 68 30 00
- info@slagharen.com

1 ADE**IL**NORT	E 6
2 GLOPQWX	ABDE**FG** 7
3 AB**N**S	ABCDEFIJNQRTW 8
4 BDHIP	CEJ 9
5 ACDEFGJKLN	ABEGHJ**N**RYZ10

10A CEE   Preis auf Anfrage
8 ha 229T(100m²) 808D

N 52°37'15'' E 06°34'03''   108336

Richtung Ponypark Slagharen.

St. Jansklooster, NL-8326 BG / Overijssel

- Kampeer- & Chaletpark Heetveld
- Heetveld 1
- 29 Mär - 14 Okt
- +31 5 27 24 62 43
- info@campingheetveld.nl

1 AEG**JM**NOPQRST	6
2 OPRVWX	A**B**EF**G**HK 7
3	ABDEFHJNPQRUVW 8
4 FHIO	JVW 9
5 ADFHKMN	BDHIJ**PST**10

Anzeige auf dieser Seite   6A CEE   € 16,00
5 ha 51T(140-150m²) 24D   € 22,00

N 52°40'05'' E 06°00'48''   118696

Auf der N331 Zwartsluis-Vollenhove in Barsbeek Richtung St. Jansklooster. Der CP in Heetveld ist mit blauen Schildern angezeigt.

Steenwijk/Baars, NL-8336 MC / Overijssel

- 't Kappie
- Bergweg 76
- 30 Mär - 30 Sep
- +31 5 21 58 85 75
- info@campingkappie.nl

1 AEGHKNOPQRST	FX 6
2 ABIPVWXY	AB**DEFG** 7
3 AE	ABCD**FG**HIJKNPQRTVW 8
4 EFH	9
5 BDN	ADEHIJ**PST**10

Anzeige auf dieser Seite   6-10A CEE   € 18,50
4 ha 52T(120-200m²) 50D   € 25,50

N 52°48'49'' E 06°06'18''   113431

A32 Zwolle-Leeuwarden, Ausfahrt 7. Im Kreisel 1. Ausfahrt. Nach 500m rechts ab Witte Paarden. Der Beschilderung folgen.

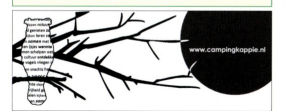

Stegeren/Ommen, NL-7737 PE / Overijssel

- De Kleine Wolf
- Coevorderweg 25
- 27/3 - 16/9, 2/10 - 26/10
- +31 5 29 45 72 03
- info@kleinewolf.nl

1 AEG**JM**NOPQRT	ABEFGHILMN 6
2 DGHPQVWXY	A**B**DE**FG**H 7
3 ABDE**FJLMN**S	ABCDE**FG**IJKNQRTUVW 8
4 **A**BCFHIKLO	EFJVW 9
5 ACDEFGHKLMN	ABDEGHIJM**NP**RZ10

Anzeige auf dieser Seite   B 8-10A CEE   € 55,00
24 ha 475T(100-160m²) 168D   € 67,00

N 52°32'40'' E 06°29'41''   105738

Von der N36 über den Kreisel zwischen Ommen und Hardenberg, Ausfahrt Stegeren. Den CP-Schildern folgen.

Tubbergen, NL-7651 KP / Overijssel

- Ardoer recreatiepark 'n Kaps
- Tibsweg 2
- 27 Mär - 5 Okt
- +31 5 46 62 13 78
- kaps@ardoer.com

1 AEG**IL**NOPQRST	ABFGN 6
2 PQVWXY	AB**DEFG** 7
3 ABD**F**KM**R**V	ABCDFGIJNQRTUVW 8
4 BFHIO	CEFJUVWY 9
5 ABDEFHKLMN	ABDEGHJPRZ10

Anzeige auf Seite 330   B 6A CEE   € 29,00
10 ha 89T(100-120m²) 105D   € 39,00

N 52°24'36'' E 06°48'19''   105779

Ab Ortsumgehung Tubbergen ausgeschildert (N343). CP-Schildern folgen.

Vasse, NL-7661 RB / Overijssel

- De Tutenberg
- Tutenbergweg 6
- 1 Apr - 30 Sep
- +31 5 41 68 04 46
- info@detutenberg.nl

1 AE**IL**NOPQRST	AF 6
2 BGPQTWXY	A**B**FH 7
3 ABFMU	AE**F**NRTW 8
4 FHIO	9
5 DN	ABFGHJOR10

B 6A CEE   € 26,00
H60 5,5 ha 80T(100-120m²) 15D   € 32,00

N 52°26'05'' E 06°50'29''   105777

Über Ootmarsum nach Vasse. In Vasse an der Kirche den Schildern nach.

- 5-Sterne Ferienpark
- Hallen- und Freibad mit Rutschen
- Großer Indoorspielplatz
- Umfangreiches Freizeitprogramm

Teilkarte Overijssel auf Seite 320

Qualitätscampingplätze in **Overijssel**

| Akkertien | Vollenhove | | **'n Kaps** | Tubbergen | | **Rheezerwold** | Hardenberg |
| Holterberg | Holten | | **Noetselerberg** | Nijverdal | | | |

www.ardoer.com/**overijssel**

Legende Karten

Ein offenes Zelt bedeutet daß sich hier ein Campingplatz befindet.

Ein geschlossenes Zelt bedeutet daß hier mehrere Campingplätze zu finden sind.

Campingplätze die CampingCard ACSI akzeptieren.

70 — Auf dieser Seite finden Sie das Teilgebiet.

73 — Pfeile mit Seitenangaben am Kartenrand verweisen auf angrenzende Gebiete.

Die Übersichtskarte des betreffenden Landes und im welchen Teilgebiet Sie sich befinden.

Vollenhove, NL-8325 PP / Overijssel

- Ardoer vakantiepark 't Akkertien
- Noordwal 3
- 1 Jan - 31 Dez
- +31 5 27 24 13 78
- akkertien@ardoer.com
- N 52°40'32" E 05°56'22"

1 AE**JM**NOPQRST   CDFGHJNQSXZ 6
2 CFGOPSVWX   ABDE**FG**J 7
3 ABFGJMS   ABCDEFGHIJK**L**NPQRTUVW 8
4 ABCDFHIKLOQ**T**   ACEIJOQRTVWY 9
5 ABDEHJMN   ABEFGHJPSTVZ10
Anzeige auf dieser Seite B 10A CEE   ① €22,00
11 ha 150**T**(100-140m²) 143**D**   ② €30,50

N331 Richtung Vollenhove und dann den Schildern folgen. Nicht durchs Zentrum von Vollenhove fahren.

117156

Welsum, NL-8196 KC / Overijssel

- De Stuurmanskolk
- IJsseldijk 85
- 1 Jan - 31 Dez
- +31 5 70 56 14 70
- info@destuurmanskolk.nl
- N 52°20'37" E 06°05'48"

1 ADEG**JM**NOPQRS**T**   JLN 6
2 CDIPSWXY   ABDEFG 7
3 AMU   ABFJNQRW 8
4 FH**ST**   JT 9
5 DEFHKL   ABFGHJPRYZ10
6A CEE   ① €20,50
1,5 ha 60**T**(80-100m²) 10**D**   ② €27,50

Von der A50 über Heerde dem Deich bis Welsum folgen. Aus den Ost-Niederlanden Olst mit der Fähre übersetzen. Der Camping liegt hinter Eet Tapperij Bijsterbosch.

115485

IJhorst, NL-7955 PT / Overijssel

- De Vossenburcht
- Bezoensweg 5
- 1 Jan - 31 Dez
- +31 5 22 44 16 26
- info@devossenburcht.nl
- N 52°39'16" E 06°18'07"

1 AE**JM**NOPQRST   ABFGN 6
2 AGPQRVWXY   AB**DEFG**H 7
3 BFMV   ABCDE**FG**HJKNQRTW 8
4 BCDFHIKO**Q**   J 9
5 DEFHKMN   ABDEFGHIJPSTZ10
Anzeige auf dieser Seite B 16A CEE   ① €27,50
20 ha 108**T**(90-100m²) 262**D**   ② €36,00

A28 Ausfahrt 23 Staphorst oder A28 Ausfahrt 24 De Wijk Richtung IJhorst. In IJhorst Schildern folgen.

110231

Familiecamping DE VOSSENBURCHT

IJhorst **T** 0522 441626 www.devossenburcht.nl

Zuna/Nijverdal, NL-7466 PD / Overijssel

- Vakantiepark Mölke
- Molendijk 107
- 4 Apr - 24 Okt
- +31 5 48 51 27 43
- info@molke.nl
- N 52°19'35" E 06°31'07"

1 AE**I**LNOPQRST   EFGJN 6
2 ACGHPQVWXY   ABDE**FG**H 7
3 ABDF**LMR T**UVX   ABCDEFGJ**KLM**NQRTUVW 8
4 ABCDGHIKLOT   BEFJORUVWY 9
5 ABDEFHJKLMN   ABDEGHIJ**M**N**O**PRZ10
Anzeige auf dieser Seite B 4-10A CEE ① €32,00
9,5 ha 75**T**(90-125m²) 203**D**   ② €41,00

Camping an der N347 zwischen Rijssen und Nijverdal gut ausgeschildert.

105753

Vakantiepark Mölke
★★★★★

Am Flüsschen De Regge gelegen

www.molke.nl | 0548-51 27 43

Zwolle, NL-8034 PJ / Overijssel

- Molecaten Park De Agnietenberg
- Haersterveerweg 27
- 27 Mär - 31 Okt
- +31 3 84 53 15 30
- deagnietenberg@molecaten.nl
- N 52°32'13" E 06°07'47"

1 ADEG**I**LNOPQRT   JL**N**Q 6
2 ABCDGHIPVWXY   ABDE**FG**H 7
3 ABFG**LM**U   ABEFNQRTUVW 8
4 BFHINO   JV 9
5 ADEFGHKM   ABDEFGH**J**P**RZ**10
Anzeige auf Seite 357 10A CEE ① €30,30
14 ha 58**T**(80-100m²) 234**D**   ② €34,30

A28 Richtung Leeuwarden/Groningen, hinter der Ausfahrt Zwolle-Noord rechts, direkt links. Nach 400m an der Ampel links.

105700

Camping Terra Nautic ★ ★ ★

Vechtdijk 1
8035 PA Zwolle
Tel. 0529-427171
E-Mail: info@terranautic.nl
Internet: www.terranautic.nl

Zwolle, NL-8035 PA / Overijssel

- Terra Nautic
- Vechtdijk 1
- 1 Apr - 1 Okt
- +31 5 29 42 71 71
- info@terranautic.nl
- N 52°32'05" E 06°08'48"

1 AEG**JM**NORT   JNQS**XY**Z 6
2 ACGOPQVWXY   AB**DEFG**H 7
3 BFMSU   ABCDE**F**KNRTW 8
4 H   OQRV 9
5 DMN   ABGHIJOST10
Anzeige auf dieser Seite 4A CEE   ① €23,70
7 ha 100**T**(90-100m²) 65**D**   ② €31,90

Autobahn A28 Amersfoort-Meppel, Ausfahrt Ommen. An Ampel rechts. Dann ausgeschildert.

100769

---

330   Teilkarte Overijssel auf Seite 320

Friesland

Akkrum, NL-8491 CJ / Friesland

▲ Drijfveer & Tusken de Marren	1 AEGJMNOPQRST	JLNSTWXYZ 6
🏠 Ulbe Twijnstrawei 31	2 ACDIPSWX	ABDEFG 7
📅 1 Apr - 1 Nov	3 ABMN	ABEFHJNQRTVW 8
☎ +31 5 66 65 27 89	4 BCDEHIK	JNOPQR 9
@ info@drijfveer.nl	5 ADHJNO	ABFGHIJLNPQRVZ 10

Anzeige auf dieser Seite B 10A CEE
2,5 ha 80T(72-100m²) 30D
① €23,50
② €31,50

N 53°02'54'' E 05°49'33''

Von der A32 Ausfahrt Akkrum. Richtung Akkrum Oost. Der Beschilderung 'Jachthaven Tusken de Marren' folgen.

122657

Drijfveer & Tusken de Marren

Reisemobilplätze direkt am Wasser und Tourplätze am gemütlichen Yachthafen, im Gehbereich zum Wassersportort Akkrum.

www.drijfveer.nl/camping | U. T. Wei 31
info@drijfveer.nl | 8491 CJ
0566-652789 | Akkrum

Anjum, NL-9133 DV / Friesland

▲ Landal Esonstad	1 DEJMNOPQRST	EFGLNPQSXYZ 6
🏠 Skanserwei 28	2 CDFGHIOPSV	ABDEFGH 7
📅 27 Mär - 6 Nov	3 ABCDEFKMNSTUV	ABCDEFHJKNPQRTUVW 8
☎ +31 5 19 32 95 55	4 ABCDEFGHILSTUV	IJMPQRTUVWY 9
@ esonstad@landal.nl	5 ACDEFGHJKLN	ABFGHJPRZ 10

Anzeige auf dieser Seite 16A CEE
5 ha 129T(100-120m²) 221D
① €32,00
② €34,00

N 53°22'30'' E 06°09'32''

Von Leeuwarden die N355 Dokkum Richtung Lauwersoog die N361.

118132

Appelscha, NL-8426 SM / Friesland

▲ Boscamping Appelscha	1 AEGJMNOPRST	6
🏠 Oude Willem 3	2 BPQWXY	ABFGJ 7
📅 1 Apr - 1 Okt	3 BFJLMSVX	ABCDEFHJNQRTW 8
☎ +31 5 16 43 13 91	4 FH	FUVW 9
@ info@boscampingappelscha.nl	5 ADEKLN	ABHIJNPST 10

6A CEE
5 ha 53T(100-120m²) 16D
① €24,50
② €33,50

N 52°55'16'' E 06°20'42''

N381 Drachten-Appelscha. Der CP ist in Höhe Appelscha angezeigt.

113482

Camping Landal Esonstad

Prächtig gelegener Camping direkt am Lauwersmeer mit hervorragenden Einrichtungen.

✓ Gratis WLAN auf allen Stellplätzen
✓ Wassersport total
✓ Restaurants und Indoor-Spielparadies

landalcamping.nl/acsi

DE WITE BURCH
Recreatiepark

Mietchalets Kinderfreundlich
Shop Animation Lodges
Komfortplätze WLAN
Wanderhütten Spielpavillon
Gastronomie

Bakhuizen - Friesland
0514 58 13 82 witeburch.nl

Bakhuizen, NL-8574 VC / Friesland

De Wite Burch	1 AEF**JM**NOPQRS**T** X 6
Wite Burch 7	2 PQVWXY AB**FG**H 7
15 Jul - 31 Okt	3 ABDF**ILM** ABCDE**FH**JKNQRTUVW 8
+31 5 14 58 13 82	4 BHIKO CEFJUVW 9
info@witeburch.nl	5 ABDEHJKM**N** ABDEHJ**P**ST 10
N 52°52'18'' E 05°28'08''	Anzeige auf dieser Seite B 10A CEE €27,00 / €31,00
	10 ha 60T(80-100m²) 269D 100726

Von Lemmer N359 Richtung Koudum. Ausfahrt Rijs links. An Kreuzung Richtung Bakhuizen, CP-Beschilderung folgen. CP nach Ortsausgang, Nordseite.

Bakkeveen, NL-9243 KA / Friesland

De Ikeleane	1 AEG**IL**NOPRST 6
Duerswâldmerwei 19	2 AFOPQVWX ABDE**FG**HK 7
30 Mär - 30 Sep	3 ABCDFGMSV ABCDE**FGH**IJLNPQRTUVW 8
+31 5 16 54 12 83	4 BCDFHIKLOQ FJVWY 9
info@ikeleane.nl	5 ADEFGHJKMN ABDEFGHJR 10
N 53°04'16'' E 06°14'34''	Anzeige auf dieser Seite 10A CEE €25,20 / €31,50
	9 ha 86T(90-100m²) 127D 118098

Ab Heerenveen die A7 nach Drachten. Ausfahrt 31 Richtung Frieschepalen. In Frieschepalen Richtung Bakkeveen. In Bakkeveen Richtung Wijnjewoude nach 1,5 km CP links.

Geselliger Familiencamping mit großen, grünen Plätzen, in einem noch nicht entdeckten Stückchen Holland. Auf jedem Campfeld Spielgeräte. Eine überdachte Spielscheune. Prächtige Fahrradgegend.

Duerswâldmerwei 19, 9243 KA Bakkeveen • Tel. 0516 541283
E-Mail: info@ikeleane.nl • Internet: www.ikeleane.nl

Appelscha, NL-8426 EP / Friesland

Alkenhaer	1 ADEILNOPQRST FN 6
Alkenhaer 1	2 AGOPRVWXY AB**DEFG**H 7
31 Mär - 31 Okt	3 AF**HIL**MUV ABCDEFHJK**L**NPQRTUVW 8
+31 5 16 43 26 00	4 BD**E**FHILNOPQ EFJVWY 9
info@campingalkenhaer.nl	5 ABDEFHKMN ABDFGHJPSTYZ 10
N 52°56'45'' E 06°21'44''	Anzeige auf dieser Seite B 10A CEE €25,10 / €35,70
	11 ha 100T(80-120m²) 158D 111143

N381 Drachten-Appelscha, Ausfahrt Appelscha. N371 Meppel-Assen, Ausfahrt Appelscha. CP ist mit braunen Schildern angezeigt.

Lassen Sie sich von der zentralen Lage des **Camping Alkenhaer** überraschen. Im Gehbereich zur Ortschaft Appelscha. An den Wander- und Radwegen der einmaligen Naturgebiete **Drents Friese Wold** und **Fochteloërveen** und zentral in den drei Nordprovinzen gelegen. Der Camping ist gut geeignet für Naturfreunde, Wanderer, Radfahrer und Familien mit jungen Kindern. **Camping Alkenhaer** hat alle moderne Einrichtungen und garantiert naturnahes Campen.

Alkenhaer 1, 8426 EP Appelscha, T: (0516) 43 26 00,
info@campingalkenhaer.nl, www.campingalkenhaer.nl

Bakkeveen, NL-9243 JZ / Friesland

De Wâldsang	1 AEG**JM**NOPQRST N 6
Foarwurkerwei 2	2 ABOPQVWX ABDE**FG**HK 7
1 Apr - 26 Okt	3 ABDFMS ABCDEFGHIJ**L**MNQRTUVW 8
+31 5 16 54 12 55	4 BCDFHIKO**QR** AFHJRV 9
info@waldsang.nl	5 ADEFGHKMN ABDEFGHIJPR 10
N 53°05'08'' E 06°15'00''	Anzeige auf dieser Seite 16A CEE €33,00 / €37,00
	13 ha 142T(100-120m²) 180D 108215

A7 Ausfahrt 31 (Frieschepalen). In Frieschepalen Richtung Bakkeveen. Vor Bakkeveen dem CP-Schild 'De Wâldsang' folgen.

Campen auf dem Landgut De Slotplaats

Recreatiecentrum De Wâldsang

• Alle Stellplätze mit 16 Ampère, TV-Anschluss, Wasser und Kanal
• Stellplätze mit Privatsanitär
• Vermietung von Luxuschalets am Wasser
• Wanderhütten plus
• Gratis WLAN!

Familie J.W. Russchen
Tel. (0516) 54 12 55
www.waldsang.nl
info@waldsang.nl

Appelscha, NL-8426 GK / Friesland

RCN Vakantiepark De Roggeberg	1 ADEG**JM**NOPQRT ABFH 6
De Roggeberg 1	2 ABGPQVWXY ABDE**FG**H 7
27 Mär - 26 Okt	3 ABCDFG**J**LMNSW ABCDEFGIJK**LM**NQRTUVW 8
+31 8 50 40 07 00	4 **A**BCDFHILNO EJUVWY 9
reserveringen@rcn.nl	5 ABDEFHJKLMN ABEFGHIJMO**P**QTUYZ 10
	B 10A CEE €29,00 / €37,00
N 52°56'18'' E 06°20'30''	69 ha 375T(100-120m²) 490D 105679

Auf der N381 nach Appelscha fahren. Von dort an gut ausgeschildert.

Bakkeveen, NL-9243 SE / Friesland

It Kroese Beamke	1 AE**JM**NOPQRS**T** N 6
Nije Drintsewei 6	2 BEFOPSVWXY AB**DEF** 7
1 Apr - 15 Okt	3 ABF**HI**MSU AEFJQRUW 8
+31 5 16 54 12 45	4 FHIKOQ DJ 9
info@kroesebeamke.nl	5 DNO ABFHJOPTUV 10
	6-10A CEE €17,50 / €24,00
N 53°04'44'' E 06°16'55''	5 ha 34T(100-200m²) 29D 118338

Assen zur N372 Norg/Haulerwijk/Waskemeer/Bakkeveen. Den Schildern folgen.

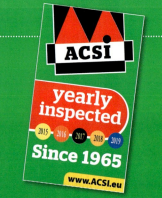

Campingplatzkontrolle

Alle Campingplätze in diesem Führer wurden im vergangenen Jahr von einem unserer 124 ACSI-Inspektoren besucht und begutachtet.

Sie erkennen diese Campingplätze an der Jahresprüfplakette, die meist im Rezeptionsbereich auf dem ACSI-Schild zu finden ist.

Bakkeveen, NL-9243 KA / Friesland

- Molecaten Park 't Hout
- Duerswäldmerwei 11
- 27 Mär - 30 Sep
- +31 5 16 54 12 87
- thout@molecaten.nl
- N 53°04'44'' E 06°15'11''

1 AEGJMNOPRST	ABFGH	6
2 ABGOPQVWXY	ABDEFG	7
3 ABDEFMV	ABCDEFGJKNQRTUVW	8
4 BFHIKLO	ACEJVY	9
5 ADEFGKMN	ABDEFGHIJPRZ	10
Anzeige auf Seite 357	B 10A CEE	① €24,00
21,4 ha 210T(100-120m²)	278D	② €33,50

101539

A7 Kreuz Oosterwolde, Richtung Oosterwolde. Ausfahrt Wijnjewoude/Bakkeveen. Oder A7 Heerenveen-Groningen, Ausfahrt 31 Richtung Bakkeveen. Weiter den Schildern folgen.

Harddraverspark

500m vom Stadtzentrum befindet sich in einer grünen Oase dieser ruhige Familiencamping. Kinder können hier sicher spielen. Die Sanitäreinrichtungen sind gut. Ihr Kanu, Ruderboot oder Schlauchboot können Sie an einem Bootssteg neben dem Campingareal anlegen. Harddraverspark bietet eine gelungene Kombination aus Ruhe und Aktivität. Auch in der Hochsaison haben wir niedrige Preise.

Harddraversdijk 1a, 9101 XA Dokkum • Tel. 0519-294445
E-Mail: info@campingdokkum.nl • Internet: www.campingdokkum.nl

Dokkum, NL-9101 XA / Friesland

- Harddraverspark
- Harddraversdijk 1a
- 1 Apr - 1 Nov
- +31 5 19 29 44 45
- info@campingdokkum.nl
- N 53°19'36'' E 06°00'17''

1 ABEJMNOPQRST	NXZ	6
2 COPQRSVWXY	ABDEFG	7
3 ABNSU	ABCDEFNPQRUVW	8
4 FH	DF	9
5 ADMN	ABDFGHIJPRZ	10
Anzeige auf dieser Seite	4-16A CEE	① €21,00
2,5 ha 80T(100-120m²)	8D	② €28,50

108991

Von Leeuwarden Richtung Dokkum-Oost, Beschilderung folgen. Ab Drachten Richtung Dokkum-Oost. Umgehung folgen (Lauwersseewei). Von Groningen-Zoutkamp die N361 Richtung Dokkum. Ausgeschildert.

Eernewoude, NL-9264 TK / Friesland

- Simmerwille
- Smidspaed 2
- 1 Apr - 1 Okt
- +31 5 11 53 93 90
- info@simmerwille.nl
- N 53°07'46'' E 05°55'56''

1 EGJMNOPQRST	LNQSXYZ	6
2 DGPVWX	ABDEFG	7
3 AFMS	ABCDEFNQRT	8
4 FHI	EGOPQR	9
5 ADJN	ABHIJPR	10
6-10A CEE		① €23,50
3 ha 50T(80-100m²)	12D	② €27,50

100712

A7, Kreuz Oosterwolde Richtung Leeuwarden. Bei der Ausfahrt Garijp Richtung Eernewoude/Earnewald. Dann weiter ausgeschildert.

Franeker, NL-8801 PG / Friesland

- Recreatiepark Bloemketerp bv
- Burg. J. Dijkstraweg 3
- 1 Jan - 31 Dez
- +31 5 17 39 50 99
- info@bloemketerp.nl
- N 53°11'22'' E 05°33'09''

1 ADEJMNOPQRST	EFHIN	6
2 ACGOPSVWX	ABDEFG	7
3 ABDFPR	ABCDEFJNRTUVW	8
4 ABEFHIOQRSTZ	HIJQRVW	9
5 CDEFHLN	ABDEFGHJPQRZ	10
Anzeige auf dieser Seite	B 10A CEE	① €23,60
5 ha 85T(100m²)	33D	② €31,00

100709

A31, Ausfahrt Franeker, Richtung Franeker. Ausgeschildert.

Recreatiepark Bloemketerp

- große Komfortplätze
- im Gehbereich zur Stadtmitte
- im Gehbereich zum Supermarkt
- Wellnessangebote
- Restaurant (Wochenende)

Recreatiepark Bloemketerp
Burg. J. Dijkstraweg 3
8801 PG Franeker
T: 0517 - 39 50 99
www.bloemketerp.nl
M: info@bloemketerp.nl

Harlingen, NL-8862 PK / Friesland

- De Zeehoeve
- Westerzeedijk 45
- 27 Mär - 3 Nov
- +31 5 17 41 34 65
- info@zeehoeve.nl
- N 53°09'44'' E 05°25'01''

1 ADEJMNOPQRST	KNQSXYZ	6
2 AEGHPWX	ABDEFG	7
3 ABFMV	ABCDEFGIJNQRTUVW	8
4 BCDHIO	CFGJNRTV	9
5 ADEFHJLMN	ABDFGHJPRZ	10
Anzeige auf dieser Seite	16A CEE	① €27,00
10 ha 125T	152D	② €37,00

100707

Auf der N31 Zurich-Harlingen Ausfahrt Kimswerd. Am Kreisel 3. Ausfahrt und der CP-Beschilderung folgen. Der CP liegt nach etwa 1 km rechts der Straße.

Hindeloopen, NL-8713 JA / Friesland

- Hindeloopen
- Westerdijk 9
- 1 Apr - 31 Okt
- +31 5 14 52 14 52
- info@campinghindeloopen.nl
- N 52°56'06'' E 05°24'15''

1 ACDEHKNOPQRST	LNQRSWXYZ	6
2 ADEGHPSVX	ABDEFG	7
3 ABCDFMNV	ABCDEFIJKNQRTVW	8
4 BIKLOPQ	FJMNOVY	9
5 ABDEHKM	ABFGHIJPRZ	10
Anzeige auf dieser Seite	B 6-16A CEE	① €29,00
16 ha 135T(100m²)	507D	② €36,50

105512

Von Lemmer N359 Richtung Bolsward. Ausfahrt Hindeloopen. CP-Schildern folgen.

AM IJSSELMEER FÜHLT MAN SICH WOHL!

KITEN
SURFEN
ANGELN

Camping Hindeloopen • +31(0)514 - 52 14 52 • www.campinghindeloopen.nl

Leeuwarden, NL-8926 XE / Friesland

- De Kleine Wielen
- De Groene Ster 14
- 29 Mär - 1 Okt
- +31 5 11 43 16 60
- info@dekleinewielen.nl
- N 53°12'59'' E 05°53'18''

1 ABDEJMNOPQRST	LNQSXYZ	6
2 ADGHOPQVWXY	ABDEFG	7
3 ABCFJKMV	ABCDEFJKNQRTW	8
4 BDFHIOQ	EFR	9
5 ACDHJKMN	ABDFGHIJLPSTZ	10
Anzeige auf dieser Seite	B 4-16A CEE	① €24,00
15 ha 180T(80-120m²)	14D	② €34,00

100710

An der N355 zwischen Hardegarijp und Leeuwarden. Ausgeschildert.

De Kleine Wielen

Gemütlicher Camping mitten im Naturgebiet De Groene Ster, ca. 5 km östlich von der Leeuwarder Innenstadt. In der Umgebung gibt es reichlich Strecken für den stundenlangem Rad- und Wanderspaß. Besuchen Sie doch mal De Harmonie oder De Oldehove, den Schiefen Turm von Leeuwarden. Kurzum: ein herrliches Urlaubsziel für Naturliebhaber, Sportler, Ruhesuchende und Kulturinteressierte, die um eine Urlaubserfahrung reicher werden wollen.

De Groene Ster 14, 8926 XE Leeuwarden • Tel. +31 511431660
E-Mail: info@dekleinewielen.nl • Internet: www.dekleinewielen.nl

Lemmer, NL-8531 PB / Friesland

- Gemeentelijke Cp Lemmer
- Plattedijk 13
- 1 Apr - 31 Okt
- +31 5 14 56 13 30
- camping-lemmer@defryskemarren.nl
- N 52°50'46'' E 05°41'42''

1 ABDEGHKNOPQRT	LNQRSWXYZ	6
2 DEGHOPQWX	ABFG	7
3 ABMR	ABEFNQR	8
4 BHIO		9
5 DEFHLMN	ABFGHIJPRZ	10
10A CEE		① €24,95
2 ha 40T(80m²)	240D	② €31,50

108309

Von Emmeloord A6 Richtung Lemmer, Ausfahrt 17. Danach Schildern folgen.

'an Stadt und Watt'

Übernachten
- Stellplätze (Reisemobil, Wohnwagen, Zelt)
- Reisemobilplätze
- Jahresplätze
- Miet-Chalet
- Wanderhütten
- Übernachtung mit Frühstück (B&B)

Restaurant "De Zeehoeve"
De Zeehoeve hat ein Restaurant mit Sonnenterrasse. Im Juli und August täglich geöffnet. Sind Sie auf der Suche nach einer gemütlichen Unterkunft für Ihren Geburtstag, Jubiläum, Empfang, Mitarbeiterfeier oder Hochzeit? Gerne kümmern wir uns um Ihre Party bis ins kleinste Detail.

Für Ihre Vorstellungen nehmen Sie bitte Kontakt mit uns auf.

WWW.ZEEHOEVE.NL

Recreatiecentrum Hanestede
Der allerschönste Familiencamping von Friesland!

Elsweg 11 8391 KB Noordwolde
Telefon: 0561 431901
email: info@hanestede.nl

www.hanestede.nl

Super Lage am Rande des Drents-Friese Wold!

Makkum, NL-8754 HC / Friesland

- Recr. Centr. De Holle Poarte
- De Holle Poarte 2
- 1 Jan - 31 Dez
- +31 5 15 23 13 44
- info@holleopoarte.nl

1 ADE**JM**NOQRS**T**	ALNQRSTXY**Z** 6
2 ADEGHOPQSVX	AB**D**E**FGH** 7
3 AB**FGJM**R**S**V	ABCDE**FGIJ**KNRT 8
4 ABCIKL**PQ**	EJMNVWY 9
5 ACDEFGHIKLMN	ABFGHIK**P**RWXYZ10
B 6A CEE	
40 ha 170**T**(80-100m²) 780**D**	❶ €33,00 / ❷ €44,00

N 53°03'11'' E 05°23'01''   100723
A7 Sneek-Afsluitdijk, Ausfahrt Makkum. Vor Stadt CP-Beschilderung folgen. Dieser CP liegt am IJsselmeer.

Noordwolde, NL-8391 MB / Friesland

- Rotandorp
- Vallaatweg 4
- 15 Mär - 31 Okt
- +31 5 61 43 12 27
- info@campingrotandorp.nl

1 AE**JM**NOPQRS**T**	**N** 6
2 PWXY	AB**D**E**FGH** 7
3 B**F**MSV	ABCDE**FGIJ**KNQRTVW 8
4 BDFH	EVW 9
5 DEHMNO	ABEFGHIJ**P**R10
6A CEE	
3,5 ha 75**T**(100m²) 24**D**	❶ €18,00 / ❷ €23,00

N 52°53'02'' E 06°09'58''   109391
A32 Ausfahrt Steenwijk Richtung Frederiksoord, dann Richtung Noordwolde. In Noordwolde-Zuid den CP-Schildern folgen.

De Bearshoeke

Direkt an einem der schönsten friesischen Seen im Gehbereich zum Örtchen Oudega liegt der Wassersportcamping 'de Bearshoeke'.

Kleiner, gemütlicher Familiencamping, in moderner Ausstattung. Camping liegt zentral in Südwest Friesland im Fahrradbereich zu den sog. 11-Städte-Orten: Sneek, Bolsward, Workum und IJlst.

Tsjerkewei 2a, 8614 JD Oudega (SWF)
Tel. 0515-469805 • E-Mail: info@bearshoeke.nl
Internet: www.bearshoeke.nl

Noordwolde, NL-8391 KB / Friesland

- Recreatiecentrum Hanestede
- Elsweg 11
- 1 Apr - 30 Sep
- +31 5 61 43 19 01
- info@hanestede.nl

1 AE**JM**NOPQRS**T**	**AB**FL 6
2 DGHOPQVX	AB**D**E**FGHK** 7
3 AB**F**M**N**SV	ABCDE**FJ**KNQRTUVW 8
4 BDFHIKOQ	9
5 DEHMNO	ABGHIJPRZ10
Anzeige auf dieser Seite B 6A CEE	
10 ha 60**T**(100m²) 164**D**	❶ €19,85 / ❷ €24,25

N 52°52'58'' E 06°08'16''   108218
A32 Richtung Heerenveen, Ausfahrt 6 Richtung Noordwolde, danach den Schildern folgen.

Offingawier, NL-8626 GG / Friesland

- RCN Vakantiepark De Potten
- De Potten 2-38
- 27 Mär - 26 Okt
- +31 08 50 40 07 00
- reserveringen@rcn.nl

1 DEG**JM**NOPQRS**T**	LNQSTW**XYZ** 6
2 ADGHPVWX	AB**D**E**FGH** 7
3 ABCFG**JM**N**V**	ABCDE**FIJ**KNQRTW 8
4 BCDFHIOQ	CE**FJ**NOPQRTVWY 9
5 ABCDEFGHJLMN	ABF**H**IJPQRZ10
10A CEE	
3 ha 164**T**(100m²) 190**D**	❶ €25,50 / ❷ €34,00

N 53°01'47'' E 05°43'28''   105547
A7 Richtung Sneek, dann der N7 folgen. Richtung Sneekermeer. CP-Schildern folgen.

Molkwerum/Molkwar, NL-8722 HE / Friesland

- 't Séleantsje
- 't Séleantsje 2
- 1 Apr - 31 Okt
- +31 5 14 68 13 95
- info@camping-seleantsje.nl

1 ADE**IL**NOPQRS**T**	LNQS**X**Y**Z** 6
2 ADEGHIOPVWX	AB**D**E**FGH** 7
3 AB**F**HIMX	ABE**F**NRTUVW 8
4 HINO**PQ**	E**FJ**RVY 9
5 ADEFGHLMN	ABFGHJPRZ10
B 6-10A CEE	
4 ha 105**T**(80-115m²) 118**D**	❶ €22,70 / ❷ €30,50

N 52°54'13'' E 05°23'45''   101542
Von Lemmer auf der N359 Richtung Balk und Koudum. In Koudum Richtung Molkwar. Weiter den Schildern folgen.

Oudega, NL-8614 JD / Friesland

- De Bearshoeke
- Tsjerkewei 2a
- 27 Mär - 1 Nov
- +31 5 15 46 98 05
- info@bearshoeke.nl

1 AEG**JM**NOPQR**T**	LM**N**QRST**XYZ** 6
2 DFGHOPVWXY	AB**D**E**FG** 7
3 ABM	ABCDE**FJ**NRTW 8
4 BCFHIO	**FJ**MNOPQRVWY 9
5 D	ABDFHJMPRZ10
Anzeige auf dieser Seite B 6A CEE	
2 ha 45**T**(100m²) 43**D**	❶ €24,00 / ❷ €33,00

N 52°59'30'' E 05°32'40''   120118
Von der A6 Ausfahrt 18. Der N354 Richtung Sneek folgen. In Hommerts links Richtung Osingahuizen, der Straße nach Oudega folgen. CP-Beschilderung folgen.

Campen auf Camping de Finne

Camping de Finne ca. 6 km östlich von Bolsward und ca. 7 km nördlich von Sneek gelegen, bietet Platz und Ruhe im Überfluss. An einem Fahr-, Angel-, und Badegewässer gelegen. Gute Spielangebote für Kinder und ein ausgezeichneter Sanitärbau tragen zum angenehmen Aufenthalt bei. Unsere neue Rezeption bietet die Möglichkeit gemütlich zusammen zu sitzen und eine Tasse Kaffee oder Erfrischungsgetränk zu genießen.

Sànleansterdyk 6, 8736 JB Reahûs • Tel. 0515-331219
E-Mail: info@campingdefinne.nl • Internet: www.campingdefinne.nl

---

ACSI Club iD

Ihr Pass oder Ausweis sicher in der Tasche
Die praktische ACSI Clubkarte

Nur **4,95 €** im Jahr

www.ACSIClubID.de

Camping de Domp

Einmalig gelegener Campingplatz am Stadtrand der Wasserstadt Sneek, zentral in Friesland gelegen. U.a. befestigte Reisemobilplätze und schöner Aussicht auf den Yacht- und Passagierhafen. Modernes Sanitär, nettes Café-Restaurant 'de Kajuit' auf dem Gelände, Supermärkte, Schwimmbad und gesellliges Zentrum im Gehbereich. A7 bis Sneek. Danach die N7 weiter Richtung Sneekermeer. Die Campingschilder beachten.

Jachthaven de Domp 4
8605 CP Sneek
Tel. +31 515755640
E-Mail: camping@dedomp.nl
Internet: www.dedomp.nl

Niederlande

Recreatiepark de Jerden

- am Wasser, an der 11-Städte Strecke
- im Gehbereich zur historischen Stadt Sloten
- Nähe Gaasterland
- Ruhe & viel Platz auf dem Camping

Lytse Jerden 1
8556 XC Sloten Friesland
Tel. +31 514531389
E-Mail: info@recreatiepark dejerden.nl
Internet: www.recreatiepark dejerden.nl

Sloten, NL-8556 XC / Friesland 🛜 CC€18 iD

🏠 Recreatiepark De Jerden	1 ADE**JM**NOPQRS**T**	LMNQSWX**Z** 6
🏡 Lytse Jerden 1	2 ACDOPVWXY	AB**DEFG** 7
📅 1 Apr - 31 Okt	3 AB**FLMS**	ABE**FG**HJNPQRTW 8
☎ +31 5 14 53 13 89	4 HIO**Q**	DR 9
@ info@recreatiepark dejerden.nl	5 ABDFLMN	ABDFGHJ**P**ST10
	Anzeige auf dieser S. B 10-16A CEE	① **€26,00**
🅿 N 52°53'58'' E 05°38'32''	3,5 ha 65**T**(120-150m²) 72**D**	② **€38,00**
🚗 A6, Ausfahrt Oosterzee. Die N354 Richtung Sneek. Bei Spannenburg Richtung Sloten. Bei Sloten der Beschilderung folgen.		112287

Oudemirdum, NL-8567 HJ / Friesland 🛜

🏠 De Bosrand	1 **I**LNOPQRT	6
🏡 Oude Balksterweg 2	2 ABOPQVXY	A**BDEFG**H 7
📅 27 Mär - 19 Okt	3 A**L**MU	ABCD**FL**NQRTUVW 8
☎ +31 5 14 57 13 19	4 BIO	JY 9
@ info@campingdebosrand.com	5 ADN	ABEHJPST10
	B 16A CEE	① **€25,00**
🅿 N 52°51'33'' E 05°30'45''	4 ha 32**T** 155**D**	② **€32,00**
🚗 Von Lemmer auf der N359 Richtung Koudum. Ausfahrt Sondel Richtung Oudemirdum. Um das Dorf Richtung Rijs. CP ist ausgeschildert.		105514

>>>>>>>>>>>>
www.dewigwam.nl

Camping de Wigwam liegt in Oudemirdum mitten im Wald vom Gaasterland. Schöne Ausflugsbasis für Wanderungen oder Radtouren. Die Stellplätze sind geräumig, so dass Sie das schöne Gaasterland voll genießen können! Für die Kinder gibt es 2 Spielplätze auf dem Campingplatz.

➤ Sminkewei 7, 8567HB Oudemirdum tel: 0514571223

Oudemirdum, NL-8567 HB / Friesland 🛜 CC€18 iD

🏠 De Wigwam	1 ACDE**JM**NOPQR**T**	F 6
🏡 Sminkewei 7	2 AB**P**RVWX	A**BDEFG**H 7
📅 1 Apr - 1 Nov	3 AB**FL**MV	ABCDE**FG**HNRTUV 8
☎ +31 5 14 57 12 23	4 BCDEIKO	EFUVW 9
@ camping@dewigwam.nl	5 A**DE**HMN	ABDGHJ**P**RYZ10
	Anzeige auf dieser Seite 16A CEE	① **€23,75**
🅿 N 52°51'37'' E 05°32'42''	4,5 ha 70**T**(80-100m²) 114**D**	② **€31,50**
🚗 A6, Ausfahrt Lemmer N359 Richtung Balk/Koudum. Ausfahrt Oudemirdum.		101543

Reahûs, NL-8736 JB / Friesland 🛜 CC€16 iD

🏠 De Finne	1 AE**J**MNOPQRS**T**	**J**N**S**XYZ 6
🏡 Sânleansterdyk 6	2 ACFGPQSVWX	ABD**EFG**H 7
📅 14 Mär - 18 Okt	3 A**F**MU	ABCDEFNQRTV 8
☎ +31 5 15 33 12 19	4 IKOQ	DORVY 9
@ info@campingdefinne.nl	5 ABDMN	ABCDFGHJPRW10
	Anzeige auf Seite 334 B 6A CEE	① **€23,00**
🅿 N 53°04'35'' E 05°37'58''	2 ha 50**T**(bis 140m²) 2**D**	② **€34,00**
🚗 Von der Umgehung Sneek Richtung Leeuwarden. Kreisel Richtung Scharnegoutum. Rechts ab, Richtung Wommels/Oosterend, Richtung Roodhuis. Den CP-Schildern folgen.		118599

Sneek, NL-8605 CP / Friesland 🛜 CC€18 iD

🏠 Camping de Domp	1 A**DE**GILNOPQRS**T**	NS**T**XY**Z** 6
🏡 Jachthaven de Domp 4	2 GIQRWX	AB**DFGH** 7
📅 7 Jan - 20 Dez	3 A	ABCDEFGHJNQRTUVW 8
☎ +31 5 15 75 56 40	4 H	FOPQRVW 9
@ camping@dedomp.nl	5 DKM	ABDFGHIJMPRZ10
	Anzeige auf dieser Seite B 6-16A	① **€24,50**
🅿 N 53°02'08'' E 05°40'38''	1 ha 117**T**(80-100m²) 7**D**	② **€29,00**
🚗 Die A7 bis Sneek. Danach der N7 Richtung Sneeker See folgen. Cp-Schildern folgen.		111023

Rijs, NL-8572 WG / Friesland 🛜 CC€18 iD

🏠 Rijsterbos	1 ACE**JM**NOPQRS**T**	ABX 6
🏡 Marderleane 4	2 ABGOPQXY	A**BCDFG**HK 7
📅 15 Mär - 1 Nov	3 B**FL**MU	ABCD**EFG**JLNQRTU 8
☎ +31 5 14 58 12 11	4 BCIKOQ	JRVWXY 9
@ info@rijsterbos.nl	5 ADE**FG**HKMN	ABDEGHJ**P**RZ10
	Anzeige auf dieser Seite 6-10A CEE	① **€27,00**
🅿 N 52°51'44'' E 05°29'58''	5 ha 50**T**(100m²) 122**D**	② **€32,00**
🚗 A6 Ausfahrt 17 Lemmer. Lemmer Richtung Balk. N359 Bolsward, Ausfahrt Rijs. An der T-Kreuzung in Rijs links. CP nach 100m auf der rechten Straßenseite.		100728

Urlaub und mehr

Gemütlicher Familiencamping mit einem beheizten Schwimmbad, mitten in den Gaasterlander Wäldern. Wenn Sie einen Drink möchten oder gemütlich essen, besuchen Sie bitte unsere Gaststätte mit Bar, Terrasse, div. Billards. In der Hochsaison ist auch ein Freizeitteam vorort und Sie können ein Kanu, Fahrrad oder Roller mieten.

Camping Rijsterbos   Tel. +31 514581211
Marderleane 4   www.rijsterbos.nl
8572 WG Rijs

Siegerswoude, NL-9248 KX / Friesland 🛜 iD

🏠 De Sieghorst	1 AG**I**LNOPQRS**T**	LN 6
🏡 Binnenwei 40	2 ABCDFGHOPXY	AB**DEFK** 7
📅 1 Apr - 31 Okt	3 AS	ABE**FG**HJNRUW 8
☎ +31 5 12 30 32 10	4 DFHI	EJV 9
@ desieghorst@live.nl	5 DH	ABFHJMPRZ10
	6A CEE	① **€19,50**
🅿 N 53°05'38'' E 06°14'03''	5 ha 65**T**(80-100m²) 17**D**	② **€26,50**
🚗 Von der A7 Heerenveen/Groningen Ausfahrt 31. Richtung Bakkeveen den Schildern folgen.		121429

Teilkarte Friesland auf Seite 331

Terschelling/Formerum, NL-8894 KJ / Friesland
- 🅰 Hekkeland
- 🏠 Molkenbosweg 16
- 📅 1 Apr - 30 Okt
- ☎ +31 5 62 44 86 06
- @ camping@hekkeland.nl

1 BCFG**IL**NOR**T**		6
2 BGOPQ	ABDE**FGH**	7
3 AFIJ**T**	AEFJRTU	8
4 EH	EUVY	9
5	ABEJ**N**	10
B 4A CEE		💶 €18,00
1,5 ha 15T 66**D**		💶 €24,00

📍 N 53°23'32'' E 05°18'22''
🚗 Vom Schiff Richtung Midsland und Formerum. Danach bei Formerum links ab den Schildern folgen.   116678

Terschelling/Formerum, NL-8894 KB / Friesland
- 🅰 Mast
- 🏠 Formerum 33
- 📅 1 Apr - 1 Okt
- ☎ +31 5 62 44 88 82
- @ receptie@campingmast.nl

1 EG**J**KNOPR**T**		6
2 GIWXY	AB**FGH**	7
3 ABJM	ABCDE**F**GIJKNQRTUVW	8
4 BCDHIO	AEILUVY	9
5 BDEGKLM**N**	BFHJN**PR**	10
B 6-10A CEE		💶 €35,00
2,5 ha 58**T**(25-125m²) 32**D**		💶 €53,00

📍 N 53°23'25'' E 05°18'22''
🚗 Von der Fähre der Hauptstraße Richtung Oosterend folgen. Wenn man durch Landerum gekommen ist, direkt die 2. Straße links, dann die 1. rechts.   117822

St. Nicolaasga, NL-8521 NE / Friesland
- 🅰 Camping Blaauw
- 🏠 Langwarderdijk 4
- 📅 1 Apr - 31 Okt
- ☎ +31 5 13 43 13 61
- @ info@campingblaauw.nl

1 EG**JM**NOPQRT	LNXYZ	6
2 DGHPQWX	ABDE**FG**	7
3 ABF**L**MUV	ABEFNRTUVW	8
4 BFHIKN	BFJORVWY	9
5 ADHK	ABDGHIJ**P**RZ	10
Anzeige auf dieser Seite 10A CEE		💶 €29,10
6 ha 150T(80m²) 135**D**		💶 €39,50

📍 N 52°56'18'' E 05°45'00''
🚗 A6 Richtung St. Nicolaasga, durch dieses Dorf Richtung Joure. Ausfahrt Richtung Langweer. CP liegt auf der rechten Seite.   105549

Terschelling/Formerum, NL-8894 KS / Friesland
- 🅰 Nieuw Formerum
- 🏠 Duinweg Formerum 13
- 📅 1 Apr - 1 Nov
- ☎ +31 5 62 44 89 77
- @ info@nieuwformerum.nl

1 GHKNOPR**T**	N	6
2 HOPQX	ABDE**FGH**	7
3 ABFMU	ABCDEFGIJKNQRT	8
4 BEFHI	L	9
5 ADEMN	ABHJNORZ	10
B 4A CEE		💶 €26,80
7 ha 253**T**		💶 €41,60

📍 N 53°23'38'' E 05°18'03''
🚗 1. Ausfahrt Formerum, links halten. Nach 200m liegt der CP links der Strecke.   109733

Camping BLAAUW
★★★

Nähe Langweer in waldreicher Gegend
- Camp-, Saison- und Jahresplätze
- Neue Sanitäranlagen
- Brasserie/Restaurant 'Blaauwpleats'

Langwarderdijk 4, 8521 NE St. Nicolaasga • Tel. 0513-431361
E-Mail: info@campingblaauw.nl • Internet: www.campingblaauw.nl

Terschelling/Hee, NL-8882 HE / Friesland
- 🅰 Camping De Kooi
- 🏠 Heester Kooiweg 20
- 📅 16 Apr - 15 Sep
- ☎ +31 5 62 44 27 43
- @ mail@campingdekooi.nl

1 AEG**JM**NOPRT	LN	6
2 DFGHOPQWXY	AB**DEFGH**	7
3 ABF	ABCDE**F**GKNRT	8
4 ABFHIO	ABLVW	9
5 DHJKLNO	ABHIJLOPQRZ	10
16A CEE		💶 €32,50
9 ha 300**T**(25-150m²) 28**D**		💶 €52,20

📍 N 53°22'57'' E 05°15'20''
🚗 Ausgeschildert an der Straße von West-Terschelling nach Midsland, bei Hee.   105486

Stavoren, NL-8715 ET / Friesland
- 🅰 Südermeer
- 🏠 Middelweg 15
- 📅 1 Apr - 1 Nov
- ☎ +31 8 80 50 41 10
- @ info@marinastavoren.nl

1 ADE**IL**NOPQRS**T**	EFGLMNQRSTWXYZ	6
2 DGHIOPQVWX	ABDE**FGH**	7
3 AFG	AFNRTW	8
4 BHIOQR	DOVW	9
5 ACDEHKLMN	ABFGHJPR	10
B 10A CEE		💶 €22,50
6 ha 60**T**(bis 70m²) 101**D**		💶 €30,00

📍 N 52°52'42'' E 05°22'25''
🚗 Von Lemmer N359 in Richtung Koudum. Vor Koudum Richtung Stavoren. Vor der Stadt ist der CP ausgeschildert.   100725

Terschelling/Midsland, NL-8891 GG / Friesland
- 🅰 Jongerencamping Terpstra
- 🏠 Midslanderhoofdweg 27
- 📅 1 Apr - 30 Okt
- ☎ +31 5 62 44 90 91

1 HKNT		6
2 GHOPX	AB**DE**	7
3 F	ABE**F**	8
4 HIO	A	9
5 EHKN	BHIKL	10
		💶 €22,50
1,7 ha 200**T**(80m²) 90**D**		

📍 N 53°23'13'' E 05°17'40''
🚗 Vom Schiff in West Terschelling Richtung Midsland, 100m hinter dem Ort links der Straße.   116679

Suameer/Sumar, NL-9262 ND / Friesland
- 🅰 Vakantiepark Bergumermeer
- 🏠 Solcamastraat 30
- 📅 28 Mär - 27 Okt
- ☎ +31 5 11 46 13 85
- @ info@bergumermeer.nl

1 ACDEG**JM**NOPQRST	EFGHLMN**Q**STXYZ	6
2 ACDFGHIPQSVWXY	ABDE**FGH**	7
3 ABEDFG**JM**NV	ABCDEFGHJKNPQRTUVW	8
4 BCDFHIKLNO**P**	AEJOPQRVY	9
5 ACDEFGHIKLMN	ABEFGHJPRWYZ	10
Anzeige auf dieser S. B 10-16A CEE		💶 €35,00
28 ha 260**T**(90-120m²) 263**D**		💶 €49,00

📍 N 53°11'29'' E 06°01'27''
🚗 A7, Richtung Drachten nach Burgum N356. Bei Sumar Beschilderung folgen oder von der N31 Leeuwarden-Drachten Ausfahrt Nijega N356 Richtung Burgum.   100711

ACSI Camping Europa-App

8 100 europäische Campingplätze in einer praktischen App

- Schnell und einfach buchen, auch unterwegs
- Kostenlose Updates mit Änderungen und neuen Campingplatz-Bewertungen
- Mit Informationen zu 9 000 kontrollierten Reisemobil-Stellplätzen kombinierbar
- Auch offline nutzbar

Vakantiepark Bergumermeer

Niemand muss sich auf dem Vakantiepark Bergumermeer langweilen. Wir haben zahllose Einrichtungen für jeden Altersbereich und über die gesamte Saison werden tolle Sachen organisiert. Komm spielen, tanzen und genießen am Burgumermar.

Solcamastraat 30, 9262 ND Suameer/Sumar • Tel. 0511-461385
Fax 0511-463955 • E-Mail: info@bergumermeer.nl
Internet: www.bergumermeer.nl

Terherne, NL-8493 LX / Friesland
- 🅰 Strandcamping Terherne
- 🏠 Jongebuorren 5
- 📅 1 Apr - 1 Nov
- ☎ +31 5 66 68 93 51
- @ info@strandcamping.nl

1 ADEG**J**NOPQRS	LMNQSW**X**YZ	6
2 ADGHPQVWX	ABDE**FG**	7
3 ABFM	ABD**FJ**NRT	8
4 HI	NOPRVW	9
5 DH	ABGHIJPSTZ	10
Anzeige auf dieser Seite 10A CEE		💶 €28,50
4 ha 225**T**(80m²) 130**D**		💶 €37,50

📍 N 53°02'28'' E 05°46'09''
🚗 N32 Heerenveen-Leeuwarden, Ausfahrt Akkrum, Richtung Irnsum, Ausfahrt Terherne. Hinter der Brücke im Dorf rechts Richtung Sneekermeer, Schildern folgen.   105546

www.Eurocampings.de/app

KAMPEERTERREIN STORTEMELK

SCHÖNER FAMILIENCAMPINGPLATZ ZWISCHEN STRAND UND WALD, NUR MIT ZELTEN UND EINEM FANTASTISCHEN KINDER- UND KULTUR-SOMMERPROGRAMM.
LUXURIÖSE, VOLL AUSGESTATTETE MIETZELTE, KOMFORTABLE WALD- UND DÜNENHÄUSER IN DER NÄHE DES NORDSEESTRANDES.

MEHR INFO: STORTEMELK.NL
- KAMPEERTERREINSTORTEMELK
- DEBOLDERSTORTEMELK
- @STORTEMELK

Niederlande

Terschelling/Oosterend, NL-8897 HB / Friesland
- 't Wantij
- Duinweg Oosterend 24
- 1 Jan - 31 Dez
- +31 5 62 44 85 22
- info@wantij-terschelling.nl

1 AG**JM**NOPRT KN 6
2 EGHOPQVX AB**DEFG**J 7
3 AF ACE**FNRT** 8
4 IO ACIJV 9
5 D BHIJ**PR**10
6A CEE ① €22,60
0,5 ha 14T 23D ② €30,60

N 53°24'19'' E 05°22'53'' 105511
Von der Fähre West-Terschelling Richtung Midsland, dann Richtung Oosterend. Der CP liegt in der Ortsmitte an den Dünen.

Ureterp, NL-9247 WK / Friesland
- Het Koningsdiep
- De Mersken 2
- 1 Apr - 31 Okt
- +31 6 30 76 38 26
- info@campinghetkoningsdiep.nl

1 ABJMNOPQRST N 6
2 ABCPQSWX AB**FGH**K 7
3 A**H**SX ABCDEFIJLMNPQRTUVW 8
4 FHO R 9
5 DHN AFGHJPST10
Anzeige auf dieser Seite B 10A CEE ① €20,00
1,4 ha 55T(100-150m²) ② €26,00

N 53°04'17'' E 06°08'13'' 117913
A7 Heerenveen Ausfahrt Beetsterzwaag/Olterterp. Nach 3 km rechts De Merskens, nach 1500m kommt der CP.

Camping Het Koningsdiep

Ruhe und Natur zwischen Beetsterzwaag und Drachten genießen. Geräumige Plätze. Möglichkeit zum Reiten, Angeln, Radfahren und Kanufahren.

De Mersken 2, 9247 WK Ureterp • Tel. +31 630763826
E-Mail: info@campinghetkoningsdiep.nl
Internet: www.campinghetkoningsdiep.nl

Vlieland, NL-8899 BX / Friesland
- Kampeerterrein Stortemelk
- Kampweg 1
- 28 Mär - 31 Okt
- +31 5 62 45 12 25
- info@stortemelk.nl

1 ADEGHKN**T** EFHKQ 6
2 EHOPQTW AB**DEFG** 7
3 ABFM**NO** ABCDEFGIJKNRT 8
4 A**BD**INOQ ABIJM 9
5 ACDEFGHLMN**O** ABHIJL**NPT**Z10
Anzeige auf dieser Seite 6A CEE ① €28,40
27 ha 1000T 101**D** ② €39,80

N 53°18'15'' E 05°04'47'' 100706
Via Fähre nach Harlingen, auf Insel Vlieland CP-Beschilderung folgen.

Witmarsum, NL-8748 DT / Friesland
- Mounewetter
- Mouneplein 1
- 1 Apr - 11 Okt
- +31 5 17 53 19 67
- info@rcmounewetter.nl

1 ADE**JM**NOPQRST ABFHIN**XZ** 6
2 ACGOPRVWX AB**DEFG** 7
3 ABF**KMN**S ABCD**FG**IJKNQRTUVW 8
4 BCDHIO CFJORVW 9
5 DEHMN ABDEFGHJ**PQR**10
Anzeige auf dieser Seite B 10A CEE ① €27,75
4 ha 33T(100m²) 155**D** ② €39,00

N 53°05'56'' E 05°28'14'' 108222
A7 Richtung Witmarsum. Im Dorf den Schildern durchs Wohnviertel folgen.

Mounewetter
- große Stellplätze • modernes Sanitär
- beheizter Außenpool
- diverse Mietobjekte, u.a. Camp-Lodges
- an der friesischen Elf-Städte Strecke
- unweit vom IJsselmeer und Wattenmeer

Sie sind herzlich willkommen!
Mouneplein 1, 8748 DT Witmarsum
Tel. 0517-531967
info@rcmounewetter.nl • www.mounewetter.nl

Workum, NL-8711 GX / Friesland
- It Soal
- Suderséleane 29
- 27 Mär - 1 Nov
- +31 5 15 54 14 43
- camping@itsoal.com

1 ADEG**JM**NOPQRST LMNQRSW**XYZ** 6
2 ADEFGHIPQVWXY AB**DEFG**H 7
3 ABEFGMN ABCD**FG**JNQRTUVW 8
4 BCINOP**Q** JLMNOPVW 9
5 ACDEFHKLM**N** ABDEFGHIJMNPQRZ10
Anzeige auf dieser Seite B 6-10A CEE ① €32,00
20 ha 235T(60-100m²) 406**D** ② €40,00

N 52°58'08'' E 05°24'52'' 108223
A6 bei Lemmer N359 Richtung Balk/Bolsward, Ausfahrt Workum, hier den Schildern folgen.

it Soal aquaresort
CAMPING & YACHTHAFEN
Workum | Friesland | Tel: 0031 515 541 443
camping@itsoal.com

www.itsoal.com

Woudsend, NL-8551 NW / Friesland
- Aquacamping De Rakken
- Lynbaen 10
- 1 Jan - 31 Dez
- +31 5 14 59 15 25
- info@derakken.nl

1 ADEG**IL**NOPQRST LNQSW**XYZ** 6
2 ACDFGOPVWXY AB**DEFG**H 7
3 B**FGLMN**S ABCDEFJNRTW 8
4 B**D**E**H**K FJOPVWZ 9
5 DN ABDFGHIJMPQRXYZ10
Anzeige auf dieser Seite B 6-16A CEE ① €31,50
4 ha 40T(80m²) 150**D** ② €42,00

N 52°56'46'' E 05°37'40'' 100730
A6 Lemmer-Joure, Ausfahrt Oosterzee, Richtung Sneek. Ausfahrt N354 Richtung Woudsend. Der Camping liegt am Ortsrand und ist ausgeschildert.

WILLKOMMEN IN WOUDSEND

de Rakken
aquacamping en jachthaven

Tel.: 0514-591525
info@derakken.nl
www.derakken.nl

Teilkarte Friesland auf Seite 331

Groningen

Bourtange, NL-9545 VJ / Groningen
- 't Plathuis
- Bourtangerkanaal Noord 1
- 1 Apr - 31 Okt
- +31 5 99 35 43 83
- info@plathuis.nl

1 AE**JM**NOPQRST LN X **Z** 6
2 ACDGHOPVWXY AB**DEFG**H 7
3 A**F**LMX ABCDE**FGI**JNQRTUVW 8
4 FHI EFVWY 9
5 ADEHMN ABCDFGHJOR 10
Anzeige auf dieser Seite B 6-10A CEE €28,30
4 ha 100T(100-150m²) 39**D** €36,30
105790

N 53°00'34'' E 07°11'05''

Zwolle-Hoogeveen-Emmen-Ter Apel-Sellingen-Jipsinghuizen, Ausfahrt Bourtange. Weiter den Schildern folgen. Oder A31 (Deutschland) Ausfahrt 17, Richtung Bourtange (7 km). In Bourtange angezeigt.

Groningen, NL-9727 KH / Groningen
- Stadspark
- Campinglaan 6
- 15 Mär - 1 Nov
- +31 5 05 25 16 24
- info@campingstadspark.nl

1 AG**JM**NOPQRST N 6
2 AIOPQVWXY AB**DEFG**K 7
3 A**F**LMS ABCDEFGKNRTW 8
4 FV 9
5 ADEHKMN ABFGHIJL**PR** 10
B 6A CEE €26,50
8,7 ha 149T(50-100m²) 23**D** €31,10
105721

N 53°12'05'' E 06°32'10''

A7 Heerenveen-Groningen, Ausfahrt 36a (Ring-West) den Stadtpark Schildern folgen.

Groningen, NL-9723 EN / Groningen
- Natuurbad en Camping Engelbert
- Engelberterweg 54
- 1 Apr - 1 Okt
- +31 5 05 41 62 59
- campingengelbert@hetnet.nl

1 AEHKNOPQRST LM 6
2 ADGHIOPQW AB**DEFG** 7
3 A**LM** ABCDEFNQRW 8
4 IO F 9
5 DEHN ABHIJORZ 10
6A CEE €23,90
13 ha 25T(50m²) 43**D** €37,70
118052

N 53°12'25'' E 06°38'55''

Umgehung Groningen Richtung Delfzijl und Bedum. Weiter Ausfahrt Richtung Delfzijl (N360). Nach ca. 4 km an der Ampel Ausfahrt Engelbert und den Schildern folgen.

Harkstede, NL-9614 AD / Groningen
- Break Out Grunopark
- Hoofdweg 163
- 1 Apr - 1 Nov
- +31 5 05 41 17 06
- info@breakout-grunopark.nl

1 AE**JM**NOR**T** LMN 6
2 ADGPVWX AB**DEFG** 7
3 A**LM**N ABEFGNRUVW 8
4 HI E 9
5 ADEHK AFGHJORZ 10
D GA CEE €19,40
45 ha 150T(100-150m²) 73**D** €26,20
100/21

N 53°12'43'' E 06°39'45''

Straße Groningen-Bedum, Ausfahrt nach Delfzijl (N360). Bei den Ampeln rechts Richtung Harkstede, dann den Schildern folgen.

Kropswolde, NL-9606 PR / Groningen
- Meerwijck
- Strandweg 2
- 27 Mär - 27 Sep
- +31 5 98 32 36 59
- info@meerwijck.nl

1 ADE**JM**NOPQRST EFGLMNQS**X**YZ 6
2 ABDGHPQVWX AB**DEFGH** 7
3 ABCFG**LM**N**V** ABCDEFGJKNPQRTUVW 8
4 BDFGHIKO**S** ABFJRVY 9
5 ABDEKLMN ABCDEFGHIJLO**P**ST**X**Z 10
Anzeige auf Seite 339 B 6A CEE €32,25
23 ha 200T(100-120m²) 317**D** €40,75
105768

N 53°08'59'' E 06°41'35''

Groningen-Winschoten Autostraße Groningen-Nieuweschans, Ausfahrt Foxhol. Nach den Bahngleisen in Kropswolde Schildern folgen. Von Assen-Groningen Ausfahrt Zuidlaren, Richtung Hoogezand.

Gebrauchsanweisung

Um die Möglichkeiten des Führers optimal nutzen zu können, sollten Sie die Gebrauchsanweisung auf Seite 10 gut durchlesen. Hier finden Sie wertvolle Informationen, beispielsweise die Berechnung der Übernachtungspreise.

❶ € 25,00
❷ € 35,80

Niederlande

ERLEBE CAMPING LAUWERSOOG
www.beleef-lauwersoog.nl | t. (0519) 34 91 33

Lauwersoog, NL-9976 VS / Groningen
- Camping recreatiecentrum Lauwersoog
- Strandweg 1
- 1 Jan - 31 Dez
- +31 5 19 34 91 33
- info@lauwersoog.nl
- N 53°24'07" E 06°12'56"

1 ADEGJMNOPQRST KLMNOQRSTXYZ 6
2 ABDEGHIOPQRSVWXY ABCDEFGHIJK 7
3 ABDEFGHILMNSTUV ABCDEFGHIJKNPQRTUVW 8
4 ABCEFGHIJKLOPQ EFJLMOPQRTUVWY 9
5 ACDEFGHJKLMNO ABEFGHIJMOPRVWYZ 10
Anzeige auf dieser Seite B 10A CEE ❶ €28,50
25 ha 177T(120-250m²) 265D ❷ €38,00

Der CP liegt an der Strecke N361 Groningen-Dokkum in der Nähe des Nationalparks Lauwersmeer (Fähre nach Schiermonnikoog). 100701

Opende, NL-9865 VP / Groningen
- 't Strandheem
- Parkweg 2
- 27 Mär - 24 Okt
- +31 5 94 65 95 55
- info@strandheem.nl
- N 53°09'10" E 06°11'29"

1 AEJMNOPQRT EFGLNQ 6
2 ADGHIPSVWXY ABDEFGH 7
3 ABFGHIJMV ABCDEFGIJKLMNQRTUVW 8
4 BCDFHILMNOQ ABEJUVW 9
5 ABCDEFGHIKMN ABEFGHIJOPRYZ 10
10A CEE ❶ €31,00
17,5 ha 280T(100-120m²) 93D ❷ €40,00

A7 Drachten-Groningen. Ausfahrt 31 Richtung Surhuisterveen. CP-Schildern folgen E22/A7. 100715

Leek, NL-9351 PG / Groningen
- Landgoedcamping Nienoord
- Midwolderweg 19
- 30 Mär - 31 Okt
- +31 5 94 58 08 98
- info@campingnienoord.nl
- N 53°10'17" E 06°22'57"

1 AEJMNOPQRST I 6
2 ABOPQSWXY ABDEFG 7
3 ABFM ABCDEFGHIJKNPQRTUVW 8
4 BCFHI BF 9
5 ADKLM ABEFGHJOR 10
Anzeige auf dieser Seite 10A CEE ❶ €22,00
5,5 ha 122T(120-140m²) 38D ❷ €30,00

A7 Ausfahrt 34 Leek. Danach den Schildern folgen. Die Einfahrt zum CP liegt am Parallelstraße. 100716

Landgoedcamping Nienoord

Landgoedcamping Nienoord ist ein kleiner, grüner Camping auf dem schönen Landgut Nienoord. U.a. mit Burg, Museum, Familienpark und einem Außen- und Hallenbad. Der Camping ist die ideale (Wander- und Rad-) Ausgangsbasis um Drenthe, Groningen und Friesland zu entdecken. 5 Minuten von der Autobahn A7 Groningen-Amsterdam, Ausfahrt 34 (Leek). Den Campingschildern folgen, Einfahrt liegt am Parallelweg.

Midwolderweg 19, 9351 PG Leek · Tel. 0594-580898
E-Mail: info@campingnienoord.nl
Internet: www.campingnienoord.nl

Midwolda, NL-9681 AH / Groningen
- De Bouwte
- Hoofdweg 20A
- 28 Mär - 19 Okt
- +31 5 97 59 17 06
- info@campingdebouwte.nl
- N 53°11'24" E 06°59'26"

1 ADEJMNOPQRST HILNXZ 6
2 ADGHOPVWXY ABCDEFGH 7
3 AEFGMU ABCDFGJNQRUVW 8
4 BDHIOTXZ EJ 9
5 ADFHJKMN ABDEFGHJPRXY 10
10A CEE ❶ €25,65
14,5 ha 100T(100-120m²) 121D ❷ €35,75

Über die A7 Groningen-Nieuweschans. Ausfahrt 45 Scheemda-Midwolda, Richtung Midwolda. CP-Schildern folgen. 107869

camping De Watermolen

Openderweg 26, 9865 XE Opende
Tel. +31 594659144
E-Mail: info@campingdewatermolen.nl
Internet: www.campingdewatermolen.nl

Aktiv Ruhe, Raum, Natur in einer malerischen Umgebung genießen. Fisch- und Badesee und viele Rad- und Wanderwege. Wifi, Terrasse und beheiztes Sanitär. Ideal für 50+ und junge Familien, die keinen Massentourismus suchen. Beschränkte CampingCard ACSI-Plätze: vorab reservieren erforderlich.

Opende, NL-9865 XE / Groningen
- Camping De Watermolen
- Openderweg 26
- 11 Apr - 13 Sep
- +31 5 94 65 91 44
- info@campingdewatermolen.nl
- N 53°09'52" E 06°13'22"

1 AEGJMNOPQRST LNX 6
2 ABDFGHIPQSVWXY ABDEFG 7
3 ABCEM ABDEFGJNQRTUVW 8
4 BFHILO BFJVW 9
5 ABDEGHKMN ABCDFGHJPR 10
Anzeige auf dieser Seite 10-16A CEE ❶ €25,30
12,5 ha 68T(100-125m²) 44D ❷ €33,30

A7 Ausfahrt 32 Marum/Kornhorn Richtung Kornhorn. In Noordwijk an der Kirche links. Nach ca. 2 km rechts in den Openderweg abbiegen. 101540

Niebert, NL-9365 PN / Groningen
- Recreatiepark Westerkwartier
- Roordaweg 3A
- 1 Apr - 15 Sep
- +31 5 94 54 90 42
- de.akkerhoeve@gmail.com
- N 53°10'30" E 06°19'17"

1 AEILNOPQRT ALN 6
2 ADGHIOPVWXY ABDEFG 7
3 AM AEFNRUVW 8
4 BCDFHIOQ C 9
5 DEHN ABHJPRZ 10
16A CEE ❶ €35,00
7 ha 15T(100m²) 136D ❷ €42,50

A7, Ausfahrt 33 Niebert/Boerakker. Richtung 'Recreatiepark Westerkwartier' folgen. 107844

Urlaub am Zuidlaardermeer?
Meerwijck · Camping · Strand · Yachthafen
www.meerwijck.nl | info@meerwijck.nl | 0598-323659

Onstwedde, NL-9591 TD / Groningen
- Camping & Recreatiebedrijf De Sikkenberg
- Sikkenbergweg 7
- 24 Apr - 23 Okt
- +31 5 99 66 11 44
- info@sikkenberg.nl
- N 53°00'40" E 07°00'13"

1 ACEGJMNOPQRST AFN 6
2 PVWXY ABDEFGHJ 7
3 AEFGLMSTV ABCDFIJKNQRTUVW 8
4 BCDGHIKLQ ABEFJ 9
5 ABDEFHMN ABFGHKPSTY 10
B 6-10A CEE ❶ €27,50
9 ha 119T(100-140m²) 62D ❷ €37,50

N366 Ausfahrt Stadskanaal, in Stadskanaal Richtung Onstwedde. CP ist ausgeschildert (Gemeinde Ter Maars). 113457

Camping De Barkhoorn
Meer dan kamperen alleen!

www.barkhoorn.nl | T: 0599 322510 | E-Mail: info@barkhoorn.nl

---

Sellingen, NL-9551 VE / Groningen CC€18 iD

- Camping de Barkhoorn
- Beetserweg 6
- 1 Jan - 31 Dez
- +31 5 99 32 25 10
- info@barkhoorn.nl

1 ACDE**JM**NOPQRST	ABLNV	6
2 BCDGHOPVWXY	ABDE**FG**H	7
3 AFG**HIJ**LM**NSTVWX**	ABCDFGHIJKLNQRTUVW	8
4 **A**BCDEFGHILOPQ**X**	ABEFJRTUVWY	9
5 ADEFGHJKMN	ABCGHIJMPQRYZ	10

Anzeige auf dieser Seite B 16A CEE ① €26,00
15,5 ha 150T(100-120m²) 95D ② €34,00
100751

Von der A31 Ausfahrt 19 Haren Richtung Ter Apel, dann N368 Richtung Winschoten. Im Ortseingang von Sellingen CP links ausgeschildert.

N 52°56'47'' E 07°07'52''

Sellingen, NL-9551 VT / Groningen CC€18 iD

- De Bronzen Eik
- Zevenmeersveenweg 1
- 1 Apr - 1 Nov
- +31 5 99 32 20 06
- info@debronzeneik.nl

1 ACDE**JM**NOPQRST	N	6
2 BCGPVWX	ABDE**FG**H	7
3 AFLUX	ABCDFJKNQRTUVW	8
4 FGH	FJRUVW	9
5 DFHJKLMN	ABCDGHJLPSTY	10

Anzeige auf dieser Seite 6A CEE ① €25,00
4 ha 65T(100-130m²) 7D ② €35,00
117685

In Sellingen ist der CP deutlich ausgeschildert. Auf der Strecke Ter Apel-Sellingen kurz hinter dem Ort links ab. Von Vlagtwedde aus vor dem Ort rechts ab.

N 52°57'16'' E 07°08'17''

- Ruhe und Raum
- Wandern und Rad fahren
- Restaurant mit Terrasse
- Reisemobilfreundlich

Zevenmeersveenweg 1, 9551 VT Sellingen
Tel. +31 599322006
E-Mail: info@debronzeneik.nl
Internet: www.campingdebronzeneik.nl

De Bronzen Eik - DE ONTHAAST CAMPING

Ter Apel, NL-9561 CS / Groningen iD

- Camping Moekesgat
- Heembadweg 15
- 1 Jan - 31 Dez
- +31 6 10 88 92 17
- info@moekesgat.nl

1 AE**JM**NOPQRST	ABFGHL**N**PQS	6
2 DGHOPWXY	ABFG	7
3 AGX	ABCDFJNPQRW	8
4 BFGHIO	ABDV	9
5 DEFHMN	ABCHJMP**R**VZ	10

B 8A CEE ① €27,50
18 ha 80T(100m²) 15D ② €37,50
108211

Von der N366 Ter Apel-Stadskanaal, Ausfahrt Ter Apelkanaal Richtung Ter Apel. Am Kreisel hinter der Brücke geradeaus, 1. Straße rechts Richtung 't Heem, 1. Straße links, CP nach 500m rechts.

N 52°53'07'' E 07°03'37''

Termunterzijl (Gem. Delfzijl), NL-9948 PP / Gron. CC€16 iD

- Zeestrand Eems-Dollard
- Schepperbuurt 4A
- 28 Mär - 1 Nov
- +31 6 19 92 24 70
- info@campingzeestrand.nl

1 ABDE**HK**NOPQRS**T**	KLMN**S**X**YZ**	6
2 CDEFGHILOPWXY	ABDE**FG**I	7
3 ABCFGM	ABEF**N**QRW	8
4 BFHI	EF	9
5 ABHJKMN	ABCDFGHJKL**P**RWYZ	10

Anzeige auf dieser Seite 6-10A CEE ① €24,15
6,5 ha 85T(100-120m²) 94D ② €36,80
108315

A7 Groningen-Oldenburg bis Ausfahrt 45. Richtung Delfzijl, dann der Beschilderung 'Zeestrand Eems-Dollard' nach. Navi auf Hauptstraßen einstellen.

N 53°18'06'' E 07°01'48''

Meer, Strand, Seehunde (-Station und -Strand), Natur, Ruhe, Raum, Bootstouren, Spielplatz, Vermietung schöner Caravan- und Reisemobilplätze, Freizeitteam in der Hochsaison, WLAN, für Jung und Alt. JETZT AUCH Reisemobilstelle Zeestrand.

Schepperbuurt 4A, 9948 PP Termunterzijl (Gem. Delfzijl)
Tel. +31 619922470
E-Mail: info@campingzeestrand.nl • Internet: www.campingzeestrand.nl

---

Camping Lauwerszee
Froh mit der Natur
www.camping-lauwerszee.nl

Vierhuizen, NL-9975 VR / Groningen CC€20 iD

- Lauwerszee
- Hoofdstraat 49
- 1 Apr - 1 Nov
- +31 5 95 40 16 57
- info@camping-lauwerszee.nl

1 AE**IL**NOPQRT		6
2 OPRVWXY	ABDE**FG**H	7
3 AB	ABCDEFJKNQRTU	8
4 FH	IVWY	9
5 DLMN	ABDF**GH**IJPTWZ	10

Anzeige auf dieser Seite 6A CEE ① €25,80
4 ha 110T(120-225m²) 14D ② €33,50
108990

Über die N361 Groningen Dokkum hinter der Ausfahrt Ulrum Richtung N388. Ab Vierhuizen den CP-Schildern folgen.

N 53°21'36'' E 06°17'42''

Warfhuizen, NL-9963 TC / Groningen iD

- Roodehaan
- Roodehaansterweg 9
- 1 Apr - 1 Okt
- +31 6 50 97 09 03
- info@campingroodehaan.nl

1 AE**IL**NOPQRS**T**	JN**X**YZ	6
2 CPSWXY	AB**FG**	7
3 ABM	ABEF**N**QRUVW	8
4 FHI	EFNOVW	9
5 DHMN	AFHJOST	10

6A CEE ① €17,50
2,1 ha 50T(120m²) 43D ② €25,00
108310

Von Groningen die N355 Richtung Leeuwarden Ausfahrt Zuidhorn. Der CP liegt am Reitdiep.

N 53°19'43'' E 06°25'32''

Wedde, NL-9698 XV / Groningen iD

- Wedderbergen
- Molenweg 2
- 1 Apr - 1 Okt
- +31 5 97 56 16 73
- info@wedderbergen.nl

1 ADE**JM**NOPQRST	CDFGHJLN**XZ**	6
2 ABCDGHOPVWXY	AB**DEFG**H	7
3 ABDFGLMNSV	ABCDEFGJKNQRTUVW	8
4 BCDFGHIKLNO**PQ**	JLVWY	9
5 ACDEFHJKMN	ABEHIKMORYZ	10

B 10A CEE ① €35,00
30 ha 233T(120-150m²) 281D ② €46,00
105789

Zwolle-Emmen, dann weiter Ter Apel-Winschoten. Ausfahrt Wedde, Richtung Wedderbergen halten und den Schildern folgen.

N 53°05'10'' E 07°04'58''

Zoutkamp, NL-9885 TC / Groningen iD

- De Rousant
- Nittersweg 8
- 1 Apr - 1 Nov
- +31 5 95 44 71 50
- info@rousant.nl

1 A**JM**NOQRST	JLNQ**SXYZ**	6
2 CDFGHOPXY	ABDE**FG**J	7
3	ABEFJNQRU	8
4 HI	FJT	9
5 DN	AFHJOSTVZ	10

4-6A CEE ① €16,50
8 ha 103T(120-200m²) 3D ② €21,50
100703

Von der N361 Richtung Zoutkamp. Der CP liegt am Schleusenkomplex am Binnenhafen von Zoutkamp.

N 53°20'02'' E 06°17'50''

 In 2020 auf der Messe!

- **Stuttgart** CMT - 11. bis 19. Januar
- **Hannover** ABF - 29. Januar bis 2. Februar
- **München** F.re.e - 19. bis 23. Februar
- **Essen** Reise & Camping - 26. Februar bis 1. März
- **Nürnberg** Freizeit, Garten und Touristik - 27. Februar bis 1. März
- **Düsseldorf** Caravan Salon - 29. August bis 6. September

www.ACSI.eu

Witterzomer

Aktiv in Drenthe

Einrichtungen
• Beheiztes Freibad • Spielplätze • Indoor-Spielplatz und Bowling Skik • Wifi • Fahrrad- und Gokartverleih • Supermarkt • Wäscherei • Midgetputt Platz • Restaurant • Freizeitweiher mit Spielplatz • Imbiss • Allwetter Tennisplatz

Neu: Skik!
Indoor-Spielplatz und Bowling! ......

Witterzomer 7 · 9405 VE Assen · Telefon: 0592-393535 · E-mail: info@witterzomer.nl · www.witterzomer.nl

---

Amen, NL-9446 TE / Drenthe CC€16 iD
- Ardoer Vakantiepark Diana Heide
- Amen 53
- 27 Mär - 29 Sep
- +31 5 92 38 92 97
- dianaheide@ardoer.com

1 ACEJMNOPQRST	LN 6
2 BDGPQVWXY	ABDEFGH 7
3 ABFGLMV ABCDEFGJKLNQRTUV 8	
4 BFHI	AFJVY 9
5 ABDEHKN	ABDEGHIJPSTZ10
Anzeige auf Seite 345	B 10A CEE	① €25,60
30 ha 300T(100-200m²) 92D	② €32,20

N 52°55'57" E 06°35'12" 100741
A28 Zwolle-Groningen, Ausfahrt 31 Richtung Hooghalen. Ausfahrt Grolloo/Amen, den Schildern folgen.

BOSPARK LUNSBERGEN
Borger

Großer Familiencampingplatz mitten im Grünen, nahe dem Naturgebiet Gieten-Borger mit Hallenbad und gemütlichem Restaurant.

roompot.de/acsi Servicenummer 040 - 55 55 78 78

Assen, NL-9405 VE / Drenthe CC€18 iD
- Vakantiepark Witterzomer
- Witterzomer 7
- 1 Jan - 31 Dez
- +31 5 92 39 35 35
- info@witterzomer.nl

1 ACDEJMNOPQRST	ABFGHLN 6
2 ABDGHPQVWXY	ABDEFGHJ 7
3 ABCDFGJLMNRSTV ABCDEFGHJKLNPQRTUV 8	
4 BCDFGHIO	ACFGHJLUVWY 9
5 ACDEFGJKLMN	ABDEFGHIJOPRWYZ10
Anzeige auf Seite B 6-10A CEE	① €32,50
75 ha 510T(100-120m²) 329D	② €41,00

N 52°58'44" E 06°30'20" 100740
A28 Hoogeveen-Groningen, Ausfahrt Assen/Smilde (zweite Ausfahrt), dann den Schildern folgen.

CAMPING HUNZEDAL
Borger

Vielseitiger Familiencampingplatz am Freizeitsee mit Sandstrand. Schwimmparadies mit Rutsche und Außenbecken, Adventurehalle, Restaurant, Café und Snackbar.

roompot.de/acsi Servicenummer 040 - 55 55 78 78

Beilen, NL-9411 TV / Drenthe CC€ iD
- Boszicht
- Smalbroek 46
- 1 Apr - 1 Okt
- +31 5 93 52 23 34
- info@camping-boszicht.nl

1 ADEGJMNOPQRST	ABFGN 6
2 ABPQVWXY	ABDEFG 7
3 BFMS	ABCDEFJNPRTUVW 8
4 BDFHILNO	9
5 ADEFGHJKMN	ABGHJOPSTV10
B 10A CEE	① €21,10
7,8 ha 53T(100-130m²) 140D	② €29,20

N 52°50'20" E 06°27'57" 109610
A28 von Hoogeveen aus, Ausfahrt 29 Richtung Spier. Den Schildern folgen. A28 von Assen aus, Ausfahrt 30. Den Schildern nach.

Borger, NL-9531 TC / Drenthe CC€12 iD
- Bospark Lunsbergen
- Rolderstraat 11A
- 27 Mär - 28 Okt
- +31 5 99 23 65 65
- info@bosparklunsbergen.nl

1 ACDEGJMNOPQRST	EFGN 6
2 ABPQVWXY	ABDEFGH 7
3 AFGJLMNRSTU ABCDEFGJNQRTUV 8	
4 BFGHIO	BJVWY 9
5 ACDEFHJKLM	ABDEGHIJMPRYZ10
Anzeige auf dieser Seite B 10A CEE	① €36,00
20 ha 194T(100m²) 307D	② €39,50

N 52°55'55" E 06°44'52" 105772
A28 Ausfahrt Assen-Zuid N33 Richtung Veendam. Weiter zur Ausfahrt Borger. 2 km vor Borger steht 'Euroase Borger' auf einem Schild ausgeschildert.

Borger, NL-9531 TK / Drenthe CC€14 iD
- Camping Hunzedal
- De Drift 3
- 27 Mär - 31 Okt
- +31 5 99 23 46 98
- receptie.hunzedal@roompot.nl

1 ADEGJMNOPQRST	ABEFGHILN 6
2 ADGHOPQVWXY	ABDEFGH 7
3 ABFGJLMNRSTUVW ABCDEFIJKNQRTUVN 8	
4 BFHIPQSTV	BJVWY 9
5 ACDEFHKLMN	ABDEFGHIJMPRZ10
Anzeige auf dieser Seite B 6-16A CEE	① €36,30
30 ha 346T(100m²) 284D	② €38,60

N 52°55'22" E 06°48'14" 100747
Von der N34 Groningen-Emmen Richtung Borger/Stadskanaal den Schildern folgen.

Diever/Wittelte, NL-7986 PL / Drenthe CC€12 iD
- Wittelterbrug
- Wittelterweg 31
- 1 Apr - 26 Okt
- +31 5 21 59 82 88
- info@wittelterbrug.nl

1 AEJMNOPRT	CDFGJN 6
2 CGOPQVX	ABDEFGH 7
3 ABCFGLMSU ABCDEFJNQRTUVW 8	
4 BCDHILNOQ	EFVY 9
5 ABDEFHKMN	ABDFHIPRY10
Anzeige auf dieser Seite 10A CEE	① €27,40
4,6 ha 90T(80-115m²) 103D	② €37,10

N 52°49'30" E 06°19'06" 105684
Am Drentse Hoofdvaart Dieverbrug-Wittelte. Nach 3 km CP angezeigt. Von Meppel A32, Ausfahrt Havelte, dann an der Wasserstraße entlang hinter Uffelte ist der CP ausgeschildert.

Wittelterbrug

Auf Camping Wittelterbrug gibt es in der Nebensaison ausgezeichnete Möglichkeiten. Wenn Sie Ruhe und Natur suchen, dann sind Sie bei uns richtig gut aufgehoben. Rad fahren, Wandern oder einfach nur Erholen in den 2 größten Naturparks von Drenthe. Diever, Dwingeloo oder Ruinen sind mit dem Fahrrad prima erreichbar. Auf unserem Gelände gibt es 2 überdachte Schwimmbäder mit mindestens 25° Grad.

Wittelterweg 31, 7986 PL Diever/Wittelte
Tel. 0521-598288
E-Mail: info@wittelterbrug.nl • Internet: www.wittelterbrug.nl

---

Dieverbrug, NL-7981 LA / Drenthe iD
- Landgoed 't Wildryck
- Groningerweg 13
- 1 Jan - 31 Dez
- +31 5 21 59 12 07
- info@wildryck.nl

1 ADEJMNOPRST	EFGN 6
2 ABGOPQVX	ABDEFGH 7
3 ABFGLMSV	ABCDEFIJLMNQRTUVW 8
4 ABEFGHIKOQ	FJVWY 9
5 ABDEFHKLMN	ABEHJNORZ10
10A CEE	① €25,00
15 ha 60T(100m²) 222D	② €30,00

N 52°51'48" E 06°21'12" 100736
Dieser CP liegt deutlich ausgeschildert entlang der Hauptstraße N371 an der Westseite zwischen Dieverbrug und Hoogersmilde.

Camping "De Zeven Heuveltjes"

Ein geselliger Camping für junge Familien und Ältere, u.a. mit:
* schönen geschützten Komfortplätzen auf Sandboden
* hervorragenden Sanitäranlagen, auch für Behinderte
* beheiztem Schwimmbad und Planschbecken (25° Celsius) auf SALZ Basis
* Spielplatz und kleinen Spielfeldern
* waldreichem Rad- und Wandergegend
* gratis WLAN (mit Codes)

Für mehr Infos siehe unsere Webseite oder verlangen Sie unseren Prospekt.
Auch für alle Arrangements und Angebote!

Odoornerstraat 25, 9536 TA Ees (Ost-Drenthe; auf dem Hondsrug)
Tel. 0591-549256
E-Mail: info@dezevenheuveltjes.nl • Internet: www.dezevenheuveltjes.nl

Niederlande

Camping | Strand | Gastronomie
Amerika 16 | 9342 TC | Een | 0592 656206

Een (Gem. Noordenveld), NL-9342 TC / Drenthe
- Ronostrand
- Amerika 16
- 1 Apr - 30 Sep
- +31 5 92 65 62 06
- info@ronostrand.nl

1 AEG**JM**NOPRST		L 6
2 ADFGHIPQVWXY	ABDE**FGH** 7
3 ABCFG**HILM**S	ACDEFJKNPQRTUVW 8
4 BCDFHILO**Q**	BCEFJV 9
5 ABCDEFGILMN	ABEGHIJPQTUYZ 10

N 53°06'01'' E 06°22'19''
35 ha 190**T**(80-120m²) 194**D**
① €30,60
② €40,60
100718
Roden Richtung Norg. Hinter dem Friedhof und den Sportplätzen rechts ab. Ausgeschildert.

Dwingeloo, NL-7991 PM / Drenthe
- Meisterhof
- Lheebroek 33
- 1 Apr - 30 Sep
- +31 5 21 59 72 78
- info@meisterhof.nl

| 1 ADEG**JM**NOPQRT | N 6 |
| 2 AFGPQVWXY | AB**DEFGH**IJ 7 |
| 3 ABDEF**JL**MSX ABCDE**FGH**IJK**LM**NPQRTUVW 8 |
| 4 ABDEFHIKOQ | EFLV 9 |
| 5 ABDEMN | ABDEGHIJM**PRV**10 |

Anzeige auf dieser S. B 10-16A CEE ① €28,60
6 ha 120**T**(100-160m²) 30**D** ② €37,80
Von Dieverbrug Richtung Dwingeloo. Vor Dwingeloo an der Gabelung ist der CP ausgeschildert.
105688

Een-West/Noordenveld, NL-9343 TB / Drenthe
- De Drie Provinciën
- Bakkeveenseweg 15
- 1 Apr - 30 Sep
- +31 5 16 54 12 01
- info@dedrieprovincien.nl

1 AE**IL**NOPRST	N 6
2 AFOPQVWX	**BEFG** 7
3	ABCDE**FH**JNQRUVW 8
4 FH	VW 9
5 DKLN	ABDFHJO**PR**Z10

Anzeige auf dieser Seite 10A CEE ① €24,00
6 ha 139**T**(110-130m²) ② €35,00
A32 Richtung Wolvega, Ausfahrt Wolvega N351 Richtung Oosterwolde. Danach Haulerwijk/Een-West. Schildern 'De Drie Provinciën' folgen.
N 53°05'19'' E 06°18'41''
108249

Dwingeloo, NL-7991 SE / Drenthe
- Torentjeshoek
- Leeuweriksveldweg 1
- 28 Mär - 25 Okt
- +31 5 21 59 17 06
- info@torentjeshoek.nl

| 1 AEG**JM**NOPQRST | ABFGHN 6 |
| 2 ABGPQVWXY | ABCD**EFGH** 7 |
| 3 ABCEF**HILM**SVWX ABCDEFGKLNPQRTUVW 8 |
| 4 ABCDEFHIKOQ | ABFIJVY 9 |
| 5 ABDEHMN | ABDEFGHJPQRYZ10 |

Anzeige auf Seite 344 B 10A CEE ① €33,45
10 ha 223**T**(100-140m²) 32**D** ② €37,50
N 52°49'09'' E 06°21'39''
105690
Von Dieverbrug Richtung Dwingeloo. Durch Dwingeloo bis zur Kreuzung mit dem Waldrand. Folgen Sie den CP-Schildern entlang der Waldallee rechts ab, vorbei Planetron.

De Drie Provinciën

50+ Camping des Jahres 2013.
Nominiert als 'Schönster Campingplatz für Ruhesuchende 2016' und
'Schönster Grüner Campingplatz 2019'.

Genomineerd Camping van het Jaar 2019
Camping van het jaar 2016

Tel. +31 516541201
www.dedrieprovincien.nl

Dwingeloo, NL-7991 PB / Drenthe
- RCN Vakantiepark De Noordster
- Noordster 105
- 27 Mär - 26 Okt
- +31 8 50 40 07 00
- reserveringen@rcn.nl

| 1 ACDEG**JM**NOPQRST | ABFH 6 |
| 2 ABPQSWXY | AB**DEFGH** 7 |
| 3 ABCDEF**HIJL**MNS ABCDEFGHJNPQRTW 8 |
| 4 ABCDEFHIKLNO**Q** | FGJUVWY 9 |
| 5 ABDEFGHKLMN | ABDEFGJMO**PQ**RYZ10 |

B 10A CEE ① €27,20
42 ha 335**T**(90-100m²) 116**D** ② €33,40
N 52°48'48'' E 06°22'42''
105687
Von Dieverbrug Richtung Dwingeloo-Zentrum. Durch Dwingeloo durch bis am 5-Sprung am Waldrand. Den Schildern entlang dem Waldweg folgen.

Ees, NL-9536 TA / Drenthe
- De Zeven Heuveltjes
- Odoornerstraat 25
- 1 Apr - 10 Okt
- +31 5 91 54 92 56
- info@dezevenheuveltjes.nl

1 AE**JM**NOPQRT	ABFG 6
2 ABOPQVXY	AB**DEFGH** 7
3 ABC**FLM**S	ABCDEFGHIJKNPQRTUV 8
4 FH	VW 9
5 ADMN	ABCDEFGHIJPSTZ10

Anzeige auf dieser Seite B 6A CEE ① €24,80
6 ha 135**T**(50-100m²) 130**D** ② €33,10
N 52°53'39'' E 06°49'05''
108250
N34 Groningen-Emmen, Ausfahrt Exloo. Über den Sekundärweg zurück Richtung Groningen nach Ees (ca. 500m).

Echten, NL-7932 PX / Drenthe
- Vakantiepark Westerbergen
- Oshaarseweg 24
- 28 Mär - 26 Okt
- +31 5 28 25 12 24
- info@westerbergen.nl

| 1 ADEG**JM**NOPQRST | EFGN 6 |
| 2 ABGPQVXY | AB**DEFGH** 7 |
| 3 ABCEFG**HJ**KLMNSTUV ABCDEFGJK**L**NQRTUVW 8 |
| 4 **A**BCDEFGHILNO**P** | CFJUVWY 9 |
| 5 ACDEFGHJKLMN | ABDEFGHIJO**P**RYZ10 |

Anzeige auf dieser Seite B 6-16A CEE ① €22,00
55 ha 334**T**(110m²) 194**D** ② €24,00
N 52°42'01'' E 06°22'40''
101317
A28, Ausfahrt Zuidwolde/Echten. Richtung Echten und den Schildern zum CP folgen.

Camping Meisterhof

Lheebroek 33 - Dwingeloo - tel.:0521 597278 - meisterhof.nl

* komfortabel campen auf großen Plätzen
* stilvolles Drenter Familienhaus für 6 bis 40 Pers
  (Familienhaus ganzjährig geöffnet)

Am Rande des Nationalparks Het Dwingelerveld

Fordern Sie unseren Prospekt an oder auf www.meisterhof.nl

Das gastliche Westerbergen erleben!

Genuss für Jung und Alt am Rande des Nationalparks Dwingelerveld (Dr.)

WESTERBERGEN
het Echten Drenthe gevoel

* Camping
* überdachtes Schwimmbad
* Indoor-Spielparadies
* Bungalows
* Glamping
* Freizeit Team

Oshaarseweg 24, 7932 PX Echten • Tel. +31 528251224
E-Mail: info@westerbergen.nl • Internet: www.westerbergen.nl

Urlaub wie er sein soll!
anwb 9,2

Gasselte, NL-9462 RA / Drenthe
- De Berken
- Borgerweg 23
- 1 Apr - 28 Sep
- +31 5 99 56 42 55
- info@campingdeberken.nl
- N 52°57'51'' E 06°47'22''

1 AEJMNOPRST 6
2 ABOPQVXY ABDEFGHK 7
3 ABDLMSX ABDEFGHIJKLNPQRTUVW 8
4 BFGHIKO AFHJVW 9
5 ABDEKLMN ABEFGHIJPRZ 10
6-16A CEE
4,5 ha 109T (60-190m²) 38D
€28,00 / €38,20

N34 Groningen-Emmen, Ausfahrt Gasselte. Der CP liegt an der alten Straße Gasselte-Borger, ca. 800m hinter dem Dorf. 105771

Gasselte, NL-9462 TB / Drenthe
- De Lente van Drenthe
- Houtvester Jansenweg 2
- 3 Apr - 27 Sep
- +31 5 99 56 43 33
- info@delentevandrenthe.nl
- N 52°58'36'' E 06°45'23''

1 AEJMNOPQRST ABFLN 6
2 ABDHPQVWXY ABDEFGH 7
3 ABCEFGLMNQUV ABCDEFGJKNQRTUVW 8
4 BCFHIK CJVW 9
5 ABDEFMN ABEFGHIJPSTZ 10
B 6A CEE
15 ha 140T (100m²) 232D
€31,90 / €41,80

Von der N34 Groningen-Emmen bei Ausfahrt Gasselte rechts in den Staatswald. Den Schildern 'De Lente van Drenthe' folgen. 108251

Gasselte, NL-9462 TT / Drenthe
- Het Horstmannsbos
- Hoogte der Heide 8
- 3 Apr - 5 Okt
- +31 5 99 56 42 70
- info@horstmannsbos.nl
- N 52°58'15'' E 06°48'26''

1 AEGJMNOPQRST LN 6
2 ABDOPQVWXY ABDEFGH 7
3 ABCEFGLMNSUV ABCDEFGHIJNPRTUVW 8
4 BDFHIO BFJUVWY 9
5 ADEFHKMN ABCDEFGHIJPSTZ 10
B 10A CEE
6,5 ha 100T (100-130m²) 28D
€29,00 / €38,00

Von der N34 Groningen-Emmen den Schildern an der Ausfahrt Gasselte folgen. 109031

Eext, NL-9463 TA / Drenthe
- De Hondsrug
- Annerweg 3
- 28 Mär - 1 Okt
- +31 5 92 27 12 92
- info@hondsrug.nl
- N 53°02'10'' E 06°44'21''

1 ADEILNOPQRST ABEFGN 6
2 AGOPQVWX ABCDEFGH 7
3 ABFGLMSVX ABCDEFIJKLNPQRTUVW 8
4 BFGHIOV AEFJVWY 9
5 ACDEHKMN ABEGHIJMPQSTZ 10
Anzeige auf dieser Seite B 6-10A CEE
23 ha 250T (75-150m²) 289D
€35,50 / €45,90

N34 Groningen-Emmen Ausfahrt Anloo/Annen, Eext links ab in Richtung Annen, später rechts ab. Der CP ist ausgeschildert. N34 Emmen-Groningen, Ausfahrt Anloo/Annen, rechts ab in Richtung Annen. Schildern folgen. 105770

Gasselte, NL-9462 TS / Drenthe
- Landschapscamping Sparrenhof
- Kamplaan 1
- 28 Mär - 1 Nov
- +31 5 99 55 56 10
- info@sparrenhof.com
- N 52°58'29'' E 06°48'32''

1 AEGJMNOPQRST 6
2 AOPQVWX ABDEFG 7
3 ALS ABCDEFHJLNPQRTUV 8
4 FHIORT 9
5 DN ABFGHJPSTVZ 10
B 10A CEE
6 ha 74T (130-175m²)
€21,90 / €29,80

A28 von Hoogeveen aus. An der Ausfahrt Assen-Zuid die N33 Richtung Veendam nehmen. Im Kreisel bei Gieten die N34 Richtung Emmen, nach etwa 4 km Ausfahrt Gasselte. 121069

Gasselternijveen, NL-9514 BW / Drenthe
- Hunzepark
- Hunzepark 4
- 27 Mär - 25 Okt
- +31 5 99 51 24 79
- receptie.hunzepark@roompot.nl
- N 52°58'58'' E 06°50'07''

1 ADEGILNOPT ABN 6
2 DFGOPTWXY ABDEFG 7
3 AGLMNSTW ABCDFNQRTUVW 8
4 BFGH FJRVW 9
5 ABDEFGHKN ABCEHIKPRZ 10
B 6-10A CEE
7 ha 71T (100-120m²) 78D
€30,00 / €32,00

N34 Emmen-Groningen. Ausfahrt Gasselte dan N378 bis Gasselternijveen. Den CP-Schildern folgen. 108252

Exloo, NL-7875 TA / Drenthe
- Camping Exloo
- Valtherweg 37
- 1 Jan - 31 Dez
- +31 6 27 21 82 71
- info@campingexloo.nl
- N 52°51'54'' E 06°53'11''

1 ACGJMNOPQRSTU N 6
2 FPVWXY ABDEFG 7
3 LSX ABCDFJNRUW 8
4 DFHIO G 9
5 DN ABCDGHJMPRZ 10
Anzeige auf dieser Seite B 6-10A CEE
3 ha 60T (100-120m²) 11D
€20,20 / €29,30

N34 Richtung Groningen, Ausfahrt Exloo. Am Ortsende rechts Richtung Valthe. Nach 2 km CP an der linken Seite. 118782

Gees, NL-7863 TA / Drenthe
- Vakantiecentrum De Wolfskuylen
- Holtweg 9
- 1 Jan - 31 Dez
- +31 5 24 58 15 75
- info@wolfskuylen.nl
- N 52°43'56'' E 06°41'44''

1 AJMNOPQRST ABFGHJN 6
2 ACGIPQVWXY ABFGHJK 7
3 ABFMX ABCDEFGIJNRTW 8
4 BCDFHIOQ EFJRV 9
5 DEHMN ABCHJNPST 10
B 6A CEE
8 ha 100T (60-200m²) 97D
€25,00 / €33,00

A37 Hoogeveen-Emmen, Ausfahrt 3 Richtung Oosterhesselen. Den CP-Schildern folgen. Vor der Brücke über den Kanal: links ab. 101026

Gieten, NL-9461 AP / Drenthe
- Zwanemeer
- Voorste Land 1
- 1 Apr - 1 Okt
- +31 5 92 26 13 17
- info@zwanemeer.nl
- N 53°00'56'' E 06°46'00''

1 AEGJMNOPQRST ABFGHNP 6
2 ABGHOPQVWXY ABDEFG 7
3 AEFGLMSVX ABCDEFGHIJKNPQRTUVW 8
4 ABDEFGHIK EFRVW 9
5 ADMN ABDEHIJPSTZ 10
Anzeige auf dieser Seite 6-10A CEE
6 ha 160T (80-120m²) 39D
€27,00 / €36,60

Über die N33 Assen-Gieten, durch den Ort den Schildern folgen. 101313

CAMPING ZWANEMEER

Voorste Land 1
9461 AP Gieten (Dr)
Tel. 0592-261317
E-Mail: info@zwanemeer.nl
Internet: www.zwanemeer.nl

Grolloo, NL-9444 XE / Drenthe

- 🅰 Landgoed de Berenkuil
- 🏠 De Pol 15
- 📅 3 Apr - 27 Sep
- ☎ +31 5 92 50 12 42
- @ info@berenkuil.nl

1 AEGJMNOPQRT	ABFGLMN 6
2 ABDGHOPQTVXY	ABDEFGH 7
3 ABDFM	ABCDEFGJKNQRTUV 8
4 BEFHI	AFJVW 9
5 ACDEFKLMN	ABGHIJOPSTYZ 10
B 10A CEE	❶ €37,00
50 ha 475T(80-125m²) 119D	❷ €51,00

📍 N 52°56'19'' E 06°39'56''
🚗 Rolde-Grollo, im Zentrum den CP-Schildern folgen.
100737

Havelte, NL-7971 RL / Drenthe

- 🅰 De Klaverkampen
- 🏠 Slagdijk 2
- 📅 1 Apr - 31 Okt
- ☎ +31 5 21 34 14 15
- @ info@klaverkampen.nl

1 AEJMNOPRST	LMN 6
2 DGHPQVWX	ABDEFGH 7
3 BFLM	ABCDFINRT 8
4 BFHIO	9
5 DEMN	ABHJPR 10
B 6A CEE	❶ €20,70
7 ha 30T(100m²) 120D	❷ €26,70

📍 N 52°45'46'' E 06°13'49''
🚗 Ausfahrt Havelte hinter der Brücke links, nach ca. 150m links Richtung CP.
105696

Camping — Ferienwohnungen

jelly's hoeve

…Camping und Wohnungen für Erwachsene!

Ellen & Roger Vermeire
Raadhuislaan 2, 7971 CT Havelte
T +31(0) 521 - 34 28 08

Havelte, NL-7971 CT / Drenthe

- 🅰 Jelly's Hoeve
- 🏠 Raadhuislaan 2
- 📅 1 Apr - 31 Okt
- ☎ +31 5 21 34 28 08
- @ info@jellyshoeve.nl

1 ADEJMNOPQRSTU	N 6
2 ABOPQRVWXY	ABDEFG 7
3 L	ABCDEFHJNPQRVW 8
4 FGH	IUVW 9
5 ADN	ABCDGHJPRZ 10
Anzeige auf dieser Seite B 10A CEE	❶ €25,25
2 ha 42T(bis 130m²) 3D	

📍 N 52°46'07'' E 06°14'58''
🚗 A32 Ausf. 4. Weiter die N371 Ri. Havelt. Nach ca. 4 km über die Brücke in N371 weiter folgen Richtung Uffelte/Diever/Assen. Nach ca. 1 km an der Brücke (60 km Zone) li. die N371 verlassen, re. halten und die 1. Straße re.
113300

Hoogersmilde, NL-9423 TA / Drenthe

- 🅰 Ardoer Camping De Reeënwissel
- 🏠 Bosweg 23
- 📅 3 Apr - 27 Sep
- ☎ +31 5 93 59 23 56
- @ info@reeenwissel.nl

1 AEGJMNOPQRST	AF 6
2 ABPQRSVWXY	ABDEFGH 7
3 ABCDFHIMX	ABCDEFGIJKNQRTUVW 8
4 DFHIOP	ADUVW 9
5 ADKMN	ABDEFHIJMNPSTZ 10
Anzeige auf dieser Seite B 10A CEE	❶ €27,70
18 ha 180T(90-110m²) 194D	❷ €35,70

📍 N 52°54'14'' E 06°22'50''
🚗 Entlang der Drentser Hauptstraße (Westseite) von Dieverbrug Richtung Hoogersmilde fahren. Entlang dieser Strecke wird der CP ausgeschildert.
105682

Hooghalen, NL-9414 TG / Drenthe

- 🅰 Tikvah
- 🏠 Oosthalen 5
- 📅 1 Apr - 15 Okt
- ☎ +31 5 93 59 20 97
- @ info@campingtikvah.nl

1 AEGJMNOPQRST	6
2 PQVWX	ABFGIJ 7
3 AFMU	ABEFHJNPQRTUVW 8
4 FHIO	BEIJVWY 9
5 DM	ABDFGHJMPRY 10
Anzeige auf dieser Seite B 6-16A CEE	❶ €19,60
1,3 ha 53T(120-250m²) 5D	❷ €29,60

📍 N 52°55'13'' E 06°33'33''
🚗 Von der A28 Ausf. Beilen-Noord/Emmen/Hooghalen. Danach noch ± 10 km der Beschilderung Hooghalen. Kurz vor Hooghalen dem braunen Schild 'voormalig Kamp Westerbork' folgen. Kurz vor dem Kreisel rechts über die Bahn, dann 1,5 km.
121023

Sehr schöne Lage, Naturcampgelände, auf dem Drenter Hochland. Am Wald gelegen. Große Komfortplätze von 120-250 m², überall WLAN. Beheiztes Sanitär. Für Reisemobile geeignet.

Camping Tikvah

Oosthalen 5, 9414 TG Hooghalen • Tel. 0593-592097
E-Mail: info@campingtikvah.nl • Internet: www.campingtikvah.nl

Klijndijk/Odoorn, NL-7871 PE / Drenthe

- 🅰 De Fruithof
- 🏠 Melkweg 2
- 📅 3 Apr - 21 Sep
- ☎ +31 5 91 51 24 27
- @ info@fruithof.nl

1 AEJMNOPQRT	CDFGHL 6
2 DGHIOPVWX	ABDEFGH 7
3 ABDFJLMNSV	ABCDEFGJNQRTUVW 8
4 BCDFHILOPQ	JVWY 9
5 ACDEFHKLMN	ABDEGHIKPRZ 10
Anzeige auf dieser Seite B 6-16A CEE	❶ €38,80
17 ha 250T(100m²) 220D	❷ €50,60

📍 N 52°49'44'' E 06°51'27''
🚗 N34 Emmen-Groningen Ausfahrt Klijndijk, weiter den Schildern folgen. Campingplatz befindet sich am Kreisel.
100750

Qualitätscampingplätze in Drenthe

Diana Heide — Amen
Reeënwissel — Hoogersmilde

www.ardoer.com/drenthe

Meppen, NL-7855 TA / Drenthe

- 🅰 De Bronzen Emmer
- 🏠 Mepperstraat 41
- 📅 4 Apr - 25 Okt
- ☎ +31 5 91 37 15 43
- @ info@bronzenemmer.nl

1 AEGILNOPQRST	EF 6
2 ABGPQVWXY	ABDEFGH 7
3 ABFGHILMNSUX	ABCDEFJKNQRTUVW 8
4 BCDFHIKLOQST	JV 9
5 ABDEFHKMNO	ABCDEGHJPRZ 10
Anzeige auf dieser Seite B 4-10A CEE	❶ €33,90
20 ha 230T(100-140m²) 52D	❷ €43,60

📍 N 52°46'44'' E 06°41'11''
🚗 A37 Hoogeveen-Emmen, Ausfahrt Oosterhesselen (N854) Richtung Meppen. In Meppen ist der CP in Richtung Meppen/Mantinge ausgeschildert.
105775

Meppen, Drenthe — www.bronzenemmer.nl

Meppen, NL-7855 PV / Drenthe

- 🅰 Erfgoed de Boemerang
- 🏠 Nijmaten 2
- 📅 10 Apr - 1 Okt
- ☎ +31 5 91 37 21 18
- @ info@erfgoeddeboemerang.nl

1 AEGJMNOPQRST	6
2 ADPQSVWXY	ABFG 7
3 L	ABCDEFHJNPQRUVW 8
4 FHIK	IV 9
5 DN	ABCDEFHJPR 10
Anzeige auf dieser Seite 10A CEE	❶ €22,00
2 ha 47T(100-200m²) 2D	❷ €35,50

📍 N 52°46'49'' E 06°41'30''
🚗 A37 Hoogeveen-Emmen. Ausfahrt Oosterhesselen (N854) Richtung Meppen. Dann Richtung Mantinge. Ausgeschildert.
118270

ERFGOED DE BOEMERANG
WWW.ERFGOEDDEBOEMERANG.NL

Nietap, NL-9312 TC / Drenthe

- 🅰 Cnossen Leekstermeer
- 🏠 Meerweg 13
- 📅 1 Apr - 1 Nov
- ☎ +31 5 94 51 20 73
- @ info@cnossenleekstermeer.nl

1 ADEJMNOPQRST	LNQRSTXYZ 6
2 ADFGPQVWXY	ABDEFGH 7
3 ABFM	ABCDEFGIJKNQRTUVW 8
4 ACEFHIO	CJMOPQR 9
5 ADELMN	ABFGHIJMOPR 10
16A CEE	❶ €33,35
16 ha 102T(120-150m²) 43D	❷ €42,85

📍 N 53°10'33'' E 06°25'25''
🚗 A7 Drachten-Groningen, Ausfahrt Leek. A28 Zwolle-Groningen bei Assen Ausfahrt Smilde, dann über Norg/Roden/Leek. Der CP liegt zwischen Leek und Roden.
100717

FERIENPARK De Fruithof

▸ Viele Einrichtungen und Komfort
▸ Für die ganze Familie und sehr ordentlich
▸ Schöne Umgebung des Gebietes Hondsrug
▸ Viele diverse Mietobjekte
▸ Geräumige (Komfort) Stellplätze
▸ Hallenbad
▸ Viele verschiedene Unterhaltungsprogramme
▸ In der Nähe vom Zoo Emmen

Klijndijk, Odoorn | Buchen? www.fruithof.de oder +31 (0)591 512427

★ im Nationalpark Drentsche Aa ★ Wald, Heide, Sandverwehungen und Moor ★ ideal zum Rad fahren, Wandern und Reiten ★ großer Badeteich zum schwimmen, angeln und Boot fahren ★ Sport- und Spielplätze ★ Kinderanimation und Ponyreiten ★ gemütlich und gastfreundlich

Camping de Vledders ist......*natür*lich genießen!

Zeegserweg 2a, 9469 PL Schipborg • Tel. 050-4091489
E-Mail: info@devledders.nl • Internet: www.devledders.nl

Norg, NL-9331 AC / Drenthe
- Boscamping Langeloërduinen
- Kerkpad 12
- 3 Apr - 27 Sep
- +31 5 92 61 27 70
- info@boscamping.nl

1 ADEG**JM**NOPQRST 6
2 BOPQWXY   AB**D**E**FG**H 7
3 ABFMX   ABCDEFGHJNPQRTUVW 8
4 FH   CF 9
5 DMN   ABEHJ**P**R10
Anzeige auf Seite 348 10-12A CEE ① €25,95
7,5 ha 120T(100-120m²) 39**D** ② €36,50

N 53°04'21'' E 06°27'25''
Von Straße N371 Richtung Norg, im Zentrum Beschilderung folgen.
109726

Oude Willem, NL-8439 SN / Drenthe
- Hoeve aan den Weg
- Bosweg 12
- 27 Mär - 11 Okt
- +31 5 21 38 72 69
- camping@hoeveaandenweg.nl

1 AE**JM**NOPQRST   ABFG 6
2 BGPVXY   AB**D**E**FGH** 7
3 ABFMUV   ABCD**E**FGHJNPQRTUVW 8
4 BCDFHIKLO   CE 9
5 ABDEFHKLMN   ABHIJ**P**RY10
B 6-10A CEE   ① €24,90
9 ha 110T(100-200m²) 165**D** ② €31,60

N 52°59'27'' E 06°18'48''
Von Diever in Richtung Zorgvlied fahren. Im Dorf Oude Willem liegt der CP auf der rechten Seite.
105681

CAMPING DE WEYERT
Direkt am Zentrum von Rolde. Überdachte Spielhalle, geöffnet vom 1. April bis 28. Oktober. Vermietung von Heuhaufenhütten, Mobilheimen und Chalets. Radfahren im Drenter Aa-Gebiet. Gratis Nutzung von 5 Fitnessgeräten.

Balloërstraat 2, 9451 AK Rolde (Dr.)
Tel. 0592-241520
E-Mail: info@deweyert.nl
Internet: www.deweyert.nl

Rolde, NL-9451 AK / Drenthe
- De Weyert
- Balloërstraat 2
- 1 Apr - 28 Okt
- +31 5 92 24 15 20
- info@deweyert.nl

1 AE**JM**NOPQRST 6
2 AOPQVWX   AB**D**E**FG** 7
3 ABD**F**LMSX   ABCDEFJKNPQRTUV 8
4 FHIKR   DEFJV 9
5 ADJMN   ABDEFGHIJ**P**TZ10
Anzeige auf dieser Seite 4-6A CEE ① €27,90
6,5 ha 80T(100-150m²) 65**D** ② €33,80

N 52°59'27'' E 06°38'31''
Auf der N33 Assen-Gieten bis Ausfahrt Rolde. Anschließend Richtung Zentrum, durchs Zentrum Richtung Balloo, nach rechts den Schildern folgen.
100739

Norg, NL-9331 VA / Drenthe
- De Norgerberg
- Langeloërweg 63
- 1 Apr - 25 Okt
- +31 5 92 61 22 81
- info@norgerberg.nl

1 AE**IL**NOPRT   ABEFG 6
2 ABOPRSVWXY   ABC**D**E**FGH**K 7
3 ABFLMNX   ABCDEFGHJKL**M**NPQRTUVW 8
4 ABDEFGHILO**QTU**   BEFJVWY 9
5 ABDEFJKLMN   ABDEFGHIJPRZ10
Anzeige auf dieser Seite B 10A CEE ① €32,50
20 ha 150T(100-150m²) 144**D** ② €40,90

N 53°04'40'' E 06°26'55''
Der CP liegt an der N373, 2 km nördlich von Norg an der Straße Norg-Roden.
111294

Ruinen, NL-7963 PX / Drenthe
- Landclub Ruinen
- Oude Benderseweg 11
- 3 Apr - 25 Sep
- +31 5 22 47 17 70
- info@landclubruinen.nl

1 ACDEG**JM**NOPQRST   AEFG 6
2 ABGOPQVWXY   ABDE**FG**H 7
3 ABCD**E**G**JL**MSUV   ABCDEFGIJKL**N**QRTUVW 8
4 ABDEFHIKLO   BCEJVY 9
5 ABDEFKMN   ABEGHIJ**P**R10
B 6 10A CEE   ① €32,70
25 ha 202T(110-150m²) 47**D** ② €41,10

N 52°46'31'' E 06°22'14''
Ruinen Richtung Pesse. Nach 600m 4. Straße links. Camping ist ausgeschildert, auch von Ruinen via England.
105698

Odoorn, NL-7873 TC / Drenthe
- 't Vlintenholt
- Borgerderweg 17
- 1 Apr - 15 Okt
- +31 6 10 04 49 29
- info@vlintenholt.nl

1 CEG**JM**NOPQRST 6
2 BGPVWXY   AB**FG** 7
3 A**L**MS   ABCDEFGKTW 8
4 BDFGHI   F 9
5 ADJ   ABCHIKO10
B 6-10A CEE   ① €23,20
15 ha 163T(100-250m²) 2**D** ② €29,50

N 52°52'13'' E 06°49'58''
N34 Emmen-Odoorn. In Odoorn wird der CP ausgeschildert.
109735

Ruinen, NL-7963 RB / Drenthe
- Vakantiepark De Wiltzangh
- Witteveen 2
- 27 Mär - 26 Okt
- +31 5 22 47 12 27
- info@dewiltzangh-ruinen.nl

1 AEG**JM**NOPRS**T**   ABFG 6
2 BPQVXY   ABDE**FG**HK 7
3 B**F**J**M**SX   BDFJKNQRTW 8
4 FHIKO   JVW 9
5 ABDELMN   ABDEFGHJ**P**RY10
Anzeige auf dieser Seite B 6A CEE   ① €34,00
13 ha 86T(80-145m²) 61**D** ② €38,40

N 52°47'00'' E 06°21'59''
Von Ruinen Richtung Ansen/Havelte. 1. Straße rechts fahren, nach 1 km links ab. Der CP wird ausgeschildert.
105697

Vakantiepark De Wiltzangh
Einmalige Lage im Nationalpark Dwingelderveld. Sie halten sich mitten in der Natur auf, vom Zelt oder Caravan in den Wald hinein, bei uns geht das noch. Ein idealer Ort für herrliche Erholung.

Mehr Informationen: dewiltzangh-ruinen.nl oder 0031(0)522-471227.

Witteveen 2, 7963 RB Ruinen
E-Mail: info@dewiltzangh-ruinen.nl

Schipborg, NL-9469 PL / Drenthe
- De Vledders
- Zeegserweg 2a
- 3 Apr - 25 Okt
- +31 5 04 09 14 89
- info@devledders.nl

1 AE**JM**NOPRST   LNQ 6
2 ABDGHPQVWXY   ABDE**FG**HJK 7
3 ABFG**HI**LM   BDFGHIJKNPQRTW 8
4 ABFGHIO   ABDEFVY 9
5 ABCDEFJLMN   ABDGHIJ**PS**T10
Anzeige auf dieser Seite B 6A CEE   ① €28,70
13 ha 220T(80-100m²) 78**D** ② €38,40

N 53°04'46'' E 06°39'56''
Von der A28 Zwolle-Groningen und der N34 Groningen-Emmen, Ausfahrt Zuidlaren. Kurz davor rechts ab Richtung Schipborg. CP-Schildern folgen.
100720

Gästebewertung auf Zoover: 9,4 !

Das schönste Geheimnis von Drenthe...

landgoed Börkerheide

Drenthe | Camping Galerie Teegarten | www.landgoedborkerheide.nl | Westerbork - Drenthe | Niederlande

---

Schoonebeek, NL-7761 PJ / Drenthe

- ⛺ Camping Emmen
- 🏠 Bultweg 7
- 📅 1 Jan - 31 Dez
- ☎ +31 5 24 53 21 94
- @ info@campingemmen.nl

1 ACEG**JM**NOPQRST	ABN 6
2 ADOPVWXY	AB**FG**K 7
3 AB**L**MUVX	ABEFJNQRTUW 8
4 BCFGHIKO**P**	EFJVY 9
5 ADEFHJKMN	ABCGHJMO**P**RVYZ10
B 8-16A CEE	① €22,50
4,6 ha 50**T**(120m²) 78**D**	② €27,50

📍 N 52°40'11'' E 06°52'43''   120490

🚗 A37 Ausfahrt 5 Richtung Schoonebeek. Ab dort ist der CP angezeigt, liegt kurz vor Schoonebeek links ab.

Schoonloo, NL-9443 TN / Drenthe

- ⛺ De Warme Bossen
- 🏠 Warmenbosseweg 7
- 📅 1 Apr - 31 Okt
- ☎ +31 5 92 50 15 11
- @ info@warmebossen.nl

1 AE**JM**NOPQRST	6
2 ABPQVWX	ABDE**FG**IK 7
3 ADFG**L**MSV	AFLNQRTW 8
4 FHIO	CDFGJV 9
5 ABDEFHJKMN	ABFGHIJPRV10
6A CEE	① €18,90
3,6 ha 30**T**(80-100m²) 51**D**	② €25,30

📍 N 52°55'08'' E 06°42'35''   108325

🚗 Westerbork-Borger, Kreuzung Schoonloo geradeaus. Assen-Rolde-Schoonloo fahren.

Spier/Beilen, NL-9417 TD / Drenthe

- ⛺ Sonnevanck
- 🏠 Wijsterseweg 9
- 📅 1 Jan - 31 Dez
- ☎ +31 5 93 56 22 14
- @ info@vakantiecentrum-sonnevanck.nl

1 ACE**JM**NOPRS**T**	ABFG 6
2 ABGOPQVWX	AB**DEFGH** 7
3 AF**JL**MNSV	ABCD**EFG**NQRTUW 8
4 BDFHIO**Q**	AEJVW 9
5 ADEFKMN	ABEFGHJ**P**QR10
B 6A CEE	① €24,60
13 ha 85**T**(80-120m²) 161**D**	② €32,60

📍 N 52°49'01'' E 06°28'43''   105725

🚗 A28 Assen-Hoogeveen. Ausfahrt Spier/Wijster, am Ende Ausfahrt rechts ab über die Überführung (Schildern folgen). Hinter Spier ca. 1 km auf der linken Seite.

Tynaarlo, NL-9482 TV / Drenthe

- ⛺ 't Veenmeer
- 🏠 Zuidlaarderweg 137
- 📅 16 Mär - 16 Okt
- ☎ +31 5 92 54 36 25
- @ camping@veenmeer.nl

1 AEILNOPRS**T**	LNP 6
2 ADGHPQVX	AB**DEFGH** 7
3 AF**L**M	AEFNRT 8
4 I	JST 9
5 DE**MN**	ABHIJMPRZ10
B 4A CEE	① €26,40
35 ha 100**T**(120m²) 240**D**	② €37,20

📍 N 53°05'02'' E 06°38'23''   100719

🚗 N34 Assen-Groningen-Emmen, Ausfahrt Tynaarlo. Ist mit Schildern ausgezeichnet. Von der A28 Zwolle-Groningen, Ausfahrt Zuidlaren/Vries.

Uffelte/Havelte, NL-7975 PZ / Drenthe 📶 CC€18 iD

- ⛺ De Blauwe Haan
- 🏠 Weg achter de es 11
- 📅 27 Mär - 1 Nov
- ☎ +31 5 21 35 12 69
- @ info@blauwehaan.nl

1 AEG**JM**NOPRST	F 6
2 BPQVWX	ABDE**FG**HK 7
3 ABCDEF**L**MSUWX	ABCDEFGHJNQRSTUVW 8
4 BFHIOQ	ABCFJUVWY 9
5 ABDEH**MN**	ABFGHJP**P**RYZ10
Anzeige auf dieser Seite B 6-10A CEE	① €30,40
5,5 ha 120**T**(120m²) 98**D**	② €39,10

📍 N 52°48'12'' E 06°16'22''   105692

🚗 Camping ca. 2 km nördlich von Uffelte. Über die N371 Meppel-Assen links ab der Beschilderung folgen. Dann über den Sandweg entlang.

★★★ Kampeerterrein De Blauwe Haan

Ein Camping mit gemütlicher Bauernhof Atmosphäre und Qualität.
Neu: ultra modernes beheiztes Sanitär.
Der Campingplatz grenzt an ein Rad- und Wandergebiet.

Weg achter de es 11, 7975 PZ Uffelte (Havelte)
www.blauwehaan.nl, E-Mail: info@blauwehaan.nl, Tel. 0521-351269

Vledder, NL-8381 AB / Drenthe

- ⛺ De Adelhof
- 🏠 Vledderweg 19
- 📅 1 Jan - 31 Dez
- ☎ +31 5 21 38 14 40
- @ info@adelhof.nl

1 AE**IL**NOPQRST	AB**FG**HN 6
2 ABCFGOPQWXY	ABDE**FG**H 7
3 ABCDEF**HIJ**LMNS	ABCDFJNRTW 8
4 BCDFHIKLO**PQ**	FJVY 9
5 ABDEFHKLN	AHIJPSTZ10
4-6A CEE	① €26,20
15 ha 100**T**(90-100m²) 194**D**	② €30,40

📍 N 52°51'05'' E 06°11'57''   105685

🚗 Ab Vledder Richtung Frederiksoord. CP ist ausgeschildert.

Vledder, NL-8381 XM / Drenthe

- ⛺ Padjelanta
- 🏠 Middenweg 12
- 📅 1 Apr - 31 Okt
- ☎ +31 5 21 38 21 21
- @ info@campingpadjelanta.nl

1 ADE**JM**NOPQRT	6
2 BPQSVWXY	**FG** 7
3 AF**L**MS	AFNRUVW 8
4 BFHI	9
5 DKLMN	ABHIJ**NP**TZ10
B 6-10A CEE	① €17,70
12 ha 40**T**(80-150m²) 169**D**	② €25,90

📍 N 52°51'43'' E 06°11'42''   100735

🚗 Im Zentrum von Vledder Richtung Vledderveen abfahren. An der Kreuzung wird der CP mit Wegweisern ausgeschildert. Der CP liegt auf der linken Seite.

Wapse, NL-7983 LA / Drenthe

- ⛺ Het Noordenveld
- 🏠 Smitstede 1
- 📅 1 Apr - 1 Okt
- ☎ +31 5 21 55 15 02
- @ info@hetnoordenveld.nl

1 ADEG**JM**NOPQRS**T**U	N 6
2 OPSWX	ABDE**F** 7
3 S	ABCDEFHJLPQRUV 8
4	F 9
5 ADN	ABFGHJPRZ10
6-10A CEE	Preise auf Anfrage
3 ha 65**T**(120-160m²) 1**D**	

📍 N 52°51'31'' E 06°15'28''   124756

🚗 Von Meppel (A32) Richtung Leeuwarden Ausfahrt Steenwijk (N855) Richtung Vledder. Hinter Hotel De Wapse Herberg 1. Straße links. Nach 300m Camping links.

Wateren, NL-8438 SB / Drenthe

- ⛺ De Blauwe Lantaarn
- 🏠 Wateren 5
- 📅 1 Apr - 1 Okt
- ☎ +31 5 21 38 72 58
- @ info@deblauwelantaarn.nl

1 A**JM**NOPQRS**T**	AF 6
2 BFGPQVXY	ABD**FG** 7
3 ABCDFMSUV	ABCDE**FJ**NQRTUW 8
4 BCDEFHIN**Q**	JVW 9
5 ADEHMN	ABHIJNPSTVZ10
16A CEE	① €21,70
6 ha 35**T**(80-120m²) 125**D**	② €31,40

📍 N 52°54'57'' E 06°16'00''   110589

🚗 Der Straße Diever-Zorgvlied folgen, CP links von der Straße ausgeschildert.

Wateren, NL-8438 SC / Drenthe 📶 CC€14 iD

- ⛺ Molecaten Park Het Landschap
- 🏠 Schurerslaan 4
- 📅 27 Mär - 30 Sep
- ☎ +31 5 21 38 72 44
- @ hetlandschap@molecaten.nl

1 ADE**JM**NOPQRS**T**	EFGLN 6
2 DGHPQWXY	ABDE**FG**H 7
3 ABF**HIJ**MSV	ABCDEFNQRTUVW 8
4 ABCEFHILNO	AEJUVWY 9
5 ADEFHKMN	ABEHIJ**NP**TUZ10
Anzeige auf Seite 357 6-10A CEE	① €21,90
16 ha 205**T**(100-150m²) 145**D**	② €27,10

📍 N 52°55'19'' E 06°16'04''   105680

🚗 Von Diever Richtung Zorgvlied. Der CP liegt kurz vor Zorgvlied auf der rechten Seite.

Westerbork, NL-9431 GA / Drenthe 📶 CC€18 iD

- ⛺ Landgoed Börkerheide
- 🏠 Beilerstraat 13a
- 📅 1 Apr - 30 Sep
- ☎ +31 6 10 02 79 88
- @ info@landgoedborkerheide.nl

1 AG**JM**NOPRST	ABFG 6
2 ABGPQVWXY	ABDE**FG**H 7
3 A**L**M	ABCDEFJKNQRTUW 8
4 FHI	BCFJ 9
5 D	ABDFGHIJMPST10
Anzeige auf dieser Seite 6A CEE	① €25,20
15 ha 75**T**(80-100m²) 23**D**	② €33,40

📍 N 52°51'10'' E 06°35'25''   100745

🚗 A28 Zwolle-Hoogeveen-Groningen, Ausfahrt 30 Beilen und den Schildern Westerbork folgen. Der CP ist ausgeschildert.

Teilkarte Drenthe auf Seite 341

Ruhe, Raum und Freiheit stehen im Fokus, aber auch aktive Leute lassen sich hier verwöhnen. Der Park liegt direkt am NP Drents-Friese Wold. Vom Park aus können Sie wandern, Rad fahren oder reiten in der vielfältigen Natur! Viel Ausstattung, u.a. Freibad, Tennisplätze, Minigolf, Stallungen und ein Restaurant. Die Plätze verfügen über Strom und auf Wunsch über CAI, Wasserhahn und Entwässerung. Das Sanitärgebäude wird ebenfalls beheizt.

de Gavere 1 / 8437 PE / Zorgvlied / tel: 0521-388136
info@parkdrentheland.nl

Westerbork, NL-9431 KT / Drenthe
- Vakantiepark Het Timmerholt
- Gagelmaat 4
- 1 Apr - 1 Nov
- +31 5 93 33 26 41
- info@timmerholt.nl

1 ADEG**IL**NOPRST LN 6
2 DPQVWX ABD**FG** 7
3 AF**JMN**S BEFGNQR 8
4 BIO**Q** CHJRTVWY 9
5 ABDEFHJKL ABFGHIJPRZ10
B 4-10A CEE € 26,00
20 ha 37T(100m²) 116**D** € 29,60

N 52°51'40'' E 06°37'40''
A28 Zwolle-Hoogeveen-Beilen, Ausfahrt Beilen und den Schildern nach Westerbork folgen. 100744

Zorgvlied, NL-8437 PE / Drenthe CC€14
- Park Drentheland
- De Gavere 1
- 1 Apr - 1 Okt
- +31 5 21 38 81 36
- info@parkdrentheland.nl

1 AE**JM**NOPRST AFG 6
2 GIPQWXY ABDE**FGH** 7
3 ABCF**JMN**SV ABCDE**FJKL**NQRTUVW 8
4 AEFGHI EFJUVW 9
5 ABDEF**KN** ADEHIJPRZ10
Anzeige auf dieser S. B 10-16A CEE € 20,85
8 ha 102T(100m²) 32**D** € 28,75

N 52°55'25'' E 06°15'02''
In Zorgvlied gegenüber der Kirche abbiegen. 108255

Wezuperbrug, NL-7853 TA / Drenthe CC€14
- Molecaten Park Kuierpad
- Oranjekanaal NZ 10
- 27 Mär - 31 Okt
- +31 5 91 38 14 15
- kuierpad@molecaten.nl

1 ACE**JM**NOPQRST ABEFGHLMN 6
2 ADGHPQVWX ABDE**FGH** 7
3 ABFG**JLM**ST**VWX** ABCDEFGIJKNQRTUVW 8
4 BFGHIMNO**PQ** BEJRV 9
5 ACDEFHKLMN ABDEGHIJP**S**TY10
Anzeige auf Seite 357 B 6-10A CEE € 40,90
53,5 ha 635T(95-200m²) 239**D** € 46,40

N 52°50'26'' E 06°43'28''
N31 Beilen-Emmen, Ausfahrt Westerbork. Über Orvelte Richtung Schoonoord. 101314

Zwartemeer, NL-7894 EA / Drenthe
- Zwartemeer
- Verlengde van Echtenskanaal NZ 2
- 1 Apr - 1 Okt
- +31 5 91 31 46 54
- info@sportlandgoed.nl

1 ADEG**JM**NOPQRST LMN 6
2 ADGHOPWXY AB 7
3 BFG**KMNT** ABFJNQRTW 8
4 FHIO**PQ** F 9
5 ADEFHJKLN ABCGHJORVW10
10A CEE € 20,00
1,3 ha 80T 35**D** € 30,00

N 52°43'24'' E 07°01'38''
Von der A37, Ausfahrt 7 Zwartemeer. Nach 450m rechts abfahren. Den Schildern 'Recreatiepark Sportlandgoed' folgen. 118317

Wijster, NL-9418 TL / Drenthe
- Familiecamping De Otterberg
- Drijberseweg 36a
- 29 Mär - 30 Sep
- +31 5 93 56 23 62
- info@otterberg.nl

1 AE**JM**NOPRS**T** ABFGN 6
2 ADGHOPQVWXY AB**DEFGH** 7
3 ABCFH**IJL**MSVW ABCDFHIJKNRTW 8
4 BCDE**F**HILNO**PQ** AY 9
5 DEFGHKLMN ABHIJMOTUY10
B 10A CEE € 27,00
17 ha 130T(100-120m²) 148**D** € 35,00

N 52°48'05'' E 06°31'28''
Assen-Hoogeveen, Ausfahrt Wijster/Spier. Richtung Spier/Wijster, hinter den Bahngleisen 1. Straße rechts Richtung Drijber. Nach ca. 2 km liegt auf der rechten Seite der CP. 105726

Zweeloo, NL-7851 AA / Drenthe CC€18
- De Knieplanden
- Hoofdstraat 2
- 1 Apr - 31 Okt
- +31 5 91 37 15 99
- info@campingknieplanden.nl

1 ACEG**JM**NOPQRS**T** ABF**H**N 6
2 AGOPQVWXY AB**FG** 7
3 ABF**L**MSU ABCDEFGIJKNQRTW 8
4 FH FJ 9
5 DEFN ABCHJPR10
Anzeige auf dieser Seite B 4-8A CEE € 24,00
2,5 ha 64T(90-110m²) 11**D** € 32,00

N 52°47'41'' E 06°43'27''
A37 Hoogeveen-Emmen, Ausfahrt Oosterhesselen (N854). In Zweeloo ist der CP ausgeschildert. 100764

Zorgvlied, NL-8437 PC / Drenthe
- Zonnekamp
- De Ruyter de Wildtlaan 7
- 1 Jan - 31 Dez
- +31 5 21 38 72 57
- info@campingzonnekamp.nl

1 AE**JM**NOPRST N 6
2 BPVWX AB**FG** 7
3 ABFMS ABCDEFGJNRUVW 8
4 BCDFHIKOPQ E 9
5 BDEFHKLMN BHIJ**NP**RZ10
6A € 20,00
7 ha 41T(90-110m²) 153**D** € 25,20

N 52°54'55'' E 06°14'39''
In Zorgvlied den Schildern folgen. 113421

De Knieplanden
Ruhig und komfortabel campen

Hoofdstraat 2 T 0591 – 37 15 99
7851 AA Zweeloo E info@campingknieplanden.nl

www.campingknieplanden.nl

Zwiggelte/Westerbork, NL-9433 TJ / Drenthe
- Midden Drenthe
- Elperweg 5
- 1 Apr - 27 Okt
- +31 5 93 37 00 22
- info@campingmiddendrenthe.nl

1 AE**JM**NOPRT N 6
2 APQVWX ABDE**FGH** 7
3 AF**L**MSU ABCDE**FG**H**I**NPQRTUVW 8
4 FHIK EFVY 9
5 ADMN ABEGHJPST10
Anzeige auf dieser Seite B 6-16A CEE € 23,60
3,2 ha 85T(130m²) 28**D** € 28,10

N 52°52'36'' E 06°36'44''
A28 Ausfahrt 31 Richtung Westerbork. In Westerbork Ausfahrt Elp. Am Oranjekanaal links ab und den Schildern folgen. 112457

Natur, Ruhe und große Plätze.

www.campingmiddendrenthe.nl

Elperweg 5
9433 TJ Zwiggelte/Westerbork
Tel. 0593-370022

Waldcamping Langeloërduinen

Mit freier Platzwahl,

so wie Sie es wollen!

Mitten im Wald.

Keine Teer oder Reihenwege.

Ortszentrum in 700 Meter.

Große offenen Plätze mit jede Menge Raum für die Sonne.

Auch für Wohnmobile geeignet.

www.boscamping.nl - info@boscamping.nl - 0592 612770

Gelderland

Aalten, NL-7121 LJ / Gelderland 📶 CC€16 iD

- 't Walfort
- Walfortlaan 4
- 1 Apr - 1 Okt
- +31 5 43 45 14 07
- info@campingwalfort.nl

1 AE**JM**NOPQRST FN 6
2 BCPVWX AB**DEFG** 7
3 ABFMVX ABCDE**FG**IJNPQRTV 8
4 H EF 9
5 ADN ABDH**P**RVZ 10
B 6-10A CEE
5,5 ha 48T(80-100m²) 154D
① €21,85
② €26,35
113395

A18 Richtung Varsseveld-Aalten-Winterswijk. Vor Bredevoort den Schildern nach.

N 51°56'04'' E 06°36'20''

Aalten, NL-7122 PC / Gelderland 📶 CC€16 iD

- Goorzicht
- Boterdijk 3
- 30 Mär - 30 Sep
- +31 5 43 46 13 39
- info@goorzicht.nl

1 ADE**JM**NOPQRS**T** AB**F** 6
2 ABPQWXY AB**DEFG** 7
3 ABFMSTUV ABCDE**F**JKNTUW 8
4 BDFHINO**Q** EFJVY 9
5 ADEHN ABCFHJ**P**RZ 10
Anzeige auf dieser Seite 6A CEE
6,5 ha 60T(70-100m²) 184D
① €24,45
② €31,65
113394

A3 Oberhausen-Arnhem, Ausf. 5 Hamminkeln Ri. Bocholt.
In Bocholt Zentrum links Richtung Bo-Holtwick, weiter BO-Hemden, NL-Heurne, Aalten. In Aalten den braun-weißen ANWB-Schildern folgen.

N 51°56'40'' E 06°32'37''

Aalten, NL-7121 LZ / Gelderland 📶 CC€18 iD

- Lansbulten
- Eskesweg 1
- 1 Apr - 11 Okt
- +31 5 43 47 25 88
- info@lansbulten.nl

1 AE**JM**NOPQRST ABF**JN** 6
2 BCGPQWXY A**BFG** 7
3 BFMUV ABCDE**F**JKNRTUVW 8
4 BH FJY 9
5 ADN ABDFHJN**P**QRVZ 10
Anzeige auf dieser Seite 6-16A CEE
10 ha 65T(110-120m²) 152D
① €26,10
② €31,30
111461

N318 Varsseveld-Winterswijk. Bei Bredevoort den braun-weißen Schildern folgen.

N 51°55'34'' E 06°36'15''

- Gemütlicher Camping am Rande eines schönen Naturgebietes. • Viele Möglichkeiten zum Radfahren und Wandern.
- Beheiztes und modernes Sanitär.
- Großer Spielplatz. • 2 beheizte Freibecken.
- Cafeteria und Terrasse. • Vermietung von Wanderhütten und Chalets.

Boterdijk 3, 7122 PC Aalten • Tel. +31 543461339
E-Mail: info@goorzicht.nl • Internet: www.goorzicht.nl

Camping Lansbulten: ein ruhiger Familiecamping am Rande von Aalten und Bredevoort.
Schöne Rad- und Wanderwege durch der malerischen Kulissenlandschaft der Achterhoek.

* Komfortplätze
* Arrangements
* Angeln im Keizersbeek
* WLAN
* Kleines beheiztes Schwimmbad
* Chaletvermietung
* Blockhüttenvermietung
* Restaurant / Gaststätte in 50m
* Freizeit-Megastore Obelink in 8 km

URLAUB AUF CAMPING LANSBULTEN IN AALTEN

Eskesweg 1 | 0543-472588 | www.lansbulten.nl | info@lansbulten.nl

Camping De Rijnstrangen

In Aerdt (bei Lobith) liegt ein gepflegter Camping mit Sanitär mit Fußbodenheizung im Naturgebiet 'de Gelderse Poort', am alten Rheinlauf. Strategische gute Lage für Wander- und Radtouren durch die Polder, Deichvorland, aber auch Montferland.
Bett und Breakfast möglich. Gratis WLAN.

Beuningsestraat 4, 6913 KH Aerdt • Tel. 0316-371941
E-Mail: info@derijnstrangen.nl • Internet: www.derijnstrangen.nl

Aerdt, NL-6913 KH / Gelderland

- De Rijnstrangen V.O.F.
- Beuningsestraat 4
- 1/3 - 1/11, 12/12 - 17/1
- +31 3 16 37 19 41
- @ info@derijnstrangen.nl

1 AGHKNORST — 6
2 AGPVWXY — ABDE**FH** 7
3 — ABEFGINPQ 8
4 **FH**I**T** — GIV 9
5 DJMN — ABCDFJPSTZ10
Anzeige auf dieser Seite B 6A CEE
0,6 ha 30**T**(100m²) 5**D** — ① €21,50 / ② €30,00
118110

N 51°53'47'' E 06°04'13''
A12 Ausfahrt 29 Richtung Lobith bis zur Ausfahrt Aerdt. Rechts ab, den Deich hoch. 1,5 km weiter bis zur Kirche. Nach 100m links runter.

Apeldoorn, NL-7345 AP / Gelderland

- De Parelhoeve
- Zwolseweg 540
- 1 Apr - 31 Okt
- +31 5 53 12 13 32
- @ camping@deparelhoeve.nl

1 AE**JM**NOPRS**T** — N 6
2 ABFOPRVWXY — AB**D**E**FG** 7
3 AMU — ACEFJNRUW 8
4 FH — FJUVW 9
5 ADMN — ABFHIJ**PR**Z10
6-10A CEE
2,5 ha 70**T**(100m²) 33**D** — ① €21,00 / ② €32,00
109613

N 52°15'32'' E 05°57'12''
A50 Zwolle-Arnhem, Ausfahrt 25 Apeldoorn-Nord Richtung Paleis Het Loo. Dann Richtung Vaassen. Nach 3 km ist rechts der CP.

vakantiepark De Byvanck

Suchen Sie Ruhe, ein gewaltiges Wandergebiet und Topsanitär?

Kommen Sie auf De Byvanck

Auch vorhanden
• Hallenbad • Sauna • Kantine

Alles weitere auf unserer Webseite:
www.byvanck.nl

Melkweg 2, 7037 CN Beek (Gemeinde Montferland)
Tel. 0316-531413
E-Mail: info@byvanck.nl

Appeltern, NL-6629 KS / Gelderland

- Camping Groene Eiland
- Lutenkampstraat 2
- 1/1 - 15/1, 26/2 - 31/12
- +31 4 87 56 21 30
- @ info@hetgroeneeiland.nl

1 ACDEG**JM**NOPQRST — JLMNOPQS**XYZ** 6
2 ACDFGHIPUVWX — AB**D**E**FG** 7
3 ABFGMSUV — ABCDE**FG**HIJKN**RTUV**W 8
4 BCDFHIMNO**QT** — ERV 9
5 ABCDEHKM**N** — ABEGHIJMN**PRY**Z10
Anzeige auf dieser Seite B 6A CEE
30 ha 250**T**(bis 100m²) 381**D** — ① €33,50 / ② €36,90
105577

N 51°50'07'' E 05°33'09''
A50 Ausfahrt Druten/'Gouden Ham', dann Richtung Appeltern, in Appeltern ausgeschildert.

Camping Groene Eiland
Lutenkampstraat 2, 6629 KS Appeltern
www.groeneeiland.nl / 0487-562130

Arnhem, NL-6816 PB / Gelderland

- Warnsborn
- Bakenbergseweg 257
- 1 Apr - 25 Okt
- +31 2 64 42 34 69
- @ info@campingwarnsborn.nl

1 ADE**IL**NOPRT — 6
2 ABOPQVX — ABDE**FG**HI 7
3 ABE**L**MX — ABCDE**FG**IJNQRTV**W** 8
4 EFGHIO — EFGHIO 9
5 ABDMN — ABCGHIJ**PR**Z10
6-10A CEE
3,5 ha 90**T**(100-140m²) 30**D** — ① €26,50 / ② €34,80
105632

N 52°00'28'' E 05°52'17''
A12 (beide Richtungen) und A50 aus dem Süden, Ausfahrt Arnhem-Nord, dann den Schildern folgen. Von Apeldoorn A50 Ausfahrt Schaarsbergen, Burgers' Zoo folgen.

Barchem, NL-7244 NA / Gelderland

- De Heksenlaak B.V.
- Zwiepseweg 32
- 1 Apr - 31 Okt
- +31 5 73 44 13 06
- @ heksenlaak@planet.nl

1 AEILNOPRS**T** — AF 6
2 PQWXY — AB**C**D**EFG** 7
3 ABC**HIL**MSVX — ABCDEFJKNRTW 8
4 BCDFHIKNOP**Q** — EF 9
5 DEFHKMN — ABHPSTYZ10
B 6-10A CEE — ① €22,00 / ② €36,00
7,5 ha 120**T**(100-110m²) 129**D**
105763

N 52°08'20'' E 06°26'50''
Von Lochem nach Barchem Richtung Zwiep 1,5 km. Ausgeschildert.

www.reusterman.nl

Barchem, NL-7244 RC / Gelderland

- Reusterman
- Looweg 3
- 1 Apr - 1 Okt
- +31 5 73 44 13 85
- @ info@reusterman.nl

1 AE**JM**NOPRT — A 6
2 OPQWXY — AB**D**E**FGH** 7
3 AB**L**M — ABCDE**FG**JNPQRW 8
4 FHIO — E 9
5 DHMN — AHJST10
Anzeige auf dieser Seite 6A CEE
6 ha 103**T**(80-100m²) 83**D** — ① €22,20 / ② €33,00
101557

N 52°07'38'' E 06°26'09''
Von Barchem Richtung Lochem, 0,5 km, ausgeschildert.

Beek (gem. Montferland), NL-7037 CN / Gld.

- Vakantiepark De Byvanck BV
- Melkweg 2
- 1 Jan - 31 Dez
- +31 3 16 53 14 13
- @ info@byvanck.nl

1 ADE**JM**NOPRS**T** — E 6
2 APQWXY — AB**FG** 7
3 **L**M — BCD**F**JMNQRTW 8
4 HIO**T** — J 9
5 DN — ABEHJ**PRY**10
Anzeige auf dieser Seite 6A CEE
7,2 ha 30**T**(80-120m²) 92**D** — ① €25,70 / ② €33,50
109792

N 51°53'59'' E 06°10'44''
A3 Oberhausen-Arnhem, vor NL-Grenze Ausfahrt 2 Beek/Elten. Rechts Richtung Beek Gem. Bergh. Hinter der NL-Grenze 1. Straße links.

Beekbergen, NL-7361 TP / Gelderland

- Berkenrode
- Arnhemseweg 621
- 27 Mär - 31 Okt
- +31 5 55 06 13 23
- @ info@berkenrode.nl

1 ACG**JM**NOPR**T** — 6
2 ABGOPQX — AB**D**E**FG** 7
3 A**L**MU — ABCDE**F**JNQRTU**V** 8
4 BDFHIO — EJUV 9
5 DEKN — ABHIJ**PR**Z10
6A CEE — ① €21,00 / ② €28,00
1,5 ha 15**T**(100m²) 39**D**
107849

N 52°08'44'' E 05°57'43''
A1 Ausfahrt Apeldoorn-Zuid/Beekbergen. Von der A50 Ausfahrt 22 Hoenderloo.

Beekbergen, NL-7361 TM / Gelderland

- Het Lierderholt
- Spoekweg 49
- 1 Jan - 31 Dez
- +31 5 55 06 14 58
- @ info@lierderholt.nl

1 ACDEG**JM**NOPRS**T** — ABFI 6
2 ABGPQVWXY — ABDE**FGH** 7
3 ABF**GIJM**NS**UV** — ABCDEFGIJKNQRTU**V** 8
4 ABDEFGHILNO**PQ** — CGJUVW 9
5 ABDEFHJLMN — ABDEHIJ**PRY**Z10
Anzeige auf dieser Seite 6-10A CEE — ① €33,95 / ② €48,05
25 ha 210**T**(100-150m²) 249**D**
110210

N 52°07'59'' E 05°56'44''
A50 von Arnhem, Ausfahrt 22 Beekbergen oder A50 von Zwolle, Ausfahrt 22 Hoenderloo. Dann Schildern folgen.

Molecaten
Campingplätze & Ferienparks
www.molecaten.de

Camping de Hertenhorst

Viele Einrichtungen, unter anderem beheiztes Schwimmbad, Fahrradverleih, WiFi, Haustiere willkommen. Prächtige Lage im Veluwer Wald.
Schnell mal reinschauen auf www.hertenhorst.nl

Beekbergen, NL-7361 TG / Gelderland

- Vak.centrum De Hertenhorst
- Kaapbergweg 45
- 1 Apr - 25 Okt
- +31 5 55 06 13 43
- info@hertenhorst.nl

1	ACDE**JM**NOPR**T**	ABFGH 6
2	ABPQTVWXY	A**BF**GH 7
3	AB**F JM**N**S**V	ABCD**E F**JLNQRTUV 8
4	BDFGHILO**PQ**	EJUVY 9
5	ABDEHKM	ABDEFGHIJ**PR**Z10

Anzeige auf dieser Seite 4-6A CEE
22 ha 55T (80-100m²) 369**D**
① €29,30
② €42,10

N 52°08'06'' E 05°57'51''

A50 Ausfahrt 22, am Ende der Ausfahrt rechts dann die 1. Straße rechts. Weiter die 2. Straße links.

113396

Beesd, NL-4153 XC / Gelderland

- Betuwestrand
- A. Kraalweg 40
- 28 Mär - 4 Okt
- +31 3 45 68 15 03
- info@betuwestrand.nl

1	AE**JM**NOPRT	HLMNW 6
2	ADGHPVWX	A**B**D**EFG**H 7
3	BCFG**M**N**S**V	ABCD**EFG**HIJNPQRTUVW 8
4	BCDFGHILO**PQ**	EF 9
5	ACDEFHLM**NO**	ABCDFGHIJMO**P**RYZ10

Anzeige auf dieser Seite B 10A CEE
30 ha 160T (80-100m²) 405**D**
① €36,00
② €56,00

N 51°53'56'' E 05°11'18''

A2 's-Hertogenbosch-Utrecht, Ausfahrt 14 Beesd, dann ausgeschildert.

100795

Camping Nederrijkswald

Am Landgut 'Nederrijk', am Rande von Berg en Dal und Groesbeek, liegt das Camping 'Nederrijkswald'. Der Camping ist an drei Seiten von Wald umgeben und man kann hier voll die herrliche Natur, Ruhe, den Raum, Sehenswürdigkeiten, Geselligkeit und das Landleben genießen. Kennzeichnend sind die großen Plätze und die guten sanitären Einrichtungen.

Zevenheuvelenweg 47, 6571 CH Berg en Dal • Tel. 024-6841782
E-Mail: info@nederrijkswald.nl • Internet: www.nederrijkswald.nl

Berg en Dal, NL-6571 CH / Gelderland

- Nederrijkswald
- Zevenheuvelenweg 47
- 15 Mär - 30 Okt
- +31 2 46 84 17 82
- info@nederrijkswald.nl

1	AE**JM**NOPQR**T**	6
2	BGOPQVWXY	A**B**D**EFG**H 7
3	A**FKL**SUX	ABCDE**FG**HJMNPQRTUVW 8
4	**E**FGHIKO	VW 9
5	DMN	ABCDFGHIJ**PS**TXYZ10

Anzeige auf dieser Seite B 6A CEE
1,5 ha 52**T** (80-130m²)
① €23,75
② €33,75

N 51°48'08'' E 05°55'25''

A73 Ausfahrt 3 Malden. N271 Richtung Groesbeek. Am Kreisel Richtung Berg en Dal; An der T-Kreuzung links, 2. Straße rechts die N841 (an der Tankstelle). Nach 750m links.

117995

Recreatie Te Boomsgoed

Komfortplätze, Brötchenservice, Café/Restaurant, Spielplatz, gemütliche Terrasse, Minigolf, Reitplatz, Freizeitteam, gratis WLAN. Am Rande des Freizeitgebietes Stroombroek im wunderbaren Montferland.

Langestraat 24 Braamt / www.teboomsgoed.nl / 0314-651890

Braamt, NL-7047 AP / Gelderland

- Recreatie Te Boomsgoed
- Langestraat 24
- 1 Jan - 31 Dez
- +31 3 14 65 18 90
- info@teboomsgoed.nl

1	AEGJMNOPQRT	6
2	ABDGOPQVXY	ABDE**FG** 7
3	ABFG**H**J**M**SX	ABCD**F**HJNQRTUW 8
4	BDFHIO	EF 9
5	AEGJMN	ABCFGHIJORVZ10

Anzeige auf dieser Seite 10-16A CEE
6 ha 35**T** (100m²) 55**D**
① €21,00
② €27,70

N 51°55'31'' E 06°15'42''

A18 Ausfahrt 3 Doetinchem/Zelhem/Zeddam. Hinter der Ausfahrt links, 2. Kreisel links Richtung Braamt. CP nach 250m.

108358

Doesburg, NL-6984 AG / Gelderland

- Camping & Jachthaven Het Zwarte Schaar
- Eekstraat 17
- 1 Jan - 31 Dez
- +31 3 13 47 31 28
- info@zwarteschaar.nl

1	AE**JM**NOPQRST	**CD**FGHIJNQSWXYZ 6
2	ACFGHIQRVWX	A**B**D**EFG**H 7
3	ADEFG**MR**	ABCD**FJKL**NQRTUVW 8
4	BDFHIO**PQ**	EFQRTUVWY 9
5	DEHKLMN	ABCFGHIJ**PS**TZ10

Anzeige auf dieser Seite 10-16A CEE
17 ha 77**T** (90-120m²) 268**D**
① €29,25
② €39,75

N 52°02'10'' E 06°09'43''

Von der A348 rechts Richtung Doetinchem (N317). Nach 3,9 km dritte Ausfahrt am Kreisel, dann den CP-Schildern folgen.

112458

Camping & Jachthaven Het Zwarte Schaar

Campingplatz am Wasser nur 1 Autostunde vom Ruhrgebiet! Camping Het Zwarte Schaar hat schöne Plätze am Wasser mit Blick auf dem Hansestadt Doesburg. Viele Einrichtungen und grosse Auswahl an Fahrrad- und Wanderwegen.

Eekstraat 17, 6984 AG Doesburg • Tel. 0313-473128
E-Mail: info@zwarteschaar.nl
Internet: www.zwarteschaar.nl

Doesburg, NL-6984 AG / Gelderland

- IJsselstrand
- Eekstraat 18
- 1 Jan - 31 Dez
- +31 3 13 47 27 97
- info@ijsselstrand.nl

1	A**D**E**JM**NOPQRS**T**	**CD**FGHIJNQSWXY**Z** 6
2	ACGHPSWXY	A**B**D**EFG** 7
3	AB**DFH**I**M**N**R**	ABCD**FJKL**MNQRTUVW 8
4	ABCDFGHILNO**PQU**	BE**F**RTUVWY 9
5	ACDEHKLMN	ABEFGHIJ**PR**Z10

Anzeige auf dieser Seite 6A-10A CEE
50 ha 200**T** (80-120m²) 616**D**
① €30,10
② €40,80

N 52°01'44'' E 06°09'43''

Von Arnhem aus auf der A348 rechts Ri. Doetinchem (N317). Nach 3,9 km dritte Ausfahrt im Kreisel (CP-Schild). Nach 1,2 km dritte Ausfahrt im Kreisel. Nach 1,4 km links.

108306

Camping IJsselstrand

Campingplatz am Wasser, nur 1 Autostunde vom Ruhrgebiet! Camping IJsselstrand hat schöne Plätze am Wasser mit Blick auf dem Hansestadt Doesburg. Viele Einrichtungen und grosse Auswahl an Fahrrad- und Wanderwegen.

Eekstraat 18, 6984 AG Doesburg • Tel. 0313-472797
E-Mail: info@ijsselstrand.nl • Internet: www.ijsselstrand.nl

Doetinchem, NL-7004 HD / Gelderland

- De Wrange
- Rekhemseweg 144
- 27 Mär - 5 Okt
- +31 3 14 32 48 52
- info@dewrange.nl

1	ACDEG**JM**NOPQRS**T**	ABFG 6
2	ABGPQVWXY	ABD**EFG** 7
3	B**JL**MSVX	ABCD**EF**JNQRTUVW 8
4	BDGHILO	ABJUVW 9
5	ACDEFHJKLMN	ABDHJM**P**RZ10

Anzeige auf dieser Seite 10A CEE
10 ha 76**T** (90-110m²) 243**D**
① €30,50
② €42,90

N 51°56'47'' E 06°20'01''

Von der A18, Ausfahrt 4 Doetinchem-Oost. An der Hauptstraße links ab. Durchfahren bis zur nächsten Ampel, dort rechts und den Schildern folgen (teils durch Wohnviertel).

105715

De Wrange

- Stellplätze • Chaletvermietung • Freibad
- Jahresplätze • Cafe
- Restaurant • Campingladen
- Spielplatz • Minigolf

Rekhemseweg 144, 7004 HD Doetinchem • Tel. 0314-324852
E-Mail: info@dewrange.nl • Internet: www.dewrange.nl

Camping Landal Coldenhove
Schattiger Campingplatz auf der Veluwe mit hervorragender Ausstattung.
- ✓ große Waldplätze
- ✓ Restaurant und Indoor-Spielparadies
- ✓ Rad- und Wanderwege vom Park aus

landalcamping.nl/acsi

Doornenburg, NL-6686 MC / Gelderland

🏕 De Waay	1 ADEJMNOPRST ABCDFGLMN 6
🏠 Rijndijk 67a	2 ADGHPWX ABCDEFGHIJ 7
📅 1 Apr - 30 Sep	3 ABDFGLMNSUV ABCDEFGIJKNQRTUVW 8
☎ +31 4 81 42 12 56	4 BDHIKNOPQ CFVY 9
@ info@de-waay.nl	5 ABDEFHKLMN ABEGHIJMPRZ10
	Anzeige auf dieser Seite B 10A CEE ① €37,00
N 51°54'16'' E 05°59'08''	19 ha 140T(100-120m²) 316D ② €50,00

🚗 Von der A15 Ausfahrt Bemmel/Gendt. In Gendt links, ab dort den Schildern folgen. Ab Arnhem der Beschilderung folgen. 109624

Ede, NL-6718 SM / Gelderland

🏕 Bos- en Heidecamping Zuid-Ginkel	1 AEGILNOPRST 6
🏠 Verlengde Arnhemseweg 97	2 ABPQVWXY ABDEFGH 7
📅 1 Apr - 30 Sep	3 ABLM ABCDEFIJNPQRTUV 8
☎ +31 3 18 61 17 40	4 FH AEVWY 9
@ info@zuidginkel.nl	5 ABDMN ADEHJPRZ10
	Anzeige auf dieser Seite 6A CEE ① €26,30
N 52°02'18'' E 05°44'08''	4,7 ha 80T(100-130m²) 103D ② €32,60

🚗 A12, Ausfahrt 25 Ede-Oost, dem Schild folgen. 110591

Bos- en Heidecamping Zuid-Ginkel in Ede
Gemütlich und typisch Veluwer Urlaub machen mit unbeschränkter Natür vor der Tür!
Verlengde Arnhemseweg 97, 6718 SM Ede
Tel. 0318-611740 · Fax 0318-618790
E-Mail: info@zuidginkel.nl
Internet: www.zuidginkel.nl

Eck en Wiel, NL-4024 BN / Gelderland

🏕 De Schans	1 AEFGILNORT AFJNQSWXYZ 6
🏠 Schans 3	2 ACGHPW ABDEFGH 7
📅 27 Mär - 27 Sep	3 AF ABCDEFNRTU 8
☎ +31 3 44 69 15 30	4 I 9
@ info@campingdeschans.nl	5 DMN ABHIJMPRZ10
	10A CEE ① €23,00
N 51°58'57'' E 05°27'15''	0,8 ha 12T(100-150m²) 30D ② €29,50

🚗 A15 Ausfahrt 33 bei Tiel, von Eck en Wiel CP ausgeschildert. Oder A2 Ausfahrt Culemborg, N320 Richtung Kesteren, Ausfahrt Eck en Wiel, Schildern folgen. 110068

Camping Verkrema
Ruhiger Camping am Rande der Betuwe und der Wälder auf dem Utrechter Hügelrücken. Ideal für Angel-, Fahrrad- und Wanderfans, aber auch für Touren durch das Flussrevier oder die Wälder. Rhenen, Amerongen, Buren, Tiel und Culemborg lohnen sicher einen Besuch.

Rijnbandijk 10, 4024 BM Eck en Wiel · Tel. 0344-691655
E-Mail: info@verkrema.nl · Internet: www.verkrema.nl

Ede, NL-6718 TL / Gelderland

🏕 TopParken Bospark Ede	1 DEJMNOPQRST ABF 6
🏠 Zonneoordlaan 47	2 ABQX ABFGH 7
📅 29 Mär - 31 Okt	3 AFM ABCDEFJNQRUV 8
☎ +31 8 85 00 24 71	4 HOQ EJ 9
@ info@bosparkede.nl	5 DEM ABCEHIJPRZ10
	16A CEE ① €29,00
N 52°04'01'' E 05°40'12''	18 ha 54T(100m²) 309D ② €32,90

🚗 Ab Ausfahrt Ede der N224 folgen. Nach 1 Km rechts ab. 110287

Eck en Wiel, NL-4024 BM / Gelderland

🏕 Verkrema	1 AEFGILNOPRT AFJNQSWXYZ 6
🏠 Rijnbandijk 10a	2 ACFGHPWX ABDEFGH 7
📅 27 Mär - 27 Sep	3 AFLS ACDEFHJNQRTUV 8
☎ +31 3 44 69 16 55	4 FHI E 9
@ info@verkrema.nl	5 DM ABDHIJPRZ10
	Anzeige auf dieser Seite 10-16A CEE ① €23,00
N 51°58'56'' E 05°27'03''	6,5 ha 50T(100-150m²) 121D ② €29,50

🚗 A15 Ausfahrt 33 bei Tiel, von Eck en Wiel CP ausgeschildert. Oder A2 Ausfahrt Culemborg, N230 Richtung Kesteren, Ausfahrt Eck en Wiel. Siehe CP-Schilder. 105525

Ede, NL-6718 TH / Gelderland

🏕 TopParken Recreatiepark 't Gelloo	1 DEJMNOPRT ABEF 6
	2 ABGPQWXY ABDEFGH 7
🏠 Barteweg 15	3 ABDFGMS ABCDEFJKNQRTVW 8
📅 1 Apr - 27 Okt	4 BDFHILOP FJVWY 9
☎ +31 8 85 00 24 72	5 ADEFHKMN ABEGHJPRZ10
@ info@gelloo.nl	6A CEE ① €36,45
N 52°04'28'' E 05°40'04''	15 ha 115T(100m²) 371D ② €39,10

🚗 Von der A1/A30 Ausfahrt 2, dann N224 Richtung Otterlo/Apeldoorn mit Schildern angezeigt. Oder von der A12, dann A30 Ausfahrt 2, dann N224 Otterlo/Apeldoorn, dann mit Schildern angezeigt. 105560

Eefde, NL-7211 BT / Gelderland

🏕 Het Waldhoorn	1 ADEJMNOPQRST N 6
🏠 Boedelhofweg 112-114	2 CFPQVWXY ABDEFGH 7
📅 1 Jan - 31 Dez	3 ACLS ABEFHJNQRTUVW 8
☎ +31 6 43 41 81 61	4 FHIKOTU BEF 9
@ mail@hetwaldhoorn.nl	5 ADEFHM ABDHIJPRVZ10
	Anzeige auf Seite 353 06-010A CEE ① €26,30
N 52°09'48'' E 06°14'54''	5 ha 127T(100-150m²) 3D ② €26,30

🚗 Von der A1 Ausfahrt 23 Deventer Richtung Zutphen. In Eefde Camping ausgeschildert. Die letzten 200m vor dem Camping teils unbefestigte Sackgasse. 124757

Willkommen im Flussgebiet!

Attraktiver Familiencamping im Flussgebiet und in der Betuwe, zwischen Arnhem und Nimwegen. Wir haben schöne Komfortplätze mit 10A Strom, digitalem Kabel-TV, Kanalisation, Wasser und WLAN auf dem Platz.

Rijndijk 67a
6686 MC Doornenburg
info@de-waay.nl
www.de-waay.nl
T. 0481-42 12 56

Mit Freizeitweiher, überdachtem Schwimmbad, Erlebnisbad, Fischweiher, Spielplätzen drinnen & draußen, Gastronomie und Sportfeldern.

Eerbeek, NL-6961 LD / Gelderland

🏕 Landal Coldenhove	1 DEJMNORT EFG 6
🏠 Boshoffweg 6	2 ABGPQTVX ABDEFGHK 7
📅 13 Mär - 6 Nov	3 ABDFGJLMRSTVW ABCDEFIJKNQRTUW 8
☎ +31 3 13 65 91 01	4 BEFHIKLNOPQZ AJUVWY 9
@ coldenhove@landal.nl	5 ACDEFHJKLM ABDHIJOQRYZ10
	Anzeige auf dieser Seite 10A CEE ① €40,70
N 52°05'31'' E 06°02'05''	20 ha 180T(100-120m²) 369D ② €48,40

🚗 A50 Ausfahrt Loenen/Eerbeek Richtung Loenen/Eerbeek. Hinter dem Kreisel Richtung Dieren. Den Schildern Coldenhove folgen. 105627

Niederlande

Der Camping liegt auf der Grenze vom Nationalpark Veluwezoom und dem IJssel Tal und ist daher sehr geeignet für Radfahrer und Wanderer. Stellplätze gibts in der Sonne und im Schatten. Modernes und beheiztes Sanitär, für Kinder gibt's einen Spielplatz. Gratis WiFi.

6961 LK Eerbeek • Tel. 0313-651346
E-Mail: info@campingrobertsoord.com
Internet: www.campingrobertsoord.com

Eerbeek, NL-6961 LK / Gelderland

🏕 Robertsoord	1 AEILNOPRT	6
🏠 Doonweg 4	2 ABOPQWXY	ABDEFGH 7
📅 3 Apr - 25 Okt	3 ABFMV	ABCDEFGJNQRTUW 8
☎ +31 3 13 65 13 46	4 ABDFHIO	JVWY 9
@ info@ campingrobertsoord.com	5 ADEN	ABEGHIJPTU 10
	Anzeige auf dieser Seite 6-10A CEE	① €22,70
N 52°06'05'' E 06°04'50''	2,5 ha 25T(80-100m²) 52D	② €25,40
🚗 Richtung Eerbeek, dann den Schildern folgen.		105628

Eibergen, NL-7152 DB / Gelderland

🏕 Het Eibernest	1 ACDEJMNOPQRST	ABFG 6
🏠 Kerkdijk 1	2 GPQVWXY	ABDEFG 7
📅 1 Jan - 31 Dez	3 ABCGHIJLMS	ABDFJKNQRTUVW 8
☎ +31 5 45 47 12 68	4 BCDFHILNOQ	JRUVWY 9
@ recreatie@eibernest.nl	5 ADEFHJKLMN	ABDFGHIKMPQRYZ 10
	Anzeige auf dieser Seite B 10A CEE	① €23,70
N 52°04'18'' E 06°38'25''	17 ha 100T(100m²) 383D	② €34,70
🚗 N18 Ausfahrt 12 Eibergen, danach den braunen Schildern Camping Eibernest folgen.		108272

Camping Het Eibernest

Im Achterhoek gelegener, geselliger Familiencamping. Schöne, abwechselnde Landschaft, ideal zum Wandern, Rad fahren oder für eine Autotourenfahrt. Ausgestattet mit großen Parzellen, beheiztem Sanitärgebäude. Gesellige Bar/Restaurant, Billard, Spielplatz, Schwimmbäder, Wäscherei und Fahrradverleih.

Kerkdijk 1, 7152 DB Eibergen • Tel. 0545-471268
E-Mail: recreatie@eibernest.nl • Internet: www.eibernest.nl

Elburg, NL-8081 LB / Gelderland

🏕 Natuurcamping Landgoed Old Putten	1 AEFGHKNORT	FNX 6
	2 ACGOPRWXY	ABF 7
🏠 Zuiderzeestraatweg Oost 65	3 AHIN	ABCDFKNQRTW 8
📅 15 Apr - 15 Sep	4 BDEFHI	DFV 9
☎ +31 5 25 68 19 38	5 ADJN	ABGHIJPST 10
@ info@oldputten.nl	Anzeige auf dieser Seite 4A CEE	① €27,80
N 52°26'31'' E 05°50'40''	5 ha 70T(100-120m²) 18D	② €38,10
🚗 A28 Ausfahrt 16 't Harde. N309 Richtung Elburg. Direkt gegenüber der Ausfahrt Elburg-Vesting am Kreisel N309 Einfahrt links.		105604

Landgoed "Old Putten"
- jahrhundertealt
- Natur & Freiheit
- gleich bei Elburg

www.oldputten.nl
0031-525-681938

Elspeet, NL-8075 RJ / Gelderland

🏕 Mennorode	1 ABEGILNOPRT	6
🏠 Apeldoornseweg 185	2 BPQVWXY	ABDEFGHK 7
📅 1 Mär - 31 Okt	3 AMNS	ABEFJNQRW 8
☎ +31 5 77 49 81 11	4 FHIOR	VW 9
@ info@mennorode.nl	5 DHJKN	ABCHIJPQSTZ 10
	B 6A CEE	① €28,90
N 52°16'46'' E 05°48'22''	6,6 ha 57T(100m²)	② €38,30
🚗 In Elspeet der Beschilderung Conferentiezaal Mennorode folgen. Der Camping ist nicht extra angegeben. GPS folgen.		123149

Emst, NL-8166 JA / Gelderland

🏕 De Veluwse Wagen	1 AEGJMNOPRT	6
🏠 Oranjeweg 67	2 ACPSVWXY	ABFGH 7
📅 1 Apr - 31 Okt	3 AU	ABCDEFJNQRUW 8
☎ +31 5 78 66 16 28	4 FHK	GI 9
@ info@veluwse-wagen.nl	5 ADFLMN	ABFHJPQR 10
	Anzeige auf dieser Seite 6-10A CEE	① €21,00
N 52°19'21'' E 05°57'29''	2 ha 58T(100-120m²) 28D	② €30,00
🚗 A50 Apeldoorn-Zwolle, Ausfahrt Epe, Richtung Emst, dann Schildern folgen, A28 Amersfoort-Zwolle, Ausfahrt Epe, Richtung Emst, dann Schildern folgen.		109727

De Veluwse Wagen

Camping, Pension, Bauerngasthof. Einmalige Lage am Rande der Krondomäne im Osten der Veluwe. Bestens geeignet für Wanderer, Radfahrer und Reiter. Herrlicher Camping für Ruhesuchende und Naturgenießer.

Oranjeweg 67, 8166 JA Emst • Tel. 0578-661628 • Fax 0578-661768
E-Mail: info@veluwse-wagen.nl • Internet: www.develuwsewagen.nl

Emst, NL-8166 JJ / Gelderland

🏕 De Wildhoeve	1 ADEGHKNOPQRST	ABEFGH 6
🏠 Hanendorperweg 102	2 ABPVWXY	ABDEFGHK 7
📅 27 Mär - 30 Sep	3 ABCEFMNS	ABCDEFGIJKNQRTUVW 8
☎ +31 5 78 66 13 24	4 ABEFIO	ABCEJUVWY 9
@ info@wildhoeve.nl	5 ACDELMN	ABEFGHIJOPRZ 10
	Anzeige auf dieser Seite B 8-10A CEE	① €45,50
N 52°18'50'' E 05°55'36''	12 ha 310T(80-120m²) 32D	② €58,50
🚗 A50 Arnhem-Zwolle, Ausfahrt 26 Vaassen, Richtung Emst. Den Schildern folgen.		107837

Camping Het Waldhoorn - Eefde

Het Waldhoorn ist ein wunderschön angelegter Campingplatz in der Achterhoek, wo Sie sich in der wunderschönen Natur entspannen können. Hier können Sie Rad fahren, Wandern und Angeln. Unser Campingplatz ist ein toller Ort für Camper, die Natur, Ruhe und Gelassenheit und eine ungezwungene Geselligkeit schätzen. Wir haben große Plätze für Caravans, Reisemobile, Zelte und Zeltwagen. Unser Campingplatz befindet sich am Rande des Twente Kanals und in der Nähe der Schleusenanlage von Eefde.

0031 6 43 41 81 61 • www.hetwaldhoorn.nl • mail@hetwaldhoorn.nl

Niederlande

Camping VOSSENBERG
www.campingvossenberg.nl

Erfahre das Veluwe-Gefühl…

auf unserem gemütlichen Familiencamping De Vossenberg. Camping De Vossenberg liegt unweit der Veluwer Wälder und verschiedenen Naturgebieten, wie das Wisselse Veen und die Tongerense Heide, wo Sie herrlich Rad fahren und die Natur genießen können.

Der Campingplatz hat ein sehr schönes beheiztes Freibad, modernes Sanitärgebäude und WLAN. Wir haben große Plätze zur Verfügung, die mit allem ausgestattet sind, reservieren Sie jetzt.

Camping Vossenberg – Centrumweg 17, Epe – Tel.: (0578) 613800

Emst, NL-8166 GT / Gelderland
- Ardoer Camping De Zandhegge
- Langeweg 14
- 27 Mär - 1 Okt
- +31 5 78 61 39 36
- info@zandhegge.nl

1 AEJMNOPRST ABFG 6
2 APVWXY ABDEFG 7
3 ABCDEFMSUV ABCDEFJKNQRTUVW 8
4 BFHIKO ABCDEFUVWY 9
5 ADEFM ABCDEGHIJOPRZ10
Anzeige auf Seite 365 16A CEE ①€33,50
5,9 ha 100T(80-120m²) 104D ②€44,50

N 52°19'49'' E 05°57'42'' 107887

Ab Kreuz Schüttorf A1/E30 Richtung Hengelo/Apeldoorn. Dann zur A50 Apeldoorn-Zwolle, Ausfahrt 27 Epe. An der Ampel links, Richtung Emst, 1. Straße rechts. CP ist vor der Ampel schon ausgeschildert.

Emst, NL-8166 HC / Gelderland
- Reina's Hoeve
- Schaverenseveldweg 24
- 1 Jan - 31 Dez
- +31 5 78 66 14 79
- info@campingreinashoeve.nl

1 AGJMNOPRT 6
2 APVWX ABDEFGH 7
3 AC ABCDEFHNQRUV 8
4 H DF 9
5 DN AFGHIJPTU10
B 16A CEE ①€23,00
2,5 ha 25T(90-100m²) 46D ②€30,00

N 52°19'33'' E 05°57'16'' 114684

A50, Ausfahrt 26 in Richtung Emst nehmen. Im Kreisverkehr Richtung Gortel fahren. CP-Schildern folgen.

Enspijk, NL-4157 PB / Gelderland
- Ardoer Camping De Rotonde
- Panweg 1
- 28 Mär - 26 Sep
- +31 3 45 65 13 15
- rotonde@ardoer.com

1 ADEGILNORT FHLMN 6
2 ADGHIOPWX ABDEFG 7
3 ABCEFGMNSV ABCDEFGHIJKNPQRTUVW 8
4 BCDFHIKOPQ JVW 9
5 ABCDEFHIJM ABDEGHIJMPRYZ10
Anzeige auf Seite 365 B 6-10A CEE ①€31,00
32 ha 150T(80-100m²) 397D ②€41,00

N 51°52'42'' E 05°12'50'' 101560

A2 Den Bosch-Utrecht. Ausfahrt 15 Leerdam/Geldermalsen Der CP-Beschilderung folgen.

Epe, NL-8162 PV / Gelderland
- De Veldkamp
- Veldkampweg 2
- 1 Apr - 31 Okt
- +31 5 78 61 43 48
- info@develdkamp.nl

1 AJMOPQRT ABF 6
2 ABPVWXY ABDEFG 7
3 ABMSU ABCDEFJNQRUW 8
4 BFHIOQT BJVWY 9
5 DEFGK BDFHJOPR10
Anzeige auf dieser Seite 10A CEE ①€27,45
1,5 ha 35T(90-100m²) 75D ②€30,15

N 52°20'26'' E 05°56'25'' 107652

A50 Zwolle/Apeldoorn, Ausfahrt 27 Epe/Nunspeet. In Richtung Nunspeet fahren bis zur Ausfahrt Wissel. A28 Amersfoort-Zwolle, Ausfahrt 15 Epe, N309.

De Veldkamp
Erholung für Jung und Alt in der Veluwe. Viel Ausstattung, schöne Wander- und Radwege, großes und sauberes Sanitär, beheizter Außenpool (max. 50 cm tief) mit kleiner Rutsche und separates, kleines Bec5en für die Allerkleinsten.

Veldkampweg 2, 8162 PV Epe • Tel. 0578-614348
E-Mail: info@develdkamp.nl • Internet: www.develdkamp.nl

Epe, NL-8162 PT / Gelderland
- De Vossenberg
- Centrumweg 17
- 27 Mär - 31 Okt
- +31 5 78 61 38 00
- info@campingvossenberg.nl

1 AEGJMNOPQRST ABFG 6
2 ABPQRVWXY ABDEFGH 7
3 ABFLMS ABCDEFHIJNQRTUV 8
4 BFHINO 9
5 ADEFHKLMN ABCEHJPSTZ10
Anzeige auf dieser Seite 6-10A CEE ①€24,50
6 ha 50T(80-100m²) 110D ②€34,50

N 52°20'28'' E 05°56'17'' 116038

A50 Zwolle-Apeldoorn, Ausfahrt 27 Richtung Nunspeet bis Ausfahrt Wissel. A28 Amersfoort-Zwolle, Ausfahrt 15 Richtung Epe (N309) bis Ausfahrt Wissel. Den Schildern folgen.

Campingpark de Koekamp
Tongerenseweg 126
8162 PP Epe

Ruhiger Camping im Gehbereich zur Ortschaft Epe.

www.campingparkdekoekamp.nl

Epe, NL-8162 PP / Gelderland
- Campingpark de Koekamp
- Tongerenseweg 126
- 1 Apr - 31 Okt
- +31 5 78 61 41 17
- info@dekoekamp.nl

1 AJMNOPQRST 6
2 APQWXY ABDEFGH 7
3 ABLMS AEFHJKNRW 8
4 FHK J 9
5 DEHKMN ABFHIJOR10
Anzeige auf dieser Seite 8-16A CEE ①€24,90
8 ha 95T(100-120m²) 138D ②€34,30

N 52°21'02'' E 05°57'42'' 117986

A28 Ausfahrt 15 - N795 nach 7,6 km N309 - A50 Ausfahrt 27 N309 nach 4 km Kreisel rechts ab, nach 175m links ab.

Epe, NL-8162 NR / Gelderland
- RCN Vakantiepark de Jagerstee
- Officiersweg 86
- 27 Mär - 26 Okt
- +31 8 50 40 07 00
- reserveringen@rcn.nl

1 ACDEGJMNOPRT ABFG 6
2 ABGPQWXY ABDEFG 7
3 ABDEFJLMV ABCDFGJLMNQRTUVW 8
4 BCDEFHIKLNO BEFJUVWY 9
5 ACDEFHJKLMN ABEFGHIJPQRYZ10
B 10-16A CEE ①€30,00
33 ha 350T(100m²) 292D ②€34,00

N 52°21'51'' E 05°57'32'' 105615

A50 Apeldoorn-Zwolle, Ausfahrt 27, der N309 Richtung Nunspeet folgen, hinter dem Kreisel den ANWB CP-Schildern 'Jagerstee' folgen.

Erichem, NL-4117 GL / Gelderland
- Recreatiepark De Vergarde
- Erichemseweg 84
- 1 Apr - 1 Okt
- +31 3 44 57 20 17
- info@devergarde.nl

1 ADEILNOPRST ABCDFGHN 6
2 ADGOPVWXY ABCDEFGH 7
3 ABCDEFHIJLMSV ABCDEFGHIJKNPQRTUVW 8
4 BCFHILQ EFJQVWY 9
5 ABDEFGHKLMN BEFGHIJMNPRZ10
B 16A CEE ①€37,50
22 ha 280T(100-150m²) 241D ②€47,50

N 51°53'56'' E 05°21'38'' 105529

A15, Ausfahrt Buren. Ausfahrt 32, dann CP ausgeschildert.

Ermelo, NL-3852 AM / Gelderland
- Ardoer cp. & bungalowpark De Haeghehorst
- Fazantlaan 4
- 1 Jan - 31 Dez
- +31 3 41 55 31 85
- haeghehorst@ardoer.com

1 AEHKNOPQRST ABEFGHI 6
2 ABGOPQVWXY ABDEFGHK 7
3 ABCEFHILMQSUVX ABCDEFGHJKNPQRTUV 8
4 BDEFGHILNOPQTUV ACEFIJVWY 9
5 ABDEFGHJLMN ABDEFGHJPQRZ10
Anzeige auf Seite 365 6-10A CEE ①€40,00
10 ha 245T(75-120m²) 65D ②€54,00

N 52°18'47'' E 05°37'48'' 105552

A28 Ausfahrt 12 Richtung Ermelo, CP-Schildern folgen. Der CP liegt an der Nordseite von Ermelo.

Ermelo, NL-3852 ZD / Gelderland
- In de Rimboe
- Schoolweg 125
- 1 Jan - 31 Dez
- +31 3 41 55 27 53
- info@inderimboe.nl

1 ACDEJMNOPQRST ABFG 6
2 ABOPQVWXY ABDFG 7
3 BCFMSX ABCDEFHJNPQRTUVW 8
4 BCDFHILO CEJVW 9
5 ADEFGHKLMN ABDEHIJMPRZ10
Anzeige auf Seite 355 6A CEE ①€37,00
10,1 ha 40T(80-110m²) 229D ②€44,00

N 52°17'29'' E 05°38'59'' 108346

A28 Ausfahrt 12 Richtung Ermelo. Im 5. Kreisel links. Richtung Drie (Südseite von Ermelo). Weiter ausgeschildert.

ACSI EuroCampings

Bewerten Sie einen Campingplatz und gewinnen Sie mit etwas Glück ein iPad.

www.Eurocampings.de

Ermelo, NL-3852 MC / Gelderland

Kriemelberg BushCamp
Drieërweg 104
3 Apr - 17 Okt
+31 3 41 55 21 42
info@kriemelberg.nl

1 AEGILNOPQRST L 6
2 ABHOPQVWXY ABDFGH 7
3 ABCEFGMUX ABCDEFGHIJKLNPQRTUVW 8
4 ABCDEFGHIL BCEFJVY 9
5 ABDEN ABDEGHJPRZ10

Anzeige auf dieser Seite B 6-10A CEE ① €24,50
7 ha 80T(80-140m²) 137D ② €30,00

N 52°17'12'' E 05°38'48''
A28 Ausfahrt 12 Ermelo, Richtung Ermelo. Im 5. Kreisel links Richtung Drie. Weiter ausgeschildert.

109867

Ermelo, NL-3852 MA / Gelderland

Recreatiepark De Paalberg
Drieërweg 125
1 Jan - 31 Dez
+31 3 41 55 23 73
info@paalberg.nl

1 AEGJLNOPRST ABEFGHI 6
2 ABGOPQVWXY ABDEFGH 7
3 ABCEFGJMNSTVX ABCDEFGJNQRTUVW 8
4 BDFGHILNOSTUV JVWY 9
5 ACDEFGHLMN ABCDEFGHIJPSTZ10

Anzeige auf dieser Seite B 6-10A CEE ① €36,00
30 ha 175T(100-120m²) 328D ② €50,00

N 52°17'16'' E 05°39'25''
A28 Ausfahrt 12 Richtung Ermelo. Im 6. Kreisel (Südseite von Ermelo) links, Richtung Drie. CP weiter ausgeschildert.

109612

Ermelo/Speuld, NL-3852 NH / Gelderland

De Bosrand
Garderenseweg 281
1 Jan - 31 Dez
+31 5 77 40 73 28
info@campingdebosrand.info

1 AGJMNOPQR 6
2 APWX ABFG 7
3 ACLX ABCDEFJNPU 8
4 FGH JUVWY 9
5 DMN ABCFGHJPST10

6-10A CEE ① €18,50
2,5 ha 30T(100m²) 73D ② €23,50

N 52°15'31'' E 05°42'35''
A1 Ausfahrt 17 (Stroe) Richtung Garderen. In Garderen der Beschilderung folgen.

120902

Ewijk, NL-6644 KR / Gelderland

Het Buitenhuis
Ficarystraat 9
1 Apr - 1 Nov
+31 6 20 05 58 67
info@campingbuitenhuis.nl

1 ADEGJMNOPQRST MNPQ 6
2 ABDFGHIPWXY ABDEFGHIK 7
3 AFLMV ABEFJNQRT 8
4 FHI FQRT 9
5 AEKN ABCGJPRV10

12A CEE ① €27,50
5 ha 55T(50-100m²) 4D ② €27,50

N 51°51'03'' E 05°41'40''
A73 Ausfahrt 1 Beuningen Richtung Wijchen. 1. Straße rechts über die A50, dann ist der Camping auf der linken Seite.

122776

IN DE RIMBOE
Schoolweg 125
3852 ZD Ermelo
Tel. 0341-552753
E-Mail: info@inderimboe.nl
Internet: www.inderimboe.nl

dePAALBERG recreatiepark — anwb

Drieërweg 125 0341 - 55 23 73
3852 MA, Ermelo www.paalberg.nl

Natur Pool Entspannen

Garderen, NL-3886 MC / Gelderland

'De Peerdse Barg'
Oud Milligenseweg 39
1 Apr - 14 Okt
+31 6 20 28 34 94
camping@peerdsebarg.nl

1 AEILNOPQRT 6
2 APQVWX ABFGH 7
3 L ABCDEFHJNPQRUV 8
4 H 9
5 DN ABFGHJPR10

10A CEE ① €21,35
1,3 ha 30T(70-100m²) 40D ② €28,85

N 52°13'40'' E 05°43'07''
A1 Ausfahrt 17 Stroe/Garderen. Im 2. Kreisel Richtung Apeldoorn nach 1400m links (Oud Milligenseweg). Der CP liegt am Ortsrand.

111068

Garderen (Veluwe), NL-3886 PG / Gld.

Ardoer camping De Hertshoorn
Putterweg 68-70
27 Mär - 25 Okt
+31 5 77 46 15 29
hertshoorn@ardoer.com

1 ADEFGHKNOPQRST ABCDFGH 6
2 ABGOPQVWXY ABDEFGHK 7
3 ABCDEFGLMSVX ABCDEFGHJKNPQRTUV 8
4 BCFGHIKLO AEFVW 9
5 ACDEFJLMN ABCDEFGHIJPQRYZ10

Anzeige auf Seite 365 B 4-10A CEE ① €44,00
10 ha 306T(80-150m²) 25D ② €58,00

N 52°14'12'' E 05°41'21''
A1 Ausfahrt 17. Durch Garderen Richtung Putten. Der CP liegt direkt hinter Garderen an der rechten Seite.

105574

Gendt, NL-6691 MB / Gelderland

Waalstrand
Waaldijk 23a
1 Apr - 30 Sep
+31 4 81 42 16 04
info@waalstrand.nl

1 AEHKNOPQRST ANXYZ 6
2 ACFHPQUVW ABCDEFGH 7
3 ABGMSUX ABCDEFGHNQRTUVW 8
4 HI EJV 9
5 DHKMN ABEGHIJPRZ10

Anzeige auf dieser Seite 6A CEE ① €31,50
4 ha 90T(100m²) 60D ② €43,50

N 51°52'33'' E 05°59'20''
A15 Ausfahrt Bemmel/Gendt. In Gendt den CP-Schildern folgen.

105631

Gorssel, NL-7213 AX / Gelderland

Jong Amelte
Kwekerijweg 4
1 Jan - 31 Dez
+31 5 75 49 13 71
info@jongamelte.nl

1 AEJMNOPRST 6
2 ABPRWXY ABDEFGH 7
3 BDFMS ACEFJNQRUVW 8
4 FHIKZ JW 9
5 DLN ABHIJOR10

6-10A CEE ① €19,50
4,1 ha 35T(100-120m²) 105D ② €27,50

N 52°11'57'' E 06°12'59''
A1 Ausfahrt 23 Richtung N348. Ab Gorssel ist der CP ausgeschildert.

110406

Camping Waalstrand — Terrassencamping am Waal

Komm zur Erholung auf einem ruhigen, komfortablen und sehr gastfreundlichen Camping mit schönen Plätzen direkt am Fluss Waal gelegen.

Camping Waalstrand
Waaldijk 23a
6691 MB Gendt
tel. 0481 - 421604
www.waalstrand.nl

Groenlo, NL-7141 DH / Gelderland (CC€20)

- Marveld Recreatie B.V.
- Elshofweg 6
- 1 Jan - 31 Dez
- +31 5 44 46 60 00
- info@marveld.nl

1 ACDEGILNOPRST ABEFGHIN 6
2 CGOPQVWXY ABDEFGH 7
3 ABCDEGHIJKLMNRSTVW ABCDEFGJKLNPQRTUVW 8
4 ABCDFHIKLMOPQSTUV EJLUVWXY 9
5 ACDEFGHJKLMN ABDEFGHIJNPOSTYZ10
Anzeige auf dieser Seite 6-16A CEE ❶ €33,30
37 ha 287T(100-110m²) 589D ❷ €44,60

N 52°02'10'' E 06°37'58'' 100790

Über die N18 Enschede-Doetinchem oder N319 Zutphen-Winterswijk. Ab hier nicht mehr dem Navi folgen. Deutlich angezeigt.

Groesbeek, NL-6561 KR / Gelderland (CC€14)

- Vakantiepark De Oude Molen
- Wylerbaan 2a
- 1 Apr - 31 Okt
- +31 2 43 97 17 15
- vakantiepark@oudemolen.nl

1 AEJMNORT ABFGH 6
2 AOPQTVWX ABDEFGHIK 7
3 ABFLMSU ABCDEFGIJKNQRTUV 8
4 BHIKOT EVW 9
5 DEFHLMN ABGHIJPQRZ10
Anzeige auf dieser Seite B 4-16A CEE ❶ €32,75
H70 6,5 ha 150T(80-120m²) 124D ❷ €43,25

N 51°47'04'' E 05°56'06'' 105639

Auf A73 Ausfahrt Groesbeek. In Groesbeek durchs Zentrum den Schildern folgen. CP liegt rechts. An der A50 oder A15 Ausfahrt Kleve. Weiter Richtung Kleve. Nach der Grenze rechts und danach zweite Straße rechts.

Vakantiepark De Oude Molen

Ferienpark an einem super Standort, Freizeiterholung für jedes Alter. Pool mit Wasserrutsche (Ende April bis Ende August), Freizeitprogramm (Hochsaison), Rundfahrten mit dem Campingbähnchen, Karaoke-Einrichtungen und Restaurant. Sehr schöner Sanitärbau und WLAN (frei) auf der gesamten Anlage.

Wylerbaan 2a, 6561 KR Groesbeek • Tel. +31 243971715
vakantiepark@oudemolen.nl • www.oudemolen.nl

Haarlo, NL-7273 PP / Gelderland

- Veldzicht
- Veldweg 1
- 1 Jan - 31 Dez
- +31 5 45 26 12 90
- info@campingveldzicht.nl

1 AEILNOPQRST N 6
2 OPQSWXY ABDEFG 7
3 ACLSU ABEFJNPQRTW 8
4 FHIKOQ BFV 9
5 ADHN ABFGHJPST10
6A CEE ❶ €17,25
3,5 ha 80T(100-120m²) 3D ❷ €28,85

N 52°06'38'' E 06°35'25'' 118315

Von Borculo über die N822 nach Eibergen. Hinter Haarlo ist der CP ausgeschildert.

Harderwijk, NL-3846 AE / Gelderland

- Stadscamping Harderwijk
- Ir. Lelykade 5
- 1 Apr - 15 Okt
- +31 3 41 70 13 49
- info@stadscampingharderwijk.nl

1 AEJMNOPQRST 6
2 ADFPQSW ABFG 7
3 A ABFJNQRW 8
4 HI D 9
5 ADEFGHJLN AFJPSTV10
6-8A CEE ❶ €15,00
1 ha 42T(100m²) 3D ❷ €22,50

N 52°21'14'' E 05°37'25'' 124042

Landstraße Harderwijk-Lelystad, Ausfahrt Dolfinarium. Den Schildern P2 folgen.

Harfsensesteeg 15 7217 MD Harfsen Tel. 0573-459026 www.dehuurne.nl

Harfsen, NL-7217 MD / Gelderland (CC€12)

- De Huurne
- Harfsensesteeg 15
- 30 Mär - 1 Okt
- +31 5 73 45 90 26
- campingdehuurne@hotmail.com

1 AEJMNOPQRST 6
2 PRVWXY ABFG 7
3 BEMU ABCDEFHLNQRW 8
4 HK 9
5 D BGPRZ10
Anzeige auf dieser Seite 16A ❶ €15,00
1,5 ha 65T(80-180m²) 18D ❷ €18,70

N 52°10'59'' E 06°16'35'' 122309

A1 Ausfahrt 23 Deventer Richtung Eefde. Links halten, um die Kirche herum. Nach 2 km der Harfsense Steeg. Nach 4 km liegt der CP links. Einige GPS-Navis funktionieren hier nicht. Dann auf Koordinaten einstellen.

Harfsen, NL-7217 PG / Gelderland (CC€18)

- Camping De Waterjuffer
- Jufferdijk 4
- 1 Apr - 4 Okt
- +31 5 73 43 13 59
- info@campingdewaterjuffer.nl

1 AEJMNOPRST L 6
2 ADFGHOPRVWXY ABFGH 7
3 ABFMS ABCDFJNQRTUVW 8
4 FHIK EVW 9
5 DEKLMN ABDFGHIJPRZ10
Anzeige auf Seite 357 10-16A CEE ❶ €24,80
11,9 ha 85T(120-150m²) 74D ❷ €33,20

N 52°12'39'' E 06°17'13'' 110407

A1 Ausfahrt 23, N348 Richtung Zutphen. In Epse N339 Richtung Laren-Lochem, CP vor Harfsen beschildert.

Campingplatzkontrolle

Alle Campingplätze in diesem Führer wurden im vergangenen Jahr von einem unserer 124 ACSI-Inspektoren besucht und begutachtet.

Sie erkennen diese Campingplätze an der Jahresprüfplakette, die meist im Rezeptionsbereich auf dem ACSI-Schild zu finden ist.

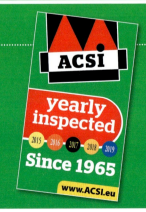

Campingplätze & Ferienparks

Grenzenloses Genießen in Wald, Sand und Wasser

www.molecaten.de

Harskamp, NL-6732 DC / Gelderland

- De Harscamp
- Edeseweg 190 + Laarweg 29
- 1 Jan - 31 Dez
- +31 3 18 45 62 02
- info@deharscamp.nl

1 AEG**JM**NOPQR**T**		ABFG 6
2 AGOPQVX		A**B**D**EFG**H 7
3 ABFMSUV	ABCDE**F**JKNQRTU	8
4 BDHILNO**PQ**		E 9
5 DEFHKLMN		ABEHIJPR10
Anzeige auf dieser Seite	6A CEE	❶ €23,75
5,5 ha 47**T**(100m²) 161**D**		❷ €31,25

N 52°07'39'' E 05°44'49''   105573

A1, Ausfahrt Stroe/Garderen Richtung Harskamp, dann CP-Schildern folgen. A50, Ausfahrt Veenendaal, Richtung Ede, dann Richtung Harskamp.

Camping De Waterjuffer

Grüner, parkartiger Camping… wo Ruhe im Mittelpunkt steht
- Große Plätze auf kleinen Feldern
- Rad fahren und Wandern in einer grünen Waldgegend

Jufferdijk 4, 7217 PG Harfsen • Tel. +31 573431359
E-Mail: info@campingdewaterjuffer.nl
Internet: www.campingdewaterjuffer.nl

Harskamp, NL-6732 EH / Gelderland

- De Midden-Veluwe
- Palmenhuizenweg 1
- 1 Apr - 1 Okt
- +31 3 18 45 64 91
- info@demiddenveluwe.nl

1 E**IL**NOPRT		AFHLM 6
2 ABDGHOPQVWXY		A**BFG**H 7
3 ABDFMNSV	ABCDE**F**JKNRTUW	8
4 ABFHILO**PQ**		EY 9
5 ACDEFHKLMN		ABEHIJMPQRZ10
	10A CEE	❶ €28,50
35 ha 120**T**(100m²) 508**D**		❷ €36,50

N 52°08'14'' E 05°45'33''   105572

A1, Ausfahrt Stroe/Garderen Richtung Harskamp, dann den Schildern folgen.

Hattem, NL-8051 PW / Gelderland

- Molecaten Park De Leemkule
- Leemkuilen 6
- 27 Mär - 31 Okt
- +31 3 84 44 19 45
- deleemkule@molecaten.nl

1 ADEGHKNOPQRST		AEFG 6
2 ABGPQRVWXY		A**B**D**EFG**H 7
3 AB**F**J**LM**NUV	ABCDEFGJNQRTUVW	8
4 BEFHIKO**QST**UV		DFJVWY 9
5 ACDEFHKLMN		ABEHIJPRYZ10
Anzeige auf dieser Seite	10A CEE	❶ €34,20
24 ha 150**T**(100m²) 146**D**		❷ €39,75

N 52°27'22'' E 06°02'11''   105603

A28 Ausfahrt 17 Wezep, am Kreisel geradeaus und an der 1. Kreuzung Richtung Heerde. Nach 3,5 km über die Bahnlinie, bis zur Ausfahrt Hattem Wapenveld. Links abbiegen. Nach etwa 3 km Einfahrt zum Park auf der linken Seite.

Hattem, NL-8051 PM / Gelderland

- Molecaten Park Landgoed Molecaten
- Koeweg 1
- 27 Mär - 30 Sep
- +31 3 84 44 70 44
- landgoedmolecaten@molecaten.nl

1 AEG**IL**NOPQRS**T**		6
2 ABOPVWXY		A**B**D**EFG** 7
3 A**LM**	ABCDE**FG**JNPQRUW	8
4 BCEGHO		JV 9
5 ADEJKMN		ABHIJ**P**R10
Anzeige auf dieser Seite	10A CEE	❶ €24,65
10 ha 41**T**(100m²) 62**D**		❷ €30,30

N 52°27'59'' E 06°03'26''   119903

A50 Ausfahrt Hattem. Über den Hessenweg und Gelderse Dijk. Am Ende rechts ab. Im Nieuweweg rechts ab in die Stationsstraat. Dann links in die Stadslaan. Weiter rechts ab zur Eliselaan und links ab in den Koeweg.

Heerde, NL-8181 PC / Gelderland

- De Klippen
- Klippenweg 4
- 1 Apr - 31 Okt
- +31 5 78 69 66 90
- info@campingdeklippen.nl

1 AGHKNOPRT		6
2 APQWX		ABD**EFG**H 7
3 AM	ABCDE**F**HJNRUV	8
4		9
5 D		BHIJ**P**ST10
	10A CEE	❶ €15,55
4 ha 20**T**(80m²) 70**D**		❷ €24,55

N 52°22'40'' E 06°00'22''   105612

A50 Apeldoorn-Zwolle, Ausfahrt 28, den CP-Schildern folgen.

Heerde, NL-8181 PK / Gelderland

- De Mussenkamp
- Mussenkampseweg 28A
- 1 Apr - 31 Okt
- +31 5 78 69 39 56
- campingdemussenkamp@planet.nl

1 AE**JM**NOPQRST		6
2 ABDGHPQVWX		ABD**EFG**H**IJ**K 7
3 BFMS	ABCDE**FG**HIJKNPQRTUVW	8
4 FH		9
5 DMN		ABCHIJ**P**R10
	10A CEE	❶ €22,70
5 ha 130**T**(100-120m²) 46**D**		❷ €30,90

N 52°22'38'' E 06°00'43''   105611

A50 Apeldoorn-Zwolle, Ausfahrt 28 Richtung Heerde, dann den CP-Schildern folgen.

Immer auf der Suche nach dem einen, besonderen Camping? Wo Sie sich zuhause fühlen, aber dennoch weg sind? Eine Oase im Grünen und in der Ruhe? Und dem kleinen Extra für die Kinder und Enkel?

Dann müssen Sie nicht weiter suchen: Willkomen auf Camping De Zandkuil.

Ein herrlicher Camping, prächtig gelegen in der Nord-Veluwe, am weiten Zwolse Wald, Heidefeldern und dem IJsseltal. Ein perfekter Ausgangspunkt für Wander- und Radtouren.

Veldweg 25, 8181 LP Heerde • Tel. +31 578691952
E-Mail: info@dezandkuil.nl • Internet: www.dezandkuil.nl

Heerde, NL-8181 LP / Gelderland
- De Zandkuil
- Veldweg 25
- 1 Apr - 31 Okt
- +31 5 78 69 19 52
- info@dezandkuil.nl
- N 52°24'38" E 06°02'37"

1 AE**JM**NOPQRST — ABFG 6
2 ABPQVWXY — **ABDEFGH** 7
3 ABF**LM**S — ABCDE**FG**IJNQRT 8
4 BFHIP — 9
5 ABDEFKM**N** — ABCEFGHIJO**P**TUZ 10
Anzeige auf dieser Seite 6-16A CEE ❶ €24,50
11,5 ha 160**T**(90–100m²) 160**D** ❷ €33,00
101553
A50 Apeldoorn-Zwolle, Ausfahrt 29 Heerde. Am ersten Kreisel 2. Ausfahrt (Molenweg), am nächsten Kreisel 1. Ausfahrt, am dritten Kreisel 2. Ausfahrt Richtung Wapenveld, links in den Koerbergseweg. Dann Schildern folgen.

Heerde, NL-8181 LL / Gelderland
- Molecaten Park De Koerberg
- Koerbergseweg 4/1
- 27 Mär - 31 Okt
- +31 5 78 69 98 10
- dekoerberg@molecaten.nl
- N 52°24'34" E 06°03'05"

1 ADE**IL**NOPQRST — ABFG 6
2 ABGPQTVWXY — ABDE**FG**H 7
3 ABFL**MN**R**U** — ABCDEFGHIJKNQRTUVW 8
4 B**F**HIO**PQ** — BCFJVY 9
5 ABDEFHKLMN — ABDEFGHIJLO**P**R**Z**10
Anzeige auf Seite 357 B 10A CEE ❶ €27,40
22 ha 150**T**(80–100m²) 221**D** ❷ €32,60
105608
A50 Apeldoorn-Zwolle, Ausfahrt 29 Heerde/Wapenveld. Richtung Heerde. Am Kreisel 2. Ausfahrt (Molenweg), nächster Kreisel 3. Abfahrt (Veldweg). Veldweg-Ende links in den Koerbergseweg, dann direkt rechts.

Hengelo (Gld.), NL-7255 MJ / Gelderland
- Kom-Es-An
- Handwijzersdijk 6
- 1 Apr - 1 Nov
- +31 5 75 46 72 42
- informatie@kom-es-an.nl
- N 52°03'35" E 06°21'19"

1 AE**JM**NOPQRS**T** — AFN 6
2 BPQWXY — **ABDEFGH** 7
3 ABC**L**M**V** — ABCDE**FG**JKNQRTUVW 8
4 BDFGHILNOPQ — EFVWY 9
5 ABDEFHKMN — ABHJO**P**R**Z** 10
B 10A CEE ❶ €23,00
13 ha 90**T**(100–110m²) 135**D** ❷ €32,50
105712
Von Hengelo (Gelderland) in Richtung Ruurlo fahren (2 km). CP ausgeschildert.

Heteren, NL-6666 LA / Gelderland
- Camping Overbetuwe
- Uilenburgsestraat 3
- 1 Jan - 31 Dez
- +31 2 64 74 22 33
- info@campingoverbetuwe.nl
- N 51°56'55" E 05°46'21"

1 AG**JM**NOPRS**T** — N 6
2 AGOPQX — AB**FG**K 7
3 ABF**HIL**MS — ABCDE**F**JNRTW 8
4 FHIKO**Q** — FGHIJ 9
5 D**N** — ABDFHIJOR 10
Anzeige auf dieser Seite 10A CEE ❶ €20,00
4,2 ha 39**T**(100–200m²) 46**D** ❷ €24,00
108275
A50, Ausfahrt 18 Heteren, dann den CP-Schildern folgen.

Heumen/Nijmegen, NL-6582 BR / Gelderland
- Recreatiecentrum Heumens Bos B.V.
- Vosseneindseweg 46
- 1 Jan - 31 Dez
- +31 2 43 58 14 81
- info@heumensbos.nl
- N 51°46'12" E 05°49'11"

1 ACDEG**IL**NOPQRST — ABFG**N** 6
2 ABGPQVX — ABDE**FGH** 7
3 ABF**HILMN**SX — ABCDE**F**HIJNQRTUVW 8
4 BCDEHIKNO**P** — EFJUVY 9
5 ACDEFHKLMNO — ABEFGHIJN**P**RYZ 10
B 6A CEE ❶ €34,00
17 ha 165**T**(85–120m²) 316**D** ❷ €42,00
105640
A73 Köln-Venlo-Nijmegen. Ausfahrt 3 Heumen, danach den Schildern folgen.

Hierden, NL-3849 NJ / Gelderland
- De Peperkamp
- Duinweg 6
- 1 Apr - 13 Okt
- +31 3 41 45 32 32
- info@depeperkamp.nl
- N 52°21'02" E 05°41'06"

1 AE**JM**NOPQRST — 6
2 APSWXY — AB**FG** 7
3 AF**LM** — ABFHJNPRU 8
4 **F**H — JVW 9
5 D**N** — AFGJPQR 10
B 6-10A CEE ❶ €25,30
2,5 ha 87**T**(bis 100m²) 51**D** ❷ €34,10
121125
Auf der A28 Ausfahrt 13 Richtung Lelystad. In Harderwijk Richtung Hierden und weiter der Beschilderung folgen.

Hoenderloo, NL-7351 TM / Gelderland
- Bos- en Natuurcamping Krimdal
- Krimweg 166-168
- 24 Apr - 27 Sep
- +31 5 53 78 16 50
- info@krimdal.nl
- N 52°07'24" E 05°55'43"

1 AEGHKNOPRT — 6
2 ABPQVWXY — ABDE**FG**H 7
3 AF**LM**S — AE**F**JNQRUVW 8
4 **F**GH — JUV 9
5 D**N** — AEHIJ**P**R**Z** 10
4-6A CEE ❶ €26,00
6 ha 34**T**(100–120m²) 64**D** ❷ €30,50
109614
A50 Ausfahrt 22 Hoenderloo; A1 Ausfahrt 19 Hoenderloo, dann den Schildern folgen.

Hoenderloo, NL-7351 TN / Gelderland
- De Pampel
- Woeste Hoefweg 35
- 1 Jan - 31 Dez
- +31 5 53 78 17 60
- info@pampel.nl
- N 52°07'10" E 05°54'19"

1 ADEHKNORST — CHI 6
2 ABGOPQTVWXY — ABC**DEFG**HK 7
3 ABDF**HI**M**N**SV — ABCDEFGIJK**LM**NPQRTUVW 8
4 **A**BFGHILO — BCFJUVWY 9
5 ACDEFGLM**N** — ABDEFGHIJ**P**R**Z** 10
Anzeige auf dieser Seite 6-16A CEE ❶ €32,35
14,5 ha 278**T**(100–200m²) 36**D** ❸ €45,95
105622
A1, Ausfahrt 19 Apeldoorn/Hoenderloo, in Hoenderloo Richtung Loenen fahren. Oder A50 Arnhem-Apeldoorn, Ausfahrt 22 Hoenderloo, den Schildern folgen.

Hoenderloo, NL-7351 TM / Gelderland
- Recreatiepark 't Veluws Hof
- Krimweg 152-154
- 20 Mär - 26 Okt
- +31 5 53 78 17 77
- info@veluwshof.nl
- N 52°07'21" E 05°55'17"

1 AE**JM**NORT — ABFGHI 6
2 ABGPQVWXY — AB**FG**H 7
3 ABFGJM**NR**SV — ABCDEFGIJNPQRTUV 8
4 ABDEFHILO**PQ** — EJUVWY 9
5 ACDEFHLMN — ABDEHIJ**P**RYZ 10
Anzeige auf Seite 351 6A CEE ❶ €32,00
32 ha 70**T**(100–130m²) 616**D** ❷ €40,00
108351
A1 Ausfahrt 19 Apeldoorn-Hoenderloo, in Hoenderloo Richtung Campings folgen oder A50 Arnhem-Hoenderloo, Ausfahrt 22 Hoenderloo, den Schildern Hoenderloo folgen.

Camping Overbetuwe

Klein angelegter Camping mit großen Plätzen. Raum, Natur, Wasser, Grün und Ruhe auf dem autofreien Gelände, um sich herrlich zu erholen. Prima Ausgangspunkt für Rad- und Wanderrouten und Kulturausflüge, u.a. in die Betuwe, Veluwe und das Flussgebiet. Auf Vorzeigen der ACSI Club ID auch in der Hochsaison Rabatt.

Uilenburgsestraat 3, 6666 LA Heteren
Tel. 026-4742233 • E-Mail: info@campingoverbetuwe.nl
Internet: www.campingoverbetuwe.nl

Hoenderloo, NL-7351 BP / Gelderland

- Veluwe camping 't Schinkel
- Miggelenbergweg 60
- 3 Apr - 25 Okt
- +31 5 53 78 13 67
- info@hetschinkel.nl
- N 52°07'42'' E 05°54'15''

#	Codes	More codes
1	AEGJMNORST	ABFGHI 6
2	AGPQTVWX	ABDEFGHK 7
3	BDFMS	ABCDEFGIJKNQRTUVW 8
4	BFHIL	HJUVW 9
5	ABDEFKLMN	ABDEFGHIJPR 10

Anzeige auf Seite 358 6-16A CEE
7,5 ha 200T(80-100m²) 9D
€30,00
€42,80
105621

Von Arnhem/Apeldoorn/Ede in Richtung Hoenderloo fahren. Danach dem Schild Beekbergen/Loenen Richtung Beekbergen folgen. CP-Schilder beachten.

Hulshorst, NL-8077 RP / Gelderland

- Campingpark De Vuurkuil
- Vuurkuilweg 15
- 1 Jan - 31 Dez
- +31 3 41 45 13 80
- info@vuurkuil.nl
- N 52°20'58'' E 05°42'23''

#	Codes	More codes
1	ABEILNOPQRT	6
2	ABCGOPRVWX	ABDEFH 7
3	ACILMU	ABEFHJNPQRUV 8
4	EFHK	EFVW 9
5	ADHK	ABEFGHIJPST 10

Anzeige auf dieser Seite 10-16A CEE
4,5 ha 35T(200m²) 6D
€22,50
€27,50
123228

N310 zwischen Hierden und Hulshorst. Ausfahrt am China-Restaurant. Straße bis zum 1. Hinweisschild folgen. GPS ausschalten!

Campingpark de Vuurkuil b.v.

Vuurkuilweg 15, 8077 RP Hulshorst
Tel. 0341-451380
E-Mail: info@vuurkuil.nl
Internet: www.vuurkuil.nl

Hummelo, NL-6999 DT / Gelderland

- Camping De Graafschap
- Loenhorsterweg 7c
- 10 Apr - 25 Okt
- +31 3 14 34 37 52
- info@camping-degraafschap.nl
- N 51°59'31'' E 06°16'47''

#	Codes	More codes
1	AEJMNOPRST	6
2	APQSVWXY	ABDEFGHJ 7
3	ALMS	ABCDEFJLNPQRTUVW 8
4	FGHIOQ	EFVW 9
5	ABDEKMN	ABEFGHJMOPQSTVXZ 10

Anzeige auf dieser Seite B 6-20A CEE
6 ha 65T(120-250m²) 78D
€28,35
€39,95
108355

A3 Oberhausen-Arnheim, Ausfahrt 30 Beek, Richtung A18 Doetinchem, Ausfahrt 2 Richtung Zutphen. In Hummelo CP-Schildern folgen. Ab Doetinchem: der Ausfahrt 9 folgen 'De Kruisberg' oder 'H. Slingeland', dann den Schildern nach.

Schöner, ruhiger Campingplatz in der Natur. In der Vor- und Nachsaison CampingCard ACSI für die Basisplätze. Privatsanitär möglich. Tolle Radtouren und Wandern in der schönen Achterhoek.

Loenhorsterweg 7c, 6999 DT Hummelo
Tel. 0314-343752
E-Mail: info@camping-degraafschap.nl
Internet: www.camping-degraafschap.nl

Hummelo, NL-6999 DW / Gelderland

- Camping Jena
- Rozegaarderweg 7
- 4 Apr - 4 Okt
- +31 3 14 38 14 57
- info@camping-jena.nl
- N 51°59'35'' E 06°15'23''

#	Codes	More codes
1	AEJMNOPRST	6
2	ABOPQVWXY	ABDEFGHJ 7
3	ACEGLMVX	AEFHKNPQRTW 8
4	FGHI	FVWY 9
5	ABDEN	ABCDFGJOSTVWZ 10

B 6-10A CEE
6 ha 120T(100-150m²) 31D
€25,50
€35,50
105714

A3 Oberhausen-Arnheim, Ausf. 30 Beek, Ri. A18 Doetinchem, Ausf. 2 Wehl, Ri. Zutphen. Hinter Hummelo am Kreisel geradeaus den Schildern folgen. Doetinchem, Ausf. 4 (N317) Ri. Doesburg. Hinter Langerak am Kreisel re. den Schildern folgen.

Kesteren, NL-4041 AW / Gelderland

- Camping "Betuwe"
- Hoge Dijkseweg 40
- 15 Mär - 15 Okt
- +31 4 88 48 14 77
- info@campingbetuwe.nl
- N 51°56'15'' E 05°32'46''

#	Codes	More codes
1	ADEJMNOPQRST	LN 6
2	ADGHIPVWX	ABDEFG 7
3	ABCDFMSTUV	ABCDEFGIJKNQRSTUW 8
4	BDFHILQ	FJVY 9
5	ADEFHLM	ABHIJPRZ 10

10A CEE
30 ha 60T(90-110m²) 182D
€30,00
€42,00
100796

A15 Ausfahrt 35 Ochten/Kesteren. N320 Richtung Culemborg. Den Schildern zum CP folgen. A12 Ausfahrt Veenendaal/Rhenen. Über die Rheinbrücke Ausfahrt Kesteren. Unten an der Straße rechts ab, dann 1. links.

Kootwijk, NL-3775 KB / Gelderland

- Harskamperdennen
- H. van 't Hoffweg 25
- 27 Mär - 3 Okt
- +31 3 18 45 62 72
- info@harskamperdennen.nl
- N 52°09'01'' E 05°44'28''

#	Codes	More codes
1	ADEFGILNORT	6
2	ABOPQWXY	ABDEFGHJ 7
3	ABEFMSV	ABCDFIJKNQRTVW 8
4	BFGHIO	ACFVY 9
5	ADJMN	ABDGHIJOQRZ 10

Anzeige auf dieser Seite 6-10A CEE
16 ha 302T(100-200m²) 13D
€29,60
€39,85
109731

A1, Ausfahrt 17 Richtung Harskamp, dann den Schildern folgen.

Kotten/Winterswijk, NL-7107 AG / Gelderland

- Renskers
- Aalbrinkstegge 5
- 1 Jan - 31 Dez
- +31 5 43 56 32 93
- info@camping-renskers.nl
- N 51°56'54'' E 06°46'31''

#	Codes	More codes
1	AJMNOPQRT	F 6
2	BPQVWX	ABDEFG 7
3	ABFHILMU	ABCDEFJNPRTUV 8
4	H	9
5	DN	ABHJPR 10

10A CEE
4,5 ha 35T(120-160m²) 125D
€19,40
€28,55
105786

A18 Doetinchem. Richtung Varsseveld und N318 Winterswijk. Vor Richtung Borken (Dld) folgen: Schildern folgen. Beinahe an der Grenze. Links liegt der CP.

Laag-Soeren, NL-6957 DP / Gelderland

- Ardoer Vakantiedorp De Jutberg
- Jutberg 78
- 1 Jan - 31 Dez
- +31 3 13 61 92 20
- info@jutberg.nl
- N 52°04'05'' E 06°04'48''

#	Codes	More codes
1	ACDEJMNOPRT	CFGH 6
2	ABGPQTVWXY	ABDEFG 7
3	ABFMSUV	ABCDEFGIJNQRTUVW 8
4	FGHILOPQ	AEFUVWX 9
5	ABDEFHJKLMN	ABDEGHIJNPQRZ 10

Anzeige auf Seite 365 6-10A CEE
18 ha 153T(80-120m²) 190D
€35,25
€47,50
105629

A1 Ausfahrt Apeldoorn-Süd Richtung Dieren, den Schildern folgen. Ab der A12 Richtung Zutphen-Dieren, Laag-Soeren und dann den Schildern folgen.

Laag-Soeren, NL-6957 DE / Gelderland

- Boszicht
- Priesnitzlaan 4
- 27 Mär - 26 Okt
- +31 3 13 42 04 35
- info@campingboszicht.nl
- N 52°04'04'' E 06°05'04''

#	Codes	More codes
1	AEGJMNOPQRST	6
2	AOPQWX	ABCDEFK 7
3	ABI	ABCDEFNQRU 8
4	FHIO	EFI 9
5	ADMN	AHJPR 10

4A CEE
2 ha 80T(100m²) 10D
€24,30
€34,55
107811

Richtung Dieren/Laag Soeren, Schildern folgen.

Lieren/Beekbergen, NL-7364 CB / Gelderland

- Ardoer comfortcamping De Bosgraaf
- Kanaal Zuid 444
- 27 Mär - 25 Okt
- +31 5 55 05 13 59
- bosgraaf@ardoer.com
- N 52°08'39'' E 06°02'09''

#	Codes	More codes
1	ADEHKNOPRT	ABFGHN 6
2	ABPQWXY	ABDEFGH 7
3	ABEFLMNSV	ABCDEFGIJLMNQRTUW 8
4	BDFHILNOQ	FJVW 9
5	ACDEHKMN	AEHIJPRZ 10

Anzeige auf Seite 365 6A CEE
22 ha 237T(100-144m²) 340D
€32,20
€42,40
109866

A1 Ausfahrt 20 'Apeldoorn-Zuid/Beekbergen' nach der Ausfahrt links ab den Schildern folgen. Oder A50 Ausfahrt 23 Loenen Richtung Loenen links ab Klarenbeek. Schildern folgen.

Teilkarte Gelderland auf Seite 349

Camping Landal Rabbit Hill
Prächtiger Waldcamping mit vielen Einrichtungen mitten auf der Veluwe

✓ große Waldplätze
✓ dicht bei Apeldoorn und Arnheim
✓ Rad- und Wanderwege vom Park aus

landalcamping.nl/acsi

Lochem, NL-7241 PV / Gelderland
- Erve Harkink
- Zwiepseweg 138
- 1 Apr - 6 Okt
- +31 5 73 25 17 75
- info@erveharkink.nl

1 AILNOPRST 6
2 AOPQWXY ABDEFG 7
3 BLMSU ABCDEFKNQRTW 8
4 FGHIKO FY 9
5 DN AGJOPSTZ 10
B 6A CEE
3 ha 100T(100-110m²) 36D
€18,50 / €30,50

N 52°09'05'' E 06°25'59''
Vom Zentrum Lochem Richtung Barchem N312. Nach 600m links und am Ende der Strecke nach rechts. Nach 900m liegt der CP rechts der Strecke. 115537

Maasbommel, NL-6627 KT / Gelderland
- Het Molenstrand
- Bovendijk 6A
- 1 Apr - 31 Okt
- +31 4 87 54 23 36
- info@molenstrand.nl

1 BDEGILNOPQRT LMNQSTXYZ 6
2 DFGIJPQVW ABFG 7
3 AHIMS ABCDEFJNRUV 8
4 H OPR 9
5 DEFHJLMN ABEFGHJPRZ 10
10A CEE
3 ha 33T(60m²) 104D
€30,25 / €33,25

N 51°50'20'' E 05°32'51''
Auf der N329 Ausfahrt 'Het Groene Eiland' nehmen. Der CP ist danach deutlich angezeigt. Wohnwagen und Reisemobile der Beschilderung und nicht dem Navi folgen. 117997

Maurik, NL-4021 GH / Gelderland
- Camp. Jachthaven de Loswal
- Rijnbandijk 36
- 1 Apr - 1 Okt
- +31 3 44 69 28 92
- info@loswal.com

1 AEGILNOPRT JNQSWXYZ 6
2 ACDGHPQRWX ABDEFG 7
3 BFGLMV ABCDEFJNQRT 8
4 IO DF 9
5 DEFKMN ABHIJPRZ 10
Anzeige auf dieser Seite B 6A CEE
5,5 ha 50T(100m²) 133D
€26,60 / €35,20

N 51°57'47'' E 05°24'25''
A15 Gorinchem-Nijmegen, Ausfahrt Tiel/Maurik, Richtung Maurik folgen. In Maurik ausgeschildert. A2 Ausfahrt 13 Culemborg/Kesteren N320. Den CP-Schildern folgen. 105528

• schön in den Wäldern gelegen
• große Stellplätze auf Feldern
• Naturstellplätze • Reisemobil geeignet
• sauberes Sanitär • WiFi auf dem gesamten Gelände

Boslaan 129, 6741 KG Lunteren • Tel. 0318-482371
E-Mail: info@campingderimboe.com
Internet: www.campingderimboe.com

Camping Jachthaven De Loswal ist ein prächtiger Camping mit schönen, großen Plätzen, direkt am Wasser gelegen. Ein geselliger Pavillon und Terrasse, modernes Sanitär, Gastlichkeit und viele Wassersportmöglichkeiten.

Rijnbandijk 36, 4021 GH Maurik • Tel. 0344-692892
E-Mail: info@loswal.com • Internet: www.loswal.com

Lunteren, NL-6741 KG / Gelderland
- De Rimboe
- Boslaan 129
- 2 Mär - 25 Okt
- +31 3 18 48 23 71
- info@campingderimboe.com

1 ADEILNOPQRST 6
2 ABPQTVWXY ABDEFG 7
3 ABFMSX ABCDEFIJNPQRTUVW 8
4 EFHIO CFV 9
5 DMN ABDGHIJPQRZ 10
Anzeige auf dieser Seite 6-10A CEE
10,5 ha 140T(80-120m²) 163D
€19,25 / €27,55

N 52°05'31'' E 05°39'47''
A30 Ausfahrt Lunteren. Umfahrung folgen (also nicht ins Zentrum hinein). Danach ist der CP ausgeschildert. 100783

Maurik, NL-4021 GG / Gelderland
- Vakantiepark Eiland van Maurik
- Eiland van Maurik 7
- 27 Mär - 26 Okt
- +31 3 44 69 15 02
- receptie@eilandvanmaurik.nl

1 ADEGJMNOPRST CDLNQSXYZ 6
2 DGHPVWX ABDEFGHK 7
3 BDEFGHIJLMTVW ABCDEFGIJKNQRTUVW 8
4 BCDFHINOPQ AEFJOPRTVWY 9
5 ACDEFGHKMN ABEFGHIJPZ 10
Anzeige auf dieser Seite B 10A CEE
14 ha 250T(110-120m²) 362D
€42,00 / €52,00

N 51°58'34'' E 05°25'49''
A15 Ausfahrt 33 Tiel/Maurik, über die A2 Ausfahrt 13 die N230 Culemborg/Kesteren. Richtung Maurik und "Eiland van Maurik" folgen. 105527

Neede, NL-7161 LW / Gelderland
- Den Blanken
- Diepenheimseweg 44
- 28 Mär - 27 Sep
- +31 5 47 35 13 53
- info@campingdenblanken.nl

1 AE**JM**NOPQRST ABFG**JN** 6
2 CGPQVWXY AB**DEFGH** 7
3 ABCDLMNSV ABCDE**F**GJKNPQRTUVW 8
4 BDFHILO ACFJUVW 9
5 ABDEFGHKLMN ABCDFGHIJMPSTYZ 10
Anzeige auf dieser Seite B 6-10A CEE ❶ €32,00
7,2 ha 184**T**(100-150m²) 54**D** ❷ €47,50

Auf der Strecke Diepenheim-Neede. Der CP wird ausgeschildert.
N 52°10'49'' E 06°35'13''   108277

Oosterbeek, NL-6861 AG / Gelderland
- Aan Veluwe
- Sportlaan 1
- 27 Mär - 19 Okt
- +31 2 24 56 31 09
- info@aanveluwe.nl

1 AG**IL**NOPRS**T** 6
2 ABOPQVXY AB**FGH** 7
3 A CDEFJLMNQUV 8
4 FH V 9
5 DN ABEFHJPRZ 10
16A CEE ❶ €23,00
8 ha 114**T**(100-120m²) ❷ €26,00

In Oosterbeek im Kreisverkehr Ausfahrt Valkenburglaan. Dann nach 300m links gegenüber dem Reitstall in die Sportlaan.
N 51°59'37'' E 05°49'19''   100797

Nieuw-Milligen, NL-3888 NR / Gelderland
- Landal Rabbit Hill
- Grevenhout 21
- 1 Jan - 31 Dez
- +31 5 77 45 64 31
- rabbithill@landal.nl

1 ADEHKNOPQRST ABEFGI 6
2 ABGOPQVXY AB**DEFGH**K 7
3 ABCDFG**JLMNRS**UVX ABCDEFGIJKLNQRTUVW 8
4 BD**EF**GHIKLO**PQS** CEJUVWY 9
5 ACDEFHJLMN ABDEGHJO**P**QRYZ 10
Anzeige auf Seite 360 10-16A CEE ❶ €42,00
6 ha 130**T**(100-150m²) 332**D** ❷ €53,00

A1 Ausfahrt 18 Richtung Harderwijk. Kurz vor der N344 rechts ab. CP gut ausgeschildert.
N 52°13'06'' E 05°47'07''   110507

Oosterhout, NL-6678 MC / Gelderland
- De Grote Altena
- Waaldijk 38
- 1 Apr - 5 Okt
- +31 4 81 48 12 00
- info@campingdegrotealtena.nl

1 ADE**JM**NOPR**T** **JN** 6
2 ACFHPUX AB**EFG**HK 7
3 AFLMSU ABCDE**FG**HJNPQRTUV 8
4 GHIO EHJV 9
5 ABDN ABGHJ**P**RVX 10
B 6-10A CEE ❶ €30,00
4,5 ha 80**T**(108-126m²) 40**D** ❷ €38,50

Über die A15 Ausfahrt Oosterhout im Dorf den Schildern folgen. CP liegt am Waaldijk.
N 51°52'32'' E 05°48'27''   105630

Nunspeet, NL-8071 PB / Gelderland
- de Tol
- Elspeterweg 61
- 1 Apr - 31 Okt
- +31 3 41 25 24 13
- info@camping-detol.nl

1 AEGHKNOPQRST ABFGL 6
2 ABDGHOPQVWXY AB**FGH** 7
3 ABC**DEFGJLM**SUVX ABCDE**FG**KNQRTW 8
4 B**DEF**HILNO**PQ** FUVW 9
5 ABDEFHKLMN ABEGHJ**P**TYZ 10
B 4-10A CEE ❶ €32,55
12,5 ha 180**T**(80-150m²) 119**D** ❷ €42,95

A28, Ausfahrt 14 Nunspeet/Elspeet, Richtung Elspeet. CP ausgeschildert.
N 52°21'24'' E 05°47'19''   105557

Opheusden, NL-4043 JX / Gelderland
- De Linie
- Markstraat 3A
- 1 Jan - 31 Dez
- +31 4 88 48 12 14
- info@campingdelinie.nl

1 ADEG**JM**NOPQRST LN 6
2 ACDGOPQVWXY AB**DEFG**H 7
3 AFMSU AB**F**KNRTUW 8
4 B**D**FHIO FIJ 9
5 DEJLMN ABHJ**P**RW 10
10A CEE ❶ €25,00
3 ha 25**T**(100m²) 53**D** ❷ €27,50

A15 Ausfahrt 35 Ochten. N233 Richtung Kesteren. Dann rechts ab Richtung Opheusden, rechts ab(Hauptstraße) 280m. Weiter dann rechts Broekdijk. Nochmal rechts ab und den Schildern folgen.
N 51°56'12'' E 05°35'50''   121362

Nunspeet, NL-8072 DC / Gelderland
- De Vossenberg
- Groenelaantje 25
- 29 Mär - 31 Okt
- +31 3 41 25 24 58
- info@campingdevossenberg.nl

1 AEHKNOPQRST 6
2 ABDHOPQTUWXY AB**DEFGH** 7
3 ABD**FLMNO**SUVX AEFGIJNPQRTU 8
4 ABC**D**FHIL**QTU** CJUVWY 9
5 ADEHKN BEHIJ**PTU** 10
6-16A CEE ❶ €23,80
3,6 ha 25**T**(bis 100m²) 57**D** ❷ €34,80

A28 Ausfahrt 14 Richtung Nunspeet. Am Kreisel der Beschilderung folgen.
N 52°22'23'' E 05°47'56''   113405

Otterlo, NL-6731 SN / Gelderland
- Beek en Hei
- Heideweg 4
- 1 Jan - 31 Dez
- +31 3 18 59 14 83
- info@beekenhei.nl

1 ADEG**JM**NOPR**T** 6
2 ABOPQVWXY AB**DEFGH**K 7
3 AB**HM** ABCDE**FI**JNQRTUV 8
4 ABFHIO FUVW 9
5 ABDN ABDFGHIJO**P**TUZ 10
Anzeige auf dieser Seite 4-6A CEE ❶ €26,00
5 ha 120**T**(60-100m²) 8**D** ❷ €34,95

A12, Ausfahrt 23 Arnhem-Oosterbeek Richtung Arnhem, dann Richtung Otterlo und den CP-Schildern folgen.
N 52°05'31'' E 05°46'14''   105563

Nunspeet, NL-8072 PK / Gelderland
- Camping De Witte Wieven
- Wiltsangh 41
- 29 Mär - 31 Okt
- +31 3 41 25 26 42
- info@wittewieven.nl

1 AEG**JM**NOPQRS**T** AF 6
2 ABPWX AB**FG** 7
3 BCG**HILM** ABE**F**JNQRTW 8
4 BCE**H**IOQ FJUVWXY 9
5 DEFHKMN ABGHJ**P**STZ 10
Anzeige auf dieser Seite 6-10A CEE ❶ €25,40
18,8 ha 70**T**(100m²) 211**D** ❷ €35,00

Auf der A28 Ausfahrt 15 Richtung Nunspeet, 1. Straße hinter dem Bahnübergang.
N 52°22'50'' E 05°49'01''   111026

Camping "De Witte Wieven"
- ruhige Campfelder
- sonnige Plätze im Wald
- beheiztes und sauberes Sanitär
- diverse Einrichtungen wie Reitplatz und Freibad
- Hunde sind willkommen

Nunspeet, Tel. 0341-252642, www.wittewieven.nl

Campen an einem einmaligen Ort im Herzen der Hogen Veluwe, so wie Campen sein sollte!

Heideweg 4 • 6731 SN Otterlo • Tel. (0318)591483
info@beekenhei.nl • www.beekenhei.nl

Strandparc Nulde liegt an einer einmaligen Stelle direkt am Veluwe See und bietet alle modernen Anlagen. Komfortplätze, ordentliches Sanitär, Vermietung von Tretbooten, Kanus und SUP's, WLAN und Kinderanimation sind nur ein kleiner Teil der unzähligen Angebote, die diese Camping zu bieten hat. Wir heißen Sie herzlich willkommen auf Strandparc Nulde: dem Urlaubsstrand im Herzen der Niederlande!

Strandboulevard 27, 3882 RN Putten • Tel. 0341-361304
E-Mail: strandparcnulde@vdbrecreatie.nl
Internet: www.strandparcnulde.nl

Putten, NL-3882 RN / Gelderland

- Strandparc Nulde
- Strandboulevard 27
- 1 Apr - 1 Okt
- +31 3 41 36 13 04
- strandparcnulde@vdbrecreatie.nl
- N 52°16'17'' E 05°32'14''

1 ADEGJMNOPQRST LNQSTXYZ 6
2 ADFGHIPQVWX ABDEFGH 7
3 BEFGLMVX ABCDEFGIJKNQRTUVW 8
4 BDFHILOZ JNRT 9
5 ADEFHKLN ABCDEGHIPQRZ 10
Anzeige auf dieser Seite B 6-12A CEE €34,00
14 ha 50T(90-110m²) 200D €34,00

A28 Ausfahrt 10 Strand Nulde. Der CP liegt am Wasser und ist an der Ausfahrt angezeigt.

105569

Ruurlo, NL-7261 MR / Gelderland

- Tamaring
- Wildpad 3
- 1 Apr - 4 Okt
- +31 5 73 45 14 86
- info@camping-tamaring.nl
- N 52°06'10'' E 06°26'29''

1 AEJMNOPRST F 6
2 PQVWXY ABDEFGH 7
3 ABCLMS ABCDEFJKNPQRTUVW 8
4 FGHI FJUVWY 9
5 ABDMN ABDEFGHJPRZ 10
Anzeige auf dieser Seite B 10A CEE €25,20
3,5 ha 108T(100-150m²) 4D €34,40

A1 Ausfahrt 26 von Norden: N332 Richtung Lochem-Barchem-Ruurlo. Schilder kurz vor dem CP.

108280

Otterlo, NL-6731 BV / Gelderland

Europarcs Resort De Wije Werelt
- Arnhemseweg 100-102
- 1 Jan - 31 Dez
- +31 8 80 70 81 70
- info.resortdewijewerelt@europarcs.nl
- N 52°05'12'' E 05°46'10''

1 ADEILNOPRST ABFG 6
2 ABGOPQVWXY ABDEFGHK 7
3 ABCDEFMV ABCDEFGJKLNQRTUV 8
4 ABEFGHIKLOP ACEFHJUVWY 9
5 ACDEFHKLM ABDEGHIJPQRZ 10
Anzeige auf dieser Seite B 6-16A CEE €37,25
12 ha 190T(100-150m²) 205D €49,50

A12, Ausfahrt 23 oder 25. A1, Ausfahrt 17 oder 19, an allen Ausfahrten findet man das Schild Park Hoge Veluwe. In Otterlo Schildern folgen.

105562

Stokkum, NL-7039 CW / Gelderland

- De Slangenbult
- St. Isidorusstraat 12
- 1 Jan - 31 Dez
- +31 3 14 66 27 98
- info@deslangenbult.nl
- N 51°52'43'' E 06°12'53''

1 AEJMNOPQRST 6
2 ABGOPQTWX ABDEFG 7
3 ABFLMSUX ABCDEFJNPRTUVW 8
4 FHK UVW 9
5 DN ADEGHJPR 10
Anzeige auf dieser Seite 10-16A CEE €24,50
10 ha 60T(100-140m²) 120D €35,00

A12 Ausfahrt 30 Beek, Ri. Beek halten. 1. Kreisel in Beek rechts ab, direkt danach 1. Straße links, dieser 3 km folgen. In Stokkum 1. Straße rechts (die lange Hecke). CP-Schildern folgen.

108357

Stokkum, NL-7039 CV / Gelderland

- Landgoed Brockhausen
- Eltenseweg 20
- 27 Mär - 30 Sep
- +31 3 14 66 12 12
- campingbrockhausen@gmail.com
- N 51°52'40'' E 06°12'39''

1 AEJMNOPQRST 6
2 ABPQWXY ABDEFGH 7
3 ALS ABCDEFGHIJKNQRTUVW 8
4 EFGH F 9
5 A ABCFGHIJPTW 10
Anzeige auf dieser Seite B 10A CEE €24,75
4 ha 76T(100-140m²) 36D €35,25

A3 Ausfahrt Emmerich/'s-Heerenberg, in 's-Heerenberg Richtung, dann den CP-Schildern folgen.

110592

Camping Landgoed Brockhausen

• **Q**ualität, **R**uhe und **N**atur
• große Stellplätze

Eltenseweg 20, 7039 CV Stokkum
Tel. +31 314661212
E-Mail: campingbrockhausen@gmail.com
Internet: www.brockhausen.nl

Putten, NL-3881 NE / Gelderland

- De Rusthoeve
- Garderenseweg 168
- 27 Mär - 1 Nov
- +31 5 77 46 12 46
- info@rusthoeve.nl
- N 52°14'12'' E 05°40'29''

1 AEGILNOPQRST 6
2 ABOPQVWX ABFGH 7
3 BELMS CDEFHJLNPQRTUVW 8
4 BDFHIKLO JV 9
5 DN ABCEGHJPQR 10
16A CEE €26,20
5,5 ha 25T(70-130m²) 218D €37,95

A1 Ausfahrt 17 durch Garderen Richtung Putten. Von Putten: Richtung Garderen, 5 km außerhalb von Putten. CP liegt an der Südseite der Straße.

105568

De Slangenbult

De Slangenbult liegt ruhig am Rande der Montferlander Wälder auf der Grenze zu Deutschland beim Städtchen 's-Heerenberg. Hier können Sie außergewöhnlich auf großen 'grünen' Plätzen genießen. Modernes und sauberes Sanitär! Die ideale Ausgangsbasis zum Rad fahren, Mountainbiken, wandern, Nordic walken oder einfach nur ausruhen!

St. Isidorusstraat 12, 7039 CW Stokkum
Tel. 0314-662798 • E-Mail: info@deslangenbult.nl
Internet: www.deslangenbult.nl

Stroe, NL-3776 PV / Gelderland

- Jacobus Hoeve
- Tolnegenweg 53
- 1 Feb - 30 Nov
- +31 3 42 44 13 19
- info@jacobus-hoeve.nl
- N 52°11'38'' E 05°40'42''

1 ACDEGJMNOPQRST 6
2 APQRSVWX ABFGH 7
3 ABCELMNSV ABCDEFJNPQRTUV 8
4 BEFHKLOP FJUVW 9
5 ADEHKLMN ABCDEFHJPRY 10
Anzeige auf dieser Seite 10-16A CEE €21,90
5 ha 60T(100-150m²) 117D €28,80

A1 Ausfahrt 17 Richtung Stroe. Am 1. Kreisel links, vorm Bahnübergang rechts. CP nach 800m links der Straße.

117914

Camping Jacobus Hoeve
Moderner Komfort und traditionelle Gastfreundschaft

 Ein einmaliger Camping auf der Veluwe. Umgeben von Wiesen, Wald und Heide.

Internet: www.jacobus-hoeve.nl   Tel. 0342-441319

Teuge, NL-7395 PC / Gelderland

- 't Oegenbos
- Zandenalle 5
- 15 Mär - 31 Okt
- +31 5 53 23 15 55
- info@oegenbos.nl
- N 52°14'54'' E 06°03'02''

1 AEGJMNOPRT LM 6
2 ADFGHIPRVWXY ABDEFGK 7
3 AEFGLMU ABCDEFGHJLNPQRTUVW 8
4 IO FV 9
5 DEHK ABFGJPQPRVZ 10
B 10A CEE €22,00
1 ha 65T(100-185m²) 3D €29,00

A50 Zwolle-Arnhem, Ausfahrt Apeldoorn/Teuge. Richtung Teuge. In Teuge Richtung Flugplatz, dem 'Durchgangsverkehr' folgen' bis zur Dreier-Gabelung, dort links. Nach 300m liegt der CP links.

119762

EuroParcs
De Wije Werelt

Entdecken Sie die Veluwe im EuroParcs Resort de Wije Werelt!

Einzigartig gelegen in der Veluwe und im Wald von Otterlo neben dem Nationalpark De Hoge Veluwe.

Kinder können unendlich viel spielen auf den spannenden Spielplätzen, in den Schwimmbädern, im Veluwe-Streichelzoo oder im Kindertheater.

Gemütliches Familienrestaurant De Houtzagerij.

Einzigartige Unterkünfte.

Jetzt buchen!
www.europarcs.nl

Für den unvergesslichen Urlaub!

Arnhemseweg 100-102 • 6731 BV Otterlo • +31 (0) 88 070 81 70

de Wapenberg — Herrlich natürlich campen. Modernes, beheiztes Sanitär. WiFi. Plätze auf Feldern oder individuell. An schönen Mountainbike-, Rad- und Wanderwegen gelegen. Knapp vor Apeldoorn, dicht bei allen Attraktionen, aber dennoch mitten in der Natur. Wir freuen uns auf Sie.

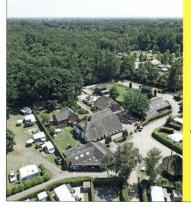

Camping De Helfterkamp

Unser ruhiger Familiencamping mitten in der Veluwe, strahlt eine freundliche Bauernhofatmosphäre aus. Unser Platz ist für Familien als auch für alle geeignet, die zur Erholung und Entspannung kommen. Am Rande der Kroondomein können Sie auf großen und übersichtlichen Feldern rund um einen Gelderländer Bauernhof campen. Viele Rad- und Wanderangebote in unmittelbarer Nähe.

Gortelseweg 24, 8171 RA Vaassen
Tel. +31 578571839
E-Mail: info@helfterkamp.nl
Internet: www.helfterkamp.nl

Camping 't Meulenbrugge

KGC

Prächtiger Camping an der Wasserseite einer waldreichen Umgebung.

Mosselseweg 4, 7251 KT Vorden • Tel. 0575-556612
E-Mail: info@meulenbrugge-vorden.nl
Internet: www.meulenbrugge-vorden.nl

Vierhouten, NL-8076 RC / Gelderland

- Beans-Hill
- Elspeterbosweg 74
- 1 Apr - 27 Okt
- +31 5 77 41 13 26
- info@beans-hill.nl

1 AE**IL**NOPRT	6
2 ABPQRSVWX	ABD**EFG** 7
3 A**HL**M	ABE**F**JNRTUVW 9
4 FHK	9
5 DMN	ABEHIJ**PR**10
10A CEE	① €21,20
3,2 ha 16**T**(100m²) 90**D**	② €26,00

N 52°19'32'' E 05°49'26''
A28 Amersfoort-Zwolle Ausfahrt Nunspeet/Elspeet Richtung Vierhouten. Dann Schildern folgen. 108988

Vierhouten, NL-8076 PM / Gelderland

- Recreatiepark Samoza
- Plaggeweg 90
- 27 Mär - 26 Okt
- +31 5 77 41 12 83
- info@samoza.nl

1 ADEJMNOPQRST	ABEFGH 6
2 ABGPQRVWXY	ABD**EFG**H 7
3 ABCF**HIL**MNS	ABCDEFGHJKNRTUVW 8
4 BCDFHIKLMNO**PQ**	ACJVWY 9
5 ACDEHKLMN	ABEGHIK**PQ**RZ10
Anzeige auf dieser Seite B 4-10A CEE	① €45,95
70 ha 310**T**(100m²) 915**D**	② €48,15

N 52°20'54'' E 05°49'27''
A28 Amersfoort-Zwolle, Ausfahrt 14 Nunspeet/Elspeet. Dann Richtung Vierhouten. Danach den Schildern folgen. 105617

SAMOZA recreatiepark
www.samoza.nl
Vierhouten

Voorst, NL-7383 AL / Gelderland

- De Adelaar
- Rijksstraatweg 49
- 1 Jan - 31 Dez
- +31 5 75 50 19 72
- info@campingdeadelaar.nl

1 AEG**IL**NOPRST	6
2 ACFPQRVWXY	AB**FG**IK 7
3 ACDELMU	ABCDE**FG**JKNPQRUW 8
4 FHI	VWY 9
5 N	ABFGHJPR10
Anzeige auf dieser Seite 6-10A CEE	① €20,50
1 ha 55**T**(120-150m²)	② €30,50

N 52°10'37'' E 06°08'26''
A1 Ausf. Ri. Zutphen (N345), geht am Camping entlang. Er liegt vor der Ortsbebauung von Voorst, links. Von der A50 Ausf. 24 Ri. Zutphen (N345) vor der Ortsbebauung von Voorst, links. 122769

De Adelaar camping - boerderij

Campen auf dem Landgut.
Hansestädte Zutphen und Deventer.
Bos IJssel und Deichvorland.
Viele Wander- und Radwege.
Ortsmitte im Gehbereich.

Rijksstraatweg 49, 7383 AL Voorst
Tel. 0575-501972
E-Mail: info@campingdeadelaar.nl
Internet: www.campingdeadelaar.nl

Voorthuizen, NL-3781 NJ / Gelderland

- Ardoer Vakantiepark Ackersate
- Harremaatweg 26
- 27 Mär - 24 Okt
- +31 3 42 47 12 74
- receptie@ackersate.nl

1 ADEG**IL**NOPQRST	ABEFGHI 6
2 AOPQVWX	ABC**DEFG**HK 7
3 ABCEFGJLMN**SU**VV	ABCDEFGIJKLNPQRTUV 8
4 BCDGHIKLO**PQ**U	BCEHJUVW 9
5 ACDEFGHJLMNO	ABDEGHJPQRXZ10
Anzeige auf Seite 365 B 6-10A CEE	① €49,00
23 ha 194**T**(100-120m²) 325**D**	② €63,00

N 52°11'11'' E 05°37'30''
A1 Ausfahrt 16. In Voorthuizen die N344 rechts ab Richtung Garderen. Kurz hinter Voorthuizen rechts ab. Ist angezeigt. 105565

Voorthuizen, NL-3781 NG / Gelderland

- Beloofde Land
- Bosweg 17
- 6 Apr - 26 Okt
- +31 3 42 47 29 42
- info@beloofdeland.nl

1 AEG**JM**NOPQRST	ABFG 6
2 ACGHOPQVWX	ABD**EFG**HK 7
3 ABCEFG**HIJ**LMUVV	ABCDFGJKNRQRTUVW 8
4 BCDFHIKLO**QR**	ACEFJVY 9
5 ABDEJMN	ABHJPRZ10
B 6-10A CEE	① €40,00
5 ha 117**T**(80-150m²) 70**D**	② €40,00

N 52°11'14'' E 05°37'23''
A1 Ausfahrt 16. In Voorthuizen rechts die N344 Richtung Garderen. Kurz hinter Voorthuizen rechts ab. CP ist ausgeschildert. 112726

Voorthuizen, NL-3781 NW / Gelderland

- De Zanderij
- Hoge Boeschoterweg 96
- 30 Mär - 30 Okt
- +31 3 42 47 13 43
- info@zanderij.nl

1 AEG**JM**NOPRST	ABCDFG 6
2 ABGPQVWXY	A**BDEFG**H 7
3 ABCFG**ILM**NSV	ABCDEFGJKNRQRTUVW 8
4 BCDFHILNO**PQTX**	CEV 9
5 ACDEFGHLMN	ABEHJ**NP**QTUZ10
B 6A CEE	① €33,85
12 ha 115**T**(100-120m²) 244**D**	② €41,70

N 52°12'09'' E 05°39'20''
A1 Ausfahrt 16, N303 Richtung Voorthuizen. Am Kreisel N344 Richtung Garderen. Nach rund 3 km links ab. CP ist angezeigt. 105566

TOP 2018
De Boshoek RECREATIEPARK ★★★★★
zoover   www.deboshoek.nl   anwb

Voorthuizen, NL-3781 NJ / Gelderland

- Recreatiepark De Boshoek
- Harremaatweg 34
- 23 Mär - 25 Okt
- +31 3 42 47 12 97
- info@deboshoek.nl

1 ADEG**IL**NOPQRST	AB**EFG** 6
2 AGOPQVW	ABC**DEFG**H 7
3 ABCFG**HIJ**MNRS**T**UVX	ABCDFGJKLNQRTUV 8
4 BDGHIKLN**PQSTVZ**	BCEFHJVWX 9
5 ABCDEFHJLMNO	ABDEFHJPRZ10
Anzeige auf dieser Seite B 10A CEE	① €50,50
4,5 ha 116**T**(110-120m²) 108**D**	② €60,50

N 52°11'15'' E 05°37'51''
A1 Ausfahrt 16 Richtung Voorthuizen, am Kreisel die N344 Richtung Garderen. Kurz hinter Voorthuizen rechts ab. Der CP ist angezeigt. Die Rezeption ist gegenüber der CP-Einfahrt! 118628

Vorden, NL-7251 KT / Gelderland

- 't Meulenbrugge
- Mosselseweg 4
- 1 Apr - 31 Okt
- +31 5 75 55 66 12
- info@meulenbrugge-vorden.nl

1 AEG**JM**NOPRSTU	6
2 CPQSWXY	ABD**EFG** 7
3 LS	ABCD**F**JNQRUVW 8
4 FH	FVW 9
5 ADMN	ADFGHJPRZ10
Anzeige auf dieser Seite 10-16A CEE	① €22,20
4 ha 107**T**(100-150m²) 2**D**	

N 52°06'28'' E 06°21'16''
Von Vorden Ri. Ruurlo. Nach 2,5 km in der S-Kurve links (Mosselseweg), diesem 400m folgen, rechts zum CP. Von der N319 Ruurlo Ri. Vorden. Durch Kranenburg, in der S-Kurve rechts, dieser Straße 400m bis zum CP folgen. 118314

Vorden, NL-7251 JL / Gelderland

- De Goldberg
- Larenseweg 1
- 1 Apr - 31 Okt
- +31 5 75 55 16 79
- info@degoldberg.nl

1 AEG**JM**NOPQRS**T**	6
2 PQVWXY	AB**DEFG** 7
3 B**HIL**MX	ABCDE**F**HJKNQRTUVW 8
4 BDFHIKO	EFVW 9
5 ABDEFHJKMN	ABFGHJPSTXY10
6-10A CEE	① €20,90
4,5 ha 45**T**(100-120m²) 85**D**	② €29,80

N 52°07'04'' E 06°19'26''
Aus Vorden N319 Richtung Ruurlo, hinter Bahnschranken links ausgeschildert. 105710

Vorden, NL-7251 KA / Gelderland

- De Reehorst
- Enzerinckweg 12
- 1 Apr - 31 Okt
- +31 5 75 55 15 82
- info@dereehorst.nl

1 AE**JM**NOP**T**	F 6
2 BPQVWXY	A**BEFG**H 7
3 ABCG**L**M	ABCDE**FG**JNRTUV 8
4 BFHIO	J 9
5 ADEFHJKLMN	ABDEHJ**PT**10
Anzeige auf Seite 365 6-10A CEE	① €24,70
7,5 ha 49**T**(100-140m²) 140**D**	② €31,90

N 52°06'58'' E 06°20'12''
N319 in der Richtung Ruurlo. Hinter den Bahnschranken nach 400m links, ausgeschildert. 100787

Qualitätscampingplätze in **Gelderland**

Ackersate	Voorthuizen	**Hertshoorn**	Garderen	**Rotonde**	Enspijk
Bosgraaf	Lieren	**Jutberg**	Laag-Soeren	**Zandhegge**	Emst
Haeghehorst	Ermelo				

www.ardoer.com/**gelderland**

Warnsveld, NL-7231 PT / Gelderland 🛜 iD
- ⛺ Camping Warnsveld
- 🏠 Warkenseweg 7
- 📅 1 Apr - 31 Okt
- ☎ +31 5 75 43 13 38
- @ leunk000@wxs.nl

1 AEG**IL**NOPQRS**T**	F 6
2 PQWXY	AB**FGH** 7
3 **G**LM	A**F**NRTW 8
4 DFHIO	9
5 DEHMN	AHJPSTZ10
B 6A CEE	① €20,50
4,5 ha 50**T**(75-100m²) 85**D**	② €30,10

📍 N 52°08'02'' E 06°17'20'' 109359
🚗 Zutphen-Lochem (N346) fahren. Der CP ist ausgeschildert. Oder die N319 Warnsveld-Vorden. Ebenfalls ausgeschildert.

Wijchen, NL-6603 KH / Gelderland 🛜 iD
- ⛺ Recreatiepark Wighenerhorst
- 🏠 Wighenerhorst 103
- 📅 1 Mär - 1 Nov
- ☎ +31 24 645 45 67
- @ info@recreatiepark-wighenerhorst.nl

1 ABE**JM**NORT	ABFG 6
2 GPQWX	ABDE**FGH** 7
3 BF**HIL**MNS	ABCDEFNR 8
4 BDFHI	EF 9
5 ABDEM	ABGHJMPST10
6A CEE	① €23,15
8,5 ha 40**T**(80-100m²) 253**D**	② €28,70

📍 N 51°47'41'' E 05°46'04'' 101563
🚗 A73 Ausfahrt Wijchen. An der Kreuzung zur A326 Richtung Woezik. Am Kreisel links (Einsteinstr.), rechts halten (Edisonstr.), weiter links ab (Buijs Ballotstraat). Den Schildern RC Alverna folgen.

Wilp, NL-7384 CT / Gelderland 🛜 CC€18 iD
- ⛺ Kampeerhoeve Bussloo
- 🏠 Grotenhuisweg 50
- 📅 1 Jan - 31 Dez
- ☎ +31 6 20 98 16 59
- @ info@kampeerhoevebussloo.nl

1 AEFG**JM**NOPRS**T**	6
2 AFPRVWX	AB**FG**HIK 7
3 AC**L**SU	ABEFGJNQRTUV 8
4 HIK	FVW 9
5 DN	ABDFGHIJPR10
Anzeige auf dieser Seite B 10A CEE	① €24,50
1 ha 40**T**(144m²) 5**D**	② €32,50

📍 N 52°12'33'' E 06°06'33'' 121884
🚗 A1 Ausfahrt 22 Twello Richtung Wilp. Nach 200m rechts (Molenallee). Der Straße bis zum CP (Grotenhuisweg) folgen.

De Reehorst

Geschmackvoller Campingplatz in der prächtigen Natur des Achterhoek inmitten von Wäldern, Wiesen und Äckern. Große Plätze und ausgezeichnete Anlagen, Kinderpool, großer Spielplatz, sauberes Sanitär und Restaurant. In der Nähe der schönen Schlösserstraße. Genießen Sie die überwältigende Ruhe, schöne Natur und die Gastfreundschaft des Reehorst!

Enzerinckweg 12, 7251 KA Vorden
Tel. +31 575551582
E-Mail: info@dereehorst.nl • Internet: www.dereehorst.nl

Winterswijk, NL-7115 AG / Gelderland 🛜 CC€18 iD
- ⛺ Het Winkel
- 🏠 De Slingeweg 20
- 📅 1 Jan - 31 Dez
- ☎ +31 5 43 51 30 25
- @ info@hetwinkel.nl

1 ABCDE**IL**NOPQRST	ABFGH 6
2 BGPQVWX	ABDE**FG**H 7
3 ABDF**LMNR**SVX	ABCDEFGJKLNPQRTUW 8
4 BCDFGHIKLO**PQST**	CJUVW 9
5 ABDEFGHJKLN	ABCFHJ**P**RZ10
Anzeige auf dieser Seite 10-16A CEE	① €37,40
20 ha 350**T**(90-200m²) 262**D**	② €46,10

📍 N 51°57'08'' E 06°44'13'' 105787
🚗 Winterswijk Richtung Borken. CP ausgeschildert.

Het Winkel — Moderner und geselliger Camping mit großen Plätzen. Luxus Schwimmbad mit großer Wasserrutschbahn und separatem Kinderbecken. Privatsanitär, Glamping und moderne Chalets. Gute Ausgangsbasis für Rad- und Wandertouren.

De Slingeweg 20, 7115 AG Winterswijk
Tel. 0543-513025
E-Mail: info@hetwinkel.nl
Internet: www.hetwinkel.nl

Am Naherholungsgebiet Bussloo und Bussloo Thermen
Der Campingplatz ist ganzjährig geöffnet

kampeerhoevebussloo.nl T: +31 620981659

Winterswijk, NL-7103 EA / Gelderland 🛜 CC€16 iD
- ⛺ Camping Klompenmakerij ten Hagen
- 🏠 Waliënsestraat 139A
- 📅 1 Jan - 31 Dez
- ☎ +31 5 43 53 15 03
- @ info@hagencampklomp.nl

1 ADE**IL**NOPQRS**T**	LNQS 6
2 DPQVWXY	ABDE**FG** 7
3 ABF**L**MX	ABE**F**JNPQRTUVW 8
4 BDFHI	9
5 **D**N	ABFGHIJ**P**RZ10
B 10-16A CEE	① €25,00
2 ha 46**T**(100-150m²) 36**D**	② €33,40

📍 N 51°59'28'' E 06°43'09'' 113408
🚗 N319 Groenlo-Winterswijk. Kreisel am Groenloseweg Ri. Erholungsgebiet 't Hilgelo. Danach den Schildern folgen. Liegt ca. 1 km nördlich von Winterswijk.

ENDLOS GENIESSEN IN DER NATIONAL LANDSCHAFT WINTERSWIJK

www.detweebruggen.nl | info@detweebruggen.nl

Winterswijk-Meddo, NL-7104 BG / Gelderland 🛜 CC€18

- 🏕 Camping Recreatiepark Sevink Molen
- 🏠 Hilgeloweg 7
- 📅 1 Jan - 31 Dez
- ☎ +31 5 43 55 12 25
- @ info@campingsevinkmolen.nl
- 📍 N 51°59'53'' E 06°43'10''

1 DE**JM**NOPQRST	LN 6
2 DGHPQWXY	ABDE**FG** 7
3 B**DL**UV	ABCDE**FG**JK**LM**NQRTUVW 8
4 BFHK	C 9
5 AEFIKLN	AEFGHJ**P**RZ10
Anzeige auf dieser Seite 10A CEE	❶ €27,40
7,5 ha 60**T**(140m²) 64**D**	❷ €37,80

A31, Ausfahrt 33 Gescher, weiter B525/L558 Richtung Südlohn-Oeding (Grenze), ab hier die L558/N319 Richtung Winterswijk. Den CP-Schildern folgen. 107858

Geselliger, mittelgroßer Camping mit vielen Einrichtungen in Winterswijk. Alle großen Stellplätze sind mit Privatsanitär ausgestattet. Viele Möglichkeiten von wandern bis Rad fahren vom Platz aus. Überdachtes Spielen für die Kinder.

Kobstederweg 13, 7113 AA Winterswijk/Henxel
Tel. 0543-514612 • E-Mail: info@wieskamp.nl
Internet: www.wieskamp.nl

Winterswijk, NL-7109 AH / Gelderland 🛜 CC€20 iD

- 🏕 Vakantiepark De Twee Bruggen
- 🏠 Meenkmolenweg 13
- 📅 1 Jan - 31 Dez
- ☎ +31 5 43 56 53 66
- @ info@detweebruggen.nl
- 📍 N 51°56'58'' E 06°38'47''

1 ADE**JM**NOPQRST	AB**E**FGHL**N** 6
2 CDGPQWXY	ABDE**FG**H 7
3 ABCFG**JLMN**R	ABCDE**FJLMN**QRTUVW 8
4 BFHIKLO**PRST**	ACJRVWY 9
5 ABCDEHJKLN	ABCEGHJ**P**Q**R**YZ10
Anzeige auf dieser Seite 10-16A CEE	❶ €43,60
30 ha 390**T**(80-100m²) 275**D**	❷ €56,60

Von der A18 (Doetinchem) zur N18 Varsseveld; über die N318 nach Aalten. Kurz vor Winterswijk links zum CP. Deutlich ausgeschildert. 105784

Einfach Erholen

Familiecamping "De Harmienehoeve"
Brandenweg 2 - 7108AX - Winterswijk
www.campingdeharmienehoeve.nl

Winterswijk, NL-7102 EK / Gelderland 🛜 CC€20 iD

- 🏕 Vreehorst
- 🏠 Vreehorstweg 43
- 📅 1 Jan - 31 Dez
- ☎ +31 5 43 51 48 05
- @ info@vreehorst.nl
- 📍 N 51°56'56'' E 06°41'30''

1 ADE**JM**NOPQRST	AEFGN 6
2 GPQVWXY	ABDE**FG**H 7
3 BCFMV	ABCDEFGJKL**M**NQRTUVW 8
4 BFHKO	CFHJVWY 9
5 ABDEHJKN	ABCDEFGHJPRXYZ10
10-16A CEE	❶ €38,40
10 ha 180**T**(90-150m²) 122**D**	❷ €48,40

An der Straße zwischen Aalten und Winterswijk ca. 2 km von Winterswijk den Schildern folgen. 105785

Winterswijk/Henxel, NL-7113 AA / Gelderl. 🛜 CC€18 iD

- 🏕 Het Wieskamp
- 🏠 Kobstederweg 13
- 📅 20 Mär - 1 Nov
- ☎ +31 5 43 51 46 12
- @ info@wieskamp.nl
- 📍 N 51°59'12'' E 06°44'35''

1 ADE**JM**NOPQRST	ABFG 6
2 IQWX	ABFG 7
3 ABD**LM**R	ABEFLNQRUVW 8
4 **A**BCDFHIJK	CJVW 9
5 ABDEFHLM	ABCDEFGHJPRZ10
Anzeige auf dieser Seite B 16A CEE	❶ €32,40
11 ha 50**T**(140-150m²) 244**D**	❷ €41,80

Groenlo Richtung Vreden. An dieser Straße dem Hinweis zum CP folgen. 120215

Camping Sevink Molen ist ein gemütlicher Familiencamping direkt am Hilgeloemeer. Große, grüne, gut gepflegte Plätze. Restaurant, Spielpark, Animation.

CAMPING SEVINK MOLEN
Hilgeloweg 7
7104 BG Winterswijk-Meddo
info@campingsevinkmolen.nl
0543-551225

www.campingsevinkmolen.nl

Winterswijk/Woold, NL-7108 AX / Gelderland 🛜 CC€14 iD

- 🏕 De Harmienehoeve
- 🏠 Brandenweg 2
- 📅 1 Jan - 31 Dez
- ☎ +31 5 43 56 43 93
- @ info@campingdeharmienehoeve.nl
- 📍 N 51°54'30'' E 06°43'31''

1 AE**JM**NOPQRS**T**	AF 6
2 BPRWXY	ABDE**FG**H 7
3 B**KN**	ABCDE**FG**JNQRTUVW 8
4 BFHIO**PQ**	F 9
5 ADEHN	ADHI**P**RWZ10
Anzeige auf dieser Seite B 4-16A CEE	❶ €22,35
14 ha 50**T**(100-180m²) 304**D**	❷ €30,75

N318 Aalten Richtung Winterswijk. Kreisel N319 Richtung A31 (Süd-Umfahrung). Nach 1,5 km im Kreisel Richtung Woold. Nach 700m Kreuzung, den blau-weißen Schildern Harmienehoeve folgen. Noch 7,5 km. 122013

Zennewijnen, NL-4062 PP / Gelderland 🛜 ✿ CC€18 iD

- 🏕 Campingpark Zennewijnen
- 🏠 Hermoesestraat 13
- 📅 15 Mär - 31 Okt
- ☎ +31 3 44 65 14 98
- @ info@campingzennewijnen.nl
- 📍 N 51°51'17'' E 05°24'25''

1 ADE**IL**NOPRST	AFN 6
2 ACGHOPQSVWX	ABDE**FG**H 7
3 B**FL**MSX	ABCDE**FG**HIJNPQRTUVW 8
4 ABCDFHIKO	EFG 9
5 ABDEFHJKMN	ABDFGHIJO**P**TUYZ10
Anzeige auf dieser Seite B 10A CEE	❶ €26,50
5 ha 50**T**(100-120m²) 119**D**	❷ €34,50

A15 von Rotterdam, Ausfahrt 31. Von Nijmegen, Ausfahrt 32. Ab der Ausfahrt ausgeschildert. 113407

Campingpark Zennewijnen ★ ★ ★ ★

- sonnige Plätze • befestigte Reisemobilplätze • beheiztes Sanitär
- schicke Wanderhütten • großer Angelweiher • für Jung & Alt
- am Waal entlang schlendern • Regionalprodukte aus der Betuwe

Erleben Sie es am Waal!

Hermoesestraat 13, 4062 PP Zennewijnen (nähe Tiel)
Tel. 0344-651498 • E-Mail: info@campingzennewijnen.nl
Internet: www.campingzennewijnen.nl

Immer ein Campingplatz, der zu Ihnen passt!

- 9 900 jährlich inspizierte Campingplätze in 31 Ländern
- Filter auf mehr als 200 Einrichtungen
- Schnell und einfach buchen, auch unterwegs
- Mehr als 100 000 Campingplatz-Bewertungen

www.Eurocampings.de

Nord-Brabant

Alphen (N.Br.), NL-5131 NH / Noord-Brabant

⛺ Camping Buitenlust	1 ADE**JM**NOPQRT	ABFG **6**
🏠 Huisdreef 1	2 ABPQVWXY	ABDE**FGH 7**
📅 1 Apr - 1 Okt	3 ABF**L**MUV	ABCDEFJKNQRTUVW **8**
☎ +31 1 35 08 14 80	4 BCDFHILNOQ	EFV **9**
@ actie@campingbuitenlust.nl	5 ABDEFHKN	ABCDEFGHJMPQSTZ**10**

Anzeige auf dieser Seite B 6A CEE ① €23,50
7 ha 39T(90-120m²) 252D ② €26,50
105482

🚗 A58, von Breda Ausfahrt 14 Chaam, danach den Schildern folgen.
Von Tilburg Ausfahrt 12 Gilze-Alphen.

N 51°30'02'' E 04°54'43''

Alphen (N.Br.), NL-5131 NZ / Noord-Brabant

⛺ Recreatiepark 't Zand	1 AEG**IL**NOPQRST	LQ **6**
🏠 Maastrichtsebaan 1	2 ABDGHIPQVWXY	ABDE**FGH 7**
📅 27 Mär - 3 Okt	3 ABFG**L**MNSTV ABCDE**FG**I**KLM**NQRTUVW **8**
☎ +31 1 35 08 17 46	4 BCDEFGHILOQ	ABEFUV **9**
@ info@tzand.nl	5 ABDEFGHKM**N** ABDEFGHJMP**RZ**10

Anzeige auf dieser Seite B 10A CEE ① €24,50
20 ha 75T(100-120m²) 355D ② €34,30
105479

🚗 A58 Ausfahrt Gilze/Rijen, Richtung Baarle-Nassau. In Alphen
den Schildern folgen. Achtung: den CP-Schildern folgen, nicht dem Schild
'Recreatiegebied'.

N 51°29'34'' E 04°56'59''

Andel, NL-4281 NE / Noord-Brabant

⛺ De Hoge Waard	1 AEG**JM**NOPRT	JLNQSXY**Z 6**
🏠 Hoge Maasdijk 57 t/m 61	2 ACDGHIPQVWXY	ABDE**FGH 7**
📅 1 Apr - 30 Sep	3 BFG**LM**S	ABCDE**FG**IJNQRTUVW **8**
☎ +31 4 16 69 37 76	4 BCDFHINOQ	**9**
@ camping@dehogewaard.nl	5 ABDEFHLN	ABCDEFGHJPRYZ**10**

Anzeige auf dieser Seite 6A CEE ① €24,75
8 ha 42T(80-90m²) 174D ② €32,25
108299

🚗 A27 Gorinchem-Breda, Abfahrt Nieuwendijk, dann Richtung
Almkerk über die N267, Abfahrt Andel, dann den ANWB-Schildern folgen.

N 51°46'40'' E 05°04'48''

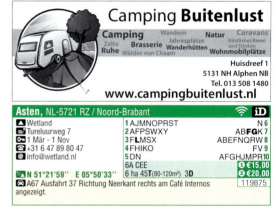

Asten, NL-5721 RZ / Noord-Brabant

⛺ Wetland	1 AJMNOPRST	N **6**
🏠 Tureluurweg 7	2 AFPSWXY	AB**FGK 7**
📅 1 Mär - 1 Nov	3 F**L**MSX	ABEFNQRW **8**
☎ +31 6 47 89 80 47	4 FHIKO	FV **9**
@ info@wetland.nl	5 DN	AFGHJMPR**10**
	6A CEE	① €15,00
	6 ha 45T(80-120m²) 3D	② €20,00

119875

N 51°21'59'' E 05°50'33''

🚗 A67 Ausfahrt 37 Richtung Neerkant rechts am Café Internos
angezeigt.

De Hoge Waard

Zwischen den charakteristischen Festungsstädtchen Woudrichem und Heusden liegt der gemütliche Familiencamping mit zwei Seiten am Wasser und lädt zum Kurz- oder Langzeiturlaub ein. Wassersportler sind hier genau richtig. Prächtige, einladende Umgebung zum wandern, Rad fahren und Ausflüge machen.

Hoge Maasdijk 57 - 61, 4281 NE Andel • Tel. 0416-693776
E-Mail: camping@dehogewaard.nl
Internet: www.dehogewaard.nl

Kommen Sie rein ins schöne Draußen vom Recreatiepark 't Zand.

Familiencamping in den Wäldern von Brabant, wo Sie wunderbar Rad fahren und wandern können.

- ANWB: 8,9.
- direkt am Badesee
- am Radwegenetz
- dicht bei Belgien, Breda und Tilburg
- Komfortplätze
- Reisemobilplätze

Recreatiepark 't Zand, Maastrichtsebaan 1, 5131 NZ Alphen N-Br., 013-5081746, info@tzand.nl, www.tzand.nl

Herrlich campen am Brabanter Wal

Heimolen 56 4625 DD Bergen op Zoom
www.campinguitenthuis.nl

Asten/Heusden, NL-5725 TG / Noord-Brabant

- ▲ De Peel
- 🏠 Behelp 13
- 📅 15 Mär - 31 Okt
- ☎ +31 6 29 21 62 99
- @ info@campingdepeel.nl

1 AEG**IL**NOPQRS**T**		A 6
2 AGPVWXY		AB**FG** 7
3 AB**FL**MUX	ABCDE**F**JNPQRTUVW 8	
4 **A**BDFHIK		EJVY 9
5 ADN		ABDFGHJPR10
Anzeige auf dieser Seite	B 6A CEE	❶ €22,50
2,2 ha 55**T**(90-110m²)	11**D**	❷ €31,50

N 51°22'23'' E 05°45'09''   117666

🚗 Von der A67 Ausf. 36 Ri. Asten, dann die N279 Ri. Someren. Nach 2 km re und nach 1 km li Ri. Heusden. In Heusden der Beschilderung folgen. Von Someren Ri. Asten ausgeschildert.

Kleiner, kinderfreundlicher Camping wo sich auch der 50+er zu Hause fühlt. Entdecke die Gegend per Rad, zu Fuß oder mit dem Peelexpress. Kinder werden sich sicher nicht mit den Go-Karts, Schwimmbad und Spielplatz langweilen! Neues Komfortsanitär und gratis WLAN. Brabanter Gemütlichkeit und Gastlichkeit - Da fängt der Urlaub an!

Behelp 13, 5725 TG Asten/Heusden • Tel. 06-29216299
E-Mail: info@campingdepeel.nl • Internet: www.campingdepeel.nl

---

Asten/Heusden, NL-5725 TM / N-Brabant

- ▲ De Peelpoort
- 🏠 Gezandebaan 29a
- 📅 1 Jan - 31 Dez
- ☎ +31 4 93 56 05 19
- @ info@campingdepeelpoort.nl

1 ADE**JM**NOPRS**T**		N 6
2 APVWX		ABDE**FG** 7
3 AB**GJK**MSX	AB**F**JNPQRTUVW 8	
4 FH		FGJ 9
5 ADEHJKLN	ABDFGHJOP**S**TV10	
	6-16A CEE	❶ €21,70
2,5 ha 100**T**(80-140m²)	24**D**	❷ €30,40

N 51°21'44'' E 05°46'10''   122559

🚗 A67 Ausfahrt 35 Somcren, N256 Richtung Nederweert. Bei Someren-Eind über die Kanalbrücke Richtung Asten. Der CP ist nach 4 km links der Straße.

Asten/Ommel, NL-5724 PL / Noord-Brabant

- ▲ Oostappen Vakantiepark Prinsenmeer
- 🏠 Beekstraat 31
- 📅 28 Mär - 31 Okt
- ☎ +31 4 93 68 11 11
- @ info@vakantieparkprinsenmeer.nl

1 ADE**JM**NOPQRST		EFGHILM 6
2 ADGHIPVWX		ABDE**FG** 7
3 ABCDF**JL**MN**R**SVX	ABCDEFGJKNQRTUVW 8	
4 BCDFHILMO**PQS**TUV		BEJTVY 9
5 CDEFGHLMN	ABDEGHIKMORYZ10	
Anzeige auf dieser Seite	10A CEE	❶ €50,70
50 ha 441**T**(80-100m²)	933**D**	❷ €53,40

N 51°25'21'' E 05°44'09''   105589

🚗 A67 Eindhoven-Venlo, Ausfahrt 36 Asten. Richtung Ommel. Schildern folgen.

Baarle-Nassau, NL-5111 EH / Noord-Brabant

- ▲ Recreatiepark De Heimolen
- 🏠 Heimolen 6
- 📅 25 Mär - 15 Okt
- ☎ +31 1 35 07 94 25
- @ info@deheimolen.nl

1 AEG**JM**NOPR**T**		6
2 BPQWX		ABD**EFG** 7
3 BFMV	ABCDE**F**NQRTUVW 8	
4 BDFHIKO**Q**		EFJ 9
5 DEFHKM**N**		BCEGJPTUZ10
	6A CEE	❶ €19,70
15 ha 36**T**(100m²)	225**D**	❷ €24,70

N 51°25'59'' E 04°54'41''   105484

🚗 Ausfahrt A58 Ulvenhout. N260 Richtung Baarle-Nassau. Danach den Schildern folgen.

Bergeijk, NL-5571 TN / Noord-Brabant

- ▲ De Paal
- 🏠 De Paaldreef 14
- 📅 1 Apr - 25 Okt
- ☎ +31 4 97 57 19 77
- @ info@campingdepaal.nl

1 AEG**IL**NORT		ABEFGHI 6
2 ABGHIOPVWXY		ABDE**FG**HK 7
3 ABDEFG**HIL**MNTVX	ABCDEFGJKLNQRTUV 8	
4 **A**BDFHIK**ORS**		CFJVY 9
5 CDEFHKLM**N**		ABEFGHJMOPRYZ10
B 6-16A CEE		Preise auf
35 ha 560**T**(100-180m²)	67**D**	Anfrage

N 51°20'10'' E 05°21'19''   105543

🚗 A67 Eindhoven-Antwerpen, Ausfahrt 30, Eersel/Bergeijk, Schildern folgen.

Bergen op Zoom, NL-4625 DD / N-Brabant

- ▲ Uit en Thuis
- 🏠 Heimolen 56
- 📅 1 Apr - 30 Sep
- ☎ +31 1 64 23 33 91
- @ info@campinguitenthuis.nl

1 AE**IL**NOPQRST		ABFG 6
2 ABPQVX		AB**CFG**H 7
3 BFG**JK**MNSTU	ABCDEFGJKLNRTUV 8	
4 BFHIKOQ		CEFLUVW 9
5 BDEFHKM		ABCDEFGHIJ**PRZ**10
Anzeige auf dieser Seite	B 6-10A CEE	❶ €25,70
8 ha 80**T**(80-100m²)	136**D**	❷ €32,60

N 51°28'09'' E 04°19'20''   105406

🚗 A58 Ausfahrt Bergen op Zoom-Zuid/Huijbergen. Schildern folgen.

Berlicum, NL-5258 TC / Noord-Brabant

- ▲ De Hooghe Heide
- 🏠 Werstkant 17
- 📅 27 Mär - 4 Okt
- ☎ +31 7 35 03 15 22
- @ info@hoogheheide.nl

1 ABEG**JM**NOPRT		ABFG 6
2 ABGPQVWXY		AB**DEFG**H 7
3 BCEF**HIJKL**MUX	ABCDFGJNQRTUVW 8	
4 BFGHIO		FJVWY 9
5 ABDEKMN		ABEGHIJO**PQ**R10
B 10A CEE		❶ €32,65
4,8 ha 86**T**(100m²)	54**D**	❷ €45,00

N 51°41'38'' E 05°24'54''   105530

🚗 A59 Nijmegen - 's Hertogenbosch, Ausfahrt 48, Richtung Berlicum. CP angezeigt.

Bladel, NL-5531 NA / Noord-Brabant

- ▲ Recreatiepark De Achterste Hoef
- 🏠 Troprijt 10
- 📅 3 Apr - 27 Sep
- ☎ +31 4 97 38 15 79
- @ info@achterstehoef.nl

1 ADE**JM**NOPQRST		ABEFGHLMO 6
2 ABDGHIPVWXY		ABDE**FG**H 7
3 ABCDF**JK**MSVX	ABCDEFGHIJKLNPQRTUV 8	
4 BCDFHIKN**X**		CFJV 9
5 CDEHKM**N**		ABDEGHMPSTZ10
	B 6-10A CEE	❶ €43,65
23 ha 385**T**(100-160m²)	224**D**	❷ €54,75

N 51°20'36'' E 05°13'40''   105509

🚗 A67 Eindhoven-Antwerpen, Ausfahrt 29 Hapert/Bladel. Den Schildern nach Bladel folgen. In Bladel der Beschilderung zum CP folgen.

Bosschenhoofd, NL-4744 RE / Noord-Brabant

- ▲ Landgoed 'De Wildert'
- 🏠 Pagnevaartdreef 3
- 📅 1 Apr - 30 Sep
- ☎ +31 6 53 29 80 82
- @ info@landgoeddewildert.nl

1 AGHKNOPQR**T**		6
2 ABOPQRVXY		AB**DEFG**H 7
3 AMS		ACFNQRTW 8
4 FH		9
5 DLN		ABCHIJORZ10
	B 6A CEE	❶ €26,00
15 ha 170**T**(100-120m²)	60**D**	❷ €36,00

N 51°33'51'' E 04°33'12''   105439

🚗 A58 Breda-Roosendaal Ausfahrt 21 Bosschenhoofd. In Bosschenhoofd vor der Kirche rechts. Nach 500m an der linken Seite liegt 'Landgoed de Wildert'.

Breda, NL-4838 GV / Noord-Brabant

- ▲ Liesbos
- 🏠 Liesdreef 40
- 📅 1 Apr - 1 Okt
- ☎ +31 7 65 14 35 14
- @ info@camping-liesbos.nl

1 ADE**JM**NOPRST		ABFG 6
2 AGPQVX		AB**FG** 7
3 BFLMNV		ABE**F**NPQRT 8
4 BDFHINOP**Q**		EUVW 9
5 ABDEFHLMN		ABDEFGHIJ**PRZ**10
Anzeige auf Seite 369	10A CEE	❶ €27,25
5 ha 50**T**(100m²)	187**D**	❷ €34,80

N 51°33'54'' E 04°41'47''   100804

🚗 A58 Breda-Roosendaal, Ausfahrt 18 Etten-Leur, dann den CP-Schildern folgen.

Bewerten Sie einen Campingplatz und gewinnen Sie mit etwas Glück ein iPad.

www.Eurocampings.de

Chaam, NL-4861 RC / Noord-Brabant

Ⓜ RCN vakantiepark De Flaasbloem
Flaasdijk 1
27 Mär - 2 Nov
+31 8 50 40 07 00
reserveringen@rcn.nl

1 ACDEGJMNOPQRST EFGHLMN 6
2 ABDGHIPQWXY ABDEFG I 7
3 ABCEFGLMNS ABCDEFGIJKLNPQRTW 8
4 BFHIKQT CEFJUVWY 9
5 ACDEFGKLMN ABDEFGHJPRXYZ10
B 10-16A CEE € 30,50
100 ha 440T(80-150m²) 685D € 40,00
105481

A58 Ausfahrt 14 Ulvenhout Richtung Chaam. Von Chaam aus Richtung Alphen. Danach Schildern folgen.

Eersel, NL-5521 RD / Noord-Brabant

Ⓜ Recreatiepark TerSpegelt
Postelseweg 88
3 Apr - 26 Okt
+31 4 97 51 20 16
info@terspegelt.nl

1 ADEGHKNOPRST EFGHILMNQSXYZ 6
2 ADGHIPVWXY ABDEFGHK 7
3 ABCDEFGJLMNSVWX ABCDEFGJKLNQRTUVW 8
4 BCDFHIKMNPQU BCEJLTVWY 9
5 CDEFGBKLMN ABDEGHIKOPQRYZ10
Anzeige auf dieser Seite B 6-16A CEE € 56,25
68 ha 538T(80-130m²) 341D € 61,55
101028

Über A67 Eindhoven-Antwerpen, Ausfahrt 30 Eersel, Schildern folgen.

Chaam, NL-4861 RE / Noord-Brabant

Ⓜ Recreatiepark Klein Paradijs
Schaanstraat 11
1 Apr - 1 Okt
+31 1 61 49 14 46
info@campingkleinparadijs.nl

1 ABEGJMNOPRT AF 6
2 APVWX ABFG 7
3 ABFMSV ABEFHJNRTUV 8
4 BCDFHIKLNOPQ 9
5 ABDEFHK ABCEFHKPRZ10
B 16A CEE € 26,00
14 ha 50T(100-150m²) 360D € 26,00
116539

A58 Ausfahrt 14 Richtung Baarle Nassau über die N 639. Vom Kreisel am Ausgang von Chaam noch 800m der N639 folgen. Dann links. Nach 700m Camping links.

Camping Liesbos ist ein harmonischer Camping für die ganze Familie, ruhig gelegen im Brabanter Land, in einer Waldgegend, 5 km vor der Oranjerstadt Breda. Durch die zentrale Lage 'draußen in Breda' ist der Camping Liesbos leicht zu erreichen und ideal für den (Rad- oder Wander) Urlaub, Citytrip oder nur ein Wochenende. Restaurant die ganze Saison über am Wochenende offen. In der Hochsaison täglich. WLAN gratis.

Fam. Quicken / Liesdreef 40 / 4838 GV Breda / 076-5143514
info@camping-liesbos.nl / www.camping-liesbos.nl

De Heen, NL-4655 AH / Noord-Brabant

Ⓜ De Uitwijk
Dorpsweg 136
27 Mär - 27 Sep
+31 1 67 56 00 00
info@de-uitwijk.nl

1 ADEGJMNOPQRST ABFGJNQSWXYZ 6
2 ACOPVX ABDEFGH 7
3 ABFJLMSV ABCDEFHIJKNPQRTUVW 8
4 BFHIKOT EFQRV 9
5 ADFHLMN ABDEFGHIJMPSTZ10
Anzeige auf dieser Seite B 4-10A CEE € 24,50
2,5 ha 75T(100-150m²) 20D € 34,00
101566

Auf der A4 Ausfahrt 25 Steenbergen. Danach den Schildern 'De Heen' folgen.

Willkommen auf Het Goeie Leven in Eerde (N-Br). Besonderer Qualitätscamping. 60 große Komfortplätze für den wahren Camper. Bistro mit Waldterrasse und ausgezeichneter Küche. Vermietung Retro-Caravans und luxuriöser Safari- und Tipizelte. Regelmäßig Ausflüge und Mittagsmenü.

Eerde, NL-5466 PZ / Noord-Brabant

Ⓜ Het Goeie Leven
Vlagheide 8b
3 Apr - 27 Sep
+31 6 27 51 89 81
info@hetgoeieleven.nl

1 DEGILNOPRST ABN 6
2 AGOPWXY ABDEFGK 7
3 BFGLMSUX ABCDFGHJKNPQRTUV 8
4 ABDEFHIO ADVWY 9
5 ADEFHLMN ABDGHJPQRZ10
Anzeige auf dieser Seite 6-16A CEE € 28,50
3 ha 60T(100-200m²) 5D € 35,50
121433

A50 Ausfahrt 10 Veghel-Eerde. Richtung Eerde halten und der Beschilderung folgen.

Vlagheide 8b, 5466 PZ Eerde (N-Br) • Tel. +31 627518981
E-Mail: info@hetgoeieleven.nl • Internet: www.hetgoeieleven.nl

An der Grenze von Brabant und Zeeland, im Land der Filmfigur Merijntje Gijzen an blühenden Deichen, grasgrünen Äckern und am Wasser des Steenberger Vliet, finden Sie De Uitwijk****. Ein herrlich ruhiger, vor allem gut gepflegter Park für Familien mit Kindern, aber unbedingt auch für Senioren. Außerdem Vermietung von komfortablen Chalet-Caravans und Wanderhütten. Beheiztes Schwimmbad, Planschbecken und Sauna.
Verlangen Sie unseren Gratisprospekt oder besuchen Sie unsere Webseite!!!

Dorpsweg 136, 4655 AH De Heen • Tel. 0167-560000 • www.campingdeuitwijk.nl

ENTDECKEN SIE UNSERE NATUR

Beeksebergen.nl

Esbeek, NL-5085 NN / Noord-Brabant

- ⛺ De Spaendershorst
- 🏠 Spaaneindsestraat 12
- 📅 27 Mär - 26 Okt
- 📞 +31 1 35 16 93 61
- @ info@spaendershorst.nl

1	ABEG**JM**NOPQRT	ABFG 6
2	GOPQVWXY	ABD**EFGH** 7
3	ABFLMSV	ABCDE**F**HJNPQRTUV 8
4	BCDFHIN**PQ**	9
5	DEHN	ABCDHJ**P**RZ 10

Anzeige auf Seite 371   B 10A CEE ①€30,00
11 ha 90**T**(80-130m²) 270**D** ②€41,00

N 51°28'00'' E 05°07'37''   108400

🚗 A58 Ausfahrt 10 zur N269 Richtung Reusel. Hinter Hilvarenbeek bei Esbeek der CP-Beschilderung folgen.

Hank, NL-4273 LA / Noord-Brabant

- ⛺ De Kurenpolder Recreatie
- 🏠 Kurenpolderweg 31
- 📅 1 Apr - 31 Okt
- 📞 +31 1 62 40 27 87
- @ info@kurenpolder.nl

1	AEG**JM**NOPQRT	EFGHILMNQS 6
2	ACDGHIOPQVWX	AB**DEFG**H 7
3	ABFG**KM**N**TUV**WX	ABCDE**FG**IJKNRTUVW 8
4	ABCD**F**GHILNO**PQTUV**	CJNRTVY 9
5	ACDEFHKLMN	ABEHIJM**P**RZ 10

B 16A CEE ①€37,00
130 ha 104**T**(120-150m²) 634**D** ②€43,00

N 51°43'38'' E 04°53'11''   111507

🚗 A27, Ausfahrt 21 Hank/Dussen. Danach Schildern folgen.

Helvoirt, NL-5268 LW / Noord-Brabant

- ⛺ Distelloo
- 🏠 Margrietweg 1
- 📅 1 Apr - 21 Okt
- 📞 +31 4 11 64 16 00
- @ njansen@distelloo.nl

1	AEGHKNOPQR**T**	AF 6
2	ABGPQVXY	AB**DEFG** 7
3	ABFMNUV	ABCDEFNPQR**T**VW 8
4	FHIOQ	FJV 9
5	ABDEHMN	AJPRZ 10

6A CEE ①€20,30
11 ha 49**T**(80-85m²) 190**D** ②€32,50

N 51°39'39'' E 05°11'31''   113511

🚗 A59 Ausfahrt 41 Housden, dann Ri. Drunen. Zentrum folgen. Am Kreisel geradeaus Richtung Giersbergen. Nach 3 km links in den Margrietweg. Nach 2,5 km CP links.

Herpen, NL-5373 KL / Noord-Brabant

- ⛺ Vakantiepark Herperduin
- 🏠 Schaijkseweg 12
- 📅 1 Apr - 1 Okt
- 📞 +31 4 86 41 13 83
- @ info@herperduin.nl

1	ABCDEG**IL**NOPQRST	CDFG 6
2	AGOPQX	AB**DEFG**H 7
3	ABF**JL**MX	ABCDEFIJKNPQRT 8
4	BCDFHI	BJVWY 9
5	ACDEFKLM**N**	ABEHIJP**S**TYZ 10

B 6A CEE ①€30,40
9 ha 200**T**(100-120m²) 104**D** ②€44,60

N 51°45'44'' E 05°37'17''   105579

🚗 A59, von Den Bosch Ausfahrt Schaijk, in Schaijk Richtung Herpen. Von Nijmegen A50 Ausfahrt Ravenstein, dann über Herpen Richtung Schaijk.

Camping de Somerense Vennen Philipsbosweg 7, 5715 RE Lierop, Tel. 0492-331216
www.somerensevennen.nl

Hilvarenbeek, NL-5081 NJ / Noord-Brabant CC€14 iD

- ⛺ Vakantiepark Beekse Bergen
- 🏠 Beekse Bergen 1
- 📅 26 Mär - 1 Nov
- 📞 +31 1 35 49 11 00
- @ info@beeksebergen.nl

1	ADE**IL**NOPRT	EFGHLM**NX** 6
2	ACDGHPQVWXY	AB**DEFG** 7
3	ABFGJLMUV	ABCDEFJKNQRTUV 8
4	BC**E**FHILOPQ	ACEFJV 9
5	ACDEFGHKLMN	ABCDEGHIJMORYZ 10

Anzeige auf dieser Seite   B 6-10A CEE ①€37,90
75 ha 413**T**(100m²) 509**D** ②€57,30

N 51°31'42'' E 05°07'29''   101335

🚗 N65 Den Bosch-Tilburg, A65 Ausfahrt Beekse Bergen, A58 Breda-Eindhoven. Der Beschilderung 'Beekse Bergen' folgen.

Hoeven, NL-4741 SG / Noord-Brabant CC€18 iD

- ⛺ Molecaten Park Bosbad Hoeven
- 🏠 Oude Antwerpsepostbaan 81b
- 📅 27 Mär - 31 Okt
- 📞 +31 1 65 50 25 70
- @ bosbadhoeven@molecaten.nl

1	ADEHKNOPQRST	ABEFGHIMN 6
2	ABDGOPQVWXY	AB**DEFG**H 7
3	ABCDEG**JM**N**SV**	ABCDE**FG**JNQRTUV 8
4	BCDFHIKLNOQ	BEJVW 9
5	ABDEGHLMN	ABDEGHIJ**P**STZ 10

Anzeige auf Seite 357   B 10A CEE ①€42,65
56 ha 220**T**(110-160m²) 560**D** ②€55,05

N 51°34'14'' E 04°33'42''   105438

🚗 A58 Roosendaal-Breda, Ausfahrt 20 St. Willebrord (Achtung: Navi kann abweichen) Richtung Hoeven. Schildern folgen.

Hoogerheide, NL-4631 RX / Noord-Brabant

- ⛺ Recr.centrum Familyland
- 🏠 Groene Papegaai 19
- 📅 1 Apr - 31 Okt
- 📞 +31 1 64 61 31 55
- @ recreatie@familyland.nl

1	DE**JM**NOQRT	EFG 6
2	APQVX	AB**FG** 7
3	BF**JR**U	ABEFNR 8
4	FIO**PQ**	FJUVWY 9
5	DEFHKL	ABHI**P**RZ 10

16A ①€27,00
25 ha 55**T**(80-100m²) 128**D** ②€40,00

N 51°24'57'' E 04°20'45''   100813

🚗 A58 Ausfahrt 30 Hoogerheide. Richtung Industriepark De Kooy fahren.

Kaatsheuvel, NL-5171 RC / Noord-Brabant

- ⛺ Oostappen Vakantiepark Droomgaard
- 🏠 Van Haestrechtstraat 24
- 📅 29 Mär - 29 Okt
- 📞 +31 4 16 27 27 94
- @ receptie@vakantiepark droomgaard.nl

1	ADE**JM**NORT	ABEFGHI 6
2	AGOPQVWXY	AB**DEFG**H 7
3	ABF**HIJ**LMNV	ABCDEFJKL**MN**QRTUVW 8
4	BCDFHLO	EFJVY 9
5	ADEFHJKLMN	ABEHKOSTZ 10

B 10A CEE ①€36,20
28 ha 318**T**(80-120m²) 408**D** ②€38,45

N 51°39'40'' E 05°03'45''   109234

🚗 A59 Waalwijk-Tilburg, Ausfahrt Kaatsheuvel, Schildern zum CP folgen.

Het Genieten ist ein von ANWB/ACSI anerkannter Freizeitpark in Kaatsheuvel, direkt am Nationalpark die Loonse- und Drunense-Dünen, wo Sie endlos wandern, radeln und das Leben so richtig genießen können. Ein Freizeitpark, in dem die Gastfreundschaft einen hohen Stellenwert hat.

Wir begrüßen Sie in diesem schönsten Teil Brabants......

Noud en Marian Megens
Roestelbergseweg 3, 5171 RL Kaatsheuvel

Kaatsheuvel, NL-5171 RL / Noord-Brabant CC€20 iD

- ⛺ Recreatiepark Brasserie Het Genieten
- 🏠 Roestelbergseweg 3
- 📅 1 Apr - 31 Okt
- 📞 +31 4 16 56 15 75
- @ info@hetgenieten.nl

1	ADE**JM**NOPRT	6
2	APQVWXY	AB**DEFGH** 7
3	ABDEF**JL**MS**TV**	ABCDE**F**JKNQRTUVW 8
4	BCDFGHILO	EFJVY 9
5	ADEFHLMN	ABEGHJ**P**RYZ 10

Anzeige auf dieser Seite   B 10A CEE ①€29,25
12,5 ha 110**T**(100-120m²) 222**D** ②€37,50

N 51°39'27'' E 05°05'15''   113412

🚗 A59 Ausfahrt Waalwijk N261 Richtung Loonse- und Drunense Duinen. Den CP-Schildern folgen.

Lierop/Someren, NL-5715 RE / N-Brabant CC€18 iD

- ⛺ De Somerense Vennen
- 🏠 Philipsbosweg 7
- 📅 27 Mär - 1 Nov
- 📞 +31 4 92 33 12 16
- @ info@somerensevennen.nl

1	ADE**JM**NOPRST	EFG 6
2	ABPVWXY	AB**FGK** 7
3	ABDFLMSVX	ABCDFHJKNPQRTUVW 8
4	BDFHI	J 9
5	ADEFHKL	ABDEGHJPRY 10

Anzeige auf dieser Seite   B 6-16A CEE ①€26,00
10 ha 139**T**(100-150m²) 91**D** ②€36,00

N 51°24'00'' E 05°40'35''   100821

🚗 A67 Eindhoven-Venlo, Ausfahrt 35 Someren. In Someren Richtung Lierop. Dann der CP-Beschilderung folgen.

Maashees, NL-5823 CB / Noord-Brabant CC€18 iD

- ⛺ Natuurkampeerterrein Landgoed Geijsteren
- 🏠 Op den Berg 5a
- 📅 3 Apr - 25 Okt
- 📞 +31 4 78 53 26 01
- @ info@campinglandgoedgeijsteren.nl

1	AEG**IL**NOR**T**	JNS 6
2	ABCFGIKPQRVXY	AB**DEFG** 7
3	AK**L**X	ABCDFGJNPQRT 8
4	FGH	FJR 9
5	ADN	ABDHJPST 10

Anzeige auf Seite 371   B 6A CEE ①€22,80
3 ha 60**T**(80-100m²) 6**D** ②€31,10

N 51°33'36'' E 06°02'31''   105654

🚗 A73 Ausfahrt 8 Venray-Noord Richtung Maashees. Nach 4 km Ausfahrt Geijsteren. Nach 800m am Ortsschild links ab.

RUHE
RAUM
NATUR
KOMFORT

Mierlo, NL-5731 XN / Noord-Brabant 🛜 CC€14 iD
- Boscamping 't Wolfsven
- Patrijslaan 4
- 27 Mär - 25 Okt
- +31 4 92 66 16 61
- receptie.wolfsven@roompot.nl

1 ADEILNOPQRST	EFGLMN 6
2 ABDGHIOPVWXY	AB**FG** 7
3 B**DFJL**MNS**U**	ABCDFGJNQRTUV 8
4 BCDFHIO**P**U	CJTVWY 9
5 CDEFHKLM	ABDEFHJKMPQRYZ10

Anzeige auf dieser Seite B 6A CEE ❶ €37,50
67 ha 120T(100-120m²) 603**D** ❷ €40,85

N 51°26'20'' E 05°35'25'' 105588
A2 Richtung Eindhoven, dann A67 Richtung Venlo, Ausfahrt 34 Geldrop, Richtung Geldrop, dann in Richtung Mierlo. Dem Schild Wolfsven folgen.

Moergestel, NL-5066 XH / Noord-Brabant 🛜
- De Bosfazant
- Molenstraat 2
- 1 Apr - 1 Okt
- +31 1 35 13 16 13
- info@campingdebosfazant.nl

1 BHKNORT	6
2 ACOPQVX	A**B**D**EFG**H 7
3 B**F**LMS	ABCDE**F**JKNQRTW 8
4 AHIO**Q**	JL 9
5 DHN	ABEHJPST10
6A CEE	❶ €20,00
4 ha 50T(100-120m²) 102**D**	❷ €25,90

N 51°33'04'' E 05°10'44'' 107847
Aus Breda A58 Tilburg-Eindhoven Ausfahrt Moergestel, nach dem 3. Kreisel rechts, dann die 3. Straße links.

De Couwenberg

97 große und geschützte Stellplätze. Fischwasser, beheiztes Schwimmbad, Spielplatz und Freizeitprogramm. An Wald, Heide und Moor in den Brabanter Kempen, an der Grenze zu Belgien. Prächtige Wander- und Radrouten.

5534 AP Netersel • Tel. 0497-682233
E-Mail: info@decouwenberg.nl • Internet: www.decouwenberg.nl

Netersel, NL-5534 AP / Noord-Brabant 🛜 CC€18 iD
- De Couwenberg
- De Ruttestraat 9A
- 1 Jan - 31 Dez
- +31 4 97 68 22 33
- info@decouwenberg.nl

1 AE**J**MNOPQRST	ABFGN 6
2 AGPVWXY	ABDE**FG** 7
3 B**F**LMVX	ABCDFJKNQRTUW 8
4 BDFHIO**Q**	9
5 ADEHKMN	ADHJO**P**STY10

Anzeige auf dieser Seite 4-6A CEE ❶ €24,00
8 ha 97T(80-100m²) 130**D** ❷ €31,00

N 51°24'47'' E 05°11'59'' 109466
A58 Ausfahrt 10 Hilvarenbeek Richtung Reusel. In Lage Mierde Richtung Netersel fahren. Oder A67 Richtung Antwerpen, Ausfahrt 29 Hapert/Bladel Richtung Bladel-Netersel, Ausfahrt Netersel. Schildern folgen.

Camping Landgoed Geijsteren
Op den Berg 5a
5823 CB Maashees
Tel. 0478-532601
Handy 06-27112435/06-81861945
info@campinglandgoedgeijsteren.nl
www.campinglandgoedgeijsteren.nl

Nijnsel/St. Oedenrode, NL-5492 TL / N-Br. 🛜 CC€20 iD
- Landschapscamping De Graspol
- Bakkerpad 17
- 1 Mär - 1 Okt
- +31 4 99 33 82 29
- info@campingdegraspol.nl

1 AE**IL**NOPR**T**	N 6
2 ACPVWXY	ABCDE**FG**HK 7
3 **L**SX	ABCDEFHJNQRUV 8
4 FGHIOR	V 9
5 ADHJMN	ABCDEGHJPQTU10

Anzeige auf dieser Seite 6-16A CEE ❶ €25,50
2,5 ha 50T(100-200m²) 5**D** ❷ €37,50

N 51°32'52'' E 05°29'12'' 118598
A50 Ausfahrt St. Oedenrode/Nijnsel, Richtung Nijnsel. Danach den Schildern folgen.

Nispen/Roosendaal, NL-4709 PB / N-Brabant 🛜 CC€18 iD
- Zonneland
- Turfvaartsestraat 4-6
- 14 Mär - 25 Okt
- +31 1 65 36 54 29
- info@zonneland.nl

1 ADEHKNOPQRST	ABN 6
2 ABPQVXY	AB**FGH** 7
3 BFM	AC**FI**JKNRUVW 8
4 BHIOR	9
5 BDN	AEFGHIJLPRZ10

Anzeige auf dieser Seite 10A CEE ❶ €22,00
15 ha 54**T**(100-130m²) 239**D** ❷ €30,00

N 51°29'40'' E 04°29'06'' 107822
A58, Ausfahrt 24 Nispen, N262 folgen bis Schilder.

BOSCAMPING 'T WOLFSVEN
Mierlo

Großer Familiencampingplatz inmitten der Natur mit Strand und Sonnenwiese am Naturbad, Hallenbad und stilvollem Restaurant.

roompot.de/acsi Servicenummer 040 - 55 55 78 78

Die Brabanter Kempen: überraschend schön!

Vakantiepark Latour — Kempen Recreatie
Campen wie's sein soll!
Vakantiepark Latour:
Bloemendaal 7 | 5688 GP Oirschot

Vakantiepark Molenvelden — Kempen Recreatie
Genießen Sie wie die Brabanter!
Vakantiepark Molenvelden:
Banstraat 25 | 5506 LA Veldhoven

www.kempenrecreatie.nl

Camping Streekpark Klein Oisterwijk
Probieren Sie die Brabanter Gemütlichkeit ruhig mal aus, auf diesem Familiencamping in einer Waldgegend mit vielen Aktivitäten für Kinder. Schwimmbad, Wasser-, Natur- und Indoor-Spielplatz, Gastronomie und Regionalgeschäft. Sehr schöne Umgebung zum wandern und Rad fahren. Bei Den Bosch, Tilburg, Eindhoven, mit Oisterwijk als geselliges Herzstück.

Oirschotsebaan 6, 5062 TE Oisterwijk
Tel. +31 135282059 • E-Mail: info@kleinoisterwijk.nl
Internet: www.kleinoisterwijk.nl

Oisterwijk, NL-5062 TE / Noord-Brabant
- Streekpark Klein Oisterwijk
- Oirschotsebaan 6
- 1 Jan - 31 Dez
- +31 1 35 28 20 59
- info@kleinoisterwijk.nl

1	ADE**IL**NOPRT	ABFG**L**N 6
2	ABDGHIPQVWXY	ABDE**FGH** 7
3	ABDEFG**JL**MSTVWX	ABCDEFGIJNQRTUVW 8
4	**A**BCDFGHIKLNO**PQ**	BCEFHJVW 9
5	ABDFHKLMN	ABDEHJMP**S**TYZ 10

Anzeige auf dieser Seite B 6-10A CEE €31,00
13 ha 198T(100-120m²) 277D €41,00
N 51°33'13" E 05°13'32" 105508
A58 Ausf. Oirschot Ri. Oisterwijk. A58 Eindhoven-Tilburg und N65 Den Bosch-Tilburg, Ausf. Oirschot Ri. Oisterwijk. Den Schildern der Freizeiteinrichtungen folgen. Oirschotsebaan folgen. Mit Navi: von der N65 die Ausfahrt Oisterwijk nehmen.

Oirschot, NL-5688 MB / Noord-Brabant
- de Bocht
- Oude Grintweg 169
- 1 Jan - 31 Dez
- +31 4 99 55 08 55
- info@campingdebocht.nl

1	A**EIL**NOPRT	AF 6
2	APVWXY	ABDE**FGH** 7
3	AB**HLMR**X	ABCDE**FG**JNQRTUVW 8
4	BDFHIO	FJVY 9
5	DEFHKMN	ABDEFGHJPRZ 10

Anzeige auf dieser Seite 6-10A CEE €32,20
1,8 ha 31T(100m²) 37D €45,90
N 51°31'01" E 05°18'28" 105535
A58 Ausf. 8 Oirschot Richtung Oirschot. Am 4. Kreisel re. Nach 8 km li. Oder A2 Ausf. 26 Richtung Boxtel, über den Kreisel, links Richtung Oirschot. Nach 8 km rechts der Strecke.

Oisterwijk, NL-5062 TH / Noord-Brabant
- De Gerrithoeve
- Kollenburgsebaan 11a
- 15 Mär - 1 Nov
- +31 4 11 67 31 89
- info@gerrithoeve.nl

1	AEG**JM**NOPRT	N 6
2	AFGPQVW	AB**FG**K 7
3	ABD**L**SU	ABCDE**FGI**JKNQRTU 8
4	B**F**HK	JY 9
5	ADK	BHJPRYZ 10

6-16A CEE €22,50
4,5 ha 77T(120-200m²) 1D €31,00
N 51°32'34" E 05°14'39" 122950
A58 Ausfahrt 9 Richtung Moergestel. Dort Richtung Oirschot. Nach ± 4 km am Oirschotseweg scharf links in die Oirschotsebaan. Nach 1,5 km rechts, nach 600m rechts hinter dem Fahrradcafé.

In der Brabanter Beschaulichkeit absolute Ruhe genießen, unsere Heiden, Wälder, Venne und Landgüter! Am Rande des alten Dorfs Oirschot. Herrliche Umgebung mit unbegrenzten Wander- und Radmöglichkeiten. Schwimmbad und sehr schönes Sanitär. Wir vermieten auch ganzjährig Chalets.

Oude Grintweg 169, 5688 MB Oirschot • Tel. +31 499550855
E-Mail: info@campingdebocht.nl • Internet: www.campingdebocht.nl

Oisterwijk, NL-5062 TM / Noord-Brabant
- Natuurkampeerterrein Morgenrood
- Scheibaan 15
- 1 Jan - 31 Dez
- +31 8 80 99 09 67
- morgenrood@nivon.nl

1	AEG**JM**NOPRT	6
2	ABGPQWXY	AB**FGH** 7
3	AB**FL**MS	ABCDEFJNQRTW 8
4	FH	GJV 9
5	DN	ABCFJNPRVZ 10

B 4-6A CEE €22,70
3 ha 75T(100-150m²) 52D €35,50
N 51°34'05" E 05°14'07" 115489
In Oisterwijk der Beschilderung zu den Freizeitanlagen folgen. Bis zur Scheibaan folgen. An dieser Straße liegt Morgenrood, bei Nr.15.

Oirschot, NL-5688 GP / Noord-Brabant
- Vakantiepark Latour
- Bloemendaal 7
- 27 Mär - 25 Okt
- +31 4 99 57 56 25
- latour@kempenrecreatie.nl

1	ADE**JM**NOPRST	ABEFGH**N** 6
2	AGOPVWXY	ABDE**FG** 7
3	ABC**FLMN**SUV	ABCDEFGHJKNPQRTUVW 8
4	B**F**H**I**STUV	J 9
5	DEHMN	ABDEGHJPRZ 10

Anzeige auf dieser Seite B 6-10A CEE €29,10
7,3 ha 55T(100-120m²) 79D €40,20
N 51°29'47" E 05°19'12" 105536
A58 Ausfahrt Oirschot. CP-Schild Latour folgen.

ACSI Club iD

Ihr Pass oder Ausweis sicher in der Tasche
Die praktische ACSI Clubkarte

Nur **4,95 €** im Jahr

In den Wäldern zwischen Breda und Tilburg finden Sie 't Haasje Freizeitpark. Der Park bietet neben großen Stellplätzen viel Unterhaltung für Jung und Alt. Einmalig ist der Zentralbau mit großem Indoorspielplatz, Fitnessraum, Sauna usw.
Neu: Super-de-Luxe Toilettengebäude.

Mehr Infos finden Sie auf unserer Webseite oder rufen Sie uns an.
Vijf Eikenweg 45, 4849 PX Oosterhout/Dorst
Tel. 0161-411626 • Fax 0161-411247
E-Mail: info@haasjeoosterhout.nl
Internet: www.haasjeoosterhout.nl

www.ACSIClubID.de

Vakantiepark De Reebok
Gemütlicher Ferienpark in Toplage in einer Grünoase aus Wald, Vennen und Heide. Im Städtedreieck Den Bosch, Tilburg, Eindhoven, mit Oisterwijk als geselliges Herzstück. Eine kleines mondänes Städtchen mit rund 50 Lokalen und vielen exklusiven Boutiquen und Shops.

Duinenweg 4, 5062 TP Oisterwijk • Tel. +31 135282309
E-Mail: info@dereebok.nl • Internet: www.dereebok.nl

Oisterwijk, NL-5062 TP / Noord-Brabant
- Vakantiepark De Reebok
- Duinenweg 4
- 1 Jan - 31 Dez
- +31 1 35 28 23 09
- info@dereebok.nl

1 ABDE**IL**NOPQRT 6
2 ABPQX ABDE**FGH** 7
3 BEF**LMR**SV ABCDFIJNQRTUVW 8
4 BFGHIK CDEFHJV 9
5 ABDEFLMN ABDEFGHJPSTYZ 10
Anzeige auf dieser Seite 16A CEE
8 ha 90T(80-100m²) 194D
① €28,00
② €38,00
N 51°34'24" E 05°13'56"
In Oisterwijk Schildern andere Erholungsmöglichkeiten folgen. Danach auf Straßennamen 'Duinenweg' achten.
105507

Oosterhout, NL-4904 SG / Noord-Brabant
- De Katjeskelder
- Katjeskelder 1
- 27 Mär - 27 Okt
- +31 1 62 45 35 39
- receptie.katjeskelder@roompot.nl

1 ADEG**IL**NOT ABEFGH 6
2 ABPQVXY ABDE**FG** 7
3 ABF**JLMRU** ABCDEFIJKNQRTW 8
4 BFGHILO**PQ** ABJVWY 9
5 ACDEFGHKLMN**O** ABDEHIKPQSTYZ 10
Anzeige auf dieser Seite 4A CEE
28 ha 102T(80m²) 373D
① €28,00
② €38,80
N 51°37'44" E 04°49'57"
A27 Ausfahrt 17 Oosterhout-Zuid. Schildern 'Katjeskelder' folgen.
105474

Oosterhout/Dorst, NL-4849 PX / Noord-Brabant
- 't Haasje Recreatiepark
- Vijf Eikenweg 45
- 1 Jan - 31 Dez
- +31 1 61 41 16 26
- info@haasjeoosterhout.nl

1 BEG**JM**NORT ABFGN 6
2 APQVWX ABFGH 7
3 BD**FLMNU** ABCDEFGJKLMNQRTUVW 8
4 BDFHILNO**PQRSTUXZ** AEJUV 9
5 ACDEFHKLMN ABEFGHKMPRYZ 10
Anzeige auf Seite 372 B 10-16A CEE
26 ha 86T(100-120m²) 584D
① €27,10
② €34,70
N 51°36'40" E 04°53'17"
A27 Ausfahrt Oosterhout-Zuid Richtung Rijen. Danach CP-Schildern folgen.
105475

Rijen, NL-5121 RE / Noord-Brabant
- Recreatiepark d'n Mastendol
- Oosterhoutseweg 7-13
- 21 Mär - 31 Okt
- +31 1 61 22 26 64
- info@mastendol.nl

1 ABDE**JM**NOPQRS**T** ABF 6
2 ABGOPQWXY ABDE**FGH** 7
3 BF**LMS** ABCDEFJNQRTW 8
4 BCDFHINO**PQ** EFJUV 9
5 ABDEHMN ABEGHO**PRZ** 10
10A CEE
10,5 ha 65T(100-120m²) 231D
① €21,80
② €34,50
N 51°34'56" E 04°54'21"
A27 Ausfahrt Oosterhout-Süd, Richtung Rijen. Über die A58, Ausfahrt Gilze-Rijen, dann die N282, Ausfahrt Oosterhout. CP-Schildern folgen.
105476

Schöner, ruhiger Ferienpark. Direkt am Wald. Große Komfortplätze. Fahrrad- und Wandergebiet. Geräumiges, sauberes Sanitär. Haustiere gestattet.

www.rossumstroost.nl
Oude Wanroijseweg 24 5454 NA Sint Hubert Tel. 0485 - 470193

Schaijk, NL-5374 RK / Noord-Brabant
- Charme Camping Hartje Groen
- Udensedreef 14
- 29 Mär - 30 Sep
- +31 4 86 46 17 03
- contact@hartjegroen.com

1 ABEG**JM**NOPR**T** L 6
2 ABDGHIPQWXY ABDE**FGK** 7
3 BF**LMSX** ABCDEFIJKNPQRTW 8
4 BFHI FVY 9
5 ADHKN ABFGHJOSTWX 10
B 6-10A CEE
10 ha 128T(100-120m²) 14D
① €28,00
② €38,50
N 51°43'37" E 05°37'59"
Von A50 Ausfahrt Schaijk, Schildern folgen.
107655

Schaijk, NL-5374 SC / Noord-Brabant
- Recreatiepark De Heidebloem
- Noordhoekstraat 5
- 1 Apr - 15 Okt
- +31 4 86 46 15 25
- info@deheidebloem.nl

1 ABE**IL**NOPRT AFH 6
2 GPQX ABDE**FG** 7
3 BF**HILMN**S ABCDE**F**NPRTUVW 8
4 BDFHIO FVY 9
5 DEFHMN ABHJMPSTZ 10
Anzeige auf dieser Seite 6A CEE
13 ha 50T(100m²) 181D
① €26,00
② €31,00
N 51°43'17" E 05°39'25"
A50 Nijmegen - 's Hertogenbosch, Ausfahrt Schaijk. Dort den Schildern folgen.
105580

Sint Anthonis, NL-5845 EB / Noord-Brabant
- Ardoer vak.centrum De Ullingse Bergen
- Bosweg 36
- 1 Apr - 29 Sep
- +31 4 85 38 85 66
- ullingsebergen@ardoer.com

1 ADEHKNOPRST ABFGH 6
2 ABGPQVWXY ABDE**FGH** 7
3 ABDMNSVX ABCDFJNQRTUVW 8
4 FGHIQ FJVY 9
5 ADEFLMN**O** ABCDEGHIJ**P**TUZ 10
Anzeige auf dieser Seite 10-16A CEE
11 ha 113T(100-150m²) 153D
① €33,25
② €43,25
N 51°37'39" E 05°51'42"
A73 Ausfahrt St. Anthonis. In St. Anthonis den Schildern folgen.
105646

CAMPING DE KATJESKELDER
Oosterhout

Kinderfreundlicher Familiencampingplatz inmitten der Brabanter Wälder mit Hallenbad, Wasserrutsche, Außenpool und Restaurant.

roompot.de/acsi Servicenummer 040 - 55 55 78 78

Sint Hubert, NL-5454 NA / Noord-Brabant
- Van Rossum's Troost
- Oude Wanroijseweg 24
- 1 Apr - 27 Sep
- +31 4 85 47 01 93
- info@rossumstroost.nl

1 ABEG**JM**NOPR**T** F 6
2 ABOPVWXY AB**FGH** 7
3 BCFMSVX ACE**FG**HKNPRTUVW 8
4 BCDEFGH**Q**R FVY 9
5 ADEHMN ABDEGHIJ**P**STZ 10
Anzeige auf dieser Seite 6A CEE
5,5 ha 45T(90-120m²) 111D
① €21,60
② €28,40
N 51°40'09" E 05°47'48"
A73 Ausfahrt Haps Richtung Mill. Nach St. Hubert Richtung Wanroij und der Beschilderung folgen.
105583

- Familiencamping
- schönes Sanitär
- große Plätze
- viele Einrichtungen
- Gruppenunterkünfte
- Mietchalets

Noordhoekstraat 5 ♦ 5374 SC Schaijk
+31 486461525 ♦ www.deheidebloem.nl

RECREATIEPARK SLOT CRANENDONCK
EUROPARCS SOERENDONK

Campen in der freien Natur mit der berühmten und typischen Brabanter Gastlichkeit. Das ist unser Park so im Kleinen. Ein mittelgroßer 4-Sterne Camping mitten in den Nordbrabanter Kempen, wo man wegen der Ruhe und der freien Natur kommt. Erholung in einem naturschönen Ambiente. Angereichert mit vielen Anlagen für Jung und Alt. Die direkte Umgebung unseres Parks ist prächtig und vielseitig. Der ideale Start in einen herrlichen Campingurlaub.

Strijperdijk 9, 6027 RD Soerendonk, Tel. +31 495591652
E-Mail: info@slotcranendonck.nl • Internet: www.slotcranendonck.nl

Soerendonk, NL-6027 RD / Noord-Brabant 📶 CC€20 iD

▲ Recreatiepark Slot Cranendonck	1 ADE**JM**NOPRST	AEFGHN 6
🏕 Strijperdijk 9	2 AOPWXY	ABDE**FG** 7
📅 27 Mär - 25 Okt	3 ABCFG**JL**MSVX	ABCDEFJKNQRTUV 8
☎ +31 4 95 59 16 52	4 BCDEFGHINO**PQ**	EVWY 9
@ info@slotcranendonck.nl	5 CDEFHLMN	ABDEFHKMO**P**STYZ10
	Anzeige auf dieser Seite B 6A CEE	❶ €39,40
	17,8 ha 208**T**(100m²) 293**D**	❷ €52,10
🧭 N 51°19'11'' E 05°34'29''		105591
🚗 A2 Eindhoven-Weert, Ausfahrt Soerendonk, Richtung Soerendonk, Schildern folgen.		

Camping De Kienehoef

Prächtiger Park mitten im Naturgebiet De Meierij und Het Groene Woud, bei einem Platzangebot nach Ihren Ansprüchen, auch Komfort- und autofrei. Prima Start für schöne Wander- und Radstrecken. Sehr kinderfreundlich. In den Schulferien sind die Kinder unsere wichtigsten Gäste.

Zwembadweg 35-37, 5491 TE St. Oedenrode
Tel. +31 413472877 • E-Mail: info@kienehoef.nl
Internet: www.kienehoef.nl

St. Oedenrode, NL-5491 TE / Noord-Brabant 📶 CC€20 iD

▲ De Kienehoef	1 ADE**JM**NOPRT	ABFGLN 6
🏕 Zwembadweg 35-37	2 ADGHIPVWXY	ABDE**FG**H 7
📅 1 Apr - 27 Sep	3 ABCFG**L**MNSV	ABCDFGJNQRTUW 8
☎ +31 4 13 47 28 77	4 BFHI	F 9
@ info@kienehoef.nl	5 ABDEFHN	ADFGHJPRYZ10
	Anzeige auf dieser Seite 4-10A CEE	❶ €37,00
	15 ha 120**T**(80-100m²) 89**D**	❷ €49,00
🧭 N 51°34'39'' E 05°26'46''		100807
🚗 CP von der A2 (Ausfahrt 27) und A50 (Ausfahrt 9) St. Oedenrode erreichbar. Richtung Schijndel hinter dem Ortsausgang. 1. Straße links, dann 2. Straße links. Ausgeschildert.		

Uden, NL-5406 TP / Noord-Brabant 📶 iD

▲ De Pier Recreatie B.V.	1 ABE**JM**NOPRT	ABFGHM 6
🏕 Schansweg 3A	2 ABPQVX	ABE**FG** 7
📅 1 Apr - 1 Nov	3 B**L**MS	ACD**FG**JNQRTUVW 8
☎ +31 4 13 26 25 85	4 BFHIKO**Q**	CEJVWY 9
@ info@depier.nl	5 ADHKLN	ABEHJPRZ10
	10A CEE	❶ €29,50
	10 ha 35**T**(140m²) 154**D**	❷ €36,50
🧭 N 51°40'03'' E 05°34'37''		105582
🚗 A50 Nijmegen-Eindhoven, Ausfahrt 14 (Zeeland, Uden, Vorstenbosch). CP an der Ausfahrt angezeigt.		

Udenhout, NL-5071 RR / Noord-Brabant 📶 CC€20 iD

▲ Recreatiepark Duinhoeve	1 ADE**JM**NORT	ABFG 6
🏕 Oude Bossche Baan 4	2 APQVWX	ABE**FG** 7
📅 30 Mär - 30 Sep	3 ABFMV	ABCDE**FG**HKNQRTUVW 8
☎ +31 1 35 11 13 63	4 BHILO**R**	ABCHJVY 9
@ info@duinhoeve.nl	5 ABDEFK	ABDEFHJ**N**PSTZ10
	Anzeige auf dieser Seite B 6A CEE	❶ €35,30
	9 ha 80**T**(100-120m²) 259**D**	❷ €49,60
🧭 N 51°38'11'' E 05°07'05''		110733
🚗 A58 Breda-Tilburg-Den Bosch, Ausfahrt Udenhout (N65). Ab Waalwijk N261 Richtung Efteling. Hinter Efteling Ausfahrt Loon op Zand. Vorfahrtsstraße und dann den CP-Schildern folgen.		

Recreatiepark Duinhoeve

Freizeitpark Duinhoeve Udenhout an den Loonse- und Drunense Dünen.
Enorm viele Rad- und Wandermöglichkeiten.
Nähe Efteling (etwa 12 km).

Informationen über www.duinhoeve.nl oder rufen Sie an 013-5111363
Oude Bossche Baan 4, 5071 RR Udenhout • Tel. +31 135111363
E-Mail: info@duinhoeve.nl • Internet: www.duinhoeve.nl

Someren, NL-5712 PD / Noord-Brabant 📶 CC€16 iD

▲ De Kuilen	1 AE**JM**NOPRST	6
🏕 Kuilvenweg 15	2 APVWX	AB**FG** 7
📅 1 Mär - 31 Okt	3 A**F**KMUX	ABCDE**F**JQRTU 8
☎ +31 4 93 49 45 82	4 FHIO**Q**	JY 9
@ info@campingdekuilen.nl	5 DHN	ADGHJPRZ10
	Anzeige auf dieser Seite B 6-10A CEE	❶ €19,50
	3 ha 45**T**(120m²) 23**D**	❷ €30,00
🧭 N 51°22'39'' E 05°40'19''		122520
🚗 A67 Ausfahrt 34 Richtung Heeze, danach Richtung Someren. Vor Someren rechts ausgeschildert.		

Camping De Kuilen

Am Rande des Naturgebietes 'Het Keelven' und an der Strabrechter Heide. Genießen Sie Brabanter Gastfreundschaft auf dem Platz oder in einem unserer Chalets. Nettes Café mit Terrasse und Spielgelegenheiten für Kinder. Ruhig gelegen und dicht am schönen Dorf Someren. Prächtige Golfanlage 'De Swinkelsche' neben dem Camping. Gratis WLAN.

Kuilvenweg 15, 5712 PD Someren • Tel. 0493-494582
E-Mail: info@campingdekuilen.nl • Internet: www.campingdekuilen.nl

Brabanter Gemütlichkeit auf dem Recreatiepark-Camping Ponderosa! Ein wunderschön gepflegter Campingplatz, auf dem Geselligkeit und persönliche Betreuung unserer Gäste im Mittelpunkt stehen.
• Geräumige Stellplätze • Hallenbad
• Restaurant & Terrasse • Pumptrack-Bahn
• Schöne Radwege

Maaijkant 23-26, 5113 BD Ulicoten/Baarle Nassau • Tel. +31 135199391
E-Mail: info@ponderosa.nl • Internet: www.ponderosa.nl

Ulicoten/Baarle Nassau, NL-5113 BD / N-Br. 📶 CC€20 iD

▲ Recreatiepark Ponderosa	1 ABCE**JM**NOPRST	EFGH 6
🏕 Maaijkant 23-26	2 PQVWXY	AB**FG**H 7
📅 28 Mär - 3 Nov	3 ABCF**L**MSV	ABCDEFGNQRTUVW 8
☎ +31 1 35 19 93 91	4 BCDFHIKLNO**P**	ACEJLVW 9
@ info@ponderosa.nl	5 ABDEFGHKLMN	ABCDEHKMPSTZ10
	Anzeige auf dieser Seite 10A CEE	❶ €41,60
	22 ha 71**T**(100-120m²) 508**D**	❷ €56,20
🧭 N 51°28'13'' E 04°52'45''		105483
🚗 A16 Breda Ausfahrt Richtung Ulvenhout/Baarle Nassau, dann den Schildern folgen. In Ulicoten oder Chaam den CP-Schildern folgen. Nicht über die Fransebaan fahren!		

ACSI Camping Europa-App

8 100 europäische Campingplätze in einer praktischen App **ab 0,99 €**

• Schnell und einfach buchen, auch unterwegs
• Kostenlose Updates mit Änderungen und neuen Campingplatz-Bewertungen
• Mit Informationen zu 9 000 kontrollierten Reisemobilstellplätzen kombinierbar
• Auch offline nutzbar

Eurocamping Vessem

- Raum und Ruhe.
- einmaliger, großer Naturcamping.
- im Herzen der Brabanter Kempen.
- ideal zum Rad fahren, Wandern oder Angeln.
- Safarizelte und Chalets zu vermieten.
- gutes WLAN auf dem ganzen Camping.
- für Reisemobile Sonderplätze vor dem Camping.
- großer Schwimmbadkomplex.
- NKC Reisemobilplatz.

info@eurocampingvessem.com • www.eurocampingvessem.com
Eurocamping Vessem, Zwembadweg 1, 5512 NW Vessem • Tel. 0497-591214

Valkenswaard, NL-5556 VB / Noord-Brabant (CC€12) iD
- Oostappen Vakantiepark Brugse Heide
- Maastrichterweg 183
- 28 Mär - 31 Okt
- +31 4 02 01 83 04
- info@vakantieparkbrugseheide.nl
- N 51°19'44'' E 05°27'45''
- A2, Ausfahrt Valkenswaard, Richtung Achel. Schildern folgen.

1 AE**JM**NOPRST   AF 6
2 AGPVWXY   ABDE**FGH** 7
3 ABCD**FJL**MSVX   ABFGJKNQRTUV 8
4 BDF**HIP**   EVY 9
5 ADEHKN   ABDEGHJORYZ10
B 6A CEE
7 ha 75T(81-100m²) 106D
€37,00 / €37,00
105541

Wanroij, NL-5446 PW / Noord-Brabant (CC€18) iD
- Vakantiepark De Bergen
- Campinglaan 1
- 27 Mär - 25 Okt
- +31 4 85 33 54 50
- info@debergen.nl
- N 51°38'26'' E 05°48'40''
- A73 Ausfahrt Boxmeer nach St. Anthonis und rechts nach Wanroij. CP ausgeschildert.

1 ADE**IL**NOPRST   HLMN 6
2 ADGHIPVWXY   AB**FGH** 7
3 ABDFG**J**MSV   ABCDFGJKNQRTUVW 8
4 BCDFHIKN   ABCEJQVWY 9
5 CDEFGHKLMN**O**   ABDEFGHMO**P**RYZ10
Anzeige auf dieser S. B 10-16A CEE
92 ha 300T(80-125m²) 374D
€33,00 / €43,00
105648

Willemstad, NL-4797 SC / Noord-Brabant iD
- Bovensluis
- Oostdijk 22
- 1 Jan - 31 Dez
- +31 1 68 47 25 68
- camping@bovensluis.nl
- N 51°40'52'' E 04°28'53''
- A29 Dinteloord-Rotterdam, Ausfahrt Willemstad. Am Ortsausgang von Willemstad links ab. Ausgeschildert.

1 AEG**JM**NOPQRST   AF**NX** 6
2 ACPVX   ADE**FGH** 7
3 BF**LMN**V   ABCDEFNQRTUV 8
4 HIL**NPQ**   EFJORTV 9
5 DELMN   ABGHIJO**P**RZ10
10A CEE
16 ha 55T(100-140m²) 449D
€23,25 / €32,70
105437

Witvenseweg 6 | Veldhoven
040-230 00 43
www.witven.nl

Veldhoven, NL-5504 PZ / Noord-Brabant (CC€20) iD
- Vakantiepark Witven
- Witvenseweg 6
- 1 Apr - 27 Sep
- +31 4 02 30 00 43
- info@witven.nl
- N 51°23'42'' E 05°24'43''
- Umfahrung Eindhoven N2 Ausfahrt 32 Richtung Veldhoven. Danach den Schildern folgen.

1 ADE**GIL**NOPRST   LMN 6
2 ADGHPVWXY   ABDE**FGH** 7
3 ABCFG**JL**MSVX   ABCDFGJLNQRTUVW 8
4 BFHIKO   JV 9
5 ABDEFHKLMN   ABDFGHJPQSTZ10
B 6-10A CEE
13,3 ha 117T(80-120m²) 190D
€35,70 / €48,70
105542

Wouwse Plantage, NL-4725 BC / Noord-Brabant iD
- Camping GetAway
- Bosbesstraat 65
- 1 Apr - 1 Nov
- +31 6 57 73 10 54
- info@mygetaway.nl
- N 51°29'00'' E 04°23'37''
- A58 Ausfahrt 25 Richtung Wouwse Plantage: Camping im Zentrum ausgeschildert (plantagebaan.).

1 AEG**JM**NOPQR**T**   AF 6
2 AOPWX   A**B** 7
3 A**LS**   AB**FGNQRW** 8
4 H**R**   E 9
5 DELM   AFGJ**P**TU10
10A CEE
1,2 ha 60T(100-150m²) 13D
€19,00 / €25,00
123977

Veldhoven/Zandoerle, NL-5506 LA / N-Br. (CC€20) iD
- Vakantiepark Molenvelden
- Banstraat 25
- 27 Mär - 25 Okt
- +31 4 02 05 23 84
- molenvelden@kempenrecreatie.nl
- N 51°24'30'' E 05°21'27''
- N2 Umfahrung Eindhoven, Ausfahrt 31 Richtung Veldhoven. Den Schildern folgen.

1 ABCD**JM**NOPRT   ABFGN 6
2 APVWXY   ABDE**FGH** 7
3 ABCEF**JL**MSUV   ABCDEFGHJKNQRTUV 8
4 F**HPQ**   ADEGHJOPRZ10
5 DEFHKLN
Anzeige auf Seite 372 10A CEE
14 ha 65T(80-100m²) 196D
€33,70 / €44,90
105538

Zeeland, NL-5411 RS / Noord-Brabant iD
- Vakantiepark De Heische Tip
- Straatsven 4
- 1 Apr - 1 Okt
- +31 4 86 45 14 58
- info@heischetip.nl
- N 51°41'42'' E 05°39'19''
- A50 Ausfahrt Ravenstein, dann Richtung Uden, bei Zeeland ausgeschildert.

1 ABE**JM**NORT   L 6
2 BDGHPQVWX   ABDE**FGH** 7
3 BF**HIJ**L**MN**SVX   ABE**FG**INPQRTUVW 8
4 BCDFHILNO   BEFJUVW 9
5 ADEHKLM   ABEFGHIKPSTYZ10
6A CEE
18 ha 80T(80-90m²) 346D
€36,00 / €36,00
105581

Vessem, NL-5512 NW / Noord-Brabant (CC€18) iD
- Eurocamping Vessem
- Zwembadweg 1
- 21 Mär - 4 Okt
- +31 4 97 59 12 14
- info@eurocampingvessem.com
- N 51°24'38'' E 05°16'35''
- A58 Ausfahrt 8 Oirschot, Richtung Middelbeers, danach Vessem. CP ausgeschildert an der Straße Vessem-Hoogeloon.

1 ADE**JM**NOPQRST   AFN 6
2 ABGOPWXY   AB**FG** 7
3 ABCFG**JL**MNVX   ABCDE**F**JNPQRTUVW 8
4 BCDFHIKN**PQ**   BJVWY 9
5 BDEH   ADFGH**JP**RY10
Anzeige auf dieser Seite 6A CEE
50 ha 450T(120-200m²) 336D
€28,00 / €41,30
105539

Vinkel, NL-5382 JX / Noord-Brabant (CC€12) iD
- Vakantiepark Dierenbos
- Vinkeloord 1
- 3 Apr - 31 Okt
- +31 7 35 34 35 36
- info@dierenbos.nl
- N 51°42'17'' E 05°25'48''
- A59, Ausfahrt 51. CP ab hier angezeigt.

1 ABCDE**IL**NOPQRT   EFGHLN 6
2 ABDGHPQWXY   ABDE**FGH** 7
3 ABF**JL**M**R**S   ABCDEFGJKNQRTUVW 8
4 BCDFGHIK**Q**   CHJV 9
5 ACDEFHJKM   ABDEGHJMPRZ10
Anzeige auf Seite 370 B 16A CEE
55 ha 390T(115-125m²) 464D
€28,90 / €45,80
100806

So viel Urlaubsspaß

vakantiepark de Bergen

Haben Sie Fragen?
www.debergen.nl oder +31485 335 450

Limburg

Afferden, NL-5851 AG / Limburg

- Klein Canada
- Dorpsstraat 1
- 27 Mär - 26 Okt
- +31 4 85 53 12 23
- info@kleincanada.nl

1 AEG**IL**NOPRST AEFHN 6
2 AGOPQSWX AB**CEFGH** 7
3 ABFG**KLMN**SV ABCDEFGIJK**LMN**QRTUVW 8
4 BDEHIKO**PQT** AEJVY 9
5 ABDEHKLMNO ABCEFGHIKM**P**STZ10

N 51°38'20'' E 06°00'15''
Anzeige auf dieser Seite B 6-10A CEE ① €30,20
12 ha 135T(100-120m²) 139D ② €40,40

Von Nijmegen A73 Ausfahrt zur A77 (Köln), dann die N271 vor Afferden links. Von Venlo aus hinter Afferden rechts ab. 105647

Afferden, NL-5851 EK / Limburg

- Roland
- Rimpelt 33
- 1 Jan - 31 Dez
- +31 4 85 53 14 31
- info@campingroland.nl

1 AEG**JM**NOPQRST ABFGHN 6
2 AGPVX BE**FG**H 7
3 BDF**JL**MSTV ABCDE**FIJ**NQRTUVW 8
4 BDFHINO**PQ** CFJUV 9
5 ABCDEFHJLMN ABCEFGHIJM**PR**Z10

N 51°38'04'' E 06°02'03''
Anzeige auf Seite 377 6A CEE ① €31,30
H50 11 ha 89T(80-120m²) 318D ② €40,60

A73 Nijmegen-Venlo, am Kreuz Rijkevoort über die A77 bis Ausfahrt 2 auf die N271 Nieuw-Bergen - Afferden, nach ca. 5 km Richtung Venlo, den Schildern folgen. 105650

Campen im 'schmalsten Stückchen Holland'.
Genießen in waldreicher Fahrradumgebung.

Marisheem CHALET & CARAVANPARK
Brugweg 89, 6102 RD Echt
www.marisheem.nl • 0475-481458

Arcen, NL-5944 EX / Limburg

- Klein Vink
- Klein Vink 4
- 1 Jan - 31 Dez
- +31 77 473 25 25
- receptie.kleinvink@roompot.nl

1 ABCDEJMNOPQRST EFGLMN 6
2 ABDGHIPQVWXY ABDE**FG**H 7
3 ABDFGJMNS**TU** ABCDEFHJNPQRTUVW 8
4 BFHILO**PQRSTUVWXYZ** JRTVWXY 9
5 ACDFH.IKI MN ABDEFGHIKM**P**QNYZ10

N 51°29'46'' E 06°11'04''
Anzeige auf Seite 377 B 10A CEE ① €38,00
17 ha 310T(80-90m²) 615D ② €40,00

N271 Nijmegen-Venlo. Gut ausgeschildert. 100824

Baarlo, NL-5991 NV / Limburg

- Oostappen Vakantiepark De Berckt
- Napoleonsbaan Noord 4
- 28 Mär - 31 Okt
- +31 77 477 72 22
- info@vakantieparkdeberckt.nl

1 ADEJ**M**NOPQRST EFGHI 6
2 ABGOPQWXY ABDE**FG**H 7
3 ABF**J**KMSV ABCDEFGJKNQRTUVW 8
4 BDFHIKLNO**PQ**TUV EVY 9
5 ACDEFHKL ABEGHIJO**P**RYZ10

N 51°20'46'' E 06°06'20''
10A CEE ① €34,00
40 ha 281T(80-120m²) 665D ② €36,00

A73 Ausfahrt Baarlo (N273). Auf der N273 (Napoleonsbaan) liegt der CP auf der Westseite der Strecke, zwischen Blerick und Baarlo. 105662

Beesel, NL-5954 PB / Limburg

- Petrushoeve
- Heidenheimseweg 3
- 15 Mär - 15 Okt
- +31 74 74 19 84
- info@campingpetrushoeve.nl

1 AEFGHKNOPRST 6
2 ABPQRSVWXY ABDE**FG**K 7
3 **L**S ABCDEFJNQRTW 8
4 FGHK ADFGHIJ**P**R10
5 ADGN
Anzeige auf Seite 377 6-10A CEE ① €22,50
5 ha 89T(120-140m²) 3D ② €32,50

Von der A73 Ausfahrt 18 Reuver/Beesel. Danach den Schildern Petrushoeve Recreatie folgen. 107653

Blitterswijck, NL-5863 AR / Limburg

- 't Veerhuys
- Veerweg 7
- 1 Apr - 30 Okt
- +31 4 78 53 12 83
- info@campingveerhuys.nl

1 ADE**IL**NOPRT FJMNSWXY 6
2 ACFGPQUW ABE**FG** 7
3 ABF**HIL**MSU AB**F**JNPQRTUVW 8
4 FHIOP GKV 9
5 ADEFHKLN ABCDEFGHIJ**OR**YZ10

N 51°31'52'' E 06°07'05''
Anzeige auf dieser Seite B 10A CEE ① €32,35
H50 2,8 ha 75T(72-150m²) 46D ② €40,35

A73 Ausfahrt 9 Richtung Wanssum. Am Kreisel in Wanssum rechts ab und sofort wieder links richtung Blitterswijck. 113304

Camping 't Veerhuys bei Tante Jet an der Maas

Sie haben von jedem Platz aus einen herrlichen Blick über die Maas und die weitere Umgebung. Wassersportler und Angler kommen hier auf ihre Kosten. Die Umgebung lädt Sie ein zum Wandern oder Rad fahren. Eine Rad- und Fußgängerfähre bringt Sie ans andere Ufer in den Nationalpark Maasduinen. Versäumen Sie nicht im Restaurant von Tante Jet an der Maas lecker zu essen.

Veerweg 7, 5863 AR Blitterswijck • Tel. 0478-531283
E-Mail: info@campingveerhuys.nl • Internet: campingveerhuys.nl

Auf Camping Roland finden Sie sämtliche Ausstattungen, die man für einen gelungenen Urlaub braucht:
Schwimmbad mit Rutschbahn, Sportfelder, Airtrampolin, Indoor-Spielplatz. Angelweiher, Spielplatz im Freien, Gaststätte 't Vertier mit Panoramaterrasse, Imbiss, Campingladen mit frischem Brot, Radverleih, Sanitär mit Wäscherei, Animationsprogramm (an Himmelfahrt, Pfingsten, im Mai- und den Sommerferien).

Vermietung verschiedener Unterkünfte, große Ferienhäuschen und Luxus Safarizelte. Alle unsere Tourplätze sind Komfortplätze hochmodern und vollausgestattet.
Gratis Basis-Camping-WLAN.

Der Campingplatz liegt im wunderschönen **Nationalpark De Maasduinen**, mit vielen Rad- und Wanderangeboten.

Mehr Infos auf www.campingroland.nl
Camping Roland, Rimpelt 33, 5851 EK, Afferden (L)
Tel. 0485-531 431 | info@campingroland.nl

Niederlande

Echt, NL-6102 RD / Limburg
Marisheem
Brugweg 89
1 Apr - 30 Sep
+31 4 75 48 14 58
info@marisheem.nl

1	AE**JM**NOPRT	AFH 6
2	AGOPVWXY	ABDE**FG** 7
3	AB**GL**MS	ABCDEFGNQRTW 8
4	FH	9
5	DEHMN	ABDEGHIPR 10

Anzeige auf Seite 376 6-10A CEE ① €30,40
12 ha 60T(80-100m²) 200D ② €30,40

N 51°05'33'' E 05°54'40'' 105667
A2 Richtung Maastricht, Ausfahrt 45 Echt. A73, Ausfahrt 22 Maasbracht, weiter N276 Richtung Echt. Den Schildern Camping Marisheem folgen.

Epen, NL-6285 AD / Limburg
Kampeerterrein Oosterberg
Oosterberg 2
15 Mär - 1 Nov
+31 4 34 55 13 77
info@camping-oosterberg.nl

1	AEJMNOR**T**	6
2	AFGOPRWXY	ABDE**FG**H 7
3	A**LM**	ABCDEFGJKNQRT 8
4	FGHIKO	9
5	ADN	ABJOR 10

B 6A CEE ① €24,55
H220 6 ha 275T(120m²) ② €32,05

N 50°46'19'' E 05°53'46'' 108985
Kreuzung Kerensheide A79 Richtung Aachen Ausfahrt Simpelveld/Vaals Richtung Maastricht. Ausfahrt Mechelen/Epen. Hier ist der CP durch braune Schilder angezeigt.

Epen, NL-6285 ND / Limburg
Landschapscamping Alleleijn
Terzieterweg 17
3 Apr - 27 Okt
+31 4 34 55 15 53
reserveren@campingalleleijn.nl

1	ABE**JM**NOPR**T**	6
2	CFGPTUVWX	ABDE**FG**H 7
3	A**LM**	ABCDEFGHIJNPQRTW 8
4	FGHIO	W 9
5	ADN	ABHJPR 10

B 10A CEE ① €24,50
H160 2,8 ha 75T(100-140m²) ② €32,00

N 50°45'24'' E 05°54'27'' 118624
In Epen geradeaus und sofort hinter Epen dem Schild 'Terziet/Sippenacken' folgen. Geradeaus, auch an dem Schild 'doodlopende weg'. Noch 1 km der Straße folgen. CP liegt links.

Gulpen, NL-6271 NP / Limburg
Panorama Camping Gulperberg
Berghem 1
1 Jan - 31 Dez
+31 4 34 50 23 30
info@gulperberg.nl

1	AE**JM**NOPRST	AFGI 6
2	AFGPUVWX	ABDE**FG**H 7
3	BF**HIL**MSU	ABCDEFIJNQRTUVW 8
4	**ABC**FGHILOP	ABCEFUVWX 9
5	ABCDEFGHJLMN	ABDEFGHIJPRZ 10

Anzeige auf dieser Seite 10A CEE ① €43,50
H120 7,9 ha 225T(100-120m²) 152D ② €57,50

N 50°48'25'' E 05°53'40'' 100834
A4 Aachen - Maastricht, Ausf. Bocholtz zur N281 Ri. Gulpen. An der letzten Ampel in Gulpen li. Den Schildern folgen. Mit GPS: Postleitzahl eingeben, dann Landsradeweg bis zur T-Kreuzung folgen, li. ab. CP nach 200m re.

CAMPING KLEIN VINK
Arcen

Vielseitiger Familiencampingplatz im Grünen mit umfangreichen Wellnessangeboten (Thermalbad Arcen), Hallenbad sowie Schwimm-, Surf- und Ruderteich.

roompot.de/acsi Servicenummer 040 - 55 55 78 78

Petrushoeve

kleiner grüner Camping
schöne (Komfort)Plätze
großes und modernes Sanitär
neue Wohnmobilplätze
WiFi und Brotverkauf
auto- und haustierfrei
Keine Jahres- und Saisonplätze
waldreiche Wander- umd Radumgebung

www.campingpetrushoeve.nl

Panorama Camping Gulperberg

Ruhe, Entspannung, wunderschöne Ausblicke über die südlimburgische Landschaften, und dazu burgundisches genießen auf einem luxuriösen Familiencampingplatz mit aufwendigen Ausstattungen. Es gibt für Jung und Alt jede Menge zu erleben!

- Familiencampingplatz in Südlimburg
- In der Nähe von lebendigen Städten un Dörfchen
- Luxuriöse und aufwendige Ausstattungen
- Professionelle Animation während der Schulferien
- Freier Eintritt beim subtropischen Badeparadies Mosaqua

Reichhaltige Möglichkeiten für Wandern, Radfahren und Kultur in der nahen Umgebung, und während Vorsaison und Nachsaison sehr geeignet für den sportlichen Ruhesuchende.

Bitte schauen Sie auf unsere Webseite für die aktuellen Nachrichten und Angebote.

Berghem 1, Gulpen (NL) | T. +31 43 450 2330 | gulperberg.nl | *Das nennen wir Urlaub!*

Niederlande

Gulpen, NL-6271 PP / Limburg 🛜 (CC€18) iD

⛺ Terrassencamping Osebos	1 ABE**JM**NOPRT AF 6
🏠 Euverem 1	2 AFGOPRUVWX ABDE**FGH** 7
📅 28 Mär - 1 Nov	3 AB**FLMU** ABCDFGJKNQRTUVW 8
☎ +31 4 34 50 16 11	4 BFGHI 9
@ info@osebos.nl	5 ACDEFGHLMN ABCDEGHJPSTZ10
	Anzeige auf dieser Seite 6-10A CEE ❶ €37,00
🧭 N 50°48'27'' E 05°52'15''	H132 7 ha 210**T**(100-120m²) 30**D** ❷ €43,00
🚗 N278 Maastricht-Vaals. Vor Gulpen Richtung Euverem/Beutenaken, erste Straße rechts.	105671

Heerlen, NL-6413 TC / Limburg 🛜 (CC€18) iD

⛺ Hitjesvijver	1 ACDEG**JM**NOPQRS**T** ABFG 6
🏠 Willem Barentszweg 101	2 AGOPSUWXY AB**DEFG** 7
📅 1 Jan - 31 Dez	3 ABE**FLMS** ABCE**FHJ**NQRTW 8
☎ +31 4 55 21 13 53	4 BCDFGHI EFJ 9
@ info@hitjesvijver.nl	5 DEFHLMNO ABDFGHIJO**PR**10
	Anzeige auf dieser Seite 6-10A CEE ❶ €22,50
🧭 N 50°55'16'' E 05°57'26''	H83 4,5 ha 84**T**(90-100m²) 61**D** ❷ €34,50
🚗 Von Eindhoven: folge den Schildern A76 nach Heerlen; hinter Nuth re. der N281 folgen Ri. Heerlen; Ausf. Heerlen-Nord nehmen; am Ende li., am Kreisel bei McDonald's li., dann 1. Kreisel re., den Willem Barentszweg. Nach 800m CP li.	109665

Heijenrath/Slenaken, NL-6276 PD / Limburg 🛜 iD

⛺ Heyenrade	1 ADE**JM**NOPRST 6
🏠 Heyenratherweg 13	2 OPVWX A**FG** 7
📅 1 Apr - 1 Nov	3 A**LU** ABCE**FJ**NQRT 8
☎ +31 4 34 57 32 60	4 FGH GVWX 9
@ info@heyenrade.nl	5 ADHJKMN ABHJ**PR**10
	6-10A CEE ❶ €19,85
🧭 N 50°46'28'' E 05°52'23''	H220 4 ha 120**T**(100m²) 56**D** ❷ €23,35
🚗 N278 Maastricht-Vaals. Hinter Margraten Richtung Noorbeek. Von der Kreuzung Hoogcruts ausgeschildert.	105674

Helden, NL-5988 NH / Limburg 🛜 (CC€18) iD

⛺ Ardoer Camping De Heldense Bossen	1 AE**JM**NOPQRST ABEFGH 6
🏠 De Heldense Bossen 6	2 ABGPVWXY ABDE**FGH** 7
📅 27 Mär - 25 Okt	3 BCEFG**LMS**UV ABCDEFGHJKNPQRTUVW 8
☎ +31 7 73 07 24 76	4 **A**BCDFHIKLO**Q** AEJV 9
@ heldensebossen@ardoer.com	5 ACDEFHLMN ABDEGHJ**PR**YZ10
	Anzeige auf Seite 379 B 10A CEE ❶ €36,50
🧭 N 51°19'05'' E 06°01'25''	30 ha 399**T**(80-120m²) 398**D** ❷ €50,50
🚗 N277, Midden Peelweg, Ausfahrt Helden fahren. Von Helden Richtung Kessel. Nach 1 km links ab. Nach ca. 1 km kommt der CP.	100823

Helden, NL-5987 NC / Limburg 🛜 iD

⛺ 't Vossenveld	1 A**JM**NOPRS**T** 6
🏠 Roggelseweg 131	2 ABOPVX AB**DEFGH** 7
📅 25 Mär - 15 Okt	3 A**S**U ABCDE**FHJ**NPRUVW 8
☎ +31 7 73 07 23 86	4 FH**IQ** EG 9
@ camping@vossenveld.nl	5 D ABGHIJ**PR**Z10
	Anzeige auf dieser Seite 6A CEE ❶ €15,50
🧭 N 51°17'57'' E 05°58'01''	3,5 ha 60**T**(100-160m²) 40**D** ❷ €22,55
🚗 Von der A73 Ausfahrt 14 Helden/Maasbree. An der N275 von Helden nach Roggel N275 einige Km hinter der Ortschaft Helden in Egchel links.	111070

Heel, NL-6097 NL / Limburg 🛜 (CC€14) iD

⛺ Narvik HomeParc Heelderpeel B.V.	1 ADEG**JM**NOPQRST ABLN 6
🏠 De Peel 13	2 ADGHPQVX ABDE**FGH** 7
📅 27 Mär - 2 Nov	3 BC**FJ**MNS ABCDEFJNQRTW 8
☎ +31 4 75 45 22 11	4 B**FH**IL FHJVY 9
@ info@heelderpeel.nl	5 ADHK ADEHIJMO**PR**Z10
	Anzeige auf dieser Seite 10A CEE ❶ €28,00
🧭 N 51°11'49'' E 05°52'31''	55 ha 160**T**(100m²) 170**D** ❷ €31,00
🚗 Von Eindhoven A2 Ausfahrt 41. Auf der N273 Richtung Venlo fahren. Nach ca. 3 km ist der CP links ausgeschildert.	100825

Hitjesvijver

Wir bieten:
- beheizte Sanitäranlagen
- Babywaschgelegenheit
- Wäscherei
- beheiztes Freibad mit Jetstreams und Planschbecken
- Spielplatz
- überdachte Terrasse mit Spielhäuschen und Küche
- stilvolle Brasserie mit gemütlichem offenem Kamin; ganzj. Do-Mo offen
- Vermietung von Chalets, Mobilheime und Wanderhütten

Beachten Sie unsere Webseite mit den **Spezial-Arrangements für die Vor- und Nachsaison!**

Fam. Van den Akker:
Willem Barentszweg 101
6413 TC Heerlen
Tel. 045-5211353
E-Mail: info@hitjesvijver.nl
Internet: www.hitjesvijver.nl

Zuhause in der Natur
- Wander- und Fahrradgegend
- beheiztes Freibecken
- Felder mit Spielgeräten

Narvik HomeParc®
Heelderpeel

Gemütlicher Seniorencamping mit großen komfortablen Plätzen, angelegt auf einem schönen und gepflegten Gelände in unterschiedlicher Bepflanzung. In einem Gebiet mit vielen Rad- und Wanderrouten. Beheiztes Sanitär und gratis WiFi.

Roggelseweg 131, 5987 NC Helden Tel. 077-3072386
E-Mail: camping@vossenveld.nl • Internet: www.vossenveld.nl

Helden, NL-5988 NE / Limburg 🛜 iD

⛺ Hanssenhof	1 AEG**JM**NOPRS**T** 6
🏠 Kesselseweg 32-32a	2 APWX ADE**F** 7
📅 1 Apr - 30 Sep	3 **LS** ABE**FHJ**NPQRUV 8
☎ +31 7 73 07 21 77	4 FH**IQ** 9
@ camping@hanssenhof.nl	5 D ABHIJ**PR**Z10
	Anzeige auf Seite 379 B 6A CEE ❶ €17,00
🧭 N 51°18'52'' E 06°00'13''	3,5 ha 80**T**(100m²) 3**D** ❷ €28,00
🚗 Von der N277, Midden Peelweg, Ausfahrt Helden. Von Helden aus Richtung Kessel. Der CP ist nach 1 km rechts.	117494

't Hemelke camping en recreatiepark
Klimmenerweg 10, Hulsberg (NL) | +31 45 405 1386 | www.hemelke.nl

Hulsberg, NL-6336 AV / Limburg

▲ 't Hemelke	1 AE**JM**NOR**T**	AFH 6
Klimmenerweg 10	2 AGOPTUVWXY	ABDE**FGH** 7
1 Apr - 30 Sep	3 AB**F**JLMSU	ABCDEFKNQRTW 8
+31 4 54 05 13 86	4 BCDFGHIKO**R**	9
info@hemelke.nl	5 ABDEHLMN	ABDEFGHIJMPR10
	Anzeige auf dieser Seite B 6-10A CEE	① €30,90
	H100 7 ha 330**T**(110-120m²)	② €43,70
N 50°53'16'' E 05°51'46''		105675
Von A2 Ausfahrt A76 Richtung Heerlen, Ausfahrt Nuth, dort Richtung Hulsberg, CP in Hulsberg ausgeschildert.		

CAMPING DE WATERTOREN ★★★★

- ruhige Lage am großen Waldgebiet
- ganzjährig Chalets zum Vermieten
- große Stellplätze (100 m²) auf netten Feldern mit verschiedenen Spielgeräten, Lufttrampolin vorhanden.

Kerkveldweg 1, 6374 LE Landgraaf
Tel. +31 455321747 • E-Mail: info@campingdewatertoren.nl
Internet: www.campingdewatertoren.nl

Kelpen-Oler, NL-6037 NR / Limburg

▲ Geelenhoof	1 AEG**IL**NOPRS**T**	N 6
Grathemerweg 16	2 AOPQVWX	ABD**FG** 7
19 Mär - 31 Okt	3 ABD**FJ**LMSTWX	ABCDEFHJNPQRTUVW 8
+31 4 95 65 18 58	4 F**H**	CFIVWY 9
info@geelenhoof.nl	5 ABDN	ABDFGHIJPSTXZ10
	Anzeige auf dieser Seite 6-10A CEE	① €25,10
	H120 5 ha 57**T**(120-150m²) 37**D**	② €33,70
N 51°12'35'' E 05°49'47''		110635
Von Eindhoven: A2 Ausfahrt 40 Kelpen/Oler. Auf der N280 Ausfahrt Kelpen/Oler und der Durchgangsstraße folgen. Von Maastricht: A2 Ausfahrt 41 Richtung Grathem. Ab der N273 den CP-Schildern folgen.		

Camping Geelenhoof

Klein angelegter, ruhiger und gastfreundlicher Camping. Große autofreie Komfortplätze mit WLAN. Sowie: Crocketbahn, Boules, Fischweiher, Indoor-Minigolf und für die Kleinsten gratis Indoor-Spielplatz und Kettcars. Ideale Lage bei Roermond, das Maasplassen und der weißen Stadt Thorn mit vielen Rad- und Wandermöglichkeiten.

Grathemerweg 16, 6037 NR Kelpen-Oler • Tel. +31 495651858
E-Mail: info@geelenhoof.nl • Internet: www.geelenhoof.nl

Kessel, NL-5995 RP / Limburg

▲ Oda Hoeve	1 AEG**JM**NOPQRS**T**	6
Heldenseweg 10	2 AFPSVWX	BE**FGH** 7
1 Apr - 1 Nov	3 **L**SU	BDFHJNPQRUV 8
+31 77 462 13 58	4 A**F**HIOQ	9
info@odahoeve.nl	5 DN	ABHIJPTUZ10
	Anzeige auf dieser Seite B 6A CEE	① €19,50
	3,5 ha 108**T**(180-200m²) 14**D**	② €27,50
N 51°17'54'' E 06°02'14''		111805
Über den Napoleonsweg N273 nach Kessel. An der Ampel bei Kessel rechts Richtung Helden. Camping nach 800m auf der rechten Seite.		

Koningsbosch, NL-6104 RM / Limburg

▲ Böhmerwald	1 A**IL**NOPQRS**T**	6
Krimweg 1	2 APQWX	AB**FG** 7
1 Apr - 30 Sep	3 ABFM	AE**F**NPRVW 8
+31 4 75 30 90 30	4 FHI	F 9
bohmerwald@online.nl	5 DHN	AHIJMPTZ10
	4-6A CEE	① €18,00
N 51°03'43'' E 05°56'24''	H59 2,3 ha 94**T**(80-100m²) 2**D**	② €25,00
		113488
Von der A2 Ausfahrt 44 oder 45 Richtung Echt/Koningsbosch. CP-Schildern folgen.		

Hanssenhof recreatie boerderij

Am Rande der Heldener Wälder liegt der Erlebnishof Hanssenhof. Schönes Gelände mit ausgezeichneten Sanitäranlagen, das sich an das 50+ Publikum richtet. Prima Rad- und Wanderwege in der Nähe. Familie Hanssen baut auch Spargel an und heißt Sie herzlich willkommen.

Kesselseweg 32-32a, 5988 NE Helden
Tel. 077-3072177
E-Mail: camping@hanssenhof.nl • Internet: www.hanssenhof.nl

Qualitätscampingplatz in Limburg
Ardoer Campingplätze mit Herz
Heldense Bossen Helden
www.ardoer.com/limburg

Landgraaf, NL-6374 LE / Limburg

▲ De Watertoren	1 AE**JM**NOPRS**T**	ABFG 6
Kerkveldweg 1	2 ABPRWXY	ABDE**FGH** 7
3 Apr - 24 Okt	3 AB**FL**MSVX	ABCDE**FGI**JKNQRTW 8
+31 4 55 32 17 47	4 BCEFGHIO	BIJV 9
info@campingdewatertoren.nl	5 ABDFHLMN	ABDEFGHJO**P**STXYZ10
	Anzeige auf dieser Seite B 6-10A CEE	① €30,60
	H150 5,3 ha 120**T**(100-150m²) 34**D**	② €38,70
N 50°54'38'' E 06°04'23''		108402
A2 Ausf. 47 Born/Brunssum. Brunssum folgen. Von Maastricht/Heerlen: Ausf. Kerkrade-West (Beitel) oder Beschilderung Park Gravenrode. Dann Hofstr.-Einsteinstr.-Dr. Calsstr.-Torenstr. Links ab im Kreisel Europaweg-Zuid.		

ODA HOEVE boerderijcamping

Kleiner gemütlicher Camping für Senioren und 50-Plusser, auf schön angelegtem Areal mit Bepflanzung. In einem Gebiet mit Radwegen gelegen. Gratis WiFi. Organisierte Exkursionen.

Heldenseweg 10, 5995 RP Kessel • Tel. 077-4621358
E-Mail: info@odahoeve.nl • Internet: www.odahoeve.nl

Maasbree, NL-5993 PB / Limburg

▲ Recreatiepark BreeBronne	1 EG**JM**NOPRS**T**	EFGHL 6
Lange Heide 9	2 ABDGHQVWXY	ABDE**FG**J 7
31 Mär - 1 Nov	3 ABDGMSV	ABCDEFGIJKMNPQRTUVW 8
+31 77 465 23 60	4 BCFHI	ACVWY 9
info@breebronne.nl	5 AEHL	AEFHIJPTUZ10
	Anzeige auf dieser Seite B 16A CEE	① €32,00
	12 ha 140**T**(80-120m²) 136**D**	② €42,00
N 51°22'27'' E 06°03'41''		105658
A67 Ausfahrt Zaarderheiken/Venlo-West/Zuid und die N556 Richtung Maasbree. Weiter der CP-Beschilderung nach.		

BreeBronne das Besondere erleben

Komfortcamping mit:
Strandbar, Bistro, Strand & Strandbad!

Lange Heide 9, 5993 PB Maasbree | Nederland
www.breebronne.nl | info@breebronne.nl | 077 465 2360

Niederlande

Herrliche Erholung in der Süd-Limburger Natur!

- Familiencamping in einem prächtigen Naturgebiet
- Fahrrad- & Wanderparadies
- Modernes und sauberes Sanitär
- Gratis WLAN
- große Stellplätze
- befestigte Reisemobilplätze
- Komfortplätze
- Brasserie

Zentrale Lage:
Maastricht (7 km)
Valkenburg (5 km)

Camping 't Geuldal
Gemeentebroek 13
6231 RV Meerssen

T: +31 (0)43 60 40 437
E: info@camping-geuldal.nl
W: www.camping-geuldal.nl

Camping für Ruhe, Freiheit und Gemütlichkeit. Direkt am Wald in Dorfnähe. Geräumige Stellplätze auf Standard- und Komfortfeldern. Kantine und Terrasse für Snacks und Getränke. Schöne Rad- und Wandermöglichkeiten. Aktivitäten für Jung und Alt.

Nachtegaallaan 4, 5962 PA Melderslo • Tel. 077-3987361
E-Mail: info@dekasteelsebossen.nl
Internet: www.dekasteelsebossen.nl

Melderslo, NL-5962 PA / Limburg CC€18 iD
- De Kasteelse Bossen
- Nachtegaallaan 4
- 1 Feb - 30 Nov
- +31 7 73 98 73 61
- info@dekasteelsebossen.nl

1	ABEG**JM**NOPQRS**T**	6
2	APQVWXY	ABDE**FG**HK 7
3	AFMSU	ABCD**FHJLM**NPQRTW 8
4	BFHIO	DEFHIVW 9
5	ADEFHJKN	ABEGHIJPRVZ 10

Anzeige auf dieser Seite 6A CEE ① €23,00
N 51°27'41'' E 06°04'20'' 3 ha 50**T**(80-140m²) 8**D** ② €33,00
A73, Ausfahrt 10 Richtung Horst-Noord. An der Ampel links ab, der Straße folgen, dann den CP-Schildern. 115491

Meerssen, NL-6231 RV / Limburg CC€16 iD
- 't Geuldal
- Gemeentebroek 13
- 1 Apr - 1 Nov
- +31 4 36 04 04 37
- info@camping-geuldal.nl

1	ADE**JM**NOPRS**T**	6
2	ABCGPVWXY	AB**DEFG** 7
3	BLMSV	ABCDE**FG**JNQRTUW 8
4	BCDFHIKLO**Q**	CE 9
5	AD**C**GI ILMN	ABCDFGHJPST**Z** 10

Anzeige auf dieser Seite B 6-10A CEE ① €26,60
N 50°52'21'' E 05°46'17'' H56 8 ha 178**T**(100-150m²) 81**D** ② €36,20
A2 Ausf 51. 1.Kreisel l, 2. Kreisel rechts und 3. Kreisel l. Über die Bahnlinie 121591
l. Vor der Linkskurve rechts oder über die A79 Ri. Heerlen Ausfahrt 2. Dann Meerssen, Kreisel links; sofort hinter der Bahn links. Reisemobile höher als 2,80 m siehe Webseite.

Meijel, NL-5768 PK / Limburg CC€16 iD
- Kampeerbos De Simonshoek
- Steenoven 10
- 1 Jan - 31 Dez
- +31 7 74 66 17 97
- info@simonshoek.nl

1	ACEJMNOPQRS**T**	ABCDFG 6
2	ABGPQVWX	AB**DEFGH** 7
3	AF**L**MSU	ABCDE**F**JNQRTW 8
4	BDFHLO	CFVXY 9
5	ADEHK**N**	AGHIJORZ 10

Anzeige auf dieser Seite B 6A CEE ① €26,50
N 51°20'23'' E 05°52'16'' 8,5 ha 75**T**(120-130m²) 106**D** ② €39,50
A67 Eindhoven Venlo, Ausfahrt Asten/Meijel Richtung Meijel. Nach 105661
ca. 12 km rechts ab. CP liegt dann nach 700m auf der rechten Seite.

Kampeerbos De Simonshoek liegt zentral im Limburger 'Land von Peel und Maas', unweit vom Nationaal Park De Grote Peel. Auf dem Camping gibt es ein prächtiges Hallen-/Freibad. Schöne Rad- und Wanderrouten in der Umgebung.

Steenoven 10, 5768 PK Meijel • Tel. 077-4661797
E-Mail: info@simonshoek.nl • Internet: www.simonshoek.nl

Noorbeek, NL-6255 PB / Limburg CC€18 iD
- Grensheuvel Natuurlijk Limburg
- Voerenstraat 11
- 1 Jan - 31 Dez
- +31 6 28 83 41 23
- grensheuvelnatuurlijklimburg@gmail.com

1	A**JM**NOPQRS**T**	6
2	FOSUWX	AB**FG** 7
3	A	AFJNQRU 8
4	FH	VW 9
5	DHKN	ABCDFGHJPST 10

Anzeige auf dieser Seite 6A CEE ① €29,70
N 50°46'22'' E 05°48'07'' H190 2,5 ha 80**T**(75-100m²) 50**D** ② €36,20
A2 Ri. Maastricht - Luik (Liège/Lüttich), Ausfahrt 56 Gronsveld. Über 108406
St. Geertruid und Mheer nach Noorbeek. Vor Noorbeek rechts ist der Cp Grensheuvel. Aus D: Von Aachen B278 Gulpen. Hinter Gulpen, De Hut rechts die N598 bis Hoogcruts. Dort r. nach Noorbeek.

Terrassencamping mit herrlicher Sicht von jedem Platz aus.

Voerenstraat 11, 6255 PB Noorbeek
Tel. 06-28834123
grensheuvelnatuurlijklimburg@gmail.com
www.camping-grensheuvel.nl

Ohé en Laak, NL-6109 AB / Limburg iD
- De Sangershoeve
- Prior Gielenstraat 4
- 28 Mär - 1 Okt
- +31 4 75 55 19 20
- info@sangershoeve.nl

1	AG**JM**NOPRS**T**	LN 6
2	ACDOPQSVWXY	AB**FG**HK 7
3	S	ABCDEFHJNPQRVW 8
4	FGHO	VW 9
5	ADN	ABEFGHIJPSTZ 10

10A CEE ① €21,50
N 51°06'35'' E 05°50'52'' 1,5 ha 73**T**(100-140m²) ② €38,00
Oder A2 Ausfahrt 45, Richtung Ohé und Laak. Über die Brücke vom 119425
'Juliana' Kanal an der T-Gabelung rechts. Der Straße folgen.

380   Teilkarte Limburg auf Seite 376

Genießen in der Natur!

Beringerzand — Camping und Spielparadies

www.beringerzand.nl - Panningen - Limburg

Oost-Maarland/Eijsden, NL-6245 LC / Limburg
- ▲ De Oosterdriessen
- Oosterweg 1A
- 24 Apr - 21 Sep
- +31 4 34 09 32 15
- info@oosterdriessen.nl

1 BEILNOPRT LNQS 6
2 ADGHIOPVWXY ABDEFGHK 7
3 AMS ABCDEFNQRT 8
4 FHI BHUV 9
5 ABDHMN ABCFGJOSTZ 10
B 6A CEE
H52 8 ha 230T(90-100m²) 6D
① €29,40 ② €37,90
N 50°48'00'' E 05°42'24''
101569

A2 Maastricht-Luik, Ausfahrt 56 (Gronsveld), dann Richtung Eysden, am Ende links und den braunen Schildern folgen. A2 Luik-Maastricht, Ausfahrt 56, links und Schildern folgen.

Panningen, NL-5981 NX / Limburg
- ▲ Beringerzand
- Heide 5
- 1 Jan - 31 Dez
- +31 77 307 20 95
- info@beringerzand.nl

1 AEJMNOPQRST ABEFGHN 6
2 AGPQVWXY ABDEFGH 7
3 ABCDEFGJLMSV ABCDFGHIJKNPQRTUV 8
4 ABCDFHILOPQ ACV 9
5 ABDEFGHLMN ABDEFGHIJOPRZ 10
Anzeige auf dieser Seite B 10A CEE ① €39,00
20 ha 355T(80-100m²) 135D ② €53,00
N 51°20'56'' E 05°57'40''
100822

A67 Ausfahrt 38, Richtung Koningslust. Dann Schildern 'Beringerzand' zum CP folgen.

Plasmolen, NL-6586 AL / Limburg
- ▲ De Geuldert
- Schildersweg 6
- 27 Mär - 1 Nov
- +31 2 46 96 27 67
- info@degeuldert.nl

1 AEJMNORT 6
2 AOPQVWXY ABDEFGH 7
3 BLMSV ABCDEFJNQRTUVW 8
4 BCDEFGHIKOQ 9
5 ABDEHMN ABEFGHIJPRZ 10
Anzeige auf dieser Seite 6-10A CEE ① €25,50
4,7 ha 102T(100m²) 40D ② €35,00
N 51°44'13'' E 05°55'47''
113490

A57 Goch, Grenze zur A77. 1. Ausf. hinter der Grenze Gennep/Ottersum die N271 Ri. Nijmegen. Vor Plasmolen, Höhe Freizeitgelände Mookerplas, CP-Schild befolgen.

CAMPING ** De Geuldert**
"Gezelligheid & rust"

Ruhiger und geselliger Familiencamping in Nord-Limburg. Am Fuße des St. Jansberg. Diverse Möglichkeiten zum Wandern und Rad fahren in der Umgebung.

Schildersweg 6, 6586 AL Plasmolen
Tel. +31 246962767 • Internet: www.degeuldert.nl

Plasmolen/Mook, NL-6586 AE / Limburg
- ▲ Camping Eldorado
- Witteweg 18
- 27 Mär - 1 Nov
- +31 2 46 96 23 66
- info@eldorado-mook.nl

1 AEJMNOPRST FLMNSXZ 6
2 ACDFGPQWXY ABFG 7
3 ABEMSV ABCDEFNQRUVW 8
4 BDEFHI AX 9
5 ACDEHKLMN BCEFGPZ 10
Anzeige auf Seite 380 16A CEE ① €27,50
6 ha 70T(70-100m²) 205D ② €35,50
N 51°44'08'' E 05°55'01''
109751

A73 Ausfahrt 3 Malden. Richtung Malden folgen. An der Ampel rechts ab Richtung Mook. Nach ca. 7 km rechts in den Witteweg und der CP-Beschilderung folgen.

Reuver, NL-5953 HP / Limburg
- ▲ Natuurplezier
- Keulseweg 200
- 1 Jan - 31 Dez
- +31 7 74 74 54 85
- info@natuurplezier.nl

1 AGJMNOPRST 6
2 BPQVWXY ABDEFGH 7
3 AMS ABDEFHNPQRTUVW 8
4 FHK IJV 9
5 DN ABDFGHJPRX 10
Anzeige auf dieser Seite 6A CEE ① €21,50
2 ha 66T(120-135m²) 10D ② €31,90
N 51°16'28'' E 06°07'23''
113345

Von Norden A73 Ausfahrt 17. Von Süden A73 Ausfahrt 18. Weiter auf der N271 Venlo-Roermond in Reuver die Ausfahrt nehmen, wo der CP ausgeschildert ist.

CAMPING NATUURPLEZIER

Naturschönheit in einer fantastischen Umgebung erleben

Einzigartiger Camping, grenzend ans Naturgebiet Brachterwald und ans Pieterpad. Sehr gute Rad- und Wanderwege. Der Campingplatz hat Komfortplätze und spezielle Reisemobilplätze mit WLAN, TV. Außerdem schöne Luxushütten zu vermieten. Bed & Breakfast und Wintercamping möglich.

Familie Aan de Brugh-Peters • Keulseweg 200, 5953 HP Reuver
Tel. 077-4745485 • Handy 06-29102828
GANZJÄHRIG GEÖFFNET • E-Mail: info@natuurplezier.nl
Internet: www.natuurplezier.nl / www.bedandbreakfastreuver.nl

Teilkarte Limburg auf Seite 376

Niederlande

**YACHTHAFEN
FERIENWOHNUNGEN
FAHRRADVERLEIH
SPIELPLATZ
STRAND
TENNISPLATZ
RESTAURANT
TAUCHSCHULE
WASSERSPORTSCHULE
WAKEBOARDSCHULE**

**AN WOCHENENDEN
UND IN DEN FERIEN: LOUNGEBAR
KIDSCLUB
BÄCKER/LÄDCHEN**

★★★★✦
Die Perle der Maas-Seen

RESORT MARINA OOLDERHUUSKE
WWW.OOLDERHUUSKE.NL

OOLDERHUUSKE 1
6041 TR ROERMOND
+ 31-475-588-686

Roermond, NL-6041 TR / Limburg 📶 CC€20 iD

▲ Resort Marina Oolderhuuske	1 ADE**JL**NOPRS**T** EFG**L**MNPQSTW**X**YZ 6
🏠 Oolderhuuske 1	2 ACDFGHIPSVWX ABCDE**FGH** 7
📅 30 Mär - 1 Nov	3 ABEFG**M**NSUV ABCDEFGIJNQRTUVW 8
☎ +31 4 75 58 86 86	4 **BH**L**RST**V EJOPQRSVWY 9
@ info@oolderhuuske.nl	5 ABDEHL ABDFGHIJMPQRVZ10
	Anzeige auf dieser Seite 6-16A CEE ① €36,50
📍 N 51°11'32'' E 05°56'58''	5,5 ha 80**T**(80-200m²) 214**D** ② €38,00
🚗 Auf der N280 Ausfahrt Hatenboer/de Weerd nehmen. Dann direkt links ab und den braunen Schildern folgen mit Marina Oolderhuuske.	101397

Schin op Geul, NL-6305 AE / Limburg 📶 iD

▲ TopParken Résidence Valkenburg	1 ADE**JM**NOPRST ABFG 6
🏠 Valkenburgerweg 128	2 ACFGOPRVWXY ABDE**FGH** 7
📅 1 Apr - 31 Okt	3 AB**FLM** ABCDEFJNQRW 8
☎ +31 8 85 00 24 75	4 BCDFGHL FJUVW 9
@ info@residence-valkenburg.nl	5 ADHL ABFHIKMPRZ10
	8A CEE ① €25,00
📍 N 50°51'00'' E 05°52'50''	H81 6 ha 80**T**(90m²) 174**D** ② €31,00
🚗 Gelegen an der Strecke Valkenburg-Wijlre. Von der N278 bei Partij Richtung Wijlre/Valkenburg.	100837

Roggel, NL-6088 NT / Limburg 📶 CC€20 iD

▲ Recreatiepark De Leistert	1 ADE**JM**NOPQRST ABEFGHIMN 6
🏠 Heldensedijk 5	2 GHPQVWXY ABCDE**FGH** 7
📅 27 Mär - 31 Dez	3 ABCDEFG**HIJ**LM**NR**STU ABCDEFJKLNPQRTUVW 8
☎ +31 4 75 49 30 30	4 **A**BCDFHILO**PQ**U BCEFJVWY 9
@ info@leistert.nl	5 ACDEFG**HK**L**MNO** ABDEFG**H**IKMPQRYZ10
	Anzeige auf Seite 383 B 10-16A CEE ① €54,60
📍 N 51°16'27'' E 05°55'55''	100 ha 590**T**(90-130m²) 654**D** ② €57,70
🚗 Der CP liegt an der Strecke Helden-Roggel, ca. 1 km vor Roggel.	101338

Schin op Geul/Valkenburg, NL-6305 PM / Limb. 📶 CC€18 iD

▲ Vinkenhof/Keutenberg	1 ADE**JM**NOPQRS**T** AB 6
🏠 Engwegen 2a	2 ACOPRVWXY ABDE**FGH** 7
📅 16/3 - 1/11, 13/11 - 2/1	3 AF**HILM**SW ABCDEFGIJ**KLN**QRTUVW 8
☎ +31 4 34 59 13 89	4 BDFGHIO CDJ 9
@ info@campingvinkenhof.nl	5 ADEFG**HL**N ABDFG**H**IJPRZ10
	Anzeige auf dieser Seite B 6-10A CEE ① €33,00
📍 N 50°51'00'' E 05°52'23''	H79 2,5 ha 109**T**(80-100m²) 34**D** ② €44,50
🚗 Von A76 Ausfahrt Nuth, über Hulsberg nach Valkenburg, dort Richtung Schin op Geul.	108302

Kleiner Familiencampingplatz, herrlich gelegen im Herzen von Süd-Limburg.
• Ruhe und Freiraum. • Vermietung von komfortablen Chalets für 6 Personen.
• Große Tourplätze, die weitgehend um den Spielplatz und die Spielwiese angeordnet sind. • Beheiztes Freibad.
• Ideale Rad- und Wandergegend.
• Ein ganz besonderes Café-Restaurant.

**Camping Mareveld, Mareweg 23, 6333 BR Schimmert • Tel. 045-4041269
E-Mail: info@mareveld.nl • Internet: www.campingmareveld.nl**

Sevenum, NL-5975 MZ / Limburg 📶 CC€18 iD

▲ De Schatberg	1 ADE**JM**NOPQRS**T** AEFGHILM**NW** 6
🏠 Middenpeelweg 5	2 ABDGHIPVWXY ABCDE**FGI** 7
📅 1 Jan - 31 Dez	3 ABCEFG**JK**L**MP**RS**T**U ABCDEFGIJ**KLN**QRTUVW 8
☎ +31 7 74 67 77 77	4 **A**BCDFHILMNO**PQ**U EFGIJVW 9
@ info@schatberg.nl	5 ACDEFG**HIJ**KLM ABDEG**H**IKMPTUYZ10
	Anzeige auf Seite 385 B 10-16A CEE ① €45,25
📍 N 51°22'58'' E 05°58'34''	96 ha 500**T**(100-150m²) 687**D** ② €56,05
🚗 Von A67 Eindhoven-Venlo, Ausfahrt 38 Helden, Schildern folgen. CP an der N277, Midden Peelweg.	101568

Schimmert, NL-6333 BR / Limburg 📶 CC€16 iD

▲ Mareveld	1 ADEG**JM**NOPR**T** AB 6
🏠 Mareweg 23	2 AFOPWXY ABFG**H** 7
📅 1 Jan - 31 Dez	3 BFUX ABCDEFJNQRTUVW 8
☎ +31 4 34 57 12 96	4 BFGHKO**P** FJ 9
@ info@mareveld.nl	5 DHJKLN ABDHJM**P**ST10
	Anzeige auf dieser Seite 6A CEE ① €25,00
📍 N 50°54'26'' E 05°49'54''	H123 3,5 ha 46**T**(80m²) 84**D** ② €37,00
🚗 A76, Ausfahrt Spaubeek, rechts Richtung Schimmert. In Schimmert die 2. Straße links. Der CP ist ausgeschildert.	113491

Slenaken, NL-6277 NP / Limburg 📶 iD

▲ Camping Welkom	1 ABE**JM**NOPRS**T** 6
🏠 Hoogcruts 12	2 AFOPVWX ABDE**FG** 7
📅 1 Jan - 31 Dez	3 FM ABCDFGJKNPQRUVW 8
☎ +31 4 34 57 12 96	4 FGHIKO 9
@ info@campingwelkom.nl	5 DEN ABCFJPR10
	10A CEE ① €20,00
📍 N 50°46'30'' E 05°50'42''	H6 4 ha 30**T**(150m²) 30**D** ② €25,00
🚗 A2 bei Maastricht, Ausfahrt N278 Vaals/Cadier en Keer. Schilder bis Margraten folgen. Ampel geradeaus. Nach 1,5 km rechts, Ausfahrt Slenaken/De Planck. Nach ca 3 km Ausfahrt Slenaken, hier links. Nach 250m CP links.	119975

CAMPING VINKENHOF/ KEUTENBERG ★★★

EINE IDEALERE UMGEBUNG KÖNNEN SIE SICH NICHT VORSTELLEN!

● Wunderschönes Areal, nett und ruhig
● Prachtumgebung
● Beheiztes Schwimmbad
● Prima Gaststätte mit Terrasse
● Diverse Spiele
● Idealer Ausgangspunkt für Radfahrer und Wanderer

**AUF WIEDERSEHEN ALSO AUF
CAMPING "VINKENHOF/KEUTENBERG"**
Engwegen 2a, 6305 PM Schin op Geul/Valkenburg
Tel. 043-4591389
E-Mail: info@campingvinkenhof.nl
Internet: www.campingvinkenhof.nl

Smakt/Venray, NL-5817 AA / Limburg 📶 iD

▲ Camping De Oude Barrier	1 BHKNOPRS**T** AFH 6
🏠 Maaseseweg 93	2 ABOQWXY AB**FG** 7
📅 1 Jan - 31 Dez	3 ABFMNX ABEFJNQRTUVW 8
☎ +31 4 78 58 23 05	4 FHI C 9
@ info@deoudebarrier.nl	5 AEM ABEHIJT10
	B 4-6A CEE ① €20,25
📍 N 51°33'17'' E 06°00'11''	8,5 ha 40**T**(100-200m²) 87**D** ② €28,25
🚗 A73 Venray-Noord Ausfahrt 8 (kurz hinter McDonalds), dann Richtung Maashees (900m).	105656

St. Geertruid, NL-6265 NC / Limburg 📶 iD

▲ De Bosrand	1 AE**JM**NOPRS**T** 6
🏠 Moerslag 4	2 ABGPTUVWXY ABDE**FGH** 7
📅 1 Apr - 1 Nov	3 AB**L**MX ABCDEFJNQR 8
☎ +31 4 34 09 15 44	4 FHIO BJV 9
@ info@campingdebosrand.nl	5 ABDEFHKLMN ABFHJ**P**ST10
	6A CEE ① €25,50
📍 N 50°47'08'' E 05°44'54''	H80 3,5 ha 118**T**(80-100m²) 47**D** ② €29,20
🚗 A2 Ausfahrt 57 Oost-Maarland Richtung St. Geertruid, CP-Schildern folgen. Aus Richtung Süden Ausfahrt 58, CP-Schildern folgen.	105595

"Schau Mama,
wie hoch ich
fliegen kann"

Entspann,
entdeck und
genieß

"Sollen wir gleich ein Eis essen?"

Buchen Sie bei uns Ihren Aufenthalt
+31 475 493030
info@leistert.nl

BUCH ÜBER WWW.LEISTERT.DE

Niederlande

50 JAAR ★★★★☆

Campen auf einer **Top** Lokation zwischen Valkenburg und Maastricht

- Schwimmhalle 29°C - Mietmobilheime - Neues Sanitär - Animation
- Bushaltestelle vor dem Eingang - WLAN gratis

Rijksweg 6, 6325 PE Valkenburg/Berg en Terblijt • 043-6040075
info@campingoriental.nl • www.campingoriental.nl

Camping Cottesserhoeve..... draußen und ganz nah dran
Mit Liebe und Respekt zu einem ehemaligen Gutsbauernhof und der ländlichen Umgebung ist ein Campingplatz entstanden, der seinem Umfeld würdig ist.
Das typische Bauernhaus aus dem 17. Jhdt ist im Originalzustand und bildet das Herz dieses Campingplatzes. Freundlichkeit und gastliches Ambiente.
Fam. J. Bleser, Cottessen 6, 6294 NE Vijlen, 043 - 455 13 52
info@cottesserhoeve.nl • www.cottesserhoeve.nl

Für Ihren Urlaub auf hohem Niveau!

WLAN gratis   **GAST Freundlichkeit!**

Rijksweg 171, 6325 AD Valkenburg aan de Geul
Tel. +31 436012344 • E-Mail: info@campingdecauberg.nl
Internet: www.campingdecauberg.nl

- Kinderfreundlicher sehr großzügig angelegter Familiencamping an Wald und See (Rudern, Tretboote, Surfen).
- Separates, sicheres Strandbad mit großer Wasserrutschbahn und Spielplatz.
- Reines und ständig frisches Schwimmwasser.
- 150 große (120-150 m²) Stellplätze mit TV-Anschluss und Internet, auch Komfortplätze.
- Prächtige Saisonplätze, keine Jahresplätze.
- Spielplatz, Minigolf, Tennisplätze, Sportfelder, Spielecke, perfekte Angelstellen.
- Eigene Radrouten durch das Peel- und Maastal.

★★★★

www.wittevennen.nl

Ermäßigung in Vor- und Nachsaison

Sparrendreef 12, 5807 EK Venray-Oostrum Tel. 0478-511322

Camping Hoeve de Gastmolen

Hoeve de Gastmolen ist ein ehemaliger Bauernhof aus dem Beginn des vorigen Jahrhunderts, am Tal des Selzerbeek. Empfehlenswert für Camper, die Ruhe und Freiraum lieben. Die Umgebung werden Sie als ein Stückchen Ausland in den Niederlanden erleben. Nahe gelegene wunderschöne Naturlandschaften sind u.a. der Sneeuwberg, das Geultal, die Ardennen und die Eifel.
Lemierserberg 23, 6291 NM Vaals • Tel. +31 433065755
E-Mail: info@gastmolen.nl • Internet: www.gastmolen.nl

Vaals, NL-6291 NM / Limburg

▲ Camping Hoeve de Gastmolen	1 AEGJMNOPRT	6
🏠 Lemierserberg 23	2 CFOPRTUVWXY	ABDEFGH 7
🗓 1 Apr - 31 Okt	3 ADFHIJLMNOPRS	ABCDEFGJNQRTUVW 8
☎ +31 4 33 06 57 55	4 FGHIO	FW 9
@ info@gastmolen.nl	5 ADEMN	ABDFJOR 10
	Anzeige auf dieser Seite 6-10A CEE	① €29,00
N 50°46'44'' E 06°00'17''		② €38,50
🚗 A76 Kreuz Bochholtz Ri. N281. Bei Nijswiller N278 Ri. Vaals. Kurz vor Vaals ist der CP ausgeschildert. Achtung: die GPS-Werte führen nicht zur Haupteinfahrt des CPs, sondern zur nächsten Kreuzung Ri. CP.		105673

Valkenburg aan de Geul, NL-6301 WP / Limburg

▲ De Bron BV	1 AEJMNOPRT	AF 6
🏠 Stoepertweg 5	2 AGPVWXY	ABDEFGH 7
🗓 1 Apr - 20 Dez	3 BFLMSUVX	ABCDFJKNQRT 8
☎ +31 4 54 05 92 92	4 BCFHILOPQ	EFUVY 9
@ info@camping-debron.nl	5 ABDEFHJKLN	ABEFGHIJOPSTZ 10
	B 4-6A CEE	① €30,75
N 50°52'50'' E 05°50'00''	H137 8 ha 365T(100-120m²) 45D	② €45,50
🚗 A2 von Norden: A76 Richtung Heerlen, Ausfahrt Nuth, am Ende der Ausfahrt links Richtung Valkenburg. Hinter Hulsberg den CP-Schildern folgen. Von Süden: A79 Richtung Heerlen, Ausfahrt 4 und CP-Schildern folgen.		100832

Valkenburg aan de Geul, NL-6325 AD / Limb.

▲ De Cauberg	1 AEJMNOPRT	6
🏠 Rijksweg 171	2 AFOPSUWXY	ABFGH 7
🗓 27/3 - 25/10, 13/11 - 21/12	3 AL	ABDFJNQRTUVW 8
☎ +31 4 36 01 23 44	4 FGH	FW 9
@ info@campingdecauberg.nl	5 ABDHJN	ADEFGHJPR 10
	Anzeige auf dieser Seite 6-16A CEE	① €33,00
N 50°51'24'' E 05°49'08''	H131 1 ha 57T(70-110m²) 3D	② €44,50
🚗 A2 Ausfahrt 53 Richtung Berg en Terblijt/Valkenburg. Nach 5 km ist der CP ausgeschildert, links der Straße.		110294

Valkenburg aan de Geul, NL-6301 AN / Limb.

▲ De Linde	1 AEJMNOPRST	AF 6
🏠 Klein Linde 2	2 AGOPWXY	ABDEFG 7
🗓 3 Apr - 25 Okt	3 BLS	ABCDEFJNQR 8
☎ +31 4 36 01 28 66	4 FHIOP	9
@ info@campingdelinde.nl	5 ADEHMN	ABDFGJOST 10
	Anzeige auf dieser Seite 4-10A CEE	① €30,00
N 50°50'39'' E 05°49'41''	H154 3,5 ha 170T(80-100m²) 15D	② €44,00
🚗 A2, bei Maastricht Richtung Berg en Terblijt. Hinter Berg en Terblijt bei Vilt rechts Richtung Sibbe. Im Zentrum ist der CP ausgeschildert.		105669

Gut gepflegtes Gelände mit großen Plätzen. Ideal für aktive Ruhesuchende, die gerne wandern, Radfahren und die Südlimburger Höhenzüge genießen möchten.

Klein Linde 2
6301 AN Valkenburg aan de Geul
Tel. 043-6012866
E-Mail: info@campingdelinde.nl
Internet: www.campingdelinde.nl

Valkenburg/Berg en Terblijt, NL-6325 PE / Limb.

▲ Oriëntal	1 ADEJMNOPRT	ABCDFG 6
🏠 Rijksweg 6	2 AGOPSVWXY	ABDEFGH 7
🗓 9 Apr - 25 Okt	3 ABCFLMSUV	ABCDEFGJKNQRTUVW 8
☎ +31 4 36 04 00 75	4 ABDEFHILO	EJ 9
@ info@campingoriental.nl	5 ACDEHKM	ABDEFGHIJMPSTZ 10
	Anzeige auf dieser Seite B 6-10A CEE	① €35,00
N 50°51'36'' E 05°46'21''	H160 6,5 ha 290T(100m²) 31D	② €46,00
🚗 Ab der A2 bei Maastricht Abfahrt 53 Richtung Berg und Terblijt. CP liegt nach 3 km an der rechten Straßenseite, kurz vor dem Kreisel.		100828

Schnell und einfach buchen, auch unterwegs

www.Eurocampings.de

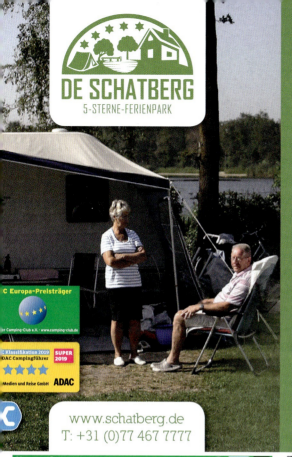

DE SCHATBERG
5-STERNE-FERIENPARK

Das ganze Jahr über
UNBESCHWERT
genießen!

Feiern Sie Ihren Urlaub in einer einzigartigen Lage inmitten des wundervollen Naturgebiets Nord-Limburger Peel. Besuchen Sie unseren vielseitigen Ferienpark und lassen Sie sich überraschen von den unbegrenzten Möglichkeiten.

In unserem umfangreichen Angebot findet jeder Gast die perfekte Unterkunft für einen unvergesslichen Urlaub. Wir bieten Einrichtungen, Aktivitäten und viele Annehmlichkeiten für Jung und Alt.

DE SCHATBERG
MIDDENPEELWEG 5
5975 MZ SEVENUM
NIEDERLANDE

www.schatberg.de
T: +31 (0)77 467 7777

Venray/Oostrum, NL-5807 EK / Limburg
▲ ParcCamping de Witte Vennen
🛏 Sparrendreef 12
📅 1 Apr - 31 Okt
☎ +31 4 78 51 13 22
@ info@wittevennen.nl

1 ACEG**JL**NOPQRST		FHLMNQX 6
2 ADGHIOPWXY		ABDE**FGH** 7
3 ABFG**JL**MNSVX	ABDFJKNQRTUV 8	
4 **ABE**FHIKO**QTV**		JTVY 9
5 ADEGHN	ABCDEFGHIJO**PRW** 10	
Anzeige auf Seite 384	B 6-10A CEE	① €29,00
17 ha 150**T**(120-150m²)	44**D**	② €38,00

📍 N 51°31'25'' E 06°02'08'' 109947
A73 Ausfahrt 9 Venray/Oostrum, N270 Richtung Oostrum.
Beim 1. Kreisverkehr geradeaus, beim 2. Kreisverkehr rechts, dann gleich links.

Vijlen, NL-6294 NE / Limburg
▲ Cottesserhoeve
🛏 Cottessen 6
📅 27 Mär - 1 Okt
☎ +31 4 34 55 13 52
@ info@cottesserhoeve.nl

1 AE**JM**NOPRT		ABFG 6
2 CFGPRSUVWXY		ABDE**FGH** 7
3 B**FL**M	ABCDE**F**JNQRTUV 8	
4 BFGHILO		EI 9
5 ABDEGHKMN	ABDEFGHJ**P**STZ 10	
Anzeige auf Seite 384	6-10A CEE	① €35,50
H155 5,5 ha 180**T**(90-100m²)	116**D**	② €43,00

📍 N 50°45'34'' E 05°56'26'' 105672
Vom A76 Kreuz Bochholz Richtung N281. In Nijswiller N278 Richtung Vaals. Ausfahrt Vijlen. In Vijlen Richtung Epen. Danach ausgeschildert.

Vijlen/Vaals, NL-6294 NB / Limburg
▲ Rozenhof
🛏 Camerig 12
📅 1 Jan - 31 Dez
☎ +31 4 34 55 16 11
@ info@rozenhof.nl

1 ADEG**JM**NOPQRT		ABFG 6
2 FGPRUVWXY		ABDE**FGH** 7
3 B**FL**M	ABCDE**F**JNQRTUV 8	
4 BEFGHIO**Q**		EJ 9
5 ACDEHL**MN**	ABDFGHKPR 10	
Anzeige auf dieser Seite	B 10A CEE	① €32,00
H164 2 ha 69**T**(bis 110m²)	32**D**	② €42,00

📍 N 50°46'12'' E 05°55'45'' 100835
A4 Ausfahrt 2 Aachen-Laurensberg, L260 Vaalserquartier/Vaals. An der T-Kreuzung rechts zur B1 Richtung Grenze NL/Vaals. Am Ortsausgang Vaals Richtung Raren, weiter Vijlen Camerig. Weiter ausgeschildert.

Voerendaal, NL-6367 HE / Limburg
▲ Colmont
🛏 Colmont 2
📅 27 Mär - 27 Sep
☎ +31 4 55 62 00 57
@ info@colmont.nl

1 AE**JM**NOPRT		ABFG 6
2 AFOPRUVWXY		ABDE**FGH** 7
3 AB**FL**MS	ABCDEFJKNQRTW 8	
4 BCDFGHILO**PQ**		EUVW 9
5 ADEFGHKMN	ABDFGHIJPRZ 10	
Anzeige auf dieser Seite	6-10A CEE	① €27,15
H180 4 ha 160**T**(80-120m²)	43**D**	② €33,30

📍 N 50°51'08'' E 05°56'03'' 105670
A79 Kreuz Voerendaal Richtung Kunrade. Dort Richtung Ubachsberg. Im Zentrum Ubachsberg ausgeschildert.

SÜD-LIMBURG VON SEINER SCHÖNSTEN SEITE...

KOMFORT PLÄTZE mit 10 Amp., eigenes Wasser usw.

ROZENHOF
VIJLEN VAALS

CAMPING • RESTAURANT • MIETWOHNWAGEN
FACHWERKHÄUSCHEN • GANZJÄHRIG GEÖFFNET!
Tel. 043-4551611 • www.campingrozenhof.nl

panoramacamping COLMONT

- Panoramacamping (180m ü.M.) inmitten des südlichen Limburger Höhenzugs.
- Sonnige- und schattige Plätze und grüne, Hartplätze für Wohnmobile
- Sauber gepflegte Sanitäranlagen
- Beheiztes Freibad
- Imbiss und Restaurant mit kleiner Karte
- Idealer Ausgangspunkt für Radfahrer, Wanderer und Ausflüge nach Maastricht, Valkenburg, Aachen und Lüttich.
- Gratis WLAN.

Na dann bis bald!
Familie Pot
Colmont 2, 6367 HE Voerendaal • Tel. 045-5620057
E-Mail: info@colmont.nl • Internet: www.colmont.nl

Teilkarte Limburg auf Seite 376

VAKANTIEPARK LEUKERMEER

- Einmalige Lage am Wasser im Herzen des Nationalparks De Maasduinen
- Stellplätze am Wasser, gemütliche Chalets
- Außen- und Hallenbäder, Strandbad
- Supermarkt, Restaurant, Imbiss
- Wassersportverleih, Fahrradverleih
- WLAN

www.leukermeer.nl
De Kamp 5 • 5855 EG Well • +31 478 502444

Well, NL-5855 EG / Limburg

- Leukermeer
- De Kamp 5
- 27 Mär - 26 Okt
- +31 4 78 50 24 44
- vakantie@leukermeer.nl
- N 51°34'03'' E 06°03'38''

1 ADEGILNOPQRST ABEFGLNQSWXYZ 6
2 BDFGHOPQRVWXY BDEFGH 7
3 BEFGHIJLMNSUV ABCDFGIJKNQRTUVW 8
4 ABCDFHILMOPQRSTUX JORTUVWXY 9
5 ACDEFGHKL ABCEFGHIJMOPQRXYZ 10
Anzeige auf dieser Seite B 10A CEE ① €43,50
H50 14 ha 259T(100m²) 173D ② €48,50
105652

Von Venlo in Höhe von Well dem Schild 't Leukermeer folgen.
Von Nijmegen über Bergen und Aijen dem Schild 't Leukermeer folgen. Oder A73 Ausfahrt 9 via N270 Richtung Wanssum.

Wessem, NL-6019 AA / Limburg

- Comfortparc Euroresorts Wessem
- Waago Naak 38
- 1 Apr - 1 Okt
- +31 4 75 56 12 21
- info@comfortparc.com
- N 51°09'13'' E 05°52'38''

1 ADEJMNOPQRST LNQRSTXYZ 6
2 ADGIPVWX ABFGH 7
3 ABM ABCDEFJNQRUW 8
4 IO 9
5 ADLMN ABGHJMPST 10
① €28,50
4 ha 20T(100m²) 60D ② €40,00
117155

A2, Ausfahrt 41 Thorn/Wessem. Schild 'Comfortparc Wessem' folgen. Oder Ausfahrt 42 Wessem. In Wessem dem Schild 'Comfortparc Wessem' folgen. Oder A73, Ausfahrt Maasbracht, A2 Ausfahrt 41 Thorn/Wessem.

Wijlre, NL-6321 PK / Limburg

- De Gele Anemoon
- Haasstad 4
- 28 Mär - 3 Okt
- +31 8 80 99 09 57
- degeleanemoon@nivon.nl
- N 50°50'26'' E 05°52'46''

1 ABDEGILNORT F 6
2 CPWXY ABDEFGK 7
3 ALM ABEFHJKNPQRTW 8
4 FGHIO 9
5 DMN BDFHJOR 10
Anzeige auf dieser Seite B 6A CEE ① €25,70
H80 1,1 ha 58T(90-100m²) 10D ② €36,20
118233

A2 bis Maastricht, dann Richtung Vaals. In Gulpen Richtung Wijlre. In Wijlre ausgeschildert.

Wijlre, NL-6321 PK / Limburg

- De Gronselenput
- Haasstad 3
- 28 Mär - 3 Okt
- +31 4 34 59 10 45
- gronselenput@paasheuvelgroep.nl
- N 50°50'31'' E 05°52'38''

1 ADEGJMNORT 6
2 CPSVWX ABDEFG 7
3 ABEFLM ABCDEFJNQRTUV 8
4 BFGHIO A 9
5 ABDGHMN ABDFHJPRVX 10
Anzeige auf dieser Seite 10A CEE ① €27,20
H80 2 ha 60T(60-120m²) 4D ② €32,60
108305

A2 bis Maastricht, dann Richtung Vaals. In Gulpen Richtung Wijlre, dort ausgeschildert.

Glück an der Geul
www.degeleanemoon.nl
www.nivoncampings.nl

Zusammen gleich im Grünen

Kleiner Familiencamping im Südlimburg. Am Fuße des Keutenberg und umringt vom Geul.

de Gronselenput
Paasheuvelgroep

www.gronselenput.nl

AUF DEM TABLET SERVIERT

Unterwegs informiert: Ab sofort können Sie CARAVANING überall kaufen und lesen – und zwar mit allen mobilen Endgeräten.

www.caravaning.de/epaper

Belgien

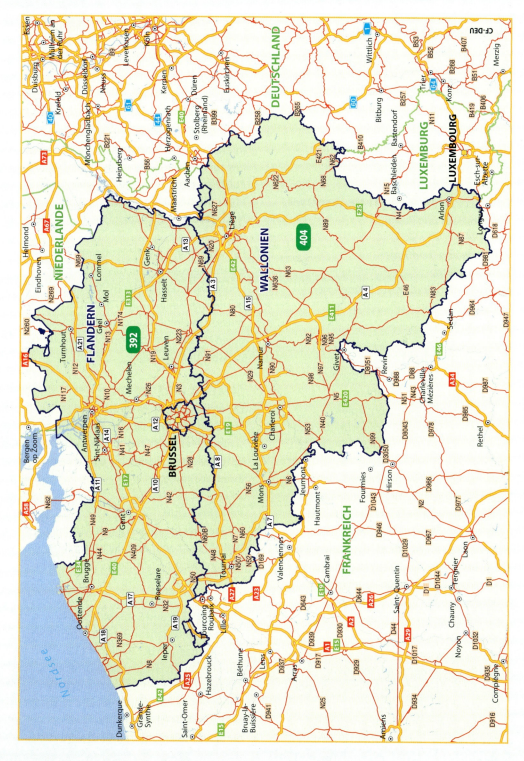

Belgien

Allgemeines
Offizieller Name: Königreich Belgien (Royaume de Belgique, Koninkrijk België). Belgien ist Mitglied der Europäischen Union.
In Belgien wird hauptsächlich Niederländisch und Französisch gesprochen. In touristischen Gebieten kommt man fast überall mit Englisch zurecht.
Zeitunterschied: In Belgien ist es so spät wie in Berlin, Paris und Rom.

Währung und Geldfragen
Währung: Euro.
Bankkarte und Kreditkarte können Sie fast überall benutzen. Es gibt genug Geldautomaten.

Grenzformalitäten
Viele Formalitäten und Vereinbarungen in Bezug auf die notwendigen Reisedokumente, Fahrzeugpapiere, Anforderungen an Ihr Transportmittel und Ihr Campingfahrzeug, medizinische Kosten und die Mitnahme von Tieren hängen nicht nur vom Reiseziel, sondern auch von Ihrem Abreiseort und Ihrer Nationalität ab. Auch die Dauer Ihres Aufenthaltes kann eine Rolle spielen. Es ist unmöglich, im Rahmen dieses Leitfadens für alle Benutzer die richtigen und aktuellen Informationen über diese Themen zu gewährleisten. Wir empfehlen Ihnen daher, die folgenden Fakten in jedem Fall rechtzeitig vor der Abreise zu überprüfen:
- welche Reisedokumente Sie für sich selbst und Ihre Mitreisenden benötigen,
- welche Dokumente Sie für Ihr Auto und Ihren Anhänger benötigen,
- welche Waren und Medikamente Sie kostenlos ein- und ausführen dürfen,
- wie bei Unfall oder Krankheit die medizinische Behandlung in Ihrem Urlaubsland geregelt ist und bezahlt werden kann.

Haustiere
Finden Sie heraus, ob Ihr Haustier an Ihrem Zielort willkommen ist. Nehmen Sie hierzu frühzeitig Kontakt zu Ihrem Tierarzt auf. Dieser informiert Sie über relevante Impfungen und die entsprechenden Nachweise wie auch über Pflichten bei der Rückkehr.
Ferner sollten Sie sich erkundigen, ob an Ihrem Zielort für das Mitführen von Haustieren im öffentlichen Raum bestimmte Bedingungen gelten. So müssen in einigen Ländern Hunde immer einen Maulkorb tragen oder hinter Gittern transportiert werden.

Straßen und Verkehr
Die Nebenstraßen in Belgien und insbesondere in Wallonien können von schlechterer Qualität oder beschädigt sein. Bitte beachten Sie dies bei der Reise mit Ihrem Wohnwagen.

Verkehrsdichte
Im Sommer kann es zu einem erhöhten Verkehrsaufkommen in Richtung Ardennen oder in Richtung Nordseeküste kommen.

Tanken
Benzin (95 E10 und Superplus 98) ist leicht erhältlich (beim Tanken von E10 am Einfüllstutzen, in der Bedienungsanleitung oder bei Ihrem Händler prüfen, ob Ihr Fahrzeug damit fahren kann; ansonsten Superplus 98 tanken). Diesel und Autogas sind ebenfalls leicht erhältlich. Der europäische Anschluss (ACME) wird zum

Belgien

Tanken von Autogas genutzt.
Die meisten Tankstellen sind mindestens von 8.00 bis 20.00 Uhr geöffnet, und die an Autobahnen oft Tag und Nacht. Es gibt auch viele unbemannte Tankstellen.

Verkehrsregeln
Abblendlicht ist bei Dunkelheit, schlechter Sicht und in Tunneln vorgeschrieben.
An einer Kreuzung mit Straßen gleichen Ranges hat der von rechts kommende Verkehrsteilnehmer Vorfahrt. Straßenbahnen haben grundsätzlich immer Vorfahrt. Der Verkehr im Kreisverkehr hat Vorfahrt, wenn dies ausgeschildert ist.
Auf Gebirgsstraßen hat bergauffahrender Verkehr Vorfahrt vor bergabfahrendem Verkehr.
Die Alkoholgrenze liegt bei 0,5 ‰.
Am Steuer dürfen Sie kein Telefon in der Hand halten, auch dann nicht, wenn Sie anhalten (das Telefonieren mit Freisprechanlage ist allerdings erlaubt).
Kinder unter 18 Jahren und einer Größe unter 1,35 m müssen in einem Kindersitz sitzen.
Sie dürfen die Funktion in Ihrer Navigationssoftware verwenden, die Sie vor Radarfallen oder Abschnittskontrollen warnt.
Winterreifen sind nicht vorgeschrieben.

Besondere Bestimmungen
Das Rauchen im Auto ist in der Gegenwart eines Kindes verboten.
Beim Einordnen nach dem Reißverschlussverfahren kann Ihnen ein Bußgeld auferlegt werden, wenn Sie sich zu früh einordnen oder den sich einordnenden Fahrzeugen keinen Vorrang gewähren.
Beim Überholen von Radfahrern (auch auf einem Radweg) sind Sie verpflichtet, einen Seitenabstand von mindestens 1,50 m einzuhalten.
Es ist verboten, den Motor laufen zu lassen, wenn man etwas länger stillsteht, z.B. an einem Bahnübergang.
Das Parken ist unter anderem entlang einer gelben gestrichelten Linie verboten.

Vorgeschriebene Ausrüstung
Ein Warndreieck und eine Sicherheitsweste sind im Fahrzeug vorgeschrieben. Ein Verbandskasten und ein Feuerlöscher sind nur in Fahrzeugen mit belgischem Nummernschild vorgeschrieben.

Wohnwagen, Wohnmobil
Ein Wohnmobil oder ein Gespann aus Pkw und Wohnwagen darf bis zu 4 m hoch, 2,55 m breit und 18,75 m lang sein (der Wohnwagen selbst darf bis zu 12 m lang sein).

Höchstgeschwindigkeiten

Belgien	Außerhalb geschlossener Ortschaften	Autobahn
Auto	70/90**	120
Mit Anhänger	70/90**	90
Wohnmobil < 3,5 Tonnen	70/90**	120
Wohnmobil > 3,5 Tonnen	70/90**	90

* Höchstzulässige Masse eines Fahrzeugs oder eines Fahrzeuggespanns (Pkw + Anhänger).
** Achtung! In Flandern 70 km/h, in Wallonien und Brüssel 90 km/h.
Innerhalb geschlossener Ortschaften beträgt die Höchstgeschwindigkeit 50 km/h.

Belgien

Fahrrad
Ein Fahrradhelm ist nicht vorgeschrieben. Telefonieren und Tippen auf einem Handy sind auf dem Fahrrad verboten.
Sie dürfen keinen Fahrgast auf dem Gepäckträger mitnehmen (aber ein Kind in einem KIndersitz).

Maut und Umweltzonen
Maut
Belgien erhebt keine Maut für Autos und Wohnmobile. Nur für den Liefkenshoektunnel bei Antwerpen ist eine Maut zu zahlen. Mehr Informationen: *liefkenshoektunnel.be*.

Umweltzonen
In Belgien verfügen die Städte Antwerpen und Brüssel über eine emissionsarme Umweltzone (LEZ). Gent erhält 2020 eine LEZ. In Wallonien werden 2020 sogenannte zones à basses émissions (ZBE) eingerichtet, unter anderem in Lüttich. Die Fahrzeuge werden durch Kameras erfasst. Wenn Sie eine LEZ mit einem nicht zugelassenen Fahrzeug befahren, riskieren Sie eine hohe Geldstrafe.
Weitere Informationen: *lez.brussels*, *slimnaarantwerpen.be*, *stad.gent*, *lne.be/waar-in-vlaanderen-zijn-er-lage-emissiezones* und *walloniebassesemissions.be*.

Panne und Unfall
Stellen Sie Ihr Warndreieck auf der Autobahn mindestens 100 m (auf anderen Straßen 30 m) hinter dem Auto auf, wenn Sie sich an einem Ort befinden, an dem das Halten verboten ist. Der Fahrer muss eine Sicherheitsweste anziehen.
Rufen Sie bei einer Panne die Notrufnummer Ihrer Pannenhilfe-Versicherung an. Sie können auch einen belgischen Pannendienst anrufen:

+32 70 344 777 (Touring Belgium Go) oder
+32 70 344 666 (VAB).
Das Abschleppen ist auf Autobahnen und Schnellstraßen verboten; Sie müssen sich an ein Abschleppunternehmen wenden.

Notrufnummer
112: allgemeine Notrufnummer für Polizei, Feuerwehr und Rettungswagen
101: Polizei

Campen
Die belgischen Campingplätze sind im Allgemeinen von zufriedenstellender bis guter Qualität.
Belgische Campingplätze sind in der Regel kinderfreundlich. Es wird häufig Animation angeboten und häufig sind Einrichtungen wie Spielplätze und Sportplätze vorhanden. Wildcampen außerhalb der Campingplätze ist mit Genehmigung der Polizei oder des Grundbesitzers erlaubt. In Flandern und an der Küste ist Wildcampen nicht erlaubt.

Besonderheiten
Die belgische Campingplatzklassifizierung (in Sternen) basiert auf dem Vorhandensein bestimmter Einrichtungen.

Wohnwagen, Wohnmobil
In einem Wohnwagen, Wohnmobil oder Auto ist das Übernachten an öffentlichen Straßen nur auf Parkplätzen entlang der Autobahnen für höchstens 24 Stunden erlaubt.
Die Zahl der speziell für Wohnmobile ausgewiesenen Stellplätze in Belgien nimmt zu.

Suche nach einem Campingplatz
Über *Eurocampings.eu* können Sie ganz einfach einen Campingplatz suchen und auswählen. Es ist ratsam, einen Campingplatz im Voraus zu buchen, wenn Sie in der Hochsaison an der belgischen Küste campen möchten.

Praktisch
Steckdosen haben zwei runde Löcher und oft einen hervorstehenden Erdstift (Typ C oder E). Auf *iec.ch/worldplugs* können Sie überprüfen, ob Sie einen Adapter (Weltstecker) benötigen.
Schützen Sie sich vor Zecken, da diese Krankheiten übertragen können.
Leitungswasser kann bedenkenlos getrunken werden.

Klima Brüssel	Jan.	Feb.	März	Apr.	Mai	Jun.	Jul.	Aug.	Sept.	Okt.	Nov.	Dez.
Durchschnittliche Höchsttemperatur	6	6	10	13	18	20	22	23	19	14	9	7
Durchschnittliche Anzahl der Sonnenstunden pro Tag	2	3	4	5	6	7	6	6	5	4	2	1
Durchschnittliche monatliche Niederschlagsmenge (mm)	71	53	74	54	70	78	69	64	63	68	79	79

Klima Oostende	Jan.	Feb.	März	Apr.	Mai	Jun.	Jul.	Aug.	Sept.	Okt.	Nov.	Dez.
Durchschnittliche Höchsttemperatur	6	7	9	11	15	18	20	21	18	15	10	7
Durchschnittliche Anzahl der Sonnenstunden pro Tag	2	3	5	7	7	8	7	7	6	4	2	1
Durchschnittliche monatliche Niederschlagsmenge (mm)	63	45	55	46	56	67	59	57	80	78	84	73

Flandern

Kindervreugde ★ ★

Camping Kindervreugde ist ein kleiner, ruhiger Camping im Grünen. Er liegt gleich am Plopsaland und der französischen Grenze. Große Plätze, gepflegtes Sanitär und gratis WLAN.

Langgeleedstraat 1a, 8660 Adinkerke/De Panne
Tel. 050-811440
E-Mail: info@kindervreugde.be
Internet: www.kindervreugde.be

ACSI Club iD

Ihr Pass oder Ausweis sicher in der Tasche
Die praktische ACSI Clubkarte

Nur 4,95 € im Jahr

www.ACSIClubID.de

Adinkerke/De Panne, B-8660 / W-VI.

- Kindervreugde** — 1 AILNOPQRST — N 6
- Langgeleedstraat 1a — 2 AOPVWXY — ABFG 7
- 6 Apr - 30 Sep — 3 ALU — ABFGJNPRSTW 8
- +32 50 81 14 40 — 4 FH — 9
- info@kindervreugde.be — 5 ADN — BDHIJLOST 10

Anzeige auf dieser Seite — B 6A CEE — ① €30,00
3 ha 40T (95-130m²) — ② €30,00

N 51°04'35''   E 02°35'11''

E40 (A18) Ausfahrt 1 Richtung Plopsaland. Nach ± 800m hinter dem Bahn- und Straßenbahnübergang am 3. Kreisel links Richtung Bray Dune. Nach ± 800m links. Dann noch 200m.

110087

Adinkerke/De Panne, B-8660 / West-Vlaanderen

- Ter Hoeve** — 1 ADEJMNOPQRST — 6
- Duinhoekstraat 101 — 2 AOPSVWXY — ABDFG 7
- 1 Jan - 31 Dez — 3 BFLS — ABDEFJNRSTW 8
- +32 58 41 23 76 — 4 FH — 9
- info@campingterhoeve.be — 5 DM — ABCFGHIJLOSTX 10

B 4-10A CEE — ① €22,50
4 ha 150T (80-100m²) 200D — ② €28,50

N 51°04'58''   E 02°35'28''

100012

Der CP liegt in der Nähe von dem gut ausgeschilderten 'Plopsaland'. Von der A18 Ausfahrt Plopsaland/Adinkerke aus Richtung Adinkerke kommend, ist die Duinhoekstraat am Plopsaland vorbei auf der linken Seite.

Antwerpen, B-2050 / Antwerpen

- Stedelijk Kampeerterrein De Molen** — 1 ADEJMNORST — ABFGM 6
- — 2 ACFGHIOPQWXY — ABDEFG 7
- Jachthavenweg z/n — 3 BFGM — ABEFJNPRW 8
- 1 Apr - 31 Dez — 4 FH — FV 9
- +32 32 19 81 79 — 5 D — BHIOR 10
- info@camping-de-molen.be — 10A CEE — ① €29,40

1,2 ha 113T (100-120m²) 14D — ② €29,40

N 51°14'00''   E 04°23'33''

109400

Aus NL: Ring Antwerpen, Abfahrt Antwerpen linkes Ufer, rechts bis zum Ende links. Am Yachthafen vorbei CP rechts. Aus Gent: Abfahrt Antwerpen linkes Ufer, rechts, 2. Ampel links, bis Ende rechts. 2. Straße rechts, CP ist links.

Teilkarte Flandern auf Seite 392 und 393

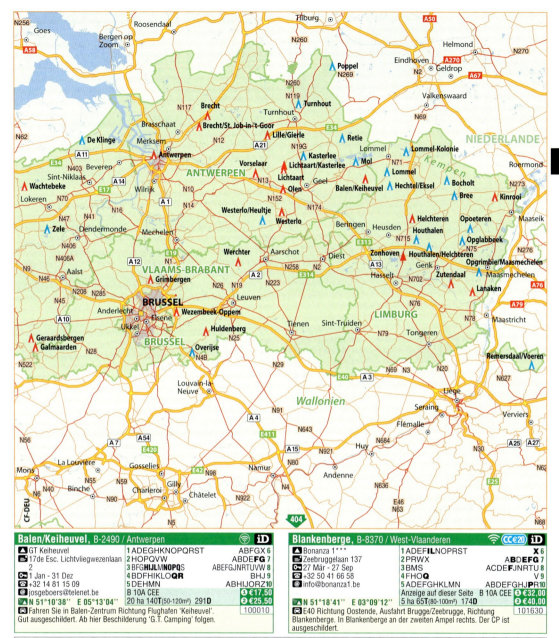

Balen/Keiheuvel, B-2490 / Antwerpen		
⛺ GT Keiheuvel	1 ADEGHKNOPQRST	ABFGX 6
17de Esc. Lichtvliegwezenlaan 2	2 HOPQVW	ABDEFG 7
	3 BFGHIJLMNOPQS	ABEFGJNRTUVW 8
1 Jan - 31 Dez	4 BDFHIKLOQR	BHJ 9
+32 14 81 15 09	5 DEHMN	ABHIJORZ 10
josgeboers@telenet.be	B 10A CEE	① €17,50
N 51°10'38'' E 05°13'04''	20 ha 140T(50-120m²) 291D	② €25,50
Fahren Sie in Balen-Zentrum Richtung Flughafen 'Keiheuvel'. Gut ausgeschildert. Ab hier Beschilderung 'G.T. Camping' folgen.		100010

Blankenberge, B-8370 / West-Vlaanderen		CC €20 iD
⛺ Bonanza 1 ***	1 ADEFILNOPRST	X 6
Zeebruggelaan 137	2 PRWX	ABDEFG 7
27 Mär - 27 Sep	3 BMS	ACDEFJNRTU 8
+32 50 41 66 58	4 FHOQ	V 9
info@bonanza1.be	5 ADEFGHKLMN	ABDEFGHJPR 10
Anzeige auf dieser Seite	B 10A CEE	① €32,00
N 51°18'41'' E 03°09'12''	5 ha 65T(80-100m²) 174D	② €40,00
E40 Richtung Oostende, Ausfahrt Brugge/Zeebrugge, Richtung Blankenberge. In Blankenberge an der zweiten Ampel rechts. Der CP ist ausgeschildert.		101630

CAMPING BONANZA 1
★★★

Bonanza 1 ist ein moderner Familiencamping im Gehbereich zum Strand und Zentrum des belebten Badeorts Blankenberge. Modernes und gut gepflegtes Sanitär (auch für Behinderte), Wäsche- und Spülbecken, geselliges Bistro-Bar mit Spielzone und Sonnenterrasse, Spielplatz für die Allerkleinsten, Wäscherei, Strom 10 Amp... und selbstverständlich unser Service!! Gleich in der Nähe des Campingplatzes kann man super wandern oder Radtouren in den ruhigen Poldern unternehmen. Der Campingplatz ist die ideale Ausgangsbasis für Tagesausflüge nach Brügge, Gent, Oostende, Knokke, Damme und Sluis (Holland).

Zeebruggelaan 137, 8370 Blankenberge
Tel. 050-416658
E-Mail: info@bonanza1.be
Internet: www.bonanza1.be

Teilkarte Flandern auf Seite 392 und 393

n.v. Camping 17 Duinzicht

Camping 17 Duinzicht ist ein gemütlicher, gepflegter Familiencamping, auf dem sich Jung und Alt zu Hause fühlen. Familie De Coster trägt dafür Sorge, dass Ihr Urlaub zu einem besonderen Erlebnis wird. Herrliche Lage 300m vom Strand und an dem Dünengürtel von Bredene. Es gibt viele Wander- und Radmöglichkeiten. Rezeption geöffnet von 9-12 Uhr und von 14-19 Uhr.

Rozenlaan 23, 8450 Bredene • Tel. 059-323871 • Fax 059-330467
E-Mail: info@campingduinzicht.be • Internet: www.campingduinzicht.be

Bocholt, B-3950 / Limburg
- Goolderheide★★★★
- Bosstraat 1
- 10 Apr - 30 Sep
- +32 89 46 96 40
- info@goolderheide.be
- N 51°10'24'' E 05°32'21''

1 ADEJMNOPRST ABFGHILN 6
2 BDGHOPQSVWXY ABCDEFGH 7
3 BEFGJMNSW ABCDEFGIJKLMNQRUVW 8
4 BCDFHINO BCEFJ 9
5 ACDEFGHLN ABDEFGHIJORW10
Anzeige auf Seite 395 B 6-16A CEE ① €36,00
45 ha 350T(100-150m²) 614D ② €52,00
100011

Route Weert-Bocholt. In Kaulille Richtung Bocholt. Auf halber Strecke zwischen Kaulille und Bocholt (3 km) gut ausgeschildert.

Camping Astrid liegt 100m von den schönsten Dünen und dem schönsten Strand der belgischen Küste. Durch die zentrale Lage auch Ausflüge mit der Tram oder dem Rad möglich. Hier erleben Sie einen unvergesslichen Urlaub!

Kon. Astridlaan 1, 8450 Bredene • Tel. 059-321247
E-Mail: info@camping-astrid.be
Internet: www.camping-astrid.be

Brecht, B-2960 / Antwerpen
- De Groene Linden
- Schotensteenweg 62/64
- 21 Mär - 4 Okt
- +32 4 74 35 42 22
- info@degroenelinden.be
- N 51°19'42'' E 04°36'11''

1 AGJMNOPRST 6
2 ABOPRVWXY BEFG 7
3 BDGLSUVX AFJNRW 8
4 FHOQ 9
5 H AGHJPR10
10A CEE ① €18,00
8 ha 30T(40-90m²) 135D ② €23,00
124880

Von der Ausfahrt St-Job-in-'t-Goor rechts ab. An der Ampel links in die Brechtsebaan, nach ca. 4 km Camping sehen Sie auf der rechten Seite ein deutliches Schild.

Brecht/St. Job-in-'t-Goor, B-2960 / Antwerpen
- Floreal Het Veen★★★★
- Eekhoornlaan 1
- 1 Jan - 31 Dez
- +32 36 36 13 27
- camping.hetveen@florealgroup.be
- N 51°18'07'' E 04°34'13''

1 ADEILNOPRT N 6
2 APQSVWXY ABDEFGH 7
3 ABEFLMNS ABCDFHJKNRW 8
4 BDFHIO BEF 9
5 ABDEFHKLMN ABFGHJMPR10
B 10A CEE ① €26,85
7,5 ha 75T(100-150m²) 312D ② €34,05
101654

E19 Ausfahrt 4 Richtung St. Job-in-'t-Goor. Hinter dem Kanal sofort links ab und derselben Spur (± 3 km) bis zum CP folgen.

Bredene, B-8450 / West-Vlaanderen
- 17 Duinzicht
- Rozenlaan 23
- 13 Mär - 9 Nov
- +32 59 32 38 71
- info@campingduinzicht.be
- N 51°14'55'' E 02°58'01''

1 ADEFJMNOPQRT KMQRSTX 6
2 AEGHOPSWX ABDEFG 7
3 BFLMNSV ABCDFGIJNRTUVW 8
4 BCDFHIKO EL 9
5 DEHKMN ABDEFGHJMPR10
Anzeige auf dieser Seite 10A CEE ① €28,00
10 ha 92T(80-120m²) 149D ② €28,00
113225

E40 Autobahnende Richtung Bredene/De Haan. Am Driftweg dem Schild 'Campingzone' folgen, danach dem Schild 'Camping 17'.

Bredene, B-8450 / West-Vlaanderen
- Astrid★★★
- Kon. Astridlaan 1
- 1 Mär - 31 Dez
- +32 59 32 12 47
- info@camping-astrid.be
- N 51°14'59'' E 02°58'06''

1 ABFILNOPQRT KMNQRSTX 6
2 EHOPW ABDEFG 7
3 BFLMNS ABCDEFGJKNRTUVW 8
4 FHI EL 9
5 DMN ABEFGHJOPR10
Anzeige auf dieser Seite B 10A CEE ① €31,00
4,5 ha 131T(80-120m²) 150D ② €31,00
110709

Via E40 Ausfahrt Oostende Richtung Bredene/De Haan, Ausfahrt 'Astridzone'.

Bredene, B-8450 / West-Vlaanderen
- Duinezwin
- Kon. Astridlaan 55B
- 15 Mär - 15 Nov
- +32 59 32 13 68
- info@duinezwin.be
- N 51°15'04'' E 02°58'26''

1 AILNOPRT KMNQRX 6
2 AEHOPRWX ABDEFG 7
3 BFLS ABCDEFGJNRTUVW 8
4 FH 9
5 D ABEGHJPR10
Anzeige auf dieser Seite 16A CEE ① €26,00
6,5 ha 68T(90m²) 247D ② €31,50
121902

E40 Oostende. Autobahnende Richtung Blankenberge-Bredene, Richtung Bredene volgen. Abbiegen Breden-Dünen, danach links. Dem Schild 'Campingzone' folgen. Abbiegen Bistrot 'Alaska'.

Bredene, B-8450 / West-Vlaanderen
- Veld en Duin★★★
- Koningin Astridlaan 87
- 1/3-15/11,15/12-31/12,1/1-15/1
- +32 59 32 24 79
- info@veldenduin.bo
- N 51°15'08'' E 02°58'41''

1 ABEFJMNOPQRT NQRST 6
2 AEHOPSW ABDEFG 7
3 BLSV ABCDEFJNQRUW 8
4 FGHT IJ 9
5 DN ABEFHJPR10
Anzeige auf dieser Seite 10A CEE ① €25,00
5 ha 20T(80-100m²) 321D ② €33,00
121901

E40 Richtung Bredene-Blankenberge, Küstenstraße nach Bredene hinein folgen. Am Ortschild 'Bredene' dann 'Campingzone Astrid' folgen. Am Imbiss Alaska abbiegen und bis zum Ende der Straße durchfahren.

Camping Veld en Duin ★ ★ ★

Mit dem Strand und den Bredenser Dünen als Nachbarn und den Poldern dahinter, gibt's genug Angebote für aktive Wander- und Radtouren oder um die Seele baumeln zu lassen. Spielplatz (mit Airtrampolin), Sauna und Internet gibt es auch. Rezeption mittwoch- und sonntagnachmittags geschlossen.

Koningin Astridlaan 87, 8450 Bredene • Tel. +32 59322479
E-Mail: info@veldenduin.be • Internet: www.veldenduin.be

Duinezwin

Familiärer Camping mit 3 modernen Sanitärbauten von denen eins 2018 komplett renoviert wurde. 300m zu den Dünen. Neues großes Spieldorf und Spielplatz für die Allerkleinsten. Große Plätze für Tourcaravans und Reisemobile. Direkter kostenloser Eintritt zum Freizeitgelände 'Grasduinen': Wandern, Mountainbiken, Fit-O-Meter, Fußball, Basketball. Angelweiher. Im Gehbereich zum Zentrum und gleich am Meeting- und Eventcenter Staf Versluys.

Kon. Astridlaan 55B, 8450 Bredene
Tel. +32 59321368
E-Mail: info@duinezwin.be
Internet: www.duinezwin.be

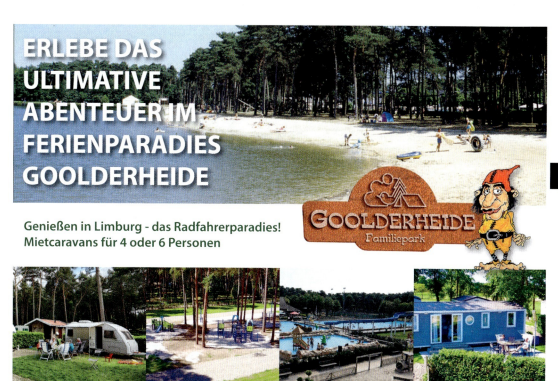

ERLEBE DAS ULTIMATIVE ABENTEUER IM FERIENPARADIES GOOLDERHEIDE

Genießen in Limburg - das Radfahrerparadies!
Mietcaravans für 4 oder 6 Personen

Neu: Familienfeld mit Spielplatz für Gäste mit Kindern bis 10 Jahre

+32(0)89 46 96 40 | info@goolderheide.be

WWW.GOOLDERHEIDE.BE

Bredene, B-8450 / West-Vlaanderen

- Warande★★★
- Kon. Astridlaan 17
- 2 Mär - 9 Nov
- +32 59 32 10 42
- info@campingwarandebvba.be
- N 51°14'59'' E 02°58'14''

1 ABDEF**IL**NOPQRT	MQRX 6
2 AEHOPSW	A**BFG** 7
3 B**L**MS	CD**F**JNRTUV**W** 8
4 FH	9
5 DMN	ABEFGHJ**P**R 10
Anzeige auf dieser Seite 16A	①€24,00
5 ha 50**T**(90-100m²) 200**D**	②€28,00
	110455

E40 Autobahnende Richtung Bredene/Blankenberge, Ausfahrt Bredene. Dann den Schildern 'Campingzone Astridlaan' folgen.

Bree, B-3960 / Limburg

- Recreatieoord Kempenheuvel
- Heuvelstraat 8
- 15 Mär - 2 Nov
- +32 89 46 21 35
- info@campingkempenheuvel.be
- N 51°08'14'' E 05°34'07''

1 ADE**JM**NOPRS**T**	ABFGN 6
2 GOPQSVWXY	ABDE**FG**H 7
3 BFMSV	ABCDEFJNQRTV**W** 8
4 BCDFHIKO**Q**	C 9
5 DEFHLMN	ABCDFGHIJM**P**STZ 10
Anzeige auf dieser Seite B 6A CEE	①€25,00
H59 7,5 ha 80**T**(80-140m²) 148**D**	②€31,40
	100014

A52/ N280 MG-Roermond, Grenze NL-Bel Ittervoort, N73 Richtung Bree. Camping liegt hinter Bree und ist angezeigt.

Recreatieoord Kempenheuvel

Netter und ruhiger Familiencamping Nähe Bree Zentrum, mit 80 Plätzen für Tourcamper. Spielplatz, großes beheiztes Schwimmbad und Planschbecken mit großer Liegewiese, 2 Fischweiher, Boules, Sportfeld, Café mit Terrasse. Restaurant mit variierender Menükarte und Tagesgericht. Vom Camping aus Anschluss ans Radwegenetz Limburg und ausgewiesene Wanderwege.

Heuvelstraat 8, 3960 Bree • Tel. 089-462135
E-Mail: info@campingkempenheuvel.be
Internet: www.campingkempenheuvel.be

De Haan, B-8421 / West-Vlaanderen

- Strooiendorp
- Wenduinesteenweg 125
- 1 Jan - 31 Dez
- +32 59 23 42 18
- info@strooiendorp.be
- N 51°16'39'' E 03°03'00''

1 A**J**MNOPQRT	QRSTU**X** 6
2 BHOPSWX	ABDE**FG** 7
3 B**J**LMS	ABCDE**F**JNRUV**W** 8
4 FH	9
5 DN	AEFGHJM**N**PST 10
10A CEE	①€30,00
3,5 ha 28**T**(80-100m²) 103**D**	②€30,00
	120930

Auf der E40 Ausfahrt Jabbeke Richtung De Haan, geradeaus. Nach etwa 10 km an der T-Kreuzung links. Der CP liegt nach 200m links von der Straße.

Camping Warande ★★★

- Geselliger Campingplatz 300m vom Meer • Gut gepflegtes Gelände mit modernem Sanitär und Babycorner • 2 Spielplätze für Ihre Kinder • Digital-TV und WLAN überall! • Gastronomie und Geschäfte in direkter Nähe des Campingplatzes

Kon. Astridlaan 17, 8450 Bredene • Tel. +32 59321042
E-Mail: info@campingwarandebvba.be
Internet: www.campingwarandebvba.be

KOMPAS camping

Zwei überraschende Campingplätze an der belgischen Küste

Kommen Sie?

WWW.KOMPASCAMPING.BE

Campingplatz Ter Duinen

Der Campingplatz steht für unvergessliche Ferien für die ganze Familie. Das große Gelände und die geräumigen Plätze sorgen für eine wunderbare Erholung im Grünen. Wald, Strand, das Meer und die Dünen im Gehbereich. Moderne Komfortausstattung: Wasser, Strom, Kanalisierung und Internet. Ideale Ausflugsbasis nach Brügge, Knokke oder Oostende. Genießen Sie einen Urlaub nach Maß.

Wenduinesteenweg 143, 8421 De Haan • Tel. 050-413593 • info@campingterduinen.be • www.kampeerverblijfparkterduinen.be

---

De Haan, B-8421 / West-Vlaanderen

- Ter Duinen
- Wenduinesteenweg 143
- 15 Mär - 15 Okt
- +32 50 41 35 93
- info@campingterduinen.be

1 AEF**JM**NOPQRT — KQRSTUV**X** 6
2 EHOPWX — AB**D**EFGH 7
3 A**L**S — ABCDE**F**HJKNPRTW 8
4 FHIO**PQ** — 9
5 DHN — ABEHJOP**R**X 10
Anzeige auf dieser Seite 16A CEE
€30,40
12,5 ha 214**T**(90-100m²) 120**D** €32,80
109644

E40 Richtung Oostende Ausfahrt Jabbeke, Richtung De Haan, weiter der Beschilderung 'Ter Duinen' nach.

Galmaarden, B-1570 / Vlaams Brabant

- Raspaljebos*
- Heirbaan 131
- 1 Jan - 31 Dez
- +32 54 58 85 27
- camping.raspaljebos@skynet.be

1 ABJMNOPRS**T** — 6
2 FOPVWXY — ABDE 7
3 S — ABE**F**JNPQRW 8
4 EFHIOQ — 9
5 DHMN — ABHIJOSTV 10
10A CEE €14,50
H107 1,5 ha 15**T**(100-110m²) 100**D** €14,50
101647

B55 Ninove-Edingen in Denderwindeke verlassen. Richtung Geraardsbergen via Waarbeke. Der CP liegt oben auf dem 'Bosberg' (Ronde van Vlaanderen).

De Klinge, B-9170 / Oost-Vlaanderen

- Fort Bedmar**
- Fort Bedmarstr. 42
- 1 Jan - 31 Dez
- +32 37 70 56 47
- camping@fortbedmar.be

1 ADEF**JM**NOPQRS**T** — ABFGN 6
2 ABOPQVWXY — AB**D**EFG 7
3 BFMSV — ABE**F**JNPRW 8
4 FHIO**PQ** — EF 9
5 ADEGHMN — ABDGHIJL**P**RW 10
Anzeige auf dieser Seite 10A CEE €25,00
9 ha 50**T**(100-110m²) 300**D** €25,00
101644

Von der E34-Ausfahrt 11 oder Sint-Niklaas: N403 Richtung Hulst. Von Zeeuws-Vlaanderen: N290 Richtung Sint-Niklaas. Immer bis zum Kreisel De Klinge. Von der Ortsmitte aus angezeigt.

Gent, B-9000 / Oost-Vlaanderen

- Blaarmeersen****
- Campinglaan 16
- 1 Mär - 8 Nov
- +32 92 66 81 60
- camping.blaarmeersen@stad.gent

1 BDEJMNOR**T** — HLM**N**OQSXY 6
2 ADGHOPRVWXY — ABDE**FG**H 7
3 BFG**JLMN**PQSWX — ABCDEFHJKNPQRTW 8
4 FH — FLTV 9
5 ACDEFHKLM**NO** — ABFGHILMNPSTZ 10
B 10A CEE €30,90
6 ha 337**T**(100m²) 38**D** €38,50
101639

E40 Brussel-Oostende, Richtung Oostende. Ausfahrt 14 Gent Expo. Richtung 'Expo' bis über die Brücke; dann unmittelbar rechts ab. Bis ans Wasser. R4 folgen bis Abfahrt 'Blaarmeersen'. Gut ausgeschildert.

CAMPING FORT BEDMAR

Familiencamping mitten im Grünen!
mehrere Spielplätze • Airtrampolin • beheizter Außenpool • WLAN • Badminton • Tischtennis • Volleyball • Basketball • viele Wander- und Radwege in der Nähe • Cafeteria mit gemütlicher Terrasse • Fischweiher
Ganz in der Nähe: Zeeuws-Vlaanderen, Antwerpen, Gent und Brugge

GANZJÄHRIG GEÖFFNET!

Geraardsbergen, B-9500 / Oost-Vlaanderen

- De Gavers****
- Onkerzelestraat 280
- 1 Jan - 31 Dez
- +32 54 41 63 24
- gavers@oost.vlaanderen.be

1 ABDE**JM**NOR**T** — **ABE**FGHLMNQSXYZ 6
2 DGHOPVX — AB**D**E**FG**H 7
3 AB**EFG**JMNSTUVW — ABCDE**F**JNQRT 8
4 BCFHILO**TU** — BFJMQRTUVY 9
5 ABDEGHIKLMN — ARGHIJI MNOPQSTZ 10
Anzeige auf Seite 397 B 10A CEE €31,00
15 ha 57**T**(100-110m²) 401**D** €31,00
101641

Von Geraardsbergen aus Richtung Onkerzele. Ausschilderung 'De Gavers'.

Diksmuide, B-8600 / West-Vlaanderen

- De IJzerhoeve**
- Kapellestraat 4
- 1 Apr - 13 Nov
- +32 51 43 94 39
- info@deijzerhoeve.be

1 A**J**MNOPRST — N 6
2 DFOPRSVWX — BE 7
3 — ABF**N**QRW 8
4 FHI**P** — EJ 9
5 DHN — ABCFGHIJLPST 10
6-10A CEE €18,00
5,5 ha 38**T**(100-120m²) 25**D** €22,00
101628

In Diksmuide Richtung IJzerboren. Unter der Bahnunterführung durch. Erste Straße rechts.

Grimbergen, B-1850 / Vlaams Brabant

- Camping Grimbergen*
- Veldkantstraat 64
- 1 Apr - 24 Okt
- +32 4 79 76 03 78
- camping.grimbergen@telenet.be

1 AF**IL**NORST — N 6
2 AGOPSVWX — ABDE**FG** 7
3 — ABCDEFJKNPQRTW 8
4 FHIO**PS** — 4
5 DL — AFGHIJO 10
Anzeige auf Seite 397 B 10A CEE €25,00
1,5 ha 90**T**(100m²) **D** €29,00
100013

A12 Antwerpen-Brussel, Ausfahrt Meise/Grimbergen Richtung Grimbergen und Beschilderung folgen. Gute öffentliche Verkehrsverbindungen nach Brüssel.

EuroCampings

Zu jedem Campingplatz in diesem Führer gehört eine sechsstellige Nummer. Damit können Sie den betreffenden Campingplatz einfacher auf der Webseite suchen.

Lienz/Amlach, A-9908 / Tirol

- Dolomiten Camping Amlacherhof****
- Seestrasse 20
- +43 6 99 17 62 31 71
- info@amlacherhof.at

1 A**J**MNOPQRST — AUX 6
2 FGOPVWXY — ABDE**FG**H 7
3 A**HJ**I**L**MUX — ABCDE**FJKLM**NQRTUVW 8
4 FHIO**PS** — EGILUVWXYZ 9
5 ABDE**F**HMN — ABGHIJOPR 10
Anzeige auf Seite 247 WB 16A CEE €33,10
H710 2,5 ha 85**T**(80-120m²) 31**D** €41,30
110377

Felbertauerntunnel-Lienz, bei Lienz hinter dem Kreisel Richtung Spittal. An der 2. Ampel rechts Richtung Feriendorf/Amlach, noch 2 km den Schildern folgen.

---

www.Eurocampings.de

Vakantiecentrum De Lage Kempen
★ ★ ★ ★

Radfahren unter Bäumen, Radwegenetz, Spazierwege, Ruhe, Preis-Leistungsqualität, Kinderfreundlich.

Kiefhoekstraat 189, 3941 Hechtel/Eksel • Tel. 011-402243
E-Mail: gonnie.appel@delagekempen.be
Internet: www.delagekempen.be

Hechtel/Eksel, B-3941 / Limburg

▲ Vakantiecentrum De Lage Kempen****	1 ADE**IL**NOPQRST	ABFGHI**X** 6
▣ Kiefhoekstraat 189	2 GPVWX	ABDE**FG**HK 7
☎ 9 Apr - 1 Nov	3 B**GJ**MRSVX	ABCDFGHJNPQRTW 8
☎ +32 11 40 22 43	4 BCDFGHILO	JVY 9
@ gonnie.appel@delagekempen.be	5 ADEHJLMN	ABDFGHIJO**PQ**RYZ10
	Anzeige auf dieser Seite B 6A CEE	❶ €27,00
⬛ N 51°09'40'' E 05°18'53''	3,5 ha 64**T**(110-140m²) 38**D**	❷ €41,00
🚗 Straße 74 Eindhoven-Hasselt, 12 km nach dem Grenzübergang rechts Richtung Kerkhoven, 4 km folgen. Links in den Wäldern, ist gut ausgeschildert.		101691

Helchteren, B-3530 / Limburg

▲ Molenheide	1 ADE**IL**NOPQRST	EFGHIN 6
▣ Molenheidestraat 7	2 ABGPQVY	ABDE 7
☎ 1 Jan - 31 Dez	3 BDFG**JL**MR**SX**	ABCDEFIJKNRTW 8
☎ +32 11 52 10 44	4 BCDEFHI**J**LO**PQU**	EJUV 9
@ info@molenheide.be	5 ABDEFGHIKL ABEFGHIJM**NO**RYZ10	
	B 10A	❶ €74,00
⬛ N 51°04'55'' E 05°24'02''	5 ha 35**T**(100m²) 377**D**	❷ €74,00
🚗 Straße 715 Hasselt-Hechtel. 2 km nach Helchteren-Zentrum ist der CP auf der rechten Seite ausgeschildert.		101692

Heuvelland/Kemmel, B-8956 / West-Vlaanderen

▲ Ypra***	1 ADE**JM**NOPQRS**T**	N 6
▣ Pingelaarstraat 2	2 AFPRTVWXY	BE**FG**H 7
☎ 1 Mär - 30 Nov	3 B**FL**MNSV	BDFGIJKNRSTUVW 8
☎ +32 57 44 46 31	4 FHO**Q**	FHVW 9
@ info@camping-ypra.be	5 ADHMN	ABFGHIJLOST10
	6A CEE	❶ €25,00
⬛ N 50°47'05'' E 02°49'10''	H140 5,5 ha 70**T**(100-140m²) 231**D**	❷ €29,00
🚗 Im Dorf Kemmel ist der CP gut ausgeschildert.		101629

Houthalen, B-3530 / Limburg

▲ De Binnenvaart****	1 A**JM**NOPQRST	LNPQRSTXY 6
▣ Binnenvaartstraat 49	2 ABDFGHPQVWXY	AB**DEFG**H 7
☎ 1 Jan - 31 Dez	3 BFGLMNS	ABCDE**FGI**JKNQRTUVW 8
☎ +32 11 52 67 20	4 BDFHIO**U**	MPQR 9
@ debinnenvaart@limburgcampings.be	5 ADEFGHJLN	ABDEFGHJPSTV10
	Anzeige auf Seite 401 B 6-16A CEE	❶ €29,00
⬛ N 51°01'55'' E 05°24'58''	6 ha 200**T**(100-150m²) 130**D**	❷ €47,60
🚗 Eindhoven-Hasselt bis Houthalen. Links Ri. 'Park Midden-Limburg'. Im 2. Kreisverkehr am Möbelhaus links CP-Schildern folgen. A2 Maastricht-Antwerpen, vor Houthalen abfahren, 'Park Midden-Limburg' (30), gut ausgeschildert.		101095

Houthalen/Helchteren, B-3530 / Limburg

▲ Oostappen Vakantiepark Hengelhoef	1 ADE**JM**NOPRST	ABEFGHIN 6
▣ Tulpenstraat 141	2 ABDFGHOPQVWXY	ABDE**FG** 7
☎ 1 Jan - 31 Dez	3 BCDEFG**JL**MNSV	ABCDEFJNQRTUVW 8
☎ +32 89 38 25 00	4 BCDFHILNO**PQ**TUV	EJVY 9
@ info@vakantieparkhengelhoef.be	5 ACDEFGHK	ABEGHIJORWZ10
	Anzeige auf dieser Seite B 10A CEE	❶ €45,00
⬛ N 51°00'52'' E 05°28'00''	15 ha 290**T**(80-120m²) 491**D**	❷ €47,60
🚗 Aus Eindhoven in Houthalen auf der Straße weiter bis zur E314. Über die Brücke die E314 Richtung Aachen nehmen. Nach ungefähr 5 km Ausfahrt 30 'Park Midden Limburg' nehmen. Den Schildern 'Hengelhoef' und 'CP' nach.		101708

TOP-ATTRAKTION
UND FERIENPARK IN EINEM!

WWW.VAKANTIEPARKHENGELHOEF.BE

Huldenberg, B-3040 / Vlaams Brabant

▲ Bergendal*	1 ABCJMNOPRS**T**	6
▣ Biezenstraat 81	2 ABFGOPQSVXY	AB**EF** 7
☎ 3 Apr - 8 Nov	3 S	ABCDE**F**NPRW 8
☎ +32 4 92 07 84 08	4 FH	9
@ info@bergendal.green	5 D	BCGHIOST10
	6A CEE	❶ €20,00
⬛ N 50°48'40'' E 04°36'00''	H83 9 ha 40**T**(100-200m²) 75**D**	❷ €25,00
🚗 Via E411 Ausfahrt 3, RN253 Richtung Leuven bis Loonbeek, ab hier den CP-Schildern folgen.		101096

CAMPING GRIMBERGEN ★ ★ ★

- Ländlich in der Umgebung Brüssel
- Zügige Verbindung mit den öffentlichen Verkehrsmitteln nach Brüssel
- Angrenzende Fischteiche, Restaurant
- Ideale Lage für Besuche der verschiedenen Messen und Ausstellungen im Ausstellungspark in Brüssel.

Gemeente 1850 Grimbergen

Veldkantstraat 64, 1850 Grimbergen
Tel. 0479-760378 • Handy 0479-760378
Internet: www.camping-grimbergen.webs.com

Ieper, B-8900 / West-Vlaanderen

▲ Jeugdstadion**	1 ADE**JM**NOPRST	N 6
▣ Bolwerkstraat 1	2 AOPRSVWXY	BE 7
☎ 1 Mär - 12 Nov	3 B**L**	BFJNQRUVW 8
☎ +32 57 21 72 82	4 FH	FV 9
@ info@jeugdstadion.be	5 DN	ABCFGHJOST10
	B 10A CEE	❶ €20,00
⬛ N 50°50'49'' E 02°53'54''	2 ha 72**T**(80-100m²) 8**D**	❷ €25,00
🚗 Von Calais Richtung Poperinge. Ring zur N38 Richtung Ieper. Zentrum folgen bis zum Ring (Bahnhof). Dann Richtung Zonnebeke. Am Kreisel mit dem Kran links.		115609

Sport und Entspannung
Tropisches Schwimmbad mit Sauna
Sandstrand mit Schwimmbereich
Wassersport · Spieldorf
Lasershoot · Minigolf

Übernachten
Campingplatz · Jugendherberge
Trekkerhütten · Safarizelte
Tipis · Ferienwohnungen

Camping & Freizeitpark

- Große Plätze
- Wasseranschluß & Abwasserabfuhr
- WLan
- Alle Campingplätze haben Anschluss für Kabel TV
- Modernes und hygienisches Sanitär

Varsenareweg 29, B-8490 Jabbeke / Tel +32 50 81 14 40

Ein Aufenthalt zum Erinnern...
Im touristischen Kasterlee.
Inmitten von Wander-, Rad- und Mountainbikestrecken. Moderne und saubere Sanitäranlagen (rollstuhlgerecht). Gemütliches Café, weitere Gastronomie in Laufnähe Innen- und Außenspielplätze. Kajak- und Kanutouren sind vom Campingplatz aus möglich.

www.campinghoutum.be

- komfortable, gesellige und moderne 4-Sterne Campinganlage
- großer Bade-, Spiel-, und Tretbootweiher
- riesengroßer Spielplatz mit Kleinkind Bereich, Wasserrutsche, Minicars, Kettcar, Trampoline, Minigolf,...
- viele Rad- und Wandermöglichkeiten

Strandweg 6, 2275 Lille-Gierle (Belgien)
Tel. 00-32-14 55 79 01 • Fax 00-32-14 55 44 54

Jabbeke/Brugge, B-8490 / W-Vlaanderen

- Klein Strand
- Varsenareweg 29
- 1 Jan - 31 Dez
- +32 50 81 14 40
- info@kleinstrand.be
- N 51°11'04'' E 03°06'18''

1	ADEFILNOPQRST	FHLMNW 6
2	ADHOPVWXY	ABDEFG 7
3	BEGLMSUV ABCDEFHJKNQRTVW 8
4	BCDFHILNOP	CEFVY 9
5	ABDEFHKMN	ABEGHMPRW 10

Anzeige auf dieser Seite 10A CEE €33,00
22 ha 92T(100m²) 440D €33,00

E40 Brussel-Oostende Ausfahrt 6, in Jabbeke-Zentrum ist der Platz ausgeschildert. 109228

Kasterlee, B-2460 / Antwerpen

- Houtum****
- Houtum 39
- 1 Jan - 31 Dez
- +32 14 85 92 16
- info@campinghoutum.be
- N 51°13'59'' E 04°58'40''

1	ACDEJMNOPRST	NUXZ 6
2	ACOPVWX	ABDEFGK 7
3	ABDGJMSUX ABCDEFGHIJNPQRTUVW 8
4	EFGHIKOQ	EFJ 9
5	ADEFHIKLN	ABDGHJPR 10

Anzeige auf dieser Seite B 10A CEE €27,60
9 ha 63T(100-130m²) 112D €28,40

E34, Ausfahrt 24 Kasterlee. 0,5 km nach dem Ortskern ist der CP bei der Windmühle ausgeschildert. Oder E313 Ausfahrt 23 Kasterlee/Turnhout. Der N19 Folgen (nicht N19-g). 1 km vor dem Ortskern rechts. 100007

Kinrooi, B-3640 / Limburg

- Batven bvba
- Batvendijk 1
- 1 Jan - 31 Dez
- +32 89 70 19 25
- info@batven.be
- N 51°07'59'' E 05°43'36''

1	ABJMNOPQRT	LN 6
2	ADGIPX	ABDE 7
3	AS	ABEFJNRW 8
4	HIOQ	9
5	DEFHJMN	AHJPST 10

6-10A CEE €21,00
4,5 ha 35T(80-100m²) 80D €21,00

Von Venlo Richtung Maastricht bis Kessenich, Richtung Kinrooi und dann nach Neeroeteren den Schildern folgen. 110296

Kluisbergen/Ruien, B-9690 / Oost-Vlaanderen

- Panorama**
- Boskouter 24
- 1 Mär - 30 Nov
- +32 55 38 86 68
- info@campingpanorama.be
- N 50°45'45'' E 03°29'13''

1	AFJMNORT	6
2	FPTUWX	ABDEFG 7
3	BS	ABEFNQRW 8
4	FHIO	F 9
5	ABDEHN	BHJOR 10

Anzeige auf dieser Seite 16A €17,00
H150 2 ha 20T(80-120m²) 74D €23,00

E17 Ausfahrt De Pinte Richtung Oudenaarde. N60 Richtung Kluisbergen, dann dem Schild 'Kluisbos' folgen. 101637

CAMPING PANORAMA
★ ★

- Auf der Kuppe des Kluisberg gelegen im Herzen der flämischen Ardennen.
- Wunderbare Aussicht auf die Umgebung.
- Die Eddy Merckx-Route und der Flandernrundweg befinden sich in der Nähe des Campingplatzes.
- Wanderhütten zu mieten.
- WLAN-Punkt

Boskouter 24, 9690 Kluisbergen/Ruien
Tel. 055-388668
Internet: www.campingpanorama.be

Koksijde, B-8670 / West-Vlaanderen

▲ Blekkerdal**	1 AG**JM**NORT	6
🏠 Jachtwakersstraat 8a	2 AOPQVWXY	AB**D**E**FG** 7
⏱ 1 Mär - 30 Nov	3 B**LM**	BD**F**NRSTUVW 8
☎ +32 58 51 19 74	4 FH	VW 9
@ campingblekkerdal@skynet.be	5 DN	ABCEHIJPST 10
	10A CEE	❶ €34,00
📍 N 51°06'39'' E 02°39'08''	4 ha 15**T**(80m²) 63**D**	❷ €34,00
🚗 A18 Ausfahrt Oostduinkerke/Koksijde. Richtung Oostduinkerke.		119419

An der T-Kreuzung Richtung Koksijde. Nach ca. 2 km ist der CP in Koksijde-Dorf gut angezeigt.

Lanaken, B-3620 / Limburg

▲ Jocomo Park****	1 AE**JM**NOPQRST	ABFGN 6
🏠 Maastrichterweg 1a	2 ABDGIOPQVW	AB**D**E**FGH** 7
⏱ 1 Apr - 31 Okt	3 B**FMNS** ABCD**FGI**JKLNQRTUVW 8	
☎ +32 89 72 28 84	4 BDFHINOPQR	FJ 9
@ info@jocomo.be	5 A**D**EFHKN	AFGHIJLM**P**ST 10
	Anzeige auf dieser Seite B 16A CEE	❶ €23,00
📍 N 50°54'23'' E 05°38'08''	31 ha 81**T**(100m²) 230**D**	❷ €34,00
🚗 A2 Eindhoven-Maastricht. Auf der Höhe Geleen auf die A2 (B) in Ri.		113038

Antwerpen wechseln. Hinter der Grenze die 1. Ausfahrt nach Lanaken nehmen. Dann in Ri. Genk, kurz vor der Brücke re. Auf der N77 500m hinter der Tankstelle re.

Camping Jocomo Park ★ ★ ★ ★
CAMPINGSTELLPLATZ · FREIBAD

* Campinggelände * Chalets * Wanderhütten * Schwimmbad * Kinderbad
* Paddelteich * Tennis * Angeln * Spielanlage

Das Schwimmbad und das Kinderbad, mit gratis Liegestühlen, ist täglich geöffnet von 10.00u – 19.00 Uhr.

Maastrichterweg 1a, 3620 Lanaken • Tel. +32 89722884
E-Mail: info@jocomo.be • Internet: www.jocomo.be

Lichtaart, B-2460 / Antwerpen

▲ Korte Heide***	1 ABILNOPQRST	LMN 6
🏠 Olensteenweg 40	2 BCDGHOPQWXY	ABE**F**NRT 8
⏱ 1 Mär - 31 Okt	3 BGS	9
☎ +32 14 55 32 94	4 BDFHIO**Q**	
@ info@campingkorteheide.be	5 DEHLN	ABGHJPR 10
	10A CEE	❶ €20,00
📍 N 51°12'02'' E 04°54'01''	14 ha 25**T**(80m²) 286**D**	❷ €26,00
🚗 E313 Ausfahrt 20 Herentals-West, dann Richtung Bobbejaanland		111402

fahren. Einfahrt gegenüber Bobbejaanland.

Lichtaart/Kasterlee, B-2460 / Antwerpen

▲ Floreal Kempen***	1 A**D**EILNOPRS**T**	U 6
🏠 Herentalsesteenweg 64	2 BGOPQWXY	ABDE**FGH**K 7
⏱ 1 Jan - 31 Dez	3 B**FMS**	ABCDEFJNRTW 8
☎ +32 14 55 61 20	4 BC**D**E**F**HILO	AEFRUVW 9
@ camping.kempen@	5 ABDEFHJKLM**NO**	ABFGHIJMPR 10
florealgroup.be	B 16A CEE	❶ €26,95
📍 N 51°12'35'' E 04°54'08''	7 ha 40**T**(100m²) 193**D**	❷ €32,15
🚗 Von Kasterlee die N123 Richtung Bobbejaanland folgen, vorbei an		101672

Lichtaart ca. 2 km Richtung Herentals, auf der rechten Seite.

Lille/Gierle, B-2275 / Antwerpen

▲ De Lilse Bergen****	1 A**D**EG**I**LNOPQRST	HLMQR 5
🏠 Strandweg 6	2 ABDGHPQVXY	ABDE**FG** 7
⏱ 1 Jan - 31 Dez	3 BE**FG**JKMNSUVW	ABCD**EFG**IJKNQRT 8
☎ +32 14 55 79 0	4 BDFHN	ACDEFNRTVY 9
@ info@lilsebergen.be	5 ABDEFHKMN	ABFGHIJLMPRZ 10
	Anzeige auf Seite 398 B 10A CEE	❶ €30,00
📍 N 51°16'57'' E 04°50'13''	60 ha 223**T**(100m²) 264**D**	❷ €30,00
🚗 E34 Antwerpen-Eindhoven, Ausfahrt 22 Gierle/Beerse.		101661

Der Beschilderung folgen. Der CP liegt ± 2 km von der Autobahn.

BLAUWE MEER
VAKANTIEPARK

Urlaub für alle
DER PERFEKTE URLAUB
Für alle Wasserratten!

WWW.VAKANTIEPARKBLAUWEMEER.BE

Lombardsijde, B-8434 / West-Vlaanderen

▲ De Lombarde***	1 AEFG**JM**NOPQRST	KN 6
🏠 Elisabethlaan 4	2 A**D**EOPVWXY	ABE**FG** 7
⏱ 1 Jan - 31 Dez	3 B**LM**NSV	BD**F**GJKNRSTW 8
☎ +32 58 23 68 39	4 BCD**E**FHINO**QR**	FJL 9
@ info@delombarde.be	5 ACDEFHKMN	ABFGHIJL**N**PRXYZ 10
	Anzeige auf dieser Seite B 16A	❶ €38,40
📍 N 51°09'23'' E 02°45'13''	9,5 ha 173**T**(100m²) 236**D**	❷ €42,00
🚗 E40 Brussel Richtung Calais Ausfahrt Nieuwpoort Richtung		101089

Oostende. 2 km hinter dem Denkmal Albert I. Auf der rechten Seite.

Lommel, B-3920 / Limburg

▲ Oostappen Vakantiepark	1 A**D**E**JM**NOPQRST	EFHN 6
Blauwe Meer*****	2 B**D**GHOPQVWXY	ABDE**FGH** 7
🏠 Kattenbos 169	3 ABDEJMV	ABCDEFJNQRTVW 8
⏱ 28 Mär - 31 Okt	4 BCDFHLNOTV	EJVY 9
☎ +32 11 54 45 23	5 ACDEFHL	ABDEGHKMOTUYZ 10
receptie@vakantieparkblauwemeer.be	Anzeige auf dieser Seite B 10A CEE	❶ €41,00
📍 N 51°11'39'' E 05°18'13''	27 ha 240**T**(80-100m²) 860**D**	❷ €43,00
🚗 Auf der Straße von Leopoldsburg nach Lommel, Straße 746, nahe		100009

am deutschen Friedhof rechts von der Straße.

Lommel-Kolonie, B-3920 / Limburg

▲ Oostappen Vakantiepark	1 A**D**E**JM**NOPQRST	N 6
Parelstrand	2 DGHIPVWX	ABDE**FG** 7
🏠 Luikersteenweg 313A	3 B**FJ**MNSV	ABCDE**F**HJKNQRTUV 8
⏱ 28 Mär - 31 Okt	4 BFHLO**P**	EJVY 9
☎ +32 11 64 93 49	5 ACDEFHK**O**	ABEGHIJORYZ 10
info@vakantieparkparelstrand.be	B 10A CEE	❶ €39,00
📍 N 51°14'36'' E 05°22'43''	40 ha 130**T**(100m²) 602**D**	❷ €41,00
🚗 Straße 715 Hasselt-Eindhoven, im Gebiet Lommel 2,5 km von der		101690

niederländischen Grenze entfernt, 100m hinter dem Kempischen Kanal nach links.

Middelkerke, B-8430 / West-Vlaanderen

▲ Zeester**	1 A**I**LNOPQRST	K 6
🏠 Sluisvaartstraat 50	2 AEOPVWX	ABDE**FG** 7
⏱ 1 Apr - 5 Nov	3 B**LM**S	ABCD**FG**JNRSW 8
☎ +32 59 30 20 14	4 FHO	9
@ info@zeester.be	5 A**D**EFHMN	ABEFHIJ**P**ST 10
	10A	❶ €27,00
📍 N 51°11'29'' E 02°49'50''	4 ha 48**T**(100m²) 229**D**	❷ €31,00
🚗 Camping gleich rechts vor Middelkerke-Mitte an der N318		123722

Oostende - Middelkerke.

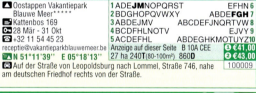

De Lombarde
www.delombarde.be
Elisabethlaan 4, B-8434 Lombardsijde - Middelkerke
Tel. 0032-58-236839 • Fax 0032-58-239908
E-Mail: info@delombarde.be

So finden Sie uns: Autobahn E40 (Brüssel-Calais) Ausfahrt Nieuwpoort, der Beschilderung Oostende folgen, 2 km hinter dem Denkmal von König Albert I sieht man auf der rechten Seite den Wegweiser zum Dünendorf: De Lombarde.

Autofreier, kinderfreundlicher, grüner Camping mit gratis WLAN. Ganzjährig geöffnet. Im Gehbereich zum Strand.

· gepflegte Sanitärgebäude.
· diverse Sporteinrichtungen, Fischteich, Spielplatz, Schwimmbad in 2 km
· in den Ferien Animation für Kinder und Erwachsene.
· Ferienhäuser mit allem Komfort und Wanderhütten zu mieten.
· gemütliche Cafeteria, Restaurant und Geschäft.
· **mit 2 Personen erhalten Sie 20% Rabatt** (außerhalb der Schulferien).
· rufen Sie uns an, wir schicken Ihnen einen Prospekt mit Preisliste.

Camping und Ferienhäuser 400 Meter vom Meer! FISCHTEICH

Belgien

Recreatieoord Kikmolen

Camping Kikmolen im naturreichen Limburger Maasland am Rande des Nationalparks 'Hohe Kempen'. Campen auf gemütlichen Grasplätzen, sogar mit Schatten. Mit schönem Spielplatz und großem Badesee mit 2 Rutschbahnen ist das ein Familiencamping wie kein anderer. Kurzum, alles für einen tollen und preiswerten Urlaub.

Kikmolenstraat 3, 3630 Opgrimbie/Maasmechelen
Tel. 089-770900 • Internet: www.kikmolen.be

Mol, B-2400 / Antwerpen

▲ Provinciaal Recreatiedomein Zilvermeer****	1 BDEG**JM**NOPQRST	HLMNOV 6
⌂ Postelsesteenweg 71	2 BDGHOQVXY	ABDE**FG** 7
⌚ 1/1 - 15/11, 11/12 - 31/12	3 BCEF**GJL**M**NS**UW	ABCDEFGHJKNQRTW 8
☏ +32 14 82 95 00	4 ABCEFHIKLN	FJQSTVY 9
@ camping@zilvermeer.be	5 ACDEFHIJKLMN**O**	ABFGHIJLMNPRVWZ10
N 51°13'10'' E 05°10'52''	Anzeige auf dieser Seite B 16A CEE	❶ €30,00
	150 ha 282**T**(98-184m²) 803**D**	❷ €30,00
		100008

E34 Antwerpen-Eindhoven, Ausfahrt 26 Retie/Arendonk und der Beschilderung 'Molse meren' folgen, oder E313 Hasselt/Antwerpen Ausfahrt 23 Geel-West und dann über die N19, R14, N71, N712, N136 zum CP.

Nieuwpoort, B-8620 / West-Vlaanderen

▲ Kompas Camping Nieuwpoort****	1 ADE**JM**NOPQRST	ABFGHNQRST**XYZ** 6
⌂ Brugsesteenweg 49	2 ADPSVWXY	BE**FG**H 7
⌚ 27 Mär - 11 Nov	3 BDF**GL**MS	BDFGIJKNQRTUVW 8
☏ +32 58 23 60 37	4 BCDFHIKNO	EFVW 9
nieuwpoort@kompascamping.be	5 ACDEFHJLMN	ABCDFGHIJM**P**STZ 10
N 51°07'48'' E 02°46'20''	Anzeige auf Seite 395 B 10A CEE	❶ €43,00
	23 ha 372**T**(8-150m²) 695**D**	❷ €51,00
		101626

E40 Ausfahrt 3 Richtung Diksmuide. Diksmuide/Nieuwpoort. Am Kreisel Richtung Westende. Geradeaus zur T-Kreuzung. Dort rechts. Der CP liegt direkt auf der linke Seite.

Olen, B-2250 / Antwerpen

▲ Den Boskant***	1 A**JM**NOPQRT	6
⌂ Boskant 1	2 ABOPWX	AB**DE** 7
⌚ 1 Apr - 31 Okt	3 BFSU	ABCDEF**J**NQR 8
☏ +32 14 21 22 81	4 FHO	9
@ camping@denboskant.eu	5 DHKMN	ABHI**JO**RW 10
	B 10A CEE	❶ €13,00
N 51°09'11'' E 04°53'52''	2,5 ha 14**T**(80m²) 71**D**	❷ €17,00
		111401

E313 Antwerpen-Hasselt, Ausfahrt 23 Geel-West Richtung Geel. Über den Albertkanal Richtung Herentals (N13). Nach 3,6 km Richtung Oevel-Olen Zentrum. CP liegt etwa 300m rechts von der Straße.

Opglabbeek, B-3660 / Limburg

▲ Recreatieoord Wilhelm Tell*****	1 AB**JM**NOPQRST	ABEFGHI 6
⌂ Hoeverweg 87	2 AGPVWX	AB**DEFGH** 7
⌚ 1 Jan - 31 Dez	3 BDE**L**MS**X**	ABCD**FGI**JKNQRTUVW 8
☏ +32 89 81 00 10	4 BDFHILOU	EIV 9
wilhelmtell@limburgcampings.be	5 ABDEFGHJL**N**	ABEFGHIJMPRZ 10
N 51°01'42'' E 05°35'52''	Anzeige auf Seite 401 B 16-20A CEE	❶ €34,00
	6 ha 75**T**(80-100m²) 100**D**	❷ €42,00
		101709

E314 Aachen-Bruxelles Ausfahrt 32. A2 Richtung As folgen. Kurz vor AS-Mitte nach ca. 5 km die Ausfahrt Richtung Oudsbergen nehmen. Der Campingplatz ist ca. 1 km vor dem Zentrum Opglabbeek auf der rechten Straßenseite ausgeschildert.

PROVINCIAAL RECREATIEDOMEIN ZILVERMEER | Postelsesteenweg 71 | B-2400 MOL | T +32 (0)14 82 95 00 | camping@zilvermeer.be | www.zilvermeer.be

400 Teilkarte Flandern auf Seite 392 und 393

Wilhelm Tell RECREATIEOORD

- einmaliges Wasser-
  paradies mit
  Außenbecken (45m x 30m), Wellenbad, Stromschnellen,
  Wasserrutschbahn, Kinderbad (12m x 30m),
  Wasserspielplatz, Wasserpilz, Spielplatz und
  gemütlicher Terrasse
- Hallenbad mit Whirlpool
- am 2000 km Rad- und Wanderwegenetz
- schicke Luxusferienappartements & Ferienchalets zu mieten

Hoeverweg 87 - B -3660 Opglabbeek
Tel. +32 (0)89 81 00 10
wilhelmtell@limburgcampings.be

camping Zavelbos

- in einem 2000 ha Naturgebiet mit großem Fischweiher
- neuer Spielplatz mit gemütlicher Terrasse
- neues luxuriöses Sanitärgebäude
- nutzen Sie das 2000 km Rad- und Wandernetzwerk
- 5 km zum National Park Hoge Kempen
- gratis Eintritt Erlebnisbad Wilhelm Tell

Kattebeekstraat 1 - B -3680 Opoeteren
Tel. +32 (0)89 75 81 46
zavelbos@limburgcampings.be

- neuer Spielplatz mit gemütlicher Terrasse
- der ideale Erholungsort
- die Naturpracht der Freizeitdomäne 'De Plas' eignet sich für den aktiven und den passiven Erholungssuchenden
- auf dem See von 20 ha kann man nicht nur baden, sondern auch surfen und mit dem Boot fahren
- vollkommen umgeben von einer prächtigen Natur
- ideale Ausgangsbasis für das Radwegnetz und Wanderrouten

Camping De Binnenvaart

Binnenvaartstraat 49 - B -3530 Houthalen
Tel. +32 (0)11 52 67 20
debinnenvaart@limburgcampings.be

3 Campingplätze am Radwegenetz • www.limburgcampings.be

Opgrimbie/Maasmechelen, B-3630 / Limb.
- Recreatieoord Kikmolen
- Kikmolenstraat 3
- 1 Apr - 31 Okt
- +32 89 77 09 00
- info@kikmolen.be
- N 50°57'14'' E 05°39'45''

1 ABFHKNOPQRST	HLMN 6
2 ABDGIPRVWX	ABDEFGH 7
3 BFS	ABDFHIJNPQRTW 8
4 BFHINOP	E 9
5 ACDEFHKL	AFGIPST10
Anzeige auf Seite 400 B 6A CEE	① €21,50
20 ha 126T(80-100m²) 505D	② €29,50
101722	

A2-E314 Ausfahrt 33 Richtung Lanaken. Am Kreisverkehr geradeaus, nach 1 km rechts abbiegen Richtung Zutendaal. Dann Beschilderung folgen.

Opoeteren, B-3680 / Limburg
- Zavelbos****
- Kattebeekstraat 1
- 1 Jan - 31 Dez
- +32 89 75 81 46
- zavelbos@limburgcampings.be
- N 51°03'29'' E 05°37'45''

1 ABFJMNOPRST	N 6
2 BOPRVWY	ABDEFGH 7
3 BLMS	ABCDFGIJKNQRTUV 8
4 BDFHINOUY	IV 9
5 ADEFHJLN	ABDEFGHJPR10
Anzeige auf dieser S. B 16-20A CEE	① €32,00
ha 50T(100-120m²) 121D	② €40,00
110961	

A2 Eindhoven-Maastricht, Ausfahrt Maaseik. Via Neeroeteren nach Opoeteren. CP liegt rechts von der Straße Opoeteren-Opglabbeek.

Poppel, B-2382 / Antwerpen
- Verblijfpark Tulderheyde
- Tulderheyde 25
- 1 Jan - 31 Dez
- +32 14 65 56 12
- info@tulderheyde.be
- N 51°26'53'' E 05°05'26''

1 ADEGILNOPQRST	LMN 6
2 BDGHPWX	ABDEFGH 7
3 ABGJLMSV	ABEFNRW 8
4 BDFHINOPQ	EFJV 9
5 ABDEFHN	ABFGHIJPRYZ10
Anzeige auf dieser Seite 16A CEE	① €25,00
25 ha 29T(100m²) 428D	② €25,00
101671	

Straße Tilburg-Turnhout bis Poppel-Zentrum folgen. Ab Rathaus Poppel Beschilderung folgen.

Campingplatz mit geräumigen Stellplätzen am Natursee zwischen schönen Naturschutzgebieten. Ideale Lage zum Wandern und Radfahren durch die Antwerpener Kempen und die Niederlande. Ganzjährig geöffnet. Vermietung & Verkauf von Chalets/Caravans. Tagesfreizeit/ Badeweiher/Spielplatz/Minigolf im Juni bis September. Stilvolle Strandbar!

Tulderheyde 25, 2382 Poppel • Tel. +32 14655612
Internet: www.tulderheyde.be • E-Mail: info@tulderheyde.be

Remersdaal/Voeren, B-3791 / Limburg
- CP Natuurlijk Limburg BVBA
- Roodbos 3
- 1 Jan - 31 Dez
- +32 4 79 93 79 84
- campingnatuurlijklimburg@gmail.com
- N 50°43'46'' E 05°51'53''

1 AEGJMNOPQRST	AB 6
2 OPRTXY	ABDEFGK 7
3 BFMX	ABCDEFGJNQRW 8
4 EFHIO	FIJUVW 9
5 ADEHJKN	ABDFGHJPST10
Anzeige auf dieser Seite 6A CEE	① €27,00
H300 6 ha 70T(80-100m²) 61D	② €35,00
101725	

A2/E25 in Maastricht Richtung Aken/Vaals verlassen. Kurz nach Margraten rechts fahren, Richtung De Planck. Über der Grenze mit Belgien (ca. 5 km) Richtung Aubel.

Overijse, B-3090 / Vlaams Brabant
- Druivenland***
- Nijvelsebaan 80
- 1 Apr - 1 Okt
- +32 26 87 93 68
- info@campingdruivenland.be
- N 50°45'43'' E 04°32'50''

1 AJMNOPQRST	6
2 AFOPVWX	ABDEFGH 7
3 MS	ACDEFJKNQRUVW 8
4 FH	F 9
5	ABCGHIJLPTU10
Anzeige auf dieser Seite B 16A CEE	① €24,00
H97 5 ha 34T(150-200m²) 99D	② €32,00
101658	

A4/E411 Ausfahrt 3 Richtung Overijse, dann 1. Straße rechts auf die N218 (Nijvelsebaan) bis zum CP.

Roodbos 3
3791 Voeren - Remersdaal
Tel. +32 479937984
campingnatuurlijklimburg@gmail.com
www.campingnatuurlijklimburg.be

Esmeralda ★ ★ ★

Gemütlicher Familiencamping zwischen Wenduine und Blankenberge. 200m von Strand und Meer.

Tritonlaan 2, 8420 Wenduine/De Haan
Tel. 050-412704
E-Mail: info@esmeralda-aan-zee.be
Internet: www.esmeralda-aan-zee.be

Retie, B-2470 / Antwerpen

- Berkenstrand★★★★
- Brand 78
- 27 Mär - 12 Okt
- +32 14 37 90 41
- info@berkenstrand.be

1	AEG**JM**NOPQRT	LM**N** 6
2	ACDGHPQVWXY	AB**DEFGH** 7
3	BFGSX	ABE**F**JNRTUV 8
4	BCDFHINO**Q**	9
5	ABDEFGHJKN	ABDFGHJMO**P**QRWZ 10

Anzeige auf dieser Seite   B 10A CEE
10 ha 33T(120-150m²)   198**D**
① €20,00   ② €20,00   107447

E34 Ausfahrt 26 Richtung Retie, an der Ampel links, dann 1. rechts Richtung Postel. Camping ausgeschildert. (GPS = Postelsebaan 3).

Berkenstrand ★ ★ ★ ★

Engagierte Gastgeber! Gemütlicher Familiencamping in bester Preis-Leistungsqualität, mitten im Kempener Wald, 3 prächtige Weiher mit Bade- oder Angelmöglichkeiten. Gepflegtes Sanitär, garantierte Ruhe, kinderfreundlich! In der Umgebung verschiedene Wander- und Radrouten.

Brand 78, 2470 Retie • Tel. 014-379041
E-Mail: info@berkenstrand.be • Internet: www.berkenstrand.be

Turnhout, B-2300 / Antwerpen

- Baalse Hei★★★★
- Roodhuisstraat 10
- 1 Jan - 31 Dez
- +32 14 44 84 70
- info@baalsehei.be

1	ADEG**JM**NOPQRST	L**N**PQSXZ 6
2	ACDGHPQWXY	AB**DEFG**H 7
3	ABFGMNS	ABCD**F**JNQRUVW 8
4	BFHIO	AEFTV 9
5	ABDEFGHKLMN	ABDEFGHJPRZ 10

Anzeige auf dieser Seite   B 16A CEE
30 ha 74**T**(55-250m²)   346**D**
① €25,20   ② €33,20   107445

Von Holland aus: A67 Venlo/Eindhoven/Antwerpen (A21 in Belgien) folgen. Ausfahrt 25 Turnhout-Oost, Oud Turnhout auf den Stadtring R13, rechts nach Norden zur N119 Richtung Baarle-Nassau. Rechts ab (Dombergheide).

Vorselaar, B-2290 / Antwerpen

- De Zeven Geitjes★★
- Heiken 37
- 1 Apr - 30 Sep
- +32 4 91 53 50 80
- info@dezevengeitjes.be

1	ADE**JM**NOPRS**T**	6
2	ABPRVW	**BEFG**H 7
3	AMSU	A**F**JNQRTVW 8
4	DFHIKOQ	EF 9
5	BDEHMNO	AGHIJO**P**R 10

B 10A CEE
1,5 ha 30**T**(100-150m²)   47**D**
① €20,00   ② €20,00   123831

Von der E34 (Zoersel oder Wechelderzande) oder E313 (Grobbendonk) bis nach Vorselaar. Dort den gelben CP-Schildern 'De Zeven Geitjes' (Die sieben Geißlein) folgen.

Wachtebeke, B-9185 / Oost-Vlaanderen

- Provinciaal Domein Puyenbroeck★★★★
- Puyenbrug 1a
- 1 Apr - 30 Sep
- +32 93 42 42 31
- puyenbroeck@oost-vlaanderen.be

1	ABEHKNOPRST	AB**EFG**HIN 6
2	GPSVWXY	ABD**EFG** 7
3	BEFG**JK**MNSWX	ABCDEFGHJKNPRTW 8
4	BDFHIK**RT**	**F**QTUV 9
5	ADEFHILN	ABGHIJPRXZ 10

B 16A CEE
8 ha 93**T**(140m²)   210**D**
① €31,00   ② €31,00   101638

Straße N49 oder E34 verlassen bei Wachtebeke, Beschilderung 'Puyenbroeck' folgen.

Wenduine/De Haan, B-8420 / West-Vlaanderen

- Esmeralda★★★
- Tritonlaan 2
- 1 Mär - 15 Okt
- +32 50 41 27 04
- info@esmeralda-aan-zee.be

1	ABF**IL**NOPQRS	KNQRSU**X** 6
2	EHOPW	AB**DEFG** 7
3	A**L**S	AB**FH**JN**TW** 8
4	HIO**PQ**	H 9
5	ABDEFGHJ**N**	ABEHI**JO**R 10

Anzeige auf dieser Seite   16A CEE
7,6 ha 18**T**(60-100m²)   472**D**
① €32,00   ② €34,00   123052

N34 von Blankenberge nach Wenduine. Nach der Holzfußgängerbrücke und den weißen Häusern 1. Weg links, danach wieder links.

Werchter, B-3118 / Vlaams Brabant

- De Klokkeberg★★★
- Grotestraat 120
- 20 Mär - 31 Okt
- +32 16 53 25 61
- info@klokkeberg.be

1	A**J**MNOPRS**T**	N 6
2	DPQRWXY	AB**FG** 7
3	AFMNS	AB**F**JNPRW 8
4	B**D**FHINO**P**	EJ 9
5	DEHK	AHIMO**ST** 10

16A CEE
15 ha 30**T**(bis 80m²)   175**D**
① €26,00   ② €26,00   120892

E314 Ausfahrt 21. Hinter Rotselaar-Werchter den CP-Schildern 'De Klokkeberg' folgen.

Westende, B-8434 / West-Vlaanderen

- Poldervallei★★
- Westendelaan 178
- 1 Jan - 31 Dez
- +32 59 30 17 71
- info@campingpoldervallei.be

1	ADE**IL**NOPQRST	KM 6
2	AEOPSVW	AB**DEFG**H 7
3	B**F**JLMSV	ABC**DFG**KNRS**TW** 8
4	FHK	EJ 9
5	AB**DE**HN	ABFGHIJO**ST** 10

Anzeige auf Seite 403   6A CEE
7 ha 100**T**(80-100m²)   331**D**
① €32,00   ② €36,00   101623

Der CP liegt ungefähr auf halber Strecke an N318 von Middelkerke (Mitte) und Westende-Mitte.

Immer ein Campingplatz, der zu Ihnen passt!

- 9 900 jährlich inspizierte Campingplätze in 31 Ländern
- Filter auf mehr als 200 Einrichtungen
- Schnell und einfach buchen, auch unterwegs
- Mehr als 100 000 Campingplatz-Bewertungen

www.Eurocampings.de

CAMPING HOF VAN EEDEN ★ ★ ★

Ruhiger Familiencamping in waldreichem Gebiet, Wander und Radwege. Nah an malerischen Städtchen. Große, gut gepflegte Stellplätze mit allen Einrichtungen. Schwimmbad und kleiner See mit Liegewiese und weißem Sandstrand. Vermietung von Wohnwagen und Trekkerhütten. Gastronomie, Spielplatz, Angeln.

**Kempische Ardennen 8
2260 Westerlo/Heultje
Tel. 016-698372
Fax 016-680348
☛ Nähe Hulshout
info@hofvaneeden.be
www.hofvaneeden.be**

Westende, B-8434 / West-Vlaanderen
▲ Kompas Camping Westende***
🏠 Bassevillestraat 141
📅 27 Mär - 11 Nov
📞 +32 58 22 30 25
@ westende@kompascamping.be
1 ADEJMNOPQRST K 6
2 AEGOPVWX BDEFG 7
3 BDEFLSV BDFGIJKNQRTUW 8
4 BDFHIO EFV 9
5 ACDEFHJLMN ABCDFGHIJ NPSTZ 10
Anzeige auf Seite 395 B 10A CEE
N 51°09'27'' E 02°45'40'' 12 ha 168T(100-150m²) 193D
❶ €43,00
❷ €51,00
🚗 E40 Ausfahrt 4 Richtung Middelkerke. Nach ± 2 km über den Kanal Richtung Middelkerke. An der Kirche links Richtung Westende. An der Kirche von Westende vorbei die 4. Straße rechts (Hovenierstraat) bis zum Ende durchfahren. 101625

Westende, B-8434 / West-Vlaanderen
▲ R.A.C.B. Camping***
🏠 Bassevillestraat 81
📅 1 Jan - 31 Dez
📞 +32 58 24 10 77
@ info@racbcamping.be
1 ADEILNOPQRST K 6
2 AEOPRSVWX BEFG 7
3 BFKMNS BDFJKLMNRTW 8
4 BCDFHINOQ 9
5 DHLNO ABFGHIJOST 10
16A
N 51°09'15'' E 02°45'34'' 6,5 ha 40T(80-120m²) 291D
❶ €25,00
❷ €29,00
🚗 Von Nieuwpoort auf die 318 Richtung Westende-Middelkerke. CP ab Westende-Mitte links angezeigt. 101624

Poldervallei ★ ★

Automatischer Reisemobilplatz (Nebensaison €18,-: Wasser & Strom inkl.). Stellplätze, inklusive gepflasterter Winterplätze, mit 90 m² (Nebensaison €20,- ACSI: warme Duschen €1,-). Zentrale Lage im Gehbereich von Bus und Tram und 250m von Westende-Bad.
400m vom Meer mit breitem Sandstrand.

**Westendelaan 178, 8434 Westende • Tel. 059-301771 • Fax 059-304862
E-Mail: info@campingpoldervallei.be
Internet: www.campingpoldervallei.be**

Westerlo, B-2260 / Antwerpen
▲ Heiken-Westerlo VZW**
🏠 Stropersweg 2
📅 1 Jul - 31 Aug
📞 +32 4 79 29 44 75
@ campingheiken@telenet.be
1 AJMNOPRST 6
2 ABOPQWX ABDE 7
3 ABFMSU ABCDEFJNPQR 8
4 EFHIOQ 9
5 DHN ABHIJPRV 10
Anzeige auf dieser Seite 4A
N 51°05'56'' E 04°53'35'' 10,9 ha 6T(100-120m²) 34D
❶ €17,50
❷ €17,50
🚗 E313 Ausfahrt 22 - Olen. Richtung Olen/Herselt, Abtei Tongerlo folgen und in der Geneindestraat nach 1 km rechts in den Jagersweg, dann 2. Straße links. 101675

Westerlo/Heultje, B-2260 / Antwerpen
▲ Hof van Eeden***
🏠 Kempische Ardennen 8
📅 1 Jan - 31 Dez
📞 +32 16 69 83 72
@ info@hofvaneeden.be
1 ADEJMNOPRST AFLMN 6
2 ABDGHIOPQWXY ABEFJNPRUVW 8
3 BFMS EF 9
4 BCDFHINOQ ABCEFGHIJPRZ 10
5 DEFHKLMN
Anzeige auf dieser S. B 10-16A CEE
N 51°05'17'' E 04°49'20'' 12 ha 125T(100-150m²) 378D
❶ €20,00
❷ €26,00
🚗 E313 Herentals-Oost/Olen, Ausfahrt 22, der N152 bis Zoerle/Parwijs folgen, dort rechts Richtung Heultje. An der Kirche Camping Wegweiser Richtung Hulshout/Industriegebiet. Campingeinfahrt siehe Schild im Industrieweg. 107861

Wezembeek-Oppem, B-1970 / Vlaams Brabant
▲ C. C. Club Brussels**
🏠 Warandeberg 52
📅 31 Mär - 30 Sep
📞 +32 27 82 10 09
@ camping.wezembeek@hotmail.com
1 AFJMNOPRST 6
2 ABCOPRSUWX ABDEK 7
3 AMSU ABCDEFHJNPRW 8
4 HIOQ 9
5 DHN ABFGHIKNPSTV 10
B 6A CEE
N 50°51'25'' E 04°29'06'' H60 2 ha 35T(25-90m²) 48D
❶ €26,50
❷ €33,50
🚗 Ring RO Ausfahrt 2 Wezembeek-Oppem. Richtung Wezembeek-Oppem nach 500m den CP-Schildern folgen. 117175

Zele, B-9240 / Oost-Vlaanderen
▲ Groenpark***
🏠 Gentsesteenweg 337
📅 11 Apr - 20 Sep
📞 +32 93 67 90 71
@ groenpark@scarlet.be
1 AJMNOPRST 6
2 ABDOPQVWXY ABDEFG 7
3 AMS ABCDEFHIJNQRUV 8
4 FHIO F 9
5 ADHN ABDFGHIJPRV 10
Anzeige auf dieser Seite 16A CEE
N 51°03'10'' E 03°58'48'' 5 ha 70T(105-160m²) 20D
❶ €27,00
❷ €33,00
🚗 Aus NL: E17 Ausf. 12, links N47. Am 3. Kreisel 1. Ausf. N445 folgen. Im 1. und 2. Kreisel 2. Ausf. Nach 2 km CP links. Aus F: E17 Ausf. 11, links der N449 folgen. An der Kreuzung links der N445. Nach 7 km im Kreisel 2. Ausf. Nach 500m CP rechts. 112929

Camping Groenpark ★ ★ ★

Ruhige Lage in der ostflämischen Flusslandschaft nähe Gent. Dieses ausgezeichnete Rad- und Wandergebiet liegt zentral im grünen Flandern und die Kunststädten Brügge, Gent, Antwerpen und Brüssel sind schnell erreicht. Einmaliges und gratis Sanitär
• Gästehaus • Zehn Trekkerhütten • Riesenbarbecue.

**Gentsesteenweg 337, 9240 Zele • Tel. 09-3679071
E-Mail: groenpark@scarlet.be • Internet: www.campinggroenpark.be**

Zonhoven, B-3520 / Limburg
▲ Heidestrand N.V.***
🏠 Zwanenstraat 105
📅 10 Apr - 27 Sep
📞 +32 11 52 01 90
@ receptie@heidestrand.be
1 ADEJMNOPQRST AFHLNX 6
2 ADGHPVWX ABDEFGK 7
3 BFMS ABEFNQRVW 8
4 BCDFHINO E 9
5 ACDEHKNO BFHIKLPRZ 10
10A
N 50°59'12'' E 05°18'48'' 75 ha 88T(80-100m²) 627D
❶ €28,00
❷ €35,00
🚗 In Zonhoven die 72 Richtung Beringen. Nach 2 km links in die 'Wijvestraat', kurz hinter dem Bahnübergang. Nach 2,5 km auf der rechten Seite. 101404

Camping Heiken-Westerlo VZW ★ ★

• kleiner, geselliger Camping in der 'Perle von Kempen'
• liegt an vielen tollen Rad- und Wanderrouten
• geöffnet vom 1. Juli bis 31. August und an den Wochenenden und anschliessenden Feiertagen in den übrigen Monaten

**Stropersweg 2, 2260 Westerlo
Tel. +32 14549487 • Handy +32 479294475
Internet: www.campingheiken.eu**

Zonhoven, B-3520 / Limburg
▲ Holsteenbron
🏠 Hengelhoefseweg 9
📅 1 Apr - 11 Nov
📞 +32 11 81 71 40
@ camping.holsteenbron@telenet.be
1 AJMNOPRT N 6
2 APQVXY ABDEFG 7
3 AGLMSU ABEFJNQRW 8
4 BDFHIO EV 9
5 ADEHKN ABGHIJPSTVZ 10
B 6A
N 50°59'42'' E 05°24'59'' 4 ha 57T(80-100m²) 33D
❶ €27,00
❷ €27,00
🚗 A2/E314 Ausfahrt 29 Richtung Hasselt, nach 800m an der Ampel links und dann Beschilderung folgen. Oder die Strecke Eindhoven-Hasselt N74, über die Brücke der E314. Nach 800m links, an der Ampel links und der Beschilderung folgen. 101405

Zutendaal, B-3690 / Limburg
▲ 't Soete Dal**
🏠 Molenblookstraat 64
📅 1 Apr - 30 Sep
📞 +32 89 61 18 11
@ info@soetedal.be
1 ADEJMNOPRST AFG 6
2 ABPQVWXY ABDEFG 7
3 BFLMS ABCDEFJNRTVW 8
4 BDFHILNOPQ E 9
5 ADEFGHJK ABFGHIJOR 10
B 10-16A CEE
N 50°55'34'' E 05°33'08'' 10 ha 23T(100m²) 440D
❶ €35,75
❷ €49,75
🚗 E314, Ausfahrt 32 Genk-oost Richtung Munsterbilzen bis Zutendaal. Kreisverkehr durchqueren. CP liegt nach 1 km auf der linken Seite. 109646

Wallonien

Amberloup/Ste Ode, B-6680 / Luxembourg		
Tonny★★★	1 AEG**JM**NOPR**T**	J**N** 6
1 rue des Rainettes	2 CGOPRVWXY	ABDE**FGH**K 7
1 Apr - 7 Nov	3 BFMS	ABCDEFJNRW 8
+32 4 87 94 21 30	4 FHIO	EJ 9
info@campingtonny.be	5 ADEFGHJKN	ABFHJMNOST 10
	Anzeige auf dieser Seite 6A	① €26,50
N 50°01'35'' E 05°30'47''	H386 2,5 ha 75T(80-120m²) 10D	② €31,50
		101716

Ab der N4 Ausfahrt Amberloup/Libramont folgen. Der CP liegt rechter Hand der Straße, 3 km entfernt von der N4, kurz hinter Amberloup und im Weiler Tonny.

Camping TONNY
Charme Camping
umgeben von der Ourthe - im Herzen der Ardennen
gastfreundliche Leitung

www.campingtonny.be

Durchreisecampingplätze

In diesem Führer finden Sie eine handliche Karte mit Campingplätzen an den wichtigen Durchgangsstrecken zu Ihrem Ferienziel. Durch die Farbe des jeweiligen Zeltchens können Sie erkennen, ob dieser Platz ganzjährig geöffnet ist oder nicht. Darüber hinaus gibt es für jeden Platz auch noch eine kurze redaktionelle Beschreibung, inklusive Routenbeschreibung und Öffnungszeiten.

Teilkarte Wallonien auf Seite 404 und 405

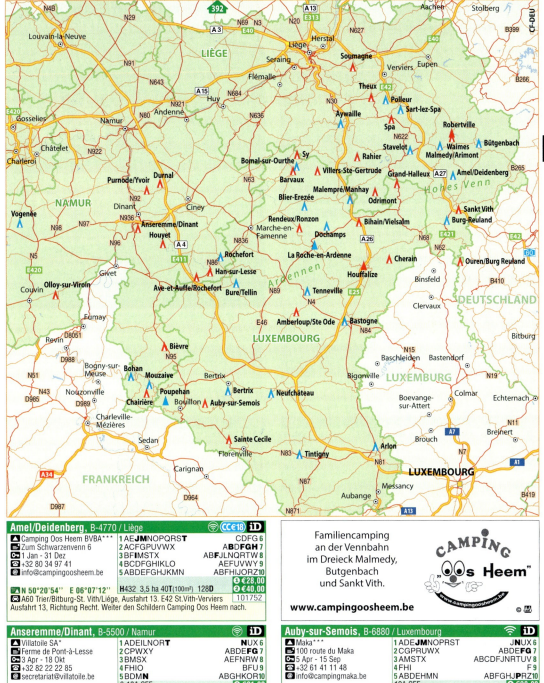

Amel/Deidenberg, B-4770 / Liège

- Camping Oos Heem BVBA★★★
- Zum Schwarzenvenn 6
- 1 Jan - 31 Dez
- +32 80 34 97 41
- info@campingoosheem.be

1 AE**JM**NOPQRS**T**		CDFG 6
2 ACFGPUVWX		AB**DFGH** 7
3 BF**I**MSTX		AB**F**JLNQRTW 8
4 BCDFGHIKLO		AEFUVWY 9
5 ABDEFGHJKMN		ABF**H**IJORZ10

H432 3,5 ha 40**T**(100m²) 128**D**

① €28,00
② €40,00
101752

N 50°20'54'' E 06°07'12''

A60 Trier/Bitburg-St. Vith/Liège, Ausfahrt 13. E42 St.Vith-Verviers Ausfahrt 13, Richtung Recht. Weiter den Schildern Camping Oos Heem nach.

Familiencamping an der Vennbahn im Dreieck Malmedy, Butgenbach und Sankt Vith.

www.campingoosheem.be

Anseremme/Dinant, B-5500 / Namur

- Villatoile SA★
- Ferme de Pont-à-Lesse
- 3 Apr - 18 Okt
- +32 82 22 22 85
- secretariat@villatoile.be

1 ADEILNOR**T**		N**U**X 6
2 CPWXY		ABDE**FG** 7
3 BMSX		AEFNRW 8
4 FHIO		BFU 9
5 BDM**N**		ABGHKOR10
6-10A CEE		

H94 6 ha 200**T**(50-90m²) 97**D**

① €21,90
② €29,90
101681

N 50°13'41'' E 04°54'37''

Ab Dinant Richtung Beauraing. Vor der Brücke über den Lesse nach links. Den CP-Schildern folgen. Der CP ist 2 km vom Zentrum entfernt.

Auby-sur-Semois, B-6880 / Luxembourg

- Maka★★★
- 100 route du Maka
- 5 Apr - 15 Sep
- +32 61 41 11 48
- info@campingmaka.be

1 ADE**JM**NOPRST		J**N**UX 6
2 CGPRUWX		ABDE**FG** 7
3 AMSTX		ABCDFJNRTUV 8
4 FHI		F 9
5 ABDEHMN		ABFGHJ**P**RZ10
10A CEE		

H250 3,5 ha 44**T**(80-100m²) 60**D**

① €38,80
② €48,70
117918

N 49°48'32'' E 05°09'52''

E411 Ausfahrt 25 Bertix/Auby-sur-Semois Richtung Bertrix. Im Zentrum von Bertrix ist der Camping angezeigt.

Arlon, B-6700 / Luxembourg

- Officiel Arlon★★
- 373 route de Bastogne
- 12 Mär - 1 Nov
- +32 63 22 65 82
- campingofficiel@skynet.be

1 A**JM**NOPQRST		A 6
2 AFGPRTVWXY		AB**FG**K 7
3		ABCDEFNQRW 8
4 H		9
5 ABDHLN		ABDEFGHJMPST10
Anzeige auf dieser Seite	B 6A CEE	

H395 1,4 ha 78**T**(80-100m²) 2**D**

① €29,00
② €35,00
101737

N 49°42'08'' E 05°48'24''

Von der E411 Ausf. 31 Ri. Arlon. Den Schildern 'autres directions' und Bastogne folgen. Der N82 geradeaus folgen. (Durch 2 Kreisel, nicht abbiegen). Nach 4 km endet diese Straße in einer Kurve nach links auf die N4. CP liegt hinter der Kurve nach 200m rechts.

Teilkarte Wallonien auf Seite 404 und 405

Le ROPTAI ★★★

Natürlich, in den Grünen Ardennen

Rue du Roptai, 34
B-5580 Ave-et-Auffe
Tel. 0032(0)84/38 83 19
Fax. 0032(0)84/38 73 27
E-ail: info@leroptai.be
www.leroptai.be

Ave-et-Auffe/Rochefort, B-5580 / Namur

Le Roptai★★★	1 ADE**JM**NOPQR**ST**	ABFG 6
rue du Roptai 34	2 ABGPRTVWX	ABDE**FGH**J 7
1 Feb - 31 Dez	3 AB**F**MS**T**	ABCD**FJ**NRTW 8
+32 84 38 83 19	4 BCDFHIO**Q**	BEFJU 9
info@leroptai.be	5 ABCDEFGHKM**NO**	AFGHJ**P**RY 10
	Anzeige auf dieser Seite 6A CEE	① €27,00
N 50°06'41'' E 05°08'02''	H245 10 ha 120T(80-120m²) 230**D**	② €35,40
E411 Ausfahrt 23 (Rochefort - Han-sur-Lesse). Richtung Han-sur-Lesse folgen, Camping ist unmittelbar ausgeschildert.		101700

Aywaille, B-4920 / Liège

Domaine Château de Dieupart★	1 ADE**JM**NOPQRT	N 6
	2 ABCOPRVWXY	AB**D**E**FG** 7
37 route de Dieupart	3 AMSX	ACDE**F**HJKN**Q**RTUVW 8
1/3 - 15/11, 18/12 - 5/1	4 FHO	I 9
+32 42 63 12 38	5 ACDHN	ABFGHJLPST 10
jeroen@dieupart.be	Anzeige auf Seite 407 B 10A CEE	① €26,00
N 50°28'35'' E 05°41'21''	H350 5 ha 100T(80-120m²) 52**D**	② €32,00
E25 Ausfahrt 46 Remouchamps/Aywaille. An der Ampel rechts Richtung Aywaille und vor der Kirche rechts abbiegen. Am Parkplatz Delhaize direkt links und dann rechts, Einfädelspur zum Schloss nehmen. Angezeigt.		101732

Barvaux, B-6940 / Luxembourg

Outdoor Camping Barvaux	1 ADE**JM**NOPQR**ST**	JNU 6
50 rue Haute Commène	2 CPWXY	AB**FG** 7
19 Apr - 30 Sep	3 BGMS**TW**X	AB**FJ**NQR 8
+32 86 21 24 66	4 DFHO	BEF**R**U 9
info@campingardennen.nl	5 ADEFHKMN	ABHIJOR 10
	10A	① €28,75
N 50°21'52'' E 05°30'20''	5 ha 110T(100m²) 32**D**	② €36,75
Von Barvaux Richtung Bomal. Nach 1 km rechts ab der Beschilderung folgen.		101711

Bastogne, B-6600 / Luxembourg (CC€16)

Camping de Renval★★★	1 ADE**I**LNOPR**ST**	N 6
rue de Marche 148	2 ACGPRVWXY	AB**D**E**FG** 7
1 Mär - 1 Dez	3 B**F**G**JM**NO**P**S	ABCDE**F**J**NQ**RTUW 8
+32 61 21 29 85	4 FHINO**P**	9
info@campingderenval.be	5 DEHKN	FGHIJNPRV 10
	Anzeige auf dieser Seite 10A CEE	① €23,50
N 50°00'11'' E 05°41'44''	H505 7 ha 60**T**(100m²) 132**D**	② €27,50
Ab Zentrum Bastogne Richtung Marche, nach 1,2 Km CP auf der rechten Straßenseite. Von der E25 und N4 Richtung Bastogne, auf 500m von der Ausfahrt.		100032

Camping Glamping Restaurant Carpodrome

WWW.LEVALDELAISNE.BE
0032 (0)86 47 00 67

Camping Hotton
WWW.CAMPINGEAUZONE.BE
0032 (0)84 44 49 92

Bertrix, B-6880 / Luxembourg (CC€18)

Ardennen Camping Bertrix★★★★	1 ACDE**JL**NOPR**ST**	ABFG 6
	2 AB**P**RTUVWXY	ABDE**FGH** 7
route de Mortehan	3 BDFMNS**T**VX	ABCDEFIJKNQRTUVW 8
27 Mär - 9 Nov	4 ABCEFGHILNO	AEFU 9
+32 61 41 22 81	5 ABDEFHLMN	ABFGHIJMORZ 10
info@campingbertrix.be	Anzeige auf Seite 407 10A CEE	① €37,50
N 49°50'18'' E 05°15'07''	H440 16 ha 314**T**(80-120m²) 227**D**	② €54,00
A4/E411 Ausfahrt 25 Bertrix. Der N89 bis Ausfahrt Bertrix folgen. Dann der N884 ins Zentrum folgen. Von dort ausgeschildert.		101701

Bièvre, B-5555 / Namur

Les 3 Sources★★★	1 A**JM**NOPQRS**T**	AN 6
20 rue de la Wiaule	2 GRVW	ABDE**FGH** 7
1 Jan - 31 Dez	3 BMSUX	AB**FJ**NRTW 8
+32 61 73 00 51	4 FHNO**Q**	E 9
info@3sources.be	5 ADEFHJLMN	ABFHJOR 10
	16A CEE	① €18,00
N 49°56'42'' E 05°00'39''	H365 2,4 ha 27**T**(60-140m²) 62**D**	② €22,00
E411 Ausfahrt 23 Richtung Wellen. In Wellen N835 Richtung Lonprez. Weiter auf der N835 bis Ausfahrt Gedinne-Bahnhof (N952), weiter dann auf die N95 Richtung Bouillon ab. Vor Bièvre den CP-Schildern folgen.		117645

Camping de Renval ★ ★ ★

• 1,2 km vom Zentrum, 500m von der E25 und N4
• Tarif all-in: WLAN, TV, Strom
• automatische Rezeption 24 Std

Rue de Marche 148, 6600 Bastogne
Tel. und Fax 061-212985
Internet: www.campingderenval.be

Bihain/Vielsalm, B-6690 / Luxembourg

Aux Massotais★★	1 ADEG**JM**NOPQR**S**T	A 6
Petites Tailles 20	2 AB**P**VWXY	AB**FGH**K 7
1 Jan - 31 Dez	3 A**F**MSX	ABE**FJ**NQR**W** 8
+32 80 41 85 60	4 FHIKO	G 9
camping@auxmassotais.com	5 ADEFHJLMN	ABFHJN**P**RV 10
	W 6-16A CEE	① €21,00
N 50°14'24'' E 05°45'14''	H641 2,7 ha 40**T**(70-90m²) 73**D**	② €21,00
E25, Ausfahrt 50 Baraque de Fraiture - Richtung Houffalize. Nach 1,2 km liegt der CP links.		112399

Blier-Erezée, B-6997 / Luxembourg (CC€18)

Le Val de l'Aisne★★★★	1 ACDE**JM**NOPQR**ST**	NUVX 6
rue du T.T.A. 1a	2 CDFGPRVWXY	AB**CDEFGH**IJ**K** 7
1 Jan - 31 Dez	3 B**F**GLMN**OST**UVX	ABCDE**FJ**NQRTUW 8
+32 86 47 00 67	4 **A**BCDEFHIJLMNO	ACE**J**LRUVW 9
info@levaldelaisne.be	5 ADEFGHJLMNO	ABEFGHIJLM**P**QRVZ 10
	Anzeige auf dieser Seite W 16A	① €27,00
N 50°16'45'' E 05°32'52''	H276 25 ha 110**T**(100-140m²) 331**D**	② €27,00
Aus Lux: E25/A26, Ausfahrt 50 La Roche/Baraque Fraiture, erst rechts dann sofort links halten zur N30 Richtung Manhay und weiter Erezée. Bei Blier der CP Beschilderung folgen.		110632

Einmalige Lage im der Herzen der Ardennen - Situation unique au coeur de l'Ardenne

CAMPING LE HÉRON
MOUZAIVE • ARDENNE BELGE
★★★

Rue de Lingue 50, 5550 Mouzaive
www.camping-le-heron.be

CAMPING CONFORT
BOHAN • ARDENNE BELGE
★★★

Rue Mont-les-Champs 214, 5550 Bohan
www.camping-confort.be

Belgien

Bohan, B-5550 / Namur	🛜 CC€16 iD		
▲ Confort***	1 ADEJMNOPQRST		JNUX 6
🏠 rue Mont les Champs 214	2 CGPRVW		ABDEFGH 7
📅 1 Jan - 31 Dez	3 BFMSV		ABDFJNQRTU 8
📞 +32 61 50 02 01	4 BCDFHINOQ		DH 9
@ info@camping-confort.be	5 ADHMN		BFGHIJPR10
	Anzeige auf dieser Seite B 10A	① €24,00	
🗺 N 49°52'24'' E 04°53'00''	H156 5 ha 50T(100m²) 153D	② €35,00	
🚗 Auf der N95 (Dinant-Bouillon) Richtung Vresse-sur-Semois abbiegen. Orts- und Campingschild befolgen. An der Kirche dem Wasser folgen. Über die halbe Brücke noch etwa 1,5 km weiter. Camping links.		101670	

Bure/Tellin, B-6927 / Luxemburg	🛜 CC€18 iD		
▲ Sandaya Parc la Clusure****	1 ADEILNOPQRST		ABFGJN 6
🏠 chemin de la Clusure 30	2 ABCGPRWXY		ABDEFGHK 7
📅 3 Apr - 8 Nov	3 ABFGMNSTUVX		ABCDEFJKNPQRTVW 8
📞 +32 84 36 00 50	4 ABCDEFHILNO		ACEJLUWYZ 9
@ parclaclusure@sandaya.be	5 ACDEFGHLMN		ABDEFGHIKMPQRYZ10
	B 10-16A CEE	① €48,00	
🗺 N 50°05'46'' E 05°17'09''	H190 15 ha 314T(100-120m²) 232D	② €68,00	
🚗 Ab Trier oder Saarbrücken via Luxembourg/Esch-s-Alzette die A6 Richtung Arlon, dann am Abzweig Neufchateau links halten Richtung A4 Namur/Brüssel. Ausfahrt 23a Bure/Tellin. Weiter ausgeschildert.		100028	

Domaine Château de DIEUPART

Ruhiger Camping mit 100 Stellplätzen im Tal der Amblève, auf dem Landgut Château de Dieupart.
Lage: in den Ardennen, 20 km südlich von Lüttich, der E25 Ausfahrt 46, nach 600m am Stadtrand.
Tourplätze für Reisemobile und Caravans. Sanitär mit Solarenergie. Kleines Cafè mit gemütlicher Terrasse. In der Nähe von einem großen Supermarkt, Spielplatz, Tennisplätzen und Hallenbad. Im Château aus dem 16. Jhdt gibt es 7 Luxus Apartments.

4920 Aywaille • Tel. +32 (0)4-2631238
E-Mail: jeroen@dieupart.be • Internet: www.dieupart.be

Bomal-sur-Ourthe, B-6941 / Luxemburg	🛜 CC€16 iD		
▲ Camping International**	1 ADEJMNOPQRST		JNU 6
🏠 2 rue Pré-Cawiaï	2 BCOPRWX		ABFGK 7
📅 1 Mär - 12 Nov	3 ALMSTUVX		ACFJNQR 8
📞 +32 4 98 62 90 79	4 BFHIO		JRU 9
@ info@campinginternational.be	5 DEFHJLMNO		ABDJNPST10
	Anzeige auf dieser Seite 6-10A	① €22,50	
🗺 N 50°22'30'' E 05°31'10''	H230 2,5 ha 40T(80-150m²) 23D	② €27,50	
🚗 Auf der E25 Liège-Bastogne-Luxembourg Ausfahrt 46. Dann Richtung Aywaille. Dort der N86 Richtung Durbuy folgen bis Bomal. In Bomal die N806 Richtung Tohogne. Nach ± 300m kurz hinter der Brücke die kleine Straße links runter.		113496	

Camping International   **Bomal-sur-Ourthe**

Am Ufer der Ourthe, 7 km von Durbuy. Auch Haustiere willkommen. Taverne täglich von 9-21 Uhr geöffnet.

www.campinginternational.be   Tel. +32 498629079

ARDENNEN CAMPING Bertrix

Ausgezeichneter 4-Sternecamping in den Ardennen

Erstklassige Einrichtungen, super Restaurant, umfangreiches Freizeitprogramm, beheiztes Schwimmbad, toller Spielwald mit Survival.

Route de Mortehan • B-6880 Bertrix, Belgien
Tel.: 0032 (0)61 41 22 81 • info@campingbertrix.be

WWW.CAMPINGBERTRIX.BE

Worriken Bütgenbach
Sport – und Freizeitzentrum

Ostbelgien

Der **Camping Worriken** gehört zum Sport- und Freizeitzentrum Worriken. Dieses liegt am Ufer des Stausees von Bütgenbach und ist von einem schönen Waldgebiet umgeben. Die Lage am Fuße des Naturreservats Hohes Venn ist ein idealer Ausgangspunkt für interessante Ausflüge in der Natur, sowohl mit dem Fahrrad als auch zu Fuß. Ob Sie nun einen erholsamen oder aktiven Urlaub erleben möchten, es ist für jeden etwas dabei!

Der Park besteht aus vier Bereichen: einem Campingplatz, dem Sporthouse mit seinen 28 Doppelzimmern, den Ferienhäusern und Bungalows. Worriken bietet außerdem: Tennis- und Squashplätze, eine Sauna, ein Hallenbad, einen Strand (im Juli und August), ein Restaurant, einen Waschsalon, einen E-Bike Verleih und noch vieles mehr.

Zentrum Worriken | Worriken 9 | B - 4750 Bütgenbach
+32(0)80 44 69 61 | info@worriken.be | **www.worriken.be**

Belgien

Burg-Reuland, B-4790 / Liège

- Hohenbusch*****
- Hohenbusch, Grüfflingen 31
- 1 Apr - 7 Nov
- +32 80 22 75 23
- info@hohenbusch.be

1	ADEF**JM**NOPQRST	ABFG 6
2	AFOPUVWX	BE**FG**H 7
3	BMS	BD**FGIJ**LNPQRTUVW 9
4	BDFHIKO**PQU**	EIU 9
5	ADEFHKN	ABDEGHIJM**P**ST 10

Anzeige auf dieser Seite B 5-10A CEE ❶ €34,50
H550 5 ha 74**T**(100-175m²) 113**D** ❷ €46,00

N 50°14'30" E 06°05'35" 111032

A60/E42 Bitburg-Malmedy, Ausfahrt 16 Steinebrück erste Ausfahrt direkt hinter Grenze/Sankt Vith. Dann N62 Richtung Luxemburg/Burg Reuland. Mit GPS fahren.

Bütgenbach, B-4750 / Liège

- Worriken*
- Worriken 9
- 1 Jan - 31 Dez
- +32 80 44 69 61
- info@worriken.be

1	ABDEF**JM**NOPQR**T**	ELM**N**QRS**TX** 6
2	DFGHIKPRTUVWX	ABD**FG** 7
3	ABFGM**NP**S**TU**W**X**	ABCDFJNRUVW 8
4	BDF**HT**	GJRTW 9
5	ADEF**H**JKLN	ABDHJOSTZ 10

Anzeige auf dieser Seite WB 10A CEE ❶ €29,00
H569 16 ha 45**T**(80-100m²) 286**D** ❷ €32,00

N 50°25'29" E 06°13'19" 100022

E40/A3 Ausfahrt 38 Eupen, Richtung Malmedy, Ausschilderung Worriken folgen.

Chairière, B-5550 / Namur

- Le Trou du Cheval*
- 17 rue du Rivage
- 1 Jan - 31 Dez
- +32 61 50 21 51
- trou.cheval@belgacom.net

1	A**JM**NOPRST	J**N**UXZ 6
2	CPRVW	AB**FG** 7
3	AMSU	A**FJ**NRW 9
4	FHO	9
5	DHMN	AB**J**P**R** 10
6A	CEE	❶ €19,50

H199 5,5 ha 14**T**(80-100m²) 41**D** ❷ €22,50

N 49°50'00" E 04°56'32" 109511

E411 Ausfahrt 25 (Bertrix). Über die N89 Richtung Bouillon bis Plainevaux. Dann Richtung Alle (N819) und Richtung Vresse-sur-Semois (N914) folgen. Den CP-Schildern folgen.

Cherain, B-6673 / Luxembourg

- Moulin de Bistain*
- 32 rue de Rettigny
- 1 Apr - 1 Okt
- +32 80 51 76 65
- moulindebistain@maredresorts.com

1	ADE**JM**NORT	J**N** 6
2	ABCPUVWXY	ABDE**FG** 7
3	BMSW	ABCDFGJNRTUW 8
4	FHIOQ	BEF 9
5	ABDEHKN	ABFJOST 10
10A		❶ €25,50

H360 7,5 ha 65**T**(80-100m²) 85**D** ❷ €31,50

N 50°09'02" E 05°52'06" 110456

A60 Trier/Bitburg/St. Vith/Namur, Ausfahrt 15 St. Vith Süd, Richtung N62 Thommen. Dort am Ortsanfang rechts ab Beho N827, weiter Gouvy und Cherain.

Schöne zentrale Lage im Dreieck Belgien, Luxemburg und Deutschland. Große Stellplätze auch mit Privatsanitär, WLAN, beheiztes Schwimmbad, Streichelzoo, Cafeteria mit großer Terrasse.

www.campinghohenbusch.be

Detailkarte

Die Orte in denen die Plätze liegen, sind auf der Teilkarte **fett** gedruckt und zeigen ein offenes oder geschlossenes Zelt.
Ein geschlossenes Zelt heißt, dass mehrere Campingplätze um diesen betreffenden Ort liegen.
Ein offenes Zelt heißt, dass ein Campingplatz in oder um diesen Ort liegt.

Chimay, B-6460 / Hainaut

- Communal de Chimay***
- 1 allée des Princes
- 1 Apr - 31 Okt
- +32 60 51 12 57
- camping@ville-de-chimay.be

1	A**JM**NORS**T**	6
2	OPVX	ABDE**FG** 7
3	ABS	ABFHJNPRTW 8
4	H	9
5	AD**H**JN	FGHIJPRV 10

B 16A CEE ❶ €17,50
H235 3 ha 50**T**(100-120m²) 70**D** ❷ €22,50

N 50°02'44" E 04°18'35" 101652

Von Beaumont kommend, kurz vor Zentrum Chimay rechts.

Dochamps, B-6960 / Luxembourg

- Camping Petite Suisse****
- Al Bounire 27
- 1 Jan - 31 Dez
- +32 84 44 40 30
- info@petitesuisse.be

1	ACDE**JL**NOPQRS**T**	ABFG 6
2	BFGOPRSUVWXY	ABDE**FGH**K 7
3	BFGM**NST**VX	ABCDFJKNQRTUVW 8
4	BCDFHILO	AEJRU 9
5	ACDEHLMN	ABEFGHIJORYZ 10

Anzeige auf Seite 409 W 10A CEE ❶ €39,50
H500 7 ha 200**T**(80-125m²) 209**D** ❷ €52,50

N 50°13'53" E 05°37'54" 100026

A26/E25 Luxembourg-Liège Ausfahrt 50 Baraque Fraiture Ausfahrt 50, zur N89 Richtung La Roche. In Samree rechts Richtung Dochamps via D841. CP liegt an der Ortseinfahrt von Dochamps. Ausgeschildert.

Durnal, B-5530 / Namur

- De Durnal 'Le Pommier Rustique'****
- rue de Spontin
- 1 Mär - 30 Dez
- +32 83 69 99 63
- info@camping-durnal.net

1	ADE**JM**NOPRT	6
2	AFGOPRUVWX	ABDE**FG**K 7
3	BFGMSUX	CDFJNRW 8
4	DFHINO**TU**	ADEFJUVWY 9
5	ADEFH**J**MNO	ABEFGHJLPRV 10

Anzeige auf Seite 409 10-16A CEE ❶ €25,00
H227 4,4 ha 40**T**(80-100m²) 100**D** ❷ €30,00

N 50°20'08" E 04°59'46" 111478

E411 Ausfahrt 19 Richtung Yvoir. Dann rechts Richtung Durnal und den CP-Schildern folgen.

Campen im Herzen der Belgischen Ardennen

Panoramacamping
beheiztes Schwimmbad
prächtige Umgebung
Ruhe, Natur und Abenteuer

www.petitesuisse.be

CAMPING DU VIADUC ★ ★ ★

In der Umgebung sehr viele Wanderwege und Mountainbikepisten. 5% Rabatt für ACSI-Kunden. Bei 7 Nächten Aufenthalt 10% Rabatt ab der 1. Nacht. Bei einem Halt auf der Kinder bis einschließlich 12 Jahre gratis.

53 rue de la Roche, 6660 Houffalize • Tel. 061-289067
Fax 061-289411 • Internet: www.campingviaduc.ea29.com

Grand-Halleux, B-6698 / Luxembourg
- Les Neufs Prés*** — 1 ADEJMNOPQRT — ABFN 6
- 31 av. de la Resistance — 2 CGOPWXY — ABDEFG 7
- 1 Apr - 30 Sep — 3 BFJMNS — ABEFJNR 8
- +32 80 21 68 82 — 4 FHIOQ — B 9
- camping.les9pres@gmail.com — 5 DHNO — BFHIJPRVZ10
- — 10A CEE — ① €21,00
- N 50°19'50'' E 05°54'05'' — H299 5 ha 149T(80-100m²) 63D — ② €30,00
- 101750
- Der CP befindet sich an der N68 Vielsalm-Trois Ponts, 1 km vom Zentrum entfernt.

Han-sur-Lesse, B-5580 / Namur
- Grottes de Han*** — 1 AJMNORT — 6
- rue du Grand Hy — 2 ACOPRWXY — ABDEFG 7
- 1 Apr - 15 Nov — 3 A — ABCDFJNQRTUV 8
- +32 84 37 72 90 — 4 FH — EUV 9
- reservations@grotte-de-han.be — 5 D — ABHKPRV10
- — Anzeige auf dieser Seite — 6-10A CEE ① €21,40
- N 50°07'24'' E 05°11'10'' — H147 1 ha 60T(100m²) 54D — ② €28,40
- 113508
- A4/E411 Ausfahrt 23 Richtung Han-sur-Lesse. Innerorts ist der CP angezeigt.

Hotton, B-6990 / Luxembourg
- Eau-zone — 1 AJMNOPQRST — JN 6
- rue de Fonzays 10 — 2 CPRWX — AB 7
- 1 Jan - 31 Dez — 3 ASVX — ABCDEFNUVW 8
- +32 84 44 49 92 — 4 FHO — E 9
- campingeauzone@hotmail.com — 5 ADEFHN — AEHJMPR10
- — Anzeige auf Seite 406 — 16A ① €22,00
- N 50°16'15'' E 05°26'18'' — H178 2 ha 67T 2D — ② €22,00
- 118501
- E411 Ausfahrt 18 nach Marche. Dann die N86 nach Hotton. Oder E25 Ausfahrt 49. Rechts bis Pont d'Erezée. Am Kreisel Richtung Hotton. In Hotton über die Brücke links Richtung Melreux. Links ab, dem Fluss folgen.

Houffalize, B-6660 / Luxembourg
- Chasse et Pêche SA — 1 AGJMNORT — JNUV 6
- 63 rue de la Roche — 2 ABCGJPWXY — BEFG 7
- 1 Jan - 31 Dez — 3 T — BFJNRW 8
- +32 61 28 83 14 — 4 FHIO — BFRUV 9
- info@cpbuitensport.com — 5 ADEFHLMN — ABFGHJOST10
- — 10A CEE — ① €21,50
- N 50°08'17'' E 05°45'42'' — 1 ha 58T(50-75m²) 17D — ② €31,50
- 122019
- Über die E25 kommt man an der Ausfahrt 51 nach Houffalize. Im Zentrum von Houffalize rechts Richtung La Roche und nach 3 km (hinter der hohen Überführung) sieht man schon links den CP.

Le Pommier Rustique ★ ★ ★
- Ideal für den Gruppenurlaub bis 100 Personen
- Familiencamping für Jung und Alt
- Vermietung: Wanderhütte, Wohnwagen
- 3 km von der E411
- Offen vom 01/03 bis 30/12

info@camping-durnal.net
www.camping-durnal.be

Houffalize, B-6660 / Luxembourg
- Du Viaduc*** — 1 ADEJMNOPQRST — JN 6
- 53 rue de la Roche — 2 ACGPRTUVWXY — ABDEFG 7
- 1 Jan - 31 Dez — 3 BS — ABFNRTW 8
- +32 61 28 90 67 — 4 FHIO — 9
- campingviaduc@skynet.be — 5 ABDEFHN — ABHJLPR10
- — Anzeige auf dieser Seite — 16A CEE ① €28,00
- N 50°07'50'' E 05°46'44'' — H380 4 ha 70T(80-100m²) 103D — ② €28,00
- 100033
- E25, Ausfahrt 5. 2,5 km bis Houffalize-Mitte, dann Richtung La Roche, CP 1 km vom Zentrum.

Houyet, B-5560 / Namur
- De la Lesse*** — 1 AEJMNOPQRST — AFJNUX 6
- 1 rue du Camping — 2 CGOPRW — ABDEFG 7
- 1 Apr - 1 Okt — 3 BMNS — ABEFJNRW 8
- +32 82 66 61 00 — 4 FHIOPQ — B 9
- lafamiliale@coolweb.be — 5 DHMN — BEHPR10
- — 16A — ① €17,00
- N 50°11'27'' E 05°00'23'' — H115 7,5 ha 200T(80-100m²) 80D — ② €23,00
- 101682
- E411 Ausfahrt 21 Leignon nicht geeignet für Wohnwagen/große Mobile. Besser über die Ausfahrt 22 Givet/Rochefort der N94 Richtung Dinant/Houyet folgen. Dann die N929 nach Houyet. Camping liegt am Bahnhof.

Eine Oase der Ruhe, gelegen in einem malerischen Tal, am Ufer der Ourthe.

8 rue des Echavées
6980 La Roche-en-Ardenne
+32 (0)84 41 14 59

info@campingdelourthe.be
www.campingdelourthe.be

La Roche-en-Ardenne, B-6980 / Luxemb.
- De l'Ourthe** — 1 AJMNORT — JNU 6
- 8 rue des Echavées — 2 BCPRWXY — ABDFGH 7
- 15 Mär - 1 Nov — 3 BMS — ACEFNPR 8
- +32 84 41 14 59 — 4 BEFH — AD 9
- info@campingdelourthe.be — 5 ACDEHN — ABHJPR10
- — Anzeige auf dieser Seite — B 10A ① €21,00
- N 50°11'19'' E 05°34'13'' — H229 4 ha 150T(50-100m²) 74D — ② €31,00
- 101713
- Ab Zentrum Richtung Marche fahren, nach Brücke über Ourthe nach rechts, den CP-Schildern folgen (1 km vom Zentrum entfernt).

Camping Grottes de Han ★ ★ ★

Am Ufer der Lesse, 300m von den Höhlen von Han und dem 'Parc Animalier', dicht am Zentrum, begrüßt Sie der Campingplatz für einen netten Urlaub in der Natur. Sie können Wohnwagen mieten oder Plätze für Zelte, Reisemobile und Wohnwagen.

Internet: www.camping-grottes-de-han.be

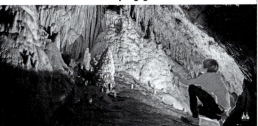

Belgien

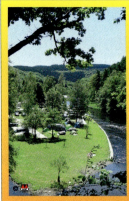

Camping Lohan ★★★

Schöner 3-Sterne Camping am rechten Ufer der Ourthe. Angeln, baden und Kanu fahren (kindersicher). Viele Möglichkeiten zum Wandern. La Roche ist ein gemütlicher Touristenort mit Museumsschloss.

La Roche-en-Ardenne
www.campinglohan.be

La Roche-en-Ardenne, B-6980 / Luxembourg

- Le Grillon**
- 6 rue des Echavées
- 29 Mär - 7 Nov
- +32 84 41 15 59
- info@campingbenelux.be

1 AEJMNOPQRST — ABJNUX 6
2 BCFGPWXY — ABFGK 7
3 AFGMST — ABFNR 8
4 ABDEFHLN — 9
5 ACDHMN — ABHIJOR 10
10A
N 50°11'28'' E 05°34'24''
H230 3,5 ha 99T(150m²) 58D
€29,00 / €33,00
Ab Zentrum Richtung Marche, nach Brücke über Ourthe den CP-Schildern folgen (1 km vom Zentrum entfernt). 101712

La Roche-en-Ardenne, B-6980 / Luxembourg

- Camping Lohan***
- Quartier de Lohan 2
- 1 Apr - 11 Nov
- +32 84 41 15 45
- info@campinglohan.be

1 AEILNOPQRST — JNUX 6
2 CPRWXY — ABDEFGH 7
3 BS — ABCDEFJNRTW 8
4 FHIO — FI 9
5 ABDEHLMN — ABFHIJOR 10
Anzeige auf dieser Seite B 6-10A
N 50°10'51'' E 05°36'23''
H231 5 ha 199T(60-100m²) 109D
€20,00 / €26,00
Ab Zentrum Richtung Houffalize fahren, rechts an der Ourthe gelegen (3 km vom Zentrum entfernt). 101714

La Roche-en-Ardenne, B-6980 / Luxemb.

- Benelux***
- 26 rue de Harzé
- 29 Mär - 7 Nov
- +32 84 41 15 59
- info@campingbenelux.be

1 AEJMNOPQRST — ABJNUX 6
2 CFGOPWXY — ABEFGK 7
3 BFGMST — ABCFNRT 8
4 ABCDEFHILNOQ — J 9
5 ACDEHLMN — ABDHJOST 10
Anzeige auf dieser Seite 6-10A
N 50°11'28'' E 05°34'24''
H230 7 ha 350T(100m²) 100D
€29,00 / €33,00
Ab Ortsmitte Richtung Marche. Auf der Brücke über die Ourthe den CP-Schildern folgen. Der Platz liegt 500m vom Zentrum. 100030

Malempré/Manhay, B-6960 / Luxembourg

- Domaine Moulin de Malempré****
- rue Moulin de Malempré 1
- 27 Mär - 15 Nov
- +32 4 76 30 38 49
- info@camping-malempre.be

1 ADEJMNOPQRST — ABFG 6
2 ABCPRTUVWXY — ABDEFGH 7
3 BFMSV — ABCDEFIJLNQRTUV 8
4 BCFHIOQR — EFJ 9
5 ACDEHLN — ABDFGHIJOR 10
Anzeige auf Seite 411 B 10-16A CEE
N 50°17'39'' E 05°43'16''
H276 12 ha 185T(100-200m²) 78D
€38,50 / €38,50
E25, Ausfahrt 49 Manhay. Dann N822 Richtung Lierneux folgen (500m). Erste Ausfahrt nach Malempré. Den CP-Schildern ab Ausfahrt E25 4 km folgen. 101734

Im Herzen der Ardennen an der Ourthe mit eigener Brasserie, Animation in den Schulferien und NEUES beheiztes Schwimmbad.

www.CampingBenelux.be

La Roche-en-Ardenne, B-6980 / Luxembourg

- Floreal La Roche-en-Ardenne****
- route de Houffalize 18
- 1 Jan - 31 Dez
- +32 84 21 94 67
- nicole.bruyere@florealgroup.be

1 ADEJMNOPRST — ABFGJN 6
2 CFGOPRVW — ABDEFGHK 7
3 BFJMNRST — ABCDEFJNRTU 8
4 BCDFHILNOPQTU — ABCEGI 9
5 ACDEFHLMN — ABHIKLMPR 10
B 10A CEE
N 50°10'37'' E 05°35'58''
H285 13 ha 200T(100m²) 571D
€26,85 / €31,05
Ab Zentrum von La Roche in Richtung Houffalize fahren, 2 km. 101407

Malmedy/Arimont, B-4960 / Liège

- Familial
- 19 rue des Bruyères
- 1 Jan - 31 Dez
- +32 80 33 08 62
- info@campingfamilial.be

1 AEJMNOPQRT — A 6
2 AFPRTUWX — ABFG 7
3 BMST — ABCDEFJNRTW 8
4 BFHIQ — EJU 9
5 ABDEFHKMN — ABFHJPR 10
Anzeige auf Seite 411 6A
N 50°25'13'' E 06°04'15''
H485 2,2 ha 60T(80-100m²) 72D
€19,50 / €24,50
A60 Bitburg-Liège, dann A27/E42 Ausfahrt 11 Malmedy. Dann Richtung Waimes. 900m hinter dem Carrefour 2. links Richtung Arimont. Von St. Vith in Baugnez rechts Richtung Waimes. Im Kreisel 3. Ausfahrt, 1 Straße links. 1. Straße rechts. 100027

Club iD

**Ihr Pass oder Ausweis sicher in der Tasche
Die praktische ACSI Clubkarte**

Nur 4,95 € im Jahr

- kann als Ausweisersatz an der Rezeption hinterlegt werden
- wird auf fast 8 800 Campingplätzen in ganz Europa akzeptiert
- Rabatte im ACSI Webshop

www.ACSIClubID.de

410   Teilkarte Wallonien auf Seite 404 und 405

Ardinam ★★★

Die Ardennen von ihrer besten Seite zwischen Olloy und Nismes

Prächtiger Ferienpark auf Waldhügeln, mit atemberaubender Sicht über das Tal von Viroinval mit seinen zahlreichen Sehenswürdigkeiten und unberührter Natur.

- modernes, beheiztes Sanitär • Waschsalon • Kinderwasserparadies
- WLAN • TV-Vertrieb • Cafétaria • Cafétaria mit Sonnenterrasse • Fußballfeld
- Petanque • Beachvolley • Mountainbike Verleih • Billard
- großer Spielplatz im Freien • Tischtennis • Animation (Hochsaison)
- große Stellplätze (Strom 16 Ampère) • Chaletvermietung
- Jahresplätze • niederländische Leitung

Das ideale Urlaubsziel für die ganze Familie!

Verblijfpark Ardinam, Try des Baudets 1, B-5670 Olloy-sur-Viroin
Tel: +32 (0)60 39 01 08
www.ardinam.be - info@ardinam.be

Mouzaive, B-5550 / Namur
Le Héron ★★★
rue de Lingue 50
1 Jan - 31 Dez
+32 61 50 04 17
info@camping-le-heron.be

1	ADEJMNOPQRST	J 6
2	CGTVWX	ABDFGHK 7
3	BMS	CFJNQRTW 8
4	BCDFHO	A 9
5	AH	BFGHJPR10

Anzeige auf Seite 407 10A ① €24,00
N 49°51'14'' E 04°57'12'' H190 8 ha 76T(100-140m²) 151D ② €35,00

E411 Ausfahrt 25 Bertrix, N89 Richtung Bouillon. N819 Richtung Alle und Mouzaive. Dann den CP-Schildern folgen. 101684

Neufchâteau, B-6840 / Luxembourg
Spineuse Neufchâteau ★★★
Malome 7
11 Jan - 11 Dez
+32 61 27 73 20
info@camping-spineuse.be

1	ADEJMNOPQRST	ABN 6
2	ACDGPVWXY	ABDEFGHK 7
3	BFMNUX	ABCDFHJNPQRTW 8
4	BCFHIO	BEU 9
5	ADEFHLN	ABDFGHJMPQRZ10

Anzeige auf dieser Seite 6-16A CEE ① €29,50
N 49°49'54'' E 05°24'55'' H376 6,5 ha 76T(100-120m²) 22D ② €37,50

E25/E411 von Brüssel aus Ausfahrt 26, von Lüttich Ausfahrt 27, von Luxemburg Ausfahrt 28 Richtung Neufchâteau. Vom Zentrum aus die N85 Richtung Florenville. Camping etwa 2 km weiter links. 101099

Odrimont, B-4990 / Liège
Floreal Gossaimont ★★
Gossaimont 1
1 Jan - 31 Dez
+32 80 31 98 22
camping.gossaimont@florealgroup.be

1	ADEILNOPQRST	N 6
2	BFPRTWXY	ABDEFGH 7
3	BFGMS	ABCDEFJNPRTW 8
4	BDFHIO	ABE 9
5	ABDEHMN	AHIJPR10

WB 16A CEE ① €23,45
N 50°18'44'' E 05°49'02'' H430 16 ha 147T(120-250m²) 169D ② €28,35

A60 Wittlich-Malmedy, Ausfahrt St. Vith Sud (Belgien), N62 Richtung Thommen. Dort rechts N827 nach Beho. Hinter Beho rechts nach Bovigny N68. In Vielsalm-Salm-Chateau links N89 Richtung Lierneux-Odrimont. Dort ausgeschildert. 117778

Camping Familial Malmedy

Ruhig gelegener gemütlicher Familiencamping mit Schwimmbad und wunderschönem Blick. 500m von der RAVeL-Route entfernt. Ideal zum Wandern und Mountainbiken.

www.campingfamilial.be

Olloy-sur-Viroin, B-5670 / Namur
Verblijfpark Ardinam ★★★
Try des Baudets 1
3 Apr - 30 Sep
+32 60 39 01 08
info@ardinam.be

1	ACEJMNOPRST	F 6
2	BFGOPRTVWXY	ABDEFG 7
3	ABEGMS	ABCDEFJNRTUVW 8
4	BDFHIO	EU 9
5	ADHKN	ABCEHIJLPRVZ10

Anzeige auf dieser Seite 16A CEE ① €25,00
N 50°04'08'' E 04°35'47'' H207 15 ha 120T(80-120m²) 308D ② €29,00

Von Couvin N99 Richtung Givet fahren (Nismes). Im Ort nach den alten Bahngleisen, rechts hoch fahren. 101660

Spineuse Neufchâteau ★★★

Parkartiger 3-Sterne Familiencamping mit familiärem Ambiente. Kinderfreundlich. Hunde willkommen. Im Herzen der Ardennen. Sauberes Sanitär, nettes Bistro mit Terrasse, große Plätze für Zelt, Caravan und Reisemobil, Fischweiher, fischreicher Fluss, Schwimm-/Spielbad, Lagerfeuer, WLAN gratis. Animation in der Hochsaison. Chalet- und Lodgevermietung. Prima Zwischenstop in den Süden oder Norden.
Besuchen Sie unsere Webseite, schauen Sie auf Facebook und reservieren Sie online.

Malome 7, 6840 Neufchâteau • Tel. 061-277320
E-Mail: info@camping-spineuse.be
Internet: www.camping-spineuse.be

Ouren/Burg Reuland, B-4790 / Liège
International ★★
Alterweg, Ouren 19
28 Mär - 1 Okt
+32 80 32 92 91
international@maredresorts.be

1	ADEGJMNOPQRST	JN 6
2	BCGPRVWXY	ABDEFGH 7
3	BFLMS	ABCDFJNRTW 8
4	FHIOQ	BF 9
5	ADEFHJLN	ABFHJNOR10

10A CEE ① €25,50
N 50°08'31'' E 06°08'30'' H334 5,8 ha 120T(100-120m²) 52D ② €31,50

St. Vith-Süd Ausfahrt 15 (Luxemburg). Dann die N62 Richtung Luxemburg. In Oudler links die N693 nach Ouren, nach 14 km Camping International. 109651

Domaine Moulin de Malempré ★★★★

- zentral gelegener 4-Sternecamping in Belgisch-Luxemburg, direkt am Wald
- modernes, beheiztes Sanitär mit behindertengerechten Anlagen, Privatbäder
- Reisemobil-Versorgungsstation, Sonderplätze für Durchreisende
- Restaurant an Wochenenden und in Schulferien
- neues Freibad

www.camping-malempre.be

Rue Moulin de Malempré 1, 6960 Malempré/Manhay
Tel. 0476-303849
E-Mail: info@camping-malempre.be

Camping Ile de Faigneul ★ ★ ★
Poupehan (Bouillon)
Die Natur genießen auf unserer Ferieninsel in den Belgischen Ardennen
Keine Mobilheime
www.iledefaigneul.com

Polleur, B-4910 / Liège

▲ Polleur	1 ACDEGJMNOPQRT ABFHJN 6
🏠 53 route du Congrès	2 ACGPVWX ABDEFG 7
📅 1 Apr - 1 Nov	3 BFMST ABCDEFNQRTUV 8
☎ +32 87 54 10 33	4 BCDEGILMO AEFJUY 9
@ seeyou@polleur.be	5 ACDEFGHKMN ABEFGHIJMOPRYZ10
	Anzeige auf dieser Seite 10A ❶ €35,00
N 50°31'54'' E 05°51'47''	H275 3,7 ha 102T(80-100m²) 106D ❷ €48,00

A27 Ausf. Polleur. Den Schildern Camping Polleur folgen. In Polleur die Route du Congrès Ri. Theux. CP ist angezeigt. In Navi Hausnr. 90 eingeben anstatt 53. 101728

Poupehan, B-6830 / Luxembourg

▲ Ile de Faigneul***	1 ADEJMNORT JNUX 6
🏠 54 rue de la Chérizelle	2 BCGPRVWXY ABDEFGH 7
📅 1 Apr - 30 Sep	3 BFMSX ABCDFIJNQRTV 8
☎ +32 4 78 96 12 40	4 BDFHIOPQ JR 9
@ info@iledefaigneul.com	5 ABDEFHN ABHJPRZ10
	Anzeige auf dieser Seite 6 A CEE ❶ €32,35
N 49°48'59'' E 05°00'57''	H209 3 ha 130T(100m²) 2D ❷ €39,75

E411 Ausfahrt 25, N89 Richtung Bouillon. N819 Richtung Rochehaut, innerorts die N893 Richtung Poupehan. Innerorts ist der Camping anzeigt. 109513

Camping Le Prahay

Erholung auf einem der schönsten und grünsten Plätze der Belgischen Ardennen. Wanderer, Kajakfahrer, Mountainbiker kommen in der Ruhe der Täler und Höhen der Semois voll auf ihre Kosten. Unsere Gäste lassen den Alltag einfach hinter sich und genießen die wunderbare Natur.

Rue de la Chérizelle 48, 6830 Poupehan • Tel. +32 476 838400
E-Mail: info@camping-leprahay.com
Internet: www.camping-leprahay.com

Poupehan, B-6830 / Luxembourg

▲ Camping Le Prahay*	1 ADEJMNOPRT JN 6
🏠 rue de la Chérizelle 48	2 BCGRVWXY ABFG 7
📅 3 Apr - 1 Nov	3 BMSX ABFNQRW 8
☎ +32 4 76 83 84 00	4 FHO AB 9
@ info@camping-leprahay.com	5 ADEHN ABCDFGHJO10
	Anzeige auf dieser Seite 6-16A ❶ €30,00
N 49°48'49'' E 05°00'53''	H209 5 ha 100T(100-130m²) 70D ❷ €36,00

E411 Ausfahrt 25, N89 Richtung Bertrix/Bouillon. An Plainevaux vorbei Richtung Rochehaut die N819. Vor Rochehaut die N893 Richtung Poupehan, danach CP-Beschilderung beachten. 124408

Purnode/Yvoir, B-5530 / Namur

▲ du Bocq**	1 ADEILNOPQRT JN 6
🏠 2 av. de la Vallée	2 ABCGPRVWXY ABDEFG 7
📅 1 Apr - 1 Okt	3 BFGMSX ACEFINRTW 8
☎ +32 82 61 22 69	4 IO 9
@ campingdubocq@skynet.be	5 ADEHKN ABFGHJLPQR10
	6-16A CEE ❶ €22,50
N 50°19'10'' E 04°56'41''	H172 3 ha 51T(50-100m²) 69D ❷ €28,50

E411 Ausfahrt 19, N937 Richtung Spotin, dann Beschilderung 'Camping du Bocq' und Yvoir folgen. 101680

Rahier, B-4987 / Liège

▲ Les Salins***	1 ADEJMNOPQRST JN 6
🏠 La Lienne 49	2 ABCGJRWXY ABDEFGH 7
📅 1 Apr - 31 Dez	3 BFMSUV AEFJN 8
☎ +32 80 78 58 07	4 BDFNQ E 9
@ info@campinglessalins.eu	5 AEFHLMN AEFHIJOPR10
	16A ❶ €25,00
N 50°23'47'' E 05°45'01''	H230 4 ha 110T 83D ❷ €30,00

Von der E25 Luik, Ausfahrt 48 Richtung Stoumont. Weiter der Beschilderung folgen. Liegt an der 645 von Targnon nach Chevron. 113514

Rendeux/Ronzon, B-6987 / Luxembourg

▲ Floreal Festival****	1 ADEJMNOPQRST JN 6
🏠 89 route de La Roche	2 CKPVWX ABFGH 7
📅 1 Jan - 31 Dez	3 BMS ABCDEFJKNRT 8
☎ +32 84 47 73 71	4 DFHINOQ 9
@ camping.festival@florealgroup.be	5 ABDEFHLMN ABHIJPR10
	10A CEE ❶ €25,45
N 50°13'39'' E 05°31'40''	11 ha 60T(80-120m²) 250D ❷ €32,65

Ronzon, Gemeindeteil von Rendeux liegt an der N833 auf halben Weg zwischen La Roche und Hotton. Erreichbar über die A26/E25 Ausfahrt 50 Baraque de Fraiture, oder die N4 Richtung Hotton und Richtung La Roche. 117444

Robertville, B-4950 / Liège

▲ La Plage**	1 BJMNOPQRT ABLMNSXZ 6
🏠 33 route des Bains	2 DFGHIOPRTUWX ABDEFGJK 7
📅 1 Jan - 31 Dez	3 AEFJNPRW 8
☎ +32 80 44 66 58	4 BCDEFHI DIJKU 9
@ info@campinglaplage.be	5 ABDEHJMNO ABHIJPSTV10
	W 2A CEE ❶ €20,75
N 50°27'00'' E 06°07'03''	H650 1,9 ha 60T(80-100m²) 36D ❷ €28,25

A27/E42 Ausfahrt 11 Richtung Malmedy. In Malmedy Straße nach Robertville folgen. Ab Robertville ausgeschildert. 101747

Rochefort, B-5580 / Namur

▲ Les Roches****	1 ADEJMNOPQRST 6
🏠 26 rue du Hableau	2 GORTWX ABDEFGHK 7
📅 29 Mär - 11 Nov	3 AMSX ABCDFGIJNQRTUV 8
☎ +32 84 21 19 00	4 BCDFHILNOP A 9
@ lesroches@rochefort.be	5 ADEFHKN BDFGHPR10
	Anzeige auf dieser Seite B 16A CEE ❶ €27,00
N 50°09'34'' E 05°13'35''	H186 6 ha 84T(50-100m²) 156D ❷ €34,00

Von der E411 Ausfahrt 23 Rochefort (Rochefort/Han-sur-Lesse). Über die N86 ins Zentrum. Kurz vor dem Ort ist der Camping ausgeschildert. 119902

Les Roches ★ ★ ★ ★

Prächtiger, vollständig renovierter Camping unweit vom Zentrum Rochefort. Prima Platz für touristische Sehenswürdigkeiten, Wanderungen (Ravel), Schwimmbad, Tennis, Tischtennis und im Juli und August Animation. Ideal für Urlaub mit der Familie.

26 rue du Hableau, 5580 Rochefort • Tel. 084-211900
E-Mail: lesroches@rochefort.be
Internet: https://lesroches.rochefort.be

Camping-Ardennen

Camping Polleur
bei Spa in den belgischen Ardennen

Ein ruhiger, wunderschön gelegener Familiencamping an einem kleinen Bach, unter niederländischer Leitung mit Stellplätzen von 80-100 m² mit Stromanschluss, Freizeit-/Survivalprogrammen, saubere Sanitäranlagen, Schwimmbäder mit Wasserrutsche, Spielplatz, Bistro mit Bar, Vermietung Mobilheime mit WC, Dusche, TV.
Wir bieten Ihnen einen ruhigen und ungezwungenen Urlaub. Die CampingCard ACSI wird während des F1 Wochenendes nicht akzeptiert.
Besuchen Sie unsere sehr umfangreiche Website und reservieren Sie online.

53 route du Congrès, 4910 Polleur
Tel. +32 87541033
E-Mail: seeyou@polleur.be • Internet: camping-ardennen.nl

Note 8,3

Corsendonk Spa d'Or

Stockay 17
4845 Sart-lez-Spa (Jalhay)
Belgien
0032 (0) 87 47 44 00
info@campingspador.be
www.campingspador.be
Mitglied der Corsendonk
Hospitality Gruppe

Folgen Sie uns auf

**** Camping Spa d'Or ist ein prächtiger Camping in den Belgische Ardennen am Rande des alten Naturparks 'Hohes Venn-Eifel'. Camping Spa d'Or liegt gleich bei der lebendigen Stadt Spa.

Dieser Camping genau betrachtet
- 200 Stellplätze, 6,5 ha groß
- freundlicher Familiencamping unweit von Maastricht
- neue Luxusmobilheim-Unterkünfte
- schöne Einrichtungen u.a. mit großem Schwimmbad
- exzellente Lage am Rande des 'Hohen Venn'
- 4 km zur lebendigen Stadt Spa
- der Bach 'Le Wayai' fließt am Platz entlang
- gesellige Bar und Restaurant

Belgien

Sainte Cecile, B-6820 / Luxembourg
▲ De la Semois***   1 ADEGILNORT   JNUX 6
🏠 25 rue de Chassepierre   2 BCGIPTXY   ABDEFG 7
📅 3 Apr - 6 Sep   3 BFMSTVWX   ABCDEFIJNRTW 8
☎ +32 61 31 21 87   4 FHIO   ABEJRUY 9
@ info@campingdelasemois.be   5 ABDEHMN   ABFHJOR10
Anzeige auf dieser Seite   10A CEE   ①€30,50
N 49°43'19''   E 05°15'17''   H279   5,5 ha 105T(80-120m²)   19D   ②€36,50
A6/E26 Lux-Namur(Bel), Ausfahrt Nantimont zur N87. Étalle rechts 109658
N83 Saint-Cecile N83. Innerorts den CP Schildern folgen.

Campen im Zelt an der Semois im Süden der Belgischen Ardennen.
Möchten Sie kein eigenes Zelt mitbringen?
Da haben wir ein paar aufregende Alternativen für Sie.
www.campingdelasemois.be

Wiesenbach
Umgeben von Wald und Feldern und doch nur 1 km zur Stadtmitte.
Beheiztes Freibad - Sehr gutes Restaurant - Wandern - und Rad fahren - RAVeL-Weg neben dem Campingplatz.

Wiesenbachstr. 58c, 4780 Sankt Vith • Tel. 080-226137
E-Mail: ernst.paulis@hotmail.com • Internet: www.campingwiesenbach.be

Stavelot, B-4970 / Liège
▲ l'Eau Rouge**   1 AJMNOPQRST   ABN 6
🏠 Cheneux 25   2 ACPRWXY   ABDEFGH 7
📅 13 Mär - 8 Nov   3 BFMST   ABCDFIJKNQRTW 8
☎ +32 80 86 30 75   4 BCDFHIO   J 9
@ info@eaurouge.nl   5 ADEFHN   ABGHJPST10
Anzeige auf dieser Seite   B 6-10A   ①€23,50
N 50°24'43''   E 05°57'03''   H277   4 ha 100T(100-120m²)   40D   ②€28,50
A27/E42 Ausfahrt 11, im Kreisel Richtung Stavelot (Navi abschalten!). 101098
nach + 5 km in T-Kreuzung rechts. Dann 1. Straße rechts, kleiner Weg nach unten.
Bei geschlossener Rennstrecke von Francorchamps ist der CP dennoch gut erreichbar.

Sankt Vith, B-4780 / Liège
▲ Wiesenbach   1 AJMNOPQRST   ABFG 6
🏠 Wiesenbachstr. 58c   2 ACPRVW   AB 7
📅 1 Jan - 31 Dez   3 BFS   ABEFJNRUV 8
☎ +32 80 22 61 37   4 FH   9
@ ernst.paulis@hotmail.com   5 DLM   ABFHJPR10
Anzeige auf dieser S.   B 10-16A CEE   ①€17,00
N 50°16'01''   E 06°08'21''   H525   1,5 ha 23T(100-120m²)   45D   ②€25,00
E42, Ausfahrt St. Vith-Sud Richtung St. Vith Zentrum. 111687
Am Kreisverkehr Richtung Steineruck. CP befindet sich nach 1,5 km links von der Straße.

Aktiv oder entspannt zwischen Wald und Fluss. Harmonischer Campingplatz mit gut gepflegten Sanitäranlagen und vielen Angeboten. Apartment, möbliertes Zelt oder großer Komfortplatz für Caravan, Wohnmobil oder Zelt. Wandern, Radfahren, Baden oder Entspannen auf der Terrasse und der Liegewiese.

7 rue de Luins, 4190 Sy • Tel. +32 86212407
E-Mail: info@camping-sy.be
Internet: www.camping-sy.be

Sart-lez-Spa, B-4845 / Liège
▲ Corsendonk Spa d'Or****   1 ADEJMNOPQRT   ABFGN 6
🏠 Stockay 17   2 ACGOPRTVWX   ABDEFGHK 7
📅 10 Apr - 4 Okt   3 ABFLMST   ABCDEFJKNQRTVW 8
☎ +32 87 47 44 00   4 ABCFHILNOQ   EFU 9
@ info@campingspador.be   5 ACDEFGHKLN   ABHIJPRY10
Anzeige auf dieser Seite   B 10A CEE   ①€31,00
N 50°30'29''   E 05°55'10''   H352   6,5 ha 200T(80-100m²)   82D   ②€39,00
Von Süden A27/E42 Ausfahrt 10 Francorchamps, CP-Schildern folgen. 101744
Von Norden: Ausf. 8, Spa d'Or CP folgen. Vom Luxemburg aus E25. Ausf. Remouchamps
Ri. Spa/Francorchamps. Kurz hinter Spa links der Beschilderung nach.

Sy, B-4190 / Luxembourg
▲ Camping Sy***   1 AEJMNOPRT   JNU 6
🏠 7 rue de Luins   2 CGIOPVWXY   ABDF 7
📅 1 Jan - 31 Dez   3 BFLSX   ACDFJNRUV 8
☎ +32 86 21 24 07   4 FHO   BCGI 9
@ info@camping-sy.be   5 ADEHJKO   ABHJOST10
Anzeige auf dieser Seite   B 6A CEE   ①€25,00
N 50°24'12''   E 05°31'17''   H120   2,5 ha 22T(80-130m²)   37D   ②€34,00
E25 Ausfahrt 46 Richtung Durbuy. Auf dieser Straße bleiben bis 120998
zum Ortsschild Sy 3 km. Nicht dem Navi folgen!

Soumagne, B-4630 / Liège
▲ Dom. Prov. de Wegimont***   1 ABEJMNOQRST   ABFHIMN 6
🏠 76 chaussée de Wegimont   2 ADGIOPRTVX   ABDEFG 7
📅 1 Feb - 23 Dez   3 ABFJMNS   ABEFJNQRTW 8
☎ +32 42 79 24 02   4 FINOP   9
@ camping.wegimont@   5 DEH   ABCEFHIKOVZ10
provincedeliege.be   B 16A CEE   ①€17,00
N 50°36'40''   E 05°44'16''   H215   2,2 ha 34T(50-100m²)   106D   ②€23,00
Die A3/E40 Aachen-Liege, Ausfahrt 37 Richtung Soumagne verlassen. 101726
Nach 1 km an der Ampel links Richtung Bas-Soumagne. Von der A27/A60 aus Wittlich
bis Kreuz Battice Richtung Liege. Den Schildern Wegimont folgen.

Spa, B-4900 / Liège
▲ Parc des Sources   1 BEFJMNOPQRT   AFM 6
🏠 rue de la Sauvenière 141   2 AGPRTVWXY   ABDEFG 7
📅 20 Mai - 2 Sep   3 BLMU   ABFJNRT 8
☎ +32 87 77 23 11   4 FHO   U 9
@ info@campingspa.be   5 DEFHKL   BFGHJPST10
   6A CEE   ①€25,00
N 50°29'07''   E 05°53'01''   H350   2,5 ha 93T(80-100m²)   49D   ②€31,50
Der CP liegt 1,5 km nach Spa rechts der N62 Richtung 100021
Francorchamps/Malmédy. Ausgeschildert.

CAMPING DE L'EAU ROUGE
CHENEUX 25, 4970 STAVELOT
WWW.EAUROUGE.EU
0032 80 86 30 75

Teilkarte Wallonien auf Seite 404 und 405

Camping de Chênefleur

***⁺ **Camping de Chênefleur** in der Gaume ist ein gemütlicher, parkartiger Camping in Belgien, unweit von Frankreich und Luxemburg. Das Gebiet zeichnet sich aus durch das angenehme Mikroklima und die sanfte Landschaft.

Dieser Camping genau betrachtet
- Nominierung 'Camping des Jahres 2017' ANWB - schönster Camping am Fluss
- 210 große Stellplätze (größer als 100 m²)
- diverse gut gepflegte Unterkünfte
- exzellentes Sanitär, gemütliche Bar/Restaurant
- beheiztes Schwimmbad mit separatem Kinderschwimmbad
- gastfreundlich und kinderfreundlich
- Freizeit- und Outdoor-Sportangebote
- Der Campingplatz eignet sich auch sehr gut als Durchgangscamping auf dem Weg in den Süden oder auf der Rückfahrt.
- In der Nähe der Autobahn (E25/E411)
- Sehr schöne geräumige Wohnmobilstellplätze vorhanden.

Camping de Chênefleur
Rue Norulle 16, 6730 Tintigny, België
Tel.: 0032 (0)63 44 40 78
Tel. in NL: (0411) 604193
Fax: 0032 (0)63 44 52 71
info@chenefleur.be
www.chenefleur.be

Folgen Sie uns auf

Tenneville, B-6970 / Luxembourg
- Pont de Berguème***
- Berguème 9
- 1 Jan - 31 Dez
- +32 84 45 54 43
- info@pontbergueme.be

1 ADE**JM**NOPQRST	J**NU** 6
2 CGPVWXY	ABDE**FG** 7
3 BFMSX	ABCDEFJNRTW 8
4 EFHIO	FR 9
5 ABDEHM**N**	ABFGHJOR10
Anzeige auf dieser Seite W 6A CEE	

N 50°04'33" E 05°33'19"
H347 3 ha 100T(80-100m²) 65D
① €20,05
② €26,65
101715

Via N4, Ausfahrt Berguème. Dann Schildern Berguème und CP-Schildern folgen.

Tintigny, B-6730 / Luxembourg
- Camping de Chênefleur***
- rue Norulle 16
- 1 Apr - 1 Okt
- +32 63 44 40 78
- info@chenefleur.be

1 ACDE**JM**NOPQRS**T**	ABFGJNU 6
2 ACGOPVWXY	ABDE**FGH** 7
3 BGMS**T**VX	ABCDEFJKNQRTUW 8
4 **A**BCDEFHILO	AEFJU 9
5 ABDEFGHLMN	ABFHJMO**PST**10
Anzeige auf dieser Seite B 6A CEE	

N 49°41'06" E 05°31'14"
H326 7,2 ha 210T(100-125m²) 28D
① €38,00
② €53,50
101719

E411, Ausfahrt 29 Richtung Etalle (N87). In Etalle Richtung Florenville (N83) folgen. Im Ort Tintigny den CP-Schildern folgen. Gut ausgeschildert.

Kleiner Familiencamping. Hundefreundlich!
2 kleine Felder mit Panoramablick.
Spielwiese, Wander- und Fahrradmöglichkeiten.
+32 80 67 9393 • **www.campinganderegg.be**

Tournai, B-7500 / Hainaut
- Camping de l'Orient****
- Jean-Baptiste Moens 8
- 1 Jan - 31 Dez
- +32 69 22 26 35
- campingorient@tournai.be

1 ABILNORS**T**	**ABE**FGHMN 6
2 ADGIOPVX	ABDE**FG** 7
3 AB	ABCDEFJNPQRUVW 8
4 FH	T 9
5 ABDN	BFHIJLPRZ10
16A CEE	

N 50°36'00" E 03°24'49"
2 ha 53T(100-140m²)
① €16,10
② €19,80
101635

CP-Schildern entlang N7 Mons-Tournai folgen. CP 2 km von Tournai entfernt. Nahe Ausfahrt 32 von der E42. Von der E42 kommend, an den 1. Ampeln links.

Villers-Ste-Gertrude, B-6941 / Luxembourg
- Grand Bru
- Grand Bru 2
- 1 Jan - 31 Dez
- +32 86 49 91 51
- info@grandbru.be

1 ADE**JM**NOR**T**	N 6
2 BCRTWXY	AB**FGH**I 7
3 ASU	ABEFJNQRW 8
4 FHIKO**Q**	EFU 9
5 ADEHJKMN	BHOR10
8-10A CEE	

N 50°21'48" E 05°35'54"
H269 9 ha 150T(80-100m²) 101D
① €22,80
② €33,20
109650

E25 Ausfahrt 48bis und nach 500m erneut rechts. CP-Beschilderung 'Grand Bru' folgen.

Theux, B-4910 / Liège
- RSI Camping Theux*
- 7 rue du Panorama
- 1 Apr - 30 Sep
- +32 87 54 26 27
- camping@sitheux.be

1 BJMNOPR**T**	AF 6
2 AFPRVXY	ABDE**FG** 7
3 AMS	ABE**F**JNOR 8
4 I	9
5 DH	HJ**O**STV10
6A CEE	

N 50°32'17" E 05°48'23"
H300 2,5 ha 24T(80-100m²) 52D
① €21,00
② €27,00
101727

A27 Ausfahrt Theux. Der CP liegt an der N62 Spa-Vervier, kurz hinter Theux Richtung Louveigné. Der CP ist ausgeschildert.

Vogenée, B-5650 / Namur
- Le Cheslé
- 1 rue d'Yves
- 15 Feb - 15 Dez
- +32 71 61 26 32
- info.camping.chesle@gmail.com

1 ADE**JM**NOPRS**T**	6
2 FGPRVWXY	ABDE**FG** 7
3 A**L**S	ACDEFHINPQRUVW 8
4 FHO	B 9
5 ABDEFHJN	ABDGHIJPRV10
B 10-16A CEE	

N 50°14'24" E 04°27'34"
H230 6 ha 78T(100m²) 43D
① €24,60
② €29,60
111072

Die N5 Charleroi-Philippeville, Ausfahrt Yves Gomezee. Nach Bahnübergang rechts Richtung Vogenee (4 km).

Waimes, B-4950 / Liège
- Anderegg**
- Bruyères 4
- 29 Mär - 30 Sep
- +32 80 67 93 93
- info@campinganderegg.be

1 ADE**JM**NOPR**T**	6
2 CFOPTVWXY	ABDE**FG**HK 7
3 ABFMS	ABCDE**FG**JKNQRTW 8
4 FHIO	D 9
5 ABDFMN	ABFHJ**P**STY10
Anzeige auf dieser Seite 6A CEE	

N 50°26'21" E 06°07'03"
H595 1,5 ha 39T(80-110m²) 40D
① €24,00
② €31,50
101749

In Waimes Richtung Bütgenbach am Kreisel links, den Schildern folgen.

Buchen Sie eine organisierte Campingreise bei ACSI!

www.ACSIcampingreisen.de

Luxemburg

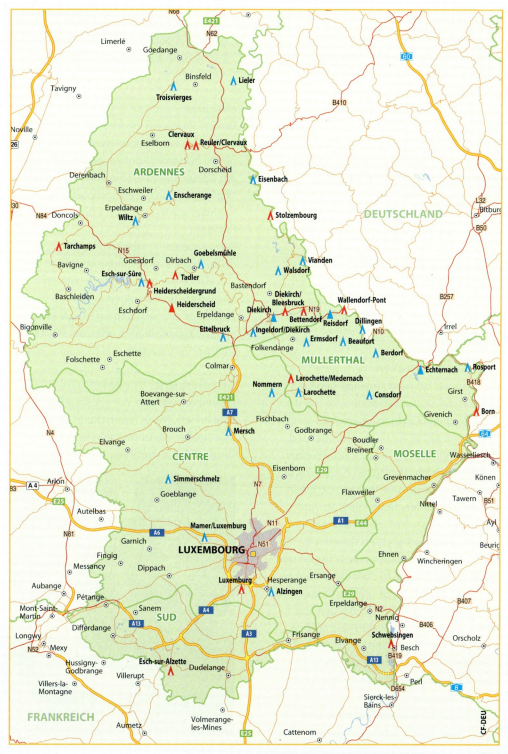

Luxemburg

Allgemeines

Offizieller Name: Großherzogtum Luxemburg (Grand-Duché de Luxembourg/ Groussherzogtum Luxembourg Groussherzogtum Lëtzebuerg).
Luxemburg ist Mitglied der Europäischen Union.
Es wird dort Luxemburgisch, Französisch und Deutsch gesprochen. In touristischen Gebieten kommt man fast überall mit Englisch gut zurecht.
Zeitunterschied: In Luxemburg ist es genauso spät wie in Berlin, Paris und Rom.

Währung und Geldfragen

Währung: Euro.
Bankkarte und Kreditkarte können Sie fast überall benutzen. Es gibt genug Geldautomaten.

Grenzformalitäten

Viele Formalitäten und Vereinbarungen in Bezug auf die notwendigen Reisedokumente, Fahrzeugpapiere, Anforderungen an Ihr Transportmittel und Ihr Campingfahrzeug, medizinische Kosten und die Mitnahme von Tieren hängen nicht nur vom Reiseziel, sondern auch von Ihrem Abreiseort und Ihrer Nationalität ab. Auch die Dauer Ihres Aufenthaltes kann eine Rolle spielen. Es ist unmöglich, im Rahmen dieses Leitfadens für alle Benutzer die richtigen und aktuellen Informationen über diese Themen zu gewährleisten. Wir empfehlen Ihnen daher, die folgenden Fakten in jedem Fall rechtzeitig vor der Abreise zu überprüfen:

- welche Reisedokumente Sie für sich selbst und Ihre Mitreisenden benötigen,
- welche Dokumente Sie für Ihr Auto und Ihren Anhänger benötigen,
- welche Waren und Medikamente Sie kostenlos ein- und ausführen dürfen,
- wie bei Unfall oder Krankheit die medizinische Behandlung in Ihrem Urlaubsland geregelt ist und bezahlt werden kann.

Haustiere

Finden Sie heraus, ob Ihr Haustier an Ihrem Zielort willkommen ist. Nehmen Sie hierzu frühzeitig Kontakt zu Ihrem Tierarzt auf. Dieser informiert Sie über relevante Impfungen und die entsprechenden Nachweise wie auch über Pflichten bei der Rückkehr.
Ferner sollten Sie sich erkundigen, ob an Ihrem Zielort für das Mitführen von Haustieren im öffentlichen Raum bestimmte Bedingungen gelten. So müssen in einigen Ländern Hunde immer einen Maulkorb tragen oder hinter Gittern transportiert werden.

Straßen und Verkehr

Luxemburg verfügt über ein gut ausgebautes Straßennetz. Nur in Naturschutzgebieten sind Straßen manchmal unbefestigt, aber dennoch gut zu befahren.

Luxemburg

Tanken
Benzin (95 E10 und Super 98) ist leicht erhältlich (beim Tanken von E10 am Einfüllstutzen, in der Bedienungsanleitung oder bei Ihrem Händler prüfen, ob Ihr Fahrzeug damit fahren kann; ansonsten Super 98 tanken). Diesel und Autogas sind ebenfalls leicht erhältlich. Der europäische Anschluss (ACME) wird zum Tanken von Autogas genutzt.
Der Kraftstoff ist in Luxemburg im Vergleich zu anderen Ländern preiswert, was bedeutet, dass viele Ausländer hier tanken. Die Tankstellen an der Grenze und entlang der Hauptstraßen sind daher oft 24 Stunden am Tag geöffnet. Die anderen Tankstellen sind oft auf jeden Fall von 8.00 bis 20.00 Uhr geöffnet.
Achtung! Es ist verboten, Kraftstoff in einem Ersatzkanister ein- oder auszuführen.

Verkehrsregeln
Abblendlicht ist bei Dunkelheit, in Tunneln und bei Sichtweiten von weniger als 100 m vorgeschrieben.
An einer Kreuzung mit Straßen gleichen Ranges hat der von rechts kommende Verkehrsteilnehmer Vorfahrt. Straßenbahnen haben grundsätzlich immer Vorfahrt. Der Verkehr im Kreisverkehr hat Vorfahrt, wenn dies ausgeschildert ist. Auf Gebirgsstraßen hat bergauffahrender Verkehr Vorfahrt vor bergabfahrendem Verkehr; bei Bedarf muss das kleinste Fahrzeug zurückfahren.
Der Alkoholgrenzwert beträgt 0,5 ‰, aber 0,2 ‰ für Fahrer, die ihren Führerschein noch keine 2 Jahre besitzen.
Fahrer dürfen nur mit einer Freisprechanlage telefonieren.
Kinder unter 18 Jahren und einer Größe unter 1,50 m müssen in einem Kindersitz sitzen.
Winterreifen sind bei winterlichen Verhältnissen Pflicht.

Besondere Bestimmungen
Bei Staus müssen Sie so weit wie möglich nach rechts oder links fahren, damit in der Mitte eine freie Spur (Rettungsgasse) für Einsatzfahrzeuge entsteht.
Es ist Pflicht, dass Sie Ihre Warnblinkanlage einschalten, wenn Sie sich einem Stau nähern. Wenn Sie in einem Tunnel im Stau stehen, müssen Sie einen Mindestabstand von 5 m zum vor Ihnen fahrenden Fahrzeug einhalten.
Achten Sie beim Parken darauf, dass der Abstand zwischen Ihnen und anderen geparkten Fahrzeugen mindestens 1 m beträgt.

Vorgeschriebene Ausrüstung
Ein Warndreieck und eine Sicherheitsweste sind im Fahrzeug vorgeschrieben.

Höchstgeschwindigkeiten

Luxemburg	Außerhalb geschlossener Ortschaften	Autobahn
Auto	90	130*
Mit Anhänger	75	90
Wohnmobil < 3,5 Tonnen	90	130*
Wohnmobil > 3,5 Tonnen	75	90

*Bei Regen oder anderen Niederschlägen gilt eine Höchstgeschwindigkeit von 110 km/h.
Innerhalb geschlossener Ortschaften beträgt die Höchstgeschwindigkeit 50 km/h.

Luxemburg

Es wird empfohlen, eine Sicherheitsweste für alle Insassen mitzunehmen. In einem Wohnmobil mit einer zulässigen Gesamtmasse von mehr als 3,5 Tonnen müssen ein Feuerlöscher und ein Warndreieck vorhanden sein.

Wohnwagen, Wohnmobil
Ein Wohnmobil oder ein Gespann aus Pkw und Wohnwagen darf bis zu 4 m hoch, 2,55 m breit und 18,75 m lang sein (der Wohnwagen selbst darf bis zu 12 m lang sein).
Bei einem Gespann, das länger als 7 m (oder > 3,5 Tonnen schwer) ist, müssen Sie einen Abstand von mindestens 50 m zu einem anderen Gespann oder einem Lkw einhalten.

Fahrrad
Ein Fahrradhelm ist nicht vorgeschrieben. Telefonieren und Tippen auf einem Handy sind auf dem Fahrrad verboten.
Kinder unter 8 Jahren dürfen nur von einem Erwachsenen in einem Fahrradsitz transportiert werden.
Kinder unter 10 Jahren dürfen nur in Begleitung auf der Straße mit dem Rad fahren. Kinder bis zum Alter von 12 Jahren dürfen auf dem Bürgersteig mit dem Rad fahren.

Maut und Umweltzonen
Maut
In Luxemburg werden keine Mautgebühren auf den Straßen erhoben.

Umweltzonen
Es gibt (Stand September 2019) noch keine Umweltzonen, die für ausländische Touristen von Bedeutung sind.

Panne und Unfall
Stellen Sie Ihr Warndreieck auf einer Autobahn mindestens 200 bis 300 m (auf anderen Straßen 100 m) hinter dem Auto auf, wenn es sich auf der Fahrspur selbst befindet (und auf der Autobahn nur, wenn die Warnblinkanlage nicht funktioniert).

Luxemburg

Alle Insassen müssen eine Sicherheitsweste anziehen.
Rufen Sie bei einer Panne die Notrufnummer Ihrer Pannenhilfe-Versicherung an. Sie können auch die luxemburgische Pannenhilfe (ACL) unter +352 26 000 anrufen.
Das Abschleppen auf der Autobahn ist bis zur ersten Ausfahrt oder auf Schnellstraßen bis zur ersten Werkstatt erlaubt.

Notrufnummer
112: allgemeine Notrufnummer für Polizei, Feuerwehr und Rettungswagen
113: Polizei

Campen
Die Sanitäranlagen in Luxemburg sind von überdurchschnittlicher Qualität. Viele Campingplätze bieten ein Animationsprogramm und Einrichtungen für Kinder.
Wildcampen außerhalb der Campingplätze ist verboten. Auf Privatgrundstücken ist die Zustimmung des Grundbesitzers erforderlich. Camping auf dem Bauernhof ist erlaubt, wenn - nach Genehmigung des Bauern - nicht mehr als 3 Zelte mit je 2 Erwachsenen auf dem Hof stehen.

Besonderheiten
Mehr als die Hälfte der Campingplätze wird mit Hilfe von Sternen klassifiziert: von 1 bis 5 Sternen. Die Klassifizierung gilt nur für Campingplätze, die sich freiwillig an diesem Klassifizierungssystem beteiligen. Es gibt auch Campingplätze, die sich dafür entschieden haben, die „alte" Klassifizierung nach Kategorien anzugeben. Achtung: Es gibt Campingplätze mit hohem Standard, die sich dafür entschieden haben, nicht in ein Klassifizierungssystem aufgenommen zu werden.

Wohnwagen, Wohnmobil
Servicestationen für Wohnmobile sind auf Campingplätzen in Luxemburg in begrenzter Anzahl vorhanden.
Es ist verboten, an öffentlichen Straßen in einem Auto, Wohnwagen oder Wohnmobil zu übernachten.

Suche nach einem Campingplatz
Über **Eurocampings.eu** können Sie ganz einfach einen Campingplatz suchen und auswählen.

Praktisch
Die Steckdosen haben zwei runde Löcher (Typ C oder F).
Auf **iec.ch/worldplugs** können Sie überprüfen, ob Sie einen Adapter (Weltstecker) benötigen.
Schützen Sie sich vor Zecken, da diese Krankheiten übertragen können.
Leitungswasser kann bedenkenlos getrunken werden.

Klima Luxemburg (Stadt)	Jan.	Feb.	März	Apr.	Mai	Jun.	Jul.	Aug.	Sept.	Okt.	Nov.	Dez.
Durchschnittliche Höchsttemperatur	2	4	8	12	17	20	22	21	18	13	7	3
Durchschnittliche Anzahl der Sonnenstunden pro Tag	1	2	5	6	6	6	6	6	5	3	1	1
Durchschnittliche monatliche Niederschlagsmenge (mm)	71	62	70	61	81	82	68	72	70	75	83	80

Camping Bon Accueil Alzingen

Sie finden diesen angenehmen Gemeindecamping im Herzen von Alzingen. Spielplatz und Beachvolleyball. Modernes Sanitär und Bar! Direkte Busverbindung nach Luxemburg-Stadt.
Der Camping eignet sich durch seine Lage (3 km von der Autobahn) äußerst gut als Durchreisecamping von und in den Süden.
Rezeption zwischen 12-14 Uhr geschlossen.

2 rue du Camping, 5815 Alzingen • Tel. 367069 • Fax 26362199
E-Mail: syndicat.dinitiative@internet.lu
Internet: www.camping-alzingen.lu

Alzingen, L-5815 / Centre
- Bon Accueil Kat.I
- 2 rue du Camping
- 1 Apr - 15 Okt
- +352 36 70 69
- syndicat.dinitiative@internet.lu

1 AF**IL**NOPQRST 6
2 AOPSVWXY ABDE**FG** 7
3 BFGSX ABCDEFJNQRTU 8
4 HIO 9
5 DEHN AFGHJPTUYZ 10
Anzeige auf dieser Seite B 16A ① €21,00
N 49°34'09'' E 06°09'36'' H280 2,5 ha 70T(100-120m²) ② €25,00
116710

A3/E25 Richtung Luxemburg-Stadt. Ausfahrt 1 Hesperange/ Howald. Am Kreisel 1. rechts Richtung Hesperange. An der 3. Ampel den CP-Schildern folgen. CP ist rechts vor der Kirche.

CAMPING LA PINÈDE

Gelegen im romantischen Örtchen Consdorf, mitten in der Luxemburger Schweiz. Moderner Camping mit großen Plätzen und guten Sanitäreinrichtungen. Idealer Ausgangspunkt für Wanderungen und Radtouren in der waldreichen und felsigen Umgebung.
Neues **HÜTTENDORF** und **MIETWOHNWAGEN**.

SEIT 1959

33 rue Burgkapp, 6211 Consdorf
Tel. 790271
info@campconsdorf.lu
www.campconsdorf.lu

Beaufort, L-6310 / Mullerthal
- Camping Park Beaufort Kat.I
- 87 Grand Rue
- 1 Jan - 31 Dez
- +352 8 36 09 93 00
- camplage@pt.lu

1 ADE**JM**NOPQR**T** ABFGH 6
2 BGOPQTUVWXY ABDE**FG** 7
3 ABFMX ABCDEFJNQRW 8
4 BCDFHI EFUVW 9
5 DEFHKN ABDHJORVZ 10
Anzeige auf Seite 421 B 10A CEE ① €26,50
N 49°50'22'' E 06°17'17'' H360 4 ha 190T(48-70m²) 120D ② €37,50
108899

N10 Diekirch-Echternach bis Reisdorf. Rechts ab Richtung Beaufort. In Beaufort auf der rechten Seite.

Berdorf, L-6552 / Mullerthal
- Martbusch Kat.I/***
- 3 beim Martbusch
- 1 Jan - 31 Dez
- +352 79 05 45
- info@camping-martbusch.lu

1 ADE**JM**NOPQRST 6
2 BPQVWXY ABDE**FG** 7
3 BFG**J**SWX ABCDEFGIJKNQRTUW 8
4 BCFHIO EFJ 9
5 ADEFKN ABFGHJPRV 10
16A CEE ① €21,50
N 49°49'34'' E 06°20'37'' H370 3 ha 104T(80-160m²) 78D ② €26,70
100693

N17/N19/N10 Diekirch-Echternach bis Grundhof. Hier Richtung Berdorf. In Berdorf zweite Straße links ab. Dann Schildern folgen.

Bettendorf, L-9353 / Ardennes
- Um Wirt Kat.I
- rue de la Gare 12
- 1 Apr - 31 Okt
- +352 80 83 86
- camping@bettendorf.lu

1 A**JM**NOPRS**T** JNX 6
2 CGOPQVWXY AB**FG**H 7
3 BFGMNSX ABCDEFHKNQRTW 8
4 BCDFHINO**Q** EUVW 9
5 ABDEFGHLMN ABHJPR 10
B 10A CEE ① €20,50
N 49°52'22'' E 06°13'16'' H190 2,5 ha 93T(100m²) 68D ② €25,50
105338

N17/N19 Diekirch/Echternach bis Bettendorf. Dann Schildern folgen.

Born, L-6660 / Mullerthal
- Camping Um Salzwaasser
- Campingswee 9
- 1 Apr - 15 Okt
- +352 73 01 44
- camping@syndicat-born.com

1 BDE**JM**NOPRT JMN 6
2 COPQVWXY ABDE**FG**H 7
3 ASX ABCDFGIJNQRT 8
4 BDFHIO EGIUVW 9
5 ADEFHJKLMN ABGHJPRZ 10
B 10A CEE ① €23,00
N 49°45'39'' E 06°31'01'' H140 3 ha 128T(100-160m²) 57D ② €30,00
108732

N10 Echternach-Born-Wasserbillig bis Born. An der Kirche den CP-Schildern folgen.

Clervaux, L-9714 / Ardennes
- Clervaux Kat.I
- Klatzewe 33
- 1 Jan - 31 Dez
- +352 92 00 42
- info@camping-clervaux.lu

1 ABDE**JM**NOPQRS**T** AB**N** 6
2 ACFOPSVWX ABDE**FG**H 7
3 BDF**JL**MVX ABCDEFHJKNQRT 8
4 FHIO EUW 9
5 ADMN ABEFHIJPRV 10
WB 10-16A CEE ① €35,00
N 50°03'18'' E 06°01'26'' H450 1,5 ha 118T(100m²) 35D ② €46,00
105318

CP 200m von Clervaux Stadtzentrum entfernt. Richtung Luxemburg, rechts, den CP-Schildern im Zentrum folgen.

Consdorf, L-6211 / Mullerthal
- La Pinède Kat.I/***
- 33 rue Burgkapp
- 15 Mär - 14 Nov
- +352 79 02 71
- info@campconsdorf.lu

1 ABDE**JM**NOPQRS**T** 6
2 BOPTUVWXY ABDE**FG**H 7
3 BFG**JM**NSX ABEFJNQRTW 8
4 BCEFHI EFIUVW 9
5 ADEFHJKLMN ABDFGHJPRV 10
Anzeige auf dieser Seite B 10A CEE ① €21,00
N 49°46'51'' E 06°19'54'' H320 3 ha 74T(100-140m²) 64D ② €26,75
100695

Die N14 Diekirch-Larochette. In Larochette links ab Richtung Christnach/Consdorf. In Consdorf den Schildern folgen.

Diekirch, L-9234 / Ardennes
- De la Sûre***
- route de Gilsdorf
- 1 Apr - 30 Sep
- +352 80 94 25
- tourisme@diekirch.lu

1 ADE**IL**NOPRS**T** N 6
2 ACOPQVWXY ABDE**FG** 7
3 BFMSX ABFJNQRTUW 8
4 BCDHIO UVW 9
5 ADEHJN ABDFGHJORX 10
Anzeige auf Seite 421 B 10A CEE ① €28,00
N 49°51'57'' E 06°09'54'' H203 5 ha 196T(50-100m²) 30D ② €41,00
105336

In Diekirch Richtung Larochette. Hinter der Brücke über die Sûre links ab Richtung Gilsdorf. Nach 100m, erster CP.

Diekirch, L-9234 / Ardennes
- Op der Sauer Kat.I
- route de Gilsdorf
- 28 Mär - 25 Okt
- +352 80 85 90
- info@campsauer.lu

1 ADE**JM**NOPQRST JNUX 6
2 ACGOPQVWXY AB**F** 7
3 B**J**LMSX ABEFJNRVW 8
4 BFHO**PQ** E 9
5 ADFHKLN ABDHJLOST 10
Anzeige auf dieser Seite 10A CEE ① €25,00
N 49°52'01'' E 06°10'27'' H184 5 ha 270T(100m²) 27D ② €34,00
101305

In Diekirch Richtung Larochette, nach der Brücke über die Sûre links Richtung Gilsdorf, zweiter CP. Einfahrt am Kreisel.

Camping Wies-Neu

Geselliger Familiencamping an der Sûre (Sauer). In der Hochsaison Freizeitprogramme für Groß und Klein. Waschmaschine und Trockner. SB-Laden. Täglich frisches Brot. Viele markierte Wanderrouten durch die umliegenden Wälder. Ausgangspunkt für Radtouren auf Radwegen. Angelgelegenheit. Kanuverleih. WLAN gratis.

12 rue de la Sûre, 6350 Dillingen
Tel. 836110 • Fax 26876438
E-Mail: info@camping-wies-neu.lu
Internet: www.camping-wies-neu.lu

Camping Alferweiher ★ ★ ★

Der Camping liegt in einem waldreichen Tal nah am See von Echternach, mitten in einer prächtigen natürlichen Umgebung mit zahlreichen Wander- und Radwegen.
★ Schöne große, durch Bäume und Hecken windgeschützte Plätze.
★ Spielplatz und Sportfeld, Kinderanimation in der Hochsaison.

Alferweiher 1, 6412 Echternach
Tel. und Fax 720271 • E-Mail: info@camping-alferweiher.lu
Internet: www.camping-alferweiher.lu

Dillingen, L-6350 / Mullerthal
- Wies-Neu Kat.I
- 12 rue de la Sûre
- 6 Apr - 8 Nov
- +352 83 61 10
- info@camping-wies-neu.lu

1 A**JM**NOPQRST JNX 6
2 COPUVWXY ABDE**FGH** 7
3 ABMUX ABCDE**F**JNRT 8
4 BFHIKO RUVW 9
5 ABDMN AHJOSTZ10
Anzeige auf dieser Seite 6A CEE
€23,00
N 49°51'08'' E 06°19'18'' H174 4,8 ha 190T(100-120m²) 80D €31,00
108730

N19/N10 Diekirch-Echternach bis Dillingen. In Dillingen an der Kreuzung links, dann rechts halten.

Camping de la Sûre ★ ★ ★
Diekirch

Am Ufer der Sauer (Sûre), 3 Minuten zu Fuß in den schönen Ortskern von Diekirch. Familiencamping, gepflegtes Sanitär, Animation in der Hochsaison für jedes Alter, Freizeitangebote, Spielplatz, WLAN, Fahrradverleih, Kanu, Angeln, Boulesanlage. Wander-, Naherholungs- und Radwege an der Sûre entlang. Großer Supermarkt 3 Minuten zu Fuß. Gesellige Bar, Lounge, Terrasse, Snacks, Brötchen und Frühstücksservice.

Route de Gilsdorf, 9234 Diekirch
Tel. 809425 • Fax 802786
E-Mail: tourisme@diekirch.lu • Internet: camping.diekirch.lu

Diekirch/Bleesbruck, L-9359 / Ardennes
- Bleesbrück Kat.I/★★★★
- Bleesbrück 1
- 1 Apr - 15 Okt
- +352 80 31 34
- info@camping-bleesbruck.lu

1 ADE**JM**NOPQRT N 6
2 ACOPVWXY ABDE**FGH** 7
3 BFMSX ABCDE**F**HJNQRTW 8
4 EFHIO**Z** DEFIJUVW 9
5 ABDEFHJKN AFGHKLMOPSTX10
FKK B 10A CEE €26,50
N 49°52'22'' E 06°11'21'' H197 4,5 ha 144T(100-120m²) 48D €34,50
105337

In Diekirch Richtung Vianden. Nach 2 km Kreisverkehr an der Gulf-Tankstelle. Einfahrt zum CP in der Nähe der Tankstelle.

Echternach, L-6412 / Mullerthal
- Alferweiher★★★
- Alferweiher 1
- 22 Apr - 13 Sep
- +352 72 02 71
- info@camping-alferweiher.lu

1 A**JM**NOPQRST 6
2 OPVWX ABDE**FGH** 7
3 BFMX ACDE**F**JKNRTW 8
4 BFHIO 9
5 ABDHN AHJOR10
Anzeige auf dieser Seite 10A €26,50
N 49°47'49'' E 06°25'52'' H171 4 ha 110T(100-120m²) €39,50
100696

B418 Wasserbillig nach Echternach, bis zur Aral Tankstelle. Hinter der Aral rechts, dann den CP Schildern folgen.

CAMPING PARK BEAUFORT

Sie suchen einen tollen Urlaub für die ganze Familie?
Dann ist Camping Park Beaufort genau das Richtige für Sie! Mitten in der unberührten Natur des Müllerthals im Dorf Beaufort liegt unser Campingplatz mit angeschlossenem Freibad, das im Sommer unbegrenzten Wasserspaß für Jung und Alt bietet. Worauf nich warten? Buchen Sie jetzt Ihren Urlaub auf dem Campingplatz Beaufort und erleben Sie einen unvergesslichen Urlaub mit der ganzen Familie.
—
Camping Park Beaufort
87, Grand-Rue | L-6310 Beaufort | Tel. +352 836099-300
—

CAMPINGPLAGE.LU

Gaalgebierg Kat.I

- **Esch-sur-Alzette:** gesellige Luxemburger Stadt in Grenznähe zu Frankreich, Deutschland und Belgien • **Gaalgebierg:** sehr schöner Camping in einer reizenden Gegend mit Tierpark
- Shoppen, Baden, Industrieerbe und Stadtmitte mit dem Flexibus
- **Ermäßigung:** 10% ab 3 Nächte, außer Juli und August • Auf dem Weg in den Süden, ein Ort um besser kennen zu lernen!

L-4001 Esch-sur-Alzette • Tel. 00352-541069 • Fax 00352-549530
E-Mail: gaalcamp@pt.lu • Internet: www.gaalgebierg.lu

Echternach, L-6430 / Mullerthal (CC€18) iD
- ▲ Officiel — 1 AEJMNOPQRST — ABFG 6
- 🏠 17 route de Diekirch — 2 GOPRUVWXY — ABFG 7
- 📅 1 Jan - 31 Okt — 3 BFGMNSX — ABEFGJNQRTW 8
- ☎ +352 72 02 72 — 4 BCEFHIO — FV 9
- @ info@camping-echternach.lu — 5 ABDN — ABDFGHIKLORV 10

Anzeige auf dieser Seite B 6-10A — ① €19,80
H180 4 ha 298T(80-120m²) 62D — ② €25,80
N 49°49'01'' E 06°24'38'' 109562
Der N10-N19 Diekirch-Echternach folgen. Vor Echternach liegt der CP auf der rechten Seite.

KohnenHof
camping by the river
★★★★½
Tel. 00352 - 929464   info@campingkohnenhof.lu
www.campingkohnenhof.lu

Eisenbach, L-9838 / Ardennes (CC€20) iD
- ▲ Kohnenhof Kat.I/**** — 1 ADEJMNOPRST — JNUX 6
- 🏠 7 Kounenhaff — 2 CGOPTUVWXY — ABDEFG 7
- 📅 4 Apr - 31 Okt — 3 BFGHLMSUX — ABCDFGHIJKLNQRTUVW 8
- ☎ +352 92 94 64 — 4 BDEFGHILO — BEFUW 9
- @ info@campingkohnenhof.lu — 5 ABDEFHJKLMN — ABDFGHJPQRZ 10

Anzeige auf dieser Seite B 6-16A CEE — ① €38,00
H250 6 ha 125T(100-130m²) 33D — ② €52,00
N 50°00'59'' E 06°08'12'' 105333
N7 bei Hosingen Ausfahrt Rodershausen oder Eisenbach. Im Tal den Schildern CP 'Kohnenhof' folgen.

Camping Im Aal ★★★

- Camping Im Aal liegt am Ufer der Sûre in einem ruhigen und harmonischen Ambiente mit Respekt vor der Natur. • in der Umgebung: der Escher See mit Wasser-Freizeitangebot. • Terrasse auf dem Campingplatz (Belgische und lokale Biere). • Nähe: das alte Esch-sur-Sûre an den Felsausläufern. • Ordentliche Sanitäranlagen. Rufen Sie uns ruhig an: wir sprechen auch Deutsch.

**1 Am Aal, 9650 Esch-sur-Sûre • Tel. +352 839514
E-Mail: info@campingaal.lu • Internet: www.campingaal.lu**

Val d'Or
- kinderfreundlich und gesellig, großes Gelände • Spiel- und Sportmöglichkeiten
- prächtige Natur: begleitete Wanderungen
- attraktive Vor- und Nachsaisonangebote
- Mobilheime, Chalets, Häuschen, Trekkerhütten • Stellplätze • Neues Sanitär

Info bei Familie Van Berkum
Tel. +352 920691 • Internet: www.valdor.lu

Enscherange, L-9747 / Ardennes (CC€14) iD
- ▲ Val d'Or Kat.I/**** — 1 ADEGJMNOPQRST — J 6
- 🏠 Um Gaertchen 2 — 2 CFGOPSWXY — ABDEFGH 7
- 📅 1 Jan - 31 Dez — 3 ABEFLMSUVX — ABCDEFJNPQRT 8
- ☎ +352 92 06 91 — 4 BCDFHIL — BEFIJLUW 9
- @ info@charmecamping.lu — 5 ABDEFHJKLN — ABDFGHIJPSTV 10

Anzeige auf dieser Seite 6A CEE — ① €27,00
H300 4 ha 70T(80-120m²) 46D — ② €39,00
N 50°00'01'' E 05°59'27'' 105321
E25 Ausfahrt 15 St. Vith, Richtung Luxemburg, Ausfahrt Marnach/Munshausen/Drauffelt/Enscherange. Der Platz liegt auf der linken Seite.

Camping Officiel
17, route de Diekirch
L-6430 Echternach
tel 352 720272
info@camping-echternach.lu
www.visitechternach.lu
www.facebook.com/campingechternach

Ermsdorf, L-9366 / Mullerthal (CC€18) iD
- ▲ Neumuhle Kat.I/**** — 1 AEJMNOPRT — A 6
- 🏠 27 Reisduerferstrooss — 2 COPUVWXY — ABDEFGH 7
- 📅 1 Apr - 15 Okt — 3 BFMSX — ABCFJNQRTW 8
- ☎ +352 87 93 91 — 4 BFHIO — JU 9
- @ info@camping-neumuhle.lu — 5 ABDEKM — ABDGHJPST 10

Anzeige auf dieser Seite 6A CEE — ① €25,00
H239 3 ha 105T(80-100m²) 60D — ② €30,00
N 49°50'21'' E 06°13'31'' 100691
N14 Diekirch-Larochette bis Medernach. Hier links ab Richtung Ermsdorf. In Ermsdorf ca. 1 km in Richtung Reisdorf bis Hostellerie und Camping Neumühle.

Camping Neumuhle Kat.I/★★★★

Ein 4-Sterne Familiencamping im Mullerthal 'Kleine Schweiz' in Luxemburg. Ruhig gelegen mit Kinderunterhaltung in der Hochsaison. Im Bistro kann man toll essen und schöne Drinks genießen. Gratis WLAN. Vermietung moderner Mobilheime. Niederländische Inhaber.

27 Reisduerferstrooss, 9366 Ermsdorf • Tel. 352 879391
info@camping-neumuhle.lu • www.camping-neumuhle.lu

Esch-sur-Alzette, L-4001 / Sud iD
- ▲ Gaalgebierg Kat.I — 1 ADEJMNOPQRST — 6
- 🏠 BP 20 (rue du Stade) — 2 ABGOPRUVWXY — ABDEFGH 7
- 📅 1 Jan - 31 Dez — 3 BFGMS — ABCDFJNQRTW 8
- ☎ +352 54 10 69 — 4 FHIO — D 9
- @ gaalcamp@pt.lu — 5 ADEFHJKMN — ABEFGHIJMPR 10

Anzeige auf dieser Seite B 16A CEE — ① €17,75
H400 2,5 ha 102T(100m²) 48D — ② €21,25
N 49°29'05'' E 05°59'10'' 105332
A4 Luxemburg - Esch-sur-Alzette. Vor dem Stadtzentrum Richtung Kayl folgen, auf dem Weg ausgeschildert, und dann den CP-Schildern folgen. Letzte Wegstrecke recht steil und kurvig (in der Sackgasse weiter bleiben).

Esch-sur-Sûre, L-9650 / Ardennes (CC€18) iD
- ▲ Im Aal*** — 1 AJMNOPQRST — JNUX 6
- 🏠 1 Am Aal — 2 CGOPVWXY — ABFGH 7
- 📅 28 Feb - 13 Dez — 3 BFMSX — ABEFJNQRTW 8
- ☎ +352 83 95 14 — 4 EFGHINO — BEFU 9
- @ info@campingaal.lu — 5 ABDHN — ABDGHIJLOR 10

Anzeige auf dieser Seite B 10A CEE — ① €27,00
H450 2,5 ha 150T(100m²) 58D — ② €35,00
N 49°54'24'' E 05°56'34'' 101535
N15 Ettelbrück - Bastogne, Ausfahrt links Esch-sur-Sûre. Durch den Tunnel. CP 150m weiter am Fluss.

Ettelbruck, L-9022 / Ardennes (CC€18) iD
- ▲ Camping Ettelbrück — 1 ADEJMNOPQRST — 6
- 🏠 88 chemin du Camping — 2 AFOPUVWXY — ABDEFG 7
- 📅 1 Apr - 1 Okt — 3 BGMSX — ABCDFJNQRTW 8
- ☎ +352 81 21 85 — 4 EFHIO — BEUVW 9
- @ camping@ettelbruck.lu — 5 ADEFHJKN — ABDFGJMORVZ 10

Anzeige auf Seite 423 B 16A CEE — ① €28,50
H500 3 ha 100T(80-120m²) 7D — ② €37,00
N 49°50'46'' E 06°04'56'' 105328
In Ettelbrück Stadtzentrum die N15 nach Wiltz und Bastogne. Nach 300m links den CP-Schildern folgen. Aus Richtung Wiltz vor dem Zentrum rechts.

Schöner Terrassencamping im grünen Herzen von Luxemburg. Die Plätze haben Blick über das Tal von Ettelbruck und über die Wälder und Wiesen. Mitten in der Natur und doch nicht weit vom Zentrum Ettelbruck. Ideal für Durchreisende, Stadtbesucher und Familien. Bistro mit tagesfrischen Produkten. Vermietung von Safarizelten und Wohnwagen.

88 chemin du Camping, 9022 Ettelbruck
Tel. +352 812185 • E-Mail: camping@ettelbruck.lu
Internet: www.campingettelbruck.lu

Goebelsmühle, L-9153 / Ardennes

- du Nord Kat.1
- 1 route de Dirbach
- 1 Apr - 31 Okt
- +352 99 04 13
- info@campingdunord.lu

1 AD**EJM**NOPQRST JN 6
2 CGPVWXY ABCD**FG** 7
3 BFMSX ABCDEF**J**NQRTW 8
4 BFHIO BEFGJ 9
5 ABEFGHIJKMN ABDFHJLMPST10

Anzeige auf dieser Seite 6A
H230 2 ha 70T(100-150m²) 34D
€25,00 / €31,00
108726

Goebelsmühle liegt an der N27 am Ufer der Süre (Sauer). Ein CP-Schild an dieser Stelle Ort weisst den Weg nach unten. Etwa 700m vom Bahnhof Goebelsmühle.

Ingeldorf/Diekirch, L-9161 / Ardennes

- Gritt Kat.I/***
- 2, Um Gritt
- 1 Apr - 31 Okt
- +352 80 20 18
- info@camping-gritt.lu

1 AD**EFJM**NOPQRST N 6
2 ACOPVWX AB**FG** 7
3 BX ABCDEFGHJKNQRTUV 8
4 FHO 9
5 DEFHKN ABCDFGHJPR10

Anzeige auf dieser S. B 10-16A CEE €29,00
H237 3,5 ha 137T(75-120m²) 25D €39,00
108898

N7 Ettelbrück-Diekirch. Nach ca. 2 km rechts ab Richtung Ingeldorf. Dann Schildern folgen.

Camping du Nord Kat.1
1 route de Dirbach, 9153 Goebelsmühle • Tel. 990413
E-Mail: info@campingdunord.lu • Internet: www.campingdunord.lu

Bissen ★★★★

Im Naturpark der Luxemburger Ardennen. 70 Plätze direkt am Flussufer. Vermietung von Wohnwagen, Lodge und Pod-Wanderhütten mit schöner Aussicht aufs Wasser. Kostenloses gutes WLAN, Reisemobilplätze, Innenspielplatz. Gruppenunterkünfte für 9 Personen (3 Schlafzimmer und 3 Bäder), Sauna (4-Personen) und Whirlpool (2-Personen) verfügbar. Ideal für Familien mit kleinen Kindern, Wanderer, Angler und Mountainbiker.

Mehr Infos finden Sie auf www.camping-bissen.lu

11 Millewee, 9659 Heiderscheidergrund • Tel. +352 839004
Fax +352 899142 • E-Mail: info@camping-bissen.lu

Heiderscheid, L-9156 / Ardennes

- de Reenert
- 4 Fuussekaul
- 1 Jan - 31 Dez
- +352 2 68 88 81
- info@reenert.lu

1 AD**EJM**NOPRST E 6
2 GOPRVXY ABDE**FGK** 7
3 BDG**HIJ**MSTU**W**X ABCDEF**J**NQR**W** 8
4 **A**BDEFGILNO**R**TV**X** JUW 9
5 ACDEFGHIJLMN ABHIJO**P**QST10

FKK 6A CEE
H510 2 ha 85T(85-100m²) 4D
€27,00 / €33,00
109544

N15 Bastogne-Diekirch. Südlich von Heiderscheid ist der CP auf der linken Seite wenn man von Belgien kommt, gegenüber CP Fuussekaul.

Larochette, L-7633 / Mullerthal

- Iris Parc Camping Birkelt Kat.I/★★★★★
- 1 Um Birkelt
- 10 Apr - 27 Sep
- +352 87 90 40
- info@birkelt.com

1 AD**EJM**NOPQRST ABCDFG 6
2 BGOPTVWXY ABDE**FGH**K 7
3 BDF**GL**MSVX ABCDEFGIJKNQRTUVW 8
4 BCDFHLO ABCE 9
5 ACDEFGHJKLMN ABCEGHJPSTZ10

Anzeige auf dieser S. B 10-16A CEE €39,00
H360 12 ha 146T(100-200m²) 349D €49,00
105342

N14 Diekirch-Larochette. Im Zentrum von Larochette rechts ab. Danach den CP-Schildern folgen.

Iris Parc Camping Birkelt Kat.I/★★★★★

Campen in Luxemburg
Oben auf der Höhe im Mullerthal
Neu 2019: Freibad und Multisportanlage

1 Um Birkelt, 7633 Larochette
Tel. +352 879040
info@birkelt.com • www.irisparc.com

Heiderscheid, L-9156 / Ardennes

- Fuussekaul★★★★★
- 4 Fuussekaul
- 1 Jan - 31 Dez
- +352 2 68 88 81
- info@fuussekaul.lu

1 AD**EJM**NOPRST ABFG 6
2 BGOPRUVWXY ABC**DEFGHJK** 7
3 BDF**GHIJ**MSTU**W**X ABCDE**FIJ**KLNQRTUVW 8
4 ABDEFGILNO**R**TV**X** ABEIJUW 9
5 ACDEFGHIJLMN ABEFGHJLO**P**QRX10

6-16A CEE
H510 18 ha 222T(90-120m²) 259D
€32,00 / €38,00
105325

N15 Bastogne-Diekirch fahren. Südlich von Heiderscheid liegt der CP auf der rechten Seite, wenn man von Belgien kommt. Weiter ausgeschildert.

Heiderscheidergrund, L-9659 / Ardennes

- Bissen★★★★
- 11 Millewee
- 1 Apr - 30 Okt
- +352 83 90 04
- info@camping-bissen.lu

1 AD**EIL**NOPRST JN 6
2 CGOPVWX ABDE**FG** 7
3 BDMSU ABCDE**FIJ**KNQRTW 8
4 BFGILO**TU** EFIJU 9
5 ABDEFGHJKLMN ABFGHIKPR10

Anzeige auf dieser Seite B 10A CEE €30,00
H420 2,8 ha 70T(60-120m²) 90D €40,00
105324

N 49°54'19'' E 05°57'23''

Liegt an der Kreuzung der N15 (Bastogne-Ettelbrück) mit der N27. CP liegt an der N15 an der Süre (Sauer). An der Brücke und Hotel Bissen durch braunes Schild angezeigt.

2, Um Gritt
9161 Ingeldorf/Diekirch
Tel. +352 802018
E-Mail: info@camping-gritt.lu
Internet: www.camping-gritt.lu

Kockelscheuer Kat.I/★ ★ ★ ★

Zwischen Stadt- und Waldrand. Großer Spielplatz, Boule-Bahnen, Service-Station für Wohnmobile, Aufenthaltsraum, gratis WLAN und gratis Duschen. Shop. Imbissbude. Angrenzend Pizzeria. Idealer Ausgangspunkt um die Stadt Luxemburg zu besichtigen. Wander- und Radwege in der Nähe. Ab 7 Tage 25% Rabatt in der Nebensaison.

22 route de Bettembourg, 1899 Luxemburg • Tel. 471815
E-Mail: caravani@pt.lu • Internet: www.camp-kockelscheuer.lu

Larochette/Medernach, L-7633 / Mullerthal

▲ Auf Kengert****	1 ABDE**IL**NOPQRT	ABFG 6
🏠 Kengert	2 BPQTVWXY	ABDE**FG**H 7
📅 1 Mär - 8 Nov	3 BDFMX	ABCDFGJKNQRTW 8
☎ +352 83 71 86	4 FGHIO	AFJL 9
@ info@kengert.lu	5 ACDEFHJKLMN	ABFGHJPQRZ 10
	B 16A CEE	€ 37,00
	H375 2 ha 180T(100-120m²) 18D	€ 51,00

N 49°48'00" E 06°11'53" 101307

A7 Luxemburg (Stadt)- Ettelbrück, Ausf. 5 Mersch-Nord scharf re, N7 Mersch-Zentrum. Li Berschbach, Angelsberg(Echternach). Kurz vor Larochette scharf li. Siehe Laangerterkopp. Auch N10 Bollendorf-Dillingen, Beaufort, Haller, Mederndorf. CP-Schildern folgen.

Lieler, L-9972 / Ardennes

▲ Trois Frontières Kat.I/****	1 ABCDE**JM**NOPQRS**T**	CDFG 6
🏠 Hauptstrooss 12	2 FGOPQWXY	ABDE**FG**H 7
📅 1 Jan - 31 Dez	3 BF**LMS**	ABCDFGHJKNQRTVW 8
☎ +352 99 86 08	4 BCDEFHIO	FJ 9
@ info@troisfrontieres.lu	5 ACDEFHJKMN	ABCDGHIJPRZ 10
	Anzeige auf dieser S. WB 6-10A CEE	€ 32,80
	H508 2 ha 90T(120-130m²) 58D	€ 41,80

N 50°07'26" E 06°06'18" 105316

N7 Weiswampach-Diekirch, ungefähr 3 km hinter Weiswampach nach links abbiegen Richting Lieler. Der CP ist ausgeschildert.

Trois Frontières Kat.I/★ ★ ★ ★

Gastliche Gemütlichkeit für Familien. Der Campingplatz liegt oben auf einer Höhe mit schöner Aussicht. Sehr ruhig. Überdecktes Schwimmbad mit wohltemperiertem Wasser (29°). Gut gepflegtes und modernes Sanitär. Kleines Restaurant. Ideale Ausgangsbasis für Wanderungen.

Hauptstrooss 12, 9972 Lieler • Tel. 998608 • Fax 979184
E-Mail: info@troisfrontieres.lu • Internet: www.troisfrontieres.lu

Luxemburg, L-1899 / Sud

▲ Kockelscheuer Kat.I/****	1 ABDEF**JM**NOPQRST	6
🏠 22 route de Bettembourg	2 AOPUVWXY	ABDE**FG** 7
📅 4 Apr - 31 Okt	3 BF**JM**N**PQR**SX	ABCDEFJNQRW 8
☎ +352 47 18 15	4 FIO	9
@ caravani@pt.lu	5 ACDEGLMN**O**	ABGHJLPRVZ 10
	Anzeige auf dieser Seite 16A CEE	€ 19,50
	H300 2 ha 161T(100m²)	€ 24,50

N 49°34'20" E 06°06'31" 105345

Luxemburg Südring A1 am Kreuz Gasperich. Ausf. Croix Herespange zur A3 und sofort wieder erste Ausf. zur 231 Gaasperech. Bis zum Kreisel, dann links die 186 Ri. Kockelscheuer. Rechts ab in die Route de Bettembourg. Siehe Cp-Schilder.

Mamer/Luxemburg, L-8251 / Centre

▲ Camping Mamer Kat.I	1 A**JM**NOPQRS**T**	6
🏠 4 route de Mersch	2 ABCGPQWXY	AB 7
📅 1 Apr - 16 Okt	3 AU	ABCDEFJNRW 8
☎ +352 31 23 49	4 F**H**	9
@ campingmamer@gmail.com	5 ADFHK	ABFHMOST 10
	Anzeige auf dieser Seite B 6-16A CEE	€ 20,00
	H284 1,5 ha 60T(80m²)	€ 25,00

N 49°37'45" E 06°02'48" 105331

A6/E25 Richtung Frankreich, Ausfahrt 2. Weiter Mamer, am 3. Kreisel links (nicht in den Tunnel!). Auf das Schild achten. A6/E25 Richtung Niederlande, Ausfahrt 4. Weiter Strassen/Capellen, am 2. Kreisel rechts. Auf das Schild achten.

Camping Mamer Kat.I

Der Etappenplatz in Luxemburg. An der E25/A6. Richtung Süden Ausfahrt 2 rechts. Am 3. Kreisel links (nicht in den Tunnel!). Vom Süden Ausfahrt 4 rechts. Am 2. Kreisel rechts. Modernes und sauberes Sanitär. Restaurant (ab 18 Uhr) mit günstigen Preisen. 6 km zur Stadt Luxemburg. Geöffnet vom 01-04 bis 16-10.

4 route de Mersch, 8251 Mamer/Luxemburg • Tel. 312349
E-Mail: campingmamer@gmail.com
Internet: www.campingmamer.eu

Mersch, L-7572 / Centre

▲ Camping Krounebierg*****	1 ADE**JM**NOPRST	**EFHI** 6
🏠 2 rue du Camping, BP 35	2 AGPRUVWXY	ABDE**FG**H 7
📅 30 Mär - 31 Okt	3 BFMSUV	ABCDEFGJNQRTW 8
☎ +352 32 97 56	4 BCDFHILOQ**RSTUVX**	E 9
@ contact@ campingkrounebierg.lu	5 ACDEFHJLMN	ABDFGHJMPRVZ 10
	Anzeige auf Seite 425 B 6-10A CEE	€ 36,85
	H250 3 ha 140T(60-200m²) 31D	€ 45,25

N 49°44'37" E 06°05'23" 100690

Von N: A7 Ausfahrt Kopstal, Ri. Mersch. CP-Schildern folgen. Von der N7 in Mersch den Schildern Stadtzentrum folgen. Von S: A6 Ri. Bruxelles, dann Ausfahrt 3 Bridel/Kopstal. Ri. Mersch, dann den CP-Schildern folgen.

ACSI Camping Europa-App

8 100 europäische Campingplätze in einer praktischen App

ab 0,99 €

- Schnell und einfach buchen, auch unterwegs
- Kostenlose Updates mit Änderungen und neuen Campingplatz-Bewertungen
- Mit Informationen zu 9 000 kontrollierten Reisemobilstellplätzen kombinierbar
- Auch offline nutzbar

www.Eurocampings.de/app

Camping Krounebierg ★ ★ ★ ★ ★

In der geographischen Mitte von Luxemburg! Dieser prächtige Camping hat eine herrliche Brasserie mit einer schönen (beheizten) Terrasse und einen Imbiss. Große, mit Hecken parzellierte Stellplätze geben viel Privatsphäre. Sonderplätze für Reisemobile und Fahrräder.

2 rue du Camping, BP 35 • 7572 Mersch • Tel. 329756
E-Mail: contact@campingkrounebierg.lu • Internet: www.campingkrounebierg.lu

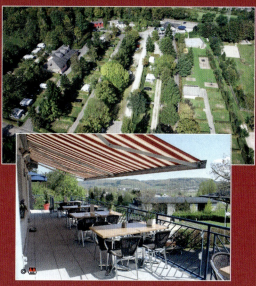
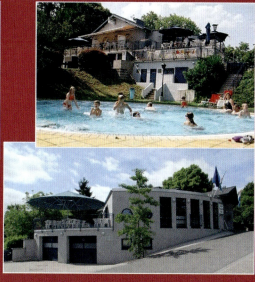

Luxemburg

Nommern, L-7465 / Centre

- Europacamping Nommerlayen Kat.I/*****
- rue Nommerlayen
- 3 Apr - 1 Nov
- +352 87 80 78
- info@nommerlayen-ec.lu
- N 49°47'06'' E 06°09'55''

1 ABCDE**JM**NOPQRS**T**	AC**D**EFG 6
2 AFPUVWXY	AB**C**DE**FGH** 5
3 ABEF**GLMRS**U**VX ABCDFH**IJKL**NPQRTUVW 8	
4 BC**D**EFGHILMO**PQTU**	ABEJUVW 9
5 ACDEFHKLMN	ABDFGHIJNPRXZ10
Anzeige auf Seite 424 B 10-16A CEE	① €48,90
H298 15 ha 388**T**(70-130m²) 34**D**	② €64,40

Der N7 bis Ettelbrück/Schieren, dann Ausfahrt 7, Cruchten/Colmarberg. Am Ende Ausfahrt nach Shell-Tankstelle links Ri. Cruchten/Nommern. In Cruchten links ab, dann den Schildern folgen. **105341**

Reisdorf, L-9390 / Mullerthal

- De la Sûre Reisdorf Kat.I
- 23 route de la Sûre
- 28 Mär - 31 Okt
- +352 6 91 84 96 66
- info@campingdelasure.lu
- N 49°52'11'' E 06°16'03''

1 ADE**JM**NOPRST	NX 6
2 COPVWXY	ABE**FG** 7
3 BMSX	ABCDEFHJNPQRW 8
4 FHIO**PQ**	BE 9
5 ABDEFHKLMN	ABDGHJPR10
Anzeige auf dieser Seite 10-16A CEE	① €27,00
H182 2,9 ha 110**T**(100-150m²) 6**D**	② €38,00

N10 Diekirch-Echternach, in Reisdorf zweiter CP nach der Brücke. **101536**

Reisdorf, L-9390 / Mullerthal

- De la Rivière
- 21, route de la Sûre
- 1 Feb - 7 Nov
- +352 83 63 98
- campingreisdorf@pt.lu
- N 49°52'06'' E 06°15'54''

1 A**JM**NOPQRST	NX 5
2 COPVWXY	AB**FG** 7
3 ASX	ABDEF**H**JNQRW 8
4 FHIO	F 9
5 DEHLMN	ABGHJ**N**PR10
6-10A CEE	① €20,25
H184 1,5 ha 70**T**(100-220m²) 8**D**	② €27,25

N10 Diekirch-Echternach. In Reisdorf erster Camping nach der Brücke, gegenüber des China-Restaurants. **108729**

Reuler/Clervaux, L-9768 / Ardennes

- Reilerweier Kat.I
- Maison 86
- 1 Apr - 1 Nov
- +352 92 01 60
- info@reilerweier.lu
- N 50°03'15'' E 06°02'19''

1 ABDE**JM**NOPQRST	N 6
2 COPUVWX	AB**D**EFG**K** 7
3 AB**L**M**ST**	ABD**FJ**NQRTU 8
4 BCDFHI	EF**J** 9
5 ADEHJM**NO**	ABFHIJORV10
B 6A CEE	① €24,00
H450 2 ha 50**T**(100-120m²) 78**D**	② €24,00

A60 Ausfahrt Prüm-Pronsfeld. Richtung Eifelzoo, B410. Weiter Dasburg/Grenze. B10 Richtung Marnach/Clerf/Reuler. Bei Reuler, 3 km hinter Clerf/Clervaux. Ausgeschildert. **105319**

„Let the river flow"

CAMPING DE LA SÛRE
Reisdorf

www.campingdelasure.lu info@campingdelasure.lu +352 691 84 96 66 Camping, Mobilheime, Safarizelte, Restaurant, Geschäft, Snackbar

Karte Luxemburg auf Seite 415

Du Barrage Rosport Kat.I

Familiencamping an der Sûre (Sauer) in Rosport, 8 km von Echternach. Idealer Ausgangspunkt in die Region (Mullerthal, Mosel, Luxemburg, Trier, etc.). Neues Sanitär, Waschmaschinen und Trockner, Bar, Freizeitraum, neues Schwimmbad mit Rutsche, Spielgelände, Beachvolleyball, Boules, Radvermietung, Animation für Kinder. 3 km von der Strecke Bitburg-Trier (B51) und 14 km von der A1 Trier-Luxemburg. Geöffnet vom 1/3 bis 31/10. Ermäßigung in der Nebensaison. Fischsaison: 15/06-28/02.

6484 Rosport
Tel. +352 730160
E-Mail: campingrosport@pt.lu
Internet: www.camping-rosport.lu

Luxemburg

Rosport, L-6484 / Mullerthal 📶 CC€18 iD
- Du Barrage Rosport Kat.I
- 1, rue du camping
- 1 Mär - 31 Okt
- +352 73 01 60
- campingrosport@pt.lu

1 ADEJMNOPRT ABFGNWXZ 6
2 CGOPQVWX ABDFG 7
3 BFGMQSX ABCDEFGJKNQRTW 8
4 BFHI EFRUVW 9
5 ADEH ABGHKPRZ 10
Anzeige auf dieser S. B 12-16A CEE ① €26,00
H150 4,2 ha 97T(100m²) 101D ② €34,00

N 49°48'33'' E 06°30'12''
N10 Echternach-Wasserbillig bis Rosport. Dann Schildern folgen. 105347

Du Barrage Kat.I Stolzembourg

Willkommen auf Camping Du Barrage. Der Campingplatz liegt an der Our, etwa 6 km von der schönen alten Stadt Vianden und am N10. Vianden - Hosingen - Clervaux. GPS: N 49°58'37'' E 6°09'57''
Neu! Gratis WLAN auf jedem Platz auf dem Camping!

9464 Stolzembourg • Tel. 834537
E-Mail: scr@pt.lu • Internet: www.campingdubarrage.lu

Schwebsingen, L-5447 / Moselle
- Port & Camping de Schwebsange
- 1 am Hafen
- 1 Apr - 31 Okt
- +352 23 66 44 60
- info@camping-port.lu

1 BDEFJMNOPRST NXYZ 6
2 ACGOPVWXY ABDEFG 7
3 BMNSX ABCDEFGIJNQRTUW 8
4 FH 9
5 ABDEHKL ABFGHKR 10
B 10-16A CEE ① €22,00
H150 3 ha 144T(100m²) 60D ② €31,00

N 49°30'38'' E 06°21'47''
N10 Echternach-Wasserbillig-Remich-Schwebsingen. Der CP liegt auf der linken Seite beim Jachthafen. 109587

Camping Troisvierges

visit troisvierges camping

- ruhiger Camping im Naturpark Our
- ideal für Wander-, Natur-, und Kulturbegeisterte
- an einem Bach gleich am Bahnhof und Ort
- Wanderwege, Mountainbikepisten, Tennis, Squash, Boules, Basketball und Hallenbad am Platz. Golfplatz (18 Loch) in 10 km
- im Juli/August beheiztes Außenbecken (renoviert) • gratis WLAN
- autofreie Bereiche und Zeltfeld für Familien
- Vermietung von Schlafräumen 'Bed&Bike' und Wohnwagen

Rue de Binsfeld, 9912 Troisvierges • Tel. 997141 • Fax 26957799
E-Mail: info@camping-troisvierges.lu
Internet: www.camping-troisvierges.lu

Simmerschmelz, L-8363 / Centre 📶 CC€16 iD
- Simmerschmelz 1
- Simmerschmelz 2
- 1 Jan - 31 Dez
- +352 30 70 72
- info@simmerschmelz.com

1 ADEJMNOPRST AF 6
2 ABGOPQTVWX ABCFGH 7
3 BEGMNVWX ABFJKNQRW 8
4 BCDFILOQ EFG 9
5 ABDEFHKMN ABHJMPQSTZ 10
Anzeige auf dieser Seite 6A CEE ① €27,75
H350 5 ha 55T(80-120m²) 87D ② €36,75

N 49°41'34'' E 05°59'08''
Von Belgien E25 Ri. Luxemburg, Ausfahrt 1 Ri. Steinfort. Kreisverkehr geradeaus Ri. Septfontaines. Nach 300m rechts Ri. Goeblange. Am Ende rechts und gleich links Simmerschmelz folgen. Nach 3 km CP (rechten Seite). 109345

Simmerschmelz Kat.I

Gemütlicher Familiencamping im schönen Eischtal. Freibad mit Wasserspielplatz / Tretboote / Liegewiese mit Strandbar / Trampolin / Hüpfburg. 5 Wochen Kinderunterhaltung im Juli/August. Frische Brötchen auf Bestellung / Imbiss zum Mitnehmen / Mini-Shop / Bistro. Gratis WiFi. Mietmobilheime. Wohnmobile bis 8m willkommen.

Simmerschmelz 2, 8363 Simmerschmelz • Tel. 307072
E-Mail: info@simmerschmelz.com • Internet: www.simmerschmelz.com

---

Stolzembourg, L-9464 / Ardennes 📶 iD
- Du Barrage Kat.I
- 1 Apr - 1 Nov
- +352 83 45 37
- scr@pt.lu

1 AEJMNOPQRST N 6
2 CGOPVWXY ABDEFGH 7
3 BSUX ACEFHJNRT 8
4 FINO DI 9
5 ABDEHJKN ABHJLPRV 10
Anzeige auf dieser Seite B 16A CEE ① €21,00
H230 3 ha 100T(90-120m²) 81D ② €27,00

N 49°58'37'' E 06°09'57''
Von Vianden N10 Richtung Stolzembourg, 1 km hinterm Dorf an der rechten Seite. 108728

Tadler, L-9181 / Ardennes 📶 ⚙ iD
- Toodlermillen****
- Toodlermillen 1
- 15 Apr - 15 Sep
- +352 83 91 89
- info@camping-toodlermillen.lu

1 ADEFGJMNOPQRST J 6
2 CGIPVWX ABDEFGH 7
3 BHIMUX ABDFJKNQRTW 8
4 BFHIO 9
5 ABDEFHKMN ABFHIJLPSTW 10
Anzeige auf Seite 427 B 6A CEE ① €31,50
H250 3 ha 90T(80-120m²) 30D ② €39,50

N 49°54'50'' E 06°00'03''
N15 Bastogne-Ettelbrück, in Heiderscheidergrund die N27 am Fluss entlang. Nach 5 km kommt die Ortschaft Tadler. Der CP liegt zwischen der Straße und Fluss an der Brücke. 105323

Tarchamps, L-9689 / Ardennes 📶 iD
- Um Bierg Kat.I/***
- Um Bierg 32
- 15 Mär - 1 Nov
- +31 6 21 26 78 28
- umbierg@pt.lu

1 ACJMNOPRST A 6
2 FGOPUVWXY ABDEFG 7
3 ABFMU ABDEFJNRTUW 8
4 BDEFHILOPQ IJ 9
5 ACEFHJKLN ABHIJPST 10
6A CEE ① €21,50
H500 1,8 ha 95T(70-120m²) 19D ② €29,50

N 49°56'47'' E 05°48'04''
A4/E25 Luxemburg (Stadt) Richtung Bastogne (Belgien), Ausfahrt 54. In Bastogne Richtung Diekirch/Wiltz (N84 in Belgien, N15 in Luxemburg), durch Doncols (1 km hinter der Grenze). Den CP-Schildern 5,5 km folgen. 105314

Troisvierges, L-9912 / Ardennes 📶 CC€18 iD
- Camping Troisvierges Kat.I
- rue de Binsfeld
- 1 Apr - 30 Sep
- +352 99 71 41
- info@camping-troisvierges.lu

1 ABCDEGJMNOPRT ABFH 6
2 CGOPUVXY BEFGJK 7
3 BFGLMNPSTVX ABFJNQRTUVW 8
4 BCDEFHIOQ BEFG 9
5 ADEFHJKNO ABDFGHIJPRVWZ 10
Anzeige auf dieser Seite B 10A ① €21,50
H467 5 ha 140T(80-120m²) 58D ② €26,50

N 50°07'07'' E 06°00'15''
Der CP liegt ca. 300m vom Zentrum der Stadt Troisvierges, an der Straße nach Binsfeld. In Troisvierges den CP-Schildern folgen. 100686

Camping de l'Our

Am Ufer der Our. Über 100 km Wanderwege, Animation in der Hochsaison. Boules Anlage. Gratis WiFi. Schöne Motorradstrecken. Bistro-Restaurant mit großer Terrasse. In Vianden gibt es ein Freibad, Burg und Seilbahn.

3 route de Bettel
9415 Vianden
Tel. +352 834505 • Fax +352 834750
E-Mail: campingour@pt.lu
Internet: www.camping-our-vianden.lu

Vianden, L-9415 / Ardennes

▲ Camping de l'Our
3 route de Bettel
1 Apr - 18 Okt
+352 83 45 05
@ campingour@pt.lu

1 ADE**JM**NOPR**T**	JNX 6
2 COPTVWXY	AD**FG** 7
3 AMSX	AE**F**NRTW 8
4 BFHIO	DGHI 9
5 ABDEFHJKLM**N**	ABHJPR 10
Anzeige auf dieser Seite	10A

N 49°55'40'' E 06°13'15''
H205 1,5 ha 120T(70-150m²) 38D
€21,60 / €27,00
108727

N17 Diekirch-Vianden. In Fouhren rechts ab, die N17B, 2 km hinter Bettel. 2. CP rechts.

Wallendorf-Pont, L-9392 / Mullerthal

▲ Du Rivage Kat.I
Echternacherstrooss 7
18 Apr - 20 Sep
+352 83 65 16
@ voogt@pt.lu

1 AB**IL**NOPQR**T**	JNU 5
2 COPVWX	AB**FG** 7
3 AM**N**X	ABEFJNRTW 8
4 FGHIO**RSTV**	BFRUVW 9
5 ADEGH**N**	ABHJOR 10
6A CEE	

N 49°52'25'' E 06°17'26''
H180 1,5 ha 50T(100m²) 10D
€28,00 / €35,50
108731

N10 Diekirch-Echternach. Am Ende des Dorfes Wallendorf-Pont liegt der CP.

Walsdorf, L-9465 / Ardennes

▲ Vakantiepark Walsdorf★★★★
Tandlerbaach 1
10 Apr - 31 Okt
+352 83 44 64
@ info@campingwalsdorf.com

1 ABDE**JM**NOPQRT	6
2 BCGPQSUVWXY	ABDE**FG**H 7
3 A**F**G**MT**UX	ABCDE**F**HJKNQRTW 8
4 ABCDFHIQ	ABCEIJUVW 9
5 ACDEFHKLN	ABFHJO**P**STZ 10
Anzeige auf dieser Seite	B 4-6A CEE

N 49°55'02'' E 06°10'43''
H264 6 ha 100T(80-140m²) 40D
€34,50 / €45,00
105335

B50 Bitburg-Vianden. N17 Diekirch-Vianden. Hinter Tandel links ab. CP-Schildern folgen. Campingzufahrt sehr schmal.

Wiltz, L-9554 / Ardennes

▲ Camping-Park KAUL Kat.I
60 Campingstrooss
1 Jan - 31 Dez
+352 9 50 35 91
@ info@kaul.lu

1 ADE**JM**NOPQRST	ABFGH 6
2 GOPRTVWX	ABDE**FG**H 7
3 BFG**MN**S	ABCDEF**GIJ**LNQRTUV 8
4 ABCDEFHIO	BCEFJUW 9
5 DEFHJKLN	ABDFGHJPRZ 10
Anzeige auf dieser Seite	B 10A CEE

N 49°58'23'' E 05°56'01''
H480 6 ha 77T(100m²) 55D
€30,00 / €42,00
105322

Der CP liegt 300m vom Zentrum von Unterstadt von Wiltz entfernt, entlang der Straße Troisvierges-Clervaux stehen CP-Schilder.

Vakantiepark Walsdorf

Park am Waldrand, ideal für Wanderer und Ruhesuchende.
Ausstattung: Parkshop, täglich frisches Brot, Restaurant, Cafeteria, kostenloser WiFi-Bereich.
Adres: Tandlerbaach 1, 9465 Walsdorf, Luxemburg
E-Mail: info@campingwalsdorf.com • Tel. +352 834464
Internet: www.campingwalsdorf.com

CAMPING TOODLERMILLEN
★★★★

1-A Familiencamping, am Landgut, BIOLOGISCHER LANDBAU, am Ufer der Sûre (Sauer). Wanderwege im Grünen, baden in der Fluss. Tadler bietet Ihnen einen harmonischen und ruhigen Aufenthalt in sauberer Waldluft. Camperfamilien sind uns willkommene Gäste.
Die Bio-Highland-Rinder sorgen für herrliche Hamburger, die man bei uns im Restaurant probieren kann.

Toodlermillen 1, 9181 Tadler • Tel. 839189 • Fax 83918989
info@camping-toodlermillen.lu • www.camping-toodlermillen.lu

KAUL
CAMPING PARK KAUL – WILTZ

WiFi FREE

Komfortables Freizeitzenter im Herzen der Ardennen. Beheiztes Schwimmbad mit großer Wasserrutschbahn, separates Kinderbecken. Beachvolley, Spielplatz, Mountainbike- und Skateboardpiste. Vermietung von Pods, Safarizelten und Chalets bis 6 Personen. Kleine Mahlzeiten und Snacks erhältlich. Wanderwege, Mountainbiketouren, Tennis. Kinderanimation in der Hochsaison.

60 Campingstrooss
L-9554 Wiltz
Tel.: (+352) 95 03 59 1
Fax: (+352) 95 77 70
E-Mail: info@kaul.lu
www.kaul.lu

8 100 europäische Campingplätze in einer praktischen App

ab **0,99 €**

ACSI Camping Europa-App

- Schnell und einfach buchen, auch unterwegs
- Kostenlose Updates mit Änderungen und neuen Campingplatz-Bewertungen
- Mit Informationen zu 9 000 kontrollierten Reisemobilstellplätzen kombinierbar
- Auch offline nutzbar

Für weitere Infos besuchen Sie:
www.Eurocampings.de/app

Dänemark

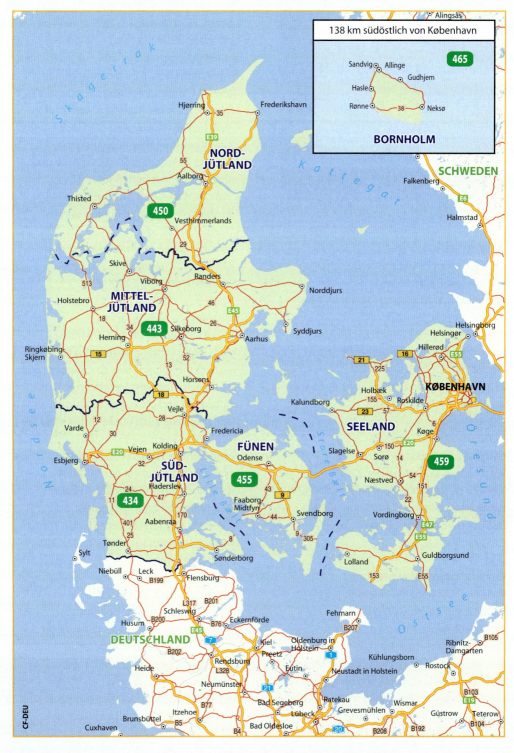

Dänemark

Allgemeines

Offizieller Name: Königreich Dänemark (Kongeriget Danmark).
Dänemark ist Mitglied der Europäischen Union.
In Dänemark wird Dänisch gesprochen. In touristischen Gebieten kommt man fast überall mit Englisch und Deutsch zurecht.
Zeitunterschied: In Dänemark ist es so spät wie in Berlin, Paris und Rom.

Währung und Geldfragen

Währung: Dänische Krone.
Wechselkurs im September 2019:
1,00 € = ca. 7,50 DKK / 1,00 DKK = ca. 0,13 €.
Bankkarte und Kreditkarte können Sie fast überall benutzen. Es gibt genug Geldautomaten.

Grenzformalitäten

Viele Formalitäten und Vereinbarungen in Bezug auf die notwendigen Reisedokumente, Fahrzeugpapiere, Anforderungen an Ihr Transportmittel und Ihr Campingfahrzeug, medizinische Kosten und die Mitnahme von Tieren hängen nicht nur vom Reiseziel, sondern auch von Ihrem Abreiseort und Ihrer Nationalität ab. Auch die Dauer Ihres Aufenthaltes kann eine Rolle spielen. Es ist unmöglich, im Rahmen dieses Leitfadens für alle Benutzer die richtigen und aktuellen Informationen über diese Themen zu gewährleisten. Wir empfehlen Ihnen daher, die folgenden Fakten in jedem Fall rechtzeitig vor der Abreise zu überprüfen:
- welche Reisedokumente Sie für sich selbst und Ihre Mitreisenden benötigen,
- welche Dokumente Sie für Ihr Auto und Ihren Anhänger benötigen,
- welche Waren und Medikamente Sie kostenlos ein- und ausführen dürfen,
- wie bei Unfall oder Krankheit die medizinische Behandlung in Ihrem Urlaubsland geregelt ist und bezahlt werden kann.

Haustiere

Finden Sie heraus, ob Ihr Haustier an Ihrem Zielort willkommen ist. Nehmen Sie hierzu frühzeitig Kontakt zu Ihrem Tierarzt auf. Dieser informiert Sie über relevante Impfungen und die entsprechenden Nachweise wie auch über Pflichten bei der Rückkehr.
Ferner sollten Sie sich erkundigen, ob an Ihrem Zielort für das Mitführen von Haustieren im öffentlichen Raum bestimmte Bedingungen gelten. So müssen in einigen Ländern Hunde immer einen Maulkorb tragen oder hinter Gittern transportiert werden.

Straßen und Verkehr

Das ausgedehnte und moderne Straßennetz in Dänemark ist von guter Qualität. Die Straßen sind befestigt und die Fahrbahnoberfläche wird regelmäßig gewartet.
An vielen wichtigen Straßen innerhalb und außerhalb der Städte gibt es Radwege.

Dänemark

Fähren
Informationen über Fahrzeiten, Abfahrtszeiten und Tarife finden Sie bei Reedereien wie *bornholmslinjen.com*, *polferries.com*, *scandlines.de* und *ttline.com*. Die Preise hängen u. a. von der Saison und der Abfahrtszeit ab. Es ist ratsam, rechtzeitig eine Reservierung vorzunehmen.
Erkundigen Sie sich vorab bei der Reederei, ob Gasflaschen mit auf das Boot genommen werden dürfen.

Tanken
Bleifreies Benzin (Blyfri Oktan 95 und 98) und Diesel sind leicht erhältlich. Autogas ist kaum verfügbar.
Viele Tankstellen in Dänemark sind 24 Stunden am Tag geöffnet. Es gibt auch sehr viele unbemannte Tankstellen.

Verkehrsregeln
Abblendlicht (oder Tagfahrlicht) ist tagsüber vorgeschrieben.
An einer Kreuzung mit Straßen gleichen Ranges hat der von rechts kommende Verkehrsteilnehmer Vorfahrt. Fahrzeuge im Kreisverkehr haben normalerweise Vorfahrt. Auf geneigten Straßen hat bergauffahrender Verkehr Vorfahrt vor bergabfahrendem Verkehr.

Die Alkoholgrenze liegt bei 0,5 ‰. Fahrer dürfen nur mit einer Freisprechanlage telefonieren. Kinder unter einer Größe von 1,35 m müssen in einem Kindersitz sitzen. Winterreifen sind nicht vorgeschrieben (allerdings in Deutschland bei winterlichen Verhältnissen).

Besondere Bestimmungen
Auf Autobahnen sind Sie verpflichtet, bei einem Stau oder Unfall andere Verkehrsteilnehmer mit Ihrer Warnblinkanlage zu warnen.
Das Parken ist u. a. innerhalb eines 10-m-Radius um eine Kreuzung verboten.

Vorgeschriebene Ausrüstung
Ein Warndreieck ist im Fahrzeug vorgeschrieben. Sicherheitswesten, ein Verbandskasten, ein Feuerlöscher und Ersatzlampen werden ebenfalls zur Mitnahme empfohlen.

Wohnwagen, Wohnmobil
Ein Wohnmobil oder ein Gespann aus Pkw und Wohnwagen darf bis zu 4 m hoch, 2,55 m breit und 18,75 m lang sein (der Wohnwagen selbst darf bis zu 12 m lang sein).

Höchstgeschwindigkeiten

Dänemark	Außerhalb geschlossener Ortschaften	Autobahn
Auto	80-90*	110-130**
Mit Anhänger	70	80
Wohnmobil < 3,5 Tonnen	80-90*	110-130**
Wohnmobil > 3,5 Tonnen	70	80

* Die Höchstgeschwindigkeit kann lokal auf 90 km/h erhöht werden.
** Die Höchstgeschwindigkeit ist durch Schilder gekennzeichnet (auch eine niedrigere Höchstgeschwindigkeit ist möglich).
Innerhalb geschlossener Ortschaften beträgt die Höchstgeschwindigkeit 50 km/h (im Zentrum von Kopenhagen 40 km/h).

Dänemark

Fahrrad
Ein Fahrradhelm ist nicht vorgeschrieben. Telefonieren und Tippen auf einem Handy sind auf dem Fahrrad verboten.
Sie dürfen keinen Fahrgast auf dem Gepäckträger mitnehmen (aber ein Kind in einem Kindersitz).

Maut und Umweltzonen
Maut
Auf den dänischen Straßen wird keine Maut erhoben. Auf der Großen Beltbrücke und der Öresundbrucke müssen Sie allerdings eine Mautgebühr zahlen. Sie können auf verschiedene Weise bezahlen. Mehr Informationen: *storebaelt.dk* und *oresundsbron.com*.

Umweltzonen
In Aarhus, Aalborg, Odense, Kopenhagen und Frederiksberg wurden Umweltzonen eingerichtet.
Schwere Dieselfahrzeuge müssen für das Fahren in diesen Umweltzonen mit einer Umweltplakette versehen sein.
Es gibt (Stand September 2019) noch keine Umweltzonen, die für normale Personenkraftwagen gelten.
Weitere Informationen:
ecosticker.applusbilsyn.dk.

Panne und Unfall
Platzieren Sie Ihr Warndreieck auf der Autobahn mindestens 100 m (auf sonstigen Straßen 50 m) hinter Ihrem Auto, wenn es eine Gefahr für den übrigen Verkehr darstellt. Allen Insassen wird empfohlen, eine Sicherheitsweste anzuziehen.
Rufen Sie bei einer Panne die Notrufnummer Ihrer Pannenhilfe-Versicherung an. Sie können auch einen dänischen Pannendienst anrufen:
+45 70 10 20 30 (Falck) oder +45 70 10 80 90 (SOS/Dansk Autohjaelp).
Das Abschleppen ist auf Autobahnen verboten.

Notrufnummer
112: nationale Notrufnummer für Rettungswagen, Feuerwehr und Polizei

Campen
Ruhe und Privatsphäre sind auf dänischen Campingplätzen von größter Bedeutung. Die Campingplätze sind oft weiter von der Zivilisation entfernt als in anderen Ländern. Dänische Campingplätze sind Familiencampingplätze par excellence. Die Anzahl der Komfort-Stellplätze nimmt zu. Wildcampen außerhalb der Campingplätze ist im Allgemeinen verboten. Es ist nur zulässig, wenn der Grundbesitzer die Erlaubnis erteilt hat.

Besonderheiten
Für Camper, die spät kommen, wird der Quick-Stop-Service immer beliebter: Übernachtungen nach 20.00 Uhr und bis 10.00 Uhr, oft außerhalb des Campingplatzes.
Achtung! Die Möglichkeiten, Propangasflaschen zu befüllen, sind sehr begrenzt. Deshalb ist es am besten, genügend Gas mitzunehmen.
Seitdem die dänische Wettbewerbsbehörde 2017 darüber entschieden hat, besteht keine Verpflichtung mehr, eine Camping Key Europe (CKE)-Karte für dänische Campingplätze zu erwerben. Sie können nun auch Ihre ACSI Club ID auf vielen dänischen Campingplätzen verwenden. Es ist jedoch immer noch möglich, dass einzelne dänische Campingplätze eine CKE-Karte verlangen. Sie können diese vor Ort kaufen.

Dänemark

Wohnwagen, Wohnmobil
In Dänemark ist es verboten, die Nacht in einem Wohnmobil oder Wohnwagen am Straßenrand oder in der Natur zu verbringen.

Suche nach einem Campingplatz
Über *eurocampings.eu* können Sie ganz einfach einen Campingplatz suchen und auswählen.

Praktisch
Steckdosen haben zwei runde Löcher (Typ C oder F), oft ein zusätzliches halbrundes Loch (Typ K) und manchmal einen hervorstehenden Erdstift (Typ E).
Auf *iec.ch/worldplugs* können Sie überprüfen, ob Sie einen Adapter (Weltstecker) benötigen.
Schützen Sie sich vor Zecken, da diese Krankheiten übertragen können.
Vermeiden Sie auf Grönland wegen Tollwutgefahr den Kontakt mit Säugetieren.
Leitungswasser kann bedenkenlos getrunken werden.

Klima Kopenhagen	Jan.	Feb.	März	Apr.	Mai	Jun.	Jul.	Aug.	Sept.	Okt.	Nov.	Dez.
Durchschnittliche Höchsttemperatur	2	2	5	10	15	19	20	20	17	12	7	4
Durchschnittliche Anzahl der Sonnenstunden pro Tag	1	2	4	5	8	8	8	7	5	3	1	1
Durchschnittliche monatliche Niederschlagsmenge (mm)	36	24	34	35	40	45	57	55	53	47	52	47

Süd-Jütland

Fjordlyst - Aabenraa City Camping ★ ★ ★

Super zentrale Lage in Südjütland. Fjordlyst ist ein gemütlicher Campingplatz, dicht am Stadtzentrum, dem Wald und Strand und mit einer Geschichte, die bis in die Bronzezeit reicht. Wir bieten Gästeunterkünfte für Zelt, Caravan oder Reisemobil.

Sønderskovvej 100, 6200 Aabenraa · Tel. 74622699
Fax 74622939 · E-Mail: mail@fjordlyst.dk
Internet: www.fjordlyst.dk

Aabenraa, DK-6200 / Sydjylland

- Fjordlyst - Aabenraa City Camping***
- Sønderskovvej 100
- 4 Apr - 27 Sep
- +45 74 62 26 99
- mail@fjordlyst.dk
- N 55°01'30'' E 09°24'52''
- Von der E45 Richtung Aabenraa. 7 km lang der Beschilderung folgen.

1 ADE**JM**NOPRST   K**N**PQSWX 6
2 ABEFOPRTUWXY   ABDE**FG**HIJK 7
3 BFG**LV**   ABCDEFGIJKNQRTW 8
4 FHIO   FGJ 9
5 ABDJMN   ABFGHJPRVZ 10
Anzeige auf dieser Seite B 10A CEE ① €32,15
4,8 ha 110T(80-120m²) 54D ② €45,55
101115

34 spannende Campingreisen mit dem eigenen Wohnmobil oder Wohnwagen.

www.ACSIcampingreisen.de

Aabenraa, DK-6200 / Sydjylland

- Skarrev Camping**
- Skarrevvej 333
- 4 Apr - 22 Sep
- +45 92 44 43 34
- skarrev@lojtstrandcamping.dk

1	ADEJMNOPQRST	KNSWXY 6
2	EFGHJPWX	ABDEFGIJ 7
3	BLSU	ABCDEFGJNQRTW 8
4	FH	9
5	ABDN	GJPR 10

B 10A CEE
1,2 ha 60T(60-100m²) 25D
① €32,85
② €42,20

N 55°02'47'' E 09°30'01''
Von Aabenraa Richtung Norden der 170 folgen. Nach 2 km CP-Schild, Richtung Osten. In Skovby den CP-Schildern folgen.
113169

Aabenraa/Løjt Norreskov, DK-6200 / Sydjylland

- Sandskaer Strandcamping***
- Sandskaervej 592
- 1 Apr - 27 Sep
- +45 74 61 74 00
- info@sandskaer.dk

1	ACDEJMNOPQRST	AFKNOPQRSUWXYZ 6
2	AEFGHJPTVWX	ABFGHIJK 7
3	BDFIJKLMSUVX	ABCDEFIJKNQRTW 8
4	ABCDFHIKOP	BFKORTUWY 9
5	ACDEGHJMN	ABGHJPRVYZ 10

B 10A
5,8 ha 290T(80-100m²) 155D
① €36,20
② €50,95

N 55°07'01'' E 09°29'46''
In Aabenraa Straße 170 Richtung Haderslev nehmen, nach 8 km rechts Richtung Løjt Kirkeby. Dann der Ausschilderung folgen.
101846

Aarø, DK-6100 / Sydjylland

- Aarø Camping***
- Aarø 260
- 1 Jan - 31 Dez
- +45 74 58 44 82
- aaro@aaro-camping.dk

1	DJMNOPQRST	KNQSX 6
2	BEGHPQWXY	ABDEFGHIJK 7
3	ABUV	ABDEFIJKNPQRT 8
4	FHIO	DFV 9
5	ACEGHMN	ABHJPRVYZ 10

10A CEE
4,2 ha 120T 109D
① €25,45
② €34,85

N 55°15'35'' E 09°45'09''
E45, Ausfahrt Haderslev. In Haderslev Ringstraße Richtung Aarøsund. Dort mit der Fähre nach Aarø. CP ist gut ausgeschildert.
111626

Aarøsund/Haderslev, DK-6100 / Sydjylland

- Gammelbro Camping
- Gammelbrovej 70
- 1 Jan - 31 Dez
- +45 74 58 41 70
- info@gammelbro.dk

1	DEILNOPQRST	EFGHKNOPQSWXYZ 6
2	EHPVX	ABDEFGHIK 7
3	ABDFGJMNSV	ABCDEFIJKNQRTUVW 8
4	FIOPQST	FIJVY 9
5	ACFIMN	ABFGHJPRWYZ 10

B 10A
32 ha 495T(80-100m²) 497D
① €32,85
② €44,90

N 55°14'59'' E 09°42'44''
In Haderslev Richtung Aarøsund. Kurz vor Aarøsund rechts und CP-Schildern folgen.
101840

Arrild Ferieby Camping
Arrild Ferieby 5 · DK-6520 Arrild/Toftlund
Tel.: +45 2048 3734   www.arrild-ferieby-camping.dk

Arrild/Toftlund, DK-6520 / Sydjylland

- Arrild-Ferieby-Camping***
- Arrild Ferieby 5
- 1 Jan - 31 Dez
- +45 20 48 37 34
- info@arrildcamping.dk

1	ADEJMNOPQRST	EFGHN 6
2	BDOPWXY	ABDEFGHIJK 7
3	BFGHJLMNSV	ABCDEFIJKNQRTUW 8
4	FI	DF 9
5	CDEFILMN	ABGHJOSTV 10

Anzeige auf dieser Seite B 16A CEE
8 ha 250T(100-140m²) 132D
① €28,80
② €39,55

N 55°09'12'' E 08°57'24''
Von der A7/E45 Ausfahrt 73 die 175 Richtung Rømø. Bei Toftlünd der Straße folgen; an der Ausfahrt Arrild ist der CP angezeigt.
112759

6440 Augustenborg · Tel. 74471639
www.hertugbyenscamping.dk

Augustenborg, DK-6440 / Sydjylland

- Hertugbyens Camping**
- Ny Stavensbøl 1
- 1 Jan - 31 Dez
- +45 74 47 16 39
- hertugbyenscamping@mail.dk

1	ADEJMNOPQRST	KNOPQSWXYZ 6
2	AEFHKPRTWX	ABDEFGI 7
3	ALV	ABCDEFGIJKNQRTW 8
4	FH	FV 9
5	ADN	ADGHJPRW 10

Anzeige auf dieser Seite B 16A CEE
2,6 ha 200T(100-150m²) 39D
① €24,80
② €32,85

N 54°56'49'' E 09°51'15''
Hauptstraße 8, an Sønderborg vorbei, Ausfahrt Augustenborg rechts. Im Zentrum links. Den Schildern folgen. Vor dem Krankenhaus zuerst rechts, danach links der Straße zum Strand folgen.
112756

Gleich am Wattenmeer
Ruhe, Raum und Natur genießen

Ballum Camping
www.ballumcamping.eu
info@ballumcamping.eu

Ballum/Bredebro, DK-6261 / Sydjylland

- Ballum Camping***
- Kystvej 37
- 1/3 - 23/10, 19/12 - 8/1
- +45 74 71 62 63
- info@ballumcamping.eu

1	ADEJMNOPRST	PQRSWX 6
2	OPWXY	ABDEFGHIJK 7
3	BFVW	ABCDEFGHIJKNQRTW 8
4	FHIO	DFUVWY 9
5	ABDFN	ABDFGHIJPRV 10

Anzeige auf dieser Seite 10A CEE
5,2 ha 145T(100-240m²) 50D
① €31,75
② €43,80

N 55°04'08'' E 08°39'38''
Küstenstraße Nr. 419 von Tønder nach Ballum. Kurz vor Ballum ist der CP ausgeschildert.
110352

Billund, DK-7190 / Sydjylland

- LEGOLAND Holiday Village****
- Ellehammers Alle 2
- 27 Mär - 8 Nov
- +45 75 33 27 77
- reservation@legoland.dk

1	DEILNOPQRST	6
2	OPSVWXY	ABDEFGHIK 7
3	ABJLMRSV	ABCDEFIJKNQRT 8
4	IOPQ	AFGJY 9
5	ACDEFIJLMN	ABFHIKNPRVZ 10

B 10-16A CEE
14 ha 250T(80-100m²) 188D
① €42,90
② €56,30

N 55°43'53'' E 09°08'09''
Von der Straße 28 Vejle-Grindsted bei Billund die Ausfahrt Legoland/Flughafen/CP nehmen. Ab hier gut ausgeschildert.
101809

Blåvand, DK-6857 / Sydjylland

- Hvidbjerg Strand/Ferieapark*****
- Hvidbjerg Strandvej 27
- 12 Mär - 27 Okt
- +45 75 27 90 40
- info@hvidbjerg.dk

1	CDJMNOPQRST	EFHIKNQSX 6
2	EHPQVWXY	ABCDEFGHIJK 7
3	BDFGHIJKLMSUVW	ABCDEFGHIJKLMNRTUV 8
4	ABCDEIKLMOPQTUVWXYZ	FIJKLUVY 9
5	ACDEFGHIJKLMN	ABEFGHIJMPRVYZ 10

B 10-16A CEE
16 ha 690T(100-340m²) 148D
① €68,75
② €87,25

N 55°32'46'' E 08°08'03''
Ribe-Esbjerg (11-24) dann die 463 nach Billum. Nach Westen der 431 nach Blåvand folgen. Vor dem Ort ist der CP links ausgeschildert.
100077

Bramming, DK-6740 / Sydjylland

- Darum Camping***
- Alsædvej 24
- 4 Apr - 27 Sep
- +45 75 17 91 16
- info@darumcamping.dk

1	ADEFJMNOPQRST	N 6
2	ABCOPQWXY	BFGHJK 7
3	ALSV	ABCDEFGJNQRT 8
4	IO	F 9
5	ABDEFHKMN	ADGHJORZ 10

Anzeige auf dieser Seite 10-16A CEE
4,4 ha 50T(100-140m²) 30D
① €30,95
② €41,40

N 55°26'03'' E 08°38'28''
Von Süden her der Nr 11-24 folgen, Ausfahrt St. Darum. Den CP-Schildern folgen. Von Norden die 24.
100078

DARUM CAMPING
www.darumcamping.dk
Ruhiger Camping in waldreicher Umgebung zwischen Ribe und Esbjerg. Im schönen Wattensee Nationalpark gelegen.

Broager/Skelde, DK-6310 / Sydjylland

- Broager Strand Camping***
- Skeldebro 32
- 1 Jan - 31 Dez
- +45 74 44 14 18
- post@broagerstrandcamping.dk

1	ADEJMNOPQRST	KNOPQSUWXYZ 6
2	AEFGHJPQRVWXY	ABDEFGHIJK 7
3	ALSVX	ABCDEFGHIJNPQRTUVW 8
4	FHIOQ	FR 9
5	ABDMN	ABCDGHJPRVXZ 10

Anzeige auf dieser S. B 13-16A CEE
8 ha 140T(80-125m²) 45D
① €33,75
② €47,15

N 54°52'04'' E 09°44'39''
Von der E45 Ausfahrt 73 Richtung Sønderborg. Der 8 bis Nybol folgen, dann Richtung Broagar bis zur 1. Ampel links. Nach der Ampel 1. Straße rechts Richtung Skelde. Nach 3,5 km in Dynt geradeaus. Weiter ausgeschildert.
109398

Broager Strand Camping ★★★
Skeldebro 32, 6310 Broager/Skelde · Tel. 74441418
post@broagerstrandcamping.dk · www.broagerstrandcamping.dk

Urlaubsfreude...
esbjergCamping.dk

Urlaub in der Stadt am Meer

Persönlichkeit • Service • Komfort

Gudenåvej 20 · DK-6710 Esbjerg V
Tel. +45 75 15 88 22
info@esbjergcamping.dk
www.esbjergcamping.dk

Dänemark

Esbjerg V., DK-6710 / Sydjylland
- ▲ EsbjergCamping.dk***
- 🏠 Gudenåvej 20
- 📅 1 Jan - 31 Dez
- ☎ +45 75 15 88 22
- @ info@esbjergcamping.dk

1 ADJMNOPRT	ABFGHKQSX	6
2 CEHOPVWXY	ABC**DEFG**HIJ	7
3 BFGMUV	ABCDEFIJK**L**NQRT	8
4 BHIKO**U**	FJ	9
5 ABDEMN	ABFGHIJ**P**RVZ	10

Anzeige auf dieser S. B 13-16A CEE — ① €39,40 — ② €54,70
7 ha 240**T**(100m²) 66**D**

📍 N 55°30'47'' E 08°23'22''
🚗 Die Küstenstraße 447 Esbjerg-Hjerting nehmen. Am Ortsausgang von Saedding ist der CP ausgeschildert.
101797

Esbjerg/Hjerting, DK-6710 / Sydjylland
- ▲ Sjelborg Camping***
- 🏠 Sjelborg Strandvej 9
- 📅 13 Apr - 15 Sep
- ☎ +45 75 11 54 32
- @ info@sjelborg.dk

1 DJMNORST	KNQSWXY	6
2 DEGHOPQVWXY	AB**DEFG**HIJ	7
3 BFHJ**L**MSUV	ABCDEFIJKNQRT	8
4 EFHIO	J	9
5 ACDMN	AGHIJNORV	10

Anzeige auf Seite 437 B 10A CEE — ① €26,80 — ② €37,50
10 ha 330**T**(100-130m²) 184**D**

📍 N 55°32'35'' E 08°20'20''
🚗 Von Ribe kommend, vor Esbjerg dem Ring zur E20 Ri. Kolding folgen. Nach ca. 5 km ri Blåvand (Oksbøl 463) fahren. Dann links Richtung Hjerting (475). Nach ca. 2 km rechts Ri. Sjelborg.
101783

Fanø/Rindby, DK-6720 / Sydjylland
- ▲ Feldberg Familie Camping***
- 🏠 Kirkevejen 3-5
- 📅 12 Apr - 20 Okt
- ☎ +45 75 16 36 80
- @ familie@feldbergcamping.dk

1 AJMNOPQRST	NQSX	6
2 HOPVWXY	AB**DEFG**HIJ	7
3 BF**JL**MNSUV	ABC**DEF**IJKNQRTUV	8
4 AHIO**QT**	DFIJV	9
5 ADMN	ABEGHJN**P**RVW	10

10-16A CEE — ① €31,90 — ② €45,30
7 ha 356**T**(80-160m²) 217**D**

📍 N 55°25'45'' E 08°23'31''
🚗 Von der Fähre 'Esbjerg-Fanø' 2 km Richtung Rindby Strand. Nach 200m liegt der CP rechts.
101785

Fanø/Rindby, DK-6720 / Sydjylland
- ▲ Feldberg Strand Camping***
- 🏠 Kirkevejen 39
- 📅 30 Mär - 1 Nov
- ☎ +45 75 16 24 90

1 AJMNORT	KNQSWX	6
2 EHOPQWXY	AB**DEFG**HIJK	7
3 B**HIJLN**	ABCDEF**G**IJKNQRT	8
4 EFHIO	DFJV	9
5 CDEFGHKLN	ABGHJL**P**RV	10

8-16A — ① €30,15 — ② €42,35
3 ha 100**T**(100-120m²) 42**D**

📍 N 55°25'23'' E 08°23'01''
🚗 Ab Fähre 'Esbjerg-Fanø', 2 km Richtung Rindby Strand, dann noch 1 km bis zum CP.
101787

Naldmose Strand Camping

Naldmose 12, 6440 Fynshav/Augustenborg
Tel. 74474249 • E-Mail: info@naldmose.dk
Internet: www.naldmose.dk

Fanø/Rindby, DK-6720 / Sydjylland
- ▲ Rindby Camping***
- 🏠 Kirkevejen 18
- 📅 1 Apr - 6 Okt
- ☎ +45 75 16 35 63
- @ post@rindbycamping.dk

1 AJMNOPRST		6
2 OPQVWXY	AB**DFG**HIK	7
3 BFV	ABCDEFGIJKNQRT	8
4 IO	DFGHI	9
5 DMN	ABHJN**P**RV	10

13A CEE — ① €25,20 — ② €35,65
3,2 ha 128**T**(100-250m²) 73**D**

📍 N 55°25'35'' E 08°23'29''
🚗 Von der Fähre nach Fanø 2 km Richtung Rindby Strand. Nach 350m CP auf der linken Seite.
114867

Fanø/Rindby, DK-6720 / Sydjylland
- ▲ Rødgård Camping Fanø***
- 🏠 Kirkevejen 13
- 📅 16 Mai - 22 Sep
- ☎ +45 75 16 33 11
- @ info@rodgaard-camping.dk

1 ADEJMNOPRST	NQS	6
2 OPQVWXY	A**BEFG**HIJK	7
3 B**DIJL**MSUVW	AB**FGIJLM**NQRTUW	8
4 **A**BHIOQ	FGIV	9
5 ADFGHIKM**N**	ABEFGJN**P**STV	10

10-13A CEE — ① €27,45 — ② €40,90
7 ha 160**T**(100-180m²) 173**D**

📍 N 55°25'37'' E 08°23'28''
🚗 Von der Fähre Esbjerg-Fanø Richtung Rindby Strand. Nach 400m liegt der CP rechts.
112763

Fanø/Sønderho, DK-6720 / Sydjylland
- ▲ Sønderho Nycamping
- 🏠 Gammeltoft Vej 3
- 📅 3 Apr - 14 Okt
- ☎ +45 75 16 41 44
- @ nycamping@mail.dk

1 JMNORT	ENX	6
2 OPQVX	AB**DEFG**HIJK	7
3 BF**HIL**UV	ABCDEFIJK**L**NQRT	8
4 **FHIO**STU	DFGI	9
5 CDHJMN	ABHIJLOR	10

B 10-12A CEE — ① €24,10 — ② €32,15
3 ha 90**T**(80-100m²) 97**D**

📍 N 55°21'35'' E 08°27'51''
🚗 Ab Fähre 'Esbjerg-Fanø' 9 km Richtung Sønderho fahren und 400m vor der Mühle links abbiegen. CP ist ausgeschildert.
101788

Fredericia, DK-7000 / Sydjylland
- ▲ Dancamps Trelde Næs***
- 🏠 Trelde Næsvej 297
- 📅 1 Jan - 31 Dez
- ☎ +45 75 95 71 83
- @ info@dancamps.dk

1 ADE**IL**NOPQRST	AFHIKNPQSX	6
2 BEHOPVX	AB**DEFG**HIJK	7
3 BF**J**MUVX	ABC**DEFG**INQRTUV	8
4 BF**IO**TUV	ACFGJY	9
5 ACDEFHIKMN	AB**D**EGHIJ**P**RVWZ	10

Anzeige auf Seite 445 B 10A CEE — ① €41,30 — ② €53,05
10 ha 475**T** 165**D**

📍 N 55°37'30'' E 09°50'00''
🚗 Die 28 (Vejle-Fredericia). In Vejle Richtung Egeskov abbiegen, dann Trelde und Trelde-Næs. Von Fredericia nach Trelde, dann Trelde-Næs.
101868

Fynshav/Augustenborg, DK-6440 / Sydjylland
- ▲ Lillebælt Camping***
- 🏠 Lillebæltvej 4
- 📅 1 Apr - 30 Sep
- ☎ +45 74 47 48 40
- @ info@lillebaeltcamping.dk

1 ADE**J**MNOPQRST	KNOPQSW**XY**	6
2 EFGHKOPRTUVWX	AB**DEFG**HIJ	7
3 BF**LM**	ABCDEFNQRTW	8
4 **FH**	DI	9
5 DMN	ABGHJ**P**RV	10

10A CEE — ① €26,80 — ② €40,20
3 ha 145**T**(80-100m²) 53**D**

📍 N 54°59'09'' E 09°59'25''
🚗 Von der E45 Ausfahrt 73, die 8 Richtung Sønderborg bis Fynshav nehmen. In Fynshav rechts Richtung Skovby. Nach 700m links, danach ausgeschildert.
101882

Fynshav/Augustenborg, DK-6440 / Sydjylland
- ▲ Naldmose Strand Camping
- 🏠 Naldmose 12
- 📅 1 Jan - 31 Dez
- ☎ +45 74 47 42 49
- @ info@naldmose.dk

1 ADE**J**MNOPQRST	KNOPQSWXY	6
2 BEFHJOPRTVWXY	AB**FG**HIJK	7
3 AB**FLM**	ABCDEF**G**IJNQRTW	8
4 FHIO	FIY	9
5 ABDN	AFGHJ**P**RXYZ	10

Anzeige auf dieser Seite B 13A CEE — ① €28,15 — ② €38,85
4,5 ha 180**T**(100-120m²) 86**D**

📍 N 54°59'42'' E 09°58'36''
🚗 Von der E45 Ausfahrt 73 die 8 Richtung Sønderborg. Weiter bis Fynshav, dort links nach Guderup, nach 400m rechts. CP-Schildern folgen.
110359

Gårslev/Børkop, DK-7080 / Sydjylland
- ▲ Mørkholt Strand Camping***
- 🏠 Hagenvej 105b
- 📅 1 Jan - 31 Dez
- ☎ +45 75 95 91 22
- @ info@morkholt.dk

1 ADE**J**MNOPQRST	ABFKNQSWXY	6
2 EHJPVX	B**DEFG**HJK	7
3 AB**FGJL**MUVX	ABCDE**FIJL**NQRT	8
4 ABFIO	FJRU	9
5 ACDEFIMN	ABGHIJ**P**RVYZ	10

B 10A — ① €35,90 — ② €48,00
7,7 ha 380**T**(80-120m²) 141**D**

📍 N 55°39'23'' E 09°43'35''
🚗 Straße 28 Vejle-Fredericia N. 14 km von Vejle und 10 km von Fredericia entfernt ist der CP an der Ausfahrt Gårslev ausgeschildert.
101828

Sjelborg Camping ★ ★ ★

Sjelborg Camping liegt in einer außerordentlich schönen Umgebung. Heide und Wälder mit kleinen Seen und 600m von einem schönen Sandstrand. 14 Mietbungalows. Die blaue Bucht eignet sich bestens zum Surfen und zum Wasserski. 50m weiter gibt es ein interessantes und äußerst gut erhaltenes Dörfchen aus der Eiszeit. Schöner Familiencamping mit vielen windgeschützten Plätzen. Schöne Angelmöglichkeiten im See auf dem Camping. Sjelborg Camping - 'eine Perle mitten in der Natur'!

Sjelborg Strandvej 9, 6710 Esbjerg/Hjerting
Tel. 75115432 • Fax 76131132
E-Mail: info@sjelborg.dk
Internet: www.sjelborg.dk

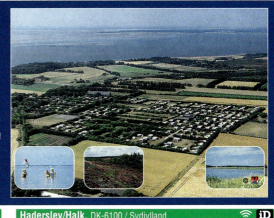

Give, DK-7323 / Sydjylland
- Give Camping og Cafetaria★★
- Skovbakken 34
- 1 Jan - 31 Dez
- +45 75 73 11 34
- info@givecamping.dk
- N 55°51'02'' E 09°13'50''

1 ABDEILNOPQRST **ABF**G 6
2 ABGOPVWXY ABDE**FG**IJK 7
3 B**FG**JL**NO**SUVX ABDEFGIJKNPQRTW 8
4 **BF**HIT AFY 9
5 AB**DF**IL**N** ABFGHK**P**RVWZ10
B 10A CEE ① €21,45
H100 3,5 ha 130**T**(80m²) 58**D** ② €33,50

Give liegt nordwestlich von Vejle an der Anschlussstelle der Straßen 30, 18 und 441. Ab hier ist der CP gut ausgeschildert.
101807

Haderslev/Halk, DK-6100 / Sydjylland
- Halk Strand Camping★★★
- Brunbjerg 105
- 3 Apr - 27 Sep
- +45 74 57 11 87
- info@halkcamping.dk
- N 55°11'09'' E 09°39'17''

1 ABDE**JM**NOPQRST KNQSWX 6
2 EF**HJ**PQVWX ABDE**FG**IJK 7
3 BDF**JM**SUV ABCDE**FG**IJKNQRTW 8
4 FHIO**Q** DEFIY 9
5 ACDMN AGHJ**PS**TVWZ10
B 10A CEE ① €30,40
4,5 ha 140**T**(80-100m²) 109**D** ② €42,50

Straße 170 Aabenraa-Haderslev in Hoptrup Richtung Kelstrup/ Aarøsund verlassen. Vor Hejsager rechts nach Halk abbiegen. Weiter ausgeschildert.
101842

Gråsten/Rinkenæs, DK-6300 / Sydjylland
- Lærkelunden Camping★★★★
- Nederbyvej 25
- 1 Apr - 18 Okt
- +45 74 65 02 50
- info@laerkelunden.dk
- N 54°54'03'' E 09°34'17''

1 ABCDE**JM**NOPQRST EFGKNOQSUVWXY 6
2 EF**GH**KOPRTUVWXY ABDE**FGH**IJK 7
3 B**FL**MSV ABCDEFGIJKNQRTUVW 8
4 **BF**HIORTV BDFQRVY 9
5 ACD**MN** ABFGHJMPRVZ10
B 10A CEE ① €45,55
5 ha 200**T**(80-225m²) 57**D** ② €61,65

Kommend von Kruså, im Zentrum von Rinkenæs rechts (der 2. CP). CP-Schildern folgen.
101849

Haderslev/Sønderballe, DK-6100 / Sydjylland
- Sønderballe Strand Camping★★★
- Djernæsvej 218
- 3 Apr - 12 Sep
- +45 74 69 89 33
- info@sonderballecamping.dk
- N 55°07'57'' E 09°28'34''

1 ADE**JM**NOPRST KNOPQSW**XYZ** 6
2 A**EF**HOPRTUVWXY ABDE**FG**HIJK 7
3 B**FL**MUV ABCDE**FG**IJKNQRTW 8
4 FHIO F 9
5 ABDEMN ABGHJPRVWXYZ10
B 16A CEE ① €29,50
6 ha 200**T**(80-100m²) 131**D** ② €40,20

In Aabenraa die Straße 170 Richtung Haderslev bis nach Genner nehmen, dort rechts nach Sønderballe fahren. Dann der Beschilderung folgen.
101844

Grindsted, DK-7200 / Sydjylland
- Aktiv-Camping
- Søndre Boulev. 15
- 1 Apr - 1 Okt
- +45 75 32 17 51
- info@grindstedcamping.dk
- N 55°45'02'' E 08°54'59''

1 A**JM**NOPRST **N** 6
2 PVWX ABE**FG**HIK 7
3 B**FJLMNR**SUV ABCDE**FJ**KNQRT 8
4 O DFGJK 9
5 ADMN AHIJNRW10
B 10-16A CEE ① €28,40
H60 1,7 ha 81**T**(80m²) 37**D** ② €38,50

Ab Vejle Straße 28, vor Grindsted Straße 30 Richtung Esbjerg fahren. Nach 2 km CP ausgeschildert. Ab Esbjerg an Straße 30 vor Grindsted ausgeschildert.
101808

Hejls, DK-6094 / Sydjylland
- Hejlsminde Strand Camping★★★
- Gendarmvej 3
- 28 Mär - 18 Okt
- +45 75 57 43 74
- info@hejlsmindecamping.dk
- N 55°22'05'' E 09°36'03''

1 ADE**JM**NOPQRST ABFGK**N**QRSXZ 6
2 EFGHOPUVWX BDE**FG**HIJK 7
3 B**FJ**SV ABCDE**FIJ**KNQRT 8
4 FHIO DFV 9
5 ACDMN ABCHKL**P**RVWXYZ10
Anzeige auf Seite 441 10A ① €37,40
4,5 ha 75**T**(80-120m²) 63**D** ② €46,35

Von Christiansfeld aus Ri. Hejlsminde fahren. Zuerst über die Brücke und den Damm fahren, dann ist der CP links ausgeschildert. Von Kolding aus Straße 170 Ri. Haderslev und dann nach Vonsild links Ri. Hejlsminde fahren.
101836

Haderslev/Diernæs, DK-6100 / Sydjylland
- Gåsevig Strand Camping★★★
- Gåsevig 19
- 4 Apr - 13 Sep
- +45 74 57 55 97
- info@gaasevig.dk
- N 55°08'34'' E 09°30'05''

1 ADE**JM**NOPQRST KNOPQSW**XY** 6
2 EF**HJ**PQRTVWX ABDE**FG**HIJK 7
3 B**FL**MSVW ABCDE**FGI**JKNQRTW 8
4 IO AFR 9
5 ACDMN ABFGHJPRVWZ10
Anzeige auf dieser Seite B 10A CEE ① €32,15
6 ha 250**T**(100-120m²) 177**D** ② €45,55

In Aabenraa der 170 Richtung Kolding bis nach Genner folgen, dort rechts Richtung Sønderballe. Weiter ausgeschildert. Nur 30 km von der deutschen Grenze.
101845

Henne, DK-6854 / Sydjylland
- Lyngboparken★★
- Strandfogedvej 15
- 1 Mai - 1 Sep
- +45 75 25 50 92
- info@lyngbo.dk
- N 55°44'08'' E 08°12'30''

1 ADEG**JM**NOPQRST 6
2 FGOPQVWXY BDE**FG**HIK 7
3 ABDEG**L**SU ABEFHJKNQRVW 8
4 FHIO**T** F 9
5 ADMN AHJMPTUV10
FKK 10A CEE ① €26,15
2 ha 72**T**(70-120m²) 34**D** ② €30,40

Die 181 Varde Richtung Nørre Nebel. An der Kreuzung der 465 Richtung Henne-Strand. Vor Henne-Strand ist der CP ausgeschildert.
117372

Henne, DK-6854 / Sydjylland
- Henne Strand Camping★★★★
- Strandvejen 418
- 1 Jan - 31 Dez
- +45 75 25 50 79
- post@hennestrandcamping.dk
- N 55°44'16'' E 08°11'02''

1 CD**JM**NOPQRST **EFH**I**K**MN**Q**X 6
2 E**H**OPQUVWXY ABCD**EFG**HIJK 7
3 BD**FIJL**MUV ABCDE**FGH**IJ**KLMN**QRTUV 8
4 BD**EF**HIL**NOQR**T**U** DFGIJL 9
5 AB**DF**GMN ABEFGHIJN**P**RV10
B 16A CEE ① €59,25
4,2 ha 262**T**(100-140m²) 46**D** ② €74,80

181 Varde-Nørre Nebel. Nach 12 km Straße 465 in Richtung Henne Strand nehmen.
101777

Gåsevig Strand Camping ★ ★ ★

Gåsevig 19,
6100 Haderslev/Diernæs
Tel. 74575597
E-Mail: info@gaasevig.dk
Internet: www.gaasevig.dk

Haderslev/Diernæs, DK-6100 / Sydjylland
- Vikær Strand Camping★★★
- Dundelum 29
- 3 Apr - 27 Sep
- +45 74 57 54 64
- info@vikaercamp.dk
- N 55°09'00'' E 09°29'40''

1 ADE**JM**NOPQRST KNOPQSW**XY** 6
2 EF**GH**OPQRTUVWX ABDE**FG**IJK 7
3 B**FG**JLMV ABCDEFGHIJKNQRTUVW 8
4 BDFHIO FY 9
5 AB**D**GHMN ABEFGHJ**P**RVWXYZ10
Anzeige auf dieser Seite B 13A CEE ① €35,10
12 ha 390**T**(100-140m²) 179**D** ② €48,80

In Aabenraa der Straße 170 Richtung Kolding bis nach Hoptrup folgen, dort rechts Richtung Diernaes fahren. Der Weg ist ausgeschildert.
101843

Vikær Strand Camping ★ ★ ★

Dundelum 29,
6100 Haderslev/Diernæs
Tel. 74575464
E-Mail: info@vikaercamp.dk
Internet: www.vikaercamp.dk

Dänemark

Teilkarte Süd-Jütland auf Seite 434

In der Nähe von LEGOLAND, Lalandia, Givskud ZOO und Dänemarks älteste Stadt Ribe.

Torpet 6, 6682 Hovborg, DK
Tlf +45 75 39 67 77
info@holmeaacamping.dk
www.holmeaacamping.dk

Der Camping liegt zwischen drei großen Plantagen von insgesamt 3.000 ha mit großer Population von Rotwild. 50m vom Camping fließt die Holme Å wo man angeln kann. In der Umgebung gibt es viele Möglichkeiten zum Wandern und Radfahren.

Henne, DK-6854 / Sydjylland
- ▲ Henneby Camping***
- 🏠 Hennebysvej 20
- 📅 5 Apr - 27 Okt
- ☎ +45 75 25 51 63
- @ info@hennebycamping.dk

1	DJMNORS	NX 6
2	HOPTWXY	ABDEFGHIJK 7
3	BFHIJLMSUV	ABCDEFIJKNQRT 8
4	IOQ	DFKV 9
5	ACDM	AEGHIJNPRV 10

B 13A CEE ① €37,00
4 ha 150T(100-120m²) 36D ② €50,50
N 55°44'02'' E 08°13'22'' 101778

Über Varde die Straße Nr. 181 Richtung Nørre Nebel. Nach 12 km links auf die Straße Nr. 465 in Richtung Henne. Rechts ab zum CP.

Hovborg, DK-6682 / Sydjylland
- ▲ Holme Å Camping***
- 🏠 Torpet 6
- 📅 1 Jan - 31 Dez
- ☎ +45 75 39 67 77
- @ info@holmeaacamping.dk

1	ACDEJMNOPQRST	ABN 6
2	ACGOPQRSVWXY	BDEFGHIJK 7
3	BFGLMSV	BDFGIJKLNQRTW 8
4	FHIO	FJVY 9
5	ABDEGHMN	ABFHIJMPSTVW 10

Anzeige auf dieser S. B 10-16A CEE ① €31,10
5,2 ha 125T(100-150m²) 65D ② €42,35
N 55°36'35'' E 08°55'48'' 112760

CP liegt an der 425 Grindsted-Ribe. Hinter Hovborg gut durch CP-Schilder angezeigt.

Augustenhof Strand Camping
★★★

Augustenhofvej 30
6430 Nordborg/Augustenhof
Internet:
www.augustenhof-camping.dk

Jelling, DK-7300 / Sydjylland
- ▲ Fårup Sø Camping***
- 🏠 Fårupvej 58
- 📅 1 Apr - 15 Sep
- ☎ +45 75 87 13 44
- @ mail@fscamp.dk

1	ACDEJMNOPQRST	ABFGLNQSX 6
2	ADFGHPRSTUWXY	ABDEFGHIJK 7
3	ABDFGLTUV	ABDFIJKNQRTUVW 8
4	BFHIOQU	EFQ 9
5	ACDMN	ABFGHIJPSTVWZ 10

B 16A CEE ① €35,10
H75 9 ha 210T(90-100m²) 139D ② €47,15
N 55°44'10'' E 09°25'01'' 101826

E45 Ausfahrt 61. Beschilderung Billund folgen (28). Nach ca. 6 km bei Skibet Ausfahrt Jelling Fårup Sø. Der CP-Beschilderung folgen.

Jelling, DK-7300 / Sydjylland
- ▲ Jelling Family Camping***
- 🏠 Mølvangvej 55
- 📅 1 Apr - 20 Okt
- ☎ +45 81 82 63 00
- @ info@jellingcamping.dk

1	ADEILNOPRT	ABFG 6
2	AGOPSTWXY	ABDEFGHIJK 7
3	ABDFJLMSUVW	ABCDEFGHIJKNQRTUVW 8
4	BI	FJ 9
5	ADEHKMN	ABFGHJPSTV 10

B 6A CEE ① €26,80
6 ha 220T(70-110m²) 42D ② €26,80
N 55°45'13'' E 09°24'12'' 101077

Die 442 ab Vejle. In Jelling CP-Schild und Nummernschild 1 folgen.

Knud/Haderslev, DK-6100 / Sydjylland
- ▲ Sandersvig Camping og Tropeland
- 🏠 Espagervej 15-17
- 📅 24 Mär - 16 Sep
- ☎ +45 74 56 62 25
- @ camping@sandersvig.dk

1	ADJMNOPQRST	EFQSWXYZ 6
2	EHPVX	ABDEFGHIJK 7
3	ABFNUV	ABCDEFGHIJKNPQRTW 8
4	BCDIKNOPQTU	JO 9
5	ACDEGMN	ABHJMNPRZ 10

B 10A CEE ① €34,15
10,8 ha 230T(100-140m²) 238D ② €48,90
N 55°20'05'' E 09°37'55'' 101838

Von der E45 die Ausfahrt 66 Christiansfeld. Dann im Kreisverkehr Richtung Haderslev bis zum Schild Richtung Fjelstrup. Dann über Fjelstrup nach Knud. CP-Schildern folgen.

Kolding, DK-6000 / Sydjylland
- ▲ Dancamps Kolding
- 🏠 Vonsildvej 19
- 📅 1 Jan - 31 Dez
- ☎ +45 75 52 13 88
- @ info@dancamps.dk

1	ADEILNOPQRST	6
2	AOPX	ABCDEFGHIJK 7
3	ALUV	ABCDEFIJKLNQRTW 8
4	FGHIO	FJ 9
5	DM	ABDGHIKPRWXY 10

Anzeige auf Seite 445 B 10A CEE ① €44,10
H60 11 ha 125T(80-100m²) 35D ② €50,65
N 55°27'48'' E 09°28'24'' 101831

Liegt an der 170, 3 km südlich von Kolding. Kommt man über die E45, dann die Ausfahrt 65 Kolding-Syd nehmen.

Kruså/Kollund, DK-6340 / Sydjylland
- ▲ DCU-Camping Kollund***
- 🏠 Fjordvejen 29a
- 📅 20 Mär - 18 Okt
- ☎ +45 74 67 85 15
- @ kollund@dcu.dk

1	ABDEJMNOPQRST	KNOPQS 6
2	ABEFHOPQRTUVWXY	ABDEFGIJK 7
3	BFJLMSV	ABCDEFGIJKNQRTW 8
4	FHIO	FJUVY 9
5	ABDMN	ABGHJPTUXZ 10

Anzeige auf Seite 461 B 10-16A CEE ① €39,95
3,7 ha 180T(100-120m²) 25D ② €54,70
N 54°50'43'' E 09°28'01'' 101852

In Kruså der Straße nach Kollund folgen. In Kollund Richtung Sønderhav. Liegt links an der Straße Kollund-Sønderhav.

Kruså/Kollund, DK-6340 / Sydjylland
- ▲ Frigård Camping****
- 🏠 Kummelefort 14
- 📅 1 Jan - 31 Dez
- ☎ +45 74 67 88 30
- @ fricamp@fricamp.dk

1	ACDEJMNOPQRST	ABFGKNQSUXY 6
2	AEGHOPRTVWXY	ABDEFGHIJK 7
3	BDFGLMSV	ABCDEFGHIJKNQRTUVW 8
4	BDFHIOQSTUVX	DFV 9
5	ABCDEFGHMN	AFGHIJNPRVYZ 10

B 10A ① €45,05
15 ha 725T(80-120m²) 267D ② €63,60
N 54°50'33'' E 09°27'33'' 101853

In Kruså der Straße nach Kollund folgen. Ab Kollund Richtung Sønderhav. CP liegt ca. 800m links von der Straße Kollund-Sønderhav.

Mommark/Sydals, DK-6470 / Sydjylland
- ▲ Mommark Marina Camping**
- 🏠 Mommarkvej 380
- 📅 28 Mär - 4 Okt
- ☎ +45 74 40 77 00
- @ info@mommarkmarina.dk

1	ADEJMNOPQRST	KNOPQSWXYZ 6
2	EFGHOPTUVWX	ABFGHIJK 7
3	BL	ABCDEFGINQRW 8
4	FHI	DFGIORV 9
5	ABDEFHKLMN	ABGHJPRVWXY 10

B 10A CEE ① €28,15
2,1 ha 99T(70-100m²) 55D ② €38,85
N 54°55'53'' E 10°02'38'' 120874

Von der E45 Ausfahrt 73 Richtung Sønderberg, dann die 8. Einige Kilometer hinter Sønderberg der 427 bis Horup folgen, dann links nach Mommark. CP ist weiter angezeigt.

Nordborg/Augustenhof, DK-6430 / Sydjylland
- ▲ Augustenhof Strand Camping***
- 🏠 Augustenhofvej 30
- 📅 1 Jan - 31 Dez
- ☎ +45 74 45 03 04
- @ mail@augustenhof-camping.dk

1	ADEJMNOPQRST	KNOPQSWXY 6
2	EFGHKPRVWX	ABDEFGHIJK 7
3	BFJLVX	ABCDEFGIJKNQRTW 8
4	FHI	EF 9
5	ACDEFHJMN	ABGHJPRVWXYZ 10

Anzeige auf dieser Seite B 16A CEE ① €30,15
4 ha 252T(100-120m²) 82D ② €42,20
N 55°04'38'' E 09°42'53'' 101847

Auf der Straße Sønderborg-Fynshav nach links Richtung Nordborg. Dann Richtung Købingsmark und Augustenhof fahren.

Nordborg/Købingsmark, DK-6430 / Sydjylland
- ▲ Købingsmark Strand Camping**
- 🏠 Købingsmarksvej 53
- 📅 1 Apr - 31 Okt
- ☎ +45 74 45 18 70
- @ info@koebingsmarkcamping.dk

1	ADEJMNOPQRST	KNOPQSWX 6
2	EFHPRVWX	ABDEFGI 7
3	BLV	ABCDEFJNQRW 8
4	FH	FIV 9
5	ABDMN	ABFGHJPSTX 10

10A CEE ① €27,75
2,4 ha 100T(100-120m²) 21D ② €38,20
N 55°04'44'' E 09°43'45'' 101883

Von der E45 Ausfahrt 73, dann die 8 Richtung Sønderborg bis 10 km hinter Sønderborg nehmen, links auf die 405 bis Nordborg. Danach ausgeschildert.

Nordborg/Lavensby, DK-6430 / Sydjylland
- ▲ Lavensby Strand Camping***
- 🏠 Arnbjergvej 49
- 📅 1 Apr - 22 Okt
- ☎ +45 74 45 19 14
- @ mail@lavensbystrandcamping.dk

1	ADEJMNOPQRST	KMNOPQSWXYZ 6
2	EFHJPRTUVWX	ABDEFGHIJ 7
3	BFLMV	ABCDEFGIJKNQRTW 8
4	FHI	F 9
5	ABDMN	AFGHJPRVX 10

B 10A ① €25,45
2,4 ha 130T(80-100m²) 68D ② €34,85
N 55°04'16'' E 09°47'44'' 101884

Von der E45 Ausfahrt 73, dann die 8 Richtung Sønderborg bis wenige km vor Nordborg nehmen, dann rechts. CP ist ausgeschildert.

Club iD

Die praktische ACSI Clubkarte

www.ACSIClubID.de

FAMILIENPARADIES AN DER NORDSEE

GRATIS Zutritt zum beheizten (min. 27° C), kinderfreundlichen AQUAPARK u.a. mit großartiger Wasserrutschbahn, Schwimmbädern, Whirlpool, Familyroom. Ruhiger Familiencamping an den prächtigen Naturgebieten von Blaabjerg Klitplantage und dem Ringkobing Fjord am Nordseestrand. Prima Wander-, Rad-, Surf- und Angelmöglichkeiten. Vermietung von Hütten für 2-5 Personen und 6-Personen LUXUS Hütten mit Dusche/Toilette.
SIE SIND HERZLICH WILLKOMMEN!

Lyngtoften 12, 6830 Nymindegab/Nørre Nebel
Tel. +45 75289183 • E-Mail: info@nycamp.dk
Internet: www.nycamp.dk

Nørre Nebel, DK-6830 / Sydjylland
- Houstrup Camping***
- Houstrupvej 90
- 1 Apr - 20 Okt
- +45 75 28 83 40
- info@houstrupcamping.dk

1 ACDE**JM**NOPQRST — ABFGH 6
2 HPSVWXY — ABDE**FG**HIJK 7
3 BF**JLMN**SUV — ABCDE**FIJ**KNQRTUW 8
4 IO**PQ** — F 9
5 ACDEMN — ABFGHIJPRY 10
B 13A CEE — € 34,85
6 ha 220T (120-170m²) 112D — € 48,25

N 55°46'28" E 08°14'18"
Straße 181 Nørre Nebel Richtung Nymindegab, Ausfahrt Lønne. Beschilderung folgen.
101776

Nymindegab/Nørre Nebel, DK-6830 / Sydjylland CC€20
- Nymindegab Familie Camping***
- Lyngtoften 12
- 1 Apr - 18 Okt
- +45 75 28 91 83
- info@nycamp.dk

1 ACDF**JM**NOPQRST — ABFGHINQRSXZ 6
2 BFGHOPQTUVWXY — ABDE**FG**HIJK 7
3 BF**HJL**MSVX — ABCDE**G**IJKNQRTUV 8
4 BEFHIKNOPQTU — BDFVY 9
5 ACDEFIJMN — ABDGHIJ**P**QRVWYZ 10
Anzeige auf dieser Seite B 16A CEE — € 38,85
11,5 ha 325T (100-150m²) 150D — € 54,95

N 55°49'00" E 08°12'02"
Von Süden Richtung Varde. Der 181 folgen bis Nørre Nebel, dann Richtung Nymindegab. Der CP ist angezeigt.
101775

Oksbøl, DK-6840 / Sydjylland
- Børsmose Strand Camping**
- Børsmosevej 3
- 24 Mär - 28 Okt
- +45 75 27 70 70
- camping@borsmose.dk

1 ADF**JM**NOPRST — KNQ 6
2 EHPQTW — ABDE**FG**HIJ 7
3 BSV — ABCDE**FG**IJKNQRT 8
4 BCDEIO**Q** — F 9
5 ACDEM — AFGHIJORVZ 10
B 10A CEE — € 35,00
23 ha 450T 155D — € 50,50

N 55°40'15" E 08°08'45"
Via Oksbøl (431) Beschilderung nach Børsmose folgen. CP ausgeschildert.
101779

Oksbøl, DK-6840 / Sydjylland
- CampWest SportResort***
- Baunhøjvej 1
- 1 Jan - 31 Dez
- +45 75 27 11 30
- info@campwest.dk

1 AGJMNOPRST — N 6
2 BDFGOPQRVWXY — ABDE**FG**HIJ 7
3 BEFHILMUVX — ABCDFGIJKNQRTW 8
4 **A**BC**DEFG**HIKQ — FUV 9
5 ABDEMN — ABGHJPRVX 10
B 16A CEE — € 38,85
10 ha 145T (110-140m²) 35D — € 61,65

N 55°38'26" E 08°16'52"
Der 463 von Esbjerg bis Oksbøl folgen. In Oksbøl rechts ab Richtung Henne/Vrøgum 1,5 km fahren.
112766

Østerby, DK-6470 / Sydjylland
- Møllers Camping**
- Østerbyvej 51
- 3 Mär - 4 Okt
- +45 74 40 53 21
- mollerscamping@bbsyd.dk

1 ADEJMNOPQRST — KNOPQSWXYZ 6
2 EFGHKOPQWX — ABDE**FG**HI 7
3 A — ABCDE**F**JNQRW 8
4 FHIO — 9
5 ACMN — ABGHJPRYZ 10
13A CEE — € 24,80
1,6 ha 100T (100-120m²) 50D — € 35,50

N 54°51'49" E 09°54'50"
Von der E45 Ausfahrt 73, danach die 8 Richtung Sønderborg, einige km hinter Sønderborg rechts die 427 Richtung Skovby. In Skovby rechts Richtung Kegnæs über den Deich und nach 6 km links Richtung Østerby.
110894

Randbøl, DK-7183 / Sydjylland
- Randbøldal Camping***
- Dalen 9
- 1 Jan - 31 Dez
- +45 75 88 35 75
- info@randboldalcamping.dk

1 ADE**JM**NOPQRST — AHI**N** 6
2 BCDGHIOPQTUWXY — BE**FG**HIJ 7
3 BFMU — ABCDEFIJNQRT 8
4 IOQ — EFGIJKV 9
5 ACDEFHLM**N** — AIJPRVZ 10
Anzeige auf dieser Seite B 10A CEE — € 41,50
6,5 ha 170T (80-100m²) 79D — € 54,40

N 55°41'23" E 09°15'51"
Die 28 Vejle-Gindsted bei Vandel ausgeschildert und 3 km westlich von Ny Nørup. Zunächst Randbøldal folgen, dann wieder der CP-Beschilderung.
100069

Ribe, DK-6760 / Sydjylland CC€20
- Ribe Camping***
- Farupvej 2
- 1 Jan - 31 Dez
- +45 75 41 07 77
- info@ribecamping.dk

1 ADE**JM**NOPQRST — ABFGH 6
2 BPQSVWXY — ABCDE**FG**HIJK 7
3 BFGLMUVX — ABCDE**FG**IJKNQRTUVW 8
4 FGHIKO — AFHJY 9
5 ABDEMN — ABDEFGHIJM**P**RVZ 10
Anzeige auf dieser Seite B 10-16A — € 39,80
9 ha 485T (100-200m²) 85D — € 55,90

N 55°20'27" E 08°46'00"
Die 11 Tønder-Ribe. Richtung Varde/Esbjerg westlich von Ribe ist CP ausgeschildert. Aus dem Norden der Stadt kommend re. ab. Von Süden her die 11 Ribe Nord halten. 1. Ampel li.
101798

Ribe Camping ★ ★ ★

- im Nationalpark Wattenmeer
- nur 1,5 km von Ribe, der ältesten Stadt Dänemarks
- Camping, Quickstop, Zelt mit Drehscheibe
- 5-Sterne Serviceanlagen
- beheiztes Schwimmbad 1/6-31/8
- Aktivitätenprogramm für Kinder in der Hochsaison
- Spielplätze, Hupfkissen, Fußball, Volleyball
- 25 Luxushütten und 8 Minihütten
- Minimarkt und Bäckerei
- das ganze Jahr geöffnet
- WLAN

Farupvej 2, 6760 Ribe • Tel. 75410777
E-Mail: info@ribecamping.dk • Internet: www.ribecamping.dk

Riis/Give, DK-7323 / Sydjylland
- Riis Feriepark****
- Østerhovedvej 43
- 4 Apr - 20 Sep
- +45 75 73 14 33
- info@riisferiepark.dk

1 ACDE**JM**NOPQRST — ABFGH 6
2 ABGPQX — ABCDE**FG**HIJK 7
3 AB**JL**MUV — ABCDE**FG**IJKNQRTUV 8
4 BIKOR**U** — DFGJY 9
5 ACDEHMN — ABFGHIJ**P**RV 10
B 13A CEE — € 44,90
H100 10 ha 184T (90-140m²) 98D — € 60,30

N 55°49'54" E 09°18'02"
An der Straße 442 im Ort Riis gut ausgeschildert. Dann noch ca. 2 km. An Straße 441 zwischen Give und Bredsten Riis, Givskud folgen.
101825

Randbøldal Camping ★ ★ ★

Dalen 9, 7183 Randbøl • Tel. +45 75883575
E-Mail: info@randboldalcamping.dk
Internet: www.randboldalcamping.dk

Rømø, DK-6792 / Sydjylland

- First Camp Lakolk Strand A/S***
- Lakolk 2
- 13 Apr - 27 Okt
- +49 74 75 52 28
- lakolkstrand@firstcamp.de
- N 55°08'45'' E 08°29'36''

1 DEJMNOPQRST	KNQSX 6
2 EGHOPQVW	ABDEFGIJK 7
3 BFGHIJLMSV	ABCDEFGIJKLMNQRT 8
4 ABEILOPQ	FVYZ 9
5 ACDEFGHIJKLMN	ABFGHIJLMPRVYZ10
B 10A CEE	€ 33,25
16 ha 800T(80-100m²) 291D	€ 50,65

101113

An der Strecke Tønder-Ribe (11) bei Skaerbaek die 175 nach Rømø nehmen. Am Ende des Damms an der Ampel dann geradeaus. Der CP ist angezeigt.

Sdr. Stenderup, DK-6092 / Sydjylland

- Gl. Ålbo Camping***
- Gl. Ålbovej 30
- 1 Jan - 31 Dez
- +45 75 57 11 16
- camping@gl-aalbo.dk
- N 55°28'04'' E 09°40'49''

1 ADEILNOPQRST	KNOPQSWXYZ 6
2 DEFHKPTUWX	ABDEFGHIJK 7
3 A	ABEFGIJKMNQRT 8
4 FT	FGJO 9
5 ABDMN	ABFGHIJPRWZ10
Anzeige auf Seite 441 13-16A	€ 33,30
2,2 ha 60T(70-80m²) 57D	€ 46,15

101830

Von der Autobahn E45 die Ausfahrt 65 Kolding S. nehmen. Dann an der 4. Ampel rechts Richtung Sdr. Stenderup fahren, den CP-Schildern folgen. Am Dorfende Richtung Gl. Ålbo.

Rømø, DK-6792 / Sydjylland

- Kommandørgårdens Camping & Feriepark****
- Havnebyvej 201
- 1 Jan - 31 Dez
- +45 74 75 51 22
- sale@kommandoergaarden.dk
- N 55°05'55'' E 08°32'35''

1 CDJMNORT	ABEFGQSW 6
2 FHOPQVWXY	ABDEFGHIJ 7
3 BFHIJLMUV	ABCDEFGIJNQRTU 8
4 EFHINOQRTUVXZ	FJR 9
5 ABEFGHJLM	ABGHJLPRVWZ10
Anzeige auf dieser Seite B 10A	€ 36,70
8 ha 500T(180m²) 105D	€ 48,80

101414

Über den Damm 175 erreicht man Rømø. Erste Kreuzung links ab. Bis zum Hotel Kommandørgården. Der CP liegt an der linken Seite der Strecke.

Sjølund/Grønninghoved, DK-6093 / Sydjylland

- Grønninghoved Strand Camping****
- Mosvigvej 21
- 1 Apr - 15 Sep
- +45 75 57 40 45
- info@gronninghoved.dk
- N 55°24'40'' E 09°35'31''

1 ACDEFILNOPQRS	ABFGHIKNQSWXY 6
2 AEHPTX	ABDEFGHIJK 7
3 BFJMNV	ABCDFIJKNQRTUVW 8
4 FHIOPQST	F 9
5 ACDFMN	ABDFGHIKPRVZ10
Anzeige auf Seite 441 B 10A CEE	€ 38,75
6 ha 225T(80-120m²) 125D	€ 52,65

100079

Von der E45 die Ausfahrt 65 Kolding Süd und Richtung Kolding bis zur Straße 170 fahren. Dann Richtung Haderslev. Nach 5 km links Richtung Sjølund. Dann via Grønninghoved ausgeschildert.

Skovby, DK-6470 / Sydjylland

- Skovmose Camping***
- Skovmosevej 8
- 3 Apr - 20 Sep
- +45 74 40 41 33
- info@skovmose-camping.dk
- N 54°52'18'' E 10°00'51''

1 ACDEJMNOPQRST	KNOPQSWX 6
2 EFHPRVWX	ABDEFGHIJ 7
3 BFGMV	ABCDEFGIJKNQRTW 8
4 FHIO	F 9
5 ABDN	AHJPRV10
B 13A CEE	€ 26,65
4 ha 240T(80-100m²) 113D	€ 37,40

101889

In Kruså Straße Nr. 8 in Richtung Sønderborg nehmen. Einige km nach Sønderborg rechts der Straße Nr. 427 bis hinter Skovby folgen, dann links, ausgeschildert.

Rømø, DK-6792 / Sydjylland

- Rømø Familiecamping***
- Vestervej 13
- 4 Apr - 11 Okt
- +45 74 75 51 54
- romo@romocamping.dk
- N 55°09'46'' E 08°32'51''

1 ACDJMNOQRST	N 6
2 PQVWX	ABDEFGHIJ 7
3 BFGJV	ABCDEFIKNQRT 8
4 FIOPQ	FLY 9
5 ABDMN	AEGHJOR10
Anzeige auf dieser Seite 10A CEE	€ 31,35
10 ha 345T(150m²) 87D	€ 45,05

101799

Bei Skaerbaek die 175 nach Rømø folgen. Auf Rømø an der ersten Ampel rechts ab. Nach 2,5 km ist der CP angezeigt.

Sønderborg, DK-6400 / Sydjylland

- Madeskov Camping***
- Madeskov 9
- 15 Mär - 20 Okt
- +45 74 42 13 93
- info@madeskovcamping.dk
- N 54°56'09'' E 09°50'44''

1 ADEJMNOPQRST	KNOPQSWXYZ 6
2 AEFGHJOPRWX	ABDEFGHIJK 7
3 AFL	ABCDEFGIJNQRTW 8
4 FHIO	DF 9
5 ABDMN	ABGHJPRVYZ10
10A CEE	€ 30,15
1,3 ha 83T(80-100m²) 31D	€ 39,55

101886

Von der E45 Ausfahrt 73, Richtung Sønderborg bis 4 km hinter Sønderborg. Im Kreisel links ab. Nach ein paar 100m ist der CP ausgeschildert.

Sønderborg, DK-6400 / Sydjylland

- Sønderborg Camping***
- Ringgade 7
- 3 Apr - 18 Okt
- +45 74 42 41 89
- info@sonderborgcamping.dk
- N 54°54'05'' E 09°47'52''

1 ADEJMNOPQRST	KMNOPQSWXZ 6
2 ABEGHOPQRTVWXY	ABDEFGIJK 7
3 BLNOSV	ABCDEFGIJKNQRTW 8
4 FHIO	FV 9
5 ABDN	ABCFGHJPRVZ10
B 13A CEE	€ 31,50
3,2 ha 160T(100-120m²) 29D	€ 43,55

101887

Von der E45 Ausfahrt 73 Richtung Sønderborg. Auf der 8 bleiben bis über die Brücke, dann Richtung Sønderborg-Zentrum. CP liegt im Süden der Stadt und ist ausgeschildert.

Sdr. Omme, DK-7260 / Sydjylland

- Omme Å Camping***
- Sønderbro 10
- 1 Apr - 1 Okt
- +45 75 34 19 87
- info@ommeaacamping.dk
- N 55°50'19'' E 08°53'19''

1 ABDEJMNOPQRST	JN 6
2 CGOPQVWX	ABDEFGHIJ 7
3 BJLSUV	ABDFIJKNQRT 8
4 FHIO	FRV 9
5 DN	ABFGHIJPRV10
B 10A CEE	€ 29,20
H80 2 ha 65T(80-100m²) 33D	€ 39,95

109020

Von der Straße 28 Tarm-Billund ist mitten im Ort Sønder Omme der CP gut ausgeschildert.

Sønderby, DK-6470 / Sydjylland

- Sønderby Strand Camping***
- Sønderbygade 6
- 1 Apr - 4 Okt
- +45 74 40 53 13
- info@aukschun.dk
- N 54°51'56'' E 09°53'31''

1 ABDEJMNOPQRST	KNOPQSWXY 6
2 EFHKOPRTWX	ABDEFGHIJ 7
3 BFMNW	ABCDEFGIJNQRTW 8
4 FHIQ	FIJOV 9
5 ABEFGN	ABFGHJPR10
B 10A CEE	€ 26,80
2,6 ha 125T(100-120m²) 71D	€ 38,05

101888

Von der E45 Ausfahrt 73 Richtung Sønderborg, wenige km hinter Sønderborg rechts die 427 über Skovby über den Sønderby Deich. Links nach Østerbyvej rein, dann 1. Straße rechts, CP ausgeschildert.

ACSI Klein & Fein Campen

Mehr als 2 000 kleine und gemütliche Campingplätze

www.Kleinecampingplaetze.de

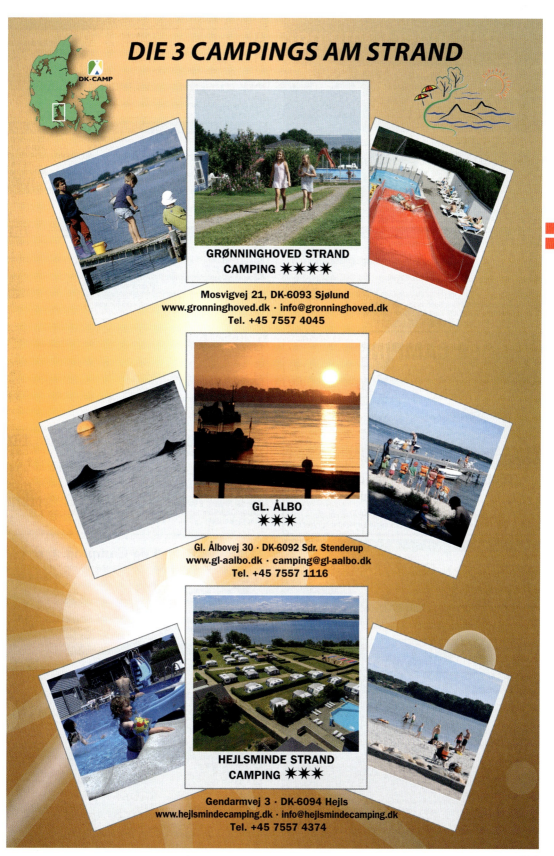

Møgeltønder Camping

Schöner Camping mit prima Ausstattung. Schwimmbad und viele Spielangebote. Als Durchreiseplatz aber auch für den längeren Verbleib geeignet. Ein Spaziergang durch den Ort ist empfehlenswert, englisches Flair und schöne pittoreske Gässchen. 3 km nach Tønder. Schloss Schackenborg mit dem Park sind ebenfalls einen Besuch wert.

Sønderstrengvej 2, 6270 Tønder • Tel. +45 74738460
E-Mail: info@mogeltondercamping.dk
Internet: www.mogeltondercamping.dk

Sydals, DK-6470 / Sydjylland

- Sønderkobbel Camping**
- Piledøppel 2
- 1 Jan - 31 Dez
- +45 53 57 04 40
- pilecamping@mail.dk

1 AJMNOPQRST KNOPQSWXY 6
2 EFGHKPRVWX ABDEFGIJK 7
3 BF ABCDEFGHIJKNQRTW 8
4 FHIU DF 9
5 ABDEFHN ABGHJORV10
B 16A CEE €26,00
4,7 ha 196T(120m²) 95D €36,70
101894

In Kruså Straße 8 Richtung Sønderborg. Wenige km nach Sønderborg rechts Straße 427 Richtung Skovby. In Skovby rechts Richtung Kegnæs über Deich, nach 3 km links. Dann ausgeschildert.

TØNDER CAMPING

TØNDER Sport- und Freizeitzentrum Camping & Hostel

Sønderlandevej 4 6 • Sønderport 4 • 6270 Tønder
Tel. 74928000 • www.tsfc.dk • booking@danhostel-tonder.dk

Tinglev, DK-6360 / Sydjylland

- Uge Lystfiskeri og Camping*
- Aabenraavej 95
- 1 Jan - 31 Dez
- +45 74 64 44 98
- uge@mail.dk

1 ABDEJMNOPQRST LN 6
2 ADGHOPQRVWX ABDEFGHIJ 7
3 BFGHJLMSUV ABCDEFGIJNQRTW 8
4 FHIOT FGY 9
5 ABDMN AGHJORVYZ10
Anzeige auf dieser Seite B 16A CEE €24,80
7,5 ha 180T(100-120m²) 130D €34,15
109923

Auf der E45, Ausfahrt 72, nach oben links zur 42 Richtung Tinglev. Hinter Uge auf der rechten Seite (500m).

Vejers Familie Camping ist ein gastfreundlicher, geselliger Familiencamping. Im Gehbereich von 10 Min. liegt der Nordseestrand, der zu den schönsten Europas gehört. Für aktive Kinder gibt es einen schönen Spielplatz u.a. mit Springkissen und noch viel mehr! Das beheizte große Schwimmbad mit Kinderbad ist eine Attraktion für die ganze Familie. Mietcaravans und Trekkerhütten, wobei die luxuriösen Hütten eine Dusche, Toilette und Sat-TV haben. Alles in Topqualität. Sie sind herzlich willkommen auf: VEJERS FAMILIE CAMPING.

Vejers Havvej 15, 6853 Vejers Strand • Tel. +45 75277036
info@vejersfamiliecamping.dk • www.vejersfamiliecamping.dk

Tipperne/Nørre Nebel, DK-6830 / Sydjylland

- Tipperne Camping***
- Vesterlundvej 101
- 19 Apr - 1 Okt
- +45 71 78 88 51
- tippernecamping@gmail.com

1 AJMNORT 6
2 BCGPQWXY BDEFGHIK 7
3 ABSX ABDFGIJKNQRT 8
4 FHIU FK 9
5 ADJN AHIJSTZ10
B 10A CEE €33,75
2 ha 67T(100-140m²) 11D €49,60
N 55°49'37'' E 08°12'54'' 110895

Die 181 von Varde nach Nymindegab. Rechts ab bei Vesterlund. Nach circa 600m ist der CP an der linken Seite.

Tønder, DK-6270 / Sydjylland

- Møgeltønder Camping
- Sønderstrengvej 2
- 1 Jan - 31 Dez
- +45 74 73 84 60
- info@mogeltondercamping.dk

1 ACDEJMNOPQRST ABFGHN 6
2 DOPQWXY ABDEFGHIJK 7
3 BFJLMV ABCDEFGIJNQRTW 8
4 BCFHIO DEFY 9
5 ABDFMN ABCGHIJPRVWZ10
Anzeige auf dieser Seite 10A CEE €31,35
5 ha 204T(80-120m²) 83D €42,60
N 54°56'17'' E 08°47'57'' 124310

Von der 11 auf die 419 Richtung Højer. 2. Ausfahrt nach Møgeltønder. Camping ist recht gut angezeigt.

Tønder, DK-6270 / Sydjylland

- Tønder Camping***
- Sønderport 4
- 1 Jan - 31 Dez
- +45 74 92 80 00
- booking@danhostel-tonder.dk

1 ADJMNOPRST EFGHJN 6
2 CPVWXY ABDEFGHIK 7
3 BFGLMNPS ABCDEFIJKNQRTU 8
4 HIOQRTV FKV 9
5 ADJN ABDGHIJNPRW10
Anzeige auf dieser Seite B 10-16A €30,15
2 ha 81T(80-130m²) 5D €38,20
N 54°56'04'' E 08°52'36'' 101114

Von Süden her die 11. Von Osten aus die 8 Richtung Tønder. Der CP liegt am östlichen Ortsrand.

Vejers Strand, DK-6853 / Sydjylland

- Stjerne Camping ApS***
- Vejers Havvej 7
- 1 Jan - 31 Dez
- +45 75 27 70 54
- info@stjernecamping.dk

1 CDEJMNOPQRST N 6
2 DOPQVWX ABDEFGHK 7
3 ABIMSV ABCDEFGHIJKNPQRTW 8
4 EFGHIKOU FKV 9
5 CDMN ABGHJMPRVWZ10
B 10A CEE €31,50
6 ha 100T(100m²) 165D €46,25
N 55°37'09'' E 08°08'30'' 112767

Über Oksbøl 431 Richtung Vejers. Der CP liegt direkt links im Ort.

Vejers Strand, DK-6853 / Sydjylland

- Vejers Familie Camping***
- Vejers Havvej 15
- 1 Jan - 31 Dez
- +45 75 27 70 36
- info@vejersfamiliecamping.dk

1 ADJMNOPRT ABFGN 6
2 HOPWXY ABDEFGHK 7
3 BJLMVX ABCDEFGIJKNQRT 8
4 BIO FI 9
5 ABDMN ABDHIJPRV10
Anzeige auf dieser Seite 16A CEE €35,80
4,2 ha 156T(80-100m²) 82D €50,80
N 55°37'09'' E 08°08'11'' 101781

Über Oksbøl die 431 Richtung Vejers. Der CP liegt am Ortseingang. Ist ausgeschildert.

Uge Lystfiskeri og Camping ★ ★ ★

Drei schöne Angelseen von insgesamt 13 ha in prächtiger Umgebung. Täglich frischer Forellenbesatz. Vermietung von 10 Zimmern und 20 Hütten am See.
3-Sterne Camping mit allen modernen Einrichtungen.
Nur 7 km zum Sommerland Syd und 7 km von der deutsch-dänischen E45.

Aabenraavej 95, 6360 Tinglev • Tel. 74644498
E-Mail: uge@mail.dk • Internet: www.uge-lystfiskeri.dk

Vejers Strand, DK-6853 / Sydjylland

- Vejers Strand Camping***
- Vejers Sydstrand 3
- 13 Apr - 15 Sep
- +45 75 27 70 36
- info@vejersfamiliecamping.dk

1 FJMNOPQRST KNQX 6
2 EFHPQTW ABDEFGHIJ 7
3 ABHILMV ABCDEFIJKNQRT 8
4 FHIO FY 9
5 BDEFMN AFGHIJNOSTVWY10
B 10A CEE €35,00
21 ha 450T 160D €50,50
N 55°37'09'' E 08°07'55'' 101782

Über Oksbøl die 431 Richtung Vejers. 500m hinter der Tankstelle die erste Straße links. Der CP ist ausgeschildert (Vejers Strand).

Vorbasse, DK-6623 / Sydjylland

- Vorbasse Camping***
- Drivvejen 28
- 1 Jan - 31 Dez
- +45 75 33 36 93
- vorbasse@vorbassecamping.dk

1 ACDEJMNOPQRST EFGN 6
2 PQVX ABDEFGHIJK 7
3 BFGJLMNSUV ABCDEFGIJKNQRT 8
4 BIO AEJY 9
5 ACDMN ABHIJNPRZ10
B 16A €31,50
H50 3 ha 250T(70-80m²) 61D €40,90
N 55°37'34'' E 09°04'58'' 101810

Straße 469 Kolding-Grindsted kurz vor Vorbasse ist CP ausgeschildert. Von Grindsted aus in Vorbasse vorbei. Auch aus Richtung Billund leicht zu finden.

Mittel-Jütland

8 100 europäische Campingplätze
in einer praktischen App

www.Eurocampings.de/app

Allingåbro, DK-8961 / Midtjylland
- Dalgård Camping★★★
- Nordkystvejen 65
- 28 Mär – 13 Sep
- +45 86 31 70 13
- info@dalgaardcamping.dk

1 ABDEILNOQRST	KNQSWX 6
2 EHOPQUVX	ABDEFGHI 7
3 BFJLMSVX	ABCDEFGHIJKNRTW 8
4 BFHIO	DFJ 9
5 ACDMN	ABGHJPRVYZ 10

Anzeige auf dieser Seite 10-16A
5 ha 125T(80-100m²) 40D
❶ €34,15
❷ €48,90

N 56°30'33'' E 10°32'45''
Befindet sich an Straße 547. Ca. 4 km westlich von Fjellerup. Der CP befindet sich rechts der Straße. 100059

Bønnerup Strand/Glesborg, DK-8585 / Midtjylland
- Albertinelund Camping★★★
- Albertinelund 3
- 1 Jan – 31 Dez
- +45 86 38 62 33
- camping@albertinelund.dk

1 ACDEJMNOPQRST	ABFGKNQSWX 6
2 BEHPQX	ABDEFGHIK 7
3 BDFJLMSUV	ABCDEFIJKNRTW 8
4 HIOPQS	FJY 9
5 ACDFMN	ABGHIJNPRV 10

10A
15 ha 150T(100-120m²) 214D
❶ €36,20
❷ €50,95

N 56°31'45'' E 10°44'40''
Von der A16 Randers-Grenå oder von der Straße 547 aus erreichen Sie den CP über Glesborg und Hemmed. 101411

Bork Havn/Hemmet, DK-6893 / Midtjylland
- Bork Havn Camping★★★
- Kirkehøjvej 9A
- 3 Apr – 18 Okt
- +45 75 28 00 37
- mail@borkhavncamping.dk

1 ADEJMNOPRST	NQRSTWXY 6
2 DHPSVWXY	ABDEFGHIJK 7
3 BFJSV	ABEFIJKNQRTW 8
4 FHIO	FMRVY 9
5 CDEFMN	ABGHIJPRVXZ 10

Anzeige auf dieser Seite B 6-10A CEE
4,5 ha 115T(100-120m²) 115D
❶ €28,80
❷ €45,55

N 55°50'54'' E 08°17'00''
Auf der 423 Nørre Nebel-Tarn; nördlich vom Ort Nørre Bork links ab den Schildern Bork Havn folgen. 112064

Brædstrup, DK-8740 / Midtjylland
- Gudenå Camping og Kanoudlejning
- Bolundvej 4
- 3 Apr – 27 Sep
- +45 75 76 30 70
- info@gudenaacamping.dk

1 ADEILNOPRT	ABFGN 6
2 ACGOPQVX	ABDEFGHIJ 7
3 BLMV	ABCDEFIJKNQRTW 8
4 IO	FGRY 9
5 ABDEFMN	ABFGHJLPRZ 10

B 10-16A CEE
H50 2,5 ha 80T(80-100m²) 42D
❶ €29,50
❷ €42,35

N 55°56'07'' E 09°39'10''
Auf der E45 Ausfahrt 56 Richtung Silkeborg, die 52 nehmen. Nach 10 km CP links ausgeschildert. 100071

Dalgård Camping ★★★
Schöner Camping für die ganze Familie. Schöner, kinderfreundlicher Sandstrand. Sehr gute Sanitäranlagen. Sehr viele Spielangebote für Kinder in der Umgebung. Viele schöne Ausflugsmöglichkeiten. Beste Angelsportmöglichkeiten.

Nordkystvejen 65, 8961 Allingåbro • Tel. 86317013
E-Mail: info@dalgaardcamping.dk
Internet: www.dalgaardcamping.dk

Bryrup, DK-8654 / Midtjylland
- Velling Koller★★★
- Velling Koller Vej 4
- 1 Jan – 31 Dez
- +45 75 75 62 04
- info@velling-koller.dk

1 DEJMNOPRST	N 6
2 OPVW	ABCDEFGHIJK 7
3 BMS	ABCDEFGIJKNQRTW 8
4 FHIO	FGI 9
5 DFHKM	BHJPRVW 10

20A CEE
H123 2 ha 134T(100-120m²) 22D
❶ €30,30
❷ €37,00

N 56°02'17'' E 09°30'44''
Hinter Vejle der Straße Nr. 13 nach Norden bis Nørre Snede folgen. Dann rechts auf die Straße Nr. 453 abbiegen. Hinter Bryrup liegt der CP auf der linken Seite. 113037

Bork Havn im Herzen von Westdänemark ist der perfekte Aufenthaltsort für aktive Ferien. Man kann angeln, segeln, Windsurfen und Kitesurfen, Rollschuhlaufen, Vögel beobachten, Radtouren machen, Wandern oder einfach entspannen. Unser Camping ist ein ruhiger Familienplatz mit guten Einrichtungen. Mehr Informationen finden Sie auf unserer Webseite.

Kirkehøjvej 9A, 6893 Bork Havn/Hemmet • Tel. 75280037
E-Mail: mail@borkhavncamping.dk • Internet: www.borkhavncamping.dk

Sølystgård Strand Camping ★★★

Camping mitten im prächtigen Naturpark Mols Bjerge. 40m über dem Meeresspiegel in der Nähe der gemütlichen Stadt Ebeltoft.

Dragsmurvej 15, 8420 Ebeltoft/Fuglsø • Tel. 86351239
E-Mail: info@soelystgaard.dk • Internet: www.soelystgaard.dk

Krakær Camping ★★★

Zentrale Lage im schönen (National) Naturgebiet von Mols Bjerge. Etwa 8 km von Ebeltoft und viele spannende Attraktionen von Djursland im Umkreis von 10-25 km. Ein echter Familiencamping mit vielen Einrichtungen wie bspw. einem großen Spielplatz, vorgeheiztem Freibad und Babybad (gratis), Campladen, Restaurant mit Tagesmenü und einer Snackbar.

Gl. Kærvej 18, 8400 Ebeltoft/Krakær • Tel. 86362118
E-Mail: info@krakaer.dk • Internet: www.krakaer.dk

BRYRUP camping ★★★★ — AKTIV camp

Bewegung, Gesundheit und Wohlbefinden - das malerische Land rund um Silkeborg

BRYRUP Camping · Hovedgaden 58 · 8654 Bryrup · Tlf: +45 75 75 67 80
E-Mail: info@bryrupcamping.dk · www.bryrupcamping.dk

Ebeltoft, DK-8400 / Midtjylland
- Ebeltoft Strand Camping★★★★
- Ndr. Strandvej 23
- 1 Jan - 31 Dez
- +45 86 34 12 14
- info@ebeltoftstrandcamping.dk
- N 56°12'36" E 10°40'42"
- 7,7 ha 350T (80-95m²) 103D
- Auf Straße 21, 1 km nördlich von Ebeltoft, am Wasser gelegen.
- 1 ACDEJMNOPQRST ABFGKNPQSX 6
- 2 EFGHOPQVWXY ABDEFGHIK 7
- 3 BDFGJLMRV ABCDEFGIJKNQRTW 8
- 4 BCFHIOPQT FIRVY 9
- 5 ADMN ABGHKMOPRVWZ 10
- 13A CEE
- ① €50,65 ② €66,75
- 101915

Ebeltoft/Fuglsø, DK-8420 / Midtjylland
- Sølystgård Strand Camping★★★
- Dragsmurvej 15
- 4 Apr - 20 Sep
- +45 86 35 12 39
- mail@soelystgaard.dk
- Anzeige auf dieser Seite 6A
- N 56°10'31" E 10°32'04"
- 9 ha 281T (100m²) 68D
- Folgen Sie der 21, Ausfahrt Ronde/Mols. Richtung Femmøller. Strand, dann im Kreisel Richtung Fuglsø. Der Campingbeschilderungen folgen.
- 1 ADEJMNOPQRST KNPQSWXYZ 6
- 2 EFGHIJPQTUWXY ABDEFGHIK 7
- 3 ABFLMUVX ABCDEFGIJKNQRTW 8
- 4 EFHIOPQTU FJY 9
- 5 ADMN AGHJORV 10
- ① €32,15 ② €47,70
- 111710

Ebeltoft/Krakær, DK-8400 / Midtjylland
- Krakær Camping★★★
- Gl. Kærvej 18
- 1 Apr - 18 Okt
- +45 86 36 21 18
- info@krakaer.dk
- Anzeige auf dieser Seite 10-16A CEE
- N 56°15'08" E 10°36'09"
- 8 ha 227T (70-130m²) 67D
- Über Straße 15 und 21 Richtung Ebeltoft. Etwas 8 km vor Ebeltoft rechts Richtung Krakær. CP ist ausgeschildert. Adresse für das Navi: Gammell Kærvej 18.
- 1 ADEJMNOPQRST ABFG 6
- 2 PQUVWX ABDEFGHIK 7
- 3 BFHIJLMSVX ABCDEFGIJKNQRTW 8
- 4 FHIO AEFGLY 9
- 5 ACDEFHKMN ABDGHJNPRVYZ 10
- ① €33,90 ② €48,65
- 101913

Bryrup/Silkeborg, DK-8654 / Midtjylland
- Bryrup Camping★★★★
- Hovedgaden 58
- 3 Apr - 18 Okt
- +45 75 75 67 80
- info@bryrupcamping.dk
- Anzeige auf dieser Seite B 13A CEE
- N 56°01'21" E 09°30'32"
- H63 2,4 ha 230T (80-100m²) 82D
- Nach Vejle Straße 13 in nördlicher Richtung bis Silkeborg. Hier rechts Straße 453 nehmen. Nach ca. 10 km befindet sich der CP in Bryrup links.
- 1 ACDEJMNOPRST ABFGHNQ 6
- 2 CDOPQUWX BFGI 7
- 3 BFJMV ABCDEFGIJKNQRTUV 8
- 4 BDFHIOPQS ADFJKRUY 9
- 5 ACDHMN ABGHJPRV 10
- ① €45,55 ② €30,80
- 101824

Ferring/Lemvig, DK-7620 / Midtjylland
- Bovbjerg Camping★★★
- Juelsgårdvej 13
- 16 Mär - 21 Okt
- +45 97 89 51 20
- bc@bovbjergcamping.dk
- N 56°31'41" E 08°07'31"
- 4,6 ha 180T (80-130m²) 48D
- Von Süden: die 181. An der T-Kreuzung Richtung Thyborøn. Nach 200m links Richtung Bovbjerg. In Ferring/Bovbjerg CP angezeigt. Von Norden: die 181. 1800m hinter "Vandborg" (blau) rechts Richtung Bovbjerg. CP angezeigt.
- 1 ACDEJMNOPRST KNQ 6
- 2 EFHJOPRVWX ABDEFGHIK 7
- 3 BFJMSUV ABCDEFIJKNQRTW 8
- 4 FHI DFV 9
- 5 ACDMN ABGHJPRVZ 10
- B 10A CEE
- ① €34,45 ② €46,50
- 100052

Fjand, DK-6990 / Midtjylland
- Nissum Fjord Camping★★★
- Klitvej 16
- 1 Jan - 31 Dez
- +45 97 49 60 11
- kontakt@nissumfjordcamping.dk
- N 56°19'10" E 08°08'59"
- 7,5 ha 185T (60 120m²) 05D
- Über die Küstenstraße 181 kommt man nach Fjand. Der CP liegt an der Straße und ist deutlich an den Fahnen zu erkennen.
- 1 ADEJMNOPQRST ABNQSX 6
- 2 DOPQRSVWX ABDEFGHIJK 7
- 3 BFJSV ABCDEFGIJNQRTW 8
- 4 FHIKOQR EFGUVY 9
- 5 ABDMN ABFGHJMPQRV 10
- B 13-16A
- ① €28,55 ② €28,55
- 110747

Daugård, DK-8721 / Midtjylland
- Vejle Fjord Camping★★
- Strandvejen 21
- 4 Apr - 13 Sep
- +45 75 89 52 54
- info@vejlefjordcamping.dk
- N 55°42'33" E 09°41'46"
- 3 ha 92T (80-90m²) 27D
- 10A
- Straße 23 Vejle-Juelsminde. In Daugård, Ausfahrt Richtung Daugårdstrand, auch CP-Schilder. Dann noch 3 km.
- 1 AJMNOPQRT KNXYZ 6
- 2 BEGHPTUVX BFGI 7
- 3 AB ABCEFNQR 8
- 4 F FH 9
- 5 ADMN AGHJORVW 10
- ① €21,45 ② €30,80
- 101827

Gammel Laven/Silkeborg, DK-8600 / Midtjylland
- Askehøj Camping★★★
- Askhøjvej 18
- 29 Mär - 15 Sep
- +45 86 84 12 82
- info@askehoj.dk
- N 56°08'10" E 09°41'25"
- H88 5 ha 250T (80-120m²) 127D
- 10-13A CEE
- Bei Skanderborg die E45 verlassen, dann auf die 445 nach Ry. In Ry vor dem Bahnübergang rechts und nach 50m links Richtung Laven. CP liegt zwischen Laven und Svejbæk.
- 1 ACDJMNOPRST ABFHN 6
- 2 APUVWX ABDEFGHIJK 7
- 3 BFJMSV ABCDFGIKNQRT 8
- 4 BFIO BGHJPR 9
- 5 ABDMN BGHJPR 10
- ① €33,35 ② €46,50
- 101822

Ebeltoft, DK-8400 / Midtjylland
- Blushøj Camping - Ebeltoft★★★
- Elsegårdevej 55
- 27 Mär - 13 Sep
- +45 86 34 12 38
- info@blushoj.com
- Anzeige auf Seite 445 10A CEE
- N 56°10'04" E 10°43'49"
- 6,5 ha 270T 14D
- Von Ebeltoft nach Elsegårde (4 km). An der Kreuzung am Weiher links zum CP.
- 1 BDEJMNOPRST ABFGHKNQSX 6
- 2 EFJKOPQTUWXY ABDEFGI 7
- 3 BJLMSV ABCDEFIJKNQRTW 8
- 4 FHIO AFQRV 9
- 5 ACDMN ABGHJNPRV 10
- ① €32,85 ② €48,90
- 101916

Gjerrild/Grenå, DK-8500 / Midtjylland
- DCU-Camping Gjerrild Nordstrand★★★
- Langholmvej 26
- 20 Mär - 18 Okt
- +45 86 38 42 00
- gjerrild@dcu.dk
- Anzeige auf Seite 461 B 16A CEE
- N 56°31'41" E 10°48'37"
- 10 ha 200T (90-180m²) 92D
- Straße Nr. 16 Richtung Grenå-N. Dann Richtung Gjerrild, wo der CP ausgeschildert ist.
- 1 ADEJMNOPRST ABFGKNQSWX 6
- 2 BCEGHPQVX ABDEFGHIK 7
- 3 BFGJLMSUV ABCDEFGHIJKMNPQRTW 8
- 4 FHIOPQ FIJVY 9
- 5 ACDEMN ABFGHIJLMPRVYZ 10
- ① €39,95 ② €54,70
- 101911

Ebeltoft, DK-8400 / Midtjylland
- DCU Camping Mols★★★
- Dråbyvej 13
- 1 Jan - 31 Dez
- +45 86 34 16 25
- mols@dcu.dk
- Anzeige auf Seite 461 B 10A
- N 56°12'49" E 10°41'16"
- 6,5 ha 400T (70-150m²) 67D
- Über die Straße 21 nach Ebeltoft einfahren, gleich links Richtung Dråby, dann 2. Straße links nach Dråby. CP nach ca. 300m linkerhand.
- 1 ADEJMNOPQRT ABFGH 6
- 2 GHOPQUVWXY ABDEFGHIK 7
- 3 BFGJLMSV ABCDEFIJKNRTW 8
- 4 FHILOQ F 9
- 5 ACDMN ABGHJNPRV 10
- ① €34,45 ② €48,10
- 111916

Grenå, DK-8500 / Midtjylland
- Grenå Strand Camping★★★★
- Fuglsangvej 58
- 27 Mär - 6 Sep
- +45 86 32 17 18
- info@722.dk
- Anzeige auf Seite 445 B 10A
- N 56°23'22" E 10°54'44"
- 22 ha 579T (140-280m²) 115D
- In Grenå Richtung Hafen. Südlich des Hafens ist der CP ausgeschildert.
- 1 ADEJMNOPQRST ABFGHKNQSX 6
- 2 BEGHOPQVX ABDEFGHIK 7
- 3 BDFGJLMSUV ABCDEFIJKNQRTUVW 8
- 4 BFHIOPQ DEFGJX 9
- 5 ADMN ABGHIJMNPRVZ 10
- ① €30,30 ② €42,90
- 101107

Blushøj Camping - Ebeltoft

Blushøj Camping verfügt über Stellplätze auf 40 verschiedenen Ebenen, die 3m bis 30m über dem Meeresspiegel liegen, mit Strandzugang. Sie haben eine gewaltige Sicht über das Meer zur Insel Hjelm. Schwimmbad, gutes Sanitär, neue Küche und TV-Raum vorhanden. Der Spielteil und das Schwimmbad sind die besten Treffpunkte für Kinder aller Alterklassen. Gratis WLAN.

Elsegårdevej 55, 8400 Ebeltoft
Tel. 86341238
E-Mail: info@blushoj.com

www.blushoj-camping.dk

Hampen, DK-7362 / Midtjylland
- Dancamps Hampen***
- Hovedgaden 31B
- 1 Mai - 30 Aug
- +45 75 77 52 55
- info@dancamps.dk

1 ADEF**JM**NOPQRST	6
2 OPQWX	ABC**DEFG**HIJK 7
3 AFSUV	ABCDEFIJKNQRT 8
4 BFHIO	FJY 9
5 ABDM**N**	ABGHJLPRVW10

Anzeige auf dieser Seite B 10A CEE ① €37,50
H86 10 ha 180T(100-150m²) 84**D** ② €49,60

N 56°00'53'' E 09°21'53'' 109931

Von Vejle aus die 13 bis 7 km nördlich von Nørre Snede, dann links Richtung Hampen St. Dann noch 1,3 km bis zur T-Kreuzung. Dann gleich rechts zum Camping.

Hjarnø, DK-7130 / Midtjylland
- Hjarnø Camping***
- Hovedvejen 29
- 9 Apr - 27 Sep
- +45 75 68 36 86
- hjarnoe.camping@gmail.com

1 ABDE**JM**NOPQRST	N SXYZ 6
2 FGHIJKMPVWXY	ABC**DEFG**HIJ 7
3 ASX	ABCD**FG**I NQRT 8
4 IO	FJV 9
5 ABD	BGJPRVW10

B 10A CEE ① €25,45
1,5 ha 50T(90-110m²) 38**D** ② €36,20

N 55°49'18'' E 10°03'06'' 121832

Von Süden die E45, die 23 Richtung Juelsminde. Die 459 Richtung Glud, Ausfahrt Snaptun, hier zur Fähre nach Hjarnø.

Højbjerg, DK-8270 / Midtjylland
- DCU-Camping Blommehaven***
- Ørneredevej 35
- 27 Mär - 18 Okt
- +45 86 27 02 07
- blommehaven@dcu.dk

1 ABDE**JM**NOQRST	KM**NQ**SWXYZ 6
2 ABEJOPQTUVX	ABC**DEFG**HIJK 7
3 BF**IJ**LMSV	ABCDEFHIJ**L**NRTUVW 8
4 FIO**PQS**T	FLV 9
5 ADM**N**	ABEGIJP**R**VZ10

Anzeige auf Seite 461 10A ① €41,30
15 ha 365T(70-140m²) 22**D** ② €56,00

N 56°06'37'' E 10°13'55'' 101109

Ab Århushafen fahren Sie die Küstenstraße Richtung Süden, der CP-Beschilderung folgen. Auch von der 451 aus ist der CP ausgeschildert.

Horsens City Camping ★ ★ ★

Mitten in der Natur – Super Radwege.
Große Plätze mit 100-150 m². Gratis Duschen.
Plätze mit Blick auf den Horsens Fjord.
Nur eine Stunde vom Legoland und dem Givskud Zoo.

Husoddevej 85, 8700 Horsens • Tel. +45 75657060
E-Mail: camping@husodde.dk
Internet: www.horsenscitycamping.dk

Horsens, DK-8700 / Midtjylland
- Horsens City Camping***
- Husoddevej 85
- 1 Jan - 31 Dez
- +45 75 65 70 60
- camping@horsenscity.dk

1 ABDEG**JM**NOPQRS**T**	KNQRSW 6
2 ABEGHOPVWXY	ABC**DEFG**HIJK 7
3 BD**FJ**LMUV	ABCDEFGIJKNQRTUVW 8
4 BFHIO	AFJRVY 9
5 ABDM**N**	ABFGHIKM**P**RVZ10

Anzeige auf dieser S. B 10-13A CEE ① €38,45
10 ha 237T(100-150m²) 79**D** ② €54,55

N 55°51'31'' E 09°55'03'' 101865

In Horsens Richtung Odder auf der 451. Dann am Hafen entlang den CP-Schildern folgen.

Geschlossen zwischen 12.00 - 14.00 Uhr

Fuglsangvej 58, 8500 Grenå, Tel. +45 86321718
E-mail: info@722.dk • Internet: www.722.dk

Hou/Odder, DK-8300 / Midtjylland
- Hou Strandcamping
- Spøttrup Strandvej 35
- 24 Mär - 30 Sep
- +45 86 55 61 62
- info@houstrandcamping.dk

1 DE**JM**NOPQRST	KNQSW 6
2 EHPTVX	ABC**DEFG**HIJK 7
3 BG**L**MV	ABCDEFGIJNQRT 8
4 FIO	9
5 D	ABFGHIJPRVZ10

B 10A CEE ① €38,45
2 ha 66T(120-150m²) ② €57,25

N 55°55'35'' E 10°15'14'' 100073

Straße 451 Horsens-Odder, in Ørting Richtung Gosmer und Hou (Hov). Ab Halling Schilder Hou folgen, dann Spottrup und CP ausgeschildert.

Hvide Sande, DK-6960 / Midtjylland
- Dancamps Holmsland***
- Tingodden 141
- 8 Apr - 13 Sep
- +45 75 52 14 82
- info@dancamps.dk

1 ADE**JM**NOPRST	KNQS 6
2 EFHOPQVW	ABC**DEFG**HIJK 7
3 B**L**MV	ABCDEFIJNQRT 8
4 FHIO	FJ 9
5 ABDM**N**	ABFGHIJPR10

Anzeige auf dieser Seite B 10A CEE ① €39,00
2,5 ha 92T(15-105m²) 35**D** ② €52,15

N 55°57'45'' E 08°08'31'' 112771

Über die Küstenstraße 181, ca. 3 km südlich von Hvide Sande links zum 'Søholmvej'. Am Ende der Straße liegt der CP.

Hvide Sande, DK-6960 / Midtjylland
- Dancamps Nordsø***
- Tingodden 3, Årgab
- 1/1-5/1, 7/2-17/2, 3/4-25/10, 18/12-31/12
- +45 96 59 17 22
- info@nordsoe-camping.dk

1 ADE**JM**NOPRST	EFGHKNQRSWX 6
2 EHOPQRVW	ABC**DFG**HIJK 7
3 B**J**LMUV	ABCDEFIJKLNQRTUVW 8
4 BFHIO**TUV**	AEFHJY 9
5 ABDEFILM**N**	ABDEFGHJPQRVWXZ10

Anzeige auf dieser Seite B 10A CEE ① €41,95
12,5 ha 299T(40-100m²) 96**D** ② €58,05

N 55°56'58'' E 08°09'01'' 100062

Von Kolding nach Esbjerg und weiter via Varde und der Küstenstraße 181 nach Norden in Richtung Hvide Sande. Bei Haurvig ist links schon das Schwimmbad mit der grünen Rutschbahn zu sehen.

Juelsminde, DK-7130 / Midtjylland
- Juelsminde Strand Camping***
- Rousthojs Allé 1
- 27 Mär - 18 Okt
- +45 75 69 32 10
- info@juelsmindecamping.dk

1 ADE**JM**NOPRST	KM**NQ**SXYZ 6
2 EGHIOPRSVW	AB**FG**IJK 7
3 ACD**JL**MU	ABCDFGNQR**S**T 8
4	GJY 9
5 DHMN	ABFGHJPYZ10

B 10A CEE ① €37,65
4,5 ha 255T(70-120m²) 99**D** ② €51,05

N 55°42'45'' E 10°00'52'' 101866

Von der E 45 aus, auf der 23 weiter nach Juelsminde zum Hafen. Der Campingplatz befindet sich auf der rechten Seite der Straße.

---

www.dancamps.dk

Kysing Strand/Odder, DK-8300 / Midtjylland
- NFJ Naturist/FKK Camping**
- Kystvejen 258
- 1 Apr - 30 Sep
- +45 86 55 83 65
- info@nfj.dk

1 ADE**JM**NOPQRS**T**	N 6
2 EFGHJOPVWXY	ABDE**FG**IJK 7
3 ABSV	ABEFHJKNQRT 8
4 IOT	DF 9
5 AB	ABHIJ**P**RVZ10

FKK 16A CEE ① €32,85
5 ha 243T(bis 60m²) 84**D** ② €40,90

N 56°00'49'' E 10°16'04'' 112807

Die 451 Arhus-Odder. Bei Malling Richtung Norsminde. Camping liegt an Küstenstraße zwischen Norsminde und Kysing. Ist mit FKK-Schild angezeigt.

Aarhus Camping ★ ★ ★

Der Campingplatz eignet sich als Etappenziel, ist aber auch attraktiv für einen längeren Aufenthalt. Wenige Minuten entfernt liegt die Stadt Århus mit ihren vielen Sehenswürdigkeiten. In der Nähe gibt es auch das Seengebiet von Mitteljütland und die Halbinsel Djursland mit schönen Stränden, sauberem Wasser und einer lieblichen Landschaft. Der Campingplatz hat ein eigenes Schwimmbad und bietet guten Windschutz. Vermietung von Ferienhäusern.

Randersvej 400
8200 Lisbjerg/Århus-N
Tel. 86231133 • E-Mail: info@aarhuscamping.dk
Internet: www.aarhuscamping.dk

DK-CAMP

Dänemark

Lemvig, DK-7620 / Midtjylland
- Lemvig Strand Camping****
- Vinkelhagevej 6
- 3 Apr - 18 Okt
- +45 23 82 00 45
- info@lemvigcamping.dk

1 ADEJMNOPRST	EFGKNQRSWXY 6
2 DFHPRVWX	ABDEFGHJK 7
3 BFGJLMSV	ABCDEFIJKLNQRTW 8
4 FHIOPQUX	FJ 9
5 ABDMN	ABFGHJPRVXZ10
B 10-13A CEE	① €32,55
7,6 ha 250T(90-125m²) 110D	② €46,50

N 56°34'02'' E 08°17'39'' 100051
In Lemvig Richtung Zentrum und Hafen. Ab hier der Beschilderung folgen. Der CP liegt wenige km außerhalb von Lemvig.

Odder, DK-8300 / Midtjylland
- Saksild Strand Camping***
- Kystvejen 5
- 1 Jan - 31 Dez
- +45 86 55 81 30
- info@saksild.dk

1 ADEJMNOPQRST	ABFGKMNQSW 6
2 EHOPVWX	ABEFGHJK 7
3 BV	ABDFGIJKNQRT 8
4 HIO	FJVW 9
5 CDFGLMN	ABFGHIJPRVZ10
B 10-16A	① €43,55
9 ha 220T(80-150m²) 122D	② €63,65

N 55°58'46'' E 10°14'54'' 101112
In Odder gibt es ein CP-Schild '6 km', dann nach Saksild, weiter Richtung Saksild Strand. Dann noch 1 km bis zum CP.

Naturerlebnisse und gemütliches Beisammensein in Dänemark
ODDER STRAND CAMPING
www.odderstrandcamping.dk

Odder/Boulstrup, DK-8300 / Midtjylland
- Odder Strand Camping***
- Toldvejen 50
- 28 Mär - 20 Sep
- +45 86 55 63 06
- info@odderstrandcamping.dk

1 ADEJMNOPQRST	KNPQSWXYZ 6
2 EGHKPVX	ABDEFGHIJK 7
3 BDFLMSVW	ABCDEFGIJKNQRT 8
4 IOQ	DFY 9
5 ABDMN	ABFGHIJLPRVWYZ10
Anzeige auf dieser Seite B 10A CEE	① €33,75
5 ha 120T(100-110m²) 83D	② €49,85

N 55°56'04'' E 10°15'23'' 101906
Die 451 Horsens-Odder. In Ørting Richtung Gylling, etwas später Gosmer und Hou. Ab Halling Richtung Hou, danach Spøttrup. Von hier aus den CP-Schildern folgen.

Lisbjerg/Århus-N, DK-8200 / Midtjylland
- Aarhus Camping***
- Randersvej 400
- 1 Jan - 31 Dez
- +45 86 23 11 33
- info@aarhuscamping.dk

1 ADEJMNOPQRST	ABFG 6
2 AOPQWXY	ABEFGHJ 7
3 AJLMV	ABCDEFGIJKNQRTW 8
4 IOQU	F 9
5 ACDEFHJKMN	ABDFGHJNPRV10
Anzeige auf dieser Seite 16A CEE	① €28,85
H70 6,9 ha 200T(80-150m²) 31D	② €42,00

N 56°13'36'' E 10°09'49'' 100066
E45 Ausfahrt 40 Århus-N Richtung Lisbjerg, erste Ampel links, dann dem CP-Schild noch 2 km folgen.

Østbirk, DK-8752 / Midtjylland
- Elite Camp Vestbirk***
- Møllehøjvej 4
- 1 Jan - 31 Dez
- +45 75 78 12 92
- vestbirk@vestbirk.dk

1 BCDEJMNOPRST	ABFGHLN 6
2 CDPVWXY	ABCDEFGIJ 7
3 BDFJMSV	ABCDEFGIJKNQRT 8
4 BIKOPQTU	ADEFJQR 9
5 ACDEFMN	ABFGHIJMPRVXZ10
Anzeige auf dieser Seite B 10-16A	① €37,50
H60 15 ha 170T(90-130m²) 123D	② €53,35

N 55°57'50'' E 09°41'59'' 101111
Auf der E45 bei Vejle Ausfahrt 59, die 13 Richtung Nørre Snede. Nach ± 10 km auf die 409 Richtung Skanderborg. 1 km vor Vestbirk ist der CP angezeigt.

Løgstrup, DK-8831 / Midtjylland
- Hjarbæk Fjord Camping***
- Hulager 2
- 1 Jan - 31 Dez
- +45 22 13 15 00
- info@hjarbaek.dk

1 ADEJMNOPQRST	AFKNXY 6
2 EFGHJOPQUVWX	ABDEFGHIJK 7
3 BDFJMQSUVX	ABCDEFGIJNQRTW 8
4 FHIKOPQ	DFJNRY 9
5 ABDFHMN	ADFGHJMPRVXZ10
Anzeige auf dieser S. B 10-13A CEE	① €31,50
10 ha 150T(100-120m²) 111D	② €42,20

N 56°32'03'' E 09°19'53'' 100055
Die 26 Viborg-Skive. Ausfahrt Løgstrup/Hjarbæk. Der CP ist ausgeschildert.

ELITE CAMP VESTBIRK
Camping De Luxe

Møllehøjvej 4, 8752 Østbirk
Tel. +45 75781292
E-Mail: vestbirk@vestbirk.dk
Internet: www.vestbirk.dk

Hjarbæk Fjord Camping ★ ★ ★

Ruhiger, stellenweiser Terrassencamping am Limfjord mit Blick über den Fjord. Superschöner Spielplatz. Großer Freibad. Dusche und Warmwasser gratis. Gute Radmöglichkeiten.

Hulager 2, 8831 Løgstrup • Tel. 22131500
E-Mail: info@hjarbaek.dk • Internet: www.hjarbaek.dk

Randers, DK-8920 / Midtjylland
- Randers City Camp***
- Himmelbovej/Hedevej 9
- 1 Jan - 31 Dez
- +45 29 47 36 55
- info@randerscitycamp.dk

1 ADEJMNOPQRST	ABCEFGN 6
2 ABCFGOPRTVWXY	ABDEFGHIK 7
3 ABFLVWX	ABCDEFGIJKLNQRTUVW 8
4 FHIR	FJY 9
5 ADMN	ABGHJPRVZ10
B 13-16A CEE	① €32,05
6,6 ha 120T(100-300m²) 124D	② €45,95

N 56°26'59'' E 09°57'10'' 109384
E45, Ausfahrt 40 Richtung Randers C nehmen. Die Straße 525 Richtung Langå fahren. CP ist nach 3 km ausgeschildert.

Malling, DK-8340 / Midtjylland
- CampOne Ajstrup Strand camping***
- Ajstrup Strandvej 81
- 1 Jan - 31 Dez
- +45 63 60 63 64
- ajstrup@campone.dk

1 ACDEJMNOPQRST	KNQSVWX 6
2 EHIJOPQUVWXY	ABDEFGHIJK 7
3 BJLUV	ABCDEFGIJKNRTW 8
4 BFHIO	FY 9
5 ABDMN	ABDGHIJPRVY10
Anzeige auf Seite 447 6A CEE	① €43,70
9,2 ha 380T(60-150m²) 127D	② €61,10

N 56°02'29'' E 10°15'52'' 100067
Die 451 zwischen Odder und Århus an der Abzweigung nach Malling. Folgen Sie in Malling den Schildern Richtung Ajstrup (Strand) und CP.

Ringkøbing, DK-6950 / Midtjylland
- Ringkøbing Camping***
- Herningvej 105
- 27 Mär - 27 Sep
- +45 97 32 04 20
- info@ringkobingcamping.dk

1 AFJMNOPQRST	6
2 BPQRVWXY	ABDEFGHIJ 7
3 ABFJLMSV	ABCDEFIJNQRTW 8
4 FHIO	BFLY 9
5 ABDMN	ABGHJMORVZ10
Anzeige auf Seite 447 B 10A CEE	① €29,35
7,5 ha 110T(36-140m²) 47D	② €42,20

N 56°05'18'' E 08°19'00'' 101772
Sie finden den CP an Straße 15, von Ringkøbing aus 4 km Richtung Herning, links der Straße.

446 Teilkarte Mittel-Jütland auf Seite 443

CAMP ONE

Strand und Stadt, Meerblick, Marina und Natur - besuchen Sie unsere fünf fantastischen Campingplätze in Dänemark:
www.CampOne.dk

- Grenen Strand
- Ajstrup Strand
- Holbæk Fjord
- Assens Strand
- Bøjden Strand

Angebot

Stellplätze Ex. Strom/Entsorgung — **€ 21,-**

Senioren 3 Übernachtungen – Ex. Strom/Müllgebühr — **€ 82,-**

 Dänemark

Die Angebote sind nur in der Nebensaison gültig

GRENEN STRAND	Fyr vej 16 - DK-9990 Skagen	Tel. +45 63 60 63 61	grenen@campone.dk
AJSTRUP STRAND	Ajstrup Strandvej 81 - DK-8340 Malling	Tel. +45 63 60 63 64	ajstrup@campone.dk
ASSENS STRAND	Næsvej 15 - DK-5610 Assens	Tel. +45 63 60 63 62	assens@campone.dk
BØJDEN STRAND	Bøjden Landevej 12 - DK-5600 Faaborg	Tel. +45 63 60 63 60	bojden@campone.dk
HOLBÆK FJORD	Sofiesminde Allé 1 - DK-4300 Holbæk	Tel. +45 63 60 63 63	holbek@campone.dk

CAMP ONE — www.CampOne.dk

Ry, DK-8680 / Midtjylland

- Birkhede Camping★★★
- Lyngvej 14
- 27 Mär - 20 Sep
- +45 86 89 13 55
- info@birkhede.dk

1 ADEJMNOPQRT ABFHLNQSXYZ 6
2 DGIPQUVWXY ABCDEFGHIJ 7
3 BDFGLMSV ABCDFIJKNQRT 8
4 BCDFGHIOQ ADFGLQRVY 9
5 ACDEFMN ABEGHJPRVZ10
10A CEE
10 ha 236T(80-110m²) 39D
① €40,45 ② €55,20

N 56°06'12'' E 09°44'41'' 101859

Bei Skanderborg verlassen Sie die E45, dann Straße 445 nach Ry nehmen. Hier Richtung Laven/Silkeborg. Nach der Brücke über den See gleich rechts den Schildern folgen.

Ry, DK-8680 / Midtjylland

- Holmens Camping★★★
- Klostervej 148
- 3 Apr - 27 Sep
- +45 86 89 17 62
- info@holmenscamping.dk

1 ADEILNOPQRST EFGLNXYZ 6
2 ADHPQUVWXY ABDEFGHIJK 7
3 BFGJLM ABCDEFIJKNQRT 8
4 BCDFHIOP FGGQRY 9
5 ACDEJMN ABGHJMORVZ10
B 6A CEE
9,5 ha 340T(70-130m²) 137D
① €34,45 ② €46,75

N 56°04'37'' E 09°45'55'' 101861

Bei Skanderborg die E45 an der Ausfahrt 52 verlassen, über die Straße 445 nach Ry fahren. Nach den Eisenbahnschienen links fahren, der CP befindet sich ca. 2 km auf der rechten Seite.

Silkeborg, DK-8600 / Midtjylland

- Gudenåens Camping Silkeborg★★★
- Vejlsøvej 7
- 3 Apr - 18 Okt
- +45 86 82 22 01
- mail@gudenaaenscamping.dk

1 ADEJMNOPR JNX 6
2 CPQVX ABDEFGHIJK 7
3 ALMV ABCDEFIJNQRT 8
4 IOT FIRY 9
5 ABDN ABGHIJNRVZ10
B 13A CEE
2 ha 110T(80-100m²) 35D
① €43,55 ② €58,95

N 56°09'24'' E 09°33'46'' 101821

Von Straße 52 Horsens-Silkeborg. Direkt südlich von Silkeborg diese Straße verlassen und Richtung Silkeborg-C fahren. Nach ca. 200m ist der CP nach rechts ausgeschildert.

RINGKØBING CAMPING ★★★

DK-CAMP — Ringkøbing Camping mit seinen großen Plätzen liegt 4 km vom Ringkøbing Zentrum. Dieser ruhige, zentral gelegene Campingplatz befindet sich in einem Waldgebiet mit ausgezeichnetem Windschutz. Vom Camping aus viele Wander- und Radmöglichkeiten. Man spricht dänisch/deutsch/englisch/niederländisch. Gratis WLAN-Zone.

Herningvej 105, 6950 Ringkøbing
Tel. +45 97320420 • E-Mail: info@ringkobingcamping.dk
Internet: www.ringkobingcamping.dk

Silkeborg, DK-8600 / Midtjylland CC€18

- Sejs Bakker Camping★★★
- Borgdalsvej 15-17
- 4 Apr - 14 Sep
- +45 86 84 63 83
- mail@sejs-bakker-camping.dk

1 ADEJMNOPRST 6
2 OPQXY ABDEFGHIJK 7
3 ABFJLMNSV ABCDFINQRT 8
4 BDIOPQ DJV 9
5 ABDMN ABGHJNPRV10
Anzeige auf dieser Seite B 10A
4 ha 170T(80-100m²) 73D
① €33,25 ② €49,60

N 56°08'25'' E 09°37'14'' 107448

E45 bei Skanderborg Ausfahrt 52 Skanderborg-Vest, über die 445 nach Ry. Richtung Silkeborg bleiben. In Sejs ist der CP ausgeschildert.

SEJS BAKKER CAMPING

for familie og naturelskere

Liegt in der schönen Natur und ist von Wäldern und Seen umgeben. 5 km von Silkeborg und 1 km von Einkaufsgelegenheiten. Ideal zum wandern, Rad fahren, Mountainbiken und für Ausflüge.

Borgdalsvej 15-17, 8600 Silkeborg
Tel. +45 86846383 • E-Mail: mail@sejs-bakker-camping.dk
Internet: www.sejs-bakker-camping.dk

Silkeborg, DK-8600 / Midtjylland

- Silkeborg SØ Camping og Feriehuse
- Århusvej 51
- 3 Apr - 18 Okt
- +45 86 82 28 24
- mail@seacamp.dk

1 ADEGJMNOPQRTU LN 6
2 ADPQSVWXY ABDEFGHIJK 7
3 BLMV ABCDEFGIJKNQRT 8
4 FH BDEFGIJRUVW 9
5 ABJMN ABFHJMORVZ10
B 13A CEE
H142 2,4 ha 140T(55-110m²) 34D
① €40,90

N 56°10'12'' E 09°34'36'' 101820

E15, Abfahrt Silkeborg Ost, Zentrum folgen, nach 2 km rechts.

Silkeborg/Laven, DK-8600 / Midtjylland

- Terrassen Camping★★★★
- Himmelbjergvej 9a
- 3 Apr - 20 Sep
- +45 86 84 13 01
- info@terrassen.dk

1 ACDEJMNOPQRST ABFGHLNSUVXZ 6
2 ADFGOPUVWX ABDEFGHIJK 7
3 BFGJLMQSUV ABCDFIJKNQRTU 8
4 BCDEFHIOPQS DEFJRUVW 9
5 ACDMNO ABEFGHJPRVY10
B 13A CEE
7,5 ha 250T(80-120m²) 56D
① €45,55 ② €63,00

N 56°07'27'' E 09°42'38'' 101858

Bei Skanderborg verlassen Sie die E45, dann Straße 445 nach Ry. Hier Richtung Silkeborg nach Laven, wo der CP ausgeschildert ist.

Seniorenrabatt in der Nebensaison.

SKIVE FJORD CAMPING
Marienlyst Strand 15 - DK-7800 Skive
Tel. +45 97 51 44 55
info@skivefjordcamping.dk
www.skivefjordcamping.dk

Limfjords Camping & Vandland i/s ★ ★ ★

- Große, geschützte Plätze
- Hallenbad mit 37m Wasserrutsche
- Sicheres und sauberes Badewasser (blaue Flagge)
- Gute Wassersportmöglichkeiten
- Umfangreicher Spielplatz u.a. drei Springkissen

www.limfjords.dk

Spøttrup, DK-7860 / Midtjylland
- Limfjords Camping & Vandland i/s***
- Albæk Strandvej 5
- 1 Jan - 31 Dez
- +45 97 56 02 50
- camping@limfjords.dk
- 1 ADE**JM**NOPRST   **EFG**HNQSWXY 6
- 2 **F**HIJKOPQRVWXY   ABDE**FG**HJK 7
- 3 B**FJ**MSV   ABCDE**F**IJKNQRTUVW 8
- 4 **B**HIO**PTUV**   EF 9
- 5 ABDEFH**N**   ABGHJMPRVZ10
- Anzeige auf dieser Seite   B 10A   ① €36,05
- 15 ha 358**T**(80-140m²)   170**D**   ② €47,45
- N 56°37'22''   E 08°43'46''
- Gute 20 km westlich von Skive, via die A26, dann Straße 189 oder 573 nach Lihme, dann ist der CP ausgeschildert.
- 100053

Skanderborg, DK-8660 / Midtjylland
- Skanderborg Sø Camping***
- Horsensvej 21
- 1 Mai - 13 Sep
- +45 86 51 13 11
- info@campingskanderborg.dk
- 1 ABDE**JM**NOPQRT   LNSXYZ 6
- 2 ADGHIOPQTWXY   ABDE**FG**HIJK 7
- 3 B**F**J**L**MSX   ABCDE**FG**IJKNQRT 8
- 4 B**E**FHIO**Q**   FGHJKQR 9
- 5 ABD**F**J**M**N   ABGHIJNORVW10
- Anzeige auf dieser Seite   10A   ① €34,70
- 9 ha 160**T**(100-200m²)   11**D**   ② €48,10
- N 56°01'16''   E 09°53'26''
- Auf der E45 Ausfahrt 53 Skanderborg-Süd Richtung Skanderborg. Die erste rechts 'Vrold Tvaervej'. Folgen Sie den Schildern.
- 101863

Lögballe Camping it ein kleiner ausgezeichnetes Familiencamping auf dem Land, an der Ostküste von Zentral Jütland und 3 km vom Vejle Fjord. Gleich hinter dem Platz fängt ein tolles Naturschutzgebiet an.
- viele Tagesausflüge möglich • große Plätze
- separates Zeltfeld mit Lagerfeuerstelle • sehr gut geeignet für Kinder
- Schwimmbad mit Kinderbecken • kleiner Laden, Freizeitraum, Sportplatz
- Rad- und Wanderwege • Ferienhäuser und Bungalows zu vermieten

Løgballevej 12, 7140 Stouby • Tel. +45 75691200
E-Mail: camping@logballe.dk • Internet: www.logballe.dk

Skanderborg Sø Camping
EINER DER SCHÖNSTEN NATURCAMPINGPLÄTZE IN DÄNEMARK
www.campingskanderborg.dk

Stouby, DK-7140 / Midtjylland
- Løgballe Camping***
- Løgballevej 12
- 16 Mär - 23 Sep
- +45 75 69 12 00
- camping@logballe.dk
- 1 ADE**JM**NOPQRST   ABF**G** 6
- 2 C**F**GPUVWX   ABCDE**FG**HIJK 7
- 3 B**F**GI**JL**MSVX   ABCDE**FG**IJNQRT 8
- 4 **B**DEFHIO**Q**   FJ 9
- 5 AB**D**MN   ABF**G**HIJM**P**RV**XZ**10
- Anzeige auf dieser Seite   B 10A CEE   ① €29,10
- 4,5 ha 161**T**(100-130m²)   76**D**   ② €42,20
- N 55°42'28''   E 09°50'39''
- Straße 23 Vejle-Juelsminde. Nach Hyrup noch 1 km. Beim CP-Schild rechts, dann noch 400m.
- 101867

Skaven/Vostrup/Tarm, DK-6880 / Midtjylland
- Skaven Strand Camping***
- Skavenvej 32
- 3 Apr - 25 Okt
- +45 97 37 40 69
- info@skaven.dk
- 1 AD**JM**NOPRST   ABFGL**N**QRSWXYZ 6
- 2 DGHPVWXY   ABCDE**FG**HIJK 7
- 3 B**FG**JMSUV   ABCDE**FG**IJKNQRT 8
- 4 **F**HIO**PQT**   FJVY 9
- 5 ACDEILM   ABGHIJ**M**PRVZ10
- Anzeige auf Seite 449   B 6-10A CEE   ① €27,90
- 6,5 ha 250**T**(100-150m²)   207**D**   ② €41,80
- N 55°53'32''   E 08°21'55''
- Straße 11 Varde-Tarm nehmen. Boi Tarm Richtung Lønborg-Vostrup fahren. Ab Vostrup den CP-Schildern folgen.
- 101793

Stouby, DK-7140 / Midtjylland
- Rosenvold Strand Camping***
- Rosenvoldvej 19
- 27 Mär - 4 Okt
- +45 75 69 14 15
- info@rosenvold.dk
- 1 ADE**JM**NOPQRST   KNPQSVWXY**Z** 6
- 2 BEFGHPVWXY   ABDE**FG**HJK 7
- 3 AB**F**GJMSUVY   ABDE**FG**IJKNQRTU 8
- 4 **B**FGHIKO**T**   ADFJNRY 9
- 5 ABDEFM**N**O   ABGHJM**O**PRVWZ10
- Anzeige auf dieser Seite   B 10A CEE   ① €30,80
- 11,5 ha 265**T**(100-150m²)   149**D**   ② €41,00
- N 55°40'36''   E 09°48'48''
- Die 23 Vejle-Juelsminde. In Stouby rechts ab dem CP-Schild folgen.
- 112787

Skive, DK-7800 / Midtjylland
- Skive Fjord Camping***
- Marienlyst Strand 15
- 3 Apr - 18 Okt
- +45 97 51 44 55
- info@skivefjordcamping.dk
- 1 ACDE**F**J**M**NOPQRS   ABFGLN**O**QRSWXY 6
- 2 D**F**GHIJKOPRTUVWX   ABDE**FG**HIJK 7
- 3 ABE**F**JLMV   ABCDE**F**GIJKNQRT 8
- 4 B**C**HIO**Q**   EFR 9
- 5 AD**M**N   AFGHJORVZ10
- Anzeige auf dieser S.   B 10-16A CEE   ① €32,55
- 12 ha 198**T**(100-120m²)   76**D**   ② €48,65
- N 56°35'52''   E 09°02'17''
- Von Skive die 26 Richtung Nyköbing. Weiter die 551 Richtung Fur. Der CP ist dort angezeigt.
- 111330

Rosenvold Strand Camping ★ ★ ★
In einer malerisch schönen Naturgegend nördlich des Vejle Fjord, dicht am Sandstrand. Ideal zur Erholung und für diverse Aktivitäten an Strand, Meer, Wald und der freien Natur. Bringen Sie ihr Boot, Kajak oder Rad mit. Im Campladen können Sie Brötchen bestellen. Großes Hundefreilaufgelände. Bis dann!

Rosenvoldvej 19, 7140 Stouby • Tel. 75691415
E-Mail: info@rosenvoldcamping.dk
Internet: www.rosenvoldcamping.dk

Skjern, DK-6900 / Midtjylland
- Skjern Å Camping**
- Birkvej 37
- 1 Jan - 31 Dez
- +45 97 35 08 61
- info@skjernaacamping.dk
- 1 A**J**MNORT   JN 6
- 2 CGPWXY   ABDE**FG**IJ 7
- 3 BU   ABCDEFNQRT 8
- 4 HI   F 9
- 5 DMN   ABGIJPR10
- B 10A CEE   ① €21,45
- 3,5 ha 100**T**(90-120m²)   51**D**   ② €30,80
- N 55°56'00''   E 08°29'43''
- Die 11 aus Varde Richtung Skjern. Vor dem Örtchen Skjern links ab den CP-Schildern folgen.
- 101792

Struer, DK-7600 / Midtjylland
- Bremdal Camping***
- Fjordvejen 12
- 1 Apr - 31 Okt
- +45 97 85 16 50
- vergie@mail.dk
- 1 AD**J**MNOPRST   LNSWX 6
- 2 DGHPQRVWXY   ABDE**FG**HIJ 7
- 3 A**F**L**V**   CDE**FG**IJNQRTW 8
- 4 I   DG 9
- 5 ACDN   AGHJLOV10
- 10A CEE   ① €20,75
- 3 ha 140**T**(20-120m²)   75**D**   ② €28,80
- N 56°30'10''   E 08°34'56''
- Über die Straße 11 erreichen Sie Struer. Ab dem Zentrum ist der CP ausgeschildert.
- 101791

Søndervig, DK-6950 / Midtjylland
- Søndervig Camping***
- Solvej 2
- 3 Apr - 4 Okt
- +45 97 33 90 34
- post@soendervigcamping.dk
- 1 ADE**JM**NOPQRS   KNQSWX 6
- 2 EHOPRVWX   ABDE**FG**HIJK 7
- 3 BDLV   ABCDE**F**IJKLNQRTW 8
- 4 FHIO   AIJ 9
- 5 ABD**M**N   ABFGHJPRZ10
- B 10A CEE   ① €38,75
- 3 ha 200**T**(80-100m²)   52**D**   ② €50,80
- N 56°06'41''   E 08°07'00''
- An der Küstenstraße 181, ca. 600m südlich von Søndervig. CP ist gut ausgeschildert.
- 111625

Struer, DK-7600 / Midtjylland
- Humlum Camping & Fiskerleje***
- Bredalsvigvej 5, Humlum
- 3 Apr - 18 Okt
- +45 97 86 13 04
- ferie@humlumcamping.dk
- 1 ADE**JM**NOPRST   LNQSUVW**X**Y**Z** 6
- 2 D**F**GHJPQRVWXY   ABDE**FG**HJK 7
- 3 AB**F**JLMSV   ABCDE**F**GIJKNQRTW 8
- 4 ABFHIO   FGR 9
- 5 ABDMN   ABHJLMPRVXZ10
- B 16A CEE   ① €29,10
- 18 ha 142**T**(80-150m²)   126**D**   ② €39,80
- N 56°32'49''   E 08°34'17''
- Von Struer aus die A11 Richtung Norden fahren. Einige hundert Meter nach der Ausfahrt Humlum (nicht nach Humlum hinein fahren) befindet sich der CP auf der rechten Seite.
- 100054

Struer, DK-7600 / Midtjylland

Toftum Bjerge Camping★★★
Gl. Landevej 4
1 Jan - 31 Dez
+45 97 86 13 30
info@toftum-bjerge.dk

1 ADEJMNOPRST KNQSWXY 6
2 EGHKOPQRSTVWXY ABDFGHIJK 7
3 BFGJLSVX ABCDEFGIJKNQRTW 8
4 BFHIKOQ FGJVY 9
5 ABDEHKMN AGHJMPRVZ 10

Anzeige auf dieser S. B 10-13A CEE ① €29,50
5 ha 205T(90-150m²) 122D ② €40,20

N 56°32'28'' E 08°31'50''
101105

Sie erreichen den CP über die 11, 5 km nördlich von Struer, Ausfahrt Humlum. Kurz hinter Humlum an der 565 ist der CP auf der rechten Seite.

Toftum Bjerge Camping ★★★

Besuchen Sie einen schönen Campingplatz im Naturschutzgebiet Toftum Bjerge. Etwa 300m von einem sehr kinderfreundlichen Strand. Blick auf Thyborøn. Möglichkeit zum Wandern, Radfahren, Angeln, Paragliden und gute traditionelle Gemütlichkeit!

Gl. Landevej 4, 7600 Struer • Tel. +45 97861330
E-Mail: info@toftum-bjerge.dk
Internet: www.toftum-bjerge.dk

Vedersø Klit Camping liegt nur 600m von der Nordsee in einem einzigartigen Naturschutzgebiet. Aktivitäten, angenehmes Ambiente und freundliche Atmosphäre unter den Campern sind die Highlights des Campingplatzes. Restaurant, Havtorn und Supermarkt. Schwimmbad für Kinder, Spielplatz oder Spielfeld. Das ist mal ein Urlaub!

Øhusevej 23, 6990 Ulfborg
Tel. +45 97495200
E-Mail: info@klitcamping.dk
Internet: www.klitcamping.dk

Tarm, DK-6880 / Midtjylland

Tarm Camping★★★
Vardevej 79
1 Apr - 18 Okt
+45 30 12 66 35
tarm.camping@pc.dk

1 ADJMNORT ABF 6
2 OPQVWXY ABDEFGHIJ 7
3 BFMV ABCDEFIJNQRT 8
4 I FI 9
5 ABDMN AFGHJPRVY 10

B 13A CEE ① €25,85
3 ha 98T(120-160m²) 64D ② €39,00

N 55°53'35'' E 08°30'48''
101794

Liegt an der 11 Varde-Tarm. Kurz vor Tarm rechts ab. Den CP-Schildern folgen.

Ulstrup, DK-8860 / Midtjylland

Bamsebo Camping Ved Gudenåen
Hagenstrupvej 28
8 Apr - 1 Okt
+45 86 46 34 27
info@bamsebo.dk

1 DEJMNOPQRST ABN 6
2 CFGPQVWX ABDEFGHIJK 7
3 BFGJMSU ABCDEFGIJKNQRTW 8
4 FIK AFJR 9
5 ACDEGHMN ABGHJPQRVW 10

① €35,10
5 ha 110T(80-120m²) 62D ② €49,60

N 56°23'14'' E 09°45'47''
100058

E45, Ausfahrt 40 Richtung Randers C., dann Straße 525 Richtung Langå/Bjerringbro. Dieser Straße bis Ulstrup folgen. CP ist ausgeschildert.

Thorsminde/Ulfborg, DK-6990 / Midtjylland

Thorsminde Camping★★★
Klitrosevej 4
4 Apr - 18 Okt
+45 20 45 19 76
mail@thorsmindecamping.dk

1 ADEJMNOPRST EFGHKLNQRSUVXY 6
2 DEGHPQVW ABCDEFGHIJK 7
3 BDFJSUV ABCDEFIJKNQRT 8
4 IOQT FJMR 9
5 BDMN AGHIJMPRV 10

B 13A CEE ① €34,30
5,5 ha 163T(100-120m²) 111D ② €47,15

N 56°22'35'' E 08°07'21''
107451

Über die Küstenstraße 181 nach Thorsminde. Im Dorf ist der CP ausgeschildert.

Viborg, DK-8800 / Midtjylland

DCU Camping Viborg Sø
Vinkelvej 36b
23 Mär - 22 Okt
+45 86 67 13 11
viborg@dcu.dk

1 ADEJMNOPQRST LNQSXZ 6
2 BDPQVWX ABDEFGHIK 7
3 BFGJLMSV ABCDEFIJNPQRTW 8
4 HIOQ DFY 9
5 ADMN ABGHJPRVZ 10

Anzeige auf Seite 461 B 10A CEE ① €40,20
3,2 ha 200T(60-120m²) 67D ② €54,95

N 56°26'17'' E 09°25'19''
111920

E45 Ausfahrt 40 Randers Richtung Viborg. Der 16 Ausfahrt Viborg Ø (Houlkaervej) Randersvej folgen bis vor der Ortsmitte. Im Kreisel Richtung Brunshåb. Der CP ist angezeigt.

Thyborøn, DK-7680 / Midtjylland

Thyborøn Camping & Hotel★★★
Idrætsvej 3
1 Jan - 31 Dez
+45 97 83 11 72
info@thyboroncamping.dk

1 ACDEJMNOPQRST KLNQSUWXYZ 6
2 DEFGHPVW ABDEFGHIJ 7
3 ABDFJMV ABCDEFGIJKNQRT 8
4 FHIORU GJV 9
5 ABDJMN ABFGHJPQRVY 10

B 16A CEE ① €32,15
2 ha 120T(100-140m²) 73D ② €44,25

N 56°41'41'' E 08°12'19''
112788

CP liegt südlich des Zentrums. In Thyborøn ab der 181 den CP-Schildern folgen.

Vinderup, DK-7830 / Midtjylland

DCU Camping Ejsing Strand★★★
Fjordvej 1, Ejsing
20 Mär - 20 Okt
+45 97 44 61 13
ejsing@dcu.dk

1 ACDEFJMNOPRST LNQX 6
2 DHIPVWX ABDEFGHIJK 7
3 BFJSV ABCDEFGIJKNQRT 8
4 HIO FY 9
5 ABDFKN ABGHJPRVZ 10

Anzeige auf Seite 461 B 10-16A ① €33,50
6,4 ha 210T(bis 132m²) 48D ② €45,55

N 56°31'07'' E 08°44'50''
111917

Straße 189 Holstebro-Skive. Von Vinderup ca. 3 km Richtung Skive, Ausfahrt Ejsing. Ab dort ist CP beschildert.

Ulbjerg/Skals, DK-8832 / Midtjylland

Camping Ulbjerg★★★
Skråhedevej 6
1 Jan - 31 Dez
+45 29 28 00 50
camping@ulbjerg.dk

1 ADEJMNOPQRST AFN 6
2 BFIPQVWXY ABDEFGHIK 7
3 BFGMNSVX ABCDEFIJNQRTW 8
4 HIKO FJVY 9
5 ACDMN ABGHJOPRW 10

Anzeige auf dieser S. B 10-16A CEE ① €28,15
23 ha 80T(80-120m²) 75D ② €38,85

N 56°38'42'' E 09°20'19''
101816

Der CP befindet sich nördlich von Ulbjerg, an Straße 533 Viborg-Løgstør. Von der Autobahn, Ausfahrt 35 Hobro V.

Vinderup, DK-7830 / Midtjylland

Sevel Camping★★★
Halallé 6, Sevel
1 Jan - 31 Dez
+45 97 44 85 50
mail@sevelcamping.dk

1 ADEJMNOPRST ABFG 6
2 OPVWXY ABDEFGHI 7
3 AFLV ABCDEFIJNQRT 8
4 EFHIO FJY 9
5 DFIMN ABFGHJPRZ 10

B 10A CEE ① €28,95
3,1 ha 90T(100-120m²) 24D ② €39,40

N 56°27'29'' E 08°52'10''
111564

Straße 34 Herning-Skive. An der Kreuzung Sevel-Mogenstrup Richtung Sevel. Dann ausgeschildert.

Camping Ulbjerg ★★★

Skråhedevej 6
8832 Skals
+45 29280050

www.ulbjerg.dk – www.ulbjerg.com – camping@ulbjerg.dk

Ulfborg, DK-6990 / Midtjylland

Vedersø Klit Camping★★★
Øhusevej 23
27 Mär - 18 Okt
+45 97 49 52 00
info@klitcamping.dk

1 ADEJMNOPQRST ABFGHNQ 6
2 BGPWXY ABFGHJK 7
3 ABFJLMSUV ABCDEFGIJKNQRTW 8
4 BCDFHIOQRSTUVX EFHVY 9
5 ACFHLMN ABFGHJMPRVXZ 10

Anzeige auf dieser S. B 10-16A CEE ① €34,15
4 ha 245T(90-120m²) 129D ② €44,90

N 56°15'34'' E 08°08'45''
112774

Der 181 folgen, dann weiter ausgeschildert.

Skaven Strand Camping ★★★

Skavenvej 32, 6880 Skaven/Vostrup/Tarm • Tel. 97374069
E-Mail: info@skaven.dk • Internet: www.skaven.dk

Schöner Familiencamping gleich am Strand vom Ringkøbing Fjord. Es gibt viele neue und frisch renovierte Einrichtungen, wie Familienbad, Sauna, Wickelräume und noch viel mehr. Schöne Kinderspielplätze und beheiztes Schwimmbad. Der Fjord ist nicht weit weg vom neuen Skjern Å Nationalpark, einem jährlichen Anziehungspunkt für Naturfreunde und Surfer.

Teilkarte Mittel-Jütland auf Seite 443

Virksund/Højslev, DK-7840 / Midtjylland
- Virksund Camping ★★★
- Sundvej 14
- 1 Apr - 30 Sep
- +45 97 53 91 42
- info@virksundcamping.dk

1 ADEFGHKNOPQRST ABHJNQSUXY 6
2 CDFGHOPUW ABD**FG**HIK 7
3 B**JL**UV ABEFGIJNQRT 8
4 FHO 9
5 ABDFHI ABHIJMO**P**RWZ10
6-10A CEE
2,8 ha 140**T**(100-150m²) 100**D**

❶ €12,05
❷ €36,85

N 56°36'27'' E 09°17'18'' 101817

Der Camping befindet sich neben der Brücke in Virksund an der 579. Von Richtung Viborg nach ca 300m rechts ab, dann nach ca 200m rechts der Campingplatz.

Zu jedem Campingplatz in diesem Führer gehört eine sechsstellige Nummer. Damit können Sie den betreffenden Campingplatz auf der Webseite suchen.
www.Eurocampings.de

Nord-Jütland

Aalbæk, DK-9982 / Nordjylland
- Bunken Strand Camping
- Ålbækvej 288
- 3 Apr - 20 Sep
- +45 98 48 71 80
- info@bunkenstrandcamping.dk

1 ACDE**JM**NOPQRST KNQSX 6
2 BEHOPQVWXY ABDE**FG**HIJK 7
3 ABFG**JL**MVX ABCDEFGHIJKNPQRTW 8
4 FHIO**PQ** DFUV 9
5 ACDEF**MN** ABGHIJPRVZ10
B 10-13A
20 ha 700**T**(80-150m²) 165**D**

❶ €35,40
❷ €50,40

N 57°38'40'' E 10°27'42'' 109754

Die 40 Richtung Skagen, 7 km hinter Aalbæk rechts liegt der CP rechts der Strecke. Ist angezeigt.

Aalborg, DK-9000 / Nordjylland
- Aalborg Familiecamping Strandparken ★★★
- Skydebanevej 20
- 13 Apr - 10 Sep
- +45 98 12 76 29
- info@strandparken.dk

1 ACDE**JM**NOPQRST AK**N**QSX 6
2 ADEGHIKLOPQRSUVWX ABDE**FG**HIK 7
3 BEG**JLQ**SV ABCD**FGI**JKNQRTW 8
4 FHIO FI 9
5 D**MN** ABFGHIJM**P**QRVWZ10
B 10A CEE
2,6 ha 150**T**(80-100m²) 34**D**

❶ €37,50
❷ €55,60

N 57°03'19'' E 09°53'07'' 107449

E45 Ausf. 28. Über die 180 Richtung Zentrum. 300m hinter dem Krankenhaus, CP ist angezeigt. E45 Ausf. 23, 1. Ampel rechts. 6 km geradeaus bis zum Ende, links ab und an der Ampel wieder rechts.

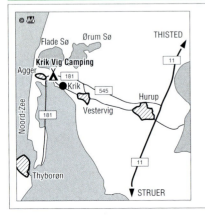

KRIK VIG CAMPING ★★★ AGGER

Für Angler, Bootsfahrer und Surfer ist dieser Camping ein Paradies. Ihr Boot findet einen geschützten Platz am platzeigenen Bootssteg. Für Sportfischer gibt es das Salzwasser der Nordsee und des Limfjords und das Süßwasser der Flade Sø. Die schöne Wald- und Dünengegend eignet sich gut zum Radeln und Wandern. Der Campingplatz bietet alle moderne Anlagen. Spielsportanlagen (u.a. Beachvolleyball) gibt es reichlich. Sie dürfen den Autowaschplatz und den Fischräucherofen gratis benutzen. Auch das Einfrieren Ihres Fangs ist gratis. Neue begeisterte Leitung.

7770 Agger/Vestervig
www.krikvigcamping.dk

Farsø Fjord Camping ★ ★ ★

Campingplatz 150m vom Limfjord. Es gibt ein solarbeheiztes Mini-Schwimmparadies mit einer 30 m Wasserrutschbahn, modernisierte WC's und sehr saubere Küchen, neue Stromleitungen für alle Plätze (16 Amp), große Stellplätze und eine Cafeteria. Hinzu kommt noch ein großer Hundebereich und gratis WLAN, 500 MB Glasfaser Breitband mit neuester Technologie, zwei Spielplätze und Aktivitäten für Kinder und Erwachsene.

**Gl. Viborgvej 13
9640 Farsø • Tel. +45 98636176
E-Mail: info@farso-fjordcamping.dk
Internet: www.farso-fjordcamping.dk**

Agger/Vestervig, DK-7770 / Nordjylland
- Krik Vig Camping***
- Krik Strandvej 112
- 4/4 - 27/9, 10/10 - 17/10
- +45 97 94 14 96
- info@krikvigcamping.dk

1 ADEF**JM**NOPQRST JNQRSW**X**YZ 6
2 CDHOPQRVWXY ABDE**FG**HIJK 7
3 BFG**JL**MV CDE**FIJKL**NQRTW 8
4 EHIOQ**S** FJRUV 9
5 ACDEFIJN ABFGHIJLM**NP**RVX10
FKK B 10-16A CEE ① €32,85
6,5 ha 312T(112-200m²) 84D ② €45,45
N 56°46'45'' E 08°15'43'' 100043

Über die 11 Richtung Hurup (nicht in den Ort hineinfahren). Die 545 Richtung Vestervig-Agger. An der Kreuzung in Vesterivig Kirke der Beschilderung folgen.

Farsø, DK-9640 / Nordjylland CC€18
- Farsø Fjord Camping***
- Gl. Viborgvej 13
- 20 Mär - 1 Okt
- +45 98 63 61 76
- info@farso-fjordcamping.dk

1 ADE**JM**NOPQRST ABFGHIK**NQ**SX 6
2 CEFHJOPQVWX ABDE**FG**HIK 7
3 BFG**JL**VX ABCDE**FIJ**NPQRTW 8
4 BCGHIO FJY 9
5 ACDEFHMN ABGHJPRVWZ10
Anzeige auf dieser Seite B 16A ① €30,30
5 ha 200T(80-120m²) 74D ② €41,00
N 56°45'28'' E 09°14'36'' 100049

Der CP liegt an der 533 Viborg-Løgstør 40 km nördlich von Viborg in Stistrup. CP ist ausgeschildert.

Asaa, DK-9340 / Nordjylland
- Aså Camping og Hytteferie***
- Vodbindervej 13
- 4 Apr - 27 Sep
- +45 30 31 23 52
- info@asaacamping.dk

1 ACDE**JM**NOPQRST AFX 6
2 DHOPQVWXY ABDE**FG**HIJK 7
3 ABF**L**VX ABCDE**FG**HIJKNPQRTW 8
4 BFHIKO AFKTY 9
5 ABDJMN AFGHJPRVZ10
B 10-16A CEE ① €33,50
5 ha 160T(80-150m²) 97D ② €46,90
N 57°08'44'' E 10°24'10'' 101898

E45 bei Hjallerup Ausfahrt 16 verlassen, zwischen Ålborg und Frederikshavn. Über Straße 559 nach Aså. Der CP ist ausgeschildert.

Farsø/Strandby, DK-9640 / Nordjylland
- Myrhøj Camping***
- Løgstørvej 69
- 1 Mär - 1 Nov
- +45 53 54 72 34
- info@myrhojcamping.dk

1 ADE**JM**NOPQRST 6
2 FHJOPRVWXY ABDE**FG**HIJK 7
3 ABDFH**JL**MV ABCDEFGHIJNQRTW 8
4 BFHIKOPQR FJ 9
5 ABDFMN AGHJLMORVW10
B 13A CEE ① €32,85
6,5 ha 155T(80-130m²) 69D ② €46,25
N 56°47'55'' E 09°12'32'' 112840

Der CP liegt entlang der 533 Viborg-Løgstør, 46 km nördlich von Viborg, 1 km nördlich vom Örtchen Strandby. Der CP ist angezeigt.

Ejstrup Strand/Brovst, DK-9460 / Nordjylland CC€18
- Tranum Klit Camping
- Sandmosevej 525
- 29 Mär - 29 Sep
- +45 98 23 52 82
- info@tranumklitcamping.dk

1 ADE**JM**NOPQRST XY 6
2 BFHPVWXY ABDE**FG**HIJK 7
3 ABF**JL**VX ABCDEF**G**HIJKNPQRTW 8
4 FHI FJUVY 9
5 ACDMN ABCDFGHIJMPRVX10
Anzeige auf dieser S. FKK B 10A CEE ① €30,15
13,5 ha 230T(100-200m²) 87D ② €40,90
N 57°10'15'' E 09°27'48'' 101814

Von der Straße 11, bei Brovst über Tranum nach Tranum Klit oder ab Fjerritslev über Slettestrand und Fosdalen.

Fjerritslev, DK-9690 / Nordjylland CC€20
- Klim Strand Camping*****
- Havvejen 167
- 4 Apr - 18 Okt
- +45 98 22 53 40
- info@klimstrand.dk

1 CDE**JM**NOPRST EFGIKNOPQSUVWX 6
2 EGHKPQVWXY ABCDE**FG**HIJK 7
3 BDF**JL**M**N**SUV ABCDE**FIJKL**NQRTUVW 8
4 BHIO**TUV** DFJVY 9
5 ACDEFGHLM**N** ABEGHIJMORVZ10
Anzeige auf Seite 453 B 13A CEE ① €40,45
24 ha 500T(60-100m²) 64D ② €59,25
N 57°08'02'' E 09°10'16'' 108747

Straße 11/29 Richtung Fjerritslev. Rund um Fjerritslev steht 'Klim' auf den Schildern; diesen folgen. In Klim Richtung Klimstrand. CP ist ausgeschildert.

Erslev/Mors, DK-7950 / Nordjylland
- Dragstrup Camping***
- Dragstrupvej 87
- 1 Jan - 31 Dez
- +45 97 74 42 49
- mail@dragstrupcamping.dk

1 ADE**JM**NOPRST ABFGK**NQ**SVX 6
2 BEHKPQVWXY ABDE**FG**HIJ 7
3 BDF**JM**V ABCDE**FG**HIJNQRT 8
4 FHIO BEFHIO 9
5 ACDFHKM**N** ABGHJPRVZ10
B 13-16A ① €37,65
10,7 ha 225T(100-120m²) 110D ② €51,85
N 56°49'03'' E 08°40'18'' 101789

Ab der Sallingsundbrücke bei Nykøbing (Mors) Straße 26 Richtung Thisted fahren. Kreuzung Hvidberg-Ø.Jolby Richtung Hvidberg. CP ist dann ausgeschildert.

Fjerritslev, DK-9690 / Nordjylland
- Svinkløv Camping***
- Svinkløvvej 541
- 4 Apr - 3 Okt
- +45 98 21 71 80
- info@svinkloevcamping.dk

1 ADE**JM**NOPQRST KNQSX 6
2 BEFHJPQTUVWXY ABDE**FG**HIJK 7
3 ABF**G**ILSUVX ABCDEFGHIJKNPQRT 8
4 BEFHIO FJUV 9
5 ACDMN ABCGHIJPRVW10
B 13-16A CEE ① €32,85
H60 13,4 ha 320T(80-120m²) 140D ② €46,25
N 57°08'58'' E 09°19'22'' 110412

Straße 11, bei Fjerritslev Ausfahrt Slettestrand. Nach 5 km Ausfahrt Svinkløv.

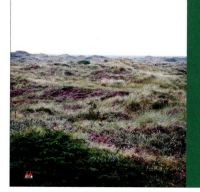

TRANUM KLIT CAMPING

Tranum Klit Camping liegt mitten in der Natur. Auf 13,5 Hektar gibt es 230 große Stellplätze, jeder von Bäumen umgeben, die Beschattung und Privatsphäre bieten. Von der Westspitze unseres Campingplatzes aus gibt es einen Spazierweg direkt zur Nordsee mit einem schönen Sandstrand.

**Sandmosevej 525, 9460 Ejstrup Strand/Brovst • Tel. +45 98235282
E-Mail: info@tranumklitcamping.dk
Internet: www.tranumklitcamping.dk**

★★★★
Nordstrand Camping

Camping am Stadtrand von Frederikshavn. Schöner Platz mit Hallenbad 200m vom Strand, 400m zum Palmenstrand mit 100 echten Palmen, 4 km zum Fährhafen und 500m zum großen Supermarkt.

Apholmenvej 40, 9900 Frederikshavn
Tel. +45 98429350
E-Mail: info@nordstrand-camping.dk
Internet: www.nordstrand-camping.dk

Frederikshavn, DK-9900 / Nordjylland 🛜 CC€20 iD

🏕 Nordstrand Camping A/S★★★★ 1 ACDE**JM**NOPQRST   EFGK**NQ**SWX 6
🏠 Apholmenvej 40   2 EGHOPQVWXY   ABDE**FG**HIJK 7
📅 3 Apr - 18 Okt   3 AB**DFGJ**LMV   ABCDE**FG**HIJKNPQRTUVW 8
📞 +45 98 42 93 50   4 ABFHIO   FY 9
@ info@nordstrand-camping.dk   5 ABDMN   ABFGHIJMO**P**RVWXZ10
                                 Anzeige auf dieser S. B 10-16A CEE   ① €43,30
                                 10 ha 400T(100-150m²) 126D   ② €60,70
📍 N 57°27'51''   E 10°31'40''   101895
🚐 Der CP befindet sich am Nordrand der Stadt Frederikshavn und ist ab Straße 40 Richtung Skagen ausgeschildert.

Frederikshavn, DK-9900 / Nordjylland 🛜 iD

🏕 Svalereden Camping og   1 ACDE**JM**NOPQRST   KNQSWX 6
   Hytteby★★★   2 AEFHOPTVWXY   ABDE**FG**HIJK 7
🏠 Frederikshavnsvej 112b   3 AB**FGJ**LMSUV   ABCDE**FG**HIJKNPQRTW 8
📅 1 Jan - 31 Dez   4 HIO**PQS**   FGY 9
📞 +45 98 46 19 37   5 ABDMN   ABGHIJ**NP**RVWXZ10
@ info@svaleredencamping.dk   Anzeige auf dieser S. B 10-16A CEE ① €32,85
                                 5,6 ha 240T(80-160m²) 143D   ② €55,05
📍 N 57°21'36''   E 10°30'31''   101896
🚐 Zwischen Sæby und Frederikshavn fahren Sie zwischen Ausfahrt 13 und 12 Küstenstraße 180 anstatt Straße E45. Der CP ist der letzte CP vor dem Fährhafen.

★★★
Schöner Campingplatz zwischen Sæby und Frederikshavn
• 8 km zu den Fähren in Frederikshavn nach Norwegen / Schweden
• Ausstattung in hoher Qualität • 29 Hütten zu vermieten
• Angebote für Senioren außerhalb der Hochsaison
Frederikshavnsvej 112b, 9900 Frederikshavn • Tel. 98461937
Internet: www.svaleredencamping.dk

Hirtshals, DK-9850 / Nordjylland 🛜 iD

🏕 Hirtshals Camping★★★   1 ADE**JM**NOPQRST   KNQSX 6
🏠 Kystvejen 6   2 AEFHKOPQUVWXY   ABDE**FG**HIJK 7
📅 25 Mär - 21 Okt   3 BL   ABCDE**FG**IJKNQRTW 8
📞 +45 98 94 25 35   4 FHIO   F 9
@ hirtshals@dk-camp.dk   5 ABDFN   ABHIJPRX10
                                 B 10A CEE   ① €32,85
                                 3,4 ha 196T(100m²) 42D   ② €48,90
📍 N 57°35'11''   E 09°56'45''   109281
🚐 Von Aalborg Straße 39 nach Hirtshals, dann Beschilderung folgen.

Hirtshals, DK-9850 / Nordjylland 🛜 iD

🏕 Tornby Strand Camping★★★   1 ACDEJMNOPQRST   ABE**FG**NQSWX 6
🏠 Strandvejen 13   2 AHOPQVWX   ABDE**FG**HIJK 7
📅 1 Jan - 31 Dez   3 AB**DFGJ**LMVX   ABCDEFGHIJKNQRTW 8
📞 +45 98 97 78 77   4 BDFHIO**PQ**U   AFGJ 9
@ mail@tornbystrand.dk   5 ABCDFG**M**N   ABFGHIJMPRVWXZ10
                                 B 10A CEE   ① €36,85
                                 9,5 ha 354T(80-140m²) 125D   ② €50,25
📍 N 57°33'18''   E 09°55'57''   100337
🚐 Auf der Straße 55 von Hjørring Richtung Hirtshals fahren. Ca. 2 km nach dem Örtchen Tornby links Richtung Tornby Strand fahren.

Hjørring, DK-9800 / Nordjylland 🛜 CC€20 iD

🏕 City Camping Hjørring   1 ADE**JM**NOPQRST   AF 6
🏠 Idræts Alle 45   2 AGOPQVWXY   ABDE**FG**HIJK 7
📅 31 Mär - 28 Sep   3 B**DFJL**MUV   ABCDE**FG**HIJNPQRTW 8
📞 +45 60 18 02 60   4 IO   FHV 9
@ info@   5 ABDEFH**J**KMN   ABGHIJP**R**VWXZ10
   citycamping-hjoerring.dk   Anzeige auf dieser Seite B 16A   ① €40,20
                                 4 ha 135T(60-100m²) 55D   ② €53,60
📍 N 57°27'59''   E 10°00'06''   123647
🚐 Von Süden her kommend über die E39 Ausfahrt 3. Den City Camping Hjørring CP-Schildern folgen.

Für den perfekten Urlaub ist das der ideale Campingplatz im Zentrum von Hjørring, dennoch von einem ruhigen Wäldchen umgeben. Alle Anlagen und Dienstleistungen, die der moderne Camper braucht. Günstige Lage dicht am Hirtshals Hafen und der Autobahn. Im Sommer auch mit einem großen Freibad. Alle Plätze sind Grasplätze, umgeben von hohen Hecken. Vermietung von Wanderhütten.

Idræts Alle 45, 9800 Hjørring • Tel. + 45 60180260
E-Mail: info@citycamping-hjoerring.dk
Internet: www.citycamping-hjoerring.dk

Klitmøller/Thisted, DK-7700 / Nordjylland 🛜 iD

🏕 Nystrup Camping Klitmøller★★★ 1 ADE**JM**NOPQRST   KNPQRSUVWX 6
🏠 Trøjborgvej 22   2 EHJPQVWXY   ABDE**FG**HIJK 7
📅 1 Mär - 31 Okt   3 ABF**JL**MSV   ABCDE**F**IJKNQRTUW 8
📞 +45 97 97 52 49   4 FHIKO**T**   FHKVY 9
@ info@   5 ABDEGHMN   ABFGHIJMPRVWZ10
   nystrupcampingklitmoller.dk   ① €35,25
                                 B 13A   ② €45,70
📍 N 57°02'01''   E 08°28'51''   10 ha 244T(80-120m²) 104D   112792
🚐 Küstenstraße 181. Von S.: hinter dem blauen Schild 'Thisted Kommune' nach 500m links. Dann angezeigt. Von N.: beim 3. Schild 'Klitmøller 1' rechts. Dann angezeigt.

Løgstør, DK-9670 / Nordjylland 🛜 iD

🏕 Løgstør Camping   1 ADE**JM**NOPQRST   K 6
🏠 Skovbrynet 1   2 BEGHJOPQVWX   ABDE**FG**HIJK 7
📅 1 Jan - 31 Dez   3 B**FL**MSVX   ABCDE**F**IJNQRTW 8
📞 +45 98 67 10 51   4 I   EFGJVY 9
@ camping@logstor-camping.dk   5 ACDMN   ABGHJPRVWZ10
                                 B 10A CEE   ① €24,80
                                 3,5 ha 123T(80-100m²) 101D   ② €36,85
📍 N 56°57'46''   E 09°14'52''   101815
🚐 Straße 533, südlich von Løgstør ist der CP ausgeschildert.

Løkken, DK-9480 / Nordjylland 🛜 iD

🏕 Camping Rolighed★★★   1 ACDE**JM**NOPQRST   ABFG**NQ**SX 6
🏠 Grønhøj Strandvej 35   2 FGHPQTVWXY   ABDE**FG**HIK 7
📅 1 Jan - 31 Dez   3 AB**D**F**L**MSVX   ABCDE**FG**IJKNQRTU 8
📞 +45 98 88 30 36   4 BFGHIKO   FIY 9
@ info@camping-rolighed.dk   5 ACDFJLMN   ABFGHIJLMPRVWXZ10
                                 B 13-16A CEE   ① €34,15
                                 2,8 ha 310T(100-250m²) 120D   ② €46,50
📍 N 57°19'04''   E 09°41'44''   109385
🚐 Auf Hauptstraße 55, 6 km südlich von Løkken nach Grønhøjstrand. Nach 800m befindet sich der CP links.

Løkken, DK-9480 / Nordjylland 🛜 CC€20 iD

🏕 Løkken By Camping   1 ADE**JM**NOPRST   KNQSWX 6
🏠 Søndergade 69   2 EFHOPWXY   ABDE**FG**HIJK 7
📅 1 Mär - 31 Okt   3 AB**JL**VX   ABCDE**F**GIJKNQRTW 8
📞 +45 98 99 17 67   4 FHIO   FJVY 9
@ info@loekkenbycamping.dk   5 ABDE**JM**NO   ABGHIJO**P**RW10
                                 Anzeige auf dieser Seite B 13A   ① €39,00
                                 4,2 ha 150T(80-100m²) 85D   ② €53,75
📍 N 57°21'52''   E 09°42'34''   112829
🚐 Von Aalborg nach Løkken über die 55. Der CP ist ausgeschildert.

Løkken By Camping

400m von Løkken Zentrum und 400m von den besten dänischen Stränden liegt der Løkken By Camping. Außer der atemberaubenden Lage, hat er ein breites Aktivangebot für jedermann. Minigolf und Spielplatz auf dem Camping. Und morgens frisches Brot. WLAN auf der gesamten Campinganlage.

Søndergade 69, 9480 Løkken • Tel. +45 98991767
E-Mail: info@loekkenbycamping.dk
Internet: www.loekkenbycamping.dk

Løkken, DK-9480 / Nordjylland 🛜 CC€20 iD

🏕 Løkken Familie Camping★★★   1 ADEJMNOPQRST   6
🏠 Løkkensvej 910   2 HOPRSVWXY   ABDE**FG**IJK 7
📅 28 Mär - 18 Okt   3 AC**L**U   ABCDEFGHIJKNPQRTU 8
📞 +45 27 20 86 40   4 FHIO   ABDFGHIJPRVW10
@ landohenlov@gmail.com   5 DN
                                 Anzeige auf dieser Seite B 10A CEE ① €37,50
                                 1,6 ha 70T(80-120m²) 39D   ② €52,80
📍 N 57°22'43''   E 09°44'23''   112831
🚐 Über die Landstraße 55 von Aalborg nach Hirtshals. Campingplatz dann nach 1 km hinter Løkken links.

Løkken Familie Camping ★ ★ ★

Løkken Family Camping ist ein schöner, kleiner 3-Sterne-Familiencamping ca. 800m von Løkken und 900m von der Nordsee entfernt.

Løkkensvej 910, 9480 Løkken • Tel. +45 27208640
landohenlov@gmail.com • www.lokkennord.dk

 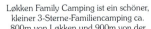
Durchreisecampingplätze

In diesem Führer finden Sie eine handliche Karte mit Campingplätzen an den wichtigen Durchgangsstrecken zu Ihrem Ferienziel.

452   Teilkarte Nord-Jütland auf Seite 450

Løkken, DK-9480 / Nordjylland

▲ Løkken Klit Camping***	1 ACDE**JM**NOPQRST	**ABFH**X 6
🏠 Joergen Jensensvej 2	2 GHIOPQVWXY	ABDE**FG**HIJK 7
📅 1 Jan - 31 Dez	3 ABEFG**J**LMSV	ABCDE**FG**IJKNQRTUVW 8
☎ +45 98 99 14 34	4 BFHILMNOP**Q**	DFJVY 9
@ info@loekkenklit.dk	5 ACDEMN	ABCEGHIJMPRVZ 10
	15 ha 450T(100-150m²) 230**D**	① €52,95 / ② €71,70
N 57°20'40" E 09°42'25"	112558	

CP liegt an der Hauptstraße 55, 3 km südlich von Løkken.

Løkken, DK-9480 / Nordjylland

▲ Løkken Strandcamping***	1 ACDE**JM**NOPQRST	K**N**QSWX 6
🏠 Furreby Kirkevej 97	2 EFGHPQVWX	ABDE**FG**HIJK 7
📅 23 Apr - 13 Sep	3 ABV	ABCDE**FG**INQRTW 8
☎ +45 98 99 18 04	4 HIO	FV 9
@ info@loekkencamping.dk	5 D**N**	AGHIJOP**R**X 10
	Anzeige auf dieser Seite 10A	① €31,75
	3,2 ha 200T(100m²) 8**D**	② €45,95
N 57°23'07" E 09°43'32"	100040	

Die Hauptstraße 55 nördlich am Kreisverkehr Løkken N, über die 3. Abfahrt rechts verlassen. Hinter dem Kreisel direkt rechts ab. Nach 900m auf dem Furreby Kirkevej liegt CP linkerhand. CP liegt 1,5 km von Løkken.

Løkken Strandcamping ★★★
www.loekkencamping.dk

Løkken/Ingstrup, DK-9480 / Nordjylland

▲ Grønhøj Strand Camping***	1 ACDE**JM**NOPQRST	QSX 6
🏠 Kettrupvej 125	2 BGHPQVWXY	ABDE**FG**HIJK 7
📅 3 Apr - 20 Sep	3 ABF**IJ**LM**N**RSUVX	ABCDE**FG**HIJKNPQRTUVW 8
☎ +45 98 88 44 33	4 BIKO**QT**	DFY 9
@ info@gronhoj-strand-camping.dk	5 ABCDMN	ABDFGHIJPRVXZ 10
	Anzeige auf dieser Seite B 13A	① €28,95
	14 ha 500T(100-150m²) 263**D**	② €41,00
N 57°19'15" E 09°40'38"	108758	

Auf Hauptstraße 55, 6 km südlich von Løkken nach Grønhøjstrand. Nach ca. 2 km der zweite CP links.

Grønhøj Strand Camping ★★★
Der Camping liegt nur 700m von einem der schönsten Strände Europas. Herrliche Wald und Strand Gegend. Von Kettrup Bjerge aus super Aussicht auf das Meer und die gesamte Naturschönheit von Grønhøj. Kostenloses Internet. Biker willkommen. Kostenlos Ponyreiten. Idealer Camping für Kinder.

Kettrupvej 125, 9480 Løkken/Ingstrup • Tel. +45 98884433
E-Mail: info@gronhoj-strand-camping.dk
Internet: www.gronhoj-strand-camping.dk

Løkken/Lyngby, DK-9480 / Nordjylland

▲ Gl. Klitgård Camping & Hytteby***	1 ACDE**JM**NOPRST	ABFG**N**QSWX 6
🏠 Lyngbyvej 331	2 EFGHOPQTWXY	ABDE**FG**HIJK 7
📅 1 Jan - 31 Dez	3 ABFG**HIL**MV	ABCDE**FG**IJKNQRT 8
☎ +45 98 99 65 66	4 BCFHIKO**Q**	AEFIJY 9
@ camping@gl-klitgaard.dk	5 ABDMN	ABFGHIJPRVWXZ 10
	Anzeige auf dieser Seite B 13A CEE	① €37,50
	14 ha 300T(85-220m²) 107**D**	② €54,95
N 57°25'13" E 09°45'40"	112832	

Der CP liegt ca. 7 km nördlich von Løkken. Von der 55 Ausfahrt Lønstrup 8. Nach ca. 2 km links ab Lyngbyvej. CP liegt nach ca. 1 km rechts der Straße.

Gl. Klitgård Camping & Hytteby ★★★
Lyngbyvej 331
9480 Løkken/Lyngby
Tel. 98996566 • Fax 98996206
E-Mail: camping@gl-klitgaard.dk
Internet: www.gl-klitgaard.dk

Lønstrup, DK-9800 / Nordjylland

▲ Egelunds Camping og Motel***	1 ADE**JM**NOPQRST	ABFG**N**QSWXY 6
🏠 Rubjergvej 21	2 FGHOPWX	ABDE**FG**HIJK 7
📅 10 Apr - 22 Sep	3 BEF**LV**	ABCDE**FG**HIJKNPQRTW 8
☎ +45 98 96 01 35	4 FHIO	FGVY 9
@ info@959.dk	5 ACDEFHLMN	ABGHIJPRVZ 10
	B 13A	① €38,85
	1,4 ha 70T 42**D**	② €58,95
N 57°27'59" E 09°47'50"	112844	

Von der 55 aus den Hinweisen Lønstrup und Camping folgen.

Mou/Storvorde, DK-9280 / Nordjylland

▲ Frydenstrand Camping***	1 BD**JM**NOPQRST	K**N**QSWXYZ 6
🏠 Frydenstrand 58, Skellet	2 EFGKPVWXY	ABDE**FG**HIK 7
📅 1 Jan - 31 Dez	3 BFMSV	ABCDE**FG**HIJNQRTW 8
☎ +45 21 44 80 11	4 I**QT**	FGIY 9
@ info@frydenstrand.dk	5 DN	ABCGHJRV 10
	B 13A CEE	① €35,80
	2,6 ha 55T(80-100m²) 56**D**	② €46,50
N 56°58'50" E 10°13'12"	101899	

An der Straße 595 von Aalborg zur Ostküste (Egense) ist auf der Höhe von dem Ort Skellet der CP ausgeschildert.

Løkken Klit Camping
ist das ganze Jahr über geöffnet mit tollen Aktivitäten für Kinder und einem Wasserpark in der Sommersaison. 2018 und 2019 zum besten Campingplatz in Nordjütland gewählt.

Joergen Jensensvej 2, 9480 Løkken - www.loekkenklit.dk

Klim Strand Camping
hat einen großen überdachten Wasserpark und einen Spielplatz bis zur Nordsee. Der perfekte Urlaub für Familien mit Kindern.

Havvejen 167, 9690 Fjerritslev - www.klimstrand.dk

Nibe, DK-9240 / Nordjylland

▲ Nibe Camping***	1 ACDEJMNOPQRST	ABFGHK**N**QSWXZ 6
🏠 Løgstørvej 2	2 EFGHOPQVWX	ABDE**FG**HIK 7
📅 1 Jan - 31 Dez	3 BF**J**LMSV	ABCDE**FG**IJNQRTW 8
☎ +45 98 35 10 62	4 FHIO**Q**	DFG**J**TV 9
@ info@nibecamping.dk	5 ABDEFIKM**N**	ABHJPRVWZ 10
	B 13A CEE	① €35,10
	2,5 ha 125T(80-100m²) 73**D**	② €47,70
N 56°58'21" E 09°37'28"	101102	

Der CP liegt an der 187, 1 km südlich von Nibe, unmittelbar am Fjord, nur 15 km von Aalborg.

Nykøbing (Mors), DK-7900 / Nordjylland

▲ Jesperhus Feriepark	1 ACDE**JM**NOPRST	**ABEFG**HLN 6
🏠 Legindvej 30	2 DGOPQRTUVWXY	ABDE**FG**HIJK 7
📅 3 Apr - 18 Okt	3 BDF**IJ**KL**N**RUV	ABCDEFIJKNQRT 8
☎ +45 96 70 14 00	4 BHIO**PT**	AFJ 9
@ jesperhus@jesperhus.dk	5 ACDKLMN	ABGHIKPQRVWYZ 10
	B 6-10A CEE	① €63,00
	11 ha 612T(40-120m²) 235**D**	② €87,10
N 56°45'52" E 08°48'58"	101803	

Südlich von Nykøbing auf Mors ist an der Sallingsundbrücke der CP schon ausgeschildert.

Øster Hurup/Hadsund, DK-9560 / Nordjylland

▲ Kattegat Strand Camping*****	1 ACDE**JM**NOPQRST	ABF**G**K**N**OPQSWXY 6
🏠 Dokkedalvej 100	2 CEFHOPQVWX	ABCDE**FG**HIJK 7
📅 1 Apr - 24 Sep	3 ABDF**G**H**J**MNSUV	ABCDEFGIJKL**M**NQRTUVW 8
☎ +45 98 58 80 32	4 HIKL**N**O**QRSTU**	DJQRY 9
@ info@922.dk	5 ACDEF**G**HKLMN**O**	ABEFGH**J**MNPRVZ 10
	B 10-16A CEE	① €62,30
	20 ha 580T(100-140m²) 181**D**	② €82,40
N 56°49'32" E 10°16'08"	110748	

An der Küstenstraße 541, 2 km nördlich vom Dorf Øster Hurup gelegen.

Pandrup, DK-9490 / Nordjylland

▲ Blokhus Klit Camping***	1 ADE**J**MNOPQRST	X 6
🏠 Kystvejen 52	2 GHPQVWXY	ABDE**FG**IJK 7
📅 11 Apr - 13 Sep	3 AB**FHLN**V	ABCDE**FG**HIJKNPQRTW 8
☎ +45 98 24 91 57	4 BFHIKO**PQ**	FY 9
@ info@blokhusklitcamping.dk	5 ABDM**N**	ABCGHIJMPRVWZ 10
	B 10-16A CEE	① €31,50
	7,5 ha 210T(80-120m²) 37**D**	② €44,90
N 57°13'14" E 09°35'05"	101101	

Von der 55 Richtung Rødhus oder Blokhus. Der CP liegt an der Küstenstraße zwischen Rødhus und Hune, unmittelbar an der Margeritenroute.

Pandrup, DK-9490 / Nordjylland

▲ Rødhus Klit Camping***	1 ADE**JM**NOPQRST	QS 6
🏠 Rødhusmindevej 25	2 BFGHPQVXY	ABDE**FG**HIJK 7
📅 10 Apr - 20 Sep	3 ABF**JLM**NSVX	ABCDE**FG**HJKNPQRT 8
☎ +45 29 70 57 19	4 EFHIU	FJY 9
@ rkc@rodhuscamping.dk	5 ABDMN	BGHJORV 10
	B 13A CEE	① €33,25
	8 ha 253T(100-300m²) 95**D**	② €46,35
N 57°12'01" E 09°30'48"	109387	

Auf der Hauptstraße 55, bei Kaas 11 km nach Rødhus. Der CP befindet sich links.

Dänemark

Genießen Sie das Leben und die schöne Natur auf dem einzigen 4-Sterne-Campingplatz in **Skagen**, Dänemark!

Skiveren liegt wunderschön am besten Sandstrand in einem großen Naturschutzgebiet. Ein moderner Familiencampingplatz mit allen Annehmlichkeiten. Hervorragende Sanitäranlagen.

Große, abgelegene Stellplätze mit viel Privatsphäre.

Niels Skiverens Vej 5-7 • 9982 Skiveren/Aalbæk
Tel. +45 98 93 22 00 • info@skiveren.dk • **www.skiveren.dk**

A35 Sindal Camping Danmark & Kanoudlejning ★ ★ ★
Qualitätscamping im Norden Dänemarks
20% Rabatt p.P.
bei mindestens 8 Tagen Aufenthalt im ganzen Jahr.
Zwischen 15/09 und 01/04 auf Anfrage.
SENIOREN 60+ Rabatt bei mind. 5 Tagen 50 %, außer Juli.
Internet: www.sindal-camping.dk

Sindal, DK-9870 / Nordjylland
- A35 Sindal Camping Danmark & Kanoudlejning ★★★
- Hjørringvej 125
- 1 Jan - 31 Dez
- +45 98 93 65 30
- info@sindal-camping.dk
- N 57°28'02'' E 10°10'43''

1 ACDE**JM**NOPQRST   ABF**GN**SX 6
2 ABCGIOPQVWXY   ABDE**FG**HIJK 7
3 BFG**JL**MNSUVX   ABCDE**FG**HIJKNQRTVW 8
4 AEFGHI**X**   FRVY 9
5 ABDMN   ABDFGHIJMP**P**RVXZ 10
Anzeige auf dieser S. B 13-16A CEE ① €33,50
4,6 ha 175T(100-150m²) 5D ② €46,90
Von Süden her über die E39 Ausfahrt 3 Richtung Sindal, die 35. 100041
Nach ± 6 km liegt der CP rechts, ± 1 km vor Sindal.

Rebild/Skørping, DK-9520 / Nordjylland
- Rebild Camping Safari★★★
- Rebildvej 17
- 1 Jan - 31 Dez
- +45 29 13 11 72
- info@safari-camping.dk
- N 56°49'57'' E 09°50'46''

1 ADEJMNOPQRST   6
2 ABOPVWX   ABDE**FG**HIK 7
3 ABF**JL**VX   ABCDE**FI**JNQRTW 8
4 FHIO   F 9
5 ACD**MN**   AFGHJLPR 10
10-16A CEE ① €31,65
H87 6 ha 235T(80-120m²) 34D ② €43,40
E45 Ausfahrt 33 über die 535 Richtung Rold zu der 180 Richtung 101103
Aalborg oder E45, Ausfahrt 31 über die 519 Richtung Skørping Richtung Hobro.
Auf der 180 dann die Ausfahrt Skørping/Rebild. CP ausgeschildert.

Sæby, DK-9300 / Nordjylland
- Hedebo Strand Camping★★★
- Frederiksh.vej 108
- 3 Apr - 13 Sep
- +45 98 46 14 49
- hedebo@dk-camp.dk
- N 57°21'20'' E 10°30'53''

1 ADEJMNOPQRT   ABFGHK**NQ**SWXY 6
2 AEFHOPQSVWX   ABDE**FG**HIJK 7
3 ABDFG**JL**MNSV   ABCDE**FG**JKNQRTW 8
4 FHIO**PQ**   J 9
5 ACDHIK**MN**   ABFGHIJNO**P**RVWZ 10
B 13A CEE ① €40,20
15 ha 604T(50-200m²) 297D ② €57,50
Von der E45 die Ausfahrt 13 Saeby nehmen. Das ist die 100042
Küstenstraße 180. Nach 1 km rechts abbiegen und 50m nach dem Laden sofort
wieder links abbiegen.

Råbjerg Mile Camping ★ ★ ★
Kandestedvej 55
9990 Skagen
www.raabjergmilecamping.dk

Saltum, DK-9493 / Nordjylland
- Guldager Camping★★★
- Bondagervej 67
- 27 Mär - 13 Sep
- +45 98 88 15 12
- info@guldagercamping.dk
- N 57°17'36'' E 09°39'08''

1 ACDEJMNOPQRST   **NQ**X 6
2 BHPQUVWXY   ABDE**FG**HIJK 7
3 ABDF**JL**MSVX   ABCDE**FG**HIJKNPQRTW 8
4 FHIOP   DFJY 9
5 ABDMN   ABGHIJ**P**RVXZ 10
B 10A CEE ① €31,75
3,4 ha 142T(90-200m²) 58D ② €43,80
Auf der Hauptstraße 55 bei der weißen Kirche von Saltum Richtung 108749
Strand fahren. Nach 100m rechts den Ejerstedvej bis zum CP folgen.

Saltum, DK-9493 / Nordjylland
- Saltum Strand Camping★★★
- Saltum Strandv. 141
- 4 Apr - 18 Okt
- +45 98 88 11 59
- info@saltumstrand.dk
- N 57°17'08'' E 09°39'07''

1 ADEJMNOPQRST   ABF**Q**SX 6
2 HOPQVWXY   ABDE**FG**HIJK 7
3 ABDFG**JL**MNSVX   ABCDE**FG**HIJKNPQRT 8
4 BDEFGHIOQ   AFJUVW 9
5 ABDMN   ABCGHIJ**P**RVWZ 10
B 10A CEE ① €34,70
8,6 ha 310T(100-250m²) 138D ② €50,50
Sie verlassen Straße 55 direkt nördlich von Saltum, nach der 101813
weißen Kirche. Nach 3 km befindet sich der CP links.

Skagen, DK-9990 / Nordjylland
- CampOne Grenen Strand★★★
- Fyr vej 16
- 11 Apr - 18 Okt
- +45 63 60 63 61
- grenen@campone.dk
- N 57°43'53'' E 10°36'52''

1 ACDE**JM**NOPRST   6
2 EGHQX   ABF**G**HIJK 7
3 BFM   ABCDE**FG**HIJKNPQT 8
4 IO   JV 9
5 ABD**NO**   ABGIJMP**P**RV 10
Anzeige auf Seite 447 B 10A CEE ① €49,05
5,5 ha 270T(80-110m²) 8D ② €66,45
Campingplatz circa 400m nördlich von Skagen. Von Skagen aus 112850
Richtung Grenen. Er liegt nach 400m rechts.

Skagen, DK-9990 / Nordjylland
- Poul Eeg Camping
- Bøjlevejen 21
- 24 Apr - 13 Sep
- +45 98 44 14 70
- info@pouleegcamping.dk
- N 57°44'04'' E 10°36'13''

1 ACDE**JM**NOPQRST   KNQSX 6
2 EHJOPQVWXY   ABDE**FG**HIJK 7
3 ABFLMSUV   ABCDE**FG**HIJKNPQRT 8
4 IO**Q**R   DFVY 9
5 ABD**MN**   ABGHIJN**P**RVW 10
B 10A ① €44,65
9,5 ha 420T(80-100m²) 128D ② €61,00
N40 Richtung Grenen, weiter den Schildern folgen. 109283

Skagen, DK-9990 / Nordjylland
- Råbjerg Mile Camping★★★
- Kandestedvej 55
- 3 Apr - 30 Sep
- +45 98 48 75 00
- info@raabjergmilecamping.dk
- N 57°39'19'' E 10°27'01''

1 ACDE**JM**NOPQRST   ABEFG**NQ**SX 6
2 HOPQRVWXY   ABDE**FG**HIJK 7
3 ABF**JL**MNSVX   ABCDE**FG**HIJKNPQRTW 8
4 BFGHIO**TU**   BFVY 9
5 ACDEFG**MN**   ABGHIJ**P**RVWZ 10
Anzeige auf dieser Seite B 10A CEE ① €57,25
20 ha 446T(80-150m²) 125D ② €57,25
Der CP liegt ca. 8 km nördlich von Ålbæk. Von der 40 Richtung 112849
Råbjerg Mile. Nach ca. 400m liegt der CP links.

Skagen, DK-9990 / Nordjylland
- Skagen Camping★★★
- Flagbakkevej 53-55
- 3 Apr - 6 Sep
- +45 98 44 31 23
- mail@skagencamping.dk
- N 57°43'12'' E 10°32'25''

1 ADE**JM**NOPRST   AF 6
2 BHOPQVWXY   ABDE**FG**HIJK 7
3 ABF**G**HJLMVX   ABCDE**FG**HIJKNQRTW 8
4 FHIO   FV 9
5 ABDMN   ABGHIJORVX 10
Anzeige auf dieser S. B 10-13A CEE ① €39,40
5,3 ha 265T(80-120m²) 60D ② €54,10
Folgen sie Straße 40 Richtung Skagen. An der Kreuzung GI. 109389
Skagen/Den Tilsandete Kirche rechts. Der CP ist nach der Bahnübergang links.

Skagen Camping ★ ★ ★
Wo Freunde und Meer sich treffen.
Der Camping liegt zwischen zwei sehr unterschiedlichen Stränden von Skagen.

Flagbakkevej 53-55, 9990 Skagen
Tel. und Fax 98443123 • E-Mail: mail@skagencamping.dk
Internet: www.skagencamping.dk

Teilkarte Nord-Jütland auf Seite 450

AABO CAMPING VANDLAND

Aabo Camping ist der beste Camping der Region Hirtshals (15 km), Europa's Pforte nach Norwegen und Island mit täglich vielen Ankunft- und Abreisezeiten. Genießen Sie einen Aufenthalt in Tversted, eine gesellige kleine Stadt mit einem der besten Strände von Europa. Aabo Camping hat viel zu bieten: 1200m² Schwimmbad, Restaurant und Café, viele Aktivitäten und eine fantastische, entspannende Atmosphäre. In der Umgebung sind ein paar Topattraktionen von Dänemark: die Kontinentalspitze Skagen und das Nordseeaquarium in Hirtshals, das größte Aquarium in Nordeuropa.
Wir freuen uns auf Ihren Besuch.

Aabovej 18, 9881 Tversted • Tel. 98931234
Fax 98931888 • E-Mail: info@aabo-camping.dk
Internet: www.aabo-camping.dk

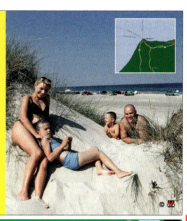

Dänemark

Skiveren/Aalbæk, DK-9982 / Nordjylland
- Skiveren Camping****
- Niels Skiverens Vej 5-7
- 3 Apr - 1 Okt
- +45 98 93 22 00
- info@skiveren.dk

1 ACDEJMNOPQRST ABFGKNQSWX 6
2 EFHOPQVWXY ABCDEFGHIJK 7
3 ABDFJLMNRVX ABCDEFGIJKLNOPQRTUVW 8
4 BDFHIOQRSTUV DJVY 9
5 ACEFHIKMN ABDFGHIJPRVXZ 10
Anzeige auf Seite 454 B 10-16A CEE €47,85
18,4 ha 595T (60-140m²) 132D €66,60
108751

Von Frederikshavn die Nr. 40 nach Skagen, ca 1 km hinter Aalbæk im Kreisel links Richtung Tversted. Nach 8 km rechts ab Richtung Skiveren den CP-Schildern folgen.

Tversted, DK-9881 / Nordjylland
- Aabo Camping***
- Aabovej 18
- 13 Mär - 13 Sep
- +45 98 93 12 34
- info@aabo-camping.dk

1 ACDEJMNOPQRST ABFGHNQSWX 6
2 ACHOPQVWX ABCDEFGHIJK 7
3 BFGJLMNSUVWX ABCDEFGHIJKNPQRTUVW 8
4 BFHILNOPQU DFIJV 9
5 ACDEFGHIMN ABGHIJPRVZ 10
Anzeige auf dieser Seite B 13A CEE €46,90
14 ha 500T (100-120m²) 150D €61,65
108750

Straße 597 Hirtshals-Skagen. Bei der Kreuzung Tversted/Bindslev Richtung Strand/Tversted abzweigen. Nach 450m links.

Tolne/Sindal, DK-9870 / Nordjylland
- Tolne Camping
- Stenderupvej 46
- 1 Jan - 31 Dez
- +45 98 93 02 66
- info@tolne-camping.dk

1 ADEJMNOPQRST AFN 6
2 BFPTUVWXY ABDEFGHIJK 7
3 ABFJLMSV ABEFGINQRT 8
4 HIKOQ EFJRVY 9
5 ABDMN ABHIJORVZ 10
Anzeige auf dieser Seite 14-16A CEE €26,00
H80 32,6 ha 170T (120m²) 42D €35,40
108759

Von Frederikshavn, 14 km über Straße 35 Richtung Hjørring. Danach 3 km nach Tolne, wo der CP ausgeschildert ist.

Tversted/Bindslev, DK-9881 / Nordjylland
- Tannisby Camping***
- Tannisbugtvej 25
- 1 Jan - 31 Dez
- +45 98 93 12 50
- info@tannisbycamping.dk

1 ACDEJMNOPQRST KNQSX 6
2 EHOPSVWXY ABDEFGHIK 7
3 ABFLMSUVX ABCDEFGHIJKNPQRTUW 8
4 IOT EV 9
5 DMN ABCEFGHIJPQRVW 10
B 13-16A CEE €40,20
3,2 ha 150T (80-140m²) 68D €53,60
109753

Die 597 Hirthals-Aalbæk. Hinter dem Ortsschild im Kreisel rechts. Dem CP-Schild folgen.

Tolne Camping

Tolne Camping ist die ideale Ausflugsbasis für den Familienurlaub und Aktivitäten in einem wunderbaren Naturumfeld. Man kann auch Wanderhütten und Bungalows mieten. Der Platz hat einen Spielplatz und ein Sportgelände und liegt 9 km von Strand und Meer.

Stenderupvej 46, 9870 Tolne/Sindal • Tel. 98930266
E-Mail: info@tolne-camping.dk • Internet: www.tolne-camping.dk

Vesløs, DK-7742 / Nordjylland
- Bygholm Camping - Thy
- Bygholmvej 27, Øsløs
- 1 Jan - 31 Dez
- +45 26 20 97 90
- bygholmthy@gmail.com

1 ADEJMNOPRST ALNQSX 6
2 DPQRVWXY ABDEFGHIJK 7
3 ABDFJSV ABCDEFIJNQRTW 8
4 FHIO FY 9
5 ABCDEFJMN ABFGHJLPRVZ 10
B 10-13A €24,95
3 ha 120T (80-125m²) 64D €24,95
100046

Über die 11/29 finden Sie den CP in Vesløs, wenn Sie neben der Go'on-Tankstelle von der Straße abbiegen.

Schnell und einfach buchen, auch unterwegs

www.Eurocampings.de

Agernæs/Otterup, DK-5450 / Fyn
- DCU Flyvesandet Strand Camp***
- Flyvesandsvej 37
- 22 Mär - 22 Sep
- +45 64 87 13 20
- flyvesandet@dcu.dk

1 DEJMNOPQRST KNQSWX 6
2 BEFHJPQVWXY ABDEFGHIJ 7
3 BFSV ABCDEFGIJKNQRT 8
4 BHIO A 9
5 ABEMN BGHIJPRVZ 10
Anzeige auf Seite 461 B 13A CEE €33,65
7 ha 310T (100-150m²) 103D €47,30
111289

Auf Straße Bogense-Otterup Ausfahrt Flyvesande, dann den CP-Schildern folgen.

Asperup, DK-5466 / Fyn
- Båringskov Camping**
- Kystvejen 4
- 1 Jan - 31 Dez
- +45 24 94 80 77
- baaringskov@mail.dk

1 DEFJMNOPQRST KNQSWXYZ 6
2 ABEFHKPVX ABDEFGIJK 7
3 AFSV ABCDEFJNQRT 8
4 IPQ FI 9
5 ABHJRV 10
10A CEE €36,85
2,5 ha 103T (80-120m²) 64D €42,20
101871

E20, Ausfahrt 57 Richtung Bogense nehmen. Richtung Båring folgen. In Båring geradeaus, dann erster CP rechts. Die Einfahrt ist halb befestigt.

Teilkarte Fünen auf Seite 455

SANDAGER NÆS CAMPING

Gratis Schwimmbad (min. 25° C)

- Geöffnet 3/4 - 13/9
- Neue moderne Einrichtungen
- WLAN 80%
- Geselliger Familiencamping in prächtiger Natur
- Viele Aktivitäten für Kinder und Erwachsene
- Zentrale Lage
- Schöne Radrouten
- Idealer Startpunkt für Tagestouren

Schauen Sie doch mal auf www.sandagernaes.dk

Strandgårdsvej 12, Sandager, 5610 Assens • Tel. 64791156
E-Mail: info@sandagernaes.dk • Internet: www.sandagernaes.dk

 Geografisch suchen

Schlagen Sie Seite 429 mit der Übersichtskarte dieses Landes auf. Suchen Sie das Gebiet Ihrer Wahl und gehen Sie zur entsprechenden Teilkarte. Hier sehen Sie alle Campingplätze auf einen Blick.

Dänemark

Assens, DK-5610 / Fyn

- Sandager Næs★★★
- Strandgårdsvej 12, Sandager
- 3 Apr - 13 Sep
- +45 64 79 11 56
- info@sandagernaes.dk

1 DEJMNOPQRST ABFGHKNQSWXZ 6
2 EFGHPVWX ABCDEFGHIJK 7
3 BFGILMV ABCDEFIJKNQRTW 8
4 BHIOPQT FIJRVY 9
5 ACDEFKMN ABDGHIJNPRVXZ10

Anzeige auf dieser Seite B 10A CEE
3,7 ha 135T(80-140m²) 55D
① €38,20 ② €55,90

N 55°20'02'' E 09°53'24'' 101876

E20, Ausfahrt 57 Richtung Assens. Bei Sandager rechts Schildern folgen.

Assens, DK-5610 / Fyn

- CampOne Assens Strand★★★
- Næsvej 15
- 13 Apr - 20 Okt
- +45 63 60 63 62
- assens@campone.dk

1 ACDEJMNOPQRST KNOQSXY 6
2 EGHKOPQVWXY ABDEFGHIJK 7
3 BFGJLV ABCDEFIJKNQRTW 8
4 HIOQ FY 9
5 ABDMN ABGHIJNPRVXZ10

Anzeige auf Seite 447 B 10A CEE
6,3 ha 120T(100-120m²) 9D
① €34,60 ② €48,00

N 55°15'56'' E 09°53'02'' 101877

Straße 313 Nörre-Aby-Assens. Ab Assens Schildern Hafen und Industriegebiet folgen. Bei Zuckerfabrik kleinen Schildern folgen.

Båring Vig, DK-5466 / Fyn

- Baaring Vig Feriepark Skovlund Camping★★★★
- Kystvejen 1
- 12 Apr - 22 Sep
- +45 64 48 14 77
- mail@skovlund-camping.dk

1 ADEJMNOPQRST ABFGHKNQSWXY 6
2 ABEFGHJPQUVWX ABDEFGHIJK 7
3 BFJLMNSV ABCDEFGIJKNQRTUVW 8
4 IOPST FJV 9
5 ACDEFN ABFGHIJNPRVXZ10

B 10A CEE
H80 7,2 ha 267T(80-120m²) 108D
① €45,55 ② €53,60

N 55°30'23'' E 09°53'59'' 110248

E20, Ausfahrt 57 Richtung Bogense. Dann Richtung Båring. In Båring geradeaus, erster CP links.

Blommenslyst, DK-5491 / Fyn

- Blommenslyst★
- Middelfartvej 494
- 13 Apr - 30 Okt
- +45 65 96 76 41
- info@blommenslyst-camping.dk

1 ACFJMNOPQRST 6
2 AOPVXY ABDEFGIJK 7
3 A ABEFIJNQRT 8
4 IO F 9
5 ADN ABRVZ10

Anzeige auf dieser Seite 10A CEE
2 ha 60T(80-100m²) 13D
① €23,60 ② €28,95

N 55°23'21'' E 10°14'52'' 101907

Von der E20 die Ausfahrt 53 nehmen. Der CP liegt an der Straße Nr. 161 Middelfart-Odense. Der CP ist ab Blommenslyst ausgeschildert.

Blommenslyst ★ ★

Middelfartvej 494, 5491 Blommenslyst
Tel. 65967641
E-Mail: info@blommenslyst-camping.dk
Internet: www.blommenslyst-camping.dk

Bogense, DK-5400 / Fyn

- Bogense Strand Camping★★★★★
- Vestre Engvej 11
- 1 Jan - 31 Dez
- +45 64 81 35 08
- info@bogensecamping.dk

1 ACDEJMNOPRST ABEFGHKMNOPQRSTUVW 6
2 EHJOPVWX ABCDEFGHIJK 7
3 BFGIJLMNSV ABCDEFGIJKLMNQRTUVW 8
4 FHIOQRSTV AJVY 9
5 DMN ABEFGHIJPRVWZ10

Anzeige auf dieser Seite B 13A CEE
11 ha 425T(80-200m²) 95D
① €52,25 ② €61,65

N 55°33'41'' E 10°05'07'' 112054

Ab Odense Richtung Hafen, dann den Schildern folgen.

Bogense, DK-5400 / Fyn

- Kyst Camping Bogense★★★
- Østre Havnevej 1
- 1 Apr - 16 Sep
- +45 64 81 14 43
- info@kystcamping.dk

1 DEJMNOPQRST KNQSWX 6
2 EFGKOPVWXY ABDEFGHIJK 7
3 BDLMSV ABCDEFGIJKNQRTW 8
4 BEFHILO DEFJY 9
5 ADMN ABGHIJNPRVZ10

B 16A CEE
2,8 ha 190T(80-120m²) 40D
① €32,15 ② €41,55

N 55°34'04'' E 10°05'00'' 101870

Aus Odense oder Middelfart, in Bogense Richtung Havn fahren, dann den CP-Schildern folgen.

Bøjden/Faaborg, DK-5600 / Fyn

- CampOne Bøjden Strand★★★★★
- Bøjden Landevej 12
- 4 Apr - 18 Okt
- +45 63 60 63 60
- bojden@campone.dk

1 ACDEJMNOPQRST ABEFGHIKMNOPQSUVWXYZ 6
2 EFGHOPUVWXY ABCDEFGHIJK 7
3 BDFJLMSUV ABCDEFIJKLMNQRTUVW 8
4 BFHIJLMNOPSTU DFIJOVY 9
5 ACDEFGHKLMN ABFGHIJPRVXZ10

Anzeige auf Seite 447 B 10A CEE
6,5 ha 308T(80-140m²) 80D
① €54,40 ② €73,15

N 55°06'20'' E 10°06'28'' 101881

Die 323 und 329 Assens-Hårby-Faaborg. Vor Faaborg die 8 Richtung Bøjden oder die Fähre Fynshav (Süd-Jütland)-Bøjden. CP ist in Bøjden ausgeschildert.

Dalby/Kerteminde, DK-5380 / Fyn

- Camp Hverringe, Bøgebjerg Strand★★★★★
- Blæsenborgvej 200
- 5 Apr - 20 Okt
- +45 65 34 10 52
- info@camphverringe.dk

1 CDJMNOPQRST ABEFGKMNOPQSWXYZ 6
2 EFGHKPUVWX ABCDEFGHIJK 7
3 ABEFGIMSUV ABCDEFGIJKLMNQRTUVW 8
4 BDFHIKLNOQ ADFJORUVY 9
5 ACDFMN ABFGHIJMOPRVWXZ10

B 10A CEE
15 ha 375T(100-140m²) 31D
① €46,90 ② €65,40

N 55°30'32'' E 10°42'43'' 101918

Ab Kerteminde Richtung Fynshoved, sofort nach Kerteminde Richtung Måle, dann ausgeschildert.

Ebberup, DK-5631 / Fyn

- Aa-Strand Camping★★
- Aa Strandvej 61
- 1 Apr - 16 Sep
- +45 64 74 10 03
- info@aa-strand.dk

1 ADEJMNOPRST KNPQSWXY 6
2 EFGHKPVWXY ABDEFGHIJ 7
3 ALS ABCDEFGNQRW 8
4 FHIO FI 9
5 ADN AHJNOR10

Anzeige auf Seite 457 10-16A CEE
5 ha 150T(80-100m²) 42D
① €31,50 ② €43,55

N 55°13'02'' E 09°58'27'' 101878

Straße Nr. 313 Assens-Faaborg, 2 km hinter Assens rechts ab den CP-Schildern folgen. Immer geradeaus, danach in Richtung Aa.

Vestre Engvej 11
5400 Bogense
Tel. 64813508
info@bogensecamping.dk
www.bogensecamping.dk

Faaborg, DK-5600 / Fyn

- Faaborg Camping***
- Odensevej 140
- 3 Apr - 18 Okt
- +45 62 61 77 94
- info@faaborgcamping.dk

1 ABDE**JM**NOPQRST	X 6
2 GOPTUWXY	AB**FG**HIJK 7
3 AB**J**LV	ABCDE**FG**IJKNQRTUW 8
4 B**E**FGHIO	BEFVY 9
5 ABDM**NO**	ABCGHIJ**O**PRVX 10
B 10A CEE	① €36,85
4,9 ha 112T(100-140m²) 30D	② €50,80

N 55°06'59" E 10°14'42"
Von Bøjden über den Rundweg Faaborg Straße 43 Richtung Odense fahren. Der CP ist nach 500m ausgeschildert. 112056

Faaborg, DK-5600 / Fyn

- Nab Strand Camping***
- Kildegaardsvej 8
- 1 Mai - 30 Aug
- +45 22 12 31 32
- info@nabstrandcamping.dk

1 ADE**JM**NOPRS	KN PQSWXZ 6
2 EFGHJPTVWXY	ABDE**FG**HIJK 7
3 A**L**V	ABCDE**FG**IJKNQRT 8
4 FHIO	FRVWY 9
5 ABDMN	ABFGJORVWZ 10
10A CEE	① €38,85
2 ha 100T(100-125m²) 27D	② €53,60

N 55°03'51" E 10°18'50"
Die 44 Faaborg-Svendborg, nach 3,5 km Ausfahrt Nab. Danach den CP-Schildern folgen. 101910

Faaborg, DK-5600 / Fyn

- Sinebjerg Camping***
- Sinebjergvej 57b
- 3 Apr - 13 Sep
- +45 62 60 14 40
- info@sinebjergcamping.dk

1 ADEF**JM**NOPQRST	KNQSWXY 6
2 EFGHKPTUVWX	ABDE**FG**HIJK 7
3 BD**IL**MUV	ABCDE**F**IJKNQRT 8
4 FHIO	DFY 9
5 ABDMN	ABFHIJPRVXZ 10
B 10A CEE	① €32,85
4,5 ha 210T(100-130m²) 70D	② €46,75

N 55°04'50" E 10°11'04"
Die 8 Faaborg-Bøjden, bei Km-Pfahl 49,7 Richtung Sinebjerg und den CP-Schildern folgen. 107452

Frørup, DK-5871 / Fyn

- Kongshøj Strandcamping***
- Kongshøjvej 5
- 1 Jan - 31 Dez
- +45 65 37 12 88
- info@kongshojcamping.dk

1 ADE**JM**NOPQRST	KNPQSWXYZ 6
2 EGHKPVWXY	ABDE**FG**HIJK 7
3 B**FJ**LMV	ABCDE**FG**IJKNQRT 8
4 BCDFHIKO**P**	DFY 9
5 ABDMN	ABFGHIJLMPRVXZ 10
Anzeige auf dieser Seite B 16A CEE	① €32,45
6 ha 120T(80-150m²) 174D	② €45,55

N 55°13'18" E 10°48'22"
Straße Nr. 163 Nyborg-Svendborg, nach ungefähr 11 km die zweite Ausfahrt nach Tårup nehmen und den CP-Schildern Kongshøj-Strand folgen. 101921

Hesselager, DK-5874 / Fyn

- Bøsøre Strand Feriepark*****
- Bøsørevej 16
- 3 Apr - 18 Okt
- +45 62 25 11 45
- info@bosore.dk

1 ACDE**JM**NOPQRST	EFGIKNQSWXYZ 6
2 EGHKOPVWXY	ABCDE**FG**HIJK 7
3 BDEFG**HIJ**LMSUV	ABCDE**FG**IJKLMNPQRTUVW 8
4 ABCDFHIKLNO**PQSTUY**	DFY 9
5 ACDEFHLMN	ABEFGHIJ**P**QRVWXZ 10
Anzeige auf dieser Seite	① €43,40
23,6 ha 275T(100-150m²) 61D	② €61,10

N 55°11'36" E 10°48'23"
E20, Ausfahrt 45 zur 163 Nyborg-Svendborg. Bei Langå Ausfahrt Vormark/Bøsøre und Bøsøre-CP folgen. 101922

Kerteminde, DK-5300 / Fyn

- Kerteminde Camping***
- Hindsholmvej 80
- 1 Apr - 29 Sep
- +45 65 32 19 71
- info@kertemindecamping.dk

1 ADEJMNOPQRST	KNQSWXY 6
2 EHKOPVWX	ABDE**FG**HIJK 7
3 AB**JLNO**V	ABCDE**FG**IJKNQRTW 8
4 FHIOQ	IJY 9
5 ABD**N**	ABFGHK**P**RVWX 10
B 10A CEE	① €35,50
5 ha 238T(100-200m²) 82D	② €48,90

N 55°27'48" E 10°40'15"
Der CP ist in Kerteminde am Strand (Hindsholmvej). Wird mit CP-Schildern angezeigt. 109289

Aa-Strand Camping ★ ★

Ruhiger Familiencamping in einer schönen Umgebung und im Naturgebiet. In 100m finden Sie einen schönen Strand und für Wanderer ein großes Naturgebiet.

Aa Strandvej 61, 5631 Ebberup • Tel. 64741003
E-Mail: info@aa-strand.dk
Internet: www.aa-strand.dk

Lohals/Tranekaer, DK-5953 / Fyn

- Lohals Camping***
- Birkevej 11
- 1 Jan - 31 Dez
- +45 62 55 14 60
- mail@lohalscamping.dk

1 ACDE**JM**NOPQRST	ABFK**N**OPQSWXYZ 6
2 EGHOPUVWXY	ABDE**FG**HIJK 7
3 BGHI**JN**SVW	ABCDEFGIJKNQRTW 8
4 BFHIO**QSU**	DFORV 9
5 ABDEFLM**N**	ABFGHIJLNP**Q**RVWXZ 10
B 10A CEE	① €30,80
2,5 ha 120T(100-200m²) 29D	② €44,25

N 55°08'03" E 10°54'24"
Die Straße Rudkøping-Spodsbjerg, Ausfahrt Lohals. Dann den Schildern nach. 110909

Lundeborg, DK-5874 / Fyn

- Lundeborg Strandcamping***
- Gl. Lundeborgvej 46
- 23 Mär - 14 Sep
- +45 62 25 14 50
- ferie@lundeborg.dk

1 ADEF**JM**NOPRST	KNQSWXZ 6
2 EFGHIOPVWXY	AB**DEFG**HIJK 7
3 B**FJ**LSV	ABCDE**F**IKNQRTW 8
4 FHIKO**PQ**	DFY 9
5 ABDEFHKM**N**	ABHIJ**P**RVXZ 10
B 6A CEE	① €35,00
2,5 ha 140T(80-120m²) 76D	② €48,10

N 55°08'46" E 10°46'56"
Die 163 Nyborg-Svendborg, Ausfahrt Lundeborg. In Lundeborg an der Kreuzung links. Den CP-Schildern bis zum 2. CP folgen. 101923

Martofte, DK-5390 / Fyn

- Fynshoved Camping***
- Fynshovedvej 748
- 1 Jan - 31 Dez
- +45 65 34 10 14
- info@fynshovedcamping.dk

1 DE**JM**NOPQRST	KN OQSWXY 6
2 EHJOPQWXY	ABDE**FG**HIJK 7
3 A**FJ**SV	ABCDE**FG**IJNQRT 8
4 HIOQ	FJ 9
5 ABEFM**N**	AGHJORVZ 10
B 10A	① €43,30
11 ha 160T(100-150m²) 95D	② €44,65

N 55°36'26" E 10°37'24"
In Kerteminde nach Fynshoved. CP ist 1,5 km vor dem Ende der Straße auf der rechten Seite. 110908

Vejlby Fed Strand Camping ★ ★ ★ ★

Geselliger Familiencamping ganz nah an einem der schönsten Sandstrände Fünens. Gute Sanitäranlagen. In circa 10 Minuten Fahrt ist man im Zentrum von Middelfart.

Rigelvej 1, 5500 Middelfart
Tel. +45 64402420 • E-Mail: mail@vejlbyfed.dk
Internet: www.vejlbyfedstrand.dk

Middelfart, DK-5500 / Fyn

- Vejlby Fed Strand Camping****
- Rigelvej 1
- 3 Apr - 12 Sep
- +45 64 40 24 20
- mail@vejlbyfed.dk

1 ADE**JM**NOPQRST	AB**FG**KM**N**QSUWXYZ 6
2 AEHIPQWXY	ABDE**FG**HIK 7
3 BD**FIJ**MNSUVW	ABCDE**FG**IJKNQRTW 8
4 B**I**LO**PQST**	EFKQRTVY 9
5 ACDEFGIMN	ABFHIJ**N**PRVXZ 10
Anzeige auf dieser Seite B 10A CEE	① €41,70
55,7 ha 259T(100-140m²) 93D	② €55,10

N 55°31'11" E 09°51'00"
E20, Ausfahrt 58 über die 317 Bogense. 1. Kreisel dreiviertel rund, 2 Kreisel geradeaus. Ab Bogensevej ist der CP ausgeschildert. 110249

Kongshøj Strandcamping ★ ★ ★

Blick über die Brücke über den Großen Belt.

Kongshøjvej 5, 5871 Frørup • Tel. 65371288
E-Mail: info@kongshojcamping.dk

'Fantastischer Kundenservice ist meine Leidenschaft'

Maria Da Silva

SVENDBORG SUND CAMPING ★★★
The Oasis at Vindebyøre

Vindebyoerevej 52 · 5700 Svendborg
Mobile phone +45 2172 0913
maria@svendborgsund-camping.dk
www.svendborgsund-camping.com

Geöffnet 3. April – 27. September

Nørre Åby, DK-5580 / Fyn
- Rønæs Strand Camping***
- Rønæsvej 10
- 1 Apr - 28 Sep
- +45 64 42 17 63
- campingferie@hotmail.com

1 CDEJMNOPRST KNPQSWXYZ 6
2 AEFGHPUVX ABDEFGHIJK 7
3 ABFGLSV ABCDEFGIJKNQRTUVW 8
4 FHIO DFJOTUVY 9
5 ABCDEFMN ABFGHIJMPRVXZ 10
Anzeige auf dieser Seite B 10A CEE ❶ €30,80
4 ha 125T(85-150m²) 70D ❷ €33,50

N 55°26'24'' E 09°49'26''
101875
E20, Ausfahrt 57 in Richtung Nørre Åby, nach ca. 5 km auf der Straße 313 den CP-Schildern folgen.

Rønæs Strand Camping ★★★

Funen's gemütlichster Platz am Strand

Rønæsvej 10, DK-5580 Nr. Aaby · Tlf. +45 64421763
campingferie@hotmail.com · www.camping-ferie.dk

Nyborg, DK-5800 / Fyn
- Grønnehave Strand Camping***
- Regstrupvej 83
- 13 Apr - 22 Sep
- +45 65 36 15 50
- info@gronnehave.dk

1 ACDEJMNOPQRST KNQSWXY 6
2 AEFGHKOPVWX ABDEFGHIJ 7
3 BFLMSV ABCDEFGIJNQRT 8
4 IO FJ 9
5 ABDMN ABGHIJPRVZ 10
B 10A CEE ❶ €34,30
7,5 ha 250T(100-200m²) 86D ❷ €46,65

N 55°21'31'' E 10°47'12''
101919
E20 Odense-Nyborg, Ausfahrt 46 links, CP ist ausgeschildert.

Nyborg, DK-5800 / Fyn
- Nyborg Strandcamping***
- Hjejlevej 99
- 13 Apr - 22 Sep
- +45 65 31 02 56
- mail@nyborgstrandcamping.dk

1 DEJMNOPRST KNQSWXY 6
2 AEFGMPQVWXY ABDEFGHIJK 7
3 BFLMSUV ABCDEFGINQRTUVW 8
4 IOQ J 9
5 ACDMN ABGHKPRV 10
B 10A CEE ❶ €35,50
3,8 ha 200T(80-100m²) 64D ❷ €42,20

N 55°18'16'' E 10°49'30''
100081
E20 Ausfahrt 45. Ab Nyborg CP-Beschilderung folgen. Der CP liegt Nähe Brücke über den Großen Belt. Nicht Richtung Grønnehave.

Otterup, DK-5450 / Fyn
- Hasmark Strand Camping***
- Strandvejen 205
- 3 Apr - 18 Sep
- +45 64 82 62 06
- info@hasmark.dk

1 ADEJMNOPQRST ABEIKNQSWX 6
2 EHPVWX ABDEFGHIJK 7
3 BFJMSVX ABCDEFGIJKLMNQRTUVW 8
4 BCDFHINOPQRSTUVXYZ DEFJUVY 9
5 ACDEHLMN ABEFGHIJPRVXYZ 10
Anzeige auf dieser Seite B 10A CEE ❶ €50,10
12 ha 500T(100-150m²) 136D ❷ €60,85

N 55°33'45'' E 10°27'16''
109084
In Otterup an den Ampeln Richtung Hasmark; Straße bis 300m vor den Strand fahren. CP liegt rechts des Weges.

- Familiencamping auf Top-Serviceniveau
- am schönsten Strand Fünens gelegen
- subtropisches Freizeitbad
- Wikinger Spielplatz
- Restaurant
- Bester Camping Dänemarks 2013

Ristinge, DK-5932 / Fyn
- Ristinge Camping Aps***
- Ristingevej 104
- 29 Mai - 1 Sep
- +45 62 57 13 29
- info@ristinge.dk

1 ADEJMNOPRST ABFGKNQSWX 6
2 BEFHJPVWXY ABDEFGHIJK 7
3 ABFJLMNSV ABCDEFGIJKNQRTW 8
4 BCDFHIOPQU EFIVY 9
5 ACDEFGMN ABEFGHIJLPRVWZ 10
B 10A CEE ❶ €38,35
6 ha 226T(60-150m²) 40D ❷ €55,75

N 54°49'12'' E 10°38'26''
108752
Von Svendborg die 9 nach Rudkøbing/Spodsbjerg. An Rudkøbing vorbei Richtung Bagenkop. In Humble Ausfahrt Ristinge. Nach ca. 5 km CP angezeigt.

Spodsbjerg/Rudkøbing, DK-5900 / Fyn
- DCU Camping Billevænge Strand***
- Spodsbjergvej 182
- 23 Mär - 21 Okt
- +45 23 11 80 35
- billevaenge@dcu.dk

1 ADEJMNOPRST N 6
2 GHPUVWXY ABDEFGHIJK 7
3 BFV ABCDEFIJKNQRTW 8
4 IO F 9
5 BDMN ABGHIJOPQRTW 10
Anzeige auf Seite 461 10A CEE ❶ €33,10
3,3 ha 135T(80-100m²) 9D ❷ €46,75

N 54°55'22'' E 10°49'01''
101929
Von Svendborg die 9 nach Rudkøbing/Spodsbjerg. In Spodsbjerg den CP Schildern folgen. Nach 1,5 km ist der CP ausgeschildert.

Svendborg, DK-5700 / Fyn
- Carlsberg Camping ApS***
- Sundbrovej 19, Tåsinge
- 1 Jan - 31 Dez
- +45 62 22 53 04
- mail@carlsbergcamping.dk

1 ADEJMNOPQRST ABFGHX 6
2 AFGOPRTUVWXY ABDEFGHIJK 7
3 BDFGJLMSUV ABCDEFGIJKNQRTU 8
4 BFHIOPQR EFJVWY 9
5 ABDEFJLMN AGHIJNPQRSTVWXZ 10
B 6A CE ❶ €33,50
H70 8 ha 300T(100-150m²) 161D ❷ €49,60

N 55°01'56'' E 10°37'08''
101926
Von Svendborg aus die 9 nach Rudkøbing. Über die Brücke an der Ampel geradeaus. Nach 600m ist der CP links ausgeschildert.

Svendborg, DK-5700 / Fyn
- Svendborg Sund Camping***
- Vindebyørevej 52, Tåsinge
- 3 Apr - 27 Sep
- +45 21 72 09 13
- maria@svendborgsund-camping.dk

1 ADEJMNOPQRST KNPSUVXYZ 6
2 EFGHIPQVWXY ABDEFGHIJK 7
3 ABFGLMV ABCDEFGINQRTUW 8
4 BFHIKOR CFRV 9
5 ABCDKMN ABFGHIJPRVWXZ 10
Anzeige auf dieser Seite B 10A CEE ❶ €38,85
5 ha 170T(80-120m²) 24D ❷ €59,65

N 55°03'15'' E 10°37'50''
109285
Die 9, dann über die Brücke Svendborg Sund. An der Ampel sofort zweimal links, danach den CP-Schildern folgen.

Svendborg/Thurø, DK-5700 / Fyn
- Thurø Camping***
- Smørmosevej 7
- 3 Apr - 20 Sep
- +45 51 18 52 54
- info@thuroecamping.dk

1 ADEJMNOPRT KMNOPQSUVWXY 6
2 AEGHIOPVWXY ABDEFGHIJK 7
3 BDFGJLMSUV ABCDEFGIJLMNQRTUW 8
4 BCEFHIOX FVVY 9
5 ACDEMN ABHIJPRV 10
B 13A CEE ❶ €34,10
6,5 ha 230T(100-140m²) 128D ❷ €46,25

N 55°02'36'' E 10°42'36''
101928
Von Svendborg über den Damm (Brücke) Richtung Grasten, 2. Ausfahrt links. Am Wegesende der Rechtskurve folgen. Dann der Beschilderung folgen.

Tårup/Frørup, DK-5871 / Fyn
- Tårup Strand Camping***
- Lersey Alle 25
- 3 Apr - 20 Sep
- +45 65 37 11 99
- mail@taarupstrandcamping.dk

1 ADEJMNOPQRST KNPQSWXYZ 6
2 EFGHIKPTUVWXY ABDEFGHIJK 7
3 BFGLMSV ABCDEFIJKNQRTW 8
4 FHIK F 9
5 ACDMN ABDGHJPRVXYZ 10
Anzeige auf dieser Seite B 10A CEE ❶ €34,60
11 ha 140T(80-120m²) 106D ❷ €46,65

N 55°14'14'' E 10°48'28''
101920
Die 163 Nyborg-Svendborg, nach ca. 10 km die 1. Ausfahrt Tårup nehmen und den CP-Schildern Tårup-Strand folgen.

Tårup Strand Camping ★★★

Schöner, ruhiger Camping in natürlicher Umgebung. Gelegenheit zum Schwimmen, Angeln, Segeln und Rad fahren. Grillabende für Kinder und Erwachsene, Streichelzoo. Renoviertes Sanitär.

Lersey Alle 25, 5871 Tårup/Frørup · Tel. 65371199
E-Mail: mail@taarupstrandcamping.dk
Internet: www.taarupstrandcamping.dk

Tranekær, DK-5953 / Fyn
- Feriepark Langeland/Emmerbølle Strand Cp****
- Emmerbøllevej 24
- 3 Apr - 13 Sep
- +45 62 59 12 26
- info@emmerbolle.dk

1 ADEJMNOPRST ABFGKNPQSWXYZ 6
2 EHPUVWXY ABDEFGHIJK 7
3 ABDFGJMNSV ABCDEFGIJKNQRTUVW 8
4 BCDFHIJKLOPQRT ADFJUV 9
5 ACDEFGHKMN ABEFGHIJPRVXYZ 10
B 10A CEE ❶ €40,90
15 ha 300T(60-160m²) 106D ❷ €61,50

N 55°02'01'' E 10°50'56''
108753
E20 Richtung Odense-Svendborg. Weiter die A9 Richtung Langeland. Dann in nördliche Richtung auf der 305. 5 km nördlich von Tranekær links abbiegen zum Emmerbølle Strand.

Seeland

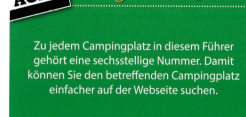

Zu jedem Campingplatz in diesem Führer gehört eine sechsstellige Nummer. Damit können Sie den betreffenden Campingplatz einfacher auf der Webseite suchen.

www.Eurocampings.de

Albuen/Nakskov, DK-4900 / Sjælland

- ▲ DCU Camping Albuen Strand
- 🏠 Vesternæsvej 70
- 📅 23 Mär - 21 Okt
- ☎ +45 54 94 87 62
- @ albuen@dcu.dk

1 DEJMNOPQRST — AFGKNQX 6
2 EGHOPQWXY — ABDEFGHIJK 7
3 BFGMSV — ABCDEFGIJKNQRTVW 8
4 ABFHIO — FRVY 9
5 ABDN — ABGHIJMPRVZ 10
Anzeige auf Seite 461 FKK B 16A CEE ❶ €33,10
10 ha 194T(100-200m²) 56D ❷ €46,75

📍 N 54°47'30'' E 10°58'55'' 101940
Ab Nakskov Richtung Vestenskov/Langø. CP dann ausgeschildert.

Borre, DK-4791 / Sjælland

- ▲ Camp Møns Klint****
- 🏠 Klintevej 544
- 📅 12 Apr - 31 Okt
- ☎ +45 55 81 20 25
- @ info@campmoensklint.dk

1 DEGJMNOPQRST — ABN 6
2 BDPQRTUVWXY — ABDEFGHIJ 7
3 BFHJLMNSV — ABCDEFGIJKNQRT 8
4 AEFHIO — IJRV 9
5 ACDFHIKMN — AFHIJPR 10
B 10A CEE ❶ €55,20
H100 13,2 ha 400T 120D ❷ €77,45

📍 N 54°58'48'' E 12°31'26'' 101992
An der Straße 287 Stege-Møns Klint. Kurz vor Møns Klint, an der Straße angezeigt.

Askeby, DK-4792 / Sjælland

- ▲ Møn Hårbølle Strand*
- 🏠 Hårbøllevej 87
- 📅 1 Apr - 1 Okt
- ☎ +45 26 74 95 63
- @ info@moencamping.dk

1 DEJMNOPQRT — KNQSX 6
2 EFHPQWXY — ABDEFGI 7
3 A — ABDEFNQRT 8
4 H — V 9
5 BD — AIJR 10
6A CEE ❶ €36,20
3,6 ha 72T 8D ❷ €45,55

📍 N 54°52'59'' E 12°09'09'' 101979
Straße 287 von Bogø nach Stege. Nach Bogø 1. Straße rechts Richtung Hårbølle. Beschilderung folgen.

Bregninge/Horbelev, DK-4871 / Sjælland

- ▲ Falster Familiecamping***
- 🏠 Tværmosevej 2
- 📅 1 Jan - 31 Dez
- ☎ +45 54 44 52 19
- @ camping@199.dk

1 DEJMNOPQRST — AF 6
2 GHOPQWX — ABDEFGI 7
3 BFLSUV — ABCDEFGIJNQRT 8
4 FHI — F 9
5 ABDN — AFGHIJMPRVX 10
B 10A CEE ❶ €30,15
3,3 ha 112T(100-140m²) 38D ❷ €40,90

📍 N 54°48'46'' E 12°04'37'' 101980
Straße 271 Nykøbing F-Stubbekøbing, Ausfahrt Horbelev. Dann ausgeschildert.

Assentorp/Stenlille, DK-4295 / Sjælland ⓘ

- ▲ Assentorp Camping***
- 🏠 Højbodalvej 35
- 📅 1 Jan - 31 Dez
- ☎ +45 57 80 43 87
- @ ac@assentorp-camping.dk

1 ADEJMNOPRST — AB 6
2 ABGOPQTVWXY — ABFGK 7
3 ABFGJLMSV — ABCDFJNQRTW 8
4 FIOPX — EFY 9
5 BDMN — HIMPRVZ 10
10-13A CEE ❶ €24,10
6 ha 135T(100m²) 57D ❷ €24,10

📍 N 55°33'29'' E 11°34'19'' 100085
Ortsmitte Stenlille über die 57 oder 255. Dann die Ausfahrt Assentorp und der Beschilderung folgen.

Dannemare, DK-4983 / Sjælland ⓘ

- ▲ Hummingen Camping***
- 🏠 Pumpehusvej 1
- 📅 5 Apr - 19 Okt
- ☎ +45 54 94 61 61
- @ mail@hummingencamping.dk

1 ADEJMNOPQRST — ABFGHNQX 6
2 GHIPVWX — ABDEFGHIJK 7
3 BJSV — ABEFGIJKNQRTVW 8
4 IKO — F 9
5 ACDMN — AFGHJRVWXZ 10
B 10-13A ❶ €34,05
5,5 ha 143T(60-150m²) 45D ❷ €47,45

📍 N 54°43'05'' E 11°13'36'' 109817
E47, Ausfahrt 49 Richtung Nakskov. Dann Richtung Rødbyhaven. Beschilderung folgen, von Rødbyhaven die 275. Richtung Kramnitze. CP ist angezeigt.

Bildsø/Slagelse, DK-4200 / Sjælland ⓘ

- ▲ Bildsø Camping
- 🏠 Drøsselbjergvej 42A
- 📅 20 Mär - 18 Okt
- ☎ +45 22 58 64 12
- @ honda@privat.dk

1 ADEJMNOPRT — KNQSV 6
2 BCEHKOPWXY — ABDEFGHIK 7
3 FV — ABCDEFIJNQR 8
4 I — DF 9
5 ABDEFJN — AGHIJRVZ 10
B 10A ❶ €32,85
2,1 ha 100T(100m²) 44D ❷ €44,90

📍 N 55°27'18'' E 11°12'37'' 109304
Die E20 Halsskov-Kopenhagen, Ausfahrt 41, die 277 Richtung Kalundborg. Nach 10 km in Bildsø links und den CP-Schildern folgen.

Fakse, DK-4640 / Sjælland ⓘ

- ▲ Feddet Strand Camping Resort****
- 🏠 Feddet 12
- 📅 1 Jan - 31 Dez
- ☎ +45 56 72 52 06
- @ info@feddetcamping.dk

1 ACDEJMNOPQRST — EFGKNQRSUVWXYZ 6
2 ABEFGHPQVWXY — ABCDEFGHIJK 7
3 BDEFGHIJLMSUVWX — ABCDEFGIJKLNQRTUV 8
4 ABCDFHIKLMNOPQRSTUXZ — ABDEFJRVY 9
5 ACDEFGHILMN — ABFGHIJLMPRVWXYZ 10
B 10A CEE ❶ €82,40
16 ha 400T(110-150m²) 287D ❷ €105,20

📍 N 55°10'28'' E 12°06'07'' 101975
Straße Nr. 209 von Faxe nach Præstø. Bei Vindbyholt in Richtung Süden, Beschilderung folgen.

Bjerge Strand, DK-4480 / Sjælland ⓘ

- ▲ Urhøj Camping***
- 🏠 Urhøjvej 14
- 📅 1 Apr - 20 Okt
- ☎ +45 59 59 72 00
- @ feilskov@urhoej-camping.dk

1 ADEFJMNOPQRS — KNOQSX 6
2 EFHJPQTUWXY — ABDEFGI 7
3 BFJMV — ABCDEFINQRTW 8
4 FHIOQ — JUV 9
5 ABDEFIKMN — ABFGHJMPRZ 10
10A CEE ❶ €27,95
11 ha 400T(100-120m²) 133D ❷ €38,65

📍 N 55°34'43'' E 11°09'19'' 101934
Auf dem Parallelweg links der 22 von Slagelse-Kalundborg. In Höhe des Ortes Bjerge, 1. Schild CP 1 km folgen, dann rechts ca 1 km über einen holprigen Sandweg dem Schild Urhøj Camping folgen.

Føllenslev, DK-4591 / Sjælland ⓘ

- ▲ Vesterlyng Camping***
- 🏠 Ravnholtvej 3, Havnsø
- 📅 1 Apr - 20 Okt
- ☎ +45 59 20 00 66
- @ info@vesterlyng-camping.dk

1 ADEJMNOPQRST ABFGNPQSWX 6
2 FGHOPTWXY — ABDEFGHIK 7
3 ABFGJSVW — ABCDEFGHIJNQRTW 8
4 BCDFGHIO — DFLY 9
5 ABDFKMN — ABGHIJPRVWZ 10
B 10A CEE ❶ €35,50
6 ha 300T(100-120m²) 136D ❷ €42,20

📍 N 55°44'35'' E 11°18'31'' 107454
Die 21, Kopenhagen-Holbæk zur Straße 23 Ri. Kalundborg, 1. Kreuzung nach Jyderup, an Ampel rechts (225). Am Kreisverkehr Snertinge geradeaus. Schildern folgen.

Boeslunde, DK-4242 / Sjælland ⓘ

- ▲ Boeslunde Camping***
- 🏠 Rennebjergvej 110
- 📅 1 Apr - 1 Okt
- ☎ +45 58 14 02 08
- @ info@campinggaarden.dk

1 ADEJMNORST — ABCFG 6
2 GOPQVWXY — ABDEFGHIJK 7
3 BFGHIJLMV — ABEFGIJKLNPQRTW 8
4 BEFHINOQX — DFGIJKY 9
5 BDMN — ABFGHIJLMPQRVWZ 10
B 6-16A CEE ❶ €32,55
4,5 ha 150T(100-160m²) 60D ❷ €45,45

📍 N 55°17'23'' E 11°15'54'' 100083
Von Skælskor aus via Straße 259 nach Slagelse. An Kreuzung und Schild Boeslunde nach 4 km links. Siehe Beschilderung.

Frederiksværk, DK-3300 / Sjælland ⓘ

- ▲ Frederiksværk Danhostel Citycamping***
- 🏠 Strandgade 30
- 📅 1 Jan - 31 Dez
- ☎ +45 23 44 88 44
- @ post@fredfyldt.dk

1 ADEJMNOPQRT — NX 6
2 BCDOPSWXY — ABDEFGHIJK 7
3 ALMNV — ABCDEFGHIJLMNQRT 8
4 FHIO — DEFGLUVW 9
5 DJN — AFHJMOPR 10
B 13A CEE ❶ €30,15
3,7 ha 70T(130m²) 48D ❷ €30,15

📍 N 55°58'19'' E 12°00'53'' 100076
CP ist in der Nähe der Jugendherberge, westlich des Rings. In Frederiksværk zuerst Richtung Zentrum (=Ring) bis der CP ausgeschildert ist.

Greve, DK-2670 / Sjælland

- ▲ Hundige Strand Familiecamping**
- 🏠 Hundige Strandvej 72
- 📅 1 Jan - 31 Dez
- ☎ +45 20 21 85 84
- @ info@hsfc.dk

1 BDEJMNOPQRST — KNOQX 6
2 AEHOPVWXY — ABFGHIJK 7
3 BLV — ABCDEFGIJNQRTW 8
4 HIO — F 9
5 DMN — ABFGHIJLMPRVZ 10
Anzeige auf dieser S. B 13-16A CEE ❶ €35,80
5,7 ha 250T(100-150m²) 118D ❷ €49,20

📍 N 55°35'38'' E 12°20'33'' 101969
Nördlich von Greve. Die E20/E47/E55, über die Ausfahrt 27 Richtung Hundige (ca. 2,4 km). Ausgeschildert an Straße 151, nach 315m wenden.

Guldborg, DK-4862 / Sjælland

- ▲ Guldborg Camping I/S***
- 🏠 Guldborgvej 147
- 📅 1 Jan - 31 Dez
- ☎ +45 51 51 77 87
- @ info@guldborg-camping.dk

1 BDEJMNOPQRS — KNQSTVWXYZ 6
2 ABEGKOPVWXY — ABDEFGHIJK 7
3 BFJMSV — ABCDEFGIJKNQRT 8
4 HIQ — FJV 9
5 ADHJKMN — ABGHIJMPRV 10
B 10A CEE ❶ €31,35
3 ha 115T(80-160m²) 37D ❷ €43,40

📍 N 54°51'54'' E 11°44'11'' 101953
E47, Ausfahrt 45 Guldborg. Im Ort ist der CP ausgeschildert.

Strand- und Stadturlaub in der Nähe von Kopenhagen.

Wir bieten sowohl einen Stadtbesuch als auch einen Familiencamping: totaler Ferienspaß und Veranstaltungen übers gesamte Jahr.

• Kopenhagen mit seinen berühmten Attraktionen und vielen kulturellen Erfahrungen • Køge mit seinen schönen Geschäftsstraßen und - nicht zu vergessen - Hafen, Miniaturstadt und Wasserpark • Roskilde, die Stadt der Könige mit dem Wikingermuseum, Dom und Fjord... • Helsingør mit Schloss Kronborg, Geburtsort von Holger den Dänen (und Hamlet!) und der charmanten Altstadt • Malmö (Schweden) mit HSB Turning Torso und überreichlich Einkaufsstraßen, einfach vom Kopenhagener Zentralbahnhof zu erreichen.

Hundige Strandvej 72, 2670 Greve • Tel. 20218584
Internet: www.copenhagen-motorhome-camp.de

Cheaper holidays in Denmark

🇬🇧 30% DISCOUNT WITH THE DCU DEAL ON ALL DCU CAMPSITES

Valid for overnight stays in own motor home or caravan

The DCU Deal offers the following benefits:
- 30% discount on prices per person all year round
- Own children up to 12 years - free all year round
- Own adolescents 12 to 17 years - discounted price
- Dog - free
- Free Wi-Fi

The DCU Deal is valid until 31.12.20 and cannot be combined with other discounts.

THE DCU DEAL COSTS DKK 470

🇩🇪 30% RABATT MIT DCU DEAL AUF ALLEN CAMPING PLÄTZEN DES DCU'S

Gültig für Übernachtungen im eigenen Wohnmobil oder Wohnwagen

Mit DCU Deal haben Sie folgende Vorteile
- 30% Rabatt auf Personenpreise ganzjährig
- Eigene Kinder bis 12 Jahre - Frei ganzjährig
- Eigene Jugendliche 12 bis 17 Jahre ermäßigter Preis
- Hund Frei
- WLAN (Wi-Fi) Frei

DCU Deal ist Gültig bis 31.12.20 und kann mit anderen Rabatten nicht verbunden werden.

DCU DEAL KOSTET 470 DKK

1. **DCU-Camping Albuen Strand**
Vesternæsvej 70 · DK-4900 Nakskov
Tlf. (+45) 54 94 87 62
www.camping-albuen.dk

2. **DCU-Copenhagen Camp**
Korsdalsvej 132 · DK-2610 Rødovre
Tlf. (+45) 36 41 06 00
www.dcucopenhagencamp.dk

3. **DCU-Camping Nærum**
Ravnebakken/Langebjerg 5
DK-2850 Nærum
Tlf. (+45) 45 80 19 57
www.camping-naerum.dk

4. **DCU-Camping Hornbæk**
Planetvej 4 · DK-3100 Hornbæk
Tlf. (+45) 49 70 02 23
www.camping-hornbaek.dk

5. **DCU-Camping Rågeleje**
Hostrupvej 2 · DK-3210 Vejby
Tlf. (+45) 48 71 56 40
www.camping-raageleje.dk

6. **DCU-Camping Kulhuse**
Kulhusevej 199 · DK-3630 Jægerspris
Tlf. (+45) 47 53 01 86
www.camping-kulhuse.dk

7. **DCU-Camping Rørvig Strand**
Skærbyvej 2 · DK-4500 Nykøbing Sj.
Tlf. (+45) 59 91 08 50
www.camping-roervig.dk

8. **DCU-Camping Billevænge Strand**
Spodsbjergvej 182, Spodsbjerg
DK-5900 Rudkøbing
Tlf. (+45) 23 11 80 35
www.camping-billevaenge.dk

9. **DCU-Camping Åbyskov Strand**
Skårupøre Strandvej 74
DK-5881 Skårup
Tlf. (+45) 62 23 13 20
www.camping-aabyskov.dk

10. **DCU-Odense City Camp**
Odensevej 102 · DK-5260 Odense S
Tlf. (+45) 66 11 47 02
www.camping-odense.dk

11. **DCU-Flyvesandet Strand Camp**
Flyvesandsvej 37, Agernæs
DK-5450 Otterup
Tlf. (+45) 64 87 13 20
www.camping-flyvesandet.dk

12. **DCU-Camping Kollund**
Fjordvejen 29 A · DK-6340 Kruså
Tlf. (+45) 74 67 85 15
www.camping-kollund.dk

13. **DCU-Camping Blommehaven**
Ørneredevej 35 · DK-8270 Højbjerg
Tlf. (+45) 86 27 02 07
www.camping-blommehaven.dk

14. **DCU-Camping Mols**
Dråbyvej 13 · DK-8400 Ebeltoft
Tlf. (+45) 86 34 16 25
www.mols-camping.dk

15. **DCU-Camping Gjerrild Nordstrand**
Langholmvej 26 · DK-8500 Grenaa
Tlf.: (+45) 86 38 42 00
www.camping-gjerrild.dk

16. **DCU-Camping Ålbæk Strand**
Jerupvej 15 · DK-9982 Ålbæk
Tlf. (+45) 20 58 98 37
www.camping-aalbaek.dk

17. **DCU-Camping Skovly/Tranum**
Solsortevej 2a, Tranum
DK-9460 Brovst
Tlf. (+45) 98 23 54 76
www.camping-skovly.dk

18. **DCU-Camping Vesterhav**
Flyvholmvej 36, Langerhuse
DK-7673 Harboøre
Tlf. (+45) 97 83 47 04
www.camping-vesterhav.dk

19. **DCU-Camping Mejdal**
Birkevej 25 · DK-7500 Holstebro
Tlf. (+45) 97 42 20 68
www.camping-mejdal.dk

20. **DCU-Camping Ejsing Strand**
Fjordvej 1 · DK-7830 Vinderup
Tlf. (+45) 97 44 61 13
www.camping-ejsing.dk

21. **DCU-Camping Viborg Sø**
Vinkelvej 36 B · DK-8800 Viborg
Tlf. (+45) 86 67 13 11
www.camping-viborg.dk

22. **DCU-Camping Hesselhus**
Moselundvej 30 · DK-8600 Silkeborg
Tlf. (+45) 86 86 50 66
www.camping-hesselhus.dk

-30% -30%

Buy on Kaufen auf DCU.dk/deal

Sanddobberne Camping

Naturpark direkt am Wasser

SEELAND, DÄNEMARK

Tlf +45 61 19 09 10   mail@sanddobberne-camping.dk

Helsingør, DK-3000 / Sjælland

- Helsingør-Grønnehave Camping**
- Strandalleen 2
- 1 Jan - 31 Dez
- +45 49 28 49 50
- camping@helsingor.dk
- N 56°02'38'' E 12°36'15''

1 BDEJMNOQRST KNQSX 6
2 AEGHOPQVWX ABDEFGI 7
3 ALU ABFJNQRTW 8
4 FHT DFV 9
5 ABDEMN AGHIKMPRXZ10
B 16A CEE € 36,85
1 ha 100T(80m²) 13D € 46,25

An der 237 Helsingør-Hornbæk angezeigt.

101986

Hillerød, DK-3400 / Sjælland

- Hillerød Camping***
- Blytækkervej 18
- 5 Apr - 27 Sep
- +45 48 26 48 54
- info@hillerodcamping.dk
- N 55°55'26'' E 12°17'44''

1 ABCDEFGJMNOQRST 6
2 AGPSWXY ABDEFGHIJK 7
3 ABDFLMU ABCDEFIJKNQRTW 8
4 EHIOX DFJ 9
5 ABDMN ABFGHJPRZ10
Anzeige auf dieser S. B 10-13A CEE € 37,50
2,2 ha 110T(100m²) 35D € 52,25

Beschilderung Richtung Hillerød-S folgen. Dort ausgeschildert.

101963

Hillerød Camping ★ ★ ★

Kleiner, intimer und sehr angenehmer Camping im Zentrum von Hillerød. Im Gehbereich zu den Geschäften, Cafés, Lokalen und eine halbe Stunde von Kopenhagen. Bei Schloss Frederiksborg und neben einem imposanten Kastell mit einem schönen Park, Barockgarten und Weiher.

Blytækkervej 18, 3400 Hillerød · Tel. 48264854
E-Mail: info@hillerodcamping.dk
Internet: www.hillerodcamping.dk

Holbæk, DK-4300 / Sjælland

- CampOne Holbaek Fjord***
- Sofiesminde Allé 1
- 13 Apr - 20 Okt
- +45 63 60 63 63
- holbaek@campone.dk
- N 55°43'05'' E 11°45'40''

1 ADEJMNOPRS CDFGKNX 6
2 AEFGOPTWX ABDEFGHIK 7
3 BFLMSV ABCDFGIJNQRTW 8
4 BCFHIORTUX DFV 9
5 ABDMN ABGHJPRVZ10
Anzeige auf Seite 447 B 10-16A CEE € 40,20
5 ha 225T(80-120m²) 103D € 53,60

Von Kopenhagen aus die 21, Ausfahrt 15, Kreisel Richtung Holbæk (10 km). Ortseinfahrt Holbæk rechts ab. Ausgeschildert.

112033

Hørve, DK-4534 / Sjælland

- Sanddobberne Camping***
- Kalundborgvej 26D
- 1 Apr - 27 Okt
- +45 61 19 09 10
- mail@sanddobberne-camping.dk
- N 55°46'30'' E 11°22'50''

1 ADEJMNOQRST KNPQSX 6
2 EHKPQTWXY ABDEFGHI 7
3 ABGLMSV ABCDEFIJNQRTW 8
4 ABCDFHIO ADFNRUVY 9
5 ABDEFJMN ABFHIJORVZ10
Anzeige auf dieser Seite B 6A CEE € 36,20
5,6 ha 220T(100m²) 83D € 49,50

Straße 225 Starreklinte-Nykobing. Nach Ort Starreklinte das 2. CP-Schild.

101930

Hundested, DK-3390 / Sjælland

- Byaasgaard Camping***
- Åmtsvejen 340
- 1 Jan - 31 Dez
- +45 47 92 31 02
- info@byaasgaard.dk
- N 55°57'49'' E 11°57'23''

1 ABCDEFGJMNOPQRST KNPQSX 6
2 EFGIJOPTUVWXY ABDEFGHIJK 7
3 BFJLSV ABCDFGHIJKNQRTW 8
4 HI FO 9
5 ADMN ABGIJMORVZ10
B 6-13A CEE € 30,80
12 ha 290T(90-150m²) 153D € 41,55

Der Beschilderung ab der 16 Frederiksværk-Hundested 6 km ab Frederiksværk oder Hundested folgen. Gut ausgeschildert. Im Sommer fährt eine Fähre zwischen Sølager und Kulhuse.

101962

Hundested/Tømmerup, DK-3390 / Sjælland

- Rosenholm Camping***
- Torpmaglevej 58
- 1 Jan - 31 Dez
- +45 31 22 98 90
- stch@post2.tele.dk
- N 55°58'00'' E 11°54'23''

1 FJMNOPQRST 6
2 HKOPTVWXY ABDEFGHIJK 7
3 BLSUV ABCDEFHINQRTW 8
4 HI 9
5 ABDMNO ABGHJPRVZ10
10-13A € 18,75
7,5 ha 200T(90-120m²) 160D € 26,80

An der 16 Hundested-Frederiksværk angezeigt. In Amager Huse abfahren Richtung Tømmerup.

101941

Idestrup, DK-4872 / Sjælland

- Marielyst Ny Camping***
- Sildestrup Øv. 14a
- 1 Jan - 31 Dez
- +45 24 44 16 50
- ferie@marielystnycamping.dk
- N 54°42'46'' E 11°58'46''

1 ADEJMNOPQRST 6
2 GHOPUVWXY ABDEFGHIJK 7
3 BFJLMV ABCDEFGIJKNQRTUV 8
4 I 9
5 ABDIMN ABFGHPRVWX10
B € 35,80
6,5 ha 260T(80-150m²) 93D € 49,20

E55 Nyköbing-Gedser, Ausfahrt Marielyst. Im Kreisel Marielyst Strandparken, noch etwa 3 km.

101982

Ishøj, DK-2635 / Sjælland

- Tangloppen Camping***
- Tangloppen 2
- 1 Apr - 18 Okt
- +45 22 90 33 21
- mail@tangloppen.dk
- N 55°36'25'' E 12°22'45''

1 ADEJMNOPQRST KPQSXYZ 6
2 AEGHOPQVWX ABDEFGIJK 7
3 BLMSV ABCDEFGINQRTW 8
4 FHIOR DFGRT 9
5 ABDMN ABGHIKMPQRVWZ10
Anzeige auf Seite 463 B 10-13A CEE € 38,75
5 ha 195T 43D € 53,45

E47/55 Ausfahrt 26, Richtung Ishøj; geradeaus bis zum Meer.

101968

Jægerspris, DK-3630 / Sjælland

- DCU Camping Kulhuse***
- Kulhusvej 199
- 20 Mär - 18 Okt
- +45 47 53 01 86
- kulhuse@dcu.dk
- N 55°55'51'' E 11°54'33''

1 BDEFGJMNOPQRS KNQS 6
2 EHOPUVWX ABDEFGHIK 7
3 BFJSV ABCDEFGIJKNQRTW 8
4 IO F 9
5 ABDFKMN ACHIJPRVZ10
Anzeige auf Seite 461 B 10A € 33,50
13,5 ha 225T(100-120m²) 122D € 47,15

Die 207 Frederikssund-Jægerspris-Kulhuse folgen. Im Sommer verkehrt die Fähre zwischen Kulhuse und Sølager.

101945

Kalundborg, DK-4400 / Sjælland

- Ugerløse Feriecenter Motel og Camping***
- Græsmarken 17
- 1 Apr - 30 Sep
- +45 59 50 43 23
- info@feriecentret.dk
- N 55°37'18'' E 11°07'05''

1 ADEJMNOPQRST AKNPQSWXY 6
2 EFGHKPVWXY ABDEFGI 7
3 BFJMSV ABEFIJNQRTU 8
4 FHIO FGO 9
5 ABDFKN AHJORVW10
Anzeige auf dieser Seite B 10A CEE € 30,15
5 ha 106T(70-140m²) 84D € 40,90

Straße 22 Slagelse-Kalundborg. Ab Ugerløse (7 km vor Kalundborg) den CP-Schildern folgen.

108760

Ugerløse Feriecenter Motel og Camping ★ ★ ★

Der Campingplatz ist Teil eines Ferienparks mit vielen Einrichtungen, darunter ein Schwimmbad auf dem Gelände. Eigener Zugang zum Meer. Perfekte Basis für Angler.

Græsmarken 17, 4400 Kalundborg · Tel. +45 59504323
E-Mail: info@feriecentret.dk
Internet: www.feriecentret.dk

Kalundborg/Saltbæk, DK-4400 / Sjælland

- Kalundborg Camping**
- Saltbækvej 88
- 1 Jan - 31 Dez
- +45 93 88 79 00
- info@kalundborg-camping.dk
- N 55°43'43'' E 11°06'42''

1 ADEJMNOPQRST XY 6
2 BGKPQRWXY ABDEFGI 7
3 BFJLMSUV ABCDFJNQRT 8
4 BCFHI DFUVW 9
5 ABDEFMN ABHIJPRWZ10
Anzeige auf dieser Seite 10-16A CEE € 24,10
3,5 ha 100T(120-180m²) 47D € 32,15

In Kalundborg an erstem Kreisel CP-Schilder folgen nach Saltbæk, ungefähr 5 km.

101931

5 km von Kalundborg und 1,5 km vom Strand bei Saltbæk gelegen. Ein erholsamer Ort von Wald umgeben, ideal für Wanderer und Naturliebhaber. Für Kinder gibt es einen Spielplatz und Minigolf. Im Sommer kann man bei uns neben frisch gebackenem Brot u.a. auch Eis kaufen.

KALUNDBORG CAMPING

Saltbækvej 88, 4400 Kalundborg/Saltbæk · Tel. 93887900
info@kalundborg-camping.dk · www.kalundborg-camping.dk

Keldby, DK-4780 / Sjælland

- Keldby Camping Møn***
- Pollerupvej 3
- 1 Jan - 31 Dez
- +45 41 16 93 03
- @ keldby@campingmoen.dk
- N 54°59'27'' E 12°21'31''

1 ADEJMNOPQRST	6
2 GOPQVWXY	ABDEFGHIJK 7
3 BFGLMU	ABCDEFGIJKNQRT 8
4 HIO	FJ 9
5 ACDMN	ABGHJPRVW 10

B 10A CEE — €34,15 / €46,25
3,7 ha 120T(100-150m²) 44D
101977

Straße 287 von Stege nach Møns Klint. CP ist an dieser Straße. Kurz nach Keldby.

Køge, DK-4600 / Sjælland

- Køge & Vallø Camping***
- Strandvejen 102
- 1 Apr - 30 Sep
- +45 56 65 28 51
- @ info@valloecamping.dk
- N 55°26'45'' E 12°11'31''

1 ADEJMNOPQRST	KNQSX 6
2 EGHJOPQRVWXY	ABDEFGIJK 7
3 BJLMUV	ABCDEFGIJKNQRSTW 8
4 FIO	FV 9
5 ABDMN	ABFGHIKPQRSTV 10

B 6-13A — €35,50 / €48,90
16 ha 215T(80-120m²) 250D
101971

Ausgeschildert in Køge entlang der 151. Weiter auf der 261 oder 209. Nach 1,5 km an der rechten Straßenseite.

Tangloppen Camping ★★★

Tangloppen Camping liegt auf einer Halbinsel am Køge Bugt Strandpark als integraler Teil des Hafens von Ishøj, nur 500m vom 7 km langen, schönen Sandstrand entfernt. Das Stadtzentrum von Kopenhagen ist nur 18 km entfernt und die Verkehrsanbindung ist optimal: ab Bahnhof Ishøj fährt alle 10 Minuten die S-Bahn.

Tangloppen 2, 2635 Ishøj • Tel. 22903321
E-Mail: mail@tangloppen.dk • Internet: www.tangloppen.dk

Korsør, DK-4220 / Sjælland

- Lystskov Camping***
- Korsør Lystskov 2
- 1 Apr - 30 Sep
- +45 58 37 10 20
- @ info@lystskovcamping.dk
- N 55°19'24'' E 11°11'11''

1 ADEJMNOPQRST	6
2 AOPTVWX	ABDEFGHIK 7
3 AJLMSV	ABEFINQRT 8
4 FHI	F 9
5 ABDMN	ABGHJRW 10

B 10A CEE — €26,80 / €35,90
3 ha 80T(100m²) 42D
101937

An der Straße 265 Korsør-Skælskør.

Melby, DK-3370 / Sjælland

- Bokildegårds Camping**
- Lindebjergvej 13
- 1 Apr - 1 Okt
- +45 26 25 47 88
- @ bokildegaards.camping@mail.tele.dk
- N 55°59'55'' E 11°58'06''

1 ABHKNOPQRST	6
2 HOPXY	ABFGI 7
3 ABL	ABEFNQRTW 8
4 H	F 9
5 ABDN CEE	AGHJMR 10

16A CEE — €32,15 / €42,90
3,7 ha 150T(50-100m²) 82D
101961

Entlang der Straße Hundested-Frederiksværk Richtung Melby. In Melby Richtung Liseleje; CP nach ca. 300m.

Korsør, DK-4220 / Sjælland

- Storebælt Camping og Feriecenter***
- Storebæltsvej 85
- 1 Jan - 31 Dez
- +45 58 38 38 05
- @ info@storebaeltferiecenter.dk
- N 55°20'51'' E 11°06'26''

1 ACDEJMNOPQRST	ABFGKNPQSXYZ 6
2 AEFGHPW	ABCFGI 7
3 BGJLSUV	ABFIJNQRTUVW 8
4 BEHIOQX	FOVY 9
5 ADFLMN	ABHKPQRZ 10

B 13A CEE — €28,15 / €41,55
5,5 ha 260T(100m²) 95D
112320

E20, Ausfahrt 43, dann beschildert. Der CP liegt unten an der Brücke.

Nakskov, DK-4900 / Sjælland

- Nakskov Fjordcamping***
- Hestehovedet 2
- 2 Apr - 2 Okt
- +45 54 95 17 47
- @ info@nakskovfjordcamping.dk
- N 54°49'59'' E 11°05'27''

1 ADEJMNOPQRST	KNQSWXYZ 6
2 EGHPQWX	ABDEFGHIJK 7
3 BFGJLV	ABCDEFGIJNQRTU 8
4 IO	EFJV 9
5 ABDL	ABGHIJPRVYZ 10

B 10A CEE — €29,50 / €40,20
4,9 ha 130T(100m²) 64D
101939

Ab Zentrum: Richtung Hestehoved, CP ist ausgeschildert.

Kragenæs, DK-4943 / Sjælland

- Kragenæs Marina Lystcamp***
- Kragenæsvej 84
- 1 Apr - 19 Okt
- +45 54 93 70 56
- @ info@kragenaes.dk
- N 54°54'53'' E 11°21'27''

1 ACDEJMNOPQRST	KNQSUVXYZ 6
2 EGKOPQVWXY	ABDEFGHIK 7
3 BEFJLMSV	ABCDEFGIJKNQRT 8
4 FHIO	FQRV 9
5 ACDKMN	AGHIJPRVYZ 10

B 10A CEE — €30,80 / €41,55
3 ha 100T(100-130m²) 32D
101938

Von der 289, Ausfahrt Kragenæs.

Nivå, DK-2990 / Sjælland

- Nivå Camping**
- Sølyst Allé 14
- 28 Mär - 4 Okt
- +45 49 14 52 26
- @ info@nivaacamping.dk
- N 55°56'24'' E 12°31'00''

1 ABDEFJMNOPQRST	KN 6
2 ABDEHPTWXY	ABDEFGHIJK 7
3 BLMSV	ABCDEFGINQRTW 8
4 IO	EFJVY 9
5 ABDMN	ABCFGHJPRVZ 10

Anzeige auf dieser Seite 16A CEE — €34,70 / €46,75
4,5 ha 200T(100-150m²) 62D
101989

Vom Süden: die E47/55, Ausfahrt 6 Richtung Nivå. Vom Norden: die 152 entlang der Küste nach Nivå Havn.

Kramnitze/Rødby, DK-4970 / Sjælland

- Western Camp
- Noret 2
- 1 Mai - 9 Aug
- +45 54 94 61 00
- @ mail@westerncamp.dk
- N 54°42'35'' E 11°15'24''

1 ADEGJMNOPQRST	KNQSXYZ 6
2 EGHKPQVWXY	ABDEFGHIJ 7
3 BFMV	ABCDEFGIJNQRTW 8
4 BDOP	FIJ 9
5 ABDHKMN	ABHIJPRVYZ 10

B 10A CEE — €32,45 / €47,15
6,5 ha 170T(80-150m²) 89D
109291

Aus dem Norden E47, Ausfahrt 49 Richtung Nakskov. Dann Richtung Rødbyhavn. Schildern folgen. Von Rødbyhavn Straße 275 Richtung Kramnitze.

Nivå Camping

Eva & Bent Mortensen
Sølyst Allé 14
2990 Nivå   www.nivaacamping.dk

Freundlicher Camping in Lave Skov, nah der schönen Küste, mit bester Zugverbindung alle 10 Minuten nach Kopenhagen.

Maribo, DK-4930 / Sjælland

- Maribo Sø Camping***
- Bangshavevej 25
- 31 Mär - 22 Okt
- +45 54 78 00 71
- @ camping@maribo-camping.dk
- N 54°46'18'' E 11°29'36''

1 ADEJMNOPRST	LNQSUXYZ 6
2 ABDGHPWXY	ABDEFGHIJK 7
3 ABLM	ABCDEFGIJNQRT 8
4 FIO	FJR 9
5 ABDNO	AGHIJNRVWXZ 10

B 16A — €33,50 / €46,35
3 ha 200T(100m²) 36D
101956

E47, Ausfahrt 48, Straße 153 ins Zentrum. CP nach 300m.

Nykøbing (Falster), DK-4800 / Sjælland

- Falster City Camping**
- Østre Allé 112
- 1 Apr - 1 Nov
- +45 54 85 45 45
- @ city.camping@gmail.com
- N 54°45'44'' E 11°53'41''

1 ABDEJMNOPRST	HINQS 6
2 BOPWXY	ABDEFGHI 7
3 BFKNV	ABCDEFGINQRT 8
4 HIO	F 9
5 BDIMN	AFGHIJNPRV 10

10A — €26,80 / €37,50
3,7 ha 167T 39D
101955

Ab Nykøbing fahren Sie die E55 Richtung Gedser. Beschilderung außerhalb der Stadt folgen.

Marielyst/Væggerløse, DK-4873 / Sjælland

- Østersøparken
- Bøtøvej 243
- 3 Apr - 27 Sep
- +45 54 13 67 86
- @ info@ostersoparken.dk
- N 54°39'22'' E 11°57'27''

1 ADEJMNOPQRST	KNQSWX 6
2 ABCDEHOPQVWXY	ABDEFGHIJK 7
3 BFGLMSV	ABCDEFGIJKNQRT 8
4 HIOQ	AFJKV 9
5 ABDHMNO	ABGHJPRVWZ 10

B 13A CEE — €34,70 / €47,05
4,2 ha 210T(60-120m²) 91D
101983

E55 von Nykøbing (F) nach Gedser. Marielyst durchfahren und ca. 4 km dem Bøtøvej folgen. Von Gedser E55 nach Nykøbing, rechts Godthåbsalle, CP ausgeschildert.

Nyrup/Kvistgård, DK-3490 / Sjælland

- Nyrup Camping***
- Kongevejen 383
- 1 Jan - 31 Dez
- +45 49 13 91 03
- @ info@nyrupcamping.dk
- N 56°00'04'' E 12°30'56''

1 ABJMNOPQRST	X 6
2 AOPTVWX	ABFGJK 7
3 ABJLSV	ABEFIJNQRTW 8
4 H	F 9
5 ABDMN	ABGHJPR 10

B 10A CEE — €26,80 / €36,20
2 ha 100T(90-100m²) 73D
112027

Von Süden die E47/55 Ausfahrt 4 links ab auf die 235. Dann rechts ab auf der 229 Richtung Kvistgård ausgeschildert. Von Norden die 6, links ab auf 229.

Kongernes Feriepark - Gilleleje ★ ★ ★ ★

In Nord-Sjælland dicht am Wald und dem Strand finden Sie den Kongernes Feriepark mit Schwimmbad, Minigolf, Pferde, Minimarkt, Restaurant, Spielplätzen und Springkissen. Neben Wohnwagen- oder Zeltplätzen vermieten wir auch Apartments, Zimmer und Hütten.

Helsingevej 44, 3230 Smidstrup • Tel. +45 48318448
E-Mail: info@kongernesferiepark.dk
Internet: www.kongernesferiepark.dk

Rødvig Stevns, DK-4673 / Sjælland

▲ Rødvig Camping***	1 BDEF**JM**NOPQRST	A X 6
🏠 Højstrupvej 2A	2 GHKMPSVWXY	ABDE**FG**IJK 7
📅 1 Apr - 1 Okt	3 AB**J**MV	ABCDEFIJNQRTW 8
☎ +45 56 50 67 55	4 **E**FHIO	FVY 9
@ info@rodvigcamping.dk	5 ABDMN	AFGHIK**P**RVWZ10
	B 10-16A CEE	€ 30,15
📍 N 55°15'03'' E 12°20'59''	4 ha 180T(100-140m²) 75**D**	€ 42,20

🚗 E47/E55 Ausfahrt 37, die 154 Richtung Rønnede/Fakse, weiter Richtung St. Heddinge. Nach ca. 15 km Richtung Boestofte und Rødvig. Ausgeschildert.
101973

Roskilde, DK-4000 / Sjælland

▲ Roskilde Camping***	1 BDE**JM**NOPQRST	KM**N**QSUVXYZ 6
🏠 Baunehøjvej 7	2 AEFGHIKOPTVWXY	AB**FG**HIJ 7
📅 5 Apr - 29 Sep	3 ABFGLMV	ABCDE**FG**IJKLM**N**QRTW 8
☎ +45 46 75 79 96	4 FHIO**SX**	**FG**IRVZ 9
@ mail@roskildecamping.dk	5 ADEFHKLM**N**	ABGHJORVZ10
	B 10A	€ 36,85
📍 N 55°40'24'' E 12°05'07''	27 ha 330T(120m²) 136**D**	€ 48,90

🚗 Von Roskilde Straße 6 Richtung Norden. Ab den Verkehrsampeln ausgeschildert.
101966

Sakskøbing Camping ★ ★ ★

Willkommen auf unserem kleinen ruhigen Camping in der Nähe der Ortsmitte von Sakskøbing und eines Waldes. Ein kleiner Spaziergang am Camping führt zum Fjord. Prima Halt auf der Strecke von und zur Fähre Puttgarden-Rødby.

Saxes Allé 15, 4990 Sakskøbing • Tel. 54704566
E-Mail: camping@saxsport.dk • Internet: www.saxsport.dk

Nysted, DK-4880 / Sjælland

▲ Nysted Strand Camping****	1 ADE**JM**NOPRST	KNQSVWXZ 6
🏠 Skansenvej 38	2 EGHOPVWXY	AB**DEFG**HIJK 7
📅 1 Jan - 31 Dez	3 BFGIMV	ABCDFGIJKNQRTV 8
☎ +45 54 87 09 17	4 EFHIO	DFIJLMRVXY 9
@ info@nystedcamping.dk	5 ABDEFGLM**NO**	ABFGHIJPRVWX10
	Anzeige auf dieser Seite B 16A	€ 32,95
📍 N 54°39'15'' E 11°43'54''	2,1 ha 148T(80-120m²) 37**D**	€ 46,25

🚗 Die 283 Sakskøbing-Nysted. In Nysted Zentrum, der Beschilderung folgen.
101957

Nysted Strand Camping ★ ★ ★ ★

Nysted Strand Camping - die stressfreie Zone
Der Camping liegt im Natura 2000-Gebiet und dem Ramsar Naturgebiet. Nur 100m vom Strand und der Stadt im Gehbereich - Hafen, Läden und Restaurants. Neu seit 2016: Segelsafari.

Skansenvej 38, 4880 Nysted • Tel. +45 54870917
E-Mail: info@nystedcamping.dk • Internet: www.nystedcamping.dk

Sakskøbing, DK-4990 / Sjælland

▲ Sakskøbing Camping***	1 ADE**JM**NOPQRST	E**N** 6
🏠 Saxes Allé 15	2 AOPVWXY	ABDE**FG**IK 7
📅 27 Mär - 3 Okt	3 BF**JL**MNSU	ABCDE**FG**HIJNQRT 8
☎ +45 54 70 45 66	4 **O**RT	DFJV 9
@ camping@saxsport.dk	5 AD**J**KN	ADFGHIJPRV10
	Anzeige auf dieser S. B 10-16A CEE	€ 32,95
📍 N 54°47'54'' E 11°38'28''	2,5 ha 71**T**(80-144m²) 42**D**	€ 44,50

🚗 Ausfahrt 46 von der E47, ca 25 km von Rødby. Camping am Zentrum von Sakskøbing und ist ausgeschildert.
101954

Ortved/Ringsted, DK-4100 / Sjælland

▲ Skovly Camping***	1 ABD**JM**NOPRT	A**F**N 6
🏠 Nebs Møllevej 65	2 ABCDOPTVWXY	ABDE**FG**HIK 7
📅 1 Jan - 31 Dez	3 AB**JL**SUV	ABE**FG**IJKNQRT 8
☎ +45 57 52 82 61	4 BDHIOQ	FY 9
@ info@skovlycamping.dk	5 ABDMN	ABGHIJ**P**RVZ10
	Anzeige auf dieser Seite B 13A CEE	€ 35,10
📍 N 55°29'48'' E 11°51'28''	5,7 ha 174**T**(80-120m²) 61**D**	€ 48,25

🚗 6 km von der Autobahn E20 nach Kopenhagen. Die 14 Ringsted-Roskilde. In Ortved CP-Schildern links folgen.
101949

Skælskør, DK-4230 / Sjælland

▲ Skælskør Nor Camping****	1 A**JM**NOPRS**T**	L**N**QSXZ 6
🏠 Kildehusvej 1	2 DFOPQWX	AB**FG**IK 7
📅 1 Jan - 31 Dez	3 A**J**	ABCDE**FG**IJNQRT 8
☎ +45 58 19 43 84	4 FH O**T**	DFOR 9
@ kildehuset-campingnor@hotmail.com	5 D**N**	ABGHJ**P**RZ10
	B 12A CEE	€ 29,60
📍 N 55°15'30'' E 11°17'04''	1,7 ha 37**T**(70-100m²) 37**D**	€ 40,35

🚗 An der Straße 265 in Skælskør.
100084

Skovly Camping

Camping mitten in Sjælland und in der Nähe von Kopenhagen. Aktivitäten für Kinder, Lagerfeuer, Kinderbingo, Feste am Schwimmbad und vieles mehr. Ein kleiner Familiencamping in einer prächtigen Natur.

Nebs Møllevej 65, 4100 Ortved/Ringsted
Tel. 57528261
E-Mail: info@skovlycamping.dk
Internet: www.skovlycamping.dk

Smidstrup, DK-3230 / Sjælland

▲ Kongernes Feriepark - Gilleleje****	1 ABDE**JM**NOPRST	ABF**G** 6
	2 OPVWX	AB**DEFG**HIK 7
🏠 Helsingevej 44	3 BF**JL**MSUV	ABCDE**F**IJKLMNQRTW 8
📅 1 Jan - 31 Dez	4 FHIO**PQ**SU	**FG**IVY 9
☎ +45 48 31 84 48	5 ACDEFHIKMN	ABFGHIJ**P**RVZ10
@ info@kongernesferiepark.dk	Anzeige auf dieser S. B 10-13A CEE	€ 37,00
📍 N 56°05'55'' E 12°13'17''	6,5 ha 113**T**(110-150m²) 159**D**	€ 52,55

🚗 Straße 237 Gilleleje-Rågeleje, in Smidstrup abzweigen, 2 km Richtung Blistrup. Dann deutlich ausgeschildert.
108761

Reersø/Gørlev, DK-4281 / Sjælland

▲ Reersø Camping***	1 ADE**JM**NOPQRST	X 6
🏠 Skansevej 2	2 HJKOPWXY	ABDE**FG**HIK 7
📅 1 Jan - 31 Dez	3 BFMV	ABCDE**F**IJKNQRTW 8
☎ +45 58 85 90 30	4 FHIO	FY 9
@ info@reersoe-camping.dk	5 ABDEFHIMN	ABHKMRPVZ10
	B 10A CEE	€ 29,75
📍 N 55°31'29'' E 11°06'34''	3 ha 165**T**(100m²) 80**D**	€ 41,00

🚗 Ab der Storebælt Brücke E20 Ausfahrt 41, die 277 Richtung Kalundborg. In Kirke Helsinge Richtung Reersø (8 km) weiter den Schildern folgen.
112032

Sorø, DK-4180 / Sjælland

▲ Sorø Sø Camping***	1 ADEG**JM**NOPRST	L**N** 6
🏠 Udbyhøjvej 10	2 ADFOPQSTUVWXY	ABDE**FG**HIK 7
📅 1 Jan - 31 Dez	3 ABLMSV	ABCDE**F**IJNQRTUVW 8
☎ +45 57 83 02 02	4 **I**O	FIY 9
@ info@soroecamping.dk	5 ABDEFJMN	ABFGHJ**P**RVZ10
	B 10A CEE	€ 31,35
📍 N 55°26'48'' E 11°32'46''	6,5 ha 200**T**(80-140m²) 93**D**	€ 42,10

🚗 E20 Ausfahrt 37 nach Sorø. Vom Zentrum die 150 Richtung Slagelse. Der CP ist 1 km außerhalb der Stadt.
100086

Rødovre, DK-2610 / Sjælland

▲ DCU-Copenhagen Camp**	1 BDE**JM**NOPQRST	X 6
🏠 Korsdalvej 132	2 AOPSVWX	ABDE**FG**HIJK 7
📅 1 Jan - 31 Dez	3 BFLMV	ABEF**G**IKNQRTW 8
☎ +45 36 41 06 00	4 FHIO**R**	FV 9
@ copenhagen@dcu.dk	5 ACDEMN	ABFGHIK**P**RVZ10
	Anzeige auf Seite 461 B 10-13A CEE	€ 35,80
📍 N 55°40'16'' E 12°26'07''	12,5 ha 680**T**(50-110m²) 45**D**	€ 49,45

🚗 E47/55, Ausfahrt 24 Roskildevej, Richtung Rødovre/København. An erster Verkehrsampel rechts.
101991

Store Fuglede, DK-4480 / Sjælland

▲ Bjerge Sydstrand Camping***	1 ADE**JM**NOPQRS	K**N**PQSWX 6
🏠 Osvejen 30	2 EHOPQWXY	ABDE**FG**HIK 7
📅 1 Jan - 31 Dez	3 BFMSV	ABCDE**FG**IJKNQRT 8
☎ +45 59 59 78 03	4 FHIO	FY 9
@ jimmy83@jubii.dk	5 ABDM**N**	ABFGHIJPQRVWX10
	B 13A CEE	€ 30,70
📍 N 55°33'47'' E 11°09'53''	2,4 ha 110**T**(80-120m²) 57**D**	€ 40,90

🚗 An der Straße 22 Slagelse-Kalundborg. Bei Bjerge, zweitem CP-Schild folgen bis Bjerge Strand.
101935

Teilkarte Seeland auf Seite 459

Store Spjellerup, DK-4653 / Sjælland
- Lægårdens Camping**
- Vemmetoftevej 2a
- 1 Jan - 31 Dez
- +45 56 71 00 67
- @ info@laegaardenscamping.dk
- N 55°16'15'' E 12°13'22''
- E47/E55, Ausfahrt 37 Richtung Rønnede/Fakse (Straße 154), weiter Richtung St. Heddinge. Ausfahrt St. Spjellerup, Straße folgen.

1 BDEFJMNOPQRST	6
2 PWX	ABDEFGHIK 7
3 ABFIMV	ABCDEFGIJKNQRTUW 8
4 K	EFVY 9
5 ACDEFHM	JMPRZ 10
B 10-13A CEE	① €31,50
6 ha 50T(120m²) 212D	② €42,20
	109290

Strøby, DK-4671 / Sjælland
- Stevns Camping***
- Strandvejen 29
- 1 Jan - 31 Dez
- +45 60 14 41 54
- @ info@stevnscamping.dk
- N 55°23'50'' E 12°17'25''
- In Køge die RV261 Richtung Stevns Klint. In Strøby links Richtung Strøby Ladeplads.

1 ADEGJMNOPQRST	ABFGX 6
2 EGOPVWXY	ABDEFGHIJ 7
3 BFIJLMSUV	ABCDEFGIJKLNQRTUV 8
4 EFHIOQ	FVWY 9
5 ABDFMN	ABGHIJMPRVWX 10
Anzeige auf dieser S. B 13-16A CEE	① €31,85
10 ha 206T(110-170m²) 141D	② €42,10
	112040

Stubbekøbing, DK-4850 / Sjælland
- Stubbekøbing Camping**
- Gammel Landevej 4
- 27 Mär - 15 Sep
- +45 25 32 12 22
- @ stubbekobing-camp@stubbekobing-camp.dk
- N 54°53'27'' E 12°01'40''
- E47, Ausfahrt 43, Straße 293 Richtung Stubbekøbing. Kurz vor Stubbekøbing CP-Schildern folgen.

1 ADEJMNOPQRST	KNQX 6
2 AEHPTWXY	ABDEFGI 7
3 AL	ABCDEFJNQRV 8
4 IO	F 9
5 D	ABHJORV 10
10A	① €27,45
1,6 ha 83T(60-120m²) 29D	② €32,45
	111385

Ulslev/Idestrup, DK-4872 / Sjælland
- Ulslev StrandCamping***
- Strandvejen 3
- 19 Mär - 30 Okt
- +45 54 14 83 50
- @ info@ulslevstrandcamping.dk
- N 54°44'26'' E 12°01'43''
- E55 Nykøbing-Gedser. Im Kreisverkehr Richtung Stubbekøbing. Nach ca. 1 km rechts nach Idestrup. Immer geradeaus Richtung Ulslev. Ausgeschildert.

1 DEJMNOPQRST	KNQX 6
2 EFHPVWX	ABEFGHIJ 7
3 ABFGJLMUV	ABCDEFGIJNQRT 8
4 HIOQT	DFIV 9
5 ACDEKMN	ABGHIJPRYZ 10
B 10A	① €36,05
6,3 ha 285T(100m²) 94D	② €49,45
	101981

Ulvshale/Stege, DK-4780 / Sjælland
- Møn Strandcamping - Ulvshale**
- Ulvshalevej 236
- 3 Apr - 6 Sep
- +45 55 81 53 25
- @ info@ulvcamp.dk
- N 55°02'17'' E 12°16'55''
- Von Stege aus Richtung Ulvshale. Beschilderung folgen.

1 ADEJMNOPQRST	KNQSWX 6
2 EFHPQTWXY	ABDEFGI 7
3 AL	ABEFGINQRT 8
4	DV 9
5 ABDMN	ABGJORZ 10
Anzeige auf dieser Seite 6-10A CEE	① €33,50
2,4 ha 130T(80-120m²) 29D	② €42,90
	101976

Vejby, DK-3210 / Sjælland
- DCU-Camping Rågeleje**
- Hostrupvej 2
- 1 Jan - 31 Dez
- +45 48 71 56 40
- @ raageleje@dcu.dk
- N 56°05'27'' E 12°08'57''
- An der Straße Vejby-Rågeleje, 1 km von Rågeleje entfernt, an der Ostseite der Straße.

1 BDEFJMNOPQRST	KN 6
2 EJKOPVWX	ABDEFGIK 7
3 BFJLMV	ABCDEFGIKNQRW 8
4 FHIO	FY 9
5 ACDMN	ABCGHIJPRVZ 10
Anzeige auf Seite 461 B 6-10A	① €37,40
5,5 ha 266T(120m²) 130D	② €48,40
	101960

Vejby, DK-3210 / Sjælland
- Tisvildeleje camping***
- Rågelejevej 37
- 1 Apr - 30 Sep
- +45 40 35 30 37
- @ info@tisvildelejecamping.dk
- N 56°04'26'' E 12°08'24''
- Straße 237, Vejby-Rågeleje, auf der Westseite, südlich von Vejby Strand.

1 ABCDEFJMNOPQRST	ABFG 6
2 HKOPTVWXY	ABDEFGHIK 7
3 ABDFGJLMNV	ABCDEFIJKNQRTW 8
4 IOQ	F 9
5 ABDFHN	AGHJPRVWZ 10
B 10-13A CEE	① €40,90
9,2 ha 500T(130-180m²) 70D	② €52,95
	100068

Stevns Camping ★★★

Weniger als 1 Stunde von Kopenhagen, Stevns Klint (UNESCO), Tivoli, BonBonLand, Roskilde. Wald- und Strandnähe. Ein prima Angelfleckchen. Ideale Landschaft zum Radfahren. Der Camping hat ein Schwimmbad, Erholungsraum von 144 m², Wireless Internet, Springkissen, Hütten und einen großen, gemeinschaftlichen Grillplatz.

Strandvejen 29, 4671 Strøby • Tel. (0045) 60144154
E-Mail: info@stevnscamping.dk • Internet: www.stevnscamping.dk

Vemmetofte, DK-4640 / Sjælland
- Vemmetofte Strand Camping***
- Ny Strandskov 1
- 1 Jan - 31 Dez
- +45 56 71 02 26
- @ camping@vemmetofte.dk
- N 55°14'21'' E 12°14'25''
- Über die E4 zuerst Richtung Fakse, dann Faxe Ladeplads, dann Vemmetofte Kloster und dann Vemmetofte Strand.

1 BDEFGJMNOPQRST	KNQS 6
2 BCEGHIPQVWXY	ABDEFGHIK 7
3 BFGHIMSVX	ABCDEFGIJKNQRTW 8
4 FHIOT	EV 9
5 ABDKMN	AFGHIJMPRVYZ 10
B 10A CEE	① €34,85
5,8 ha 150T(100-130m²) 146D	② €53,60
	100089

Vordingborg, DK-4760 / Sjælland
- Ore Strand Camping***
- Orevej 145
- 1 Apr - 1 Okt
- +45 55 77 88 22
- @ mail@orestrandcamping.dk
- N 55°00'24'' E 11°52'29''
- E47 Ausfahrt 41, die 22 weiter bis zum Kreisel Vordingborg V. Auf der 22 weiter Vordingborg S. Am nächsten Kreisel die 153 Richtung Ore. Dann den CP-Schildern folgen.

1 ADEFJMNOPQRT	KNPQSX 6
2 AEFGHKOPRVWXY	ABDEFGIK 7
3 A	ABCDEFGIJNQRSTW 8
4 I	ABCDEFGIJNQRSTW 8
5 ABDMNO	ABGHIJORZ 10
10-13A CEE	① €22,80
2,8 ha 100T(80-100m²) 38D	② €32,15
	101952

Møn Strandcamping - Ulvshale ★★

Idealer Campingplatz für die ganze Familie an einem der schönsten Naturreservate Dänemarks. Wenn Sie Ruhe brauchen, Stille, Erholung am Strand und Wandern oder Radfahren in einer prächtigen Natur mögen, dann ist Ulvshale genau das Richtige für Sie.

Ulvshalevej 236, 4780 Ulvshale/Stege • Tel. 55815325
E-Mail: info@ulvcamp.dk • Internet: www.ulvcamp.dk

www.clever-campen.de

Aakirkeby, DK-3720 / Bornholm
- Aakirkeby Camping***
- Haregade 23
- 5 Mai - 10 Sep
- +45 56 97 55 51
- @ info@acamp.dk
- N 55°03'46'' E 14°55'25''
- Der CP liegt am Südrand von Aakirkeby, über die südliche Küstenstraße zu erreichen oder die Strecke Rønne-Nexø ist ausgeschildert.

1 DEJMNORT	6
2 BOPTWXY	ABDEFGHIJK 7
3 ABJLSU	ABCDEFGIJKNQRTW 8
4 FHI	AFUV 9
5 ABDEHMN	ABHIJORVWXY 10
B 10A	① €26,80
H64 1,6 ha 75T(bis 130m²) 11D	② €37,50
	110424

Allinge, DK-3770 / Bornholm
- Lyngholt Familiecamping***
- Borrelyngvej 43
- 1 Jan - 31 Dez
- +45 56 48 05 74
- @ info@lyngholt-camping.dk
- N 55°15'21'' E 14°45'45''
- Von Rønne-Hafen Straße 159. Nach dem Schild VANG links, 2 km.

1 ADEJMNOQRST	ABFGHNPQSWX 6
2 BGOPTWXY	ABDEFGHIJK 7
3 ABDFIJLMVX	ABCDEFGIJKNQRSTUVW 8
4 BCDEFHIGTUX	ADFJKUVWY 9
5 ABDMN	ABEFGHIJMPRVWZ 10
B 13A CEE	① €38,85
H102 6 ha 200T(80-150m²) 74D	② €54,95
	110415

Bornholm

Teilkarte Bornholm auf Seite 465

Dueodde, DK-3730 / Bornholm

- Bornholms Familiecamping***
- Krogegårdsvejen 8
- 15 Mai - 15 Sep
- +45 56 48 81 50
- @ mail@bornholms-familiecamping.dk
- 16A CEE
- N 55°00'09'' E 15°05'43''

1 DEJMNORST — KNPQSWX 6
2 BEGHIOPQRTVXY — ABDEFGHIJK 7
3 ABGJLMUV — ABCDEFGIKNQRW 8
4 FHI — ADGIKUVY 9
5 ABDN — ABGHJORVZ 10

- € 38,20
- € 48,50
- 3,2 ha 150T(40-120m²) 18D

110965

An der Küstenstraße Rønne-Snogebæk nach Dueodde. Der CP ist an dieser Strecke angezeigt.

Galløkken Strand Camping ★★★

Groß angelegter Familiencamping in Strand- und Stadtnähe. Vergünstigtes Ticket für die Fähre auf dem Camping erhältlich. Gemütliche Atmosphäre!

Strandvejen 4, 3700 Rønne
Tel. 0045-40133344 • E-Mail: info@gallokken.dk
Internet: www.gallokken.dk

Dueodde, DK-3730 / Bornholm

- Dueodde Familiecamping & Hostel***
- Skrokkegårdsvej 17
- 1 Mai - 30 Sep
- +45 20 14 68 49
- @ info@dueodde.dk
- 10A CEE
- N 54°59'47'' E 15°05'11''

1 BCDEILNOPRST — EFGHKNPQSWX 6
2 BEGHIOPRWXY — ABDEFGHIJK 7
3 BLMV — ABCDEFJNQRW 8
4 FHIOT — DGUVY 9
5 ACDGIN — ABGHIJPRV 10

- € 33,00
- € 44,60
- 4,5 ha 120T(60-120m²) 54D

110421

An der Küstenstraße Rønne-Snogebæk die Ausfahrt Dueodde. Der CP ist an der Strecke ausgeschildert.

Dueodde, DK-3730 / Bornholm

- Møllers Dueodde Camping***
- Duegårdsvej 2
- 15 Mai - 20 Sep
- +45 56 48 81 49
- @ moeller@dueodde-camp.dk
- B 10A CEE
- N 54°59'46'' E 15°04'37''

1 CDEJMNOPRST — ABFGHKNPQSWX 6
2 BEHOPQRXY — ABDEFGHIJK 7
3 BFJLMNSV — ABCDEFIJKNQRTW 8
4 HIOST — FJLUVY 9
5 ACDMN — ABGIJORVWZ 10

- € 35,00
- € 49,00
- 4 ha 200T(60-130m²) 40D

110423

An der 10. Rønne-Snogebæk ca. 3 km westlich von Snogebæk nach Dueodde einschlagen. Ein auffallend weißer Turm markiert den Weg zum CP.

Gudhjem, DK-3760 / Bornholm

- Gudhjem Camping**
- Melsted Langgade 45
- 1 Mai - 15 Sep
- +45 56 48 50 71
- @ info@gudhjemcamping.dk
- Anzeige auf dieser Seite 16A CEE
- N 55°12'26'' E 14°58'38''

1 DEJMNOPRST — NOPQSWX 6
2 EKOPQRTWX — ABDEFGHIJK 7
3 L — ABCDEFINQRTW 8
4 FHIO — AD 9
5 ABDN — ABGHIJPRV 10

- € 31,75
- € 42,50
- 5 ha 150T(80-100m²) 8D

110417

Der CP liegt nach Gudhjem hin, an der Strecke Allinge-Svaneke und ist ausgeschildert.

Gudhjem Camping ★★

Gudhjem Camping bietet eine ruhige und entspannte Atmosphäre für das "erwachsene Publikum". Genießen Sie den Blick auf die Klippen, die Ostsee und Christiansø. Ein Spaziergang über die Klippen und die schöne Umgebung ist ganz in der Nähe, immer die Stille. Verschaffen Sie sich einen guten Eindruck von der schönen Insel Bornholm.

Melsted Langgade 45, 3760 Gudhjem • Tel. +45 56485071
info@gudhjemcamping.dk • www.gudhjemcamping.dk

Gudhjem, DK-3760 / Bornholm

- Sannes Familiecamping*****
- Melstedvej 26
- 24 Mär - 21 Okt
- +45 56 48 52 11
- @ sannes@familiecamping.dk
- B 10A
- N 55°11'44'' E 14°59'10''

1 DEJMNOPQRST — ABFGHKNOPQSWXY 6
2 EFGHKMOPQRSTUWX — ABCDEFGHIJK 7
3 ABDFGJLMV — ABCDEFGIJKNQRTUVW 8
4 FHIOQRSTUVX — DJUVY 9
5 ACD — ABFGHIJPRVWZ 10

- € 30,15
- € 44,90
- 3,5 ha 215T(80-100m²) 46D

110418

Der CP liegt an der 158 zwischen Allinge und Svaneke, 2 km südlich von Gudhjem.

Hasle, DK-3790 / Bornholm

- Hasle Camping & Hytteby***
- Fælledvej 30
- 1 Jan - 31 Dez
- +45 56 94 53 00
- @ info@hasle-camping.dk
- B 16A
- N 55°10'45'' E 14°42'26''

1 ADEJMNOPQRST — ABFGKNQSX 6
2 BEHKOPQRVWXY — ABDEFGHIJK 7
3 ABFGJLV — ABCDEFIJKNQRTW 8
4 FH — ADFJY 9
5 ABDFGHLN — ABHIKPRVZ 10

- € 32,15
- € 42,90
- 4,4 ha 165T(70-120m²) 103D

110964

Ab Rønne die 159 Richtung Allinge bis zur Ausfahrt Muleby. Ca. 5 km über eine kleine Straße zum CP vor Hasle.

Nexø, DK-3730 / Bornholm

- Nexø camping***
- Stenbrudsvej 26
- 1 Mai - 31 Okt
- +45 20 33 18 66
- @ nexocamping@mail.dk
- B 10A
- N 55°04'21'' E 15°08'30''

1 DEJMNORT — KLNPQSWX 6
2 DEKMOPRWX — ABDEFGHIJK 7
3 BLMU — ABCDEFNQRT 8
4 FHIO — FK 9
5 BDN — AGIJPR 10

- € 29,50
- € 40,75
- 2,5 ha 125T(60-80m²) 15D

110422

Der CP liegt am Nordrand von Nexø an der Durchgangsstrecke Richtung Svaneke.

Rønne, DK-3700 / Bornholm

- Galløkken Strand Camping***
- Strandvejen 4
- 1 Mai - 2 Sep
- +45 40 13 33 44
- @ info@gallokken.dk
- Anzeige auf dieser Seite B 13A CEE
- N 55°05'21'' E 14°42'16''

1 ADEJMNOPQRST — KNPQSW 6
2 BEGHOPQRSWXY — ABDEFGIJKNQRT 7
3 ABLMUV — ABCDEFGIJKNQRT 8
4 FHIO — ADFJKVY 9
5 ABDN — ABGHIKPRVX 10

- € 33,25
- € 45,30
- 2,6 ha 140T(bis 130m²) 35D

110416

Vom Hafen in Rønne, rechts ab 1 km der Küstenstraße Richtung Nexø folgen. Der CP ist an der Strecke angezeigt.

Rønne, DK-3700 / Bornholm

- Nordskoven Strand Camping***
- Antoinettevej 2
- 1 Mai - 27 Sep
- +45 40 20 30 68
- @ info@nordskoven.dk
- B 10A CEE
- N 55°07'07'' E 14°42'15''

1 ADJMNOPQRST — KNPQSWX 6
2 BEHOPQRVWXY — ABDEFGHIJK 7
3 BJLMV — ABCDEFIJNQRTUVW 8
4 FHI — DFKY 9
5 ABDGIN — ABGHIJORV 10

- € 30,15
- € 40,90
- 3,8 ha 192T(60-100m²) 31D

111386

Der CP liegt an der Nordseite von Rønne, 2 km in Richtung Allinge.

Sandkås, DK-3770 / Bornholm

- Sandkaas Familiecamping***
- Poppelvej 2
- 26 Mär - 22 Okt
- +45 56 48 04 41
- @ camping@sandkaas-camping.dk
- 10A CEE
- N 55°15'48'' E 14°48'44''

1 ADEJMNOPQRST — ABCDKNQSWX 6
2 EHMOPRTUVWX — ABDEFGHIJK 7
3 ABJLMV — ABCDEFIKNQRTW 8
4 IOR — ADFLV 9
5 ABDEFJN — ABFGIJPRVW 10

- € 36,20
- € 49,60
- 3 ha 145T(70-100m²) 38D

110963

Zwischen Gudhjem und Allinge ca. 3 km südlich von Allinge ist der CP an der Strecke angezeigt.

Sandvig/Allinge, DK-3770 / Bornholm

- Sandvig Familiecamping***
- Sandlinien 5
- 1 Mai - 1 Okt
- +45 56 48 04 47
- @ sandvigcamping@c.dk
- B 13A CEE
- N 55°17'20'' E 14°46'34''

1 DJMNOPRST — KLNOPSWX 6
2 DEFGHKOPQRTUWX — ABDEFGHIJ 7
3 BLMV — ABCDEFIJNQRTW 8
4 EFIO — ADFJK 9
5 ABDN — ABGHIJORV 10

- € 33,50
- € 45,55
- 5,7 ha 240T(80-120m²) 53D

110414

Der 159 von Rønne nach Allinge folgen, kurz vor Allinge den Schildern nach Sandvig und dann den CP-Schildern folgen. Oder Ausfahrt Hammarhus. An der Festung vorbei, in Sandvig links abbiegen. Der CP ist angezeigt.

Svaneke, DK-3740 / Bornholm

- Hullehavn Camping***
- Sydskovvej 9
- 1 Mai - 15 Sep
- +45 56 49 63 63
- @ mail@hullehavn.dk
- B 10A
- N 55°07'49'' E 15°09'01''

1 ADEJMNOPRST — KNOPQSWX 6
2 BEFHKMOPQRTWXY — ABDEFGHIK 7
3 ABFGMNV — ABCDEFIJKNQRTW 8
4 FHIO — ADKRVY 9
5 ABDMN — ABGHIJPRVWZ 10

- € 33,55
- € 45,55
- 3,3 ha 100T(50-100m²) 15D

110419

Der CP liegt am Südrand von Svaneke an der Durchgangsstraße Nexø-Gudhjem und ist ausgeschildert.

Das ACSI Inspektorenteam 2020

Dieser ACSI-Campingführer ist voll mit brandaktuellen Informationen. Alle in diesem Führer vorgestellten Campingplätze werden jedes Jahr durch einen ACSI-Inspektor besucht. Es handelt sich um Spezialisten, die vom ACSI speziell ausgebildet wurden. Untenstehend die Namen und Fotos der Inspektoren, die die hier vorgestellte Plätze kontrolliert haben.

H. van den Abbeele

I. Aerbeydt

W. Ament

A. Ammeraal

A. Ballet

P. van der Beek

M. Beerning-Hazes

N. Bijlsma

E. Bosgra-de Groot

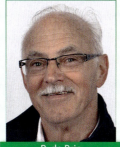
R. de Brie

A. Brink

G. Brink

E. Buddelmeijer

A. ten Buren

A. van Bussel

L. Coolen-Spaans

 A. Cousin
 J. Creemers
 E. Daems
 M. van Dorp-Kalhorn
 G. Faber
 B. Frazer
 P. Geelen
 K. Geeraert
 H. Gelling
 P. Gommers
 C. Gouders-Wierts
 R. Groesbeek
 M. Harmsen-Kunnen
 A. voor 't Hekke
 H. Hemelaer
 E. Hoen
 H. Hofkamp
 L. Holtkamp
 J. van den Hoven
 A. van den Hurk

C. Iking

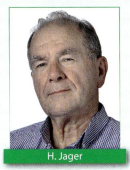
H. Jager

J. de Jager

J. Jas

M. Joosten-Martens

S. Kampherbeek

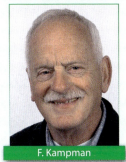
F. Kampman

A. Kelderman-van Straten

G. van Kempen-Gerrits

A. de Koeijer

R. Kok

H. Kolkman

F. Koster

F. Koster

W. Laeven

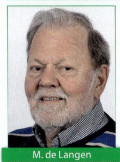
M. de Langen

B. Leenders

R. de Leeuw-Willems

S. Leyenaar

W. Lonink

 W. Los
 J. Lutjenhuis
 J. Maes
 P. Meering
 R. van der Molen
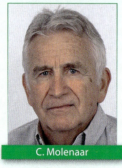 C. Molenaar
 A. Mombarg
 T. Naninck
 A. Nootebos
 E. Onclin
 A. te Paske
 G. Peelen
 M. Pelgrim
 I. Petiet
 R. Pierlot
 M. Pieterse
 R. Pinnoo
 T. van der Plas
 M. Prevaas-Kusters
 J. Pullen

 J. Ribberink
 J. Riksman
 J. Roumen
 M. Ruijs-van den Bergh
 M. Schaap
 R. Scholten
 J. Schoonenberg
 W. Schuijlenburg
 B. Schulte
 A. Schulte-Hoekstra
 J. Slieker
 B. Smid
 G. Snakkers
 T. Spoelstra
 P. van Sprang
 E. van Spreeuwel
 J. Stassen
 A. Stopel-Kalisvaart
 D. Tamsma
 H. Tijink

 M. Tijink
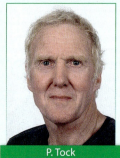 P. Tock
 N. Tolenaars
 J. Urlings
 G. Veldhuis
 W. Veltkamp
 J. Verheijen
 E. Verhoeven
 J. Verrezen
 H. Versteeg
 B. van der Vliet
 H. de Vrede
 S. de Vries
 P. Waelkens
 A. van de Walle
 G. Warnaer
 R. Wauters
 M. Weidner-Cuppers
 L. De Weirt
 H. Westbroek

 H. Wever
 J. de Wilde
 W. Willems
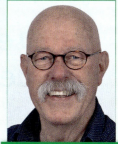 J. Willighagen
 P. Winkelhuijzen
 J. van der Zee-Grijpma
 J. Zeelen

8 100 europäische Campingplätze in einer praktischen App

ab
0,99 €

ACSI Camping Europa-App

- Schnell und einfach buchen, auch unterwegs
- Kostenlose Updates mit Änderungen und neuen Campingplatz-Bewertungen
- Mit Informationen zu 9 000 kontrollierten Reisemobilstellplätzen kombinierbar
- Auch offline nutzbar

Für weitere Infos besuchen Sie:
www.Eurocampings.de/app

Ortsnamenregister

A

Aabenraa	434,435
Aabenraa/Løjt Norreskov	435
Aagtekerke	304,311
Aakirkeby	465
Aalbæk	450
Aalborg	450
Aalten	349
Aarburg	214
Aarø	435
Aarøsund/Haderslev	435
Abersee/St. Gilgen	256 - 258
Abtenau	256
Abtsgmünd/Hammerschmiede	168
Achenkirch	240
Achern	158
Acquarossa	225
Adinkerke/De Panne	392
Aerdt	350
Aeschi/Spiez	215
Afferden	376,377
Affing/Mühlhausen	186
Affing/Mühlhausen bei Augsburg	186
Affoldern/Edertal	124
Afritz am See	262
Aga/Gera	108
Agernæs/Otterup	455,461
Agger/Vestervig	450,451
Agno	225
Ahlden	59
Ahrbrück	133
Ahrdorf	111
Ahrensberg	85
Aichelberg	168
Aigen (Ennstal)	280
Aigle	207
Aitrach	171
Aitrang/Allgäu	186
Akersloot/Alkmaar	291
Akkrum	331
Albstadt	171
Albuen/Nakskov	460,461
Alf	133,147
Alheim/Licherode	124,125
Alkmaar	292
Allensbach	158
Allensbach/Hegne	158
Allensbach/Markelfingen	158
Allingåbro	443
Allinge	465
Almere	317
Alphen (N.Br.)	367
Alpirsbach	152
Alt Schwerin	85
Alt-Schadow	98
Alt-Zeschdorf	98,99
Altdorf	222
Altenahr	133
Altenau	70
Altenberg	105
Altenkirchen	52,85,86
Altenmarkt im Pongau	256 - 258
Altenteil (Fehmarn)	74
Altenveldorf	180
Altglobsow	99
Alzingen	420
Amberloup/Ste Ode	404
Amel/Deidenberg	405
Amen	342,345
Amsterdam	292,293
Andau	280
Andeer	228,230
Andel	367
Anjum	331
Annenheim	262
Anseremme/Dinant	405
Antwerpen	392
Apeldoorn	350
Apen/Nordloh	53
Appelscha	331,332
Appeltern	350
Appenzell	219
Arbon	219
Arcen	376,377
Arendsee	96
Arlaching/Chieming	191
Arlon	405
Arnhem	350
Arolla	211
Arrild/Toftlund	435
Asaa	451
Aschau	241
Aschenbeck/Dötlingen	53
Asel-Süd/Vöhl	125
Asendorf	66
Askeby	460
Asperup	455
Assen	342
Assens	447,456
Assentorp/Stenlille	460
Asten	367
Asten/Heusden	368
Asten/Ommel	368
Attendorn/Biggen	111
Attendorn/Waldenburg	111
Atterwasch	99
Au an der Donau	253
Au im Bregenzerwald	237
Auby-sur-Semois	405
Augsburg-Ost	186
Augstfelde/Plön	74,75
Augustenborg	435
Ave-et-Auffe/Rochefort	406
Avegno	225
Avenches	207
Aywaille	406,407

B

Baarland	304,311
Baarle-Nassau	368
Baarlo	376
Baarn	314
Bacharach	148,149
Bächli/Hemberg	220
Bad Abbach	191
Bad Bederkesa/Geestland	59
Bad Bellingen/Bamlach	158,159
Bad Bentheim	54
Bad Birnbach/Lengham	191
Bad Bodenteich	59
Bad Breisig	133
Bad Dürkheim	52,148
Bad Ems	133
Bad Emstal/Balhorn	125

475

Bad Endorf	191	
Bad Fallingbostel	59	
Bad Feilnbach	191	
Bad Füssing	191	
Bad Füssing/Egglfing	191	
Bad Füssing/Kirchham	191	
Bad Gandersheim	70	
Bad Gastein	257	
Bad Gleichenberg	280	
Bad Godesberg/Mehlem	112	
Bad Griesbach	192	
Bad Harzburg	70	
Bad Hofgastein	257	
Bad Honnef/Aegidienberg	112	
Bad Hönningen	133	
Bad Karlshafen	125	
Bad Kissingen	52,176	
Bad Kösen/Naumburg	96	
Bad Kötzting	180	
Bad Lausick	105	
Bad Lauterberg	70	
Bad Liebenzell	153	
Bad Pyrmont	66	
Bad Radkersburg	280	
Bad Ragaz	220	
Bad Rippoldsau-Schapbach	153	
Bad Rothenfelde	54,55	
Bad Sassendorf	112	
Bad Schmiedeberg/Pretzsch	96	
Bad Urach	171	
Bad Waltersdorf	281	
Bad Wildbad	153	
Bad Wörishofen	186	
Bad Zurzach	214	
Bad Zwesten	125	
Badenweiler	158	
Bakhuizen	332	
Bakkeveen	332,333,357	
Balen/Keiheuvel	393	
Balkbrug	320	
Ballum/Bredebro	435	
Bant	317	
Bantikow	99	
Barchem	350	
Barendrecht	299	
Båring Vig	456	
Barkelsby/Eckernförde	74	
Barntrup	112	
Barvaux	406	
Basedow	74	

Bastogne	406	
Bathmen	320,321	
Battenberg/Dodenau	125	
Bautzen	105	
Bayerbach	192	
Beatenberg	215	
Beaufort	420,421	
Beek (gem. Montferland)	350	
Beekbergen	350,351	
Beerze/Ommen	320,321	
Beesd	351	
Beesel	376,377	
Beeskow	99	
Beetzseeheide/Gortz	99	
Behrensdorf	74	
Beilen	342	
Bellin	86,88	
Belt-Schutsloot	321	
Berchtesgaden	192	
Berdorf	420	
Berg en Dal	351	
Berg im Drautal	262	
Berg in der Oberpfalz	180	
Bergeijk	368	
Bergen op Zoom	368	
Bergen/Dumme	59	
Bergwitz/Kemberg	96	
Berlicum	368	
Berlin-Schmöckwitz	99	
Berndorf	277	
Berne	54	
Bernhardzell	220	
Bernkastel/Kues	52,142	
Bernkastel/Wehlen	142	
Bernried	192	
Bertrix	406,407	
Bestwig/Wasserfall	112	
Bettendorf	420	
Beuningen	321	
Beverungen/OT Würgassen	112	
Biberwier	241	
Biddinghuizen	317,357	
Bielefeld	112,113	
Bièvre	406	
Bihain/Vielsalm	406	
Bildsø/Slagelse	460	
Billigheim/Ingenheim	148,149	
Billund	435	
Bilthoven	314	
Binau	153	

Bingen/Kempten	148	
Binn	211	
Birkenfeld	133	
Bischofsheim an der Rhön	176	
Bischofswiesen	192	
Bischofszell	220	
Bispingen/Behringen	60	
Bjerge Strand	460	
Bladel	368	
Blaibach/Kreuzbach	180	
Blankenberge	393	
Blankenheim/Freilingen	112	
Blåvand	435	
Bleckede	52,60	
Bleckede (OT Radegast)	60	
Blier-Erezée	406	
Bliesdorf	74	
Bliesdorf Strand	74	
Blitterswijck	376	
Bloemendaal aan Zee	293	
Blokzijl	321	
Blommenslyst	456	
Bludenz (Vorarlberg)	238	
Bocholt	394,395	
Bockenau	133	
Bodenwerder	67	
Bodenwerder/Rühle	67	
Bodman-Ludwigshafen	158	
Boeslunde	460	
Bogense	456	
Bohan	407	
Bøjden/Faaborg	447,456	
Bollendorf	142	
Boltenhagen	86	
Boltigen	216	
Bomal-sur-Ourthe	407	
Bonatchiesse/Fionnay	211	
Bönigen	216	
Bønnerup Strand/Glesborg	443	
Boppard	133	
Borgdorf/Seedorf	74	
Borger	342	
Börgerende	86	
Bork Havn/Hemmet	443	
Borkum	54	
Born(D)	86	
Born(L)	420	
Borre	460	
Bosschenhoofd	368	
Bourg-St-Pierre	211	

Bourtange 338
Boxberg 105
Braamt 351
Brædstrup 443
Bramming 435
Brandenburg/Malge 99
Braunfels 125
Braunlage 70
Bräunlingen 159
Braunsbach 168
Brecht 394
Brecht/St. Job-in-'t-Goor 394
Breda 368,369
Bredene 394,395
Bree 395
Bregenz 237
Bregninge/Horbelev 460
Breitenbach 108
Breitenbrunn 180
Breitenthal 186
Breitenwang 242
Breitungen 109
Bremen 60
Brielle 299
Brienz 216
Brieselang/Zeestow 99
Brig 211
Brigerbad 211
Brilon 112
Brixen im Thale 242
Broager/Skelde 435
Brodenbach 133
Brouwershaven 304
Bruck 257
Brüggen 112
Brühl (Heider Bergsee) 112
Brungershausen 125
Brunnen 222
Brussel 395
Bryrup 443
Bryrup/Silkeborg 444
Bucha/Unterwellenborn 109
Buchholz 74
Buchholz in der Nordheide 60
Buchhorn am See 169
Buchs 220
Bühl/Oberbruch 153
Bullay (Mosel) 133
Bunnik 314,315
Buochs 222

Bürder 134,135
Bure/Tellin 407
Burg (Spreewald) 100
Burg-Reuland 408
Burgau 281
Burgdorf 214
Burgen 52,134
Burgh-Haamstede 304,305,311
Burhave 52,54
Busdorf/Haddeby b. Schleswig 74
Büsum 75
Bütgenbach 408
Butjadingen/Burhave 52,54

C

Cadzand 305,306
Cadzand-Bad 306
Callantsoog 293,296
Callenberg 105
Calw/Altburg 153
Carwitz 86
Castricum 293
Castricum aan Zee 293
Catterfeld 109
Celle 60
Chaam 369
Chairière 408
Champéry 211
Champex-Lac 211
Château-d'Oex 207
Châtel-St-Denis 207
Chemnitz 105
Cherain 408
Chessel 208
Chieming 192,193
Chieming/Stöttham 192,193
Chimay 408
Chur (GR) 228
Churwalden 228
Cinuos-chel/Chapella 228
Claro 225
Clausthal-Zellerfeld 70,71
Clervaux 420
Cochem 134
Cochem/Cond 134
Colditz 105
Colombier 208
Consdorf 420
Coppenbrügge 67

Coswig (Anhalt) 96
Crans-Montana 211
Creglingen/Münster 169
Cudrefin 208
Cugnasco 225
Cuxhaven 60
Cuxhaven/Duhnen 60
Cuxhaven/Sahlenburg 60

D

Dahlenburg 60
Dahme 75
Dahn 148,149
Dalby/Kerteminde 456
Dalfsen 321,322
Dankerode (Harz) 96
Dannemare 460
Dannenberg 60
Datteln 112
Daugård 444
Dausenau 134
Davos Glaris 228,229
De Bult/Steenwijk 322
De Cocksdorp (Texel) 294
De Haan 395,396
De Heen 369
De Klinge 396
De Koog (Texel) 294
De Lutte 322
Deining 180
Delden 322
Delecke (Möhnesee) 113
Delft 299
Dellach im Drautal 263
Delve 75
Den Burg (Texel) 294
Den Haag 300
Den Ham 322
Den Helder 294
Den Hoorn 295
Den Nul/Olst-Wijhe 323
Denekamp 323
Dersau (Holstein) 75
Detern 54
Deventer 323
Diekirch 420,421
Diekirch/Bleesbruck 421
Diemelsee/Heringhausen 125
Diepenheim 323

477

Dierhagen-Strand 86,87	Eberndorf 264,273	Emmeloord 318
Diever/Wittelte 342	Ebrach 176	Emst 353,354,365
Dieverbrug 342	Ebstorf 61	Engelberg 222,223
Diez an der Lahn 134	Echt 376,377	Engen im Hegau 159
Diffelen/Hardenberg 323	Echten 343	Enschede 323
Diksmuide 396	Echternach 421,422	Enscherange 422
Dillenburg 125	Echternacherbrück 142,143	Enspijk 354,365
Dillingen 421	Eck en Wiel 352	Enter 323
Dinkelsbühl 181	Eckwarderhörne 52,54	Enzklösterle 154
Disentis 228	Edam 295	Epe 354
Dishoek/Koudekerke 306	Ede 352	Epen 377
Dobbertin 86	Edertal/Affoldern 126	Erden 142
Döbriach 263 - 265	Edertal/Bringhausen 126	Erichem 354
Dochamps 408,409	Edertal/Mehlen 126	Erlach 214
Dockweiler 142	Edertal/Rehbach 126	Erlangen/Dechsendorf 181
Doesburg 351	Ediger/Eller 134	Ermelo 354,355,365
Doetinchem 351	Eefde 352,353	Ermelo/Speuld 355
Dokkum 333	Een (Gem. Noordenveld) 343	Ermsdorf 422
Domburg 306,307	Een-West/Noordenveld 343	Erslev/Mors 451
Donaueschingen/Pfohren 159	Eerbeek 352,353	Esbeek 370,371
Donnerskirchen 281	Eerde 369	Esbjerg V. 436
Doorn 314,315	Eernewoude 333	Esbjerg/Hjerting 436,437
Doornenburg 352	Eersel 369	Esch-sur-Alzette 422
Dornstetten/Hallwangen 153	Ees 343	Esch-sur-Sûre 422
Dorsel am Ahr 134	Eext 344	Eschenz 220,221
Dortmund/Hohensyburg 113	Effeld/Wassenberg 113	Eschwege 52,126
Dorum/Neufeld 52,61	Egestorf 61	Eschwege/Meinhard 126
Dransfeld 71	Eggelsberg 253	Essel/Engehausen 61
Dranske 86	Eggelstetten/Donauwörth 186	Essen-Werden 52,114
Dreieich/Offenthal 125	Eggersdorf 281	Essingen/Lauterburg 169
Dresden 105	Eging am See 193	Estavayer-le-Lac 208
Driedorf 126	Egmond aan den Hoef 295	Ettelbruck 422,423
Drochtersen 61	Egmond aan Zee 295	Ettenheim 159
Drognitz 109	Egnach 220	Ettersburg 109
Drolshagen 113	Ehrwald 242	Etzelwang 181
Dronten 317,318	Eibergen 353	Eutin 75
Drosedow/Wustrow 86	Eichhorst (Schorfheide) 100	Evolène 211
Dueodde 466	Eilenburg 105	Ewijk 355
Dülmen 113	Eisenach/Wilhelmsthal 109	Exloo 344
Durnal 408,409	Eisenbach 422	Extertal 114,115
Düsseldorf 113	Ejstrup Strand/Brovst 451	Extertal/Bösingfeld 114
Dwingeloo 343,344	Elbingerode 96	Extertal/Meierberg 114
	Elburg 353	
E	Elend 96	**F**
	Elisabethfehn 54,55	
Ebberup 456,457	Ellemeet 306,307	Faaborg 457
Ebeltoft 444,445,461	Ellenberg 169	Faak am See 264,266
Ebeltoft/Fuglsø 444	Ellenz-Poltersdorf 134	Fachbach 135
Ebeltoft/Krakær 444	Ellwangen 169	Fakse 460
Eberbach 154	Elspeet 353	Falkenberg/Elster 100

478

Fanø/Rindby	436	
Fanø/Sønderho	436	
Farsø	451	
Farsø/Strandby	451	
Fehmarnsund (Fehmarn)	76	
Feistritz im Rosental	266	
Feldberg	86	
Feldkirch	237	
Feldkirchen	266	
Feldkirchen an der Donau	253	
Ferch (Schwielowsee)	100	
Ferchesar	100	
Ferring/Lemvig	444	
Fichtelberg	176	
Fieberbrunn	242,243	
Fiesch	211	
Filisur	229	
Fischbachtal	126,127	
Fisching/Weißkirchen	281	
Fjand	444	
Fjerritslev	451,453	
Flaach	220	
Flessenow	86,87	
Flügge (Fehmarn)	76	
Flügger Strand (Fehmarn)	76	
Føllenslev	460	
Forel Lavaux	208	
Franeker	333	
Frankenfeld	61	
Frankenhain	109	
Fredericia	436,445	
Frederikshavn	452	
Frederiksværk	460	
Freest	87	
Freiburg	159	
Freiburg/Hochdorf	160	
Freudenberg	169	
Freudenstadt	154	
Frick	214	
Frickenhausen/Ochsenfurt	52,176	
Friedrichshafen	172	
Friedrichstadt	76	
Frielendorf	126	
Friesenheim/Schuttern	160	
Frørup	457	
Frutigen	216	
Fügen	242,243	
Fuldatal/Knickhagen	126	
Fürstenfeld	282	
Fürth (Odenwald)	126,127	
Furth im Wald	181	
Füssen im Allgäu	186	
Fynshav/Augustenborg	436	

G

Gaienhofen/Horn	160	
Galmaarden	396	
Gammel Laven/Silkeborg	444	
Gammendorf (Fehmarn)	76	
Gampel	211	
Gampelen	214	
Ganderkesee/Steinkimmen	55	
Garbsen	67	
Garderen	355	
Garderen (Veluwe)	355,365	
Garlstorf	61	
Gårslev/Børkop	436	
Gartow	61	
Gartow/Laasche	61	
Gasselte	344	
Gasselternijveen	344	
Gatow	100	
Gedern	127	
Gees	344	
Geisenheim	127	
Gemünden	176	
Gemünden/Hofstetten	176	
Gendt	355	
Gent	396	
Gentingen	143	
Geraardsbergen	396,397	
Geras	277	
Gerbach	149	
Gernrode	96	
Gerolstein	143	
Gersfeld/Schachen	127	
Gersheim	151	
Geslau	181	
Geyer	106	
Gieten	344	
Gillenfeld	143	
Girod	135	
Giswil (Sarnersee)	222	
Give	437	
Gjerrild/Grenå	444,461	
Glücksburg	76	
Gnarrenburg	61	
Goebelsmühle	423	
Goes	306	

Göhren	87	
Goltoft	76	
Gordevio	225	
Gorssel	355	
Goslar	71	
Gösselsdorf	266	
Graal-Müritz	87	
Gräfendorf/Weickersgrüben	176	
Grafenhausen/Rothaus	160,162	
Graft	295	
Grainau	193	
Grambin/Ueckermünde	87	
Grän	242	
Grand-Halleux	409	
Grasellenbach/Hammelbach	127	
Gråsten/Rinkenæs	437	
's-Gravenzande	300	
Greding	181	
Greifenburg	266	
Greifenstein/Beilstein	127	
Grein	254	
Grenå	444,445	
Greve	460	
Grimbergen	396,397	
Grindelwald	216	
Grindsted	437	
Groede	306,307	
Groenlo	356	
Groesbeek	356	
Grohnde (Emmerthal)	67	
Grolloo	345	
Grömitz	76,77	
Gronau	114	
Groningen	338	
Groot Valkenisse/Biggekerke	307	
Groß Quassow/Userin	87	
Groß Reken	114	
Großbreitenbach	109	
Großenbrode	77	
Großensee	77	
Großlobming	282	
Großschönau	106	
Großseeham/Weyarn	194	
Gruibingen	169	
Grünberg	127	
Grundlsee	282	
Grünheide	100	
Gryon/La Barboleusaz	208	
Gstaad	216	
Guderhandviertel	61	

Gudhjem 466	Hausbay/Pfalzfeld 136	Hillerød 462
Gudo 225	Havelberg 97	Hilvarenbeek 370
Guldborg 460	Havelte 345	Hilversum 295
Guldental 136	Hechlingen am See/Heidenheim 181	Himmelpfort 100
Gulpen 377,378	Hechtel/Eksel 397	Hindeloopen 333
Gunzenhausen 181	Hechthausen/Klint 62	Hinterzarten/Titisee 160 - 162
Guxhagen/Büchenwerra 127	Heel 378	Hirschau 182
	Heemsen/Anderten 67	Hirschhorn/Neckar 128

H

	Heerde 357,358	Hirtshals 452
	Heerlen 378	Hjarnø 445
Haaksbergen (Twente) 323,324	Heidenau 62	Hjørring 452
Haarlem 295	Heidenburg 144	Hochdonn 77
Haarlo 356	Heiderscheid 423	Hoek 307,308
Haderslev/Diernæs 437	Heiderscheidergrund 423	Hoek van Holland 300
Haderslev/Halk 437	Heijenrath/Slenaken 378	Hoenderloo 351,358,359
Haderslev/Sønderballe 437	Heikendorf/Möltenort 77	Hoeven 357,370
Hagnau 172	Heiligenblut 266	Höfen an der Enz 154
Haibach/Schlögen 254	Heimbach 114,115	Hofgeismar 128
Halbendorf 106	Heinkenszand 307	Hohegeiß (Harz) 71
Halberstadt 96	Heino 324	Hohendubrau/Thräna 106
Hall (Tirol) 242	Heinsen 67	Hohenfelde 77
Hamburg/Schnelsen 52,77	Heiterwang 243	Hohenfelden 110
Hameln 67	Hejls 437,441	Hohenkirchen 88
Hameln/Halvestorf 67	Helchteren 397	Hohenstadt 169
Hamminkeln 114	Helden 378,379	Hohenwarth 182
Hampen 445	Hellendoorn 324	Hohnstein 106
Han-sur-Lesse 409	Hellenthal 115	Højbjerg 445,461
Hanau/Main 127	Hellevoetsluis 300	Holbæk 447,462
Handewitt/Jarplund 77	Helsingør 462	Holle 68
Hank 370	Helvoirt 370	Holten 324,330
Hann. Münden 71	Hemeln 71	Hoogerheide 370
Hardegsen 71	Hemmingen/Arnum 67	Hoogersmilde 345
Hardenberg 324	Hemmoor 62	Hooghalen 345
Hardenberg/Heemserveen 324,330	Hemsbach (Bergstraße) 154	Hoorn/Berkhout 295
Harderwijk 356	Hengelo (Gld.) 358	Hopfgarten 243
Harfsen 356,357	Hengstdijk 307	Horb am Neckar 154
Harkstede 338	Henne 437,438	Horn-Bad Meinberg/OT Kempen 115
Harlesiel/Wittmund 55	Herbolzheim 160	Horsens 445
Harlingen 333	Herford 115	Hörstel 115
Harskamp 357	Heringen/Werra 128	Hørve 462
Hartberg 282	Hermagor-Pressegger See 266,267	Hosenfeld 128
Harzgerode/OT Neudorf 96	Hermannsburg/Oldendorf 62	Hösseringen/Suderburg 62
Harztor (OT Neustadt-Harz) 109	Herpen 370	Hotton 406,409
Häselgehr 243	Herzhausen 128	Hou/Odder 445
Hasle 466	Hesselager 457	Houffalize 409
Hasselberg 77	Heteren 358	Houthalen 397,401
Hattem 356,357	Heubach 128	Houthalen/Helchteren 397
Hatten/Kirchhatten 55	Heumen/Nijmegen 358	Houyet 409
Hattorf 71	Heuvelland/Kemmel 397	Hovborg 438
Haunetal/Wehrda 128	Hierden 358	Höxter 116

Huben/Längenfeld 243,251
Huldenberg 397
Hulsberg 379
Hulshorst 359
Hummelo 359
Hundested 462
Hundested/Tømmerup 462
Hünfeld 52,128
Husum 77
Hvide Sande 445

I

Ibbenbüren 116
Idestrup 462
Ieper 397
Igel 144
Ihringen 162
Illertissen 187
Illmensee 172
Ilmenau/Manebach 110
Immenstaad 172
Immenstadt (Allgäu) 187
Imst 244
Ingeldorf/Diekirch 423
Ingolstadt 194
Innerbraz (Klostertal) 237
Innertkirchen 216
Innsbruck 244
Interlaken (Thunersee) 217
Interlaken-Ost 217
Interlaken/Unterseen 217
Interlaken/Wilderswil 217
Inzell 194
Irrel 144
Irschen 267
Isernhagen 68
Ishøj 462,463
Isny im Allgäu 172
Isny/Beuren 172
Itter/Hopfgarten 244
Ivendorf/Lübeck 78

J

Jabbeke/Brugge 398
Jade 55
Jægerspris 461,462
Jelling 438
Jena 110

Jennersdorf 282
Jersleben 97
Jesberg 129
Joachimsthal 100
Joditz (Auensee) 176
Juelsminde 445
Julianadorp aan Zee 295,296
Juliusruh 88

K

Kaatsheuvel 370
Kagar 100
Kalkar/Wissel 116,117
Kalletal 116
Kals am Großglockner 244,247
Kalundborg 462
Kalundborg/Saltbæk 462
Kamenz 106
Kamperland 307,308
Kandern 162
Kandersteg 217
Kappeln 78
Kaprun 258
Karlshagen 88,90
Karlstadt am Main 176
Karlstein am Main 176
Kassel 129
Kassel/Bettenhausen 129
Kastellaun 136
Kasterlee 398
Katharinenhof (Fehmarn) 78
Katwijk aan Zee 300
Kaumberg 277
Kaunertal 244
Kelbra/Kyffhäuser 97
Keldby 463
Kellenhusen 78
Kelpen-Oler 379
Kerteminde 457
Kessel 379
Kesteren 359
Ketzin 101
Keutschach am See 267 - 269
Kiel 78
Kinding/Pfraundorf 194,195
Kinrooi 398
Kirchberg (Iller) 172
Kirchheim/Waldhessen 129
Kirchzarten 162,163

Kirkel/Neuhäusel 151
Kirn-Nahe 136
Kitzbühel 244
Kitzingen 176
Kladow/Berlin 101
Klaffer am Hochficht 254
Klagenfurt 269
Klausdorf (Fehmarn) 78
Klein Kühren 62
Klein Pankow 88
Klein Rönnau/Bad Segeberg 78,79
Kleinröhrsdorf/Dresden 106
Kleinwaabs 79
Kleinwalsertal/Mittelberg/Baad 187
Kleinwalsertal/Riezlern 187
Klijndijk/Odoorn 345
Klitmøller/Thisted 452
Kloster Lehnin 101
Klosterneuburg 277,279
Kluisbergen/Ruien 398
Knittlingen/Freudenstein 154
Knud/Haderslev 438
Koblenz 52,136
Kochel am See 194
Køge 463
Koksijde 399
Kolbnitz 269
Kolding 438,445
Kollmar 79
Köln/Dünnwald 116,117
Köln/Poll 116
Köln/Rodenkirchen 116
Königsdorf 194
Königssee/Schönau 194
Königstein 106
Königswinter/Oberpleis 116
Koningsbosch 379
Konstanz 162
Konstanz/Dingelsdorf 162
Kootwijk 359
Körperich/Obersgegen 144
Korsør 463
Kortgene 308,311
Koserow 88,89
Kössen 244,245
Kötschach/Mauthen 269
Kotten/Winterswijk 359
Kragenæs 463
Kraggenburg 318
Krakow am See 88

Kramnitze/Rødby	463
Kramsach (Krummsee)	244,245
Kramsach (Reintalersee)	244,245
Krattigen	217
Krauchenwies	173
Krausnick	101
Kreblitz/Luckau	101
Krems (Donau)	277
Kressbronn	173
Kreuzberg/Altenahr	136
Kreuzlingen	221
Kropswolde	338,339
Kruiningen	308,309
Krummhörn/Upleward	56
Krün	194
Kruså/Kollund	438,461
Kühlungsborn	88
Kurort Gohrisch	106
Küssaberg/Kadelburg	162
Kyllburg	144
Kysing Strand/Odder	445

L

La Chaux-de-Fonds	208
La Cibourg	208
La Fouly	211
La Roche-en-Ardenne	409,410
Laaber	182
Laag-Soeren	359,365
Laatzen/Hannover	68
Lackenhäuser	52,194
Ladbergen	116
Lahnstein	136,137
Lanaken	399
Landgraaf	379
Landsberg/Lech	195
Landsmeer/Amsterdam	296
Langballig	79
Längenfeld	245,251
Langsur/Metzdorf	144
Langwiesen	221
Larochette	423
Larochette/Medernach	424
Lassan	88
Lathen	56
Lattrop/Ootmarsum	325
Laubach	129
Lauchhammer	101
Lausanne	208

Lauterbrunnen	218,219
Lauwersoog	339
Le Landeron	208,209
Le Locle	208
Le Prese	229
Le Sentier	209
Lechbruck am See (Allgäu)	187
Ledenitzen (Faaker See)	269
Leek	339
Leerdam	315
Leersum	315,357
Leeuwarden	333
Leibertingen/Thalheim	173,174
Leibnitz	282
Leipheim	188
Leipzig	52,106
Leiwen	145
Lelystad	318
Lemele	325
Lemelerveld	325
Lemgo	113,117
Lemmer	333
Lemvig	446
Lengerich	117
Lenk im Simmental	218
Lenz/Lenzerheide	229
Lenzen	101
Lenzerheide	229
Lenzkirch	161,162
Leoben	283
Lermoos	245
Les Brenets	209
Les Breuleux	209
Les Cluds/Bullet	209
Les Haudères	212
Leupoldishain/Königstein	106,107
Leutasch	246
Li-Curt/Poschiavo	229
Lichtaart	399
Lichtaart/Kasterlee	399
Lichtenfels	177
Liebenau/Zwergen	129
Lieler	424
Lienen	117
Lienz	246,247
Lienz/Amlach	246,247
Lienz/Tristach	246,247
Lieren/Beekbergen	359,365
Lierop/Someren	370
Lietzow (Rügen)	88

Lignières	209
Lille/Gierle	398,399
Limbach/Günzburg	188
Limbach/Krumbach	155
Limburg an der Lahn	129
Lindau (Bodensee)	188
Lindau/Zech	188
Lindaunis/Boren	79
Lindenau/Schneeberg	106
Lindenfels/Schlierbach	129
Lindlar	117
Lingerhahn	137
Linz	254
Lippstadt	118
Lisbjerg/Århus-N	446
Locarno	225
Lochem	360
Løgstør	452
Løgstrup	446
Lohals/Tranekaer	457
Lohme/Nipmerow	88
Lohr am Main	177
Loissin	89
Løkken	452,453
Løkken/Ingstrup	453
Løkken/Lyngby	453
Lombardsijde	399
Lommel	399
Lommel-Kolonie	399
Lønstrup	453
Lorch am Rhein	129
Losheim	151
Losone	226
Löwenhagen	72
Löwenstein	170
Lübben/Spreewald	101
Lübbenau	101
Lübbenau/Hindenberg	102
Lübeck/Schönböcken	79
Lügde/Elbrinxen	118
Lundeborg	457
Lüneburg	62
Lungern	222
Lünne	56
Lunteren	360
Lütow	89
Luttenberg	325
Luxemburg	424
Luzern	222

M

Maarn 315
Maasbommel 360
Maasbree 379
Maashees 370,371
Machtolsheim 174
Magdeburg 97
Mahlow/Berlin 102,103
Mainhausen/Mainflingen 129
Maintal 129
Maishofen 258
Makkum 334
Malchow 89
Malempré/Manhay 410,411
Malling 446,447
Malliß 89
Malmedy/Arimont 410,411
Maloja 229
Malta 270,271
Mamer/Luxemburg 424
Mander/Tubbergen 325
Manderscheid 145
Marbach an der Donau 277
Maribo 463
Marielyst/Væggerløse 463
Mariënberg/Hardenberg 325
Marin/Epagnier 209
Markdorf 174,175
Markelo 325,326
Markgrafenheide/Rostock 89
Märkische Heide/Groß Leuthen 102
Martigny 212
Martofte 457
Matrei in Osttirol 246
Maurach 246
Maurik 360
Mauterndorf 258,259
Mayrhofen 248,249
Medelby 79
Meerssen 380
Mehlmeisel 177
Meierskappel 223
Meijel 380
Meinerzhagen 118
Meinisberg/Biel 215
Meiringen 218
Melano 226
Melby 463
Melderslo 380
Melissant 300,301
Melle/Gesmold 56
Mendig 137
Mengerskirchen 130
Meppen 345
Meride 226
Mersch 424,425
Meschede (Hennesee) 52,118
Mesenich/Cochem 137
Mettingen 118,119
Middelburg 308
Middelfart 457
Middelhagen (Rügen) 89
Middelkerke 399
Midlum/Wurster Nordseeküste 62
Midwolda 339
Mierlo 371
Millstatt/Dellach 270
Miltenberg a/d Main 177
Mirow 90
Missen-Wilhams 188
Mittelhof 137
Mittenwald 195
Mitterteich 182
Moergestel 371
Möhlin 215
Mol 400
Molkwerum/Molkwar 334
Mommark/Sydals 438
Mondsee 254
Mondsee/Tiefgraben 254,255
Monschau/Imgenbroich 118,119
Monschau/Perlenau 118
Monteggio 226
Monzingen 137
Moosburg in Kärnten 270
Mörfelden-Walldorf 130
Morges 209
Moritzburg/Dresden 107
Mörschied 137
Mörtschach 270
Mosen 223
Motten/Kothen 177
Mou/Storvorde 453
Mouzaive 407,411
Müden/Örtze (Gem. Faßberg) 63
Mühlberg 110
Mühlen 283
München 195
Munkbrarup 79
Münsing 195
Münsingen 174
Münster 118
Munster/Kreutzen 63
Münstertal 162,163
Murg 221
Murnau/Seehausen 195
Murrhardt/Fornsbach 170
Müstair 229
Muzzano 226

N

Nakskov 463
Nassereith 248
Natters 248
Naumburg 97
Naumburg (Edersee) 130
Neckargemünd 155
Neckargemünd/Heidelberg 155
Neckarsulm 170
Neckarzimmern 155
Neede 361
Nehren/Cochem 138
Nenzing 237
Netersel 371
Neu-Göhren 90
Neualbenreuth 182
Neubäu 182
Neubulach 155
Neuenburg am Rhein 163,165
Neuenegg 215
Neuengönna/Porstendorf 110
Neuental 130
Neuerburg 145
Neufchâteau 411
Neuhausen/Schellbronn 156
Neukalen 90
Neulengbach 277
Neumagen-Dhron 145
Neunburg vorm Wald 182
Neuruppin/Krangen 102
Neuseddin 102
Neustadt am Main 177
Neustadt an der Waldnaab 182
Neustadt in Holstein 79
Neustadt/Mardorf 68
Neustadt/Wied 138
Neustift 248
Nexø 466

Nibe _____ 453
Nideggen/Brück _____ 119
Niebert _____ 339
Nieder-Moos _____ 130
Niederau _____ 107
Niederbreitbach _____ 138
Niederkrüchten/Brempt _____ 119
Niederkrüchten/Elmpt _____ 118,119
Niedersonthofen (Allgäu) _____ 188
Niemtsch/Senftenberg _____ 102
Niendorf/Wohlenberger Wiek _____ 90
Nietap _____ 345
Nieuw-Heeten _____ 326
Nieuw-Milligen _____ 360,361
Nieuwe-Tonge _____ 301
Nieuwpoort _____ 395,400
Nieuwvliet _____ 308,309,311
Nieuwvliet-Bad _____ 309,311
Nijnsel/St. Oedenrode _____ 371
Nijverdal _____ 326,330
Nispen/Roosendaal _____ 371
Nivå _____ 463
Nohfelden/Bosen _____ 151
Nommern _____ 424,425
Noorbeek _____ 380
Noord-Scharwoude _____ 296
Noorden _____ 301
Noordwelle/Renesse _____ 309,311
Noordwijk _____ 301,303
Noordwijkerhout _____ 302,303
Noordwolde _____ 334
Nordborg/Augustenhof _____ 438
Nordborg/Købingsmark _____ 438
Nordborg/Lavensby _____ 438
Norden/Norddeich _____ 56
Nordholz/Wurster Nordseeküste 62,63
Norg _____ 346,348
Nørre Åby _____ 458
Nørre Nebel _____ 439
Northeim _____ 72
Notter _____ 326
Noville _____ 209
Nunspeet _____ 361
Nürnberg _____ 52,182
Nüziders _____ 237
Nyborg _____ 458
Nykøbing (Falster) _____ 463
Nykøbing (Mors) _____ 453
Nymindegab/Nørre Nebel _____ 439
Nyrup/Kvistgård _____ 463

Nysted _____ 464

O

Oberammergau _____ 195
Oberdrauburg _____ 270
Oberhausen an der Nahe _____ 138
Obernhof/Lahn _____ 138
Obernzenn _____ 182
Oberohe/Faßberg _____ 63
Oberretzbach _____ 277
Oberried _____ 163
Oberstaufen _____ 188
Oberstdorf _____ 188
Oberteuringen/Neuhaus _____ 174
Obertrum _____ 258
Obervellach 175 _____ 270
Oberweis _____ 145
Oberwesel _____ 138
Oberweser/Gieselwerder _____ 130,131
Oberweser/Oedelsheim _____ 130,131
Oberweser/Weissehütte _____ 130
Oberwölz _____ 283
Oberwössen _____ 195
Ochsenfurt _____ 52,136,182
Odder _____ 446
Odder/Boulstrup _____ 446
Odoorn _____ 346
Odrimont _____ 411
Oedheim _____ 170
Oer-Erkenschwick _____ 119
Offenbach _____ 196
Offingawier _____ 334
Oggau (Burgenland) _____ 283
Ohé en Laak _____ 380
Oirschot _____ 372
Oisterwijk _____ 372,373
Oksbøl _____ 439
Olbersdorf _____ 107
Olching _____ 196
Oldemarkt/Paasloo _____ 326
Olen _____ 400
Olloy-sur-Viroin _____ 411
Olpe/Kessenhammer _____ 120
Olpe/Sondern _____ 120
Olst _____ 326
Ommen _____ 327
Onstwedde _____ 339
Oost-Maarland/Eijsden _____ 381
Oostburg _____ 309

Oosterbeek _____ 361
Oosterhout _____ 361,373
Oosterhout/Dorst _____ 372,373
Oostkapelle _____ 309,311
Oostvoorne _____ 302
Ootmarsum _____ 327
Ootmarsum/Agelo _____ 327
Ootmarsum/Hezingen _____ 328
Opende _____ 339
Opglabbeek _____ 400,401
Opgrimbie/Maasmechelen _____ 400,401
Opheusden _____ 361
Opoeteren _____ 401
Orbe _____ 209
Orsingen _____ 164
Ortrand _____ 102
Ortved/Ringsted _____ 464
Osnabrück _____ 56
Ossenzijl _____ 328
Ossiach _____ 270 - 272
Østbirk _____ 446
Øster Hurup/Hadsund _____ 453
Østerby _____ 439
Ostercappeln/Schwagstorf _____ 56
Ostermade _____ 79
Osterode (Harz) _____ 72
Osterreinen/Rieden _____ 188
Ostrhauderfehn _____ 57
Ostseebad Prerow _____ 90
Ostseebad Rerik _____ 90
Ostseebad Zinnowitz _____ 90,91
Ostseeheilbad Zingst _____ 90,91
Ottenbach _____ 221
Otterberg _____ 149
Otterlo _____ 361 - 363
Otterndorf/Müggendorf _____ 63
Otterup _____ 458
Ouddorp _____ 302
Oude Willem _____ 346
Oudega _____ 334
Oudemirdum _____ 335
Ouren/Burg Reuland _____ 411
Ouwerkerk _____ 309
Overijse _____ 401
Oy-Mittelberg _____ 189
Oyten _____ 52,63

P

Padenstedt _____ 80

Pahna 110	Purnode/Yvoir 412	Reutte 250
Pandrup 453	Putten 362	Reutum 328
Panningen 381	Puttgarden (Fehmarn) 80	Reutum/Weerselo 328
Pappenheim 183		Reuver 381
Paska 110	# R	Rhede (Ems) 57
Paulsdorf 107		Rheeze 328
Payerne 210	Raalte 328	Rheeze/Hardenberg 328,329
Pepelow 90	Rabenkirchen-Faulück 80,81	Rheezerveen/Hardenberg 329
Perl/Nennig 151	Räbke 72	Ribe 439
Pesenthein 272	Radenbeck/Thomasburg 63	Ried 250
Petten 296,297	Radstadt 258,259	Rieden/Rosshaupten 189
Pettenbach 255	Raggal 240	Riedenburg 196
Pettneu am Arlberg 248	Rahier 412	Riegel/Kaiserstuhl 164
Pfarrwerfen 258	Ramsau 196	Rieste 57
Pfedelbach/Buchhorn 170	Ramsbeck/Valme 120	Riis/Give 439
Pfofeld/Langlau 183	Randa/Zermatt 212	Rijen 373
Pfronten 189	Randbøl 439	Rijnsburg 302
Piding/Bad Reichenhall 196	Randers 446	Rijs 335
Pielenhofen (Naabtal) 183	Rappin (Rügen) 91	Ringgenberg 218
Pirna 107	Raron 212	Ringkøbing 446,447
Plasmolen 381	Raron/Turtig 212	Rinteln 68,69
Plasmolen/Mook 380,381	Rastenfeld 277	Riol (Mosel) 146
Plau am See/Plötzenhöhe 90	Rauris 259	Ristinge 458
Pleinfeld 183	Reahûs 334,335	Robertville 412
Plön 80	Rebild/Skørping 454	Rochefort 412
Plön/Bösdorf 80	Rechenberg-Bienenmühle 107	Rockanje 302,303,357
Plößberg 183	Reckingen 212	Rødovre 461,464
Plötzky/Schönebeck 97	Reersø/Gørlev 464	Rødvig Stevns 464
Podersdorf am See 283	Regensburg-West 183	Roermond 382
Pöhl 107	Rehe 139	Roggel 382,383
Pölfing-Brunn 283	Rehlingen/Siersburg 152	Rolandswerth 139
Polleur 412	Reichenau (Insel Reichenau) 164	Rolde 346
Pommerby 80	Reiffenhausen/Friedland 72	Rolle 210
Pommern 138,139	Reinach/Basel 215	Romainmôtier 210
Pontresina/Morteratsch 229	Reinhardshagen 130	Rømø 440
Poppel 401	Reinsberg 107	Rønne 466
Potsdam/Berlin 102	Reinsfeld 146	Rosenfelde/Grube 80,81
Pottenstein 177	Reisach 272	Roskilde 464
Poupehan 412	Reisdorf 425	Rosport 426
Prägraten am Großvenediger 249	Remagen 139	Rossatz 278
Prerow 91	Remersdaal/Voeren 401	Roßbach/Wied 139
Prien am Chiemsee 196	Rendeux/Ronzon 412	Rotenburg an der Fulda 130
Priepert 91	Renesse 309 - 311,357	Roth/Wallesau 183
Priepert (Radensee) 91	Rennweg am Katschberg 272	Rothenburg/Oberlausitz 108
Prora 91	Renswoude 315	Rottach-Egern/Kreuth 196,197
Pruchten 91	Rerik/Meschendorf 92	Rottenbuch 196
Prüm 146	Retie 402	Rüdesheim am Rhein 130
Prutz 249	Retranchement 310	Ruhpolding 197
Pünderich 139	Retranchement/Cadzand 311,312	Ruinen 346
Purbach 283,284	Reuler/Clervaux 425	Rülzheim 149

485

Rust(A) 284
Rust(D) 164
Ruurlo 362
Ry 447

S

Saalburg-Ebersdorf 110
Saanen 218
Saarburg 146
Saas-Grund 212,213
Sachseln 223
Sachsenburg 272
Sæby 454
Saignelégier 210
Saillon 213
Sainte Cecile 413
Sakskøbing 464
Salem/Neufrach 174
Salgesch 213
Saltum 454
Salzburg 259
Salzburg-Nord 260,261
Salzhemmendorf/Wallensen 69
Sandkäs 466
Sandvig/Allinge 466
Sankt Andrä am Zicksee 284
Sankt Kanzian 272,273
Sankt Kanzian (Klopeiner See) 272
Sankt Margrethen 221
Sankt Vith 413
Sarnen 223
Sart-lez-Spa 413
Sassenberg 120,121
Schaijk 373
Schaprode 92
Scharbeutz 80
Scharendijke 312
Schauren 139
Schiefling am Wörthersee 273
Schiffdorf/Spaden 63
Schillersdorf 92
Schillingsfürst 183
Schimmert 382
Schin op Geul 382
Schin op Geul/Valkenburg 382
Schipborg 346
Schlaitz (Muldestausee) 97
Schleching/Mettenham 197
Schleiden/Harperscheid 120

Schliersee/Obb. 197
Schloß Holte/Stukenbrock 120
Schluchsee 164
Schlüchtern/Hutten 130,131
Schnaittenbach 184
Schneverdingen/Heber 63
Schömberg/Langenbrand 156
Schönberg (Ostseebad) 80,81
Schönbühl 278
Schönenberg-Kübelberg 149
Schoonebeek 347
Schoonloo 347
Schoorl 296
Schortens 57
Schotten 131
Schubystrand/Dörphof 80
Schurrenhof/Donzdorf 170,171
Schüttorf 57
Schwäbisch Hall/Steinbach 170
Schwangau 189
Schwarzach/Schwarzenau 177
Schwebsingen 426
Schwedeneck 81
Schweich 146,147
Schweppenhausen 139,140
Schwoich 250
Sdr. Omme 440
Sdr. Stenderup 440,441
Seck 139
Sedrun 229
Seeboden 273
Seeburg 72
Seeburg (Seegebiet Mansf. Land) 97
Seefeld am Pilsensee 197
Seekamp (Ostholstein) 81
Seekirchen 260
Seelach am Klopeiner See 273
Seelbach 164
Seeshaupt 197
Sehlendorf 81
Seiffen 108
Selb 178
Sellingen 340
Sempach 224
Senftenberg 102
Senheim am Mosel 139
Sensweiler 140
Sevenum 382,385
Siegerswoude 335
Siehdichum/Schernsdorf 103

Sigmaringen 174
Silberborn/Solling 69
Silkeborg 447
Silkeborg/Laven 447
Silvaplana 230
Simmerath/Hammer 120
Simmerschmelz 426
Simmershofen/Walkershofen 184
Simmertal 140
Simonsberg 81
Simonswald 166
Sindal 454
Sinntal/Oberzell 131
Sinsheim/Hilsbach 156
Sint Anthonis 373
Sint Hubert 373
Sion 213
Sippersfeld 150
Sjølund/Grønninghoved 440,441
Skælskør 464
Skagen 447,454
Skanderborg 448
Skaven/Vostrup/Tarm 448,449
Skive 448
Skiveren/Aalbæk 454,455
Skjern 448
Skovby 440
Slagharen 329
Slenaken 382
Sloten 335
Sluis 312
Smakt/Venray 382
Smidstrup 464
Sneek 335
Soerendonk 374
Sölden 250,251
Solingen 120
Söll 250
Soltau 63
Soltau/Harber 64
Soltau/Wolterdingen 64
Someren 374
Sommerach am Main 178
Sommersdorf 92
Sønderborg 440
Sønderby 440
Søndervig 448
Sonnenbühl/Erpfingen 174
Sonsbeck/Labbeck 121
Sonthofen 189

486

Sorens 210	Steinach 166	**T**
Sorø 464	Steinbach (Attersee) 255	
Sottrum/Everinghausen 64	Steindorf 274	Taching am See 198
Soumagne 413	Steindorf/Stiegl 274	Tadler 426,427
Spa 413	Steinebach 140	Tann (Rhön) 131
Spabrücken 140	Steinen 140	Tannheim 251
Spatzenhausen/Hofheim 198,199	Steinfeld 274	Tarchamps 426
Spier/Beilen 347	Stellendam 303	Tarm 449
Spittal an der Drau 273	Sternberg 92	Tarmstedt 64
Splügen 230	Steyr 255	Tårup/Frørup 458
Spodsbjerg/Rudkøbing 458,461	Stiege/Hasselfelde 97	Täsch/Zermatt 213
Spøttrup 448	Stockach (Bodensee) 166	Tating 83
St. Cergue 210	Stockenboi 274	Techendorf (Weißensee) 274
St. Geertruid 382	Stocksee 82	Tecklenburg 121
St. Georgen am Kreischberg 284	Stokkum 362	Tecklenburg/Leeden 121
St. Georgen am Längsee 273	Stollhofen/Rheinmünster 156	Tenero 226,227
St. Goar am Rhein 140	Stolzembourg 426	Tengen 167
St. Heinrich 198	Stolzenau 69	Tenneville 414
St. Jansklooster 329	Store Fuglede 464	Ter Apel 340
St. Johann (Tirol) 250	Store Spjellerup 465	Terherne 336
St. Johann im Pongau 260,261	Storkow/Kehrigk 103	Termunterzijl (Gem. Delfzijl) 340
St. Kruis/Oostburg 313	Storkow/Limsdorf 103	Terschelling/Formerum 336
St. Leon-Rot 156,157	Stouby 448	Terschelling/Hee 336
St. Maartenszee 296,297	Stove/Hamburg 64,65	Terschelling/Midsland 336
St. Margareten 273	Strasen/Pelzkuhl 92	Terschelling/Oosterend 337
St. Martin bei Lofer 261	Strassen 247,251	Tettnang/Badhütten 174
St. Maurice 213	Strøby 465	Teuge 362,363
St. Michaël 273	Stroe 362	Theux 414
St. Moritz-Bad 230	Struer 448,449	Thiersee 251
St. Nicolaasga 336	Strukkamphuk (Fehmarn) 82	Thiessow 92
St. Oedenrode 374	Stubbeköbing 465	Thomsdorf (Boitzenburgerland) 103
St. Peter 166	Stubbenfelde (Seebad Kölpinsee) 92	Thorsminde/Ulfborg 449
St. Peter am Kammersberg 284	Stuhr/Groß Mackenstedt 69	Thumsenreuth 184
St. Peter-Ording 82	Suameer/Sumar 336	Thusis 230
St. Peter-Ording/Böhl 82	Sulzberg 189	Thyborøn 449
St. Pölten 278,279	Sulzburg 166,167	Tiefensee/Werneuchen 103
St. Sebastian 284	Sundern 121	Tienhoven 315
St. Veit im Pongau 260,261	Süplingen/Haldensleben 98	Timmel 57
St. Wolfgang 255	Sur En/Sent 230	Timmendorf/Insel Poel 92
Sta Maria 230	Sursee 224	Tinglev 442
Stadtkyll 146,147	Süsel 82	Tintigny 414
Stadtsteinach 178	Susten 213	Tipperne/Nørre Nebel 442
Stams 250	Sütel 83	Titisee 161,166,167
Staufen 166,167	Sutz/Lattrigen 215	Tittmoning 198
Stavelot 413	Svaneke 466	Todtnau/Muggenbrunn 167
Stavoren 336	Svendborg 458	Tolne/Sindal 455
Stechelberg 218	Svendborg/Thurø 458	Tønder 442
Steenwijk/Baars 329	Sy 413	Tönning 83
Stegeren/Ommen 329	Sydals 442	Torgau 108
Stein/Laboe 82		Tossens 52,57

487

Tournai 414
Traben-Trarbach 147
Traisen 279
Tranekær 458
Trassenheide 93
Trechtingshausen 150
Treis-Karden 140,141
Trendelburg 131
Triefenstein/Lengfurt 178,179
Triesen 221
Trin Mulin 230
Trippstadt 150
Troisvierges 426
Trun 230
Tubbergen 329,330
Tübingen 174
Tüchersfeld/Pottenstein 178
Tuitjenhorn 297
Tulln an der Donau 279
Turnhout 402
Tversted 455
Tversted/Bindslev 455
Tynaarlo 347

U

Übersee/Feldwies 198
Ückeritz 92,93
Uden 374
Udenhout 374
Uelzen 64
Uetze 69
Uffelte/Havelte 347
Uffenheim 184
Uffing 198
Ugchelen 363
Uhldingen-Mühlhofen 175
Ühlingen/Birkendorf 166,167
Ulbjerg/Skals 449
Ulfborg 449
Ulicoten/Baarle Nassau 374
Ulslev/Idestrup 465
Ulstrup 449
Ulvshale/Stege 465
Umhausen 251,252
Ummanz 93
Unterach (Attersee) 255
Unterägeri 224
Untermerzbach 178
Ureterp 337

Urk 318,319
Uslar/Schönhagen 72
Utting am Ammersee 199

V

Vaals 384
Vaassen 363
Valkenburg aan de Geul 384
Valkenburg/Berg en Terblijt 384
Valkenswaard 375
Vasse 329
Vejby 461,465
Vejers Strand 442
Veldhoven 375
Veldhoven/Zandoerle 372,375
Velsen-Zuid 298
Vemmetofte 465
Venray/Oostrum 384,385
Vers-l'Église 210
Versmold/Peckeloh 121
Vésenaz/Genève 210
Vesløs 455
Vessem 375
Vétroz 213
Vianden 427
Viborg 449,461
Vicosoprano 230
Viechtach 52,198,199
Viechtach/Pirka 198,199
Vierhouten 364
Vierhuizen 340
Vijlen 384,385
Vijlen/Vaals 385
Villach/Landskron 275
Villeneuve 210
Villers-Ste-Gertrude 414
Vinderup 449,461
Vinkel 370,375
Virksund/Højslev 450
Visp 214
Vissoie 214
Vitznau/Luzern 224
Vledder 347
Vlieland 337
Vlissingen 313
Vlotho 121
Voerendaal 385
Vogelenzang 298
Vogenée 414

Volders 252
Volkach am Main 178
Volkach/Escherndorf 178
Völkermarkt/Dullach 275
Volkersdorf 108
Vollenhove 330
Voorst 364
Voorthuizen 364,365
Vorbasse 442
Vorden 364,365
Vordingborg 465
Vorselaar 402
Vrouwenpolder 312,313

W

Waabs 83
Wabern/Bern 215
Wachtebeke 402
Wachtendonk 121
Wackersberg 199
Wackersdorf 184
Wagenhausen 221
Waging am See 199,200
Waging/Gaden 200
Wahlstorf 83
Wahlwies/Stockach 168
Waidhofen an der Thaya 279
Waidring 252
Waimes 414
Walchensee 200
Walchsee 252
Waldbreitbach 140,141
Waldbronn/Neurod 156
Waldeck/Scheid 131
Waldfischbach 150
Waldkirch/Siensbach 168
Waldmünchen 184
Waldshut 168
Walkenried 52,72
Walkenried (OT Zorge) 73
Walldorf 156
Wallendorf 147
Wallendorf-Pont 427
Wallnau (Fehmarn) 83
Walsdorf 427
Waltenhofen (Allgäu) 189
Wanroij 375
Wapse 347
Warburg 122

Waren (Müritz) ___ 93	Westerlo ___ 403	Wulfen (Fehmarn) ___ 84
Warfhuizen ___ 340	Westerlo/Heultje ___ 403	Wurster Nordseeküste ___ 65
Warmenhuizen ___ 298	Westerstede ___ 58	Würzburg/Estenfeld ___ 178
Warmond ___ 303	Westoverledingen/Ihrhove ___ 58	Wusterhausen/Dosse ___ 104
Warnitz (Oberuckersee) ___ 103	Wettringen ___ 122,123	
Warnsveld ___ 365	Wetzlar ___ 132	**X**
Warstein/Niederbergheim ___ 122	Wezembeek-Oppem ___ 403	
Wassenaar ___ 303	Wezuperbrug ___ 348,357	Xanten ___ 123
Wassenach/Maria Laach ___ 140,141	Wien ___ 279	
Wateren ___ 347,357	Wien-West ___ 279	**Y**
Waxweiler ___ 147	Wienhausen/Schwachhausen ___ 64	
Waxweiler/Heilhausen ___ 148	Wiesing ___ 253	IJhorst ___ 330
Weberstedt ___ 110	Wiesmoor ___ 58	IJmuiden ___ 298
Wedde ___ 340	Wietzendorf ___ 64,65	Yvorne ___ 210
Weer ___ 252	Wijchen ___ 365	
Weikersheim/Laudenbach ___ 170	Wijlre ___ 386	**Z**
Weilburg/Odersbach ___ 131	Wijster ___ 348	
Weißbriach ___ 276	Wildberg ___ 157	Zechlinerhütte ___ 104
Weißenhäuser Strand/Wangels ___ 83	Willemstad ___ 375	Zeeland ___ 375
Weißensee(D) ___ 110	Willstätt/Sand ___ 168	Zeewolde ___ 319
Weißensee(A) ___ 276	Wilp ___ 365	Zeist ___ 316
Weißenstadt ___ 178	Wiltz ___ 427	Zele ___ 403
Weiterstadt/Gräfenhausen ___ 131	Winden ___ 221	Zell (Mosel) ___ 141
Well ___ 386	Windischeschenbach ___ 184	Zell am See ___ 261
Welsum ___ 330	Wingst/Land Hadeln ___ 52,64	Zell im Zillertal ___ 253
Wemding ___ 189	Winningen ___ 141	Zempin ___ 94
Wemeldinge ___ 313	Winsen (Aller) ___ 64,65	Zennewijnen ___ 366
Wendeburg ___ 73	Winsen/Aller-Meißendorf ___ 65	Zernez/Engadin ___ 230
Wendisch Rietz ___ 103	Winterberg ___ 122,123	Zetel/Astederfeld ___ 58
Wendtorf/Laboe ___ 83	Winterberg/Niedersfeld ___ 123	Zeven ___ 65
Wenduine/De Haan ___ 402	Winterberg/Züschen ___ 123	Zevenhuizen ___ 303
Wenkendorf (Fehmarn) ___ 83	Winterswijk ___ 365,366	Ziegenrück ___ 110
Werchter ___ 402	Winterswijk-Meddo ___ 366	Zierenberg ___ 132
Werder/Petzow ___ 103	Winterswijk/Henxel ___ 366	Zierow/Wismar ___ 94
Werlte ___ 58	Winterswijk/Woold ___ 366	Zingst-West ___ 94
Wertach ___ 189	Winterthur ___ 221	Zirndorf/Leichendorf ___ 184
Wertheim ___ 170,171	Wisch/Heidkate ___ 84	Zislow ___ 94
Wertheim/Bestenheid ___ 171	Witmarsum ___ 337	Zonhoven ___ 403
Wertschach bei Nötsch ___ 276	Wittenborn ___ 84	Zorgvlied ___ 348
Wesel/Flüren ___ 122	Witzenhausen ___ 132	Zoutelande ___ 313
Wesenberg ___ 93	Woerden ___ 316	Zoutkamp ___ 340
Wessem ___ 386	Wolfach/Halbmeil ___ 168	Zuna/Nijverdal ___ 330
Westende ___ 395,402,403	Wolfshagen (Harz) ___ 73	Zutendaal ___ 403
Westendorf ___ 252,253	Wolfstein ___ 150	Zwartemeer ___ 348
Westenschouwen/Burgh-Haamstede ___ 311,313	Wolphaartsdijk ___ 313	Zweeloo ___ 348
Westensee/Wrohe ___ 83	Wooster Teerofen ___ 94	Zweisimmen ___ 219
Westerbork ___ 347,348	Workum ___ 337	Zwenzow ___ 94,95
Westerdeichstrich ___ 84	Woudenberg ___ 316	Zwiggelte/Westerbork ___ 348
Westerheim ___ 175	Woudsend ___ 337	Zwolle ___ 330,357
	Wouwse Plantage ___ 375	

CampingCard ACSI

CampingCard ACSI: *die* Ermäßigungskarte für die Vor- und Nachsaison
2020 sind Sie auf 3 412 Campingplätzen willkommen!

Für Sie als Käufer des ACSI Campingführer Deutschland gratis:
- Ihre persönliche CampingCard ACSI-Ermäßigungskarte
- eine Übersicht aller Campings, auf denen Sie von der Ermäßigung profitieren

Benutzerhinweise
Was ist die CampingCard ACSI?
Mit der Ermäßigungskarte CampingCard ACSI können Sie günstig auf Qualitätscampings in Europa in der Nebensaison Urlaub machen, und zwar zu einem der fünf Festtarife von: 12 €, 14 €, 16 €, 18 € oder 20 €. Die Tarife liegen niedriger als der niedrigste Betrag, den die Teilnehmerplätze in der Nebensaison nehmen. Sie können darum mit einem höhen Preisnachlass pro Übernachtung rechnen mit Rabatten bis zu 60% vom regulären Preis! Die 3 412 teilnehmenden CampingCard ACSI-Plätze sind jeweils von ACSI inspizierte und genehmigte Campingplätze.

Achtung! Von den Campingplätzen in diesem Campingführer akzeptieren nur diejenigen die CampingCard ACSI, die mit dem blauen CC-Logo gekennzeichnet sind. Nur diese 3 412 Campingplätze beteiligen sich an dem Ermäßigungssystem CampingCard ACSI. Alle übrigen Campingplätze in diesem Campingführer akzeptieren die CampingCard ACSI-Ermäßigungskarte NICHT. Die 3 412 CampingCard ACSI-Campingplätze finden Sie auch im CampingCard ACSI-Führer und auf ▶ *www.CampingCard.com* ◀

Wie funktioniert die CampingCard ACSI?

- Die Rückseite der CampingCard ACSI-Ermäßigungskarte muss vollständig ausgefüllt sein. Sie ist ein Kalenderjahr gültig und personengebunden.
- Bei Anreise: Bitte zeigen Sie an der Rezeption Ihre Ermäßigungskarte (für 2 Erwachsene).
- Profitieren Sie bei Ihrem Aufenthalt von den niedrigen Tarifen (nur in der Akzeptanzzeit).
- Zeigen Sie vor der Abrechnung nochmals Ihre Ermäßigungskarte an der Rezeption.*
- Sie rechnen ab zum billigeren Tarif von nur 12 €, 14 €, 16 €, 18 € oder 20 € pro Übernachtung.**

* Im Prinzip können Sie mit der CampingCard ACSI hinterher bezahlen. Letztlich wird aber der Abrechnungsmodus durch die Regelung auf dem Camping selbst bestimmt, also auch der Zeitpunkt der Abrechnung, oder ob Sie eine Anzahlung leisten müssen. Geben Sie bspw. an, nur eine Nacht bleiben zu wollen, oder wollen Sie reservieren, dann kann der Camping eine sofortige Bezahlung verlangen. An der Rezeption wird man Sie über diesen Punkt informieren.

** Kosten lesen Sie unter 'Exklusiv'.

Akzeptanzperioden CampingCard ACSI

Jeder teilnehmende Camping hat die Zeiträume, in denen die CampingCard ACSI akzeptiert wird, selbst festgelegt. Die teilnehmenden Campings haben sich verpflichtet dafür zu sorgen, dass die wichtigsten Einrichtungen auch in der Akzeptanzperiode der Ermäßigungskarte vorhanden sind und funktionieren.

Für die Zeiten an denen der CampingCard ACSI-Rabatt gewährt wird, müssen Sie nach den Akzeptanzzeiten im unteren Teil der Platzbeschreibung im CampingCard ACSI-Register sehen. Das letztgenannte Datum ist immer der Tag an dem die Ermäßigung nicht mehr gilt. Daher bedeutet Akzeptanz vom 1/1 – 30/6, dass Sie, wenn Sie am 1. Januar am Camping ankommen, auf die erste Übernachtung bereits Rabatt haben. In der Nacht vom 29. Juni auf den 30. Juni gilt er dann zum letzten Mal. Die Nacht vom 30. Juni auf den 1. Juli zahlen Sie wieder den Normaltarif.

> Die Öffnungs- und Akzeptanzzeiten wurden mit größtmöglicher Sorgfalt zusammengestellt. Unter Umständen können aber diese Daten nach Veröffentlichung dieses Führers Änderungen unterliegen. Schauen Sie auf ▶ *www.CampingCard.com/anderungen* ◀ ob es Änderungen bei Ihrem ausgesuchten Campingplatz gibt.

Reservieren

Auf einigen Campings können Sie vorab mit der CampingCard reservieren. Ein Camping hat dann Einrichtungspunkt 10D bei seinen Angaben gemeldet.
Eine Reservierung mit der CampingCard ACSI wird im Prinzip wie eine normale Reservierung behandelt, nur der Übernachtungstarif ist billiger. Bitte geben Sie bei einer Reservierung an,

CampingCard ACSI

dass Sie CampingCard ACSI-Inhaber sind! Falls Sie das nicht tun, kann es passieren, dass Sie dennoch den normalen Tarif zahlen müssen.

Für eine Reservierung muss in manchen Fällen bezahlt werden und es kann nach einer Anzahlung gefragt werden. Eine vom CampingCard ACSI-Inhaber lange vorher gemachte Reservierung kann vom Camping als aufwendig angesehen werden. Ein Camping kann die Regelung haben, dass er in diesem Fall keine Reservierung akzeptiert. Es gibt übrigens auch Campings bei denen keine Reservierung möglich ist.

Was bieten die teilnehmenden Campings zum festen CampingCard ACSI-Tarif?
- Einen Stellplatz.*
- Aufenthalt von zwei Erwachsenen.
- Auto + Caravan + Vorzelt
  oder Auto + Zeltwagen
  oder Auto + Zelt
  oder Reisemobil mit Markise.
- Strom. Im CampingCard ACSI-Tarif ist ein Anschluss von maximal 6A inbegriffen. Wenn der Camping nur Plätze hat mit einer niedrigen Ampèrezahl, dann gilt die niedrige Ampèrezahl. Stromverbrauch bis maximal 4 kWh pro Tag ist im Übernachtungspreis inbegriffen. Wollen Sie einen Anschluss mit höherer Amperezahl oder verbrauchen Sie mehr als 4 kWh, dann hat der Camping das Recht auf Zuzahlung zum normal gültigen Tarif auf diesem Camping.
- Warme Duschen. Wenn der Camping Duschmünzen verwendet, haben Sie als CampingCard ACSI-Inhaber das Recht auf eine Duschmünze pro Erwachsener, pro Übernachtung.**

- Der Aufenthalt von 1 Hund, soweit Hunde auf diesem Camping erlaubt sind.
- Mehrwertsteuer.

* Manche Campings unterscheiden zwischen Standard-, Luxus- oder Komfortplätzen. Die Luxus- oder Komfortplätze sind überwiegend etwas größer und haben eigenen Wasseranschluss und Kanal, manche liegen am Wasser. In den meisten Fällen wird man Ihnen Standardplätze zuweisen, aber es kann auch sein, dass Sie zum CampingCard ACSI-Tarif auch so einen teureren Stellplatz benutzen dürfen. Der Camping hat das Recht dies selbst zu regeln: Sie haben in keinem Fall einen Anspruch auf einen Luxus- oder Komfortplatz.
Beachten Sie bitte auch, dass manche Campings andere Bestimmungen haben für Caravans mit Doppelachse und Wohnmobile die zu groß sind für einen Standardplatz.

** Der Camping muss dem CampingCard ACSI-Inhaber die Gelegenheit geben, einmal pro Übernachtung zu duschen. Dabei hat jeder CampingCard ACSI-Inhaber das Recht auf eine Duschmünze pro Erwachsener, pro Übernachtung. Wird vom Camping ein anderes 'Duschsystem' gehandhabt, bspw. Münzgeld, Schlüssel oder Schlüsselkarte, muss der Campingplatz dafür Sorge tragen, dass dem Campingcard ACSI-Inhaber die Kosten dafür vergütet werden. Warmwasser bei den Abwaschbecken ist nicht im Preis inbegriffen. Übrig gebliebene Duschmünzen können nicht in Geld getauscht werden.

Exklusiv
- Abgaben an örtliche Behörden wie Touristensteuer, Umweltabgabe, Ecotax oder Abfallbeitrag sind nicht im CampingCard ACSI-Tarif inbegriffen, da sie pro Land und Region unterschiedlich sind und weil der Camping diese Abgaben direkt an die örtliche Behörde abführen muss.
- Ein Camping darf Reservierungskosten berechnen.
- Ein Stromanschluss von 6A oder ein Verbrauch von 4 kWh ist im Preis inbegriffen. Es kann sein, dass ein Camping auch Plätze hat, auf denen bspw. 10A verfügbar sind. Falls Sie 10A wünschen, dann geben Sie dies deutlich dem Campingplatzinhaber an, aber rechnen Sie dann auch damit, dass der Mehrpreis in Rechnung gestellt werden kann.
- Für einen Luxus- oder Komfortplatz darf der Camping einen Zuschlag in Rechnung stellen (es sei denn, dass nur Komfortplätze auf dem Camping sind).
- Zusatzleistungen, wie Einrichtungen, die der Camping gegen Bezahlung anbietet oder vermietet (Tennisplatz oder dergleichen), können zum normal gültigen Nebensaisontarif durchberechnet werden. Für den Aufenthalt eines dritten Erwachsenen oder für Kinder gilt dasjenige, was unter die Vorschriften des Campings fällt.

Zusatzermäßigung
Viele Campings geben Zusatzermäßigungen wenn Sie länger bleiben. Beispiel: ist bei einem Camping in unserem Führer 7=6 eingetragen, dann zahlen Sie für einen Aufenthalt von 7 Nächten nur 6 mal zum CampingCard ACSI-Tarif! Geben Sie daher beim Registrieren oder der Reservierung an, wieviele Nächte Sie bleiben wollen. Der Camping macht dann vorab eine

CampingCard ACSI

Buchung und gibt darauf Rabatt. Dieser Rabatt muss nicht gelten, wenn Sie während Ihres Aufenthaltes sich entschließen länger zu bleiben, und so an die erforderliche Anzahl Tagen kommen.

Vorsicht! ! Wenn ein Camping eine Anzahl dieser Art Ermäßigungen anbietet, haben Sie nur das Recht auf eins dieser Angebote.
Beispiel: Angebot 4=3, 7=6 und 14=12. Sie bleiben 13 Nächte: dann haben Sie ein einmaliges Recht auf die Ermäßigung 7=6 und nicht auf die Anzahl 4=3 oder eine Kombination von beiden Angeboten 4=3 und 7=6.

Wo erfahre ich mehr über den CampingCard ACSI-Platz, den ich suche?

Wenn Sie die Tipps in dieser Übersicht lesen, ist das Auffinden eines Campings nur noch ein Kinderspiel. Es gibt CampingCard ACSI-Campings in folgenden 21 europäischen Ländern:

- 56 in Belgien
- 71 in Dänemark
- 335 in Deutschland
- 1 505 in Frankreich
- 40 in Griechenland
- 18 in Irland
- 309 in Italien
- 84 in Kroatien
- 27 in Luxemburg
- 379 in den Niederlanden
- 15 in Norwegen
- 89 in Österreich
- 8 in Polen
- 34 in Portugal
- 38 in Schweden
- 36 in der Schweiz
- 18 in Slowenien
- 284 in Spanien
- 14 in Tschechien
- 39 im Vereinigten Königreich
- 13 in Ungarn

In diesem ACSI Campingführer Deutschland finden Sie alle CampingCard ACSI-Plätze in Deutschland, Schweiz, Österreich, Niederlande, Belgien, Luxemburg und Dänemark. Die teilnehmenden Campings werden auf den nachfolgenden Seiten aufgezählt.

Angaben pro Camping in diesem Führer
Ab Seite 498 sind alle CampingCard ACSI-Plätze (nach Seitenzahlfolge) aufgezählt. Sie finden zu jedem CampingCard ACSI-Platz eine kurze Beschreibung, Tarife, Akzeptanzzeiten und Einrichtungen. Diese Beschreibung sieht wie folgt aus:

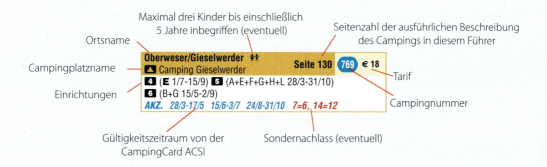

Die Campings sind nach Land, Region und Ortsname geordnet. In den 'Balken' mit den Campingdaten können Sie bequem sehen, ob ein Camping die für Sie wichtigen Einrichtungen hat. Bei den CampingCard ACSI-Plätzen können Sie drei Einrichtungsrubriken antreffen: Rubrik 4 (Erholung und Wellness), Rubrik 5 (Einkauf und Restaurant) und Rubrik 6 (Erholung am Wasser). In der Ausklappseite vorne im Führer, können Sie genau sehen, um welche Ausstattung es geht. Zum Beispiel 5E sagt aus, dass es einen Imbiss auf dem Camping gibt, dahinter sehen Sie dann die für diese Einrichtung geltenden Öffnungszeiten, z. B: 28/3 - 31/10.

Zu den vollständigen Informationen über einen teilnehmenden Camping verweisen wir Sie mit der Seitenangabe zu den ausführlichen Redaktionseinträgen des Platzes vorne im Führer. Die Seitenzahl des Campings steht im orangen Block. Unter dem ausführlichen Redaktionseintrag können Sie an dem blauen CampingCard ACSI-Logo erkennen, dass der Camping die CampingCard ACSI akzeptiert und welche Tarife (12 €, 14 €, 16 €, 18 € oder 20 €) gelten.

Vorsicht!
Die Seitenzahl verweist auf die Seiten in diesem Führer: ACSI Campingführer Deutschland.

Internet

Auf ▶ *www.CampingCard.com* ◀ finden Sie alle teilnehmenden CampingCard ACSI-Plätze. Diese Webseite ist Ihnen beim schnellen und einfachen Suchen und Finden der Teilnehmerplätze behilflich. Die Suchergebnisse werden blitzschnell präsentiert. Sie sehen dann zum jeweiligen Platz bequem alle Angaben. Die Webseite ist außerdem für Tablets und Mobiltelefone geeignet.

Sie können auf ▶ *www.CampingCard.com* ◀ auf viele Arten nach einem Campingplatz suchen. Zum Beispiel:

- Nach Karte
  Klicken Sie auf das gewünschte Land oder Region. Wenn die Regionalebene erscheint, sehen Sie auf der Karte kleine rote Zeltchen. Wenn Sie auf ein solches rotes Zeltchen klicken, erscheinen die Angaben des Platzes, den Sie ausgewählt haben.

- Nach Ortsnamen
  Hierbei müssen Sie nur den Ortsnamen (oder einen Teil davon) eintippen.

- Nach Campingnummer
  Wenn Sie die Campingnummer des Campings wissen, z. B. aus dem CampingCard ACSI-Führer, können Sie diese benutzen, um den Camping schnell zu finden. Die Campingnummer steht im blauen Logo in der Beschreibung der CampingCard ACSI-Plätze die hiernach folgt.

- Nach Campingname
  Hierbei müssen Sie nur den Campingnamen (oder einen Teil davon) eintippen.

- Nach Ferienzeiten
  Geben Sie an, in welchem Zeitraum Sie verreisen wollen und/oder ob Sie wollen, dass die CampingCard ACSI in Ihrem gesamten Urlaub akzeptiert wird.

- Nach Einrichtungen
  Sie können einfach filtern auf Einrichtungen die auf einem Platz vorhanden sind. Auf der Seite 'Detailsuche' auf der Webseite finden sie über 150 Einrichtungen. Klicken Sie die Einrichtungen an, die Sie bei dem Camping zu dem Sie wollen für wichtig halten.

- Nach Thema
  Sie finden hier Campings mit diversen Themen wie bspw. für Behinderte, Wintersportcampings und FKK-Campings.

Sie werden auf unserer Webseite auch viel Freude am integrierten Routenplaner haben. Sie wählen selbst den Maßstab: von der Übersichtskarte bis zur äußerst detaillierten Teilkarte der Regionen, in die Sie hinwollen.

Nur für 2020!

Die CampingCard ACSI-Ermäßigungskarte, die Sie in diesem ACSI Campingführer Deutschland finden, gilt ausschließlich für das Jahr 2020, genauso wie die Informationen zu den CampingCard ACSI-Plätzen. Jedes Kalenderjahr können sich neue Campings anmelden, ein Platz kann die Akzeptanzperiode ändern, oder einen anderen Übernachtungstarif verlangen. Die Angaben im Führer werden daher auch jedes Jahr aktualisiert. Sorgen Sie dafür, dass Sie immer den aktuellsten Führer haben, wenn Sie in Urlaub fahren. Schauen Sie vor der Abreise auf ▶ *www.CampingCard.com/anderungen* ◀ nach den aktuellsten Informationen.

CampingCard ACSI-Führer 2020

Für das Gesamtangebot der CampingCard ACSI-Plätze können Sie auch den speziellen CampingCard ACSI-Führer 2020 benutzen. Mit weiteren, noch ausführlicheren Informationen pro Camping, eine detaillierte Karte mit der Lage des Campings, einem informativen Text und zwei Fotos von jedem Camping, um schon mal einen Eindruck von der Aussicht und der Atmosphäre zu bekommen.

Diesen Führer kann man für 17,95 € (exkl. Versandkosten) bestellen. Oder abonnieren Sie die CampingCard ACSI für 13,95 € pro Jahr (exkl. Versandkosten). Jedes Jahr werden dann die Ermäßigungskarte und der CampingCard ACSI-Führer automatisch zugeschickt. Schauen Sie dazu ▶ *Webshop.ACSI.eu* ◀

🇩🇪 Deutschland

Weser-Ems

Bad Bentheim — Am Berg — Seite 54 — 588 — € 18
(A 10/4-30/9) (K 10/4-28/9)
AKZ. 4/3-20/5 2/6-1/7 18/8-16/11

Bad Rothenfelde — Campotel***** — Seite 54 — 591 — € 18
(A+B 1/1-31/12) (E+F 10/4-31/10) (K 1/1-31/12)
AKZ. 2/1-5/4 18/4-30/4 3/5-20/5 2/6-28/6 18/8-22/12

Burhave — Knaus Camp.park Fedderwardersiel/Nordsee — Seite 54 — 594 — € 16
AKZ. 15/4-20/5 14/6-29/6 1/9-14/10

Butjadingen/Burhave — Knaus Cppark Burhave / Nordsee**** — Seite 54 — 595 — € 20
(E 1/6-31/8) (A+B+E+F+L 15/4-15/10)
AKZ. 15/4-20/5 14/6-29/6 1/9-14/10

Eckwarderhörne — Knaus Cppark Eckwarderhörne**** — Seite 54 — 599 — € 20
(E 1/6-30/9) (A+E+F+L 1/1-31/12)
AKZ. 1/1-20/5 14/6-29/6 1/9-31/12

Ganderkesee/Steinkimmen — CP & Ferienpark Falkensteinsee**** — Seite 55 — 602 — € 20
(A+B+E+F+H+L 1/4-31/10)
AKZ. 27/3-8/4 15/4-29/4 3/5-19/5 14/6-3/7 30/8-2/10

Lünne — Camping Blauer See — Seite 56 — 613 — € 16
(L 1/2-31/12)
AKZ. 1/9-9/4 14/4-30/4 4/5-20/5 15/6-30/6 1/9-31/12

Osnabrück — Campingplatz Bullerby — Seite 56 — 617 — € 18
(A+B 1/1-31/12)
AKZ. 1/1-9/4 15/4-20/5 2/6-30/6 1/9-31/12

Ostercappeln/Schwagstorf — Freizeitpark Kronensee — Seite 56 — 618 — € 18
(A+B 1/4-18/10) (E 6/4-31/10) (K 1/4-31/12)
AKZ. 1/1-8/4 14/4-19/5 2/6-9/6 15/6-30/6 27/8-31/10

Ostrhauderfehn — Camping- u. Freizeitanlage Idasee — Seite 57 — 620 — € 16
(A+E+F+H+L 1/1-31/12)
AKZ. 1/1-28/5 2/6-15/7 1/9-31/12

Rieste — Alfsee Ferien- und Erlebnispark***** — Seite 57 — 622 — € 20
(A 1/1-31/12) (C+E 15/4-27/10) (F+H+L 1/1-31/12)
AKZ. 3/1-26/3 20/4-20/5 14/6-27/6 1/9-30/9 5/10-9/10 25/10-23/12

Schüttorf — Quendorfer See — Seite 57 — 625 — € 18
(A+B 1/4-31/10)
AKZ. 3/5-20/5 14/6-28/6 1/9-1/10

Tossens — Knaus Campingpark Tossens**** — Seite 57 — 631 — € 20
(E 1/6-31/8) (A+B+E+F+H+L 15/4-15/10)
AKZ. 15/4-20/5 14/6-29/6 1/9-14/10

Werlte — Camping Hümmlinger Land**** — Seite 58 — 634 — € 18
(A+B 1/1-31/12) (F 1/4-31/10)
AKZ. 6/1-7/4 15/4-29/4 4/5-19/5 3/6-15/7 1/9-26/12

Wiesmoor — Cp. & Bungalowpark Ottermeer***** — Seite 58 — 635 — € 20
(A+B+E+F+H 1/4-31/10)
AKZ. 5/1-29/3 19/4-17/5 3/6-28/6 30/8-23/12

Zetel/Astederfeld — Campingplatz am Königssee — Seite 58 — 639 — € 18
(A+B 1/3-31/10)
AKZ. 1/3-20/5 1/6-15/7 1/9-31/10

Lüneburg

Bad Bederkesa/Geestland — Campingplatz Bederkesa** — Seite 59 — 587 — € 16
(A 1/4-30/9) (B+E+F+H+K+L 1/1-31/12)
AKZ. 1/1-20/5 24/5-28/5 1/6-30/6 31/8-31/12 **7=6**

Bleckede — Knaus Cppark Bleckede/Elbtalaue**** — Seite 60 — 592 — € 18
(A+B 1/3-8/11) (B+G 1/5-15/9)
AKZ. 1/3-20/5 14/6-29/6 1/9-7/11

Bleckede (OT Radegast) — Camping Elbeling — Seite 60 — 593 — € 20
(A+E+F+G+H+K 1/4-1/10) (F 1/5-1/10)
AKZ. 15/3-5/7 24/8-27/9

Dorum/Neufeld — Knaus Campingpark Dorum — Seite 61 — 597 — € 18
(A 1/4-30/9) (E+G 20/4-30/9) (H+K+L 1/4-30/9)
(B 1/4-30/9)
AKZ. 1/4-20/5 14/6-29/6 1/9-29/9

Ausführliche Redaktionseinträge: Seite 54 bis 61

Deutschland

Dorum/Neufeld — Knaus Cppark Spieka/Wattenmeer — Seite 61 — 598 — € 18
5 (A 15/4-30/9) (E+H 1/4-30/9)
AKZ. 1/4-20/5 14/6-29/6 1/9-29/9

Egestorf — Regenbogen Ferienanlage Egestorf — Seite 61 — 600 — € 18
5 (A+B+L 28/3-1/11) 6 (A 15/5-15/9)
AKZ. 28/3-8/4 15/4-18/5 3/6-19/6 29/8-1/11

Essel/Engehausen — Aller-Leine-Tal — Seite 61 — 601 — € 18
5 (A 15/3-15/10) (F+H+L 1/3-31/10)
AKZ. 1/3-30/6 18/8-31/10

Garlstorf — Freizeit-Camp-Nordheide e.V. — Seite 61 — 603 — € 18
AKZ. 1/1-15/7 1/9-31/12

Heidenau — Ferienzentrum Heidenau**** — Seite 62 — 606 — € 20
5 (A+B 1/1-31/12) (F 1/1-31/10,1/12-31/12) (H 1/1-31/12) (L 1/1-31/10,1/12-31/12)
6 (B+G 1/5-15/9)
AKZ. 1/3-9/4 14/4-30/4 3/5-16/5 12/6-15/7 1/9-30/9

Hösseringen/Suderburg — Am Hardausee***** — Seite 62 — 610 — € 20
4 (E 1/6-15/9) 5 (A+B+E+F+H+K 1/4-31/10)
AKZ. 1/4-5/4 19/4-17/5 7/6-12/7 1/9-31/10

Müden/Örtze (Gem. Faßberg) — Sonnenberg — Seite 63 — 614 — € 18
5 (A 1/5-1/10) (E+F+K 15/4-15/10)
AKZ. 15/4-7/7 1/9-15/10

Nordholz/Wurster Nordseeküste — Camp.- und Wochenendplatz Beckmann GmbH — Seite 63 — 616 — € 14
5 (A+B+E+F+H+K 1/4-15/9) 6 (A+F 1/5-15/9)
AKZ. 1/1-5/4 20/4-29/4 4/5-17/5 8/6-30/6 1/9-20/12

Oyten — Knaus Campingpark Oyten — Seite 63 — 621 — € 18
5 (E 1/5-1/10)
AKZ. 1/3-20/5 14/6-29/6 1/9-7/11

Schiffdorf/Spaden — CP-und Ferienpark Spadener See Gmbh & co. KG**** — Seite 63 — 624 — € 18
5 (A+B 16/7-31/8) (E+F+H+K+L 15/3-31/10)
AKZ. 15/3-9/4 15/4-20/5 2/6-1/7 1/9-9/10 *7=6*

Sottrum/Everinghausen — Camping-Paradies "Grüner Jäger" — Seite 64 — 627 — € 20
5 (A+B+F 1/1-31/12) (H 13/4-3/10) (L 1/1-31/12)
6 (A+F 10/6-20/8)
AKZ. 1/1-21/5 24/5-29/5 1/6-26/6 18/8-31/12

Stove/Hamburg — CP Stover Strand International***** — Seite 64 — 628 — € 20
4 (E 1/5-1/10) 5 (A+C+E+F+H+L 1/1-31/12)
AKZ. 5/1-5/4 5/5-15/5 5/6-2/7 5/9-20/12

Wingst/Land Hadeln — Knaus Campingpark Wingst**** — Seite 64 — 636 — € 18
4 (E 15/5-10/6,1/7-31/8) 5 (A+C+F+H+K+L 1/1-31/12)
6 (A 1/5-15/9) (E+G 1/1-31/12)
AKZ. 5/1-20/5 14/6-29/6 1/9-17/12

Winsen (Aller) — Campingplatz Winsen (Aller) — Seite 64 — 637 — € 20
5 (A+B+F+L 1/1-31/12)
AKZ. 3/5-18/5 14/6-15/7 1/9-30/9

Winsen/Aller-Meißendorf — Campingpark Hüttensee — Seite 65 — 638 — € 18
5 (A+B+F 1/4-30/10) (L 1/1-31/12)
AKZ. 1/1-20/5 2/6-9/7 26/8-31/12

Hannover

Hameln — Campingplatz Hameln an der Weser — Seite 67 — 604 — € 20
5 (A+B+E+F+L 1/3-4/11)
AKZ. 1/3-1/4 11/5-15/5 26/5-30/5 3/6-1/7 1/9-2/10

Heinsen — Weserbergland Camping — Seite 67 — 607 — € 20
5 (A+H 10/4-15/10) 6 (B 1/5-15/10)
AKZ. 10/4-4/7 24/8-15/10

Holle — Seecamp Derneburg — Seite 68 — 609 — € 20
5 (A+B+F+H+L 1/4-31/10)
AKZ. 20/4-30/6 1/9-31/10

Laatzen/Hannover — Campingplatz Birkensee — Seite 68 — 611 — € 20
5 (A+E+F+H+K 1/1-31/12)
AKZ. 1/1-19/5 2/6-15/6 1/9-31/12

Neustadt/Mardorf — Campingplatz Mardorf GmbH — Seite 68 — 615 — € 18
5 (A+E 1/4-31/10) (F+K 1/1-31/12)
AKZ. 1/1-9/4 14/4-19/5 15/6-30/6 1/9-30/9 1/11-31/12

Rinteln — Erholungsgebiet DoktorSee**** — Seite 68 — 623 — € 20
4 (E 1/4-30/9)
5 (A+C 1/1-31/12) (E 1/4-30/9) (F+G+H+K+L 1/1-31/12)
AKZ. 1/1-5/4 19/4-29/4 4/5-19/5 3/6-5/7 1/9-31/12

Stuhr/Groß Mackenstedt — Familienpark Steller See — Seite 69 — 629 — € 18
5 (A 1/4-3/10) (E+F+L 15/5-15/9)
AKZ. 1/4-28/5 2/6-30/6 1/9-3/10

Ausführliche Redaktionseinträge: Seite 61 bis 69

Deutschland

Stuhr/Groß Mackenstedt
▲ Märchencamping — Seite 69 — 630 — € 18
5 (A 1/1-31/12) (E+F+H+K 1/4-30/9) 6 (A+F 1/5-30/9)
AKZ. 1/1-9/4 15/4-20/5 2/6-30/6 1/9-31/12 7=6

Uetze
▲ Irenensee**** — Seite 69 — 632 — € 18
5 (A+B 1/4-15/10) (E 4/7-14/8) (L 1/4-30/11)
AKZ. 1/1-17/5 8/6-23/6 1/9-31/12

Braunschweig

Bad Gandersheim
▲ Kur Campingpark — Seite 70 — 589 — € 18
5 (A 1/4-31/10,20/12-31/12) (B 1/4-31/10)
(F+H+L 1/5-31/10,20/12-31/12)
AKZ. 1/1-1/7 18/8-31/12 7=6

Bad Harzburg
▲ Ferienanl. Regenbogen Bad Harzburg Göttingerrode**** — Seite 70 — 590 — € 18
5 (A+C+F+L 1/1-31/12) 6 (F 1/6-15/9)
AKZ. 3/1-8/4 15/4-18/5 3/6-19/6 29/8-18/12

Clausthal-Zellerfeld
▲ Prahljust**** — Seite 70 — 596 — € 18
5 (A+F+L 1/1-31/12) 6 (E 1/1-31/12)
AKZ. 14/1-31/3 1/5-19/5 14/6-28/6 28/8-15/12

Hann. Münden
▲ Spiegelburg Camping und Gasthaus — Seite 71 — 605 — € 18
5 (A+F+H+L 1/4-1/11)
AKZ. 1/4-7/7 24/8-1/11 7=6

Hohegeiß (Harz)
▲ Am Bärenbache**** — Seite 71 — 608 — € 16
4 (E 1/1-31/12) 5 (A 1/1-31/12) (E 1/6-31/8,20/12-31/12)
(F 1/6-31/8) (K 1/6-31/8,20/12-31/12)
6 (B+F 1/6-30/8)
AKZ. 1/1-30/6 18/8-31/12

Löwenhagen
▲ Campingplatz Am Niemetal — Seite 72 — 612 — € 16
5 (A+F+H+K 29/3-2/11)
AKZ. 29/3-6/7 25/8-2/11

Osterode (Harz)
▲ Campingplatz Eulenburg*** — Seite 72 — 619 — € 20
5 (A+B+E+F+K 1/1-31/12) 6 (A+F 15/5-15/10)
AKZ. 7/1-26/6 21/8-23/12

Seeburg
▲ Comfort-Camping Seeburger See — Seite 72 — 626 — € 18
4 (E 1/7-31/8) 5 (A+B+E+F+H+L 1/4-31/10) 6 (F 15/5-15/9)
AKZ. 1/4-5/7 22/8-31/10 14=12, 21=17

Walkenried
▲ Knaus Campingpark Walkenried**** — Seite 72 — 633 — € 18
4 (E 1/1-8/11,18/12-31/12)
5 (A+B 1/1-4/11,21/12-31/12) (F+L 1/1-8/11,18/12-31/12)
6 (E 1/1-8/11,18/12-31/12)
AKZ. 5/1-20/5 14/6-29/6 1/9-7/11

Schleswig-Holstein

Altenteil (Fehmarn)
▲ Belt-Camping-Fehmarn***** — Seite 74 — 640 — € 18
5 (A+B+F+G+H+L 1/4-4/10)
AKZ. 1/4-8/4 15/4-20/5 3/6-27/6 30/8-3/10

Augstfelde/Plön
▲ Augstfelde-Vierer See**** — Seite 74 — 641 — € 18
4 (E 1/4-18/10) 5 (A+C+E+F+H+K+L 1/4-18/10)
AKZ. 1/4-20/5 2/6-28/6 18/8-18/10

Basedow
▲ Lanzer See — Seite 74 — 642 — € 18
5 (A+B+E+L 27/3-11/10)
AKZ. 27/3-19/5 25/5-28/5 2/6-25/6 24/8-11/10

Bliesdorf
▲ Walkyrien***** — Seite 74 — 643 — € 20
5 (A+B+E+F+H+K+L 27/3-25/10)
AKZ. 19/4-29/4 3/5-16/5 2/6-9/6 14/6-25/6 30/8-1/10 4/10-24/10

Dahme
▲ Stieglitz — Seite 75 — 644 — € 14
5 (A+C 27/3-25/10,18/12-31/12) (E 1/5-15/9)
(F+L 27/3-25/10,18/12-31/12)
AKZ. 27/3-5/7 23/8-25/10 18/12-31/12

Dahme
▲ Eurocamping Zedano***** — Seite 75 — 645 — € 20
5 (A+B 1/1-31/12) (E 1/4-31/10) (F+G 1/1-31/12)
(I 1/7-30/9) (L 1/1-31/12)
AKZ. 1/1-8/4 14/4-18/6 1/9-23/12

Fehmarnsund (Fehmarn)
▲ Camping Miramar***** — Seite 76 — 646 — € 20
5 (A+C+E+F+L 1/4-31/10)
AKZ. 1/1-20/5 24/5-29/5 2/6-26/6 26/8-31/12

Gammendorf (Fehmarn)
▲ Am Niobe**** — Seite 76 — 647 — € 18
5 (A+B 1/4-10/10) (E 1/7-31/8) (L 1/4-10/10)
AKZ. 1/4-20/5 8/6-21/6 1/9-30/9

Glücksburg
▲ Ostseecamp Glücksburg-Holnis**** — Seite 76 — 648 — € 20
5 (A+E+F+H+K 29/3-3/11)
AKZ. 29/3-19/5 1/6-18/6 1/9-18/10

Großenbrode
▲ Camping Großenbrode**** — Seite 77 — 649 — € 16
AKZ. 1/4-17/5 8/6-26/6 27/8-24/10

Ausführliche Redaktionseinträge: Seite 69 bis 77

Deutschland

Husum — Seite 77 — 650 — € 16
Regenbogen AG Ferienanlage Husum
(A+B 28/3-1/11)
AKZ. 28/3-8/4 15/4-18/5 3/6-19/6 29/8-1/11

Kappeln — Seite 78 — 651 — € 16
Schleimünde
(A+E+F+L 1/4-15/10)
AKZ. 1/4-19/5 24/5-29/5 1/6-30/6 1/9-14/10

Katharinenhof (Fehmarn) — Seite 78 — 652 — € 18
CP Ostsee Katharinenhof*****
(A+C+E+F+L 1/4-18/10)
AKZ. 1/4-20/5 3/6-26/6 30/8-18/10

Klausdorf (Fehmarn) — Seite 78 — 653 — € 18
Klausdorfer Strand****
(A+C 1/4-15/10) (E 1/7-31/8) (F+L 1/4-15/10)
AKZ. 1/4-15/5 8/6-30/6 1/9-15/10

Klein Rönnau/Bad Segeberg — Seite 78 — 654 — € 20
KlüthseeCamp & Seeblick
(A+B+E 1/4-31/10) (F+L 1/1-31/1,1/3-31/12)
(B 1/5-31/8)
AKZ. 1/3-30/6 1/9-31/12

Kleinwaabs — Seite 79 — 655 — € 20
Ostsee-Campingplatz Heide
(E 1/7-31/8) (A+C+E+F+G+H 1/4-27/10) (L 1/4-31/8)
(E 1/4-27/10)
AKZ. 25/4-20/5 3/6-4/7 24/8-30/9

Medelby — Seite 79 — 656 — € 20
Mitte
(A+B+G 1/1-31/12) (H 1/1-1/3,1/9-31/12)
(B+E+F 1/1-31/12)
AKZ. 1/1-8/7 26/8-31/12

Rabenkirchen-Faulück — Seite 80 — 657 — € 20
Campingpark Schlei-Karschau
(A+B+E+F 1/4-31/10) (H 1/1-31/12) (K+L 1/4-31/10)
AKZ. 6/1-3/4 4/5-20/5 2/6-10/6 15/6-30/6 1/9-4/10 19/10-20/12

Rosenfelde/Grube — Seite 80 — 658 — € 18
Rosenfelder Strand Ostsee CP*****
(A+C 27/3-11/10) (E 10/5-25/8) (F+H+L 27/3-11/10)
AKZ. 27/3-9/4 14/4-20/5 2/6-27/6 26/8-11/10

Scharbeutz — Seite 80 — 659 — € 16
Ostseecamp Lübecker Bucht
(A+B+E+F+H 1/4-31/10,1/1-15/1)
(K 1/4-31/10,1/1-15/1,1/1-31/12)
AKZ. 1/1-15/1 1/4-21/5 1/6-30/6 1/9-30/9

Schönberg (Ostseebad) — Seite 80 — 660 — € 18
California Ferienpark GmbH****
(A+C+E+F+L 1/4-30/9)
AKZ. 1/4-17/5 6/6-30/6 24/8-30/9

Strukkamphuk (Fehmarn) — Seite 82 — 661 — € 18
Strukkamphuk-Fehmarn*****
(A+C+E+F+L 28/3-1/11)
AKZ. 19/4-15/5 8/6-25/6 31/8-31/10

Wallnau (Fehmarn) — Seite 83 — 662 — € 18
Strandcamping Wallnau****
(A+C 27/3-25/10) (E 1/7-31/8) (F+G+L 27/3-25/10)
AKZ. 27/3-5/4 14/4-20/5 24/5-29/5 2/6-10/6 14/6-27/6 23/8-25/10

Westerdeichstrich — Seite 84 — 663 — € 20
Nordsee Camping "In Lee"*****
(A+B+F+K+L 3/4-20/10)
AKZ. 3/4-8/4 14/4-17/5 8/6-30/6 20/8-20/10

Wulfen (Fehmarn) — Seite 84 — 664 — € 20
Wulfener Hals*****
(E 1/4-31/10) (A 1/1-31/12)
(C 1/4-31/10,25/12-31/12) (E+F+G+H+I 1/4-31/10)
(K 19/3-3/10) (L 1/4-4/11,25/12-31/12)
(B 15/4-15/10)
AKZ. 1/1-9/4 14/4-20/5 2/6-27/6 31/8-23/12

Mecklenburg-Vorpommern

Ahrensberg — Seite 85 — 665 — € 18
Campingplatz Am Drewensee****
(A+C 30/3-1/11) (E+F 1/5-14/9)
AKZ. 30/3-9/4 14/4-20/5 24/5-29/5 2/6-27/6 18/8-1/11

Altenkirchen — Seite 85 — 667 — € 20
Knaus CP- und Ferienhauspark Rügen
(A 1/4-31/10) (B+F+H+L 1/1-8/11,27/11-31/12)
AKZ. 1/3-20/5 14/6-29/6 1/9-6/11

Altenkirchen — Seite 86 — 666 — € 20
Drewoldke****
(A 1/1-31/12) (B+E+F 1/5-30/9) (H 1/3-1/10) (K 1/5-31/8)
AKZ. 1/1-20/5 2/6-20/6 28/8-31/12 *14=12, 21=18*

Born — Seite 86 — 668 — € 16
Regenbogen Ferienanlage Born
(A+B 28/3-1/11) (E+H 15/5-1/10)
AKZ. 28/3-8/4 15/4-18/5 3/6-19/6 29/8-1/11

Dierhagen-Strand — Seite 86 — 669 — € 18
OstseeCamp Dierhagen GbR
(A+B 1/4-15/9) (E 10/4-15/9)
AKZ. 15/3-27/5 4/6-30/6 1/9-30/10

Dobbertin — Seite 86 — 670 — € 16
Campingplatz am Dobbertiner See
(A 1/5-30/9)
AKZ. 1/4-30/6 1/9-15/10

Ausführliche Redaktionseinträge: Seite 77 bis 86

Deutschland

Dranske — Seite 86 — 671 — € 18
▲ Regenbogen Ferienanlage Nonnevitz
4 (E 1/5-31/8) 5 (A 1/4-31/10) (C 1/5-31/10) (E+F 1/4-31/10) (G 1/5-30/9) (K 1/4-31/10)
AKZ. 28/3-8/4 15/4-18/5 3/6-19/6 29/8-1/11

Flessenow — Seite 87 — 672 — € 20
▲ Seecamping Flessenow****
4 (E 1/7-31/8) 5 (A+B+E+F+H+K 27/3-2/10)
AKZ. 27/3-28/5 2/6-26/6 30/8-2/10

Freest — Seite 87 — 673 — € 18
▲ Waldcamp Freest
5 (A 1/4-15/10)
AKZ. 1/4-25/6 26/8-15/10

Groß Quassow/Userin — Seite 87 — 674 — € 20
▲ CP- und Ferienpark Havelberge*****
4 (E 1/7-31/8) 5 (A 1/1-31/12) (B+E+F 1/4-31/10) (H 1/1-31/12) (L 1/4-31/10)
AKZ. 1/1-9/4 14/4-20/5 24/5-29/5 2/6-27/6 18/8-31/12

Hohenkirchen — Seite 88 — 675 — € 20
▲ Campingplatz 'Liebeslaube'
5 (A+B 1/1-31/12) (E+F 1/5-30/9) (H 1/1-31/12) (K 1/5-30/9)
AKZ. 3/1-19/5 3/6-18/6 27/8-25/12

Karlshagen — Seite 88 — 676 — € 20
▲ Dünencamp Karlshagen*****
4 (E 15/6-15/8) 5 (A+B+E+F 1/5-30/9) (K 1/4-30/9)
AKZ. 1/1-14/6 1/9-31/12

Klein Pankow — Seite 88 — 677 — € 18
▲ Camping am Blanksee
5 (A+B+C 1/4-11/10) (E+F+H+K 1/5-3/10)
AKZ. 1/4-30/6 24/8-10/10

Koserow — Seite 88 — 678 — € 20
▲ Am Sandfeld
5 (A+B+G 9/4-30/9)
AKZ. 9/4-23/5 2/6-21/6 1/9-30/9

Lohme/Nipmerow — Seite 88 — 679 — € 20
▲ Krüger Naturcamp
5 (A+B+E 9/4-1/11) (F 17/4-20/10) (H+K 9/4-1/11)
AKZ. 9/4-24/6 29/8-1/11

Lütow — Seite 89 — 680 — € 20
▲ Natur Camping Usedom
4 (E 10/7-20/8)
5 (A 1/4-31/10) (C 1/5-1/9) (F+H 1/4-31/10) (L 1/5-30/9)
AKZ. 1/4-20/5 24/5-28/5 1/6-19/6 1/9-31/10

Markgrafenheide/Rostock — Seite 89 — 681 — € 18
▲ Camp. & Ferienpark Markgrafenheide
5 (A 1/1-31/12) (C 15/5-15/10) (E 1/7-31/8) (F 1/1-31/12) (G 1/7-31/8) (H 1/1-31/12) (I 1/3-31/10) (L 1/1-31/12)
6 (A 1/5-30/9) (E 1/1-31/12)
AKZ. 15/4-19/5 1/6-20/6 30/8-31/10

Ostseebad Rerik — Seite 90 — 682 — € 18
▲ Cppark 'Ostseebad Rerik'*****
5 (A+B 1/1-31/12) (C 1/4-31/10) (E+F+H 1/1-31/12) (L 1/4-31/10)
AKZ. 2/1-20/5 1/6-28/6 21/8-29/12 21=20, 28=25

Ostseebad Zinnowitz — Seite 90 — 683 — € 20
▲ Familien-CP Pommernland GmbH*****
4 (E 15/6-31/8) 5 (A 1/3-31/12) (B+C 1/4-31/10) (E 1/6-31/8) (F 1/4-30/11) (G 1/5-1/10) (H 1/1-31/12) (L 1/4-30/11)
6 (E+G 1/1-31/12)
AKZ. 1/1-25/6 1/9-31/12

Plau am See/Plötzenhöhe — Seite 90 — 684 — € 20
▲ Campingpark Zuruf****
5 (A+B 1/3-31/10) (E+F+G+H 24/4-4/10)
AKZ. 1/3-24/4 4/5-17/5 8/6-28/6 1/9-31/10

Prerow — Seite 91 — 685 — € 20
▲ Regenbogen Ferienanlage Prerow
5 (A+B+E+F 1/4-31/10) (G 1/1-31/12) (H+L 1/4-31/10)
AKZ. 1/3-8/4 15/4-18/5 3/6-19/6 29/8-1/11

Pruchten — Seite 91 — 686 — € 20
▲ NATURCAMP Pruchten****
5 (A+C+F+H+L 1/5-20/10)
AKZ. 1/4-28/5 3/6-22/6 14/9-30/10

Rerik/Meschendorf — Seite 92 — 687 — € 18
▲ Ostseecamp Seeblick
4 (E 1/6-28/10)
5 (A+C 20/3-1/11) (E 1/7-1/9) (F 1/5-30/9) (L 20/3-1/11)
AKZ. 20/3-10/4 14/4-20/5 2/6-28/6 6/9-1/11

Sternberg — Seite 92 — 688 — € 20
▲ Sternberger Seenland
4 (E 1/5-1/7) 5 (A+B+E+L 1/4-31/10)
AKZ. 1/4-19/5 3/6-18/6 1/9-31/10

Trassenheide — Seite 93 — 689 — € 20
▲ Ostseeblick****
5 (A 28/3-1/11) (B+E 15/5-15/9) (F 1/4-31/10) (H 29/5-15/9) (K 15/5-15/9)
AKZ. 28/3-9/4 14/4-20/5 25/5-29/5 2/6-11/6 1/9-30/9

Ückeritz — Seite 93 — 690 — € 18
▲ Naturcamping Hafen Stagnieß
5 (A+E 1/4-31/10)
AKZ. 4/5-19/5 25/5-27/5 2/6-30/6 1/9-30/9

Ummanz — Seite 93 — 691 — € 20
▲ Ostseecamp. Suhrendorf GmbH****
4 (E 1/7-31/8) 5 (B 1/5-30/9) (E+F+H+I+K+L 9/4-31/10)
AKZ. 9/4-21/6 1/9-31/10

Ausführliche Redaktionseinträge: Seite 86 bis 93

Deutschland

Waren (Müritz)
CampingPlatz Ecktannen — Seite 93 · 692 · € 20
(A 1/1-31/12) (B+E+K 1/4-30/10)
AKZ. 1/1-18/5 4/6-19/6 1/9-31/12

Wesenberg
Am Weissen See★★★★ — Seite 93 · 693 · € 18
(A+B 30/3-11/10) (E 1/7-31/8) (F+H+K 30/3-11/10)
AKZ. 30/3-9/4 14/4-20/5 24/5-29/5 2/6-27/6 18/8-11/10

Wooster Teerofen
Camping Oase Waldsee — Seite 94 · 694 · € 12
(A+B+E 1/4-31/10)
AKZ. 1/4-19/5 2/6-30/6 1/9-30/10

Zislow ★★
Wald- u. Seeblick Camp GmbH — Seite 94 · 695 · € 18
(A 1/1-31/12) (B+E 15/4-15/9) (K 1/4-30/9)
AKZ. 1/1-18/5 2/6-19/6 22/8-31/12 14=12

Zwenzow
Zwenzower Ufer★★★★ — Seite 95 · 696 · € 16
(A+C+E+F 30/3-1/11)
AKZ. 30/3-9/4 14/4-20/5 24/5-29/5 2/6-27/6 18/8-1/11

Zwenzow
FKK-Camping Am Useriner See★★★★ — Seite 95 · 697 · € 18
(A+C+H 30/3-1/11)
AKZ. 30/3-9/4 14/4-20/5 24/5-29/5 2/6-27/6 18/8-1/11

Sachsen-Anhalt

Bergwitz/Kemberg ★★
Bergwitzsee Resort — Seite 96 · 698 · € 18
(A+B 1/1-31/12) (E+F 1/5-2/10) (H 1/5-30/10) (L 1/5-2/10)
AKZ. 1/1-19/5 2/6-30/6 1/9-30/12

Harzgerode/OT Neudorf ★★
Ferienpark Birnbaumteich★★★ — Seite 96 · 699 · € 20
(A+B 1/1-31/12) (E+F+H+K 1/4-30/9)
AKZ. 1/1-15/7 1/9-30/12

Havelberg ★★
Campinginsel Havelberg — Seite 97 · 700 · € 20
(A 1/3-31/10) (E+H+K 1/4-30/9)
AKZ. 1/3-10/4 15/4-19/5 2/6-25/6 7/9-30/10

Naumburg ★★
Campingplatz Blütengrund — Seite 97 · 701 · € 20
(A+B+F+H+K 1/4-31/10)
AKZ. 1/1-18/5 2/6-5/7 14/9-31/12 7=6, 14=12, 21=18

Plötzky/Schönebeck
Ferienpark Plötzky — Seite 97 · 702 · € 20
(E 1/1-31/12) (A+B 1/4-31/10) (E+F+G+H+L 1/1-31/12)
AKZ. 1/1-3/4 14/4-29/4 4/5-14/5 2/6-14/7 1/9-31/12

Schlaitz (Muldestausee)
Heide-Camp Schlaitz GbR — Seite 97 · 703 · € 20
(E 1/5-30/9) (A+B 1/3-3/10) (E+F+L 1/1-31/12)
AKZ. 1/1-19/5 2/6-30/6 1/9-31/12

Süplingen/Haldensleben
Campingplatz Alte Schmiede★★★ — Seite 98 · 704 · € 18
(A+B+F+L 15/4-15/10)
AKZ. 15/4-30/6 1/9-15/10

Brandenburg

Altglobsow
Ferienhof Altglobsow — Seite 99 · 705 · € 14
(E 1/6-30/9) (A+F+K+L 1/1-31/12)
AKZ. 4/1-9/4 14/4-19/5 23/5-29/5 2/6-25/6 1/9-26/12

Beetzseeheide/Gortz
Flachsberg — Seite 99 · 706 · € 16
AKZ. 1/4-30/6 18/8-31/10

Berlin-Schmöckwitz ★★
CP Krossinsee 1930 GmbH★★★ — Seite 99 · 707 · € 20
(A+B 1/4-31/10) (H+L 1/1-31/12)
AKZ. 1/1-3/4 20/4-20/5 3/6-26/6 24/8-31/12

Ferchesar
Campingpark Buntspecht★★★★ — Seite 100 · 708 · € 20
(A+B 1/4-15/10) (E 1/7-31/8) (F+H+L 1/4-15/10)
AKZ. 1/4-10/4 15/4-19/5 2/6-30/6 1/9-15/10

Grünheide
Grünheider CP am Peetzsee GmbH — Seite 100 · 709 · € 20
AKZ. 3/4-12/7 30/8-29/9

Ketzin ★★
Campingplatz An der Havel — Seite 101 · 710 · € 20
(A 4/4-30/10)
AKZ. 4/4-18/5 2/6-30/6 1/9-29/10

Lauchhammer
Themencp Grünewalder Lauch★★★★ — Seite 101 · 711 · € 20
(A+B+E+F+K 1/4-1/11)
AKZ. 1/4-20/5 1/6-15/6 1/9-1/11

Lübbenau/Hindenberg
Spreewald-Natur CP "Am See"★★★★ — Seite 102 · 712 · € 20
(E 1/7-31/8) (A+B+F+H+K+L 1/1-31/12)
AKZ. 1/1-5/4 20/4-15/5 14/6-10/7 1/9-31/12

Märkische Heide/Groß Leuthen
Eurocamp Spreewaldtor★★★★★ — Seite 102 · 713 · € 20
(E 1/7-31/8)
(A+B 1/4-16/11,11/12-31/12) (F+K 1/4-31/10)
(B 1/5-30/9)
AKZ. 1/1-20/5 1/6-30/6 18/8-16/11 13/12-31/12

Ortrand
ErlebnisCamping Lausitz — Seite 102 · 714 · € 18
(A+B 1/1-31/12) (E 1/5-30/9) (A 15/5-15/9)
AKZ. 1/1-14/5 12/6-30/6 1/9-31/12

Ausführliche Redaktionseinträge: Seite 93 bis 102

Deutschland

Wusterhausen/Dosse — Seite 104 — 715 — € 20
▲ Wusterhausen★★★★
5 (A+B+E+F+G+H+K 1/4-31/10)
6 (A 15/5-31/8) (E 1/4-31/10)
AKZ. 1/4-10/4 14/4-19/5 2/6-25/6 1/9-30/10

Sachsen

Altenberg — Seite 105 — 716 — € 18
▲ Kleiner Galgenteich
5 (A 1/1-31/12) (K 1/6-30/9) 6 (A 16/6-16/9)
AKZ. 1/1-1/6 1/9-31/12

Bad Lausick — Seite 105 — 717 — € 14
▲ Landidyll
5 (A 1/1-31/12)
AKZ. 2/1-29/3 12/4-17/5 1/6-6/7 6/9-20/12

Bautzen — Seite 105 — 718 — € 20
▲ Natur- und Abenteuercamping
5 (A+B 1/4-31/10)
AKZ. 1/4-9/4 20/4-20/5 8/6-30/6 1/9-31/10

Boxberg — Seite 105 — 719 — € 20
▲ CP Sternencamp Bärwalder See★★★★
5 (A+B+E+F+H+K 1/4-31/10)
AKZ. 1/4-8/4 20/4-17/5 8/6-15/7 1/9-31/10

Dresden — Seite 105 — 720 — € 18
▲ Dresden-Mockritz
5 (A+B 1/1-31/1,1/3-31/12) (F 1/4-31/10) (K 1/1-31/1,1/3-31/12)
6 (B 1/5-31/8)
AKZ. 1/4-30/6 1/9-31/12

Großschönau — Seite 106 — 721 — € 20
▲ Trixi Park
4 (E 1/1-31/12) 5 (A+B+E+F+H+I+L 1/1-31/12)
6 (A 1/5-30/9) (E+G 1/1-31/12)
AKZ. 1/1-9/4 19/4-20/5 2/6-20/6 5/9-10/10 31/10-31/12

Leipzig — Seite 106 — 722 — € 20
▲ Knaus Campingpark Leipzig Auensee
5 (A+B 1/1-31/12)
AKZ. 1/1-11/3 15/3-20/5 14/6-29/6 1/9-31/12

Leupoldishain/Königstein — Seite 106 — 723 — € 20
▲ Nikolsdorfer Berg
5 (A+B 1/4-31/10)
AKZ. 1/4-8/4 13/4-29/5 1/6-30/6 1/9-31/10

Pirna — Seite 107 — 724 — € 20
▲ Waldcamping Pirna-Copitz
AKZ. 8/4-19/5 8/6-5/7 31/8-5/10

Pöhl — Seite 107 — 725 — € 20
▲ Talsperre Pöhl, CP Gunzenberg★★★★
4 (E 27/3-1/11) 5 (A+B 1/5-30/9) (E+F+K+L 27/3-1/11)
AKZ. 27/3-17/5 15/6-30/6 31/8-1/11

Seiffen ☼☼ — Seite 108 — 726 — € 18
▲ Ferienpark Seiffen
5 (A+B+F+H+K+L 1/1-31/12)
AKZ. 1/1-8/7 25/8-31/12

Thüringen

Catterfeld ☼☼ — Seite 109 — 727 — € 20
▲ Paulfeld★★★★★
5 (A+B 1/1-31/12) (F+H+K 1/3-1/10)
AKZ. 1/1-5/4 20/4-17/5 2/6-14/7 31/8-20/12

Ettersburg — Seite 109 — 728 — € 18
▲ Bad-Camp Ettersburg
5 (A+B 1/4-31/10)
AKZ. 1/4-11/4 14/4-20/5 2/6-30/6 1/9-31/10

Frankenhain ☼☼ — Seite 109 — 729 — € 20
▲ Oberhof Camping
5 (A+B 1/1-31/12) (F+K 9/4-22/10)
AKZ. 13/1-4/4 3/5-18/5 7/6-1/7 7/9-12/10 9/11-21/12 14=11

Hohenfelden — Seite 110 — 730 — € 18
▲ Stausee Hohenfelden★★★★
5 (A+B 1/5-30/9) (K 1/6-15/9) (L 15/3-31/5,16/9-31/12)
AKZ. 1/1-20/5 2/6-30/6 1/9-31/12

Jena — Seite 110 — 731 — € 18
▲ CP Jena unter dem Jenzig
5 (A 1/3-31/10) (E 1/5-30/9) 6 (A+F 15/5-15/9)
AKZ. 1/3-20/5 15/6-30/6 1/9-30/10

Pahna — Seite 110 — 732 — € 20
▲ See-Camping Altenburg-Pahna★★★★
5 (A+C+E+F+K 1/4-31/10)
AKZ. 1/1-15/5 3/6-2/7 7/9-31/12

Weberstedt ☼☼ — Seite 110 — 733 — € 20
▲ Am Tor zum Hainich★★★★
5 (A+B 1/1-24/12) 6 (F 1/1-24/12)
AKZ. 1/1-19/5 2/6-30/6 1/9-24/12 7=5

Nordrhein-Westfalen

Attendorn/Biggen — Seite 111 — 734 — € 18
▲ Hof Biggen
5 (A+C+E+F+H+L 1/1-31/12)
AKZ. 1/1-1/7 18/8-31/12

Barntrup — Seite 112 — 735 — € 18
▲ Ferienpark Teutoburgerwald Barntrup★★★★
4 (E 1/6-15/9) 5 (A 1/4-5/10) 6 (B+G 1/5-15/9)
AKZ. 1/4-19/5 24/5-28/5 2/6-6/7 23/8-5/10

Bielefeld — Seite 112 — 736 — € 20
▲ CampingPark Bielefeld
5 (A+C 1/4-30/9) (G 15/4-31/10) (H 15/4-15/10)
AKZ. 1/3-6/3 15/4-18/5 15/6-29/6 1/9-19/10

Deutschland

Brilon — Seite 112 — 737 — € 18
△ Camping & Ferienpark Brilon
④ (E 1/1-19/10,20/12-31/12)
⑤ (A+H+K+L 1/1-19/10,20/12-31/12)
AKZ. 6/1-19/5 24/5-28/5 3/6-10/6 14/6-15/7 1/9-17/10

Dülmen — Seite 113 — 738 — € 16
△ Brockmühle
⑤ (B 1/5-1/10) (H 1/4-30/11) ⑥ (A 15/5-15/9)
AKZ. 1/3-30/6 1/9-1/12

Extertal — Seite 114 — 739 — € 16
△ Campingpark Extertal****
⑤ (A+B+E+F+H+K 1/4-31/10)
AKZ. 1/1-30/6 1/9-31/12

Extertal/Bösingfeld ⚥ — Seite 114 — 740 — € 16
△ Bambi****
⑤ (A 1/1-31/12)
AKZ. 1/1-14/7 1/9-31/12

Extertal/Meierberg — Seite 114 — 741 — € 16
△ Camping & Ferienpark Buschhof
⑤ (A 1/5-30/9) (F+H+K 1/1-31/12) ⑥ (A+F 1/5-15/9)
AKZ. 1/1-1/6 1/9-31/12

Höxter — Seite 116 — 742 — € 18
△ Wesercamping Höxter***
⑤ (A+B+E+F 15/4-15/10) (H 1/4-15/10) (K 15/4-15/10)
⑥ (B 1/5-30/9)
AKZ. 1/1-26/4 3/5-15/5 24/5-29/5 14/6-3/7 1/9-31/12

Ladbergen — Seite 116 — 743 — € 18
△ Regenbogen Ferienanlage Ladbergen
⑤ (A+B+E+F+K 28/3-1/11)
AKZ. 28/3-8/4 15/4-18/5 3/6-19/6 29/8-1/11

Lemgo — Seite 117 — 744 — € 20
△ Campingpark Lemgo
⑤ (A 1/4-30/9) ⑥ (B+E+G 1/3-23/12)
AKZ. 1/3-6/4 15/4-18/5 15/6-29/6 1/9-19/10

Lienen ⚥ — Seite 117 — 745 — € 18
△ Eurocamp
⑤ (K 1/1-31/12)
AKZ. 1/1-9/4 15/4-20/5 3/6-15/7 1/9-31/12

Meinerzhagen — Seite 118 — 746 — € 16
△ Seeblick
⑤ (A+B 22/3-9/10) (E+F 5/4-9/10)
AKZ. 1/4-19/5 15/6-28/6 18/8-7/10

Meschede (Hennesee) — Seite 118 — 747 — € 20
△ Knaus Campingpark Hennesee*****
⑤ (A+B+E+F+H+L 1/1-8/11,18/12-31/12)
⑥ (E 1/1-8/11,18/12-31/12)
AKZ. 5/1-20/5 14/6-29/6 1/9-8/11

Monschau/Imgenbroich — Seite 118 — 748 — € 20
△ Zum Jone-Bur****
④ (E 1/1-31/12) ⑤ (F+H+K 1/4-31/12) ⑥ (F 15/6-15/9)
AKZ. 1/1-9/4 14/4-20/5 25/5-29/5 2/6-29/6 18/8-31/12

Monschau/Perlenau — Seite 118 — 749 — € 20
△ Perlenau****
⑤ (A 1/7-31/8) (B 15/5-15/9) (H 1/4-31/10)
AKZ. 1/4-19/5 15/6-10/7 1/9-31/10

Sassenberg ⚥ — Seite 120 — 750 — € 18
△ Münsterland Eichenhof*****
⑤ (A 1/1-31/12) (B 30/3-26/10) (E+F+L 1/1-20/1,18/2-31/12)
AKZ. 1/1-4/4 20/4-30/4 4/5-20/5 2/6-10/6 15/6-25/6 18/8-31/12

Sassenberg — Seite 120 — 751 — € 20
△ Campingpark Heidewald*****
⑤ (A 1/4-31/10) (B 1/2-30/11)
AKZ. 1/2-19/5 15/6-15/7 1/9-30/11

Tecklenburg/Leeden — Seite 121 — 752 — € 20
△ Regenbogen Ferienanlage Tecklenburg
⑤ (A 10/4-31/10) (B+E+F 15/4-31/10) (K 10/4-31/10)
AKZ. 28/3-8/4 15/4-18/5 3/6-19/6 29/8-1/11

Wesel/Flüren ⚥ — Seite 122 — 753 — € 18
△ Campingplatz Grav-Insel
④ (E 26/6-10/8) ⑤ (A 1/1-31/12) (C 1/1-15/1,15/3-31/12)
(E+F 1/1-31/12) (H 5/2-31/12) (L 1/1-31/12)
AKZ. 1/5-30/6 7/9-30/9

Wettringen — Seite 122 — 754 — € 20
△ Camping Haddorfer Seen****
⑤ (A+B+E+F+H+K 1/4-31/10)
AKZ. 1/3-3/4 20/4-17/5 25/5-29/5 15/6-26/6 27/8-31/12

Winterberg/Niedersfeld — Seite 123 — 755 — € 18
△ Camping Vossmecke
④ (E 1/1-31/12) ⑤ (A+B+E+F+H+K+L 1/1-31/12)
AKZ. 7/1-13/7 1/9-18/12

Hessen

Alheim/Licherode — Seite 124 — 756 — € 16
△ Alte Mühle
⑤ (A+F+H+K 1/4-1/10)
AKZ. 1/4-1/7 18/8-1/10 7=6

Eschwege — Seite 126 — 757 — € 20
△ Knaus Campingpark Eschwege*****
④ (E 1/7-2/8) ⑤ (A 1/3-30/10) (B+E+F+H+K 1/3-8/11)
AKZ. 1/3-20/5 14/6-29/6 1/9-7/11

Eschwege/Meinhard — Seite 126 — 758 — € 18
△ Campingplatz Meinhardsee
⑤ (A 1/4-31/8) (B 1/4-31/10) (E+F 1/6-31/8) (L 1/2-31/12)
⑥ (A 1/1-31/12)
AKZ. 1/1-19/5 15/6-28/6 31/8-31/12

Ausführliche Redaktionseinträge: Seite 112 bis 126

Deutschland

Fischbachtal ⛺ — Seite 126 — 759 — € 18
△ Odenwaldidyll
5️⃣ (A+B+E+F+G+H+I+K 1/4-25/10) 6️⃣ (A 12/5-13/9)
AKZ. 1/4-30/6 18/8-25/10 7=6, 14=12

Fuldatal/Knickhagen ⛺ — Seite 126 — 760 — € 18
△ Fulda-Freizeitzentrum
5️⃣ (A+B+F+H+L 1/1-31/12)
AKZ. 1/1-7/7 25/8-31/12

Fürth (Odenwald) — Seite 127 — 761 — € 20
△ Nibelungen-CP am Schwimmbad
5️⃣ (A+B+H 3/4-20/10) 6️⃣ (B+G 15/5-15/9)
AKZ. 3/5-19/5 14/6-30/6 1/9-30/9

Gedern — Seite 127 — 762 — € 20
△ Campingplatz Am Gederner See
4️⃣ (E 1/3-31/10) 5️⃣ (A+B+E+F+G+H+L 1/1-31/12)
AKZ. 1/1-30/4 4/5-20/5 24/5-30/5 2/6-10/6 15/6-1/7 1/9-31/12

Greifenstein/Beilstein — Seite 127 — 763 — € 18
△ Ulmbachtalsperre
4️⃣ (E 1/4-15/10) 5️⃣ (A+B+E+F+H 1/4-15/10)
AKZ. 1/4-5/4 19/4-20/5 24/5-29/5 2/6-9/6 15/6-18/6 18/8-15/10

Hirschhorn/Neckar — Seite 128 — 764 — € 20
△ Odenwald Camping Park
5️⃣ (A+C+F+H+L 1/4-5/10) 6️⃣ (B 2/6-10/9)
AKZ. 1/4-16/5 14/6-30/6 18/8-5/10

Hünfeld — Seite 128 — 765 — € 20
△ Knaus Cppark Hünfeld Praforst*****
4️⃣ (E 1/6-31/10) 5️⃣ (A 1/4-30/9) (B 1/1-31/12) (F 1/1-31/10)
(G 1/3-30/11) (K 1/1-31/12) (L 1/1-30/10,1/11-31/12)
AKZ. 1/1-20/5 14/6-29/6 1/9-31/12

Kirchheim/Waldhessen — Seite 129 — 766 — € 20
△ Seepark*****
4️⃣ (E 1/7-31/8) 5️⃣ (A+B+E+F+H+K+L 1/1-31/12)
6️⃣ (E+G 1/1-31/12)
AKZ. 1/1-31/3 1/5-16/5 14/6-30/6 1/9-31/12

Lindenfels/Schlierbach — Seite 129 — 767 — € 18
△ Terrassen Camping Schlierbach
5️⃣ (A+B 1/4-31/10)
AKZ. 15/4-30/4 4/5-20/5 15/6-30/6 1/9-25/10

Naumburg (Edersee) — Seite 130 — 768 — € 18
△ Camping in Naumburg****
5️⃣ (A+E+F 1/1-31/12) (H 1/6-31/8)
6️⃣ (B 1/5-30/9) (G 1/6-30/9)
AKZ. 1/1-17/5 25/5-30/6 19/7-2/8 1/9-31/12

Oberweser/Gieselwerder ⛺ — Seite 130 — 769 — € 18
△ Camping Gieselwerder
4️⃣ (E 1/7-15/9) 5️⃣ (A+B+E+F+G+H+L 28/3-31/10)
6️⃣ (B+G 15/5-2/9)
AKZ. 28/3-17/5 15/6-3/7 24/8-31/10 7=6, 14=12

Oberweser/Oedelsheim — Seite 130 — 770 — € 18
△ Campen am Fluss****
5️⃣ (A+E+F+K 1/4-31/10) 6️⃣ (E+G 1/4-31/10)
AKZ. 1/4-5/4 14/4-17/5 12/6-28/6 1/9-30/9 5/10-30/10

Schlüchtern/Hutten — Seite 130 — 771 — € 16
△ Hutten-Heiligenborn
5️⃣ (A+B+L 1/1-31/12) 6️⃣ (**A**+**F** 1/6-15/9)
AKZ. 15/3-5/7 22/8-31/10

Weiterstadt/Gräfenhausen — Seite 131 — 772 — € 18
△ Am Steinrodsee
5️⃣ (A+G+H 1/1-31/12)
AKZ. 1/5-20/5 15/6-28/6 1/9-30/9 19/10-31/10

Witzenhausen — Seite 132 — 773 — € 18
△ Campingplatz Werratal
4️⃣ (E 1/1-31/12) 5️⃣ (A+B+H 1/1-31/12)
6️⃣ (**B**+**G** 15/5-15/9)
AKZ. 1/1-30/6 1/9-31/12

Koblenz

Ahrbrück — Seite 133 — 774 — € 20
△ Camping Denntal****
5️⃣ (A+B+F+L 1/4-1/11)
AKZ. 1/4-9/4 14/4-30/4 4/5-20/5 2/6-10/6 15/6-15/7 1/9-1/11

Alf ⛺ — Seite 133 — 775 — € 12
△ Moselcampingplatz Alf
4️⃣ (E 3/4-1/11) 5️⃣ (A+B+E+F 3/4-1/11)
AKZ. 3/4-9/4 13/4-19/5 25/5-28/5 1/6-9/6 15/6-3/7 14/9-1/11

Bullay (Mosel) — Seite 133 — 779 — € 18
△ Bären-Camp****
5️⃣ (A+B+F+K 9/4-8/11) (L 18/4-31/10)
AKZ. 9/4-5/7 23/8-8/11

Bürder — Seite 134 — 780 — € 18
△ Zum stillen Winkel*****
5️⃣ (A+B+F 1/4-1/11)
AKZ. 1/4-19/5 3/6-9/6 15/6-10/7 1/9-1/11

Burgen — Seite 134 — 781 — € 18
△ Camping Burgen****
5️⃣ (A+B 3/4-18/10) 6️⃣ (A 31/5-1/9)
AKZ. 3/4-17/5 15/6-5/7 24/8-17/10

Burgen — Seite 134 — 782 — € 20
△ Knaus Campingpark Burgen/Mosel
5️⃣ (A+B+E+F+H+K+L 1/4-18/10) 6️⃣ (B 15/5-15/9)
AKZ. 1/4-20/5 14/6-29/6 1/9-18/10

Dausenau — Seite 134 — 783 — € 20
△ Lahn Beach
5️⃣ (A+G+H 1/4-31/10)
AKZ. 1/4-17/5 15/6-10/7 27/8-31/10

Ausführliche Redaktionseinträge: Seite 126 bis 134

Deutschland

Diez an der Lahn — Seite 134 — 784 — € 18
▲ Oranienstein
5 (A+B+E+F+H+K 1/4-25/10) 6 (F 1/4-25/10)
AKZ. 30/4-18/5 14/6-29/6 31/8-29/9

Ediger/Eller — Seite 134 — 787 — € 18
▲ Zum Feuerberg
4 (E 1/4-31/10) 5 (H 1/4-31/10) 6 (A 19/5-30/9)
AKZ. 1/4-20/5 24/5-29/5 2/6-10/6 15/6-30/6 1/9-11/9 14/9-31/10

Girod — Seite 135 — 791 — € 18
▲ Eisenbachtal
4 (E 1/7-15/9) 5 (A 1/7-15/8) (B+L 1/1-31/12)
AKZ. 1/4-15/7 1/9-30/9

Guldental — Seite 136 — 792 — € 20
▲ Campingpark Lindelgrund
5 (A+L 15/4-15/10)
AKZ. 15/3-20/5 7/6-5/7 30/8-25/10

Hausbay/Pfalzfeld — Seite 136 — 793 — € 18
▲ Country CP Schinderhannes★★★
5 (A+B 1/1-31/12) (F+L 1/3-20/10)
AKZ. 1/1-28/6 23/8-31/12

Kreuzberg/Altenahr — Seite 136 — 797 — € 20
▲ Viktoria Station★★★★
4 (E 1/5-1/10) 5 (A+H 1/4-31/10)
AKZ. 1/5-20/5 2/6-30/6 1/9-30/9

Lahnstein — Seite 137 — 798 — € 18
▲ Wolfsmühle
5 (A 15/4-30/9) (B+E+H+K 1/4-1/11)
AKZ. 15/3-5/7 22/8-1/11

Lingerhahn — Seite 137 — 801 — € 20
▲ CP und Mobilheimpark Am Mühlenteich★★★★
4 (E 1/7-15/8) 5 (A+F+H+L 1/1-31/12) 6 (A 1/1-31/12)
AKZ. 1/1-21/6 7/9-31/12

Mendig — Seite 137 — 802 — € 18
▲ Siesta
5 (A+B+H 1/4-31/10)
AKZ. 1/4-30/6 1/9-31/10

Oberwesel — Seite 138 — 805 — € 18
▲ Schönburgblick
5 (A 14/3-1/11) (E+F 10/4-3/10)
AKZ. 14/3-4/4 13/4-20/5 1/6-11/7 1/9-6/9 20/9-1/11

Pommern — Seite 138 — 807 — € 18
▲ Pommern
5 (A+B+E+F 1/4-31/10) (G 15/4-15/10) (H 1/4-31/10) (L 15/4-15/10)
6 (A+F 1/5-15/9)
AKZ. 1/4-4/7 22/8-31/10

Pünderich — Seite 139 — 808 — € 18
▲ Moselland
5 (A+B+E+F+H 30/3-25/10)
AKZ. 30/3-30/6 1/9-25/10

Schweppenhausen ★★ — Seite 139 — 814 — € 18
▲ Aumühle
5 (A+E+F+H+K 1/4-31/10)
AKZ. 1/4-30/6 1/9-31/10

Seck — Seite 139 — 815 — € 20
▲ Camping Park Weiherhof★★★★★
4 (E 1/7-31/8) 5 (A+C+E+F+H+L 1/1-31/10)
AKZ. 1/4-8/4 19/4-20/5 14/6-27/6 23/8-30/9 5/10-25/10

Senheim am Mosel — Seite 139 — 816 — € 18
▲ Holländischer Hof★★★★
4 (E 9/4-26/10) 5 (A+C+E+F+G+H+K+L 9/4-26/10)
AKZ. 9/4-6/7 14/9-26/10

Treis-Karden — Seite 140 — 820 — € 20
▲ Mosel-Islands Camping★★★★★
5 (A+F+H+K+L 1/4-1/11)
AKZ. 1/4-30/6 1/9-1/11

Wassenach/Maria Laach — Seite 141 — 823 — € 20
▲ Camping Laacher See★★★★
4 (E 1/4-27/9)
5 (A 1/4-27/9) (B 1/5-1/9) (E+F+I+K+L 1/4-27/9)
AKZ. 19/4-20/5 25/5-29/5 2/6-10/6 15/6-19/6 1/9-27/9

Trier

Bollendorf — Seite 142 — 778 — € 18
▲ Altschmiede★★★★
4 (E 1/7-21/8) 5 (A 1/5-21/8) (B 1/6-21/8) (E 6/7-18/8) (F 1/6-21/8) (H 1/4-31/10)
6 (B 1/6-31/8)
AKZ. 1/4-19/5 2/6-9/6 15/6-3/7 28/8-31/10

Dockweiler — Seite 142 — 785 — € 18
▲ Campingpark Dockweiler Mühle
AKZ. 1/1-21/5 8/6-5/7 24/8-31/12

Echternacherbrück — Seite 142 — 786 — € 18
▲ Cppark Freibad Echternacherbrück
4 (E 1/7-31/8)
5 (A+C+E+F+G 1/4-15/10) (H 1/5-30/9) (K 1/5-1/9)
6 (B+F 1/5-15/9)
AKZ. 1/4-20/5 15/6-5/7 28/8-15/10

Erden — Seite 142 — 788 — € 20
▲ Erden
5 (A+B+E+F+H+K 4/4-25/10)
AKZ. 4/4-4/7 8/9-26/9 5/10-24/10

Ausführliche Redaktionseinträge: Seite 134 bis 142

Deutschland

Gerolstein — Eifelblick / Waldferienpark Gerolstein**** — Seite 143 — 789 — € 18
5 (A+E+F+H+K+L 1/1-31/12) 6 (E 1/1-31/12)
AKZ. 1/1-5/7 1/9-31/12

Gillenfeld — Feriendorf Pulvermaar — Seite 143 — 790 — € 16
4 (E 1/4-30/11)
5 (A 1/3-1/12) (B 1/1-31/12) (E+F 21/4-1/12) (H 1/3-1/12)
AKZ. 1/1-19/5 2/6-9/6 15/6-2/7 30/8-31/12

Heidenburg — Moselhöhe**** — Seite 144 — 794 — € 18
5 (A 1/4-1/11) (H 1/4-1/10) (L 1/4-1/11)
AKZ. 1/4-30/6 1/9-31/10

Irrel — Nimseck*** — Seite 144 — 795 — € 16
5 (A 15/6-15/8) (E+F 1/6-15/8) (H+L 14/3-1/11)
6 (B 15/6-31/8)
AKZ. 14/3-6/7 24/8-1/11 *7=6, 14=12*

Irrel — Südeifel — Seite 144 — 796 — € 16
4 (E 1/7-31/8) 5 (A+E+H+K 1/5-30/9)
AKZ. 1/4-6/7 24/8-31/10 *7=6, 14=12*

Langsur/Metzdorf — Alter Bahnhof*** — Seite 144 — 799 — € 18
5 (A 1/5-1/10) (B+F+H+L 1/3-31/12)
AKZ. 1/3-1/7 1/9-31/12

Leiwen — Landal Sonnenberg***** — Seite 145 — 800 — € 18
4 (E 27/3-6/11) 5 (A+C+E+F+K+L 27/3-6/11)
6 (E+G 27/3-6/11)
AKZ. 27/3-16/4 1/5-28/5 1/6-5/6 26/6-9/7 28/8-1/10

Neuerburg — Camping in der Enz**** — Seite 145 — 803 — € 18
5 (A 16/3-31/10) (E+F 1/6-31/8) (K 5/4-30/9)
6 (B+G 15/5-1/9)
AKZ. 1/4-4/7 22/8-31/10

Oberweis — Prümtal-Camping Oberweis***** — Seite 145 — 804 — € 20
4 (E 15/5-30/8)
5 (A+B 1/1-31/12) (E 1/6-21/8) (F+G+H+K+L 1/1-31/12)
6 (B+G 1/5-1/9)
AKZ. 1/1-4/7 23/8-31/12

Saarburg — Landal Warsberg**** — Seite 146 — 809 — € 18
4 (E 1/7-31/8) 5 (A+C+E+F+K+L 27/3-6/11)
6 (E+G 27/3-6/11)
AKZ. 27/3-16/4 1/5-21/5 12/6-9/7 28/8-5/11

Saarburg — Camping Leukbachtal*** — Seite 146 — 810 — € 18
AKZ. 28/3-9/4 17/4-20/5 14/6-10/7 28/8-25/10

Saarburg — Waldfrieden**** — Seite 146 — 811 — € 18
5 (A+B 1/3-3/11) (E+F 1/4-15/10) (H 1/3-3/11)
AKZ. 1/3-4/7 22/8-3/11

Schweich — Zum Fährturm — Seite 146 — 813 — € 18
5 (A+E+F+H+L 11/4-17/10) 6 (B+G 1/5-30/9)
AKZ. 11/4-30/6 18/8-17/10

Stadtkyll — Landal Wirfttal**** — Seite 146 — 818 — € 16
4 (E 1/1-31/12) 5 (A+C+F+H+K+L 1/1-31/12)
6 (E+G 1/1-31/12)
AKZ. 3/1-16/4 1/5-21/5 12/6-2/7 28/8-8/10 23/10-31/12

Traben-Trarbach ⚑ — Moselcamping Rissbach**** — Seite 147 — 819 — € 20
5 (A+B+E+F+H+K+L 3/4-31/12) 6 (B+F 15/5-15/9)
AKZ. 3/4-9/4 13/4-19/5 25/5-28/5 1/6-9/6 15/6-3/7 14/9-20/11

Waxweiler — Campingpark Eifel***** — Seite 147 — 824 — € 20
5 (A 30/3-31/10) (B 15/5-15/9) (E+F+K 30/3-31/10)
6 (B 15/5-15/9)
AKZ. 1/4-10/7 27/8-31/10

Waxweiler/Heilhausen — Heilhauser Mühle — Seite 148 — 825 — € 16
4 (E 1/7-15/8) 5 (A+F 1/7-31/8) (H 1/4-31/10) (L 1/7-31/8)
AKZ. 1/4-30/6 18/8-31/10

Rheinhessen-Pfalz

Bacharach — Sonnenstrand — Seite 148 — 776 — € 18
5 (A+B+F+H+K 30/3-31/10)
AKZ. 30/3-20/5 1/6-12/7 29/8-31/10

Bad Dürkheim — Knaus Cppark Bad Dürkheim**** — Seite 148 — 777 — € 20
5 (A+C+F 15/3-30/11) (G 15/3-31/12) (H+L 15/3-30/11)
AKZ. 1/1-20/5 25/5-28/5 14/6-29/6 1/9-10/9 14/9-17/9 21/9-31/12

Otterberg — Gänsedell — Seite 149 — 806 — € 16
5 (G 1/1-31/12)
AKZ. 1/1-9/4 14/4-31/5 2/6-1/7 15/9-31/12

Schönenberg-Kübelberg — Ohmbachsee**** — Seite 149 — 812 — € 20
5 (A+B+E+F+H+L 1/1-31/12) 6 (A+F 1/6-31/8)
AKZ. 1/5-19/5 2/6-9/6 15/6-4/7 21/8-31/12 *7=6, 14=11*

Sippersfeld — Naturcp Pfrimmtal**** — Seite 150 — 817 — € 20
4 (E 1/7-15/8) 5 (A+B+K+L 1/3-30/11)
AKZ. 1/4-9/4 20/4-20/5 25/5-29/5 2/6-10/6 15/6-30/6 1/9-30/9

Ausführliche Redaktionseinträge: Seite 143 bis 150

Deutschland

Trippstadt
▲ CP Freizeitzentrum Sägmühle***** — Seite 150 — 821 — €18
🄱 (A 1/3-31/10,18/12-31/12) (B+F+H+K+L 1/3-31/10)
AKZ. 1/1-20/5 24/5-29/5 1/6-10/6 14/6-4/7 22/8-1/11 18/12-24/12

Waldfischbach
▲ Clausensee**** — Seite 150 — 822 — €20
🄱 (A+C+E+F+H+K 1/4-31/10)
AKZ. 2/1-3/4 2/5-17/5 14/6-30/6 1/9-30/11

Wolfstein
▲ Camping am Königsberg**** — Seite 150 — 826 — €20
🄴 (E 20/3-31/10) 🄱 (A+B+E+F+G+H+L 20/3-31/10)
🄶 (B 15/5-15/9)
AKZ. 20/3-30/6 1/9-31/10

Saarland

Rehlingen/Siersburg
▲ Siersburg**** — Seite 152 — 827 — €18
🄱 (A+F+K 1/4-31/10)
AKZ. 1/4-15/7 1/9-31/10

Karlsruhe

Bad Liebenzell
▲ Campingpark Bad Liebenzell — Seite 153 — 831 — €20
🄱 (E+F+K 1/1-31/12) 🄶 (B+F 15/5-15/9)
AKZ. 1/1-30/6 1/9-31/12

Binau
▲ Fortuna Camping am Neckar**** — Seite 153 — 833 — €20
🄱 (A+B+E+F 1/4-30/10) (H 1/4-25/10) (L 1/4-30/10)
🄶 (B 1/6-30/8)
AKZ. 1/4-29/4 3/5-19/5 14/6-30/6 1/9-30/10

Eberbach
▲ Eberbach — Seite 154 — 836 — €18
🄱 (A+B+F+H+L 1/4-1/11) 🄶 (B 15/6-30/9) (E+F 1/4-1/11)
AKZ. 1/4-19/5 3/6-9/6 16/6-28/6 1/9-1/11

Hemsbach (Bergstraße)
▲ Wiesensee**** — Seite 154 — 842 — €20
🄴 (E 1/1-31/12)
🄱 (A 15/3-15/10) (E+F+G+H+K+L 1/1-31/12)
🄶 (B 1/5-15/9)
AKZ. 1/1-5/4 3/5-18/5 14/6-30/6 1/9-31/12

Horb am Neckar
▲ Schüttehof — Seite 154 — 845 — €18
🄱 (A+B 1/1-31/12) (F+L 1/3-31/10) 🄶 (A+F 1/6-15/9)
AKZ. 1/3-30/6 1/9-30/10

Neckargemünd
▲ Friedensbrücke — Seite 155 — 851 — €20
🄱 (A+B+E+F+I+K 1/4-18/10)
AKZ. 1/4-30/4 4/5-20/5 25/5-28/5 2/6-10/6 15/6-30/6 1/9-18/10

Neckarzimmern
▲ Cimbria — Seite 155 — 852 — €20
🄱 (A+E+F+H+K+L 1/4-30/10) 🄶 (B 15/5-30/9)
AKZ. 1/4-20/5 25/5-1/6 15/6-15/7 12/9-30/10

Neubulach
▲ Camping Erbenwald — Seite 155 — 853 — €20
🄴 (E 1/7-31/8) 🄱 (A+B+E+F+L 1/1-31/12)
🄶 (B 1/6-31/8) (G 1/5-30/9)
AKZ. 1/1-29/5 15/6-19/6 1/9-30/9

Schömberg/Langenbrand
▲ Höhencamping-Langenbrand**** — Seite 156 — 858 — €18
🄱 (C+E 1/1-31/12)
AKZ. 10/1-30/6 1/9-20/12

Wildberg
▲ Camping Carpe Diem*** — Seite 157 — 872 — €18
🄱 (A+F 1/4-1/10) (H 1/5-8/9) (K+L 1/5-13/9)
🄶 (A 1/7-31/8)
AKZ. 1/4-2/7 1/9-30/9 **7=6**

Freiburg

Allensbach/Markelfingen
▲ Willam**** — Seite 158 — 829 — €20
🄱 (A+B+F+H+K+L 1/4-3/10)
AKZ. 1/4-20/5 14/6-12/7 1/9-3/10

Bad Bellingen/Bamlach
▲ Lug ins Land-Erlebnis**** — Seite 158 — 830 — €20
🄴 (E 12/7-6/9) 🄱 (A 15/3-15/11) (C 15/3-30/11)
(E+F 1/3-1/11) (G 1/3-30/11) (L 15/3-15/11)
🄶 (B+F 7/4-31/10)
AKZ. 1/1-1/4 4/5-19/5 15/6-1/7 1/9-31/12

Bodman-Ludwigshafen
▲ Campingplatz Schachenhorn — Seite 158 — 834 — €20
🄱 (A+B+L 20/3-10/10)
AKZ. 15/3-20/5 15/6-10/7 1/9-15/10

Engen im Hegau
▲ Campingplatz Sonnental — Seite 159 — 837 — €16
🄱 (A 1/1-31/12) (E+F+H+K+L 1/3-31/12) 🄶 (**A** 1/5-1/10)
AKZ. 1/1-31/5 8/6-15/7 1/9-31/12

Freiburg
▲ Freiburg Camping Hirzberg — Seite 159 — 838 — €20
🄱 (A 1/4-31/10) (B+F+L 1/1-31/12)
AKZ. 7/1-3/4 3/5-20/5 25/5-29/5 14/6-30/6 7/9-23/10 1/11-20/12

Freiburg/Hochdorf
▲ Tunisee Camping — Seite 160 — 839 — €20
🄱 (A+B+E+F 1/4-31/10) (L 1/4-16/10)
AKZ. 1/4-5/7 30/8-30/10

Gaienhofen/Horn ✱✱
▲ Campingplatz Horn — Seite 160 — 840 — €20
🄱 (A+B+F+G+H+L 1/4-4/10)
AKZ. 20/4-19/5 15/6-5/7 1/9-4/10

Ausführliche Redaktionseinträge: Seite 150 bis 160

Deutschland

Grafenhausen/Rothaus — Rothaus Camping — Seite 160 — 841 — € 18
🅕 (A+B+F+H+L 1/1-31/12)
AKZ. 1/1-30/6 1/9-31/12

Herbolzheim — TerrassencP Herbolzheim**** — Seite 160 — 843 — € 20
🅕 (A+B+L 9/4-3/10) 🆖 (B 15/5-15/9) (F 18/4-3/10)
AKZ. 9/4-5/7 30/8-3/10

Oberried — Kirnermartes Hof — Seite 163 — 854 — € 20
🅕 (A 1/1-31/12) (H 1/4-31/10) (K 1/4-30/10)
AKZ. 1/1-3/4 19/4-20/5 25/5-29/5 14/6-12/7 1/9-2/10 11/10-31/12

Orsingen — CP und Ferienpark Orsingen**** — Seite 164 — 856 — € 20
🅕 (A+C 15/3-10/11) (E 1/4-8/9) (F+H+L 1/4-3/11)
🆖 (B+G 1/4-8/9)
AKZ. 15/3-5/4 19/4-20/5 15/6-27/6 1/9-10/11

Simonswald — Schwarzwaldhorn**** — Seite 166 — 860 — € 20
🅔 (E 1/4-20/10)
🅕 (A+B 1/4-20/10) (E 1/6-20/10) (H 1/5-20/10)
🆖 (B+G 15/5-15/9)
AKZ. 1/4-1/7 1/9-20/10

St. Peter — Steingrubenhof — Seite 166 — 862 — € 18
🅔 (E 1/7-31/8)
🅕 (A+H+L 1/1-10/1,20/3-20/10,20/12-31/12)
AKZ. 20/3-10/4 14/4-21/5 25/5-30/5 2/6-11/6 15/6-6/7 31/8-20/10

Staufen — Belchenblick — Seite 166 — 863 — € 20
🅕 (A 1/1-31/12) (C 1/1-10/11,15/12-31/12) (E 15/1-10/11)
🆖 (A 1/5-15/9) (E 1/1-10/11,15/12-31/12) (F 1/5-15/9)
AKZ. 1/1-18/5 15/6-12/7 1/9-31/12

Sulzburg — Sulzbachtal***** — Seite 166 — 864 — € 20
🅔 (E 1/7-31/8) 🅕 (A+B+E+F+K 1/1-31/12) 🆖 (A 1/5-30/9)
AKZ. 1/1-7/4 19/4-4/7 30/8-31/12

Tengen — Hegi Familien Camping***** — Seite 167 — 865 — € 20
🅕 (A+B+H+L 10/1-18/12) 🆖 (A+E+G 10/1-18/12)
AKZ. 10/1-3/4 3/5-18/5 24/5-29/5 14/6-30/6 3/9-30/9 2/11-18/12

Titisee — Sandbank**** — Seite 167 — 866 — € 20
🅕 (A+B+F+H+K 4/4-18/12)
AKZ. 3/5-18/5 24/5-29/5 14/6-30/6 3/9-30/9 2/11-18/12

Todtnau/Muggenbrunn — Hochschwarzwald*** — Seite 167 — 867 — € 18
🅕 (A+B+F+L 1/1-31/12)
AKZ. 2/3-5/7 6/9-6/12

Wahlwies/Stockach — Campinggarten Wahlwies — Seite 168 — 868 — € 18
🅕 (A+B+H 1/1-14/11,15/12-31/12)
AKZ. 1/1-3/7 1/9-14/11 15/12-31/12

Willstätt/Sand — Europa Camping Sand — Seite 168 — 873 — € 18
🅕 (A+F+L 20/3-1/11)
AKZ. 20/3-8/6 7/9-1/11

Stuttgart

Aichelberg — Aichelberg*** — Seite 168 — 828 — € 18
🅕 (A+B 4/4-4/10) (E 1/6-30/9) (F 30/5-30/9) (H 4/4-4/10)
(L 30/5-30/9)
AKZ. 4/4-26/6 7/9-4/10

Creglingen/Münster — Cp. Romantische Strasse — Seite 169 — 835 — € 18
🅕 (A+B 4/4-8/11) (F+L 1/4-8/11) 🆖 (E 4/4-8/11)
AKZ. 15/3-27/5 31/5-10/7 31/8-13/11 14=13, 21=19

Hohenstadt — Camping Waldpark Hohenstadt — Seite 169 — 844 — € 20
🅕 (A 1/5-30/9) (F+G+H+L 1/3-31/10)
AKZ. 1/3-30/6 1/9-31/10

Oedheim ♥♥ — Sperrfechter Freizeit-Park — Seite 170 — 855 — € 18
🅕 (A+B 1/1-31/12)
AKZ. 4/5-20/5 24/5-30/5 15/6-30/6 7/9-1/10 7=6, 14=12

Schurrenhof/Donzdorf — Camping Schurrenhof — Seite 170 — 859 — € 18
🅕 (A+B+E+F+H+L 15/3-15/10) 🆖 (A 1/6-30/9)
AKZ. 15/3-30/6 15/9-15/10

Weikersheim/Laudenbach — Schwabenmühle**** — Seite 170 — 869 — € 18
🅔 (E 1/5-30/9) 🅕 (A+H 4/4-6/10)
AKZ. 4/4-7/7 24/8-4/10

Wertheim — Wertheim-Bettingen — Seite 170 — 870 — € 18
🅕 (A+B+F+L 1/4-1/11)
AKZ. 1/4-29/4 3/5-19/5 24/5-28/5 1/6-9/6 14/6-30/6 31/8-31/10

Wertheim/Bestenheid — AZUR Cp-park Wertheim am Main — Seite 171 — 871 — € 20
🅕 (A+F+L 4/4-24/10) 🆖 (B+G 15/5-15/9)
AKZ. 4/4-19/5 15/6-28/6 1/9-23/10

Tübingen

Bad Urach — Pfählhof*** — Seite 171 — 832 — € 18
🅕 (A+B+E+F+L 1/1-31/12)
AKZ. 1/1-1/6 1/9-31/12

Deutschland

Isny im Allgäu
△ Waldbad Camping Isny GmbH**** — Seite 172 — 846 — €20
⑤ (A+E+F+H+K+L 15/3-15/10)
AKZ. 15/3-2/4 20/4-30/4 4/5-20/5 15/6-30/6 1/9-15/10

Kirchberg (Iller)
△ Christophorus**** — Seite 172 — 847 — €20
⑤ (A+B+E 15/4-30/9) (H 1/4-15/10) (L 1/1-31/12)
⑥ (E 1/1-31/12)
AKZ. 1/1-29/5 15/6-30/6 7/9-31/12

Leibertingen/Thalheim
△ Campinggarten Leibertingen — Seite 173 — 848 — €18
⑤ (A+B+E+F+H+K 1/4-23/10) ⑥ (A+F 1/4-23/10)
AKZ. 1/4-16/5 15/6-7/7 24/8-23/10

Machtolsheim
△ Heidehof**** — Seite 174 — 849 — €20
⑤ (A+B+E+F+G+L 1/1-31/12) ⑥ (B+G 15/5-15/9)
AKZ. 29/2-26/6 6/9-30/10

Münsingen
△ Ferienanlage Hofgut Hopfenburg — Seite 174 — 850 — €20
⑤ (A+B 1/1-31/12)
AKZ. 1/1-2/6 1/9-31/12

Salem/Neufrach
△ Gern-Campinghof Salem — Seite 174 — 857 — €18
⑤ (A+B+E+F+H+K 1/4-31/10)
AKZ. 1/4-28/5 15/6-15/7 7/9-31/10

Sonnenbühl/Erpfingen
△ AZUR Rosencp. Schwäbische Alb — Seite 174 — 861 — €20
⑤ (A 1/5-1/10) (B 1/4-31/10) ⑥ (B 15/5-15/9)
AKZ. 1/4-19/5 15/6-28/6 25/8-30/10

Nord-Bayern

Bad Kissingen
△ Knaus Campingpark Bad Kissingen — Seite 176 — 879 — €18
⑤ (A+B+F+L 1/1-31/12)
AKZ. 5/1-20/5 14/6-29/6 1/9-16/12

Bischofsheim an der Rhön
△ Camping Rhöncamping**** — Seite 176 — 880 — €18
⑤ (A+B 1/1-31/10,11/12-31/12) ⑥ (B+G 15/5-1/9)
AKZ. 1/1-15/5 14/6-1/7 1/9-30/10 12/12-31/12

Ebrach
△ Weihersee — Seite 176 — 886 — €20
⑤ (A 5/4-18/10)
AKZ. 5/4-1/6 1/9-18/10

Fichtelberg
△ Fichtelsee***** — Seite 176 — 889 — €20
④ (E 1/1-31/10,6/12-31/12) ⑤ (A+B 1/1-31/10,6/12-31/12)
AKZ. 6/1-2/4 20/4-19/5 15/6-14/7 1/9-31/10

Frickenhausen/Ochsenfurt
△ Knaus Campingpark Frickenhausen — Seite 176 — 890 — €20
⑤ (A 1/4-16/10) (F+L 1/1-31/12) ⑥ (A 1/5-1/10)
AKZ. 1/1-20/5 14/6-29/6 1/9-31/12

Motten/Kothen
△ Rhönperle — Seite 177 — 900 — €20
⑤ (A+B+L 1/4-30/10)
AKZ. 4/5-29/5 15/6-29/6 1/9-30/10

Selb
△ Halali-Park — Seite 178 — 910 — €18
AKZ. 1/4-12/7 1/9-31/10

Stadtsteinach
△ Camping Stadtsteinach — Seite 178 — 913 — €18
⑤ (A+F+H+K+L 1/3-1/11) ⑥ (B+G 15/5-15/9)
AKZ. 1/3-30/6 1/9-31/10

Triefenstein/Lengfurt
△ Main-Spessart-Park***** — Seite 178 — 915 — €20
⑤ (A+B 1/4-31/10) (F+G+H+L 1/1-31/12)
AKZ. 19/4-17/5 14/6-5/7 30/8-1/11

Mittel-Bayern

Geslau
△ Mohrenhof — Seite 181 — 891 — €20
⑤ (A+B 1/1-31/12) (F 1/4-8/11) (H+L 1/4-8/11,27/12-31/12)
AKZ. 7/1-2/4 3/5-19/5 14/6-9/7 1/9-30/9

Gunzenhausen
△ Campingplatz Fischer-Michl — Seite 181 — 893 — €18
⑤ (A+B+E+F+H+K 1/4-31/10)
AKZ. 1/4-20/5 14/6-15/7 1/9-31/10

Hirschau
△ Freizeitpark Monte Kaolino — Seite 182 — 894 — €20
⑤ (A 1/5-30/9) (B+E 15/5-15/9) (F+K 1/5-30/9)
⑥ (B+G 1/5-30/9)
AKZ. 1/1-3/4 20/4-29/5 15/6-10/7 7/9-31/12

Mitterteich
△ Panorama und Wellness Cp. Großbüchlberg***** — Seite 182 — 899 — €20
⑤ (A+B+F+K+L 1/1-31/12)
AKZ. 1/1-15/7 1/9-31/12

Neualbenreuth
△ Campingplatz Platzermühle — Seite 182 — 901 — €16
⑤ (A 1/1-31/12) (L 1/4-31/10)
AKZ. 1/1-15/6 1/9-31/12

Neubäu
△ See-Campingpark Neubäu**** — Seite 182 — 902 — €20
④ (E 1/5-31/10) ⑤ (F+G+L 1/1-31/10)
AKZ. 1/1-30/4 4/5-20/5 25/5-29/5 15/6-26/6 1/9-30/10

Ausführliche Redaktionseinträge: Seite 172 bis 182

Deutschland

Südwest-Bayern

Südost-Bayern

Lackenhäuser — Seite 194 — 897 — € 18
🛖 Knaus Cppark Lackenhäuser★★★★
4️⃣ (E 1/7-15/8) 5️⃣ (A+C+F+L 1/1-8/11,18/12-31/12)
6️⃣ (B 15/5-15/9) (**E**+G 1/1-8/11,18/12-31/12)
AKZ. 5/1-20/5 14/6-29/6 1/9-7/11

Oberwössen — Seite 195 — 903 — € 18
🛖 Litzelau★★★★
5️⃣ (A+B+L 1/1-31/12)
AKZ. 1/1-30/5 15/6-27/6 7/9-14/12

Prien am Chiemsee — Seite 196 — 905 — € 20
🛖 Hofbauer
5️⃣ (A+B 1/4-30/10) (F 30/4-3/10) (H 1/4-30/10)
(K 30/4-3/10)
6️⃣ (B+C+G 1/5-30/9)
AKZ. 1/4-31/5 14/6-29/6 6/9-30/10

Rottenbuch 🚻 — Seite 196 — 907 — € 18
🛖 Terrassen-CP am Richterbichl★★★★
4️⃣ (E 1/7-31/8) 5️⃣ (A+B+E+H 1/1-31/12) (K 1/5-30/9)
AKZ. 12/1-14/7 1/9-20/12

Seefeld am Pilsensee — Seite 197 — 909 — € 20
🛖 Pilsensee
5️⃣ (A 1/5-30/9) (C+E+F 1/4-31/10) (L 1/5-30/9)
AKZ. 1/1-3/4 19/4-20/5 24/5-30/5 14/6-25/6 6/9-31/12

Spatzenhausen/Hofheim — Seite 198 — 912 — € 20
🛖 Brugger am Riegsee
5️⃣ (A+B+E+F+L 3/4-18/10)
AKZ. 19/4-28/5 14/6-26/6 9/9-18/10

Taching am See 🚻 — Seite 198 — 914 — € 18
🛖 Seecamping Taching am See
5️⃣ (A+F+G+K+L 1/5-15/9)
AKZ. 1/4-14/6 1/9-15/10

Viechtach 🚻 — Seite 199 — 916 — € 20
🛖 Adventurecamp 'Schnitzmühle'
4️⃣ (E 1/7-31/8)
5️⃣ (A+B 1/1-31/12) (E 1/7-1/9) (F+H+L 1/1-31/12)
AKZ. 1/1-6/4 18/4-2/6 13/6-14/7 8/9-31/12

Viechtach — Seite 199 — 917 — € 18
🛖 Knaus Campingpark Viechtach★★★★
5️⃣ (A+B 1/1-8/11,18/12-31/12) 6️⃣ (**E** 1/1-8/11,18/12-31/12)
AKZ. 5/1-20/5 14/6-29/6 1/9-7/11

Viechtach/Pirka 🚻 — Seite 199 — 918 — € 18
🛖 Höllensteinsee
5️⃣ (A+B+H 9/4-4/10)
AKZ. 9/4-28/5 15/6-26/6 24/8-4/10

🇨🇭 Schweiz

Westschweiz

Le Landeron — Seite 208 — 939 — € 20
🛖 Des Pêches★★★★
5️⃣ (A+C+F+H+L 1/4-15/10) 6️⃣ (G 15/5-31/8)
AKZ. 1/4-30/6 20/8-15/10

Lignières — Seite 209 — 941 — € 18
🛖 Fraso Ranch★★★★
5️⃣ (A 1/1-30/10) (B 20/5-2/9) (E+F+K 1/1-31/10)
(L 1/1-30/10)
6️⃣ (B+G 1/6-31/8)
AKZ. 1/1-30/6 1/9-31/10

Wallis

Brig — Seite 211 — 925 — € 20
🛖 Geschina★★★★
5️⃣ (A 1/5-18/10) 6️⃣ (**B**+**G** 16/5-6/9)
AKZ. 1/5-5/7 22/8-18/10

La Fouly — Seite 211 — 938 — € 20
🛖 Des Glaciers★★★★
5️⃣ (A 1/6-30/9) (B 16/5-4/10)
AKZ. 16/5-3/7 22/8-4/10

Raron/Turtig 🚻 — Seite 212 — 948 — € 20
🛖 Santa Monica★★★★
4️⃣ (**E** 1/6-30/9) 5️⃣ (A+B+C+E+F+G+H+K+L 8/4-18/10)
6️⃣ (B 19/5-9/9) (G 20/5-10/9)
AKZ. 8/4-7/7 23/8-18/10

Saas-Grund — Seite 212 — 949 — € 20
🛖 Am Kapellenweg★★★
5️⃣ (A+B 20/5-9/10)
AKZ. 20/5-28/6 22/8-9/10

Visp — Seite 214 — 955 — € 20
🛖 CP/Schwimmbad Mühleye★★★★
4️⃣ (**E** 1/7-31/8)
5️⃣ (A 1/4-31/10) (E+F 26/4-8/9) (G+H 1/5-15/9) (K+L 26/4-8/9)
6️⃣ (**B**+**G** 26/4-8/9)
AKZ. 1/4-6/7 24/8-31/10

Berner Oberland

Aeschi/Spiez — Seite 215 — 923 — € 18
🛖 Panorama-Rossern★★★
5️⃣ (A 18/7-31/8)
AKZ. 15/5-1/7 1/9-15/10

Frutigen — Seite 216 — 932 — € 20
🛖 Grassi★★★★
5️⃣ (A 1/7-30/8)
AKZ. 1/1-21/6 6/9-31/12

Ausführliche Redaktionseinträge: Seite 194 bis 216

Schweiz

Gstaad — Bellerive★★★ — Seite 216 — 933 — € 20
5 (A 1/1-31/12)
AKZ. 6/1-30/1 4/3-29/6 20/9-21/12

Innertkirchen — Aareschlucht★★★ — Seite 216 — 935 — € 18
5 (A 15/6-15/9)
AKZ. 1/5-5/7 23/8-31/10

Interlaken/Unterseen — Alpenblick★★★★ — Seite 217 — 936 — € 20
5 (A+B+E+F+H+L 1/1-31/12)
AKZ. 1/1-12/7 1/9-31/12

Krattigen — Stuhlegg★★★★ — Seite 217 — 937 — € 20
5 (A+B+E+F+K 1/1-31/10,1/12-31/12) 6 (B+G 1/5-30/9)
AKZ. 1/1-30/6 1/9-31/12

Meiringen — AlpenCamping★★★★ — Seite 218 — 944 — € 20
5 (A+B 1/1-31/10,1/12-31/12) (E 1/5-30/9,1/12-31/12)
AKZ. 15/4-20/5 2/6-10/7 27/8-31/10

Stechelberg — Breithorn★★★ — Seite 218 — 952 — € 18
5 (A+B 1/1-30/10,15/12-31/12)
AKZ. 1/5-30/6 18/8-30/9

Stechelberg — Rütti★★★ — Seite 218 — 953 — € 18
5 (A+B+E 1/5-30/9)
AKZ. 1/5-29/6 18/8-29/9

Zweisimmen — Vermeille★★★★ — Seite 219 — 957 — € 20
5 (B+H 1/1-31/12) 6 (B+F 1/6-31/8)
AKZ. 6/1-8/2 16/3-16/5 15/6-4/7 24/8-15/12

Ostschweiz

Ottenbach — Reussbrücke★★★★ — Seite 221 — 947 — € 20
5 (A+B+E+F+H+K 4/4-10/10) 6 (A 1/6-15/9)
AKZ. 1/5-20/5 8/6-29/6 1/9-26/9

Winden — Camping Manser★★★ — Seite 221 — 956 — € 20
5 (A+B 15/6-31/8)
AKZ. 1/4-9/4 13/4-21/5 24/5-29/5 1/6-11/6 14/6-3/7 1/9-11/9

Zentralschweiz

Engelberg — Eienwäldli★★★★★ — Seite 222 — 930 — € 20
5 (A+C+E+F+G+H+K 1/1-31/12) (L 1/1-10/11,6/12-31/12)
6 (E+G 1/1-26/4,15/5-31/12)
AKZ. 8/3-4/4 26/4-20/5 24/5-29/5 14/6-21/6 1/9-18/12

Lungern — Obsee★★★ — Seite 222 — 942 — € 20
4 (E 1/7-31/8) 5 (A 15/5-31/10) (B+F+L 1/1-31/12)
AKZ. 1/1-9/4 14/4-20/5 25/5-29/5 2/6-30/6 1/9-23/12

Meierskappel — Campingplatz Gerbe — Seite 223 — 943 — € 18
5 (A+B+E+K 1/3-31/10) 6 (A 15/5-30/9)
AKZ. 1/3-30/6 18/8-31/10

Unterägeri — Unterägeri★★★★ — Seite 224 — 954 — € 20
4 (E 1/6-30/9)
5 (A+B 1/4-31/10) (C 1/4-30/10) (E+F+H+I+K+L 1/4-31/10)
AKZ. 1/1-9/4 12/4-21/5 24/5-29/5 1/6-11/6 14/6-1/7 30/8-31/12

Tessin

Acquarossa — Acquarossa★★ — Seite 225 — 922 — € 20
5 (A 15/6-15/9) (B 1/5-15/10) (H 15/6-15/9) 6 (A 15/6-1/9)
AKZ. 1/5-21/6 1/9-27/9

Cugnasco — Riarena★★★★ — Seite 225 — 928 — € 20
5 (A+B+E+F+G+K+L 13/3-18/10) 6 (A+F 15/5-30/9)
AKZ. 13/3-10/4 14/4-20/5 25/5-29/5 2/6-6/7 23/8-18/10

Gudo — Isola★★★★ — Seite 225 — 934 — € 18
5 (A+B 15/4-30/10) (E 15/3-15/12) (F+G+H+K+L 1/1-31/12)
6 (A 15/5-30/9) (F 1/5-30/9)
AKZ. 1/1-7/7 26/8-31/12

Monteggio — Tresiana★★★★ — Seite 226 — 945 — € 18
5 (A+B+E+F+G+K 28/3-25/10) 6 (A 1/5-30/9) (F 1/5-15/9)
AKZ. 14/4-30/6 1/9-25/10

Graubünden

Andeer — Camping Andeer★★★★ — Seite 228 — 924 — € 20
5 (A 1/1-31/12) (E+H+K 1/1-30/10,1/12-31/12)
6 (B 1/6-31/8) (E 1/1-31/12) (G 1/6-31/8)
AKZ. 1/4-30/6 1/9-15/12

Chur (GR) — CampAu Chur★★★ — Seite 228 — 926 — € 20
5 (A+B+E+F+H+K+L 1/1-31/12)
6 (B 1/5-1/9) (E+G 1/1-31/12)
AKZ. 2/3-9/4 14/4-21/5 2/6-21/6 7/9-13/12

Cinuos-chel/Chapella — Chapella★★ — Seite 228 — 927 — € 18
5 (A+B 1/5-31/10)
AKZ. 1/5-27/6 29/8-31/10

Ausführliche Redaktionseinträge: Seite 216 bis 228

514

Davos Glaris
RinerLodge — Seite 228 — 929 — € 20
5 (A+B+E 1/1-31/12) (H 1/5-30/10) (K 1/1-31/12)
AKZ. 1/5-16/6 15/9-13/10

Filisur
Islas**** — Seite 229 — 931 — € 20
5 (A+B+F+G+H+L 1/4-31/10) 6 (A 1/6-1/9)
AKZ. 1/4-30/6 1/9-31/10

Le Prese
Cavresc*** — Seite 229 — 940 — € 20
5 (A 1/7-1/9) (B 1/1-31/12) (E+G 1/7-1/9) (H 1/4-31/10)
AKZ. 1/4-30/6 24/8-31/10

Müstair
Muglin — Seite 229 — 946 — € 18
5 (A+H+K 30/4-25/10)
AKZ. 30/4-30/6 18/8-25/10

Splügen
Camping Splügen**** — Seite 230 — 950 — € 20
4 (E 1/1-31/12) 5 (A+B+E+H 1/1-31/12)
AKZ. 1/4-30/6 1/9-15/12

Sta Maria
Pè da Munt*** — Seite 230 — 951 — € 18
5 (A+B 21/5-4/10)
AKZ. 29/5-29/6 23/8-4/10

🇦🇹 Österreich

Tirol

Biberwier
Feriencenter Camping Biberhof — Seite 241 — 965 — € 20
5 (A+H+L 1/1-31/12)
AKZ. 18/4-30/6 1/9-15/12

Fieberbrunn
Tirol Camp**** — Seite 242 — 974 — € 20
4 (E 19/5-1/11)
5 (A+C+E+F+H+L 1/1-19/4,19/5-2/11,9/12-31/12)
6 (B 1/6-1/10) (E+G 1/1-19/4,19/5-2/11,9/12-31/12)
AKZ. 19/5-1/7 1/9-2/11

Hall (Tirol)
Schwimmbad CP Hall in Tirol*** — Seite 242 — 980 — € 18
4 (E 1/6-30/8) 5 (A+B+E+F+K 1/5-30/9) 6 (B+G 15/5-15/9)
AKZ. 1/5-30/6 1/9-29/9

Hopfgarten
Camping Reiterhof**** — Seite 243 — 983 — € 18
4 (E 1/5-30/6,1/9-1/11) 5 (A+F+L 1/1-31/12)
AKZ. 14/3-30/6 1/9-31/10

Imst
Aktivcamping Am Schwimmbad — Seite 244 — 984 — € 16
4 (E 1/5-21/9) 5 (A 3/4-18/10) 6 (B+G 15/6-7/9)
AKZ. 3/4-28/6 1/9-18/10

Itter/Hopfgarten
Camping Schlossberg Itter**** — Seite 244 — 986 — € 20
4 (E 1/7-28/8) 5 (A+B+E+F+L 1/1-4/11,1/12-31/12)
6 (B+G 1/5-15/9)
AKZ. 7/1-30/6 1/9-3/11 1/12-20/12

Kals am Großglockner
Nationalparkcamping Kals**** — Seite 244 — 987 — € 20
5 (A+B 1/1-14/4,21/5-18/10,15/12-31/12) (G 1/7-30/9)
AKZ. 7/1-21/2 21/3-14/4 21/5-29/6 1/9-18/10 15/12-23/12

Kramsach (Krummsee)
Seencamping Stadlerhof**** — Seite 244 — 992 — € 20
4 (E 1/1-31/12) 5 (A+B+E+F+L 1/1-31/12)
6 (B 1/1-31/12) (G 1/6-30/9)
AKZ. 1/5-28/6 7/9-31/10

Kramsach (Reintalersee)
Camping Seeblick Toni***** — Seite 244 — 993 — € 20
4 (E 1/1-31/12)
5 (A+C 1/1-31/12) (E 1/6-30/9) (F+L 1/1-31/12)
AKZ. 7/1-30/6 1/9-6/9 21/9-20/12

Kramsach (Reintalersee)
CP und Appartements Seehof***** — Seite 245 — 994 — € 20
4 (E 1/7-31/8) 5 (A+B+E+F+L 1/1-31/12)
AKZ. 7/1-30/6 1/9-15/12

Lienz
Comfort & Wellness CP Falken**** — Seite 246 — 996 — € 20
5 (A+B+E+F+G+H 4/4-12/10)
AKZ. 4/4-29/6 1/9-12/10

Lienz/Amlach
Dolomiten CP Amlacherhof**** — Seite 246 — 997 — € 16
5 (A 1/5-31/10) (B 1/5-15/9) (E+F+H 1/7-31/8)
6 (A 1/6-15/9)
AKZ. 1/4-28/5 13/6-26/6 2/9-30/10 *11=10, 22=20*

Lienz/Tristach
Camping Seewiese**** — Seite 246 — 998 — € 20
5 (A 6/5-19/9) (B+E+H 10/6-31/8)
AKZ. 6/5-20/6 1/9-19/9

Matrei in Osttirol
Edengarten — Seite 246 — 1003 — € 18
5 (E+H+K+L 20/4-15/10)
AKZ. 20/4-1/7 1/9-15/10

Mayrhofen
Alpenparadies Mayrhofen**** — Seite 248 — 1005 — € 18
5 (A+C+E+F+L 1/1-20/10,18/12-31/12)
6 (B+E+G 1/1-20/10,18/12-31/12)
AKZ. 4/5-30/6 1/9-27/9 5/10-17/10

Österreich

Nassereith — Seite 248 — 1009 € 16
▲ Rossbach****
4 (E 1/5-30/10)
5 (A+B 1/1-30/10,15/12-31/12) (E+F+K 1/7-31/8)
6 (B+G 15/5-15/9)
AKZ. 1/3-30/6 1/9-30/10

Neustift — Seite 248 — 1010 € 18
▲ Stubai****
4 (E 10/7-9/10) 5 (A+C+E+F+L 1/1-31/12)
AKZ. 1/5-30/6 1/9-17/10

Pettneu am Arlberg — Seite 248 — 1018 € 20
▲ Arlberglife Ferienresort
4 (E 1/6-30/9) 5 (A+E+G+H+K 1/6-20/9,1/12-31/12)
AKZ. 6/1-31/1 23/3-3/4 13/4-30/6 1/9-18/12

Prutz ⚤ — Seite 249 — 1019 € 18
▲ Aktiv Camping Prutz****
4 (E 1/5-1/10)
5 (A+B 1/1-31/12) (E+F+K 15/5-15/10,20/12-10/4)
AKZ. 18/4-30/6 1/9-19/12 7=6, 14=12, 21=18, 28=24

Ried ⚤ — Seite 250 — 1023 € 18
▲ Dreiländereck****
4 (E 1/1-31/12) 5 (A+C+E+F+G+H+L 1/1-31/12)
AKZ. 5/1-1/2 18/4-30/6 1/9-19/12 14=13, 21=19

Stams ⚤ — Seite 250 — 1033 € 18
▲ Eichenwald
4 (E 10/7-20/8) 5 (A+B 1/1-6/1,1/4-15/10,1/12-31/12)
(E+F+G 1/5-30/9) (H 1/1-6/1,1/4-15/10,1/12-31/12)
(L 1/5-30/9)
6 (B 1/5-30/9) (G 1/5-31/8)
AKZ. 1/4-30/6 1/9-14/10 1/12-31/12

Strassen ⚤ — Seite 251 — 1036 € 18
▲ Camping Lienzer Dolomiten***
5 (A 30/3-30/10) (E+F+H 15/6-31/8) 6 (A 1/7-31/8)
AKZ. 30/3-29/6 1/9-29/10 7=6, 14=12

Waidring — Seite 252 — 1040 € 20
▲ Camping Steinplatte
4 (E 1/7-31/8) 5 (A+B 1/1-1/11,1/12-31/12)
(E+F+G 1/1-31/10,1/12-31/12) (H 1/1-31/12)
(K+L 1/1-31/10,1/12-31/12)
AKZ. 7/1-29/6 1/9-24/12

Walchsee — Seite 252 — 1041 € 20
▲ Ferienpark Terrassencp Süd-See****
4 (E 1/6-1/10) 5 (A 1/1-31/12) (B 12/4-15/10)
(E+F 12/4-15/10,20/12-31/12) (K+L 1/1-31/10,1/12-31/12)
AKZ. 1/4-29/5 15/6-30/6 1/9-18/10

Weer — Seite 252 — 1042 € 18
▲ Alpencamping Mark****
4 (**E** 1/7-31/8)
5 (A+B 1/4-10/10) (E+F 20/5-15/9) (L 1/5-30/9)
6 B+G 1/5-1/10)
AKZ. 1/4-30/6 1/9-10/10

Westendorf — Seite 253 — 1044 € 18
▲ Panoramacamping
4 (**E** 1/6-30/9) 5 (A+B+F+H+L 1/1-19/10,18/12-31/12)
6 (**B**+**G** 20/5-15/9)
AKZ. 4/5-30/6 4/9-17/9

Zell im Zillertal — Seite 253 — 1046 € 18
▲ Campingdorf Hofer
4 (E 1/6-15/9)
5 (A+B 1/1-31/12) (E+F+L 30/5-15/10,15/12-15/4)
6 (D 1/5-15/10)
AKZ. 15/4-30/6 1/9-10/10

Oberösterreich

Grein — Seite 254 — 978 € 20
▲ Grein
5 (A+B+E+F+H+K 1/4-1/10)
AKZ. 1/4-30/6 1/9-1/10

Linz — Seite 254 — 999 € 20
▲ Camping-Linz am Pichlingersee
5 (A+B+E+H+K+L 15/3-15/10)
AKZ. 15/3-20/5 25/5-7/6 2/9-15/10

Mondsee — Seite 254 — 1007 € 20
▲ AustriaCamp
4 (E 1/7-31/8)
5 (A+B+E+F+G+H 1/1-6/1,7/2-1/3,19/3-1/11,6/12-31/12)
(K 1/5-29/9) (L 1/1-6/1,7/2-1/3,19/3-1/11,6/12-31/12)
AKZ. 1/1-6/1 7/2-1/3 19/3-3/4 14/4-20/5 15/6-27/6 1/9-1/11

Mondsee/Tiefgraben — Seite 254 — 1008 € 20
▲ Camp MondSeeLand*****
4 (**E** 1/7-31/8) 5 (A+C+F+G+H+L 4/4-4/10) 6 (B 1/5-30/9)
AKZ. 4/4-29/6 1/9-4/10

Salzburg

Abersee/St. Gilgen — Seite 256 — 958 € 20
▲ CP Birkenstrand Wolfgangsee****
5 (A+B+E+F+G+K 1/4-25/10)
AKZ. 1/4-29/6 1/9-24/10 7=6

Abersee/St. Gilgen — Seite 256 — 959 € 20
▲ Romantik Camp. Wolfgangsee Lindenstrand****
4 (E 1/7-31/8) 5 (A+B 1/4-15/10) (C+G 1/5-30/9)
AKZ. 1/4-29/6 1/9-15/10

Abersee/St. Gilgen — Seite 256 — 960 € 20
▲ Seecamping Primus
4 (E 1/7-1/9) 5 (A 24/4-29/9)
AKZ. 24/4-29/6 1/9-29/9 7=6

Abersee/St. Gilgen — Seite 256 — 961 € 20
▲ Seecamping Wolfgangblick
4 (E 1/6-31/8)
5 (A+C 9/5-9/9) (E+F+G 9/5-31/8) (H 26/4-29/9)
AKZ. 26/4-29/6 1/9-29/9 7=6

Österreich

Maishofen — Seite 258 · 1000 · € 18
△ Neunbrunnen am Waldsee
5 (A+F+G+H+L 1/1-31/12)
AKZ. 1/5-29/6 1/9-30/9

Mauterndorf ⚐
△ Camping Mauterndorf**** — Seite 258 · 1004 · € 20
5 (A+B+F 1/1-31/12) (G 1/12-30/4,1/7-10/9) (H 1/1-31/12) (L 1/12-30/4,1/7-10/9)
6 (B 1/7-31/8)
AKZ. 1/5-30/6 1/9-15/11

Salzburg-Nord
△ Camping Nord-Sam**** — Seite 260 · 1024 · € 20
5 (A+C+H 10/4-11/10) 6 (B 15/5-31/8)
AKZ. 14/4-1/6 1/9-11/10

St. Johann im Pongau
△ Kastenhof — Seite 260 · 1029 · € 20
5 (A+B 1/1-31/12)
AKZ. 1/5-30/6 1/9-15/10

Zell am See
△ Panorama Camp Zell am See — Seite 261 · 1045 · € 20
4 (E 1/7-1/9) 5 (A 1/1-19/10,20/12-31/12) (B+G 1/6-15/9)
AKZ. 4/1-29/6 1/9-19/10

Kärnten

Annenheim ⚐
△ Camping Bad Ossiacher See — Seite 262 · 963 · € 18
4 (E 1/5-15/9) 5 (A+C+E+F+G+H+I+K+L 1/4-15/10)
AKZ. 1/4-17/5 14/6-30/6 1/9-15/10

Dellach im Drautal
△ Camping Am Waldbad — Seite 263 · 967 · € 16
4 (E 1/6-30/9) 5 (A+C+E+F+G+H+K+L 16/4-1/10)
6 (B+G 16/4-1/10)
AKZ. 16/4-29/6 1/9-1/10 7=6, 14=11

Döbriach ⚐
△ Seecamping Mössler — Seite 263 · 970 · € 18
4 (E 1/6-30/9) 5 (A 15/5-30/9) (C+F+G+L 6/5-30/9)
6 (B+G 13/5-30/9)
AKZ. 27/3-30/6 1/9-8/11

Döbriach ⚐
△ Brunner am See — Seite 264 · 968 · € 20
4 (E 1/5-30/10) 5 (A 1/1-31/12) (C+F+G+H+K+L 15/5-30/9)
AKZ. 1/1-30/6 1/9-31/12

Döbriach
△ Happy Camping Golser GmbH — Seite 264 · 969 · € 18
5 (A+B 3/6-30/9)
AKZ. 1/5-30/6 1/9-30/9

Eberndorf
△ Naturisten Feriendorf Rutar Lido — Seite 264 · 971 · € 20
4 (E 1/5-30/9)
5 (A 1/1-31/12) (C 1/5-30/9) (E+F+L 1/1-31/12)
6 (B 1/6-30/9) (E 1/1-31/12) (G 1/5-30/9)
AKZ. 1/3-30/6 1/9-31/10

Faak am See
△ Arneitz — Seite 266 · 972 · € 20
4 (E 5/7-22/8) 5 (A 23/4-30/9) (C+F+G+H+I+L 1/5-20/9)
AKZ. 23/4-30/6 14/9-30/9

Feistritz im Rosental
△ Juritz — Seite 266 · 973 · € 18
4 (E 1/6-30/9) 5 (A+F+H+L 1/5-30/9) 6 (C 1/5-30/9)
AKZ. 1/5-30/6 1/9-30/9

Gösselsdorf
△ Sonnencamp am Gösselsdorfer See — Seite 266 · 977 · € 18
4 (E 25/4-17/10) 5 (A+B 25/4-17/10) (E+F+G+L 1/5-30/9)
AKZ. 25/4-30/6 1/9-17/10

Heiligenblut
△ Nationalpark CP Grossglockner — Seite 266 · 981 · € 20
4 (E 15/6-15/9) 5 (A 1/1-31/12)
(B 1/5-15/10,20/12-20/12) (E+F+G+H+K+L 1/1-31/12)
AKZ. 1/5-29/6 1/9-15/11

Hermagor-Pressegger See
△ Sport-Camping-Flaschberger — Seite 267 · 982 · € 16
4 (E 1/6-30/9) 5 (A+E+F+K 1/1-31/12) 6 (B 25/5-30/9)
AKZ. 1/1-30/6 1/9-31/12

Irschen
△ Rad-Wandercp-Ponderosa*** — Seite 267 · 985 · € 16
4 (E 27/4-30/9) 5 (A+B+E+F+G+H+K 27/4-30/9)
AKZ. 27/4-29/6 1/9-29/9

Keutschach am See
△ Strandcamping Süd — Seite 268 · 989 · € 20
5 (A+B+E+F+H+L 1/5-30/9)
AKZ. 1/5-15/5 24/5-10/6 14/6-26/6 4/9-30/9

Kötschach/Mauthen ⚐
△ Alpencamp Kärnten**** — Seite 269 · 991 · € 20
4 (E 1/1-31/3,1/5-15/10) 5 (A 1/1-4/11,15/12-31/12)
(B 1/5-31/10) (E+F+G+L 1/1-4/11,15/12-31/12)
AKZ. 7/1-29/6 1/9-3/11

Malta
△ Terrassencamping Maltatal***** — Seite 270 · 1001 · € 20
4 (E 1/6-1/10) 5 (A+C+E+F+G+H+L 27/4-7/10)
6 (B+G 1/6-15/9)
AKZ. 12/4-30/6 1/9-20/10

Millstatt/Dellach ⚐
△ Neubauer — Seite 270 · 1006 · € 18
5 (A 1/5-13/10) (F 15/5-15/9) (G 1/7-31/8) (K 15/5-15/9)
AKZ. 1/5-30/6 1/9-13/10

Ausführliche Redaktionseinträge: Seite 258 bis 270

Österreich

Oberdrauburg ⛺
Natur- & Familiencp Oberdrauburg — Seite 270 — 1011 — € 16
4 (E 1/5-30/9) **5** (A 3/6-31/8) (G+H+L 8/6-31/8)
6 (B+G 8/6-31/8)
AKZ. 1/5-29/6 1/9-29/9

Ossiach
Kalkgruber — Seite 270 — 1013 — € 16
5 (A 26/4-26/9)
AKZ. 26/4-30/6 1/9-25/9 **10=9, 20=18, 30=27**

Ossiach
Kölbl — Seite 270 — 1014 — € 20
4 (E 1/7-31/8)
5 (A+B 10/4-10/10) (E+F+G 1/5-30/9) (L 1/6-30/9)
AKZ. 10/4-29/6 1/9-29/9

Ossiach
Terrassen Camping Ossiacher See — Seite 271 — 1016 — € 20
4 (E 1/7-30/8) **5** (A+C 1/5-30/9) (F+G+H+I+L 15/5-15/9)
AKZ. 1/5-29/6 1/9-29/9

Ossiach
Ideal Camping Lampele**** — Seite 272 — 1015 — € 20
5 (A+C+E+F+G+H+L 15/5-15/9) **6** (E 1/5-30/9)
AKZ. 1/5-30/6 1/9-30/9

Pesenthein ⛺
Terrassencamping Pesenthein — Seite 272 — 1017 — € 20
5 (A+H+L 10/4-30/9)
AKZ. 10/4-30/6 1/9-30/9

Reisach
Alpenferienpark Reisach — Seite 272 — 1021 — € 18
5 (A 1/5-4/10) (B 1/5-15/9) (G+H+K+L 1/5-4/10)
6 (A+F 1/6-15/9)
AKZ. 1/5-30/6 1/9-4/10

Rennweg am Katschberg
Ramsbacher — Seite 272 — 1022 — € 18
4 (E 1/6-30/9) **5** (A+F+H+L 1/1-31/12) **6** (B+F 15/6-1/9)
AKZ. 11/4-30/6 1/9-30/11

Sankt Kanzian
Camping Breznik - Turnersee — Seite 272 — 1025 — € 18
4 (E 5/4-27/9)
5 (A+C 5/4-27/9) (E+F+G 24/5-10/9) (L 1/6-10/9)
AKZ. 5/4-30/6 1/9-27/9

Schiefling am Wörthersee
Camping Weisses Rössl — Seite 273 — 1026 — € 20
5 (A+B 20/4-6/10) (E 1/5-30/9) (F+L 20/4-6/10)
AKZ. 20/4-30/4 3/5-20/5 25/5-29/5 3/6-1/7 1/9-6/10

St. Georgen am Längsee
Wieser Längsee — Seite 273 — 1028 — € 18
5 (A 1/5-1/10)
AKZ. 1/5-30/6 1/9-1/10

St. Michaël
Petzencamping Pirkdorfer See — Seite 273 — 1030 — € 18
4 (E 1/5-30/9) **5** (A+F+L 1/1-31/12)
AKZ. 5/1-30/1 23/2-30/6 1/9-20/12

Steindorf
Seecamping Laggner**** — Seite 274 — 1034 — € 18
5 (A+E+F+H+K 10/5-22/9)
AKZ. 10/5-30/6 1/9-22/9

Steindorf/Stiegl ⛺
Seecamping Hoffmann**** — Seite 274 — 1035 — € 18
4 (E 1/5-30/9)
5 (A+B 1/5-30/9) (E 1/7-7/9) (F+H+L 1/5-30/9)
AKZ. 1/5-30/6 1/9-30/9

Techendorf (Weißensee)
Knaller — Seite 274 — 1037 — € 18
5 (E+F 15/6-10/9)
AKZ. 9/5-28/6 5/9-11/10

Wertschach bei Nötsch
Alpenfreude — Seite 276 — 1043 — € 18
4 (E 1/7-25/8) **5** (C 1/5-30/9) (E+F+G+H+I+K+L 15/5-15/9)
6 (B+G 1/6-31/8)
AKZ. 1/5-30/6 1/9-30/9

Niederösterreich/Wien

Kaumberg
Paradise Garden — Seite 277 — 988 — € 18
5 (B+K 1/4-30/9)
AKZ. 9/4-30/6 1/9-30/9

Klosterneuburg
Donaupark Camping Klosterneuburg — Seite 277 — 990 — € 20
5 (A+B+F+K 30/3-16/11)
AKZ. 30/3-30/6 1/9-16/11

Krems (Donau)
Donau Camping Krems — Seite 277 — 995 — € 20
5 (A+B+E 1/4-27/10)
AKZ. 1/4-30/6 1/9-26/10

Marbach an der Donau
Marbacher Freizeitzentrum — Seite 277 — 1002 — € 20
5 (A+B 2/4-26/10)
AKZ. 2/4-30/6 1/9-26/10

St. Pölten
Camping am See — Seite 279 — 1032 — € 20
5 (A 15/4-31/10)
AKZ. 15/4-19/5 27/5-30/6 1/9-31/10

Traisen
▲ Terrassen-Camping Traisen — Seite 279 — 1038 — € 20
4 (E 1/7-31/8)
5 (A 1/6-30/9) (B 1/3-1/10) (E 12/5-10/9) (H 1/3-1/10)
6 (B 15/5-30/9)
AKZ. 1/3-20/6 1/9-1/10

Tulln an der Donau
▲ Donaupark Camping Tulln — Seite 279 — 1039 — € 20
5 (B+E+F+K+L 15/4-14/10)
AKZ. 1/4-30/6 1/9-15/10

Steiermark/Burgenland

Aigen (Ennstal)
▲ Putterersee — Seite 280 — 962 — € 20
5 (A+B+E+F+G+H+K 1/5-30/9)
AKZ. 15/4-30/6 1/9-30/9

Bad Waltersdorf ✶✶
▲ Thermenland CP Rath & Pichler — Seite 281 — 964 — € 20
5 (A+B 1/1-31/12)
AKZ. 7/1-3/4 15/4-20/5 24/5-29/5 2/6-30/6 21/9-22/10 2/11-22/12

Burgau
▲ Camping Schloss Burgau — Seite 281 — 966 — € 16
5 (A 1/4-31/10) **6** (A 1/4-31/10)
AKZ. 1/4-30/6 1/9-30/10

Fisching/Weißkirchen
▲ 50plus Cppark Fisching✶✶✶✶ — Seite 281 — 975 — € 20
4 (**E** 15/4-15/10) **5** (A+E+F+H+L 15/4-15/10)
AKZ. 15/4-27/6 1/9-15/10

Fürstenfeld ✶✶
▲ Thermenland Cp Fürstenfeld✶✶✶✶ — Seite 282 — 976 — € 18
4 (E 1/4-15/11) **5** (A+H 1/4-15/11) (I+L 1/5-31/10)
6 (A+F 1/5-31/10)
AKZ. 1/4-19/6 14/9-15/11

Großlobming
▲ Murinsel — Seite 282 — 979 — € 20
5 (A 1/4-31/10) (E+F+G+L 1/5-30/9)
AKZ. 1/4-30/6 1/9-31/10

Oggau (Burgenland)
▲ Oggau — Seite 283 — 1012 — € 20
5 (A+B+F+K+L 1/4-31/10) **6** (**A**+**F** 15/5-1/9)
AKZ. 1/5-28/5 3/6-30/6 1/9-30/9

Purbach
▲ CP Storchencamp Purbach — Seite 283 — 1020 — € 16
5 (A+B+E+F+H+L 1/4-26/10) **6** (**B**+**G** 1/5-30/8)
AKZ. 1/5-1/7 1/9-1/10

St. Georgen am Kreischberg
▲ Olachgut✶✶✶✶✶ — Seite 284 — 1027 — € 20
4 (E 1/7-31/8) **5** (A+B+F+H+K 1/1-31/12)
AKZ. 5/1-1/2 1/3-4/4 14/4-29/5 14/6-30/6 1/9-31/10 1/12-20/12

St. Peter am Kammersberg
▲ Bella Austria✶✶✶✶ — Seite 284 — 1031 — € 18
5 (A+B 1/6-31/8) (F+H+L 23/4-27/9) **6** (A+F 15/6-31/8)
AKZ. 23/4-1/7 1/9-26/9

🇳🇱 Niederlande

Nord-Holland

Akersloot/Alkmaar
▲ De Boekel — Seite 291 — 125 — € 18
5 (A+B 1/1-31/12)
AKZ. 1/1-24/4 6/5-20/5 1/6-17/6 21/6-10/7 31/8-31/12

Alkmaar
▲ CP Alkmaar/Camperpark Alkmaar — Seite 292 — 126 — € 20
5 (A 1/4-1/10)
AKZ. 2/5-6/5 9/5-19/5 2/6-10/6 22/6-1/7 1/9-1/10

Amsterdam
▲ Camping de Badhoeve — Seite 292 — 127 — € 20
5 (A+B+E+F+H+K+L 3/4-28/9)
AKZ. 3/4-9/4 14/4-20/5 24/5-29/5 2/6-8/7 25/8-28/9

Amsterdam
▲ Gaasper Camping Amsterdam — Seite 292 — 128 — € 20
5 (A+C 1/1-4/1,15/3-1/11,28/12-31/12) (E+F+G+H+K 1/4-1/11)
AKZ. 16/3-5/4 6/5-17/5 10/6-30/6 1/9-11/10

Callantsoog
▲ De Nollen — Seite 293 — 129 — € 20
5 (A+C+E+F 4/4-25/10)
AKZ. 4/4-10/4 14/4-20/5 25/5-29/5 2/6-10/6 24/8-25/10

Callantsoog
▲ Tempelhof — Seite 293 — 130 — € 20
5 (A+C+E+F+H+L 27/3-25/10) **6** (E+G 27/3-25/10)
AKZ. 1/1-9/4 14/4-19/5 2/6-11/6 14/6-4/7 23/8-31/12

Callantsoog
▲ Vakantiepark Callassande — Seite 293 — 131 — € 16
5 (A+C+E+F+G+H+K+L 27/3-30/10) **6** (D+G 27/3-30/10)
AKZ. 27/3-3/4 10/5-20/5 2/6-10/6 15/6-10/7 31/8-25/10

Castricum
▲ Kennemer Duincp Geversduin — Seite 293 — 132 — € 20
4 (E 24/4-4/5,3/7-24/8) **5** (A+B 27/3-30/10)
(E+G+H 24/4-4/5,3/7-24/8) (I 24/4-4/5,3/6-24/8)
(K+L 24/4-4/5,3/7-24/8)
AKZ. 27/3-23/4 11/5-19/5 25/5-28/5 2/6-9/6 15/6-2/7 30/8-24/10

Castricum aan Zee
▲ Kennemer Duincamping Bakkum — Seite 293 — 133 — € 20
4 (E 24/4-11/5,3/7-31/8) **5** (A+C+E+F+G+H+K 27/3-25/10)
AKZ. 27/3-23/4 11/5-19/5 25/5-28/5 2/6-9/6 15/6-2/7 30/8-24/10

Niederlande

De Cocksdorp (Texel)
▲ Duinpark & CP De Robbenjager Texel Seite 294 **134** € 20
5 (A+E+F+L 1/4-23/10)
AKZ. 1/4-10/4 2/5-20/5 2/6-10/6 14/6-20/6 29/8-10/10

De Cocksdorp (Texel) ⚐
▲ Vakantiepark De Krim Texel Seite 294 **135** € 20
4 (E 1/1-31/12) **5** (A+C+E+F+G+H+I+L 1/1-31/12)
6 (B+E 1/1-31/12)
AKZ. 6/1-9/4 10/5-20/5 2/6-23/6 1/9-18/12

Den Helder
▲ De Donkere Duinen Seite 294 **136** € 18
AKZ. 14/4-19/5 24/5-28/5 1/6-3/7 20/8-13/9

Den Hoorn ⚐
▲ Camping Loodsmansduin Seite 295 **137** € 20
5 (A+E+H+L 26/3-25/10) **6** (B+G 1/5-1/10)
AKZ. 26/3-9/4 10/5-20/5 2/6-23/6 1/9-25/10

Edam
▲ Strandbad Edam Seite 295 **138** € 18
5 (A+E+F+H+K+L 27/3-4/10) **6** (F 15/4-15/9)
AKZ. 27/3-20/5 2/6-3/7 24/8-4/10

Egmond aan Zee
▲ Kustcamping Egmond aan Zee Seite 295 **139** € 20
5 (A+C+E+F+G+H+K+L 1/1-31/12) **6** (B+G 10/4-25/9)
AKZ. 2/3-3/4 10/5-20/5 2/6-10/6 15/6-10/7 31/8-31/12

Hoorn/Berkhout
▲ 't Venhop Seite 295 **140** € 20
5 (A+B 1/1-31/12) (E+F+H+K+L 1/4-1/10)
AKZ. 1/1-23/4 4/5-19/5 2/6-2/7 19/8-31/12

Julianadorp aan Zee
▲ De Zwaluw Seite 295 **142** € 18
5 (E+K 27/3-27/10)
AKZ. 27/3-19/5 2/6-3/7 24/8-27/10

Julianadorp aan Zee
▲ Ardoer camping 't Noorder Sandt Seite 296 **141** € 18
5 (A+B+E+F+H+L 28/3-25/10) **6** (E+G 28/3-25/10)
AKZ. 28/3-4/4 19/4-25/4 3/5-19/5 2/6-4/7 30/8-25/10

Petten
▲ Corfwater Seite 296 **143** € 20
5 (A+B 13/3-1/11)
AKZ. 13/3-9/4 13/4-20/5 14/6-26/6 31/8-1/11

Schoorl
▲ Kampeerterrein Buitenduin Seite 296 **144** € 20
4 (E 1/7-1/9)
AKZ. 27/3-24/4 11/5-19/5 4/6-30/6 1/9-25/10

St. Maartenszee
▲ Ardoer Camping St. Maartenszee Seite 297 **145** € 18
5 (A+C+F+G+H+K+L 28/3-27/9)
AKZ. 28/3-4/4 18/4-24/4 2/5-19/5 2/6-3/7 30/8-27/9

Vogelenzang
▲ Familiecamping Vogelenzang Seite 298 **146** € 18
5 (A+C+E+F+G+H+L 28/3-2/10) **6** (B+F 15/5-15/9)
AKZ. 28/3-23/4 27/4-28/4 12/5-19/5 2/6-3/7 31/8-2/10

Warmenhuizen
▲ Landschapscamping de Kolibrie Seite 298 **147** € 18
5 (A 28/3-10/10)
AKZ. 28/3-24/4 11/5-20/5 2/6-2/7 31/8-10/10

Süd-Holland

Brielle ⚐
▲ Camp. Jachthaven de Meeuw Seite 299 **148** € 16
5 (B+E+F+K 27/3-26/10)
AKZ. 27/3-9/4 14/4-23/4 4/5-19/5 2/6-2/7 31/8-25/10

Delft
▲ Vakantiepark Delftse Hout Seite 299 **149** € 20
4 (E 1/4-31/10)
5 (A 1/4-1/10) (C 1/4-31/10) (E+F+H+L 1/4-1/10)
6 (B+G 1/5-15/9)
AKZ. 27/3-10/4 3/5-20/5 1/6-6/7 23/8-1/11

Den Haag
▲ Kampeerresort Kijkduin Seite 300 **150** € 20
5 (A+C+E+F+G+H+K+L 1/1-31/12) **6** (E+G 1/1-31/12)
AKZ. 1/1-3/4 10/5-20/5 2/6-10/6 15/6-10/7 31/8-31/12

Hellevoetsluis
▲ 't Weergors Seite 300 **151** € 18
5 (C 1/5-1/9) (E 1/4-15/9) (L 27/3-2/11) **6** (F 15/5-15/9)
AKZ. 27/3-20/5 25/5-29/5 2/6-10/7 28/8-1/11

Melissant ⚐
▲ Elizabeth Hoeve Seite 300 **152** € 16
AKZ. 15/3-2/7 30/8-30/10 **14=12, 21=18, 28=24**

Nieuwe-Tonge ⚐
▲ de Grevelingen Seite 301 **153** € 18
5 (E 30/6-31/8)
AKZ. 13/3-24/4 6/5-18/5 2/6-2/7 28/8-31/10

Noorden
▲ Koole Kampeerhoeve Seite 301 **154** € 18
AKZ. 27/3-17/5 5/6-28/6 31/8-30/9

Noordwijk
▲ De Carlton Seite 301 **155** € 18
AKZ. 25/5-29/5 2/6-1/7 1/9-1/10

Noordwijk
▲ De Duinpan Seite 301 **156** € 20
5 (A 1/1-31/12)
AKZ. 1/1-9/4 25/5-29/5 2/6-4/7 31/8-31/12

Niederlande

Noordwijkerhout ⚐
▲ Op Hoop van Zegen
Seite 302 **157** € 16
5 (A 15/3-15/10)
AKZ. 13/3-22/4 26/4-19/5 1/6-2/7 23/8-1/11

Ouddorp
▲ Camping Port Zélande
Seite 302 **158** € 20
5 (A+C+E+F+G+H+I+L 1/1-31/12) **6** (**B**+E+G 1/1-31/12)
AKZ. 6/1-13/2 2/3-2/4 4/5-19/5 3/6-25/6 1/9-8/10 2/11-17/12

Ouddorp
▲ RCN Vakantiepark Toppershoedje
Seite 302 **159** € 20
5 (A+C+E+F+H+K+L 27/3-2/11)
AKZ. 27/3-20/5 26/5-29/5 3/6-25/6 29/6-15/7 1/9-2/11

Rijnsburg
▲ Vakantiepark Koningshof
Seite 302 **160** € 20
5 (A+C+E+F+H+L 4/4-25/10) **6** (B 15/5-15/9) (E+G 21/3-31/10)
AKZ. 21/3-9/4 4/5-20/5 2/6-4/7 22/8-31/10

Rockanje
▲ Midicamping Van der Burgh
Seite 302 **161** € 16
5 (A 1/7-31/8)
AKZ. 1/1-24/4 11/5-20/5 25/5-29/5 2/6-10/7 31/8-31/12

Rockanje
▲ Molecaten Park Rondeweibos
Seite 303 **162** € 18
5 (A+C+E+F+L 30/3-15/9) **6** (B+F 1/5-31/8)
AKZ. 27/3-24/4 4/5-20/5 25/5-29/5 2/6-10/6 15/6-9/7 26/8-31/10

Rockanje
▲ Molecaten Park Waterbos
Seite 303 **163** € 18
5 (A+B 27/3-31/10) (E+K 15/6-15/9) **6** (B+G 30/4-1/9)
AKZ. 27/3-24/4 4/5-20/5 25/5-29/5 2/6-10/6 15/6-9/7 26/8-31/10

Zevenhuizen
▲ Recreatiepark De Koornmolen
Seite 303 **164** € 16
5 (A 20/7-31/8) (E+F 27/4-10/5,20/7-31/8) (K+L 1/4-29/9)
6 (E 1/4-29/9)
AKZ. 1/4-9/4 14/4-24/4 11/5-19/5 25/5-28/5 2/6-14/7 31/8-27/9

Zeeland

Aagtekerke
▲ Ardoer camping Westhove
Seite 304 **165** € 18
5 (A+C+E+K 27/3-25/10) **6** (E+G 27/3-25/10)
AKZ. 27/3-10/4 3/5-20/5 25/5-29/5 2/6-4/7 22/8-25/10

Baarland
▲ Ardoer comfortcp Scheldeoord
Seite 304 **166** € 18
4 (E 9/7-26/7) **5** (A+C+E+F+H+K 27/3-1/11)
6 (B 19/4-15/9) (E+G 27/3-1/11)
AKZ. 27/3-20/5 25/5-29/5 2/6-10/7 29/8-1/11

Brouwershaven
▲ Den Osse
Seite 304 **167** € 18
5 (A+B+E+K 3/4-25/10) **6** (B+G 8/5-31/8)
AKZ. 3/4-9/4 14/4-20/5 2/6-10/6 15/6-24/6 24/8-25/10

Burgh-Haamstede
▲ Ardoer camping Ginsterveld
Seite 304 **168** € 16
5 (A+C+E+F+G+K+L 27/3-1/11) **6** (E+G 27/3-1/11)
AKZ. 27/3-10/4 14/4-17/4 3/5-20/5 2/6-4/7 29/8-9/10 25/10-1/11

Burgh-Haamstede
▲ De Duinhoeve B.V.
Seite 305 **169** € 18
5 (C+E+F+L 21/2-31/12)
AKZ. 26/3-19/5 2/6-24/6 28/6-9/7 1/9-31/10

Burgh-Haamstede
▲ Groenewoud
Seite 305 **170** € 18
5 (A+E+F+K+L 28/3-25/10) **6** (B+G 1/5-1/10)
AKZ. 28/3-20/5 24/5-29/5 1/6-4/7 29/8-25/10

Cadzand
▲ Wulpen
Seite 306 **171** € 18
5 (A+B 28/3-25/10) (H 20/5-1/6,4/7-30/8)
AKZ. 28/3-10/4 17/4-20/5 24/5-28/5 2/6-10/6 15/6-27/6 23/8-25/10

Dishoek/Koudekerke
▲ Dishoek
Seite 306 **172** € 18
5 (C+E+F+G+H+K 27/3-25/10)
AKZ. 27/3-3/4 10/5-20/5 2/6-10/6 15/6-10/7 31/8-25/10

Domburg
▲ Campingresort Hof Domburg
Seite 306 **173** € 20
5 (C+E+F+K+L 1/1-31/12) **6** (B 1/4-31/10) (E 1/1-31/12)
AKZ. 2/3-3/4 10/5-20/5 2/6-10/6 15/6-10/7 31/8-31/12

Ellemeet
▲ Klaverweide
Seite 306 **174** € 18
5 (A+C+E+K 1/4-25/10)
AKZ. 15/3-10/4 15/4-1/5 4/5-20/5 2/6-10/6 15/6-26/6 21/8-25/10

Groot Valkenisse/Biggekerke
▲ Strandcamping Valkenisse bv
Seite 307 **175** € 18
5 (A+C+E+F+K+L 27/3-24/10)
AKZ. 27/3-10/4 17/4-19/5 25/5-28/5 2/6-3/7 22/8-5/10

Hengstdijk
▲ Recreatiecentrum De Vogel
Seite 307 **176** € 18
5 (C 30/3-27/10) (E+F+G+H+K+L 27/3-8/11) **6** (E+G 27/3-8/11)
AKZ. 11/5-20/5 2/6-3/7 24/8-30/9

Hoek
▲ Oostappen Vakantiepark Marina Beach
Seite 307 **177** € 12
4 (E 1/7-31/8) **5** (A+C+E+F+H+K+L 18/4-26/10)
AKZ. 28/3-24/4 11/5-20/5 25/5-29/5 1/6-5/7 24/8-9/10

Kamperland
▲ Roompot Beach Resort
Seite 308 **178** € 16
5 (A+C+E+F+G+H+I+L 1/1-31/12) **6** (E+G 1/1-31/12)
AKZ. 1/1-3/4 10/5-20/5 2/6-10/6 15/6-10/7 31/8-31/12

Ausführliche Redaktionseinträge: Seite 302 bis 308

Niederlande

Kamperland — Seite 308 — 179 — € 20
▲ RCN vakantiepark de Schotsman
5 (C+E+F+K+L 27/3-2/11) 6 (B+G 1/5-14/9)
AKZ. 27/3-20/5 26/5-29/5 3/6-15/7 1/9-2/11

Kortgene — Seite 308 — 180 — € 18
▲ Ardoer vakantiepark de Paardekreek
5 (A+C+E+L 27/3-8/11) 6 (B 27/3-8/11) (C 1/5-30/9)
AKZ. 27/3-10/4 14/4-24/4 10/5-20/5 2/6-10/6 14/6-10/7 31/8-8/11

Nieuwvliet — Seite 308 — 181 — € 16
▲ Ardoer camping International
5 (A+B+E+F 27/3-25/10) 6 (F 21/5-13/9)
AKZ. 27/3-10/4 14/4-20/5 25/5-28/5 2/6-10/6 15/6-5/7 31/8-25/10

Nieuwvliet-Bad — Seite 309 — 182 — € 20
▲ Ardoer camping Zonneweelde
5 (A+C+E+F+G+L 1/2-1/11) 6 (B+G 21/5-15/9)
AKZ. 1/1-20/5 25/5-29/5 2/6-9/6 15/6-10/7 28/8-31/12

Nieuwvliet-Bad — Seite 309 — 183 — € 18
▲ Schippers
AKZ. 3/4-9/4 16/4-19/5 3/6-10/6 15/6-26/6 31/8-30/10

Oostkapelle — Seite 309 — 184 — € 20
▲ Ardoer camping De Pekelinge
5 (A+C+E+K 27/3-25/10) 6 (E+G 27/3-25/10)
AKZ. 27/3-3/4 10/5-20/5 25/5-29/5 2/6-10/6 15/6-3/7 29/8-25/10

Oostkapelle — Seite 309 — 185 — € 20
▲ Ardoer campingpark Ons Buiten
5 (A+C+E+F+K+L 3/4-2/11) 6 (B+C+E+G 3/4-2/11)
AKZ. 19/4-24/4 8/5-20/5 2/6-10/6 15/6-30/6 26/8-2/11

Ouwerkerk — Seite 309 — 186 — € 16
▲ de Kreekoever
5 (A 15/4-31/8) (C 1/4-1/11)
AKZ. 1/4-10/4 14/4-20/5 2/6-30/6 1/9-31/10

Renesse — Seite 310 — 187 — € 20
▲ Duinhoeve
5 (C+E+F+K+L 13/4-28/10) 6 (D 13/4-28/10)
AKZ. 14/3-3/4 19/4-24/4 3/5-19/5 3/6-10/6 15/6-10/7 30/8-31/10

Renesse — Seite 310 — 188 — € 20
▲ International
5 (A+C+H 14/3-1/11)
AKZ. 14/3-8/4 15/4-19/5 3/6-10/6 15/6-24/6 29/6-10/7 30/8-1/11

Renesse — Seite 310 — 189 — € 20
▲ Molecaten Park Wijde Blick
5 (A 1/1-31/12) (C+E+F+K 1/3-30/10) 6 (E+G 1/1-31/12)
AKZ. 1/1-24/4 4/5-20/5 25/5-29/5 2/6-10/6 15/6-9/7 26/8-31/12

Renesse — Seite 310 — 190 — € 18
▲ Vakantiepark Schouwen
5 (C+E+K 20/3-25/10)
AKZ. 20/3-20/5 2/6-10/6 15/6-25/6 31/8-25/10

Retranchement/Cadzand — Seite 312 — 191 — € 18
▲ Ardoer camping De Zwinhoeve
5 (A+B+E+F+H+L 27/3-8/11)
AKZ. 27/3-2/4 20/4-23/4 4/5-20/5 25/5-29/5 15/6-26/6 31/8-7/11

Retranchement/Cadzand — Seite 312 — 192 — € 18
▲ Cassandria-Bad
5 (A+E+F+H 27/3-31/10)
AKZ. 27/3-5/7 28/8-30/10

Retranchement/Cadzand — Seite 312 — 193 — € 18
▲ Den Molinshoeve
5 (A 11/7-23/8)
AKZ. 3/4-10/4 13/4-20/5 24/5-29/5 1/6-11/7 28/8-10/10

Scharendijke — Seite 312 — 194 — € 16
▲ Duin en Strand
5 (A+C+E 15/3-15/11)
AKZ. 1/1-9/4 13/4-20/5 24/5-29/5 1/6-10/6 14/6-25/6 23/8-31/12

Scharendijke — Seite 312 — 195 — € 18
▲ Resort Land & Zee
5 (B 14/3-1/1)
(L 1/1-5/1,21/2-7/11,18/12-24/12,27/12-31/12)
AKZ. 21/2-10/4 14/4-20/5 2/6-10/6 14/6-24/6 28/6-15/7 1/9-7/11

Sluis — Seite 312 — 196 — € 18
▲ De Meidoorn
5 (E+F+G+H 3/4-25/10)
AKZ. 3/4-9/4 14/4-19/5 25/5-29/5 2/6-30/6 1/9-25/10

St. Kruis/Oostburg — Seite 313 — 197 — € 18
▲ Bonte Hoeve
5 (A 1/4-1/11) (B+E+H 1/7-31/8)
AKZ. 1/4-10/7 28/8-1/11 **7=6**

Vrouwenpolder — Seite 313 — 198 — € 16
▲ De Zandput
5 (A+C+E+L 27/3-25/10)
AKZ. 27/3-3/4 10/5-20/5 2/6-10/6 15/6-10/7 31/8-25/10

Utrecht

Baarn — Seite 314 — 199 — € 20
▲ Allurepark De Zeven Linden
5 (A+B+C+E 1/1-31/12)
AKZ. 1/1-10/4 14/4-24/4 3/5-15/5 2/6-3/7 24/8-28/8 31/8-31/12

Bilthoven — Seite 314 — 200 — € 20
▲ Bos Park Bilthoven
5 (E+H+K+L 1/4-31/10) 6 (B+G 1/5-15/9)
AKZ. 1/4-24/4 11/5-17/5 3/6-9/7 27/8-31/10

Niederlande

Bunnik — Seite 314 — 201 — € 18
▲ Buitengoed de Boomgaard
5 (A+B+E+H+K 28/3-11/10)
AKZ. 28/3-19/5 2/6-5/7 23/8-11/10

Doorn — Seite 314 — 202 — € 18
▲ RCN Vakantiepark Het Grote Bos
4 (E 27/3-2/11) 5 (A+C+E+F+H+K+L 27/3-2/11)
6 (B+G 27/3-2/11)
AKZ. 27/3-20/5 26/5-29/5 3/6-14/7 1/9-2/11

Doorn — Seite 315 — 203 — € 18
▲ Vakantiepark De Maarnse Berg
5 (A+E+F+H+K+L 27/3-31/10) 6 (F 1/5-31/8)
AKZ. 27/3-20/5 2/6-12/7 29/8-31/10

Leersum — Seite 315 — 204 — € 18
▲ Molecaten Park Landgoed Ginkelduin
4 (E 1/5-31/5,1/7-31/8) 5 (A+C+E+F+H+K+L 27/3-31/10)
6 (B 15/5-15/9) (E+G 27/3-31/10)
AKZ. 27/3-24/4 4/5-20/5 25/5-29/5 2/6-9/7 26/8-31/10

Maarn — Seite 315 — 205 — € 20
▲ Allurepark Laag Kanje
5 (A+C+E+F+H+L 28/3-27/9)
AKZ. 28/3-24/4 4/5-15/5 2/6-10/7 31/8-27/9

Renswoude — Seite 315 — 206 — € 18
▲ Camping de Grebbelinie
5 (A 1/4-12/10)
AKZ. 1/4-19/5 3/6-7/7 24/8-11/10

Woerden — Seite 316 — 207 — € 18
▲ Batenstein
5 (A 27/3-25/10) 6 (E+G 27/3-25/10)
AKZ. 27/3-24/4 10/5-20/5 2/6-3/7 31/8-25/10

Woudenberg — Seite 316 — 208 — € 16
▲ 't Boerenerf
AKZ. 27/3-20/5 2/6-4/7 22/8-3/10

Woudenberg — Seite 316 — 209 — € 18
▲ Vakantiepark De Heigraaf
5 (A 1/4-24/10) (C 1/4-29/8) (E 1/4-24/10) (L 24/4-30/8)
AKZ. 1/4-19/5 2/6-10/7 29/8-24/10

Zeist — Seite 316 — 210 — € 20
▲ Allurepark De Krakeling
5 (A+B+E+F+H+K+L 27/3-27/9)
AKZ. 27/3-24/4 4/5-15/5 2/6-10/7 31/8-27/9

Flevoland

Biddinghuizen — Seite 317 — 211 — € 18
▲ Molecaten Park Flevostrand
4 (E 1/4-31/8) 5 (A+C+E 1/4-31/10) (H+L 27/3-31/10)
6 (B 27/4-1/9) (E+G 27/3-31/10)
AKZ. 27/3-24/4 4/5-20/5 25/5-29/5 2/6-10/6 15/6-9/7 26/8-31/10

Dronten — Seite 317 — 212 — € 16
▲ 't Wisentbos
5 (F 1/4-30/9)
AKZ. 1/4-30/6 1/8-15/8 1/9-30/9

Dronten — Seite 318 — 213 — € 20
▲ De Ruimte
5 (A+B+E+F+G+H+L 27/3-27/9) 6 (G 21/5-30/8)
AKZ. 27/3-19/5 25/5-28/5 2/6-7/7 24/8-26/9
7=6, 14=12, 21=17, 28=22

Lelystad — Seite 318 — 214 — € 18
▲ 't Oppertje
AKZ. 27/3-17/5 5/6-5/7 28/8-1/10

Urk — Seite 318 — 215 — € 16
▲ Vakantiepark 't Urkerbos
5 (A 1/4-30/9) (E+F+H+K 4/7-16/8)
6 (A 10/5-31/8) (F 13/5-31/8)
AKZ. 1/4-19/5 2/6-3/7 21/8-30/9

Zeewolde — Seite 319 — 216 — € 18
▲ Erkemederstrand
5 (A+B+E+F+G+H+K 20/3-28/10)
AKZ. 20/3-10/4 13/4-1/5 5/5-21/5 1/6-4/7 30/8-26/10

Zeewolde — Seite 319 — 217 — € 16
▲ Camping het Groene Bos
5 (A 1/7-31/8) (H 1/4-9/10)
AKZ. 1/4-15/5 2/6-3/7 24/8-8/10

Zeewolde — Seite 319 — 218 — € 16
▲ RCN Vakantiepark Zeewolde
5 (A+C+E+F+H+L 27/3-26/10) 6 (E+G 27/3-26/10)
AKZ. 27/3-20/5 26/5-29/5 3/6-15/7 1/9-26/10

Overijssel

Balkbrug — Seite 320 — 219 — € 20
▲ 't Reestdal
4 (E 1/7-31/8) 5 (A+B+E+F+H+K+L 1/4-28/10)
6 (B+G 1/5-15/9)
AKZ. 1/4-20/5 8/6-11/7 28/8-28/10

Balkbrug — Seite 320 — 220 — € 16
▲ Si Es An
5 (A+E+F+G+K+L 15/3-1/11)
AKZ. 15/3-20/5 2/6-10/7 27/8-30/10

Bathmen — Seite 320 — 221 — € 16
▲ de Flierweide
AKZ. 15/3-20/5 2/6-3/7 31/8-1/11

Beerze/Ommen — Seite 320 — 222 — € 20
▲ Beerze Bulten
4 (E 1/7-31/8) 5 (A+C+E+F+G+H+K+L 28/3-27/10)
6 (A 20/4-10/9) (E+G 28/3-27/10)
AKZ. 28/3-10/4 14/4-25/4 11/5-20/5 3/6-10/6 15/6-4/7 29/8-10/10

Ausführliche Redaktionseinträge: Seite 314 bis 320

Niederlande

Belt-Schutsloot — Seite 321 — 223 — € 18
▲ Kleine Belterwijde
5 (H 27/4-1/10) 6 (F 29/3-1/11)
AKZ. 29/3-20/5 2/6-3/7 20/8-31/10

Beuningen — Seite 321 — 224 — € 18
▲ Natuurkampeerterrein Olde Kottink
5 (A 20/5-2/6,15/7-23/8)
AKZ. 3/4-20/5 2/6-12/7 29/8-4/10

Blokzijl — Seite 321 — 225 — € 18
▲ Watersportcp 'Tussen de Diepen'
5 (A+B+E+F+G+H+K+L 28/3-31/10) 6 (B+G 1/5-15/9)
AKZ. 28/3-15/5 2/6-10/7 27/8-31/10

Dalfsen ♦♦ — Seite 321 — 226 — € 16
▲ Starnbosch
5 (A+B+C+E+F+H+L 1/1-31/12) 6 (B+D+E+G 1/4-1/11)
AKZ. 1/1-20/5 2/6-4/7 30/8-31/12 **7=6, 14=10, 21=15**

Dalfsen — Seite 322 — 227 — € 18
▲ Vechtdalcamping Het Tolhuis
5 (A 1/4-31/10) (E+F+G+H+K+L 20/4-15/9) 6 (B+G 27/4-15/9)
AKZ. 1/4-24/4 4/5-20/5 2/6-3/7 22/8-31/10

De Bult/Steenwijk — Seite 322 — 228 — € 18
▲ Residence De Eese
5 (A+E+F+G+H+K+L 1/1-31/12) 6 (B+G 1/4-30/9)
AKZ. 1/1-20/5 2/6-30/6 1/9-31/12

De Lutte — Seite 322 — 229 — € 20
▲ Landgoedcamping Het Meuleman
5 (A+F+L 1/4-30/9)
AKZ. 1/4-20/5 1/6-1/7 1/9-30/9

Delden — Seite 322 — 230 — € 18
▲ Park Camping Mooi Delden
5 (A+B+E+F+G+H 31/3-1/11) 6 (B+G 1/5-15/9)
AKZ. 31/3-21/5 1/6-4/7 21/8-1/11

Denekamp — Seite 323 — 231 — € 16
▲ De Papillon
4 (E 21/5-2/6,1/7-1/9) 5 (A+C+E+F+H+K+L 10/4-20/9)
6 (D+G 10/4-20/9)
AKZ. 1/4-19/5 3/6-4/7 24/8-27/9

Diffelen/Hardenberg ♦♦ — Seite 323 — 232 — € 12
▲ de Vechtvallei
5 (A+E+F+H+K 1/4-30/10) 6 (D 1/4-30/10) (F 1/5-30/8)
AKZ. 1/4-10/4 14/4-23/4 11/5-20/5 1/6-2/7 21/8-30/10

Enschede ♦♦ — Seite 323 — 233 — € 20
▲ Euregio-Cp 'De Twentse Es'
5 (A+C+E 1/4-1/10) (F+G+H+K+L 1/1-31/12)
6 (B+G 4/5-7/9)
AKZ. 1/1-21/5 25/5-29/5 3/6-7/7 24/8-31/12

Haaksbergen (Twente) — Seite 323 — 234 — € 18
▲ Cp & Bungalowpark 't Stien'n Boer
4 (E 26/4-2/5,11/7-23/8) 5 (A+B+E+F+H+K+L 28/3-4/10)
6 (B 1/5-1/9) (E+G 28/3-4/10)
AKZ. 28/3-20/5 2/6-5/7 22/8-4/10

Haaksbergen (Twente) — Seite 324 — 235 — € 18
▲ Camping Scholtenhagen B.V.
5 (A+E+F 18/7-29/8) (H 1/1-31/12) (K 18/7-29/8)
6 (E+G 1/1-31/12)
AKZ. 1/1-20/5 2/6-5/7 28/8-31/12

Hardenberg ♦♦ — Seite 324 — 236 — € 16
▲ Vakantiepark De Kleine Belties
5 (A+C+E+F+G+L 4/4-31/10)
6 (B 1/6-15/9) (E+G 4/4-31/10)
AKZ. 15/4-24/4 3/5-20/5 8/6-30/6 1/9-30/9

Hardenberg/Heemserveen ♦♦ — Seite 324 — 237 — € 18
▲ Ardoer vakantiepark 't Rheezerwold
5 (A+B+E+H+K+L 1/4-26/10)
6 (B 1/5-1/9) (E+G 1/4-26/10)
AKZ. 1/4-24/4 4/5-19/5 2/6-3/7 22/8-25/10 **14=12, 21=18**

Holten — Seite 324 — 238 — € 18
▲ Ardoer camping De Holterberg
5 (A 25/4-12/9) (B 1/1-31/12) (E+F+H+L 10/4-6/9)
6 (B+G 25/4-6/9)
AKZ. 1/1-19/5 2/6-3/7 24/8-31/12 **21=18**

Holten — Seite 324 — 239 — € 14
▲ Ideaal
AKZ. 1/4-4/7 30/8-30/9 **7=6, 14=12, 21=18, 28=21**

Lattrop/Ootmarsum ♦♦ — Seite 325 — 240 — € 12
▲ De Rammelbeek
5 (A+C+E+F+H+K 3/4-30/9) 6 (E+G 3/4-30/9)
AKZ. 3/4-20/5 2/6-3/7 20/8-27/9

Lemele — Seite 325 — 241 — € 18
▲ de Lemeler Esch Natuurcamping
4 (E 1/5-1/10) 5 (A+B+E+F+H+K 4/4-3/10)
6 (B+G 22/4-15/9)
AKZ. 4/4-24/4 8/5-19/5 2/6-4/7 22/8-3/10

Luttenberg — Seite 325 — 242 — € 16
▲ Vakantiepark De Luttenberg
4 (E 27/3-28/9) 5 (A+B+E+F+G+H+K+L 27/3-28/9)
6 (A 29/5-1/9) (D+F 27/3-28/9)
AKZ. 27/3-10/4 14/4-17/4 4/5-20/5 25/5-29/5 2/6-3/7 21/8-28/9

Mander/Tubbergen — Seite 325 — 243 — € 18
▲ Dal van de Mosbeek
5 (A+H 27/3-31/10)
AKZ. 27/3-20/5 2/6-7/7 24/8-31/10 **14=12, 21=18**

Ausführliche Redaktionseinträge: Seite 321 bis 325

Niederlande

Mariënberg/Hardenberg — Seite 325 — 244 — € 16
▲ de Pallegarste
5 (A+C+E+F+G+K 30/3-26/10) **6** (B+G 1/5-1/9)
AKZ. 30/3-20/5 25/5-29/5 2/6-3/7 20/8-25/10

Markelo — Seite 325 — 245 — € 18
▲ De Bovenberg
5 (A+B+E 1/4-18/10)
AKZ. 1/4-25/4 4/5-20/5 2/6-10/7 27/8-18/10 *21=18*

Nieuw-Heeten — Seite 326 — 246 — € 18
▲ Vakantiepark Sallandshoeve
5 (A+B+E+F+G+H+K+L 29/3-30/9) **6** (E+G 29/3-30/9)
AKZ. 30/3-24/4 4/5-20/5 2/6-3/7 31/8-30/9

Nijverdal — Seite 326 — 247 — € 18
▲ Ardoer camping De Noetselerberg
5 (A+B+C+E+F+G+L 3/4-25/10)
6 (A 2/5-1/9) (E+G 3/4-25/10)
AKZ. 3/4-24/4 11/5-20/5 25/5-29/5 2/6-4/7 24/8-25/10

Oldemarkt/Paasloo — Seite 326 — 248 — € 20
▲ De Eikenhof
5 (A 1/1-31/12) (E+F+G+H+K+L 1/5-15/9)
6 (B+G 1/5-31/8)
AKZ. 1/1-20/5 2/6-4/7 22/8-31/12

Olst ⚹⚹ — Seite 326 — 249 — € 16
▲ 't Haasje
5 (A+B+E+F+K+L 15/4-30/9) **6** (B+G 15/5-9/9)
AKZ. 15/4-20/5 2/6-11/7 28/8-30/9 *7=6*

Ommen ⚹⚹ — Seite 327 — 250 — € 14
▲ CP & Bungalowpark Besthmenerberg
4 (E 1/5-10/5,1/7-1/9) **5** (A+C+E+F+H+K+L 27/3-28/9)
6 (B 1/5-1/9) (**E**+G 27/3-28/9)
AKZ. 27/3-9/4 14/4-23/4 4/5-19/5 2/6-2/7 31/8-27/9

Ommen — Seite 327 — 251 — € 18
▲ Resort de Arendshorst
4 (E 1/7-1/9) **5** (A+B+E+F+G+H+L 27/3-12/10)
6 (F 15/6-15/9)
AKZ. 27/3-20/5 2/6-7/7 24/8-12/10

Ootmarsum — Seite 327 — 252 — € 16
▲ Bij de Bronnen
5 (E+F 1/4-1/10) (H+K 1/1-31/12)
AKZ. 1/1-20/5 1/6-6/7 23/8-31/12

Ootmarsum — Seite 327 — 253 — € 20
▲ De Kuiperberg
5 (A+E+F+H+K 27/3-19/10)
AKZ. 27/3-20/5 2/6-1/7 1/9-19/10

Ootmarsum — Seite 327 — 254 — € 18
▲ De Witte Berg
5 (A+B+E+F+H+K+L 26/3-3/10) **6** (B+D+G 26/3-3/10)
AKZ. 26/3-20/5 2/6-4/7 21/8-3/10

Ootmarsum/Agelo — Seite 327 — 255 — € 18
▲ De Haer
5 (A+E+F+H+K 28/3-1/11) **6** (A 9/5-1/9)
AKZ. 28/3-20/5 2/6-10/7 27/8-1/11

Ootmarsum/Hezingen — Seite 328 — 256 — € 18
▲ Hoeve Springendal B.V.
4 (**E** 1/1-31/12) **5** (A+H 1/1-31/12)
AKZ. 1/1-9/4 13/4-24/4 6/5-20/5 14/6-15/7 1/9-31/12

Reutum — Seite 328 — 257 — € 16
▲ De Weuste
5 (A+B+E+F+H+K 1/4-30/9) **6** (B+G 25/4-15/9)
AKZ. 1/4-8/7 25/8-30/9

Reutum/Weerselo — Seite 328 — 258 — € 18
▲ De Molenhof
5 (A+C+E+F+G+H+I 3/4-27/9)
6 (B 26/4-1/9) (E+G 3/4-27/9)
AKZ. 3/4-10/4 13/4-24/4 2/5-20/5 24/5-29/5 1/6-5/7 22/8-27/9

Rheeze ⚹⚹ — Seite 328 — 259 — € 16
▲ Camping 't Veld
5 (A+B+E+F+G+K 5/4-28/9) **6** (D+G 5/4-28/9)
AKZ. 14/4-25/4 4/5-20/5 2/6-4/7 29/8-26/9

Rheeze/Hardenberg — Seite 328 — 260 — € 20
▲ Kampeerdorp de Zandstuve
5 (A+C+E+F+G+H+I+K+L 29/3-27/10)
6 (B 26/4-16/9) (E+G 29/3-27/10)
AKZ. 29/3-9/4 14/4-24/4 4/5-20/5 2/6-3/7 31/8-18/9

Rheezerveen/Hardenberg ⚹⚹ — Seite 329 — 261 — € 20
▲ Vakantiepark Het Stoetenslagh
5 (A+B+E+F+G+H+K+L 3/4-30/9) **6** (E 3/4-30/9)
AKZ. 3/4-24/4 4/5-20/5 2/6-4/7 31/8-30/9

St. Jansklooster — Seite 329 — 262 — € 14
▲ Kampeer- & Chaletpark Heetveld
5 (A+F+H 29/3-14/10) (K 1/4-30/9)
AKZ. 1/4-26/5 15/6-4/7 21/8-14/10

Steenwijk/Baars — Seite 329 — 263 — € 14
▲ 't Kappie
4 (E 1/5-1/9) **5** (B 30/3-30/9) **6** (F 30/3-30/9)
AKZ. 1/4-20/5 2/6-15/7 1/9-30/9

Stegeren/Ommen — Seite 329 — 264 — € 20
▲ De Kleine Wolf
5 (A+C+E+F+G+H+K+L 27/3-16/9,2/10-26/10)
6 (B 26/4-10/9) (E+G 27/3-16/9,2/10-26/10)
AKZ. 27/3-9/4 14/4-25/4 6/5-20/5 25/5-29/5 2/6-10/6 15/6-4/7 22/8-16/9 2/10-26/10

Tubbergen ⚹⚹ — Seite 329 — 265 — € 16
▲ Ardoer recreatiepark 'n Kaps
5 (A+B+E+F+H+K+L 27/3-5/10) **6** (B+G 25/4-15/9)
AKZ. 27/3-20/5 25/5-29/5 2/6-7/7 24/8-5/10

Niederlande

Vollenhove — Ardoer vakantiepark 't Akkertien — Seite 330 — 266 — € 14
5 (A+B 1/1-31/12) (E 1/4-30/9) (H 1/1-31/12)
6 (D+G 1/4-30/9)
AKZ. 1/1-20/5 2/6-3/7 17/8-28/8 31/8-31/12

IJhorst — De Vossenburcht — Seite 330 — 267 — € 18
5 (E+F+H+K 1/4-1/11) **6** (B+G 1/5-15/9)
AKZ. 1/1-20/5 2/6-3/7 24/8-31/12 **7=6**

Zuna/Nijverdal — Vakantiepark Mölke — Seite 330 — 268 — € 16
5 (A 4/4-24/10) (B 1/5-1/10) (E+F+H+K+L 4/4-24/10)
6 (E+G 4/4-24/10)
AKZ. 4/4-25/4 4/5-20/5 25/5-29/5 1/6-5/7 29/8-24/10

Zwolle — Molecaten Park De Agnietenberg — Seite 330 — 269 — € 16
5 (A+E+F+G+H+K 27/3-31/10)
AKZ. 27/3-24/4 4/5-20/5 25/5-29/5 2/6-9/7 26/8-31/10

Friesland

Akkrum — Drijfveer & Tusken de Marren — Seite 331 — 270 — € 18
4 (E 1/4-1/11) **5** (A 15/5-15/9) (H 15/5-12/9)
AKZ. 1/4-20/5 15/6-30/6 1/9-31/10

Anjum — Landal Esonstad — Seite 331 — 271 — € 16
4 (**E** 2/7-1/9) **5** (A+C+E+F+G+H+K+L 27/3-6/11)
6 (E+G 27/3-6/11)
AKZ. 27/3-16/4 1/5-2/7 11/9-6/11

Appelscha — Alkenhaer — Seite 332 — 272 — € 16
4 (**E** 1/5-30/9) **5** (A+B 31/3-31/10) (E+F 1/4-30/9)
(H 31/3-31/10) (K 1/4-30/9)
6 (F 1/5-1/9)
AKZ. 1/4-20/5 2/6-3/7 31/8-16/9

Appelscha — RCN Vakantiepark De Roggeberg — Seite 332 — 273 — € 16
4 (E 27/3-26/10) **5** (A+B+E+F+H+K+L 27/3-26/10)
6 (B+F 1/5-1/9)
AKZ. 27/3-20/5 26/5-29/5 3/6-15/7 1/9-26/10

Bakhuizen — De Wite Burch — Seite 332 — 274 — € 16
5 (A+B+E+H+K 15/3-31/10)
AKZ. 15/3-20/5 2/6-3/7 20/8-31/10

Bakkeveen — De Ikeleane — Seite 332 — 275 — € 16
5 (A 30/3-30/9) (E 1/4-30/9) (F+G 30/3-30/9) (H 1/4-30/9)
(K 30/3-30/9)
AKZ. 1/4-19/5 2/6-4/7 22/8-30/9

Bakkeveen — De Wâldsang — Seite 332 — 276 — € 18
5 (A+E+F+G+H+K 1/4-26/10)
AKZ. 1/4-19/5 3/6-30/6 18/8-26/10

Bakkeveen — Molecaten Park 't Hout — Seite 333 — 277 — € 16
5 (A+E 27/4-12/5,13/7-1/9) (F 27/4-12/5,8/7-1/9)
(G+K 27/4-12/5,13/7-1/9)
6 (B+G 27/4-1/9)
AKZ. 27/3-24/4 4/5-20/5 25/5-29/5 2/6-9/7 26/8-30/9

Dokkum — Harddraverspark — Seite 333 — 278 — € 16
5 (A 1/4-1/11)
AKZ. 1/4-17/5 3/6-12/7 7/9-31/10

Franeker — Recreatiepark Bloemketerp bv — Seite 333 — 279 — € 18
4 (**E** 1/1-31/12) **5** (C+E+F+H+L 1/1-31/12)
6 (**E**+**F** 1/1-31/12)
AKZ. 1/1-6/7 31/8-31/12

Harlingen — De Zeehoeve — Seite 333 — 280 — € 20
5 (A 27/3-3/11) (E+F+H+L 16/5-13/9)
AKZ. 27/3-9/4 17/4-19/5 16/6-1/7 3/9-2/11

Leeuwarden — De Kleine Wielen — Seite 333 — 281 — € 18
5 (A 29/3-1/10) (C 4/7-31/8) (H+K 29/3-1/10)
AKZ. 29/3-17/5 2/6-5/7 24/8-30/9

Noordwolde — Recreatiecentrum Hanestede — Seite 334 — 282 — € 16
5 (E 20/5-1/6,11/7-15/8) (H 1/4-30/9) **6** (**B**+F 1/5-1/9)
AKZ. 1/4-20/5 2/6-10/7 27/8-30/9

Offingawier — RCN Vakantiepark De Potten — Seite 334 — 283 — € 14
5 (A+B 27/3-26/10) (C 15/7-31/8) (E+F+H+L 27/3-26/10)
AKZ. 27/3-20/5 26/5-29/5 3/6-15/7 1/9-26/10

Oudega — De Bearshoeke — Seite 334 — 284 — € 18
AKZ. 27/3-20/5 2/6-4/7 1/9-31/10

Oudemirdum — De Wigwam — Seite 335 — 285 — € 18
4 (E 13/7-15/8) **5** (A 1/4-1/11) (E+H 6/7-30/8)
6 (F 15/6-15/8)
AKZ. 1/4-27/4 2/5-21/5 2/6-6/7 24/8-31/10

Reahûs — De Finne — Seite 335 — 286 — € 16
5 (A 1/7-28/8) (B 14/3-18/10)
AKZ. 14/3-10/4 14/4-16/5 2/6-13/7 30/8-18/10

Ausführliche Redaktionseinträge: Seite 330 bis 335

Niederlande

Rijs — Seite 335 — 287 — € 18
▲ Rijsterbos
🖐 (A+E+F+G+H+K 1/5-30/9) 🖐 (B 21/5-30/9)
AKZ. 15/3-20/5 2/6-10/7 28/8-1/11

Sloten — Seite 335 — 288 — € 18
▲ Recreatiepark De Jerden
🖐 (A+B 1/4-31/10) (F+L 21/5-1/6,1/7-31/8)
AKZ. 1/4-20/5 2/6-1/7 1/9-31/10

Sneek — Seite 335 — 289 — € 18
▲ Camping de Domp
🖐 (K 7/1-20/12)
AKZ. 7/1-19/5 5/6-2/7 19/8-20/12

St. Nicolaasga — Seite 336 — 290 — € 16
▲ Camping Blaauw
🖐 (A+H+K 15/7-18/8)
AKZ. 1/4-19/5 6/6-9/7 26/8-31/10

Suameer/Sumar — Seite 336 — 291 — € 18
▲ Vakantiepark Bergumermeer
🖐 (A+C+E 16/4-30/9) (F 24/4-27/10) (G 25/5-27/8) (H+I+K+L 28/3-27/10)
🖐 (E+G 28/3-27/10)
AKZ. 28/3-25/4 2/5-20/5 24/5-29/5 1/6-4/7 29/8-24/10

Ureterp — Seite 337 — 292 — € 16
▲ Het Koningsdiep
🖐 (H 15/6-31/8)
AKZ. 1/4-20/5 25/5-30/6 1/9-31/10

Witmarsum — Seite 337 — 293 — € 18
▲ Mounewetter
🖐 (E+H 1/6-1/9) 🖐 (B+F 25/4-5/9)
AKZ. 1/4-20/5 2/6-3/7 24/8-11/10

Workum — Seite 337 — 294 — € 18
▲ It Soal
🖐 (A+C+E+F+H+K 27/3-1/11)
AKZ. 27/3-9/4 14/4-20/5 2/6-10/6 15/6-4/7 29/8-1/11

Woudsend — Seite 337 — 295 — € 18
▲ Aquacamping De Rakken
🖐 (E 4/7-23/8)
AKZ. 1/1-25/4 4/5-20/5 2/6-10/6 15/6-4/7 31/8-31/12

Groningen

Bourtange — Seite 338 — 296 — € 18
▲ 't Plathuis
🖐 (A+E+H 1/4-31/10)
AKZ. 1/4-19/5 2/6-3/7 22/8-31/10

Kropswolde — Seite 338 — 297 — € 18
▲ Meerwijck
🖐 (A 27/3-27/9) (B 3/4-4/10) (E 25/4-6/9) (K+L 27/3-27/9)
🖐 (E+G 27/3-27/9)
AKZ. 27/3-20/5 3/6-5/7 23/8-27/9

Lauwersoog — Seite 339 — 298 — € 18
▲ CP recreatiecentrum Lauwersoog
🖐 (E 1/1-31/12)
🖐 (A+C 1/1-31/12) (E 1/4-1/11) (F+G+H+K+L 1/1-31/12)
AKZ. 1/1-9/1 14/4-20/5 2/6-3/7 31/8-31/12
7=6, 14=11, 28=21

Leek — Seite 339 — 299 — € 16
▲ Landgoedcamping Nienoord
🖐 (A 1/4-31/10) (K+L 30/3-31/10)
AKZ. 30/3-29/5 2/6-7/6 10/6-14/7 31/8-26/10

Midwolda — Seite 339 — 300 — € 20
▲ De Bouwte
🖐 (A+F+H+K 1/4-30/9)
AKZ. 28/3-19/5 25/5-29/5 2/6-4/7 21/8-18/10

Opende — Seite 339 — 301 — € 16
▲ Camping De Watermolen
🖐 (A+B 11/4-13/9) (E+G 30/5-2/6,8/7-23/8) (H+K 11/4-13/9)
AKZ. 11/4-20/5 24/5-29/5 1/6-4/7 22/8-13/9

Sellingen — Seite 340 — 302 — € 18
▲ Camping de Barkhoorn
🖐 (E 1/4-1/10) 🖐 (A+E+F+G+H+K 1/4-1/10) 🖐 (B 4/5-8/9)
AKZ. 1/4-19/5 1/6-4/7 21/8-31/10

Sellingen — Seite 340 — 303 — € 18
▲ De Bronzen Eik
🖐 (F+H+K+L 1/4-1/11)
AKZ. 1/4-19/5 1/6-4/7 21/8-1/11

Termunterzijl (Gem. Delfzijl) — Seite 340 — 304 — € 16
▲ Zeestrand Eems-Dollard
🖐 (A+B 1/4-1/10) (H+K 1/5-1/10)
AKZ. 28/3-9/4 20/4-15/5 2/6-2/7 27/8-1/11

Vierhuizen — Seite 340 — 305 — € 20
▲ Lauwerszee
🖐 (L 24/4-30/9)
AKZ. 1/4-20/5 2/6-7/7 24/8-31/10

Drenthe

Amen — Seite 342 — 306 — € 16
▲ Ardoer Vakantiepark Diana Heide
🖐 (A+B+E+H+K 27/3-29/9)
AKZ. 27/3-19/5 1/6-4/7 21/8-27/9

Assen — Seite 342 — 307 — € 18
▲ Vakantiepark Witterzomer
🖐 (A 1/1-31/12) (C 28/3-1/11) (E+F+G+K+L 1/1-31/12)
🖐 (B+G 24/4-30/8)
AKZ. 1/1-20/5 2/6-19/6 1/9-31/12 7=6, 14=12

Borger — Seite 342 — 308 — € 12
▲ Bospark Lunsbergen
🖐 (A+C+E+F+H+K+L 27/3-28/10) 🖐 (E+G 27/3-28/10)
AKZ. 27/3-10/7 31/8-25/10

Ausführliche Redaktionseinträge: Seite 335 bis 342

527

Niederlande

Borger — Seite 342 — 309 — € 14
▲ Camping Hunzedal
5 (A+C+E+F+H+K+L 27/3-31/10)
6 (B 1/4-31/10) (E+G 27/3-31/10)
AKZ. 27/3-10/4 10/5-20/5 2/6-10/7 31/8-25/10

Diever/Wittelte — Seite 342 — 310 — € 12
▲ Wittelterbrug
5 (A+B+E+F+H+K 1/4-26/10) **6** (D+G 1/5-7/9)
AKZ. 1/4-20/5 2/6-6/7 23/8-25/10

Dwingeloo ♥♥ — Seite 343 — 311 — € 18
▲ Meistershof
4 (E 1/5-1/9) **5** (A+B 1/4-30/9) (E 1/5-1/9)
AKZ. 1/4-16/5 3/6-4/7 21/8-30/9

Dwingeloo — Seite 343 — 312 — € 18
▲ Torentjeshoek
4 (E 1/7-23/10) **5** (A 1/4-27/9) (B+E+H 28/3-25/10)
6 (B+G 1/5-1/9)
AKZ. 28/3-19/5 2/6-2/7 22/8-25/10

Dwingeloo — Seite 343 — 313 — € 16
▲ RCN Vakantiepark De Noordster
4 (E 4/7-30/8) **5** (A+B+E+F+G+H+K+L 27/3-26/10)
6 (B+F 1/5-1/9)
AKZ. 27/3-20/5 26/5-29/5 3/6-15/7 1/9-26/10

Echten ♥♥ — Seite 343 — 314 — € 16
▲ Vakantiepark Westerbergen
4 (E 1/7-31/8) **5** (A+C+E+F+G+H+K+L 28/3-26/9)
6 (E+G 28/3-26/9)
AKZ. 28/3-10/4 14/4-24/4 8/5-18/5 2/6-3/7 29/8-26/9

Een-West/Noordenveld — Seite 343 — 315 — € 18
▲ De Drie Provinciën
5 (K+L 1/4-30/9)
AKZ. 1/4-19/5 2/6-7/7 24/8-30/9

Ees — Seite 343 — 316 — € 16
▲ De Zeven Heuveltjes
5 (A 25/4-3/5,4/7-16/8) **6** (B+G 1/5-1/9)
AKZ. 1/4-20/5 24/5-29/5 2/6-4/7 21/8-4/10 7=6, 14=12

Eext — Seite 344 — 317 — € 18
▲ De Hondsrug
5 (A 28/3-1/10) (C 25/4-1/9) (E+H+K 18/4-1/9)
6 (B 25/4-1/9) (E+G 28/3-1/10)
AKZ. 28/3-24/4 11/5-19/5 2/6-3/7 23/8-1/10

Exloo — Seite 344 — 318 — € 16
▲ Camping Exloo
AKZ. 1/1-19/5 23/5-29/5 2/6-4/7 21/8-31/12

Gasselte — Seite 344 — 319 — € 18
▲ Het Horstmannsbos
5 (A+E+F+H+K 3/4-5/10)
AKZ. 3/4-18/5 1/6-3/7 20/8-4/10 7=6, 14=12, 21=18

Gieten — Seite 344 — 320 — € 18
▲ Zwanemeer
4 (E 1/4-1/10) **5** (A 1/4-1/10) **6** (B+G 27/4-3/9)
AKZ. 1/4-3/7 23/8-1/10 7=6, 14=12, 21=18

Havelte — Seite 345 — 321 — € 20
▲ Jelly's Hoeve
5 (A 1/4-31/10)
AKZ. 1/4-19/5 2/6-10/7 31/8-31/10

Hoogersmilde ♥♥ — Seite 345 — 322 — € 16
▲ Ardoer Camping De Reeënwissel
5 (A+K 3/4-27/9) **6** (A+F 1/5-1/9)
AKZ. 3/4-19/5 2/6-9/7 30/8-27/9

Hooghalen — Seite 345 — 323 — € 16
▲ Tikvah
AKZ. 1/4-20/5 1/6-25/6 28/6-3/7 21/8-13/10

Klijndijk/Odoorn — Seite 345 — 324 — € 18
▲ De Fruithof
5 (A+C+E+F+H+K+L 19/4-15/9) **6** (D+G 19/4-23/9)
AKZ. 3/4-25/4 3/5-20/5 24/5-29/5 1/6-4/7 22/8-21/9

Meppen ♥♥ — Seite 345 — 325 — € 18
▲ De Bronzen Emmer
5 (A 4/4-25/10) (B 25/4-1/6,10/7-16/8) (E+F+H+K 25/4-13/9)
6 (E+F 25/4-25/10)
AKZ. 4/4-19/5 25/5-29/5 2/6-4/7 21/8-25/10
7=6, 14=12, 21=18, 28=24

Meppen — Seite 345 — 326 — € 16
▲ Erfgoed de Boemerang
AKZ. 10/4-15/5 3/6-10/7 27/8-1/10

Norg — Seite 346 — 327 — € 18
▲ Boscamping Langeloërduinen
AKZ. 3/4-24/4 3/5-20/5 24/5-28/5 1/6-2/7 19/8-27/9

Norg — Seite 346 — 328 — € 20
▲ De Norgerberg
4 (E 30/4-16/5,9/7-28/8) **5** (A+B+E+F+K+L 1/4-25/10)
6 (B+E+G 1/4-25/10)
AKZ. 1/4-9/4 14/4-23/4 6/5-19/5 25/5-28/5 16/6-3/7 24/8-9/10

Rolde — Seite 346 — 329 — € 18
▲ De Weyert
5 (A 1/4-28/10)
AKZ. 1/4-19/5 24/5-28/5 1/6-5/7 22/8-27/10

Ruinen — Seite 346 — 330 — € 18
▲ Landclub Ruinen
4 (E 1/7-31/8) **5** (A+B+E+F+K 3/4-25/9)
6 (A 1/5-1/9) (E+G 3/4-25/9)
AKZ. 4/4-24/4 10/5-20/5 25/5-29/5 2/6-3/7 21/8-25/9

Niederlande

Ruinen ♿
▲ Vakantiepark De Wiltzangh   Seite 346 **331** € 18
🄵 (A+B+E+L 27/3-26/10) 🄶 (B+G 27/3-26/10)
AKZ. 27/3-20/5 2/6-8/7 25/8-26/10

Schipborg
▲ De Vledders   Seite 346 **332** € 18
🄵 (A+B+C+E+F+L 3/4-25/10)
AKZ. 3/4-14/5 31/5-9/7 26/8-24/10 *14=12, 21=18, 28=24*

Uffelte/Havelte
▲ De Blauwe Haan   Seite 347 **333** € 18
🄵 (A+B+E+H 27/3-1/11) 🄶 (F 1/5-1/9)
AKZ. 27/3-24/4 10/5-29/5 3/6-3/7 1/9-1/11 *7=6, 14=11*

Wateren
▲ Molecaten Park Het Landschap   Seite 347 **334** € 14
🄴 (E 5/7-17/8) 🄵 (A+E+F+H+K 27/3-30/9) 🄶 (E+G 1/5-30/9)
AKZ. 27/3-24/4 4/5-20/5 25/5-29/5 2/6-3/7 26/8-30/9

Westerbork
▲ Landgoed Börkerheide   Seite 347 **335** € 18
🄶 (B+G 15/4-1/9)
AKZ. 1/4-20/5 1/6-4/7 22/8-30/9

Wezuperbrug
▲ Molecaten Park Kuierpad   Seite 348 **336** € 14
🄵 (A 27/3-31/10) (C 27/4-5/9) (E 27/3-31/10) (F+H 1/5-5/9) (K+L 1/4-1/11)
🄶 (B 10/5-1/9) (E+G 27/3-31/10)
AKZ. 27/3-24/4 4/5-20/5 25/5-29/5 2/6-9/7 26/8-31/10

Zorgvlied
▲ Park Drentheland   Seite 348 **337** € 14
🄴 (E 1/7-1/10) 🄵 (A+B 1/4-1/10) (E+F+K 1/5-1/9)
🄶 (A+G 1/5-1/9)
AKZ. 1/4-20/5 2/6-3/7 20/8-30/9 *7=5*

Zweeloo
▲ De Knieplanden   Seite 348 **338** € 18
🄵 (E+F 18/7-28/8) 🄶 (B+F 1/5-31/8)
AKZ. 1/4-19/5 2/6-4/7 21/8-31/10

Gelderland

Aalten
▲ 't Walfort   Seite 349 **339** € 16
🄵 (A 30/5-10/6,13/7-25/8) 🄶 (F 30/5-25/8)
AKZ. 1/4-19/5 2/6-4/7 22/8-1/10 *7=6, 14=12*

Aalten ♿
▲ Goorzicht   Seite 349 **340** € 16
🄵 (A+E+H 25/4-3/5,4/7-1/9) 🄶 (B+F 25/4-31/8)
AKZ. 30/3-19/5 2/6-14/7 1/9-29/9 *7=6, 14=12, 21=18*

Aalten
▲ Lansbulten   Seite 349 **341** € 18
🄵 (A 24/4-3/5,10/7-22/8) 🄶 (B+F 24/4-15/9)
AKZ. 1/4-21/5 2/6-5/7 22/8-10/10 *14=12, 21=18*

Aerdt
▲ De Rijnstrangen V.O.F.   Seite 350 **342** € 16
AKZ. 1/1-16/1 1/3-9/4 6/5-19/5 2/6-3/7 1/9-30/10 12/12-19/12 *14=13*

Appeltern
▲ Camping Groene Eiland   Seite 350 **343** € 16
🄵 (A 1/7-31/8) (B 1/1-15/1,26/2-31/12) (C 1/4-1/10) (E 1/4-31/10) (H 1/7-31/8) (K 1/4-31/10)
AKZ. 28/3-9/4 14/4-23/4 4/5-19/5 2/6-9/6 15/6-26/6 1/9-31/10

Barchem
▲ Reusterman   Seite 350 **344** € 16
🄵 (H 1/4-1/10) 🄶 (A 15/5-1/9)
AKZ. 1/4-20/5 2/6-1/7 24/8-1/10

Beek (gem. Montferland) ♿
▲ Vakantiepark De Byvanck BV   Seite 350 **345** € 16
🄶 (E 1/1-31/12)
AKZ. 1/1-5/7 23/8-31/12 *7=6, 14=12, 21=18*

Beekbergen
▲ Het Lierderholt   Seite 350 **346** € 16
🄴 (E 26/4-1/6,9/7-28/8)
🄵 (A 1/1-31/12) (B 1/4-31/10) (E+F+H+L 1/1-31/12)
🄶 (B+F 25/4-16/9)
AKZ. 1/1-19/5 2/6-10/7 27/8-31/12 *14=12, 21=18*

Beekbergen
▲ Vak.centrum De Hertenhorst   Seite 351 **347** € 16
🄵 (A+B+E+H+K 1/4-25/10) 🄶 (B+G 26/4-15/9)
AKZ. 1/4-23/4 6/5-19/5 2/6-12/7 29/8-25/10 *7=6, 14=12, 21=18*

Beesd ♿
▲ Betuwestrand   Seite 351 **348** € 16
🄵 (A+C+E+F+H+L 28/3-4/10)
AKZ. 28/3-24/4 4/5-12/5 1/6-4/7 30/8-4/10

Berg en Dal
▲ Nederrijkswald   Seite 351 **349** € 18
🄴 (E 15/3-30/10)
AKZ. 15/3-25/4 3/5-19/5 2/6-4/7 30/8-30/10

Braamt
▲ Recreatie Te Boomsgoed   Seite 351 **350** € 12
🄵 (A 27/4-6/5,9/7-3/9) (E+G 1/1-31/12)
AKZ. 1/1-25/4 4/5-20/5 2/6-5/7 22/8-31/12

Doesburg
▲ CP & Jachthaven Het Zwarte Schaar   Seite 351 **351** € 16
🄵 (E+H+K+L 1/1-31/12) 🄶 (D 30/3-31/10) (F 1/5-15/9)
AKZ. 1/1-9/4 11/5-20/5 2/6-10/6 15/6-3/7 20/8-31/12 *7=6, 14=12*

Ausführliche Redaktionseinträge: Seite 346 bis 351

Niederlande

Doesburg — IJsselstrand — Seite 351 — 352 — € 18
- 5 (A+C 29/3-31/10) (E+H+K+L 1/1-31/12)
- 6 (D+G 29/3-31/10)
- AKZ. 1/1-9/4 11/5-20/5 2/6-10/6 15/6-3/7 20/8-31/12 7=6, 14=12, 21=18

Doetinchem — De Wrange — Seite 351 — 353 — € 18
- 5 (A+C+E+F+H+K+L 1/4-4/10) 6 (B+G 27/4-2/9)
- AKZ. 27/3-19/5 2/6-6/7 23/8-4/10 7=6, 14=12, 21=18

Doornenburg — De Waay — Seite 352 — 354 — € 18
- 5 (A+B+E+F 27/4-5/5,6/7-24/8) (H 1/4-30/9) (K+L 27/4-5/5,6/7-24/8)
- 6 (B 27/4-15/9) (D+G 25/4-15/9)
- AKZ. 1/4-17/5 2/6-8/7 1/9-29/9

Eck en Wiel — Verkrema — Seite 352 — 355 — € 16
- 6 (A 28/4-15/9) (F 15/5-15/9)
- AKZ. 27/3-17/5 2/6-2/7 21/8-27/9

Ede — Bos- en Heidecp Zuid-Ginkel — Seite 352 — 356 — € 18
- 5 (A+B 1/4-30/9)
- AKZ. 1/4-20/5 2/6-10/7 27/8-13/9 21/9-30/9 7=6, 14=12

Eefde — Het Waldhoorn — Seite 352 — 357 — € 18
- 5 (A+E+F+H 1/1-31/12)
- AKZ. 1/1-20/5 2/6-30/6 1/9-20/12

Eerbeek — Landal Coldenhove — Seite 352 — 358 — € 18
- 4 (E 13/3-6/11) 5 (A+C+E+F+H+K+L 13/3-6/11)
- 6 (E+G 13/3-6/11)
- AKZ. 13/3-16/4 1/5-21/5 12/6-2/7 28/8-6/11

Eerbeek — Robertsoord — Seite 353 — 359 — € 16
- 5 (A 1/7-31/8) (E 1/7-1/9)
- AKZ. 3/4-19/5 2/6-3/7 20/8-25/10 14=12, 21=18

Eibergen — Het Eibernest — Seite 353 — 360 — € 16
- 5 (A 1/1-31/12) (E+F 1/4-31/10) (H 1/1-31/12) (K+L 1/4-31/10)
- 6 (B+G 1/4-31/10)
- AKZ. 1/1-6/7 24/8-31/12

Elburg — Natuurcp Landgoed Old Putten — Seite 353 — 361 — € 14
- 4 (E 30/5-10/6,22/7-16/8) 5 (A 30/5-10/6,22/7-16/8)
- 6 (F 15/4-15/9)
- AKZ. 15/4-20/5 1/6-11/7 28/8-15/9 8=7, 16=13, 24=21

Emst — De Veluwse Wagen — Seite 353 — 363 — € 14
- 5 (A+F+L 4/7-30/8)
- AKZ. 1/4-24/4 4/5-20/5 2/6-3/7 20/8-31/10

Emst — De Wildhoeve — Seite 353 — 364 — € 20
- 4 (E 25/4-3/5,4/7-30/8) 5 (A+C+E+L 27/3-30/9)
- 6 (B 1/5-31/8) (E+G 27/3-30/9)
- AKZ. 27/3-23/4 4/5-19/5 2/6-9/7 26/8-30/9

Emst — Ardoer Camping De Zandhegge — Seite 354 — 362 — € 20
- 5 (A+E+F 27/3-1/10) 6 (B+G 25/4-1/9)
- AKZ. 27/3-10/4 13/4-24/4 3/5-20/5 2/6-8/7 25/8-1/10

Enspijk — Ardoer Camping De Rotonde — Seite 354 — 365 — € 18
- 5 (A+B+C 28/3-26/9) (E 1/4-15/9) (F 28/3-26/9) (H 1/7-31/8) (I 28/3-26/9)
- 6 (F 3/4-26/9)
- AKZ. 28/3-24/4 4/5-20/5 2/6-11/7 30/8-26/9

Epe — De Veldkamp — Seite 354 — 366 — € 16
- 5 (E+F+G+K 1/4-31/10) 6 (B+F 15/5-1/9)
- AKZ. 1/4-20/5 2/6-30/6 21/8-31/10 14=13

Epe — Campingpark de Koekamp — Seite 354 — 367 — € 16
- 5 (E+H+K 1/4-31/10)
- AKZ. 1/4-11/4 14/4-20/5 2/6-30/6 31/8-31/10 14=13

Epe — RCN Vakantiepark de Jagerstee — Seite 354 — 368 — € 18
- 4 (E 27/3-26/10) 5 (A+C+E+F+H+K+L 27/3-26/10)
- 6 (B+G 24/4-15/9)
- AKZ. 27/3-20/5 26/5-29/5 3/6-15/7 1/9-26/10

Ermelo — Ardoer cp. & bungalowpark De Haeghehorst — Seite 354 — 369 — € 18
- 4 (E 14/4-31/8) 5 (A 1/4-30/10) (B 1/1-31/12) (E+F+G 1/4-30/10) (H 1/1-31/12) (L 1/4-30/10)
- 6 (B 27/4-28/10) (E+G 1/4-30/10)
- AKZ. 1/1-24/4 3/5-20/5 3/6-4/7 29/8-31/12

Ermelo — In de Rimboe — Seite 354 — 370 — € 18
- 5 (A 14/7-31/8) (E+F+G+H+K+L 15/2-31/12)
- 6 (B+G 29/4-30/9)
- AKZ. 1/1-20/5 2/6-11/7 29/8-31/12

Ermelo — Kriemelberg BushCamp — Seite 355 — 371 — € 16
- 4 (E 3/4-17/10) 5 (A+B 3/4-17/10) (E 3/4-12/9)
- AKZ. 3/4-24/4 4/5-19/5 2/6-7/7 25/8-16/10

Niederlande

Ermelo
▲ Recreatiepark De Paalberg — Seite 355 — 372 — € 18
5 (A 29/3-27/10) (C 28/3-31/10) (E+F 1/1-31/12) (G 28/3-31/10) (H 1/1-31/12) (L 28/3-31/10)
6 (B 1/5-31/8) (E+G 1/1-31/12)
AKZ. 1/1-10/4 11/5-20/5 3/6-4/7 24/8-31/12

Garderen (Veluwe)
▲ Ardoer camping De Hertshoorn — Seite 355 — 373 — € 18
5 (A+C+E+F+L 27/3-25/10)
6 (B 27/4-30/9) (D+G 27/3-25/10)
AKZ. 27/3-24/4 3/5-20/5 2/6-4/7 21/8-25/10

Groenlo
▲ Marveld Recreatie B.V. — Seite 356 — 374 — € 20
5 (A+C+E+F+G+H+K+L 1/1-31/12)
6 (B 1/5-15/9) (**E+G** 1/1-31/12)
AKZ. 1/1-20/5 2/6-10/7 27/8-31/12

Groesbeek ☼☼
▲ Vakantiepark De Oude Molen — Seite 356 — 375 — € 14
5 (E+F+H+L 1/4-31/10) **6** (B 28/4-26/8) (G 22/4-31/8)
AKZ. 1/4-25/4 11/5-20/5 26/5-29/5 2/6-5/7 23/8-31/10 14=12, 21=18

Harfsen
▲ De Huurne — Seite 356 — 376 — € 12
AKZ. 30/3-24/4 4/5-20/5 2/6-3/7 20/8-1/10 21=18

Harfsen
▲ Camping De Waterjuffer — Seite 356 — 377 — € 18
5 (E+K+L 1/4-4/10)
AKZ. 1/4-20/5 2/6-4/7 22/8-4/10 14=12

Hattem
▲ Molecaten Park De Leemkule — Seite 357 — 378 — € 18
4 (E 10/7-20/8) **5** (A+C+E+F+H+K+L 27/3-31/10)
6 (A 27/4-1/9) (E+G 27/3-31/10)
AKZ. 27/3-24/4 4/5-20/5 25/5-29/5 2/6-9/7 26/8-31/10

Hattem
▲ Molecaten Park Landgoed Molecaten — Seite 357 — 379 — € 16
4 (E 27/3-30/9) **5** (A+E+K 27/3-30/9)
AKZ. 27/3-24/4 4/5-20/5 25/5-29/5 2/6-9/7 26/8-30/9

Heerde ☼☼
▲ De Zandkuil — Seite 358 — 380 — € 16
5 (A+B+E+F+K 1/4-31/10) **6** (B+G 21/5-1/9)
AKZ. 1/4-4/7 24/8-31/10 14=12

Heerde
▲ Molecaten Park De Koerberg — Seite 358 — 381 — € 16
5 (A+B+E+F+H+K+L 27/3-31/10) **6** (B+G 1/5-31/8)
AKZ. 27/3-24/4 4/5-20/5 25/5-29/5 2/6-9/7 26/8-31/10

Heteren
▲ Camping Overbetuwe — Seite 358 — 382 — € 16
AKZ. 1/5-20/5 25/5-29/5 2/6-30/6 1/9-30/9

Hoenderloo
▲ De Pampel — Seite 358 — 383 — € 18
5 (A+C 16/4-30/9) (E+F+G+L 1/4-30/9)
6 (C 30/3-30/9,13/10-28/10)
AKZ. 1/1-22/4 6/5-19/5 2/6-10/7 27/8-31/12 7=6, 14=12, 21=18

Hoenderloo
▲ Recreatiepark 't Veluws Hof — Seite 358 — 384 — € 18
4 (E 1/7-1/9) **5** (A+C+E+F+H+K 20/3-26/10)
6 (B+G 26/4-14/9)
AKZ. 21/3-20/5 2/6-11/7 29/8-24/10 7=6, 14=12, 21=18

Hoenderloo
▲ Veluwe camping 't Schinkel — Seite 359 — 385 — € 16
5 (A+B+E+F+K+L 3/4-25/10) **6** (B+G 22/4-15/9)
AKZ. 3/4-22/4 6/5-19/5 2/6-3/7 20/8-25/10 7=6, 14=12, 21=18

Hulshorst
▲ Campingpark De Vuurkuil — Seite 359 — 386 — € 16
4 (**E** 1/1-31/12) **5** (A+H+K 1/1-31/12)
AKZ. 1/1-20/5 25/5-29/5 11/6-10/7 27/8-31/12

Hummelo
▲ Camping De Graafschap — Seite 359 — 387 — € 18
5 (A 1/5-1/10) (B+E+K 10/4-25/10)
AKZ. 10/4-20/5 2/6-5/7 22/8-25/10

Hummelo
▲ Camping Jena — Seite 359 — 388 — € 18
5 (A+B+E 4/4-4/10)
AKZ. 4/4-20/5 3/6-1/7 1/9-4/10

Kootwijk
▲ Harskamperdennen — Seite 359 — 389 — € 18
5 (A 27/3-3/10)
AKZ. 27/3-19/5 2/6-9/7 26/8-3/10

Laag-Soeren
▲ Ardoer Vakantiedorp De Jutberg — Seite 359 — 390 — € 18
4 (E 8/7-26/8)
5 (A+B 1/4-31/10) (E+F 1/4-30/9) (H 1/4-31/10) (K+L 1/4-30/10)
6 (C+G 1/4-31/10)
AKZ. 1/1-19/5 2/6-10/7 27/8-31/12 7=6, 14=12, 21=18

Lieren/Beekbergen
▲ Ardoer comfortcp De Bosgraaf — Seite 359 — 391 — € 18
5 (A+C+E+H 27/3-25/10) (K 3/4-15/9) **6** (B+G 26/4-15/9)
AKZ. 27/3-20/5 2/6-10/7 27/8-25/10 14=12, 23=21

Lunteren
▲ De Rimboe — Seite 360 — 392 — € 16
4 (E 1/7-1/9)
AKZ. 2/3-19/5 3/6-6/7 24/8-25/10 14=12, 21=18

Niederlande

Maurik ♥♥ — Camp. Jachthaven de Loswal — Seite 360 — 393 — € 16
5 (E+F+K 1/4-1/10)
AKZ. 1/4-20/5 2/6-7/7 24/8-1/10

Maurik — Vakantiepark Eiland van Maurik — Seite 360 — 394 — € 16
5 (A 27/3-26/10) (C 29/3-1/11) (E+F+G+H+K 27/3-26/10)
6 (D 1/4-31/10)
AKZ. 27/3-10/4 14/4-24/4 11/5-20/5 25/5-29/5 2/6-3/7 21/8-9/10

Neede ♥♥ — Den Blanken — Seite 361 — 395 — € 18
5 (A+B+E+F+G+H+K+L 28/3-27/9)
6 (B 25/4-6/9) (G 25/4-15/9)
AKZ. 28/3-25/4 2/5-20/5 2/6-4/7 22/8-27/9
7=6, 14=12, 21=18

Nieuw-Milligen — Landal Rabbit Hill — Seite 361 — 396 — € 16
4 (E 1/1-31/12) 5 (A+C+E+F+H+L 1/1-31/12)
6 (B 1/5-1/9) (E+G 1/1-31/12)
AKZ. 3/1-16/4 1/5-21/5 12/6-2/7 28/8-31/12

Nunspeet — Camping De Witte Wieven — Seite 361 — 397 — € 14
4 (E 29/3-31/10) 5 (E+F+H+K 29/3-31/10) 6 (A+F 1/6-1/9)
AKZ. 1/4-20/5 2/6-3/7 28/8-31/10

Otterlo — Beek en Hei — Seite 361 — 398 — € 18
5 (A 28/4-1/10) (B 1/1-31/12)
AKZ. 1/1-19/5 2/6-9/7 26/8-31/12 *14=12*

Otterlo — Europarcs Resort De Wije Werelt — Seite 362 — 399 — € 20
4 (E 7/7-25/8) 5 (A+C+E+F+H+K 1/1-31/12)
6 (B+G 25/4-15/9)
AKZ. 1/1-19/5 3/6-10/7 27/8-31/12 *14=12, 21=18*

Putten ♥♥ — Strandparc Nulde — Seite 362 — 400 — € 18
5 (A+E+F+H+K+L 1/4-1/10)
AKZ. 1/4-19/5 2/6-7/7 24/8-1/10 *7=6, 14=12*

Ruurlo — Tamaring — Seite 362 — 401 — € 18
5 (A+B 1/4-4/10) 6 (F 21/5-31/8)
AKZ. 1/4-20/5 3/6-5/7 22/8-4/10

Stokkum ♥♥ — De Slangenbult — Seite 362 — 402 — € 16
AKZ. 17/1-14/5 4/6-5/7 22/8-11/12

Stokkum — Landgoed Brockhausen — Seite 362 — 403 — € 18
4 (E 27/3-30/9) 5 (A 27/3-30/9)
AKZ. 27/3-9/4 14/4-19/5 2/6-29/6 17/7-31/7 1/9-30/9

Stroe — Jacobus Hoeve — Seite 362 — 404 — € 16
4 (E 30/4-30/8)
5 (A 21/5-8/6,13/7-14/8) (E+H+K+L 1/2-30/11)
AKZ. 1/3-20/5 2/6-3/7 21/8-31/10

Ugchelen ♥♥ — De Wapenberg — Seite 363 — 405 — € 18
AKZ. 27/3-25/4 3/5-20/5 2/6-3/7 20/8-4/10 *21=18*

Vaassen — De Helfterkamp — Seite 363 — 406 — € 18
5 (A 31/3-28/10) (C 1/3-31/10)
AKZ. 1/3-24/4 4/5-20/5 2/6-3/7 20/8-31/10

Vierhouten ♥♥ — Recreatiepark Samoza — Seite 364 — 407 — € 16
5 (A+C+E+H+K+L 27/3-26/10) 6 (B+E+G 27/3-26/10)
AKZ. 27/3-9/4 14/4-23/4 4/5-19/5 2/6-2/7 31/8-25/10

Voorst — De Adelaar — Seite 364 — 408 — € 16
AKZ. 1/1-24/4 4/5-15/5 8/6-3/7 27/8-31/10

Voorthuizen — Ardoer Vakantiepark Ackersate — Seite 364 — 409 — € 18
5 (A+C+E+F+G+H+L 27/3-24/10)
6 (B 1/5-15/9) (E+G 27/3-24/10)
AKZ. 28/3-25/4 4/5-20/5 2/6-4/7 24/8-10/10

Voorthuizen — Recreatiepark De Boshoek — Seite 364 — 410 — € 18
5 (A+B+C+E+F+H+L 23/3-25/10)
6 (B 1/5-30/9) (**E**+**G** 23/3-25/10)
AKZ. 28/3-23/4 4/5-20/5 2/6-2/7 31/8-24/10

Vorden — 't Meulenbrugge — Seite 364 — 411 — € 18
5 (A 15/4-15/9)
AKZ. 1/4-20/5 3/6-3/7 21/8-31/10

Vorden — De Reehorst — Seite 364 — 412 — € 18
5 (A+E+F+H+K+L 1/4-31/10) 6 (F 1/5-1/9)
AKZ. 1/4-8/7 25/8-31/10

Wilp — Kampeerhoeve Bussloo — Seite 365 — 413 — € 18
AKZ. 1/1-10/4 14/4-20/5 2/6-6/7 24/8-31/12

Winterswijk ♥♥ — Het Winkel — Seite 365 — 414 — € 18
5 (A+B+E+F+G+H+K+L 1/3-3/11) 6 (B+G 27/4-1/9)
AKZ. 1/1-2/4 20/4-26/4 4/5-20/5 2/6-10/6 15/6-3/7 31/8-31/12

Winterswijk — CP Klompenmakerij ten Hagen — Seite 365 — 415 — € 16
AKZ. 1/1-9/4 14/4-24/4 4/5-20/5 2/6-10/6 15/6-10/7 27/8-31/12

Ausführliche Redaktionseinträge: Seite 360 bis 365

Niederlande

Winterswijk
⛺ Vakantiepark De Twee Bruggen — Seite 366 — 416 — € 20
5️⃣ (A+B+C+E+H+K+L 1/1-31/12)
6️⃣ (B 15/5-15/9) (**E**+G 1/1-31/12)
AKZ. 14/4-26/4 1/5-19/5 25/5-28/5 2/6-9/6 15/6-3/7 31/8-31/12

Winterswijk
⛺ Vreehorst — Seite 366 — 417 — € 20
5️⃣ (A+B 1/1-31/12) (E 29/3-3/11) (H 1/1-31/12) (K 29/3-3/11)
6️⃣ (A 29/3-3/11) (E 1/1-31/12) (G 29/3-3/11)
AKZ. 1/1-9/4 14/4-23/4 10/5-19/5 2/6-9/6 14/6-30/6 1/9-31/12

Winterswijk-Meddo
⛺ CP Recreatiepark Sevink Molen — Seite 366 — 418 — € 18
5️⃣ (A 25/4-4/5,11/7-22/8) (E+F+I+K+L 1/1-31/12)
AKZ. 1/1-10/4 14/4-25/4 4/5-20/5 2/6-10/6 15/6-5/7 24/8-31/12

Winterswijk/Henxel
⛺ Het Wieskamp — Seite 366 — 419 — € 18
5️⃣ (A+B+E+F+H+L 20/3-1/11) 6️⃣ (B+G 18/5-1/9)
AKZ. 20/3-9/4 14/4-20/5 25/5-29/5 2/6-10/7 27/8-1/11

Winterswijk/Woold
⛺ De Harmienehoeve — Seite 366 — 420 — € 14
5️⃣ (A+E 1/1-31/12) (H 1/7-1/10) 6️⃣ (A+F 12/5-1/9)
AKZ. 1/2-8/4 15/4-18/5 2/6-6/7 24/7-2/8 1/9-1/12

Zennewijnen
⛺ Campingpark Zennewijnen — Seite 366 — 421 — € 18
5️⃣ (A+B+E+F+H+K 15/3-31/10) 6️⃣ (A+F 15/5-15/9)
AKZ. 15/3-20/5 2/6-10/7 27/8-31/10

Nord-Brabant

Alphen (N.Br.)
⛺ Camping Buitenlust — Seite 367 — 422 — € 16
5️⃣ (A+B+E+F+H+K 1/4-1/10) 6️⃣ (B 1/5-1/9) (G 1/7-1/9)
AKZ. 1/5-7/7 24/8-1/10

Alphen (N.Br.)
⛺ Recreatiepark 't Zand — Seite 367 — 423 — € 16
4️⃣ (E 27/4-5/5,8/7-3/9) 5️⃣ (A+B 27/4-5/5,8/7-3/9) (E 27/3-3/10) (F 27/4-5/5,1/7-31/8) (G 26/4-5/5,1/7-5/9) (H 27/4-5/5,8/7-3/9) (K 27/3-3/10)
AKZ. 27/3-9/4 14/4-24/4 11/5-19/5 25/5-28/5 2/6-3/7 22/8-3/10

Andel ⚐
⛺ De Hoge Waard — Seite 367 — 424 — € 18
5️⃣ (A+B 1/6-1/9) (E+F+H+L 1/4-30/9)
AKZ. 1/5-4/7 25/8-30/9

Asten/Heusden
⛺ De Peel — Seite 368 — 425 — € 18
5️⃣ (A 11/7-21/8) 6️⃣ (A 1/7-31/8)
AKZ. 15/3-20/5 2/6-10/7 27/8-31/10

Asten/Heusden ⚐
⛺ De Peelpoort — Seite 368 — 426 — € 18
5️⃣ (A+E+H+K+L 1/4-30/9)
AKZ. 1/1-15/7 1/9-31/12

Asten/Ommel
⛺ Oostappen Vakantiepark Prinsenmeer — Seite 368 — 427 — € 16
5️⃣ (C+E+F+G+H+L 28/3-31/10) 6️⃣ (E+G 28/3-31/10)
AKZ. 28/3-24/4 11/5-20/5 25/5-29/5 1/6-5/7 24/8-9/10

Bergen op Zoom
⛺ Uit en Thuis — Seite 368 — 428 — € 18
5️⃣ (B+E+F+H+K 1/4-30/9) 6️⃣ (B+G 1/5-15/9)
AKZ. 1/4-20/5 2/6-10/7 28/8-30/9

Bladel
⛺ Recreatiepark De Achterste Hoef — Seite 368 — 429 — € 20
5️⃣ (C+E+H+K+L 3/4-27/9) 6️⃣ (B 10/4-30/8) (E+G 3/4-27/9)
AKZ. 3/4-24/4 3/5-20/5 2/6-11/7 28/8-27/9

Breda
⛺ Liesbos — Seite 368 — 430 — € 18
5️⃣ (A+B+E+F 1/4-30/9) (H+L 1/4-1/10) 6️⃣ (B+G 30/4-30/9)
AKZ. 1/4-9/4 13/4-19/5 24/5-28/5 1/6-10/7 31/8-30/9

Chaam
⛺ RCN vakantiepark De Flaasbloem — Seite 369 — 431 — € 18
5️⃣ (A+C+E+F+G+K+L 27/3-2/11) 6️⃣ (E 27/3-2/11) (G 1/5-1/9)
AKZ. 27/3-20/5 26/5-29/5 3/6-15/7 1/9-2/11

De Heen
⛺ De Uitwijk — Seite 369 — 432 — € 18
5️⃣ (A+F+H+L 27/3-27/9) 6️⃣ (B+G 10/4-27/9)
AKZ. 27/3-10/4 13/4-24/4 10/5-20/5 1/6-3/7 23/8-27/9

Eerde
⛺ Het Goeie Leven — Seite 369 — 433 — € 20
4️⃣ (**E** 6/7-28/8) 5️⃣ (A 27/4-8/5,6/7-28/8) (E+F+H+L 3/4-27/9)
6️⃣ (B 3/4-27/9)
AKZ. 3/4-1/5 11/5-20/5 2/6-7/7 24/8-27/9

Eersel ⚐
⛺ Recreatiepark TerSpegelt — Seite 369 — 434 — € 20
5️⃣ (C+E+F+G+H+K+L 3/4-26/10) 6️⃣ (E+G 3/4-26/10)
AKZ. 3/4-9/4 11/5-20/5 25/5-29/5 3/6-10/6 15/6-6/7 24/8-26/10

Esbeek
⛺ De Spaendershorst — Seite 370 — 435 — € 16
5️⃣ (E+H 1/4-1/10) 6️⃣ (B+G 27/3-26/10)
AKZ. 27/3-10/4 14/4-20/5 25/5-29/5 2/6-3/7 31/8-26/10

Hilvarenbeek
⛺ Vakantiepark Beekse Bergen — Seite 370 — 436 — € 14
4️⃣ (**E** 1/5-1/8) 5️⃣ (A+C+E+F+G+H+K+L 26/3-1/11)
6️⃣ (E+G 26/3-1/11)
AKZ. 2/4-7/4 10/5-19/5 2/6-26/6 29/8-9/10

Niederlande

Hoeven — Seite 370 — 437 — € 18
▲ Molecaten Park Bosbad Hoeven
5 (A+B+E+G 27/3-31/10) (H+L 1/4-1/9,12/10-27/10)
6 (B 27/4-1/9) (E+G 27/3-31/10)
AKZ. 27/3-24/4 4/5-20/5 25/5-29/5 2/6-9/7 26/8-31/10

Kaatsheuvel — Seite 370 — 438 — € 20
▲ Recreatiepark Brasserie Het Genieten
5 (A 1/5-1/9) (E+F+H+L 1/4-31/10)
AKZ. 1/4-20/5 1/6-15/7 1/9-31/10

Lierop/Someren — Seite 370 — 439 — € 18
▲ De Somerense Vennen
5 (A 25/4-8/5,11/7-14/8) (E+F+H+K+L 10/4-27/9)
6 (E+G 24/4-27/9)
AKZ. 1/4-10/4 10/5-20/5 1/6-3/7 24/8-31/10

Maashees — Seite 370 — 440 — € 18
▲ Natuurkampeerterrein Landgoed Geijsteren
5 (A 15/7-15/8)
AKZ. 3/4-26/4 4/5-19/5 2/6-10/6 15/6-5/7 31/8-24/10

Mierlo — Seite 371 — 441 — € 14
▲ Boscamping 't Wolfsven
5 (C+E+F+H+K+L 27/3-25/10) **6** (E+G 27/3-25/10)
AKZ. 27/3-10/4 10/5-20/5 2/6-10/7 31/8-25/10

Netersel — Seite 371 — 442 — € 18
▲ De Couwenberg
5 (A 1/1-31/12) (E 3/7-30/8) (H 1/1-31/12) (K 3/7-30/8)
6 (B+G 1/5-15/9)
AKZ. 1/1-15/5 1/9-31/12 *7=6*

Nijnsel/St. Oedenrode — Seite 371 — 443 — € 20
▲ Landschapscamping De Graspol
5 (A+H 1/3-1/10)
AKZ. 1/3-20/5 2/6-15/7 1/9-1/10

Nispen/Roosendaal — Seite 371 — 444 — € 18
▲ Zonneland
5 (B 14/3-25/10) **6** (B 1/5-1/9)
AKZ. 14/3-30/6 18/8-25/10

Oirschot — Seite 372 — 445 — € 20
▲ de Bocht
5 (E+F+H+K 1/1-31/12) **6** (A+F 20/6-31/8)
AKZ. 1/1-20/5 25/5-29/5 2/6-8/7 25/8-31/12

Oirschot ♿ — Seite 372 — 446 — € 20
▲ Vakantiepark Latour
5 (E+H 27/3-25/10) **6** (B 1/5-31/8) (E+G 27/3-25/10)
AKZ. 27/3-10/7 27/8-25/10 *7=6, 14=11, 21=16*

Oisterwijk — Seite 372 — 447 — € 20
▲ Streekpark Klein Oisterwijk
5 (A+B+F+H+K 1/4-26/9) (L 1/1-31/12) **6** (B+G 29/5-28/5)
AKZ. 1/1-24/4 11/5-20/5 2/6-5/7 24/8-31/10

Oisterwijk — Seite 373 — 448 — € 18
▲ Vakantiepark De Reebok
5 (A+B+E+F 1/4-31/10) (L 1/1-31/12)
AKZ. 1/1-20/5 2/6-4/7 31/8-31/12

Oosterhout — Seite 373 — 449 — € 16
▲ De Katjeskelder
5 (A+C+E+F+G+H+K+L 27/3-27/10)
6 (B 26/4-26/10) (E+G 27/3-27/10)
AKZ. 27/3-10/4 10/5-20/5 2/6-10/7 31/8-25/10

Sint Anthonis — Seite 373 — 450 — € 18
▲ Ardoer vak.centrum De Ullingse Bergen
5 (A+E 1/4-29/9) (F 25/4-20/9) (L 1/4-29/9)
6 (B+G 27/4-10/9)
AKZ. 1/4-20/5 25/5-29/5 2/6-6/7 23/8-27/9

Sint Hubert ♿ — Seite 373 — 451 — € 16
▲ Van Rossum's Troost
4 (E 21/4-21/5,25/7-22/8) **5** (A 1/4-27/9) (E+H 25/7-22/8)
6 (F 20/7-18/8)
AKZ. 1/4-19/5 2/6-5/7 22/8-27/9 *14=12*

Soerendonk — Seite 374 — 452 — € 20
▲ Recreatiepark Slot Cranendonck
4 (E 11/7-1/8) **5** (C+E+F+H+L 27/3-25/10)
6 (A 15/5-15/9) (E+G 27/3-1/10)
AKZ. 27/3-23/4 4/5-20/5 2/6-9/7 26/8-25/10

Someren — Seite 374 — 453 — € 16
▲ De Kuilen
5 (H 1/3-31/10)
AKZ. 1/3-15/5 1/9-31/10

St. Oedenrode — Seite 374 — 454 — € 20
▲ De Kienehoef
5 (A+B 1/4-27/9) (E+F+H 18/4-30/8) **6** (B+G 18/4-30/8)
AKZ. 1/4-20/5 2/6-11/7 28/8-27/9 *7=6, 14=11, 21=15*

Udenhout — Seite 374 — 455 — € 20
▲ Recreatiepark Duinhoeve
5 (A 27/4-5/5,1/7-1/9) (B 1/4-25/9) (E+F+K 27/4-5/5,15/7-15/8)
6 (B+G 25/4-31/8)
AKZ. 1/4-23/5 11/5-19/5 2/6-6/7 24/8-27/9

Ulicoten/Baarle Nassau — Seite 374 — 456 — € 20
▲ Recreatiepark Ponderosa
5 (A+B 28/3-3/11) (E+F+G+H+K+L 1/5-1/9) **6** (E+G 28/3-3/11)
AKZ. 28/3-24/4 3/5-20/5 2/6-10/7 30/8-31/10

Valkenswaard — Seite 375 — 457 — € 12
▲ Oostappen Vakantiepark Brugse Heide
5 (A 3/7-30/8) (E 3/7-30/9) (H+K 3/7-30/8)
6 (A+F 29/5-30/8)
AKZ. 28/3-24/4 11/5-20/5 25/5-29/5 1/6-5/7 24/8-9/10

Ausführliche Redaktionseinträge: Seite 370 bis 375

Niederlande

Veldhoven
▲ Vakantiepark Witven — Seite 375 — 458 — € 20
🄵 (A+B 1/4-27/9) (E+F 3/7-30/8) (H+K+L 1/4-27/9)
AKZ. 1/4-20/5 2/6-11/6 15/6-11/7 28/8-27/9

Veldhoven/Zandoerle ♦♦
▲ Vakantiepark Molenvelden — Seite 375 — 459 — € 20
🄵 (E+F+H+K+L 27/3-25/10) 🄶 (B+G 1/5-6/9)
AKZ. 27/3-10/7 27/8-25/10 **7=6, 14=11, 21=16**

Vessem ♦♦
▲ Eurocamping Vessem — Seite 375 — 460 — € 18
🄵 (B+E+H 1/7-31/8) 🄶 (A+F 15/5-1/9)
AKZ. 21/3-20/5 25/5-29/5 2/6-10/7 27/8-4/10

Vinkel
▲ Vakantiepark Dierenbos — Seite 375 — 461 — € 12
🄵 (A+C+E+H+K 3/4-31/10) 🄶 (E+G 3/4-31/10)
AKZ. 3/4-17/4 10/5-19/5 2/6-26/6 29/8-9/10

Wanroij
▲ Vakantiepark De Bergen — Seite 375 — 462 — € 18
🄵 (C 27/3-25/10) (E+F+G+H+K+L 3/7-30/8)
AKZ. 27/3-10/4 14/4-20/5 25/5-29/5 2/6-3/7 31/8-25/10

Limburg

Afferden
▲ Klein Canada — Seite 376 — 463 — € 16
🄳 (E 25/4-3/5,4/7-31/8) 🄵 (A+B+E+H+K+L 25/4-3/5,4/7-31/8)
🄶 (A 20/5-31/8) (E+F 3/4-1/11)
AKZ. 27/3-10/4 14/4-20/5 25/5-29/5 2/6-3/7 31/8-26/10

Afferden
▲ Roland — Seite 376 — 464 — € 16
🄵 (A+B+C+E+F 28/3-1/10) (H 28/3-3/5,5/7-30/8) (L 28/3-20/9)
🄶 (B+G 25/4-20/9)
AKZ. 1/1-19/5 2/6-2/7 24/8-31/12

Arcen
▲ Klein Vink — Seite 376 — 465 — € 16
🄵 (A+C+E+H+K+L 1/1-31/12) 🄶 (E+G 1/1-31/12)
AKZ. 1/1-10/4 10/5-20/5 2/6-10/7 31/8-31/12

Baarlo
▲ Oostappen Vakantiepark De Berckt — Seite 376 — 466 — € 14
🄵 (A+C+E+F+H+K 28/3-31/10) 🄶 (E+G 28/3-31/10)
AKZ. 28/3-24/4 11/5-20/5 25/5-29/5 1/6-5/7 24/8-9/10

Beesel
▲ Petrushoeve — Seite 376 — 467 — € 16
🄵 (A+G 15/3-15/10)
AKZ. 15/3-20/5 24/5-29/5 1/6-3/7 20/8-15/10

Blitterswijck
▲ 't Veerhuys — Seite 376 — 468 — € 18
🄵 (A+E+H+K+L 1/4-30/10) 🄶 (F 1/5-29/10)
AKZ. 1/4-19/5 2/6-3/7 1/9-30/10 **7=6, 14=12, 21=18**

Echt ♦♦
▲ Marisheem — Seite 377 — 469 — € 18
🄵 (E+H 18/7-14/8) 🄶 (A+F 17/5-1/9)
AKZ. 1/4-30/6 18/8-30/9 **14=13, 21=19**

Gulpen
▲ Panorama Camping Gulperberg — Seite 377 — 470 — € 20
🄵 (A+B+C+E+F+G+H+L 1/1-31/12) 🄶 (A+G 1/5-1/10)
AKZ. 5/1-9/4 13/4-16/4 10/5-19/5 1/6-4/6 8/6-2/7 30/8-1/11

Gulpen
▲ Terrassencamping Osebos — Seite 378 — 471 — € 18
🄵 (A+C+E+F+G+H+L 28/3-1/11) 🄶 (A+F 15/5-30/9)
AKZ. 28/3-24/4 2/5-19/5 24/5-5/7 22/8-31/10

Heel ♦♦
▲ Narvik HomeParc Heelderpeel B.V. — Seite 378 — 472 — € 14
🄵 (A 1/7-31/8) (H+K 27/3-2/11) 🄶 (B 15/5-15/9)
AKZ. 27/3-4/7 21/8-2/11

Heerlen
▲ Hitjesvijver — Seite 378 — 473 — € 18
🄵 (E+F 1/1-31/12) (H 13/7-15/8) (L 1/1-31/12)
🄶 (B+G 15/5-1/9)
AKZ. 1/1-17/4 4/5-21/5 12/6-18/6 23/6-6/7 24/8-31/12
7=6, 14=11

Helden
▲ Ardoer CP De Heldense Bossen — Seite 378 — 474 — € 18
🄵 (A+C+E+F+H+L 27/3-25/10)
🄶 (B 25/4-6/9) (E+G 27/3-25/10)
AKZ. 27/3-10/4 13/4-25/4 10/5-20/5 24/5-29/5 1/6-4/7 22/8-25/10

Hulsberg
▲ 't Hemelke — Seite 379 — 475 — € 18
🄵 (A+B+E 25/4-3/5,4/7-30/8) (H 1/4-30/9) (L 20/5-1/6,11/7-23/8)
🄶 (A+F 23/4-15/9)
AKZ. 1/4-23/4 3/5-19/5 24/5-28/5 1/6-9/7 26/8-29/9

Kelpen-Oler
▲ Geelenhoof — Seite 379 — 476 — € 16
🄵 (A+B 19/3-31/10)
AKZ. 19/3-19/5 2/6-15/7 1/9-30/10 **7=6, 14=12, 21=18**

Kessel
▲ Oda Hoeve — Seite 379 — 477 — € 16
AKZ. 1/4-15/5 1/6-11/7 28/8-31/10

Landgraaf
▲ De Watertoren — Seite 379 — 478 — € 18
🄳 (E 13/7-22/8) 🄵 (A+B+F+H+L 3/4-24/10) 🄶 (B+G 15/5-1/9)
AKZ. 3/4-19/5 2/6-17/6 23/6-3/7 22/8-24/10

Maasbree
▲ Recreatiepark BreeBronne — Seite 379 — 479 — € 18
🄵 (A+E+H+L 25/4-3/5,4/7-1/9) 🄶 (E+G 31/3-1/11)
AKZ. 1/4-23/4 4/5-20/5 2/6-4/7 1/9-31/10

Ausführliche Redaktionseinträge: Seite 375 bis 379

Niederlande

Voerendaal
▲ Colmont — Seite 385 — 500 — € 16
5 (A 27/3-27/9) (E+F 25/4-31/5,11/7-23/8) (G+H 27/3-27/9) (K 25/4-31/5,11/7-23/8)
6 (B+G 1/5-15/9)
AKZ. 27/3-6/7 23/8-26/9

Well
▲ Leukermeer — Seite 386 — 501 — € 18
5 (A+C+E+F+G+H+K+L 27/3-26/10)
6 (B 26/4-15/9) (E+G 27/3-26/10)
AKZ. 27/3-9/4 4/5-20/5 2/6-10/6 15/6-4/7 24/8-26/10

Wijlre ✲✲
▲ De Gele Anemoon — Seite 386 — 502 — € 18
6 (F 28/3-3/10)
AKZ. 28/3-19/5 2/6-11/7 28/8-2/10

Wijlre
▲ De Gronselenput — Seite 386 — 503 — € 18
5 (A+B+G+H 28/3-3/10)
AKZ. 28/3-24/4 9/5-19/5 2/6-3/7 29/8-2/10

🇧🇪 Belgien

Flandern

Adinkerke/De Panne
▲ Kindervreugde** — Seite 392 — 504 — € 18
5 (A 6/4-30/9)
AKZ. 6/4-30/6 1/9-30/9 7=6, 14=11

Blankenberge
▲ Bonanza 1*** — Seite 393 — 510 — € 20
5 (A+E+F+G+H+K+L 1/7-31/8)
AKZ. 27/3-19/5 24/5-28/5 3/6-3/7 20/8-26/9 14=12

Bocholt
▲ Goolderheide**** — Seite 394 — 512 — € 18
5 (A 10/4-30/9) (C+E+F+G 1/7-31/8) (H 10/4-30/9) (L 1/7-31/8)
6 (B+G 10/5-31/8)
AKZ. 10/4-5/7 24/8-30/9

Bredene
▲ 17 Duinzicht — Seite 394 — 515 — € 18
5 (E+H+K 15/3-3/11)
AKZ. 13/3-9/4 20/4-19/5 25/5-28/5 2/6-30/6 1/9-8/11

Bredene
▲ Veld en Duin*** — Seite 394 — 516 — € 20
AKZ. 1/3-3/4 20/4-30/4 4/5-20/5 15/6-7/7 25/8-14/11 15/12-23/12

Bree
▲ Recreatieoord Kempenheuvel — Seite 395 — 517 — € 16
5 (E+F 1/7-31/8) (H+L 15/3-2/11) 6 (B+G 15/5-15/9)
AKZ. 15/3-4/7 22/8-2/11 7=6

De Haan
▲ Strooiendorp — Seite 395 — 521 — € 20
AKZ. 1/1-3/4 20/4-29/4 4/5-19/5 25/5-28/5 2/6-5/7 23/8-31/12

De Haan
▲ Ter Duinen — Seite 396 — 522 — € 20
5 (H 15/3-15/10)
AKZ. 15/3-5/7 22/8-30/9

De Klinge
▲ Fort Bedmar** — Seite 396 — 523 — € 16
5 (A 1/7-31/8) (E+G 4/4-19/4,1/7-31/8) (H 4/4-19/4,15/5-31/8)
6 (B+G 20/5-15/9)
AKZ. 1/1-12/7 29/8-31/12

Hechtel/Eksel
▲ Vakantiecentrum De Lage Kempen**** — Seite 397 — 525 — € 14
5 (A+E+H+L 9/4-1/11) 6 (B 23/5-1/9) (G 23/5-2/9)
AKZ. 9/4-20/5 2/6-4/7 24/8-1/11

Houthalen
▲ De Binnenvaart**** — Seite 397 — 526 — € 18
5 (A+E+F+G+H+L 1/1-31/12)
AKZ. 1/1-28/5 1/6-5/7 26/8-31/12 7=6

Houthalen/Helchteren
▲ Oostappen Vakantiepark Hengelhoef — Seite 397 — 527 — € 14
5 (A+C 1/3-31/12) (E+F 1/7-31/8) (G 7/7-31/8) (H 1/7-31/12) (K 1/1-31/12)
6 (B+E+G 1/7-31/8)
AKZ. 28/3-24/4 11/5-20/5 25/5-29/5 1/6-5/7 24/8-9/10

Jabbeke/Brugge
▲ Klein Strand — Seite 398 — 528 — € 20
5 (A+B 1/7-31/8) (E+F+H+K 1/1-31/12) 6 (F 1/6-30/9)
AKZ. 1/1-30/6 1/9-31/12 7=6, 14=12, 21=18

Kasterlee ✲✲
▲ Houtum**** — Seite 398 — 529 — € 18
4 (E 15/4-15/9) 5 (A 1/4-30/9) (E+F 1/7-31/8) (H 1/4-30/9) (I+K+L 1/1-31/12)
AKZ. 1/1-17/6 20/8-31/12

Lommel
▲ Oostappen Vakantiepark Blauwe Meer***** — Seite 399 — 532 — € 12
5 (A+C 28/3-31/10) (E+F+H+L 1/7-31/8)
6 (E+F 10/4-10/5,1/7-31/8)
AKZ. 28/3-24/4 11/5-20/5 25/5-29/5 1/6-5/7 24/8-9/10

Lommel-Kolonie
▲ Oostappen Vakantiepark Parelstrand — Seite 399 — 533 — € 12
5 (A+C+E+F+H+K 1/7-31/8)
AKZ. 28/3-24/4 11/5-20/5 25/5-29/5 1/6-5/7 24/8-9/10

Belgien

Mol Seite 400 536 € 18
Provinciaal Recreatiedomein Zilvermeer****
(E 1/7-31/8) (A+C+E+F 1/4-30/9)
(H 1/1-15/11,11/12-31/12) (I 1/4-30/9)
(K+L 1/1-15/11,11/12-31/12)
AKZ. 30/3-19/5 25/5-28/5 2/6-2/7 28/8-27/9

Nieuwpoort Seite 400 539 € 20
Kompas CP Nieuwpoort****
(A+C 27/3-11/11) (E+F+H+L 4/4-19/4,1/7-31/8)
(B+G 1/5-30/9)
AKZ. 27/3-3/4 20/4-30/4 4/5-20/5 25/5-29/5 1/6-3/7 31/8-30/10

Opglabbeek Seite 400 540 € 20
Recreatieoord Wilhelm Tell*****
(A+B+E+F+G+H+L 1/1-31/12)
(B 1/7-31/8) (E 1/1-31/12) (G 1/7-31/8)
AKZ. 1/1-4/7 26/8-31/12 7=6

Opgrimbie/Maasmechelen Seite 401 541 € 18
Recreatieoord Kikmolen
(A 1/4-15/9) (C 1/6-30/9) (E 1/4-15/9) (F 1/7-15/9)
(H 1/4-31/10) (K+L 1/7-30/9)
AKZ. 1/4-30/6 31/8-31/10

Opoeteren Seite 401 542 € 20
Zavelbos****
(A+E+F+H+L 1/1-31/12)
AKZ. 1/1-4/7 26/8-31/12 7=6

Overijse Seite 401 543 € 20
Druivenland***
AKZ. 1/4-5/7 24/8-1/10

Poppel Seite 401 545 € 18
Verblijfpark Tulderheyde
(A 1/4-31/10) (B 1/1-31/12) (E+F+H 15/7-15/8)
AKZ. 28/3-20/5 1/6-5/7 24/8-31/10

Remersdaal/Voeren Seite 401 548 € 18
Camping Natuurlijk Limburg BVBA
(E 1/7-30/9) (A+E+H+K 1/3-1/12) (B 1/6-1/10)
AKZ. 1/1-20/5 2/6-2/7 1/9-31/12

Retie Seite 402 549 € 16
Berkenstrand****
(A+B+E+F+G+H+K 27/3-12/10)
AKZ. 27/3-30/6 31/8-12/10

Turnhout Seite 402 555 € 18
Baalse Hei****
(A+B+E+F+G+H+K+L 1/4-30/9)
AKZ. 3/5-20/5 2/6-5/7 22/8-30/9 7=6, 14=11

Westende Seite 403 557 € 20
Kompas Camping Westende***
(A+C 27/3-11/11) (E+F+H+L 4/4-19/4,1/7-31/8)
AKZ. 27/3-3/4 20/4-30/4 4/5-20/5 25/5-29/5 1/6-3/7 31/8-30/10

Westerlo/Heultje Seite 403 558 € 18
Hof van Eeden***
(E 15/3-31/10) (F 1/4-31/10) (H 1/1-31/12) (K+L 15/3-31/10)
(A+F 21/6-31/8)
AKZ. 1/1-8/7 25/8-31/12

Zele Seite 403 559 € 18
Groenpark***
(A 1/7-31/8) (H 11/4-20/9)
AKZ. 11/4-30/6 1/9-20/9

Wallonien

Amel/Deidenberg Seite 405 505 € 18
Camping Oos Heem BVBA***
(A+B+E+F+G+H+K 1/4-1/10) (D+G 1/5-1/10)
AKZ. 1/1-25/6 1/9-31/12

Arlon Seite 405 506 € 20
Officiel Arlon**
(A+B+H+L 12/3-1/11) (A 15/6-15/9)
AKZ. 12/3-15/6 15/9-31/10

Aywaille Seite 406 507 € 18
Domaine Château de Dieupart*
(A+C+H 1/1-5/1,1/3-15/11,18/12-31/12)
AKZ. 1/3-21/5 1/6-30/6 1/9-15/11

Bastogne Seite 406 508 € 16
Camping de Renval***
(E+H+K 1/3-1/12)
AKZ. 1/3-1/6 1/9-1/12

Bertrix Seite 406 509 € 18
Ardennen Camping Bertrix****
(E 1/7-31/8) (A+B+E+F+H+L 27/3-9/11)
(B+G 30/4-15/9)
AKZ. 27/3-6/7 23/8-9/11 7=6, 14=11

Blier-Erezée Seite 406 511 € 18
Le Val de l'Aisne****
(E 1/4-11/11) (A+E+F+G+H+L 1/1-31/12)
AKZ. 1/1-20/5 25/5-28/5 2/6-15/7 1/9-31/12 7=6, 14=12

Bohan Seite 407 513 € 16
Confort***
(A+H 1/7-31/8)
AKZ. 1/1-9/4 14/4-19/5 25/5-28/5 2/6-8/7 25/8-31/12

Bomal-sur-Ourthe Seite 407 514 € 16
Camping International**
(E+F+H+L 1/3-12/11)
AKZ. 1/3-19/5 2/6-7/7 24/8-12/11

Ausführliche Redaktionseinträge: Seite 400 bis 407

Bure/Tellin
▲ Sandaya Parc la Clusure****   Seite 407   518   € 18
4 (E 3/4-8/11) **5** (A+C+E+F+G+H+L 3/4-8/11)
6 (B 15/4-15/9) (G 22/4-16/9)
AKZ. 3/4-5/7   22/8-8/11   7=6

Burg-Reuland ⚥
▲ Hohenbusch*****   Seite 408   519   € 18
5 (A+E+F+H+K 1/4-7/11) **6** (B+G 29/5-31/8)
AKZ. 1/4-19/5   24/5-28/5   1/6-10/7   30/8-7/11   14=11

Bütgenbach ⚥
▲ Worriken*   Seite 408   520   € 16
5 (A+E 1/1-31/12) (F+H+K+L 2/1-20/11,23/12-31/12)
6 (E 2/1-20/11,23/12-31/12)
AKZ. 1/1-30/6   1/9-31/12

Dochamps
▲ Camping Petite Suisse****   Seite 408   524   € 18
5 (A+C+E+H+L 1/1-31/12) **6** (B+G 1/5-1/9)
AKZ. 20/4-23/4   4/5-20/5   25/5-28/5   2/6-12/7   1/9-4/10   7=6, 14=10

La Roche-en-Ardenne ⚥
▲ De l'Ourthe**   Seite 409   531   € 16
4 (E 20/7-15/8) **5** (A+C+E 1/4-30/9) (H 15/3-1/11)
AKZ. 15/3-9/4   14/4-19/5   2/6-30/6   18/8-1/11   14=12

La Roche-en-Ardenne ⚥
▲ Benelux***   Seite 410   530   € 18
4 (E 6/7-16/8) **5** (A+C+E+H+L 29/3-7/11) **6** (B 1/5-30/9)
AKZ. 29/3-20/5   24/5-28/5   1/6-30/6   23/8-7/11

Malempré/Manhay ⚥
▲ Domaine Moulin de Malempré****   Seite 410   534   € 18
5 (A+C 27/3-15/11) (E 5/7-25/8) (H+L 1/7-31/8)
6 (B 20/5-17/9) (G 28/5-14/9)
AKZ. 27/3-5/7   26/8-15/11   7=6, 14=11

Malmedy/Arimont ⚥
▲ Familial   Seite 410   535   € 16
5 (A 1/7-31/8) (B 1/4-1/11) (E+F+H+K 1/7-31/8)
6 (A 1/7-31/8)
AKZ. 1/1-20/5   24/5-29/5   1/6-10/7   31/8-31/12

Mouzaive ⚥
▲ Le Héron***   Seite 411   537   € 16
5 (A 1/7-31/7) (H 1/7-31/8)
AKZ. 1/1-9/4   14/4-19/5   25/5-28/5   2/6-8/7   25/8-31/12

Neufchâteau
▲ Spineuse Neufchâteau***   Seite 411   538   € 18
5 (A 11/1-11/12) (E+F+H+L 3/4-8/11) **6** (B 25/4-15/9)
AKZ. 11/1-3/7   23/8-10/12   7=6, 14=12

Polleur ⚥
▲ Polleur   Seite 412   544   € 12
4 (E 1/7-31/8) **5** (A 1/4-1/11) (C+E+F 1/7-30/8)
(G 15/7-15/8) (H+K 1/4-1/11)
6 (B+F 30/4-15/9)
AKZ. 1/4-20/5   25/5-29/5   2/6-5/7   1/9-1/11   7=6

Poupehan
▲ Ile de Faigneul***   Seite 412   546   € 18
5 (A+B+E+F+H 1/4-30/9)
AKZ. 1/4-19/5   25/5-28/5   2/6-30/6   1/9-29/9

Poupehan
▲ Camping Le Prahay*   Seite 412   547   € 18
5 (A 3/4-1/11) (E 1/7-31/8) (H 3/4-1/11)
AKZ. 20/4-23/4   4/5-19/5   2/6-30/6   1/9-1/11

Rochefort
▲ Les Roches****   Seite 412   550   € 18
5 (A 29/3-11/11) (E+F+H+K 1/7-31/8)
AKZ. 29/3-1/7   1/9-11/11

Sart-lez-Spa ⚥
▲ Corsendonk Spa d'Or****   Seite 413   551   € 16
5 (A+C 10/4-4/10) (E 7/7-15/8) (F+G+H+K+L 10/4-4/10)
6 (B+G 27/4-15/9)
AKZ. 20/4-23/4   4/5-20/5   25/5-28/5   2/6-12/7   1/9-4/10   7=6, 14=10

Stavelot
▲ l'Eau Rouge**   Seite 413   552   € 18
5 (A+E+F+H 29/5-10/6,7/7-26/8) **6** (B 1/5-30/9)
AKZ. 13/3-30/6   1/9-8/11

Tenneville ⚥
▲ Pont de Berguème***   Seite 414   553   € 18
4 (E 15/7-15/8) **5** (A+B+E+H 1/1-31/12)
AKZ. 1/1-21/5   31/5-1/7   18/8-31/12

Tintigny
▲ Camping de Chênefleur***   Seite 414   554   € 18
4 (E 6/7-23/8) **5** (A+B 1/4-30/9) (E+F+G+H+L 1/7-31/8)
6 (B+G 15/5-15/9)
AKZ. 1/4-20/5   1/6-3/7   29/8-30/9   7=6, 14=12

Vogenée
▲ Le Cheslé   Seite 414   556   € 18
5 (A+B+E+F+H 15/2-15/12)
AKZ. 15/2-30/6   1/9-15/12

🇱🇺 Luxemburg

Alzingen
▲ Bon Accueil Kat.I   Seite 420   560   € 18
5 (E+H 1/4-1/10)
AKZ. 1/4-30/6   1/9-14/10   7=6

Ausführliche Redaktionseinträge: Seite 407 bis 420

Luxemburg

Beaufort — Seite 420 — 561 — €18
Camping Park Beaufort Kat.I
(E+F+H+K 1/1-31/12) (B+G 18/5-1/9)
AKZ. 1/1-26/6 1/9-31/12

Berdorf — Seite 420 — 562 — €18
Martbusch Kat.I/***
(A 1/1-31/12) (E+F+K 4/4-31/10)
AKZ. 1/1-17/4 3/5-19/5 1/6-30/6 1/9-16/10 8/11-31/12

Consdorf — Seite 420 — 563 — €18
La Pinède Kat.I/***
(E 1/7-15/8) (A+E+F+H+K+L 15/3-14/11)
AKZ. 15/3-9/4 13/4-30/4 3/5-20/5 24/5-28/5 1/6-30/6 1/9-13/11

Diekirch — Seite 420 — 564 — €20
De la Sûre***
(A+E+H 1/4-30/9)
AKZ. 1/4-3/6 9/6-30/6 1/9-29/9

Diekirch — Seite 420 — 565 — €18
Op der Sauer Kat.I
(A+F+H+K+L 28/3-25/10)
AKZ. 28/3-2/6 9/6-15/7 1/9-24/10 7=6, 14=12

Dillingen — Seite 421 — 566 — €18
Wies-Neu Kat.I
(A 15/5-15/9) (B 14/4-3/11)
AKZ. 6/4-30/6 1/9-7/11

Echternach — Seite 422 — 567 — €18
Officiel
(E 15/7-15/8) (A+B 1/7-31/8) (B+G 1/7-31/8)
AKZ. 1/4-30/6 1/9-30/10

Eisenbach — Seite 422 — 568 — €20
Kohnenhof Kat.I/****
(E 12/7-23/8) (A+B+E+F+H+K+L 4/4-31/10)
AKZ. 4/4-24/4 3/5-19/5 1/6-3/7 30/8-30/10 7=6

Enscherange — Seite 422 — 569 — €14
Val d'Or Kat.1/****
(A+B+E+F+H+K+L 1/1-31/12)
AKZ. 1/1-6/7 23/8-31/12

Ermsdorf — Seite 422 — 570 — €18
Neumuhle Kat.I/****
(A+B 1/4-15/10) (E 7/7-24/8) (K 1/4-15/10)
(A 1/5-30/8)
AKZ. 1/4-7/7 25/8-14/10

Esch-sur-Sûre — Seite 422 — 571 — €18
Im Aal***
(E 15/7-15/8) (A+B+H 1/4-30/9)
AKZ. 28/2-9/4 14/4-19/5 24/5-28/5 1/6-2/7 24/8-12/12

Ettelbruck — Seite 422 — 572 — €18
Camping Ettelbrück
(E 1/4-1/10) (A+E+F+H+K 1/4-1/10)
AKZ. 1/4-30/6 1/9-30/9

Goebelsmühle — Seite 423 — 573 — €18
du Nord Kat.1
(A+B 1/4-31/10) (E+F+G 1/7-31/8) (H 1/4-31/10) (K 1/7-31/8)
AKZ. 1/4-19/5 2/6-7/7 24/8-30/10

Ingeldorf/Diekirch — Seite 423 — 574 — €20
Gritt Kat.I/***
(E+F+H+K 1/4-31/10)
AKZ. 1/4-12/7 29/8-30/10

Larochette — Seite 423 — 575 — €20
Iris Parc CP Birkelt Kat.I/*****
(A+C+E+F+G+H+K+L 10/4-27/9) (B+D+G 10/4-27/9)
AKZ. 10/4-12/6 6/9-26/9

Lieler — Seite 424 — 576 — €18
Trois Frontières Kat.I/****
(E 1/7-31/8) (A+E+F+H+K 10/4-25/10)
(D 10/4-15/9) (G 1/7-31/8)
AKZ. 1/1-3/7 22/8-31/12

Mamer/Luxemburg — Seite 424 — 577 — €16
Camping Mamer Kat.I
(A 1/7-30/8) (F+H+K 1/4-30/9)
AKZ. 1/4-30/6 24/8-15/10

Mersch — Seite 424 — 578 — €18
Camping Krounebierg*****
(A+C+E+F+H+L 30/3-31/10)
(E 30/3-31/10) (F 1/6-30/9)
AKZ. 30/3-3/7 22/8-31/10

Nommern — Seite 425 — 579 — €18
Europacp Nommerlayen Kat.I/*****
(E 25/4-3/5, 4/7-1/9) (A+C+E+F+H+K+L 3/4-1/11)
(A+D+E+G 1/5-15/9)
AKZ. 10/5-19/5 2/6-3/7 23/8-31/10

Reisdorf — Seite 425 — 580 — €18
De la Sûre Reisdorf Kat.I
(A+B+E+F+H+K+L 28/3-31/10)
AKZ. 28/3-5/7 22/8-30/10 7=6, 14=11

Rosport — Seite 426 — 581 — €18
Du Barrage Rosport Kat.I
(A 1/3-31/10) (E+H 15/6-15/9) (B+G 15/5-15/9)
AKZ. 1/3-30/6 1/9-30/10 7=6, 14=12

Simmerschmelz — Seite 426 — 582 — €16
Simmerschmelz Kat.I
(A 1/1-31/12) (B 1/7-31/8) (E+F+H+K 1/1-31/12)
(A+F 1/7-31/8)
AKZ. 1/1-3/7 24/8-31/12

Troisvierges — Seite 426 — 583 — €18
Camping Troisvierges Kat.I
(E 6/7-14/8) (A+E+F+H+K 1/4-30/9)
(B+F 21/5-30/8)
AKZ. 1/4-4/7 22/8-30/9

Ausführliche Redaktionseinträge: Seite 420 bis 426

Vianden
▲ Camping de l'Our — Seite 427 — 584 — € 18
🄵 (A+B+E+F+H+K+L 1/4-18/10)
AKZ. 1/4-17/5 6/6-12/7 5/9-17/10

Walsdorf
▲ Vakantiepark Walsdorf**** — Seite 427 — 585 — € 14
🄵 (A+C+E+F+H 10/4-31/10) (K 11/4-3/7,30/8-31/10) (L 4/7-29/8)
AKZ. 10/4-24/4 2/5-3/7 29/8-30/10

Wiltz
▲ Camping-Park KAUL Kat.I — Seite 427 — 586 — € 18
🄸 (E 6/7-23/8) 🄵 (E 2/6-31/8) (F+H+K+L 1/1-31/12)
🄶 (B+G 2/6-31/8)
AKZ. 1/1-10/7 27/8-31/12

🇩🇰 Dänemark

Süd-Jütland

Arrild/Toftlund
▲ Arrild-Ferieby-Camping*** — Seite 435 — 55 — € 16
🄵 (C+E+F+I+L 1/1-31/12) 🄶 (E+G 1/1-31/12)
AKZ. 1/1-26/6 18/8-31/12

Augustenborg
▲ Hertugbyens Camping** — Seite 435 — 57 — € 18
🄵 (A 1/7-1/8)
AKZ. 1/1-14/7 31/8-31/12

Ballum/Bredebro
▲ Ballum Camping*** — Seite 435 — 58 — € 20
🄵 (A+B+F 1/1-8/1,1/3-23/10,19/12-31/12)
AKZ. 1/1-8/1 1/3-26/6 22/8-23/10 19/12-31/12

Bramming
▲ Darum Camping*** — Seite 435 — 62 — € 18
🄵 (A+B+E+F+H+K 4/4-27/9)
AKZ. 4/4-27/6 18/8-27/9

Broager/Skelde
▲ Broager Strand Camping*** — Seite 435 — 63 — € 18
🄵 (A+B 1/1-31/12)
AKZ. 1/1-28/6 18/8-31/12 7=6, 14=11

Esbjerg V.
▲ EsbjergCamping.dk*** — Seite 436 — 67 — € 20
🄵 (A 15/3-1/10) (B 1/4-1/10) (E 1/7-13/8) 🄶 (B+G 1/6-1/9)
AKZ. 1/1-20/5 1/6-28/6 20/8-31/12

Fredericia
▲ Dancamps Trelde Næs*** — Seite 436 — 70 — € 20
🄵 (A+C 1/1-31/12) (E+F 1/7-31/8) (H+I 1/1-31/12) (K 1/7-31/8)
🄶 (A+**F** 14/5-27/9)
AKZ. 1/1-28/5 1/6-1/7 18/8-31/12 7=6, 14=11

Haderslev/Diernæs
▲ Vikær Strand Camping*** — Seite 437 — 74 — € 20
🄵 (A+B+G+H 3/4-27/9)
AKZ. 3/4-7/5 10/5-20/5 24/5-29/5 1/6-26/6 18/8-27/9

Kolding
▲ Dancamps Kolding — Seite 438 — 82 — € 18
AKZ. 1/1-28/5 1/6-1/7 18/8-31/12 7=6

Nordborg/Augustenhof
▲ Augustenhof Strand Camping*** — Seite 438 — 92 — € 18
🄵 (A+C+E+F+H 1/1-31/12)
AKZ. 1/1-28/5 2/6-21/6 1/9-31/12

Nymindegab/Nørre Nebel
▲ Nymindegab Familie Camping*** — Seite 439 — 93 — € 20
🄸 (E 1/4-18/10) 🄵 (A+C+E+F+I 1/4-18/10) 🄶 (B+G 4/5-6/9)
AKZ. 1/4-19/5 24/5-28/5 1/6-26/6 23/8-17/10 16=14

Ribe
▲ Ribe Camping*** — Seite 439 — 98 — € 20
🄵 (A+B 1/1-31/12) (E 1/7-15/8) 🄶 (B+G 1/6-31/8)
AKZ. 1/1-2/4 13/4-6/5 10/5-19/5 1/6-30/6 6/9-20/12 14=12

Rømø
▲ Kommandørgårdens CP & Feriepark*** — Seite 440 — 100 — € 20
🄸 (E 1/1-31/12)
🄵 (A+B 1/1-31/12) (E+F+G 1/7-31/8) (H+L 1/1-31/12)
🄶 (B 1/7-31/8) (**E**+**G** 1/1-31/12)
AKZ. 1/1-7/7 24/8-31/12

Rømø
▲ Rømø Familiecamping*** — Seite 440 — 101 — € 20
🄵 (A+B 4/4-11/10)
AKZ. 11/4-28/5 2/6-30/6 18/8-11/10 14=11

Sjølund/Grønninghoved
▲ Grønninghoved Strand CP**** — Seite 440 — 106 — € 20
🄵 (A+C+F 1/4-15/9) 🄶 (B+G 14/5-31/8)
AKZ. 1/4-19/5 24/5-28/5 2/6-30/6 18/8-15/9

Tønder
▲ Møgeltønder Camping — Seite 442 — 118 — € 20
🄵 (A 15/6-31/8) (B 1/4-1/10) (F 1/1-31/12)
🄶 (B+G 1/6-31/8)
AKZ. 1/1-1/7 1/9-31/12

Tønder
▲ Tønder Camping*** — Seite 442 — 119 — € 20
🄵 (A 1/1-31/12) 🄶 (E+G 1/1-31/12)
AKZ. 1/1-30/6 1/9-31/12

Vejers Strand
▲ Vejers Familie Camping*** — Seite 442 — 124 — € 18
🄵 (A+B 23/3-9/9) 🄶 (**B** 25/5-25/8) (G 30/5-25/8)
AKZ. 1/1-20/5 1/6-2/7 19/8-31/12 7=6

Mittel-Jütland

Allingåbro
▲ Dalgård Camping*** — Seite 443 — 54 — € 20
🄵 (A+C 28/3-13/9)
AKZ. 28/3-28/5 1/6-27/6 18/8-12/9

Dänemark

Bork Havn/Hemmet
△ Bork Havn Camping*** — Seite 443 — 61 — € 20
🄳 (C+E+F 3/4-18/10)
AKZ. 14/4-20/5 2/6-28/6 18/8-18/10

Ebeltoft
△ Blushøj Camping - Ebeltoft*** — Seite 444 — 64 — € 20
🄳 (A+C 27/3-13/9) 🄶 (B+G 1/6-15/8)
AKZ. 27/3-20/5 1/6-1/7 18/8-13/9

Ebeltoft/Krakær
△ Krakær Camping*** — Seite 444 — 65 — € 20
🄳 (A+C 1/4-18/10) (E+F+H+K 29/6-9/8)
🄶 (B 1/6-31/8) (G 1/6-30/9)
AKZ. 1/4-30/6 18/8-18/10

Grenå
△ Grenå Strand Camping**** — Seite 444 — 73 — € 20
🄳 (A 23/6-26/8) 🄶 (B+G 15/5-15/8)
AKZ. 27/3-30/6 18/8-6/9

Hampen
△ Dancamps Hampen*** — Seite 445 — 75 — € 16
🄳 (A+B 1/5-30/8)
AKZ. 1/5-5/7 21/8-30/8 *7=6, 14=11*

Hvide Sande
△ Dancamps Holmsland*** — Seite 445 — 79 — € 18
🄳 (A+B 8/4-13/9)
AKZ. 8/4-28/5 1/6-1/7 18/8-13/9 *7=6, 14=11*

Hvide Sande
△ Dancamps Nordsø*** — Seite 445 — 80 — € 20
🄳 (A+B 1/1-5/1,7/2-17/2,3/4-25/10,18/12-31/12)
(E+F+I+L 1/7-1/9)
🄶 (**E**+**G** 1/1-5/1,7/2-17/2,3/4-25/10,18/12-31/12)
AKZ. 3/4-28/5 1/6-1/7 18/8-25/10 *7=6, 14=11*

Lisbjerg/Århus-N
△ Aarhus Camping*** — Seite 446 — 83 — € 20
🄳 (A+C+E+F+H+K 1/1-31/12) 🄶 (B+G 15/6-15/8)
AKZ. 1/1-27/5 2/6-29/6 18/8-31/12

Løgstrup
△ Hjarbæk Fjord Camping*** — Seite 446 — 84 — € 20
🄳 (A 31/3-24/9) (B 1/1-31/12) (F 31/3-24/9) (H 27/3-21/9)
🄶 (A+F 15/6-15/8)
AKZ. 1/1-20/5 1/6-26/6 18/8-31/12

Malling
△ CampOne Ajstrup Strand cp*** — Seite 446 — 90 — € 20
🄳 (A 4/4-20/10)
AKZ. 1/1-28/6 18/8-31/12

Odder/Boulstrup
△ Odder Strand Camping*** — Seite 446 — 94 — € 20
🄳 (A+B 28/3-20/9)
AKZ. 28/3-20/5 25/5-29/5 2/6-28/6 18/8-20/9

Østbirk
△ Elite Camp Vestbirk*** — Seite 446 — 96 — € 20
🄳 (A 3/4-1/10) (C 1/1-31/12) (E+F 29/6-18/8)
🄶 (B+G 30/5-1/9)
AKZ. 1/1-25/6 18/8-31/12

Ringkøbing
△ Ringkøbing Camping*** — Seite 446 — 99 — € 18
🄳 (A 1/7-31/8) (B 27/3-27/9)
AKZ. 27/3-24/6 18/8-26/9

Silkeborg ♛♛
△ Sejs Bakker Camping*** — Seite 447 — 104 — € 18
🄳 (A+B 4/4-14/9)
AKZ. 4/4-20/5 24/5-29/5 1/6-25/6 18/8-14/9 *7=6*

Spøttrup
△ Limfjords CP & Vandland i/s*** — Seite 448 — 111 — € 20
🄳 (A+B+E+F+H 31/3-21/10) 🄶 (**E** 1/1-30/11) (**G** 1/4-22/10)
AKZ. 1/1-29/6 18/8-31/12

Stouby
△ Rosenvold Strand Camping*** — Seite 448 — 112 — € 20
🄳 (A+B+E+F 27/3-4/10)
AKZ. 27/3-19/5 24/5-28/5 1/6-30/6 18/8-4/10

Struer ♛♛
△ Toftum Bjerge Camping*** — Seite 449 — 114 — € 20
🄳 (A+B 15/3-30/9) (E 1/7-31/7) (H+K 15/3-30/9)
AKZ. 1/1-7/7 24/8-31/12

Ulbjerg/Skals
△ Camping Ulbjerg*** — Seite 449 — 121 — € 18
🄳 (A+C 1/1-31/12) 🄶 (A+F 1/6-1/9)
AKZ. 1/4-5/7 23/8-31/10

Ulfborg
△ Vedersø Klit Camping*** — Seite 449 — 122 — € 20
🄳 (A+C+F+H+L 27/3-18/10) 🄶 (B+G 5/6-1/9)
AKZ. 27/3-29/5 2/6-26/6 18/8-18/10

Nord-Jütland

Ejstrup Strand/Brovst ♛♛
△ Tranum Klit Camping — Seite 451 — 66 — € 18
🄳 (A+C 29/3-29/9)
AKZ. 29/3-30/6 18/8-29/9

Farsø ♛♛
△ Farsø Fjord Camping*** — Seite 451 — 68 — € 18
🄳 (A+C+E+F+H 10/7-31/7) 🄶 (B 1/6-31/8) (G 20/3-1/10)
AKZ. 20/3-30/6 18/8-1/10

Dänemark

Fjerritslev
🔺 Klim Strand Camping***** — Seite 451 — 69 — € 20
5 (A+C 4/4-18/10) (E+F 15/6-15/8) (G+H 1/7-6/8) (L 15/6-15/8)
6 (**E**+G 4/4-18/10)
AKZ. 4/4-28/5 1/6-1/7 18/8-18/10

Frederikshavn
🔺 Nordstrand Camping A/S**** — Seite 452 — 71 — € 20
5 (A 1/7-5/8) (B 3/4-18/10) 6 (E+G 3/4-18/10)
AKZ. 3/4-8/4 13/4-7/5 10/5-20/5 24/5-29/5 1/6-19/6 18/8-17/10

Hjørring
🔺 City Camping Hjørring — Seite 452 — 77 — € 20
5 (A+B+E+F+H+K 31/3-28/9) 6 (A+F 1/6-1/9)
AKZ. 31/3-30/6 18/8-27/9

Løkken
🔺 Løkken By Camping — Seite 452 — 85 — € 20
5 (A+B+E 4/4-18/10)
*AKZ. 1/3-30/6 18/8-31/10 **14=11***

Løkken
🔺 Løkken Familie Camping*** — Seite 452 — 86 — € 20
AKZ. 28/3-8/7 25/8-18/10

Løkken
🔺 Løkken Klit Camping*** — Seite 453 — 87 — € 20
5 (A+C 4/4-19/10) (E 26/6-15/8) 6 (**B**+**F** 30/5-7/9)
AKZ. 1/1-28/5 1/6-1/7 18/8-31/12

Løkken/Ingstrup
🔺 Grønhøj Strand Camping*** — Seite 453 — 88 — € 20
5 (A+B+C 3/4-20/9)
*AKZ. 3/4-5/7 22/8-20/9 **7=6***

Løkken/Lyngby ⚑
🔺 Gl. Klitgård CP & Hytteby*** — Seite 453 — 89 — € 20
5 (A+B 1/4-20/10) 6 (B+G 15/6-15/8)
*AKZ. 10/4-30/6 18/8-17/10 **7=6***

Sindal
🔺 A35 Sindal CP Danmark & Kanoudlejning*** — Seite 454 — 105 — € 20
4 (E 1/7-15/8) 5 (A+B 1/4-20/9) 6 (B+G 1/6-15/8)
AKZ. 1/1-29/6 18/8-31/12

Skagen
🔺 CampOne Grenen Strand*** — Seite 454 — 107 — € 20
5 (A+B 11/4-18/10)
AKZ. 11/4-28/6 18/8-18/10

Skagen
🔺 Råbjerg Mile Camping*** — Seite 454 — 108 — € 20
5 (A+C 3/4-30/9) (E+F+G 1/7-15/8)
6 (B 15/6-15/8) (E 3/4-30/9) (G 15/6-15/8)
AKZ. 3/4-30/6 18/8-30/9

Skiveren/Aalbæk
🔺 Skiveren Camping**** — Seite 455 — 109 — € 20
5 (A+C 3/4-1/10) (E+F+H+I+K 1/7-31/8) 6 (B+G 1/6-1/9)
AKZ. 3/4-28/6 18/8-30/9

Tversted
🔺 Aabo Camping*** — Seite 455 — 120 — € 20
5 (A 20/6-15/8) (C 30/6-15/8) (E 23/6-15/8) (F 1/7-15/8) (G 30/6-15/8) (H 22/6-15/8) (I 30/6-15/8)
6 (B 1/6-1/9) (G 10/6-1/9)
AKZ. 13/3-30/6 18/8-13/9

Fünen

Assens
🔺 Sandager Næs*** — Seite 456 — 56 — € 20
5 (A+C 3/4-13/9) (E+F+K 30/6-12/8)
6 (B 18/5-31/8) (G 15/5-31/8)
AKZ. 3/4-28/5 1/6-27/6 18/8-13/9

Bogense
🔺 Bogense Strand Camping***** — Seite 456 — 59 — € 20
6 (B 23/6-12/8) (**E**+**G** 1/1-31/12)
AKZ. 1/1-30/6 1/9-31/12

Bøjden/Faaborg
🔺 CampOne Bøjden Strand***** — Seite 456 — 60 — € 20
5 (A+C+E+F+G+H+K+L 4/4-18/10)
6 (B 1/6-15/9) (**E**+G 4/4-18/10)
AKZ. 4/4-28/6 18/8-18/10

Frørup
🔺 Kongshøj Strandcamping*** — Seite 457 — 72 — € 18
5 (A+B 1/4-1/10)
AKZ. 1/1-30/6 1/9-31/12

Hesselager
🔺 Bøsøre Strand Feriepark***** — Seite 457 — 76 — € 18
5 (A+C+E+F+H+L 3/4-18/10) 6 (**E**+**G** 3/4-18/10)
AKZ. 3/4-27/6 18/8-18/10

Middelfart
🔺 Vejlby Fed Strand Camping**** — Seite 457 — 91 — € 18
5 (A+C 3/4-12/9) (E+F+G+I 5/4-17/8) 6 (B+**G** 13/5-31/8)
AKZ. 3/4-20/5 24/5-29/5 31/5-26/6 20/8-12/9

Otterup
🔺 Hasmark Strand Camping*** — Seite 458 — 97 — € 18
5 (A+C 3/4-18/9) (E 29/6-11/8) (H+L 3/4-18/9)
6 (B 29/6-11/8) (E 3/4-18/9)
AKZ. 3/4-20/5 2/6-27/6 9/8-23/8 1/9-18/9

Svendborg
🔺 Svendborg Sund Camping*** — Seite 458 — 115 — € 20
5 (A+B+C+K 3/4-27/9)
AKZ. 3/4-20/5 24/5-29/5 1/6-1/7 18/8-27/9

Svendborg/Thurø ⚑
🔺 Thurø Camping*** — Seite 458 — 116 — € 20
4 (E 22/6-12/8) 5 (A+C 3/4-20/9) (E 22/6-12/8)
AKZ. 3/4-20/5 2/6-26/6 18/8-20/9

Tårup/Frørup
🔺 Tårup Strand Camping*** — Seite 458 — 117 — € 18
5 (A+C 3/4-20/9)
AKZ. 3/4-28/6 18/8-20/9

Ausführliche Redaktionseinträge: Seite 451 bis 458

Dänemark

Seeland

Holbæk
▲ CampOne Holbaek Fjord*** — Seite 462 — 78 — € 20
5 (A+B 13/4-20/10) 6 (D+G 1/5-1/10)
AKZ. 13/4-28/6 18/8-20/10

Kalundborg/Saltbæk
▲ Kalundborg Camping** — Seite 462 — 81 — € 20
5 (A+B+E+F 1/4-1/10)
AKZ. 1/1-7/7 25/8-31/12

Ortved/Ringsted
▲ Skovly Camping*** — Seite 464 — 95 — € 20
5 (A 1/4-30/9) (B 1/1-31/12) 6 (A+F 15/6-1/9)
AKZ. 1/4-20/5 24/5-28/5 1/6-5/7 24/8-30/9

Sakskøbing ⚑
▲ Sakskøbing Camping*** — Seite 464 — 103 — € 20
5 (A+K 27/3-3/10) 6 (E 27/3-3/10)
AKZ. 27/3-30/6 18/8-3/10

Smidstrup
▲ Kongernes Feriepark - Gilleleje**** — Seite 464 — 110 — € 20
5 (A 1/4-1/10) (C+E+F+H+I+K 1/1-31/12) 6 (B+G 1/5-30/9)
AKZ. 1/1-30/6 18/8-31/12

Strøby
▲ Stevns Camping*** — Seite 465 — 113 — € 20
4 (E 1/1-31/12) 5 (A+B+F 1/5-31/8) 6 (B+G 1/6-15/8)
AKZ. 1/1-30/6 18/8-31/12

Ulvshale/Stege
▲ Møn Strandcamping - Ulvshale** — Seite 465 — 123 — € 20
5 (A+B 3/4-6/9)
AKZ. 3/4-5/7 23/8-6/9

Bornholm

Rønne
▲ Galløkken Strand Camping*** — Seite 466 — 102 — € 20
5 (A+B 1/5-2/9)
AKZ. 1/5-1/7 17/8-31/8

Ausführliche Redaktionseinträge: Seite 462 bis 466

Suchmaschine
Auf der Webseite ▶ www.CampingCard.com ◀ finden Sie eine Suchmaschine, die Ihnen auf so manche Art bei der Suche nach einem Camping helfen kann: nach Region oder dem Ort Ihrer Wahl, nach Campingnamen oder der Folgenummer, die vermeldet wird im blauen Logo im obenstehenden Redaktionseintrag. Die Suchergebnisse werden blitzschnell präsentiert. Pro Camping sehen Sie sich dann alle Angaben in Ruhe an.

Routenplaner
Sie werden vorallem viel Freude an dem integrierten Routenplaner haben. Sie wählen den Maßstab selbst: von der Übersichtskarte bis hin zur äußerst detaillierten Teilkarte der Region, in die Sie wollen.